古代寺院建築の研究

鈴木嘉吉

中央公論美術出版

目次

第一編　法隆寺の建築と年代

一　法隆寺の建築

1　若草伽藍塔心礎

西院伽藍

寺地の成立

南から松並木の道をたどって南大門にいたると、参拝の人びとは、塔や金堂のそびえる伽藍中枢部へと心をせかれるが、南大門脇を大垣にそって東へ折れ、約八〇メートルほど行った築地塀の内側に、俗に若草伽藍跡とよばれる寺跡が、塔心礎だけを草原のなかに横たえている。ここが七世紀の始めころ、聖徳太子が建立された創建法隆寺の跡である。この創建の法隆寺は昭和十四年（一九三九）の発掘調査で、塔と金堂を南北にならべた四天王寺式の配置で、軸線の方位も現在の西院伽藍と十数度異なっていることが明らかにされた。古代寺院では、たとえば東大寺とか興福寺などのように、何回か火災にあっても、寺地は創建当初の場所から動かさないのが普通で、法隆寺のようにごく近くの他の場所に再建した例はほかにない。皇極二年（六四三）に蘇我入鹿のために斑鳩宮が焼かれて、山背大兄王をはじめとする聖徳太子の子孫一族がほろぼされ、天智九年（六七〇）の火災は一屋あますなしというう大災害であったとしても、こうした寺地の変更がなぜ必要だったかは不明

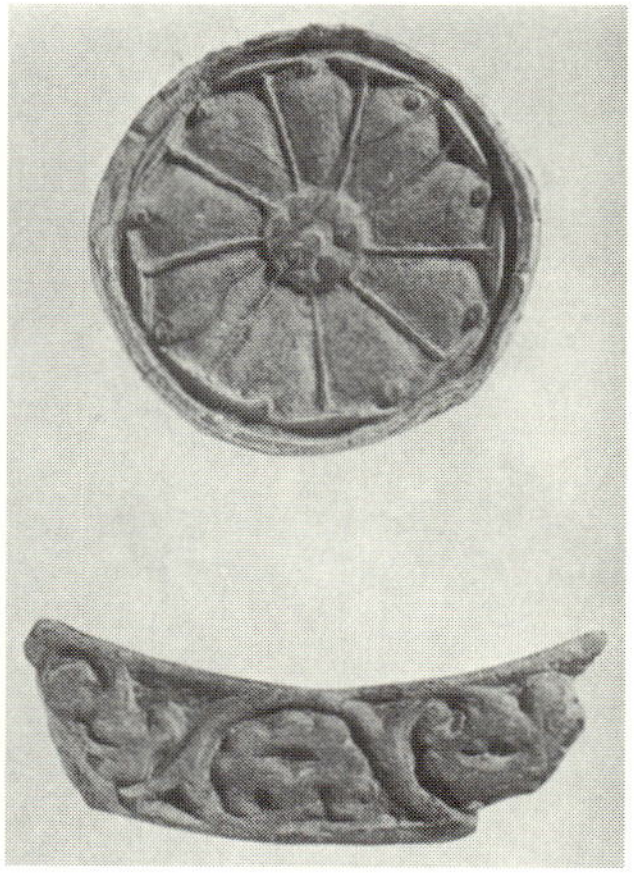

2　若草伽藍軒瓦

3　法隆寺軒瓦

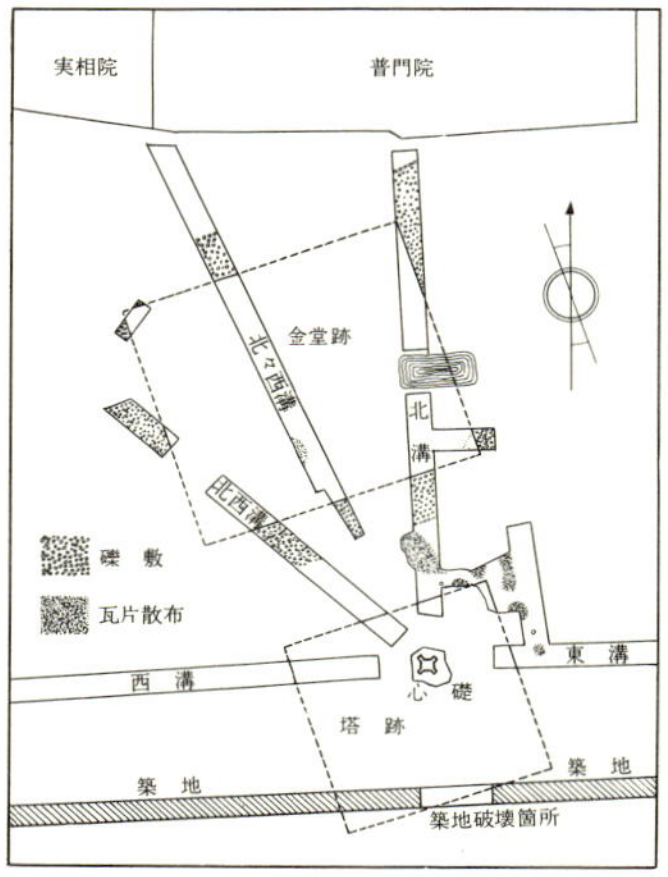

4　若草伽藍跡発掘実測図

である。大化改新後、条里制が施行されてこの付近にも新しい地割が行なわれ、その結果、旧寺地の一部が水田に変ったと考える説もあるが、説得力にとぼしい。聖徳太子伝の一つである『上宮聖徳太子伝補闕記』は「斑鳩寺被災ののち、衆人寺地を定むるをえず」という。またそれゆえに「百済の入師は衆人をひきいて葛野の蜂岡寺と河内の高井田寺を、百済の聞師以下三人は三井寺を造った」とつづけるが、現在の西院伽藍の再建についてはなにも記していないのが不思議である。若草の寺地が大和盆地からひきつづいた平坦地であるのに対して、現在の西院伽藍の主要部はそれよりいちだん高く、山ぎわに接している。それも金堂・塔・廻廊の一郭は山裾の斜面を削りとって平らにしたもので、廻廊の東側で聖霊院の建っている場所や、西側の西室との中間部は、はじめ谷であったのを埋立て、今のような敷地にしたことが、建物の解体修理のさいの地下調査などでわかっている。そのようなかなり大規模な敷地造成工事を行なってまでして旧寺地を離れた理由は、いまのところ全く不明というほかない。西院伽藍はその発足から謎に包まれているのである。

寺地の変遷

現在の西院は南・東・西の三方に大垣をめぐらして各面ともほぼその中央付近に門を開いている。北側はその東寄りの部分に築地塀を造るが、中央部から西は山にかかって塀もなく、寺地の境界もさだかでない。しかしいまのような寺地の状況になったのは平安時代中ごろからで、当初は周囲の築地は現在の寺地の北部約三分の二の地域をめぐって造られていた。南大門をはいって中門前へ達すると、そこに石段があり両脇には低い石垣がつまれて、現在の東大門と西大門を結ぶ道から北は一段高い。当初の南大門はこの石段上に建ち、両袖には築地塀があって寺地の南を画し、それから北がほんとうの伽藍地であった。

主要堂塔はいまのように南大門から一望に眺められるのでなく、石段を上って南大門をはいると目の前に中門が迫り、その奥に五重塔と金堂の厳然とそびえる姿がはじめてうかがわれたのである。こうした伽藍主要部の変貌は南大門の位置だけにとどまらない。中門の内から真正面にみえる講堂も、廻廊が当初は経蔵・鐘楼のほうへ曲らずにその手前で閉じて東西に連絡していたので、講堂は北廻廊の外にあり、その屋根ごしに眺められたのであった。矩形に閉じる廻廊内には塔と金堂だけが置かれ、そのおかしがたい神聖さを配置の上でも示していた。廻廊の外では東室は聖霊院のところまでその簡素な切妻屋根をのばし、西室はいまのように離れた場所でなく、東室と対称的に廻廊のすぐ西に接して建てられていた。僧房は東室と西室のほかにも二棟あったことが「資財帳」でわかる。東にやや離れて現在綱封蔵と食堂とがあるが、食堂はもとは政屋で、その周囲にはさらにいくつもの倉が建ちならび、寺の経済をあずかる事務所としての機構がそなわっていた。浴室も現在は本坊の西側で、東大門と西大門を結ぶ道路より南方に設けられているが、もとは食堂付近にあったであろう。

時代の移り変りにつれて伽藍の姿は変貌している。講堂や西室のように当初の建物が焼失して、再建のときに新しい機能と環境を求めたものもあり、またついに再建されることなく姿を消した建物もある。古代にはすべての僧は、細長い建物をいくつかに間仕切した僧房に起居し、食堂で食事をともにする共同生活であった。しかし平安時代中ごろから私的な住房をべつに造ることが流行し、中世では子院ごとにわかれて生活するのが一般的となった。そのために僧房や食堂は時々の儀式や行事だけに使用する形式的なものとなり、浴室の使用も儀式の一部となった。このように機能が退化した建物が、当初とは異なった姿に改造され、また位置を変えられるのもやむをえないことである。そのかわりに私僧房である子院が発展し、現在の西院でも東大門と西大門を結ぶ道の南側や、西室の西側、さらに東院へ行く道の両側は、すべて中世以降にもうけられた子院で埋まっている。南大門の位置を南へ移して寺域を拡張したのは、こうした寺院機構そのものの変化に対応する処置であった。法隆寺には金堂・塔だけでなく僧房・食堂のように生活部面に関するものから、門や塀までも当初のまま、あるいは古い形式でよく残されている。それらによって仏法僧の三宝からなりたつ古代寺院の機構を具体的にみることができる。伽藍の主要部が日本に現存する最古の仏教建築である点とならび、このこともまた法隆寺のもつ大きな意義である。と同時にそれらは永い歴史のあいだに変化してきている。われわれは一つ一つの建物をみる場合にも古代の像だけでなく、中世の、あるいは近世の寺院の姿を重ねあわせてみてゆく必要がある。

資財帳と現存建物

法隆寺には天平十九年（七四七）に記された「法隆寺伽藍縁起并流記資財帳」がある。それに建物の名称と大きさが記されていて現在の堂舎と照合することができる。建物の最初に記されているのは門で、五口あり、二口が仏門、三口が僧門である。仏門のうち一口には金剛力士像が置かれ現在の中門にあたる。もう一つは今はない南門であるが、中門が長四丈二尺広二丈九尺であるのに長三丈八尺広一丈九尺と小さい。

これは飛鳥寺でも同じ関係にあり、南大門のほうが大きく立派になるのは、奈良時代にはいってからの変化であることがわかる。

僧門三口はどこに配置されていたのか明らかでない。現在の東大門は様式上この「資財帳」より前に造られたとみられるが、平安時代中ごろ南門を南へ移して寺地を広げたころに、やはりどこからか移建されたものである。妻の大虹梁が中央で切断されており、建物の大きさも「資財帳」記載のものと完全には一致しない。それで寺内からではなく、遠くから移建された可能性も考えられ、「資財帳」の僧門三口の一つかどうか問題がある。次に記されているのは塔で現在の五重塔である。つぎは堂二口でうち一口金堂、一口食堂と記す。金堂は問題なくいまの金堂であるが、食堂は長一〇丈二尺広五丈七尺と非常に大きく、現在の食堂とは大きさがちがって、平安時代焼失前の講堂の大きさにちかい。「資財帳」には講堂が記されていない。この点は注目すべきことで当時まだ講堂がなかったことがわかる。「資財帳」の食堂の規模が講堂と近似するので、講堂は天平頃は食堂と兼用でそれをのちに改造したのではないかと推定されるが、それはのちに記そう。現在の講堂はその後、延長三年（九二五）に火災にあい、正暦元年（九九〇）に再建されたもので、当初の建物ではない。

つぎは廻廊だが、現在は、北廻廊の大部分が取りはらわれ、折りまげて経蔵・鐘楼へ結び、さらにその北へ延びて屈折して大講堂両脇に取りついている。だから当初の部分は東西廻廊の端から二間ほど中央へ寄った箇所までである。つぎに経蔵と鐘楼がある。現在の経蔵はこの「資財帳」にしるされた建物。鐘楼は延長三年（九二五）に講堂とともに焼け、現在は同位置に当初の姿を復して寛弘二年（一〇〇五）～寛仁四年（一〇二〇）に再建された。そのつぎは四棟の僧房で、そのうち一口は現在の聖霊院までふくめた長さの東室である。それとほぼ同規模の一棟は西室と推定されるが、当初の建物は承暦年間（一〇七七～八〇）に焼失し、いまは鎌倉時代に造られた三経院・西室が、ずっと西へ寄った位置に建っている。「温室（浴室）一口長七丈八尺広三丈三尺」の所在は明らかでない。つぎに、大衆院の建物一〇棟がある。厨二・竈屋一・政屋二・碓屋一・稲屋一・木屋一・客房二がそれで、現在の食堂がその大きさから政屋のうちの一つにあたると推定されるほかは、まったく建物をのこさず、その旧位置も不明である。最後に倉八棟があるが、現存の綱封蔵は平安時代に下ると考えられ、このうちにはふくまれないらしい。ところで天平十九年（七四七）の「資財帳」に記された建物でも、様式上奈良時代の建立と推定されるものと、それ以前と思われるものがある。また「資財帳」の建物の後身ではなく、その後新しく建立された西円堂や上御堂もある。それらも現在は再建の堂に変っているが、こうした現存の建物を、子院に付属した堂舎をのぞき時代別にあげるとつぎのようになる。

奈良時代以前の建物　金堂・五重塔・中門・廻廊・東室
奈良時代の建物　経蔵・食堂（政屋）・東大門
平安時代の建物　大講堂・鐘楼・妻室・綱封蔵
鎌倉時代の建物　聖霊院（東室南端を改築）・細殿・三経院および西室・西円堂・上御堂
室町時代の建物　南大門・大湯屋・同表門

主要堂塔の配置

法隆寺は廻廊の内部に、東に金堂・西に塔を配置している。若草伽藍の発掘が行なわれるまでは、もし創建の寺が焼けたとしても再建には旧規を踏襲したであろうと考えていたので、こうした法隆寺式伽藍配置は飛鳥時代からあったと思われていた。飛鳥時代のもう一つの伽藍配置は、塔と金堂を前後に並べた四天王寺式で、この両形式が併存するとされていたのである。しかし若草伽藍が四天王寺式であったことが判明すると、この考えは通用しなくなった。四天王寺式の寺院跡は飛鳥文化の輸入地であった三国時代の朝鮮各地に例があり、その模倣であることが明らかであるが、法隆寺式はまだ朝鮮だけでなく中国にも確実な例はない。ではいつごろからこの形式が行なわれたのであろうか。

日本で最初の本格的な寺院建築は飛鳥寺である。それまで住宅などを転用して仏殿にあてていたが、物部氏との勢力争いに勝った

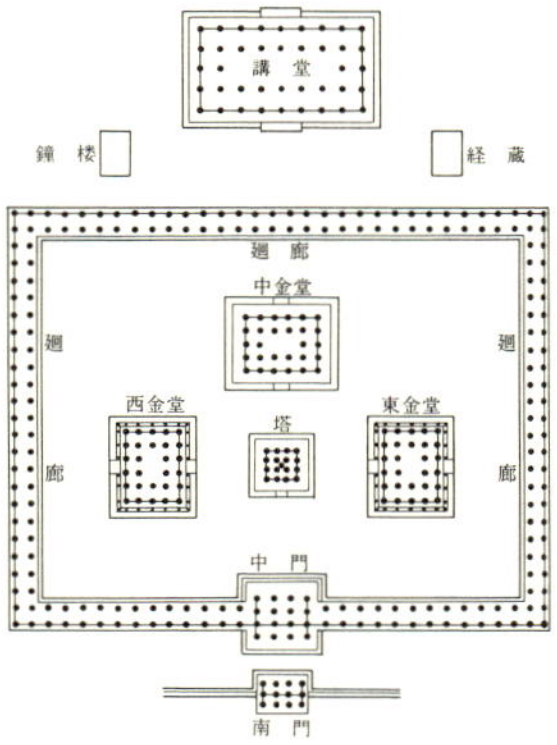

5　飛鳥寺伽藍配置復原図

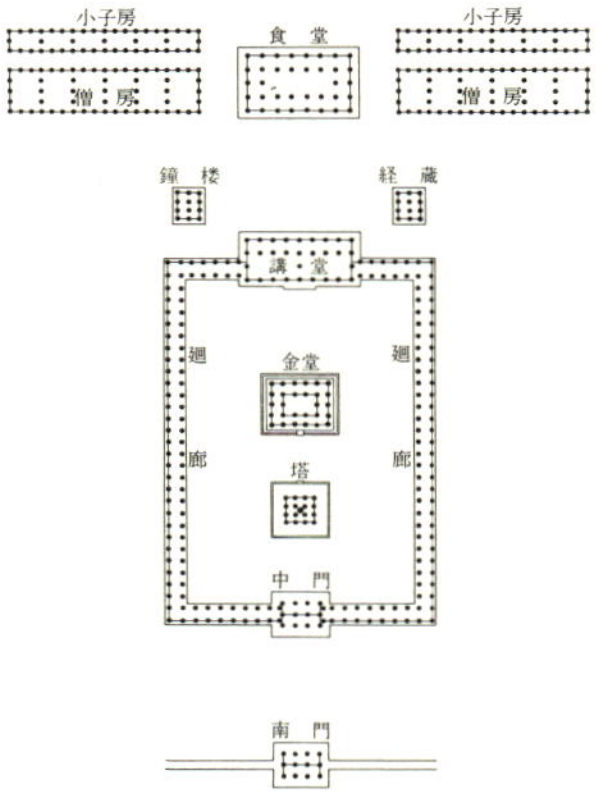

6　四天王寺伽藍配置復原図

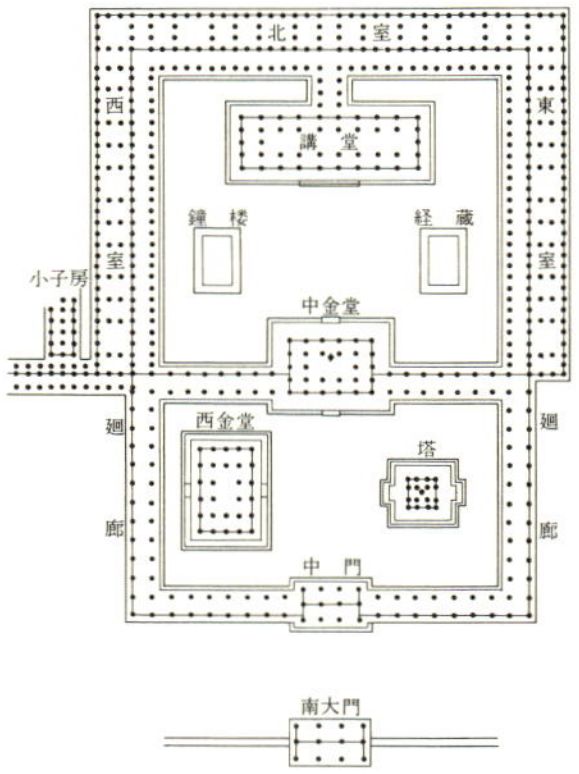

7　川原寺伽藍配置復原図

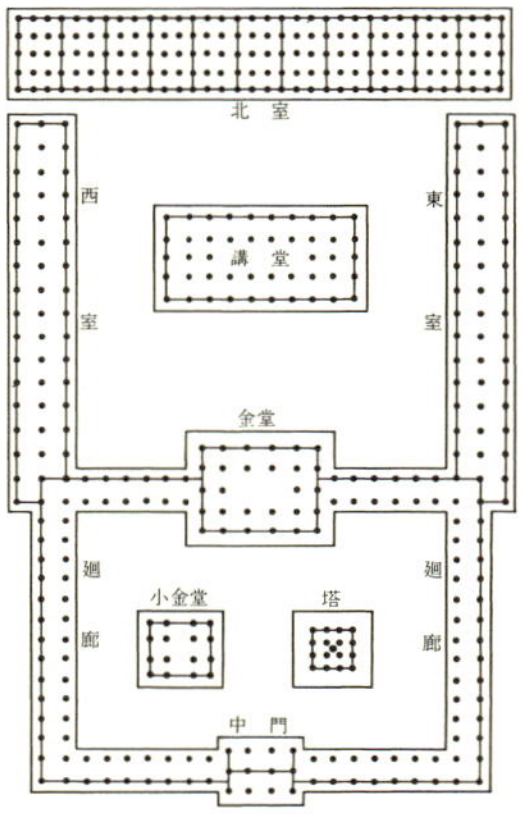

8　南滋賀廃寺伽藍配置復原図

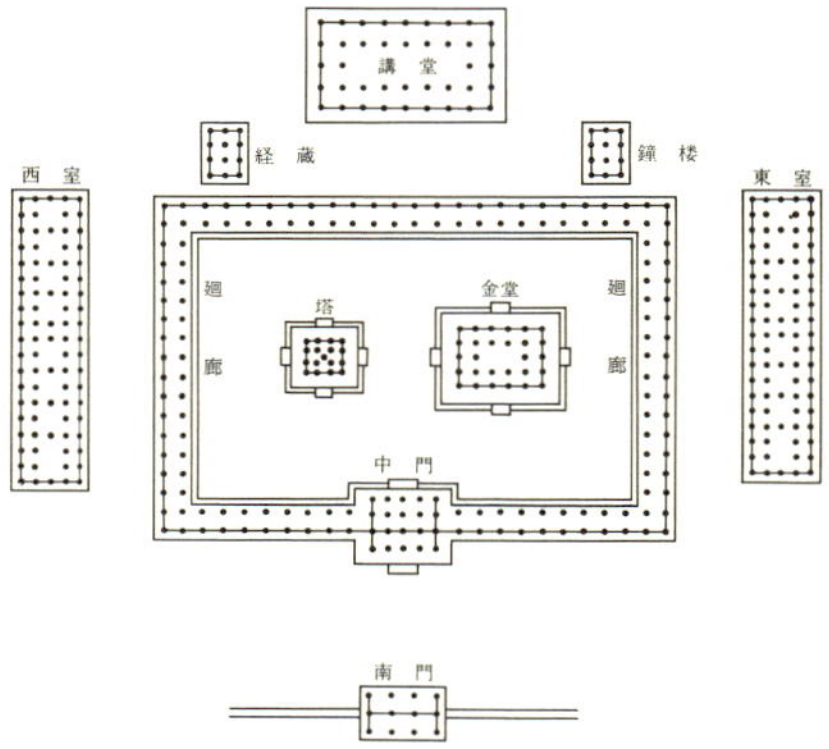

9　法隆寺伽藍配置復原図

蘇我馬子は、崇仏派の勝利のしるしとして、本格的な寺院の建立を志し、百済から造寺工・瓦工らをまねいて崇峻元年（五八八）に飛鳥寺の造営に着手し、推古四年（五九六）に完成をみた。この飛鳥寺は先年の発掘で伽藍配置が明らかになった。それは塔を中心としその後方（北）と、両横（東西）に塔のほうに向かった仏殿を配置し、塔の前方に建つ中門からおこった廻廊はこれらをかこんで矩形に閉じ、講堂は廻廊の外、後方に建っていた。四天王寺はこの東西金堂を省略した形とみてよい。若草伽藍跡はまだ塔と金堂だけしか調査されていないので、東西仏殿の存否は明らかでない。法隆寺から東方へ約四〇〇メートル離れた中宮寺跡も塔と金堂が南北にならぶことが、発掘の結果判明した。そのほか四天王寺式とみられる寺には、やはり聖徳太子にまつわる説話をもった片岡王寺などがあり、白鳳時代にはいる山田寺や北野廃寺（愛知県）などもこの例である。飛鳥寺もふくめるとして、いまのところ飛鳥時代の寺院跡で四天王寺式以外の配置をもったものはないのである。

建立年次がほぼ明らかなもので、つぎに登場する伽藍形式に属する寺は、川原寺と南滋賀廃寺である。ともに天智朝（六六二～七一）の創立で、天皇の御願になる官寺である。始めての官寺としては舒明十一年（六三九）詔の百済大寺があるが、これは現在では所在もわからない。川原寺と南滋賀廃寺はよく似た配置で、中門から発した廻廊は中金堂の側面に取りつき、その内庭に東塔と西金堂をならべる。前者は飛鳥寺に似て西金堂は大きく、塔と向きあうが、後者は、小金堂と塔がならんで南面する。金堂の後方に講堂を置き、その三方を三面僧房で取りかこむのは両者まったく同一である。この両寺の伽藍配置から、廻廊内の塔と脇金堂だけを造り、正面の金堂を略した形式ができる。川原寺の系統である東の塔と西の金堂を向かい合わせた形は、おなじく天智朝創立の近江崇福寺・筑紫観世音寺にあり、やや下って陸奥多賀城の高崎廃寺へつながる。崇福寺は天智天皇勅願の寺であり、後二者も大宰府・多賀城という中央政府の出先機関に附随している点は注目され、いわば官寺系といえよう。これを反転して東の金堂と西の塔が向き合う配置も、白鳳前期と推定される河内野中寺にある。

法隆寺式伽藍配置の成立

いっぽう南滋賀廃寺系の塔と金堂が南面する並置形式は、そのままで法起寺式になり、塔と金堂を東西いれかえると法隆寺式となる。法起寺は実は本当に塔の西に金堂があったかどうか、まだ疑問があるが、便宜上この名で呼んでおこう。法起寺式の例には高麗寺（京都府）、弥勒寺（岐阜県）、長熊廃寺（千葉県）、石井廃寺（徳島県）などがあり、長林寺（奈良県）、西琳寺（大阪府）、雪野寺（滋賀県）などもこれに属するらしい。このうち出土瓦の形式からみて、もっとも古いと思われるのは高麗寺で、川原寺と類似の古瓦を出土する。弥勒寺や雪野寺も同系の瓦であるが、やや型がくずれ時代がさがる。高麗寺には飛鳥時代の瓦も少量出土し、それに対応するように塔は瓦積基壇の内側に玉石積の旧基壇らしきものがあるが、白鳳時代にはいって伽藍の改修を行なったとみられ、塔と金堂がならぶ形式は、川原寺創立の年代とほぼ時を同じくすると思われる。同様に飛鳥様式の瓦を出土する長林寺は、まだ発掘調査がされていないので、資料にできない。そのほかの寺は白鳳末期と考えられる。

法隆寺式の例は再建法隆寺、法輪寺をはじめ、猪名寺（兵庫県）、伊丹廃寺（同）、額田廃寺（三重県）、斉尾廃寺（島根県）などがあり、立部寺（奈良県）、禅寂寺（大阪府）、海会寺（同）も未発掘であるがこの例にはいると思われる。このうち伊丹・斉尾の二寺は金堂と中心をそろえて背後に講堂がならび、これを伽藍軸線とすれば塔が西へ張りだす形である点が注目される。たとえあとからでも塔・金堂の中間線上に講堂を配置した法隆寺式とは、区別したほうがよいのかもしれない。出土瓦で重視されるのは額田廃寺で、ここでは山田寺式の重圏縁単弁蓮華文瓦当が発掘され、法隆寺再建の年代よりさかのぼる可能性がある。法輪寺は講堂跡から白鳳初期の瓦を出土し、その点では法隆寺西院より古いが、これは創立をしめすもので、金堂や先年焼失した塔がそなわった年代は明徴を欠いている。猪名寺も発掘された塔・金堂跡は川原寺式の瓦をもっていたことが判明し、少量出土する飛鳥瓦はただ創建の年次をしのばせるにすぎない。高麗寺や猪名寺は創建時にはおそらく小規模で堂塔も完備しなかったのを、七世紀後半にはいって仏教が律令政府の政策の一部として推賞された機運のなかで、大改修されたのであろう。

ところで法隆寺・法起寺両式に共通した特色は、古いものほど、塔と金堂の間が接近している点である。高麗寺は塔と金堂の基壇間距離二七尺（八・二メートル）で、塔基壇一辺長四一、四尺（一二・六メートル）よりかなり小さいのに、弥勒寺は基壇間四一尺（一二・四メートル）、塔基壇三八尺（一一・五メートル）で中間にもう一つ分、塔がはいる余裕がある。法隆寺式も額田廃寺は基壇間二一尺（六・四メートル）、塔基壇三五尺（一〇・六メートル）で、これは法隆寺の四七尺（一四・二メートル）、および四一尺（一二・四メートル）にくらべ接近の度がいちじるしい。またこうして近接する高麗寺、額田廃寺は、塔と金堂の基壇南辺を一直線上にそろえているのも注目され、南滋賀廃寺とその点でも近似している。弥勒寺や法隆寺では塔と金堂の中心を東西にそろえるので、規模の大きい金堂基壇のほうが前へでるのである。なお塔と金堂の近接度の問題は、四天王寺式にもあてはまり、百済の軍守里廃寺は基壇間二八尺（八・九メートル）、塔基壇四六尺（一三・九メートル）、若草伽藍は同三一尺（九・四メートル）に五一尺（一五・五メートル）と、かなり近接している。飛鳥寺をはじめ川原寺、南滋賀廃寺は中心部の殿堂が緊密に配置されていて、それをみた場合には堂塔の重なりあいがわずらわしくさえ感じられると想像されるが、この傾向は七世紀中ごろまでの初期寺院に共通のものであった。こうしてみてくると法隆寺西院の伽藍配置形式は、一、官寺系の大規模な伽藍ではなく、白鳳時代に各地に数多く建立された氏族の氏寺と同系列に属する。二、その成立年代は同系のなかでもやや新しく、七世紀なかばをさかのぼらない、ことなどがわかる。

金堂

廻廊にかこまれた内庭には、金堂と塔だけが置かれ、建物は四方から眺められる。それだけに両者の大きさも均衡をとって計画されており、ともに高い二重基壇上に立って、重層の金堂は、上層の屋根の垂みを強く、中央部の勾配を急にして大棟を鋭く高く立ち上がらせ、五重塔はそのほぼ二倍の高さにそびえる。金堂の上層は内部を使用しない外観だけのもので、塔と並置されるためにその高さが必要だったのである。初重は桁行五間・梁行四間で正方形にちかい。飛鳥寺では礎石位置は判明しなかったが、基壇の広さは縦横二一メートル×一七・五メートルで、法隆寺は二重基壇の上部が二〇・六メートル×一七・二五メートルであるから、大きさも縦横の比例も両者よく似ている。若草伽藍の金堂基壇も二一・八メートル×一九・四メートルでこれらに近い。ただし川原寺ともなると、おなじく五間×四間でもひとまわり大きくなる。上層は正面四間、側面三間とかなり思いきって小さくしており、そのために上部がひきしまって全体の姿がよい。この初重と二重の柱間寸法はつぎのような簡明な考えかたで成りたっている。初重は身舎にあたる桁行三間・梁行二間が高麗尺（高麗尺の一尺は三五・七センチメートルぐらい）で各間とも九尺で、周囲の庇は六尺である。これに垂木を高麗尺〇・七五尺間隔に配ると九尺の間は一二本、六尺の間は八本はいる。したがって側面では垂木の数が八＋一二＋一二＋八となるが、上層はこのなかからまず広い間を一つ減らし、さらに残った各間から垂木一支（垂木の中心からつぎの垂木の中心までを一支という）ずつを狭めて七＋一一＋七とした。正面もこれと同様に八＋一二＋一二＋一二＋八から一二の間を一つと、あと垂木三本分を縮めて七＋一一・五＋一一・五＋七としたのである。全体を小さくするだけでなく、柱間寸法も一支ずつ、縮小して釣合を保つこの方法は、かなり巧妙である。上層をぐっと小さくしたかわりに、その屋根は裾のほうは下層と同様に大きく張り広げながら中央部をつよく反り上らせ、入母屋造の妻飾もこれに対応して強い曲線をもった叉首組としているのである。

上層には卍字飾りのついた高い高欄がめぐり、下を三斗組の組物と人字形の割束でささえる。この高欄の高さは屋根面に接する土台をのぞいても約一・六メートルもあり、実用ではなく下層屋根面取付部分をかくすと同時に、上層をよりひきしめる役割をはたし

13　金堂雲形組物詳細

10　金堂復原模型

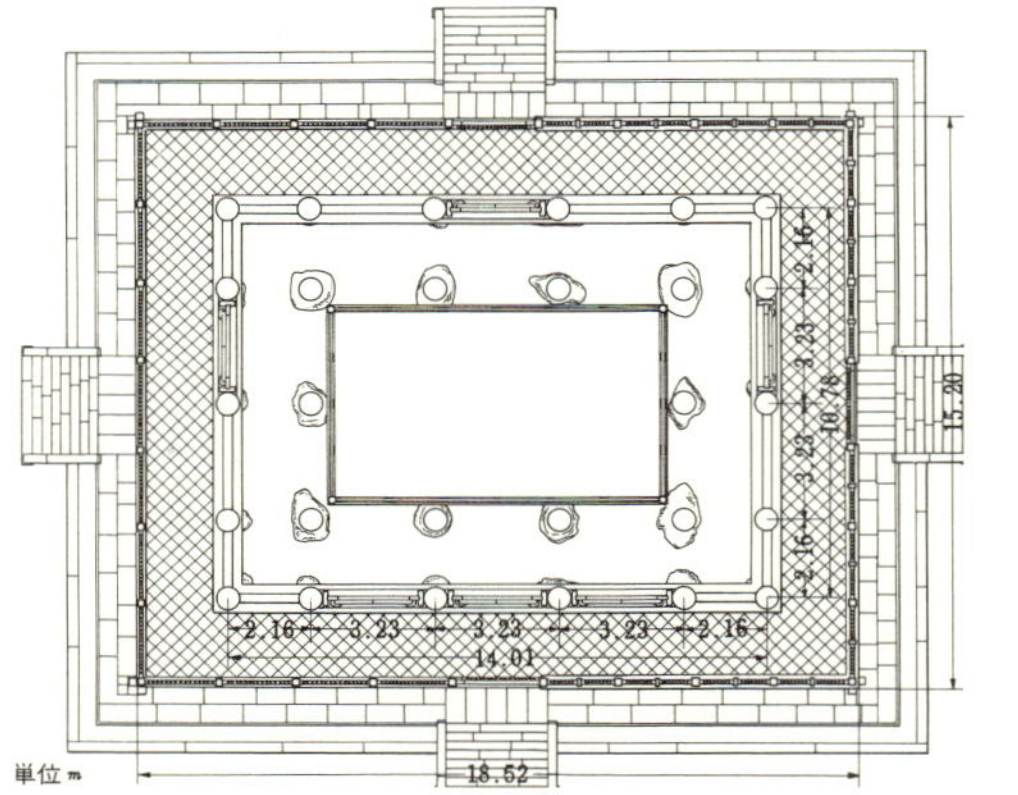

11　金堂平面図

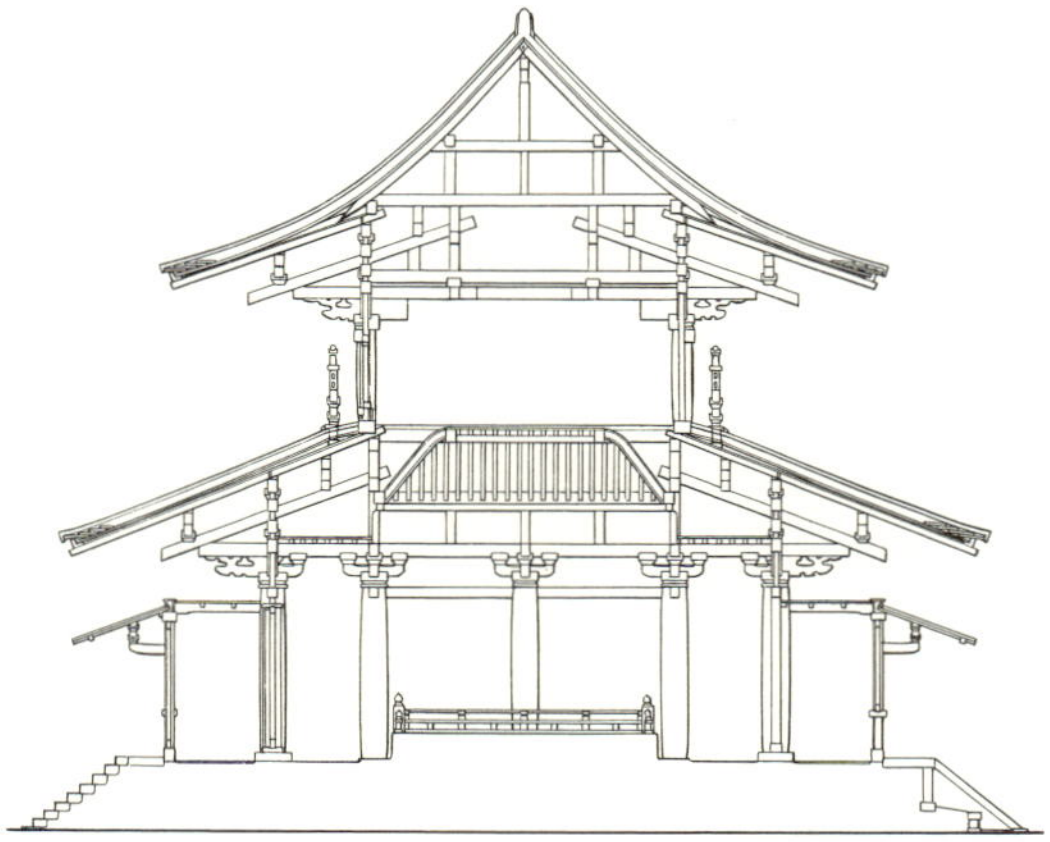
12　金堂梁行断面図

ている。これに対して初重につけられた裳階は、それ自体は意匠も秀れているが、初重の軸部をまったく隠し、また屋根も近接して大きく張った初重軒裏をうす暗くしており、そのために下層全体に、やや重苦しい感じをあたえている。裳階は最初からとりつけられたものらしいが、薬師寺東塔のように裳階を計算にいれて軸部を極端に高め、全体の均整をはかった意匠とくらべると実用一点ばりで、本体と裳階とは別個に考えられていたことがわかる。

建物の細部をみると柱は強い胴張りをもち、どっしりとした重量感がある。柱上には皿板つきの大斗をのせ、雲形組物を組んで力肘木をさしだし、その先端に斜めにかかる尾垂木をのせ、尾垂木上の雲形組物で出桁をささえる。屋根の下地となる垂木は柱筋上部の桁とこの出桁のあいだにかけわたされ、さらに前方へふかく突きだす。垂木は断面正方形にちかく直線で、おなじく直線の尾垂木とともに鋭くきびしい軒裏の表情をつくりだすが、その下の組物は張りのある曲線で拮抗しており、軒回りは上方への入りこみがふかいことも関連して、異様な力感を印象づける。とくに金堂では雲斗栱の周縁に沿って鋭い稜線による筋彫をほどこし、要所に渦をつけて前へ差しだす曲線の組物が動物形にさえみえるので、異国的である。柱の胴張りもこうした力の流れをうけとめる必然性から生まれたのであろう。組物は内部では三斗組をもちいるが、肘木の上角には笹繰がつき、木口は垂直でなく下端を心もち外方に張りだすので、肘木ぜんたいとしては彎曲して上方へさし上げる力づよい姿をしている。内部の天井をみると周囲の庇部は柱上の組物を結ぶ通肘木の上に組入天井を張るためにかなり低いが、身舎ではその上に小壁を立て、長い支輪で折り上げて高い組入天井を張る。現在は身舎内部いっぱいに土築漆喰塗の須弥壇をもうけるが、当初は身舎柱列の外側に地長押をめぐらし、内部はそれに合わせて板張りとする低い仏壇であった。

なお昭和二十四年の火災は上方から初重の天井小壁まで解体したときに起きたので、現在の建物は初重の組物以下が新材に取り替っている。旧柱は胴張りなども一本ずつ、また各面ごとに異なっており、その不整形が独特の力強さを現わしていたので、新材もすべて一本ずつそれに倣った。しかし、実はそうした不整形さは、機械的な対称性を求めない古代的な工作技法の現われであると同時に、壁まで塗ったあとで曲面の手直しをした彫刻家的な造型の結果でもあり、そうした大胆にして細心の意匠はやはり新材にのぞむべくもない。

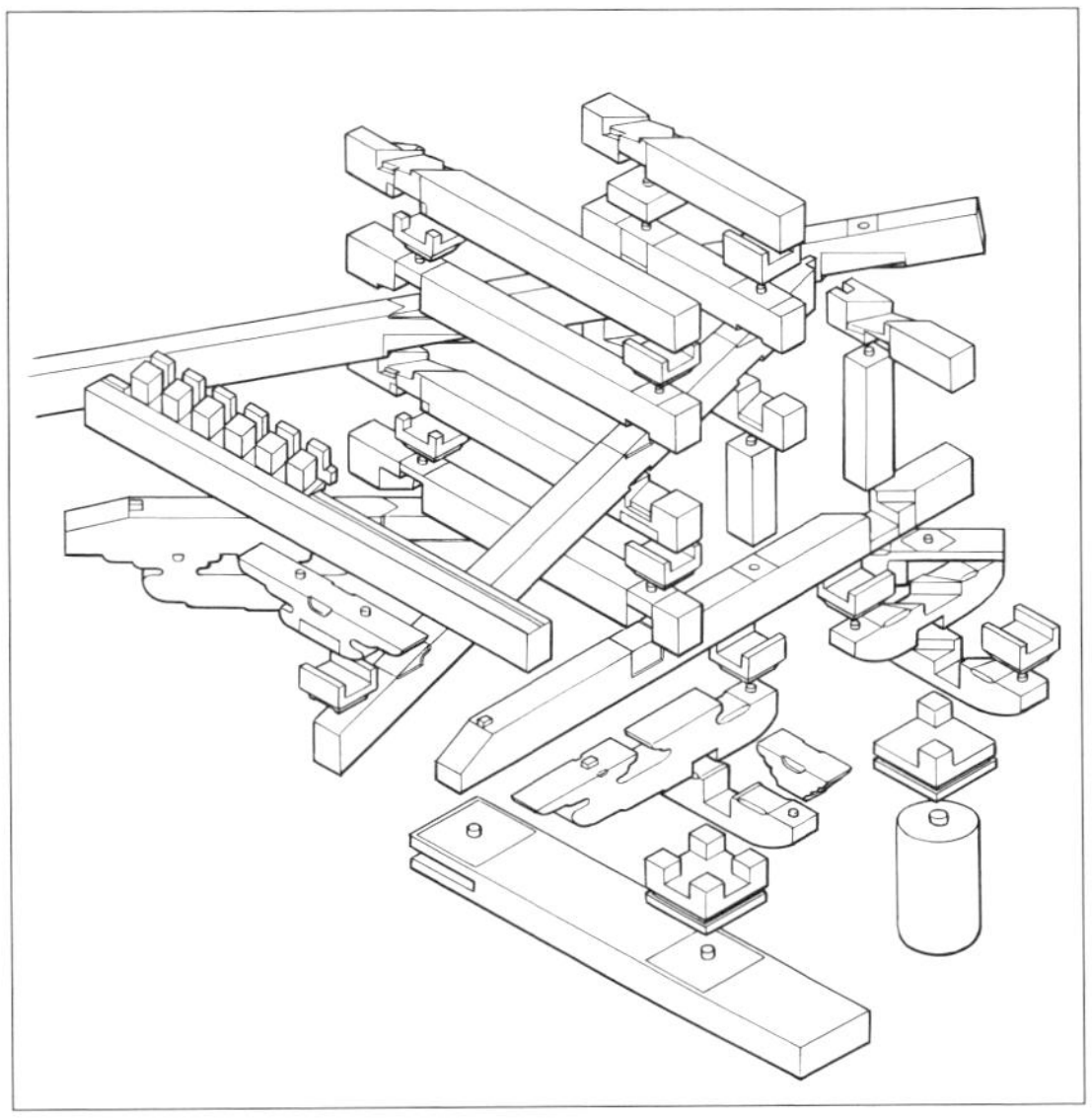

14　五重塔組物分解図

五重塔

総高一一二・四尺（三四・一メートル）で金堂の高さ五四・二尺（一六・四メートル）の約二倍にあたる。「資財帳」には「高一六丈」とあり、切り縮められたのではないかと疑われたこともあったが、解体調査の結

16　五重塔舎利容器模品

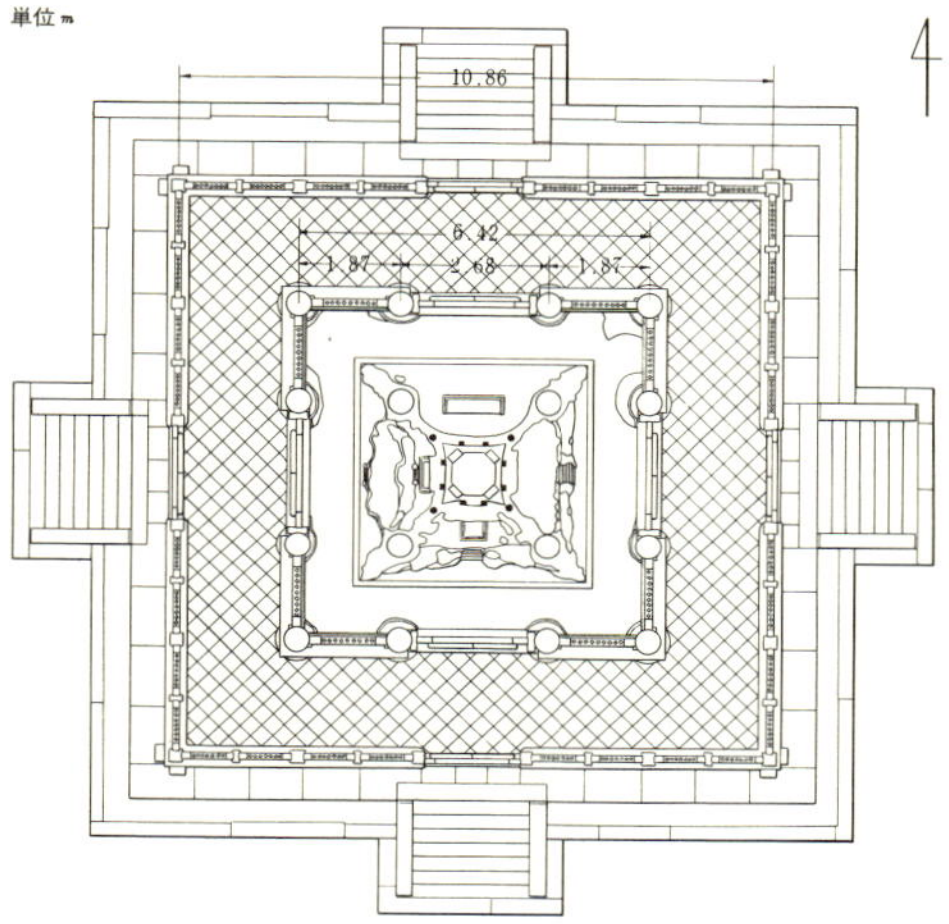

17　五重塔平面図

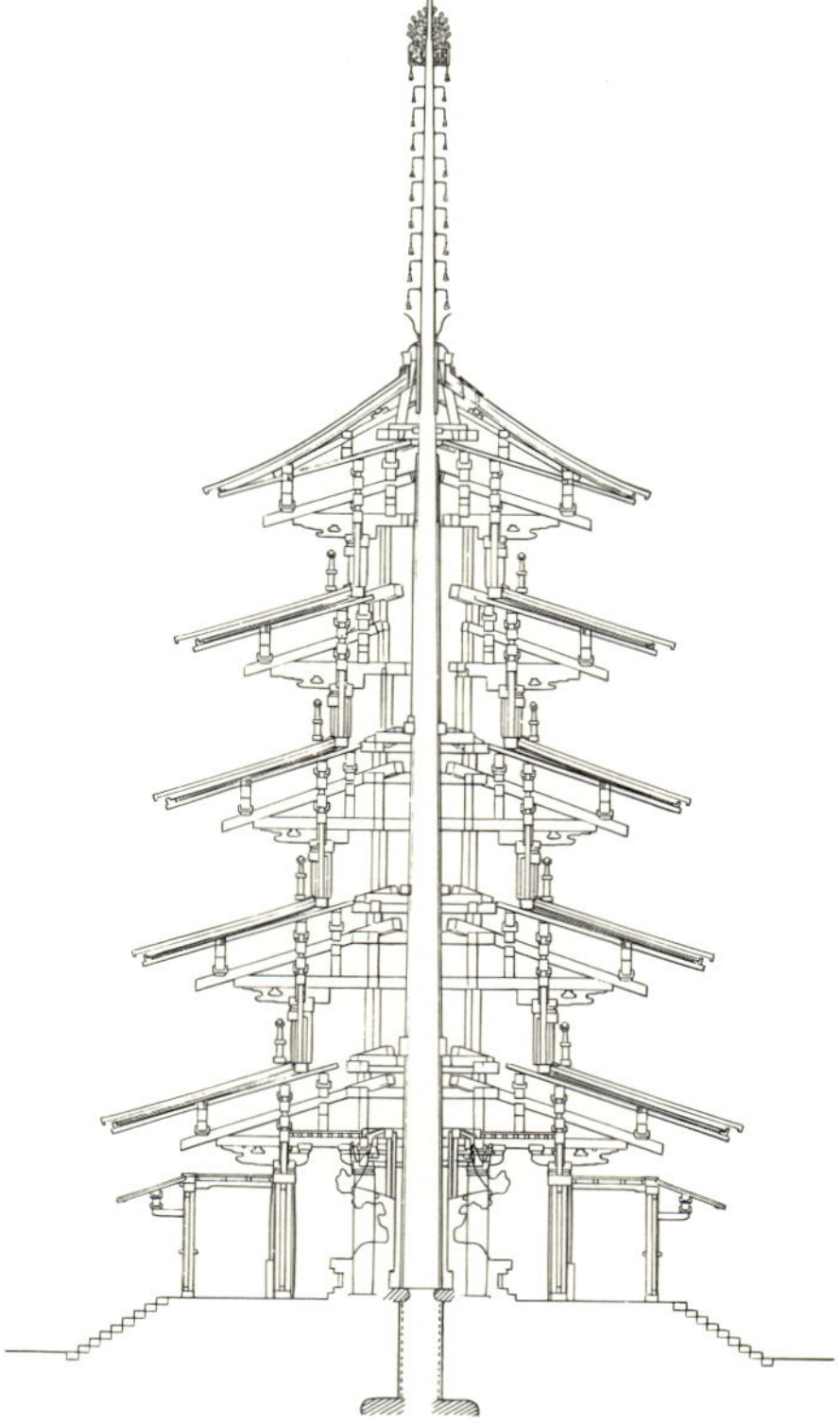

15　五重塔断面図

果大きな変更はなかったことが判明した。ただし五重目の屋根は慶長九年（一六〇四）の修理時に勾配を強くされ、心柱もそれまで二本継ぎであったのを、頂部に継木して露盤以上を高めてある。平面は初重一辺が高麗尺の一八尺、五重は九尺でちょうど半分になるが、柱間寸法の逓減には金堂よりさらに簡明な比例がもちいられている。初重は垂木間隔を〇・七五尺とする二四支で、これを七＋一〇＋七の三間に割付ける。二重から上は各間とも一支ずつ減じ、二重は六＋九＋六、三重五＋八＋五、四重四＋七＋四とし、五重は三＋六＋三となるところを、隅の間が三では狭すぎるので六＋六の二間に切りかえた。各重とも中央間に対して脇の間をずっと小さくするのは、隅木方向にしか組物を持ちださない特有な構造からの制約でもあるが、中心性を強調して荘重な落ちつきをつくっている。組物もこうした逓減に応ずるように造られていて、大斗の上にのる壁付の枠肘木は、隅の間が狭まって隣同士がつきそうになる三重では、肘木をほかより約一二センチメートル短くして、その上の雲斗の開きも約九センチメートルほど狭めている。四重にいたると隅の間の肘木を連結して共通の雲斗一つをささえ、五重ではそれも不可能となって柱間を二間にした。尾垂木をささえる力肘木は内部で反対側のものとつないで軸組を固めるが、二間にすると心柱につかえてそれが不可能となり、構造上いちじるしく不利となる。そうした細部の納まりの不統一を越えて、全体の均整を重視したところが、この塔のすぐれた美しさの基なのである。

軸部は初重だけ普通の高さに造っているが、二重以上はずっと低くなり、各重の屋根が積み重なる形をとる。そのために高欄も腰組がない。各重とも内部は床がなく、実用的に内部をもちいないことは勿論である。軸部の構造や組物の形式は金堂とほぼおなじなので省略する。雲斗栱に彫刻をもたず、垂木のさきに華麗な飾り金具をつけるなど、全体としては金堂の力強さがうすれて、洗練された意匠にかわっており、建立年代が金堂よりだいぶおくれることを示すものと解される。内部は蓮華文を描いた組入天井を張り、四天柱からはみ出して須弥壇と須弥山を造る。心柱はその中心に通っていまは基壇上面でとまっているが、もとは下方約三メートルの土中にすえられた心礎から立っていた。心礎をふかく埋めて心柱の根元を粘土などで巻きかためる方法は飛鳥寺をはじめ四天王寺・中宮寺・法輪寺・定林寺など初期寺院に共通してみられ、白鳳時代になると川原寺・崇福寺・高麗寺・橘寺・大寺廃寺（鳥取）・北野廃寺（愛知）などのように心礎が基壇上より約一・五メートル前後のやや浅い位置にかわる。その点では法隆寺塔は古式である。心礎上面はたいらにならされ、中央に円錐形の穴を穿って、銅板で蓋をされた内部には、響銅の大鋺にもられてまず鍍金響銅の合子があり、それを割ると卵形透彫銀容器、そのなかに卵形純金容器、さらになかに銀栓をした硝子製水瓶があって舎利を納めていた。舎利を硝子壺・金・銀・銅の四重容器でつつむのは、天武元年（六七三）の山田寺心礎中埋納の記録や、崇福寺発見の舎利荘厳具とよく一致し、当時の最も格式高い方法であった。法隆寺の舎利容器は調査後また旧位置に納められ、模造品が大宝蔵殿にみられる。なお若草伽藍の塔心礎は舎利孔がなく、上面に隅に出張りをもった四角形の浅いくぼみを彫るが、これは八角形の心柱とその背中合わせの四辺に打ち付けた添柱をはめこむためで、現法隆寺塔心柱はちょうどその形式になっている。

中門・廻廊

金堂や塔が初重の軸部を裳階で隠されているのに対し、中門は胴張り付きの柱を吹放し空間に林立させて、どっしりと安定した全景をみせる。対立する金堂・塔のかなめの意味で、重層とするだけでなく規模もかなり大きい。通常、門は正面を奇数間にとり中央を戸口とするが、ここでは四間とし、中心に柱がくる。これには古来いろいろな説があるが、要は金堂・塔・中門の三者鼎立の空間構成を重視して、中門を大きくとったために、四間が適当となっただけであろう。中門をとうして塔・金堂が直線上に望まれる飛鳥寺や四天王寺は、これより小さく、正面も三間であった。梁行を三間とするのは重層のためで、もし普通の門のように二間にすると、逓減される上層は奥行きが浅くなり、側面からみると貧弱な形になるが、それをさけて重厚な落ち着きをもたせた意匠は賢明である。飛鳥寺も同様に梁行を三間としている。柱間寸法は高麗尺で桁行中央二間と梁行中央間が一〇尺、端間がすべて七尺である。上層はこの中から端間一間分を縮少して桁行二七尺、梁行一七尺にとり、下層とおなじく四間×三間にわける。したがって逓減率は金堂よりずっと少なく、上層の桁行寸法は金堂と中門では約六〇センチメートル差があるだけに近接する。四方から眺められる位置の金堂とちがって、中門には両脇に廻廊がとりつくのであるから、上層もあまり引きしめず、廻廊への押えをきかして軒先を大きく左右に広げたわけで、伽藍全体のバランスを意図した設計は適確と賞されよう。金堂や塔より真近に柱の胴張りや雲形斗栱がみられ、内部が明るい吹放しとなって構造の細部がよくわかるのも、この中門に親しみやすさを感じさせる。なお中門の正面両端間に塑像の金剛力士像を安置するが、これが飛鳥・白鳳時代の定型で、奈良時代に下ると中門より南大門が大きくなって中門は単層、南大門が重層となり、仁王像も南大門に置くように変化する。

中門から発する廻廊はもとは経蔵・鐘楼より手前で閉じて、聖域の区画としての役割を今より明瞭にしていた。前述の中心的建物とは異なって組物も平三斗組をもちいた簡素な建物である。奈良時代になると大寺では梁間二間の複廊をもちいるが、白鳳まではすべてこのような単廊であった。中門両脇は金堂・塔の大小に対応して東を一一間、西を一〇間とする。柱間は桁行・梁行とも高麗尺の一〇尺五寸と大きく、柱高は約八高麗尺なので、横長のおちついた立面となっている。外側をすべて連子窓とするが、腰長押を低くして窓は大きく造られ、連子子の間隔も開いて、明るい外光を柱間いっぱいにとりいれる。内庭に面しては吹放してやや間遠に柱が配置されており、廻廊の内部には明快でリズミカルな雰囲気がただよう。大斗上にかけ渡された梁も円弧状にゆったりと反り、上に簡潔な叉首組をのせている。

建物の構成材が一眸に納まるが、やや短かめの胴張付き柱から虹梁・叉首組・垂木へ縦に連続する木太い構造材の流れは、各部の太さの均斉もとれて見事であり、横につなぐ頭貫や長押は細くすっきりとしてこの力の流れをさまたげることなく、軽快な調和を保っている。簡明であるだけに金堂・塔・中門などより、日本人好みの意匠といえよう。

法隆寺様式の特色

以上にのべてきた中枢部の堂塔には、この後の仏教建築にはみられない幾つかの特色がある。柱の胴張り、大斗につけられた皿板、雲形斗栱、人字形の割束などがそれにあたり、卍字組子の高欄も珍らしい。飛鳥・奈良時代の建築は始めは朝鮮を経由、のちには直接に中国から技術を学んだので、こうした細部の特色ももちろん手本は中国にあった。しかし中国や朝鮮には法隆寺とまったく同じ様式の建物は現存しない。それでこの特徴を一つ一つ中国の石窟寺院などと比較し、そこからこの様式の成立年代を探ろうとする研究方法が、早くから行なわれた。たとえば皿板は五世紀後半の雲崗石窟にみられるが、六世紀なかばごろから以降の天竜山・響堂山石窟にはほとんどなくなり、中国ではたかだか百年ほどの流行であること、また中国では大斗だけでなくすべての斗につけられたが、おなじく五世紀末ごろの朝鮮（高句麗の古墳）では、大斗と肘木両端の巻斗にありながら中央の斗にはなく、大斗だけにある法隆寺は省略化の末端に位置することが明らかになった。また人字束も組物間の装飾として用いられたのは雲崗石窟に例があり、そこではまだ足が直線であったが、天竜山・響堂山石窟になると法隆寺のように曲線化し、隋・唐では曲線の誇張がいちじるしくなるけれども、この装飾はさらにのちまでも用いられたことが判明した。こうした比較の結果を整理して、法隆寺様式の手本となったのは五世紀末の北魏や梁ではなく、六世紀後半以降の北斉や隋であったとする村田治郎氏の説は、いまのところ広くみとめられている。

ところで法隆寺様式の最大の特色である雲形組物は、中国にも例がなく比較がむずかしい。二世紀ごろの漢代の石造物にまがりくねった肘木をもちいた例があり、それから発展したと推定はされるが、あまりにも時代のひらきがありすぎる。そこで外見的な形だけでなく、法隆寺の組物の性質を薬師寺東塔と比較してみよう。図18・19に示すとおり柱心から出桁までの距離は両者ほぼ等しいが、尾垂木の支点となる力肘木先端は法隆寺のほうがずっと前へ突きでている。いっぽう尾垂木の内部での納まりをみると、薬師寺は入側柱筋まで長く引きこんで尻を押えるが、法隆寺は中間の束でささえており、外部の力肘木と出桁間距離は、内部の引きこみ長さと比例していることがわかる。薬師寺が尾垂木をななめの挺子としてもちい、側桁から外の撥ね出しを充分きかせているのに対して、

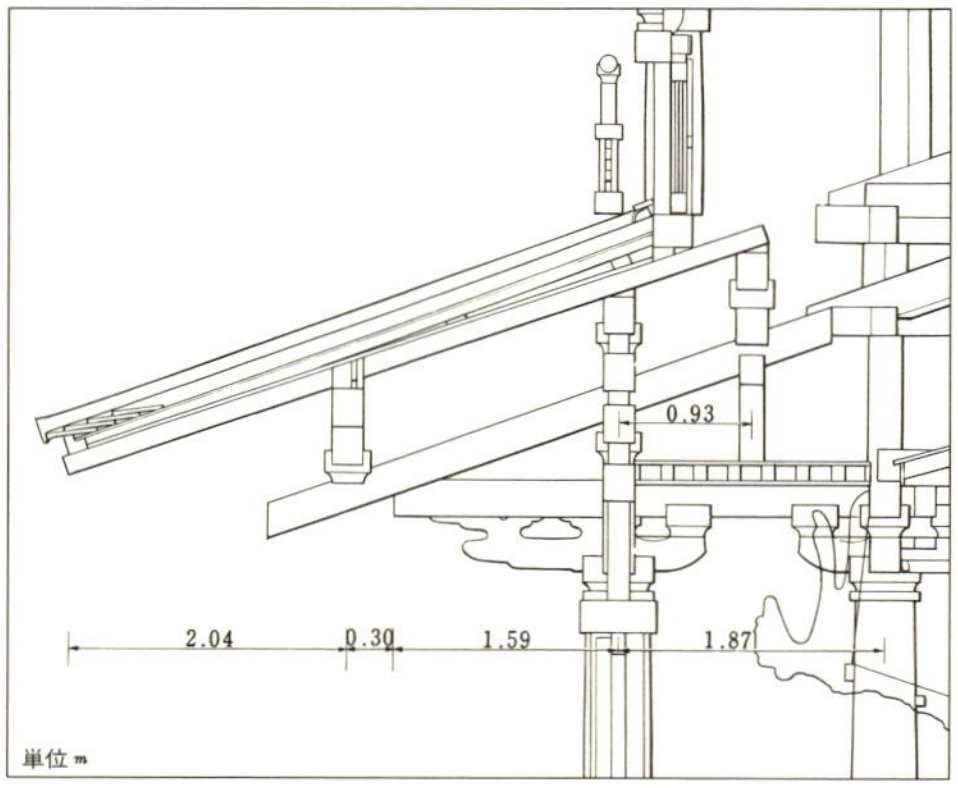

18　法隆寺五重塔初重組物図

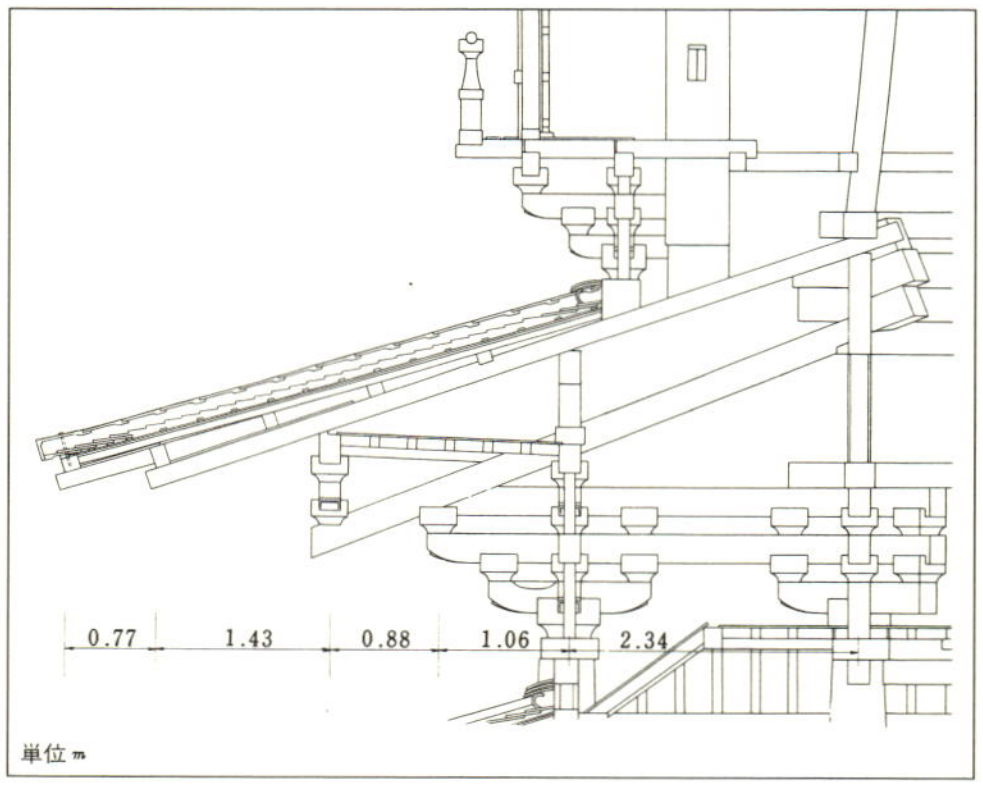

19　薬師寺東塔初重組物図

法隆寺は側桁と力肘木先端を支点として、その両端は天秤のように力のバランスが意図されているのである。したがって力肘木にかかる力は法隆寺のほうが大きくなり、しかも前へ突きだす寸法は長く要求される。法隆寺で壁付最下段の通肘木が力肘木よりやや上に通され、浅い渡り腮の組手として力肘木をなるべくいためないようにしているのは、このためである。大斗上の秤肘木も段違いに組む材を支えるべく、前方は肘木と巻斗とを一木で造った雲形斗栱、壁付は、肘木は通常形で巻斗だけを成の高い雲斗にしている。ここでは薬師寺のような整然とした肘木と斗の組み合わせは使えないわけである。組物を隅では斜め方向だけにしか出さないことも、天秤的な尾垂木の性質からすれば当然で、そのために隅では出桁の支点間隔が遠くならないように、柱間寸法を中央部より隅の間をずっと小さくする。

法隆寺が力の均衡でなりたつ構造であることは、金堂に大梁を用いないことからも示される。奈良時代以降の建物は身舎に大きな梁をかけ、屋根荷重をこれでささえるが、法隆寺金堂上層では長くさしだした軒先と中央の切妻部分との荷重の均衡が意図されている。玉虫厨子の錣葺はこの構造原理をそのまま現わしたものである。金堂は上の切妻のところに反りのつよい垂木をつかい、さらに下の垂木とつなげる短い鰹節状の垂木を挿入することによって、外観で屋根に段がつく不手際さを隠蔽した。このようにみてくると法隆寺の構造がきわめて理論的であり、余分な材が全くないことがわかる。しかし力の均衡がいったんどこかでやぶられると、全体へおよぼす影響はいちじるしい。修理前に支柱が各所にいれられ、現在でも金堂には上下層とも隅の支柱が必要とされているのは、長年月の間に生ずる部材の撓や組方のゆるみを考えれば、当然の結果であった。法隆寺様式は理論的ではあるが安全率の低い構造であり、長い経験にうらづけされない

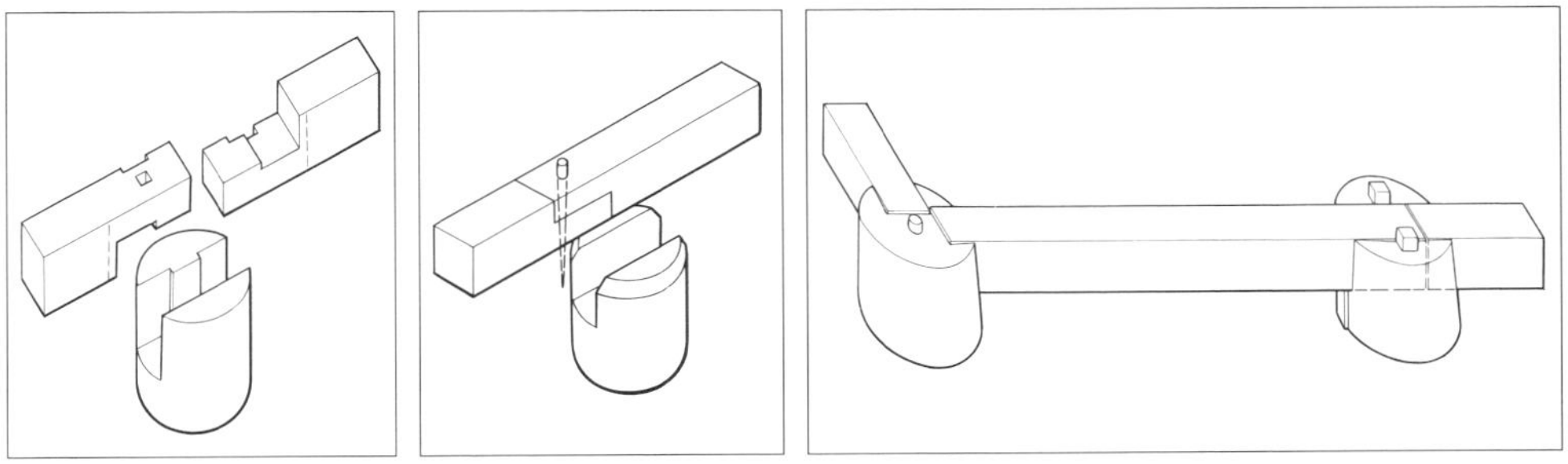

太山寺本堂（鎌倉）　法隆寺東院伝法堂（奈良）　法隆寺金堂（白鳳）

20　頭貫技法変遷図

22　雲崗石窟第二洞の三重塔

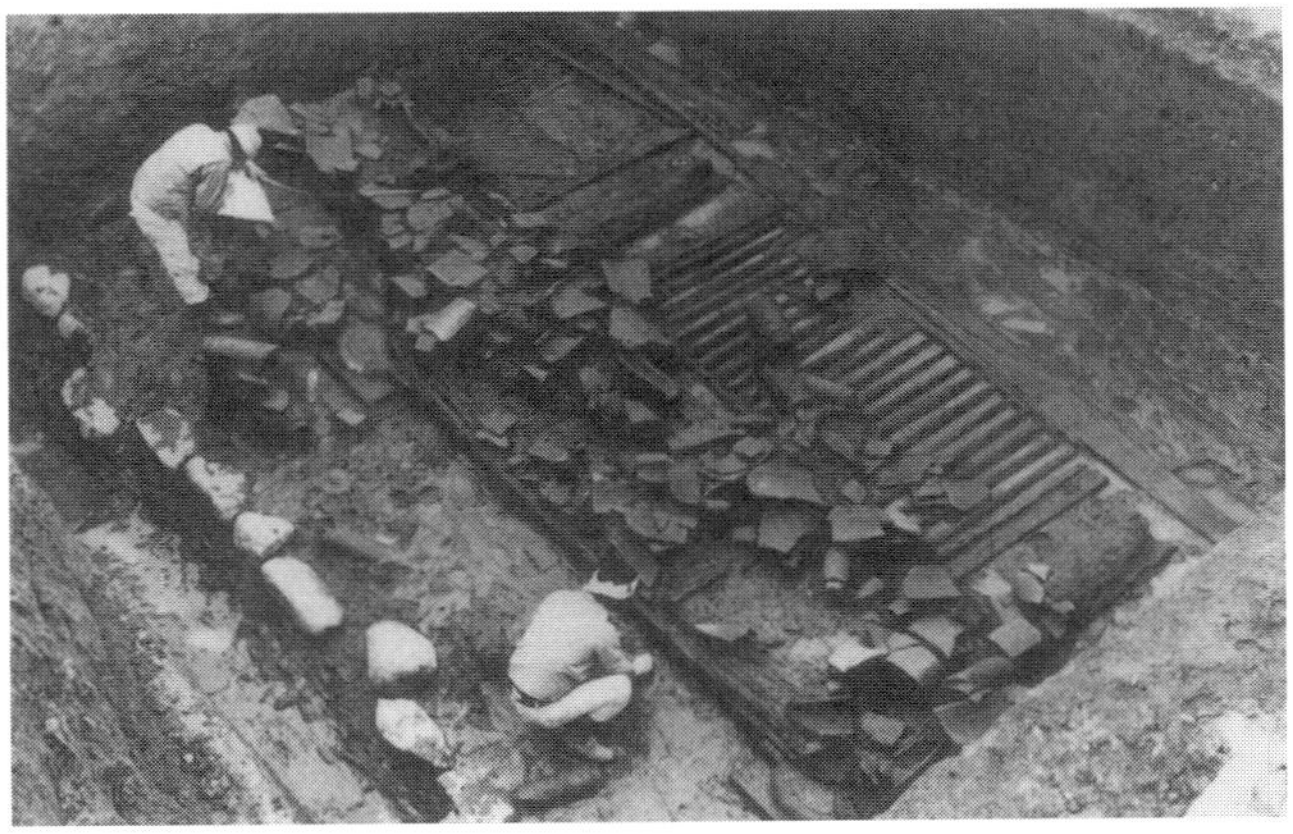

21　発掘された山田寺廻廊連子窓

未熟な構法といえよう。

構法の未熟さは軸部にもある。それは頭貫をみると明らかで、図20のように法隆寺様式では頭貫は柱の上部に渡されただけであるが、奈良時代になると柱へ釘止めされて柱同士をつなぐ構造材となり、鎌倉時代に下ると仕口・継手が発達してさらに結合が強化される。こうして柱と貫が有機的に組み合って木造建築特有のねばりのある構造が生まれるが、法隆寺はまだその前段階にあり、地震や風による横ゆれに対抗するためには、柱を必要以上に太くした。雲崗石窟の建築例では柱上の大斗を結んで横架材がかかり、その上に平三斗と人字束を配列する形式が多く、頭貫はまだない。大斗はギリシャ建築の柱頭飾と同じで、高勾麗古墳の壁画も頭貫を欠き、法隆寺も上層にはない。中国で頭貫をもちいるのがいつごろからかよくわからないが、こうした点一つでも法隆寺の構造が薬師寺以下の奈良時代のものと、かなりかけはなれていることが明らかであろう。

23　飛鳥寺東金堂二重基壇

法隆寺と飛鳥建築

法隆寺以前の建築様式は、建物がのこされていないのでわからないが、近年寺院跡の発掘がすすむにつれて、異なった形式もあったことが明らかにされた。その一例は飛鳥寺の東・西金堂で、これらは二重基壇の下段に礎石を配置しており、礎石は軒先の支柱用と推定される。法隆寺のように組物でふかい軒をささえるより、支柱をもちいるほうが古めかしいが、この種の二重基壇は百済の軍守里廃寺・平済塔廃寺・高勾麗の清岩里廃寺など、朝鮮でも初期寺院に限って、もちいられている点は注目され、あるいは雲崗第二洞の三重塔のように、この柱列上に平三斗や人字束をならべたのかもしれない。ただし飛鳥寺でも中金堂は前へさしだす組物をもちいたらしく、新旧二系統の形式が共存していた。

また飛鳥寺では円形の垂木先瓦が出土するので、丸垂木をもちいたことがわかる。中国では地垂木は丸垂木で、隅を扇状に配置するのが普通である。四天王寺講堂は出土瓦から七世紀なかばの建立と推定されたが、その軒が地上に落ちた型が発掘されて円形の扇垂木と判明した。円形の垂木先瓦を出土する寺院跡は皇極二年（六四三）建立の山田寺などほかにもあり、同様な形式の軒は日本でもかなり多く、飛鳥時代にはむしろそれが本流であったと思われる。

いっぽう七世紀後半には別の新しい様式も輸入されていた。天智朝（六六二～七一）建立の川原寺がその例で、中金堂の柱間寸法は法隆寺様式のように隅の間をとくに狭くとらないので、組物の形式が異なると考えられる。天武朝（六七三～八五）創建の薬師寺も平面の性質が川原寺に似ており、それはまた奈良時代にひきつがれる。川原寺は瓦の点でもそれまでの単弁文様を複弁にかえた重要な寺で、それらはおそらくすべて直接唐から学んだものと思われる。そして、以後は川原寺、薬師寺の様式が仏教建築の主流となるのである。

法隆寺をこうした変遷のなかで眺めると、古い要素と新しい要素とが混入しており、古いほうが多いことがわかる。前者はおそらく飛鳥様式のうけつぎで、前節でふれた構造の未熟さや特殊な細部形式であり、後者は角形平行垂木とする軒のあつかいや瓦の形式である。角形平行垂木は、神社建築にみる日本の伝統的な技法をとりいれた改良の結果であろう。法隆寺西院の複弁の瓦が、七世紀なかばをさかのぼらないことも、近年では定説化している。飛鳥様式にも軒支柱の方式を旧式として、すくなくとも新旧二様があった。飛鳥寺の新様式がそのまま法隆寺式の母体になったかどうか判らないが、法隆寺は飛鳥様式をまだ多分に残し、一部にそれを完全に消化したうえでの日本的な意匠が加わったものといえよう。その点で現法隆寺の再建年代は、天智九年（六七〇）の火災後と考えて矛盾するところはない。なお玉虫厨子は丸垂木を用い、また大斗上を直接通肘木で結ぶ点などが、より古式である。法隆寺様式の終末は、天武十三年（六八五）に造りはじめ、慶雲三年（七〇六）に露盤を上げた法起寺三重塔にみられる。このころには建築の主流は唐式に移行し終わり、法隆寺式はまったくの地方様式と化していたのである。

経蔵・鐘楼・大講堂

経蔵と鐘楼はともに袴腰をもたない楼造で、下層柱上の出三斗組物に上層の床と縁を支える井桁の梁組をかけ、上層柱は下層と位置をそろえてその上に立っている。両者よく似ているが、経蔵のほうが下層が高く、上層は低くて、ひきしまった外観である。組物や二重虹梁蟇股の妻飾りも、経蔵のほうがすっきりしており、奈良時代初期の建立であることを示している。既にのべたように廻廊は当初これより南方で閉じ、経蔵はその外に置かれたので、中枢部より建立がおくれ、建築様式もそのころの主流であった唐式によったのであろう。鐘楼は延長三年（九二五）に講堂とともに焼け、その後再建されたもので、斗は経蔵よりせいの高い、やや鈍重な形式がもちいられ、平安時代の制作であることを明示している。妻飾りもそのためせいが高くされ、経蔵より屋根勾配は大きい。上下柱長さの比例を経蔵とかえたのも、屋根の厚さが異なったためである。鐘楼だけをみればけっして姿のわるい建物ではないが、軽快さにおいて経蔵が一段と秀れ、下層の白壁も充分にいかされている。なお下層内部は土間で、梯子をかけてのぼるようにされており、鐘楼上層には奈良時代の梵鐘が吊られている。

大講堂は当初の建物が延長三年（九二五）に焼け、正暦元年（九九〇）に再建された。一山の僧侶が参集する必要から、講堂はどの寺の場合にも桁行一〇〇尺前後の大きな堂となる。現在桁行九間であるが、西端一間はあとからつけられたもので、それもはじめ下屋の庇をつけ、何回も改修してついに本建物と一体にする経過をたどった。講堂も平安時代以降は本来の行事の形式が変り、専ら法要を行なう場所となるので、正面が八間では中心性がなく、具合が悪かったのであろう。飛鳥・白鳳時代の寺院には飛鳥寺・四天王寺・山田寺・北野廃寺（愛知）、高崎廃寺（宮城）など、桁行八間の例が多く、それが正式だったらしい。建物は大きくても構造はかんたんで、平三斗組をもちい軒の出もみじかい。柱間隔にくらべて柱高が大きく、全体はどっしりしているが、近づくと、みあげるような垂直感に圧せられる。正面の扉も高く開き、内部は身舎に梁組などを見せず一面の組入天井を張るので、広く明るい。

焼失した前身建物も礎石据付け跡から、やはり八間でいまとほぼ同規模であることが判明した。面白いことは円柱座をつけた凝灰岩礎石を、最初から上下逆転して用いていた点で、現在はまたそれを正規の状態にもどしている。前身堂建立のときに、礎石はそれ以前の古いものを転用したわけで、おなじようなやりかたが東室にもみられる。東室は後述するように奈良時代以前の建立と考えられるが、講堂の前身堂もいまの建物とくらべて身舎の柱間寸法が各々一尺ずつ大きく、庇は約三尺狭いという古式な平面なので、同じころの建立としてよさそうである。前身堂の規模は「資財帳」の食堂とほぼ一致している。前身堂発掘のさい、中央に桁行二間の仏壇が発見され、そのなかから平安朝初頭の古銭—隆平永宝が出土したが、食堂のときにはまだなかった仏壇を平安時代にはいって築き、講堂に改めたのであろう。

僧房

廻廊の東側に聖霊院と東室、西側に三経院および西室があり、東室の脇に妻室が付属する。このうちもっとも古いものは東室で、身舎にかかる虹梁は廻廊とよく似た円弧状の反り形をもち、白鳳末期の建立と推定される。当初は現聖霊院のところまでつづく細長い建物であったが、子院の生活が一般化して僧房がもちいられなくなったので、前方を聖徳太子をまつる堂に改造したのである。傑出した僧を慕って生前の住房を、弟子たちが堂のように崇拝の場とするのは、奈良時代末ごろからあり、時代が下がると堂はさらにりっぱなものに発展するのが一般的な傾向である。唐招提寺や元興寺極楽坊など現存の僧房はすべて前寄り約半分を堂に改造している。聖霊院も保安二年（一一二一）に東室の前方を改修して造られ、現在の建物はその後、弘安七年（一二八四）に仏堂らしくすっかり建てかえられたものである。前方に広庇をとり、建具も蔀戸を多く用いるなど、平安時代に流行した寝殿造の対屋を思わせる姿

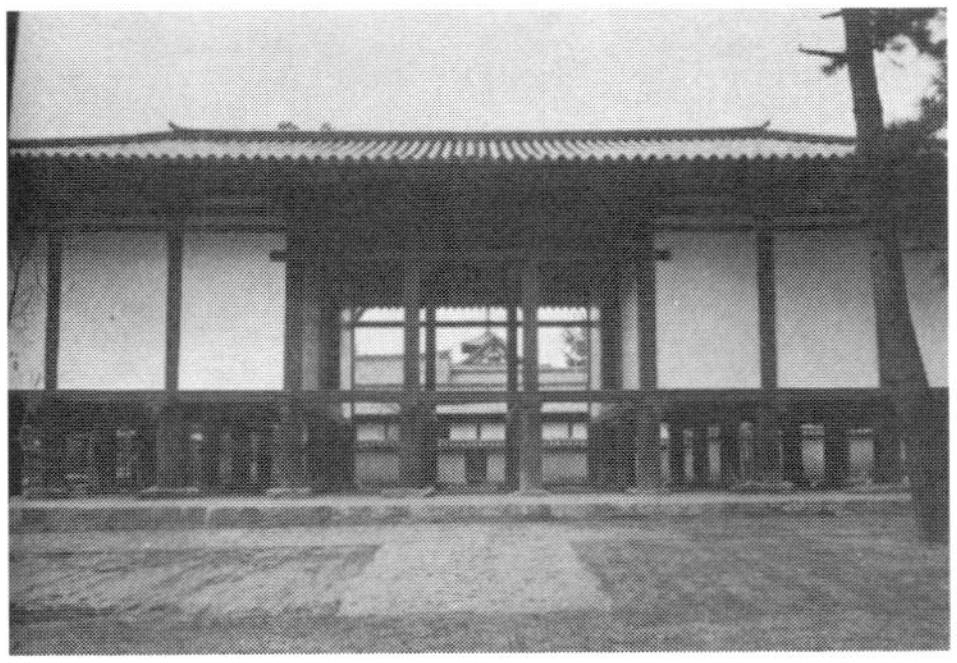

25　綱封蔵

26　聖霊院と妻室

24　東室内部（復原房）

をしているが、これはやはり太子御自身が住まわれた形を意図したのであろう。

東室は長い年月のあいだに何回も改修をうけ、現在の外観は十四世紀なかばすぎの改造時のものとなっている。扉口と連子窓を一間ごとにならべ、この二間分で一房（一単位）とする。創建時の材が後方にのこされており、北より第二、第三室を当初の形に復原してある。「資財帳」に現住僧やその見習の沙弥の人数が記されているので割りつけると、一房には八人程度の人が住んだらしい。東室は柱の上に直接桁をのせる最も簡単な構造で、丸垂木をもちいる。法隆寺には丸垂木はここにしかないが、先年解体修理のさい柱は当初から他の建物の古材を転用したことが判明した。講堂でふれたように、礎石も円形繰出しの上面を、わざわざ下にして転用していた。するとこうした柱や礎石は焼失した若草伽藍の一部かもしれず、古式の丸垂木もそのことと関連するのであろう。妻室は東室に付属した小子房で、東室一房の桁行二間分と柱筋を合わせて円柱を建て、中間を角柱で三間にわける。大房と小子房を組み合わせて一房とし、大房には僧が住み、小子房には従者が住んだと推定される。東室よりさらに簡素な建物で、防寒のために壁を多くもちい、実用

27　西室内部

28　食堂と細殿

一点ばりである。「資財帳」には小子房の記載がなく、現在の建物は形式技法からすると、平安時代のはじめまで下るらしい。

西室は、当初の建物が承暦年間（一〇七七～八〇）に焼失し、現在は寛喜三年（一二三一）に位置を回廊からやや遠く西方に離して再建されたものである。一部を法華・勝鬘・維摩の三経を講ずる三経院にあてていたのは焼失前からであったらしいが、再建にあたってはじめから南端に三経院を大きくとり、これと一棟に西室をつづけた。東室と同様二間一房の制をとり、連子と扉を一間ごとに配る。三経院は聖霊院とよく似た外観であるが、組物を大斗肘木、軒を一軒とするなど聖霊院より簡素に造られている。

食堂その他

聖霊院と大宝蔵殿の中間で北へやや奥まったところに食堂と細殿が前後に軒を接して建つ。食堂は様式上奈良時代と考えられ、「資財帳」の政屋二棟の一つと規模が一致するので、同帳に食堂と書かれた建物が平安時代初めに講堂として改装された時に転用されたと考えられている。大斗肘木の簡素な建物である。細殿はいまは吹放しであるが元来その前面には今の食堂とほぼ同形に配置された扉や窓があり、両者の中間の側面も囲われて、内部を一つづきの堂としてもちいたことが記録からわかる。食堂・細殿のあいだの軒の接するところには樋をかけて雨水をとっていた。その形式を双堂というが、政屋を食堂に改めた時、より広い平面への要求をこうして解決したのである。いまの細殿は、その後鎌倉時代後期に建てなおされたもので、そのときからは現在とおなじ吹放しとなった。

食堂の前方西南に高床造の綱封蔵がある。もとはこれと向かい合わせにも倉があったというが明らかでない。古代の倉はふつう正倉院正倉のような校倉を考えるが、これは壁体を塗壁とする。しかしその内側は柱の間に厚い板を積み上げた丈夫な板壁で造られ、盗難にそなえている。左右三間ずつを倉とし、扉口を中央三間の吹抜き部へ向かって開く。内部の品物を出し入れするさい、屋根のかかった中央部に臨時に床板をならべれば、恰好の前室となろう。双倉は本来こうした形で、正倉院のように中央部も倉とし、扉を全部正面に向けるのは発達した形式と考えられる。ただし現在の綱封蔵の年代は平安初期とみられ、「資財帳」に書かれた倉七棟とはべつのものらしい。

このほか伽藍の西北隅の岡の上に西円堂が、講堂の裏側の斜面の中腹に上御堂がある。西円堂は奈良時代末期ごろ創建、現在の建物は旧基壇をそのままもちいて建長二年（一二五〇）に再建のもの。上御堂は平安時代中期始めごろ創建、現建物は文保二年（一三一八）再建である。

子院の建築は省略して最後に東院へ向かう途中の東大門をのべよう。三間一戸の八脚門で、東大寺転害門とこれだけが、現存する奈良時代の門である。法隆寺南面の大垣はもとは東大門内の道路の北側に設けられたので、この門も平安時代末ごろまで別の位置にあった。解体修理のさい墨書が発見され、当初は南北方向に向かっていたことが判明したが、旧位置は明らかでない。すっきりした二重虹梁蟇股の架構をかけ、内部は三棟造りとする。組物や虹梁の形は経蔵と類似し、部材の均衡も木太くて、いかにも奈良時代らしい建物である。

東院伽藍

東院伽藍の創立

聖徳太子の斑鳩宮は御子・山背大兄王に伝承されたが皇極二年（六四二）蘇我入鹿の軍勢に焼かれた。東院伽藍はその由緒ある旧跡の荒廃を嘆いて、大僧都行信が天平十一年（七三九）に創立したもので、はじめから太子讃仰の意図のもとに造られた。天平宝字

29　東院夢殿復原立面図

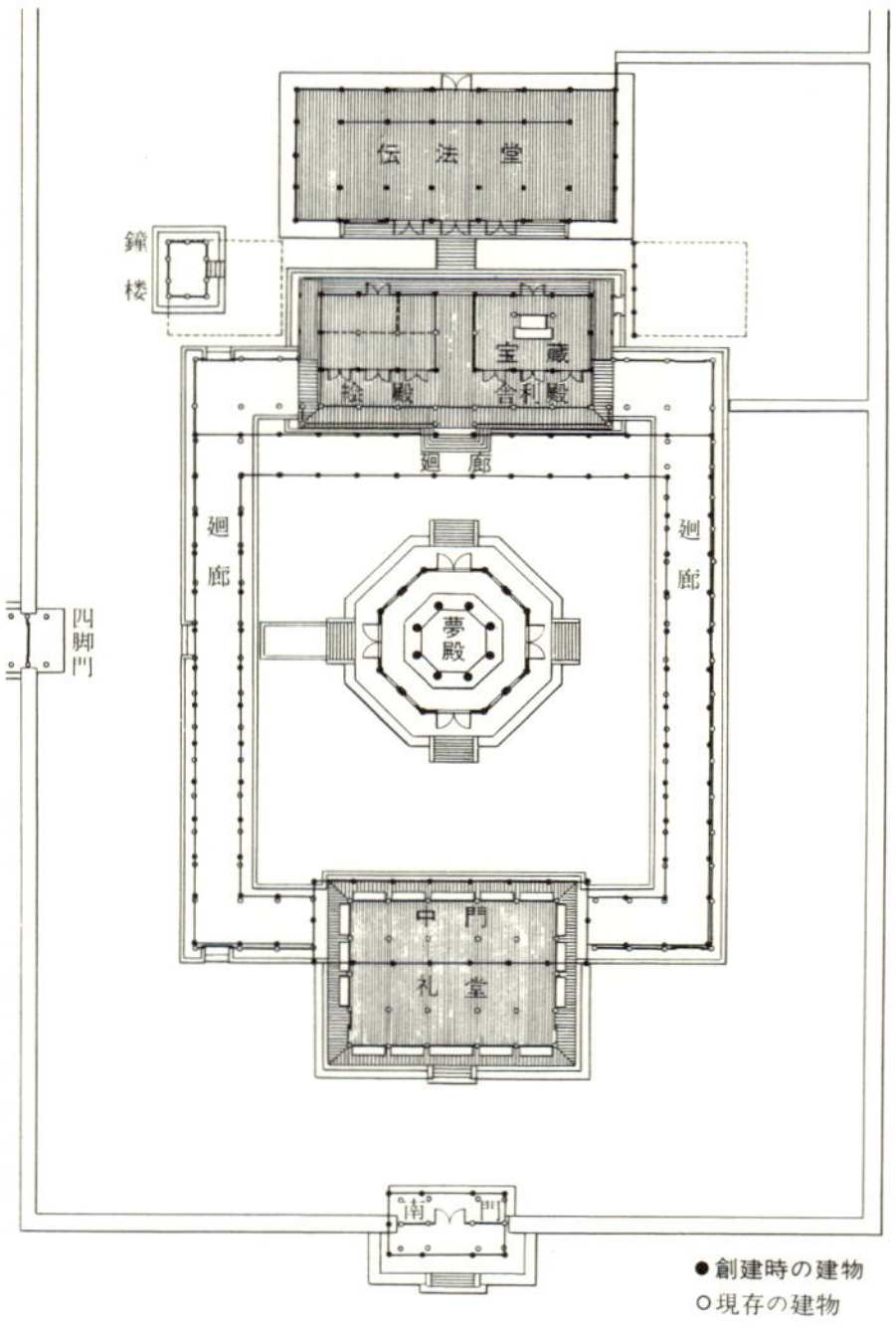

30　東院伽藍現状および創建平面図

五年（七六一）の「資財帳」があり、創建の堂宇がよくわかるが、それにはつぎの建物が記されている。一瓦葺八角仏殿　二檜皮葺廡廊　三檜皮葺門二棟　四檜皮葺屋三棟　五瓦葺講堂　六瓦葺僧房二棟。現在の東院にはここにあげられた建物のうち、檜皮葺屋の二棟（香木堂）と僧房以外は、奈良時代創建のままか、あるいは多少位置や大きさをかえて中世に再建されて残っており、創建時の伽藍構成をよく伝えている。さらにここで檜皮葺と記された建物は、礎石をもちいず掘立柱式であったことが、建物を解体修理したさいの発掘調査の結果明らかにされている。また夢殿も現在は創建時より成を高く、屋根も大きくされているので、全体的に、いまよりずっと簡素で日本的な別院であった。

　なお斑鳩宮と考えられる掘立柱建物の跡も、発掘によって何棟か発見された。いまのところ調査した範囲が舎利殿・絵殿と伝法堂の地下に限られているので、宮殿の全貌は明らかでないが、若草伽藍に近似する方位の振れをもち、現東院の軸線の方向とはだいぶ異なる。

31　夢殿宝珠露盤

32　五重塔西面塑像群中の舎利塔

33　舎利殿・絵殿

夢殿・伝法堂

　東院の中心になる八角仏殿はいつのころからか夢殿と呼ばれている。八角堂を中心とした別院は、藤原不比等のために造られた興福寺北円堂院など多くの例があるが、塔や金堂をそなえた寺院とはちがい、廟所の性格をもっている。堂の頂部に華麗な露盤をのせているが、その中核は蓮座の上に据えられた水瓶で、水瓶の上に八角の蓋をひろげ、さらに火炎宝珠をあげている。この形は五重塔初重塑像群の分舎利の場にある舎利容器と似ており、八角堂が仏殿であると同時に、舎利を納める塔をかねていることを現わすのである。建物は高い二重基壇上に建ち、大きな軒を広げてどっしりしているが、現在の姿は創建時とはだいぶ異なっている。もとのままの材は柱から下方で、その上の組物や軒回りは鎌倉時代寛喜二年（一二三〇）にすべて造りかえられており、そのとき桁を一段上げ足し、軒の出も四割ていど長くした。三斗組上の現在の通肘木に垂木を打ち、軒の出をすくなくして屋根勾配ももっとゆるやかにした形が奈良時代の姿で、いまより軒回りが明るくなり、簡素ではあるが軽快なおもむきが濃かった。

　伝法堂は舎利殿・絵殿の北にすぐ接して建ち、東院の講堂にあたる。夢殿が鎌倉に大改造をうけているのに対して、伝法堂は奈良時代創建の姿をよくつたえている。大斗肘木の組物で、身舎には二重虹梁をかけ、それがそのまま切妻の側面に現われる。部材の均整がよくとれ、虹梁の曲線も美しいが、ぜんたいとして木太い、たくましい感じで、とくに天井を張らない内部の架構からは、威圧感すらおぼえる。建物がどっしりと低く、屋根勾配もゆるい落ちついた外観は、奈良時代建築の特色である。

　ところで、この伝法堂には床板が張られている点が珍しい。奈良時代の堂は中国式に石敷か土間が正式で、床は日本式である。

34　伝法堂前身建物復原模型

伝法堂は「資財帳」に聖武天皇の夫人橘古那加智が奉納したと記されているが、解体修理のさいに調べると、両端から二間めの各部材がやや新しく、もとは桁行五間でそれを東院に移したとき、いまのように七間に改ためたことが判明した。

そして五間のときの姿を転用材や柱にのこされた仕口痕などから復元考察した結果、前方二間が開放的なホール、後方三間が壁や扉でかこまれた寝室で、もとは住宅であったことがわかった。ホールの前には簀子敷のベランダももうけられていた。軒はいまのように二軒でなく簡素な一軒で、屋根も檜皮葺であった。

日常の生活の場である住宅建築は、消耗がはなはだしく、現存するものはすべて中世以降の建物であるが、ここに一二〇〇年以上も前の貴族住宅を具体的に知りえたのは貴重で、伝法堂の床板張りは住宅建築としての名残を止めているのである。

礼堂・廻廊・舎利殿および絵殿

礼堂は始め桁行七間・梁行二間・掘立柱檜皮葺の中門であったが、現在の建物は五間×四間で寛喜三年（一二三一）に再建されたものである。創建の建物も門としては桁行が長いから礼堂を兼ねていたことが判る。夢殿を礼拝する堂であるため、内部は床板敷のまま何の施設もなく、正背面ともすべて蔀戸で、これを上げると吹放しとなって、神社の拝殿と似た構えになっている。礼堂の両脇から発して舎利殿および絵殿の両妻へ回る廻廊も奈良時代には掘立柱式で、北側は舎利殿・絵殿の手前を通って閉じていた。その点は西院伽藍の廻廊と全く同じで、こうすると内庭には夢殿だけが置かれ、その森厳さがいや増すのであった。現在の廻廊は嘉禎二年（一二三六）再建のもの。虹梁上に大きな板蟇股をのせて棟を支える簡単な構造で、柱高も西院廻廊より低く、全体的におだやかな建築である。連子窓も連子々を直接頭貫に挿し込む簡素な形式としている。

舎利殿および絵殿も鎌倉時代の承久元年（一二一九）に建て直された。当初はいま梁行三間分の後方二間幅で、桁行は現在とおなじ七間の檜皮葺掘立柱建物であった。「資財帳」では桧皮葺屋三棟の中に数えられているが、「東院縁起」には「御経蔵」とも記され、元来聖徳太子の遺品を納める宝蔵として造られたらしいが、延久元年（一〇六九）に西三間を太子一代の伝記を画いた絵殿にあらため、東方には太子感得の舎利を祀った。前面の一間は舎利や一代絵を礼拝する拝殿で、承久再建時にもうけられ、はじめは吹放しであった。礼堂と舎利殿・絵殿とは再建年次もちかく、鎌倉時代らしい、手がたくととのった建物である。

そのほか東院には鐘楼・四脚門・南門などがある。鐘楼は伝法堂の西脇に位置し、奈良時代にはなく応保三年（一一六三）に創められたものである。現在の建物はその後鎌倉時代に大改造され、部分的にはさらにその後も改変をうけている。西院鐘楼と異なって下層に袴腰をつけた形で、鐘楼といえば現在はこの形式が多いが、その最古の例である。袴腰の下方をいま板張りとするが、もとは下まで白壁で、入母屋造の妻もいまより小さかったことが知られ、現状よりひきしまった姿であった。なお上層には「中宮寺」と陰刻された奈良時代の鐘をかけている。

南門は東院の正門であるが、普段は閉めたままで俗に不明門という。天平創立の門もこの場所にあって、その掘立柱跡が発掘されている。現在の門は長禄三年（一四五九）の瓦があるから、このときの再建であろう。三間一戸八脚門で東大門と似た古風な外観であるが、虹梁や蟇股の形式は時代の差を示している。四脚門は築地塀に設けた西門で、いま東院の出入り口としている。創建は不明で、現在の門は蟇股や斗栱など一部に古材が残り、鎌倉時代末ごろの建立と推定されるが、その後桃山時代に大修理をうけている。基壇もごく低く、格式ばらないたたずまいで、気軽にくぐれる門である。

二　聖徳太子と斑鳩の寺

斑鳩の宮と寺

飛鳥と斑鳩

斑鳩は飛鳥と共にわが国における仏教文化の最初の開花地であり、飛鳥が蘇我氏を頂点とする進歩派の豪族たちによって開発されたのに対して、斑鳩はほとんど聖徳太子（五七四～六二二）一人の力によって推進された。斑鳩の寺はなんらかの形で太子の伝説につながり、しかも宮との関連で語られることが多い。それは蘇我稲目が小墾田の私宅に、また司馬達等が坂田の草堂に仏像を安置した仏教伝来初期の形ともつながり、政権確立の記念碑としてきわめて政治色の濃い形で建立された飛鳥寺や四天王寺とは自ら違った性格をもっている。

太子が斑鳩宮を興したのは推古九年（六〇一）二八歳の時である。父用明天皇の没後、政権争いが豪族を崇仏派と排仏派に分け、前者を代表する蘇我馬子と共に物部守屋を滅ぼして以後、蘇我氏と緊密な関係を結んで、推古天皇の皇太子となってからは馬子と共に政治の中心にあった厩戸皇子が、この時なぜ飛鳥から一〇数キロメートルも離れた斑鳩の地に居を移したのか明らかでない。斑鳩の地は飛鳥と難波を結ぶ交通路の一つに当たり、当時海外交渉の門戸であった難波からの道を扼することによって蘇我氏の専横を押える意図であったと説く人、岳父でもある馬子と不和になってもう一人の妻膳氏の方へ逃れたとする人など、硬軟さまざまな見解が行

35　聖徳太子生誕地の碑　奈良　橘寺

われている。それまでの太子の宮は当然歴代の天皇の宮が営まれた飛鳥地方にあった。その所在には二説あって、一つは父用明天皇の磐余池辺双槻宮に近い現桜井市南部の上之宮と呼ぶ附近、もう一つは推古天皇の飛鳥豊浦宮から南に当たる現在の橘寺とする。これには誕生地もからんでいて、太子は双槻宮で生まれたとする説と、用明天皇の即位時にはすでに十二歳だからその前の橘豊日皇子と呼ばれた時の誕生で、その名前からみても皇子の宮は飛鳥の橘にあったとする説に分かれている。橘寺には上宮院の名もある。しかしいずれにせよ太子の宮は天皇の宮室と近く、親しく政治を補佐するのに好都合な場所であったにちがいない。それが斑鳩宮となると往復する時間もかかり毎日の政務を行うことは難かしい。斑鳩から飛鳥まで太子は黒駒にまたがって往来したという伝えがある。創建の中宮寺のすぐ南にはその馬を葬ったという駒塚があり、またそこから飛鳥まで斜めに大和盆地を横ぎる細い道がたどれて俗に太子道と呼ばれる。だが実際に飛鳥と斑鳩の間でどの程度の交通が可能であったろう。斑鳩宮は推古十三年（六〇五）にもう一度『日本書紀』に載せられて、この時には「冬十月皇太子斑鳩宮に居す」とある。この間推古十一年（六〇三）十二月に冠位十二階の制定、同十二年四月憲法十七条の発布、十三年七月服制改革など、朝廷の制度を先進国にならって改正し威厳を整える改革が次々と行われた。その一段落をまって十月からはおそらく斑鳩宮が通常の住いとなったもので、それまでは飛鳥と斑鳩の両宮が使われていたのであろう。その後は十四年に勝鬘経や法華経を講説した記事で代表されるように、太子は仏教への傾倒をますます強め、政治の中枢部からはやや離れたようにみえる。そして斑鳩の地に仏教文化の華を開かせる。

法隆寺の創立

法隆寺はまた斑鳩寺と呼び、太子と最も関係の深い寺である。飛鳥時代の寺院は地名で呼ばれるのが普通で、天武朝（六七三～八六）に唐の命名法にならって仏教に因んだ美称を正式の寺名とするように定められるまではこれが一般的であった。伊河留我寺・鵤寺とも記されている。その創立には二説あって、いずれも現在法隆寺金堂内陣に安置する仏像の光背の裏面に刻まれた銘によっている。まず第一は薬師如来坐像の銘で、この像は元来用明天皇が発願されたが、果たさずに崩ぜられたので、その遺命によって推古天皇と聖徳太子が造って丁卯年（推古十五年）に完成したと記す。法隆寺はこれを安置するために建てられたはずであり、正史である『書紀』にも推古十四年（六〇六）に太子が天皇の前で講経した褒美に播磨国（兵庫県）の水田を賜わり、それを斑鳩寺に施入したと

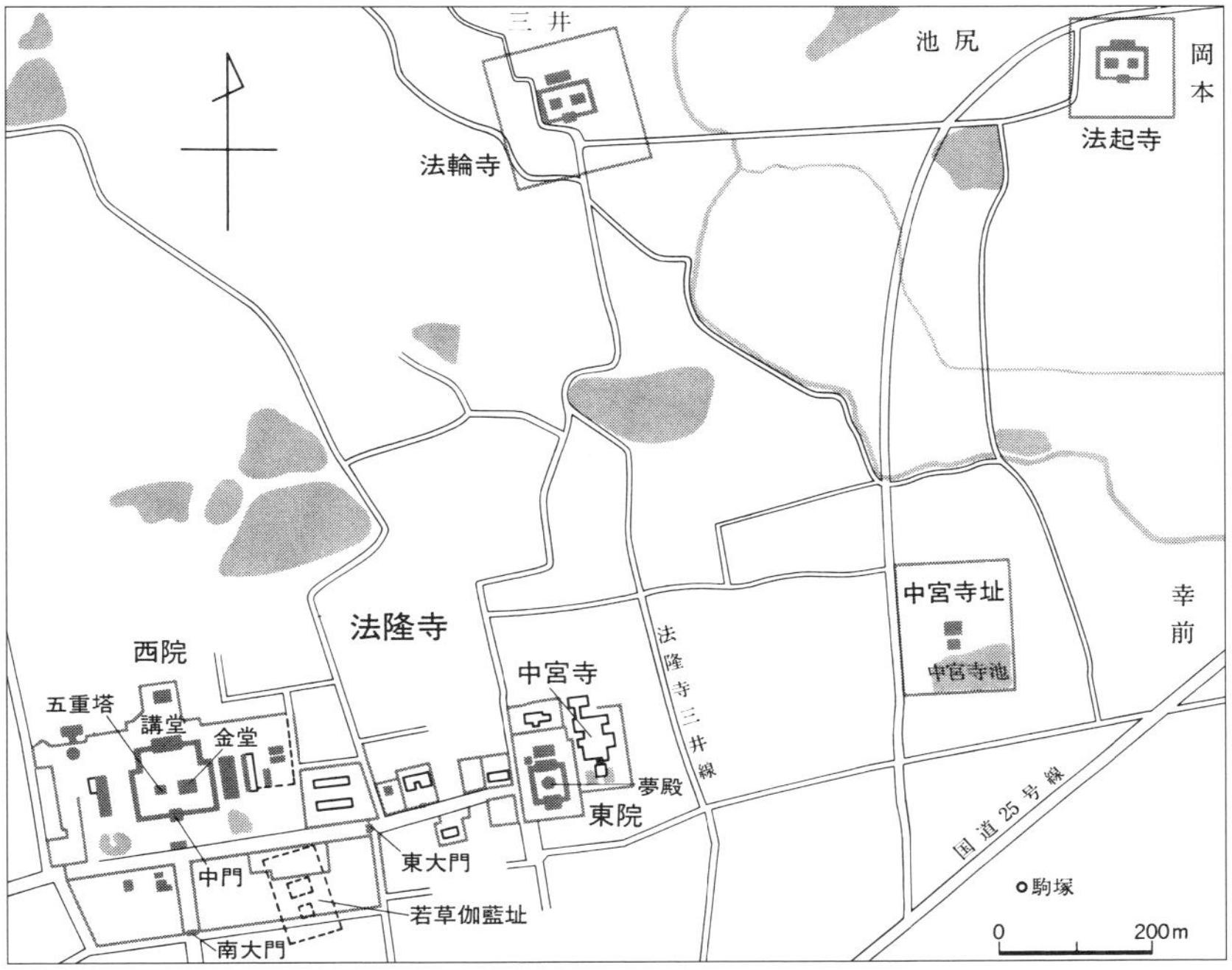

36　斑鳩の寺（法隆寺・中宮寺・法起寺・法輪寺）

記すので、この頃法隆寺はあったにちがいないとするのである。ところがこの薬師像は様式上つぎの釈迦三尊像より新しくて、銘文の文体・書体にも疑問があり、田地施入の年次も天平十九年（七四七）の「法隆寺伽藍縁起幷流記資財帳」では推古六年とするなど不正確であって、これらを寺の創立に結びつけるのは適当でないとするのが第二の説である。そしてこちらは釈迦三尊像の銘を根拠とする。その銘によると太子は推古三十年（六二二）二月二十二日亡くなったが、発病後その転病延寿を祈り、また没後は彼岸での仏果を願って、王后王子および諸臣がこの仏像の造立を発願して、推古三十一年三月半ばに完成させた。これが現在の法隆寺の本尊であるから創立も推古三十年であると主張する。

釈迦三尊像の推古三十一年造立を疑う人はいないが、薬師像は今日では新しいとするのが定説になっている。したがって銘文の確実性だけを採り上げると、推古末年にやっと法隆寺が造られたこととなる。しかし銘文中に法王や聖王と呼ばれ、あれほど仏教に熱心な太子が在世中に寺を造らなかったとは考えられない。現に法隆寺境内から四天王寺と同范の瓦が出土し、その年代は崇峻元年（五八八）に造営を開始した飛鳥寺の瓦に次いで古く、少なくとも推古朝中頃に位置づけられる。とすると現在の薬師像は新しくとも銘文にはなんらかの根拠があって、

37　若草伽藍出土
軒丸瓦と軒平瓦

38　中宮寺出土
軒丸瓦と軒平瓦

39　法輪寺出土
軒丸瓦と軒平瓦

寺はやはり推古十五年（六〇七）頃創立されたとしてよいであろう。その創建の寺が若草伽藍か否かはまた別の問題として、斑鳩宮と並んでその西側の地に造られたことは間違いない。

法起寺と中宮寺

斑鳩における太子の宮と寺との関係でより密接なのは法起寺であり、中宮寺も類似の伝えをもつ。法起寺は地名をとって岡本寺とも呼び、また小字名が池尻なので「法隆寺資財帳」に記す太子建立の寺のうちの池後尼寺に当たるともいう。しかし鎌倉時代の記録に残された三重塔の露盤銘（今の塔にはない）によると、この寺は太子が推古三十年（六二二）に亡くなる際、御子山背大兄王に遺言して岡本宮の宮殿をそのまま寺にするよう託したのが始まりとされる。岡本宮は推古十四年（六〇六）太子が講経した所で、斑鳩宮と並んで太子一族の宮であった。この縁起の信・不信は従来相半ばしていたが、近年の発掘調査によって寺の下層から玉石列や掘立柱が発見された。それは慶雲三年（七〇六）完成の現存三重塔を含む伽藍の軸線が、ほぼ真北の方向であるのと異なって、北を西へ約二〇度振った方位をもち、若草伽藍とほぼ等しいので、岡本宮の遺跡である可能性が高い。そして若草伽藍と類似の瓦も出土して、岡本宮内に仏殿が設けられた可能性も指摘されている。このように宮を主人没後の菩提のために捨てて寺とするのは、斉明天皇の川原宮と川原寺をはじめ多くの例があり、また元来蘇我氏の向原寺のように、住宅を寺に転ずるのが仏教興隆初期に多くみられた姿であった。『法隆寺縁起』に太子建立の寺と数えるのも故あることである。

　中宮尼寺も同縁起では太子建立とし、『聖徳太子伝暦』では太子の母穴穂部間人皇后の宮で、皇后が崩御後、寺にしたという。また『聖徳太子伝私記』では葦垣宮・岡本宮・鵤宮の中央にあるので中宮と呼び、寺に改めた時、中宮寺としたとある。こうした太子の伝記類は天平時代以後

40　法輪寺三重塔

41　法輪寺三重塔心礎

42　釈迦三尊像光背銘文（拓本）

太子信仰が高まる中で作られたので信を置き難いが、遺跡や出土瓦からみて太子と縁由の深い寺であったことは否めない。寺跡は法隆寺東院のすぐ脇にある現在の場所ではなく、約四〇〇メートル東方の小宇旧殿《こどの》にある。発掘では南北に並ぶ塔と金堂が検出され、特に塔の心礎は地中深く据えてあった。こうした四天王寺式配置と地中心礎は飛鳥寺院の特色である。また瓦は六葉弁上に五葉パルメットを浮彫りにした軒丸瓦と均整忍冬唐草文の軒平瓦の組合せで、これは若草伽藍の塔にも使用されている。若草伽藍はまず金堂が建ち、やや遅れて塔の建立が行なわれたが、その主要瓦ではなく補足的に中宮寺と同范の瓦を用いている。若草伽藍造立の終り頃に中宮寺が建立中であり、両者は瓦を融通するほど親密な関係であったことがわかる。皇后宮もしくは中宮の遺跡が発見されるか否かはなんともいえないが、間人皇后は太子のわずか二か月前に亡くなっているので、その菩提のための寺であれば若草伽藍が終る頃に造営されることも充分ありうるといえよう。なおこれと同じ均整忍冬唐草文軒平瓦は法隆寺東院の地下から斑鳩宮の遺跡といっしょに出土している。斑鳩宮は皇極二年（六四三）に蘇我入鹿によって焼き払われたので、この瓦の年代が皇極以前であることが確かめられ、また若草伽藍や中宮寺が舒明朝（六二九〜四一）頃に工事中であったことを察する傍証となる。と同時に斑鳩宮に瓦が用いられた点は、ここに太子崩御後仏堂が営まれた可能性を強く思わせる。現在の法隆寺西院伽藍の創立にも用いられた均整忍冬唐草文の祖形となる瓦、それが若草寺、中宮寺、斑鳩宮の三か所から出土する事実は太子関係の宮と寺の深い結びつきを示している。

法輪寺

法隆寺と法起寺の中間、三井にあって三井寺とも呼ばれる法輪寺もまた太子との縁由を伝える。その創立には二説あって、一つは『太子伝私記』に引く寺家縁起で、推古三十年（六三二）に太子の病気平癒を祈って御子の山背大兄王と孫の由義（弓削）王が発願し、その大施主は膳妃であったという。他の一つは『太子伝補闕記』や『伝暦』の説で、斑鳩寺の焼亡後に百済の開（聞）法師、円明法師と下氷新物（下水君雑物）が力を合わせて造立したというのである。今までの発掘の結果からすると、ここでは飛鳥時代の瓦が全く出土しないので第一説は成り立ちがたい。

一方昭和十八年に雷火で焼失し、最近復興された法隆寺様式の三重塔は、細部からみて建立年代は法隆寺五重塔と法起寺塔との中間に位置する。ところがその復興の際、塔の基壇を掘り下げたところ、下層から単弁蓮華文丸瓦と重孤文平瓦を一組にした白鳳前期の瓦が発見され、今の塔の造営以前にも堂舎があったことが判明した。それがおそらく斑鳩寺焼亡直後のものであろう。またこの発掘では掘立柱跡らしい穴も発見されている。もしこれが住宅であれば膳氏の居宅の一部であった可能性が濃い。もともと斑鳩地方は膳氏の本拠地であり、太子が宮を移したのも妃膳菩岐岐美郎女の助力によるといわれる。寺家縁起に記すように法輪寺の檀越を膳氏（のちに高橋と改名）が永くつとめたのは、特にこの寺が自身の邸と密接な関係にあったためであろう。寺のすぐ脇に瓢造の古式の井戸があって御井と呼ばれているのも古代豪族の居宅としてふさわしく思われる。とすれば法輪寺もまた太子自身の宮でないにしてもその妃一族の邸宅を寺に改めたもので、斑鳩の寺はすべて宮と深いつながりがあるといえよう。

法隆寺の謎

二具の仏像

法隆寺の謎はまず金堂内に安置された二具の仏像から始まる。共に光背の裏面に銘文を刻んで、一方は推古十五年（六〇七）他方は同三十一年（六二三）の造立であることを記し、わが国の造像銘としては最古であるとともに、どちらも法隆寺創立の縁起を物語る。父用明天皇の御為に太子が造立した薬師如来像と、太子の菩提を願って残された一族の人々が敬造した釈迦三尊像とが、なぜ一堂に祀られているのであろう。銘文では年代の古い薬師像のほうが実年代は下った模古作らしく、また釈迦三尊像が中の間に安置されて金堂の本尊となっていることから、さまざまな推量が行われており、寺の創立年次にもいくつかの説がある。また『書紀』では天智九年（六七〇）に法隆寺が焼失して一屋も余さなかったと記す。しかしそのわずか数十年後の天平十九年（七四七）の「法隆寺縁起幷流記資財帳」にはそのかげもなく、建物は雲形組物を用いた蒼古たる様式であって、内部には古い年紀の仏像が安置されている。とすれば今の法隆寺は天智九年の火災後に再建されたのではなく、推古朝（五九三〜六二九）以来のものではないのか。

こうした法隆寺の創立年代や火災の有無、あるいはその年次などをめぐって明治以来、建築史・美術史・歴史など各分野の研究者が種々の考えを戦かわせたのが、いわゆる再建非再建論争であり、それはまた飛鳥文化と白鳳文化との差をいかに考えるかの道程でもあった。

法隆寺では「資財帳」の縁起をはじめとして寺伝にも罹災のことにふれたものはなく、ことに鎌倉時代に書かれた『太子伝私記』（『古今目録抄』ともいう）では講堂の平安時代の火災と再建に関連して、太子のような聖人が建立した堂でも焼けたのだから、いま凡夫のわれわれが造る堂ではなおさら危い、そこで従来の講堂は金堂や塔のすぐ後方にあったのだけれど再建の時に北へ離したのだ、と記している。つまり鎌倉時代には金堂や五重塔は太子建立のままであると固く信じられていたわけで、明治時代まで寺僧はもちろん一般の巡礼者もこれを疑わなかった。

再建非再建論争

しかし明治二十年頃になると実証的な歴史学が根づき始め、『書紀』は正史であるから火災の記事を信ずべきであり、その再建は平安時代に書かれた『七大寺年表』や『伊呂波字類抄』に和銅年間と記すのが正しい、という説が黒川真頼や小杉榲邨によって主張された。

これに対してまもなく、実物の様式上法隆寺建築は大化改新（六四六）以前に属し、『天智紀』の記載は誤りである、とする説が建築史家関野貞と美術史家平子鐸嶺によって起こされ、歴史家喜田貞吉がすぐさま駁論した。明治三十七、八年のことで、以後この

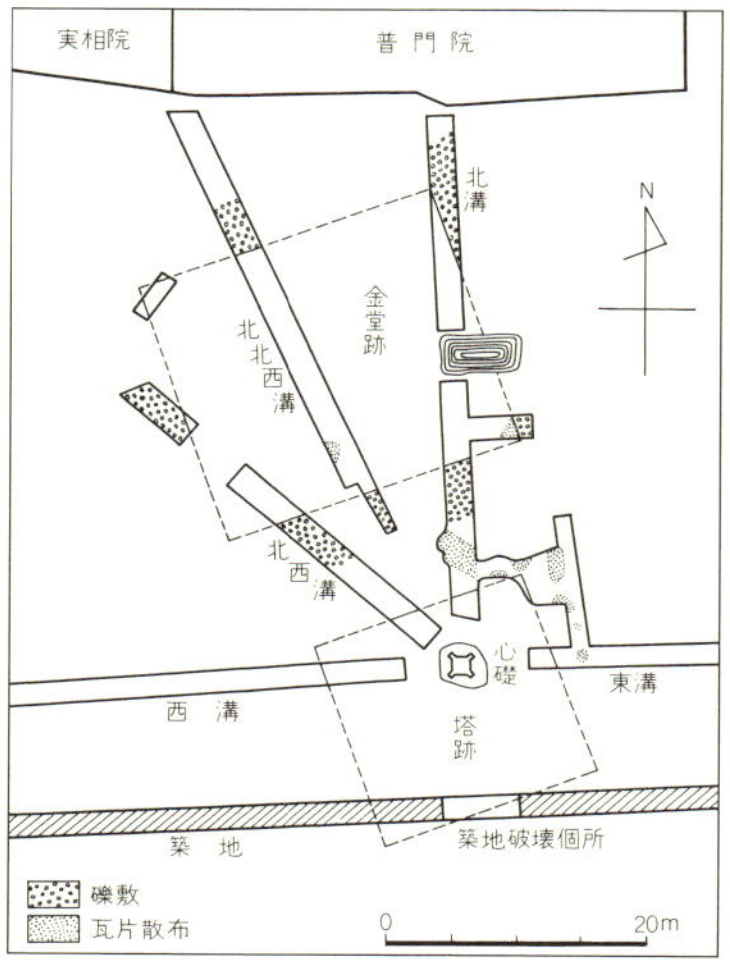

44　若草伽藍発掘平面図（石田茂作原図による）

43　若草伽藍心礎

論争は永く続き、いろいろな人が説を述べあう中で学問的密度が深まっていった。

関野貞の主張は現存の金堂・塔・中門などの様式が薬師寺東塔以下の天平様式と比べて格段に古いことを基礎とし、薬師寺以下が大化改新後唐との交通が始まってから入った唐様式であるのに対して、法隆寺はそれ以前の朝鮮三国伝来の様式であり、それは中国六朝時代の様式を基にしたものだ、とする。特にその比較の方法として柱間寸法をきめる際に法隆寺は高麗尺、薬師寺以下の天平建築は唐尺（天平尺）を用いたことを指摘して、様式が単なる形の差ではないことを明らかにした。これは明治三十四年頃から、法隆寺建築の研究者としては先輩の伊東忠太等が中国調査を開始して翌年には雲崗石窟を発見し、その仏像、天蓋、人字束等の建築細部が法隆寺とよく似ていることを報告するなど、わが国の文物を中国文化の流れと比較して客観的に捉えようとする研究がようやく緒についた成果に基づくもので、飛鳥様式と白鳳様式の性格づけとしても最初の発言である。平子鐸嶺もほぼ同様の立場で説をたて、特に法隆寺の火災の記事は原史料では「庚午年災斑鳩寺」と干支によって書かれていたのを『書紀』編纂の時に天智九年（六七〇）に当てたもので、実際にはその六〇年前の推古十八年（六一〇）であると主張した。干支一運錯簡説と呼ばれるこの説は、養老四年（七二〇）の書紀編纂時からわずか五〇年前の事件が百年以上前と混同するはずはなかろうとする反論にあったが、正史の記事に疑問を投じ、原史料まで遡って検討する必要性を呼びかけた点で大きな波紋を学界に投じた。その後、火災の時期を皇極二年（六四三）の斑鳩宮焼亡と同時とする小野玄妙説、推古十五年とする会津八一説もでたが、実物からみて大化以前とする非再建論と、文献上から天智九年の被災をゆずらぬ再建論とは、平行線上をたどったまま

45　金堂天井板落書

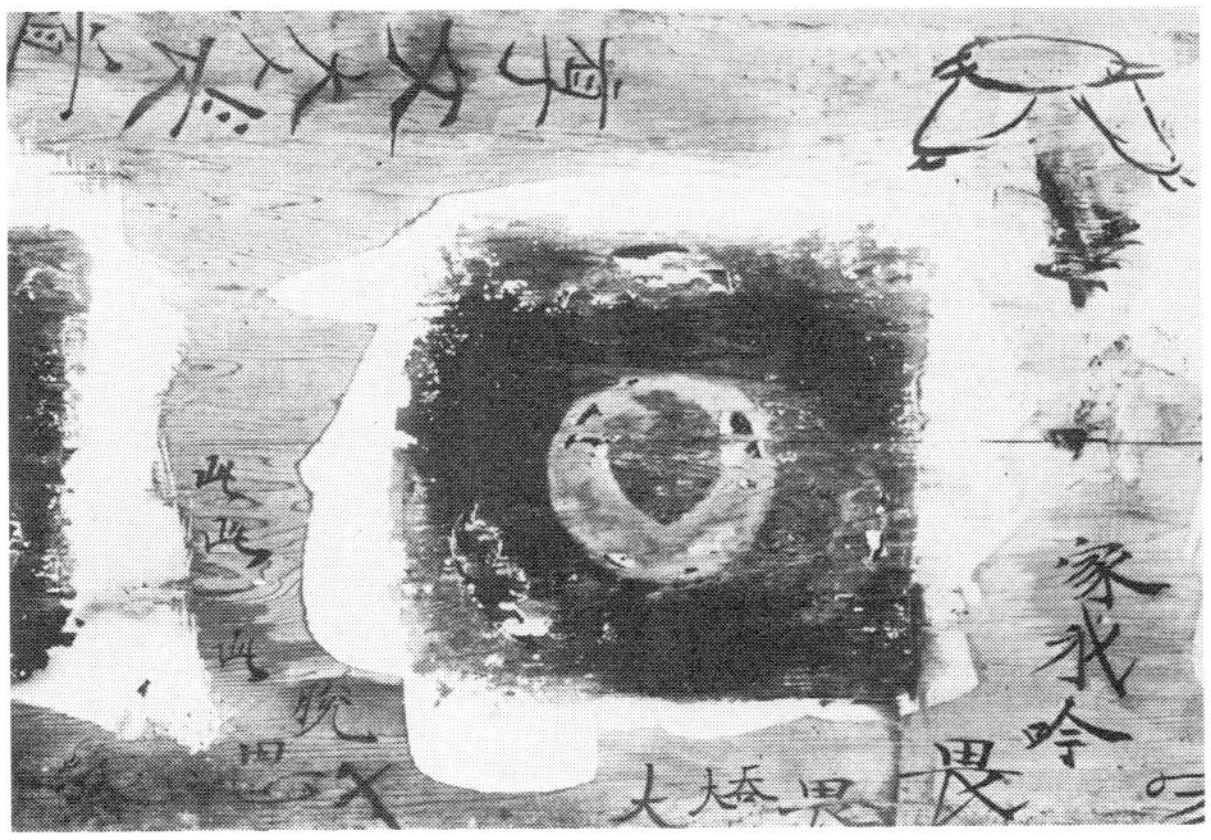

46　金堂天井板落書

対立していた。

法隆寺二寺説

　こうした対立も昭和に入る頃から少しずつ変化する。大正末年に消防用水道管を敷設するために西院伽藍内を掘ったところ焼土が全く現われず、従来再建論者が高麗尺を用いたのは推古朝創建の礎石上に今の建物を再建したからだ、とした反論に不都合が生じた。一方五重塔の心柱下の空洞が発見され、舎利容器と共に海獣葡萄鏡がみつかると、これは隋唐時代流行の鏡で推古朝まではとても遡れず、非再建論者の立場が苦しくなった。そこで関野貞は昭和二年新たに二寺説を唱えた。それは南大門東方の畑の中に心礎があって古くから若草伽藍と呼ばれていることに目をつけ、法隆寺には聖徳太子が推古十五年（六〇七）に創立した薬師像を本尊とする寺と、その没後に太子のために造った釈迦像を本尊とする若草寺が並存し、後者が天智九年に焼けたのだとする説である。これは西院伽藍から焼土が出ない説明には好都合だが、鏡は不問に附されている。またこの説の通りとすれば現在の金堂ではなぜ本来の薬師像が脇の間へ置かれて釈迦像が本尊となっているのか説明し難い。

　関野説の弱点を補強し、その後に進歩した古瓦の研究から若草伽藍出土瓦が西院の瓦より古いとする成果を採り入れて、別の二寺説を昭和十四年に発表したのが足立康で、薬師像を本尊とする創建法隆寺は若草伽藍で天智九年に焼失したが、それとは別に太子の冥福を祈る仏堂が山裾に造られ、現在の西院伽藍はこの釈迦堂一郭が後に発展したものだ、とした。まことに巧みな謎解きである。

　この足立説も、しかし、昭和十四年に行われた若草伽藍の発掘で生彩を失い、次いで五重塔や金堂の解体修理が実施されると、そのままでは成り立たないことがわかってきた。まず若草伽藍では塔と金堂が南北に並ぶ四天王寺式伽藍が発掘されて、飛鳥時代の寺跡と立証された。しかも伽藍の中心線は西に約二〇度傾き、現西院伽藍の西偏四度とは差があり過ぎるので両者並存は考え難い。両者の出土瓦の年代差もかなり大きく、西院伽藍で用いる複弁蓮華文瓦は七世紀中葉以前にはあらわれない。また現金堂の礎石には上面の柱座を焼損のため削り取って再用したとみられるものがあり、壁の木舞も他の建物の廃材を利用したらしい。金堂の天井から発見された人の顔、動物、文字などの落書も様式上推古朝まで遡れない。以上のようなことから金堂は罹災後の再建と認めるほかなく、さしもに永く続いた再建非再建論争にも一応の終止符が打たれることとなった。

今後もつづく再建年次論争

ところが再建の年代についてはまだ決着がついたわけではない。再建論者も始めは和銅年間（七〇八～一五）としていたが慶雲三年（七〇六）完成の法起寺三重塔と比べても、やはり法隆寺の金堂や塔はそれ以前の造営と考えるようになった。それで近年では天智九年（六七〇）の火災を認め、仁王会などのため経典や諸具が天皇から寄進された持統七、八年（六九三、九四）には少なくとも金堂だけはほぼ完成していた、とするのが大方の一致した意見となっている。しかしこの場合でも火災後すぐに再建に着手し、天武七年（六七八）に封戸が停止されるまでには大半出来上っていたろうとする説と、「被災の後、衆人寺地を定むるを得ず」（『補闕記』）というほどだから、しばらくは着工も困難で、封戸の停止も当時具体的な寺院活動がなかったためであり、天武末年頃から再建を開始したとする説に分かれて、両説には十数年の開きがある。

わずか十数年ではあるがこの差は実は意外に大きい。というのは天武四年（六七五）以後諸氏の部曲を廃止したり国司制度を整えたりして急速に律令体制の整備が進む一方、文化面でも天武九年（六八〇）薬師寺建立発願、同十四年（六八五）山田寺本尊（現興福寺仏頭）造立など唐様式を新たに採り入れた動きが活発となって、政治・文化ともに先進国唐への模倣追従が従来とは比較にならぬ早さと着実さをもって進行した。その中で法隆寺のような飛鳥系ともみられる古めかしい様式が、新たな寺院建立の基盤となり得たであろうか。天智朝に着工されたからこそ古いものがまだ根強く残ったのではなかろうか。彫刻史家小林剛は飛鳥時代を天智朝まで、白鳳時代を天武朝以後としたが、法隆寺建築様式の過渡的性格は、その着工年次によっても解釈に大きな開きが生まれるのである。

こうした点をふまえて建築史家福山敏男は金堂の建築年代を七世紀半ば頃（孝徳朝頃）で、天智九年（六七〇）の火災は疑わしいとし、浅野清も類似の説を述べている。特に浅野の場合は五重塔が工事中に十数年以上吹放しのまま置かれていたことを部材から推考して着工を天武朝初期とし、金堂は塔と比べると斗栱に強靭な筋彫りがあったり、柱の胴張りが大きいことから様式上かなり隔っていて、おそらく一〇年以上は古く、そうすると天智九年火災の前に置く必要があるとするもので、間接的に天智罹災を疑っている。金堂と塔を比べると両者の相違は誰も認めるところである。これが年代の差か単に工匠の問題かどうかは議論が分かれるであろうが、こうした実物からの再建年次論争は今後もなお続くと予想される。金堂内の荘厳にも天井の彩色や天蓋など古めかしい要素がある一方、壁画では唐様式が強くあらわれている点で、その製作年代になお異論が多い。

なお薬師・釈迦二具の仏像の原在地に関しても近年いろいろな説が生れ、特に実物としても推古朝の作と認められる釈迦三尊像については、火災時の搬出は困難だから他寺にあったものを再建時に奉納した、とする考えがある。聖徳太子の夫人膳氏の建立した法輪寺など近くの寺がその候補にあがるが、法隆寺以外の斑鳩の寺も近年の発掘調査などでかなりわかってきた。と同時に飛鳥寺、山田寺、川原寺など飛鳥地方の寺院跡発掘でも新しい知見が次々に得られつつある。中国や朝鮮での新しい発掘成果も、それが報ぜられる都度、従来の考え方に対する修正を迫るものが多い。法隆寺の謎もこうした広汎な各分野にわたる調査研究の中で、さらに新しい解明が期待されているのである。

三　西院伽藍と法隆寺式建築様式

西院伽藍の建立年代

西院伽藍の原形

両袖に長く続く高い築垣をそなえた南大門を入ると、広く開けた参道のはるか前方、一段高い所に重層の中門が聳え、その左右に松の枝にかくされながら金堂と五重塔の頂部が望まれる。その景観は格調高く威厳に満ち、いかにも南都七大寺の一に数えられる大寺にふさわしい。ところが南西隅の入口から回廊内へ歩を進めると、眼前に建つ塔や金堂が、意外に小さいことにまた感嘆の声が起こる。木太いがっしりした骨組で、軒下には異形の組物をそなえ、直線的な太い垂木で屋根を大きく張り広げた建物の姿は、力強く堂々としているが、唐招提寺金堂と比べると、法隆寺金堂の正面長さは半分にも満たず、ここでは天平伽藍の雄大さとは別趣の、凝縮された厳しさともいうべき雰囲気が、伽藍を支配していることが感ぜられる。これが飛鳥・白鳳時代の伽藍の特質であり、今日までそれを伝えるのはこの法隆寺しかない。

そうした飛鳥・白鳳伽藍の本来の姿をしのぶには、この法隆寺でも多少建物の位置や形を復原して考える必要がある。まず南大門は現在のように遠く離れず、中門前の石段を上った所に建っていた。その脇に大垣が取付くので、当初の伽藍地は今の東西両大門を結ぶ道から北方だけに限られていたのである。また回廊は経蔵・鐘楼の手前の曲折した部分を東西に連ねる位置で矩形に閉じ、塔・金堂だけを囲っていた。講堂の前方は現在大きく空いて儀式用の広場となっているが、こうした開けた空間は講堂と鐘楼が延長三年（九二五）に焼失し、正暦元年（九九〇）に再建されて以後のものである。回廊が北側で閉じて、その屋根ごしに講堂や経蔵・鐘楼が見え、東西両脇にも南北方向に長く延びる東室と西室とが回廊にすぐ接して建っていた。西室は今は西へ離れているが、当初は東室

47　南大門

48　西院伽藍中心部

と対称の位置にあった。

天平十九年（七四七）の「資財帳」によると僧房はもう二棟あり、それらは経蔵・鐘楼の裏に東西方向に建てられていたらしい。こじんまりとした回廊一郭を四棟の僧房と講堂（当時は食堂）とがコ字形に取り囲んで、山裾に寄り添うようにコンパクトにまとまった方一町（一二〇メートル）ほどの空間、これが西院創建当初の伽藍中枢部のすべてであった。

その東側には現在の食堂・細殿を中心に、寺の事務所に当たる政屋や太衆院が置かれ、その南の現在綱封蔵が建つ一帯はやはり当初から倉院で、「資財帳」にみえる七棟の倉が建並んでいたものと思われる。講堂背後のやや高い位置にある上御堂や、同じく西室西北方の台地上に建つ西円堂は、天平十九年にはまだなかった。天平時代の南都の諸大寺が伽藍中枢部だけで方二町を占めるのを通例とするのに比べると、法隆寺はだいぶんに小さいこととなるが、それでも飛鳥・白鳳期の寺としては、金堂や塔の大きさは、天武朝以後の官寺である大官大寺や薬師寺を除くと、他の諸大寺に匹敵する規模をもち、伽藍地の広さもけっして見劣りしない。当時の伽藍がわりあいに狭い場所に堂塔を近接させて建て、緊密な空間構成によって宗教的雰囲気の高揚を図ったことがうかがえよう。

なお天平十九年の「資財帳」では寺地が方一〇〇丈と記されているが、現在の寺域は南大門から上御堂の背後までが天平尺の約一〇〇丈（三〇〇メートル）、東西両大門間は一一五丈（三四〇メートル）あって一致しない。東大門は天平時代の建築であるが、元来南向きであったのをのちに現在地へ移建したことがわかっているので、ここが寺域の東限となったのは平安時代後期からと推測されている。南大門や西大門も現在地への進出は長元頃（一〇二八〜三七）である。こうしてみると寺地の一〇〇丈というのは必ずしもそれだけの広さではなく、きまりの良い概数で寺域の大きいことを誇示したのであろう。寺の所有地という意味では裏の山のほぼ全域が今は寺に属している。

ただ方一〇〇丈に関連しては現在の周辺大垣のうち、東大門の北方部と西大門の南方部が他と方位を異にし、北で約二〇度西へ傾いていていて、若草伽藍の方位とほぼ一致している点が注目される。これが若草伽藍の寺地の境界の名残りを止めるものとすれば、その東西距離は約一一七丈、高麗尺にしてちょうど一〇〇丈となるので、「資財帳」はこの創建法隆寺のときの規模を、そのまま踏襲して記載したのかもしれない。

金堂と塔の造営

西院伽藍の造営年代について、現在でもなお諸説あることは前章に記したが、私は金堂の建立を被災後すぐの天武初年（六七〇年代）と考えている。金堂と塔を比較すると、金堂の雲斗栱には筋彫りの文様が施され、柱の胴張りもずっと大きいなど、様式的に、また造型上からも、両者にはかなりの年代差がある。また金堂の基壇には傾斜した旧地山がその下部に残り、土壇築成後に周辺を削平したもので、敷地造成と建築工事とが平行したことを示している。礎石は以前他の建物に使われていたものを削り直して用いており、基壇外装の凝灰岩も寄せ集めのため羽目石が高さ不揃いの二段積みとなった箇所が多い。このように金堂はいかにも怱卒の間に工事を進めた形跡を残すのに対して、塔は礎石をすべて新調して丁寧な柱座造り出しとし、基壇も整然とした一枚石の羽目石で造るなど、事前の準備期間が充分にとれたことが察せられ、この点でも両者の着工年次にはかなりの開きが想定される。

もう一つ注意されるのは、法隆寺塔と法起寺塔を比較した場合に前者のほうが古く、慶雲三年（七〇六）に完成した（旧露盤銘）法起寺塔からみて、少なくとも法隆寺五重塔はその十数年以前には着工したと考えられることである。こうしたことから金堂の着工が持統朝（六八〇年代）まで下るとは到底思われない。ただ内部の壁画や裳階まで天武朝にでき上っていたとは考えられず、特に裳階についてはその平面がかなりの歪みをもち、主屋との距離も四面で少しずつ異なるので、おそらく壁画完成後に付け加えられたのであろう。

金堂に続いては塔が建てられた。「資財帳」には和銅四年（七一一）に塔本塑像を寺が造ったことを記すので、塔はその頃に建立されたと説く人もあるが、前述のように法起寺塔との関連からしても当たらない。むしろ建物の着工はその塑像安置時期より大幅に遡る、とするのが浅野清で、実際に五重塔の解体修理に当たった人だけに、その見解は尊重されるべきである。

それは現在塑像を安置している仏壇や須弥山が、当初はずっと小さくて、現状のような多くの像は置けない、という問題から発する。仏壇は今は四天柱から約六〇センチ外方に張り出しているが、痕跡によると当初は四天柱の外面に框を直接打ちつけた形式であった。須弥山も今は四天柱を覆い隠して山の先端は外方に広く突き出しているが、当初は柱がすべて見え、糸巻状の平面の角が柱の内隅に接する程度であった。この当初の塑壁も一部残っていたが、その造り方は木舞を絡むのに藤蔓を用いて金堂の壁に類似し、塔の他の壁や今の塑壁が藁縄を使用するのと異なっていた。

さらにまた塔の戸口・窓・壁などを取り外してみると、柱の表面はその部分も風蝕されていて、柱を立ててからしばらく吹放しの状態で置かれ、十数年ないし二〇年以上も経ってから、戸口をはめ込んで完成させたものと考えられた。心柱は地下約三メートルに据えた心礎から掘立柱となって立ち上っているが、基壇表面との境がこの頃には腐朽し始めていたらしい。そのため壇上に見える根元の周囲から石をかませて支えた。また本来心柱は塔の軸組と無関係に独立して立ち、頂部の露盤を支える構造であるのを、腐朽による垂れ下りを防止すべく初重・二重・三重の四天枠内に井桁を組んで釘止めとした。大正十五年（一九二六）に隅然発見された心柱下の空洞は、こうして基壇面から上だけが支えられたのち、地下の部分が長年月の間にすべて腐ってしまった結果生まれたものである。

このように塔は建立を始めて仏壇や須弥山の一部まで造ったところでなんらかの理由で工事を一時中断し、再開後は仏壇を拡張して和銅四年に完成された。今は見られないが、初重周囲の壁には金堂内の周辺壁画のうち八面の小壁の菩薩形をそのまま写した壁画を描いていた。裳階もこの塔が外部を丹や緑青で彩色される以前に取り付けられている。金堂と比較すると屋根板の組合せ方で塔の裳階は金堂の改良型であることがわかり、また壁画も周囲を切り落としたまったくの転写なので、金堂の壁画や裳階が完成してから塔の工事が再開されたものと推測される。

寺地移転の謎

以上のような経過からみると、『太子伝補闕記』では「被災の後、衆人寺地を定むるを得ず」と伝えるが、創建法隆寺（若草伽藍）

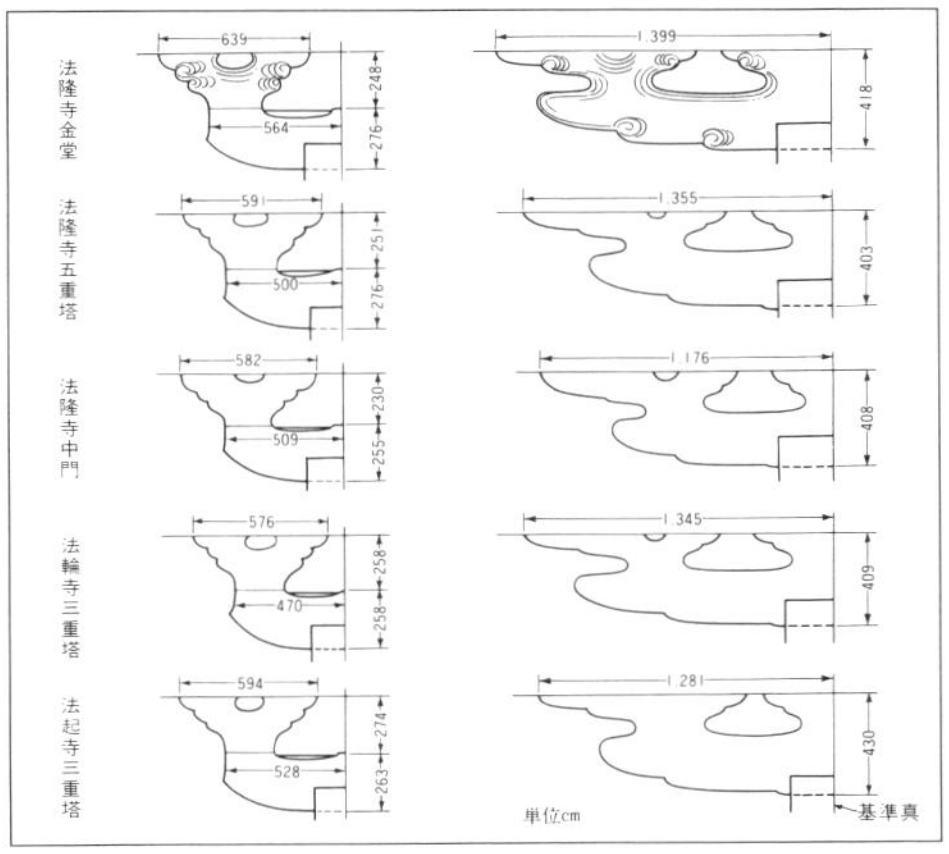

50　法隆寺・法輪寺・法起寺　雲斗栱比較図

49　金堂上層の組物

が焼失した後、ほとんど時を移さずに西院の再建が始まり、しかも金堂は以前の寺の焼損材を転再用しながら、大急ぎで造って天武朝には裳階を除く程度まで完成し、続いて塔も着工されたものと思われる。とすると『補闕記』の伝えは伽藍再興をめぐって、元来の若草の地と現西院の場所を選ぶ点で衆僧の意見が分かれ、前者を主張した伝統派が法隆寺を去って蜂岡寺（京都・広隆寺）、高井田寺（河内）、三井寺（法輪寺）など、縁故の深い寺に分散したことを示すのであろう。

現在も寺域の東南部を占める若草伽藍跡はかなり広い平坦地で、本来ならばその跡へ再建するのが最も容易であり、寺の伝統を継承する上からも正道である。これに対して西院の地は山裾の狭い尾根で、回廊一郭を造るにも斜面を削って平坦地を開かねばならず、その両脇の東室や西室の場所は谷筋に当たっていて、現状のようにするにはかなり大規模な埋立工事が行われている。金堂と塔の配置にしても、若草伽藍が両者を南北に並べた飛鳥式であるのに、西院伽藍は東西に並置した形式で、これは六五〇年代以後に現われるニュー・モードである。太子創立の旧寺地を捨てて、新伽藍の造営に駈り立てた理由は推り難いが、最新知識の摂取こそ時代をリードした太子の意を体するものと考えたのであろうか。衆僧の二分した寺の再建は容易でなく、塔の工事中に一時中断を余儀なくされながらも、持統八年（六九四）までには鵤大寺（金銅小観音像銘）と呼称しうる寺の姿が再生した。

塔とほぼ平行して中門・回廊も建設の工事が進み、中門の金剛力士像を和銅四年（七一一）に安置しているので、この年には回廊に囲まれた一郭がすべて完成したことがわかる。中門を塔と比べると、雲斗栱の舌が中門ではほとんど消えた形になっている点でやや時代が下るが、それでも法起寺塔と比較すると中門のほうが古い。した

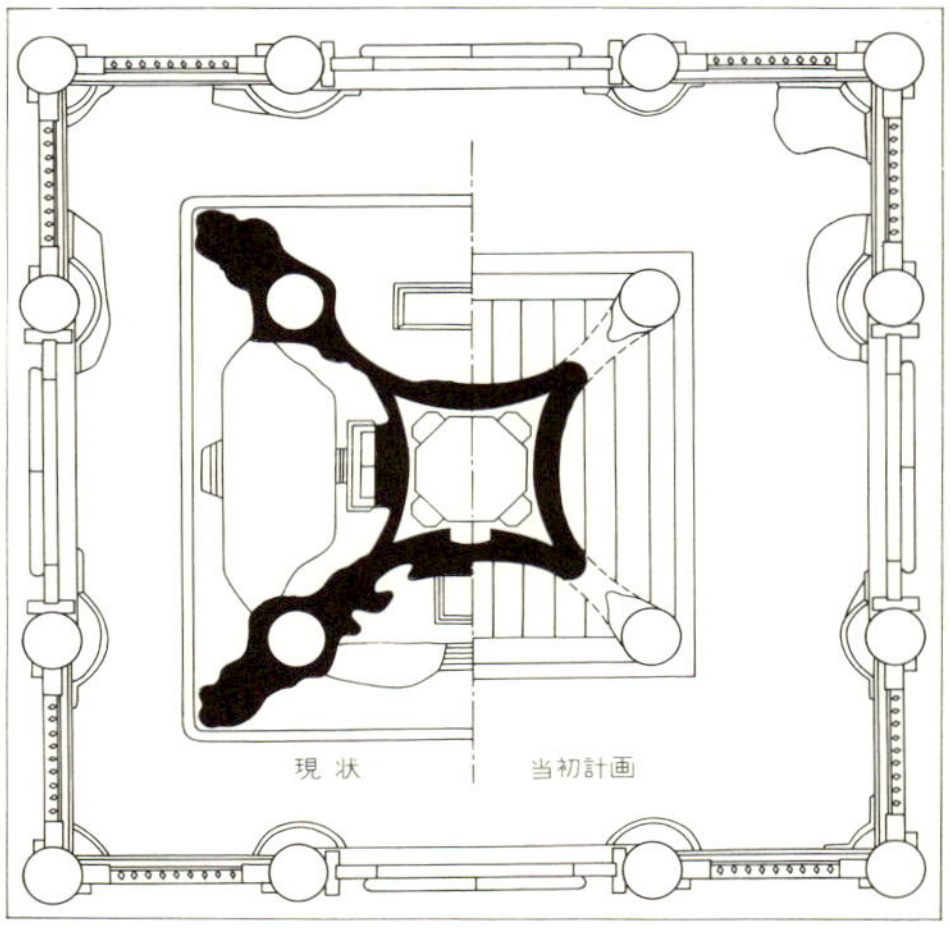

53　五重塔須弥山と仏壇平面図

51　金堂基壇（修理前）

52　五重塔基壇（修理前）

がって中門・回廊も持統朝には工事が始まっていたとみられる。

二種類の建築

西院伽藍には今までに述べた金堂・五重塔・中門・回廊などのように、柱に胴張りがあってその上の斗（大斗）に皿板がつき、軒先を大きく広げるのに雲斗栱を用いる建築のグループのほかに、簡単な構造であるが様式上はこれに近い東室、明らかな天平様式をもつ経蔵・食堂・東大門などの古建築がある。鐘楼と大講堂は当初の建物が延長三年（九二五）に焼失して、現在は正暦元年（九九〇）再建のものとなっているが、鐘楼は天平十九年（七四七）の「資財帳」に記されるので、それ以前の建立であることが明らかであり、おそらく経蔵と一連に造立されたのであろう。回廊の内外でこのように建物の様式が異なるのがまた法隆寺の特色の一つで、伽藍全体の整備に長年月を要したことがよくあらわれている。

　こうした回廊外の建物のうち最も古いのは東室である。東室は組物を用いず柱の上に直接桁を置く簡単な構造で、これは神社建築や住宅建築と共通した日本式の構法といってよい。丸垂木を用いるのも法隆寺では異例に属し、その垂木を藤蔓のようなもので桁に縛りつけて止めた場所もあったらしいから、いよいよ一般住宅にも近い。しかし梁間二一尺（天平尺）の身舎に架けた虹梁は大変に立派で、全体が円弧形に反り上り、その形式は回廊の虹梁と近似する。柱は太い円柱で、胴張りはないが上方三分の一ほどが先細りとなり、薬師寺東塔の柱と近い。経蔵以下の天平様式と比べた場合の東室のこうした古様さは、あるいは東室が回廊と同時の建立かと思わせるほどである。しかし建物の平面寸法の決め方となると、

54　東室復原模型

55　東室内部（復原房）

金堂以下回廊までの諸建築がいずれも高麗尺の七・五寸（二六・五センチ前後）を一単位とするのに対して、東室では天平尺の完数（一〇尺とか一二尺とかのきりの良い数）が用いられている。

支割と完数

金堂の初重平面は、身舎の三間×二間が高麗尺の九尺等間（七・五寸の一二倍）、その周囲を取り巻く庇の間が同六尺（同八倍）になっていて、垂木もそれぞれ一二本、八本が配されている。これは垂木と垂木の間隔（一支）を基に平面の大きさを決める方法で、重層建築の場合には最も都合がよい。五重塔は初重一辺を二四支（一八高麗尺）とし、それを中央間一〇支（七・五高麗尺）、両脇間各七支（五・二五高麗尺）とする。二重では各間とも一支ずつ減じて中央間九支、脇間六支とし、三重以上も同様にして八支と五支（三重）、七支と四支（四重）となり、五重目は三・六・三とすべきを両脇間が狭くなりすぎてしまうので、六支ずつ二間とするのである。上層へゆくほど逓減してそのほど合いもよく、美しい姿をみせている五重塔も、その平面の決め方は案外単純な比例で成り立っていることが知られよう。

回廊の柱間寸法が桁行・梁間とも一〇・五高麗尺であるのも、それが一四支に当たるからである。ただ中門はこれらとやや違っていて初重柱間寸法を一〇尺と七尺（共に高麗尺）の完数にしており、回廊内の建築でも時代が下ると天平式の影響をうけて変化してきたことを示す。ここで天平式というのは、実際の建物が天平時代のものしか残らないのでそう呼んだのであるが、柱間寸法を唐尺の完数で定める例は天智朝頃（六六〇年代）建立の川原寺から始まる技法であり、中門が造営される頃にはすでに建築界の主流となっていて、それが法隆寺へも浸透してきたのであろう。

金堂の上層が初重に対してかなり小さく、二重目の柱が初重身舎柱のわずか外側に立っているのに対して、中門の上層柱は初重隅の間の中央に位置して、上層が比較的大きく造られているのも、おそらく唐様式の重層建築の手法へ転換したためと思われる。東室はこうした動きをさらに進め、天平尺を基準とするまでに至ったもので、和銅四年（七一一）に回廊内が完成する前後には、東室もほぼでき上っていたと推察される。

ところでこの東室では、面白いことに、礎石が上面に円柱座を造り出した凝灰岩切石で、それを最初から上下逆転して、元来は底に当たる平坦な面を出して使用していた。ちょうどこれと同じことが現大講堂の前身建物でも行われている。この前身講堂は現堂と等しく六間×二間の身舎の周囲に庇を廻らせた八間×四間で、平面全体の規模も等しいが、現堂が平安時代の特色で庇の柱間寸法（一二・八六尺）を身舎（六間各一二・一七尺）より広く採るのに対して、庇が狭い（庇一〇天平尺、身舎六間各一三・五天平尺）。

この前身堂は仏壇が中央二間に設けられていて、その築成土中から平安初期の古銭「隆平永宝」が発掘されたので、建立年次はそれ以後とする説もあるが、仏壇だけのちに付加された可能性が濃い。というのは「資財帳」には講堂の記載がなく、食堂としてあげられている建物の寸法が、この堂ときわめて近似するからで、前身堂は元来食堂でのちに仏壇を設けて講堂に使用したと考えられる。その食堂の建立は同じような礎石の転用状況から、東室とほぼ並行する時期とみてよく、周辺の出土瓦からも八世紀初頭にはここに建物が存在したことが証されている。

西院の天平建築

以上のように和銅四年（七一一）頃にはほぼでき上っていたと考えられる東室や前身講堂に対して、経蔵や食堂は、やや遅れて完全な天平様式で建立された。上下同径の柱の頂部を急に細くまるめ、大斗はやや大きめで、その上にのる三斗の肘木は水繰を施して長くしなやかに延び、二重虹梁式の梁組を架け、軒は地垂木の先に飛檐垂木をつけた二軒とする。こうした細部は典型的な天平様式で、その中でも経蔵の二重虹梁組は、蟇股が肘木を伏せたような簡単な形式であることからも古式であり、現存する天平建築の中で

57　食堂内部

56　経蔵

は最も古い。おそらく養老〜神亀（七一七〜七二九）頃には経蔵・鐘楼は建立されたのであろう。

「資財帳」をみると持統七、八年（六九三、九四）に経台や経巻が施入されたのち、天皇からの寄進はしばらく途絶えていたが、養老六年（七二二）に経巻や供養・装厳具などの多量の施入があり、食封三〇〇戸も賜わった。この食封が神亀四年（七二七）に停止されたのは、伽藍中枢部の整備がほぼ終って援助が不要になったことを示すものと解される。奈良時代に入ると聖徳太子への讃仰の声が急速に高まり、太子追慕の動きが活潑となるが、法隆寺に対する官からの援助もそれを反映した。天平五年（七三三）から同九年（七三七）にかけて毎年のように光明皇后からの施入品があり、特に九年には、太子の持物であった経巻・経櫃が奉納されて、それが翌十年頃からの東院建立につながる。現食堂は「資財帳」の政屋二棟のうちの一棟と推定されるが、こうした付属的施設も東院建立時までには完備したであろう。ただし東大門は様式的には経蔵に次いで古く、天平初年を下らぬ建築とみられるが、既述のように元来南向きの門であり、平安後期に現在地に移される以前には、どこにあったかわからない。移建時に長さ五・六メートルほどの虹梁を中央で切断している点からすると寺内ではなく、多少遠くから運ばれたとも考えられている。

中心堂塔と伽藍配置

金堂

金堂は重層建築で屋根を入母屋造とする。天平時代以前の金堂はこれしかないため確言はしがたいが、このように回廊内庭に独立して建ち、重層・入母屋とするのが飛鳥・白鳳時代の金堂の典型だったらしい。発掘調査でわかった例と基壇の大きさで比較すると、若草寺（七二・〇×六四・〇尺）、山田寺（七一・三×五九・〇尺）、飛鳥寺（七〇・〇×五八・〇尺）に対して法隆寺（上成六八・〇×五七・〇尺）はやや小さく、四天王寺（六〇・六×五一・五尺）はさらに小さい。これらの基壇の短辺（梁行）と長辺（桁行）の比がいずれも近似し、一対一・二前後であるのがこの時代の特色で、上に建つ建築もこの法隆寺のように正方形に近い。これは金堂が独立して四面に階段をもち、周囲どこからも眺められるのに対応するためで、天平時代になると金堂の両脇に回廊を取り付けて桁行を七間または九間と長くし、屋根も両側へ流れる形の寄棟造として、正面から見た雄大さを強調する形態に変化してゆく。

基壇は下に高さ約三〇センチほどの段をつけた二重基壇で、今のところ同型は他にない。総高は一・七メートル弱でこれは他寺とほぼ等しいから、二重にしたのは築成後に敷地造成したために、上成基壇だけでは納まらなくなって継ぎ足したか、あるいは上成基壇の石材を小さいもので間に合わせたためであろう。石材はすべて凝灰岩である。飛鳥寺・山田寺・川原寺など飛鳥地方の寺は地覆石だけは固い花崗岩で造って、その上の羽目石から凝灰岩とするのが通例で、南都に移された薬師寺もその伝統を継いでいる。それが天平時代に新しく建立された興福寺や大安寺になると全体が凝灰岩になるから、この点では法隆寺は新しい傾向を示し、その最先例となっている。ただし天平時代の基壇は胴に束が入った壇正積であるが、法隆寺は束がなくて羽目石だけを並べた古い形式で、前記飛鳥の寺々や平城薬師寺と共通している。基壇の技法一つをとっても、法隆寺が新旧両様式の接点に位置づけられることがわかろう。

建物は下層が五間×四間、上層は四間×三間である。一見すると上にも登れるようにみえるが、断面図で明らかなように上層は内部に床もなく、高欄は屋根瓦上に直接据えられていて、実用性をもたずに外観を立派にするだけのものである。このことは塔の二重以上も同じで、下層の垂木まで組み、その上に柱盤を据えて、上層の柱・組物・垂木を順次組立ててゆく構造方法も等しい。

柱は太く下方から三分の一ほどをやや脹らしたのちに上方で細くする特色ある形をもっている。まっすぐな柱に比べて弾力性をもった安定感があるが、いちばん太い径と頂部の径との比は一・三〇で、中門の一・二五、塔の一・〇六より湾曲度が大きく、それだけに金堂が最も力強い。柱の頂部を結ぶ頭貫は、他の横架材に比べてかなり細く、しかも仕口や釘止めをせずに、ただ柱頂部の溝に

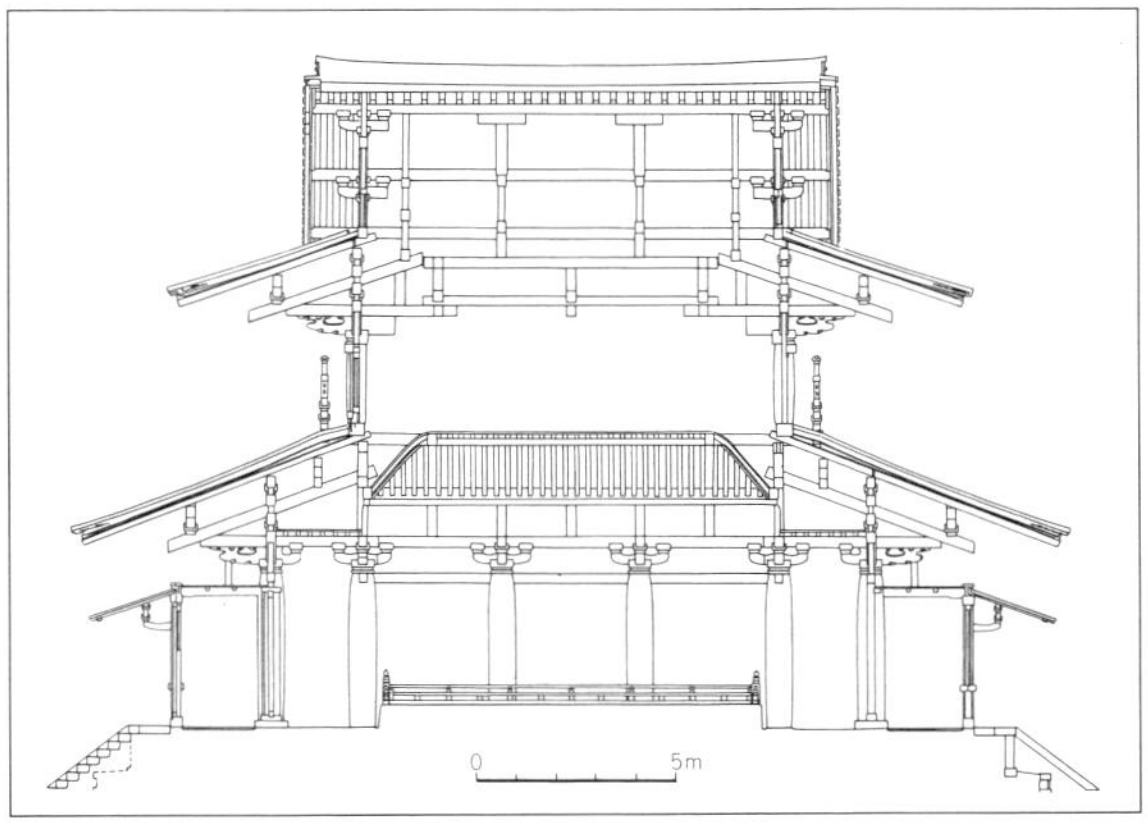

58　金堂桁行断面図

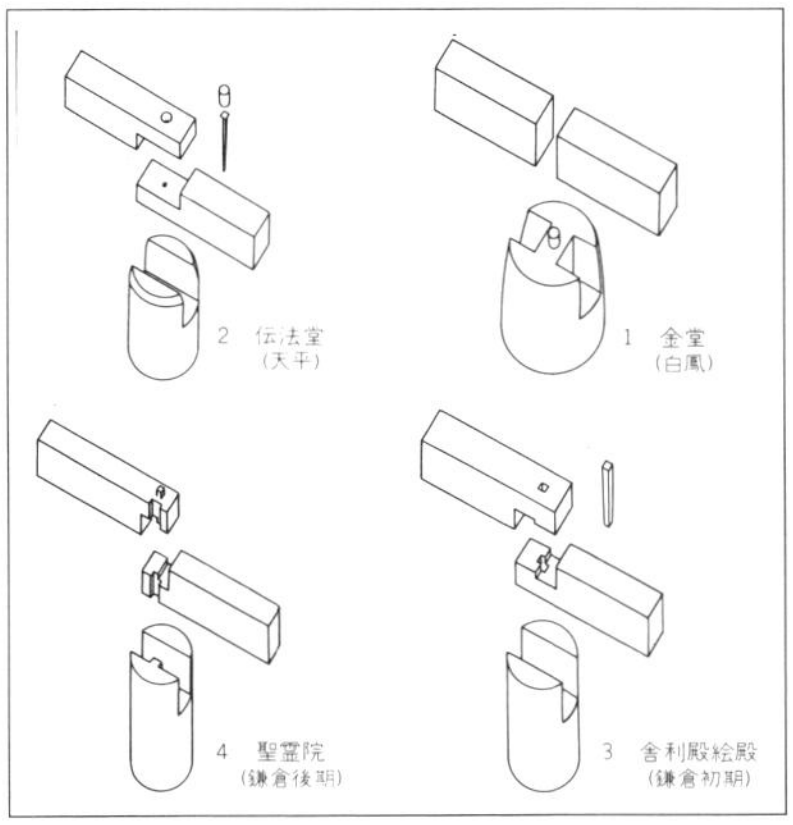

59　頭貫構造の変遷

落とし込まれている。隣の頭貫と連結する仕口もないから各柱間毎にバラバラで、柱と柱の頂部を結びつける本来の力学的役割は、まったく果たしていない。柱と上を繋ぐ横材の共同した働きで強度をもつ（楣構造と呼ぶ）はずの木構造としてはいちじるしく不備であり、徳利状の太い柱の安定性だけに依頼しているといってよい。ことに上層や、五重塔の二重以上は頭貫も用いずに、柱の外から長押台輪を打ちつけるだけとしている。

雲形組物

柱の上には皿板付きの大斗を据え、前方へ雲斗栱で支えられた力肘木を挺出させる。その先端に尾垂木をかけて、さらに前方へ持出し、巻斗を置き雲肘木をのせて軒桁（出桁）を受ける。その結果出桁は柱筋から約一・九メートル（六・一五尺）も外へ持出されることになり、そこへ垂木をかけるので軒先は大きく広がり、建物が立派にみえる。これが組物の最も大きな役割で、寺内で格の高い建物ほど複雑な組物が使われ、僧房（東室）のような簡単な建物では組物がなく軒の出は約一・六メートルに止まるのに、金堂では四・四メートル（一四・五尺）に達するのである。

ところでこの組物には前方へ持出すのに水平材（力肘木）と斜材（尾垂木）が組み合って用いられているが、原理的にはどちらか一つでもよい。天平時代の組物がそれで、肘木を前へ出して一手先（ふつうは約二尺前後出る）、その上にさらに長い肘木を出して二段に組み二手先（約四尺弱）とする。三段に出すのも可能だが、そうすると桁の位置が柱頂部から離れ、軸部に対して組物部分の成が高くなりすぎるので、ふつうは尾垂木で三手目を持出す。これが組物としては最上級の三手先組で、薬師寺東塔の場合は柱心から出桁まで約二・〇メートル（六・五尺）である。

しかし法隆寺の組物をこうした天平式と比べると構造原理が少し違う。まず力肘木で支えられた尾垂木の支点から先端の巻斗までの距離が、薬師寺ではかなり長い（約九〇センチメートル）のに法隆寺は短い（約四五センチメートル）。これは尾垂木の尻を、前者では入側柱筋まで引き込んでその上に束を立て、上部荷重で押えてあるので、その梃子の力で巻斗をかなり前へ出しても充分支えられるのに、法隆寺式では尾垂木の内部が短かく中間桁で押えるだけだからである。もっとも初重だけをみると、金堂も尾垂木尻は薬師寺と同様に挟み束で押えられているが、その仕口は不統一で、本質的には上層のように中間桁が尻押えとなる構造であることがわかる。

力肘木も薬師寺では内部で反対側のものと通してあって、いわば梁の先端を長く延ばした構造であるのに、法隆寺式は内部が短かくしかも下にはなんの支えもない。要するに天平式が尾垂木・力肘木とも内部では尻をしっかりと押えた材の先端を枯出させた梃子の原理で軒先荷重を支えるのに対して、法隆寺式は大斗を支点とする天秤構造なのである。

このため隅の組物が天平式では前方と隅行の三方向に造られるのに、法隆寺式では隅行方向にしかない。したがって出桁の支点が、法隆寺式の隅では「柱間寸法＋桁の出寸法」となってたいへんに広くあくことになり、それを補うために隅の間を特に狭くする。天平建築は柱間寸法に大きな差をつけず、例えば唐招提寺金堂では中央間を一六尺、その両脇を一五尺、次一三尺、隅の間一一尺と順次逓減させることによって、横へなだらかに広がる立面を構成する。これに対して、法隆寺式は隅の間が急に狭くなって（金堂は隅の間と隣接間との比が一対一・五）、截ち切ったように屹立する立面が生まれるのである。

さらにいえば、こうした天秤式組物は壁面から直角に前方へ延び出す必要はなく、玉虫厨子のように斜め方向に出てもよい。玉虫厨子は桁行を三間等間とするが、中央二組の組物を放射状に突き出させることによって、出桁の支点も三間等間となっており、柱間寸法を狭めずに隅の支点距離を縮めるにはこの方法しかない。このように考えてくると、力肘木と下の雲斗栱とは大きな材木さえあれば一体に造るほうが強いこととなり、実際にも五重塔では、持出し距離の大きい隅斗栱は両者を一木造とし、四重目や五重目ではすべてを一木造にしている。角材の肘木類を斗で挟みながら組立ててゆく天平式の斗栱組とは異質で、力肘木下の雲斗栱は全体が持送りであり、どこが肘木に当たりまた斗となるのか分けられない。またこうした構造原理からみると、雲形組物は玉虫厨子のように

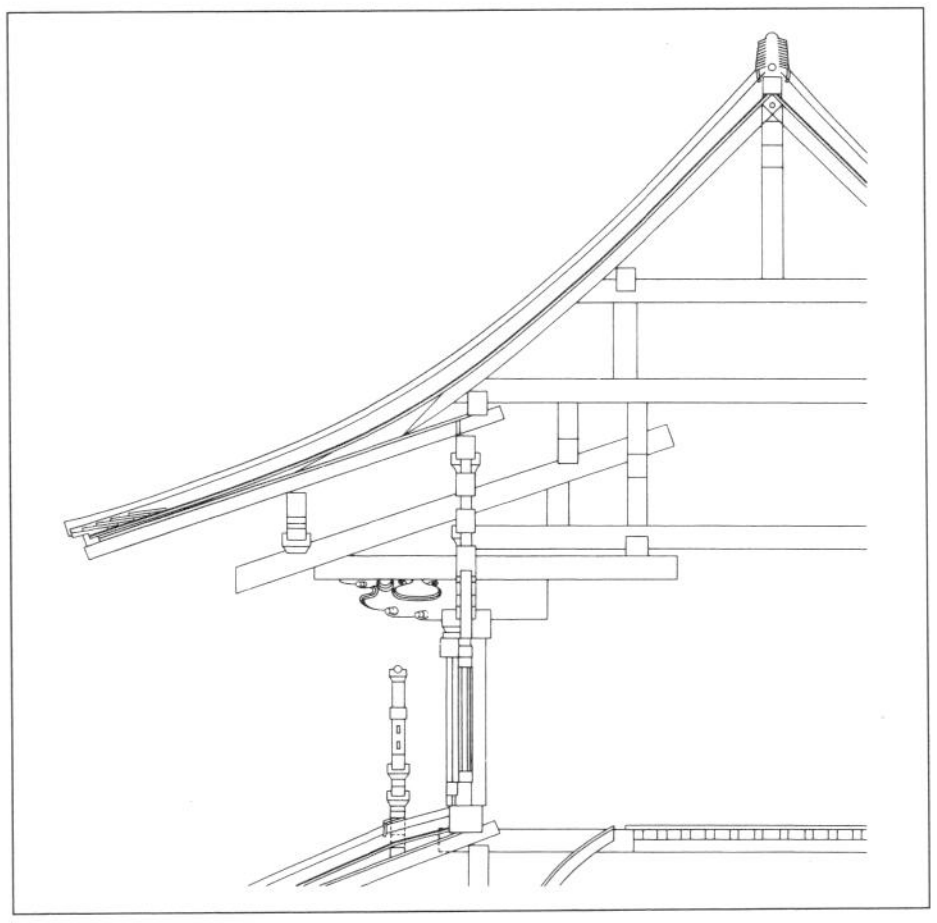

60　金堂組物と小屋組断面図

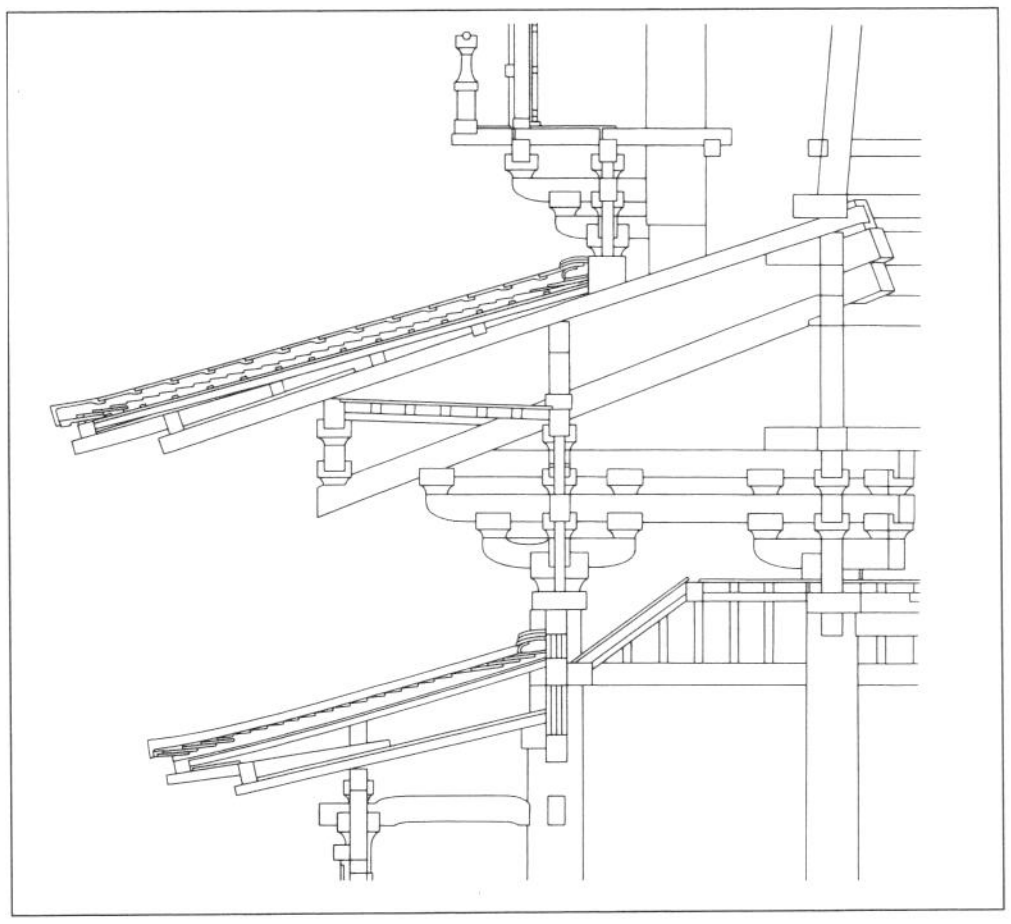

61　薬師寺東塔組物断面図

前方へ挺出するだけが本来の形式で、大斗上にのって一の通肘木を支える壁付きの枠肘木や雲斗は付加物と考えられる。

錣葺式入母屋屋根

天秤式構造は垂木にも適用され、上層では四周へ垂れ並べた垂木尻に土居桁を置き、その上に切妻屋根をのせて、重石の役割を果たさせている。それがそのままあらわれたのが玉虫厨子の錣葺屋根であり、金堂は上下の垂木の間に細長い三角形の材を入れて連続するように改良したものである。重石用の屋根であるから大きいほうがよい。金堂の入母屋の叉首組の破風が大きくあらわれ、屋根勾配も上部が特に強いのはそのためであり、天平時代の新薬師寺本堂と比べると棟が高く鋭く、聳え立つ感じになっている。

天平建築は組物上に大梁を架けて軸組を固め、その上に叉首組や束組で小屋を造るが、その大梁に当たる材は必要ない。下層内陣の天井が天蓋内部を模した形で造れたのも、大梁がなかったからである。ただし向かい合う柱を結ぶ大梁がなく、力肘木も既述のように内部では結び合わないので、天秤式の組物は軒先の重さで外へ転び出すことがさけられない。実際にも金堂上層では、桁行方向の通肘木は中央で大きく外へ湾曲していた。金堂の修理工事の責任者であった竹島卓一は、こうした大きな構造的欠陥の内蔵と関連して、法隆寺式は大陸建築技法に対する理解が不充分のまま、多くは模型や絵画などから学び、不足の点を固有の技法や素人的な判断で補ったのだろうと指摘し、それはちょうど明治時代の洋風建築の輸入に当たって、見せかけだけ洋式にして梁組などは和小屋を使ったのと規を一にしている、と述べている。雲形組物を用いた法隆寺式構造はそれほど不完全なものであり、いわば太い柱とその上の三段の通肘木による井桁の枠組が、石か煉瓦で造ったのと同様な強固な壁体とみなされた構造となっているのである。

雲形組物の特色を理解して頂くために構造の話が長くなったが、意匠上では入母屋の妻飾りの叉首が反りをもち、垂木も軒先は直線であるのに上部は反りがあることが注目される。そのため入母屋屋根は鋭く反り上って建物に威厳を与えている。叉首に反りがつく例は中国・朝鮮にはないから、垂木の反りを移した日本式なのであろう。大陸ではおそらく長い反り垂木でなく、母屋桁ごとに何段も短い垂木で折り上げながら、屋根面の反りを造ったはずである。垂木が角形であるのも日本式で、大陸では玉虫厨子のような丸垂木が伝統であった。上層に廻らす高欄は平桁と地覆の間に卍崩しの組子を入れ、腰組は三斗で人字束を中備とする。人字束は中国では北魏以来隋・唐まで盛んに使われるが、日本ではこれが唯一の遺例である。架木を高く離すのも天平式と比べおおらかで古い。

五重塔・中門・回廊

五重塔は初重一辺長一八高麗尺（二〇・八天平尺）、総高（地面より相輪頂まで）一一二・四尺である。上成基壇の広さ方四一尺は、飛鳥寺四〇尺、若草伽藍・山田寺共に四二尺と近似し、四天王寺三八尺より大きい。現在五重目の屋根だけが下層と比べるとやや急勾配となっているが、これは元禄九年（一六九六）の修理の時、下からみえる垂木とは別にここだけ野屋根を造ったためで、元来は露盤の高さが約七〇センチ低い。

塔の構造は金堂と変わらず、柱間寸法が支割で逓減していることはすでに記した。特に隅の間が上層では狭くなるので、大斗上の枠肘木を三重目では短くし、四重目は隅と連続する形にしている。このようなやり方は中国では後代まで多いが、日本人には不統一さが気になるせいか追従した例はない。金堂と比べると垂木や尾垂木の木口を透彫金具で飾るので、塔のほうがはなやかにやさしくみえ、それだけ時代の下ることを示す。相輪は露盤・伏鉢・請花などが元禄修理の取替品、水煙も当初のものが康安元年（一三六一）の大地震で落下したあとの模造品らしい。九輪のいちばん下に鎌がさしてあるのは雷除けの呪で、平安末期の「巡礼記」にも記されている。但し何時頃からかは不明で、他に例もない。

心礎は基壇上面から約三メートル下に据えられ、八角形の心柱が掘立式に立てられていた。心礎を地中深く据えるのは飛鳥寺・四

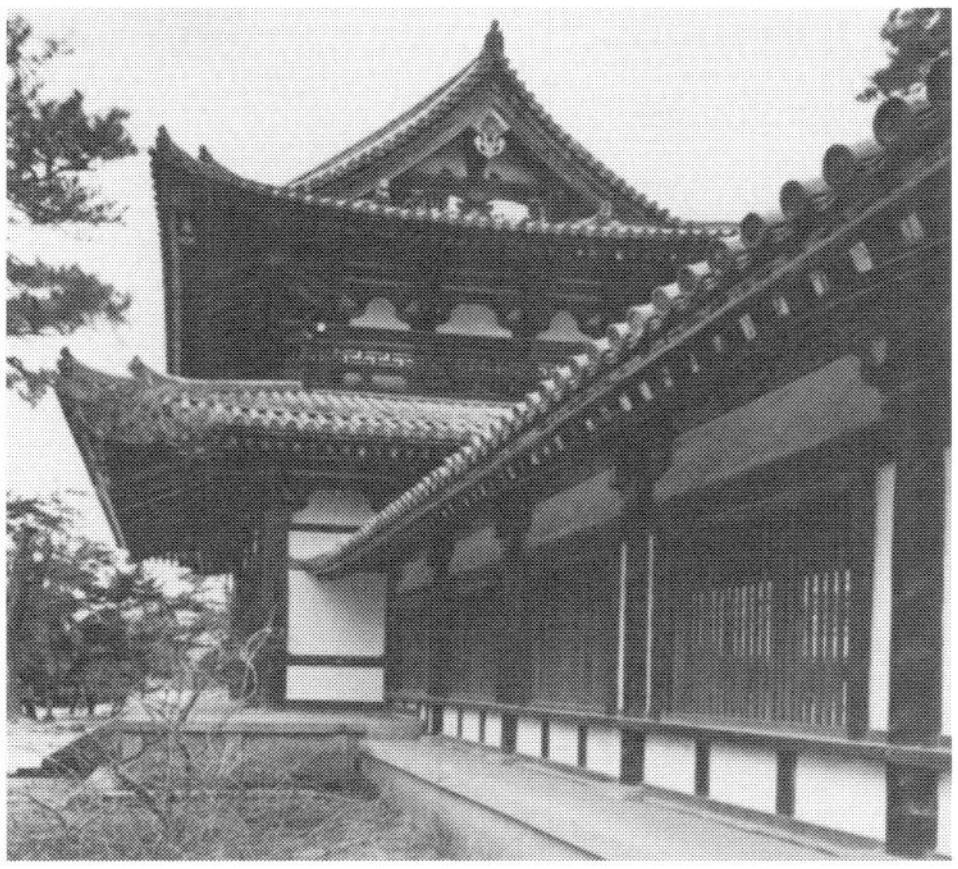

63　中門

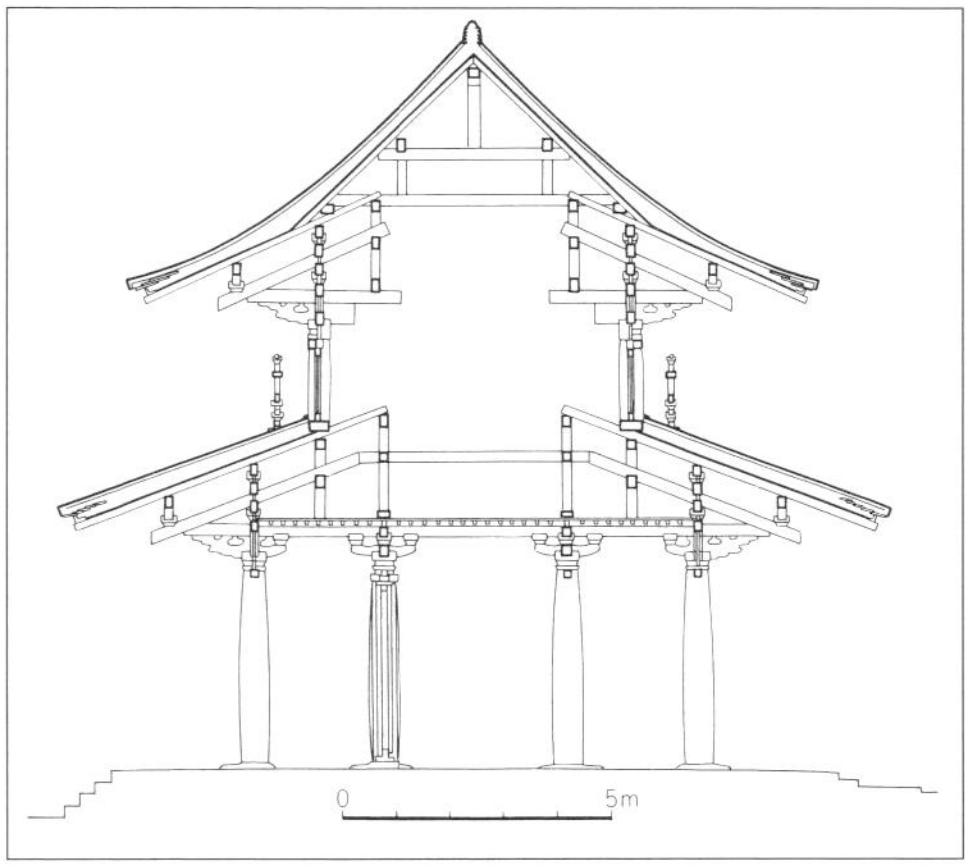

62　中門復原断面図

天王寺・中宮寺・定林寺・法輪寺などに類例があり、最後の法輪寺とこの法隆寺以外はすべて飛鳥時代の塔である。白鳳時代になると川原寺・山田寺・崇福寺などの塔は、基壇上より一メートル程度に浅く心礎を置く形式となり、橘寺・檜隈寺・高麗寺等も同類に入る。さらに白鳳盛期に至ると本薬師寺のように、心礎も他の礎石と同高に基壇上に並べるのである。この点で法隆寺と法輪寺は、塔が建立された実年代より古い技法を用いたことになり、同じ法隆寺様式でも慶雲三年（七〇六）完成の法起寺三重塔は、心礎が基壇面まで上っていて新式である。

　心礎の上面には円錐形の小孔を穿って舎利容器や鏡を納め、上縁を浅く凹めて蓋を被せている。舎利容器はいちばん内側がガラスの小瓶でそれを金製の卵形透彫容器、次に銀製の同型容器で包んで、鍍金響銅製の合子に入れ、響銅製の大鋺に盛っていた。

　中門は正面四間、奥行三間、重層で上重も四間×三間とする。正面が四間で中央に柱の立つ形が門としては異様なため、古くから太子一族の悲劇とも関連させた憶説が各種あるが、私は金堂や塔との釣合上中門の規模がまず定められ、雲形組物では隅の間を狭くする必要から、中央が二間にならざるをえなかった、と考えている。飛鳥寺中門は三間×三間で、間口と奥行の比は一対一・三四であり、法隆寺中門は四間×三間でも一対一・三九とほぼ等しい。奥行を三間とするのは重層門の安定のためで、飛鳥寺のほか大官大寺中門も三間で、これは伽藍の規模が大きいので正面を五間にしている。

　中門の構造も金堂や塔と同じで、柱が独立して立つだけに胴張りの形もよくわかる。前方へ突出した雲斗栱の舌の部分が明瞭でなく、ややふくれた形になっているのは消滅寸前の状態を現わし、上層に頭貫が使われるのも、時代の下降による構造の強化を示す。中門は明治三十五〜六年（一九〇二〜三）に保存修理されたために、慶長修理時に補強用に入れられた貫や改修された妻飾りがそのままにしてある。特に屋根は江戸時代式のぽってりした形になっているが、元来は金堂のように大きな屋垂みをもって、中央部が急勾配に立上る鋭い姿であった。

回廊は単廊で、外側に面する柱間を連子窓にし、内庭側は吹放しとする。中門から東側が一一間、西側が一〇間で、東側では三本目、西では二本目の柱をそれぞれ金堂と塔の中心と一致させ、それから外を共に八間とする設計になっている。東西回廊も金堂・塔を結ぶ中心線上に柱を置き、南を九間、北を八間とする。胴張りをもつ柱やその上の皿板付大斗は金堂以下の建物と同形であり、三斗も金堂や中門の内部で使われているのと等しい。ただしその肘木が金堂・中門・回廊の順で細く長くなるのは、時代の下降と共に天平式斗栱の比例へ近づくことを示している。虹梁は天平式のように両端の水平部分がなく、上下線とも全体円弧状の反りをもって力強いのが特色で、その上の叉首組も太くて虹梁と一体感がある。

伽藍配置と瓦

西院伽藍が聖徳太子建立のままと考えられた時には、このように金堂と塔を東西に並列する配置は太子の創案であり、四天王寺のように塔・金堂を南北に置く大陸式に対して日本式とする説が盛んに行われた。事実、四天王寺式の配置は中国・朝鮮に発掘例が多いのに、法隆寺式は今日でも未だ同種の発見成果を聞かない。厳格な左右対称を守り奥深く聖所へ導かれる重厚な四天王寺式に対して、対称を破りながら左右高低のバランスがとれ、絵画的に一覧しうる法隆寺式は、柔かみがありかつ軽快で、日本人好みといってよい。しかし近年寺院遺跡の発掘調査が進むと、こうした法隆寺式配置は飛鳥時代には遡りえず、せいぜい六五〇年代から始まり、しかも官の大寺ではなく氏寺級の寺院で用いられたことがわかってきた。

飛鳥時代の伽藍は塔の背後に金堂を置く形式に統一されていた。飛鳥寺だけは塔の左右にも金堂を置いた三金堂形式であるが、これも中央金堂が塔と一連の建築様式であるのに対して、東西金堂は異質の構造をもつ建物であり、基本的には同型といってよい。この型の伽藍は清岩里廃寺（四九八年建立の金剛寺か）や定陵寺など高句麗に例がみられるので高句麗系と思われる。四天王寺式には同寺をはじめ若草伽藍・中宮寺・山田寺などが属し、百済の軍守里廃寺や百済から工匠を招いて建立した新羅の皇竜寺（五五三年建立）

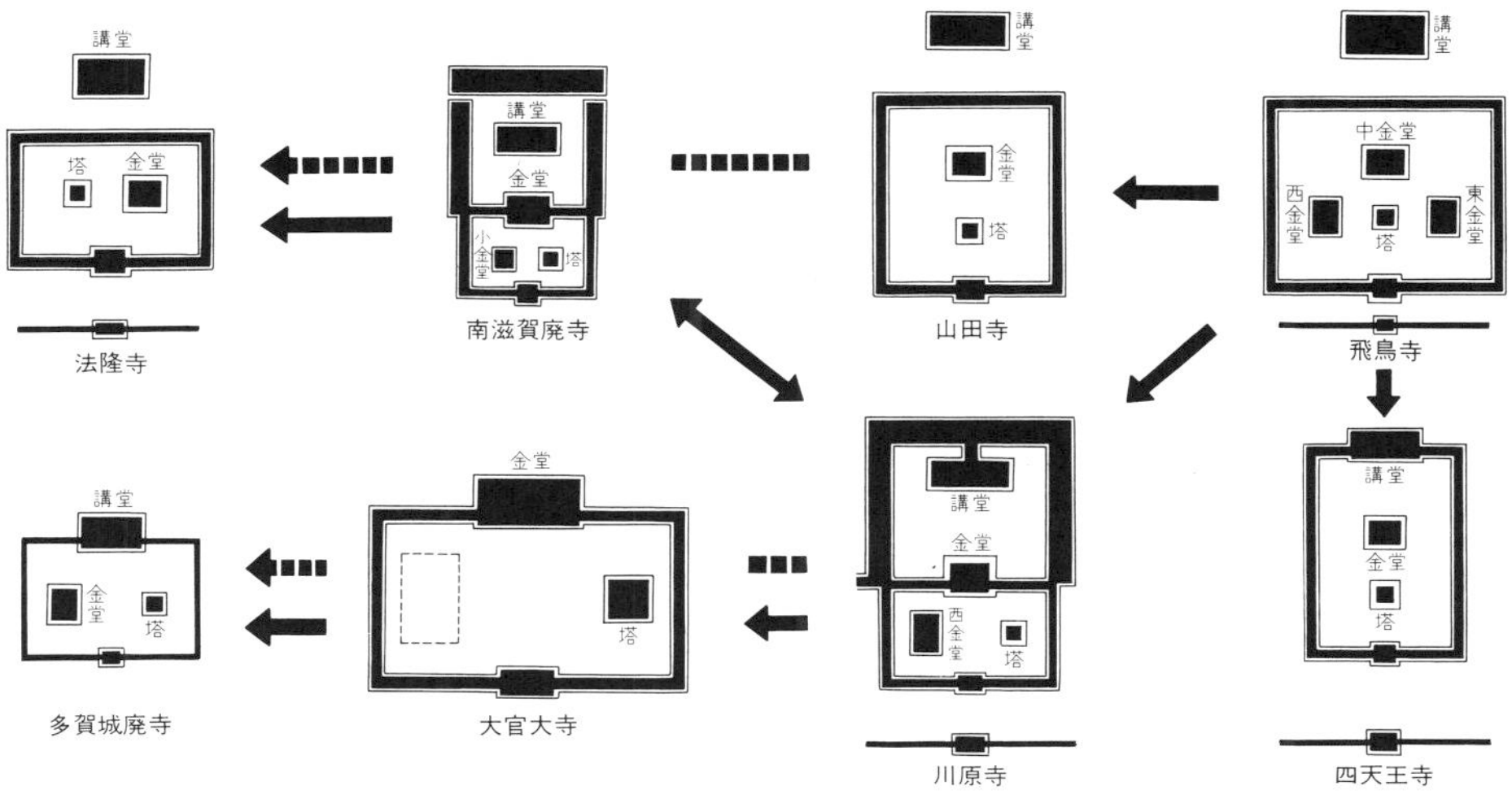

64　白鳳時代伽藍配置の変遷

が同型で、百済式と考えられている。ただ同じ四天王寺式といっても、塔・金堂を囲む回廊が講堂の両脇に取り付く型（軍守里廃寺・四天王寺）と、背後で閉じて講堂はその外に置かれる型（山田寺）があり、飛鳥寺も後者の系列に属する。

白鳳時代に入って新しくあらわれるのは川原寺式である。中金堂の前庭に塔と小金堂を並置する形式で、大津京の崇福寺、南滋賀廃寺なども同型であり、いずれも天智朝（六六二～七一）造営の官大寺級の寺である。続く天武朝（六七二～八六）の大官大寺も最近の発掘の結果、従来講堂跡とされていた中央建物を金堂に擬す説が有力となって、西金堂の有無は不明ながら川原寺式と考えられている。このように川原寺式は双塔式の薬師寺伽藍が出現するまでの白鳳時代前半期の伽藍形式の主流であった。この省略形式が太宰府観世音寺、多賀城付属廃寺にみられ、塔と金堂を対置させて後方に講堂を置く。これらは当時の中央政府の東西の出先政庁に属する中級官寺で規模もかなり大きく、氏寺ではあるが河内野中寺も同型で大きさも匹敵する。

法隆寺のように塔と金堂を横に並べるのも川原寺式の省略型とみてよいであろう。これには今まであげた川原寺以下野中寺のように塔を東に置く型と、反対の型とあり、前者を法起寺式、後者を法隆寺式と俗称している。ただし法起寺の配置にはなお疑問があり、現伽藍の成立も天武朝以後と思われ、この型の寺としては時代も下るので、山城高麗寺を代表にあげたほうがよい。高麗寺は高麗氏の氏寺で川原寺とよく似た瓦を出土して、ほぼ同時代の造立と考えられ、法隆寺の南方にある穴闇長林寺、生駒山を越えた河内西琳寺な

65　法隆寺西院出土
軒丸瓦と軒平瓦

66　山田寺出土
軒丸瓦と軒平瓦

67　川原寺出土
軒丸瓦と軒平瓦

ども同時代・同型と推定されている。これらの堂塔の規模は法隆寺よりやや小さい例が多く、地方では弥勒寺（岐阜）、長熊廃寺（千葉）、石井廃寺（徳島）などがさらに小規模で、時代も白鳳末期から天平時代へ下るものである。

法隆寺式も法輪寺をはじめ猪名寺（兵庫）、伊丹廃寺（同）、額田廃寺（三重）、斉尾廃寺（島根）などがあるが、いずれも規模・年代共に法隆寺を越えず、定林寺（奈良）、禅寂寺（大阪）、海会寺（同）などは、同型とすれば年代は遡る可能性があるがまだ確認されていない。とにかく高麗寺式または法隆寺式は、今のところ天智朝初年の造営と推定されている川原寺より古いものはなく、中央官寺ではない氏寺級の寺院に行われて、規模も法隆寺が最大級に当たるほど、全体としては小さな寺に多い伽藍配置なのである。

白鳳文化を考える時に、この時代には前代（飛鳥時代）からの流れがある一方で、大津京や倭京では隋唐から伝えられた新様式が採用されたことが特色としてあげられる。川原寺や南滋賀廃寺と同型の伽藍は、未だ中国・朝鮮に例をみないが、共にわが国では最も古式の複弁蓮華文の瓦を出土する点からみても、隋唐様式の導入によったことは疑いない。これと平行して法隆寺式伽藍配置も、中小型寺院用として採用されたのであろう。

瓦の点では法隆寺西院伽藍創建当初の瓦も複弁蓮華文で、文様はやや異なるが川原寺と並ぶ最優品であり、年代もほぼ平行すると考えられている。ただ法隆寺ではこれと組み合う平瓦は均正忍冬唐草文で、山田寺や川原寺などの中心地寺院が重弧文軒平瓦を用いるのと対比される。忍冬唐草文瓦は皇極二年（六四三）焼失の斑鳩宮ですでに使用されていた。こうした瓦の文様の相違からみると伽藍形式も法隆寺式は川原寺と同系であり、その省略型ではあっても、日本での改正ではなく、川原寺とは異なった文化地域からの輸入と考えたい。川原寺が初唐様式をそのまま移したのに対して、法隆寺は同じく初唐の影響を示すものの直接ではなく、いったんそれを受けた

68　沂南画像石墓石柱の双斗
二世紀　中国　山東省

69　雲崗石窟内三重塔
五世紀　中国　山西省

中間点、たとえば百済が直接の師になったのではなかろうか。

法隆寺様式の特色と源流

中国建築との比較

現在の法隆寺の伽藍配置や瓦が天智朝（六六二〜七二）頃から始まる新様式で、それは金堂の造営年次を天智朝末年とする考え方とも合致することが確かめられた。とすれば、金堂以下の諸建築に用いたいわゆる法隆寺様式は飛鳥様式・白鳳様式どちらなのであろうか。天平様式の初例は薬師寺東塔で、これは伽藍配置だけでなく建物の平面寸法まで藤原京薬師寺と等しいので、建築様式も同じであったと考えられている。天平様式、あるいは少なくともそれに連続する唐文化系の建築様式は持統朝（六八七〜九七）には存在し、平面計画を唐尺で定める点では、さらに遡って川原寺から始まった可能性が高い。これに対して高麗尺を用いる法隆寺様式は、川原寺と同時代であっても古い要素を多分にもつといえる。こうしたことから法隆寺様式は一部に隋唐の新しい影響を採り入れてはいるが、根本的には朝鮮三国の直模である飛鳥時代の様式だ、とする解釈が広く行われている。

法隆寺様式そのままの建築は残っていないにしても、石造遺物や石窟・古墳等に刻まれた建築的部分や絵画などから、様式成立の年代を探る研究は早くから行われ、現在も中国や朝鮮で発掘等によって新資料が発見される都度、修正

71　伝洛陽出土陶屋　隋代　中国

70　玉虫厨子軒見上げ

と精緻さを加えつつある。その方法は法隆寺様式の特色ある細部との比較で行われ、次のような村田次郎の説が代表にあげられる。

まず雲斗は肘木の両端に斗を置く双斗から生まれたもので、双斗は後漢（二〜三世紀）に行われ魏・晋（四世紀）まで続くが、それ以後は三斗となるのでごく古い様式である。皿板付の斗は後漢にはなく北魏（四世紀後半〜六世紀前半）で流行し、大斗に限らずすべての斗につけたが、北斉（六世紀後半）には退化して以後消滅した。高句麗（四世紀後半〜五世紀）は三斗でも中央の斗に皿板がないのは双斗系の古様を伝える。人字束は北魏・高句麗では直線の叉首型で法隆寺のように曲線となるのは北斉から始まり隋唐へ下る。金堂内陣天井が箱式天蓋の内側を模した形となっているが、この型の天蓋は北魏から隋まで行われ、支輪が曲線を描くのは新しい。このように中国建築と比べて、きわめて古い要素から最近の隋唐様式まで混在するのが法隆寺様式の特色であるから、これと同じ様式が中国にあったとは考えられず、飛鳥系（三国系）が主になっていて、それに白鳳系（隋唐系）を加え日本で形成されたものであろう。以上が村田説である。

しかしこうした中国・朝鮮との比較では最も特徴的な雲形斗栱に適切な類似例がみつからないのが泣きどころで、源流を漢代の曲がりくねった肘木に求めるのは、あまりにも時代が離れすぎ、また形も異なる。さらに三国伝来としても漢代以来北朝文化と深い関係にあった高句麗系なのか、東晋からの仏教伝来を三八四年と伝え、梁との交流を如実に示す「梁官瓦為師矣」の銘をもつ瓦も発見されて、南朝文化をも積極的に取り入れたことが判る百済系であるのか、議論はつきない。

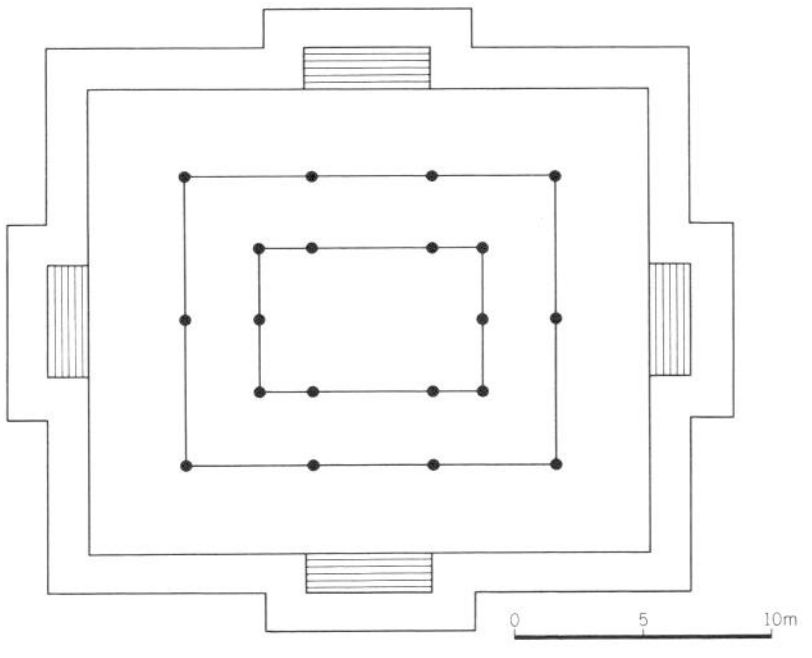

73　山田寺金堂平面図

72　山田寺金堂復原図

寺院跡発掘の成果

ところで、もう一度日本に立戻って、飛鳥時代から本当に雲形組物の建築が輸入されたのであろうか。発掘調査の結果は飛鳥時代には別の建築技法もあったことを教え、少なくとも法隆寺様式一種ではなかったことがわかってきた。それは飛鳥寺の東西金堂で、軒先に支柱をつけたと推定される異様な建物であり、高句麗や百済の初期寺院も同様式である。同寺の中門もこれとは異なるが、柱の配置法から雲形組物系とは思われない。飛鳥寺の金堂や塔はもし雲形組物であれば、法隆寺のように隅の間を狭くしてあると期待されたが、基壇の下方だけ残って礎石跡が不明なので、なんともいえない。四天王寺・若草伽藍・中宮寺などの金堂や塔も同様な状況であった。

しかしごく最近山田寺の金堂跡が発掘され、ここでは雲形組物を用いるのでなければ構造上まとまるまい、と考えられるに至った。その規模は法隆寺金堂と近似するが、内陣は隅の間が特に狭い三間×二間、外陣はその隅の間だけを拡大して、同じく三間×二間にした風変りな平面をもつ。軒の出は一二尺以上（法隆寺は一四・五尺）あって組物を長く差し出す必要があるが、平面の放射的性格からすると雲形組物が適切であり、しかも玉虫厨子のように組物自体が放射状に配列されて、軒桁を支える構造と察せられる。

山田寺金堂は皇極二年（六四三）に建てはじめ、大化四年（六四八）の完成と記録されるので、以上の推定が正しければ飛鳥時代にはじめて雲形組物の実在が確かめられたことになる。しかも山田寺では天智二年（六六三）に造営を開始して天武五年（六七六）に竣工した塔は、平面の性質が異なり、唐尺を用いているので、川原寺と同様式の唐系の建築と考えられ、この寺で雲形組物の用いられた時期はごく短かかったことがわかる。法隆寺の建築でも構造面での不完全さが多いから、玉虫厨子式ではいっそう不安定で、その踏襲がためらわれたのであろう。とすると外陣の隅の間を狭めて、多少とも構造の強化をはかった法隆寺式は山田寺式の改良型となろう。

ここで洛陽出土と伝え隋代と推定されている陶屋が思い起こされる。この陶屋は正面四五センチ、側面三二センチで玉虫厨子と同大であり、急勾配の入母屋屋根に鴟尾をあげる点も、そっくりといってよい。組物を隅では四五度方向にしか出さず、壁に添った斗栱がないのも類似している。またそれらの組物は各面を三間に分けた柱上にのるが、軒先ではちょうど支点を三等分する形となっており、このことも玉虫厨子と等しい。ただしその組物は肘木を三段（正面）または二段（側背面）に挺出する形式で、大雁塔仏殿図（七〇四年）などにみる唐代の組物に連なり、より古式のものである。玉虫厨子では組物を柱筋でも三等分点にしたため、放射形にせざるをえなかったが、この陶屋では隅の間を狭めて壁から直角に組物を出していて、この点は法隆寺金堂との類似を思わせる。

新しく知られた山田寺金堂や隋代陶屋からすると、法隆寺様式、ことに現存建築にみる隅の間を狭めた改良型の成立は、案外新しいのではあるまいか。山田寺は瓦の面でも子葉をつけた単弁蓮華文を用いた最初の寺であり、それまでの百済系素弁蓮華文、または高句麗系の瓦当文様から大きく一歩前進して、川原寺や法隆寺の複弁蓮華文瓦への橋渡しをする。特に法隆寺の瓦は主弁も中高にふくらみその上に子弁をのせる点や、弁の周縁を隆線とする技法で山田寺の系譜上にあり、川原寺以下薬師寺・大官大寺など白鳳時代の主流であった寺の瓦が、主弁に匙状の凹みを作って子弁を入れる形であるのと異なっている。

そうした親近性からみても法隆寺様式は、山田寺で採り入れた新様式の後追いをして、同じ地域から輸入した可能性は高い。とすればそれはやはり百済であり、百済でもけっして古く中国から学んだのではなく、比較的新しい様式であったと想像される。法隆寺式組物を薬師寺東塔と比べると、薬師寺では全部の肘木に舌をつけるのに、法隆寺は前方へ差出す雲斗栱にしかなく、また隅では薬師寺にはない鬼斗を用いるなど、新しい面があることも改めて注目する必要がある。鬼斗は金堂・五重塔とも慶長修理時に隅尾垂木上に二重尾垂木を加えて補強した際に撤去されていたが、昭和修理で復原されている。

百済の先は北朝ではなく南朝であろう。南朝の地域は、のちに鎌倉時代に入って大仏様・禅宗様と呼ぶ新しい建築様式を日本へ伝えるが、大仏様には皿斗がつき、また大仏様の遊離尾垂木や禅宗様の尾垂木は天秤式で、法隆寺様式と通ずる技法が後代まで温存されたことを示してくれる。金堂や塔の裳階の屋根を支える挿肘木も大仏様の構法である。雲斗栱の古めかしい技法も、北朝では早く捨てられて唐の建築様式へと進歩の道を歩んだのに、南朝系では存続した可能性が高い。残念ながら南朝系の遺物はほとんど残らないので実証はむずかしいが、従来の大方の推論とは逆に、新旧混合した様式であっても法隆寺様式は中国で成立しており、百済を通じて案外短期間に日本へ入ってきたものと思われる。したがってそれは飛鳥的なものではなく、初期白鳳文化そのものであった。

東院伽藍の建築

創建と改修

東院伽藍は皇極二年（六四三）に、蘇我入鹿によって斑鳩宮が焼かれ、山背大兄王以下太子一族も滅ぼされて、その跡が荒廃にまかされていたのを、行信僧都が天平十一年（七三九）に夢殿を中心とする太子追福の伽藍として創立したものである。八角円堂は天平時代には、興福寺北円堂を父藤原不比等の一周忌に光明皇后が、また栄山寺八角堂を武智麻呂のためにその子仲麻呂が造立したように、追善供養の堂として営まれる例が多く、この東院も太子とその一族への讃仰と鎮魂の意味をこめて造られた。そのため普通ならば仏殿（夢殿）の背後にはすぐに講堂（伝法堂）が置かれるのに、ここでは舎利殿絵殿と呼ぶ建物が中間に入る。古く「東院縁記」では七間御経蔵と記し、おそらく太子所持の経典や宝物類が集められてこの中に安置されていたのであろう。平安時代の延久元年（一〇六九）に聖徳太子絵伝の障子絵が描かれて西方は絵殿となり、東方が御持宝物や舎利を祀る宝蔵に分かれたが、絵殿の背後には中央の馬道に向かって聖霊会の本尊となる太子像（一〇六九年銘）も安置されている。聖霊会は太子の忌日（二月二二日）に厳修されるもので、『別当記』では天平二十年（七四八）から始まったと伝え、江戸時代の元禄以前は夢殿で行っていた。夢殿と七間御経蔵とが密接な関連をもって東院伽藍の中心部を形成しているのである。

ところでこの舎利殿絵殿も現在の建物は承久元年（一二一九）の再建であるように、東院伽藍には鎌倉時代再建の建築が多く、天平創建当初のまま残るのは夢殿と伝法堂だけである。天平宝字五年（七六一）の「東院資財帳」によると、八角仏殿以下一〇棟の建物が記されているが、このうち瓦葺は仏殿（夢殿）・講堂（伝法堂）と僧房二棟だけで、南門・中門（いまの礼堂）・回廊・七間屋（舎

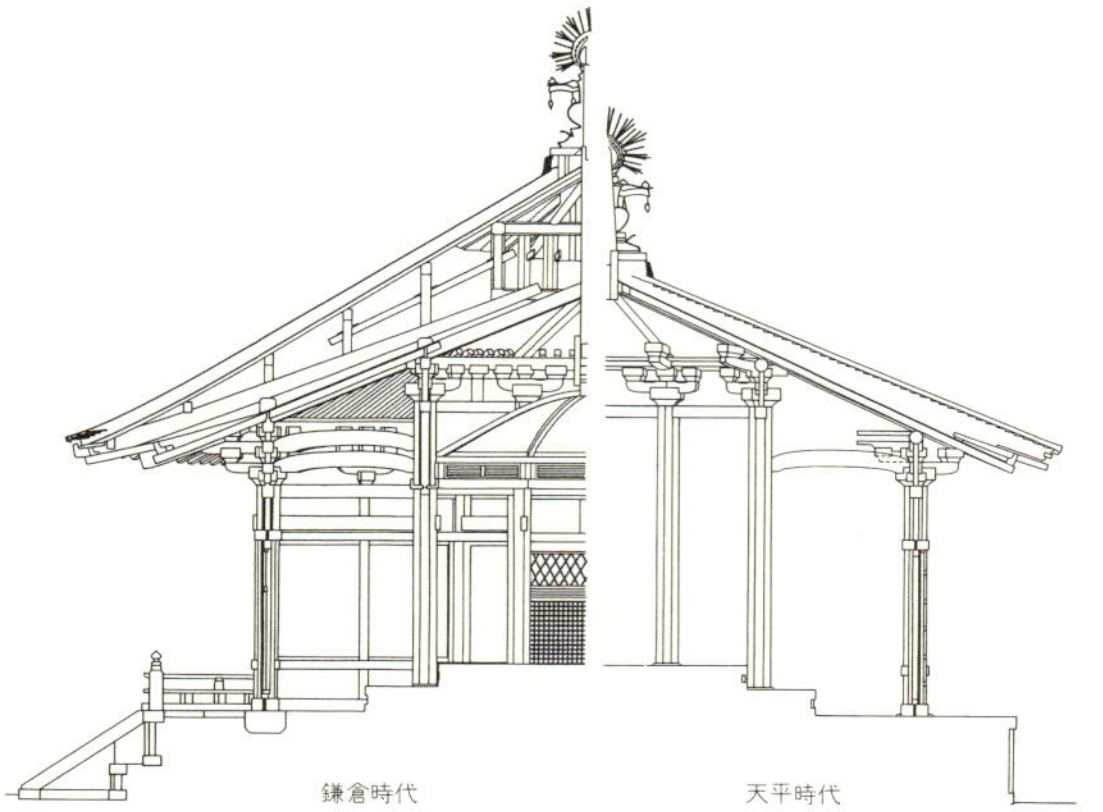

74　夢殿断面図

75　夢殿露盤

利殿絵殿）・香木屋二棟などは檜皮葺であった。これらの檜皮葺建物は昭和九年から行われた東院修理時の発掘調査によって掘立柱であったことが明らかにされた。掘立柱・檜皮葺式は、平城宮でも内裏以下大半の建物で使われているように、当時の宮殿住宅建築の通例であり、東院伽藍が太子の宮殿再興の意味もあったことをよくあらわしている。

しかし掘立柱の根本は腐朽しやすい。貞観年間（八五九〜七七）に道詮によって大修理が行われたのはこのためで、その時に足元を礎石に改めた。ただ建物の上部は創建時のまま再建された箇所が多かったらしく、鎌倉時代に入るとまただいぶんに破損が進んだ。そのため承久元年（一二一九）に舎利殿絵殿を改築したのをはじめとして、寛喜二年（一二三〇）夢殿改修、同三年礼堂改築、嘉禎二年（一二三六）回廊再建と大修理が行われ面目を一新した。これが今日みる伽藍の姿で、再建時にはもとの位置がほぼ踏襲されているので、現状からも当初の伽藍の形態がよくうかがえる。ただ回廊は創建当初には北方も東西に連なって閉じ、そのすぐ北側に七間屋（御経蔵）があったが、鎌倉再建時に七間屋の前面に吹放しの広縁を付け足して、その両脇に接続する現在の形に改めた。なお鐘楼は「資財帳」にはなく、応保三年（一一六三）に創立されたもの。西院伽藍の鐘楼と異なる袴腰付きの軽快な姿で、この形式では最古の例である。

夢殿と伝法堂

個々の建物の説明は別項にゆずるが、夢殿は当初組物が一段で軒の出は短かく、屋根もゆるい勾配で現状よりずっと簡素かつ軽快な建物であった。それを鎌倉改修時に

76　東院伝法堂

いまの姿に改めたのは、周囲の建物が檜皮葺から瓦葺へ変わって、その中心堂宇としての重みを加えたためであり、現環境からはそのほうがふさわしい。そのため昭和修理でも復原を行わなかった。これに対して伝法堂はほぼ完全に天平創建当初の姿に復原修理されている。白鳳・天平の建築は垂木上にすぐ瓦を葺くので屋根の勾配がゆるく、また薄いのが特色で、そのために軽快にみえる。この伝法堂は切妻造で構造材のすべてが外観に現われているので、そうした天平建築の構造と意匠の関連を示す絶好の例となっている。たとえば破風板も後世と比べるとずっと巾がせまく、また上方は直線として下方で急に反りをつけていて、後世の破風板が全体を円弧状とするのに比較してするどく力強い。特に後世には破風板の円弧と瓦葺の屋垂みの曲線とが中央付近では大きく離れてここに箕甲を生じ、屋根の側面観が厚ぼったくなるが、伝法堂ではそれがなく、すっきりしている。

鎌倉時代の建築となるが、そうした構造上の特色で面白いのが舎利殿絵殿と礼堂である。前者は承久元年（一二一九）、後者は寛喜三年（一二三一）の建立で、その間わずか一二年しか違わない。しかし舎利殿絵殿が平安朝以来の伝統的な和様で造られ、例えば床組なども大引を柱の側面へ打ちつける構法であるのに、礼堂では組物や軒など外観は同じ和様ながら、柱に足固貫・内法貫を通して軸組を固め、足固貫を大引にして床板を張っている。こうした貫の利用は鎌倉時代初頭に中国から大仏様として輸入された新技術であり、それが従来の和様にも採り入れられて和様を改良してゆく役割を果した。舎利殿絵殿では貫で軸組を固めるかわりに太い筋違を壁の中に用いていたが、日本建築としてはごく珍しい技法で、おそらく和様がゆきついた最後の構造強化法であったろう。それが貫の出現で以後姿を消した。そうした中世の技術革新の波が法隆寺ではこの両建築の中間の時期に押し寄せ、建築の中身を少しずつ変えていったことを示している。東院は建築技術の変遷の歴史を学ぶのに絶好の建物がすぐ軒を接して建ち並ぶ点でも貴重なのである。

四　法隆寺金堂・五重塔・玉虫厨子

法隆寺金堂

（国宝）

桁行五間　梁行四間　二重　下層裳階付　入母屋造　本瓦葺　裳階板葺

金堂は回廊で囲まれた内庭に五重塔と東西相並んで南面して建ち、内陣の中の間に推古三十一年（六二三）銘の釈迦三尊、東の間に推古十五年銘の薬師如来、西の間に貞永元年（一二三二）供養の阿弥陀如来の各像を本尊として安置する。天平十九年（七四七）の「資財帳」には「金堂。二重。長四丈七尺五寸。広三丈六尺五寸。柱高一丈二尺六寸」とあって、この寸法は現堂の桁行四六・二八尺、梁行三五・六尺、柱高一二・三尺をそれぞれ天平尺に換算（〇・九七五曲尺）した数値とよく一致している。

建物の大きさは天平時代の他寺金堂と比べるといちじるしく小さいが、飛鳥寺や若草伽藍の金堂よりはわずかに小さい程度で大阪四天王寺より大きい（1）。飛鳥・白鳳時代の伽藍は塔と金堂が近接して建ち、廻廊が周囲をめぐって両者とも四周から眺められる配置をとるのが大きな特色で、そのために金堂は正方形に近い平面をとる。そして塔との釣合い上も重層とするのが原則であったらしい。天平時代になると塔は外方へ移され、金堂の側面に廻廊が取付く伽藍配置となるので、金堂も正面だけが重視されて七間×四間の横長に変り、大寺院でも単層の例があらわれる。当寺金堂は建物としてはむしろ小さい部類に属するが、飛鳥・白鳳期の金堂の唯一の遺例であり、また正規の古代重層仏殿を考える唯一の手がかりとなる貴重な遺構である。

現金堂の建立年代をめぐって長い間の論争があったが、今日では火災後の再建であることは広く認められ、持統七、八年（六九三—六九四）頃には少くとも金堂だけはある程度完成していたとする見方がほぼ定着しつつある。ただその時期については天智九年（六七〇）を罹災の年として、火災後まもなく着手し、天武七年（六七八）に封戸が停止される頃には大半出来あがっていたろうとする説[2]と、「被災の後、衆人寺地を定むるを得ず」（『補闕記』）というほどだから、しばらくは再建も困難で、封戸の停止は当時具体的な活動がなかったことを示し、天武末年頃から建立を始めたとする説に分かれるようで、[3]建築史関係者は多く前説に傾いている。それは五重塔を様式的に法起寺三重塔より古いとし、また塔の柱には壁や造作材の取付く前にかなり長年月の風蝕があるから、その造立はこの風蝕期間だけ塔本塑像安置の和銅四年（七一一）より遡るとみられるので、塔の建て始めを天武末年頃まで上げることがまず基礎となって、五重塔より古いとみる金堂をその前におくためである。

この考え方をもう少し拡大すると、実は天智九年の火災年次そのものが問題となる。浅野清が推定しているように、塔の心柱の根元の腐朽による仏壇・須弥山の改造を和銅四年の時点に据え、[4]そうした腐朽や前記の風蝕が生ずる期間は他の例から推しても数十年を要したであろうとすると、それだけで塔の建て始めは天武朝よりさらに遡り天智朝にも及ぶ。そして金堂と塔を比較すると、組物その他の形式技法上から両者にはかなりの年数差があるとみられるほか、金堂の基壇築土は傾斜地の旧地形をそのままにして築き始め、礎石は他からの転用材、基壇化粧積の羽目石は十分な高さのものが得られず最初から二枚積の個所もあったなど、いかにも忽卒の間に着手した感があるのに対して、塔は柱座造出しの礎石、整然とした一枚石の羽目を用いた基壇などに着工前の十分な用意を示し、この点でもやはりある程度の着工年次の開きを想定させる。とすると金堂の着工を天智九年の火災後とすることが難しくなって、火災年次をさらに古く考えたくなる。福山敏男の皇極二年（六四三）説[5]の背景はこれで、金堂だけがきわだって威厳のある力強い細部をもち、塔や中門はその省略された摸倣に近く、両者には一世代（二一〜三〇年）近い差があるとしている。皇極二年は『書紀』に斑鳩宮焼失を記すだけで、寺が焼けた記載はないから、想像の域を出ないとする批判は当然あるが、技法差や風蝕・腐朽による年代の積み重ねがほぼその頃まで遡る点はこの想定を無下に捨てきれないものを残している。ことに福山説は一種の三寺説で、東院の出土瓦から斑鳩宮と一体化した寺の存在を予想し、若草伽藍とこの宮寺とは焼失時期が異なるとしているのが注目される。東院出土の忍冬唐草文軒平瓦が現西院の瓦文様の母体となっていることからすると、あるいは斑鳩宮が釈迦三尊を祀る寺に変移していて、現西院はその後身であり、若草伽藍の本尊であった薬師像をのちに客仏的に安置したとする説も生れそうで、罹災年次にはまだ天智九年以外にも検討する余地があるといえよう。

金堂はわが国に遺存する最古の木造建築であるばかりでなく、朝鮮や中国にもこれに匹敵する遺構がまったくないために、その様式史上の位置づけや建立年次の推定はいちじるしく困難で、壁画や天蓋などの面からも今のところ一応天武朝を工事期間の一時期とすることはほぼ通説となりながら、それをかなり長期間、たとえば孝徳朝から始まった事業の終末期とみるか、あるいは天武朝の着工としてもその年代を初頭、終末のいずれにかけるかは、なお諸説に分かれるのが現状である。また裳階は形式技法、とくに組物の形などからみても、堂本体よりはかなり遅れるようである。ただし屋根板の技法からすると、五重塔の裳階よりは古いと考えられる。なおその構造・手法は、「五重塔」の項で一括して述べる。

その後の修理は古文書や墨書銘からほぼ推察されるが、昭和の解体修理で下層には建立以来一度も打替えられていない垂木が数本検出され、少くとも上層の組物から下方は後世の解体補修を受けたことはなく、軸組の大部分は当初の姿・部材をよく伝えていることが判明した。記録では長曜大徳任中の長徳頃(6)（九九五―一〇〇三）、延真律師任中の嘉保頃（一〇九六―一一〇〇）、元久元年（一二〇四）と、ほぼ一〇〇年おきに修理のことがみえ、寛喜元年（一二二九）には屋根葺替え、弘安六年（一二八三）にも丹塗りを含む修理があった(7)。この間に天元五年（九八二）、安元元年（一一七五）、建暦元年（一二一一）、承久元年（一二一九）などには金堂に盗人が入り、その際壁を切り破ったりしているので(8)、その修理も行われたであろう。観応元年（一三五〇）に東側石階の修理があり、康安元年（一三六一）地震のため東の間の仏壇が崩れた(9)。そして応安七年（一三七四）には大破のため金堂を修理したとする記事がある(10)。部材の種別や痕跡からすると、金堂は慶長大修理前にやや大きな修理が二回あって、一度は上層の尾垂木以上を組み直し、二度目は軸部はそのままで上下層の隅木を抜き取って取替え、同時に上層の出桁を取替えたことが推測されており、後者が応安に当るらしい。基壇周囲化粧積石の積み直しもこの時行われたようである。またすでに慶長以前から、この建物で最大の弱点である軒の隅部の垂下防止用に、上層では隅柱の足元から隅行雲斗雲肘木下へ斜めの方杖状支柱、下層では地上から隅木先端を直接受ける支柱が設けられていたことも痕跡から判明している。隅木を上下四隅とも全部取替えたほどであるから、その破損はかなりいちじるしかったはずで、隅の支柱や補強はおそらくかなり早くから行われていたのであろう。そして隅木取替え後もその支柱を廃止することはできなかったものと思われる。その後寛正二年（一四六一）に従来は土間であった裳階の床に敷瓦が初めて敷かれた(11)。

慶長年間の豊臣秀頼の寄進による寺内各堂の修理は、金堂については慶長八年（一六〇三）に行われ(12)、小屋組を解体して妻飾を当初の豕叉首から虹梁大瓶束に改め、軒先を約一支上下層とも切り縮め、桔木を入れて野屋根を新設した。また軒の補強のため上層では各雲斗雲肘木下に支柱を加え、それを隠すため従来は高欄と側柱との距離が狭かったのを支柱の外になるよう高欄を拡張・造替した。下層でもそれまでは裳階の繋梁が各面とも隅から一間内寄りの柱筋だけの二本ずつであったのを、すべての柱筋に増加し、その上に支柱を立て、雲斗雲肘木を支えるように改めた。隅では尾垂木と隅木の間に二重尾垂木を補加し、下層は裳階隅柱を延ばして上に斗を置き尾垂木先端を支えた。こうした補強は軸部にも及び、下層では柱に貫を通して入側組物間に大梁を補加し、上層には内部に補強用の立体的な枠組を組込んでいる。このように慶長修理は傷みやすい軒・屋根の改造とともに構造主体部の補強に重点がおかれたが、解体によらない改修工事としては本来の部材をさほど傷つけずに構造上の欠陥をかなりうまく補うものであった。

元禄九―十一年（一六九六―九八）の修理[13]はこのため屋根葺替え、飾金具の新補が中心となった。上層四隅に新たに竜の彫刻付きの支柱を立て、下層では裳階屋根上四隅に獣形彫刻を据えたが、これも慶長にはただの支柱であった個所に装飾の彫刻を加えたものである。その後、宝永四年（一七〇七）、正徳元年（一七一一）、天保六年（一八三五）などにも小修理があった[14]。

明治に入ってからは、何回も根本修理の議が起りながら、壁画の解体保存工法に自信がもてないままに年月が流れ、とりあえず昭和十五年からその摸写に着手した。戦争の苛烈化とともに、解体して部材を山間部へ疎開、保存することとなって、昭和二十年に急遽上層から解体を始め、下層天井に達したところで終戦を迎えた。その状態で戦後も摸写の事業は進められたが、不幸にも昭和二十四年一月二十六日内部から火を発して、下層一の通肘木以下の軸部材を壁画とともに焼損した。以後直ちに復興工事を起し、昭和二十九年にようやく竣工したが、下層一の通肘木以下の組物・柱・頭貫などを、旧材を忠実に摸して新しい材に取替えたほかは、できるだけ古材を再用し、後世改変部の復原も行われて、金堂はほぼ建立当初の姿に復されたのである。ただ裳階上の下層組物下支柱は軒下の暗部にあって外観上さほど煩しくないのでそのまま残され、また上下層四隅の彫刻付き支柱も構造上の安全のため存置された。なお当時内部の壁面は、取外してあったために焼損をまぬがれた内陣小壁の飛天像も別途保存することとしたために全面を白壁としていたが、近年周壁の壁画および内陣小壁の飛天像ともに、紙本の摸写が本来の壁面上にパネル仕立てで装着され、当初の荘厳の状況が再現されている。

堂は高い二重基壇上に建って、五間×四間の下層に四間×三間の上層を設け、下層には裳階をめぐらし、上層は縁を造らずに下層屋根上に直接高欄を四周に据える。上層は内部に床もなく、実用上の機能はまったくない、外観を立派に見せるためだけのものであ

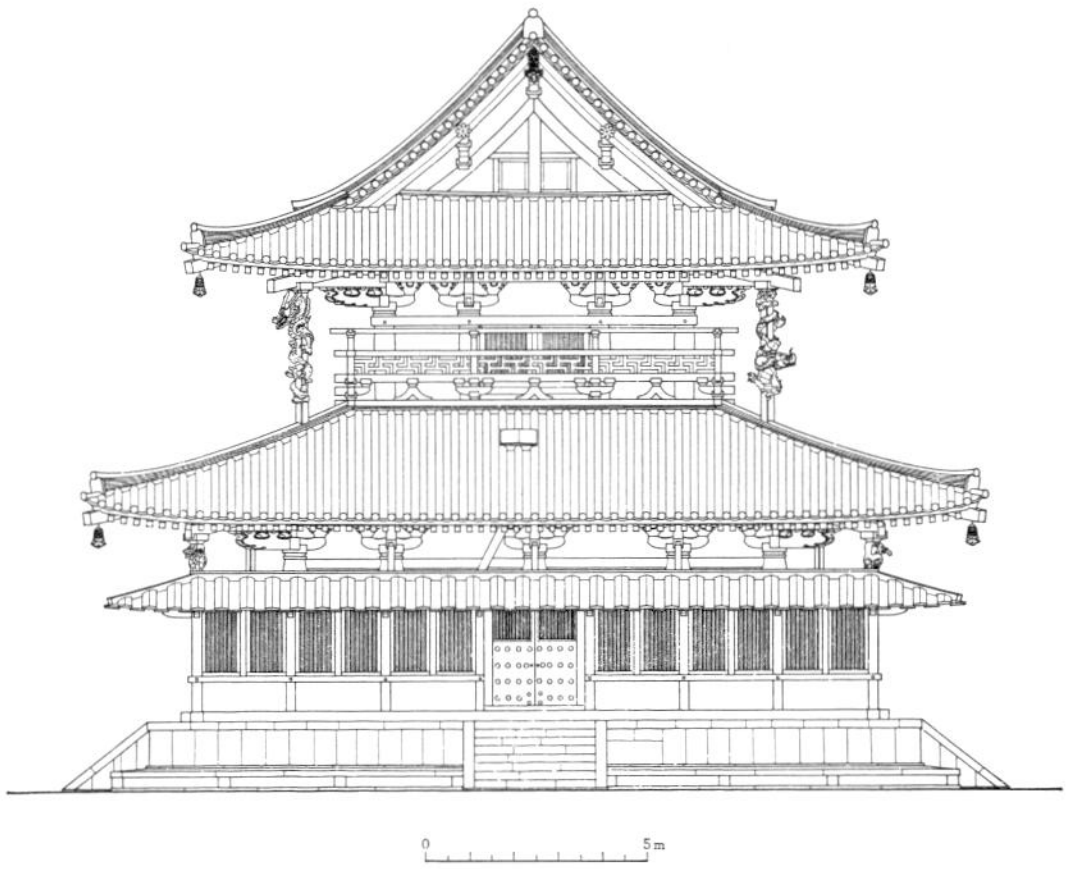

側面図

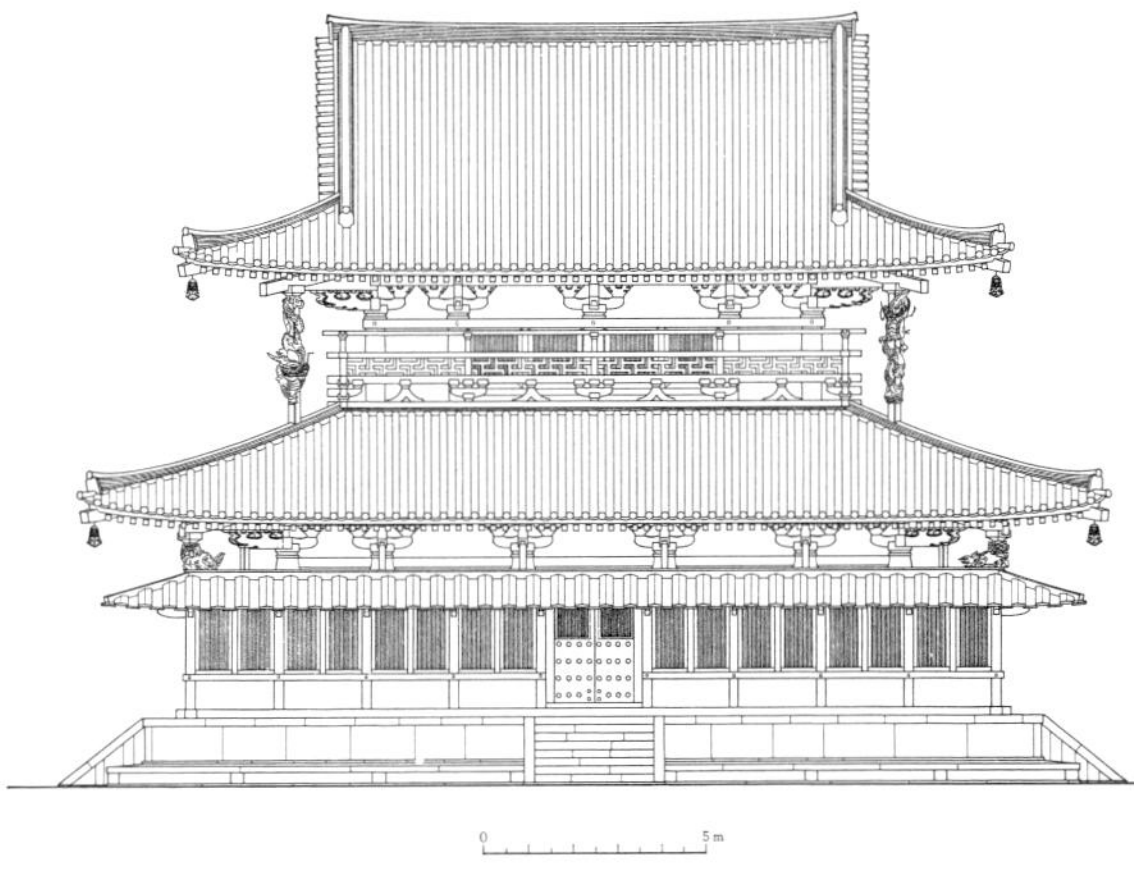

正面図

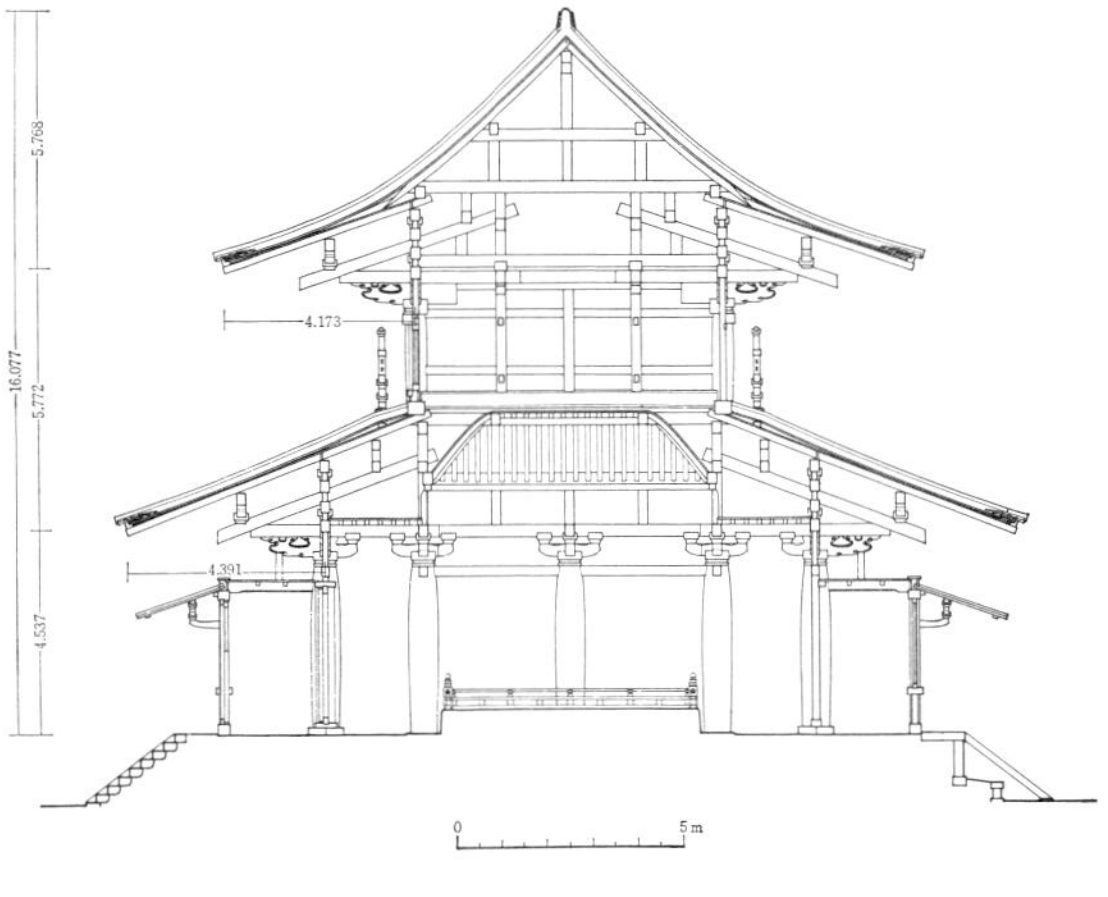

断面図

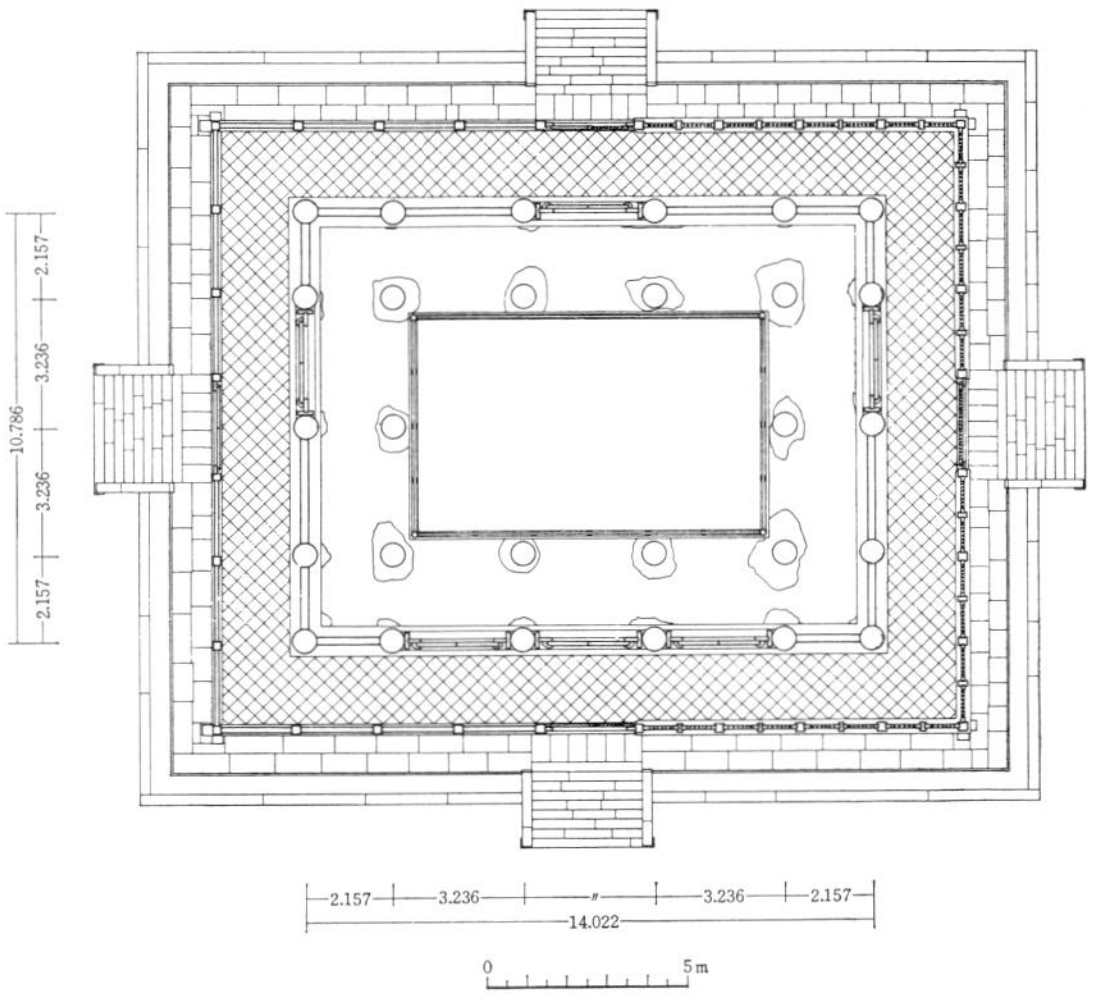

平面図

77　法隆寺金堂平面・立面・断面図

る。床は裳階部を瓦敷、堂内は漆喰叩きとし、下層は南面中央三間、北面中央一間、東西両側面の南より第三間を各扉の出入口、ほかはすべて土壁とする。上層は各面とも中の間（桁行は中央二間）を連子窓、隅の間を土壁として前後・左右ともに対称の扱いにしているが、南面の窓は各半分ずつを扉状に内側へ開けるようにしてある。

基壇は二重で下成は花崗岩壇上積、上成は凝灰岩で羽目部に束を用いない古式の壇上積とし、四面中央に花崗岩の石階を設ける。下成基壇と石階は元禄修理で従来の凝灰岩積を取替えたもので、当初の形式ではない。礎石は自然石、なかに円柱座の造出しを削り取った跡のあるものが約三分の一ある。

柱は太い円柱で顕著な胴張りをもつ。側・入側柱筋に頭貫をめぐらし、側通りは内外に地長押を設けるが、柱の繋ぎはこれ以外にはまったくない。組物は皿板付き大斗を用いて外方へは雲斗雲肘木・力肘木を出してその先端へ尾垂木を架け、斗と雲肘木を載せて出桁を受ける。[15] 壁付きは大斗上に雲斗雲肘木と嚙み合って枠肘木を据え、両端に丈の高い雲斗を載せ、力肘木に浅い渡腮で一の通肘木を通して、その上方は巻斗で通肘木三段を重ねる。二の通肘木は尾垂木受けの桁となり、最上段の四の通肘木は側桁となる。三の通肘木は尾垂木に渡腮となるので、この部分の巻斗は不用となり、中備もまったく用いない。隅では雲斗雲肘木・力肘木・尾垂木を隅木下の斜め方向だけに持出し、枠肘木は大斗の外方適当な長さで切断する。軒は角垂木の一軒で、出桁内部も側桁までかなりの長さがそのまま見え、軒下に深い三角形の入込みが造られている。

上層は下層垂木上の末端近くに柱盤を井桁に組み、その上に柱を立てる。柱・組物・軒などの構造形式は下層とまったく等しい。ただ柱の頂部の頭貫はなく、代りに外面に頭長押を取付け、これが台輪のように見えている。小屋組は軒垂木の尻手上面に土居桁をめぐらし、その上に小屋梁・束・二重梁を組んで棟木・母屋桁を支え、切妻屋根を造るもので、全体の骨格は錣葺形の入母屋造となっているが、上方の小屋垂木の先端を延ばして軒垂木上面に削ぎつけ、三角形の矧木をして上下の屋根流れを続けてその上に瓦を葺くので、葺上りの屋根の外観は通常の入母屋形式である。妻飾は前記土居桁を叉首台にあて、豕叉首を組み、棟木・母屋桁受けに三斗を用いる。叉首束の両脇には屋根面へ出る便宜のため小さな片開扉口が設けられている。高欄は組高欄で束を桁行四間、梁行三間に割付け、腰組に平三斗を用いてその中備に人字形割束を配し、地覆・平桁間には卍崩しの組子を飾る。

下層の内陣柱（入側柱）は側柱と同高で、大斗も皿板付きの同形のものを用い、枠肘木と通常の形の巻斗を据えて外部から引込んだ力肘木を受ける。力肘木は入側筋を通肘木として組みまわすが、内陣へ突出した部分は枠肘木の端とともに大斗の外方適当な位置で切断している。外陣の天井はこの力肘木上で組入天井、内陣は小壁を立上げ、さらに支輪を折上げた組入天井である。内陣柱筋よりやや内側に亀腹状の漆喰塗り仏壇を築き、壇上には元禄に新補された朱漆塗り擬宝珠高欄をめぐらし、多くの仏像を安置している。

裳階は薬師寺東塔以下にみられる通常の形式と異なり、一種の軒庇付き障壁といってよい。正背面九間、側面七間にほぼ等間で割付けて主屋の柱筋とは関係なく、各面とも中央一間を扉の出入口とするほかは、すべて腰壁上を連子窓とする。土台を据え、角柱・台輪で軸部を組み、各柱に挿肘木を施し、その先端に三斗を置き出桁を受けて、台輪から出桁へ流し板を張り、この板軒がそのまま屋根になっている。流し板は交互に上下張り重ねる大和葺で、上板には鎬がつけられている。主屋各側柱と台輪を繋虹梁で結び、これに棹縁を落し込んで天井が設けられているが、既述のごとく繋梁は元来は各面とも二カ所だけであり、慶長まで天井もなかった。

主屋・裳階とも軸部・組物・垂木はすべて丹塗り、木口は黄土塗り、化粧裏板・裳階屋根下面などは白土塗り、連子窓は緑青塗り（今は剝落）とし、飾金具は尾垂木と隅木木口に透彫りのものをつけるが、垂木先にはない。破風板拝みに懸魚の代りに垂𦉰状の透彫り金具を飾り、また破風板前面の母屋桁上部の位置に開花蓮華金具を取付けるのは、他に類例のない装飾である。

建物の柱間寸法は下層母屋の三間×二間が各間とも一〇・六八尺、隅の間が七・一二尺で、これは高麗尺の九尺と六尺に当り、桁行全長は三九尺、梁行は三〇尺となる。曲尺に対する比率は一・一八六である。「資財帳」の寸法で五寸の端数がついているように、天平尺では総長・各間寸法とも完数が得られず、平面は高麗尺で計画されたことが明らかである。この柱間は垂木割と密接な関係をもち、一支は八・九寸で高麗尺の七・五寸に当り、広い間は一二支、狭い間は八支で、いずれも柱心を挟んで配され、全長では桁行が五二支、梁行が四〇支となっている。上層は桁行中央二間が一〇・二三五尺（八・六二五高麗尺）、梁行中央一間が九・七九尺（八・二五高麗尺）、隅の間は桁行・梁行とも六・二三尺（五・二五高麗尺）で、これらはそれぞれ一一・五支、一一支、七支に相当し、全体では桁行三七支、梁行二五支と下層より各一五支ずつ減じた長さになる。これはちょうど下層母屋の三六支×二四支より一支ずつ広い寸法で、実際にも母屋の端で柱を挟んだ外側の垂木心（柱心より半支外方）が上層の側柱心と一致している。また上層は桁行中央に半支の端数をもった間があるため、正面四間の中央柱で柱を挟んで配置された垂木はその両脇柱および外端の柱とも柱心にくることとなり、梁行は各柱筋とも柱心にきている。

支割が柱間寸法の基準にされるのは中世以降で、古代建築では垂木の配置にはさほど気を配られていないのが通常であるが、この金堂のみ厳密な関連をもつのは重層建築の計画に特別なきまりがあり、それを忠実に守ったためであろうか[16]。五重塔でも各重の柱間寸法は支割で規定されているが、実際の垂木はかなり自由に配置されており、計画の基本が忘れられてそれだけ年代の下降を示すものと解される。上層の桁行を四間に割付けた結果、正面中央に柱が立つこととなって意匠上は好ましくないが、このように四方から眺められる独立仏殿の場合は正面意識が薄れてさほど気にならず、全体としての上下層の釣合いがよい美しい堂姿を創り出すことに成功している。なお下層隅の間と中の間の比が一対一・五であるように隅の間を格段に狭める点は塔・中門などにも共通した特色で、これは隅の組物が斜め方向だけにしか出ないために軒桁の支点間隔が隅ではいちじるしく広くなり、構造上の弱点に拍車をかけるのを防ぐためと考えられている。天智初年の造営と推定されている川原寺の中金堂は同じく五間×四間ながら、桁行中央三間一二尺（天平尺）、同隅の間と梁行四間は一〇尺（天平尺）となっており、この比例は持統朝創立の薬師寺以下天平時代の仏殿に引継がれている。これらの建築を唐の様式とすれば法隆寺建築はその前代の様式を伝えるものといえよう。

二重基壇は今のところ発掘遺跡を含めても当寺金堂・塔だけにしか例がなく、夢殿は後世付加されたらしい。注目されるのは金堂の下成基壇が北方は地山を削り出した形で造られていることで、これは南東方向へ下る傾斜地をそのままにして基壇の築土を始め、のちに周囲を平坦に整地したことを示すものと解される。すると二重基壇は必ずしも当初からの計画ではなく、整地の副産物かもしれない。上成基壇の束を用いずに羽目石だけを立上げた壇上積は古式で、天平以前の典型的形式である[17]。ただし飛鳥寺や川原寺の中金堂は地覆石を花崗岩としているから、全体を凝灰岩切石で組立てる法隆寺の方式は新しく、白鳳的かと思われる。石階も元来は凝灰岩製で前面は裳階屋根の前縁まで引込み、勾配が急で五級であった。礎石は上面に円柱座の薄い造出しを残すもの五個、それを削り取った痕跡のあるもの四個が混り、これらは他の建物からの転用材と考えられる。通常こうして礎石上面を削平するのは火災にあって傷んだ礎石を再用する際か、あるいは不同沈下の傾斜修整の場合しかないので、後世まったく解体されたことがない当建物では前者の可能性が濃い。

構造部でまず眼につくのは部材が太いことである。柱は底面が約一・九五尺、下から約三分の一が最も太くて二・〇五尺前後、頂部は一・五七尺ほどの径を有する胴張りの形であるが、中の間の柱間寸法に対して最大径で一割九分強の太さとなり、通常の堂が一割二分程度であるのと比べいちじるしく太い。また枠肘木・力肘木・通肘木・尾垂木・桁類・小屋梁・棟木など主要構造材はすべて丈八・九寸、幅七・一寸（高麗尺で七・五寸×六・〇寸）ほどの規格で統一されているが、これもたとえば薬師寺東塔が八・〇寸×六・二寸、東大寺法華堂と唐招提寺金堂がともに八・三寸×七・二寸であるのと比較すると、建物の大きさに対していかに木割が太いかがわかろう。雲形組物は軒荷重支持構法にかなり大きな欠陥があり、継手・仕口などもごく幼稚なものでありながら、建物の傾斜や破損がさほど大きくなく今日まで存続した原因は、まずこの部材の太さによるとしてよい。[18]

　柱の胴張りは頂部と最大径の比が一・三〇で、中門の一・二五、塔の一・〇六に比べて彎曲度が大きく、実寸法も中門や塔より太いことと併せて力強い。ギリシア建築と比較するまでもなく、中国の北魏から北斉へかけての石窟寺院に認められ、以後も長く存続するほか、朝鮮にも高麗や李朝初期の建物に例があって、柱に弾力性の表現を与えながら安定感を造り出す一技法である。建物の丈が高くなり、柱が長くなると、むしろ煩しくなって下方は同径とし、上方を直線的に細める薬師寺東塔の形式に変る。金堂の柱には壁で塗り隠された個所に凸出して残る部分があり、これは柱を一旦仕上げたのち、造作の途中で柱の外観を修整し、曲面を一層強調したものと考えられる。雲形組物に金堂だけ筋彫りが施されていることと併せて、工匠が力感を盛上げるべく、いかに彫刻的感覚を働かしたかが窺え、胴張りの本質もその点にあることがわかる。

　頭貫は他の横架材に比べてかなり細く、しかも柱へただ落し込まれているだけで継手も突き付けであり、柱頂部を連結する力学的役割をまったく果していない。ことに上層は頭貫はなく、五重塔もこの点は等しい。これは頭貫が壁止めの材もしくは楣として用いられ始めた原初的性格を伝えるものと思われ[19]、法隆寺建築を天平期以降の建築と分かつ特色の一つとなっている。

　そうした特色で一番目だつのはやはり曲線を多用した雲形組物で、この種のものは法隆寺系建築（法輪寺・法起寺を含めて呼ぶ）以降、まったく類をみない。しかも中国や朝鮮にも同形式のものは発見されておらず、どのような系譜をもつのか明らかでない。しかし部分的に祖形らしいもの、あるいは変化の過程をたどれる例が中国・朝鮮にあることは早く浜田耕作が指摘するところである[20]。雲形組物そのままの形は北魏―初唐の石窟にはあらわれず、さらに古く四川省の漢代の石造物に使われている曲りくねった肘木の流れを汲むものと思われ、隅で斜め方向だけに腕木を出すのも漢代の明器にみられるから、その踏襲であろう。雲斗も漢代に盛行した二斗の変形と解される。一方、皿板付きの斗は漢代にはなく、北魏の雲岡石窟で多く例がみえるが、北斉には衰退し、唐代にはない。

高句麗の古墳にも例があり、これは東晉—北魏の様式を伝えると推定される。こうして部分的な細部形式の原流はある程度推量されるが、雲形組物の構造的主眼は前方へ挺出した雲斗雲肘木にあり、このように斗と肘木が一体化した例がまったく見当らないので、源流を確かめられない。

組物の形状だけでなく構造技法も天平以降の唐様式とはだいぶ異なる。薬師寺東塔はじめ唐式の建築がすべて外方へ挺出した力肘木や尾垂木を内部まで長く引込んで尻の押えを十分にきかし、梃子式に軒先荷重を支える構造であるのに対して、当堂の雲形組物は天秤式となる。それは上層の組物を見れば明らかで、力肘木は裏側のものと連結する通肘木にはならずに一間内側の柱筋まででとどめられ、下にはなんの支えもない（現在は慶長補強材が挿入）。尾垂木も尻の押えはなく、途中に尾垂木押えの桁を通し、この中桁と出桁にかかる荷重が天秤状に釣り合うよう計画されている。天秤式であるため隅では斜め方向にしか組物を置かず、玉虫厨子のように平の組物を壁と斜めに出すのもあり得ることで、工芸品だから空想的な形式であろうと退ける必要はない。垂木も天秤式に内外の荷重をバランスさせるために、上層ではその末端に土居桁を置き、その上に組立てた切妻屋根におもしの役割を果させている。錣葺式の小屋構造は天秤式構造法からの必然的産物であり、またそのために天平以降の建物では小屋組を支えるために不可欠の大梁がないのである。

こうした構造原理からみると雲形組物は玉虫厨子のように前方へ挺出する雲斗雲肘木だけを備えるのが本来の形式で、壁付きの枠肘木は付加物と考えてよさそうである。実際にもその両端に据えた雲斗で支えられる一の通肘木は力肘木より丈の半分だけ高く納められ、肘木同士の組合せの形式ではなく、出梁に桁を渡し架けたような関係になっている。この点でも玉虫厨子の大斗上に直接通肘木を渡し、その上に雲斗雲肘木を挺出させた組物形式は古式であり、原型に近い。なお枠肘木の長さは下層四・四二尺、上層四・〇三尺ほどで高麗尺の完数値にはなり難い。五重塔も初重四・〇三尺、二重三・六一尺、三重三・二四尺と曲尺もしくは天平尺の四寸ずつ長さを逓減している。また下層の雲斗雲肘木の壁から内側部分は枠肘木と同形にするが、その長さが二・三二尺とやや長いのに、時代が降る塔は二・〇二尺で他の枠肘木と揃える。こうした点も枠肘木が雲斗雲肘木とは別系統のものであることを思わせ、中備を用いないのもそのためであろう。とはいえ肘木はその木口を垂直とせず下端を心もち外方へ張出し、上面には強い笹繰をつけて、一見彎曲して上方へさし上げるような力強い形式をもっており[21]、天平期の横へ張り広げた形態とは別個の趣きがある。

雲形組物の形態的な比較では金堂だけは輪郭に沿った波文状の筋彫りがあり、繰形部に渦巻が彫刻されて文字通り雲形に近く、その力強さからも最も古いとみられる。雲斗雲肘木の下面の舌も金堂・塔では明瞭で、中門ではその痕跡かとみられるものが残り、法起寺塔ではまったく消滅する。斗にあたる部分の上方中央の半月形彫りくぼめも、金堂は最も大きく二斗からの変移をなおよくとどめるが、塔・中門では小さくなり、法起寺ではなくなる。肘木部分の下端の繰形も、金堂では大斗から外方をほぼ三等分する位置に設けて三段に前方へ持送る気分をよくあらわしているが、塔以下は大斗のすぐ外に一番目の繰形を造り、中間部を長く延ばして通常の肘木の下端曲線に似せた扱いになっている。こうした諸点から法起寺塔が最も新しく、中門・塔がやや古く、金堂はそれよりかなり古いと感じさせるのであるが(22)、その実年数の差については明言できない。玉虫厨子は金堂に近似し、雲斗雲肘木の斗の部分が前方へあまり延びず、左右対称に近いのはより原初的とみられる。

軒を平行角垂木とするのは、その後の日本建築全般からみると、ごく普通の手法であるが、この時代としてはむしろ少数派に属する技法と思われる。中国や朝鮮では伝統的に丸垂木の隅扇軒が主流であり、飛鳥寺以下円形垂木先瓦の出土例や四天王寺講堂跡から発掘された落下軒の痕跡からしても、その形式がそのまま日本に輸入されたことがわかる。四天王寺講堂は伴出瓦によって白鳳期と推定され、茅負の留先には当金堂や塔と類似した帯金が打たれて年代的にも近接するとみられ、日本でも飛鳥・白鳳期、とくに川原寺以降に二軒制が採用されるまでは、丸垂木一軒が主流で、隅扇が使われていたのであろう。平行垂木は側柱筋から外部の隅荷重をすべて出桁と隅木で支持することとなって、法隆寺系様式のように隅行だけに組物を用いる方式にはいちじるしく力学的に無理がかかる。ことに天秤式のバランス構造では垂木も隅木と同様に内部へ長く引込み、中桁まで達するのが理想で、そうなれば当然隅は扇垂木になるはずである。こうした構造上の原理を無視してまで平行垂木としたのは角垂木を用いたことに起因し、角垂木の採用自体は神社建築に通ずる風土的技法によるもので、角垂木平行軒はまったく日本式なのではなかろうか。中国や朝鮮では垂木に丸太をそのまま用いるのが普通であるが、木材の豊富な日本では上等の建物ほど大きな木材を割って得られる良材を使うために、角垂木のほうがむしろ造りやすく、それが正規の形式とうけとられていたであろう。ところが角垂木を扇状に並べるのは厳密には後世の禅宗様建築のように一本ごとに歪みの異なる断面にせねばならず、古代ではそうした巧緻な工作は望めない。平行垂木の整然とした形態も、日本人好みの意匠である。法隆寺系様式は出桁も角材を用い、天平建築が第一級のものは丸い桁で、地垂木を円、飛檐垂木を角とするのと比較しても、日本的要素が濃いものと思われる。この点でも玉虫厨子は出桁・垂木とも円形で、中国風である。

垂木では上層中央切妻部の小屋垂木が同じ角形ながら大きな反りをもつのが注目される。これは所要の垂木丈五寸に対して、約四寸広い原材から曲線形に削り出したもので、棟の拝み部は三枚組・込栓打の仕口を造り出し、下端部は上面に原材時の上面が相当長さ残りながら下面は曲線状にとられて先が尖る形になっている。この先端に鰹節状の細長い逆三角形材を継ぎ足し、さらに曲線を延長しながら、下面を軒垂木末端へ削ぎつけていることは、すでに記した。こうした反った垂木の造り方は、破風板を幅広い材から造るのとまったく同じで、十分な広さがあれば継木なしに全体一木で造ることも可能であり、最初から錣葺ではなく屋根流れを一連にする意図であったことを明瞭に示している。軒垂木の勾配は三・六五寸、小屋垂木の引渡し勾配は九・二三寸で、上下大変な差があるのを、小屋垂木に反りをもたせることでうまく処理し、上下垂木の折線を補正するために継ぎ目で葺土が過度に厚くなることを防いでいる。葺土を厚くするのが中国本来のやり方であるから、こうした丁寧な仕事は日本式であるのか、あるいは玉虫厨子のように屋根と垂木を一体的に密着させた簡略式な模型があって、それをそのまま摸倣したのであろう。反りをもった小屋垂木は天平期でも元興寺僧房の切妻屋根に例がみられるから、そのほかにもあったかもしれず、そうなれば日本式と考えたい。妻飾の叉首棹に反りが付けられているのも、小屋垂木の形を写したものである。なお切妻部の小屋組で周囲土居桁（叉首台と母屋桁になる）と中央二筋の二重梁位置が下層の内陣柱筋と一致し、上層の柱筋とは無関係であるのは変った技法である。ともあれ大きなたるみを付して高く鋭く立上る入母屋屋根は後世の建築にはみられぬもので、さほど規模の大きくない金堂を雄大に見せるとともに、厳粛さを感じさせる大きな要素となっている。

瓦繰り付きの茅負を用いて軒先が薄いことは天平建築と共通した技法であり、軒反りが比較的少いのも類似する。隅柱の延びや組物の積上高の増しはなく、出桁・側桁とも水平に納められ、側桁心から反り始める木造りであるが、実際には隅木先端を上げ越し、尾垂木勾配を加減して出桁に反りをもたせ、捻れ軒にして中心から反り上る形式にまとめており、こうした現場仕事での修正は最初からのものであろう。屋根の大棟端は鴟尾であったと思われるが、修理前に鬼瓦であったためにそれが踏襲された。

高欄は直接瓦上に据えられて丈が高く（約五・七尺）、軸部との間は人も通れない狭さで、まったくの飾りである。腰組の人字形割束は法隆寺式の特色の一つであることは周知の通りで、卍崩しの組子は東大寺法華堂内須弥壇など天平期に降る例もある。人字形の束は中国では北魏の雲岡石窟にみるように最初は両脚が直線の叉首形で、高句麗の古墳壁画にも同形式が使われている。それが北斉では脚が人字形の曲線になり、隋・唐代に降ると曲線が誇張に流れて上の斗を支える力感がなくなる。これらの例がいずれも平三斗組の中備であることは注意を要し、ことに曲線となってからは輪郭線が両側の組物の下端曲線とうまく対応して、すぐれた意匠となっている。法隆寺の人字形曲線は北斉か隋の例に近い。ただし現在の金堂の三斗・中備は慶長修理時に高欄が造替されて当初材がなかったので、地覆の痕跡から裳階の組物や慶長の人字形束を参考にして復原されたものである。

村田治郎は以上のような特色ある細部の中国における使用年代の限定から、これらが一建築に統合されていたとすれば、法隆寺系様式の手本となったのは五世紀末の北魏や梁でなく、六世紀後半の北斉や隋の様式であったろうとした[23]。しかしこれは主として人字形割束を最下限に押えての推定で、高欄のようにまったく装飾的な部分は意匠上の自由度が大きく、ことに建設過程では一番最後に当っていて、ここだけは目新しい様式を借用する可能性もある。その点を考慮して村田はこうした統合様式は中国に存在したことはなく、雲形組物や皿板など古い北斉以前の様式と人字形束にみる隋頃の様式とが百済もしくは日本で合成されたのが法隆寺系様式であろうと云い直しており、今日でもこの見解が最も当を得たものと思われる。日本で合成されたとすれば前者が飛鳥的、後者が白鳳的といえるのかもしれない。構造面では頭貫を用いない点などは古式に属し、軒の形式や上層小屋垂木の技法はむしろ日本的な白鳳様式としてもよいであろう。

扉口は左右の辺付、上下の軸釣・軸受となる厚板で箱枠を造り、その内部に楣・蹴放・方立を組込む形式で、柱へは楣と蹴放のみ大入れとする。しかしその仕口に遊びがないために、同形式の五重塔の場合のように、柱を立ててからこれらの造作を上方から組み、最後に軸受板を押上げて地長押をかいこむ工法をとることができず、軸部と同時の建てこみ仕事となっている。天平期のものは楣・蹴放も辺付へ差込むだけで柱にはまったく仕口を造らないので、金堂から塔、そして天平期と次第に巧妙になるらしい。扉は高さ九・六尺、幅三・三尺、厚さ三寸の一枚板で、外面には見えないように木口に水平材を埋め込み、また軸元の板傍から力金を打込んで補強してある。すべて当初材であったが昭和の火災で内面を焼損したので、四口分の扉の内面を挽き落し、二枚を一枚に貼り合せて二口分の扉を造り、西面と北面に建てこんである。

内陣の漆喰塗り仏壇は現在のものは元禄にすっかり築き直された壇であるが、『太子伝私記』にも石灰壇であったことを記す[24]。し

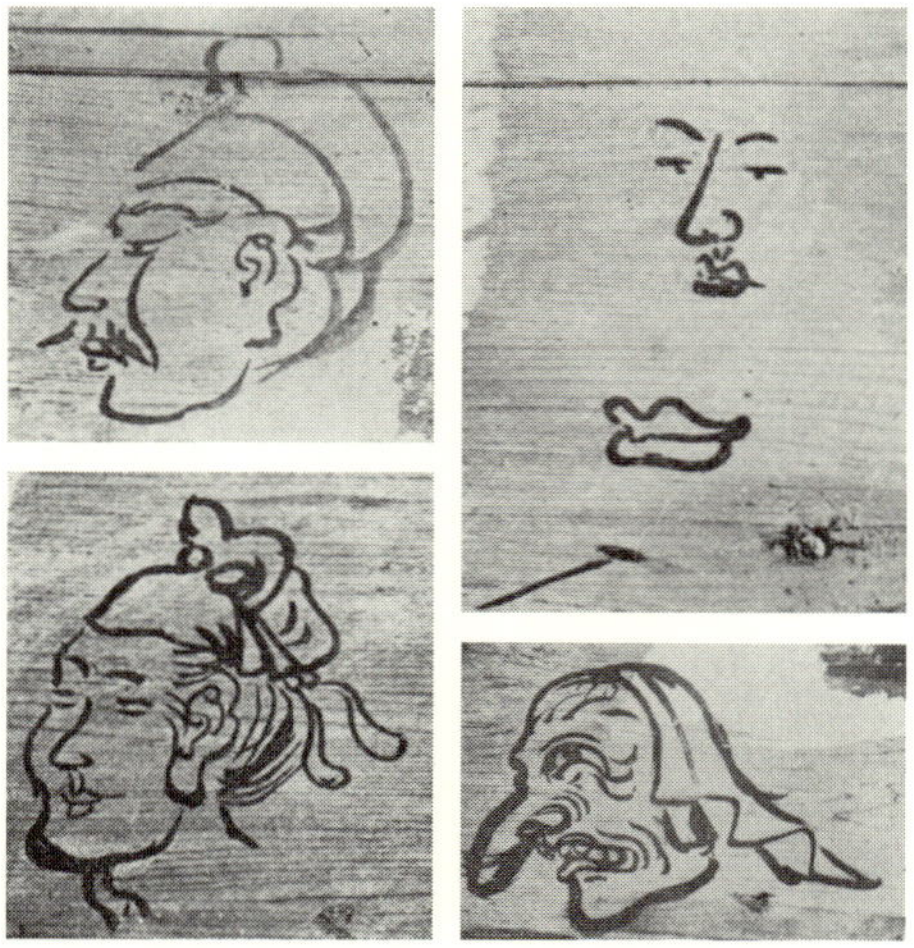
78　金堂天井板落書

かし柱の痕跡からすると、当初は内陣柱の周囲に地長押をめぐらし、内陣いっぱいを低い板張の仏壇としていたことがわかる。地長押の取付け個所の腐朽状態からするとその経年はかなり長く、土壇に改めたのは平安時代であろう。天井では内陣の支輪が直線の上方をわずかに彎曲させた形式であり、また支輪板がごく薄いそぎ板でそれを背面から釘止めの押縁《オシブチ》で固定してある点を指摘すれば足りよう。

金堂天井の装飾文様[25]は、内陣と外陣の天井組子間に、各間一輪ずつ配された蓮華のロゼットと、内陣折上部の支輪板に、それぞれ一茎ずつを描いた蓮華唐草文の二種類である。組子と支輪はすべてベンガラ塗りで、天井板は白土下地に墨で文様の輪郭をとり、繧繝彩色を行っている。全体に組子が太く、格間が小さいために、唐招提寺金堂の場合に比べて、それぞれの格間が独立している感が深く、天平時代の四間一花の文様に比べ、この一間一花式の文様は古い形式といえよう。

なお天井板の組子に隠れる部分（時に文様の下になっているところもある）には人の顔、動物の絵、文様の試画、文字など、非常に多くの落書がある。これらは当然、天井文様と時代を等しくするもので、様式的にも白鳳時代に属するものと認められる[26]。

金堂は昭和の解体修理で原形や各部の技法・寸法などがほぼ明らかにされた。その中には礎石の問題のように、再建論を裏付ける資料の発見（あるいは明瞭化）もあり、技法や寸法を塔などと比較して論じ得る資料の積み重ねも格段の正確さを加えた。しかしその建立年代についてはきめてが見出されず、今日でもなお数説に分かれ、法隆寺様式の歴史的解明は今後も依然として続く大問題となっている。

註

（1）基壇の大きさで比べると、飛鳥寺は七〇尺×五八尺、若草伽藍は約七三尺×六四尺、四天王寺は六一尺×五二尺、法隆寺の上成基壇は六八尺×五七尺である。

(2) 村田治郎「法隆寺伽藍史」(『法隆寺』所収) 昭和三十五年、毎日新聞社
上原和「法隆寺金堂の再建年代と玉虫厨子」(『増補　玉虫厨子の研究』所収) 昭和四十三年、巌南堂

(3) 町田甲一「法隆寺は再建か非再建か」(『日本史の争点』所収) 昭和三十八年、毎日新聞社

(4) 浅野清『法隆寺建築綜観』昭和二十八年、便利堂
なお西川新次は須弥壇を、(1)天武創設、和銅改修、(2)和銅創設、天平六年頃改修、の二つの場合を指摘したが、いずれともきめかねるとしている(西川新次『法隆寺五重塔の塑像』昭和四十一年　二玄社)。

(5) 福山敏男「法隆寺」(毎日ライブラリー『日本の美術』所収) 昭和二十七年　毎日新聞社 (「法隆寺の創立」『日本建築史研究』所収)
昭和四十三年　墨水書房

(6) 『法隆寺政所幷法頭略記』
十。長曜大徳在任九年。醍醐御住 長徳元乙未任之　此任中金堂修補功畢。

(7) 『別当記』
延真律師　治四年　興福寺　嘉保三年丙子三月十二日任之　康和二年七月入滅、目代教興、此時金堂被修理之
成宝僧都　治八年　正治元年己未十二月四日任之
(中略) 元久元年甲子四月ヨリ金堂修理在之。
範円僧正　治四年　嘉禄三年丁亥二月廿二日興福寺別当以後当寺別当ニ還補両度也、末代勝事云々、
(中略) 寛喜元年己丑五月、自九日十ケ日、金堂葺畢、
玄雅法印　治十八年。興福寺中南院文永三年丙寅七月廿八日任之
(中略) 弘安六年癸未春比、当寺金堂塔修理、修造丹塗堯実但馬得業、

(8) 『別当記』
長隆律師　治四年或六東大寺人、天元二年己卯任之、
天元五年壬午五月廿一日夜、金堂壁切破、西間仏五躰盗人取之、
覚長法橋　治二十二年　興福寺東院　久寿二年乙亥五月廿四日任之

（中略）承安五年乙未二月廿二日　金堂壁切盗人入、
範円法印　治十三年　興福寺菊薗住承元四年庚午五月任之
（中略）建暦元年辛未九月一日夜金堂盗人入、金銅仏三躰取畢、推古天皇御本尊也、
（中略）承久元年乙卯閏二月六日夜当寺金堂盗人入、薬師脇士二躰…等盗取了、

（9）『嘉元記』
観応元年庚寅十一月十三日（中略）又金堂東登橋修理四石十合、廊蔵之沙汰也。

康安元年辛丑六月廿四日卯時大地震在之当寺ニハ御塔九輪之上火炎一折懸テ下モヘハ、ヲチス　金堂東間ノ仏壇下モヘクツレヲツ。（下略）

（10）元禄九年の『旧記之写』に引く「永和三年注進書」に「応安七年甲寅金堂大破之間加修理之時。東林院顕遍僧正被奉加修造之」の記がある。

（11）「敷瓦下面銘」
此瓦作事。寛正二年辛巳五月廿四日ヨリ始之。／西薗院坊之懐弘大法師勧進ニテ始而／敷之。古エハナシ。奉行五師清憲大法師。／瓦大工橘之吉重。／金堂塔元同時ニ被敷之也。

（12）「東妻枠肘木上面墨書」
慶長八年／十七日／九月／ミスノト／ウノトシ／さうヱ門／ツカモトヤ／さう
そのほか、慶長八年の墨書は妻飾・裳階などにあり、下層鬼瓦にも「慶長八年無神　月　日　金堂用」の篦書がある。

（13）元禄の伽藍修復関係文書に九―十一年の修理記録があり、元禄九年の墨書が高欄に、篦書が瓦にある。また『天保記』には「元禄九年十月三日。金堂竜。塔本力士新彫」とある。

（14）宝永は『普請方諸払帳』（宝永四年）に、正徳は『元禄三年ゟ以後伽藍修復惣勘定帳控』（正徳二年）に、天保は『年会所日次記』（天保六年）にある。

（15）法隆寺の雲形の組物について、本巻では便宜上つぎのように名称を定める。まず全般的に指す時は雲形組物とし、前に出て肘木と斗の一緒になったものを雲斗雲肘木、枠肘木の上に載る壁付の二斗状のものを雲斗、尾垂木上の斗に載るものを実肘木とみて雲肘木と呼ぶ。

（16）柱の長さも下層一二・三尺に対して、上層六・一二尺と丁度半分にしている。

（17）薬師寺金堂にも例をみるが、これは藤原京薬師寺の形式を踏襲したらしい。同寺南大門・中門を含め天平期の基壇は束をもった壇上積

となっている。

(18) 唐招提寺金堂は中央間一六尺に対して柱径二尺（比は一割二分五厘）、近世初期の『匠明』でも三間堂と五間堂は一割二分、七間堂は一割三分と定めている。

(19) 中国の石窟寺院や高句麗古墳壁画では頭貫がみえず、組物上の通肘木が最初の連結材となっている。その後に頭貫があらわれ、隋・唐には存在するが、その最初はおそらく壁止めや楣のごとき造作材であったと考えられる。法隆寺金堂は七・三寸×六・二寸程度で丈・幅とも基準横架材より小さいが、薬師寺東塔は七・〇寸×六・二寸と幅を桁材（八・〇寸×六・二寸）に揃え、唐招提寺金堂は丈・幅とも桁材と同断面になって、順次頭貫が太くなり、構造材としての役割が強められたことがわかる。

(20) 浜田耕作「法隆寺の建築様式と支那漢六朝の建築様式に就いて」（内藤博士還暦祝賀『支那学論叢』所収）大正十五年　弘文堂（『東洋美術史研究』所収　昭和十七年　座右宝刊行会）

(21) 天平時代の笹繰は肘木上面の角に面をとっただけ（禅宗様も同じ）であるが、法隆寺・法起寺では上面中央部もいくぶん彫り下げて上面全体を曲面としている。

(22) 福山敏男「雄渾の曲線美」（『世界美術全集』二所収）昭和三十六年　角川書店

(23) 村田治郎「支那建築史より見たる法隆寺系建築様式の年代」（『宝雲』三六冊）昭和二十一年（「法隆寺建築様式論攷」『村田治郎著作集』一、中央公論美術出版、昭和六十一年所収）

(24) 『太子伝私記』

仏壇ハ土壇也、漆石灰《ハイ》ヲ一。

(25) 東京国立文化財研究所美術部『法隆寺金堂建築及び壁面の文様研究』昭和二十八年

(26) この落書については久野健の「法隆寺金堂天井板落書」（『美術研究』一四〇号　昭和二十二年）に詳しく紹介されている。久野はこれを壁画と同時代としかいっていないが、石田茂作は「法隆寺金堂天井板の落書」（『日本美術工芸』一一ノ三　昭和二十二年『伽藍論攷』所収　昭和二十三年　養徳社）で天武から和銅の間としている。

法隆寺五重塔

（国宝）

三間五重塔婆　初重裳階付　本瓦葺　裳階板葺

五重塔はわが国に現存する最古の塔婆で、基壇の広さで比較すると飛鳥寺塔と近似し、大阪四天王寺塔より大きい(1)。飛鳥・白鳳の塔は初重一辺の長さを二一尺前後と一八尺ほどの二段階に分けていたらしく(2)、法隆寺は上級の標準型である。現在の高さは地上より一一二・四尺、金堂のほぼ二倍で、天平尺に直すと一一五尺ほどになるが、「資財帳」には「塔壱基五重。高一六丈」と記され、当初一六〇尺であったのを後世に切り縮めたとする説もあった。しかし、昭和修理で四重以下は創建以来一度も解体修理を受けていないことが判明し、高さは「資財帳」の誤記と認められる。

塔の建立年次も金堂と同様に諸説あるが、和銅四年（七一一）の初重内部塑像の造立時をもって、建物もすっかり完成したのであろうとするのが、今日でのほぼ一致した見解になっている。現在ほかの部材で覆われている柱面が風触していることや、法起寺三重塔との様式の比較から、建て始めは少くとも持統朝を降らないとみるのも支持者が多い（「金堂」の項参照）。

以後の修理沿革は金堂とほぼ歩調を合せた経過をたどり、かなり大規模な修理があったものの、軸部ことにその四重以下はよく保存されて、当初の姿をそのまま今日まで伝えてきた。記録にみえる最初の修理は寛弘二年（一〇〇五）から寛仁四年（一〇二〇）の観峯大徳任中で(3)、同じ頃金堂の修理もあって、かなり広範囲に及んだと思われるが、具体的な内容は明らかでない。次いで保元三年（一一五八）に四カ月にわたる修理があり、引続いて金物を鋳造した(4)。元来この塔のものと伝える保元三年銘の伏鉢が寺に遺存し(5)、この時に相輪全部を改鋳したと考えられているが、旧伏鉢はじめ相輪各部の年代判定にはきめてがなく、断定はし難い。嘉禎三年（一二三七）に石壇造立のことがあり(6)、また建長四年（一二五二）と弘長年間（一二六一—六四）には落雷のために火を発したが、幸いに大事にいたらず消しとめた(7)。三重付近の心柱継手部に残る焼痕はそのいずれかによるものらしい。

弘安六年（一二八三）に金堂とともに修理したが(8)、部材の種別や痕跡から推定すると中世の大修理がこれに当るらしく、この時に五重を解体して隅木や出桁を取替え、各重の垂木も大部分を打替えた。康安元年（一三六一）の地震で相輪が破損したのを修理し(9)、応永

80　伏鉢（保元三年銘）

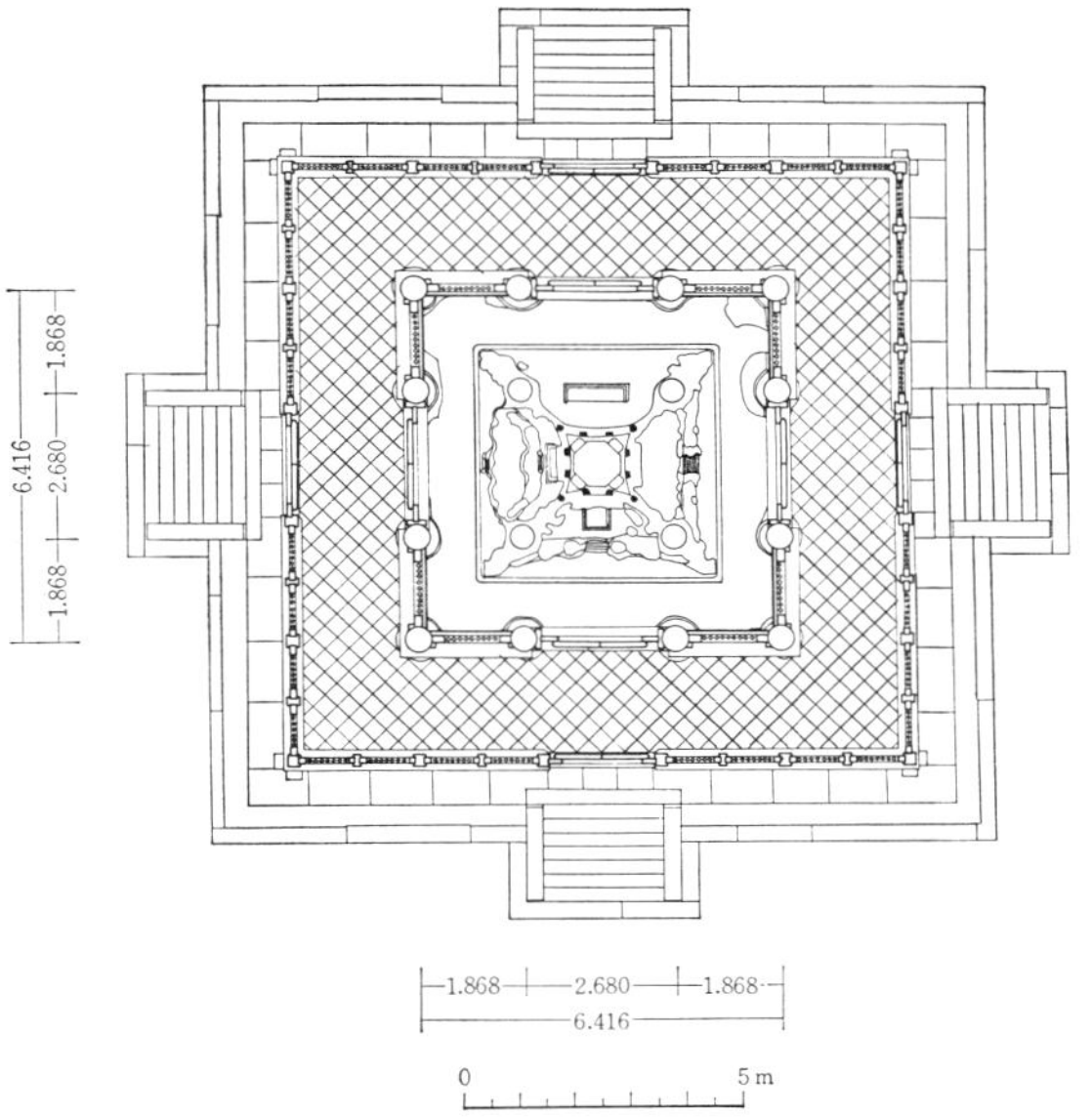

79　五重塔平面図

十一年（一四〇四）屋根葺替え[10]、長禄二年（一四五八）裳階の屋根替え[11]、寛正二年（一四六一）金堂とともに裳階床面を瓦敷に改め[12]、明応四年（一四九五）にふたたび屋根替えがあった[13]。この間の応永または明応修理で、五重の隅木一丁を取替え、各重隅木先端に矧木して垂れ下った軒反りを修正、初重と五重の隅組物下に支柱を補強している。

慶長九年（一六〇四）の大修理[14]は五重と裳階を全解体、各重の屋根・軒回りについて行っているが、その改造箇所・補強方法などは金堂の場合とよく似ている。隅組物に二重尾垂木を挿入、雲斗雲肘木下に支柱を補加（初重から四重は四隅だけ、五重は全部）、支柱と関連して高欄を拡張・造替し、軸部に筋違を入れ、組物が外へ転び出さないよう尻を枠組で軸部へ引付けた。軒の出を約一支切り縮め、隅木鼻の矧木を取替え、従来はなかった裏甲を加えて各重の軒反りを修正したほか、野屋根も新たに設けた。

元禄修理はとくに塔だけは将軍綱吉の生母桂昌院の寄進で行われ、同九年（一六九六）に実施された[15]。屋根替え、飾金具補修、裳階・基壇修理など外観の整備が主となった点は金堂とまったく等しく、五重と初重の四隅に力士型の飾支柱を立てたのも軌を一にしている。ただ露盤・伏鉢・請花をこの時改鋳したのに伴って、露盤の位置を約二・六尺上方へ上げ、心柱頂部にも継木して、五重の屋根勾配を大きく変更した。五重は軸部に比べて軒の出が大きく、組物に最も無理がかかって全体の歪みを生じやすいうえに、露盤据付部からの雨漏りはどの塔でも常に弱点となる。そのために慶長修理を含めて五重だけは三回の大修理があり、部材も相当量が後世の取替えを受けているが[16]、屋根勾配を強めたのもそうした雨漏り対策の最後の手段であったのであろう。

以後宝永四年[17]（一七〇七）、元文五年[18]（一七四〇）、寛延三年[19]（一七五〇）、寛政九年[20]（一七九七）にも露盤まわりなどの小修理、安永八年[21]（一七七九）、天保四年[22]（一八三三）には屋根替え修理があった。明治二十六年にも心柱の傾斜直しと二重・四重の柱各一本挿替えが行われている。

昭和十六年からの解体修理は戦中戦後の混乱でいちじるしく長びき、二十七年までかかったが、建物はほぼ創建当初の姿に復された。ただ五重の屋根は当初の露盤支持方法などに疑問があり、また下部の空洞のために心柱の絶対高が押えられなかったので、当初の緩い屋根勾配に復原することを見合せて、元禄改修時の姿が踏襲され、また五重と初重の力士型支柱も安全のために残置された。なお大正十五年の防災工事中、心柱下の空洞が偶然に発見され、地下の心礎から舎利容器が見出された。昭和修理時にもその再調査が行われたが、複製品を造ったのち、ふたたび旧位置に復され、空洞も砂で充填されている。また昭和修理で、初重内部周壁の後世の塗重ねを落したところ、一部の個所では下から菩薩立像の壁画が発見されて、『太子伝私記』に「壁ニハ繪ニ并形ノ立像」とある記事を実証したが、画面の破損がいちじるしくかろうじて像容が判明する程度であったので、その復原は行わず従来通りの白壁とした。

塔は初重から四重までを方三間、五重は方二間とし、初重は各面中の間を扉、両隅の間を連子窓（内側は壁で塗込め）、二重—四重は各面中の間を連子窓（南面のみ開戸式）、両隅の間を壁、五重は北面西の間を連子窓の開戸とするほかはすべて土壁で囲っている。また金堂とほぼ同形式の高い二重基壇上に建ち、上成基壇は凝灰岩であるが、四面の階段と下成基壇は元禄改修時の花崗岩製に替っている。礎石は花崗岩の上面に円柱座と地覆座を造り出す。柱は胴張りのある円柱で、初重は側通りに頭貫・台輪をめぐらし、足元に各間とも地覆を入れ、両隅の間の外面には窓下の腰長押を打つ。台輪上に大斗・雲斗付き枠肘木・通肘木三段と側桁を組み、雲斗雲肘木・力肘木・尾垂木を前方へ挺出させ、尾垂木上の巻斗・雲肘木で出桁を支えるのは金堂とまったく等しく、軒も角垂木の一軒で軒天井は用いない。内部は床面をマンガン土塗りの黒色土間として四天柱を立て、その周囲に漆喰塗りの須弥壇を設け、壇上に須弥山を造って塑像群を安置する。心柱は須弥山の中心を通り、現在は他の礎石と同高の基壇上の石組で支えられているが、本来は約一〇尺下方に据えた巨大な心礎から掘立式で立てられていた。四天柱上に三斗組で力肘木を受け、四周はこの力肘木上に組入天井を張り、四天柱内部は大半が須弥山で隠されるので、周囲だけ支輪を小天井風にめぐらせる。

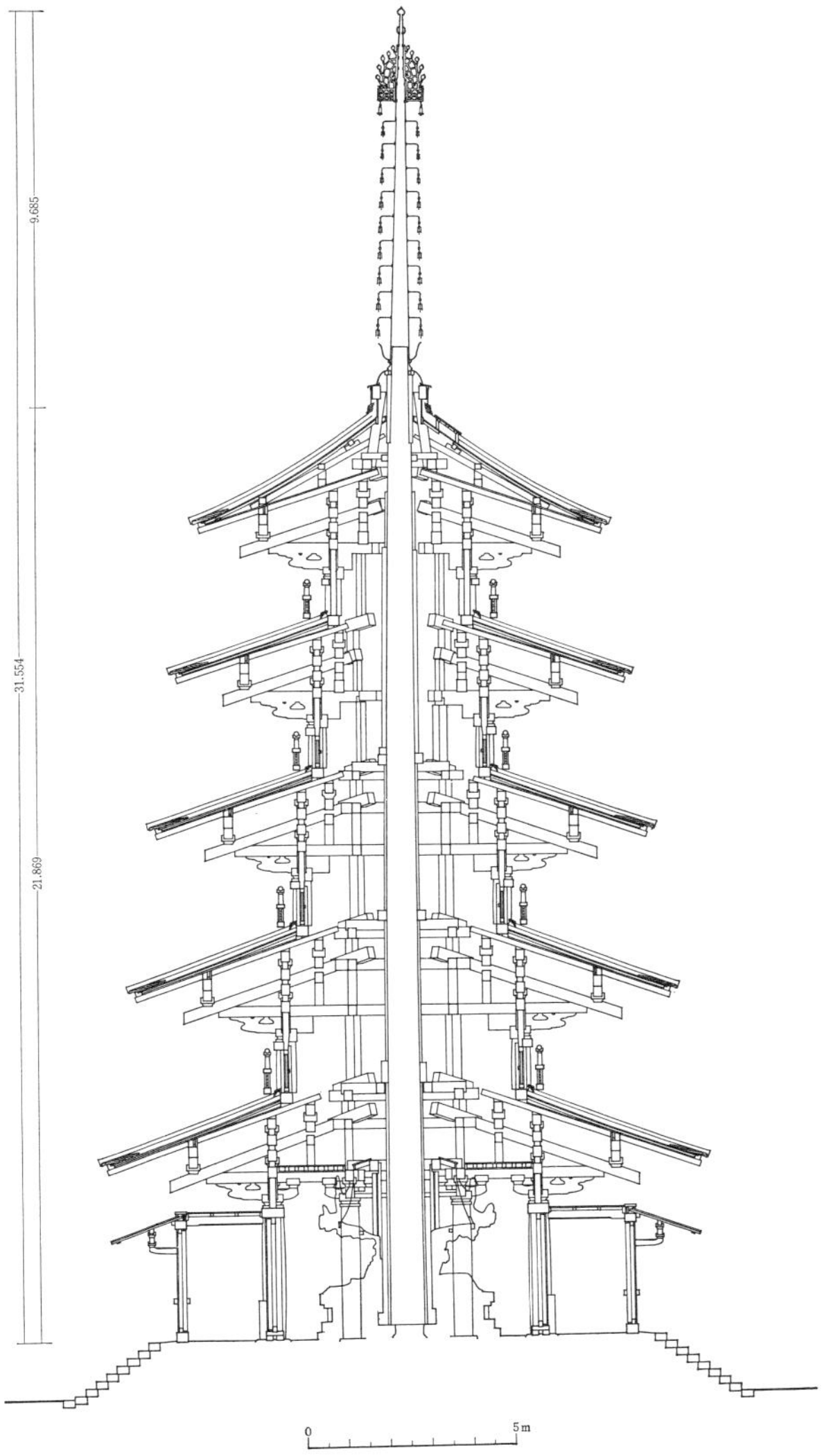

断面図

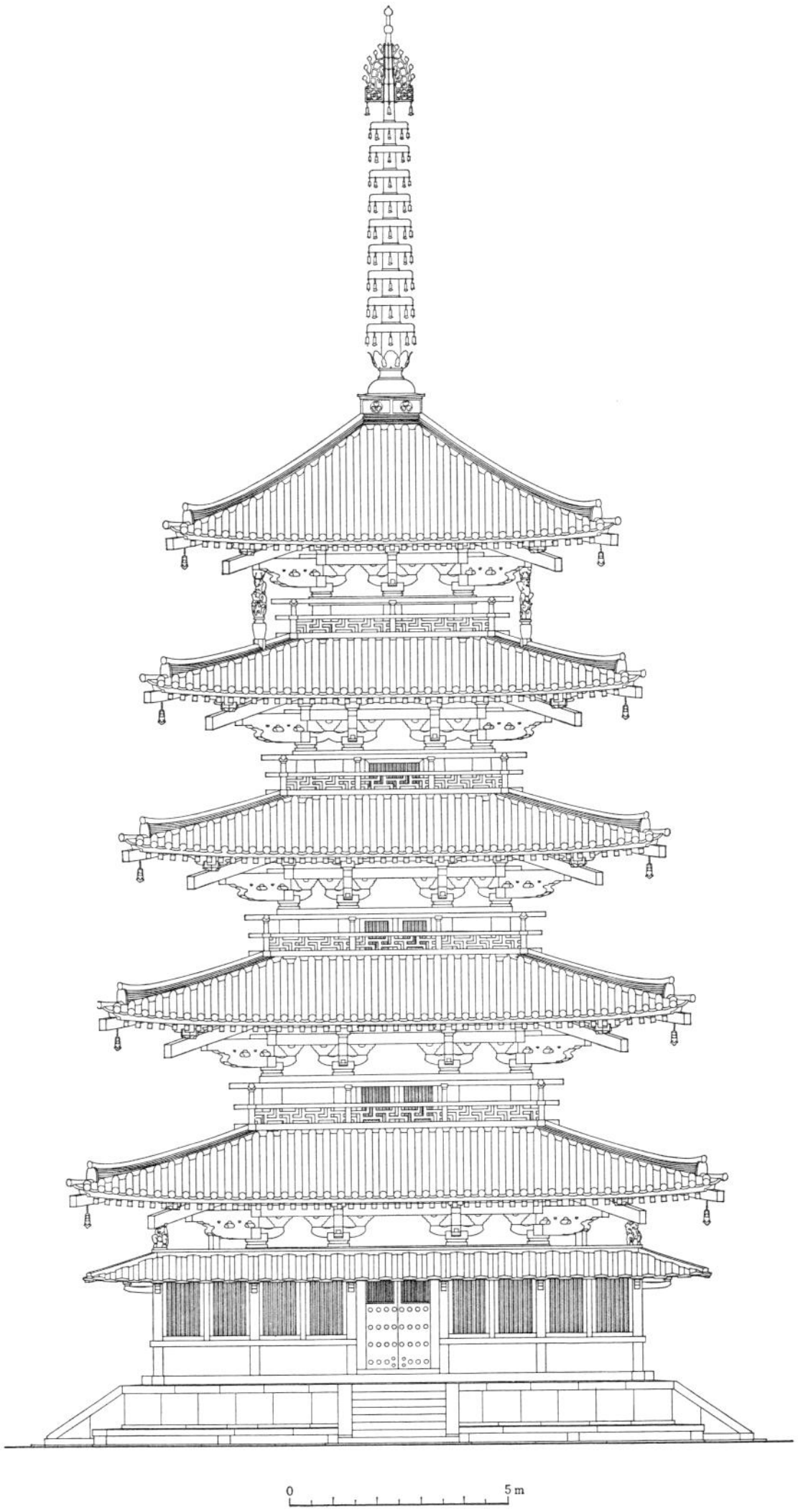

立面図

81　五重塔立・断面図

二重以上は下層の化粧垂木に柱盤を置いて柱を立て、柱上は頭貫を用いず台輪風に頭長押を周囲にめぐらせる点がやや異なるだけで組物・軒などは初重と等しい。ただ四重・五重は前方へ挺出する雲斗雲肘木と力肘木をすべて一本で造り出して（隅組物は初重―三重も一木造り）、力肘木が反対側のものと井桁状に結ばれる通肘木とはならない。また四重の隅の間は狭いために枠肘木を隅柱と中柱上とを連続させて造り、中央に雲斗一個だけを載せている。頂上の相輪の九輪の最下輪に鎌を挿すのは古来雷除けと伝えられており（『七大寺日記』『太子伝私記』等）、初重―四重の四面「中の間」通肘木前面にも弘安六年の避雷符が打付けられている。(23)

初重周囲に設けられた板葺の裳階も金堂とほぼ同形式で、(24)各面を五間に割り、中央一間を扉、その他をすべて連子窓とする。主屋側柱と繋虹梁で結び、それを利用して天井を張り、また雲斗雲肘木への支柱を設けているが、天井や支柱も金堂と同様に後世補加されたものである。

以上の主屋・裳階とも軒部・垂木などはすべてベンガラ塗り、化粧裏板・裳階軒裏は胡粉塗とし、垂木・尾垂木・隅木・高欄などの木口には透彫り金銅金具を打つ。また初重内部の天井格間には一間一花の蓮華文を描いている。なお天井板や格縁には落書がある。

塔の構造・形式は上述のように基本的には金堂とほぼ等しく、肘木・尾垂木・桁などに金堂と同じ高麗尺の七・五寸×六寸の断面を用いて主要構造部の規格材とし、支割が一支〇・七五高麗尺でこれが柱間寸法の基準となることも共通している。各重の柱間と垂木割をみると初重一辺の長さは一八高麗尺（二一・一七五曲尺、換算値は一一・一七五尺で金堂よりやや短い）で二四支とし、中の間一〇支、両隅の間各七支に割る。二重以上は各間一支ずつ逓減して、二重は六・九・六の二一支、一五・七五尺（高麗尺、以下同じ）、三重は五・八・五の一八支、一三・五尺、四重は四・七・四の一五支、一一・二五尺、五重は三・六・三となるところを六・六の二間に割付け、総長は初重のちょうど半分に当る九尺で一二支にしている。各間一支逓減は後世の塔でも多くみられる方式であるが、一支寸法が後世の例より大きいために自然低減の実寸法も大きくなり、下方が広く上方では急速に縮小されて全体の安定感が強い。(25)

軸部をこのように機械的に逓減するのに対して軒の出寸法にはかなりのむらがあり、二重以上では垂木長さも四面で異なる。ところが面白いことに一面の垂木が短いと反対面は長くされていて、軒の出と柱間寸法の総和（軒口総長）は四方ほぼ等しい。これは軸部組上りの不均等・不整を軒の出で調節し、上下層の軒先線の出入を揃えるつもりの現場施工によるものと解され、結果的には通常の例のごとく軒の出を側柱筋からとらず、建物中心軸から振り分けに同一寸法をとった形となっている。軒の出については、したがって各重の出桁の出や垂木の出を個々にとりあげると法則性は見出し難いが[26]、軒先の線を揃えるのが主眼であって、それにはまず五重の軒の出と柱間寸法を等しくして、軒口総長を軸部の三倍（三六支）にしたのが基準となったらしい。以下は軒の出を〇・五支ずつ増し、二重で一三・五支とする計画のようで[27]、二重―五重は軒口総長でみると各層ほぼ四支落ちとなっている。これに対して初重は軒の出を一支強増しの一四・六支、軒口総長は五三・二支とする。軒先線の出入はこのほかに柱の長さの逓減も関係する（組物の積上高さは各重とも同一寸法）から[28]、これだけでは決まらないが、二重―五重の軒先引通し線はほぼ直線に、初重はそれよりやや外方になるように計画されたものとみられる。しかし実際には四重はこの直線よりやや内方へ入り[29]、全体的には五重・三重・初重の軒先を結ぶ線より四重と二重が引込んだ折線をなし、そのためかえって上下の軒の重なりが微妙な階調をつくりだして、塔の外観に機械的でない美しさをもたらしている。

垂木の配置も実際には側桁より外方をやや広くし、初重は軒の出一四・六支を一四・五に割る程度であるが、二重以上は半支ずつ垂木数を減らし、二重の一三・五支を一三に、五重の一二支を一一・五に割付けて、配付部の一支寸法が上方ほど広くなって、遠方のため垂木が接近する視覚の匡正に役立っている。垂木割は同じ層でも南面と北面では本数が異なるなど、全体としてはかなり不整で、各重の柱間寸法を前述のように支割で定めながら、実際には垂木は正確に柱筋に対して心打ち、あるいは対称（たばさみ）にならず、この点は金堂と大差がある。しかしよくみると側桁間はだいたい垂木幅分だけ内寄りに割付け、それだけ一支寸法が狭まっていて、側桁から外方はこの分でも支割が広くされている。これは前記の視覚の匡正が軸部と重ならない軒先部ほど効果的なことを意識したためであろう。このように軒先線や垂木割では細部の整備にとらわれずに全体の形をおさえ、しかも細心の注意が払われているることが最大の特色で、この塔の美しい姿はそうした工匠の秀れた感覚の産物といえよう。とはいえそれだけの自由さはまた金堂より建築年代がかなり降ることを示唆している。

なお軒反りは各重茅負では等しく計画され、茅負は反り上り部分は同一で（側桁心が反り元）、上層になるにしたがって水平部の長さが減少する形に造られている。しかし実際の施工では隅木鼻を上げ越し、また出桁を中央部で下げて反りをもたせて、結果的には下層ほど真反りを深め、順次上方で反り上りが減ずる形姿にまとめられている。隅木の上げ越しや出桁の撓みは金堂と軌を一にした現場合せの工法で、塔でも同一反り型が反復されるところはいかにも幼稚で、古式と云えよう。

細部で金堂との相違点をみてゆくと、上成基壇の羽目石はほぼ幅の揃った一枚石を用い、大小不揃いで二段積の部分もあった金堂より格段に整然としている。礎石も円柱座と地覆座を造り出し、金堂より丁寧な仕事になっている。初重柱長さ（大斗下面まで）は金堂より約一・七尺短く、柱径も最大値一・六尺前後と細くされ、柱頭径を約一・五尺にして胴張りも少い。初重側回りに台輪を用いるのは大きな上部荷重を受ける塔の場合の通例であるが、その下の頭貫にやや偏平の材（幅五・二寸×丈四・八寸）を用い、両隅の間は連子子を頭貫に大入れにし、中の間は頭貫の幅を落して扉口上の楣に兼用している点が珍らしい。大斗の幅は金堂より〇・七寸ほど小さく（約一・七尺）、枠肘木も金堂上層と同長（四・〇三尺）のものを初重に用いるが、これは柱間が狭いこととの対応で、枠肘木はさらに二重三・六一尺、三重三・二四尺とほぼ四寸ずつ長さを縮める。(30) 雲斗雲肘木・雲斗も金堂より一、二寸短くし、とくに雲斗は三重では柱間が狭くなって隣同士が重なり合うのをさけるために、ここだけほかの層より約二・五寸長さを縮めている。しかし巻斗・出桁下雲肘木などは金堂と同大で、各重とも等しく、大斗の丈や肘木丈も金堂と等しい。これは枠肘木・通肘木・桁などに金堂と同断面の規格材を用いるためで、組物まわりは初重―三重枠肘木と三重雲斗の長さに差を設けるほかは、各重ともほぼ同寸で造られ、全体的に金堂より長さ・幅が少しずつ小さい。

隅行の雲斗雲肘木と力肘木は各重とも一木で造り出され、四重・五重は平《ひら》の力肘木も同様とする。隅はとくに大きな荷重を受けるので、その補強のための改良であるが、それだけに金堂より時代が降ることを示し、初重内部では力肘木の内側を受ける巻斗が入隅だけ肘木と同幅になっているが、これは四天柱上の隅行枠肘木上の巻斗と向き合うので釣合がわるい。四重・五重は軸部に比べて軒面積がいちじるしく大きく、組物の受ける荷重も過大となるために一木造りとしたのであろうが、それも天秤式組物だからこそ可能なのである。しかし、力肘木が反対側のものと通らないため、組物が前方へ転び出す傾向を助長し、軒荷重の支持に無理が生ずることとなった。二重以上に四天柱をまったく用いないのは、金堂や中門の上層の内部を空間とするのと同様の天秤式組物の特色で、この内部構造の弱さが、軸部の縮小される上層ほど、大きな欠陥となってあらわれるのである。組物に金堂のような筋彫りがなく、繰形などの形式も退化した点が見受けられることは、「金堂」の項で指摘した。隅尾垂木上に八角形の原始的な鬼斗を用いる点も共通するが、この鬼斗は金堂・塔とも慶長修理時に二重尾垂木を挿入した際、当初のものが失われていたのを、雲肘木に残る痕跡や法起寺塔の例から復原したものである。(31)

高欄は金堂とほぼ同形式であるが、腰組を持たないのは二重以上の軸部を低く押えて、その余地がないためで、現状でも架木はほぼ頭長押の高さまで達している。法輪寺や法起寺などの三重塔には腰組付き高欄があったらしい(32)。五重の屋根は元禄修理時に野屋根のふところを高めて勾配を強め（六・二五寸）、現状もそれを踏襲しているが、旧野隅木によると元来はずっと緩い勾配（四・五寸）で、露盤の位置も二・六尺下り、心柱の伏鉢受け用に造り出した段（上方の檫管取付部を細める）の高さとも一致する(33)。元来二本継ぎの心柱の頂部に継木して、現在は心柱長さも延ばされている。

相輪部は露盤より宝珠まで全長三一・九七尺、露盤・伏鉢・請花は元禄の改鋳で露盤側板には徳川家の葵紋がつく。九輪とその部分の檫管は最も古く、鍍金の痕を残して、旧御物の伏鉢とともに保元三年の改鋳になるものと推定されているが、伏鉢の刻銘は追刻らしく、年代のきめてに欠ける。水煙は当麻寺西塔に似て古めかしく、形も秀れているが、その部の檫管と同じく青銅の鋳放しで、おそらく康安元年の地震で水煙が破損したので、取替えられたものであろう。九輪の小風鐸もこれと同時らしい。垂木・尾垂木・隅木の木口飾金具は中世・慶長・元禄に打替えられていたが、垂木先金具は当初のものが発見されたので、これによって復原し、尾垂木先は木口の風蝕形から、また隅木先は尾垂木に倣い、高欄木口金具もこれらを参考にして復原された(34)。

これら垂木先金具のために塔の軒先は金堂より格段に華麗さを加えており、組物の形などが全体的におとなしく整えられることと併せて、建築の意匠が金堂の力強さから塔の洗練さへ推移したことを示し、両建物の建立時代の差を思わせる。これは天井の文様についても同様で、金堂のものが同天蓋の文様に近いのに対し、塔の文様はむしろ橘夫人厨子の天蓋に親近性が求められる。なお『太子伝私記』では初重四隅に瓔珞を懸けたとあるが今はなく、各重とも隅木下に風鐸を釣っている。現風鐸には中世を遡るものはない。

初重内部は四天柱の柱筋より約二・五尺外方までの大きな漆喰塗り須弥壇を築き、周囲の外陣土間は幅三尺ほどのごく狭いものとなっている。須弥壇は芯に日乾煉瓦を積み、外側に框をめぐらして縄巻の木片を打ち、壁土で塗込めた構造で、現状の外形は慶長九年に改修された姿であるが、先年の解体修理で上塗り部をはがしたところ、以前の形式が判明した。これによると日乾煉瓦は旧のままで以前は上下框の丈が現在より低く、壇の広さもやや狭まり、上框の前縁は現在のように直線ではなく、四隅で鋭角状に張り出し、中央部が緩い曲線をつくる糸巻形をなし、須弥壇と須弥山の形は密接な関連をもっていた。また羽目の中央部には浅くくぼんだ龕も設けられており、『太子伝私記』に記す六道の衆生形はここに置かれたらしい。しかし四天柱の痕跡によると、さらに以前には四天柱周囲に框を直接取付け、羽目板を入れた須弥壇があったことが判明した。この木製壇を心にして周囲を塗込めたらしく、当初の壇は今よりずっと小さく、丈も低かった。木製壇から日乾煉瓦壇への改造時には須弥山も大改造を受け、四天柱は現在のように須弥山で取囲まれずに当初は大半が露出していた。北側二本の柱に垂幕状の彩画の痕もある。注目されるのはこの改造後の現須弥山の材料・工法が初重内部四周の壁と類似し、またこれらの壁体が取付いていた柱面はかなりの風蝕を受けていることで、天井の釘もほかが角頭であるのに裳階と同じ巻頭のものを用いていたことと併せて、浅野清は塔の建立後、須弥壇や須弥山は早く出来ながら、壁や天井を造らない期間が相当に長くあり、須弥壇改造と周囲の造作、裳階などが同時期の一連の工事であろうとしている(35)。とすると須弥壇改造は和銅四年を降らないこととなるが、これを塑像との関連で天平年間に擬する説もある(36)。なおこの須弥壇改造は心柱の腐朽とも関連し、現在基壇上面に据えた心礎状の板石組の上に日乾煉瓦が一部載っている。板石は地下心礎から掘立てにされた心柱の地面境が腐蝕したところに周囲から挿入して補強の役としたもので、長年の間に基壇下の木部は腐蝕して空洞が生れ、板石は空洞上に迫り出してその一部は底に落ちかかっていた。心柱は元来軸部とは無関係に立って頂部の相輪を支える構造であるが、修理前には各重四天枠上に組まれた井桁からの止め釘で垂下を防止されており、その工作はかなり早くから行われていたようである。

心礎は基壇上面より約一〇尺下に据えられている。径六尺ほどの花崗岩で上面を平坦にならし、中央に径・深さとも約九寸の円錐状の孔を穿ち、なかに舎利を奉納する。心礎を地下深くに置いて心柱を掘立てとするのは飛鳥寺・四天王寺・中宮寺・定林寺などにもみられるいわば飛鳥時代の正式の工法で、白鳳時代に降ると川原寺・志賀崇福寺・橘寺・檜隈寺などのように基壇上面から二〜三尺の浅い位置になる。この点で当塔は古めかしく、法輪寺三重塔も同様で上面に円形舎利孔を造るのも法隆寺とよく似ている。なお空洞の周壁には幅の狭い木を堰板状に立並べた痕跡が残っていたが、これは心柱周囲を縦板で保護して基壇の版築を進めたことを示すのであろう。

心柱は全長一〇五・八尺、断面八角で現底面の径二・七尺、基壇上面より約五〇尺の付近で上下二本を継ぎ、五重垂木尻近くの高さ約六七尺までの間、四面に補強の添木を打っている。若草伽藍・橘寺・大阪野中寺など添木用の穴を柱座と一緒に掘込んだ心礎の例があるので、飛鳥・白鳳では補強の添木はかなり広く用いられたらしい。薬師寺東塔は継手付近だけに添木している。

初重周囲に設けられた裳階は本体の軒下に近接し過ぎて重苦しさを感じさせ、本来の軽快な塔の外観を少からず損じている。このことは金堂もまったく同様で、意匠上からも当初からの計画ではない。主屋の側柱頂部につくられた繋虹梁の仕口部には、台輪下面に旧柱天の圧痕があって、軸部を組上げた後に裳階用の仕口を切り欠いたことを示している。しかし繋虹梁が柱へ胴付きとなった面には丹塗りの痕はなく、建物の外装が施されるまでには裳階も完成していたことがわかる。金堂については繋虹梁がすべて後補材に取替えられているために直接仕口部から確かめられないが、裳階の平面がかなり歪みをもつことからみても、のちの計画とみてよいであろう。

金堂の裳階は主屋との距離が四面で少しずつ異なり、両者の柱筋は一致しない。梁行七・一―七・四尺に対して、柱間寸法を正背面は中央間八・〇三尺、両脇四間各六・六二五尺、側面は中央間八・二尺、両脇三間各六・九九尺としており、主屋と裳階の柱筋はまったく一致するところがない。一方、塔は梁行七・三尺、柱間寸法は中央間六・九四尺、両脇二間各七・二一尺として、隅の間を主屋側柱筋とほぼ合せている。この両者を比べると金堂が中央の扉口となる柱間寸法に重点をおき、他は成行きで等間割とするのに対して、塔の場合は隅の柱筋を揃えるのが主眼で、中央扉口はむしろほかより狭く、塔が金堂を模倣しながら（梁行寸法や組物が等しい）その改良型となっていることが読取れる(37)。

この点は大和葺の屋根板の形状にもあらわれていて、金堂は平らな下板と鎬付きの上板とを端で一寸程度重ね合せて葺くのに対して、塔は上下板ともに鎬をつけ、上板は下面両側、下板は上面両側にそれぞれ幅五分、高さ三分前後の耳を造り出し、上下の耳を内接させて噛み合わせる丁寧な葺き方となっている。なお金堂の裳階には当初材がよく残存し、四面の扉もすべて当初のものであるが、塔は四面とも扉を慶長修理時に取替えている。金堂の扉は主屋と同じく一枚板で上部の連子窓を彫り出す。これに対して塔は二枚の板を矧合せ、上部は表面だけ彫刻した盲連子としている。金堂の扉も元来は連子窓が抜けていなかったかと思われるので(38)、塔の扉も盲連子は手抜きではなく、旧形を踏襲したのであろう。塔の初重扉まわりは古く、金堂と同じ一枚板の扉で、辺付、上下軸受板などの形式も等しい。塔の場合は金堂のような建てこみ仕事でなく、軸組のあとで扉まわりを組立てることは、「金堂」の項で記した。

註

（1）基壇一辺の長さは飛鳥寺四〇尺、四天王寺三八尺、若草伽藍四二尺、法隆寺上成基壇四一・一尺である。

（2）滋賀崇福寺・岐阜弥勒寺・鳥取斎尾廃寺・宮城多賀城廃寺などは初重一辺の長さを三間各七尺とし、京都高麗寺・兵庫伊丹廃寺も基壇の一辺の長さが四一―四二尺でこれらと規模が等しい。川原寺や大阪野中寺の初重一九・八尺もこれに近似する。一方、茨城新治廃寺・大分虚空蔵寺はともに一八尺、徳島石井廃寺は一七・八尺で、これがまた一つの基準であったらしい。

（3）『法隆寺政所幷法頭略記』

十一。観峯大徳在任十六年。仁和寺御住。寛弘二年□□任之。　此任中宝塔鐘楼等修補功了。

（4）『別当記』

覺長法橋　治二十二年　興福寺東院　久寿二年乙亥五月廿四日任之

（中略）保元三年戊寅。始自二月上旬、御塔造作已畢。四ケ月之間修造畢。相ヒ次テ始六月上旬之比金物等於食堂工匠廿人従奈良下居。皆悉鋳造之。

（5）伏鉢に「保元三年十月九日」の刻銘があるが、書体が拙く、切れも悪いので追刻と考えられており、その製作年代は不明である。この伏鉢は明治に献納されて御物となっていたが、近年寺に戻された。

（6）『別当記』

覺遍法印権大僧都　治廿五年　興福寺光明院　寛喜三年辛卯十一月七日任之

（中略）嘉禎三年丁酉十二月日。法隆寺塔下石壇始造立畢。件用途者、慶政上人五百坏供養銭令寄進了。（下略）

（7）『古今一陽集』

一、宝塔有雷震災之事

後深草院。建長四年六月己未十六日戊辰鷹来ル。同十八日庚申申尅宝塔雷神堕テ。自二第三重ノ層一至二心柱ニ一燃モヘ出ル之間。鳴ノ二楼鐘ヲ一而老少親速走リ登テ消スレ之。／弘長之頃。宝塔逢テ二雷震一将ニレ及ントス二回禄ニ一。于レ此寺ノ工四人回二巧妙之謀ヲ一。即時消滅ス二雷火ヲ一。

（8）「金堂」の項の注（7）『別当記』玄雅法印条参照。

（9）「金堂」の項の注（9）『嘉元記』康安元年条参照。

（10）「三重東南隅一の鬼瓦銘」

（左側面）ヲウエイ十一年キノエサルノトシ四月八日　（正面右脇）タチハノ国重（花押）

（正面左脇）五十二ノトシ／寿王（花押）

このほか三重東北および西北、四重東北の各隅一の鬼瓦にも同年の刻銘があった。

(11)「裳階箱棟天板下面墨書」（古材へ追記）
□□門衆生現世隠□□□沙□法界衆生□□利□□□
□□長禄二年戊寅卯月日南□□□□□□□□□□□

(12)「金堂」の項の註（11）参照。

(13)註（15）の「心柱最上部継木周囲墨書」に明応四年六月十九日修葺の記事がみえ、また下より第九番目の檫管につぎの針書があってそれを実証する。
法□寺□□／明応二年乙卯七月九日□□造畢／□久　有／□□□堯人
明応四年乙卯七月五日／南都興福寺／妙光院内か次郎（花押）

(14)「二重西北隅挿入二重尾垂木上東の上面木口墨書」
□□ミツノヱタツ／慶長九年三月廿二日／そハソ□／せん四三　ヲン大喜四郎／ソウナ／カタキキチノカミ／ヨリ
そのほか慶長九年の墨書は数カ所にあり、同年修理時の特徴的な番付や刻印が多くの部材にみえる。

(15)「心柱最上部継木周囲墨書」
明応四年乙卯六月十九日。現身往生之宝塔／預修葺。其後相継而時々雖加修復。年月／積累而既及荒癈。因茲元禄九歳次丙子之夏。／
征夷大将軍源綱吉公御母公桂昌院大夫人。／被成下　鈞命於寺門中院権律師覚勝奉。／奉為　天下泰平御武運長久。此五重宝塔／一基
悉以御修復也。同年五月中旬造作始而／同十一月御造畢也。
（右の下につぎの人名を記す）
一﨟法印宝蔵院尊殊／二﨟僧都西園院良尊／三﨟僧都普門院懐賛／修理奉行　華苑院権律師良賛／中院権律師覚勝／地蔵院覚賢五師／
弥勒院懐賢五師／甚識房英弘法師／年会所　筆師安養院貞応五師／知足院尊長五師／沙汰衆　兵衛房行秀法師／快膳房尊信法師
（右の下につぎの人名を記す）
算主　京玄勾当／順京都維那／京林会堂／頭棟梁　今村筑後少掾平正長／西村和泉少掾平政広／棟梁　長谷川茂太夫平信家／吟味役

今村安右衛門亮長／西上五兵衛直次／小河平太夫則重／矢野与次兵衛義政／瓦大工　谷口石見掾橘義長／鍛冶師　西太郎兵衛刀祢／鋳物師　伊兵衛・次郎兵衛大坂住人／餝金物師　宇左衛門・久右衛門大坂住人

（右の下につぎの人名を記す）

番匠大工　加右衛門／加兵衛／五郎兵衛／伝兵衛／原四郎／与次兵衛／六左衛門／作兵衛／長左衛門／彫物大工　権左衛門・庄右衛門

大坂住人／彩色師　辻子勘十郎／塗師　勘兵衛／久兵衛／長四郎／薄置　高山野内／奈良太兵衛／左官　小泉八右衛門

（右の下に異筆で二段に人名を記す）

（上）此□柱上下致候者／大坂□人／とび太衆八兵衛（花押）／八兵衛／権三郎／小兵衛／四郎兵衛

（下）大坂天満柴町三わたや／土井ふきやねや　仁兵衛／庄□□／七兵衛／国兵衛

このほかに元禄九年の墨書は各所にあり、また隅木・尾垂木・垂木の各木口餝金具にもある。伏鉢および宝珠・竜車間の檫管にも刻銘があり、丸瓦・平瓦にも同年の篦書をもったものがある。

(16) 五重は柱一本をはじめ、側桁・出桁の半数、頭長押・大斗・隅木・垂木は全部が後補材となっており、当初材だけで残存したのは雲斗雲肘木と一—三段の通肘木ぐらいであった。

(17) 『普請方諸払帳』（宝永四年）に「宝永四年十二月塔露盤大坂へ遣役人下行」の代金、『元禄三年ゟ以後伽藍修復物勘定帳控』（正徳二年）に「宝永五年地震ニ付塔露盤繕入用」の代金の書上げがある。

(18) 『修理方諸払明細帳』（元文五年）に元文五年の塔露盤下張木直し、同金物打直しなどの記事がある。

(19) 「三重南面木札」

夫此宝塔者。聖徳太子之御子弐拾五人従此宝塔西方江飛行給。故名号現身往生之塔。而送一千余歳之星霜既及大破之処。元禄年中仁前征夷大将軍源綱吉公之御母儀桂昌院殿恵光太姉再興給。其後宝永年中之大地震以後数度之地震仁覆鉢露盤等亦及破裂。因茲進志有之人々此度加修補。然則結施主之人々息災延命家内繁昌幷代々之聖霊往生仏果之因縁。謹言。／于時寛延三庚午年六月日。／勧進沙門修理奉行安養院法印権大僧都大和尚位尊慧。／世話人並松／良信法師。／細工人並松／鍛冶屋治郎兵衛。／施主。（金額人名略）

(20) 「伏鉢追刻銘」

寛政九丁巳年／五月二十一日修理／功畢／于時修理奉行／西南院式部卿法橋／権律師覚宣／鋳工／竜田住安兵衛／同弥三郎

(21) 「平瓦銘」

太子御用／瓦大工谷口土佐／安永八己亥十月中旬

(22) 三重・四重などの組物間の小壁に釘で書いた落書があり、三重中の間のものを一例に上げる。

天保四年七月吉日／五重目かみから／しもまで／やねかへいた……／卯兵衛九助／源蔵……

(23) 額の表面は梵字、裏面に「東　阿楬多」「南　設□□」「西　主多光」「北　蘇多□」の方位別と「弘安六年癸未六月九日西大寺沙門叡尊」の墨書が初重―四重ともある。

(24) 塔の裳階は慶長修理による取替材が多く、挿肘木・三斗組なども当初材は残存していなかったが、出桁下の旧巻斗当り痕から金堂と同寸のものであったことが判明し、昭和修理で金堂に倣って復原された。扉もすべて慶長取替品で、その際方立などの納りを改め、多少内法寸法も変更されたが、形式はほぼ当初のものに倣ったと思われるので、今回の修理後も手直しのうえ、再用されている。

(25) 元興寺極楽坊五重小塔は実物の十分の一の忠実な模型で、その初重柱間寸法は三間各一・一尺、二重以上は各間一寸ずつ逓減して、五重は三間各〇・七尺となり、初重と最上層の総柱間寸法の比は一〇〇対六三である。興福寺五重塔は初重一辺の長さを三〇尺（中の間一〇・六尺、両隅の間九・七尺）として、同じように各間一支ずつ逓減し、五重は初重に対してやはり一〇〇対六三となる。天平時代の塔は中の間と隅の間が等しいか、一―二支程度中の間が広いのが原則で、この点は雲形組物のために隅の間をとくに狭くする必要があった法隆寺式建築と根本的に異なるが、初重と最上層の比例はおそらくそのこととは無関係に定められ、一〇〇対六三程度が一つの基準であったのであろう。室生寺五重塔も一〇〇対六〇である。

中世以後は逓減の実寸法がさらに小さくなって、この比が一〇〇対七〇前後になる（広島明王院・京都東寺各五重塔など）。これらに比べると法隆寺の一〇〇対五〇がいかに小さいかがわかろう。なお海竜王寺五重小塔は一〇〇対四五で近似する。

(26) 側柱心から出桁まで初重・二重は六・二尺前後で、金堂の下層・上層と等しく、これは五・二五高麗尺に当り、七支に定めたものと思われる。三重・四重はまた等しく約五・八尺（四・九高麗尺）にとり、五重は五・六尺（四・七五高麗尺）とするが、これらは六・五支および六・二五支と考えるには長過ぎ、出桁の出を定めた基準は見出せない。垂木の出は初重六・七尺、二重と三重五・七尺、四重五・四尺、五重五・一尺で、初重から二重へ一尺縮め、二重・三重は等しくし、三重―五重は三寸差となっている。こうした各重ごとの出桁の出や垂木の出の定め方が何を基準にしたのか不明であり、軒先線を現場施工で調節している点からすると、個々に論ずるのはむしろ不適当である。

(27) 側柱心から茅負前下角までの軒の出寸法は五重一〇・六六尺、一二支、四重一一・一四尺、一二・五五支、三重一一・五〇尺、一三支、

(28) 柱の長さはだいたい初重一〇・六尺（大斗下面までの寸法で、側通りは台輪の丈を含む）、二重四・二尺、三重三・九尺、四重三・四尺、五重三・〇尺で、二重は初重の約四割とするが、それ以上は三寸、五寸、四寸差とかなり自由な縮減をみせている。二重一一・九〇尺、一三・五支で、四重には多少むらがある。

(29) 前注の柱の長さの縮減で四重はとくに短くされていて、このことがおそらく軒先線も内寄りとする原因であろう。法輪寺・法起寺の三重塔が法隆寺の二重と四重を抜いた形で成り立っている点からすると、五重塔でも二重と四重はやや小さめに造って、全体の外形が単調な直線的方錐形になることをまぬがれようとする意匠計画が最初からあって、そのために四重はとくに短くしているのかもしれない。

(30) 四重は両隅の間では柱間寸法が狭過ぎるために枠肘木を一連に造り出すので、この縮減に直接該当しないが、中の間の枠肘木は片側一・八三尺で、二重の肘木長さと近似し、また五重は二間にして柱間が広いために二重と同長の肘木を用いている。

(31) 法起寺塔の鬼斗は斗繰から斗尻へだけ稜を立てて、変形の八角に造り、唐招提寺金堂の例とも類似するが、法隆寺では痕跡から判断して斗上面・斗尻・斗繰ともすべて不整八角形に復原された。

(32) 焼失前の法輪寺三重塔および現法起寺塔には高欄に腰組がないが、三経院・西室からおそらく法起寺のものと思われる旧材が発見されて、元来は金堂と類似した腰組付き高欄があったと考えられている。

(33) 発見野隅木は中古材で、隅木尻に束を立てて露盤支持の枠組を設けているが、心柱には直接四面に枠組下框を釘打ちに取付けたと思われる痕があり、以前は別種の露盤支持構造であったらしい。ただこの場合でも、化粧垂木尻よりかなり上方に納まるらしい（心柱の旧高が不明のため正確にはわからない）から、五重の野屋根は最初から造られていたと思われる。

(34) 尾垂木先金具は風蝕形から三種類推定され、その先後の判別が困難であり、最初から異なっていたとも考えられたので、三種全部造られている。また垂木先金具は第二次のものが断片や木口の風蝕形から判明し、これも復原されて二種類打たれている。

(35) 浅野清『法隆寺建築綜観』昭和二十八年、便利堂

(36) 町田甲一「法隆寺塔本塑像中の第一次追加像について―特に北面に於ける比丘形像七軀について」（『仏教芸術』四八号）昭和三十七年　西川新次『法隆寺五重塔の塑像』昭和四十一年、二玄社

(37) 裳階は唐尺で造られたとする説が早くからあるが、この柱間寸法は等間割が基礎になっているので、使用尺度を判定し難い。

(38) 金堂の扉には主屋のものと同様に上下木口に見え隠れの端喰を入れ、また補強の帯金を軸元から打込んでいるが、その帯金が連子間の刳抜き部に露出しており、最初は刳抜く計画ではなかったと思われる。ただし風蝕状況からすると、刳抜きはかなり古く行われたと認められる。

玉虫厨子（構造）　（国宝）

木造　総高二二六・六センチメートル

現在宝蔵殿に納められている玉虫厨子は、もと金堂の仏壇上にあった。確実に玉虫厨子に関する文献で最も古いと認められるのは、鎌倉時代の『太子伝私記』で、「次に東の戸に向って厨子あり。推古天皇の御厨子なり。其の形は腰細なり（蓋し須弥坐）。玉虫の羽を以て、銅を以て彫り透したる唐草の下に之を臥せたり（此れは橘寺滅滅の時に送る所の者なり。内に一万三千の仏御わす。高さ七尺）。其の内に金銅の阿弥陀三尊（古帳に尺迦像云々）御わしけり。其れを盗人取れり。光二つばかりを残す所なり」と記し、続いて橘夫人厨子について述べている。これを念頭においてみると、『金堂日記』承暦二年（一〇七八）の条の「後東の厨子。堂内に金銅小仏三尊。西の厨子。同じく阿弥陀三尊」も玉虫厨子と橘夫人厨子に当てることができよう。

これより古く、天平十九年（七四七）の「法隆寺伽藍縁起并流記資財帳」には「宮殿像弐具一具金渥押出千仏像一具金渥銅像」とあり、小杉榲邨以来[1]、この二具の宮殿像のうち、一具が玉虫厨子、一具が橘夫人厨子とするのが通説であった。これに対し滝精一は「資財帳」のこの部分は仏像を数えたのであるから、一具は厨子の内壁に貼り付けられた押出千仏像、一具は中に安置されていた本尊としての金銅像で、厨子は一つだとした[2]。しかしこれについての結論はまだ出ていない[3][4][5][6]。

現在厨子には金銅菩薩立像が安置されているが当初のものではなく、かつては『金堂日記』や『太子伝私記』に記すように本尊像があったが、建暦元年（一二一一）九月一日の夜、盗難にあい紛失したといわれる[7]。本尊像は千仏像と照応して、釈迦三尊像であったろう。ただし村田治郎はこれを千仏像を貼っただけで、ほかに本尊のない厨子と考えている[8]。

なお『太子伝私記』にいう「橘寺滅滅の時」という移入の時期を上原和は天武九年（六八〇）橘寺尼房焼失（『日本書紀』）に当てるが[3]、橘寺の境内から天平時代の瓦を多く出土するので、天武九年に「滅滅」したとはいえない。また『金堂日記』には承暦二年に多くの小仏を橘寺から移したことを述べているにもかかわらず、同じところに記載している厨子については移入のことを記していないので、『太子伝私記』の移入説もどれだけ信じられるか疑問である。

厨子は宮殿部と、それを安置する台座部からなり、台座は腰高の宣字形須弥座と低平な台脚で構成されている。その構造の最も大きな特色は、いくつにも分解し得ることで、須弥座が上下の框座と箱形の腰との三部分に分かれ、宮殿も基壇と、軸組から軒回りの四注屋根まで続く部分、および頂部の切妻屋根だけの部分の三個に分解される。台脚を加えて全体では七個の部分に分かれ、これら各部はただ上下を嵌め込むだけで簡単に組立てられるようになっている。また外見が複雑な割合には構造は簡単で、しかも構造上不必要な部分をまったく持たないように単純かつ軽量化されている。

構造を下からみてゆくと、台脚は幅二一センチメートルほどの枠板を隅で三枚組、釘留めとし、下から格狭間状の繰形付き脚を打抜枘で取付けた形式である。橘夫人厨子とよく似ているが、脚の枘を上面まで抜き通した点が異なり、この枘は隅の組手のゆるみを防ぐ役割を果して、単純ながら最も強い工法となっている。ただしそのかわりに上面に枘の木口が見え、外観の点ではあまり好ましくない。

須弥座の上框は三段、下框は二段で、これに腰部を嵌め込みとする、単弁の請花および反花を上下向い合せに加えた形式であり、上方の框座は天板の上にさらに一段小さな框を置き足している。上框の最下段と下框の上段は厚板を二枚矧合せ、木口に端喰を入れたもので、これに各辺一材の請花・反花を隅留めに突き付け、上から釘留めとしている。下框の上段板には腰部箱組の入隅に合せた太枘の痕があり、元来はこれで入隅を固定したらしいが、今太枘はない。

その他の各段はいずれも枠組で、隅は三枚組か相欠きの釘留め、相互の段をまた釘で縫い重ねている。なお下框のみ二段とも周囲の縁に幅の狭い材を隅留めで張り付けている。框の外周には帯状の飾金具を打つので、相欠きや三枚組でも仕口の木口部は隠されるはずであるが、下框は目だちやすいため入念な工作をしたのであろう。

腰部は四面とも厚さ二・四センチメートルの一枚板を用い、隅を相欠き釘留めとした箱形のつくりで、最下部四周には蕊を摸した逆三角形断面の回縁を付け、隅にはとくに柱形を造らず帯金具でそれをあらわす。蕊状の回縁は金堂釈迦三尊像の台座とも共通する手法であるが、柱形を金具で代用した例は珍らしい。しかしそのために腰部は重々しくなく、厨子全体としてもかなり大きな部分でありながらすっきりしている。台座部で注目されるのは、仕口が三枚組や相欠きなど最も単純なものばかりで釘を多用し、外観よりも強度を第一とする実用的な組方をしていることである。これは金堂釈迦三尊像の台座が隅に半留めの仕口を用い、また類似した橘

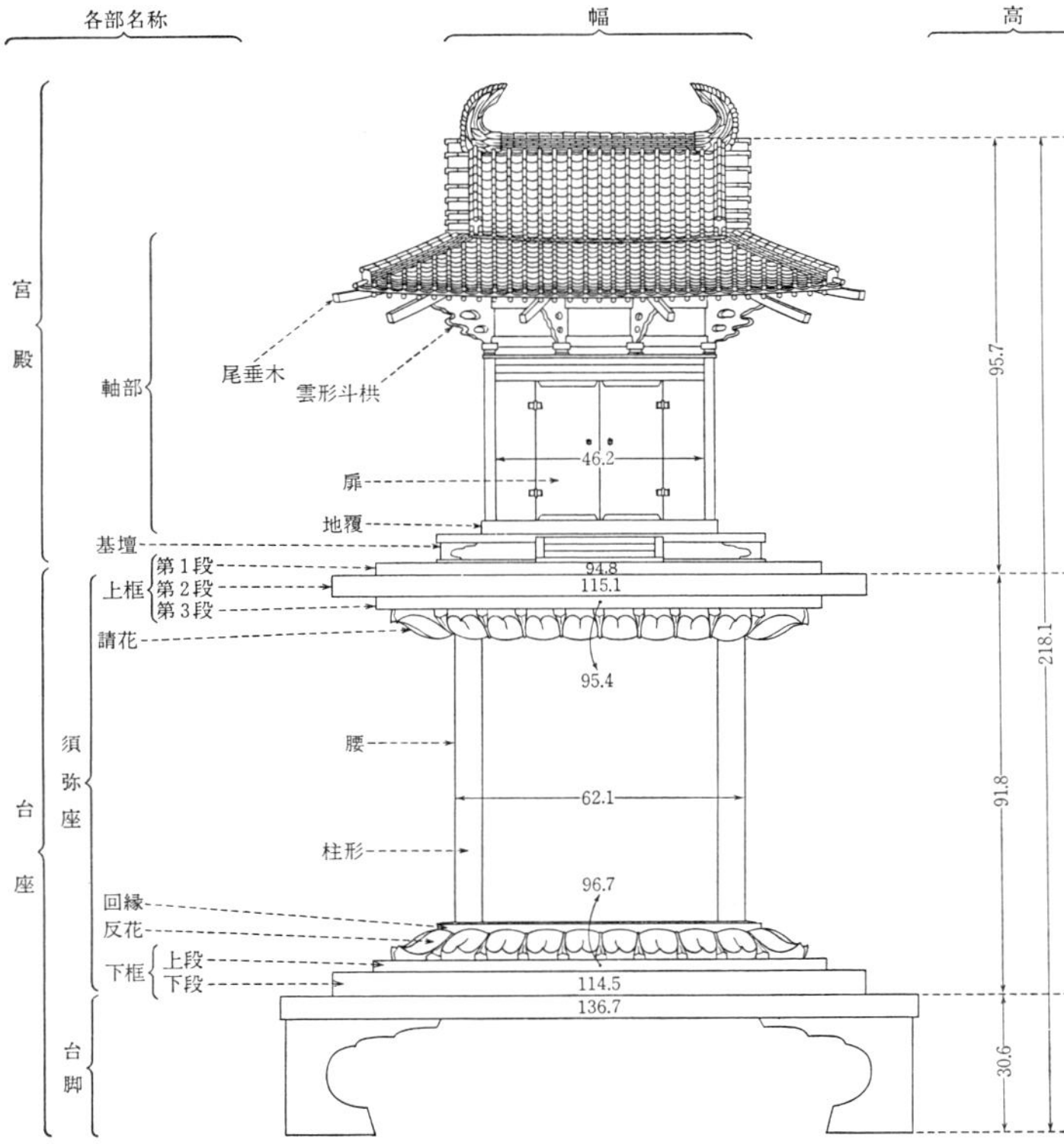

立面図

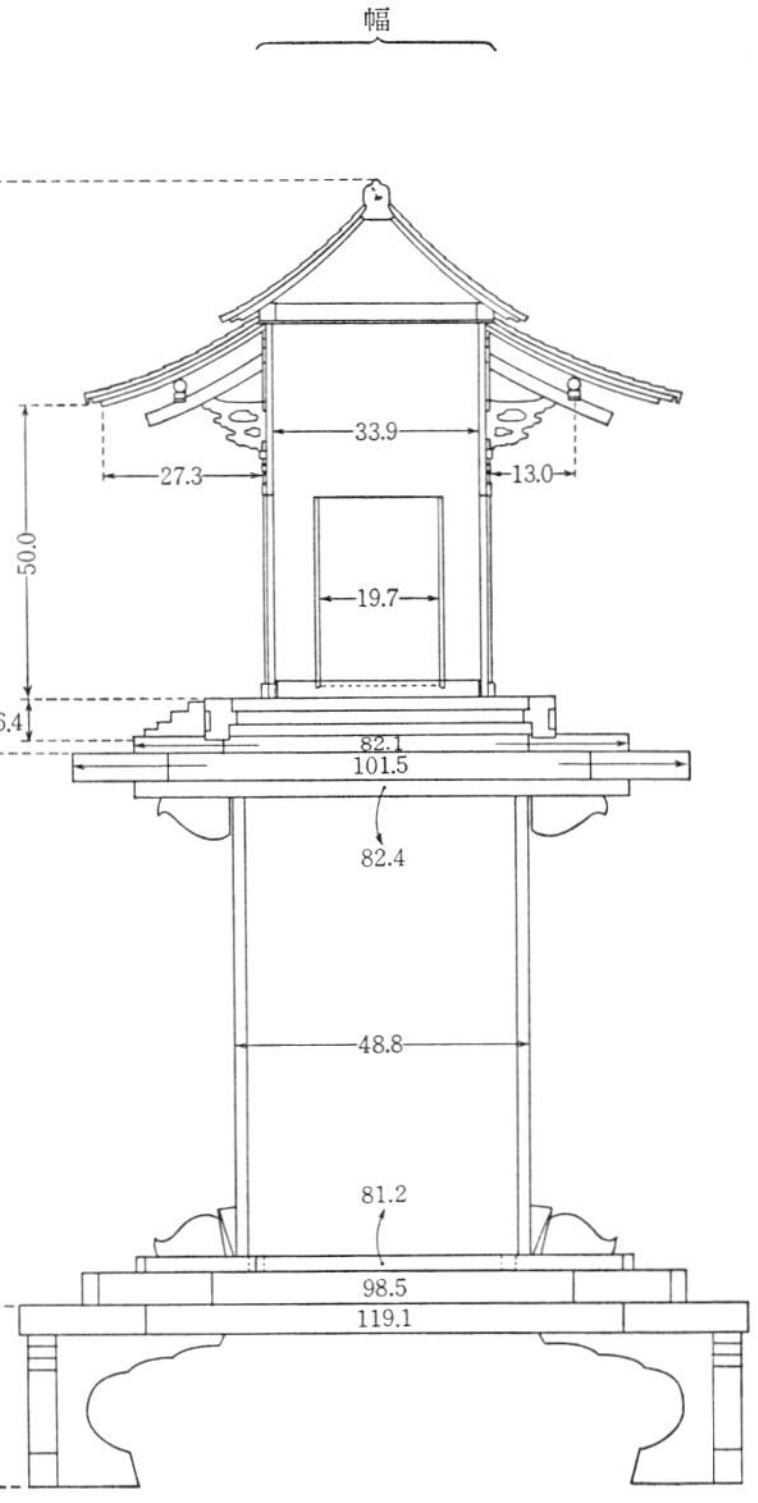

断面図

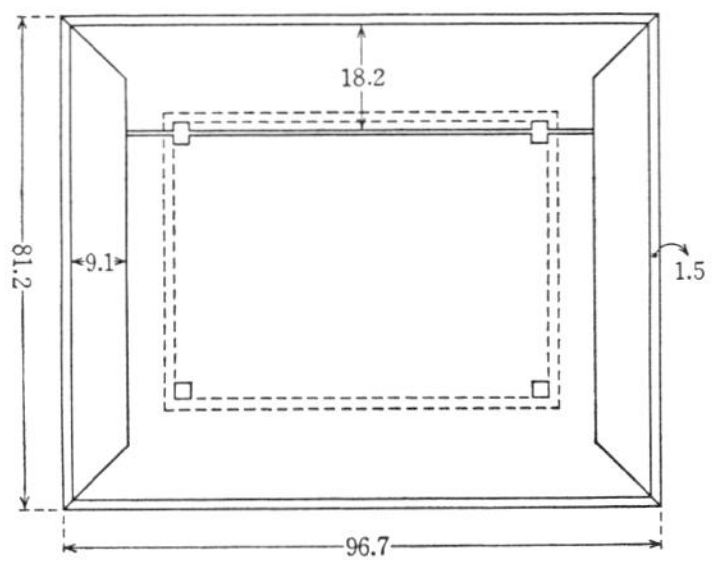

須弥座下框上段（天板）平面図

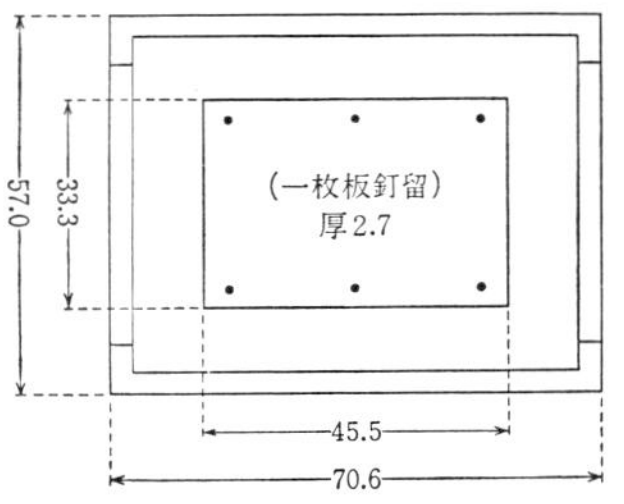

基壇平面図

82　玉虫厨子見取図

夫人厨子台座も枠框をすべて大留めとしているのに比べて、この厨子の大きな特色で、他が外見の手ぎれいな工芸的技法とすれば、これは建築的手法で造られているとしてよいであろう。その点で金堂釈迦三尊像の台座と直接年代を比較することは慎重を要するが、より単純であり、また古式であることは認められよう。

宮殿の基壇は地覆・羽目・葛まで一木から造り出した框を隅で三枚組としたもので、上に一枚板の天板を張る。羽目に各面とも格狭間二区を造り出し、天板上には宮殿を据えるため、宮殿の底面を内法とする厚板が釘留めしてある。階段は一木から刻み出されて基壇前にただ置かれるだけであるが、蹴込面が垂直より斜め後方にやや寝た形式である点が珍らしい。耳石だけ別木で打ち添えていたが、今は釘痕だけ残っている。

宮殿は軸組と軒回り屋根を造り付け、上の切妻屋根は別に造って載せる。軸部は四面とも厚さ一・五センチメートルの一枚板の横張りで、軒先屋根の取付け頂部まで丈の高い箱形に組んでいる（横張りとするのは正側面の三方に戸口を刳抜いた際、その下の細い部分が割れないように考えたからであろう）。隅角柱・地長押・楣・頭貫・台輪（頭貫と一木造り）はすべて薄板を張り付け、扉は上下端喰付きの一枚板で蝶番釣りとする。組物は当寺の金堂や塔より一段多く肘木を加えた三手先式の雲形斗栱で、隅柱上のほか桁行はそれをほぼ三等分、また梁行は二等分した各中間位置にも組物を置く。壁付の大斗、三段の通肘木、側桁も下方の柱形などと同じく張付けで、前方へ持出す雲形斗栱や尾垂木は尻を箱組へ枘差しとしているらしい。雲形斗栱と力肘木を一木から刻み出し、力肘木は上面両端に反り増しをつけているが、この部分のみはすべて矧木である。雲形斗栱が隅で四五度の方向だけに差出されることは、金堂・塔などと等しいが、桁行の中間部でも壁面から斜めに出る点が珍らしい。尾垂木の上には巻斗を置かずに雲形斗栱を据え、断面円形の出桁を支える。この出桁の支点もほぼ桁行全長を三等分している。壁付には枠肘木式の斗栱をまったく用いず、ただ前方へ逆三角形状の雲形斗栱を持出す簡単な構造であるうえ、組物が等分点に配されているため、壁面から斜めに出ている点はさほど気にならず、むしろ軽快で整然とした感を受ける。

軒は丸垂木の一軒、化粧裏板は屋根板と兼用で、茅負も一体に造り出し、上面に丸・平両瓦型を刻み出している。丸瓦は行基葺型である。切妻屋根は叉首台兼用の枠組上に妻の三角板を立て、その上に大棟まで刻み出した棟木を置いて、両脇に瓦型を刻んだ一枚造りの屋根板を寄せかけて組立てたもので、叉首束や叉首棹は妻板から刻み出してあり、頂部に組物はない。螻羽には枝外垂木二本を打ち、際垂木はなく、破風は強い反り付きで増しはない。大棟両端には金銅製の鴟尾を載せる。

なお柱や横材に施した帯状の飾金具については別項にゆずって、一般の建物にも用いられる金具類を記すと、まず尾垂木と隅木の木口に環付きの飾金具があるのが目だつ。同じように環の付いた金具は力肘木と尾垂木の下面交点にもあり、これらから一斉に垂飾が下がったところを想像すると、軒下はたいへんにぎやかなこととなろう。妻の叉首束上方にも環を先端と根元近くにつけた長いピンが植え込まれているから、破風下にはこの環を差し通して取付けるような大きな飾物があったと思われる。それが懸魚のかわりとなったらしい。垂木の木口には五弁の線刻を施した金具が鋲留めされている。

材料は須弥座の蓮弁および階段が樟であるほかはすべて檜が用いられている。ただし一材で造った雲形斗栱は漆塗りの厚さが他とやや異なるので、中を刳抜く細かい仕事である点からも堅木を用いているらしい。またこの厨子は全体的に後補の部分がほとんどなく、鴟尾と正面向って左の平降棟だけが大正二年の新補であるが、鴟尾も当初のものの忠実な模造品という(9)。垂木に欠損したものが多少みられるほか、当初の姿がこれほど完全に保たれているのは痛みやすい木造品としては珍らしい。それは構造を単純化し、その強度に意を用いているためと思われる。

本厨子の年代については、拠るべき文献史料がないので、様式から定めるほかはなく、従来つぎのような諸説が行われてきた。

一　推古朝あるいはそれ以前（田中(10)）
二　推古朝、七世紀初葉（伊東(11)、滝(2)、上原(3)）
三　孝徳朝前後、七世紀中葉（福山(12)、野間(13)、水野(14)、秋山(15)）
四　天智朝前後またはそれ以後（喜田(16)、町田(17)）
五　持統・文武朝以後、七世紀末―八世紀初葉（村田(4)）

まず、建築の面からいえば、比較の対象となるのは、当寺の金堂である。宮殿を金堂と比べてみて最も目だつのは組物から軒回り付近が曲線的であり、また軽快なことであろう。金堂が直線の角垂木で、出桁も矩形断面であるのに、宮殿は全体に反りのついた丸垂木を用い、出桁は丸桁である。前方へ突き出している雲形斗栱も宮殿の方が肘木が一段多く、三手先式であるため曲線部も倍増し、力肘木も先端で反り上るだけでなく根元の上面にも反り増しをつけて、いわば全体が海老状の反り形に造られている。尾垂木も金堂の直線に対し、宮殿はゆるい弧を描いて反り上る。大斗の下に付けられた皿斗も金堂はただの平板であるのに、宮殿では上方の斗繰の曲線を皿斗まで延長して両者は一体化し、金堂のように角ばった感じはまったくない。

厨子のこうした曲線的形式を捉えて村田は時代が新しいとするが、(4)必ずしもそうはいえない。確かに金堂では直線であった垂木や尾垂木が、天平時代には反った形に進み、その曲率は時代が降るといっそう大きくなる。また皿斗も、のちの鎌倉時代に輸入された大仏様では、宮殿と同じ形式となっている。そうした歴史的変遷をそのまま適用すれば玉虫厨子は金堂より新しくなり、組物が三手先であるのも金堂の二手先式より進歩した形式として時代を下げる要因となろう。しかしこの宮殿で注意すべきは屋根の外形がまず隅木と瓦を刻み出した厚い板で造られ、垂木はそれに下から打付けられていることである。そのため垂木は屋根面と同じ反りがつけられ、丸桁から奥の目だたぬ部分まで含め総反りとなっている。丸桁に反りがほとんどないため、隅近くでは数本の垂木が丸桁から離れて宙に浮いているが、いっこうにさしつかえない。垂木が総反りだとほぼ同じ勾配の尾垂木も並行曲線に造らざるを得ないこととなり、その結果木口も金堂のように立水《たつみず》に切らずに斜めとなる。さらに総反りの尾垂木を支える力肘木も直線では力の流れを伝える形にならない。同じく軸部を箱造りとする海竜王寺五重小塔は垂木上に化粧裏板を張り、茅負も付けて、屋根板は別に並べるので、実際の建物に近い。それに対して本宮殿の場合は可能な限り単純化されていて、それが必然的に軒回りの曲線形を生んだのである。(18)

宮殿の曲線化した細部を構造の単純化による工芸的技法の産物として金堂との比較から除外すると、他は古式の要素が多い。丸垂木は大陸建築本来の技法で、和風の角垂木が仏教建築に混入するより先行するし、丸桁も同様である。錣葺の屋根は金堂でも構造の原理は同じで、ただ金堂の場合は、本来、段ができるところに細長い逆三角形の材を入れ、上下の屋根を一連の流れに整えているから、構造が生のまま現れている錣葺の方が明らかに古い。行基葺の瓦も通常の玉縁付き丸瓦より先行する形式である。また組物では宮殿の場合は大斗の上に通肘木を直接置くのが注目される。大斗上は枠肘木を組むのが普通で、このような例は現存の建物にはまったくないが、雲岡など中国の石窟寺院や高句麗の古墳壁画には例が多い。これらは頭貫を用いず、柱は大斗上の通肘木で連結され、その上に三斗や人字形割束を並べる構造で、大斗は柱上で軸組補強の役割を果しており、後世のように組物の一部とはなっていない。厨子の大斗は両者の中間的構造で、金堂より一段階古いと解される。

なお雲形斗栱が放射状に配される形式は、従来はこうした実際の建築があるはずはなく、視覚を重視した工芸品であるために採用されたとする説が多い。しかし雲形斗栱の最大の特色は大斗を支点とする逆三角形の天秤構造となって、内外の荷重をバランスよく支承することで、隅は四五度方向にしか腕を出さないのもそのためである。とすると平でも壁と直角に据える必要はなく、その点が天平時代以降の唐の様式による、肘木を組合せながら、主要材は内部まで十分引込み、その先を桔出させて軒先荷重を受ける梃子式構造の組物と根本的に相違している。金堂以下、塔・中門では隅の柱間寸法がとくに小さくされているが、これは雲形斗栱による出桁の支点間距離が隅で広くなり過ぎ、構造上弱くなるのを防ぐためである。そのように柱の配置で構造上の弱点を補う以前に、天秤構造を利して壁面と斜めに腕木を置く方法もあったであろう。大陸建築は扇垂木が原則であるから、天秤式ではむしろ斜めの腕木の方が平衡がとりやすい。

本厨子で組物を等間隔に置き、斜めに腕木を出して出桁も等間隔で支えているのは、外観を整然とみせる便宜的手法ではなく、近似する構造が実際にもあったと考えられる。構造原理的にみてもその方が柱の配置で調節するより初歩的であり、古い。三手先組物のような最も複雑化した構造を斜めに組立てることは至難であり、玉虫厨子と同形式の建物が実在したとは思われないが、古式の構造が土台になっている点は認めてよいであろう。一軒の丸垂木・丸桁・錣葺屋根・行基葺の瓦・大斗上の通肘木・放射形組物などは玉虫厨子が金堂より一段古い様式であることを示し、飛鳥様式の一派であることは疑いないであろう。

このように厨子の宮殿の建築様式は金堂よりも古いものと考えられるが、その絵画・装飾の様式は、推古朝よりも降った金堂四天王像（広目天光背銘　山口大口費上而次木閈二人作也）をはじめとする遺例に近似する特徴をもつ。それ故その製作年代は推古朝以前とは考えがたく、ほぼ山田寺金堂の建立時（六四三）から漢山口直大口が詔を奉じて千仏像を刻んだ白雉元年（六五〇）頃まで、飛鳥期を天智九年までとすれば、皇極・孝徳朝より天智朝までの飛鳥後期ということになろう。(19)

宮殿部細部寸法（単位センチメートル）

	正面	側面
軒口全長	一〇二・七	九四・五
柱心々	四八・二	五五・七
丸桁心々（左）	一五・八	
〃（中）	一六・六	
〃（右）	一五・八	

	正面（背面）	側面
組物心々（丸桁位置で）（左）	二五・六（二六・五）	
〃（中）	二六・五（二三・八）	
〃（右）	二五・二（二六・二）	
支割（心割） 二四支 / 二〇支	七六・七	六四・五
一支分	三・一九	三・二三

注

（1）小杉榲邨「法隆寺金堂に置く所の玉虫の厨子」（『国華』七八号）明治二十九年

（2）滝精一「玉虫厨子と橘夫人厨子」（『国華』三六七号）大正九年（『滝拙庵美術論集　日本篇』所収、昭和十八年、座右宝刊行会）

（3）上原和『増補　玉虫厨子の研究』昭和四十三年、巌南堂

上原は宮殿像を宮殿形の厨子そのものと考え、割注の千仏像はその荘厳の特徴を示したにすぎないとする。したがって厨子は二基と考えている。

（4）村田治郎「玉虫厨子の諸考察」（『仏教芸術』六三号）昭和四十一年（『村田治郎著作集』一、中央公論美術出版、昭和六十一年所収）

村田は「宮殿像」を「クウデン・ノ・ゾウ」と読むのが正しく、やはり厨子内の仏像を意味するが、厨子は二基あったとしている。

（5）町田甲一「法隆寺の『資財帳』に記された宮殿像と壇像についての疑問」（『日本歴史』二三二号）昭和四十二年

（6）源豊宗「玉虫厨子及び其の絵画に就いて」（『仏教美術』一三冊）昭和四年

（7）金堂の項注（8）『別当記』範円法印条参照。

（8）村田治郎「玉虫厨子続考」「玉虫厨子続続考」（『仏教芸術』六七・六九号）昭和四十三年（『村田治郎著作集』一、中央公論美術出版、昭和六十一年所収）

（9）鴟尾の一個は明治末年まで当初のものが残存していたが、明治四十四年十一月五日夜盗難にあった。現在のものはその精巧な型から造られたという。

(10) 田中豊蔵「玉虫厨子に関する考察」(『大塚博士還暦記念美学及芸術史研究』所収) 昭和六年岩波書店
(11) 伊東忠太「法隆寺建築論」(『東京帝国大学紀要』工科一) 明治三十一年
(12) 福山敏男「寺院」(『図説日本文化史大系』第二巻) 昭和三十二年、小学館
(13) 野間清六「玉虫厨子に関する問題」(『ミュージアム』七九号) 昭和三十二年 (『飛鳥・白鳳・天平の美術』所収、昭和三十三年、至文堂)
(14) 水野清一『法隆寺』(『日本の美術』第四巻) 昭和四十年、平凡社
(15) 秋山光和「玉虫厨子と橘夫人厨子の絵画」(『奈良の寺』六) 昭和五十年、岩波書店
(16) 喜田貞吉「法隆寺の古建築は果して推古式か」(『歴史地理』二六ノ二) 大正四年 (『法隆寺論攷』所収、昭和十五年、地人書館)
(17) 町田甲一「本誌九〇四号の『法隆寺と玉虫厨子㈠』における上原和君の論に答う」(『国華』九〇八号) 昭和四十二年
(18) 軒回りは細部の寸法にかなりのむらがあって、軒の出(軸部胴板の表面から化粧裏板先端下角まで)も正面が二七・三センチメートル
背面は二六・四—二五・九センチメートル、向って右側面は二五・九センチメートル、左側面は二五・一センチメートルと誤差が多く、軒口全長も前後、左右それぞれに若干異なって、下から見上げた軒先線は厳密には多少ゆがんだ四辺形となっている。しかし軒反りは軒口の長い桁行面の中心部を梁行面よりやや深くまで下げ、中央から隅に向ってほぼ直線状に反り上る軽快な感じを正側面とも同一の調子に揃えるなど、視覚上の注意が巧みに払われていて、こうした軒や屋根の曲線がかなり手なれた工作によることを思わせる。
(19) 林良一「玉虫厨子の製作年代」(『国華』九三九号) 昭和四十六年

五　法隆寺新再建論

Ⅰ　はじめに

本論の骨子は既に一九八六年刊行の『伊珂留我』に発表したものである(1)。ただその文章は私が法隆寺で行った講演の概要をまとめて頂いたもので、立論の根拠とした事柄をあまり詳細に示すことは出来なかった。その不備を補う意味でこれを記した。

私が法隆寺西院伽藍の成立に関心を抱いたのは、一九五六年から行われた東室の解体修理工事の調査に参加した時からである。東室の礎石は凝灰岩で上面に円柱座の造り出しをもつが、最初から円柱座を下にして用いていた。また柱は残っている最も古いグループのほぼ全部が、もう少し太い柱を削り直して再用したもので、長さも多少切り縮められている。礎石上面には径約一・三五尺の柱痕があり、これは径一・二尺の現柱に残る旧仕口穴から推定される、削られる以前の柱径とよく合う。すると礎石・柱とも同一建物からの転用と考えられたが、これだけ多量の部材を残す建物が西院創立以前にどこに建っていたのであろうか。東室は虹梁が円弧形で回廊のものと相似し、経蔵などに見られる天平様式とは異なる。また柱も下方約三分の一を同じ太さとし上方をほぼ直線状に細める形式で、金堂・五重塔・中門ほどではないが胴張りの感じを出し、基底部高さ約三分の二が同径で上方を細める薬師寺東塔の柱より古風さをもつ。この点で東室は回廊とほぼ同時期の建物で、和銅四年（七一一）に回廊で囲まれた伽藍中枢部が完成した時には既に存在したと考えられる。

東室と同じ凝灰岩礎石は延長三年（九二五）に焼失して正暦元年（九九〇）に再建された現大講堂にも使われている。ここでも旧上面を下にして創建時に他から転用しており、再建ではその位置を少し動かした。創建・再建とも桁行八間・梁間四間で全体の規模は等しいが、創建の堂は身舎が広く、庇が狭い平面であった。この建物の大きさは天平十九年（七四七）の「資財帳」に記す食堂と一致する。また発掘では両脇に東西棟の北僧房が確認され、その配置は薬師寺における食堂と僧房の関係に等しい。「資財帳」に講堂の記載がない点からしても、これが当初の食堂であったことは間違いない。礎石の形式や上下逆転したその使い方が同一であることからすると、食堂も東室と同時期の建立としてよいであろう。僧房や食堂は住僧の生活に欠かせぬ建物として、早く造営された可能性が大きい。そして若しこの食堂でも礎石と一緒に柱も転用材であったとすれば、東室と食堂の両者にそれらを供給したかなり大規模な建物群が存在したことになる。さほど遠距離からの運搬は考え難いので、若草伽藍からの移建がすぐ思い浮ぶが、そうなると「一屋も余ることなし」とした『書紀』の天智九年（六七〇）の火災記事を疑いたくなるのである。(2)

東室でのもう一つの実感は発掘で地山が現地表より二メートル以上、下にあり、南方ではさらに深く、通常のトレンチでは地山まで掘り下げられなかったことである。東室の南端部を改築した聖霊院でも既に同様な知見が得られていて、このあたりは元来南北に走る谷で、それを埋めて東室を建立したことが明らかになった。聖霊院の南に現存する鏡池はその名残りである。同様に三経院西室の南にも池があるが、ここは現在の地形でも伽藍地の北に見られる大きな谷筋の延長で、西室もまた谷を埋めた上に造営したことがわかる。一方、大講堂の地下はすぐに地山で、基壇は地山から造り出されていた。すなわち西院伽藍の敷地は両側の谷に挟まれた幅の狭い尾根筋を削り、谷を埋立てて造成されたもので、固い地山上に建つのは回廊に囲まれた中枢部だけなのである。一九八〇年の防災工事に伴う発掘調査では東西回廊の一部は地山から外れ、版築で補って平坦面としたことが判明した。(3)若草伽藍という既存の寺地があり、もしそれが焼失後に再建するならば、何故このような大規模な整地工事を行ってまで、別の場所に移る必要があったのであろうか。西院伽藍はその発足から謎につつまれている。(4)

II　昭和大修理の成果

昭和大修理に伴う解体調査によっても金堂・五重塔・中門などの建立年次を示す資料は得られなかったが、五重塔については須弥壇・須弥山の改造という大発見があり、直接工事を担当した浅野清は五重塔の創建年代について、塔本塑像が完成した和銅四年（七一一）から大幅に遡る可能性を示唆した。その要旨は次のようなものである。(5)

一　現在の仏壇、須弥山は第二次のもので、当初の仏壇は四天柱外面に框を廻らして設けられ、須弥山もずっと小さく、現在はすべて覆い隠されている四天柱が、大半露出する形式であった。

二　この改造は心柱の根元の腐朽と関連しており、この時朽損部を欠取って周囲から飼石を挿入した。その後心柱の土中部分は完全に腐朽して空洞となり、飼石はその天井部に周囲から迫り出す形となった。この飼石の根詰めに日乾煉瓦が使われ、上面にも一部に煉瓦がのっている。現須弥壇はこの日乾煉瓦で築かれ表面を漆喰塗としている。

三　現須弥山の骨格となる木舞の材料や藁縄の絡み方は、壁画のある初重内部の壁と全く等しい。一方、一回り小さい当初の須弥山は藤蔓で絡んでいて金堂の壁の方式と似る。

四　側柱で壁や戸口部材の取付く面に風蝕があり、戸口の取付け時にはつかえて納らぬ部分だけ削り取った。その後解体などは行われておらず、当然にそこは全く風蝕していない。

五　裳階の繋梁仕口の真上にある台輪には柱の圧痕があって、裳階がのちに取付けられたことがわかるが、彩色は本体と裳階が同時に行われた。

六　初重内部の天井板や天井組子を止めていた釘は裳階と同じ巻頭の形式で、垂木など他の部分に角頭釘が使われていたのと全く相違する。

七　これらのことから壁や天井の作られていない先にまず須弥壇や須弥山が出来始め、その後に相当長期間の遅滞があって再着手の際に塑像にも再計画が持ち上り、従来の須弥壇、須弥山を拡張、改造しようとして心柱の腐朽にも気がつき、飼石で補強して現在の壇・山を築いた。並行して造作や裳階取付け工事を進めて、全体を完成したプロセスが考えられる。

八　放置されていた年数は心柱に腐朽のきざしが現われ、側柱にかなりの風蝕を生じたことから、少なくとも数十年と推測される。したがって塔の創立着手は塑像の造られた和銅四年から数十年遡ると見なければならない。

浅野のこの見解は一九四六年度の京都大学における講義内容を同四八年にまとめたもので、翌年金堂の罹災事故があって出版は五三年になったが、五重塔は四二年に着工後、戦時中の解体部材の疎開などを経ながら四八年には須弥山まですべての解体を終った。したがって最も生々しい調査記録であり、その後五五年に刊行された工事報告書でも須弥山・須弥壇・心柱についてほぼ同様のことを記している。(6) ただし報告書では柱の風蝕には全くふれず、須弥山の改造年次についても創建後かなり早い時期とするに過ぎない。なお心柱の垂下防止のため各重に井桁の枠組を設けて釘止めとしているが、浅野はその釘を古い角頭釘と認めながら保元三年（一一五八）に転用された可能性を示唆した。一方、工事報告書はこれを心柱根元腐朽対策の一連の工作としている。

五重塔の建立年代を考える最も有効な手がかりは法起寺三重塔との比較で、一九〇五年に法隆寺の再建非再建論争が始まった最初から色々な形で論じられた。それは鎌倉時代の『太子伝私記』に法起寺塔の露盤銘を載せ、それに「福亮僧正が戊戌年（六三八）聖徳太子のために弥勒像を造って金堂を立て、乙酉年（六八五）に至って恵施僧正は御願を竟えんが為に堂塔を構立し、丙午年（七〇六）三月に露盤を営作した」とあって、三重塔が慶雲三年（七〇六）に完成したことを明記しているからである。会津八一は堂塔を宝塔と読み、三重塔は天武十四年（六八五）着工、慶雲三年竣工とした(7)。

Ⅲ　法隆寺五重塔と法起寺三重塔

この両建物の比較では様式上法隆寺のほうが古いことは容易に指摘される。特に雲形組物に法起寺では顕著な退化が見られ、前方へ延出す雲斗栱には舌や上面の半月形の彫り込みが消えている。また雲斗栱全体の成が高いわりに長さが短いため、延出した姿は軽快さが失われた。出桁下のものも含めて、雲斗栱に造り出す肘木の尖端に相当する半楕円の繰形も、上向きの力強い曲線から水平方向へのおとなしい形に変化している。これらのことから五重塔の創建が七世紀に属することは万人の認めるところで、ただ三重塔を六八五年の着工とするとその前におかねばならず、すると法隆寺が天智九年（六七〇）に焼失したのちまず金堂、次に塔を建立したとすれば、その間の年月が短すぎるのではないかという問題を生じた。そのため露盤銘の堂塔は金堂を含めた伽藍再興を意味し、三重塔はやや遅れて六九〇年代に着工したとする説が大勢を占めるようになった。

法起寺三重塔は一八九八年から翌年にかけて解体修理が行われたが、蟻害等のため一九七二年に再び解体修理を実施することになり、その結果法隆寺と並ぶ詳細な調査成果を得ることができた(8)。最大の収穫は修理前に方三間であった三重目が、法隆寺の五重目と同じ方二間を延宝六年（一六七八）に改造したものと判明したことで、修理では旧形に復原された。両者の比較はこのため様式面だけでなく技術面でも可能となったが、その主な点は次のとおりである。

一　法起寺三重塔の平面寸法は法隆寺五重塔の初重・三重・五重目を写して計画された(9)。

二　心礎は基壇上面にあって法隆寺の地下式に比べ新しく、白鳳前期には浅い地下式の例が多い点からみて、天武十四年（六八八五）の着工とするのはやや早すぎる。文武二年（六九八）に構作がほぼ終った藤原京薬師寺が東西両塔とも地上式であり、これを前後する時期であろう。

三　初重の頭貫が法隆寺に比べて太く、(10)法隆寺では二重以上は頭貫がなく外部から台輪に見せかける材を付けただけなのに対して、ここでは二・三重とも頭貫・台輪を用いる。薬師寺東塔がこの形式で構造上強化されているが、その分若干の年代差がある。

太田博太郎の「金堂の建立着手は天智九年火災後まもなくで、五重塔も天武朝末年には着工されていたと考えてよいのではなかろうか」という説(11)も以上のことを踏まえたものである。

Ⅳ　金堂と五重塔

金堂の柱は胴張りが最も強く、雲形組物には金堂だけ輪郭に添った渦文が刻まれていて、西院伽藍の中では最初に建てられた建築であることは早くから認められている。福山敏男は金堂と五重塔の様式上の年代差を少なくとも一世代（二〇～三〇年）は隔たるとして、金堂の建立を孝徳朝（六四五～六五四）とする説を提唱した。(12)昭和大修理では前後関係を示す次のようないくつかの事実が発見されたが、その年代差を判定するには至っていない。

一　五重塔の瓦は金堂と同じ型を用いたものであるが、その両端を切って使っている。

二　壁画も同形同大で、五重塔は壁が小さくなった分だけ絵の周囲を切捨てている。

三　裳階の屋根板は金堂が上板のみ鎬付きとするのに対して、塔は上下両板とも鎬と両脇に耳を作り出し、一歩進んだ形式となっている。

このようになかなか決め手は見出せないが、注目されるのは金堂の基壇や礎石の形式・工法がやや特殊で、塔とはかなり異なる状況のもとに造営されたことが推察できる点である。(13)

一　金堂の基壇は基底部が北から南へ下る地山で北では現地表面より約一尺高く、傾斜地に版築で土壇を築いたあと周辺を削平して、凝灰岩切石を積んだことがわかる。

二　金堂基壇の羽目石は一枚石が数箇所あるほか、大半は上下二段積みの異例な形式によって造られていたが、当初からのものと認められた。塔はすべて一枚石である。

三　金堂の礎石は上面に円柱座の造り出しをもつもの、同柱座を削りとったもの、柱座のないものが混在して用いられており、柱座のあるものも旧表面は削られている。他から転用されたことが明らかにわかる。一方、塔はすべて立派な円柱座の造り出しをもち、地覆座もつく。

四　使用されている木材も、金堂では雲形組物の屋内部分の端には筏組の目途穴が残っていて、材料を目一杯に用いたことを示すのに対して、塔ではそれがない。塔の雲斗栱は初重以上の隅行と四・五重のすべてが力肘木と一木で作られていて、全部別木とする金堂より強化が図られているが、それだけの大材が得られたのも、木材供給の面で金堂より余裕があったことを示している。

こうした造営事情の差から、私は金堂がいかにも忽卒の間に着手したのに対して、塔には工事前の十分な用意が感じられ、両者の着工年次にはかなりの開きが考えられるとした(14)。金堂焼失後の修理工事責任者となった竹島卓一も「何らかの事情でまず金堂だけ独立して建てた。その時は現在より高い別の地盤面を設定していたが、その後五重塔などを建て加えて伽藍を整備することになり、現地盤面に切下げたと考えるのが自然であろう」としている(15)。この場合、金堂基壇は当初かなり低い形式で計画され、それを高くしたために羽目石が二段積みとなった可能性も指摘している。

Ⅴ　山田寺金堂と法隆寺様式

一九七八年山田寺金堂跡が発掘され、特異な礎石配置が明らかになった(16)。それは身舎が三間×二間、庇も三間×二間という平面で、側柱通りには身舎の柱筋の延長上に通常であれば必ず立つ柱がない。そのことから組物も柱通りと直角なものばかりでなく、斜めに挺出する箇所があった構法が推測され、法隆寺の玉虫厨子との共通点が浮び上った。周知のように玉虫厨子は桁行を三間に分け、その中央間両脇の雲形組物は八字形に前方へ開いて挺出している。これは壁面に直角に差し出すと出桁の支点が隅で広がり過ぎ、構造上きわめて弱くなるのを防ぐためで、斜めに出した結果支点が出桁をちょうど三等分する位置になった。法隆寺様式の雲形組物は隅では隅行方向にしか挺出しないため、この欠点はいつもまぬがれることができず、そのため金堂以下実際の建物では隅の間を狭くしてその補いとしている。

玉虫厨子のような斜めの組物は工芸品だから許されることで、実際の建物にはないとする説が早くから流布されていたが、私は雲形組物が天秤式である以上、建物でも斜行斗栱があり得ると確信していた。[17]同時に丸垂木・丸桁・錣葺屋根、行基葺瓦、大斗上の通肘木などの諸要素からみて、玉虫厨子は金堂より一段古い様式と考えた。[18]山田寺金堂は垂木先瓦によって丸垂木であったことがわかり、その配列も中国式に扇垂木と想定される。七世紀中ごろの四天王寺講堂では発掘で扇垂木が確認されている。今まで法隆寺様式の最大の特徴となる雲形組物が、国内では何時まで遡るものか全く手がかりがなかったが、山田寺金堂が建立された皇極二年（六四三）には、同系の構法が用いられていたことが明らかになったのである。

一九八六年の講演でもう一つ年代の目安としたのは五重塔の心柱の年輪年代である。これは私と同じ研究所の光谷拓実の研究によるもので、昭和大修理の際、腐朽のため切断した円盤状保存古材を測定したところ、三五一年分の年輪があって最も外側は五九一年と判明した。[19]心柱が五九一年以前には遡らぬことがわかったに過ぎず、五重塔が七世紀後半に建立された点からすれば至極当然のことではあるが、通常こうした長大な木材は原木を最大限に利用するので、その仮定に立つと次のようなことが考えられる。すなわち木材は原木のまわりの白太（辺材）を捨て中の赤味の堅い部分を使用するが、その辺材部分は五三±一七というのが平均的数値である。多めに見ても七〇年から八〇年程度となり、もしその分を捨てたとすれば原木の時の心柱は六七〇年前後の年輪をもっていたことになる。そのころ伐採されたわけである。あくまでも仮定の話であるが一応の目安にはなろう。そして塔の着工が七一一年からは大幅に遡る可能性を示唆した浅野の指摘が思い起される。

Ⅵ　発想の転換

法起寺三重塔から法隆寺五重塔、同金堂と、ある程度の年代差を想定しながら建立年次を遡ってゆくと、天智九年とする火災時期を疑いたくなるという説は、建築史家の間では早くから出ている。福山敏男の皇極二年（六四三）火災説はその一例である。[20]一方、法隆寺式伽藍配置のように金堂と塔が東西に並立するのは、天智朝から始まって白鳳期に流行した形式であることは、古代寺院跡の発掘例が証明している。また金堂の壁画や天井彩色・落書を持統朝か、おそくとも文武朝初め頃と見るのも、美術史家のほぼ定説となっている。[21]「資財帳」に持統七年（六九三）仁王会が行われて天蓋の施入があり、翌八年に金光明経の施入があったことを記すのも、このころ金堂だけは完成していたことをうかがわせる。建築面からの問題点は既に記したが、金堂の中央本尊が何故聖徳太子の為に造立した釈迦三尊像なのかの謎もある。また『聖徳太子伝補闕記』には「斑鳩寺被災の後、衆人寺地を定むるをえず」という不思議な話を伝えている。

これらを全部連結しようというのが私の新再建論である。まず釈迦三尊像は元来斑鳩宮に祀ってあったと想定する。皇極二年（六四三）に蘇我入鹿によって焼打ちされた斑鳩宮の跡からは、西院伽藍所用の忍冬唐草文と同系で最も古い形式の瓦が出土する。宮殿に瓦を用いる例が藤原宮以前には見当らない点からすると、太子の没後その一部が仏堂に変えられ、そこに釈迦三尊像を祀った可能性は充分に考えられる。近年その台座が住宅風の建築の古材を転用して作られたことが発見され、古材に記す墨書の辛巳年が推古二十九年（六二一）と推定されたことも、斑鳩宮との縁を感じさせる。(22)

現金堂は斑鳩宮の火災から救出された釈迦三尊像を安置すべく、若草伽藍西北方の高台に建立された。若草伽藍を囲む棚列は現聖霊院南の鏡池中央附近が西北隅に当り、西院伽藍の中心部である回廊一郭は完全にその寺地外となる。しかし大講堂背後には瓦窯らしい遺跡があり、もともと斑鳩寺の付属地であった。(23)再建の原資には大化四年（六四八）に施入された食封三百戸があてられた。「資財帳」は「許世徳陀高臣宣命納賜」としている。巨勢徳太古は入鹿の命をうけて斑鳩宮を焼打ちした張本人で、食封施入の翌大化五年から約十年間、左大臣となっている。斑鳩宮襲撃には軽王（のちの孝徳天皇）も関与しており、この施入に贖罪の意図が感じられる点は早くから歴史家の指摘するところで、上宮王家滅亡後の斑鳩寺の経済的な大きな支えとなったことは疑いない。そして当面する問題は救出した釈迦三尊像の安置場所である。しかし施入をうけた斑鳩寺としても壇越一族を殺害した人間の願いは素直に受け入れ難い。それが「寺地を定むるをえず」となってかなり長期間空費し、斉明朝（六五五〜六六一）あたりになって現金堂を着工したのではなかろうか。

現金堂の造営については古い礎石の転用を、大急ぎのためとするより、釈迦像を祀っていた前身堂の由緒を伝えたものとみたい。柱座の大きさからすると現堂より細い柱と推定される。(24)同時にこれは経済的にはゆとりが少なかったことを示し、着工したもののなかなか完成しない。そこへ天智九年の火災があって斑鳩寺（若草伽藍）は焼失した。本来ならばその焼跡に再建するのだが、既に現金堂は形が整いつつあった。それで寺をここへ移すことになり、地盤を切下げて新伽藍地を拓き、当時流行の堂塔並立配置を採用して、五重塔を金堂の西に造りはじめた。金堂は完成に近づくが天武八年（六七九）に三〇年の期限がきた食封が停止され、五重塔は造りかけで中断してしまった。五重塔の柱の風蝕や心柱根元の腐朽はこれで説明できそうである。金堂はその後持統七・八年ころまでに内部の荘厳を含めてすべて完成し、五重塔は長い中断のあと仏壇や須弥山を改造し、扉・壁・天井などの造作を施し、裳階も取付けて和銅四年（七一一）には竣工した。西回廊中央附近には金堂・塔の金具類を鋳造した工房の跡とみられるものがあり、最後に版築による敷地拡張を行って回廊が建立された[25]。従来から若草伽藍や斑鳩宮と現西院伽藍はやや方位が異なる点が指摘されているが、西院伽藍の方位は地勢に順応している点に最大の特性があり、殊に出発が金堂一棟のためとすれば、両者が同時存在したことを否定する理由にはならない。

註

（1）鈴木嘉吉「法隆寺金堂と斑鳩宮」（伊珂留我6）一九八六年、小学館
（2）同「東室」（奈良六大寺大観一）一九七二年。岩波書店
（3）『法隆寺防災工事発掘調査報告書』一九八五年、法隆寺
（4）鈴木嘉吉「法隆寺の建築」（原色日本の美術二）一九六六年、小学館、本書第一編の一
（5）浅野清『法隆寺建築綜観』一九五三年、便利堂
（6）『国宝法隆寺五重塔修理工事報告書』一九五五年
（7）会津八一「法起寺塔婆露盤銘考」（東洋学報）一九三一年（『会津八一全集』一、一九八二年、中央公論社所収）
（8）『国宝法起寺三重塔修理工事報告書』一九七五年
（9）法輪寺三重塔は数値が異なり、単位とした一尺の長さが違ったらしい。
（10）初重内部四天柱間の頭貫は法隆寺と同様に細く、側廻りだけ太い。
（11）太田博太郎「法隆寺の歴史」（奈良六大寺大観一）前掲
（12）福山敏男「法隆寺の創立」（毎日ライブラリー「日本の美術」）一九五二年
（13）『国宝法隆寺金堂修理工事報告書』一九五六年

(14) 鈴木嘉吉「金堂」（奈良六大寺大観一）前掲、本書第一編の四
(15) 竹島卓一『法隆寺金堂の諸問題』一九七五年、中央公論美術出版
(16) 「山田寺展図録」一九八一年、奈良国立文化財研究所飛鳥資料館
(17) 前掲註（14）
(18) 鈴木嘉吉「玉虫厨子（構造）」（奈良六大寺大観五）一九七一年、岩波書店（本書第一編の四）
(19) 光谷拓実『年輪に歴史を読む』（奈良国立文化財研究所学報第四八冊）一九九〇年　同朋舎出版
(20) 前掲註（12）
(21) 林良一「金堂旧壁画」（奈良六大寺大観五）前掲
(22) 館野和己「釈迦三尊台座から新発見の墨書銘」（伊珂留我15）、一九九四年
(23) 前掲註（3）
(24) 現金堂は柱座径二・二尺に二・〇尺の柱を立て、全く余裕がない
(25) 前掲註（3）

六　世界最古の木造建築　法隆寺金堂

――最新の研究から――

一　若草伽藍発掘と昭和修理

法隆寺金堂は現存する世界最古の木造建築である。しかしこういわれ始めたのは比較的近年に過ぎない。日本の仏教建築は中国で発達した木造建築の技術が、朝鮮半島の国々を経由して伝えられたもので、崇峻元年（五八八）に造営が始まった飛鳥寺（法興寺）が最初であった。それまで掘立柱で茅葺屋根の建物しか造ってこなかった日本に、この時初めて基壇、礎石、組物、瓦、飾金具や彩色といった高度な技術が導入され、本格的な耐久建築が生まれたのである。法隆寺が日本最古の建築であることは明治二十六年（一八九三）に発表された伊東忠太の論文「法隆寺建築論」でほぼ定まっている。前年まで工科大学（現、東京大学工学部）の学生であった伊東に「法隆寺は仏像や宝物だけでなく建築も古そうだから研究してみたまえ」と岡倉天心が勧めたのだという。このように法隆寺が日本最古となっても仏教建築の源である中国には未だ何があるか判らない。それがようやく明らかになったのは一九六二年に中国で最初の通史書『中国古代建築簡史』が刊行されてからで、中国で最も古い木造建築は唐・建中三年（七八二）の南禅寺大殿（金堂）と公認された。これなら法隆寺のほうが再建非再建説のいずれを採るにせよ確実に古い。以後胸を張って世界最古の看板が掲げられるようになった。

では金堂の建築年代は何時であろうか。よく知られているように明治三十八年（一九〇五）に関野貞が「法隆寺金堂塔婆及び中門非再建論」、平子鐸嶺が「法隆寺草創考」を発表して共に推古朝（五九三～六二八）の建立を主張したのに対して、すぐに喜田貞吉が反論して天智九年（六七〇）火災以後の再建を唱え、年代論争が華々しく始まる。その後多くの学者が加わっていろいろな説が出たが、百年以上を経た現在でも結論に至らないのである。しかしその間に大きな発見が二つあり、議論の的は絞られてきた。若草伽藍の発掘と法隆寺昭和大修理で得られた知見である。表題に「最新の研究」としたが順序としてまずこの二つを述べよう。

若草伽藍の発掘は昭和十四年（一九三九）に塔心礎が寺に返還された機会に行われ、掘込み基壇と呼ぶ地中部分だけの残存であったが、塔と金堂が南北に並ぶ四天王寺式配置の寺があったことが明らかにされた。その中軸線の方位は磁北に対して西に約二〇度傾くが、これは同じ年に解体修理中の東院地下から発掘された斑鳩宮遺跡が、約一二度の傾きを持つのと近似する。また出土する瓦は西院伽藍のような複弁蓮華文軒丸瓦と忍冬唐草文軒平瓦ではなく、古式な単弁蓮華文軒丸瓦と手彫り唐草文軒平瓦である。これらを綜合するとこの遺跡こそ『日本書紀』が天智九年に焼けたことを記す創建の法隆寺に違いないと判断されたのである。この結果非再建説はほぼ全面的な敗北となり、以後は西院伽藍を再建の寺とするのが年代論の出発点となった。但しその中でも火災の年を疑って再建の年代を六七〇年より前に置く説や、天武八年（六七九）に封戸が停止されたのを重くみて、持統朝（六八七〜六九六）にようやく造営されたと考える説などがあって、議論の幅はかなり広い。

一方、昭和大修理でもいくつかの重要な発見があった。特に五重塔で現在四面に塑壁（須弥山）を築き塑像を置く中央の須弥壇が、改造後のものと判明した点が注目される。現在の須弥壇は四天柱外面より約七〇センチ張り出して日乾煉瓦積みで造られているが、当初は柱に直接框を取り付けた木製壇（恐らく漆喰塗）で高さも低く、塑像も中心部だけにあって今は塑壁内に隠れる四天柱が大半は露出していた。このような須弥壇と塑壁では現在のような数多くの塑像を配置できない。「法隆寺伽藍縁起幷流記資財帳」には和銅四年（七一一）に塔本塑像を造ったことが記され、これが現状と考えられるが、須弥壇の改造は心柱の根元の腐朽部を補強する仕事と同時に行われており、この時まで心柱を立ててからかなり長い年月を経たことがわかる。また当初の塑壁は金堂の壁と同じように藤蔓で編んで下地を造るのに、改造後のものは藁縄で、塔の初重の壁も同様とする。その壁や戸口が取り付く柱の表面がひどく風蝕していて、ここでも柱が立ってから長期間放置されていたことが察せられるのであった。

こうしたことから修理工事主任であった浅野清は五重塔の建て始めを少なくとも天武朝（六七二〜六八五）の初めころまで遡らせる必要があるとする（「西院伽藍の年代とその様式」一九七四年）。これには法起寺三重塔が露盤銘に「天武十四年に堂塔を構え立つ」とあってこれが着工の年とみられ、細部を比較するとそれより古い法隆寺五重塔をその前に置くのが、丁度、柱の風蝕や心柱の腐朽が示す年代とも合致する、という考えが下敷きになっているのである。そして金堂と五重塔を比べると明らかに金堂のほうが古いから、天智九年の火災後ただちに金堂に着工したとしても、両者の様式的年代差からすればなお不足が感じられるとする。『上宮聖徳太子伝補闕記』に「斑鳩寺被災の後、衆人寺地を定むるを得ず」とあるけれども、ほとんど時を移さずに新たな寺地の整地を始めて、金堂の建設に着手したのだろうと結ぶのであった。

二　新再建論と年輪年代

若草伽藍の発掘後は、西院伽藍はその火災後の造立と考えるのが一般化する。しかし本当にそうであろうか。その疑問の第一は火災後の再建なら旧位置で行えば簡単なのに、わざわざ少し離れた小高い山裾の地で、かなり大がかりな敷地造成工事を行って、寺地を移転する必要が何故あったのであろうか。特に金堂の基壇を傾斜する地山面に築いた後、周囲を切り下げて平坦な現在の地表面に整地する変則的な工法が行われたのは何故か。第二は金堂の本尊が寺の創立縁起を光背銘にもつ薬師像ではなく、聖徳太子を追悼する為に造られた釈迦三尊像なのはどうしてであろう。この点は既に鎌倉時代の寺僧顕真が不審に思い、元来は薬師像が中の間、釈迦三尊像が東の間にあったのを、釈迦像のほうが大きく立派だから中古に入れ替えたとする説を述べているが、中の間の天蓋と釈迦像の台座が平面的に同寸法であることからみても、最初から現状の姿であったことは間違いない。最近の調査では東の間の天蓋は天福元年（一二三三）に現在のものが架けられるまで、存在しなかった可能性が強くなっている。

こうした疑問を基に昭和六十一年（一九八六）、私は新再建論を提唱した。まず釈迦三尊像は元来斑鳩宮に祀ってあったと想定する。現東院伽藍地下で発掘された斑鳩宮跡からは瓦が出土し、当時は宮殿に瓦を葺くことはなかったから、ここに仏堂が営まれていた証拠となる。太子没後に生前の住いの一部を寺にしたと考えるのである。皇極二年（六四三）に蘇我入鹿によって斑鳩宮は焼打ちに遭うが釈迦像は何とか救い出され、それを祀る仏堂が現金堂の出発点となった。西院伽藍の創建時の瓦である忍冬唐草文軒平瓦の最も古い例が、斑鳩宮にみられるのは、両者の密接な関係を暗示している。新仏堂建設の原資となったのは大化四年（六四八）に施入された食封三〇〇戸で、当事者の巨勢徳陀古は焼打ちの実行犯であり、これが贖罪の意をもつことは既に広く認められている。とはいえ太子の子孫一族を絶滅した張本人の願いは寺として素直に受け入れ難い。それが「寺地を定むるを得ず」となって斉明朝（六五五～六六一）ころに漸く寺域の西北に接する山裾に着工された。しかし既に有力な被護者を失った寺の工事はなかなか進行しない。そのうちに天智九年（六七〇）に本寺の火災が起こり、本来なら旧地で再建するのだが、たまたま傾斜地で造り始めていた仏堂があるので、それを中心に復興することとなって周囲を整地し、新寺地を定めた。この過程で寺の性格が変化するが、或いはその間に「衆人」の迷いや摩擦があったのかもしれない。新伽藍は当時流行の金堂と塔を東西に並立する形式を採用して、西側に五重塔が着工される。五重塔は着工後まもなく天武八年（六七九）の食封停止によって中断を余儀なくされたが金堂は進行し、「資財帳」で天皇から蓋や経台の施入を受けて仁王会が行われたことがわかる持統七年（六九三）までには立派に完成した。翌年の年紀をもつ仏像造立銘には「鵤大寺徳聡法師」とあり、このころには大寺と自称するほど寺が整ってきたことが察せられる。以上が私の新再建論で、要するに金堂が五重塔よりかなり古く、その着工は六七〇年より遡るというのが骨子なのである。

これを発表した後いくつかの新発見があった。まず平成二～三年に行った釈迦三尊像台座の修理では、建築部材を転用したとみられる下座の下框から「辛巳年」の墨書が発見された。辛巳は聖徳太子が没する前年の推古二十九年（六二一）に当たる。部材は扉口の一部と思われ、大きさからすると住宅または倉庫建築のものであったらしい。台座は釈迦三尊像と同時の作とみられているが、本体を造った時近くにあった建物を壊した部材を転用したことが考えられる。それが斑鳩宮の一部であった可能性は高い。第二は平成八～十二年の吉備池廃寺の発掘調査で、金堂と塔が東西に並ぶいわゆる法隆寺式伽藍配置をもつ最古の例が発見され、しかもそれが『日本書紀』に舒明十一年（六三九）創立、皇極元年（六四二）造寺司任命の記事を載せる百済大寺跡とみられることである。百済大寺は日本最初の官寺である。従来この配置は法隆寺が最も古いと考えられたため、それなら当初から金堂と塔は一揃いで計画され、寺地もその観点で選ばれたはず、とする先入観があった。しかし官寺化をめざした新生の寺が先例を真似たものと考えれば、両者に年代差があっても一向に差し支えない。第三は年輪年代で、これは部材の絶対年代が判るだけに実証性が高い。

年輪年代というのは樹木の年輪の幅が寒暖に応じて変化するのを利用して、木材の年代を探る研究方法である。木材が樹皮まで残っていればそれが伐採された年を知ることができる。但し建築の場合は柔らかくて腐り易い周辺の白太部分を落として使うのが普通なので、計測に適した部材が、なかなか得難い。実は私の新再建論はその前年に発表された法隆寺五重塔心柱の年輪年代をヒントに生まれた。昭和修理時に切り取った心柱の標本円盤を計測した結果、年輪数が三五一あって最も外側の年輪が五九一年と判明したのである。檜の白太部分は五三プラスマイナス一七、すなわち多くても七〇年とされている。直径八〇センチもある心柱だから原木の周囲をそれほど大きく落とすはずはない。もし八〇年分を落としても伐採されたのは六七一年となる。いろいろ誤差を考えても六七〇年代には心柱が伐採されて塔の工事が始まったに違いない。それなら金堂の着工は確実に六七〇年より遡るはずだ。これが発想の出発点なのである。心柱についてはその後ソフトX線による再調査で周辺に白太部分が認められ、最外年輪も三層追加されて五九四年となって、これが伐採年代に極めて近いことが発表された。ちょうど飛鳥寺造営のころである。そのためなぜ心柱が古いのかいろいろな解釈が生まれているが、未だ説得力をもつものはない。

この心柱を契機に平成十五～十六年に金堂、五重塔、中門の部材を調査した。総数一〇七点を計測したが、白太が一部でも残存するものは少なく、金堂一五点、五重塔六点、中門二点の計二三点であった。そのうち特に注目されるのは金堂外陣の天井板二点が端に樹皮まで残っていたため、六六七年から六六九年の間の伐採と確定できたことで、他も最外年輪年代が六五〇年から六六一年を下限とするので、金堂の部材は六五〇年代の終わり頃から六六九年までの間に伐採されたことが判明したのである。五重塔は最も年代が下る二重目隅雲肘木が六七三年で、これは伐採年代にごく近く、中門は大体六九〇年代末頃の伐採材とみられた。従来から様式上金堂・塔・中門の順に造営されたと考えられていたが、それが年輪年代で実証されたことになる。同時に金堂だけは六七〇年を遡ることが確実になった。なお年輪の照合で中の間と西の間の天蓋には同一材から採った板が使われており、両天蓋は同一工房で同時期に制作された可能性が高いことが、最近の調査で判明している。但しその年代は六六三年以降とするだけで、確定するには至っていない。また中の間の天蓋は中央の格子天井部分が他より古い可能性があり、天井板には六〇〇年前後の年代を示す材が使われている。

三　造営事情の検証

金堂の造営工事が通常の新築とは異なるやや変則的なものであったことは広く認められている。傾斜地に基壇を築き始め、礎石を他の建物から転用し、基壇の羽目石を二段積みにするなど異色の手法が見られるからである。そのほかにも使用部材に通常なら切り捨てる筏穴が残っていたり、垂木は全部小径木を用いた心持材であるなど、古代建築としては珍しく節約色の濃い木使いをしている。壁の木舞も古材を割り裂いた転用材らしい。このことから現在の金堂は若草伽藍の焼亡後、焼け残った仏像を収納するために、建築資材をかき集めて大急ぎで造営したと考える人が多い。私の新再建論がなかなか認めてもらえなかったり、年輪年代で六七〇年以前に伐採された木材が使われていることが判明しても、どこかに備蓄されていたものを使ったのだろうと、軽く片付けられてしまうのはそのためである。そこで改めて、金堂の造営事情を検証すると、いろいろな問題点が浮かび上がる。

まず礎石については五重塔が高い円柱座を作り出した立派な形式であるのに、金堂は自然石で、そのうち三分の一は明らかに円柱座を削り取った痕をもつ転用材である。石の表面に火災に遭った痕ともみられる赤変や剝離があるので、これは焼損部を除去したと解釈されているが、実際には柱の太さに対して座が小さく、不安定になるのを避けたものと考えたほうがよい。柱径二・一尺に対し柱座径二・三尺で、五重塔が一・六尺の柱に二・五尺の座を作り出すのに比べ大差がある。現在礎石の上面は側柱通りでは、内外から取り付けた地長押で隠されてほとんど見えないが、内陣も今の土築の仏壇は後補で、当初は内陣柱の足元に二重長押を廻らせ内方を床板張りにする低い木製仏壇だったから、四隅の特に大きな礎石以外は全部覆われていた。要するに礎石の外観を気にせず、手に入り易い石が構造上の安定さを保って使えればよかったのである。裳階の礎石も土台で隠されるので、四隅以外は凝灰岩製の石棺の部材を転用している。木の使い方と同様、節約できるところはできるだけ節約したことが判る。なお修理工事中の鑑定では石の性質による赤変、剝離の可能性があり、火災のためとはいえないと結論している。

ところでこれらの礎石を焼失した若草伽藍から転用したとする説は根強い。しかし聖徳太子が建立し、その子の山背大兄王一族が最後に立て籠って滅んだ意義深い歴史をもつ寺の跡を、焼けたからといってすぐに破壊することがあり得るのだろうか。若草伽藍の金堂の基壇の大きさは西院金堂の上成基壇とほぼ同寸法で、それなら建物も同大であったとすると、礎石の円柱座はやはり小さい。先に私は釈迦三尊像を祀る仏堂が斑鳩宮にあったと推定したが、そうしたところからの転用も充分に考えられよう。また「衆人寺地を定むるを得ず」を天智九年火災後のこととすると、焼失した若草伽藍跡に寺の再建を主張する旧寺派と、西方の山裾でかなり造営が進んでいた現金堂を中心に寺を復興しようという新寺派の対立があって、そういう表現が生まれたことが考えられる。そのあとに「故に百済の入師、衆人を率いて葛野の蜂岡寺を造ら令め、川内の高井寺を造ら令む。百済の聞師、円明師、下氷君雑物等三人、合わせて三井寺を造る」と続けるのは、争いに敗れた旧寺派がこれらの寺に移ったことを述べたのであろう。

建物では大壁画を描く初重の軸壁は作り直された可能性が高い。それは壁下地の主要構造材となる間渡が上下七本あるうち、一番上の間渡だけを頭貫下面に穿ったエツリ孔から藤蔓で釣り付けていたからである。軸壁上部の頭貫や繋虹梁の下面にエツリ孔を設けるのは、奈良時代まで行われた古代の壁下地工法で、当然に全部の間渡を釣り付けて壁体を丈夫にする機能をもっている。金堂の場合も当初は通常の壁下地を予定したが、壁画を描くために壁を厚くする必要が生じて間渡を太くした。現在の間渡は成四寸、厚二寸の太い材で両端を細めて柱の枘穴に差し込み楔締めとする。これ自体頗る頑丈で、そのために釣り下げ工法を省略したらしいのである。間渡の最下段三本の間隔が狭く、本来の割付寸法の半分になっているのは、中間の一本がこの省略を補強するため増設されたものと思われる。

一方、柱には壁が取り付く面に突起があって、これは壁を塗ったあと胴膨みの柱の輪郭線が鈍くなったのを、工人の美意識でもう一度両側から柱を削り直して修正した結果生まれたものである。ところが現在の壁厚に対して内部に隠れていた突起の巾はかなり小さく、中塗り前の荒壁の段階で柱を削ったとしてもなお壁土の中に入り込んでしまう。先の壁下地と考え合わせると現在の壁以前にもう少し薄い壁があり、壁画を描く時になって下地から全部作り直したとすれば辻褄が合う。木舞に転用材が混じるのも、食堂（大講堂の前身建物）や東室（僧房）には礎石や柱に転用材が使われていることからみて、さほど不思議なことではない。

なお木材の備蓄説は、飛鳥寺造営の最初の記事が「山に入りて寺の材を取る」とあるように、近世以前はそのつど必要木材を調達してきた建築造営史からみても、到底成り立ち難い。法隆寺金堂は高麗尺で七・五寸×六寸の断面をもつ規格材を用いるが、規格材の使用は奈良時代の建築にもみられ、その太さは建物の格式に応じて定められている。金堂の場合は雲形組物で桁や梁を井籠組にする構法なので、単純に比較できないが、太さからみて最上級建築に属することは間違いない。そうした最上級用の規格材があらかじめ備蓄されるはずはないのである。当時の宮殿や住宅は、未だ掘立柱による伝統構法で造られるのが主流で、こうした建築は横架材をゴヒラ使い*にするのを特色とする。もしこうした材が大量に生産されたとしても、寺院建築と住宅建築では断面形状が異なるから、転用が利かないのである。

金堂の造営事情にはそのほかにも検証すべきことが多い。例えば近年金堂の仏像の中には若草伽藍北方建物から移されたものがある、という説が聞かれるようになった。若草伽藍北面の掘立柱塀は、現在の大宝蔵殿西門を通る東西線になるが、それより北に古瓦の出土する所があって、そこに火災の時にも焼けなかった仏堂があったというのである。しかし未だ遺跡自体は発見されておらず、建物の性格も明らかでない。先に当初の仏壇は低い木製壇であったことを述べたが、柱の足元の蒸れ腐り状況から見て、さほど長くは続かなかったと推定されている。現在の土築の仏壇は江戸時代の元禄修理時に築き直されたものであるが、鎌倉時代の『聖徳太子伝私記』に「仏壇は土壇なり、石灰を漆る」とあって、古くからほぼ現在と同じ形状であった。とすると周囲の軸壁を作り直して壁画を描くのと、仏壇の木製から土壇への改造が、関連した同時期の仕事であった可能性が高い。それは堂内の荘厳を整えて寺の格式を高めるためではなかろうか。そうした過程で堂内の仏像が増加充実することもあり得よう。想像をめぐらすと限りがないが、金堂は未だ多くの謎を秘めているのである。

＊建築用語

仏教建築が入ってから横架材は□（縦長）の形で使い、断面が幅一対成一・二～一・三となるが、ゴヒラ使いは□（横長）の形で断面が成一対幅一・五～二・〇になっている。

七　西院伽藍の造営と金堂壁画

一　建築年代論の推移

明治二十六年、伊東忠太は『法隆寺建築論』を発表して西院伽藍の金堂・五重塔・中門・回廊が日本で最も古い建築であることを明らかにした。(1)これが実測と調査によって建築の意匠や構造を研究し、その歴史的価値を探る科学的な建築史研究の日本における第一歩である。いわば法隆寺は日本の建築史の原点であり、これなくしては建築の歴史を語れない存在なのである。ところがその建立年代を特定した論文は意外に少ない。それは伊東が法隆寺様式を「推古式」と規定し、薬師寺東塔以降の建築を「天智式」「天平式」に位置づけたことから始まる。「推古式」は中国の漢・魏の古い様式が朝鮮半島を経由して日本に伝わったものとしながら、法隆寺建築の正確な年代については態度を保留している。どうもこれは早く明治二十年ころから石上神社宮司の菅政友が寺の伝える聖徳太子建立説に疑問を呈し、(2)同二十三年には歴史家の黒川真頼が再建説を唱えたのが大きく影響しているらしい。(3)再建説というのは『日本書紀』天智九年（六七〇）四月の記事に「夜半之後に法隆寺に災けり。一屋も余ること無し。大雨ふり、雷震る」とあるから、現在の伽藍はその後の再建だとするものである。『七大寺年表』や『伊呂波字類抄』に和銅年間（七〇八―七一五）に「法隆寺を造る」とあるのがその年次を示すとする。伊東は法隆寺様式の古さを力説しながら、その実年代はまた別の問題だとしたのである。

これに敢然として立ち向かったのが明治三十八年に関野貞が発表した「法隆寺金堂塔婆及中門非再建論」である。(4)時を同じくして美術史家の平子鐸嶺が「法隆寺草創考」で非再建説を主張し、(5)反対する喜田貞吉は再建の筆陣を張った。(6)いわゆる法隆寺再建非再建論争の始まりである。関野の非再建論の中心は建築を造る時に用いた尺度の問題で、天平時代の建築は現在の矩尺の〇・九八尺に当たる唐尺で計算すると、柱間寸法が一〇尺とか一五尺といった完数になるのに対して、法隆寺の建築はその一・二倍の一・一七六尺に当る高麗尺で完数値が得られることを多くの実例で証明した。そして飛鳥時代には高麗尺を常用していたが、大化改新（六四六）以後、唐制にならって唐の大尺を用いるようになったものであり、高麗尺で計画された金堂・塔婆・中門は明らかに大化以前の建築だというのである。きわめて明快かつ科学的な論旨である。そのため学会の大勢は非再建論に傾いたのであったが、法制史家の三浦周行が、大化改新で尺度が変わったというのは、江戸時代に荷田在満が言い出した一つの仮説で確定のものではない、と指摘した[7]ため再建論者は息を吹き返し、以後はいわば水掛け論になっていった。ただし関野はその後も大正十一年に法隆寺建築の細部、たとえば大斗や巻斗の寸法、通肘木や出桁・尾垂木などの断面寸法がいずれも高麗尺で完数となることを発表して非再建説を補強している。[8]

昭和に入ると二寺説があらわれる。その最初も関野の非再建説の延長で、昭和二年関野はその前年に発見された五重塔心柱下の空洞に触発されて、以前見たことがある若草伽藍心礎を想い出したとして、新説を述べた。[9]それは聖徳太子の薨去後造られた釈迦三尊像を本尊として若草伽藍が営まれたが天智九年（六七〇）に焼失し、幸いに取出した本尊はいまの法隆寺金堂に安置されたとするもので、一方で火災を認めながら逆に現伽藍が非再建であることを強調したのである。若草伽藍塔心礎は江戸時代中期の『古今一陽集』に図（図83）が載るが、明治中期に近くの北畠治房邸内に引き込まれ、大正四年には神戸市東灘区住吉の久原房之助別邸に売却移動されていた。関野は五重塔心柱下の空洞の調査によって若草塔も同じ手法であることを知ったという。おそらく断面八角形の心柱の四面に添木を打つ形式の相似によるものであろう。二寺説は早く明治三十三年に北畠治房が唱えている。[10]それは法隆寺と斑鳩寺を別寺とみなすもので、若草伽藍が斑鳩寺であって推古三十一年（六二三）に造られた釈迦三尊像を本尊とし、天智八年（六六九）に焼失したとする。『日本書紀』に火災の記事が天智八年と九年の二回記されるのを利用した説で、その後ほとんど顧みられなかったのであるが、関野によって実証的な検討対象となった。ただし久原邸に移された心礎の上面には十三重石塔が据えられ、もう一度心柱穴を確認したいと訪れた関野もそれを見ることはできなかったのである。

こうした関野の二寺説を巧みにすり替えたのが足立康である。足立説は、１　用明天皇のための薬師如来像を本尊として推古天皇のとき建てた法隆寺は天智九年に全焼した。これが若草伽藍跡である。２　聖徳太子等身の釈迦三尊像を本尊としてその薨去後、飛鳥時代末期に太子のため造営されたのが現在の西院伽藍である。というもので、法隆寺新非再建論と名付けて昭和十四年に発表した。[11]これはまた釈迦堂一郭説とも呼ばれるが、本寺（若草伽藍）の西北の小高い浄地に釈迦像を祀るいまの金堂がまず建てられ、かなり

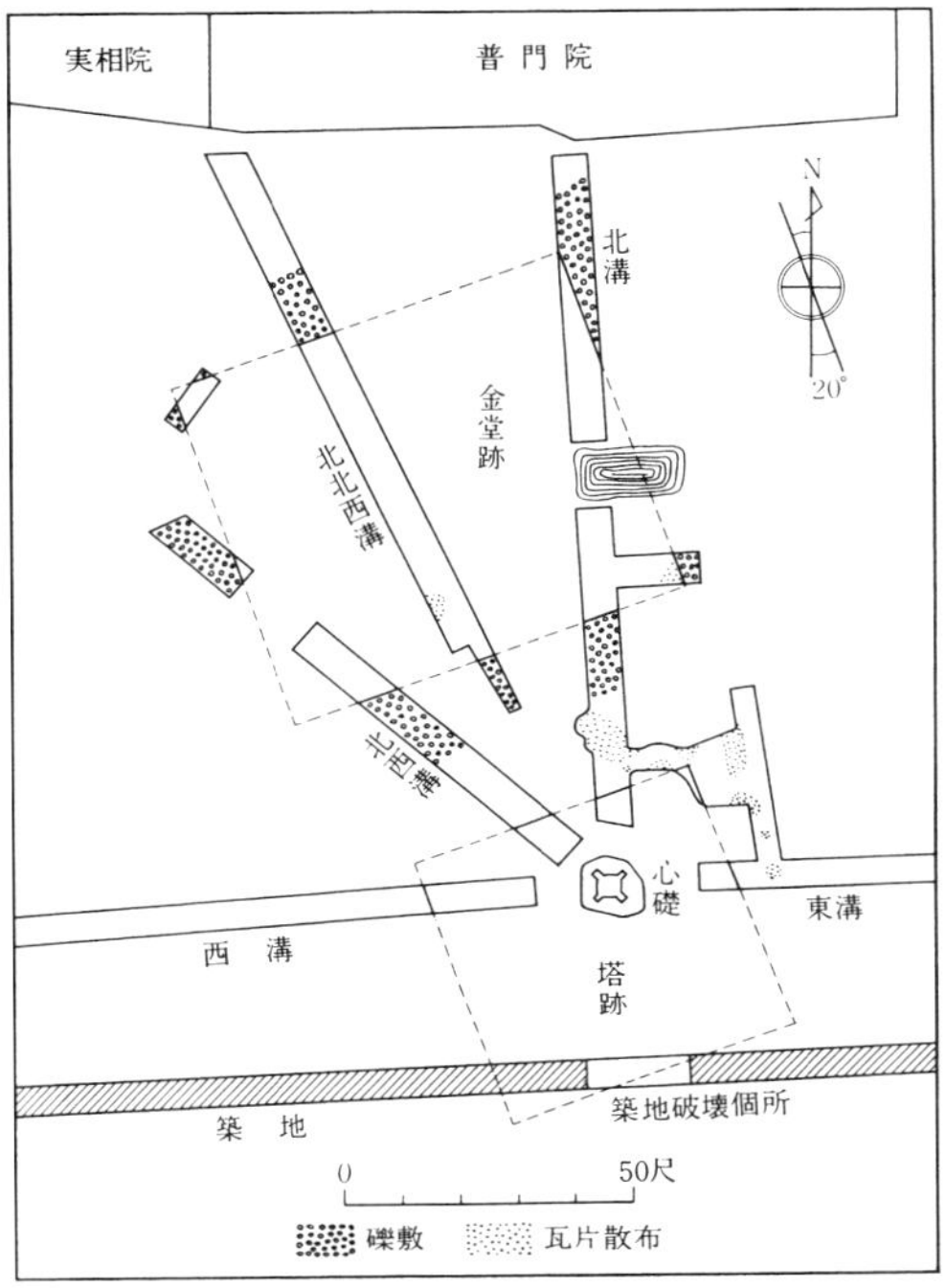

84　若草伽藍発掘図（石田茂作原図による）

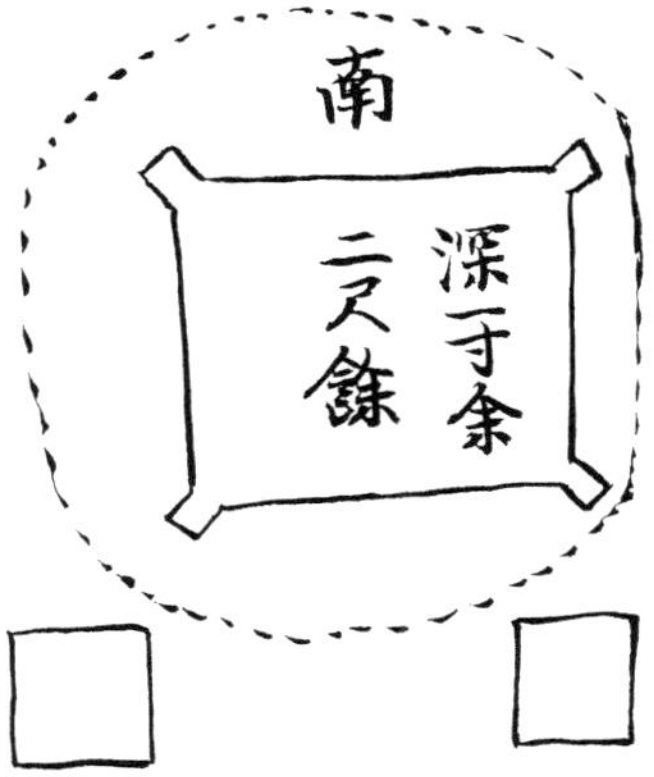

83　若草伽藍塔心礎
（『古今一陽集』より）

後れて五重塔や中門が造られたとして、造営年代に幅をもたせているのが注目される。「五重塔は飛鳥末期から白鳳初期か」とするのは、おそらく心礎の舎利孔内から発見された海獣葡萄鏡や西院伽藍から出土する瓦を白鳳期とみる説が有力となったためであろう。しかし今の法隆寺伽藍は飛鳥時代の創設とする立場は揺らいでいない。同じ年に福山敏男は金堂内の天蓋と須弥座の様式分析から、これらが天智期を遡り孝徳朝か、むしろそれ以前のものであり、金堂の建立年代もそれに近いと述べている[12]。福山はそれ以前には薬師像や釈迦像の光背の銘文を鋭く批判し、それがいずれも推古朝より後のもので、金堂も天智火災後の再建としていたのであったが[13]、ここにきて変説したのである。

足立説をめぐって再び論争が起こり、ちょうど明治三十八年の最初の時と同じような立ち会い演説会も開かれるなど、学界は大きく賑わったのであったが突然に終息する。それはこの年（昭和十四年）十二月に若草伽藍跡の発掘調査が行われたからである。二寺説への注目度とともに若草伽藍旧心礎への関心が高まり、仲介する人もあって心礎は寺へ戻されることとなった。そして旧位置と思われる場所に据えたあと周囲を発掘したのである。発掘の結果、掘込み基壇と呼ぶ地下部分だけの残存であったが、塔と金堂が南北に並ぶ四天王寺式伽藍配置の寺があったことが明らかにされた（図84）。塔や金堂の規模は今の西院伽藍の建築とほぼ等

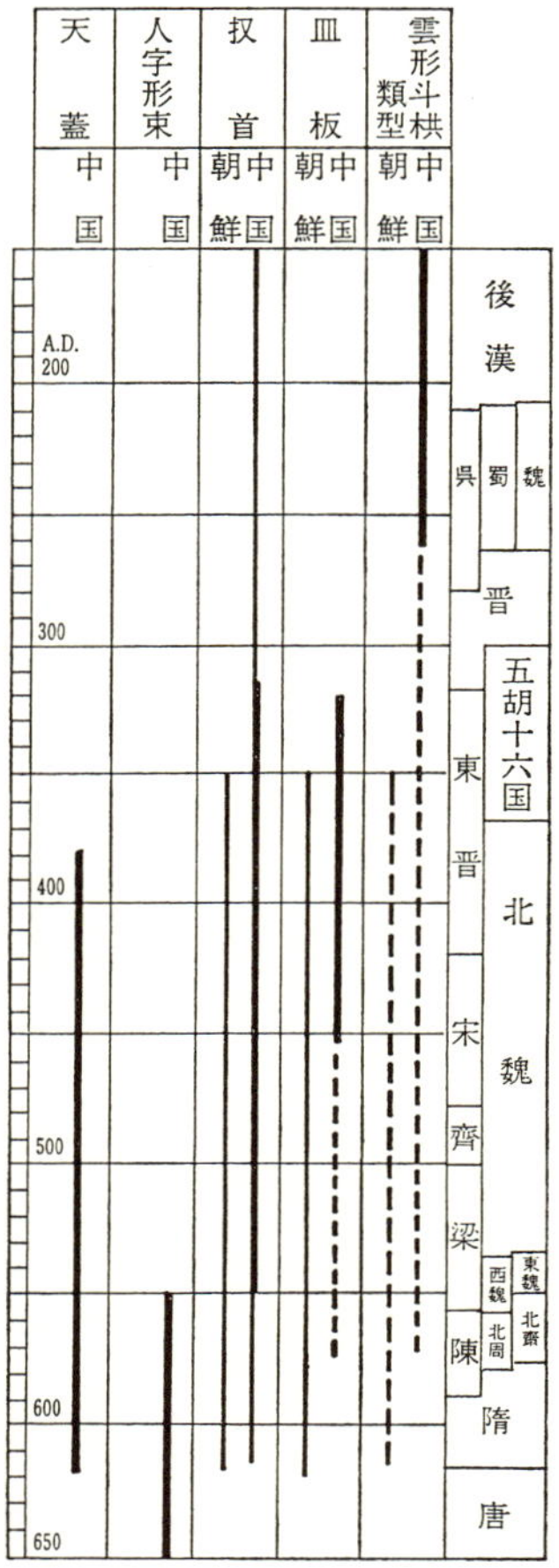

85　建築様式の比較
（村田治郎による）

しい。その中軸線の方位は磁北に対して西に約二〇度傾くが、これは同じ年に解体修理中の東院伝法堂・舎利殿絵殿の地下から発掘された斑鳩宮遺跡が、西約一二度傾きをもつのと近似する。また出土する瓦は西院伽藍のような複弁蓮華文軒平瓦と忍冬唐草文軒平瓦の組合わせではなく、古式な単弁蓮華文軒丸瓦と手彫り銀杏唐草文軒平瓦である。これらを綜合するとこの遺跡こそ天智九年に焼けた創建の法隆寺にちがいないと判断された。と同時に西約三度の傾きをもつ西院伽藍が同じ寺の中で共存するはずがないとして、足立説も否定されてしまった。この結果、非再建説はほぼ全面的な敗北となり、以後は西院伽藍を再建の寺とするのが年代論の出発点となった。ただしその中でも建築史家は法隆寺様式の古さをなかなか捨てきれない。福山はその後も火災の年代を疑い、天智九年ではなく皇極二年（六四三）とすると、孝徳朝ころの再建が考えられて、様式上もよく合うと主張した。(14) 皇極二年は蘇我入鹿が山背大兄皇子を襲い、斑鳩宮を焼いた年である。

こうした様式論では昭和二十一年に村田治郎が発表した「支那建築史より見たる法隆寺系建築様式の年代」(15)が従来の見方を変えるものとなった(17)（図85）。法隆寺建築の細部意匠の起源を中国・朝鮮に求め、雲形斗栱は中国の漢・魏などに用いた双斗系の持送りを源流とする古い様式である一方、反りのある人字形束（蟇股）は唐代まで使われた比較的新しい様式である。したがって中国で現在のような法隆寺様式が存在したとは考えられず日本で形成されたとするのである。この時は直接西院伽藍の造営年代にはふれていないが、後に唐代の様式まで含むのだから法隆寺建築は飛鳥様式ではなく白鳳様式で、天智九年の火災後の再建とするのが妥当だとしている。(16)

法隆寺昭和大修理事業で五重塔の解体修理が昭和二十七年に完了すると、金堂が同二十九年に完了すると、以後はその工事中に判明した技術的な問題が建築年代考察の基礎となる。残念ながらどちらの建物からも直接に年代を示す資料は得られなかったが、たとえば五重塔の

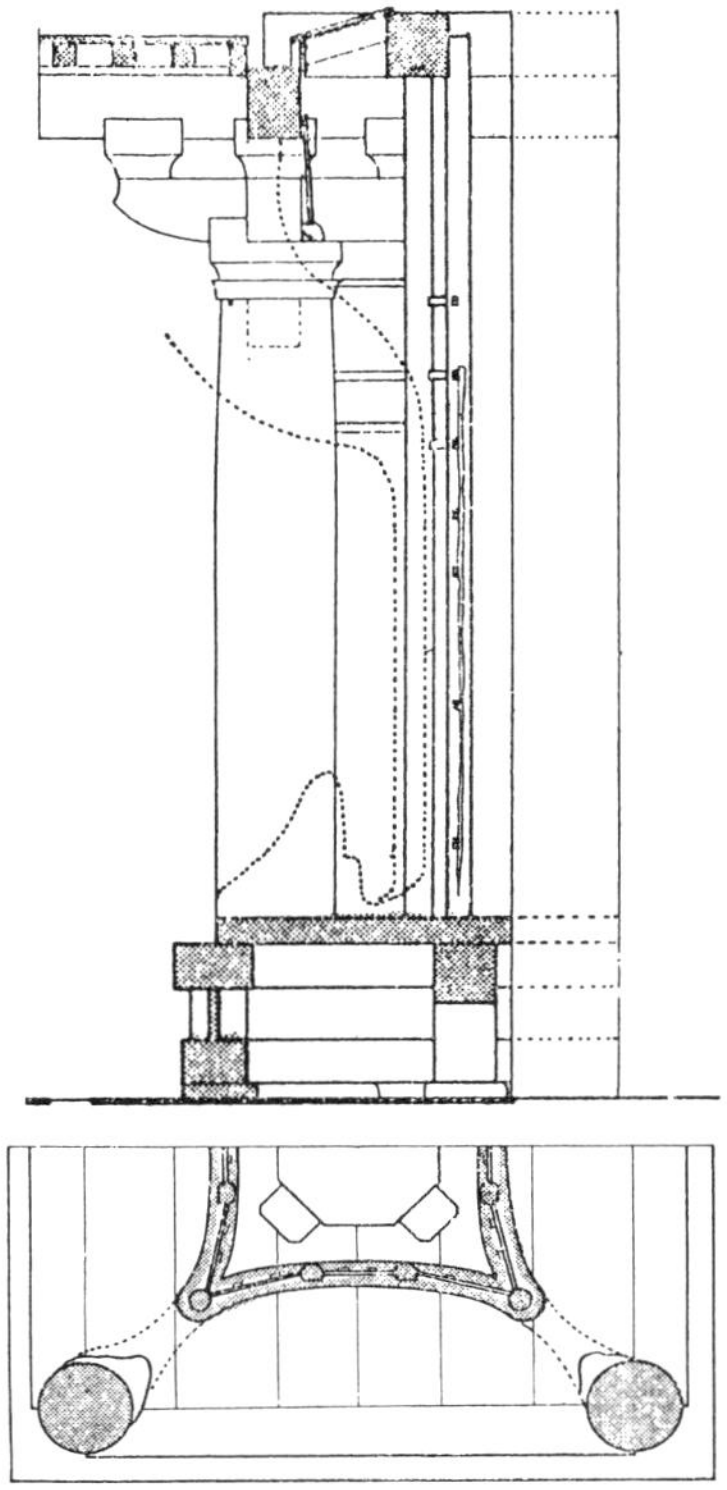

86　五重塔須弥山復原図（当初）

内部にも元は壁画があって、それは金堂小壁の菩薩像の転写である、などの新発見があって、両者の年代差を実際のモノによって比較できるようになった。そうした新知見のうち最も重視されたのが、五重塔の須弥壇と須弥山の改造問題である。現在の須弥壇は四天柱外面より約七〇センチメートル張り出して日乾煉瓦積みで造られているが、当初は柱に直接取付けた木製壇（おそらくは漆喰塗り）で高さも低かった。須弥山も始めは中心部分だけにあって、今は塑壁で隠されている四天柱が大半は露出していたことが判明したのである[17]（図86）。このように狭く小さな須弥壇や須弥山では、現在みるような数多くの塑像は配置できない。「法隆寺伽藍縁起并流記資財帳」（以下「資財帳」という）には和銅四年（七一一）に塔本塑像を造ったことが記され、これが現状と考えられるので、こうした改造はその準備のためと判断された。さらに興味深いのはこの改造が心柱の根元の腐朽部を補強する仕事と同時に行われたことである。心柱は地中約三メートルの心礎から掘立式に立てられているが、その地表面境が腐ったため周囲から板石を差し込み、全体で地表面上に据えられた礎石のように見せていた。しかしその下の木部が完全に腐って空洞となったため、これらの板石は周壁から空洞内に迫り出して、半分宙に浮いていたのである。こうした工事は木製須弥壇を取払って日乾煉瓦壇を作る時にしかできない。むしろその時心柱の根元の腐朽に気付いたので補強したと考えられる。とすると心柱は立ててから和銅までにかなり長い年月を経たことが想像される。中心部に残る当初の須弥山の壁木舞は金堂の壁と同様に藤蔓で編むのに、改造後は藁縄が用いられていて、これは塔の初重の壁と等しい。その壁や扉が取付く柱の表面がひどく風蝕していて、ここでも柱が立ってから長期間放置されていたことが察せられた。修理工事を担当した浅野清はこれらを基に、塔の建立着手は和銅四年を遡ること、少なくとも数十年をみる必要があろうと述べている[18]。

　五重塔の建立年代についてはもう一つの指標がある。それは同じ建築様式をもつ法起寺三重塔との比較で、両者は初重の平面の規模が等しいばかりでな

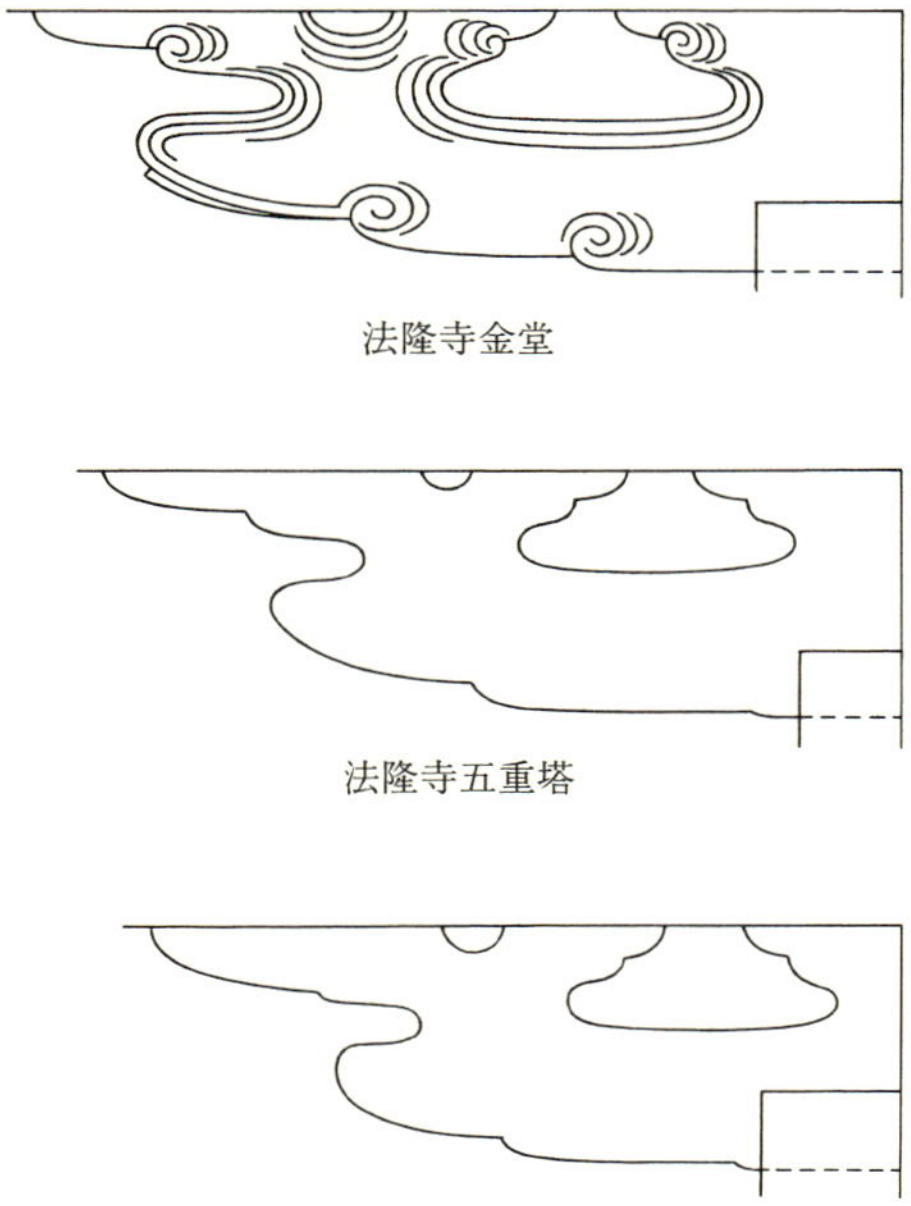

87　雲斗栱比較図

く、法起寺塔の二重と三重は法隆寺塔の三重と五重に等しい。いわば法隆寺塔の二重目と四重目をダルマ落として省略したのが法起寺塔であり、前者を真似たとみられるのである。細部をみても法起寺塔は心礎が地表に据えられていて、これは天武九年（六八〇）に創立された薬師寺から始まる新しい形式であり、各重に台輪を用いて構造を強化するのもおそらく同様と思われる。ちなみに法隆寺塔は初重には台輪を用いるが、二重以上は長押で台輪のようにみせかけている。法起寺は『太子伝私記』に伝える塔の露盤銘によると、舒明十年（六三八）本尊弥勒像を造って金堂を建て、天武十四年（六八五）に堂塔を構立して慶雲三年（七〇六）に露盤を載せたことがわかる。天武十四年を起工または計画着手の年とみれば、法隆寺塔の着工はこれを降らないとしてよいであろう。

こうした知見を基に太田博太郎は昭和四十七年に刊行された『奈良六大寺大観』（第一巻　法隆寺一）[19]で、金堂は天智九年の火災後間もなく建立に着手し、五重塔も天武朝末年には着工されたと総括した。文献的にみると、「資財帳」に持統七年（六九三）天皇から天蓋や経台が施入されて仁王会が行われ、翌八年には金光明経も施入されたことを記すから、この頃には少なくとも金堂くらいは完成していただろうと考えるのである。これが明治以降ほぼ百年間にわたる建立年代論の建築史家側の着地点といってよいであろう。しかし浅野はその二年後刊行の『法隆寺　西院伽藍』（奈良の寺一）[20]で、金堂と塔の細部を比較しながらかなりの年代差があることを指摘し（図87）、塔の着工が心柱の腐朽や柱の風蝕からみて天武朝初期を下らない以上、金堂は天智九年火災後すぐに着工したとしても年数が不足するから、火災の年次を疑いたいと述べている。法隆寺様式、ことに金堂のもつ古様さと力強さは建築史家の心を捉えていつまでも離れないのである。

二　新再建論と年輪年代

若草伽藍跡の発掘後は西院伽藍をその火災後の造営と考えるのが当たり前のようになる。しかし本当にそうであろうか。その疑問の第一は火災後の再建なら旧位置で行えば簡単なのに、なぜわざわざ西北の小高い山裾の地に寺を移したのであろう。昭和三十二年から行った東室の修理で元来ここには南北に走る谷があり、それを埋め立てて東室を建てたことが判明した。さらに昭和五十三―五十八年の防災施設工事にともなう発掘調査では、創建の西室（西回廊のすぐ西方。現三経院西室は鎌倉時代再建時に西へ移動した）も同様であり、東西回廊も地山から外れた部分を版築で補って平坦面としたことがわかった。すなわち西院伽藍の敷地は元来、両側に谷がある巾の狭い尾根筋を削り、谷を埋め立てて造成されているのである。このような大規模な整地工事を行ってまで、別の場所に寺を移す必要がなぜあったのであろうか。

敷地造成の点ではまた、金堂の基壇を傾斜した地山面に築いた後、周囲を切り下げて現在の地表面とした工程の不自然さも指摘される。この点について罹災後の金堂修復工事を指揮した竹島卓一は「何らかの事情でまず金堂だけを独立して建てた。その時は現在より高い地盤を設定していたのだが、後に五重塔などを建て加えて伽藍を整備することになり、地形の関係で現在の地盤面に切り下げた、と考えた方が自然のような気がする」と述べている。[21]

疑問の第二は金堂の中央本尊が寺の創立縁起を光背銘にもつ薬師如来像ではなく、聖徳太子追善のための釈迦三尊像なのはなぜか、という問題である。この点はすでに鎌倉時代の寺僧顕真が不審を抱き、元来は薬師像が中の間、釈迦三尊像が東の間にあったのを、釈迦像の方が大きく立派だから中古に入れ替えたという説を述べている。しかし中の間の天蓋と釈迦像の台座が平面的に同寸法であることからみても、最初から現状の姿であったことはまちがいない。

こうした疑問をもとに昭和六十一年、私は以下のような新再建論を提唱した。[22]まず釈迦三尊像は元来斑鳩宮に祀ってあったと想定する。現東院伽藍の地下から発掘された斑鳩宮跡からは瓦が出土するが、当時は宮殿に瓦を葺くことはなかったから、これは仏堂が営まれていたことの証となる。太子没後に生前の住まいの一部を寺に改め、そこに釈迦像を安置していた可能性は高い。皇極二年

88　出土軒平瓦　斑鳩宮跡（上）法隆寺西院（下）

（六四三）蘇我入鹿によって斑鳩宮は焼き討ちされるが釈迦像は幸いに救い出され、それを祀るべく斑鳩寺（若草伽藍）の西北方の高台に新仏堂を建設した。これが現金堂の出発点になったと考えるのである。西院伽藍の創建時に用いた忍冬唐草文軒平瓦の最も古い例が斑鳩宮出土瓦であるのは、両者の密接な関係を暗示している（図88）。なお若草伽藍の寺地を囲む柵列の西北隅は現聖霊院南方の鏡池中央付近にあって、西院伽藍の中心部はその外になっている。しかし大講堂の背後には瓦窯跡があって、もともとここは斑鳩寺の付属地だったらしいのである。

新仏堂建設の原資には大化四年（六四八）に施入された食封三百戸があてられた。「資財帳」はこれを「許世徳陀高臣に宣命して入れ賜る」と記すが、巨勢徳太古は入鹿の命をうけて斑鳩宮を襲撃した当事者であり、施入が贖罪の意図を含む点は早くから歴史家が指摘している。とはいえ太子の子孫一族を絶滅した張本人の願いは寺としても素直に受け入れ難い。それが「寺地を定るを得ず」となって斉明朝（六五五―六六一）ころにようやく寺域の西北に接する高台に着工された。しかしすでに有力な庇護者を失った寺の工事はなかなか進行しない。そのうちに天智九年（六七〇）に本寺の火災が起こり、本来なら旧地で再建するのだが、すでに新仏堂の形が整いつつあったのでそれを中心に復興することとなった。地盤を切り下げて新伽藍地を拓き、当時流行の金堂と塔を並立させる配置を採用して西側に五重塔が着工される。五重塔は着工後間もなく天武八年（六七九）の食封停止によって中断を余儀なくされたが金堂は進行し、天皇から天蓋や経台が施入されて仁王会が行われた持統七年（六九三）までには立派に完成した。これが新再建論の筋書きで、要するに金堂の着工は五重塔よりかなり古く、斉明朝ころまで遡ることをいいたかったのである。

このように金堂の造営年代についてはそれ自体からの手掛かりがなく、五重塔との比較で考えるのが従来のやりかたであったが、近年まったく新しい研究手法があらわれた。それが年輪年代調査法である。年輪年代というのは樹木の年輪の幅が寒暖に応じて変化するのを利用して古材の年代を調べるもので、もし樹皮まで残っていれば伐採された年を知ることができる。絶対年代がわかるだけ

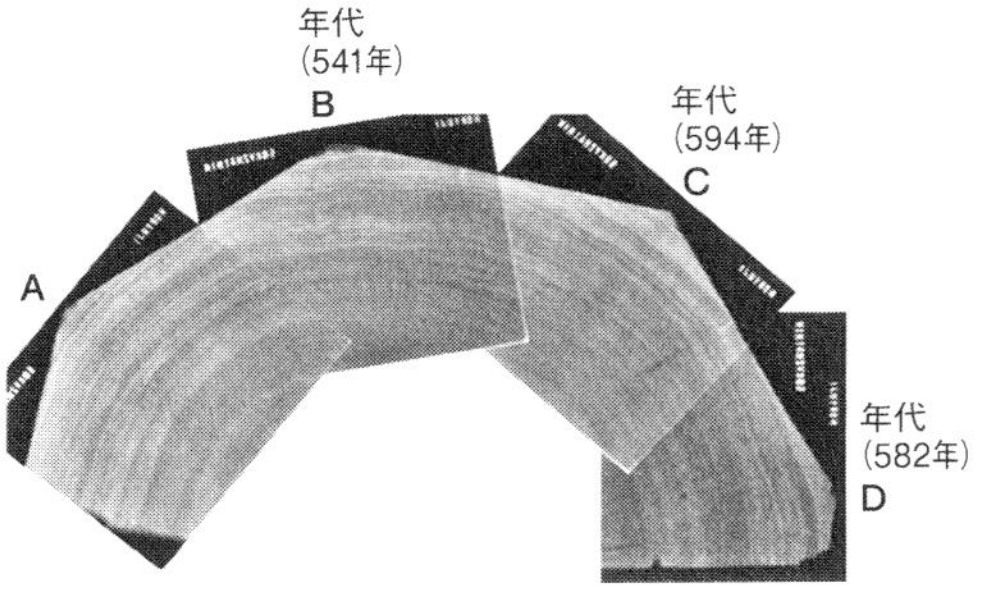

円盤標本

軟X線写真

89　五重塔心柱

に建物の建立年代を探る有力な手段である。法隆寺では早く昭和修理時にその研究を行ったが、当時は学問的に未成熟で目的を達することはできなかった。その時に切り取った五重塔心柱の円盤標本を平成十三年に改めて計測したところ、最も外側の年輪の年代は五九四年で、これが伐採年にきわめて近いことが判明した(23)(図89)。ちょうど日本で最初の本格的伽藍である飛鳥寺が造営されつつあった頃であり、聖徳太子が斑鳩宮を造り始めた推古九年（六〇一）よりかなり遡る。そのため心柱の年代を廻っていろいろな説が生まれたが、未だ皆が納得するにはいたっていない。しかしこれを契機に平成十五―十六年に金堂・五重塔・中門の部材を調査した。以前は年輪幅を顕微鏡で計測するため、修理時に取外した古材しか調査対象にならなかったのであるが、この頃からデジタルカメラを用いる計測法が開発され、建物に組込まれた部材からも情報が得られるようになったのである。

調査では総数一〇七点の古材を計測したが、木材周辺の白太部分が一部でも残存して伐採年代が推測できるような資料は少なく、金堂一五点、五重塔六点、中門二点の計二三点であった。そのうちに特に注目されたのは金堂外陣の天井板に樹皮まで残るものが三点あって、これが六六七年および六六八年の伐採と判明したことである。金堂の部材は他にも白太を残して最外年輪が六五〇年、六五一年、六六〇年を示すものがあり、これからすると六五〇年代の半ば頃から六六八年までの間に伐採されたことがわかる(24)。厳密に云えば原木の伐採年は建物の造営年代がそれより遡らないことを示すだけである。しかし古代は縦引鋸がなく、原木を楔で割り裂いて製材したので、生木の間でしか行えない。加工する工具も粗末なためなるべく木が柔らかいうちに削る必要がある。そのため原木の伐採年が造営の始まりであり、天井板のような小さな木材の調達が行われる頃には、建物本体の組立てはかなり進行していたことが推測されるのである。五重塔は最も年代が下がる二重目の西北隅雲肘木が六七三年で、これは伐採年にごく近く、中門の大斗は大体六九〇年代末頃の伐採材とみられた。従来から様式上金堂・五重塔・中門の順に造営されたと考えられていたが、年輪年代からそれが実証されたことになる。と同時に金堂だけは六七〇年を遡ることが確実になった。なお金堂では平成二十年に内陣天井板の年輪調査を行い、樹皮まで残る材が二点あってそれぞれ六六七年と六六八年であり、支輪板一点も伐採年が六六七年と判明した。

三　造営事情検証の新展開

年輪年代によって西院伽藍の造営年代がほぼ明らかになった後、平成二十年には内陣天井の調査で思わぬ新発見があった。東の間で現在は使われていない天蓋吊金具が発見されたことである。現在の天蓋は各間とも木製の箱形天蓋で、中・西両間は古く金堂建立当初からのもの、東の間は天福元年（一二三三）の模古作であることはよく知られている。これらの天蓋の四隅を吊る金具は天井の桁や組子に取付けられているが、いずれも一回限りの仕事で吊変えた痕跡はない。吊金具は中・西両間が同型・同寸の足付き円環形で、座金をおいて下方から天井材に打ち込むのに対して、東の間はL字形の折れ釘状で座金を用いず天井桁の側面から打つ、天蓋を吊る鎖も中・西両間が細い鉄棒を折返して二筋とし、両端を円環状に膨らます形式であるのに対して、東の間は太い鉄棒の両端を円環状に作り出している。中・西両間の吊下げ金具が天蓋と一具で古く、東の間は金具も鎌倉時代のものなのである。

ところが東の間には薬師如来像のほぼ真上に当る位置に別の吊金具が残っている[25]（図90）。梁行天井桁の下面に二五センチメートル離れて南北に並ぶ二個の足付き円環金具で、座金を敷き下方から打ち込む。円環は中・西両間が鎖と繋ぐ小円形であるのとは異なり、内径四・五センチメートルほどの大きさで、二個の鐶を結んで棒状のものが指し渡せる配置になっている。実際の吊り方は不明だが、中・西両間のような四隅で吊る重い箱形天蓋とは異なり、中央一ヵ所から吊下げる傘状の花形天蓋用であることは明らかであろう。

ここで注目されるのは「資財帳」の蓋の記録である。すなわち「合蓋十一具／仏分四具一具紫／法分七具／一具紫者／右、癸巳十月廿六日仁王会、納賜飛鳥宮御宇　天皇者」とあり、このうち「一具紫」とする天蓋はわざわざ色の区分をする点で布帛製と考えられる。とするとこれが東の間の天蓋であった可能性はきわめて高い。

　この天蓋は「癸巳」すなわち持統七年（六九三）の仁王会に天皇から賜ったものである。この時の仁王会は『日本書紀』に「始めて仁王経を百国《クニグニ》で講じる」と記され、法隆寺だけでなく広く各地で行われたことがわかる。また「資財帳」には同時の納賜品として法分の経台一足と帳三帳を載せるが、これらは比較的軽微なものである。そのため従来はこの紫天蓋を特に注目することはなかった。現状のような箱形天蓋三基の荘厳が最初からのもので、それが仏分四具の中の紫を除く三具に当るとする先入観もあった。中・西両間の天蓋が箱形であるのに対して東天蓋が花形であるのは不均衡さを否めないが、箱形天蓋は中国では北斉（五五〇―五七七）に最流行期をもつ古い形式であり、唐代には花形が盛行するから、その新風を採り入れたものであろう。現に金堂内の壁画に描かれた天蓋はすべて花形で、特に大壁のうち第一号壁（釈迦説法図）、第六号壁（阿弥陀三尊二十五化生菩薩・童子図）、第九号壁（弥勒説法図）がいずれも円形であるのに、第一〇号壁（薬師説法図）は方形なのが注目される。東の間の薬師像上は円形より方形の方が多少とも他と釣り合う。なお「資財帳」の蓋のうち残りの一具は、竜首水瓶の墨書に「北堂丈六貢」とある北堂（おそらく現大講堂の前身建物）に安置された丈六像（「資財帳」には記載もれ）のものであろうか。

　さらに興味深いのは東の間の中央吊金具と中・西両間の吊金具では、取付けた時期に明瞭な差が認められることである。昭和修理で取外した旧天井桁に残るこれらの金具跡をみると、中・西両間のものは座金の輪郭線がくっきりと木肌に喰込み、内側は弁柄彩色の赤い顔料が鮮やかに残っている。これは明らかに材木がまだ新しく、彩色したすぐ後に吊金具を取付けたことを示すものである。一方、東の間の中央金具は周囲が風蝕して座金痕が約二ミリメートルほど高くなっているが、取付け面

90　金堂天井の天蓋吊金具装着状況（東南隅より）

91　金堂天井桁旧材に残る吊金具痕（左中の間　右東の間）

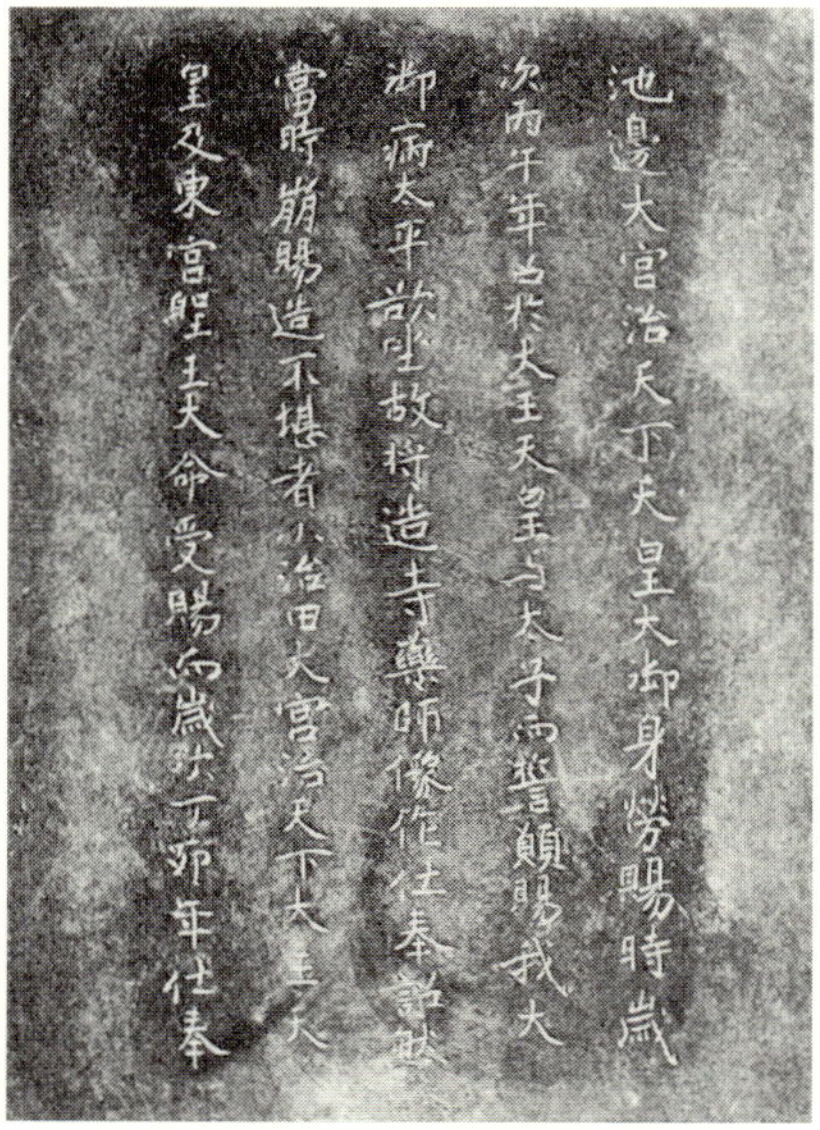

92　薬師如来光背銘文（拓本）

は平坦で弁柄彩色も赤黒くわずかに残るにすぎない（図91）。前者と比べると建物の完成後しばらく経ってから金具を取付けたことがわかる。従来、持統七年（六九三）の仁王会は、創建法隆寺が天智九年（六七〇）に焼失した後に現在の伽藍の造営が始まり、金堂だけはこの頃ある程度完成したことを示す傍証になるものと考えられてきた。しかし吊金具からみると、内陣天井ができあがった直後に設置されたのは中・西両間の天蓋であり、東の間の天蓋が推定通り納賜の紫天蓋であったとすれば、それが設置された持統七年はすでにかなりの年月を経た後のこととなる。年輪年代の調査結果とも合せると現金堂は六七〇年ころにはほぼ完成していたことが実証されるのである。

ところで仁王会によせて天皇から賜った天蓋を、東の間に新たに取付けたとすると、法隆寺の歴史としても大事件であり、そこからいろいろな想像が浮かんでくる。東の間に安置する薬師如来像は光背に法隆寺の創立縁起の銘文を刻み（図92）、実質的には寺の本尊に当たる仏像だからである。薬師像の造立年代や光背銘の真偽、またはそれが当初のものか追刻かなどについては、従来から多くの疑問が寄せられているが、未だ明確な答えは見当たらない。あるいは持統七年の天蓋下賜がこれらの問題と直接関連するかもしれないが、仏像あっての天蓋のはずだから、この時点では東の間には現在のような薬師像が安置されていたとしてよいであろう。とすると天蓋の下賜はそのまま光背銘の公認につながるものであった、と考えても差支えあるまい。推古天皇と聖徳太子が用明天皇の遺命をうけて推古十五年（六〇七）に仏像と寺を造ったことが、持統天皇の認可によって公式のものとなったのである。「資財帳」が冒頭にこの刻銘の縁起を記し、仏像の筆頭に薬師如来像をあげるのもその公式性によるもので、この時官寺になったとはいえないまでも、官寺に準ずる寺格が認められたと考えられる。翌持統八年に天皇から金光明経が施入され、また同年と推定される造像記銅板[26]に「鵤大寺徳聡法師」と記されるのもその傍証となろう。自称かもしれないが大寺と呼べるほどの形が整ってきたのである。なお大安寺では持統七年の仁王会に繍大灌頂一具、翌年には金光明経と金剛般若経が施入されている[27]。

創建の法隆寺は天智九年（六七〇）に一屋も余さず焼失する。皇極二年（六四三）の斑鳩宮焼討ちで庇護者である上宮王家一族が絶滅した法隆寺にとって、寺の存亡にかかわる一大危機に立ったことは改めていうまでもない。『上宮聖徳太子伝補闕記』に「斑鳩寺被災の後、衆人寺地を定るを得ず」と記すのは、このことを如実に物語っている。しかし寺には選択肢が残っていた。それは西北の高台に現金堂の建立が六六〇年代に進められ、この頃完成に近づいていたからである。年輪年代や天蓋吊金具がこうした推測を裏づけてくれる。その中で寺の復興を廻って創建地での再建をめざす旧寺派と、完成間近の新仏堂を中心に新伽藍の建設を主張する新寺派が対立する。いわば理想派と現実派の路線論争で、それが「寺地を定るを得ず」という表現を生んだのであろう。『補闕記』ではその後に「故に百済の入師、衆人を率いて葛野の蜂岡寺を造ら令め、川内の高井寺を造ら令む。百済の聞師、円明師、下氷君雑物等三人、合せて三井寺を造る」と記すが、これは争いに敗れた旧寺派がこれらの寺に移ったことを述べたと考えられる。これはまた創建法隆寺では上席者が百済からの渡来僧であったのが、再建の寺では日本僧にかわったことを暗示する。この頃は仏教界の主導者が渡来僧から留学した日本僧に移る転換期で、法起寺も露盤銘によると中国僧の福亮僧正が舒明十年（六三八）弥勒像と金堂を構立した後、天武十四年（六八五）に留学僧の恵施僧正が塔の建立に着手している。

天智九年の火災後、こうして再出発した法隆寺はすぐ後に大きな打撃を受ける。天武八年（六七九）の食封三〇〇戸の停止である。『日本書紀』同年四月条に「食封をもつ寺の由緒を調べて加除を検討せよ」との詔があり、翌年には所与の食封を三十年限りで停止することが制度化される。法隆寺の食封は大化四年（六四八）の施入であり、すでに三十年を経過しているから、これをさほど重視する必要はないとする説もあるが、制度化に先立っての停止は狙い撃ちともうけとれる。火災後の寺地の移転や寺僧の交替が、寺の由緒を揺るがすものとの判断が朝廷に生じたのではなかろうか。こうした事態を打開するために持統七年（六九三）の仁王会は絶好の機会となったにちがいない。それがどのような手続きを経て実現できたのかわからないが、とにかく天蓋の下賜によって寺の由緒（縁起）が公認され、これを契機に官寺への道が開かれたのであった。

東の間の天蓋吊金具は、さらにそれが取付けられる以前の金堂内部はどのようなものであったかの疑問を生ずる。この点でまず中央間に当初から釈迦三尊像が安置されたことは天蓋との関係からも異論はないであろう。しかし現在西の間に安置する阿弥陀三尊像は寛喜三年（一二三一）の鋳造で、台座のうち上座は像と同時の製作である。光背銘には承徳年中（一〇九七―九九）に以前の仏像が盗難にあい、永年台座だけ空しく残されていたとあるが、寺の記録には盗難のことはない。むしろそれに先立つ承暦二年（一〇七八）ころは、西壇に「小仏十八躰」がおかれていた記事が『金堂日記』にあり、建久七年（一一九六）には「小仏廿三躰」となっている。こうしたことから西の間安置像には従来から種々疑問が寄せられていたが、平成二―三年に行った『昭和資財帳』刊行に伴う調査によって、下座の上面に漆を塗り残した不整八角形の跡が発見され、西川杏太郎はこの痕跡に合う仏像で同時代のものから選ぶとすれば、救世観音像がふさわしいと指摘した(28)。救世観音像は天平十年（七三八）頃に法隆寺東院が創建されると、その中心仏殿である夢殿の本尊となるが、それ以前の所在はわかっていない。傾聴すべき説であり、近年は賛同する研究者も少なくない。

救世観音像は早くから聖徳太子等身の仏像と伝えられ、夢殿は八角円堂で露盤は舎利瓶を象った廟堂建築である。それ以前のこととして、中の間に聖徳太子追善の釈迦三尊像、西の間に救世観音像を安置したとすれば、現在の金堂の出発点は正に廟堂というほかないであろう。天蓋がなかった東の間には玉虫厨子をおいたことが考えられる。西の間天蓋の上面には東に「天」、南に「宮」、西に「殿」の墨書があって、当時天蓋が天宮殿と呼ばれたことがわかる。一方、玉虫厨子は「資財帳」では「宮殿像」二具の中の一具と記される。厨子自体が宮殿だから天の宮殿（天蓋）は不用ではなかろうか。もともと法隆寺金堂は伽藍の中心仏殿としては不審な点が多い。その第一は安置する各間の本尊がいずれも内陣の前方に偏り後方が広く空いている点である。『金堂日記』ではここに小金銅仏などを納めた大厨子を中心にして東西に玉虫厨子と伝橘夫人念持仏厨子をおいている。七世紀の金堂で安置する仏像の位置がわかる例は少ないが、飛鳥寺や川原寺は大きな仏像を内陣中央後方に安置している。これに関連して内陣を四方吹放しとすることも異例と思われる。川原寺や薬師寺の金堂は内陣の四周を扉と壁で厳重に囲ったことが礎石からわかるし、八世紀初めの興福寺中金堂も三方を壁で囲い正面のみ開放とする。八世紀末の唐招提寺金堂では須弥壇の背後だけ壁にするから、時代が下るに従って徐々に開放的になるようだが、法隆寺のような例はない。須弥壇が、当初は、内陣柱の外側に地長押を二段重ねに廻らせて床板を張った木造の低いものであったのもきわめて日本的な設えといってよく、大伽藍の中心仏殿らしい尊厳さを備えたものとはいいがたい。板扉が外開きであるのも土間床の古代仏堂としては異例である。

こうした点を綜合すると法隆寺金堂は内部に人が入って内陣の周囲を廻りながら礼拝するのに都合がよい構えであることがわかる。古代の金堂は文字通り金人（仏像）の館で、濫りに人が入ることはなかった。山田寺金堂の正面階段下に立派な礼拝石があるのはそのことをよく示している。これはやはり現金堂の出発点が廟堂であった特殊性の名残と考えると理解しやすい。東の間に安置された薬師像が持統七年（六九三）に公認されてから、本当の金堂に昇格するのである。

四　金堂の再点検と壁画

金堂は解体修理の途中で火災に遭ったため、本来はその際に得られるべき建物に直接関わる詳細な情報が、一部では不十分のまま終わることとなってしまった。しかし年輪年代や天蓋吊金具の新発見で、かなりの想像が加わるとはいえ金堂の造営事情が推察され、従来考えられていたように、以前の金堂が焼失したのでその代わりに新築したというような、単純なものではないことが明らかになった。そこでもう一度、金堂自体に立ち返って点検するとさまざまな問題が浮かんでくる。その第一は壁画をもつ側柱筋の軸壁が当初のものではなく、改造後とみられることである。

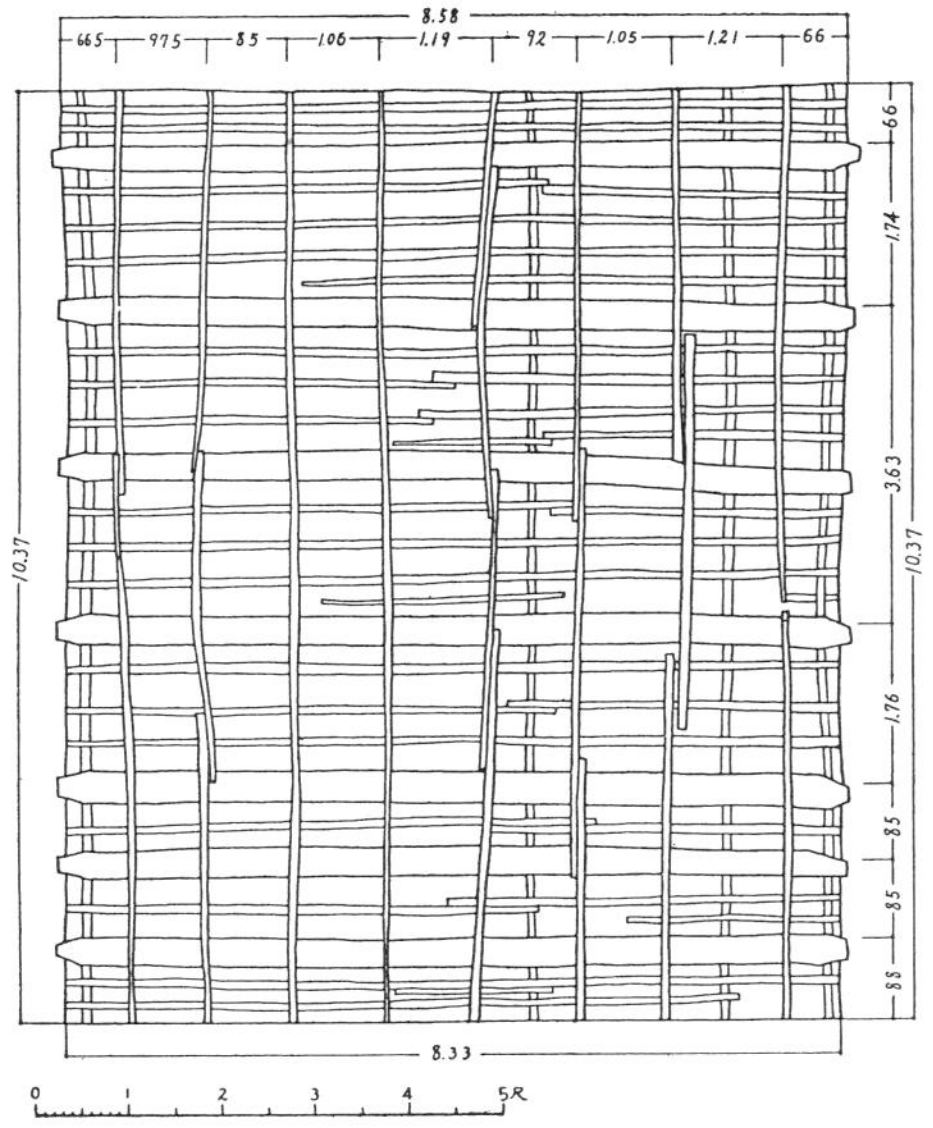

93　初重軸壁下地実測図

初重の軸壁は縦四寸前後、巾二寸弱の太い間渡を柱間に七本ずつ渡し、それに縦横の割小舞を藤蔓で絡げたものを下地として、厚さ六・三寸程度に壁土を塗上げている（図93）。壁間渡は両端をこき、柱に穿った枘穴に遣返しに挿込み、楔締めとする。ここで注目されるのは壁間渡を一番上と一番下のあきが狭いほかは、上下ほぼ等間隔に六本配置する以外に、最下段ではその中間にも一本を加える変則的な割付けとしている点である。また頭貫下面に大壁では二ヵ所、小壁では中央一ヵ所にエツリ穴を穿ち、多数の藤蔓を通して一番上の間渡を釣り付けていた。これは奈良時代まで行われた古代の壁下地工法で、本来は当然に全部の間渡を釣り付けて壁体を丈夫にするはずであるのに、

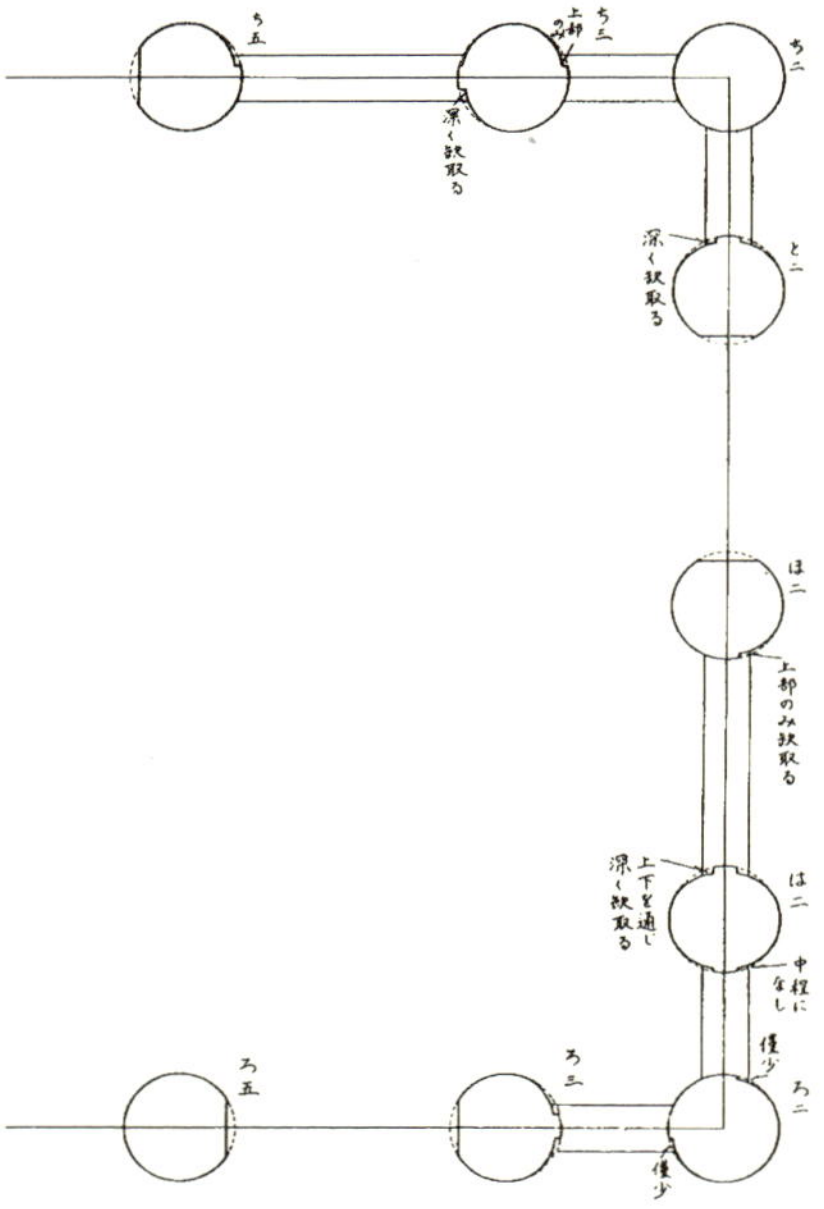

94　初重（東半部）側柱壁当り突起見取図

一番上だけというのはおかしい。

一方、柱には壁が取付く面に突起があって、これは壁を塗ったあと胴膨みの柱の輪郭線が鈍くなったのを、もう一度柱を削り直して曲線をみせるようにしたために生じたものである（図94）。金堂の雲形斗栱の筋彫りが曲線を強調しているのと通じる工人の美的感覚の産物で、こうした曲線の修整は金堂にしかない。ところがこの突起の幅は約四寸で、現在の壁の下塗り（荒壁）厚さが五寸前後あるのと比べてかなり小さい、とすると現在の壁以前にもう少し薄い壁があって、突起はその時の修整で生じたと考えるほかない。先の壁下地の問題も、厚い壁を造るために間渡を太い材に取替え、それ自体がすこぶる頑丈なために、元は下まで藤蔓で釣り下げていたのを一番上だけに省略し、代りに荷重が大きくなる下段部分には間渡を一本追加して強化したと考えると辻褄が合う。現在は焼損した柱と壁体を元の状態で組立ててあるため、これ以上の細部を検討することはできないが、壁画を描いた軸壁が第二次であるのはまちがいないであろう。

細く割り裂かれた壁小舞の中には弁柄彩色の付着するものがあって、従来から小舞は廃材の転用と考えられてきた。中には若草伽藍が焼けた後に、焼け残った建築部材から採ったもので、現在の金堂がその後の再建の証拠だとする説もある。しかし当初の壁はもう少し薄かったのを壁画を描くために厚くする必要があり、下地から全部作り直したとすると、転用材の混入は不思議ではない。それは壁画の製作自体が前節で指摘した持統七年（六九三）の仁王会を契機に、廟堂から金堂へ変身するのと深く関連すると思われるからである。実際の年代はわからないが、薬師如来像が東の間に安置されるのとあい前後する時期に、現在の壁画が計画されたのではなかろうか。壁小舞に転用材が混じるのも、食堂（大講堂の前身建物）や東室（僧坊）の礎石や柱に転用材が多量に使われているのと同様な造営環境によると考えられる。住僧の生活に不可欠なこれらの施設は伽藍整備の初期段階で造られたはずで、持統八年の鵤大寺の呼称もある程度の整備の進行を推測させるからである。

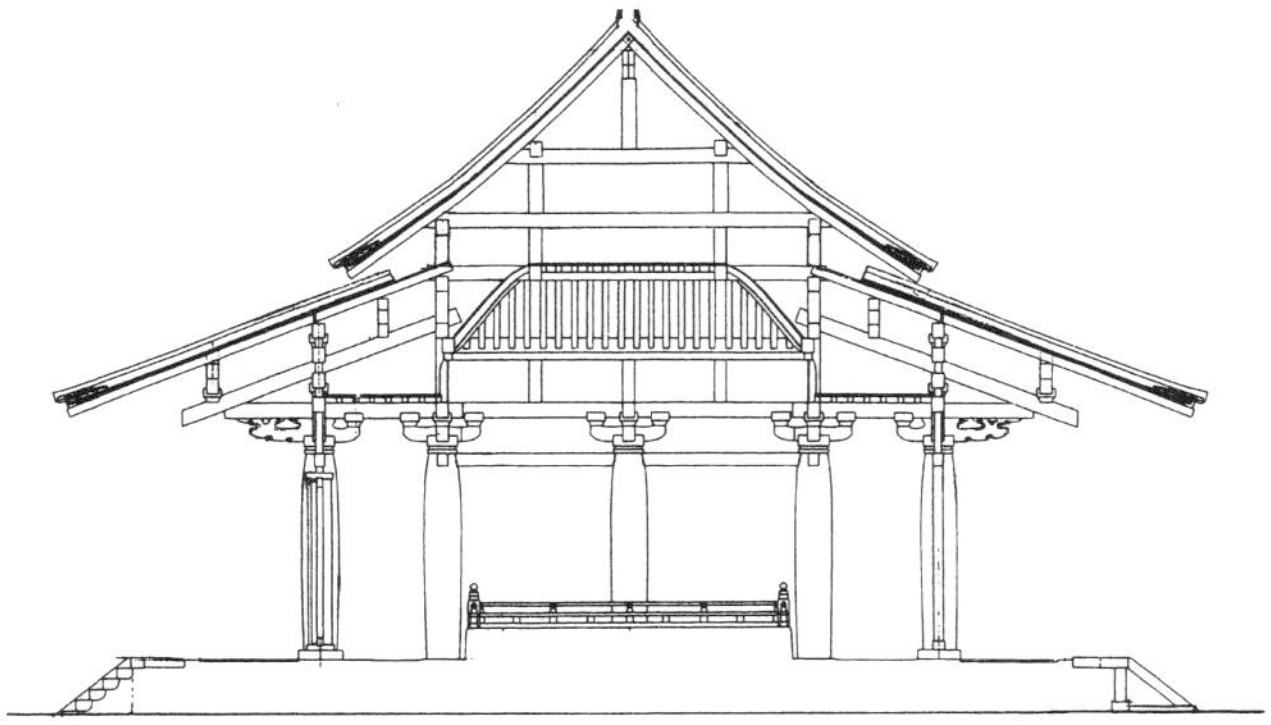

96　竹島案一重錣葺断面図

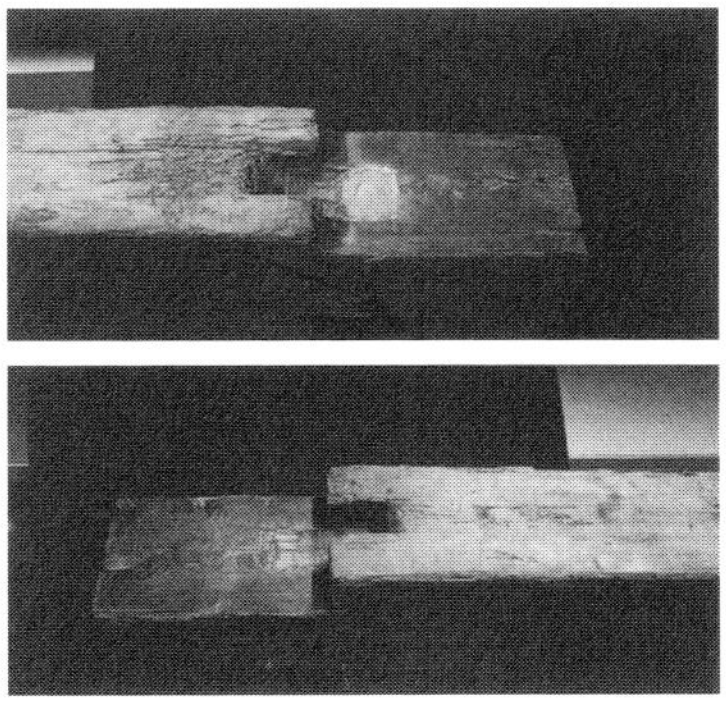

95 天井桁上面柱盤仕口と不明枘穴

なお裳階はこの壁体の改造に併せて設置したらしい。裳階は隅柱だけ台輪より上に伸ばし、本建物の隅尾垂木の下面先端部を支えている。現在の隅柱は四本とも慶長修理時の取替材で、頂部に巻斗をおいて隅尾垂木にかませているが、元来は柱の頂部が直接尾垂木に接していたことが圧痕からわかる。しかし隅尾垂木の下面にはこれとは別に隅行方向（尾垂木と同方向）のやや細い柱の圧痕がほぼ同じ位置にあり、この方が古い。どうもこれは造営後あまり日時を経ぬうちに補強用の支柱を立てていたらしいのである。法隆寺様式の組物は隅では一方向にしか手先を伸ばさないので、そこにかかる屋根荷重はきわめて大きい。金堂初重は軒の出寸法が一四・五尺（四・四メートル）にも及ぶから、瓦を葺いた後で軒の垂下が懸念されたのであろう。上重の隅支柱も現在のものは元禄修理時の施工であるが、早くから入れられたと推定されている。裳階は以前の隅支柱の役割も受け継ぎながら、壁画を保護するために造営されたと思われるのである。因みに五重塔では裳階の繋虹梁が取付く側柱の胴付き部分が素木で、裳階を造ってから彩色したことがわかる。しかし、金堂は繋虹梁が慶長修理材に替っていて前後関係を検証し得ない。

再点検の第二は金堂の上層が建築途中の計画変更で増築されたとみられる点である。内陣天井には周囲の入側桁に渡腮にかけて桁行・梁行各二本の天井桁を井字形に組んでいる。井字形の中央が格子状の組入天井、外廻りが支輪天井である。この天井桁の上面両端には入側柱心より二分の一支（一支は〇・七五高麗尺）外寄りを柱心として上層の柱盤を落し込んでいるが、それとは別に入側桁心の位置に長さ三寸、幅二寸前後の枘穴がある。深さも二寸ほどで柱盤を欠き込んだ仕口の底に輪郭だけ残り、明らかに柱盤以前の仕口である（図95）。『修理工事報告書』では、この枘穴は意味不明として、これ以上追求していないが、竹島卓一はここに短い束を立てて、今の上層の中心の切妻屋根部分の小屋組をのせると、ちょうど、玉虫厨子のような錣葺の屋根ができると指摘している(29)（図96）。ただし現在の切妻形小屋組の部材にこれと対応する仕口痕はなく、それが実現した証拠はない。どうもこれは当初は一重錣葺屋根の計画であったのを、工事途中に二重構造に変更したために生じたらしい。天井桁の柱盤仕口をみても刃物の切れが悪く、変更後の現場工作であることが明らかである。

金堂の基壇の羽目石は昭和修理前まではやや不揃いな二段積みとなっていた。これは創建当初からの形式で、当寺の五重塔をはじめ古代寺院の堂塔がすべて一枚石であるのと比べて異例なことである。これを他からの転用とみる説もあるが、石の接合に太枘を用いており、接合面や太枘穴の仕上げがきれいなことからも当初仕事と判定される。凝灰岩は採石直後は柔らかく、木工用の刃物で加工できるが、いったん仕上げた面を経年後に再加工するのは難しいからである。すでに述べたように金堂の基壇は傾斜した地盤上に築き終わった後、周囲を切り下げて現在のような高い形式にしている。するとやはり金堂の基壇は当初は低い形式で設計され、二段積みの下方の比較的揃った羽目石はそのために準備されたが、計画変更があって現状（昭和修理前）のようになったと考えるのが一番無理がない。金堂は当初は基壇が低く単層で、屋根を錣葺とする形式で造り始めたが、途中で変更されて、現在の二重基壇をもつ重層入母屋造の建物として完成したと思われるのである。このような計画変更の時期を上層東側雲形斗栱の年輪年代が示唆してくれる。最外年輪が六六九年で、これが伐採年かもしくはそれにきわめて近いという。天智九年（六七〇）の火災とあまりにも接近しすぎていて戸惑うが、やはり本寺の火災後すぐに新しい伽藍への移転を決断し、その第一歩として建築途中であった現金堂の設計変更による増飾を行ったとみるほかないであろう。建築的にいえば上層は実用性をもたない外観を立派にみせるだけの装飾的部分であり、基壇も高くすることで威厳が増す。

なお金堂の礎石は上面に作り出した円柱座を削り取った痕跡をもつものが、総数二八個の中九個あって、これは明らかに転用材である。また一二個には表面に剥離や赤変の現象がみられる。このことから若草伽藍が焼けた後にその金堂の礎石を運んだとする説もあるが、同様な赤変は五重塔や中門の礎石にも多くみられ、これは花崗岩の性質によるもので火災のためとはいえない、とする専門家の意見が出ている(30)。柱座についても太い金堂の柱をその上に立てるには径が不足するため削り取ったものと考えられる。側廻りの礎石は柱の内外に当てられた地長押に隠れてほとんど見えないし、内陣の礎石も当初の須弥壇は入側柱の外に地長押を廻らせた低い木造壇であったから、これに隠れてやはり見えない。したがって外観を整える必要はまったくなく、そのために円柱座の削り方もばらばらなのである。その点からすると若草伽藍の金堂の規模は現金堂とほぼ等しいから礎石も大きかったはずで、そこからの転用説は成り立たない。もともと金堂と五重塔の部材を比べると、塔は良質な檜をたっぷり使って加工しているのに対して、金堂の方は多少材質が落ちて普通なら切り捨てる筏穴が残っていたり、垂木は全部心持材で、これは塔がすべて大材から採った心去材であるのと大差があるなど、古代建築としては珍しく倹約色の濃い木の使い方をしている。礎石の転用を含めて金堂の造営には並々ならぬ苦心があったことが察せられるのであるが、それも最初は単層の廟堂として発足し、あわただしく計画変更して現在の姿になったと考えると説明できそうに思えるのである。

以上のような建物の造営に直接かかわる事項のほかに、金堂にはいままであまり検討の俎上にのらなかった問題もある。それは組物の尾垂木の室内部分の中央に中桁を通す点である（図97）。中桁は尾垂木上に横架材の中桁受を渡して短い束で支えられるほか、その下に隅では三方に出る尾垂木と力肘木との間にも束が立っている。力肘木上面の痕跡からみると尾垂木下の束は隅以外の部分にも取付けかけたが、やめてしまったらしい[31]。法隆寺様式の特色の一つは軒を角垂木一軒・平行配列とすることで、垂木は入側桁から側桁・出桁へかかり、その先を桔ね出す。この場合、中桁はほとんど不必要といってよい部材であるのに、ここでは尾垂木の上下に束を立て、中桁受まで入れて立派な構造材になっている。もともと中桁は隅の垂木を放射状に並べる扇垂木には不可欠の部材で、中国建築は伝統的に中桁を備え扇垂木を踏襲している。しかし日本では薬師寺東塔以下の建築には中桁がなく、中世に中国様式を輸入した大仏様や禅宗様で再び現れる。とすると法隆寺様式も本来は扇垂木だったのではなかろうか。

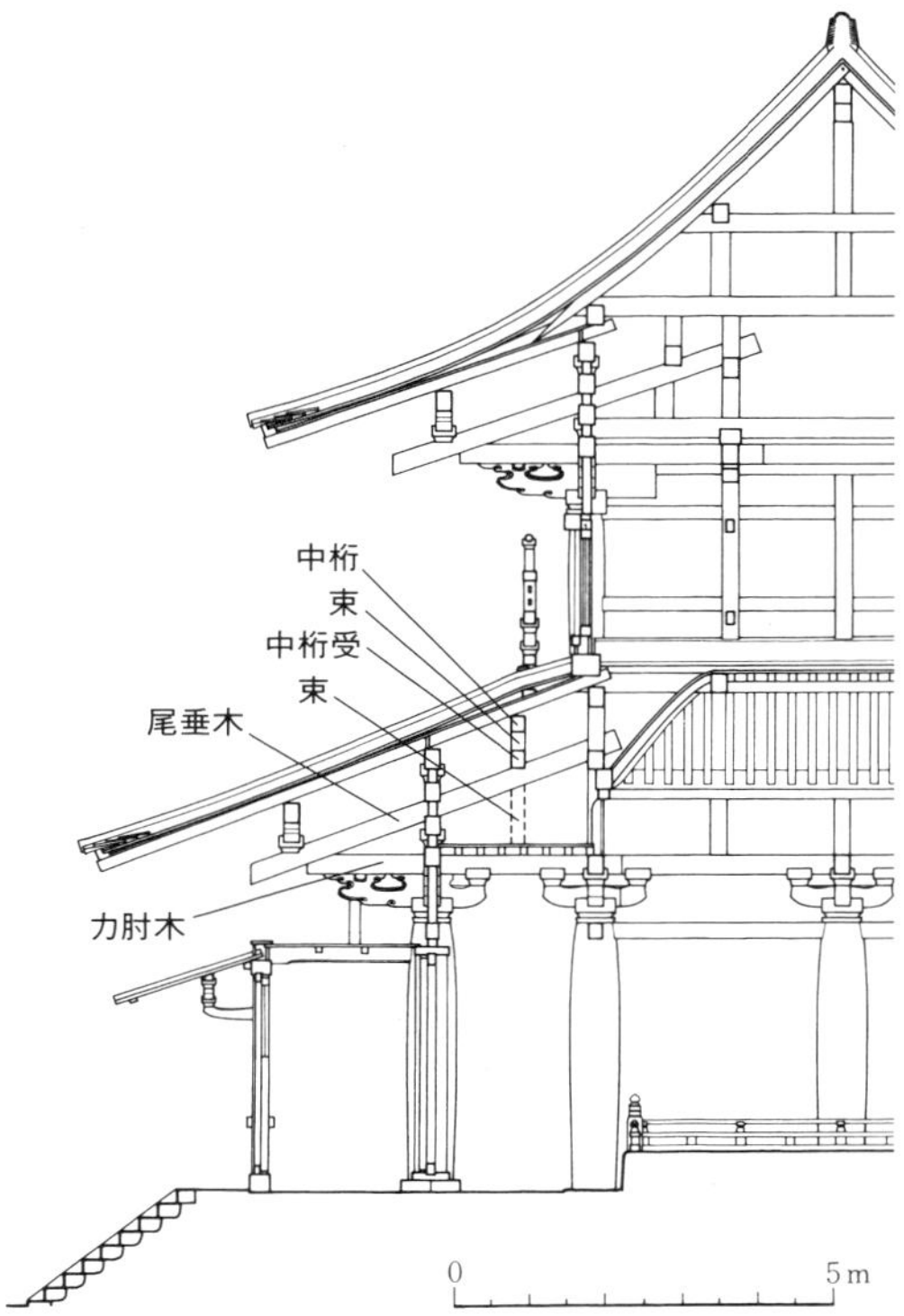

97　金堂断面図

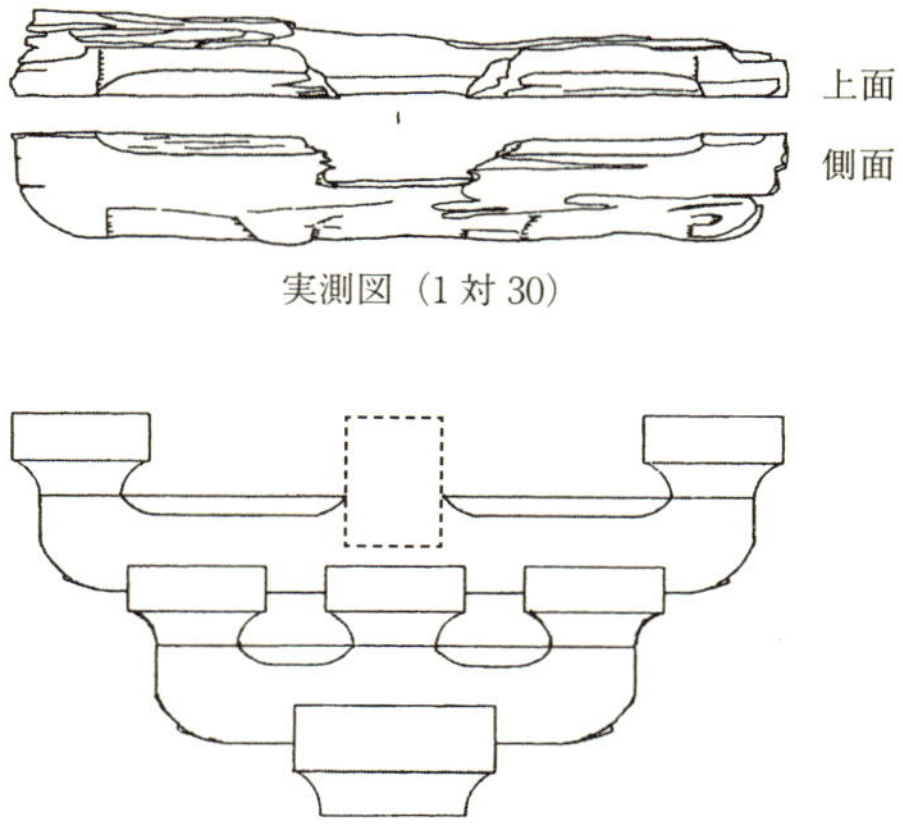

実測図（1対30）

推定復元図（一部修正）

99　山田寺長肘木

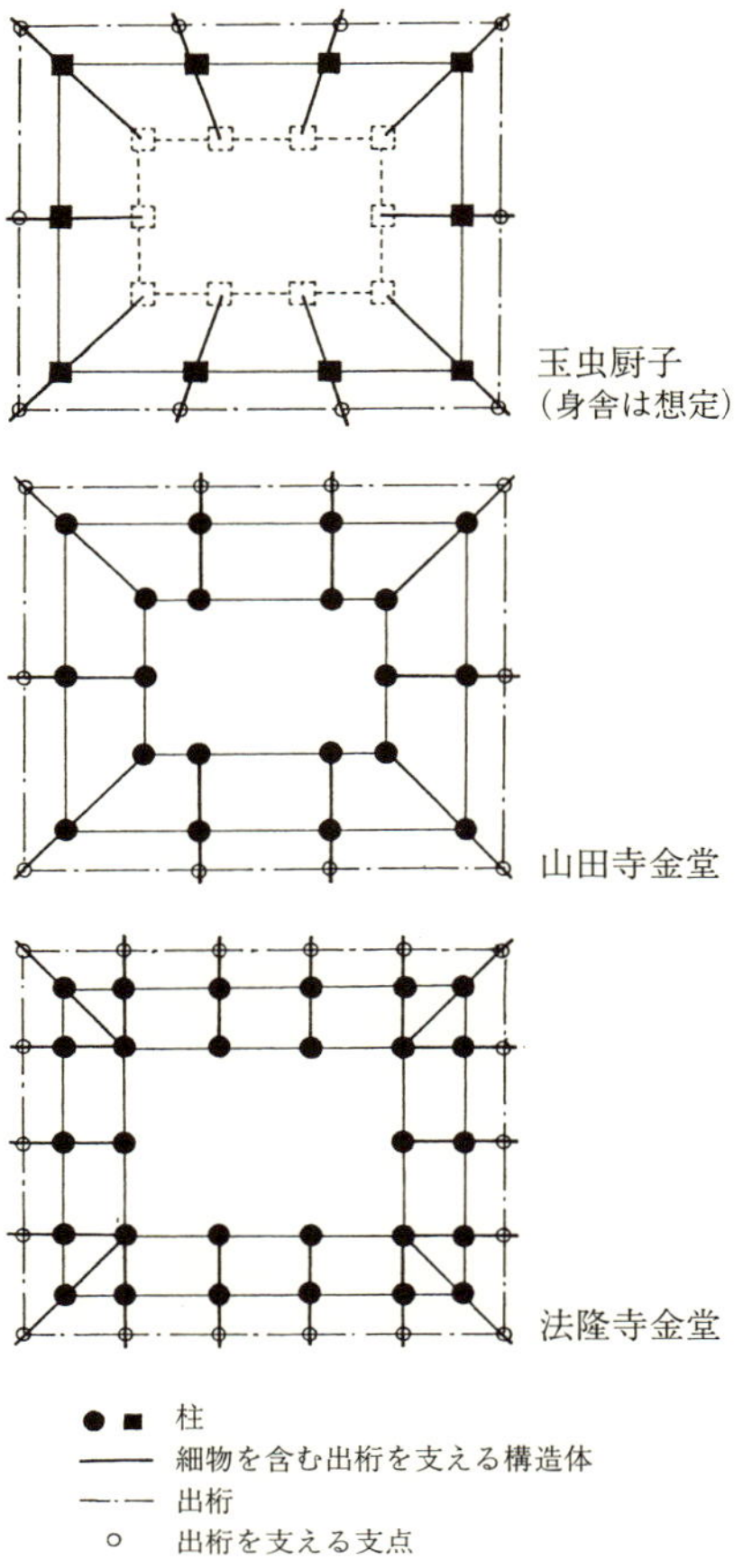

98　金堂平面比較図

　飛鳥時代の建築は法隆寺様式しか現存しないが、近年は発掘調査の結果、ほかにもいろいろな建築様式が輸入されたことが判明し、軒なども丸垂木を扇型配置とする中国本流の形式が、むしろ多かったのではないかと考えられている。法隆寺様式の軒には従来から諸説があり、古式の神社建築にみられるのと共通する日本式とする一方、中国にも北魏の雲崗石窟には同じものがあるから、やはり中国から伝来したとする説もあって、未だ決まったものはない。しかし中桁の存在からすると、日本に法隆寺様式の原型が伝わった時には扇垂木で、それを日本式に改めた可能性がきわめて高いのである。

　法隆寺様式が日本にいつ頃入ってきたのかについては、今のところまったく見通しが立っていない。研究の初期段階では推古式とも名付けられたように飛鳥時代初頭の伝来とされたのであったが、現法隆寺が再建とわかるとその年代と関連してばらばらになってしまい、天智九年（六七〇）後の再建なら白鳳時代とする説もあらわれる。その中で一つの手掛かりは皇極二年（六四三）に金堂が建った山田寺である（図98）。発掘の結果、山田寺金堂は三間×二間の身舎に庇を廻らせた平面で、普通なら法隆寺金堂のように側柱通りは五間×四間になるはずなのに、山田寺は三間×二間とする。放射状ともみられるその特異な柱配置は、正背面の組物を斜め外方向に開いて差出す玉虫厨子との共通性を感じさせ、同じような組物が用いられたとする推理が生じた。玉虫厨子の製作年代をほぼこの頃とする説が有力なことも、この推理の一要素である。すると法隆寺様式もしくはその原型は、少なくともこの時期には日本に入ったことが考えられる。

ところがその後山田寺の発掘遺物の整理が進み、その中に特殊な長肘木があることが判明すると、上記の推理は大変更が必要となった（図99）。長肘木はちょうど薬師寺東塔の三手先組物のうち、前方へ差出す下から二番目（二手目）の肘木と同じ形式で、ただ薬師寺では中心の柱筋で通肘木と同じ高さに合欠きで組むのに、この長肘木は上に渡腮の仕口をもっている。法隆寺の雲形組物は前へ出る力肘木と柱筋の通肘木を段違いに渡腮で組むのが特色で、それと似た構法なのである。(32) 山田寺はこの長肘木を含めてすべての肘木に舌があって、この点は薬師寺も等しい。一方、法隆寺様式は金堂と五重塔の前方へ持送る雲形肘木の先端に舌があるだけで、他の肘木にはない。これからみると山田寺の組物は薬師寺東塔のようにすべての肘木や通肘木を合欠きで同高に組合わせる方式に移行する前の未熟な段階のもので、薬師寺が初唐の建築様式を輸入したとすればその前の隋もしくはそれに近い頃の様式の伝来と考えられる。山田寺の金堂や回廊には蓮弁付き円柱座を刻み出した礎石が用いられていて、これは中国建築の第一級の形式の摸倣と思われるから、組物もおそらく中国様式の本流のものが採り入れられたのであろう。一本の長肘木からの推測には限度があるが、肘木を三段重ねて隅では斜め方向のみ前へ差出した河南省出土の隋代陶屋の組物との類似性も指摘できる。

こうした山田寺の組物から翻って法隆寺様式を考えると、やはり雲形組物の造形に時代差が感ぜられる。それがどのような経緯で伝えられたのか不明だが、曲線的な肘木は中国でも二―三世紀に遡る古い様式である。そんな古めかしい建築様式が山田寺以後に輸入されることがあるだろうか。しかも中桁の状況からすると現在の金堂の様式は原型を日本で改変したもので、原型の伝来は古いことが推察される。これは金堂が創建法隆寺の建築様式を摸倣した廟堂として出発したためではあるまいか、造り始めたときには若草伽藍は健在で細部まで写せる。金堂にだけ組物に筋彫りがあったり、壁をつけた後に柱の曲線を修整したりしているのは、そのためであろう。現在、我々がみる法隆寺様式というのは、その時代の普遍的なものではなく、一時代遡った建築様式で、それは聖徳太子が採用したために太子を慕う人達によって受け継がれたと考えられるのである。

註

（1）伊東忠太「法隆寺建築論」（『建築雑誌』八三号）一八九三年。伊東忠太『法隆寺建築論』（東京帝国大学紀要・工科第一冊第一号）一八九八年。
（2）菅政友「法隆寺」（『菅政友全集』雑稿3）一九〇七年。
（3）黒川真頼「法隆寺建築説」（『国華』九一一号）一八九〇年。
（4）関野貞「法隆寺金堂塔婆及中門非再建論」（『建築雑誌』二一八号）一九〇五年。（関野貞『日本の建築と芸術　下』再録、一九九九年、岩波書店）
（5）平子鐸嶺「法隆寺草創考」（『国華』一七七号）一九〇五年。
（6）喜多貞吉「関野・平子二氏の法隆寺非再建論を駁す」（『史学雑誌』16―4）一九〇五年。
（7）三浦周行「高麗尺と唐尺とについて」（『歴史地理』七月号）一九〇五年。
（8）関野貞「法隆寺堂塔非再建の新証拠」（『建築雑誌』四二七号）一九二二年。
（9）関野貞「日本建築史」（『アルス建築大講座』所収）一九二六―二八年、アルス（関野貞『日本の建築と芸術　上』再録、一九九九年、岩波書店）。
（10）家長三郎「北畠治房の法隆寺二寺説」（『建築史』2―3）一九四〇年。
（11）足立康「法隆寺新非再建論について」（『建築史』1―2）一九三九年。
（12）福山敏男「法隆寺金堂の天蓋と須弥座」（『建築史』1―5）一九三九年。
（13）福山敏男「法隆寺問題管見」（『東洋美術』19）一九三三年。
（14）福山敏男「法隆寺」（毎日ライブラリー『日本の美術』所収）一九五二年、毎日新聞社。
（15）村田治郎「支那建築史より見たる法隆寺系建築様式の年代」（『宝雲』三六号）一九四六年（『村田治郎著作集』一、一九八六年、中央公論美術出版所収）。
（16）村田治郎『法隆寺の研究史』一九四九年、毎日新聞社。
（17）『法隆寺国宝保存工事報告書　五重塔　第一三冊』一九五五年。
（18）浅野清『法隆寺建築綜観』一九五三年、便利堂。

(19)太田博太郎「法隆寺の歴史」(『奈良六大寺大観』第一巻　法隆寺一　所収)一九七二年、岩波書店。
(20)浅野清「西院伽藍の年代とその様式」(『法隆寺西院伽藍』〈奈良の寺1〉所収)一九七四年、岩波書店。
(21)竹島卓一『建築技法から見た　法隆寺金堂の諸問題』一九七五年、中央公論美術出版、八一頁。
(22)鈴木嘉吉「新再建論　法隆寺金堂と斑鳩宮」(『伊珂留我』法隆寺昭和資財帳調査報告6)一九八六年。
(23)光谷拓美「法隆寺五重塔心柱の年輪年代」(『奈良文化財研究所紀要』二〇〇一年。
(24)光谷拓美・大河内隆之「年輪年代法による法隆寺西院伽藍の総合的年代調査」(『仏教芸術』三〇八号)二〇一〇年。
(25)内陣は天井桁を井字形に組み、中央を格子組、周囲を支輪折上げとするが、このうち桁行南側と梁行東側の二本の天井桁は昭和大修理時に新材と取替えられている。その際、吊金具は旧のものを取外し、旧と同じ位置に打っている。その存在が今まで知られなかったのは、天蓋の取扱いが建造物修理とは別の陣容で行われ、別途に報告されるはずとして、金堂修理工事報告書では除かれていたためである。
(26)「造像記銅板　甲午年銘」法隆寺蔵、重要文化財。
(27)「大安寺伽藍縁起并流記資財帳」。
(28)西川杏太郎「法隆寺の金銅像」(『昭和資財帳　3　法隆寺の至宝』所収)一九九六年、小学館。
(29)前掲注21。四〇一頁。上重中央の切妻屋根部分は土居桁と叉首台を井桁に組んで化粧垂木の尻押えとしているが、その井桁枠の心々寸法は初重の入側柱心寸法と一致し、中央二本の小屋梁も初重中央の柱間隔に等しい。そのため修理工事報告書でも、「土居桁から上の屋根は殆ど初重の計画寸法に合せて作られていたといって差支えない程である」と記している。
(30)『法隆寺国宝保存工事報告書　金堂　第一四冊』一九六二年。
(31)隅以外の力肘木のうち、北面三丁には尾垂木下の中桁束の枘穴がある。
(32)『山田寺発掘調査報告』(奈良文化財研究所学報第六三冊)二〇〇二年。なお同研究所飛鳥資料館図録『奇偉荘厳　山田寺』(二〇〇七年)にこの長肘木を用いた

100　山田寺長肘木による組物推定図

組物の推定図（図100）をあげている。

八　建築からみる斑鳩の寺々

一　斑鳩地域の建築

斑鳩地域に所在する法隆寺・法起寺・法輪寺には、飛鳥・白鳳時代に建てられた木造塔婆建築が遺存し、併せて「斑鳩三塔」と呼ばれている。このうち法輪寺三重塔は惜しくも昭和十九年七月二十一日に雷火によって焼失し、古社寺保存法が施行された明治三十年に、他の二基と同時に特別保護建造物（のちに国宝）に指定された建物は失われてしまったが、幸にその後明治三十三〜五年に解体修理が行われた時の図面や資料が保存されていたため、昭和五十年に一部を復原しながら旧来の姿に再建することができた。

これらの斑鳩三塔は法隆寺が五重、他の二基が三重という層数の差はあるものの、構造や形式は殆んど同じと云ってよいほど酷似し、法隆寺金堂や中門も同様で、建築史上「法隆寺様式」として分類されている。

法隆寺・法起寺・法輪寺はいずれも聖徳太子由縁の寺々で、斑鳩には同類の中宮寺もある。中宮寺は天平十九年（七四七）の「法隆寺伽藍縁起并流記資財帳」に法隆学問寺、四天王寺、中宮尼寺の順に記載され、聖徳太子が建立した七寺の一つにあげられている。法起寺も池後尼寺の名で同じ七寺の中にあり、また法輪寺は「寺家縁起」では太子の病気平癒を祈って推古三十年に山背大兄王とその子弓削王が発願したという。ではこれらの寺々の建築が法隆寺と同様にすべて法隆寺様式で建てられたのであろうか。

二　法隆寺様式の特徴

1　柱は円柱で極めて太く、顕著な胴膨らみ（エンタシス）をつける。

2　柱と柱を結ぶ横材は頭貫と長押だけで、それらは通肘木等の他の横材と比べてかなり細い。また頭貫は一間づつ渡し架けるだけで、構造材としてはあまり働いていない。

3　柱の上の大斗は皿板をもつ。但し皿板はここだけで巻斗にはない。

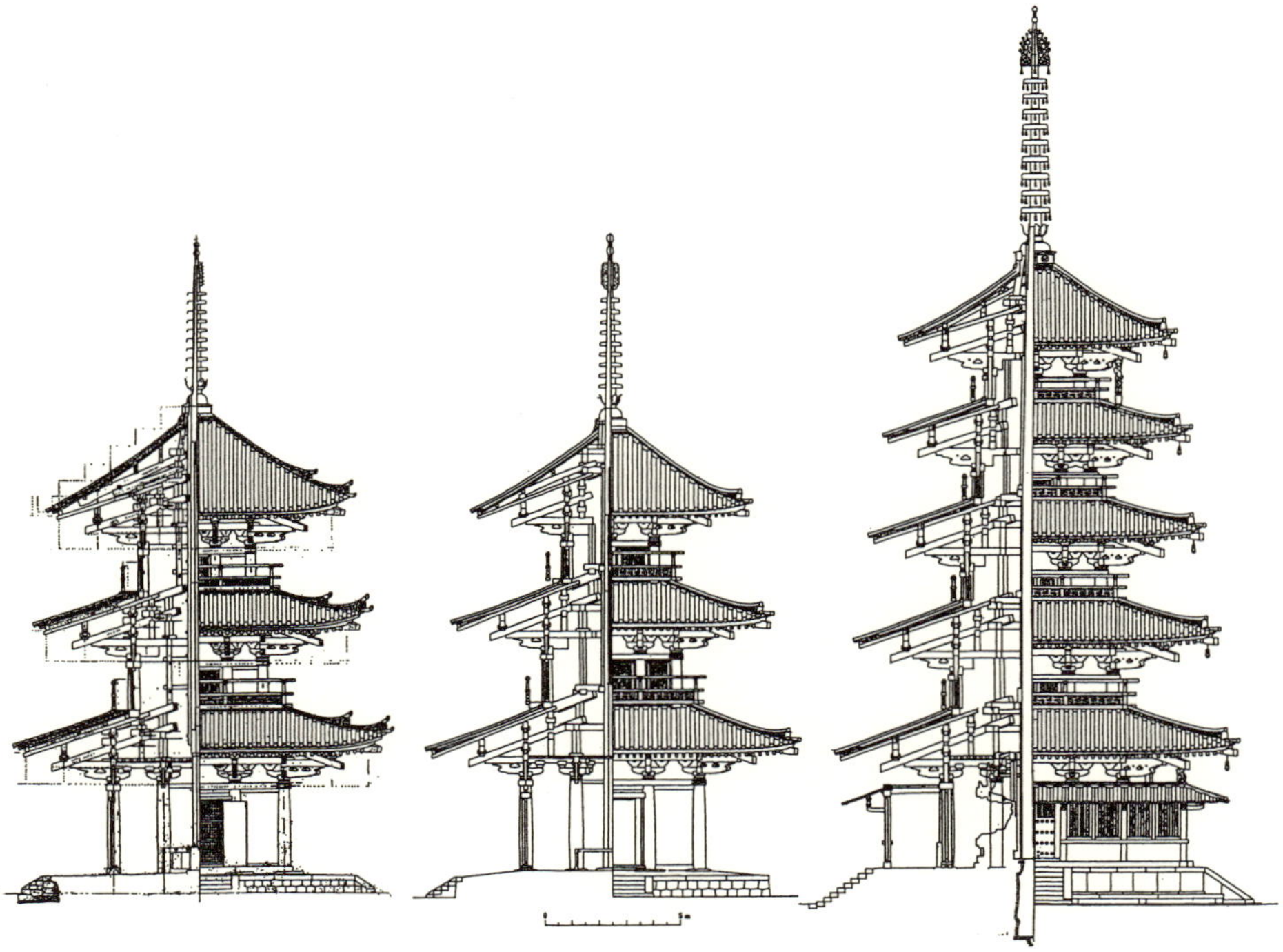

法輪寺（焼失前）　法起寺　法隆寺

101　斑鳩三塔

4　大斗上に肘木と斗を一体化した雲肘木を置き、その上の力肘木を前へ持出す。

5　雲肘木と相欠きに枠肘木を組み、成の高い雲斗を両端に置き通肘木を支える。そのため力肘木と通肘木は段違いに渡腮で組合わされ、前へ出る力肘木の断面欠損が少い。

6　尾垂木を力肘木の先端にかけて差出し、鼻に巻斗と雲肘木を据えて出桁を支える。

7　これらは雲形組物と呼ばれる特異な形式で、隅では斜め一方向だけに用いる。

8　柱筋には大斗上の枠肘木以外に横へ広がる斗栱がなく、通肘木・側桁を巻斗で井籠組状に積み上げる。

9　軒は平行の角垂木・一軒で軒天井がなく、深く入り込んだ軒下を全部表わす。

10　高欄は組高欄で地覆・平桁間に卍崩しの組子を飾り、腰組の平三斗の中備に人字形の束を用いる。

11　内部の組入天井には蓮華文を画くが、薬師寺東塔や唐招提寺金堂は格間四箇を用いて一花を配置するのに対して、一間毎に一花を画く。

12　なお法隆寺金堂の雲形組物には輪郭線に添った筋彫りを施すが他にはなく、また金堂・五重塔の前に出る雲肘木先端には舌がつくが他はなくなるなど、同様式でも変化がある。

三　雲形組物と柱配置

法隆寺様式の最大の特徴である雲形組物は深い軒の出を確保するためには有利だが、隅では斜め一方向にしか手先を延ばせない構法となっている。しかも日本の場合は垂木を平行に配列するため軒先の荷重は全部隅木にかかり、それを支持する隅行の雲肘木や尾垂木は大きな負荷をうける。実際に法隆寺五重塔と薬師寺三重塔を比べると初重の側柱心より出桁心までの距離は前者が一・八九メートル（六・二四尺）、後者が一・九四メートル（六・四二尺）で殆んど等しいのに、薬師寺式の斗と肘木を組合せる構法では、隅柱上から三方に手先を延して出桁を支えるのに対して、法隆寺式では出桁の交点だけしか支えられない。恐らくこの欠点を少しでも補うために、法隆寺様式の建物は隅の柱間が他と比べてかなり狭くなっている。隣りの組物を少しでも近づけて出桁の交点にかかる荷重の分散を図ったものと解せられる。

法隆寺金堂は身舎の柱間寸法が高麗尺の九尺で庇（隅の間）は六尺とする。垂木割りが一支〇・七五高麗尺なので一二支と八支である。上層は隅を七支、中の間は側面一一支、正面一一・五支とする。五重塔の場合は初重全長が一八高麗尺で二四支に当り、それを中の間一〇支・隅の間七支に柱を配置する。二重以上は各間一支づつ減じて二重目は六・九・六、三重目は五・八・五、四重目は四・七・四、五重目は三・六・三では隅があまり狭くなりすぎるので、六・六の二間にしている。法輪寺と法起寺の三重塔はこの初重・三重・五重を重ねたものである。

四　『愚子見記』にみる法起寺・法輪寺金堂

法隆寺が所蔵する『愚子見記』の第四冊（諸寺社）には内裏・二条城・大阪城から始まって近畿各地の寺社に所在する建築が記載されている。そのほとんどは延宝五年（一六七七）に集成したもので当時の様子がわかるが、それに次のような記事がある。

一、法起寺岡本寺ト云、亦池後寺トモ云　金堂　五間ニ四間、但隅ノま九尺五寸宛、其外何モ一丈二尺ま也、今ハ無之。三重塔中九尺、椽十支、脇六尺三寸ニ七支、軒六支、高石ヨリ大輪下迄一丈七寸。右惣構。

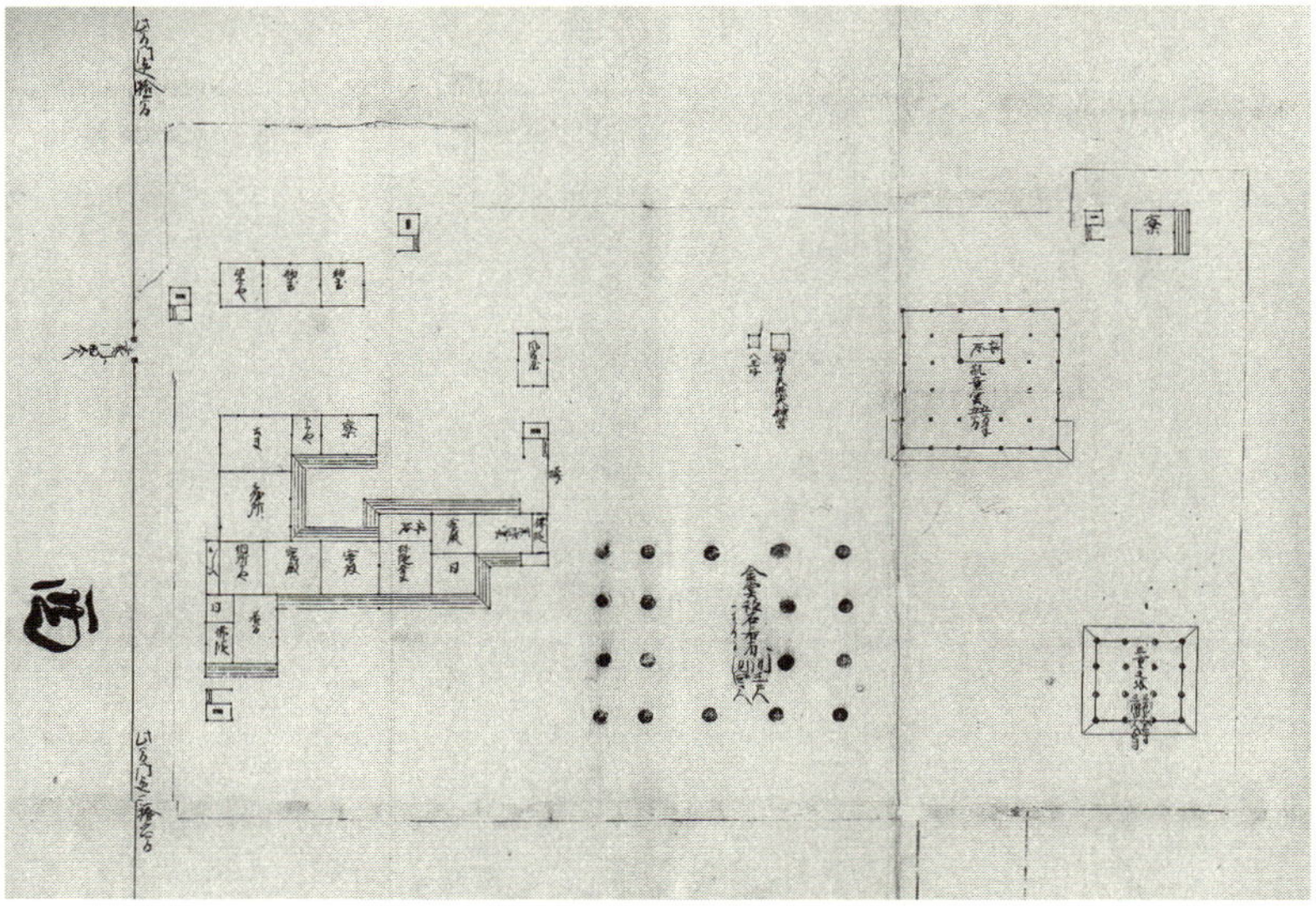
102　法起寺境内指図

一、法林《三井》寺　金堂《南向》　五間ニ四間、但隅ノま七尺二寸宛、其外何モ一丈七寸ま也、今ハ無之、講堂　七間ニ五間、但隅ノま一丈宛、其外何モ一丈三尺五分宛、今ハ無之。三重塔。門　中ノ間一丈五寸、脇七尺、
妻七尺二間、今ハ無之。

このうち法起寺三重塔に関わる寸法を現存する建物と照合すると、中央間九尺は実測値八・七六尺、脇間六尺三寸は同六・二〇尺と近似し、椽（垂木）の数（支割）の十支と七支は前記した法隆寺塔の十支と七支と同じで現在の法起寺塔も同様である。また軒六支は出桁より先の垂木の数によって現在の軒出寸法を表わすもので、これも現建物と一致する。高さも現状の礎石上面より台輪下バ迄は一〇・五八尺である。これらからみると『愚子見記』の寸尺はかなり正確であることがわかる。法輪寺については三重塔の名称だけ記しているが、恐らく寸尺が法起寺と同じだからそれを省略したのであろう。

ところで両寺とも金堂は今は無いのに規模・寸法の記載がある。法隆寺には江戸時代初期の「法起寺境内指図」があり、それに金堂の礎石が並ぶ状況が画かれている。法輪寺も同様な状況でそれらを計測したものと思われる。両者とも五間×四間で、法隆寺金堂の柱配置と等しいが、その寸法をまず法輪寺からみると、隅間七・二尺、その他の間一〇・七尺は、法隆寺金堂の七・一二尺と一〇・五八尺（これらは高麗尺で六尺と九尺）に極めて近似する。鎌倉時代に法隆寺の僧顕真が記した『聖徳太子伝私記』にも「三井寺また法林寺には金堂、講堂、塔、食堂等が在って建立の様は法隆寺に似る」とあるので、恐らく金堂は法隆寺と同規模、同形式であったのであろう。

一方、法起寺金堂は同じ五間×四間でも隅間九・五尺、その他一二尺と全く柱間寸法が異り、法隆寺様式特有の隅間を特に狭くする柱配置ではない。「法起寺境内指図」には四間×三間の礎石を画き「金堂跡石居有」と記す。「跡」以下は補綴紙への書き込みで、その下に寸尺の記載があり、辛うじて八間三尺・六間四尺と読める。これは京間だから五五尺と四三尺に当り『愚子見記』の寸尺と一致する。とすると法起寺金堂は隅の間を狭くとる法隆寺様式ではなかった可能性が高い。しかも法隆寺金堂（四六・八×三六尺）、山田寺金堂（四八×三八尺）よりかなり大きく、川原寺金堂（五六×四〇尺）に近似している。

但し『愚子見記』の寸尺に全く問題がないわけではない。それは発掘遺構と合わないことで、法輪寺の金堂跡は基壇規模が五〇・一六×四二・二四尺で、法隆寺金堂上成基壇の六八・一八×五七・二七尺より一回り小さい。法起寺も五三×四二尺と推定されている。これでは『愚子見記』の建物寸法にも足りない。法隆寺の塔と金堂を東西置き換えたのが法起寺式伽藍配置とよく云われるが、金堂の規模・形状を含めて問題が多い。

法起寺は平安時代に書き取った塔の露盤銘によると聖徳太子の岡本宮を御子山背大兄王に託して寺に改め、舒明十年（六三八）福亮僧正が金堂を建立して弥勒像を安置したと云う。舒明二年（六三〇）に第一回の遣唐使が派遣され、同十一年には最初の官寺である百済大寺（のちの大官大寺）の造営が始まるから、法起寺金堂もそうした新動向を採り入れたものであったかもしれない。なお平成八〜十二年にこの百済大寺に当ると思われる吉備池廃寺跡が発掘され、東に金堂、西に塔が並立する大伽藍が明らかになった。但し金堂・塔とも柱配置は明らかでない。

五　中宮寺塔・金堂跡の発掘

近年斑鳩町教育委員会によって中宮寺跡の再発掘が行われ、遺跡の状況がかなり明確になった。寺跡は塔と金堂が南北に並ぶ若草伽藍と同様な配置で、塔には地下式心礎が残るが建物の平面や基壇の規模を明示するものはなく、版築層の遺存状況から一辺一四メートル（四六尺）程度と推定された。これは法隆寺五重塔下成基壇の四五・六尺に近似し、若草塔の掘込基壇の五二・三尺より小さい。

金堂は創建基壇が凝灰岩切石積で東西約一七メートル（五六・一尺）、南北約一四・四メートル（四七・五尺）、再建基壇は瓦積みで

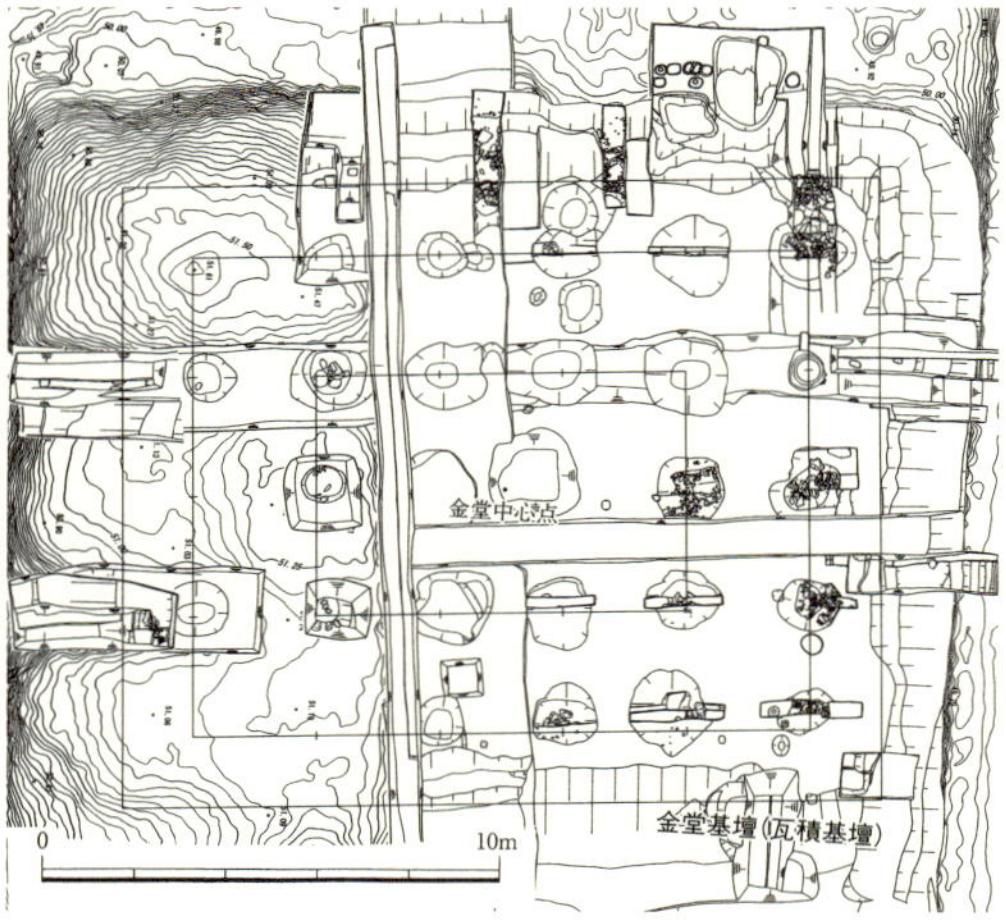

103　中宮寺金堂発掘平面図

104　聖徳太子絵伝屏風画（模写）

東西一六・四メートル（五四・一尺）、南北一三・八メートル（四五・五尺）、基壇上面の礎石跡から判る建物規模は五間×四間、約二・七メートル（八・九尺）等間である。但しこれらは再建時のもので、再建時期は平安～鎌倉時代という。

ところで問題はその礎石跡の一つに創建時の根石が残るものがあり、建物規模は当初から変らないとする見解が根強いことである。礎石自体も上面に円柱座を造り出すものが一箇現存し、同種のものが現中宮寺奥庭に八箇転用されている。金堂の柱間寸法は白鳳期の川原寺や本薬師寺では身舎と庇の差が小さくなるが等間の例は見当らない。最も近いのは当麻寺金堂で、五間×四間の桁行中央間を九尺、他をすべて八尺とする。当麻寺金堂は現在の建物は文永五年（一二六八）ころの再建であるが、礎石二八箇のうち円柱座をもつ古式の礎石が一一箇あり、平面は古代を踏襲すると考えられている。

発掘された中宮寺金堂の礎石配置は側柱心から基壇外装までの距離が再建時では一・七メートル（五・六尺）しかない。雨落ち心をその外二尺程度とみても軒の出は七・五尺ぐらいで納まる。創建時の基壇は丁度一尺大きいから、柱位置が変らないとすると軒の出は八・五尺となろう。ところが法隆寺東院絵殿に延久元年（一〇六九）に画かれた「聖徳太子絵伝屏風」には、中宮寺伽藍の姿がある。法興寺無遮大会の場面がそれで、金堂は桁行五間・梁間三間の重層入母屋造で、上下層とも大きく軒を張り広げている。建物外周の基壇面もかなり広い。どうもこれは発掘された礎石跡を全部創建時の踏襲とする点に問題がありそうなのである。

そこでもう一度検討すると創建時の根石をもつ礎石跡が三間×二間の身舎の東

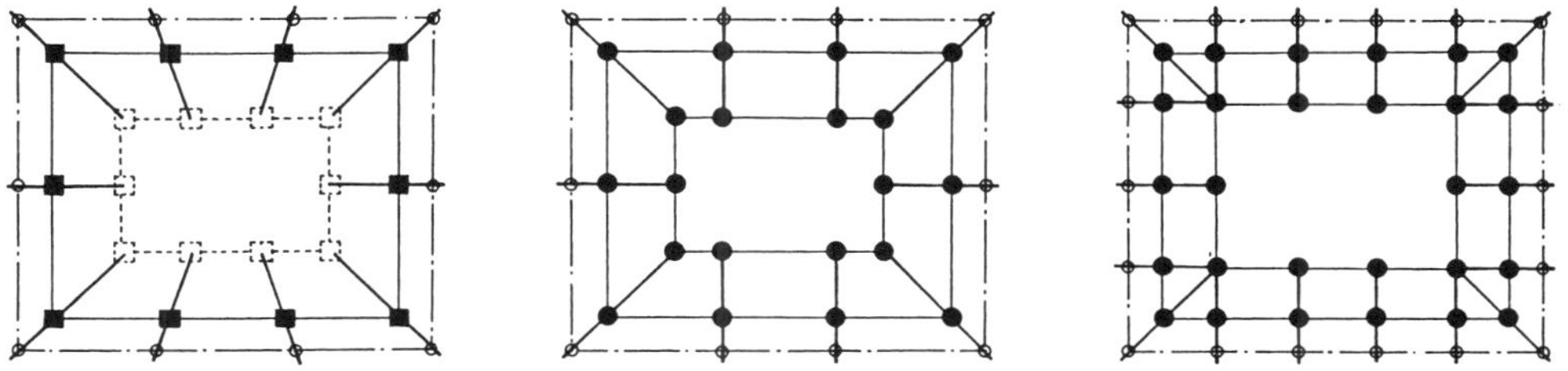

1　玉虫厨子（身舎は想定）　　2　山田寺金堂　　3　法隆寺金堂

●■　柱
――　細物を含む出桁を支える構造体
―・―　出桁
○　出桁を支える支点

105　金堂の平面比較図（山田寺発掘調査報告）

南隅位置に当ることが注目される。これからすると身舎の規模は再建時にも踏襲されたとみてよい。では庇（端の間）が創建時には狭かったのを再建時に広げたと考えられないであろうか。身舎の柱間寸法約二・七メートル（八・九尺）は法隆寺様式塔の初重中央間の八・八尺に近いから、試みにこれを一〇支、庇を七支とすると柱間寸法は六・二尺となり、一一尺程度の軒の出が見込まれる。初重軒の出寸法は法隆寺金堂が一四・五尺、五重塔が一三・〇尺、法起寺塔が一一・五尺である。中宮寺金堂と現存の建築群では建築年代が大きく異るから、法隆寺様式特有の柱配置を遡って適用することの無理は否めないが一つの目安となろう。中宮寺は塔と金堂の間が、四天王寺や若草伽藍に比べて異常とも云えるほど狭い。それだけに両者の均衡は一層重視された筈で、軒の出が七～八尺程度の建物では軒下の組物も比較的簡単なもので、重層建築になるとは到底考え難い。それにしても発掘では創建時の規模を明らかにし得なかったのが惜しまれる。

六　発掘遺跡からみる法隆寺様式

斑鳩地方の寺院では、法輪寺金堂は法隆寺様式だが法起寺金堂は異ること、中宮寺金堂は可能性はあるがどうもそのままはあてはめ難いことが判った。残念ながら若草伽藍の塔・金堂や、屏風絵には初重に板葺の裳階をつけた三重塔に画かれている中宮寺塔については、遺跡からの手掛りはない。ではもう少し範囲を拡げて探ってみたら如何であろうか。この場合、門や回廊は組物が簡単であったり、用途上の問題があったりするので、検討対象を金堂と塔だけに限ることにする。

金堂で柱配置が判る最も古い例は山田寺で身舎・庇とも三間×二間の特異な平

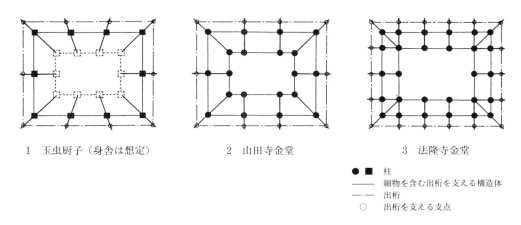

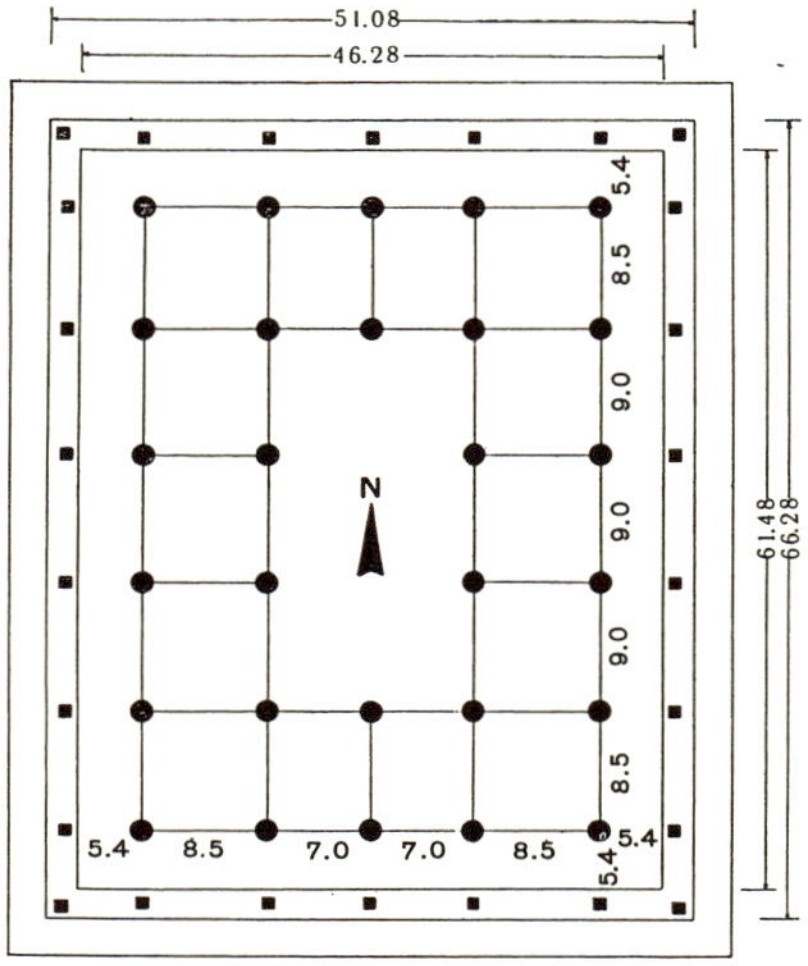

飛鳥寺東・西金堂

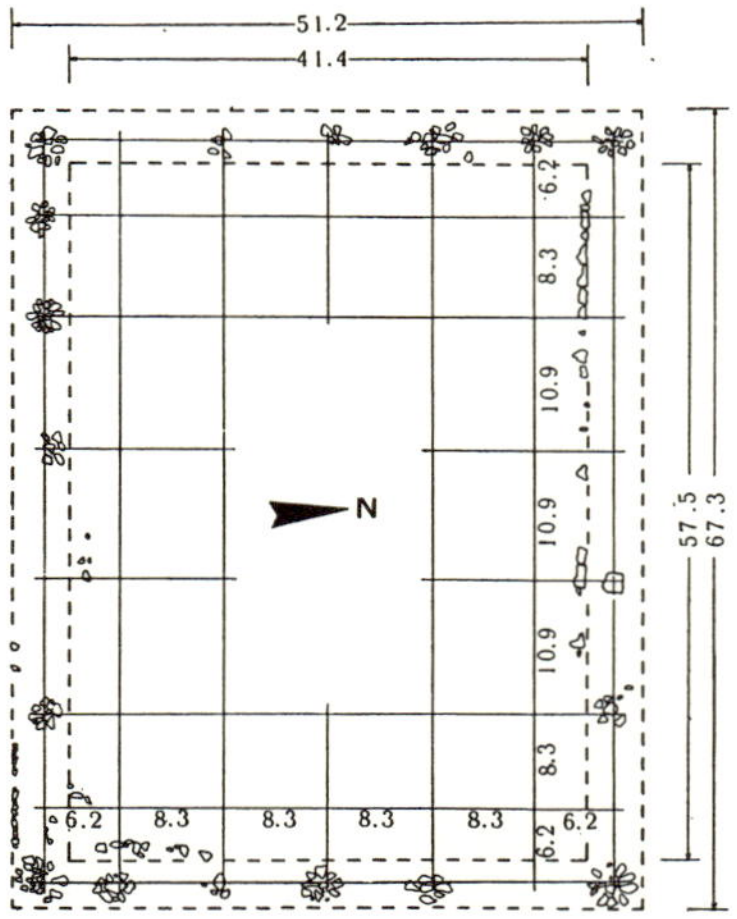

定林寺金堂

106　小礎石付金堂平面比較図（飛鳥寺発掘調査報告）
（太字は復原高麗尺）

面をもっている。側柱心から基壇外縁まで一一・五尺なので軒の出は一四尺前後が想定され、法隆寺金堂と近い。柱配置が同心円的な性格をもつことから、正背面の組物を斜め方向に差出す玉虫厨子との類似性が考えられるが、組物は雲形斗栱ではなく通常の肘木と斗を組合わせた形式の初歩的なものであったらしい。なお玉虫厨子は桁行を三等分した位置に雲形組物を置き、斜めに開いた先端が出桁をほぼ三等分して受ける形となっている。

山田寺を除くと七世紀の金堂跡で平面、寸法が確実な例は、川原寺、本薬師寺など白鳳期に下る寺となるが、いずれも天平建築につながる柱配置で、法隆寺様式特有の隅の間を狭くする形式ではない。一方、塔跡では飛鳥時代の確実な例はなく、川原寺・山田寺、本薬師寺などすべて白鳳期に属し、これも三間等間かそれに近く、法隆寺式ではない。斑鳩地方に接する尼寺廃寺の塔も三間等間である。このようにみると遺跡で明確に法隆寺様式と指摘できる例はまだ発見されていないといえよう。

実はこれは隣国朝鮮半島の遺跡も同様なのである。日本の仏教建築は周知のように五八八年の飛鳥寺建立時に、百済から渡来した工人たちの指導によって始まった。飛鳥寺の瓦が百済の瓦とよく似るのは、そのことを如実に物語っている。それなら建築遺跡も日本と同じものが朝鮮三国、少くとも百済には存在する筈なのに見当らないのである。逆に興味深いのは飛鳥寺の東・西金堂でみられる、二重基壇で下成壇に小礎石を配列する建築遺跡が朝鮮三国に数多く存在する点である。高句麗の清岩里寺（四九八年創建）八角塔を始め、百済・軍守里寺（六世紀半ば）の塔・金堂、同定林寺（六六〇年以前）の金堂、新羅・皇龍寺（五七四年ころ）の中金堂などで、統一新羅の四天王寺（六七九年）金堂まで継続する。四天王寺は朝鮮半島における双塔式伽藍配置の最初の例で、天武天皇が六八〇年に発願された薬師寺の配置に、大きな影響を与えたと考えられる寺である。

古代朝鮮諸国では小礎石付建築がこれだけ永く用いられたのに、日本の場合、何故飛鳥寺だけに止ったのであろう。反対に法隆寺式の柱配置が日本にあって朝鮮諸国にみられないのは何故であろうか。一つの仮説ではあるが、小礎石配置の場合、必然的に隅の間が狭くなるのが軒を支えるのに有利であることから、それを本建物に応用したと考えるのは如何であろう。小礎石上に立つ柱は元来、裳階と軒支柱を兼用するものであったが、本建の隅の間を狭めて隅軒の支持力を強化し、外周の小柱を廃止したと考えるのである。法隆寺金堂では裳階の隅柱が台輪より上に延びて隅尾垂木の先端を支えているのに、五重塔では延ばさない。これは五重塔では隅の力肘木と雲肘木を一木で作り出すことによって構造を強化したためで、金堂の場合は隅の間を狭くして軒支柱を廃止しようとしたのに果せず、五重塔に至って漸く目的を達成することができたと解せられる。裳階の隅柱は金堂・塔とも慶長修理材に取り換えられていたが、台輪は何れも当初材が残り、金堂では隅柱を細めて台輪を貫通する一方、塔は台輪下面に枘差しとなっている。現在は棟木の隅上に元禄修理時の獅子（金堂）や力士（塔）の彫刻を飾るが、前者は柱に抱かせたもの、後者は丸彫りである。

七　裳階の再検討

今まであまり注目されたことはないが法隆寺様式の尾垂木は意外に長い。側桁心から尾垂木木口までの長さは金堂初重で八・八尺あり、これは薬師寺東塔初重尾垂木の七・四尺よりかなり大きい。一方、尾垂木上の巻斗で支える出桁の柱心（側桁心）からの距離は前者が六・一五尺、後者が六・四二尺で近似している。この差は巻斗から尾垂木木口までの長さが薬師寺ではごく短いのに法隆寺は長いからである。この部分は俗に尾垂木の鼻と呼ばれていて、薬師寺以降は時代が下るほど長くなって反り増しがつくのは、よく知られている。これからすると法隆寺式は最も古いのに最も長いという矛盾を抱えることになってしまう。

その点で注目されるのは金堂・塔とも隅尾垂木の上面先端に隅木を支える束があったことである。両者とも慶長修理時に本来の尾垂木上にもう一本の尾垂木を加え、薬師寺東塔以下の日本建築がすべてそうであるように、隅を二重尾垂木としていた。現在はそれが復原されて隅も他の平の箇所と同じ一重となっている。この隅尾垂木の上面先端に両脇を切り欠いて束を立てた仕口がある。薬師寺東塔でも二重尾垂木の先端上面に束を置き、唐招提寺金堂ではそれが力士像になっている。これは中国では角神と呼ばれ、唐代の仏光寺大殿以下使用例が多い。ところが薬師寺以下の例ではこの束が普通は上下に仕口を作らず、尾垂木と隅木の間に挿し込む構法であるのに、法隆寺の場合は上部を隅木下面に枘差し、下部を尾垂木に渡腮とする建て込み仕事なのである。即ち隅尾垂木の先端で直接隅木を支える構造であり、そのために尾垂木の鼻が長いのであった。なおこの束は何故か金堂・塔とも昭和修理では復原されなかった。

そこでもう一度裳階の隅柱に戻ると、金堂の初重隅尾垂木下面には現在の斗の以前に隅行方向（尾垂木と同方向）の方五寸五分ほどの角柱の圧痕と、平行方向（軸部と同方向）でそれよりやや太い角柱の圧痕がある。後者は裳階の隅柱がそのまま延びたものと判断されるが、前者はそれ以前の独立した支柱と考えざるを得ない。これに関連して興味深いのは、金堂の南面に現在の裳階以前に庇のようなものが取付けられた痕跡が残ることである。それは柱の頂部正面と頭貫の中央一箇所にある枘穴で、垂木を差し込んだ仕口と思われ、隅柱では隅行と側面を加えて三方に付き、庇が本体の隅柱筋より外方へ延びていたことがわかる。これは恐らく庇の桁が軒の隅支柱を利用して取付けられたためであろう。即ち軒の隅支柱は建物造営の当初から存在し、それを利用して始めは南面だけに柱頂部に差し掛ける形で簡単な庇が設けられていたのを、或時期に隅支柱を取替えて現在の裳階に造り直したと考えられる。法隆寺の裳階は塀のような構造物で、天井も当初はなかった。薬師寺東塔の角柱上に平三斗を据えて二軒とした裳階や奈良時代の興福寺・東大寺などの金堂に設けられた丸柱による本格的な建築の裳階とは全く異なり、それは軒の隅支柱を利用したこのような成立事情に基づいているのである。

八　法隆寺様式は日本で生れた

法隆寺様式の角垂木を平行に配置する軒は日本式とみる人が多い。中国の石窟寺院などには同例があるから、軒も中国伝来の形式とする説もあるが、出桁の上に面戸板を並べて隙間を塞ぐのは日本式としか思えないから、軒自体も日本式だろうとする竹島卓一の説は共感を呼ぶ。現存する古代建築は法隆寺を筆頭にすべて平行垂木とするが、大阪四天王寺の発掘では丸垂木を隅で扇状に配列する軒が発見され、山田寺金堂も同様な形式と考えられている。中国や朝鮮の建築は伝統的に丸垂木の隅扇配置が主流で、日本にも当然それが輸入されていたのである。しかし薬師寺東塔や唐招提寺金堂が中国唐代の建築を学んだことからも明らかなように、中国には平行垂木の系統もあった。法隆寺様式の角垂木平行配置は日本式だが、恐らく丸垂木を平行に並べる軒が古くからあり、それも朝鮮半島を通って日本に輸入されていたに違いない。

ここから大きな飛躍になるのだが、前述の小礎石付建物はこうした平行垂木の軒をもっていたと推測するのは如何であろう。平行垂木は隅木に配付けになるから隅では大きな荷重がかかりその補強に小礎石上の支柱が必要であったと考えるのである。小礎石の用途には軒支柱説と裳階柱説とがあって未だ定説はない。しかし金堂の隅支柱が両者を兼ねていることからすると、もともと兼用の可能性も小さくない。発掘調査例で本体の礎石と小礎石との関係が判るものは少ないが、両者の距離は六〜七尺程度が多く、金堂裳階の梁間が最大七・四五尺（東面）から最小七・〇尺（北面）であるのに近い。金堂の尾垂木が長いのは本来隅だけでなく全部の尾垂木下に支柱を立てた構法があった可能性を示すのではなかろうか。

小礎石付建築と法隆寺様式との関連を以上に述べたようにたどると、現在の法隆寺様式は日本で成立したことになる。「現在の」というのは、法隆寺式の雲形組物には尾垂木上に中桁があって、この様式が日本に輸入された時には扇垂木だったと考えられるからである。その扇垂木を日本人好みの平行垂木に変え、しかも大きな軒の出を確保するために小礎石付建築の構法がヒントになった。それがかなり早く行われたために小礎石付建築は姿を消した。これが私の推理である。その最初の建物が若草伽藍の金堂だったとしたらどうであろうか。斑鳩の寺々では法起寺金堂が法隆寺様式ではなかったことを先に述べた。法起寺金堂は塔露盤銘によると舒明一〇年（六三八）の構立である。すると法隆寺様式は聖徳太子信仰が興隆する中で、この地域の限られた寺だけに用いられたのかもしれない。法隆寺様式を追いかけながらさまざまな想像が浮んでくるが、真相はまだはるか彼方にあるように思われる。

九　再考法隆寺と山田寺

一　造営年代が判る飛鳥の寺

飛鳥時代の寺で記録から造営の経過や年代が判るのは飛鳥寺と山田寺だけで、その建築は法隆寺との比較上最も重視される。特に山田寺は発掘で豊富な建築に係わる資料が得られた結果、飛鳥時代の建築に対する従来の考え方に大幅な修正を促した。

山田寺年表

舒明十三年	（六四一）	寺地を定め整地する。
皇極二年	（六四三）	金堂を建つ。
皇極四年	（六四五）	乙巳の変、蘇我入鹿を殺害。
大化四年	（六四八）	僧侶が住み始める。
大化五年	（六四九）	蘇我石川麻呂、仏殿の前で自ら経死する。
天智二年	（六六三）	造塔に着手する。
天武二年	（六七三）	塔の心柱を立て、心礎に舎利を納める。
天武五年	（六七六）	塔の露盤を上げる（完成）。
天武七年	（六七八）	（講堂）丈六仏像を鋳る。
天武十四年	（六八五）	丈六仏開眼。天武行幸。

107　山田寺復原鳥瞰図

二　建築部材で実物比較ができる回廊

回廊は発掘された建築部材によってほぼ完全な復元が可能で、建築自体を法隆寺回廊と比較検討することができる。回廊は両寺とも桁行と梁間の柱間寸法が等しい点で類似性をもち、法隆寺は一二・二尺、山田寺は一二・五尺と規模もよく似る。柱もほぼ同じ太さで共に胴張りをもつが、山田寺は法隆寺より五〇センチメートル短く、しかもそれを繋ぐ頭貫や腰長押などの横材は太い。そのため全体に重厚で頑丈そうな反面、ややズングリした感があるのは否めない。一方、法隆寺は横材が細く軽快で、太い柱の力強さを一層ひき立たせている。組物も同じ平三斗形式だが山田寺には肘木に舌がつき、法隆寺は大斗に皿板がある。垂木も山田寺は丸垂木、法隆寺は角垂木とする。山田寺では連子窓を直接頭貫に取付けたり、大斗を据えるために頭貫を欠きとるなど組立方法も大分に異なる。連子窓は、法隆寺は上下とも長押を使うため下から順に組立ててゆけるのだが、山田寺はさし上げ方式で上から組まねばならず、下は腰長押というより窓台の意味が強い。扉も法隆寺は上下の長押に吊り込むのに山田寺は唐居敷と藁座を用いる。中国では後者が伝統方式で、各時代に亘ってみられるのに長押の例は全くない。もともと中国では長押のように細く真直な建築用材が採れる樹種が少ないためであろう。

こうしてみると山田寺はほぼ同時代の中国建築を直接の手本にしたと思われるのに対して、法隆寺には皿斗のような古式の要素が残る一方、扉や窓など造作部分には日本式技術を採り入れたと考えられる部分もあって、古い時代の中国様式と日本式とが融合したものとみられる。山田寺は古代建築としては珍しく柱にクスを用いている。中国では古来上級建築には楨柏（コノテガシワ）を用いたが、クスと楨柏は削った木肌がよく似ている。山田寺のクスは楨柏の代用だったのだろうか。

108　山田寺回廊倒壊状況

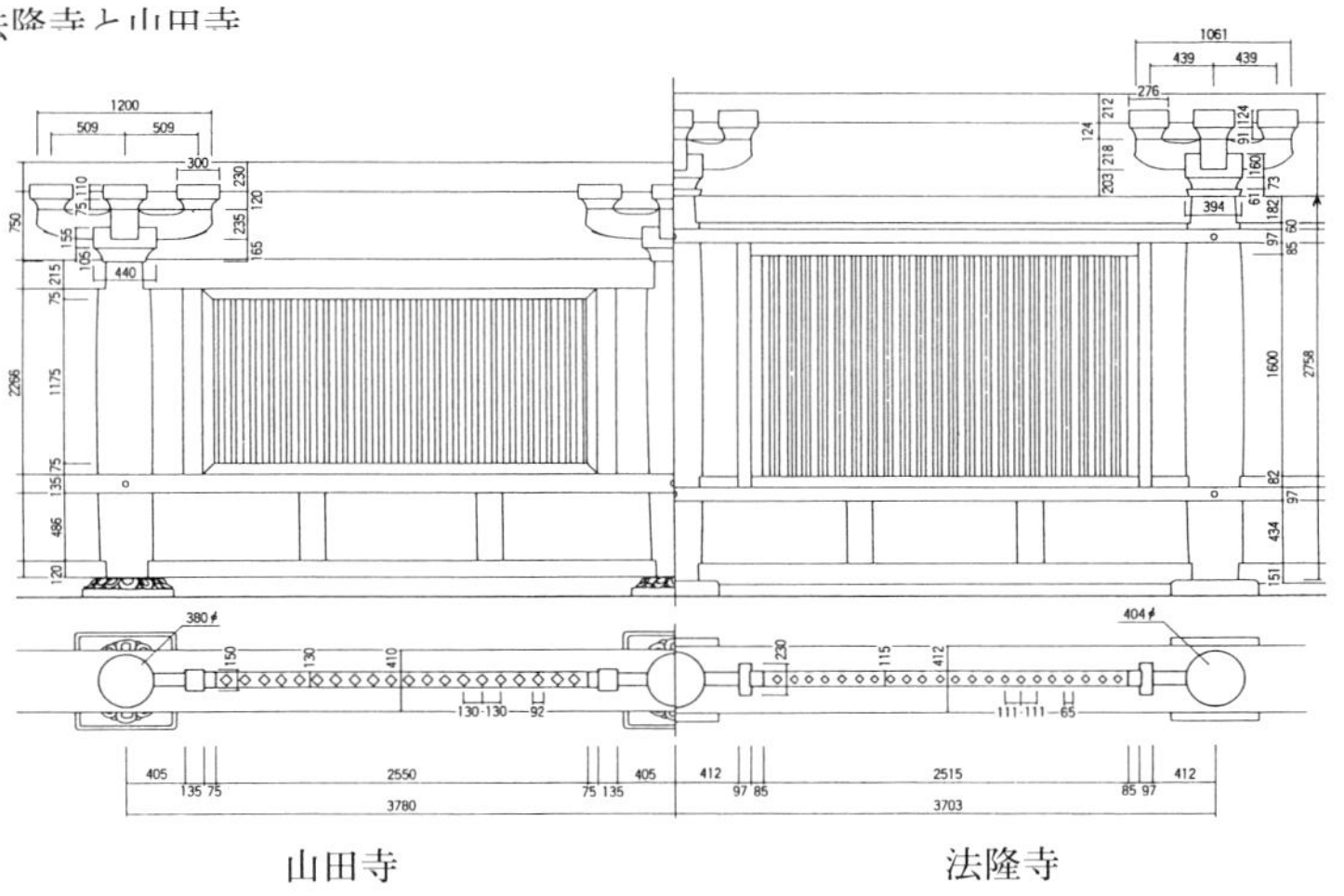

109　回廊比較立面図

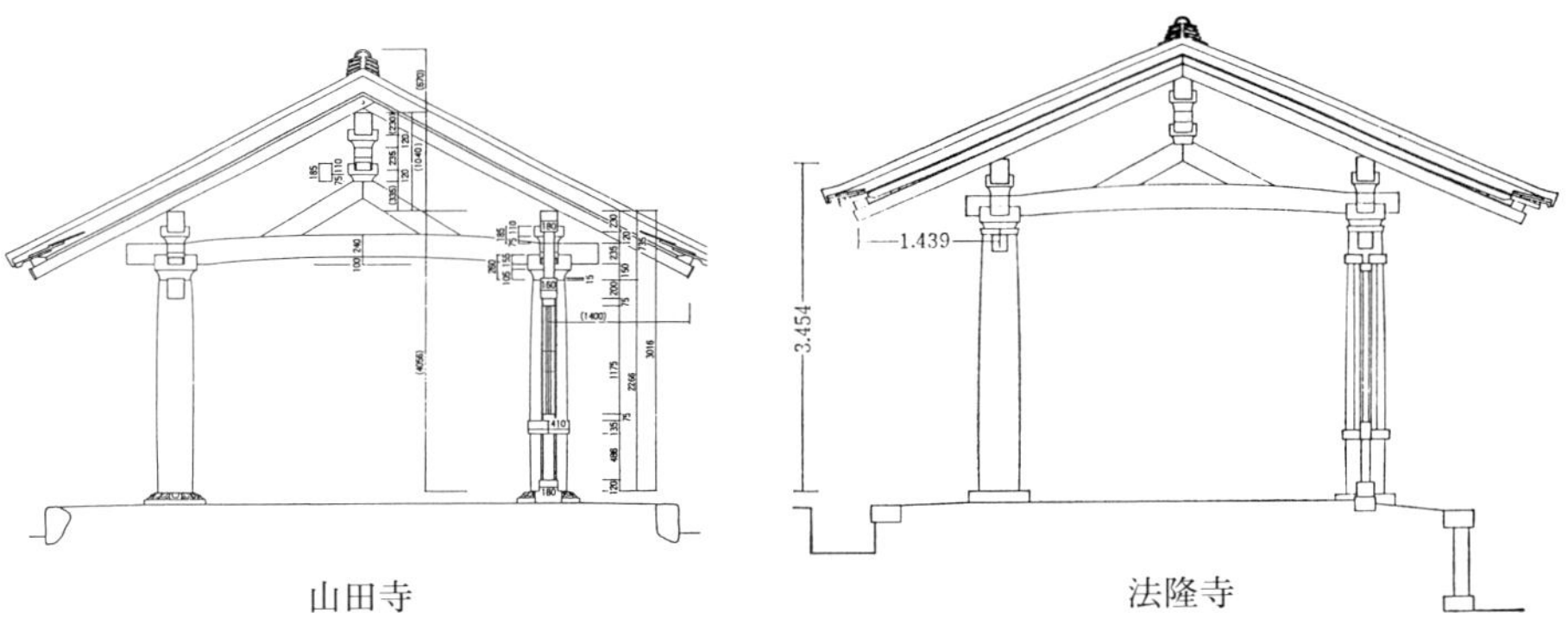

110　回廊比較断面図

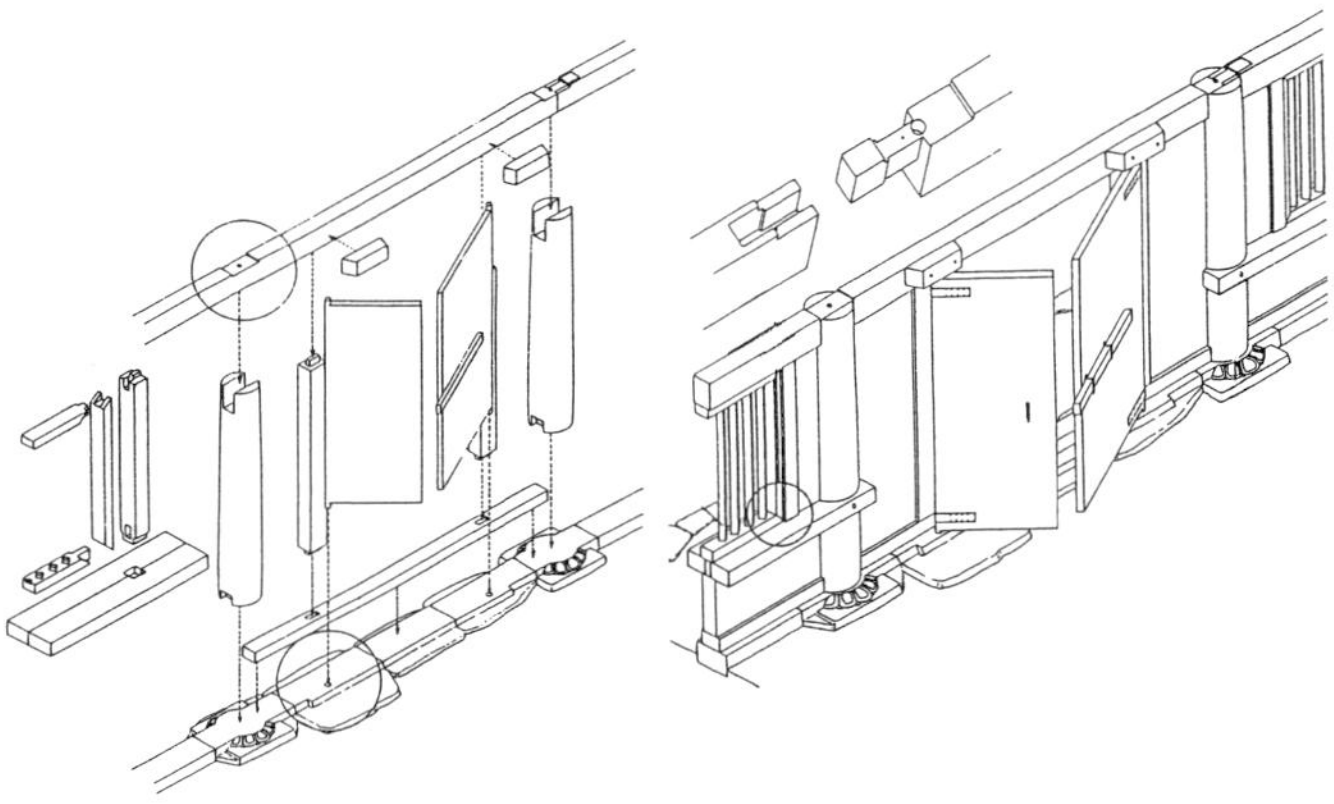

111　山田寺回廊組立工法図

三　風変りな三間三戸の南門

礎石だけしか残らない南門も一風変った構造であったことが判る。門は桁行三間梁間二間で、棟通りの礎石には扉軸穴が中央間だけでなく脇間にもあり、三間とも扉口であったことが知られる。普通は法隆寺東大門のように中央間が扉口で三間一戸八脚門と呼ばれるが、これは三間三戸八脚門とでも呼ぶべきものである。ところが中の間東脇で二箇の軸穴を穿つ礎石は穴の心々距離が四四センチメートル、内々では三二センチメートルしかない。南側列礎石は直径六〇センチメートルの円柱座を作り出しており、回廊が径四二センチメートルの円柱座に径四〇センチメートルの柱を立てていることからみても、南門の柱は最低五〇センチメートルはあったと思われる。もし棟通りも同じような円柱とすれば軸穴を殺してしまう。とするとここは太い円柱ではなく角の方立柱が想定される。棟通りが親柱で前後に控柱をもつ八脚門ではなく、主体部は丸柱が前後に四本づつ立つ桁行三間梁間一間で、その中通りに方立柱で扉が並ぶ構造なのである。これでは八脚門と称するのは不適切で八柱門とでも呼ぶのであろうか。

同例は日本にはないが韓国に現存する。江陵客舎門は高麗時代（九一八〜一三九二）の建築で、三間とも扉口とする点も等しい。遡ると百済の首都であった扶余の定林寺遺跡の中門が同じ構造らしい。発掘報告をみると桁行三間・梁間一間の礎石跡が検出され、梁間は一八尺と桁行各間（中央一四・五尺、脇一二尺）よりかなり広い。これは恐らく中通りに方立柱があったが、その礎石が小さくて跡が残らなかったものであろう。定林寺は百済塔と呼ばれる石造五重塔があり六六〇年以前に造営されたことが判る。山田寺の南門は第一期が掘立柱で、礎石を用いた建物は塔と同様に天武朝の造営と考えられているが、その際百済もしくは新羅からこのような建築を学んだのであろうか。日本では蓮弁付の円柱座をもつ礎石が山田寺だけに見られるのと同様に、八柱門の例も今のところ他に見当らない。とすると八柱門の構法も山田寺創建時に導入されていて、その技術が伝承されたのかもしれない。

112 山田寺南門発掘状況（東より）

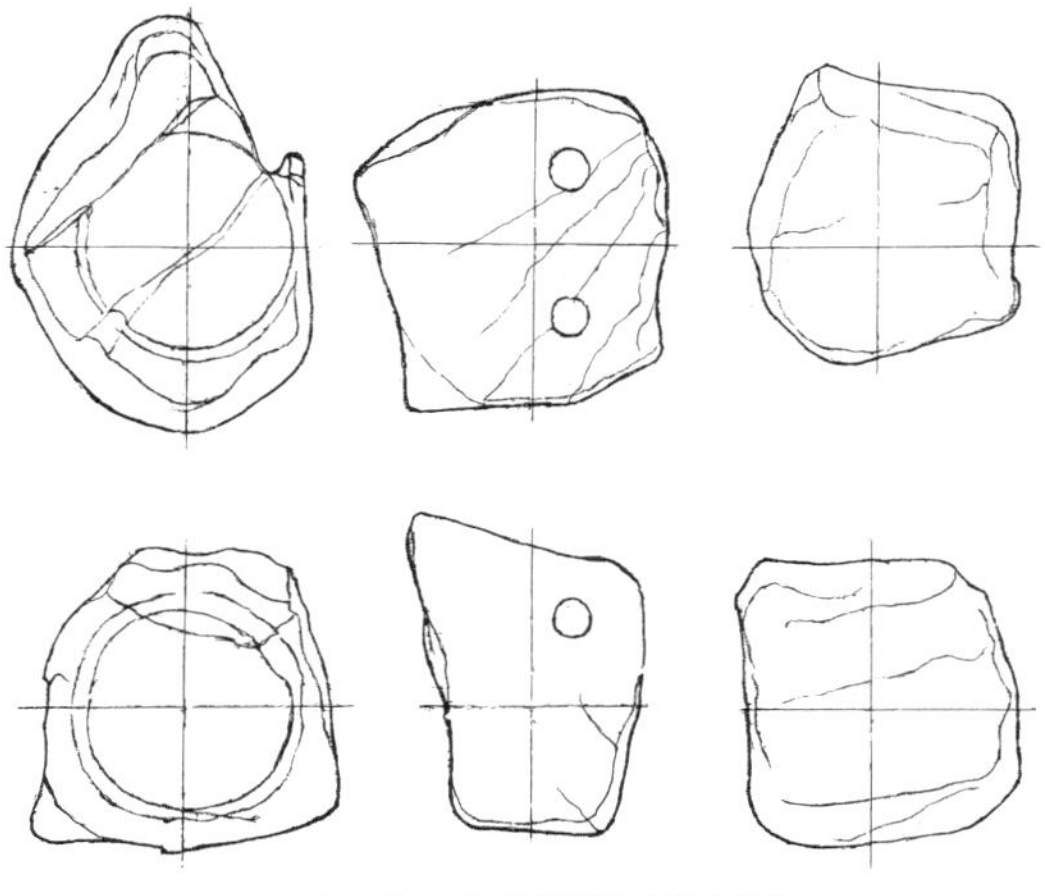

113　山田寺南門礎石詳細図

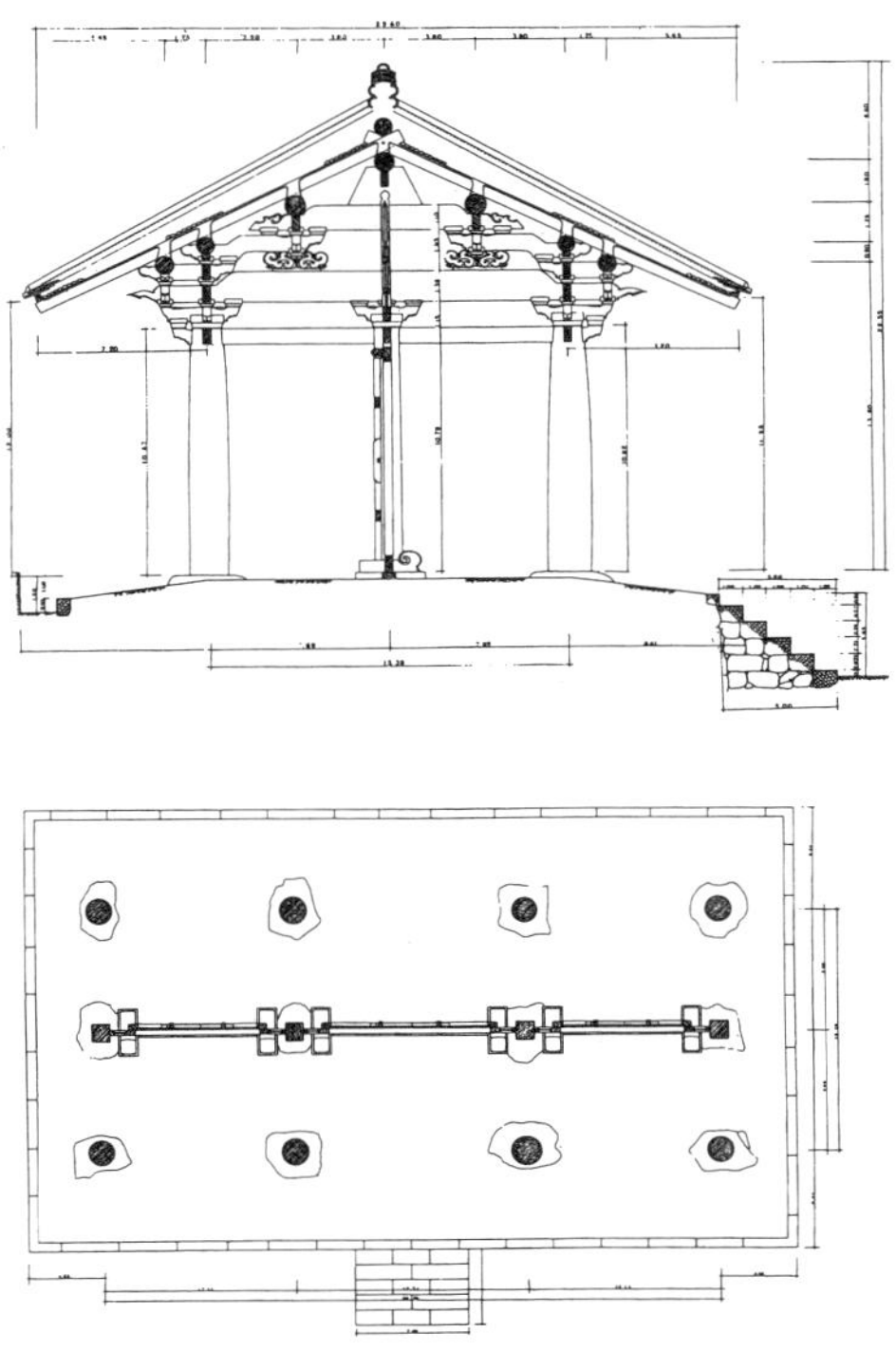

115　江陵客舎門（韓国）

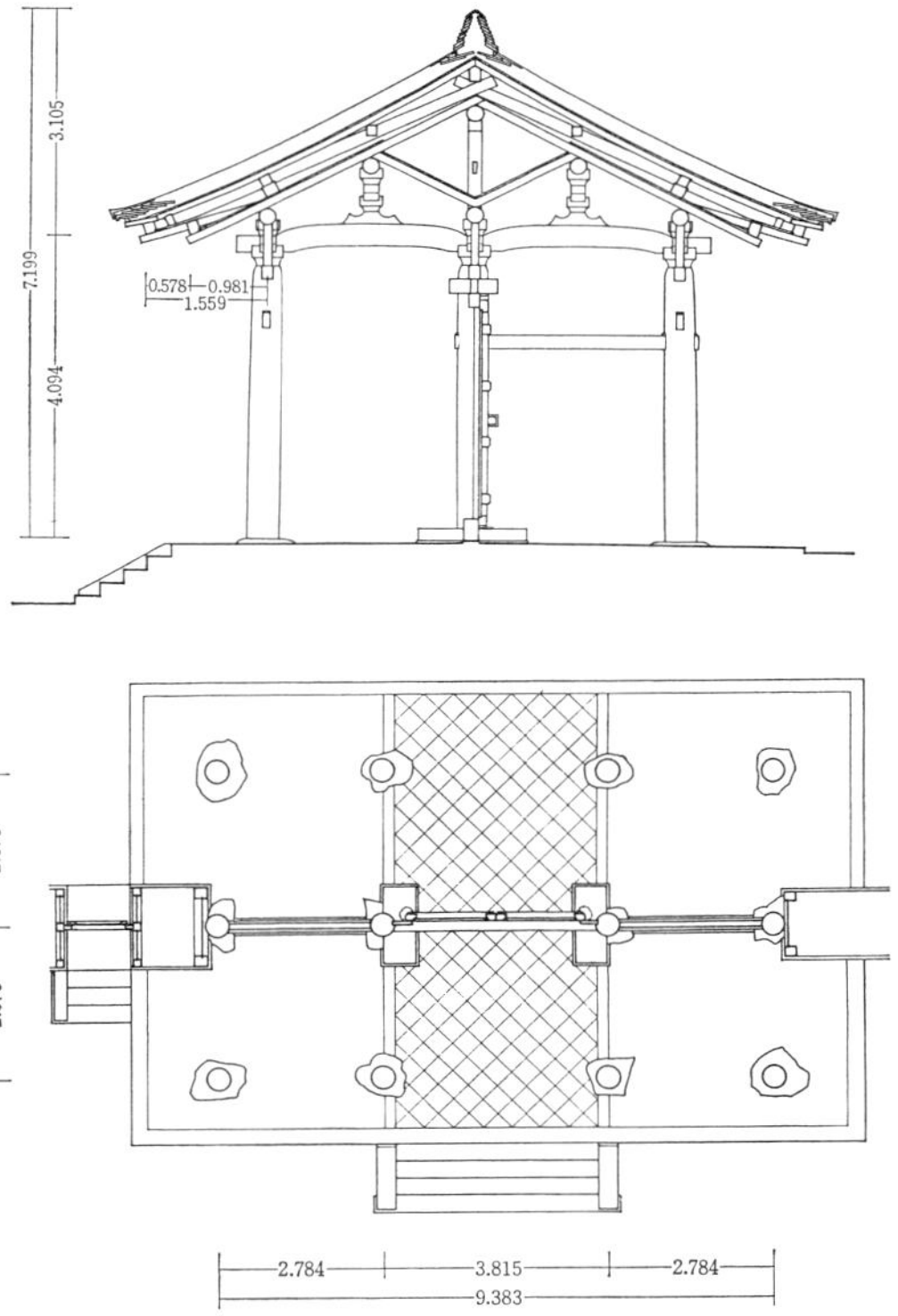

114　法隆寺東大門

なお飛鳥寺の南門は棟通りの両脇間に地覆の塼列があり、通常の三間一戸八脚門であったことが判る。

四　長肘木による金堂組物の復原

金堂の初重平面は法隆寺が一四・〇メートル×一〇・八メートル、山田寺が一四・五メートル×一一・五メートルでほぼ規模は等しい。しかしその柱配置は全く異なり前者は身舎と庇の柱筋が揃うのに後者は揃わず、身舎・庇とも三間×二間になっている。そのため平安時代の記録では法隆寺は三間四面、山田寺は一間四面と表記されるが、本来一間四面堂は方一間の身舎の四面に庇がついて、側柱筋は三間×三間となる形式だから、山田寺の場合は適切ではない。

側柱心から基壇外縁までの距離は法隆寺では四・一二メートル、山田寺は約三・五メートルあり、法隆寺の初重軒の出は四・三九メートルある。山田寺では基壇の外周に幅一・六メートルの石敷犬走りが廻るので、その中央に雨水が落ちると仮定すると、初重軒の出は法隆寺とほぼ等しいことになる。山田寺は垂木先瓦から金堂は丸垂木で一軒だったことが判る。法隆寺金堂も同様に一軒だから、組物で差し出す丸桁（軒桁）の柱心からの出は、両者ほぼ等しいとみてよい。

山田寺金堂の柱配置は内郭と外郭の柱数が等しく同心円的な性質をもっている。そこで注目されるのが玉虫厨子の組物で、正面では柱間を三等分して組物を配置するが、中間の二つは壁と直角ではなく隅に開いて斜めに取付けられている。そのため丸桁を支える位置もほぼ等間となる。山田寺の場合は外郭（側柱筋）では各柱間に中柱が立つことが地覆石から知られ、その上にも組物を置いたと考える

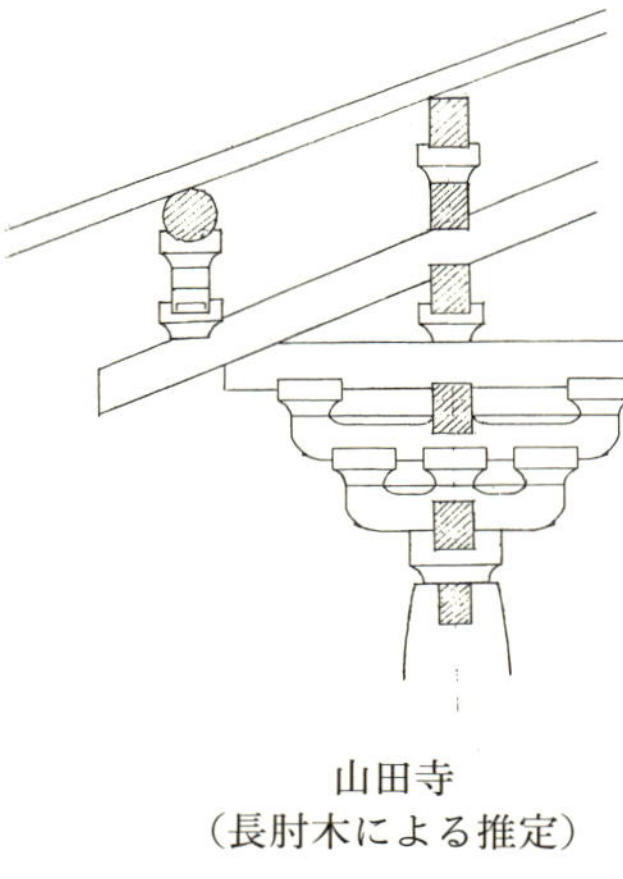

山田寺
（長肘木による推定）

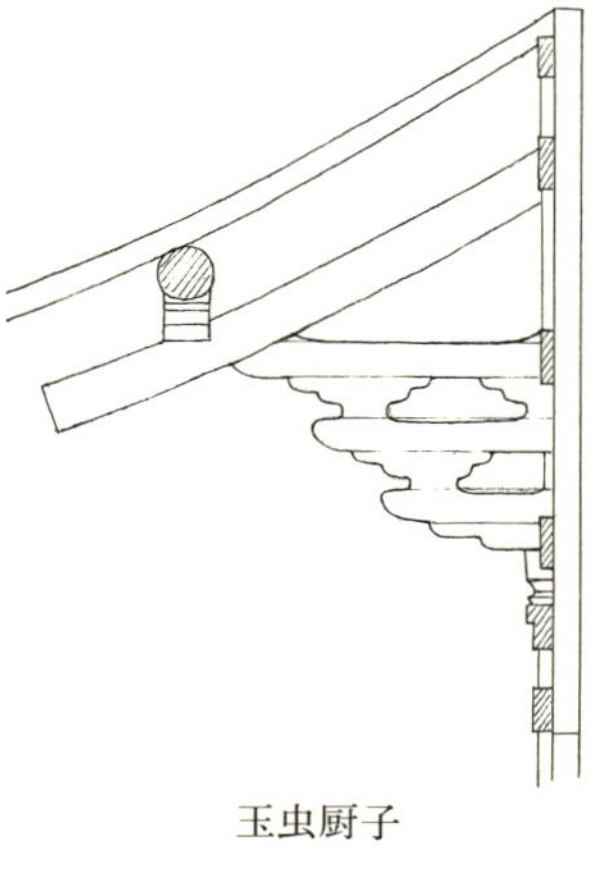

玉虫厨子

116　組物比較図

と、玉虫厨子と同じような放射状の構造を想定せざるを得ない。こうしたことから山田寺金堂は玉虫厨子と類似の組物をもち、法隆寺と同系統だがそれより古式の構造と考えられてきた。しかし山田寺では古代建築としては他に全く例をみない長肘木が発掘されている。中門のものであった可能性が高いが、法隆寺の中門が金堂・塔と同様な組物をもつことから、山田寺でも金堂の組物を考える手掛りになる。但し残念ながら中門の基壇は削平されて規模は不明である。

発掘された長肘木は報告書では三ッ斗を二段積み重ねた形式に復原されている。しかしよくみると中央の欠損部には渡腮仕口の痕とみられるものがあり、また左右の側面が一方は風蝕があり他方にはない。その点でこの肘木は前方へ突き出すもので柱筋では通肘木と渡腮で組んだことが判る。法隆寺の雲形組物は前へ出る力肘木と柱筋の通肘木を段違いに渡腮で組むのが特色で、それと似た構法なのである。そこで玉虫厨子を参考に全体の姿を考えると、斗や肘木の形は違うがほぼ同じ形式の組物が想定される。中国・伝洛陽出土の隋代（五八九〜六一八）陶屋には肘木を三段に持出す組物が使われている。しかし肘木だけの三手先組では丸桁の持出しが不足し、やはり尾垂木を用いた形式と思われるのである。

117　隋代陶屋

山田寺の長肘木から想定される組物の形式は、薬師寺東塔のようにすべての肘木や通肘木を合欠きで同じ高さに組む方式へ移行する過渡期のものである。二手先として法隆寺と似る点もあるが雲形のような余分な造型ではなく、薬師寺を初唐様式の輸入とすると、中国で発展した組物の本流に位置する可能性が高い。中国では北斉（五五〇〜五七七）までは隅の手先（組物）を斜め一方向だけに延ばす形式であったが、隋代に南北両朝の文化が統合されて建築技術が大きく発展し、七世紀に入ると三方向の組物が生まれると考えられている。唯一つの部材からの推測には不確実な点も多いが、飛鳥時代の組物に法隆寺とは別系統の形式があり、むしろそれが当時の中国建築の様式に近いことは認めてよいであろう。

五　法隆寺様式を再考する

雲形組物の法隆寺様式と素直な斗・肘木を用いた山田寺様式とは同時期に併存し、後者は舒明二年（六三〇）の第一次遣唐使に随行した留学僧や留学生が、舒明十一～一二年（六三九～四〇）に続々と帰朝するのに伴って、中国から齎したものと考えられる。では法隆寺様式はどこまで遡れるのであろうか。ここで問題となるのは法隆寺の建築がすべて角垂木を平行に配置し、軒桁も角材を用いる点である。飛鳥寺や山田寺は垂木先瓦から丸垂木と判明し、山田寺は同心円的柱配置からみて、丸垂木を隅では放射状に並べる扇垂木とみて間違いない。扇垂木は中国・朝鮮の伝統方式だから、恐らく飛鳥寺も同形式と思われる。孝徳朝（六四五～六五四）ころの建立と推定される四天王寺講堂跡では、丸垂木を扇状に並べた隅軒の落下痕が発掘されている。

翻って法隆寺の組物をみると尾垂木の室内部分の中央に中間桁を通すことが注目される。中間桁は扇垂木には不可欠な構造材で、薬師寺東塔以下の建築にはこれがなく、中世に中国様式を輸入した禅宗様建築で再び現われる。とすると法隆寺建築も本来は扇垂木であった筈である。創建法隆寺の若草伽藍では飛鳥寺と同笵の軒丸瓦が出土して、両者の親密な関係が窺われるが垂木先瓦はない。代って飛鳥寺にはなかった軒平瓦が現われる。これは飛鳥寺では扇垂木であったのを若草伽藍は平行垂木に改めたためではなかろうか。平行垂木は軒先が整然とするため、丸瓦だけに文様がつく飛鳥寺方式―中国・朝鮮の直写―では物足りなさが目立ち、それを補うため平瓦にも文様を施すようになったと考えられるのである。或いは斑鳩宮に板葺の建物があり、それがヒントになったかもしれない。

伊勢神宮では玉垣内の建物を茅葺とする他は、すべて厚板を流し張りとし、板の合わせ目を目板で覆う板葺屋根となっている。茅葺は古めかしさの演出で、むしろ板葺が当時―神宮が整備される七世紀―の最上級建築なのである。斑鳩宮ではその厚板の木口に装飾をつけた建物があり、それが軒平瓦を生む原動力となった。こうした想像が浮ぶのは近江の南滋賀廃寺など大津宮時代（六六七～六七二）に建立された寺院で、俗に「さそり瓦」と呼ばれる方形の丸瓦が使われたことからである。平瓦は平坦で両側に耳を立て、軒先では無文ながら先端を下に折って厚みを付けている。平瓦は幅が三七センチメートルもあり、これは明らかに板葺を瓦に置き換えたものと推定される。若草伽藍で使われた軒平瓦は日本の発明であり、その中でも最も古い手彫り杏葉文の瓦は谷が浅いことが注目される。斑鳩地方は生駒山地や矢田丘陵からの水運に恵まれ、そこから供給される豊富な木材によって早くから建築技術が発達していた。平行角垂木は日本の技術であり、百済の工人に指導された飛鳥寺とは異なる建築が、斑鳩寺で生れたことを軒平瓦の出現が示唆する。

日本の建築技術が高度に発達し、中国・朝鮮の技術とは異なることを示す好例は塔の心柱の継手に見られる。日本では法隆寺五重塔以下すべて「貝の口継」と呼ぶ上下材を長く差し合わせる方式が使われる。しかし韓国唯一の木造五重塔である法住寺捌相殿（一六二四年）の心柱は、下の柱の頂部に持送りで支えた横材を十字に組み、それに跨がせて上の柱を立てている。中国には長い心柱の実例がないが、類似の方式は『営造法式』で「叉柱造」と呼ばれ、独楽寺観音閣（九八四年）に用いられている。この技術差はやはり日本が真直で長い継手を作ることができる檜材を用いることから生れたもので、平行角垂木もやはり檜材による日本の伝統方式なのである。平行垂木の例は北魏（三九八〜五三四）の雲崗石窟にも見られ、法隆寺は日本式とはいえないとする説もあるが、飛鳥寺に続いて造られた若草伽藍に、また別の中国様式が入ったとは考え難い。中国の平行垂木は北斉（五五〇〜五七七）の定興県石柱上の石造仏堂のように、飛檐垂木がつく二軒が生れると上級建築の格式を示すものとなり、唐代（六一八〜九〇七）に入ると大雁塔仏殿図以下多用された。薬師寺東塔以下の建築様式は、日本の伝統にも調和するこれを採り入れたものなのである。

飛鳥寺中金堂は基壇が若草伽藍や法隆寺の金堂とほぼ同規模で、平安時代には法隆寺と同じ三間四面と記されている。その点で組物は「一間四面」と記された山田寺方式でないことが判る。また私は現在の法隆寺金堂は若草伽藍が焼失する以前に建立が始まり、それを手本にしたと考えている。とすると雲形組物を用いる法隆寺様式の原型は飛鳥寺で輸入された。しかし現在見られる建築様式はそれに日本伝統の建築技術を加えて若草伽藍で成立した。そんな道筋が考えられるのである。残念ながら飛鳥寺中金堂の礎石配置は今、知ることができない。

第二編　古代伽藍の配置と建築

一〇　古代寺院の発掘

総説

異色の建築群

中国大陸や朝鮮半島から渡来した人たちのあいだにほそぼそと持ちこまれ、蕃神とされていた仏教が爆発的な力でひろまったのは、なんといっても金色に輝く仏像や壮大な寺院建築など、従来とは比較にならぬ高度な技術をもった物質文明の裏付けと、そうした文化を背景により強大な支配体制の確立をめざす政治との結びつきにあった。

継体十六年（五二二）、百済の帰化人司馬達等が飛鳥の坂田に草堂を営み、宣化三年（五三八）百済より仏像、経論が献ぜられ、欽明十三年（五五二）に礼仏の可否について朝廷で論争が行なわれたのち、敏達六年（五七七）には百済より造仏工・造寺工も送られて、このころからようやく仏堂や塔も建て始められるが、まだ草堂の域を出なかったと考えられている。

しかし物部守屋をほろぼして専権を握った蘇我馬子は戦勝の翌年にあたる崇峻元年（五八八）に百済から寺工・鑪盤工・瓦工・画工を招いて飛鳥寺の建立に着手した。これがわが国における最初の本格的な寺院で、『日本書紀』は崇峻五年（五九二）仏殿と歩廊の建立を始めて翌年には仏舎利を塔の心礎に納め、仏像や建物を荘厳する黄金が高麗王から送られたことを誇らかに記している。こうして仏教は政治に密着したかたちで本格的な歩みを始め、飛鳥寺につづいて天皇家側を代表する聖徳太子によって四天王寺や斑鳩寺（法隆寺）が建てられた。

昭和三十一〜三十二年（一九五六〜五七）に発掘され、戦後の寺院遺跡調査のなかで最も大きな成果の一つとなった飛鳥寺は、ふしぎな寺である。出雲大社や伊勢神宮のように高床造りにした茅葺の掘立柱建築が最上級であったわが国に、石組の高い基壇上に礎石を据え、柱の上には複雑な組物をもち、軒を大きく張って隅は軽やかにそり上がり、その上に黒光りする瓦でふいた屋根がゆったりした曲線を画き、赤や青で彩られた木部には飾り金具が附けられ、垂木先にも飾り瓦を打ち並べるといったまったく異色の建築群が突然に現われた。中心となる高い層塔の頂には、金色の相輪が天をつらぬくばかりにそびえていた。寺の造営時の整地層のすぐ下から竪穴住居址が発見されていて当時の庶民はまだ竪穴住居に住んでいたことがわかるが、それらの人たちにとって新しい異国風の建築がなんと大きく、りっぱに、きらびやかに見えたことであろう。渡来した工人や帰化人たちの指導によるとはいえ、こうした大きな技術格差がどのようにしてごく短時日で埋められたのであろうか。

飛鳥寺の伽藍配置は塔を中心にして三方に金堂を配する形式で、飛鳥時代を通じてこれだけ完備し、かつ規模の大きな寺院は遺跡で判明している限りほかにはない。三金堂形式は高句麗には例があるが今のところ百済にはないところをみると、高句麗の影響もうけたらしい。中金堂と東西金堂では建築様式が違うのも異色で、後者は軒支柱をそなえた一層古い形式の構造と思われる。また瓦も最初から玉縁付と行基式（玉縁は丸瓦の後端に瓦面より一段低く設けた突出部で、その上に次の丸瓦の口をかぶせて上下の継手とする。行基式は玉縁をつくらずに丸瓦をテーパー型につくり、幅の広いほうを下にして葺き重ねるもので丸瓦の一枚ごとに段がつく）の両者が平行して使われている。

この不統一さは蘇我氏がその勢力下の帰化人を含む全技術陣を、それらの出身地域ごとの差も雑多なままに統合、結集した帰結ではなかろうか。とすれば、そうした多様性こそ先進大陸文化を広範にとり入れ、勢威のあかしとした政治的意図をそのまま現わしたものといえよう。

私寺から官寺へ

飛鳥寺の多様さに対して続く四天王寺、斑鳩寺（若草伽藍）はより統一的で、塔と金堂を南北一列に並べた伽藍配置は、これに続く中宮寺、橘寺、山田寺などを含めて飛鳥寺院の規格的形式となった。そして今のところ飛鳥時代にはこれ以外の配置は見当たらず、この配置が百済に多いことからすると百済様とみてもよいであろう。

飛鳥時代の瓦を出土する地方の寺院跡を発掘すると、その堂塔は七世紀後半に再建されたもので創建時の姿がはっきりわからない例が意外に多いが、それはおそらく最初の寺がごく小さかったことを示している。これに対して規模の整った中央の寺院は比較的単一な形態であり、このことは仏教が政治に密着するのに比例して、外来文化の摂取に中央政府の統制的な動きがあったことを思わせる。

こうした中央政府の主導がはっきりしたかたちをとるのは川原寺である。この寺は斉明天皇の川原宮跡に天智初年（六六二〜六六八）ころにつくられた。華麗な複弁蓮華文の瓦が現われ、建物は唐尺で計画されて、その様式はのちの天平建築へ連続するものと考えられている。塔と西金堂が東西に並んで向き合い、後方に中金堂を置く伽藍配置をもつが、この系統は天智六年（六六七）遷都した近江大津京に建てられた崇福寺、南滋賀廃寺を始め筑紫観世音寺、陸奥多賀城廃寺などに続いているところをみると、当時の官寺の基準形となったらしい。しかし、この形式が朝鮮にはまったくみえない点が注意され、飛鳥時代に朝鮮半島を経由した文物の輸入が七世紀中ごろになると直接唐から新文化を学ぶ態勢に進み、寺院建築にも新様式がまず政府によって導入されたことを示唆している。

118　川原寺北回廊と西僧房

119　川原寺塔心礎

120　川原寺復原模型

121　薬師寺金堂遺構

122　薬師寺金堂復原模型

法隆寺西院伽藍を標識とする法隆寺式、もしくはその塔と金堂が左右反対となった法起寺式の寺院跡もこのころから飛鳥をはずれた地域に数多く現われ、各地の豪族が競って氏寺を造営しはじめ、また、その伽藍がいっせいに整備されたさまがうかがわれる。法隆寺式伽藍の成立には諸説あるが、この時期に急速に各地へ浸透した点からみると官寺系を簡略化した普及型とみてよいであろう。

官寺の造営は天武朝に入るとさらに大規模となり、天武元年（六七三）に高市大寺（大官大寺）、同八年（六八〇）に薬師寺が生まれる。大官大寺は九重の塔をもち、東大寺以前ではわが国最大の伽藍であった。その配置は川原寺に類似すると推定され、もしそうであればここでの主な意義は規模の拡大にあったと解されよう。このことはのちの東大寺の造営と軌を一にしている。一方、薬師寺は双塔式伽藍の画期的寺院で、ほぼ同じころ新羅にも流行したことからみても当時最新の建築様式であったと思われる。一方では巨大な伽藍、他方は最新文化の輸入で、白鳳期の仏教文化も隆盛の頂点に達する。

平城京四大寺の偉観

長安に代表される中国の都は、数多くの仏寺が京内に建てられ、その豊麗と壮観がそのまま中央集権政府の力の誇示となっていた。唐の都城制度をまねて持統八年（六九四）遷都した藤原京でも大官大寺、薬師寺が宮城の南方東西に造られる。そしてやや離れた飛鳥寺（元興寺）、川原寺（弘福寺）をも加え、この四大寺がいわば朝廷の守護神であり、都の景観を彩る勢威の象徴であった。しかし藤原京ではまだ都市の建築的構成のなかで寺院の果たす役割がさほど重視されたわけではなく、条坊の区画割にのって造られたのは官寺では薬師寺だけである。

こうした都城制度の未熟さを完全に払拭したのが和銅三年（七一〇）遷都の平城京で、ここでは遷都と同時に興福寺が、また霊亀二～養老二年（七一六～一八）の間に元興寺、大安寺（大官大寺）、薬師寺が次々と新京内に移された。新しく割り付けられた条坊の三町四方あるいは三町×四町を寺域としてあたえられ、周囲に高い大垣をめぐらせて南面の大路に南大門、また東西北の各面にもそれぞれに大門を開いて、これらの塀や門が都市道路の重要な構成要素となった。中央北端部に設けられた宮城から望むと、前面の平野には斜め南方ほぼ東西対称に右京六条二坊の薬師寺、左京六条四坊の大安寺がそびえ、外京にあたる東方の丘の上は元興寺、興福寺の堂塔が色あざやかに、ときには金色の光を反射しながら遠く望まれた。

これら四大寺はまたそれぞれが飛鳥の地における伝統をつぎながらも、伽藍の構成や建築に最新技術をとり入れ寺ごとに特色を競いあった。まず興福寺は南大門、中門、回廊とつづく伽藍中心部に金堂だけをおき、塔ははるか東方に離す新式の配置を採用した。いわゆる興福寺式で奈良朝伽藍の典型となるが、その最初の例がここに現われる。一方、薬師寺は旧寺（本薬師寺）の伽藍配置や建物の形式をそのまま再現したが、これは二〇年前の本寺建立時に学んだ初唐様式の踏襲になお深い自信をもっていたためであろう。各重に裳階をつけた奇抜な形と、それにもかかわらず均衡の絶妙さとで比類のない美しさをもつ東塔が現存し、当時の意気込みを伝える。大安寺は養老元年（七一七）に唐から帰った学問僧道慈に造営の指揮がまかされ、妙工の巧みさや、造形の雄大さは人々を歎服せしめたという。中枢部の南方に東西両塔院を並置する伽藍配置は寺院としては最大規模の形式であり、のちの東大寺や西大寺に受けつがれる。元興寺も中枢部は回廊を講堂両脇に接し、内庭に重層の金堂を独立させながら、五重塔は東南隅に離す独特の配置で、礎石や敷石などが他寺よりとくに秀れていたという。

四大寺は天平八年（七三六）ころまでに伽藍主要部をほぼ完成するが、官寺と並行して葛城寺、紀寺、穂積寺、菅原寺、佐伯院などの氏寺も天平時代前半には京内に建ち並ぶ。こうした活力にあふれた競合の中で唐文化の移入もおそらく頂点に達して、技術的な面ではこの時期に学ぶべきことは学びつくしたものと考えられる。

東大寺と国分寺

都における仏教文化への傾倒は国分寺建立へと拡大される。天平十二年（七四〇）国ごとに七重塔の造立を命じ、塔内に安置する

123　伯耆国分寺跡遺構　八世紀　鳥取県倉吉市

金光明最勝王経を天皇自ら書写することを発願した。仏教を政治の中心に据え鎮護国家の法とするとともに、「造塔の寺は兼ねて国の華たり」として諸国国府の整備が都にならって進められた。翌年には僧寺を金光明四天王護国之寺、尼寺を法華滅罪之寺と名付け、施入の封戸、水田、および定額僧の員数などを定めた。この国分寺建立発願のしめくくりとなったのが東大寺造営で、その本尊盧舎那仏は諸国国分寺の本尊である釈迦を分身として三千世界の浄化をめざす理想仏であり、広嗣の乱後の律令体制の動揺と不安を仏教の力をかりてのりこえようとしたことがうかがえる。政情の不安定を反映して遷都がしきりに行われる中で、天平十五年（七四三）近江紫香楽宮において勅を発して造立に着手し、平城還都とともに事業も移されて天平勝宝四年（七五二）にいたってようやく開眼供養された。

天平宝字六年（七六二）ころまでに主要堂塔が完成した東大寺はまことに三国一の規模を誇る大伽藍であった。寺地は平城京の東に接して方約七町の広大な地を占め、南大門を入ると左右に高さ約一〇〇メートルの東西七重塔がそびえ、前方の中門、回廊の奥には正面八八メートル、奥行五二メートル、高さ約四七メートルの大仏殿が望まれ、その後方に講堂、三面僧房、さらに正倉院などが建ちならび東方には食堂院があった。この大伽藍をつくるにあたっては特別な新様式の輸入は行われず、天平前半期に蓄積された技術が基盤となってその規模の拡大を主眼としたらしい。完成後二〇年足らずの時期に補強の副柱を必要としたことなどからみれば、大構築物への対応策に欠け、むしろその勇気に感嘆する。しかし、国力を総結集して行われた大寺院の造営が従来の技術の統合化をうながした点を見逃してはならない。そのことは天平後期の建築遺構が単一の様式で、前半期にはみられた多様性や緊張感が失われたことと無関係ではなく、おそらく東大寺建設の過程で取捨選択が進み、単なる唐様式の模倣をこえた日本の古典様式の成立をもたらしたものと思われる。東大寺は規模の雄大さだけでなく技術的にも大陸からの独立を誇る大伽藍であった。

国分寺の造営は催促の勅が何回か出されていることからみても、大半は奈良朝末期までおくれていたらしい。その特色は二、三の例外を除いては各地方での最大の寺院であると同時に伽藍配置や堂塔規模が興福寺や東大寺の類型でかつ相互に比較的よく似ている点があげられる。ことに塔跡で柱間寸法が三間とも等しい例が多く、それも畿内を離れたところほど顕著なことが注目される。七重にも及ぶ高塔の建立は地方では容易なことではなかったであろうから、単純化による地方浸透が行われ、僻地ではそれを受け入れるのが精一杯であったことを示す一方、逆に一定水準の技術の普及を証する。こうしたことも東大寺の造営が従来の技術の溶鉱炉的役割を果たしたからこそ可能となったのであろう。天平後期は東大寺から国分寺へと発展する大量生産と技術平均化の時代といってよい。東大寺に続いて称徳天皇が天平神護元年（七六五）から造立した西大寺は東西両塔を前方に置く大安寺と似る伽藍配置で、金堂の屋根を奇抜な金銅製品で飾ったが、四王院や十一面堂院は屋根を檜皮葺とする和風建築であった。

密教寺院の展開

平安時代の寺院政策は、まず奈良仏教との断絶から始まる。平城京の寺々を新都に移すことを許さず、惰性的ともいえる都城鎮護の意味で羅城門近くに東寺・西寺の二寺だけを官寺として営んだが、それも早く東寺を空海にあずけて真言の寺とした。また都をとりまく山地には延暦寺・神護寺など新しく輸入された天台、真言の寺が生まれ、律令体制に組み込まれ鎮護国家の法であった奈良仏教にかわって加持祈禱の密教が天皇や貴族たちの心のよりどころとなっていった。寺院の形態も飛鳥、奈良の壮大な平地伽藍にかわって静寂な山地に散在する修行道場的な小寺院が主流とされ、修法を重視する立場から従来のきらびやかな堂塔建築は不要となり、檜皮葺、板敷など住宅的要素の濃い簡素な堂舎がその中心となった。

平安時代初期の最澄、空海の時代には宗教改革の熱意にもえ、むしろ草堂を理想とした密教寺院も宗勢の拡大とともにふたたび平地への進出が始まる。貞観十八年（八七六）に大覚寺、仁和四年（八八八）に仁和寺、延喜七年（九〇七）に醍醐寺などがそれぞれ天皇の勅願で造営され、密教寺院にも大規模な堂塔が建てられるようになった。このうち当初の姿がわかるのは醍醐寺で、その伽藍配置は金堂を中心とし、塔は東へ離した天平式の踏襲であった。その建築も現存の五重塔（九五二年）でみると様式や技法は天平期と変らず、技術的にも停滞している。塔の造営に当っては各地の前例を調査し、最も姿の美しいものに真似させた。密教への傾斜とともにかつての大伽藍築造の高度な技術は不要とされ、それが必然的に衰退へとつながっていたのである。ただ金堂以下すべて檜皮葺とし、また金堂の前面に礼堂がつき主要堂塔も板敷にする点等に密教的特色が見られ、一方経蔵、鐘楼が東西回廊の前端近くに設け

124　尊勝寺推定灌頂堂跡

られるのは、平安後期に流行する釣殿式配置へと移行してゆく過程を示している。

阿弥陀堂を中心に

平安後期のいわゆる藤原時代に入ると、寺院建築は再び華麗さと新たな造型への情熱を復活させる。阿弥陀堂を中心とする浄土教建築がそれで、園池にのぞむ住宅風な配置と建物自体の日本化の進行とがうまく調和して、従来はなかった新しい型の日本的な寺院が出現した。その代表が寛仁三年（一〇一九）に関白道長によって建て始められた法成寺であり、ついでその子頼道が永承七年（一〇五二）から造営した平等院である。法成寺は中島をもった池をかこんで北に金堂、東に五大堂、西に阿弥陀堂、南に中門を置いて回廊をめぐらす配置らしく、基本的な形態はなお天平式からさほど離れないが、寺の実質的な中心は池の西側に建つ長大な九体阿弥陀堂（無量寿寺）である。法成寺では五大堂や薬師堂などの密教仏堂とともにあった阿弥陀堂が、平等院鳳凰堂で独立する。二層作りの中堂を中心とし、左右に翼廊、後方に尾廊を備えた形態は、浄土曼荼羅図に描かれた極楽宮殿を摸した画期的なものであった。

藤原氏の主導で生れた新型寺院がより一層の拡大発展をみせるのは院政期で、再び皇室の力が復活して造寺が盛んとなり、加茂川の東に法勝寺（承暦元年・一〇七七）を始めとする六勝寺が創立され、南郊の鳥羽でも証金剛院、勝光明院、安楽寿院など多くの寺を含んだ壮大な離宮が営まれた。京洛の造寺は地方へも波及し、とくに奥州平泉では中尊寺、毛越寺、観自在王院、無量光院など都ぶりの濃い寺院が営まれた。

こうした平安寺院の遺跡の発掘例はごく少く、代表例として最も重視される法成寺や法勝寺についても、文献からの推定だけで実証的な調査はまだない。無量光院、毛越寺など平泉の寺々は近年調査されて、前者が平等院鳳凰堂と平面、規模がほぼ等しいこと、後者は南大門、金堂、回廊の配置が法勝寺に類似することなどが明らかになった。また最近では六勝寺や鳥羽離宮の調査も着手され、尊勝寺の一部と推定される堂舎も発掘された。しかし平安時代の寺院を通観するとき、あまりにも実証資料が少ないのに嘆かざるをえない。寺院史、さらに大きくは文化史の空白を埋める平安時代の寺院遺跡の研究はやっと始まったばかりである。

伽藍の構成と配置

寺院遺跡の発掘

法隆寺東院の柱根　建保七年（一二一九）法隆寺東院の舎利殿・絵殿を建て替えたとき、その東南隅から約三メートル南方に東西三メートル間隔でならぶ二本の掘立柱が発見された。たぶん改築用の足代をつくろうとして偶然掘り出されたのであろう。これを見て当時の人々は門の柱根と推定し、東院は聖徳太子の斑鳩宮跡に建てたのだからその御所の宮門にちがいないと昔をしのび、太子を慕う心を一層強めた。これは鎌倉時代の『古今目録抄』に記された話である。

この柱根がじつは斑鳩宮のものではなく、天平十一年（七三九）に創立された東院伽藍の回廊の柱であることが判明するのは、その後七一五年をへた昭和九年（一九三四）に法隆寺の解体修理工事にともなう発掘調査が行われてからである（『法隆寺東院に於ける発掘調査報告』国立博物館　一九四八）。東院伽藍の発掘は南の礼堂附近から着手され、はじめに凝灰岩の基壇や礎石下の根石群が、ついで掘立柱柱根が発見された。最初は発掘関係者も柱根は斑鳩宮のものと考えていたが、やがて建物の平面や規模が天平宝字五年（七六一）の「資財帳」（寺の財産目録）に記された建築と一致することに気づき、遺跡と記録の両面から東院伽藍の創建時の姿が明らかにされた。

125　法隆寺東院根石下の掘立柱空洞

発掘の成果によると八世紀の東院では、礎石をおき瓦をふいた建物は仏殿および講堂にあたる夢殿と伝法堂の二棟だけで、南門、中門（のちの礼堂）、回廊、七丈屋（のちの舎利殿・絵殿）など伽藍中心部の建築も大部分は掘立柱の檜皮葺であった。

しかし掘立柱は根元が腐朽しやすく、そう長くはもたない。東院の掘立柱建物も、八六〇年ころ（貞観年間）に大修理をうけ、礎石式に改められた。もとの柱根を土中に残したまま根元を切断し、根石をかませて礎石を据えており、おそらく建物は解体もせず柱一本ごとに礎石建てに替えていったのであろう。柱根は上の根石で蓋をされ、木が腐って生じた空洞状に跡を残すか、なかには柱根のまま遺存した箇所もあった。周囲には凝灰岩切石を並べた基壇が作られ、仏教建築らしい伽藍の姿がようやく九世紀中頃にいたって整ったのである。その後の基壇と礎石をもつ伽藍建築を見なれた鎌倉時代の人々が、現に建て替えつつある舎利殿・絵殿、あるいは回廊などが当初は掘立式であったことを知らないのも無理はない。

回廊は元来は夢殿の後方で北回廊を通して矩形に閉じる形であったが、この建替えのときに舎利殿・絵殿の両脇に取り付く現状の姿となった。冒頭の掘立柱は北回廊南列のもので、発掘ではその場所だけ攪乱されていることもわかり、法隆寺東院伽藍の変遷が細かい点まで明らかにされたのである。そして斑鳩宮遺跡は舎利殿・絵殿と伝法堂の地下一帯にわたり、もう一層下の地層から発見された。

寺院遺跡の構造的理解　再建非再建論争（法隆寺金堂・塔などが推古朝（七世紀初）創建のままか、天智九年（六七〇）火災（『日本書紀』）後の再建かをめぐり、明治中頃から歴史・美術史・建築史など多くの研究者のあいだでたたかわされた論争）を通じて法隆寺は建築史や美術史学の進歩に大きな役割を果たしてきたが、寺院遺跡の研究にとってもつねに原点となっている。大正十五年（一九二六）五重塔心柱の下に空洞が発見され、約三メートル下方に舎利を安置した心礎が据えられていることがわかって、掘立柱式心礎の第一号となったのもその一つである。同様な工法は昭和九年（一九三四）に台風で倒れた四天王寺塔でも発見され、戦後は法輪寺、定林寺、飛鳥寺、中宮寺など多くの例が発掘されて、今日では飛鳥時代の塔の標式的特色と解されているが、当時は空洞の意味をめぐって種々の議論があった。

前述の東院伽藍発掘で仏教建築にも掘立柱が使用されていたことや、礎石下の根石群だけで建築遺跡が解明しうることがわかったのも大きな収穫である。寺院遺跡の発掘は昭和初年から奈良、滋賀、京都、大阪で散発的に始まったが、その多くは土壇や礎石などがのこって残存状況の良い堂塔について行ない、周辺の基壇や一部の礎石抜取り跡を壺掘りする調査であった。いわば目星のものがすでにある程度わかっていて、それをより精密化するための発掘といってもよく、調査対象は金堂や塔などりっぱな基壇をもった伽藍の主要建築に限られていた。それが法隆寺東院では平坦に敷きならされた地面の下から中門や回廊がまったく礎石を残さないのに、その下の根石の残存だけで明らかにされ、「資財帳」との照合で恵まれたとはいえ、建築遺跡の発掘方法で一画期をなしたのである。

掘立柱もはじめは地上にのぞいていた小木片をなにかと思って掘り下げてゆくうちに砲弾型に太まったという偶然の発見であったが、やがて柱を埋め込むためにまず地面に方一メートルほどの穴を掘っており、その穴（掘方）をさがすことによって柱位置が押えられることがわかってきた。斑鳩宮の柱根はすべて掘方だけで検出され、掘立柱遺構の発掘方法もここで確立した。

昭和十四年（一九三九）の若草伽藍の発掘（石田茂作「法隆寺若草伽藍の発掘」『総説飛鳥時代寺院址の研究』一九四四）ではさらに一歩を進めて礎石跡はもちろん、土壇さえもすっかり削り去られていた塔、金堂跡を基壇下の掘込み築土層によって見出し、古代寺院遺跡の構造的理解を飛躍させた。基壇を築く際に地面を四〇～六〇センチほど掘り下げ、その底から版築を行なう掘込み基壇は、八世紀初めころまでの上級寺院建築には普遍的なやり方で、その後は掘込みを省略する例が多くなることが今日ではほぼ常識化しているが、そうした工法が存在し地上部分が後世まったく破壊されても基壇の大きさを知りうることがわかった初めての経験であった。

また、創建の法隆寺と認められる若草伽藍が四天王寺式と判明したことも、その前年の百済・軍守里廃寺の発掘と合わせて七世紀中頃までは四天王寺式のみが行われ、法隆寺式はかなり遅れて現われることを実証し、伽藍配置の研究上大きな成果となった。

発掘調査の進展　寺院跡の発掘調査が従来の金堂、塔のみにかぎらず、講堂・僧房・門などをふくめた寺の全域に拡張され、基壇や礎石などの構造細部も変化に富んだ種々の例がわかってきて、伽藍全体に対する理解が進み始めたのは、やっと昭和三十年（一九五五）ころからである。飛鳥寺、四天王寺、川原寺、陸奥国分寺、武蔵国分寺、毛越寺、伊丹廃寺、多賀城廃寺などが相いついで発掘され（奈良国立文化財研究所『飛鳥寺発掘調査報告』「同研究所学報」5　一九五八、文化財保護委員会『四天王寺』「埋蔵文化財発掘調査報告」6　一九六七、奈良国立文化財研究所『川原寺発掘調査報告』「同研究所学報」9　一九六〇、陸奥国分寺発掘調査委員会『陸奥国分寺跡』一九六一、藤島亥治郎編『平泉毛越寺と観自在王院の研究』一九六一、高井悌三郎『摂津伊丹廃寺跡』伊丹市教育委員会　一九六六、宮城県教育委員会『多賀城跡調査報告Ⅰ―多賀城廃寺跡』一九七〇）、そのめざましい成果が寺院跡の大規模な発掘の必要性を改めて認識させた。

飛鳥寺では塔を囲んで三方に金堂を置く大伽藍が発掘され、類型が高句麗にあって百済にはまだ見あたらない点や、中金堂と東西金堂では基壇形式が異なり、東西金堂の特異な二重基壇は朝鮮でもごく初期の寺院にだけあって以後朝鮮、日本ともに例を絶つこと

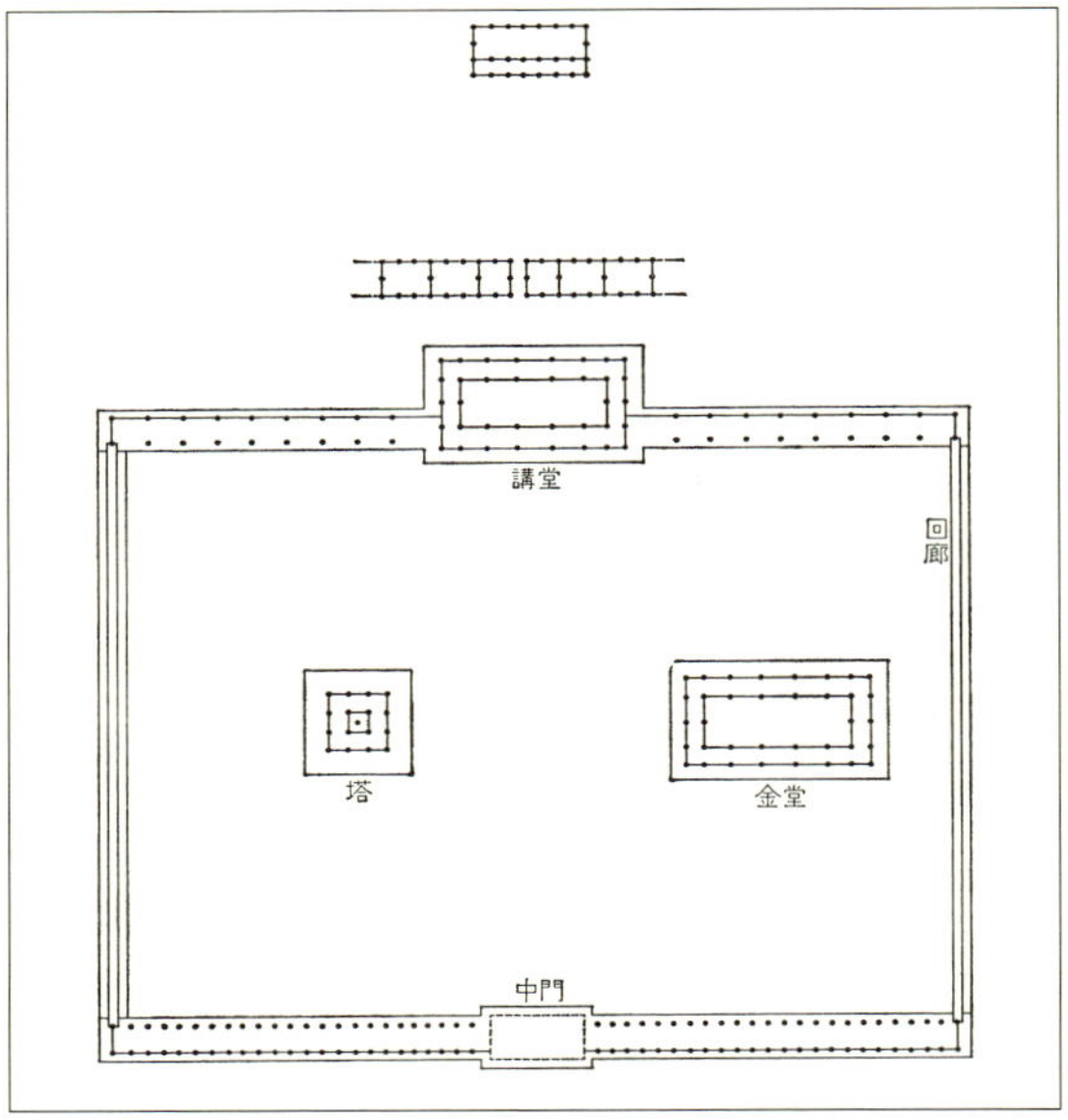

126　相模国分寺伽藍配置図

などが、仏教文化の移入のしかたをめぐる大きな問題となった。

四天王寺では講堂跡で創建建物（七世紀中頃）の軒の隅の部分が倒壊時のまま埋め込まれているのが発掘された。木質部は腐朽してまったくなくなっていたが、地面に圧痕が残り、円形扇垂木であることがわかった。扇垂木は中国では伝統的な形式であるが、日本には中世の大仏様や禅宗様まで遺構がなく、最古の法隆寺建築から平行垂木が使われていて、古代建築技法の一つの謎となっていた。

先の飛鳥寺の二重基壇やこの扇垂木は、六〜七世紀の寺院建築が現在まで残る法隆寺様式だけに限らず、かなり多様であったことを教え、七世紀末から唐文化が主流となる以前の初期仏教文化の複雑性を認識させるものとなった。

さまざまな形式　川原寺以下の各寺院では伽藍配置のタイプが従来考えていたより変化に富み、僧房・回廊・寺域周辺の垣など堂塔以外の諸建築も各種の形式があることが判明した。たとえば回廊は伽藍配置の類似した川原寺と多賀城廃寺では、前者が単廊、後者は築地塀であったし、陸奥国分寺の複廊に対して、武蔵国分寺は金堂、講堂などは規模が大きいのに中門を掘立柱としてその両側に一列の掘立柱柵列を設ける形式である。やはり大規模な相模国分寺も中門と講堂両脇は単廊の回廊としながら、東辺（西回廊は未調査）は築地塀であった。

中央の大寺で七世紀末までは単廊、八世紀は複廊と発達する回廊も、地方では柵列・土塁・築地などの簡素な囲障であった例が意外に多く、基壇や礎石をともなわないこうした遺跡はトレンチ調査程度では捕捉が困難であることを学んだ。寺院遺跡の発掘も昭和三十年代の大規模な調査例のつみ重ねで、ようやく本格化したといってよいであろう。

なお、その後の近年の傾向では、急速な開発に対処するために寺域の確認を急がされ、周辺の土塁・築地・溝跡等の検出に重点を置く調査が増加しつつある。史跡指定地でも従来の指定範囲が土壇や礎石の残る中心部にかぎられる場合が多いためで、伽藍全域の解明と保存の必要性が認識された結果としてよろこばしいが、中心堂塔にくらべごく簡素でしかも周辺部だけに後世の破壊もはなはだしい微弱な遺跡の検出には非常に高度な発掘技術を要し、寺院跡の調査は一層の精密化を加えているのである。

寺地と地割

寺院の構成　古代寺院の様子がもっともよくわかる史料は「資財帳」で、寺域の広さをはじめ伽藍内の全建物の種類、規模、そこに納められた仏像、経巻、宝物類や住僧の人数まで詳細に書き上げられている。

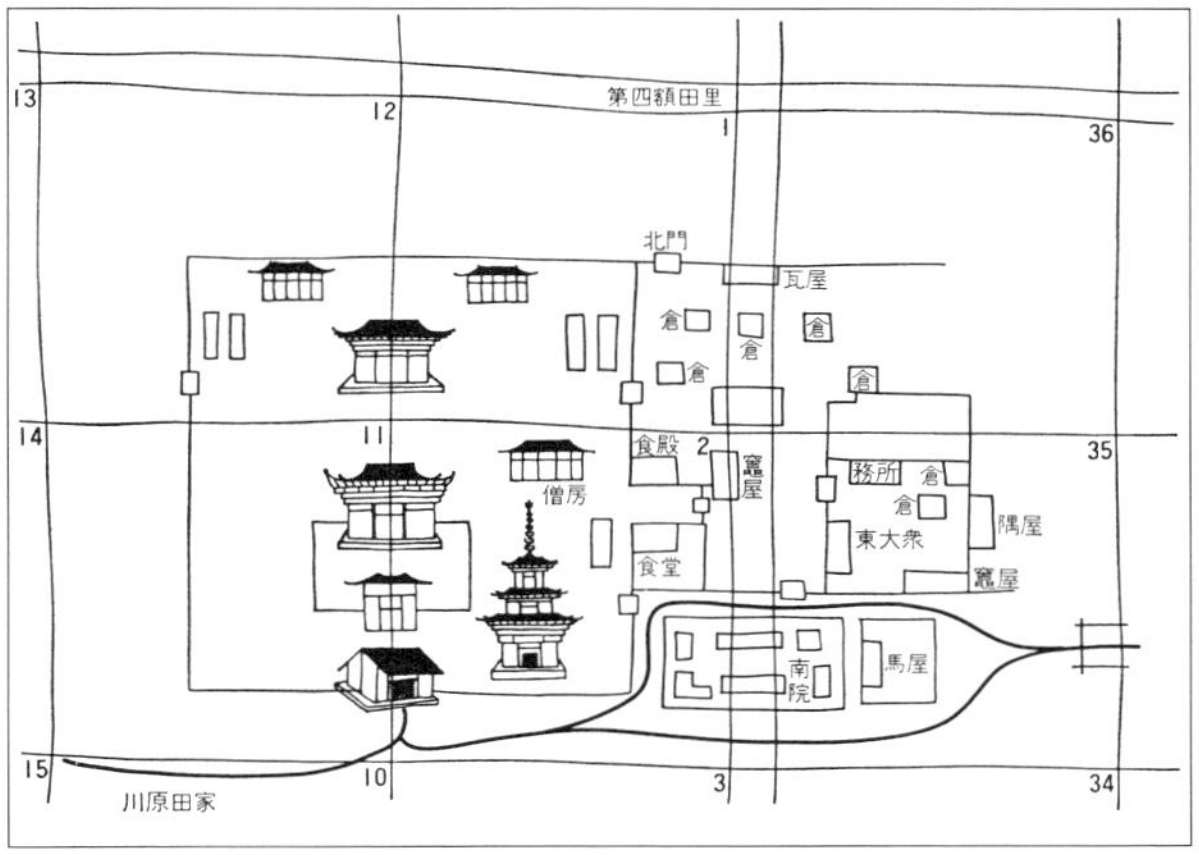

127　額安寺班田図

たとえば、法隆寺は寺地が方一〇〇丈（天平尺とすれば三〇〇メートル弱）で仏門二棟（南大門と中門）と僧門三棟があり、五重塔、金堂、回廊、経楼、鐘楼、食堂、四棟の僧房、温室が伽藍中枢部を占め、太衆院として厨二、竈屋、政所屋二、碓屋、稲屋、木屋、客房二の計一一棟がある。さらに、他に倉庫が七棟あって、当時（天平十九年―七四七）二六三人の僧・沙弥が居住していた。

大安寺は一五坊の寺地が四坊塔院（東西両塔を置く）、四坊堂并僧房等院（南大門・中門・回廊・金堂・講堂・経楼・鐘楼、僧房一三・温室などがある）、一坊半禅院、食堂并太衆院（太衆院には厨、竈屋、維那房、井屋、碓屋、政所屋三、倉三がある）、一坊池并岳（古墳）、一坊半賤院（奴婢などの居住区）、一坊苑院（菜園）、一坊倉垣院（倉庫一九を建て並べる）、一坊花園院（花園）で構成されていた。

ところがこうした「資財帳」またはその一部を伝えた「縁起」などの記録を残す寺はほぼ南都の諸大寺に限られ、地方では観世音寺ほか一、二があるにすぎない。そして「資財帳」のある寺の場合でも、まだ寺域のとり方や附属的な諸院の位置についての実証はほとんどなく、法隆寺では方一〇〇丈を高麗尺による前代からの記録の引き

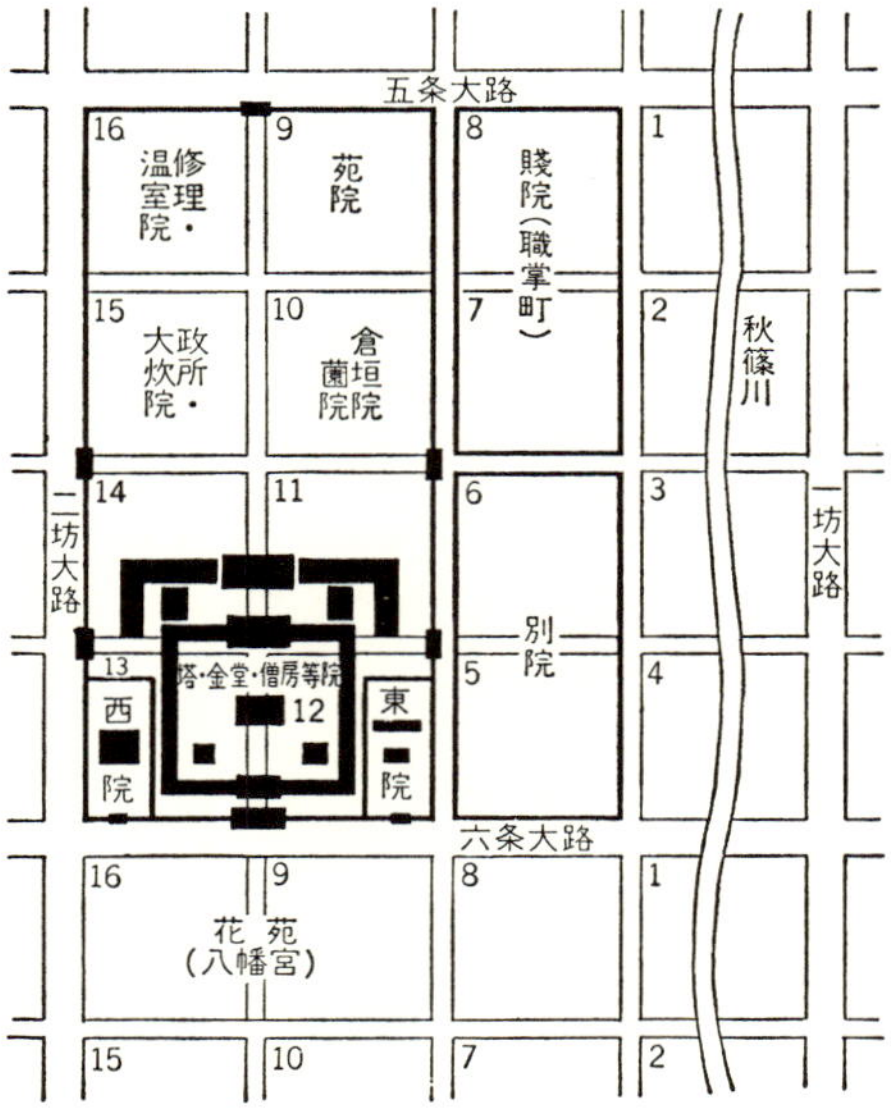

128　薬師寺寺地条坊割図

継ぎとして寺域を方三五四メートルと考える説もあり、太衆院や倉垣院の位置もたしかでない。

伽藍の構成がより具体的にわかる史料に古図があるが、このほうは資財帳より一層少なく、東大寺（講堂・食堂院図・正倉院蔵）と額安寺しか知られていない。

額安寺は南大門、中門、金堂、講堂を中心線上にならべ、その後方や東脇に僧房、東南方に三重塔を置く興福寺式伽藍配置で、東に食堂、食殿（配膳所）、竈屋（炊事場）を配し、その北方に倉垣院、東方に太衆院を附属させ、また別区画で南院や馬屋も設けていて、この古図から古代寺院の機構がよくわかる。主要部は四坪（一坪は三六〇尺＝一〇九メートル四方）を占めて中軸線を坪割の線にそろえ、東方二坪とあわせて寺地は一応六坪をとるが、築垣は坪境よりかなり内方へめぐらせて周辺を寺田とするのが注目され、伽藍計画が条里制に規制されながらも、寺域と坪割は必ずしも一致しないことを示している。

寺域の規模　発掘の結果、寺域の規模や周囲の構築物がわかるようになった寺は最近かなり増加した。飛鳥寺や川原寺はほぼ二町四方と推定され、前者は寺域の西から三分の一の線を、後者は二分の一の中央を主要伽藍の中軸線としたらしい。

この二種の割付方法は地割の基本形式で、額安寺は前者の例に入るし、平城京内の寺院でも東西三町の主要寺地の西三分の一を中軸線とした（したがって坪割線と軸線が一致する）元興寺・薬師寺・大安寺、中央に軸線をとった（軸線が坪の中央にくる）興福寺に分れる。

寺域の周囲は飛鳥寺、川原寺をはじめ南都の諸大寺は大垣（高い築地塀）をめぐらせ、岡山賞田廃寺でも内から外へ溝・築地・犬走・溝と続く京内寺院と同形式の垣が発掘されている（岡山県教育委員会『賞田廃寺発掘調査報告』一九七一）が、地方寺院では土塁と周溝の例が多い。ただ陸奥国分寺のように南と東面を土塁にしながら西面だけを掘立柱柵列とするもの、下野薬師寺のごとく最初

（八世紀中ごろか）は掘立柱柵列で門も掘立式であったのを、のちに築地塀と礎石付門に改築した例、福島上人壇廃寺のごとく東西約八〇メートル、南北約八四メートルの小さな寺域を二重の溝で囲う形式などもあり、武蔵国分寺では方三・五町に地割用と推定される素掘りの大溝をめぐらせていたが、土塁・門などの痕跡はまったく見当たらなかった。

地方寺院　飛鳥寺や川原寺を除くと七世紀の寺はさすがに小さく、法隆寺式伽藍配置の前記賞田廃寺（七世紀末〜八世紀初）は方一町を築地塀で囲い、四天王寺式の北野廃寺（岡崎市、七世紀半ば）は南北一四七メートル、東西一二四メートルに土塁をめぐらす（愛知県教育委員会『史跡北野廃寺発掘調査図集』一九六五）。

八世紀に入って平城京の大寺が薬師寺、元興寺の一二坊（三町×四町）をはじめとして大安寺の一五坊（三町×五町）、興福寺の一六坊（四町×四町）と寺域を拡大し、唐招提寺の四坊（方二町）が中型寺院の標準となるのにしたがって地方寺院も大型化した。国分寺は方二町、国分尼寺は方一・五町が一応の基準となったらしい。国分寺は従来は「上野国交替帳」（十世紀）に「築垣壱廻四面二町長三百二丈一尺」とあるのが、どの寺にもあてはまるものと考えられてきた。

しかし発掘の結果から見ると、築垣は都の寺のように築地塀ではなく土塁とする例も多く、寺域も大小各種ある。武蔵国分寺の方三・五町（三八〇メートル）、陸奥の方八〇〇尺（二四二メートル）などが大型に属し、方二町七二〇尺（二一八メートル）の例には上総・駿河・播磨・備中・周防・讃岐、それより小さい方六〇〇尺（一八〇メートル）に常陸・信濃・遠江・伯耆、方五〇〇尺（一五二メートル）に出雲の各国分寺がある。一町三六〇尺の倍数だけでなく八〇〇・六〇〇・五〇〇尺などの完数値がみられる点は注目される。

出雲国分寺では南門正面で検出された南へ延びる道路跡が条里遺構と考えられて、伽藍の軸線が条里境界線と一致し、寺地は一応方二町を占めながら中央の方五〇〇尺を土塁で囲ったと推測されている（石田茂作「出雲国分寺の発掘」『考古学雑誌』四一—三　一九五六）。

その地割方法は額安寺古図と類似し、額安寺も坪割との比例から伽藍主要部は方五〇〇尺と推計されるが、こうした完数値は法隆寺の一〇〇丈とも相通じ、寺格の一規準であったと思われる。一町の倍数を寺域とする寺が条坊または条里の地割制度のなかから生まれたとすれば、完数値の寺域はその規制以前の寺格による規模の決定の名残りかもしれない。

条里との関係では国分寺は一般に周辺の地割と同一方向をもつが、陸奥国分寺は約五度かたより、寺の創立より条里制の施行がおくれる可能性もある。逆に八世紀半ばに整備された下野薬師寺は南北三町（三二七メートル）東西二町（二一八メートル）の都市寺院的な寺域をもつ（栃木県教育委員会『下野薬師寺発掘調査報告』「栃木県埋蔵文化財報告集」11　一九七三）。ただし方二町の国分寺あるいはここにあげた下野薬師寺が条里と一致する確証はまだなく、寺域と条里制の関連はなお今後の調査が待たれる。

国分尼寺はいまのところ方一・五町（一五八メートル）にほぼかぎられて常陸、阿波などがこれに属し、下野尼寺も南北五五〇尺（一六七メートル）、東西四八〇尺（一四五メートル）で近似する。

伽藍中軸線　寺域と伽藍中軸線との関係では軸線を中央にとった陸奥・上総・遠江・出雲各国分寺、阿波・下野各尼寺、西から三分の一を軸線とした武蔵・紀伊・伯耆各国分寺、常陸同尼寺、下野薬師寺などがあり、信濃国分寺では西から五分の二を中軸線にしたらしい（上田市教育委員会『信濃国分寺跡Ⅰ～Ⅲ』上田市教育委員会　一九六五～六七）。

また金堂の中心を南北方向の二分の一に置く例は信濃・遠江各国分寺、下野同尼寺などがあり、武蔵国分寺も寺地を三行三列に九等分して西南隅四坊の中心に金堂を置いている。この点は南都の諸大寺のうち南北二町の伽藍中枢部の中央に金堂をおくのが興福寺だけで、薬師寺、元興寺、大安寺などは金堂がいずれも前寄りに位置するのと相違し、興福寺が東大寺、国分寺などいわゆる天平式伽藍配置の標式であるばかりでなく、地割の面でも八世紀中葉以降の基準例となったことを示している。

国分寺関係ではさらに後退して金堂前面を中央線に合わせ北半に伽藍主要建物が納まる例も下総・伯耆各国分寺などにある。ただし附属施設が明らかにされた例はまだほとんどなく、額安寺の例から考えると、出雲国分寺でも太衆院などは方五〇〇尺の外にあったかもしれず、陸奥国分寺の西面だけ柵列とするのも、西方に附属の院地が設けられていたことを示唆する。これに対して方三・五町の武蔵国分寺は寺内北部で発掘された竪穴住居跡が賤院に擬されており、土塁や溝で確かめられた寺域と附属施設との関連を今後明らかにする必要がある。寺地の地割計画の検討にこたえられる調査例は今のところごく少ない。

伽藍配置

配置の変遷　塔や金堂を中心とする主要堂塔の配置には、早くから代表的寺院名による分類が行われ、変遷が説明されてきた。とくに塔と金堂を南北におく四天王寺式と東西に並べた法隆寺式との先後論争が若草伽藍の発掘で終止符をうたれると、七世紀前半までの寺は四天王寺式で、後半に法隆寺式が生まれ、七世紀末に四天王寺式は塔を二基とする薬師寺式へ発達し、さらに八世紀に入ると塔を回廊外へ出した興福寺式へ移り変わるという図式が定説化した。

そしてこうした変遷の要因は塔の意義の退化で、四天王寺式は仏舎利をまつる塔を最も尊重して前面中央に据えていたのが、法隆寺式では仏舎利（塔）と仏像（金堂）を対等の礼拝対象とし、薬師寺式は二基のうち一基だけに舎利をまつるから双塔の意味は装飾化とうけとられ、興福寺式ともなると寺院の中心は仏殿で、塔は脇の方のいわばシンボル的な建築に格下げされた、と説かれてきた。

ところが戦後寺院跡の発掘例が増加すると伽藍配置はかなり多様で、ことに八世紀から薬師寺や興福寺など藤原京あるいは平城京の中心官寺の配置法が全国的な主流となる以前には、上記の分類にあてはまらない種々の形式があり、そう簡単に図式化しえないことが判明した。

従来は塔と金堂だけに着目し、しかも金堂は一棟と限っていたのが、その複数化や講堂・回廊との相互関係の変化にとまどい、新しい分類法はまだ確立していないのが現状である。そこでごく大きく一　前期対称型（一塔対称型）、二　非対称型、三　後期対称型（二塔対称型）、四　金堂中心型、の四つに分けておこう。

前期対称型　第一の前期対称型は飛鳥寺と四天王寺式である。塔・金堂・講堂を中軸線上にならべ、飛鳥寺は塔の両脇に東西金堂を配する。飛鳥寺の東西金堂は特殊な玉石積二重基壇で、中金堂と塔の切石積基壇と比べるとやや格式が下り、構造も中金堂や塔のように組物で大きく軒を張り拡げるのではなく軒支柱をもった古式のものと推定されるので、これを附加物と考えれば四天王寺式に含ませることもできる。

しかし高句麗で今までに伽藍配置の判明している清岩里、上五里各廃寺がともに塔と思われる八角基壇を中心にして、これに面する東北西の三堂を建てた類似の形式であり、百済では軍守里廃寺、金剛寺、定林寺など大部分が四天王寺式であって三面金堂の例がないことからすると、一応この二種は別系統と考えたい。

飛鳥寺では回廊が塔・金堂を囲んで閉鎖して聖域の独立性が強調され、四天王寺式（百済や古新羅の例も同じ）では回廊北辺に講堂を置いて全儀式を回廊内で行ないうる機能面が重視されている。この後の伽藍配置の変化がやはり機能的便利さによることからすると、前者の求心的な配置法は中国的であり、後者はその発展的整備型と解してよいであろう。四天王寺式には若草伽藍、中宮寺、橘寺（東向）、山田寺などの例があり、今のところ七世紀半ば以前の寺は飛鳥寺を除くと、すべてこれに属する。また地方寺院では七世紀末～八世紀初の北野廃寺、法安寺、八世紀中頃の瀬田廃寺などに引き続いて用いられた。

非対称型　第二の非対称型は一塔二金堂の川原寺式と一塔一金堂の法隆寺式および観世音寺式に分れ、いずれも中国や朝鮮にまだ類似例が見出されていないのが特色である。塔と金堂の左右並立、あるいは塔と二金堂（または金堂・講堂）の三者鼎立による視覚的バランスを重視し、中国本来の対称性による荘重さや厳格さとは別種の変化にとんだ軽快な意匠をもつ。

このためわが国の創意とみる説が早くからあるが、天智二年（六六三）の白村江の戦いのころからいっせいに現われる点や、複弁蓮華文の瓦を主流とすることからみて、やはり唐文化の影響によるのであろう。ただし同型式の中での自由度が大きいのは飛鳥寺が百済文化の四天王寺式の先駆であったように、薬師寺以降の唐の中央文化輸入の過渡期に当たることを示し、川原寺式の二金堂や法隆寺式の閉鎖回廊は四天王寺式をこえて飛鳥寺と近似する。

川原寺は中金堂に回廊が連なり、中庭に塔と西金堂を建てた配置で、飛鳥寺と同様に塔と中金堂は最上級の切石積基壇であるのに西金堂は玉石の地覆をもち、平面も細長くやや簡素な堂である。これと似た配置に崇福寺、南滋賀廃寺があり、いずれも六六〇年代の官寺である点が注目される。これらの官寺は回廊が中金堂に取り付き、金堂中心型へ一歩進んだことと、僧房が講堂をコ字型に囲んだ三面僧房型であるのが特色となっている。

古式への回帰　これに対して六七〇年代に現われる法隆寺式は回廊を閉じることからすると機能面では古式への逆戻りである。法隆寺のほか法輪寺、安倍寺、伊丹廃寺などがあり、伊丹廃寺は講堂が金堂の後方に位置し、未発掘ながら斉尾廃寺も同種の例である。

こうした後退現象の解釈はつけがたいが、小寺院型と考えるのはどうであろうか。僧房や講堂が完備した大寺院ではなく、塔と金堂だけの寺があっても不思議ではない。法隆寺でも講堂の建立はかなり遅れるし、伊丹廃寺のごとく講堂の位置がずれるのも両者の有機的連繋が薄いことを示す。同類のなかでは高麗寺（梅原末治『高麗寺阯の研究』「京都府史跡名勝天然記念物調査報告」19）や額田廃寺（額田寺発掘調査会『三重県額田廃寺発掘調査概要』一九六五）など出土瓦からみて古い寺ほど塔と金堂が接近し、時代がくだるとともに基壇間隔が広くなるが、これも小寺院からの成長を現わしている。仏教が信仰や教学としてよりも氏族の文化的シンボルとして受けとられ、遺跡からみても各地にいっせいに氏寺が建立またはは整備されたこの時期に法隆寺式が流行するのは、それに最も適した形態であったからにちがいない。その意味で氏寺型といってもよいであろう。

法隆寺式の塔と金堂を左右入れ替えた型式を従来法起寺式と呼び、その例に高麗寺、美濃弥勒等、貫田廃寺、長熊廃寺、石井廃寺があげられ、雪野寺、西淋寺なども同型とみられている。

ところがこのなかで講堂が判明した寺はいずれも塔と金堂の中間後方に講堂があって回廊をその両脇に連ねており、北回廊の後方に講堂を置く法隆寺式とは機能上大差がある。これと類似しながら塔と金堂が向かい合って建つ例が観世音寺、多賀城廃寺、野中寺などで、ここでは塔と金堂の左右に関係なくこれらを一括してかりに観世音寺式と呼ぶ。

このうち、向かい合せ型は川原寺の中金堂を講堂に替えた形式で、しかも観世音寺、多賀城廃寺が中央政府の出先機関の付属官寺であることが注意され、三面僧房を備えた川原寺の略式化とみてよい。並立型は逆に法隆寺式の発展であり、官寺系の簡素化と小寺系の大型化が融合したさまざまな試みのトータルが観世音寺式と思われる。それだけに地方寺院ではこの例が多くまた新堂廃寺（大阪府教育委員会『河内新堂烏含寺跡の調査』「大阪府文化財調査報告」12　一九六一）、大寺廃寺（鳥取県教育委員会『大寺廃寺発掘調査報告』一九六七）など類似しながらも変種が多い。

さらに国分寺でも相模、美濃、下総のようにそのまま踏襲した例のほか、塔の位置が金堂と近接するものにこの型式の影響が考えられて、類例はかなり多い。

後期対称型　第三の後期対称型の代表は薬師寺で、類似例に八世紀に下る百済廃寺、田辺廃寺、上野廃寺など河内付近の寺と宇佐弥勒寺がある。双塔式で中国風に整備され、新羅にも類例があって同じ時代に唐から直輸入したものとみられているが、統一新羅の感恩寺、望徳寺などは回廊が金堂にも取り付き、百済廃寺も類似の配置をもつ。それはむしろ川原寺式の内庭を双塔とした形に近く、金堂中心のつぎの興福寺式へ発展する同一系列に属する。この点で薬師寺の金堂独立型は統一新羅とはやや異なり、古式が導入されたのかもしれない。金堂両脇に塔をもつ新治廃寺（高井悌三郎『常陸国新治郡上代遺跡の研究』桑名文星堂　一九四四）もこの変種の一つである。

金堂中心型　第四の金堂中心型は和銅七年（七一四）造立の興福寺に始まる天平式伽藍で、塔院が伽藍中枢部から離れて独立し、回廊の内部は全体が金堂の儀式用前庭となる。大安寺、東大寺、法華寺、秋篠寺のごとく双塔の例もあり、陸奥国分寺・甲可寺のように金堂と塔が東西に並列する型式もあって、塔の位置や数は重要ではなくなった。

国分寺では塔が中門より南に建つ京内寺院型のほかに中門と金堂を結ぶ回廊の脇に配されるもの（遠江・上野）、金堂の中軸線に近接してもし回廊があればそのなかに含まれるもの（上総）など変種が多く、とくに後者の例は解明が望まれる。

なお平安時代に入っても東寺・西寺は興福寺式であり、醍醐寺伽藍（承平元年―九三一）も同様であったが、後者では鐘楼、経楼が東西両面の回廊上に配された。これが浄土教の臨池伽藍に移行して中門や南回廊が不要となると、平等院鳳凰堂や毛越寺のごとく釣殿式のコ字形回廊をもった配置へ発展する。この場合の儀式の場は池中の中島から金堂前庭へかけての水辺であり、鳳凰堂では池中に南から張り出して設けた舞台であって、蓮池をもたない尊勝寺などではいぜんとして興福寺式配置が続いた。

主要堂塔の規模と構造

金堂と塔　金堂は飛鳥寺、四天王寺、若草伽藍、川原寺、法隆寺など七世紀末までは五間×四間が標準で、梁行と桁行の比は一対一・四前後と方形に近い。現存の法隆寺金堂のように重層とするのが正式であった。

七世紀末の薬師寺以降は寺院の大型化とともに七間堂が基準となり、重層（薬師寺）のほかに裳階をつけて外観を重閣にした例（興福寺、元興寺）が生まれ、また唐招提寺のように中級寺院は単層とする。桁行が長くなって梁行との比は二倍前後となるが、これは古い時代には金堂が回廊内に独立していたのに対して、八世紀の金堂中心型では内庭からの正面観を重視したためで、回廊内径の二分の一強を占めるのが通則。平面が細長いと二重にした場合上層の形が整えがたく、重層から裳階付の構造にかわるのもそのためと思われ、東大寺大仏殿も重層ではなく裳階の例である。

国分寺は佐渡を五間堂とするほかは全部七間堂で、尼寺は従来はすべて五間堂と考えられていたが、近年、三河（愛知県教育委員会『史跡三河国分尼寺跡発掘調査図集』一九六八）、下総などで七間の例が発掘された。ただし国分寺関係では裳階の礎石が発見された例はまだなく、おそらく単層であったのであろう。

塔は初重を方三間とし内部に四天柱と心柱の礎石をもつのが原則。七世紀末までの例では一辺二一尺程度、基壇方四二尺ほどが多く、地方の小寺院は一辺一七〜一八尺前後にまとまって、この二クラスが一応の基準であった。現存遺構では法隆寺五重塔（二一・六尺）が前者、当麻寺三重塔（東西両塔とも約一七尺）が後者の例である。

古代建築は木割が太いため組物も大きく、柱間寸法が五尺以下になると隣接する組物同志が接触する恐れがあるので、塔の柱間寸法も自然に制約された。法隆寺の五重目は初重の二分の一になるのでここだけ柱間を二間とし、当麻寺東塔も三重目を二間に分ける。そうした木割や逓減率（塔は時代が下ると逓減が少なくなる）からみると上記の二クラスは五重と三重の差であろう。ただし法隆寺とまったく同平面で法輪寺や法起寺は三重塔を建てているから、絶対のものではない。

八世紀に入ると一辺三〇尺（一間が一〇尺前後）程度の塔が基準となり、興福寺（中央間一〇・六、脇間九・七）元興寺（中央間一一・六、脇間一〇・七）各五重塔のように中央間が一丈（棰木の間隔で七〜八世紀は一尺弱が標準）広いのが南都諸大寺の通則。この点

129　薬師寺金堂基壇

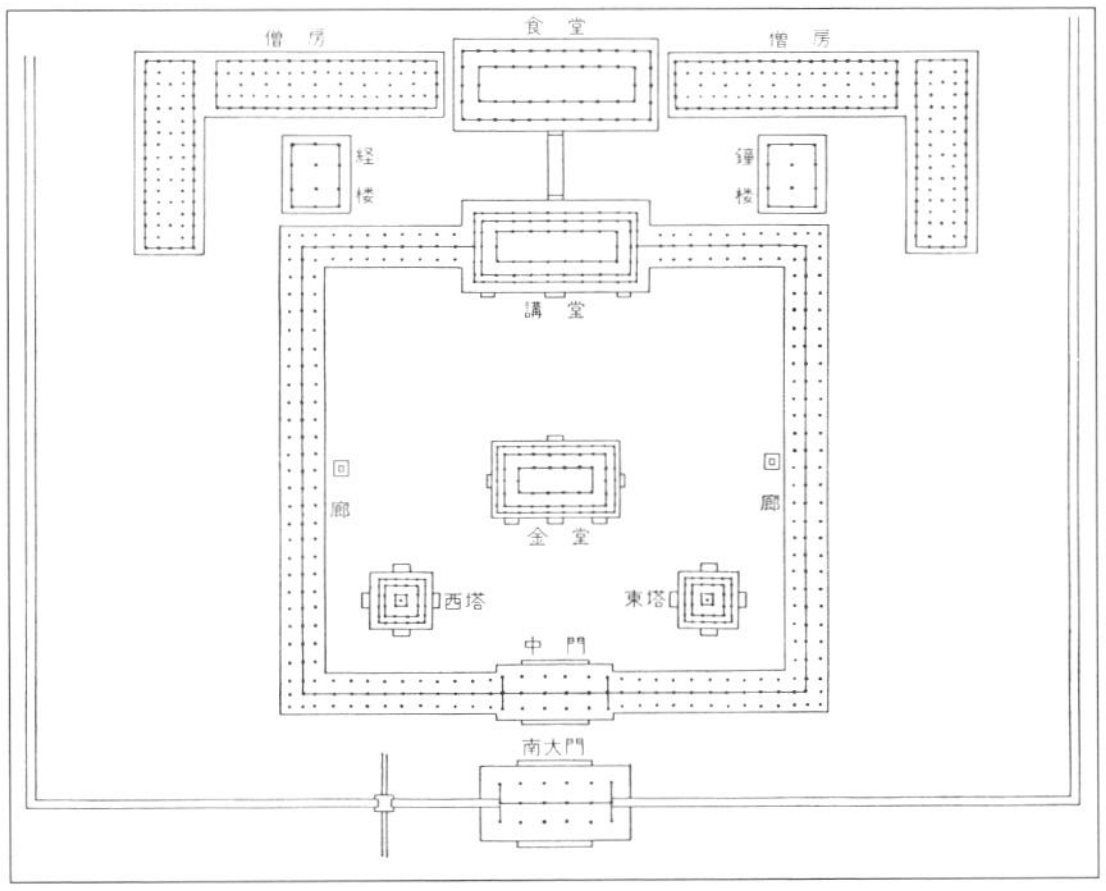

130　薬師寺伽藍配置図

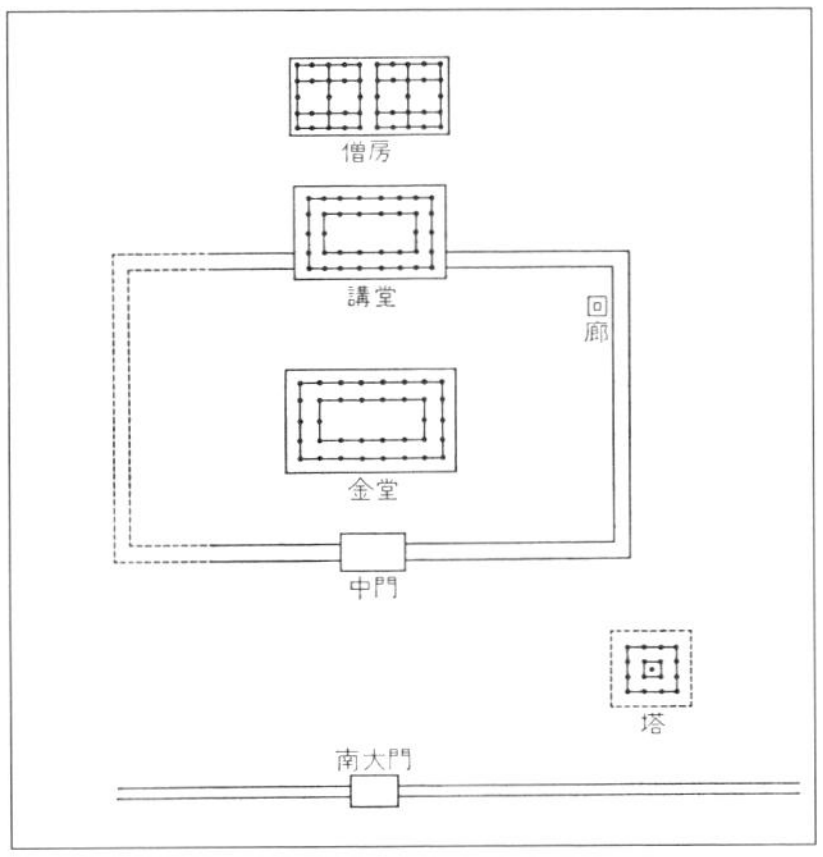

131　出雲国分寺伽藍配置図

は七世紀の塔が法隆寺系の雲斗栱では中央間を脇間の一・五倍ほどとし、それ以外では三間等間（中央間がわずか二～三寸狭い例が多い＝薬師寺東西塔）とするのと異なり、塔の設計法が変わったことを示している。

国分寺塔も大半が三〇～三三尺に属し、一間を一〇尺または一一尺の完数値とする例が多く、中には一二尺三間で計三六尺の大規模なもの（上野、相模、豊後など）もある。完数値は規格化によって複雑な塔の建設を普及した現われで、その標本として一〇分の一模型の元興寺極楽坊五重小塔があり、この小塔は初重三・三尺（一・一尺等間）を一重上るごとに各間一支（〇・一尺）ずつ計三支逓減して五重目を二・一尺（〇・七尺×三）とする簡単な比例をもっている。なお規模の大はよく知られているように国分寺は七重塔が正規とされたためであるが、極楽坊小塔の逓減率からすると初重三三尺が七重塔の最低限度で、以下の塔はおそらく実際には五重塔しか建たなかったものと思われる。なお中国では例の多い八角層塔も樫原廃寺（佐藤興治『樫原廃寺発掘調査概要』「京都府埋蔵文化財発掘調査概報」一九六七　一九六七）（七世紀末）からあり、西大寺では東西両塔を八角七重にする計画であったのを、建築に失敗して普通の五重塔に改めている。

堂塔の基壇　金堂・塔は中心建物であるために基壇・礎石ともに最上級とし、二手先もしくは三手先組物で軒を大きく張り広げるので、後者ならば側柱心から基壇外面まで一〇～一二尺程度、雨落溝心までさらに二～三尺ほどあるのが普通。基壇は切石積がもっとも正規で、飛鳥寺と川原寺の中金堂・塔、奈良薬師寺西塔では見え掛りだけ加工した花崗岩の地覆石を用いて凝灰岩の羽目石を立てていた。

それが七世紀末になると法隆寺金堂・塔のごとく全体を凝灰岩製とし、八世紀に入った多賀城廃寺塔は隅だけに束を用いるように進み、さらに南都諸大寺に見る束を柱筋毎に配した正規の壇正積基壇へ発展する。ただし壇正積でも中央の大寺では地覆石の下に延石を備え、前面に幅二尺前後の小石敷きの犬走りをつくって玉石敷の雨落溝をめぐらすのに、地方寺院では周辺を省略した例が多く、羽目石を直接地上にたて並べ、前に地覆をみせかけに置いた例（陸奥国分寺）もある。基壇上面も凝灰岩を敷きならべ、通常は布敷きとするが、河内国分寺塔跡（大阪府教育委員会『河内国分寺発掘調査概報』一九七〇）ではめずらしく四半敷を用いていた。

基壇にはほかに平瓦を転用した瓦積基壇（普通は横に積み重ねるが、V字状の斜め積みもある）、塼を用いた塼積基壇、玉石積基壇、平瓦と玉石の交互積基壇、やや大きな自然石の乱積などもある。なお階段は延石、地覆石を基壇外装と一連で張り出し、その上に幅一尺弱、厚さ七〜八寸の段石を一寸ほどの敷き重ね幅にとりながら積みあげて耳石を置くのが正規で、後世のように踏面が広くなく四五度近い急勾配となる。

礎石は回廊・僧房など一定規格の長大な建物では凝灰岩切石を用いるが、通常は花崗岩・安山岩などの固い石とし、本瓦葺建物では柱一本当たり一〇トン以上におよぶ荷重を支えるために七〇〜一二〇センチの厚さをもつ。基壇を砂と粘土の互層で叩き上げて強固に築き（版築）、その途中で礎石を据えるが、七世紀のものは版築が丁寧で礎石下の飼石が少く、八世紀に下ると版築の一層分が厚くなって締りがやや不充分となり礎石下に多くの根石をかませる形式に変化する。

礎石の上面は円形柱座を造り出すのが上級で飛鳥寺から例があり、七世紀後半に方形の台座と円形の柱座の二段に造り出す例（川原寺）や方形柱座（薬師寺）が現われ、三重にした例も生まれる。円柱座上面に出柄をつくる例も七世紀末からある。

心礎は舎利孔を穿つなど特殊な加工を施してもっとも丁寧に造られるが、一般的に地下三メートル前後に据えられる飛鳥式心礎は上面を平坦にならしただけで、舎利孔には始めは蓋用の掘り凹めがなかった（飛鳥寺）のが、七世紀後半に生まれ（法隆寺）、白鳳式は基壇上面から一メートル程度にあって円形の柱座を掘り凹め、底に蓋付の二段舎利孔をうがつ（檜隈廃寺）。後者では柱座の外に心柱添木はめこみ用の耳型の凹座をもつ例もある（橘寺、若草伽藍）。

132　樫原廃寺　八角塔瓦積基壇

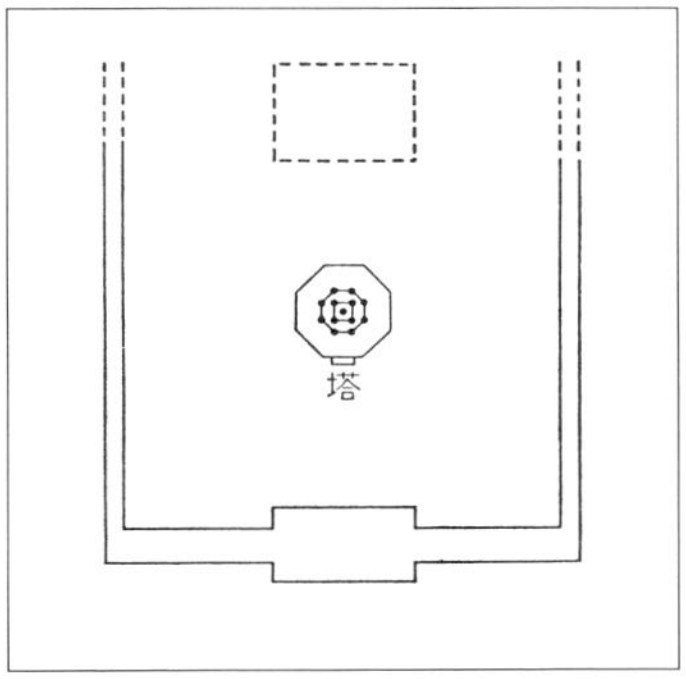

134　樫原廃寺伽藍配置図

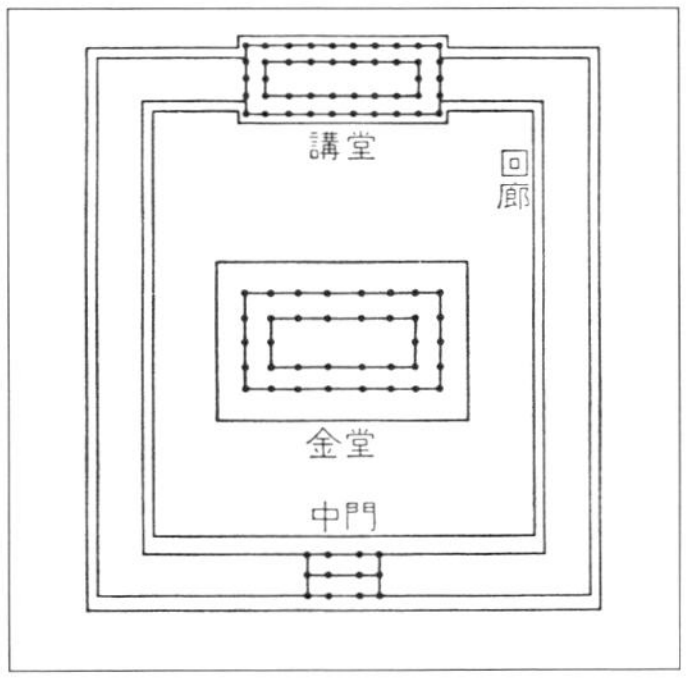

133　三河国分尼寺伽藍配置図

なお法輪寺の掘立式心柱（飛鳥式）は八角形の各辺に幅三寸厚二寸ほどの小角材を三本ずつ立て並べて縄で巻きつけ、周囲から版築で埋め固めていた。飛鳥寺や中宮寺では木炭も発見されており、掘立心柱の保護には種々の方法があったらしい。

講堂・僧房　講堂は寺内の僧侶が参集するため規模が大きく、とくに七世紀は金堂よりはるかに大きい。橘寺・南滋賀廃寺など桁行九間が最大であるが、飛鳥寺、四天王寺、法隆寺、多賀城廃寺など八間の例がかなり多い点が注目され、講師と読師の高座（論議台）を左右において問答式に講経を進める法会から生れた平面と考えられている。

八世紀に金堂が大きくなると規模は近似し、両者がまったく等しい例（相模・武蔵第二次国分寺）、講堂が小さい例（駿河・遠江・出雲国分寺、下野・三河国分尼寺）が生まれる。とくに尼寺は一般に小さめで、三河では切妻造の細長い建物と推測された。僧房は講堂の三方を取りかこむ三面僧房がもっとも整い、川原寺、南滋賀廃寺、興福寺、大安寺、東大寺などがこれに属するが、南都の大寺でも東西棟を左右二列に配した元興寺、食堂の東西にL型に置いた薬師寺など変形が多い。食堂を講堂の後方に置くと三面僧房形式はとれず、小寺院的な東大寺戒壇院では細長い東西棟の中央五間を食堂、両脇を二間ずつ三房とって計六房（うち西端は客房）の僧房としていた。

地方寺院でも講堂後方に東西棟一棟だけを配する例が多く、これを二間ずつ五房に分けた多賀城廃寺、中央に馬道をとって左右を

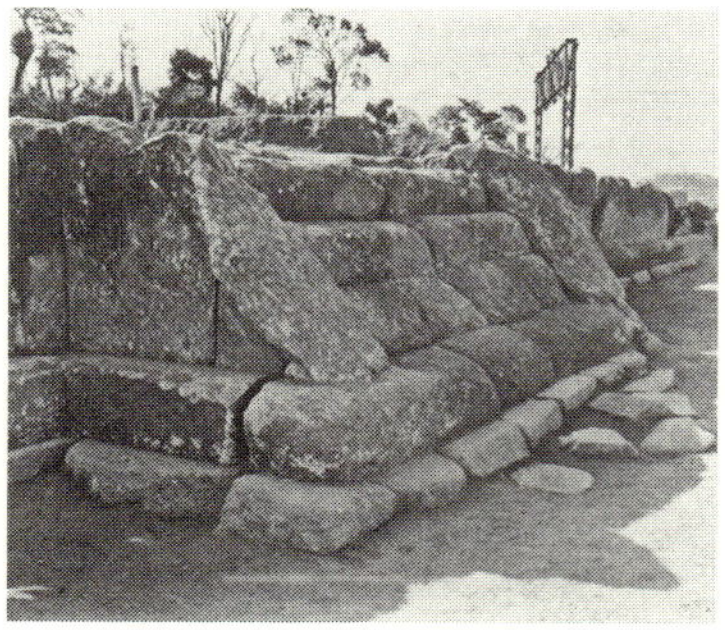

135　鳥坂寺壇正積基壇

136　田辺廃寺西塔瓦積基壇

137　伊丹廃寺玉石積基壇

138　田辺廃寺東塔塼積基壇

五房にしたらしい陸奥国分寺、中央は食堂らしい築紫観世音寺、出雲国分寺など各種ある。南都の大寺の僧房は柱間三間を一房とするもの（元興寺、東大寺、興福寺、薬師寺）と二間一房（法隆寺）に分れるが、地方寺院は相模国分寺など少数の例を除き後者が普通。一房の桁行長さは一九尺（法隆寺・薬師寺）〜二二・五尺（元興寺、興福寺）が標準である。

なお僧房には梁間三六〜四五尺の大房と一〇〜一五尺の小子房があり、並行して一組になって用いられるが、地方寺院でも最近小子房の発見例がふえつつある。また、多賀城廃寺の第一次僧房のごとく掘立柱とする例（第二次は礎石）も伊丹廃寺・常陸・下野各国分尼寺などにあり、今後の発見の増加が予想される。

門　仏門と呼ばれる南大門と中門は七世紀には桁行三間、八世紀の大寺は五間となるのが一般的。前者では飛鳥寺、法隆寺（特別に桁行四間）のように梁間三間の例もあり、中門のほうがやや大きく重層・入母屋造にして仁王像を置いた。八世紀の南都諸大寺は南大門が大きくなって重層とされ、逆に中門は塔が外へ出て単に金堂院の入口となるために単層切妻造の簡素な形式に変わり、仁王像も南大門へ移る。

ただし地方寺院では掘立柱二本の鳥居形とする（下野国分尼寺）など南大門の簡略な例が多く、都市の寺が大路に面して築垣を回らし雄大な重層門を建てて外廻りを整えたのに対して、中門を重視した七世紀以来の形態を存続させたらしい。

また飛鳥寺の西門、川原寺東門のごとくその門前の施設（飛鳥寺西の広場は著名）の重要性で、側面の門が南門より大規模な例もあり、東大寺でも二条大路の突き当たりで宮城から参詣した場合の正門となる西南大門は南大門より大きく、ここに国分寺の勅額を揚げていた。こうした周辺施設の解明はなお今後に残された問題が多い。

一一　興福寺の伽藍

――奈良時代伽藍の再検討――

一

興福寺の伽藍が創建以来数次にわたる災害にもかかわらず、その都度旧規を踏襲して再建され、常に当初の規模を保持してきたことは、我国寺院建築史上特筆すべきもので、まったく他にその類例をみない。近世に至って享保年間の大火災により、伽藍中枢部は失われたとはいえ、さいわいになおいくつかの堂塔を存し、旧堂宇の土壇・礎石等も相当よく残されていて、奈良時代伽藍制度の面影を今日に伝えていることは人のよく知るところである。これについてはすでに大岡実博士の精密な研究があり(1)、個々の堂宇の規模や歴史を明らかにすると同時に、それらを総合して興福寺が奈良時代以降の伽藍制度の根幹をなすものである点を明瞭に指摘されたのであって、今更改めてこと新しく論ずる問題が生じたわけではない。ただ何分にも先の御研究が現状の地形・地物等の表面観察のみによられたために、その後行われた寺域の一部の発掘調査、乃至は種々の工事中に新しく発見された旧遺構の一部等によって多少修正を要する点が生じた(2)。これは研究の発展段階として当然のことであるが、それとても食堂や僧房のごく一部分であって、あるいはこれによって伽藍中枢部に対する御論考はむしろ確実さを増大したといってもさしつかえない。したがってここでは興福寺の伽藍そのものよりも、官の大寺としての興福寺伽藍計画のもつ意義といったような形で問題をとりあげてみたい。というのは近年行われた飛鳥寺をはじめとする四天王寺・川原寺・橘寺等の発掘調査や、法隆寺解体修理工事の成果等から、興福寺に先行する時期の伽藍配置に対する従来の考え方を再検討しなければならない段階に達していること、南都においてもごく一部分ずつではあるが東大寺・大安寺・薬師寺・西大寺等の発掘調査が行われ、また旧僧房にあたる元興寺極楽坊の解体工事を機会に元興寺の伽藍がかなり明瞭に浮かび上ってくる等、南都七大寺もかつての推論の域をわずかながらも脱して、やや具体的に検討し得るようになったこと等、官の大寺もしくは準大寺を比較検討する資料が幾分か豊富になったと思われるからである。とくに奈良時代前半における四大寺、すなわち大安・薬師・元興・興福の諸寺の中、大安寺は天平年間道慈による改造が相当大きく加わったものとしてこれを一応除外して、他の三大寺を比較した場合、これらはいずれも和銅末年から養老年間に至るわずか数年の間に、時をほぼおなじくして造営を始められているにもかかわらず、(3)その伽藍計画にはかなりの相違が見られることが明らかになり、その点から改めて興福寺の伽藍を見直す必要があると考えられたのである。

二

比較検討を具体的にするためにまず興福寺を始めとして、諸大寺の伽藍配置を述べておきたい。これらについてはすでに多くの先学の御研究があり、それを参考とすべきは当然であって、私の考え方が多少なりとも相違した場合には一々その理由を述べるべきであるが、紙数の関係もあるので、ここではあまり細部にまで立ちいらないこととする。むしろ現段階ではどこ迄が実証されており、どの辺が不確実なものであるかをはっきりさせておいた方が今後の研究の方向をもおのずから示すことになると思われるので、その点を重視して論を進めたい。従ってあるいは先学に対して非礼に当るおそれもあるが、これはあらかじめお許しを願っておきたい。

興福寺　(1)中世の再建にかかるものではあるが、建物が現存して創建時の規模を伝えているもの——東金堂・五重塔・北円堂。(2)調査もしくは工事中の発見によって礎石・基壇等が確認されたもの——金堂・同軒廊の一部・細殿・食堂・同渡廊・僧房(西室の東辺基壇全長、上階及び中室基壇の一部、中室小子房の南端附近)、東金堂廻廊の北辺基壇、西門。(3)現状の土壇礎石等から推定されるもの——南大門・中門・廻廊・講堂・鐘楼・経蔵・西金堂等。(1)(2)は「流記」に記載する寸尺とよく符合し、中世の再建に当っては常に旧規を踏襲していることを実証する。(3)も現状の寸尺を確かめうるものはまたよく「流記」と一致するので、前二者と同様創建の規模をほぼ確実に伝えているとしてよい。なお寺蔵の「古図類聚抄」中に尋尊大僧正自筆の古図を写したと称するものがあり、かなり克明に伽藍中心部の配置を伝えている。それが尋尊当時の現状か、あるいは創建時の状態を復原して加味してあるのか明らかにし

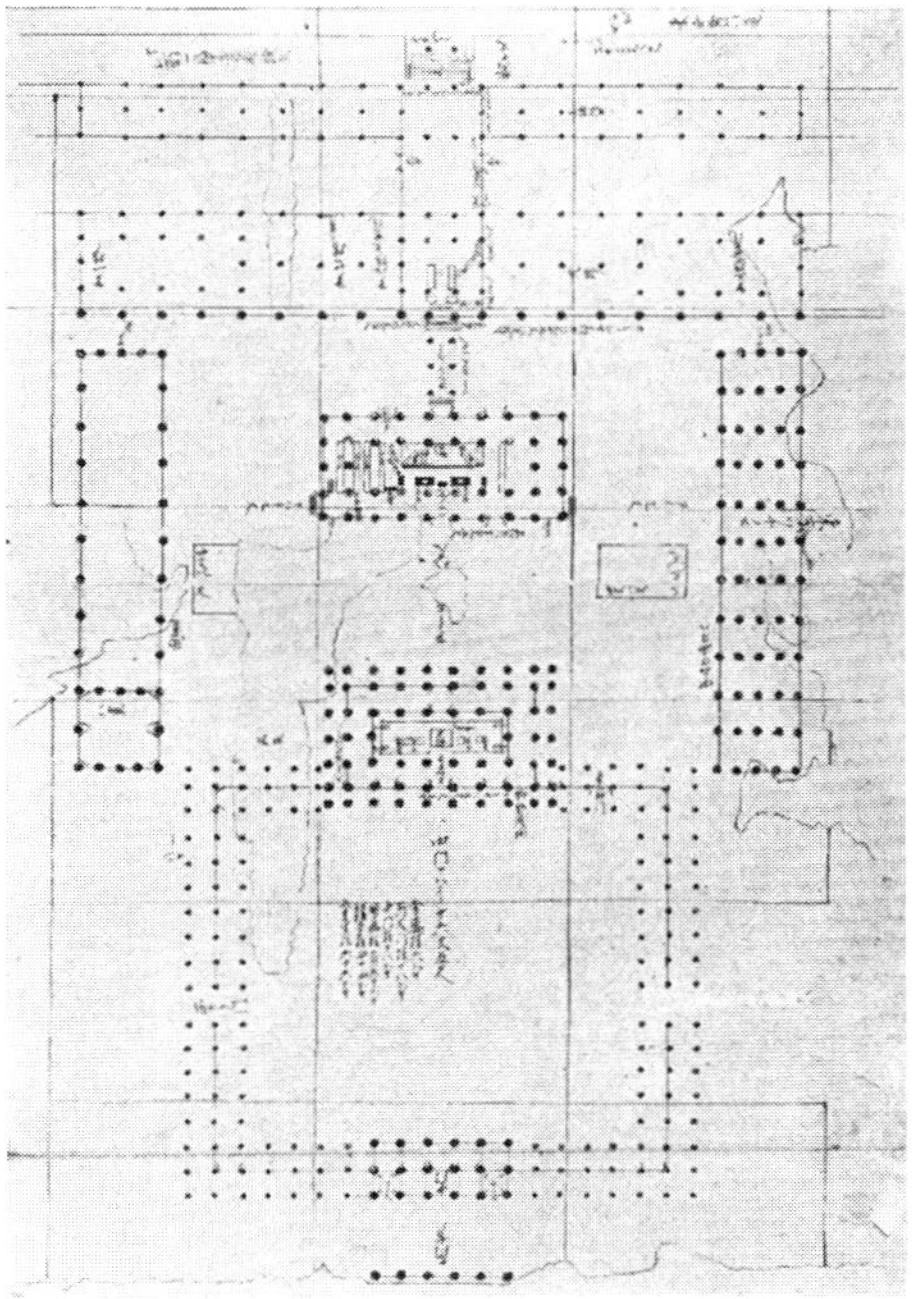

140　興福寺伽藍古図（寺蔵）

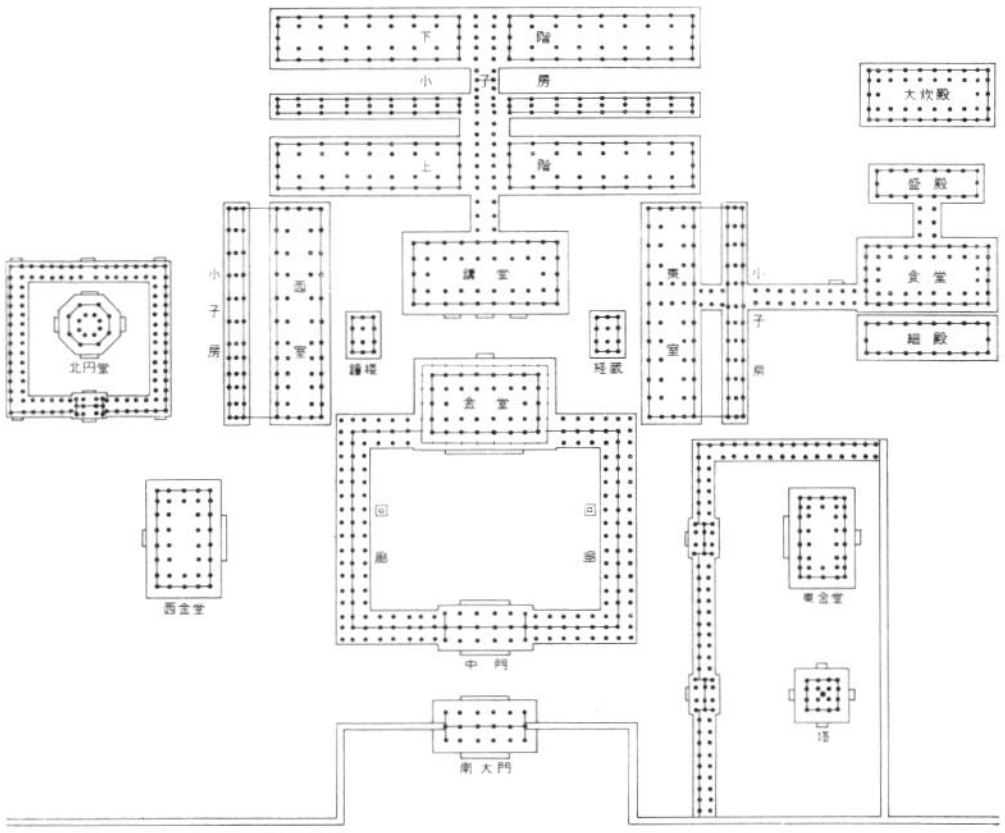

139　興福寺伽藍配置図

難いが、いずれにしろ遺跡の現状とよくあい、流記の記載とも一致している。[4] そのほか図に示したもののうち竈殿は寺蔵の伽藍古図によって大体の位置が判り、盛殿・下階僧房等は全くの推定によった。

薬師寺　(1)創建時のまま残存——東塔。(2)調査によって明確にされているもの——金堂・西塔・南大門・中門・同脇廻廊の一部。(3)残存土壇及び古図から推定されるもの——講堂。(4)まったくの推定——食堂・十字廊（食殿）、僧房。(2)の南大門以下の発掘調査によって従来「長和縁起」を基として推定された寸尺が創建時のものでないことが明らかになった。[5] 例えば廻廊は単廊と考察されていたが、当初は複廊であり後に単廊に改められたものである。「縁起」記載の寸尺がかならずしも創建時を伝えないとすれば、(3)以下はまことに不確実とせざるを得ない。ただし講堂のみは古図によって大体たしかなものと認められよう。(4)の食堂は講堂の北に位置することだけが確実であり、僧房に至ってはまったく手がかりがない。足立康氏は僧房を南北長手に考えられたが、[6]「七大寺日記」には北室東端及び西端の記事があるので、東西方向に長い僧房を置いてみた。天禄火災以後再建された食堂・十字廊等は規模においてはともかく、少なくとも旧位置を保ったと思われるので、僧房の配列もまた大きく動いたとは考え難い。つづいて元興寺の項で述べるように正式には東室南階僧房と呼ばれるべきものが「七大寺日記」には北室と記されるように、北室かならずしも、興福寺のような三面僧房を考える必要はない。「舊流記帳云僧坊捌條大坊四列」の記載はむしろ元興寺の

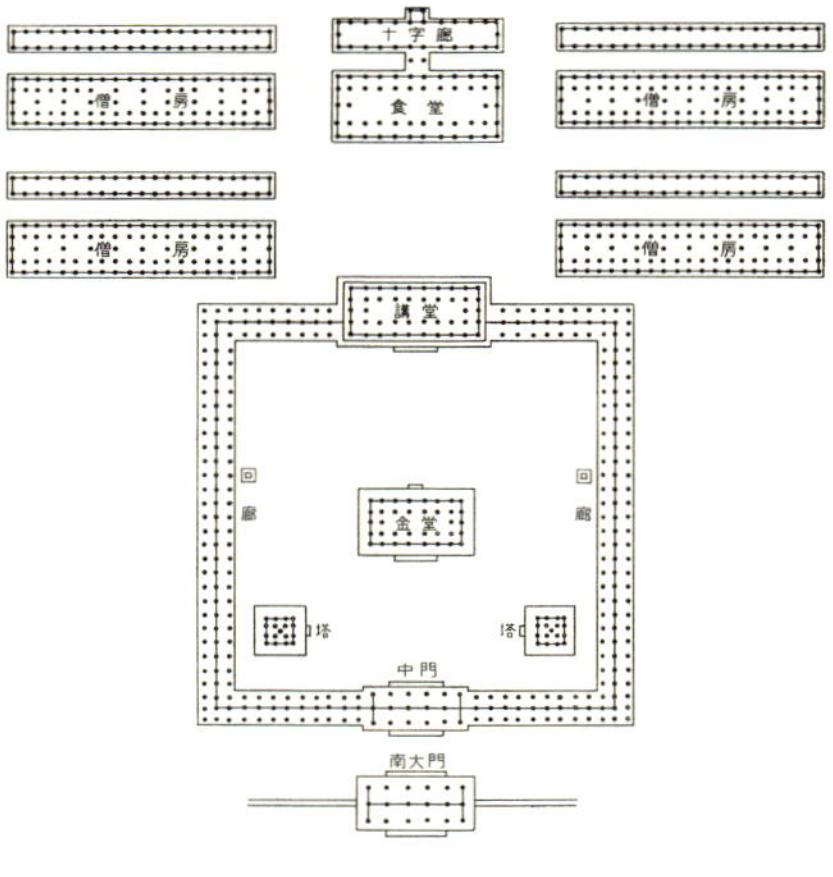

141　薬師寺推定配置図

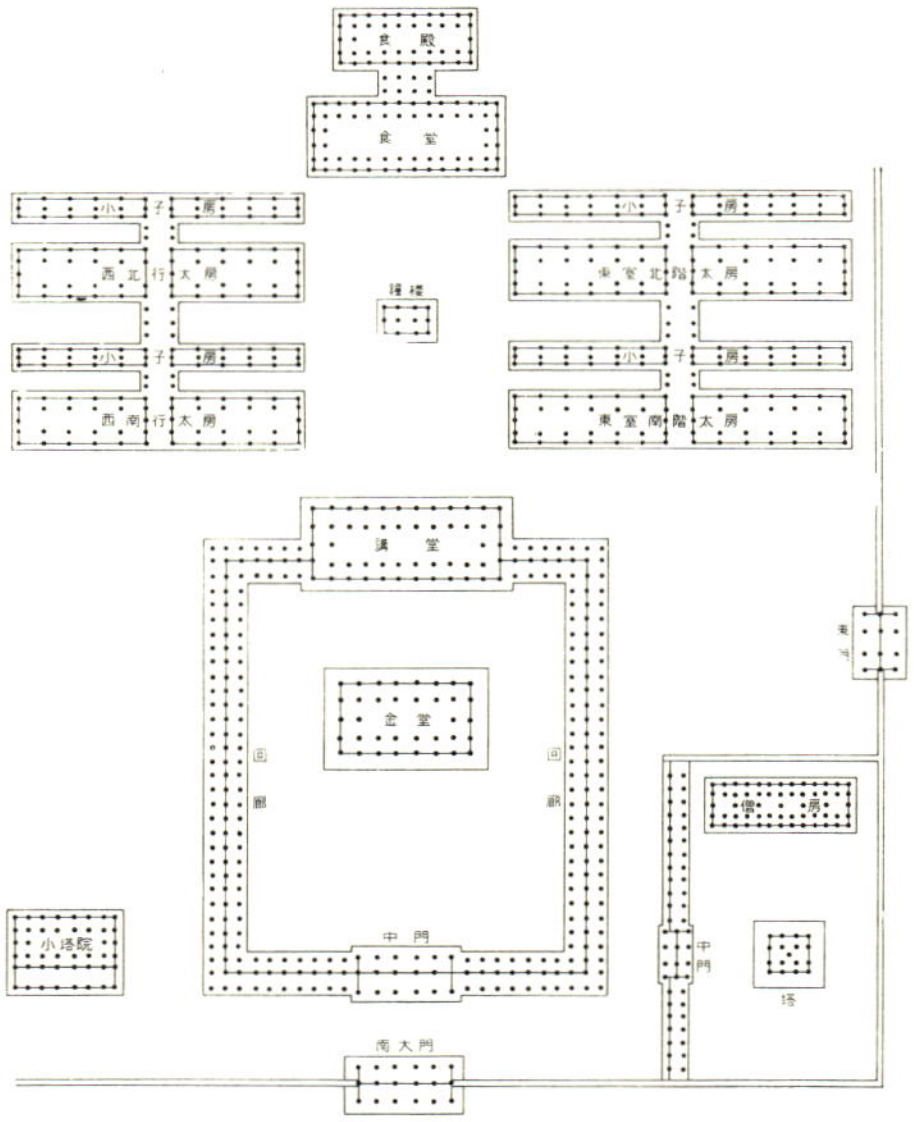

142　元興寺推定配置図

配置を思わせる。

元興寺　⑴創建の建物が改造されて現存――東室南階大房（現極楽坊）。⑵確証――塔。他はすべて推定。ただし金堂・講堂・食堂が南北に連なることだけは「七大寺日記」等によって明らかである。推定の根拠となるものは長元八年（一〇三五）の「堂舎損色帳」で、内容は資財帳に匹敵する。[7] ただし各建物に寸法の記載がないので困るが、柱間寸尺を他の例を参考として定め、一応各堂宇の大きさを推定した。ここで注意されるのは⑴廻廊は講堂に取付く。記載の順序が講堂に続いており、軒廊より中門に至る柱間が四六間もあるのでこう推定してほぼ誤りない。⑵塔には廻廊があり、その中門は西面している。したがって東塔は西を正面としており、ほぼ対称の位置に建つ小塔院が南面するのと相違する。⑶僧房がいわゆる三面僧房とはまったく異った配置をしている等である。

大安寺　東西両塔跡以外現存するものはまったくなく、はなはだしく荒廃しているが、幸に残存する「資財帳」によってかなり精密に復原的考察をなし得ることはよく知られている。[8] 発掘調査によって確かめられたのは、南大門・中門・廻廊およびその先の渡廊等、伽藍の前面部分にすぎなかったが、[9] 金堂・講堂はほぼ位置を押えられ、講堂の東方には僧房基壇の一部と思える遺構も見出されている。資財帳の僧房の記載が非常に複雑で、これから直ちに旧状を考え難い箇所もあるが一応図の如く考えておく。中門両脇の廻廊が隅で丁字形に延びる部分は、発掘の結果判明した特異な状態であるが、これは創建当初のものと認められており、

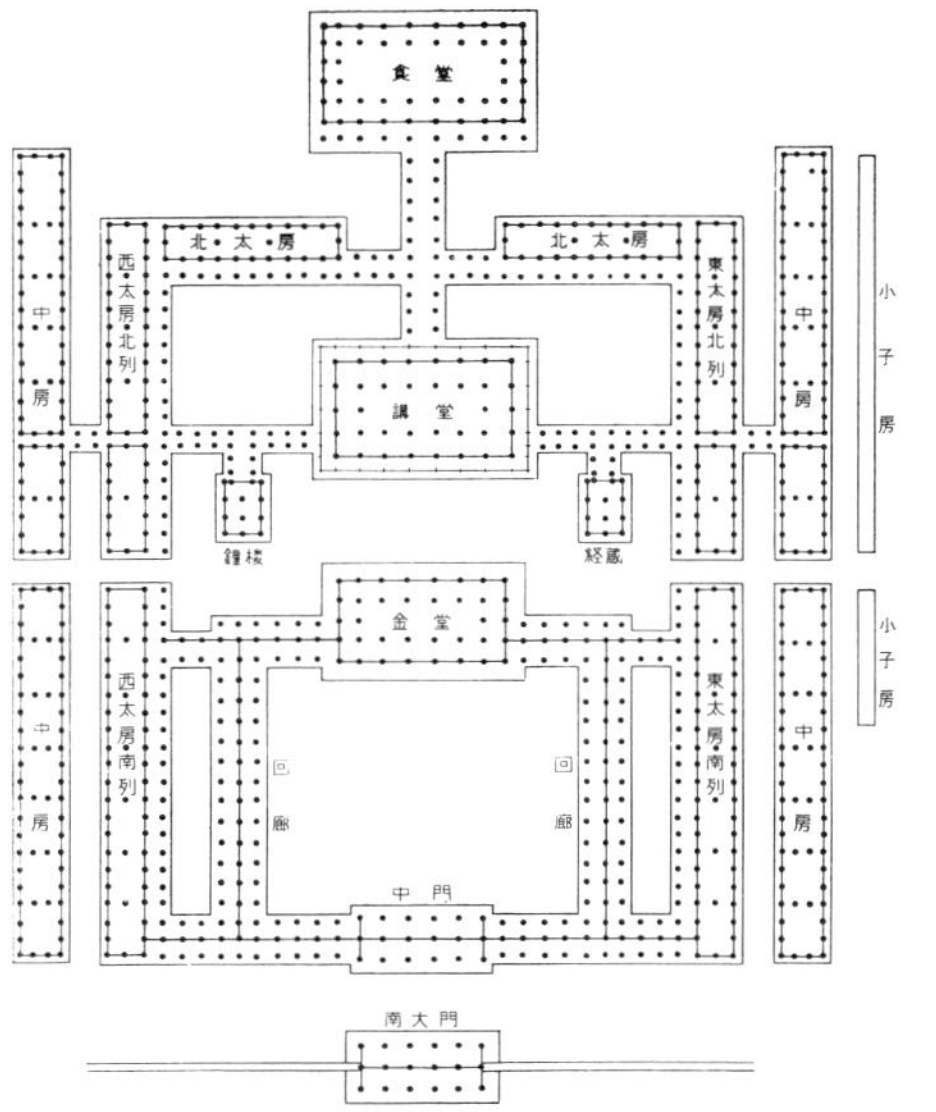

143　大安寺推定配置図

また「七大寺日記」等に金堂の東西に僧房跡があるように書かれているので、東西僧房を廻廊前面まで延びるものと考えたのである。なおここで一番問題になるのは食堂の位置で、従来多く東方に想定されていたが[10]、(1)資財帳記載の順序からすると食堂・大衆院は堂并僧房等院の北にくる[11]。(2)北室が二棟に分れるのは、元興寺の如く食堂が北にあるためではないか、等の理由で北方に置いてみた。なお衆知の如く南大門の南方に東西二基の塔が立ち、現在その土壇および礎石を残しているが、図には省略した。

東大寺　記録や古図が割合豊富で、現存する建物・土壇等と照合してかなり精密な復原的考察が早くから行われており[12]、最近の発掘調査の結果も先の推定がほぼ誤まりないことを証している[13]。したがってとくに云うべきこともないが四大寺と同様に遺跡の確認された部分を記しておく。まず転害門は創建時の建物であるから問題なく、修理工事中に旧基壇も見出されている。南大門も同様に旧基壇が発見された。戦後石田茂作博士により三面僧房の一部が発掘されて古図と遺跡とがよく符合していることが明らかになり、最近では大仏殿廻廊の修理工事にともなって、創建大仏殿の基壇・中門・廻廊の雨落ちおよび礎石跡の一部が調査された。したがって現在やや不確実なのは東西両塔附近および食堂附近等である。伽藍配置図は従来からも紹介される機会が多いので、ここでは省略する。

西大寺　「資財帳」に詳細な記載があるにもかかわらず推定は中古の伽藍古図の範囲を出ない。東西両塔のみ調査によって確かめられているが[14]、ほかはまったく不明といってよい。薬師金堂が極端に唐風の装飾をほどこしたことはよく知られているが、主要な堂塔の伽藍配置の点ではあまり特異なものは認められないようである。ただし四王院や十一面堂院などの別院的施設が中心伽藍地の前面に塔院と並んで左右に設けられたのは異例で、西大寺が仲麻呂追討のために発願された四天王像を出発点とする特殊事情にもとづくものであろう。

三

大安寺は霊亀二年（七一六）に移建されているが、その造営には如何なる理由があったのか、天平年間に至って僧道慈によって改造をうけているので、さきにも述べたようにしばらくこれを除き、まず興福、元興、薬師の三大寺を取りあげてみる。図に明らかなようにそれぞれに異った配置形式を持っていて、これらを一括して例えば奈良時代式伽藍配置等の名称で呼ぶことの適当でないことは一見して明らかであろう。ところでこれら三大寺の配置形式を従来どのように考えてきたかの一例として、薬師寺についての足立博士の巧妙な論法があるのでそれをここに引用してみよう。[15] 氏はまず伽藍配置を飛鳥式と奈良式の二種に大別して、それぞれの特色を次のように規定する。

奈良式配置　(1)　塔婆が二基ある。
(2)　塔婆が四面廻廊の外側にある。
(3)　廻廊が金堂の側面に接している。
(4)　金堂の前庭が広い。
(5)　講堂と金堂の大きさが近似している。

飛鳥式配置　(1)　塔婆が一基。
(2)　塔婆が四面廻廊の内側にある。
(3)　廻廊が講堂の側面に接続している。
(4)　講堂の前庭が広い。
(5)　講堂と金堂の大きさが著しく異る。

次に薬師寺の特徴を(1)塔婆が二基ある。(2)両塔が四面廻廊の内側にある。(3)廻廊が講堂側面に接する。(4)金堂の前庭は狭く講堂のそれが広い。(5)講堂は金堂より著しく大きい。とあげて、これらの中の(1)が奈良式に他は飛鳥式に属することから薬師寺は両者の中間的な性質、即ち白鳳的な性質をもつものであると結論するのである。勿論現段階ではこれに対する批判が起るのは当然で、元来何を例として飛鳥式、あるいは奈良式というわけ方をしているのかを考えた場合、こういった分類をするのが適当かどうかという根本的な疑問を生じてくる。また例えば飛鳥式の例として当時（昭和十二年）では四天王寺と法隆寺とを考えるよりほかになかったわけであるが、創建の法隆寺に講堂がなかったことは今日の学界の常識であり、四天王寺も講堂のみは白鳳に下ることが発掘の結果最近明らかにされている。とするとこの両者のみを念頭におく限り、飛鳥式の(3)以下は無意味となることは明らかであろう。その他についても一々に検討の余地はあるが、その前に元興寺に同じ論法をあてはめてみると問題の内容がより一層明らかになると思われるので、次に元興寺の特色を同じやり方で列挙してみる。

(1)塔婆が一基。(2)廻廊の外にある。(3)廻廊が講堂の側面に接続する。(4)前庭は不明。(5)講堂は金堂より相当大きい。

(1)は元来二基あるべきものを省略したと考える人もあるので、今の場合一応奈良式の(1)としてみるが(3)(5)等は飛鳥式に入る。とすると、ここでも元興寺は白鳳的なものであるということになるのであろうか。さきの薬師寺はその配置が藤原京の本薬師寺と同一であると推定されるので、白鳳的であるとする結論は、まことに都合がよいが、元興寺は飛鳥の本元興寺（飛鳥寺）とはまったく配置形式が異なっており[16]、むしろ類似点はほとんどないといえる。またもし興福寺の配置をして単に先例がない（現段階では）新しい形式であるから奈良式であるとするのならば、元興寺も同様に先例がなく奈良式にすべきである。ところが興福寺と元興寺を比較してみると勿論類似点もないわけではないが、全体としてはかなりの相違がある。とくに僧房や食堂の附近は全く異質のものと云ってもよいほどで、伽藍の景観には大きな差がある。たんに金堂と塔との配置関係だけでこの両者を同一形式であるとするならば、それはあまりにも巨視にすぎて様式史研究の手がかりをみずから失なうものといえよう。ひるがえって先の奈良式と飛鳥式との関係を見ると飛鳥式の(3)以下が問題にならないとすれば、それはまったくたんに金堂と塔の相互関係のみとなってしまうのである。

ここでもう一度あらためて三大寺を素直に見なおしてみると、

(1)　薬師寺と元興寺は塔を除くと非常によく似ている。図示しなかったがどちらも主要伽藍の中心線を条坊の小路に合わせる等占地の仕方も等しい。

(2)　元興寺と興福寺は塔を東において廻廊で囲み、ともに西面させる点で類似するが、ほかはかなり相異する。

(3)　興福寺と薬師寺には南大門と中門の大きさおよび相互関係を除くと、ほとんど共通点がない。

などの点が注目される。これをみれば従来塔が東にあることをもって元興寺を興福寺と同じ型式にしてきたことの誤りが明瞭であって、薬師寺式、興福寺式の名称がある以上当然元興寺式の名称も与えられるべきであろう。すなわち奈良時代の始めに当って興福寺式、元興寺式、薬師寺式の三形式が並び行われた事実をあらためて確認したいのである。ここでつぎの二つの問題が提起される。これら三形式が(1)先行型式を如何なる形で受けついで成立したか。(2)その後の諸大寺の伽藍計画に対する影響。(1)に関しては現段階では資料が非常に限られていて、ほとんど解答を出し得ない。現存する本尊や塔の様式を解明する必要から従来薬師寺移転の事情だけは頗る注目されていたが、もう少し広範に問題を掘り下げる必要があろう。なぜ薬師寺のみ旧伽藍をそのままの姿で奈良に再現し、元興寺はまったく配置を異にしたのか。勿論創建と移建の間の経年の差が問題になるが、それだけでは解答になるまい。例えば旧元興寺僧房である極楽坊に相当量の飛鳥時代の瓦（文様を持たない普通の平瓦および丸瓦であるが同種のものが飛鳥寺より出土している。）が見出されること[17]。逆に、飛鳥寺の方では平城元興寺造営と同時に相当大規模な屋根の葺替を行っていることを出土古瓦中に占める四三パーセントの奈良の瓦が示していること等[18]、移建に伴って新旧両寺の間に密接な交流があったことを現わしている。同様のことは薬師寺と本薬師寺の間でも同一型式の瓦が出土することから以前より注目されており[19]、ある程度建物自体の移転ということも考えさせられるのであるが、いずれにせよ、新元興寺は飛鳥寺を真似ようとすれば容易にまねられた筈であり、仏法元興の大伽藍の伝統を伝えてもしかるべきであろう。そこに仏教文化の興隆期に当っての意気込みといったものを感じるのは私だけであろうか。薬師寺が旧都の様式を再現したのは決して安易についたのではなく、その様式に絶大な自負心を持ったからであり、元興寺はまた積極的に新様式を切り開いたものと考えたいのである。この場合よくいわれる唐式の模倣云々も積極性の一面であり、自負の裏付けである。興福寺についても事情はまったく同様で、廐坂寺なるものがどの程度のものか明らかにし得ないが[20]、おそらくその形式とは無関係に新様式を採用したと思われる。とすると、さきに強調した三大寺の並立とは、単に多少ずつ形式を異にした寺があるというだけではなく、それぞれが仏教文化の担い手としての、みずからの地位と力とを誇示している点でこそ注目すべきであろう。なおこの問題には飛鳥・大官・川原・薬師のいわゆる飛鳥四大寺と南都四大寺の関係がもう少し資料的に整えられることが必須条件であるが、現段階では未だ道遠いといわざるを得ない。

つぎに(2)の後世への影響についてはすでに常識化している興福寺―大安寺―東大寺の系列を再確認することによって、興福寺の重要性がおのずから明らかとなろう。まず大安寺は塔婆を除くと伽藍中枢部の配置が興福寺に近似することは、これを他の薬師・元興の二寺と比較すればきわめて明瞭である。このことは東大寺についても同様で、問題は塔の配置に限定される。これについては従来から興福寺は東大寺の西塔を省略したとする見解が広く行われているが、簡単に、そうはいいきれない点があるので、次にそれを挙げてみよう。

それは塔のむきである。さきに指摘したように興福寺および元興寺は東塔がともに廻廊の中門を西面して開いているから、正方形の塔自身としてはともかく、伽藍計画上からは西を正面としているとみられる。薬師寺についても図に明らかな様に東西両塔は廻廊の隅に近く、これが南面して計画されたとは考え難い。現在後世の改修にかかるものではあるが東塔の階段が西面にだけ附いていることも、両塔が互にむきあって建つことを示している。すなわち以上の三寺はその数には関係なくいずれも塔が伽藍中心線に正面をむけている点で共通しているのである。ところが東大寺では両塔共に南面しているらしい。発掘調査を行なわなければ決定的にはいえないが、東塔の歩廊を現状から復原考察した天沼博士の業績を軽々に疑うことは出来ないし、[21]正倉院文書の「東塔歩廊北中門」の記録も一証となる。天平勝宝八年（七五六）の東大寺四至図（正倉院蔵）は南面大垣に中央（南大門）と東西両塔前方に門を開いている。とするとさきの三大寺と東大寺とでは配置上の意図がまったく異なり、省略といった関係ではなく、そこには明確な伽藍計画の相違がある。元興寺では東塔と対称に後の宝亀年間頃小塔院が造営されるが、この堂は南に礼堂をもって明らかに南面しており、[22]当初の計画性に混乱をきたしている。塔の配置を以上のように考えてくると、どうしても大安寺の両塔が問題になるが、残念ながらその点での資料を現在持ち合わせない。したがってまったくの推測になるが、私はこれを占地の仕方からして南面とみたい。すなわち塔院の地として四坊があてられ、それは二町四方の正方形であるが、東・西塔はその中心から東西に一町（厳密には一町と小路幅）離れて建ち、両塔はそれぞれ南北に長い二坊の中央に位置する。塔と敷地のこの関係は両塔を南面させたことによるのではあるまいか。もし上の推測が正しければこれは明らかに東大寺に先行するもので、伽藍計画の上では三大寺より一歩飛躍しており、大安寺式と興福寺式との差は実にその点にあるといえよう。ここでふたたび東大寺に注目してその配置を興福寺および大安寺と比較してみると、計画意図の点では大安寺と大差がなく、細部は両者を総合して成立しているように思われる。例えば講堂を中心とする三面僧房や食堂院等の配置とか、建物内部の間取等をみると、建築集団の設計としてきわめて優れているが、これは興福寺から大安寺を経た後にそれを完成させた形で成立しているのではあるまいか。よく問題にされる南大門と塔の関係についても同様で、大安寺での南大門・中門の関係が未だ興福寺・薬師寺とまったく等しいのに東大寺で非常に離れていることは、勿論一歩の前進ではあるが決して異質の計画ではない。むしろ大安寺の方に霊亀移建時の計画による占地と天平年間道慈改造の西明寺式新設計の間にズレがあって、それを東大寺が解消しているのではあるまいか。東大寺をこのように考えるならばそれはまったく大安寺式の完成といって差し支えない。その点ではさきの三大寺相互あるいはそれ等と大安寺との間にあった飛躍というか、個性の主張というか、新伽藍建設にあたっての設計意欲と思えるものは見出せない。ここでは伽藍計画が建築集団の総合という本質的な意味での創造力を失い、型式化が始まっているのである。東大寺の巨大に対して西大寺が唐風の装飾をもってむくいたのも、かつての本質的なものが表面的なものに置きかえられてしまったことを示している。

型式化の例として唐招提寺・秋篠寺等をあげ、諸国の国分寺にまで資料を求めることは、すでに先学が試みたところであり、多少問題がずれてくるのでここでは取上げない。

ともあれ興福寺—大安寺（東大寺）の系列が奈良朝盛期の主流をなし、それがただちに型式化することは、先学もすでに指摘したことではあるが動かし難い事実である。三大寺のうち興福寺のみが荷なうこの役割から当然興福寺伽藍計画をこそ奈良的と定義づけるべきであろうか。またその場合本薬師寺との関係から薬師寺を白鳳的とするならば、元興寺は白鳳と奈良を結ぶものというべきか。いずれにせよ興福寺と元興寺とがほぼ同時期に造営され、ともに先例のない配置型式をとっているにもかかわらず、上述の如き相違をもつとすれば、勅願あるいはそれに準ずる伝統をもった大寺と新興藤原氏を背景とした大寺との差に帰するほかないのかもしれない。

四

つぎに興福寺の東西金堂について考えてみたい。これについては従来伽藍配置という面からはほとんどふれた人がなく、東西金堂

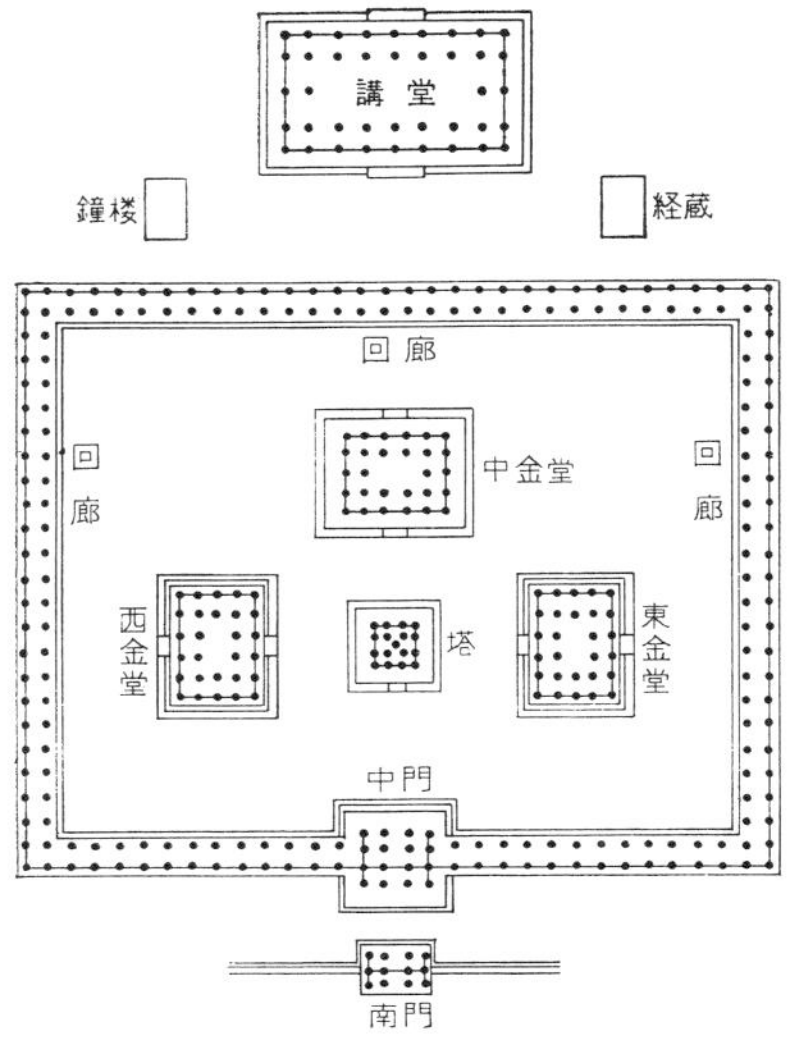

144　飛鳥寺伽藍配置図

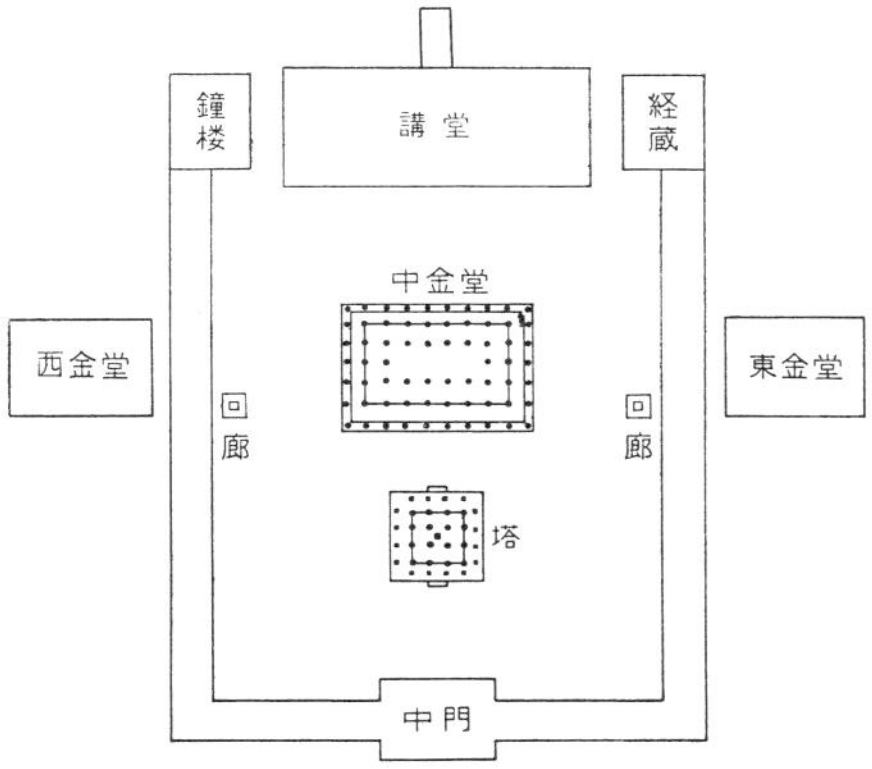

145　軍守里廃寺伽藍配置図

の存在を興福寺のみの特異型式とするか、あるいは中世の誤った古図をもとにして元興寺、大安寺にもこれを考えて奈良朝初期の一型式であろうといった程度に止まっている。というのは四天王寺式、法隆寺式等従来多少とも知られていた伽藍配置においては東西金堂はみられず、奈良朝期に至って突然興福寺と海竜王寺とに現われ、後世にもまた類を絶するからである。ところが我国最初の大伽藍である飛鳥寺に東西金堂の存することが明らかになってみると事情はにわかに変ってきた。高句麗の清岩里廃寺が飛鳥寺と近似していることはすぐ気付くところであるが[23]、従来四天王寺式として紹介されている百済の軍守里廃寺にも東、西仏殿が存することは見逃せない。その東殿は基壇構造を金堂と同じくし、（いわゆる朝鮮式二重基壇）その大きさ（梁行のみしかわからないのでこれを比較する）も飛鳥寺の金堂と東西金堂の比にきわめて近い関係を示す[24]。この東西仏殿を重視する限り軍守里廃寺を現在の概念での四天王寺式とすることは明らかに誤りであり、逆にすると従来四天王寺式と考えられた寺院の中から東西金堂を持ったものが発見される可能性があることになる。飛鳥時代を代表すると思われる上の二例に続いて、白鳳初期、おそらく天智朝に造営されたと考えられる川原寺においても中門から発して金堂に取付く四面廻廊の中に東に塔、西に仏殿を配した型式が存する。ほぼ同時期の近江崇福寺・筑紫観世音寺もこの例であり、崇福寺では小金堂と呼ばれているが、型式的には飛鳥寺東西金堂の一方を略した形と思われる。この特色は東西に塔と仏殿がむかい合って建つことで、その点は法隆寺式の共に南面する型式と相違する。従来の伽藍配置の研究で見過されていたことで

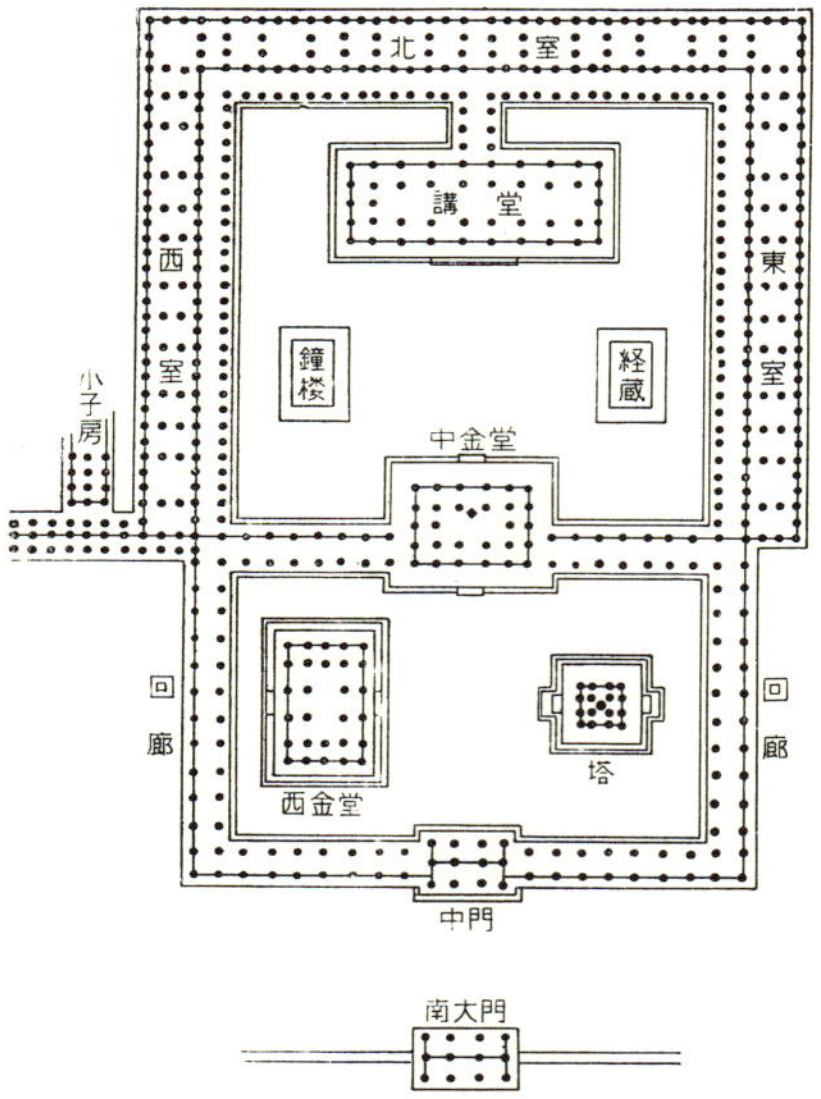

146　川原寺伽藍配置図

はあるが、この両者は明確に区分する必要があり、例えば河内野中寺を法隆寺式と考えるのはおかしい。さきにも述べたように薬師寺東西塔がむかい合って建ち、興福寺・元興寺も一塔ではあるが伽藍中心線の方にむかっていることの理由が飛鳥寺—川原寺の変遷過程と結びつけられそうに思える。

ここに一つの仮設がある。それはまず海竜王寺を川原寺の類型と考えることである。海竜王寺は中世の古図によれば中金堂の南方東西に向きあって、東西金堂を持ち、背後に講堂を置いた型式であるが、現存する奈良時代建造物の西金堂や、周囲の地形からしてこれは大体信用してよい。その西金堂に五重塔を置くことは人のよく知るところで、ほかに独立した建物としての塔はない。私はこのような小寺院には建物としての塔をもたないものも当然存在した筈だと考える。その場合建物として塔はなくとも塔型はあってもよい。むしろあるべきであろう。創建当初からではないかもしれないが四天王寺では、塔はそれとして金堂内に別に塔型を置き[26]、法隆寺でも金堂内に舎利をまつっている[27]。海竜王寺の西金堂は内部に塔をまつることによって、形態的には仏殿であるが実は塔婆なのではあるまいか。とすると、これは系統的には川原寺に連なる小寺院としての一型式である。

仮説の第二段階は廐坂寺の配置を海竜王寺式に想定することである。もともと廐坂寺なるものの存在は疑わしいが、今の場合は単に興福寺の前身伽藍と考えれば良い。その前身伽藍の名が『書紀』や『続紀』のような正史にあらわれない点からしてあまり大きな寺とは思われず、海竜王寺級とする可能性は充分に考えられる。上述の如く小寺院には大寺とはまた違った（塔を持たない点で）伽藍型式があり、興福寺の前身が薬師・元興・大安等の諸寺と違った小寺院であるとすれば、興福寺の東西金堂はそれを受けついだものではあるまいか。すでに大寺としては変型して形を止どめなくなった飛鳥寺型式（米田氏が指摘しているように、宮殿建築との関連を考えて、伽藍配置の初期的形態と考える[28]）が小寺院に保存され、興福寺にのみその前身伽藍との関連で再現されたのであろう。

五

建築的にみて今日古代寺院を実証的に比較研究し得るものとしては、その伽藍配置と瓦とよりほかない。この場合に伽藍配置というのは単に中心部の堂塔のみではなく、寺院機構全体としての伽藍計画を指すべきで、最近行われる寺院跡発掘調査も従来の金堂や塔婆のみに限られていた傾向を漸く脱して、寺院全体を明らかにせんとする方向にむかいつつある。とはいうものの、それを行うことは相当な経費と年月を要することで、いうべくして行われ難いこともまた事実である。さきにあげた南都七大寺にしても発掘調査されたのは各寺院のごく少範囲ずつであって、ほかはすべて推定の域をでず、食堂や僧房等の相当重要な建物でさえもほぼ確実に押さえられる寺といっては、興福・東大の二寺に過ぎない。このようなあやふやな基盤の上で試みた興福寺伽藍の考察であるから、ことさら新しい結論というべきものもないが、その過程では一口に南都七大寺というけれども、まだ研究はきわめて初歩的な段階にあることが明らかになったと考える。

したがってまことに当然の事のようであるが官もしくはそれに準ずる大寺の伽藍制度を徹底的に追求する必要があるという点を改めて強調してこの文の結びとしたい。大寺の造営イコール大陸文化の輸入と即断することは慎しむべきであろうが、飛鳥寺から東大寺に至る大寺の伽藍配置の変遷は、その都度多分に外来文化の影響を受入れて成立したように思えるし、文化史的には当時の頂点をなしているであろうことは疑いない。しかしながら建築や絵画や彫刻と異って実用的なものであるから、新しい様式が入ったとしてもすぐ全面的に変化することなく、ましてや一大伽藍ともなれば動くものと、動かぬものとがあることは当然であろう。もしこの両者を遺構および遺物の両面から系統的に眺め得るならば、我国の上代文化研究に資するところ多いことはいうまでもない。またそのためには単に中枢部のみでなく、伽藍全体を問題としなければならないことも自明の理であろう。従来とても決して忘れられていたわけではなかろうが、研究の進展はまことに遅々たるものであり、それに反して諸大寺の旧寺院地の破壊が誠に急速である現状を見る時、当然のことではあるがその根本的な調査の必要を痛感するのは私一人ではあるまい。

註

（1）大岡実・興福寺建築論（建築雑誌505）
（2）興福寺食堂発掘調査報告（奈良国立文化財研究所学報7）
（3）福山敏男・興福寺の建立に関する問題（東洋美術21）、大安寺及び元興寺の平城京への移建の年代（史蹟名勝天然記念物11の3）
（4）僧房内部の間取等は実用上創建時とかなり相違している。
（5）大岡・浅野・薬師寺南大門及び中門の発掘（日本建築学会論文集50）
（6）足立康・薬師寺伽藍の研究（日本古文化研究所報告5）
（7）奈良時代僧房の研究（奈良国立文化財研究所学報4）
（8）大岡実・元興寺・大安寺の平城移建について（建築雑誌509）、大安寺僧房の配置（建築史3の1）
（9）大岡・浅野・大安寺南大門・中門及び廻廊の発掘（日本建築学会論文集50）
（10）関野貞・平城京及大内裏考（東京帝国大学工科大学紀要3）
（11）村田治郎・薬師寺と大安寺の占地（史跡と美術240）
（12）関野貞・天平創立の東大寺大仏殿及其仏像（建築雑誌182～183）、天沼俊一・創立当時に於ける東大寺南大門東西両塔院及び其の沿革、附講堂僧房食堂（建築雑誌283）
（13）石田茂作・東大寺と国分寺
（14）大岡・浅野・西大寺東西両塔（日本建築学会論文集54）
（15）薬師寺伽藍の研究（前掲）
（16）飛鳥寺発掘調査報告（奈良国立文化財研究所学報5）
（17）元興寺極楽坊本堂、禅室及び東門修理工事報告
（18）飛鳥寺発掘調査報告（前掲）
（19）石田茂作・伽藍論考
（20）福山敏男・興福寺の建立に関する問題（前掲）。坪井清足・大宅廃寺の発掘（仏教芸術37）
（21）天沼俊一・東大寺東塔院及西塔院址（奈良県史蹟勝地調査会報告5）

(22) 長元八年　検損色帳（東南院文書・『平安遺文』所収）
(23) 昭和十一年度古蹟報告
(24) 昭和十三年度古蹟報告
(25) 川原寺発掘調査概要（奈良国立文化財研究所年報一九五八）
(26) 四天王寺御手印縁起
(27) 法隆寺伽藍縁起并流記資財帳
(28) 米田美代治・朝鮮上代の建築と伽藍配置に及ぼせる天文思想の影響（日本建築学会論文集21）

一二　古代寺院の伽藍計画

1　寺地と条里

寺院の主要部分をなすものは塔、金堂、講堂、食堂、僧房、およびそれらの正門である南門、中門などで、古代においてはこれらがかなり近接して、緊密な連繋をたもって計画されたので、その区画の大きさには一定の限界があった。

寺地としては、これに太衆院や倉垣院などの付属施設がくわわり、それらをふくめて方一町、あるいは方二町の寺域をもったもの、または全体としては六町、九町などの広さを占めるもの、さらに特別な例としては、奈良の東大寺や西大寺のように付近の山林をもふくめて寺域四五町、あるいは三一町と称するものなどがある。しかしじっさいには、寺院址の発掘調査がおこなわれても、寺地の究明にまではおよばず、記録や古図に寺域が記されていて、それを現在の地形にあてはめて推測しうる寺院以外には、確実に寺地を知りうる例はすくない。

寺地で問題になるのは土地制度との関連で、とくに平坦部につくられた寺院では注意を要する。ごく一般的にいえば、すでに条里制がおこなわれている地域に、新しく寺院をおこすばあいには、寺地はその何坪かをとってなりたつのを原則としたらしい。八世紀に建てられた寺院は、国分寺（僧・尼）をはじめとして、全国では相当な数におよぶが、だいたいこの例にあてはまる。たとえば、出雲国分寺は条里の四坪を占めており、『上野国交替帳』に、同国国分寺にかんして「築垣壱廻四面二町長三百二丈一尺」と記すのも、同寺の寺域が条里にもとづく方二町であったことを推測せしめる。

寺地と条里の関係をもっとも詳細に知りうる例には、「額安寺古図」がある。その主要伽藍は四坪をしめて伽藍中心線を坪割の線に一致させ、南大門から発する築垣は坪の境界よりかなり内側にまわっている。東方の太衆院、倉院は二坪のうちに配され、これも

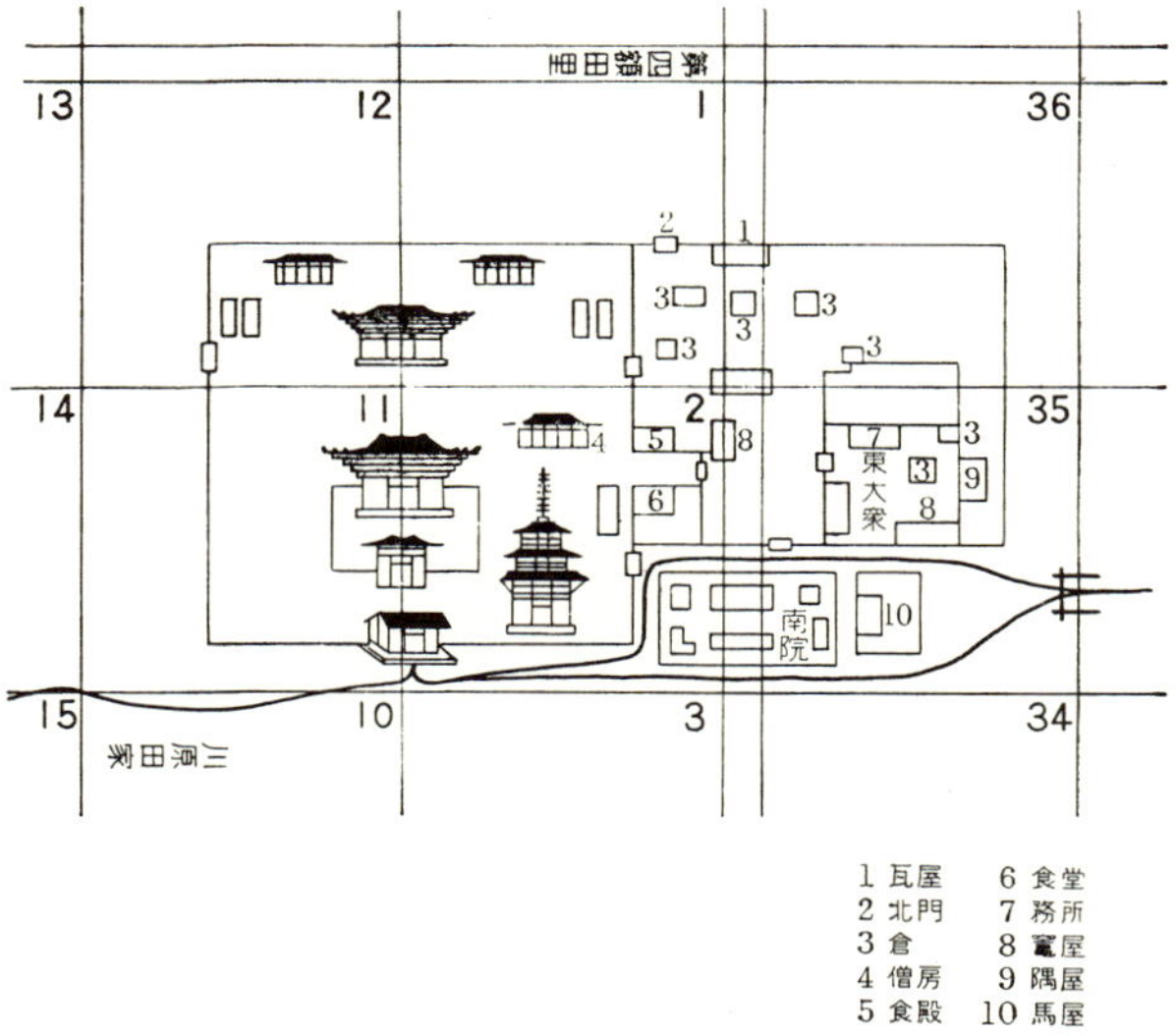

147　額安寺班田図

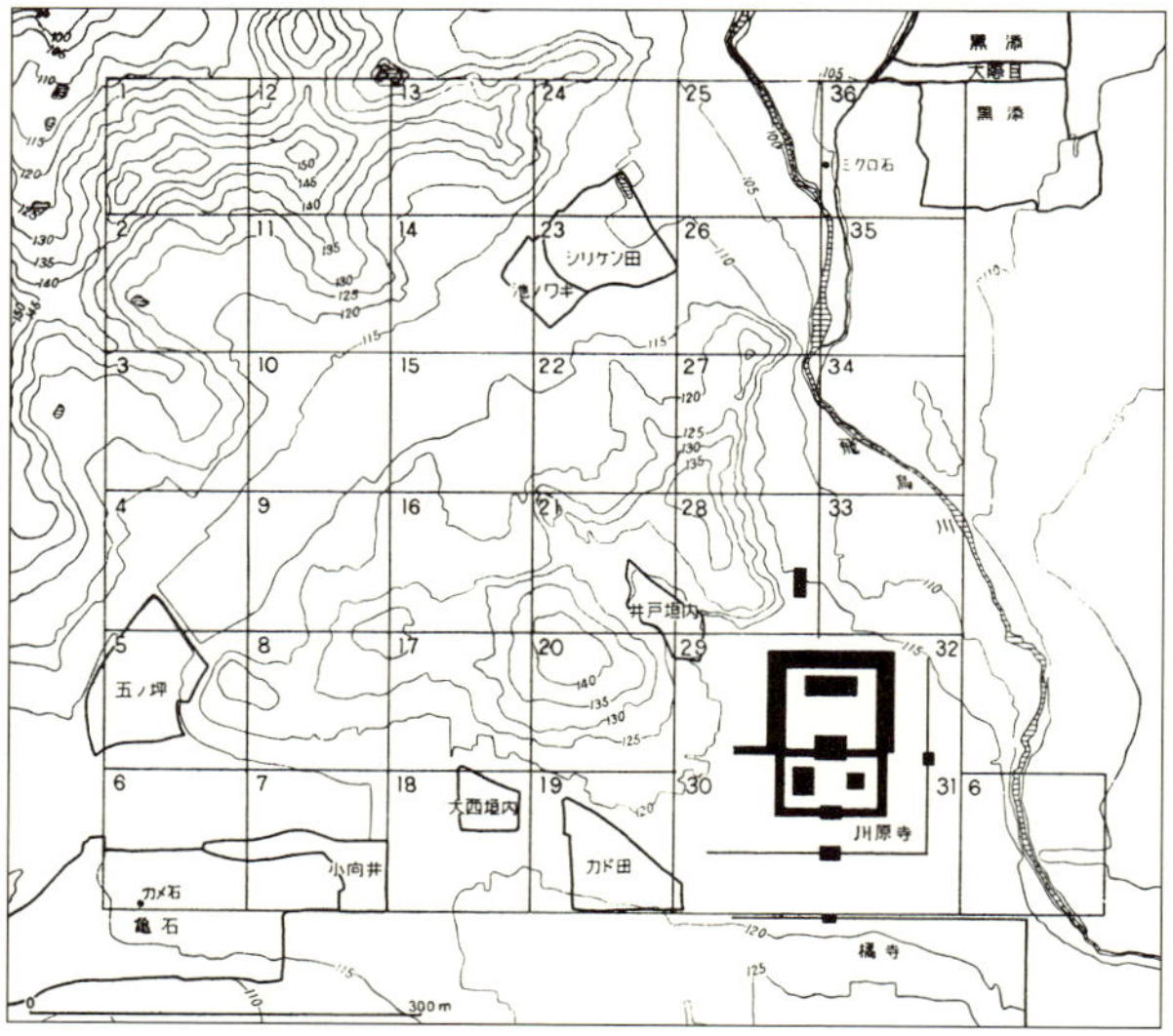

148　川原寺周辺の条里

坪境とのあいだが相当にひろくあくから、寺地としては六坪をしめながら、築垣をめぐらせたのはひとまわり小さいのである。伽藍配置などからみて、この図はおそらく八世紀中ごろに建立された寺院と班田との関係を画いたものと考えられる。

こうした例からみると、一寺院を発掘調査して、それが条里といかなる関係にあるかをたしかめるのは、かならずしも容易ではないが、地割制度を実証的にたしかめるには欠くことができない問題なのである。その点では、たとえば平城京のような都市においては、京内に配置された諸大寺の寺域を手がかりに、当時の条坊を復原する研究が徐々にすすめられており、大安寺、薬師寺、西大寺などの発掘調査も伽藍の軸線や、南大門とその前面の大路との関連をあきらかにすることを目的に実施された。

七世紀の中ごろまでに創立された寺院については、条里制以前の地割制度との関連もある。たとえば川原寺では南に接する橘寺との中間に、細長い水田があり、これが条里に関連した道路と考えられる。そこから南門まで約三五メートルのあいだに幅約四メートルの石敷参道があって、南門にたっし、両脇には築垣をつくって主要伽藍をその北に建てならべる。寺域はだいたい東西二町、南北も二町で、北に飛鳥川と丘陵にはさまれた不整形の付属地があったが、寺地としては道路が南限をなす。ところが南門から中門、金堂、講堂をつらねる伽藍中軸線と条里との関係では、方位はともに真北をさしてはいるが、両者は一致せず、約七—八メートル東西にずれる。方二町の中軸線と伽藍中軸線とがわずかな距離で一致していないのは、両者が無関係であったことを示すのではなかろうか。いっぽう飛鳥寺をみると、これもだいたい方二町で、伽藍の中軸線はそれを三等分した西方の線と考えられるが、東西両辺はほぼ条里の境界線と一致し、築垣でかこんだ南門の線が、やはりだいたい坪の境にあう。しかし南門の前には参道があり、その南端には石敷の広場があって、これを寺域の境界と考えるべきで、そうなれば南北方向は条里とはずれるが、東西は偶然に一致しているらしい。

寺域がもうすこし確定しなければ、条里にたいするこうした関係から、早急な結論をうることはできないが、川原寺のばあいには寺の創設（六六〇年代）より条里制の施行がおくれたとする可能性があり、飛鳥寺では偶然的な一致がおこりえた原因に、条里以前の地割との関係を考えるべきものとおもわれる。いずれにせよ、斑鳩地方の地割の問題とも関連して、大和平野での条里制の成立方法およびその時期を解明する手がかりとなろう。

2　寺域と占地

古代寺院が二、三の堂塔だけでなく、いろいろな付属施設をくわえて、大きな建築集団をかたちづくっていたことはすでにのべた。建物は用途によって一群にまとめられ、それを院と称するが、大別すれば寺の中核である仏殿院と宗団の運営機構である太衆院とにわかれる。その広さは、たとえば七世紀末に藤原京内にいとなまれた薬師寺では、前者（堂堂并僧坊院）が四坊、後者（大衆院）が二坊の地をしめ、さきにあげた額安寺もほぼ同様である。「資財帳」がのこされている法隆寺や大安寺などの例から、それらの建物を分類するとつぎのようになる。

《塔金堂並僧房等院》　伽藍の中枢部にあたり、塔、金堂、講堂、仏門、回廊、経蔵、鐘楼、僧房などで構成される。塔と金堂とは古くは一つの回廊内に近接して建つが、八世紀にはいると塔だけがはなれて別の一画（塔院）をなす例が多い。平城京にいとなまれたいわゆる南都七大寺のうち、薬師寺をのぞけば他はすべてこの形式で、国分寺なども大部分がその例にあたる。

《食堂並太衆院》　食堂、厨、竈屋などにいろいろな倉庫、雑舎が付属し、日常の生活にかんするいっさいをまかなう。前記の伽藍中枢部にたいしては、興福寺、東大寺、西大寺などのように東に接してもうけられた例と、薬師寺、元興寺などのように後方に位置する例とがある。

《政所院》　寺の事務機構で、本質的には太衆院のなかにふくまれる。温室院も同様である。

《倉垣院》　正倉院ともよばれ、財宝を蔵する倉庫群である。

《賤院》　奴婢などの住居がおかれた一画である。

《苑院、花園院》　菜園および花園であるから、おそらく建物はなかったのであろう。

そのほか、寺によっては特殊な建物を中心にした唐院、禅院、円堂院などをもった例があり、これらはまた、それ自身のなかに僧房などをふくんで小伽藍を形成しているものと、たんなる仏堂だけのものとにわかれる。

一寺の伽藍を形成するこれらの各院は、相互に密接な関連をもって、広さや配置が決定されたはずで、寺地はその結果にほかならない。

ところで、寺地を考える場合には、当然のことながら自然地形による制約がある。しかし調査の結果、飛鳥寺では回廊にかこまれた中央部が、埋土によって平坦に造成され、法隆寺でも回廊内は南下りの原地形を削平したと考えられ、川原寺にいたっては広大な池をうめたてる大土木工事によって方二町におよぶ敷地がつくられたことがあきらかにされた。現在ほぼ平坦な地形をしめす法隆寺聖霊院（旧僧房）や興福寺食堂の付近が、もとは深い谷であったことも、表面観察だけでは想像しえないところである。こうしたことから、すくなくとも官の大寺の建立にあたっては、かなり大規模な敷地の造成がおこなわれるのがむしろ普通の例ではなかったかとおもわれ、最近では東大寺も大仏殿はもともと現在の大仏とおなじくらい高い丘があったところを、削平して建立されたと推定する説がある。したがって、さきにのべた寺地内における各種建物の配置についても、自然地形の制約のみにとらわれず、かなり一貫

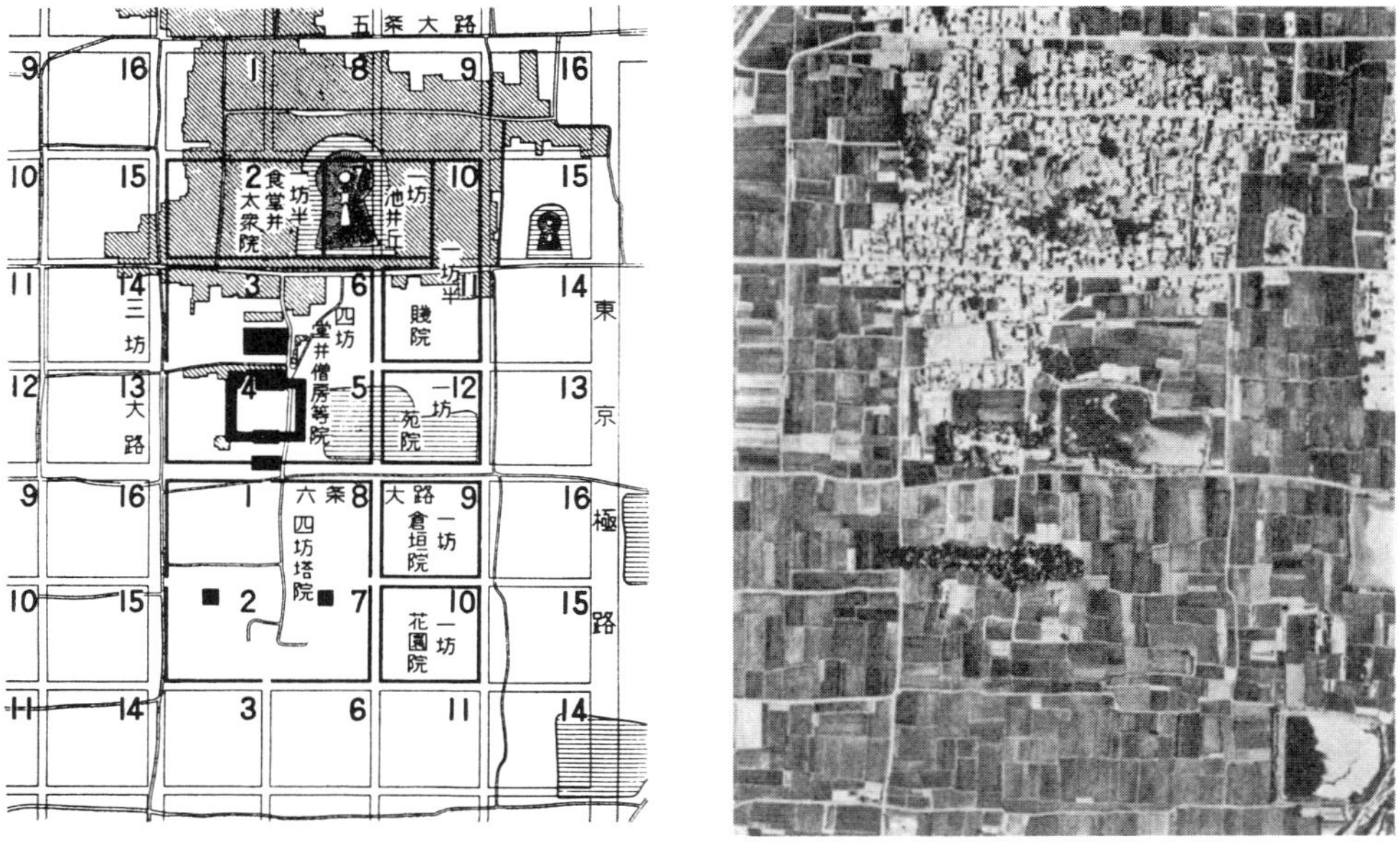

149　大安寺寺地

した全体計画のもとに構成されたと考えられるが、これにも寺域の問題同様まだ調査の手がのびていない。

たとえば大安寺や薬師寺は、「資財帳」によってこれら各院個々の広さを知り得る点で、数すくない例であるが、じっさいの姿はまだたしかめられていない。こころみに大安寺の占地を図示すれば図149のようになるが、土壇としてのこる東西両塔址や、発掘の結果知られた南大門、中門、回廊などによってたしかめられる塔院と堂并僧房等院以外は推測の域をでない。

なお平城京内にいとなまれた大寺のなかでも、仏門、金堂、講堂をつらねる伽藍の中軸線を、条坊の境界である小路の中心にあわせた寺（元興寺、薬師寺、大安寺）と、坪の中心にあわせた寺（興福寺、西大寺）とがあり、前者では太衆院を伽藍中枢部の後方に配し、後者は横に並置する。しかも仏殿院と食堂院（太衆院）の配置関係によって、講堂をとりかこむ僧房の配置が変化し、東西に配する興福寺や東大寺のばあいには、ふつう三面僧房とよばれるコ字形になるのに、元興寺、薬師寺などは並列した形式をとることは注意を要する。したがって、伽藍の中軸線を条坊の境にあわせるか、あるいは坪の中心にあわせるかは、主要伽藍地の形を南北に長くとるか、東西に長くとるかという問題に関連するのであるが、それがまた各院内部の建物配置を変化させるのである。ほぼ同時期に造営されて、相互によく似た堂塔をもつ諸大寺における、こうした占地と建物配置の関係は、当然のことながら伽藍全体が一貫した総合計画のもとに設計され、類型的なうちにも寺ごとにかなりの差があったことを示している。

なお寺地と伽藍の関連では、堂塔の大きさや位置が一定の地割によって規制されたと考え、相互の比例関係を解析的にもとめるこころみがおこなわれており、国分寺伽藍などについてはかなりの成果をあげているが、寺域全体から実証されるまでにはいたっていない。

3　主要堂塔の配置

寺院の中枢部、とくに金堂と塔を中心に、その配置形式を論ずることは、古代寺院研究の中心課題のような感があった。もともと日本の文化史的研究が、すべてなんらかの形で法隆寺から端を発するといわれるように、この問題もその建立年代にかんする論争のなかで成長した。すなわち、塔と金堂とが東西に並置される法隆寺と、これが南北に配される四天王寺との差を、どのように考えるかが出発点であった。一九三九年に若草伽藍の発掘がおこなわれるまでは、両者がともに飛鳥時代の配置形式であると考えられ、法隆寺のごときは、その類例が中国や朝鮮にみられないので、聖徳太子の創案になるとした説まであらわれたのは、よく知られたところである。一般に塔や金堂は高い基壇上に建てられるのがふつうで、そのため遺跡は土壇などの地形的特徴によって、発掘によらなくてもある程度のことがわかる例が相当にある。こうしたことから、伽藍配置といえば、おもに塔と金堂との関係をとりあげ、しかもそれにかなり性急に、形式および時代による分類をあてはめたのは、研究の段階からいえばやむをえないことであった。

しかし最近、寺院址の発掘調査がようやくさかんになり、いくつかの寺院では塔や金堂のみにとどまらず、そうとう広範囲に伽藍中枢部の状況が、あきらかにされるようになると、その分類にいろいろな疑問が生じてきた。

とくに飛鳥寺をはじめとする大寺においては、その伽藍形式が寺ごとに異なり、各寺院はそれぞれ個性をもっていたと考えられる点は注目すべきで、従来のような何々寺式伽藍配置といった名称を採用するならば、大寺はすべてその冠称となりうるのである。

古代寺院が、たんなる宗教機構にとどまらず、当時の先進文化のにない手として、その高揚にはたした役割を考えるならば、大寺の伽藍計画にあらわれたこうした性格はとうぜんのことであろう。したがって、たんに寺地や建物の大小からだけではなく、伽藍計画の根本において、官の大寺と地方の豪族によって建立された寺院とを、同一の基準であつかうことは不合理で、配置形式を発展的に考察するばあいにも、両者はいちおう別々に考えねばならない。

伽藍配置を問題にするばあい、飛鳥寺のしめる位置はまことに独自なものがある。百済から工人をまねいて造営した日本最初の大寺院が、塔を中心として三方に仏殿を配し、それを回廊でとりかこんで、後方にはやや離れて講堂をおくという、その後に例をみない伽藍形式をもっていることは、これまでの伽藍配置にたいする考えに根本的な修正を要求した。

すなわち、はじめのころの法隆寺と四天王寺の形式を並行させる考えかたは、その後若草伽藍の発掘によって修正され、さらに朝鮮における軍守里廃寺の発掘調査などにうらづけられて、仏教初期の伽藍形式は塔と金堂を前後に配したいわゆる四天王寺式と考えられてきたが、いずれにせよ中枢部をしめる回廊内部には一塔、一仏殿をおく形式である。しかるに飛鳥寺は一塔、三仏殿で、それらの仏殿にまつられた仏像のうち、中金堂にあたる釈迦像がのこされているだけで、他は推測の域をでないから、これを信仰形態の多元性と速断することはつつしまねばなるまいが、それにしても初期寺院が一塔、一仏殿を原則とはなしえないことをしめした意義は大きい。軍守里廃寺も、基本的には四天王寺式であるが、塔の両脇にあたる回廊のすぐ外に接して、東西仏殿が配されている点は、飛鳥寺形式との関連をおもわせる。

したがって現段階では、七世紀初頭までの伽藍形式としては、飛鳥寺と四天王寺とがたしかめられたにすぎないが、塔と仏殿だけにしぼれば、後者は前者に包括される関係にある。

つぎに川原寺は仏殿が一棟にかぎられていない点で飛鳥寺の系列に属し、中門から発して金堂の両脇にとりつく回廊にかこまれた内庭に、東に塔、西に仏殿を対置させた形式である。塔と小金堂をならべた崇福寺も、川原寺とよく似た配置をもつ。これら両寺はいずれも六六〇年代に創立され、ほぼ前後した時期に法隆寺西院の形式があらわれる。

法隆寺の塔と金堂を東西にいれかえた形式を法起寺式とよぶが、そうした単なる東西関係より重視すべきものに両者の向きがある。法隆寺は塔と金堂とがともに南面するが、両者が向きあう伽藍形式があり、観世音寺、野中寺、定林寺などがこれに属する。これらは一塔、一金堂であるが、川原寺とよく似ており、同系列に考えるべきものであろう。これにたいして法隆寺の系統として注目されるのは南滋賀廃寺で、中門と金堂をむすぶ回廊内部に、塔と仏殿をともに南面して並置する。出土遺物などからみて南滋賀廃寺と川

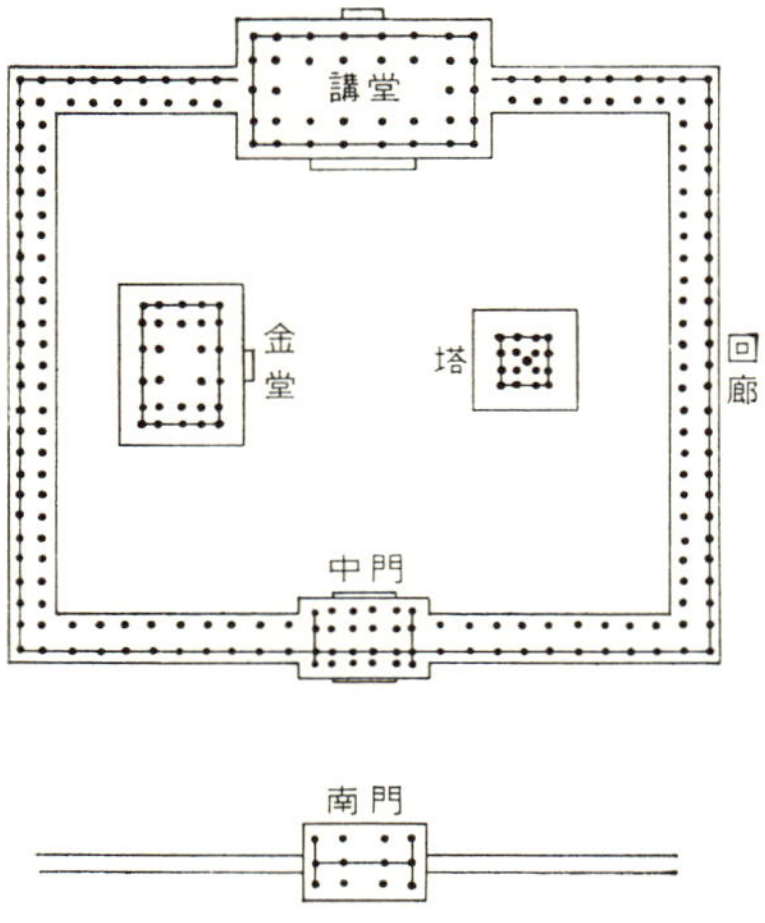

150　観世音寺伽藍配置図

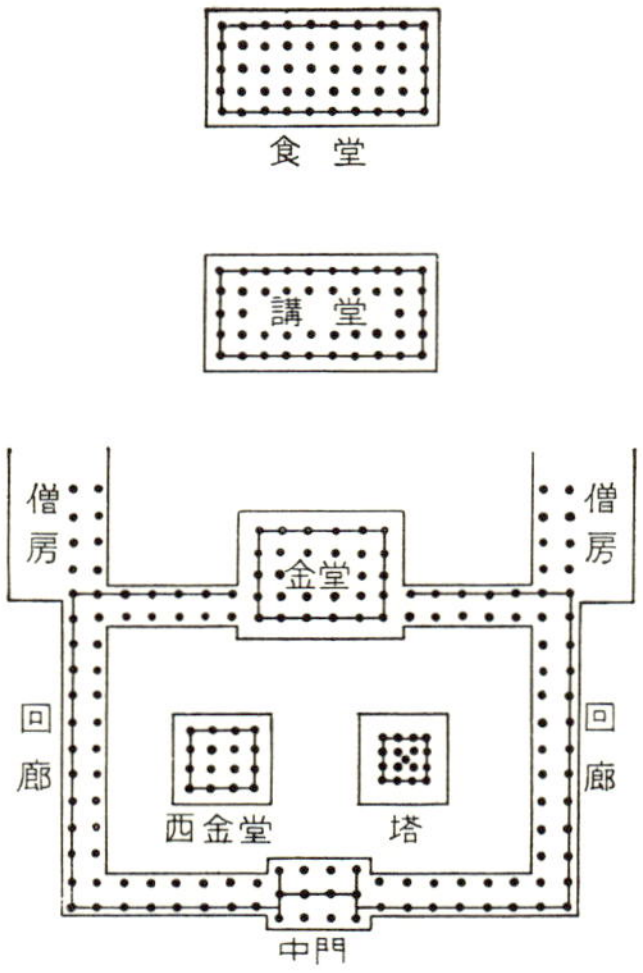

151　南滋賀廃寺伽藍配置図

原寺とは時期的にごく近く、配置形式も回廊内庭の部分がすこし異なるだけである。高麗寺は塔と金堂が発掘されただけであるが、その配置は南滋賀廃寺によく似ている。こうしてみると飛鳥寺から川原寺—観世音寺と、南滋賀廃寺—法隆寺という二系列が考えられるが、いずれにせよ一塔二仏殿が、一塔一仏殿にすすみ、それを東西に配置する形式が、七世紀の六〇—七〇年代に定形化された。

その後六八〇年代に東西二基の塔をもった薬師寺が建立される。この伽藍配置のもつ意義はさきに薬師寺の項でふれたが、左右対称が厳密にまもられ、形式的に整備された反面、仏舎利をおさめる塔が二基のうちどちらか一方にかぎられ、他方は装飾化する傾向があらわれた。八世紀にはいって塔が金堂からはなれ、べつに塔院を形成する形式がうまれるが、その根底には薬師寺からはじまる塔本来の意義の衰退があった。しかしおなじ南都の大寺でも、東塔のみをもった興福寺、元興寺と、東西両塔をもつ大安寺、東大寺、西大寺とがあり、時期的には前者が先行するから、薬師寺がただちに大安寺以下に移行すると考えるより、まず宗教儀式などの変化で金堂院と塔院の分化がおこり、分離した塔院が形式的にととのえられた結果が大安寺以下であると考えたい。国分寺をもふくめて地方的な寺院では、本来東西両塔をそなえるはずのものが一方を省略したと考えることもできるが、興福寺や元興寺を同様にみることは不適当であろう。甲可寺で金堂院と塔院を等価値にあつかっていることも注意されてよい。いずれにせよ、塔院が独立し、その位置がかなり自由にえらばれることは、八世紀の大きな特色で、古代寺院としてはその後変化はない。

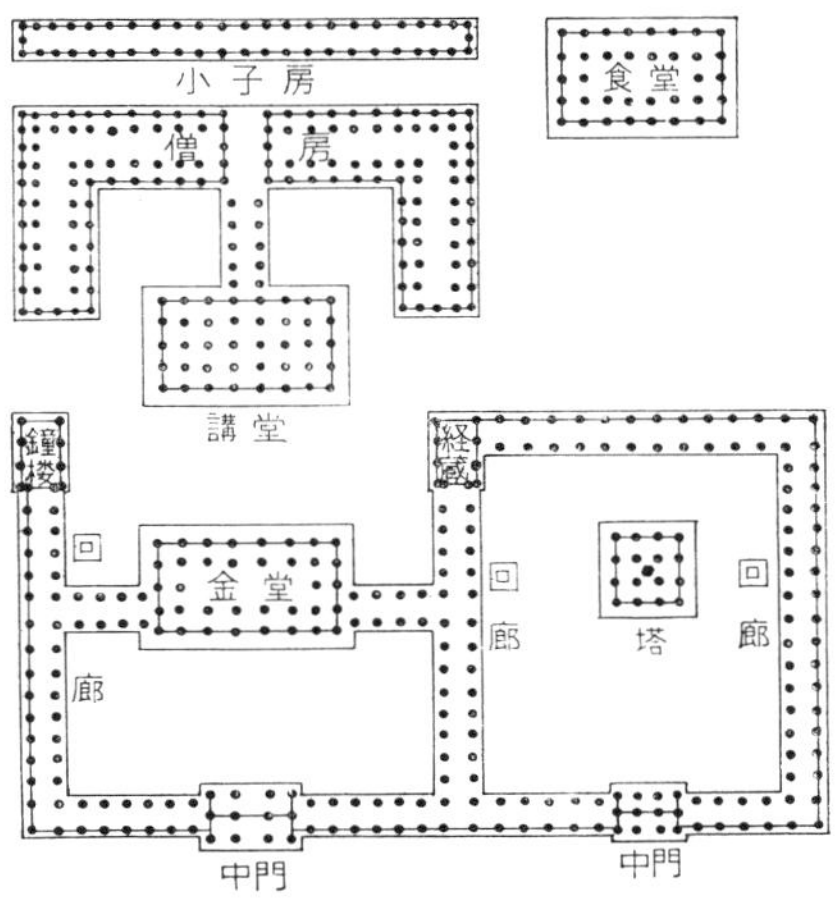

152　甲可寺伽藍配置図

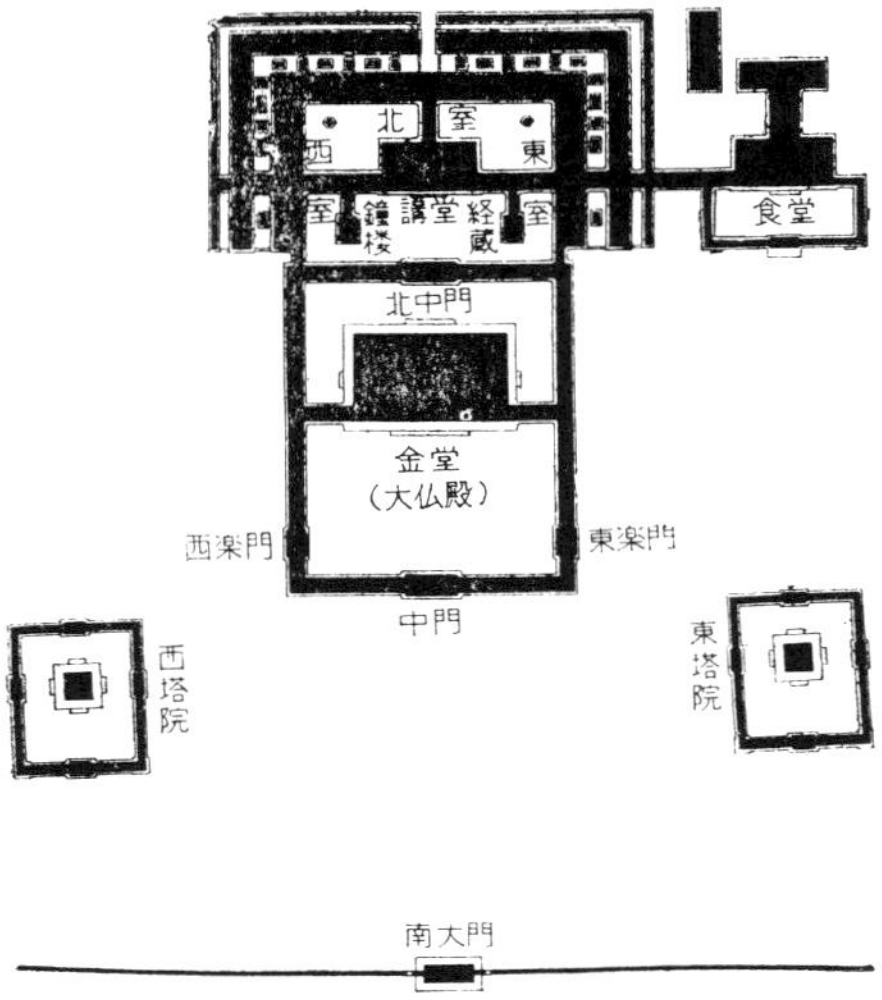

153　東大寺伽藍配置図

なお、こうした伽藍配置も、新しく建てられる寺院に古い形式を採用する場合がとうぜんあって、たとえば八世紀に創建された瀬田廃寺は四天王寺式であり、法隆寺式の伊丹廃寺なども八世紀にはいるとおもわれる。また国分寺にも四天王寺式や法隆寺式の例があって、さきにのべた大寺と地方寺院の発展段階の差を、考慮せねばならないが、調査がおこなわれて遺跡と遺物の両面から比較の対称となりうるものは、このほかにも二、三をかぞえるにすぎない。

4　堂塔の規模と遺跡

一寺院の伽藍を、塔、金堂、講堂、仏門、回廊などのごく中枢部分にかぎって考えても、セットとしてそれら各堂塔の建築規模を知りうる例はかならずしも多くはない。法隆寺のように大部分の建物が遺存しており、その上「資財帳」によってすでに失なわれた建物についても、だいたいの規模がわかる寺もあるが、これはまったくの例外である。大規模な発掘調査がおこなわれた寺院も、なかには礎石址がすでに削平されていて柱間寸法まではわからないといった建物があって、中枢部全体の建築規模が判明するまでにはいたらないことは、すでに前章で個々の寺について記した。したがって建築的にみて柱間寸尺による平面の性質とか、斗栱組の方式とかにいろいろな問題がふくまれることが、個々の建物については指摘しうるばあいがあっても、それを伽藍計画全般のなかでどのように意味づけるかとなると、かんたんにはいかないのである。

たとえば飛鳥寺の中金堂と東西金堂とは、あきらかに基壇、軒組などの方式が異なり、平面も東西金堂のほうが細長い形で、とくに梁間四間のうち、中央二間が両端間よりせまい性質をもっていて、両者の立面の姿はかなり相違していたと思われる。川原寺の中金堂と西金堂の関係もこれに類似し、おなじ回廊内部でも中央の仏殿と従属的な仏殿とでは、建築様式が異なっていた可能性が強い。飛鳥寺中門、川原寺中金堂、四天王寺講堂などで指摘したように、古代の建築構造が現在の法隆寺にみられる様式だけではなかったことがあきらかにされた点も注意される。

伽藍計画の当初から併存するこうした様式差が、大陸文化の輸入方式と関連したものであろうことは想像しえても、その具体的な関係はまったく不明といってよい。薬師寺で塔と金堂がともに各層裳階つきという特異な意匠で計画されたような例や、その後の南都七大寺のごとく七世紀末ごろにはかなり建築様式の統一性の傾向がみられるが、それ以前の寺院については単純にわりきるべきではなかろう。またたとえば法隆寺式伽藍配置をしめす寺はかなりあり、最近でも猪名寺、伊丹廃寺などが発掘調査されたが、それらの礎石位置は適確には指摘できず、その塔や金堂が法隆寺とおなじ斗栱組方式であったか否かはわからない。そうした配置方式と建物自体の建築様式との関連も、どの程度の必然性があったかが問題であろう。

時代による伽藍規模の変遷については、堂塔の規模が判明する代表的な例をいくつかあげると図154のようになる。その個々の建物について、二、三気づいた点をつぎに記しておく。

《塔》　まず塔については、七世紀末ごろまでの例には基壇方四〇—四三尺、したがって初層一辺長二〇—二二尺程度、つまり、だいたい法隆寺塔ぐらいの例が多いことである。八世紀にはいると初層方三〇—三六尺の例が多く、特別に大きな塔としては大官大寺九重塔五五尺、東大寺七重塔五三尺などがある。薬師寺や大官大寺塔の柱間が等間である点は注意され、国分寺塔も等間の例がかなり多い。

《金堂》　金堂は内陣を三間とし、その周囲に庇をつけた三間四面堂（桁行五間、梁行四間）と、桁行七間の五間四面堂がふつうで、山田寺などの一間四面堂が小さいほうの、大官大寺、東大寺の七間四面堂（東大寺はそれに裳階付）は特大の例である。七世紀末の大寺では五間四面堂を、それ以前は三間四面堂を標準としたらしい。平面の構成が大きくなるのと平行して、柱間寸尺も大となり、建物全体が大きく、横に長くなる傾向がみられる。

《講堂》　講堂は桁行八間もしくは九間の長大な例が多い点は注目すべきで、とくに川原寺以下七世紀末ごろの例に、桁行と梁行寸

金堂・講堂

	正面柱間	寺名	正面×側面	正側面長の比
金堂	5間	法隆寺	46.3尺×35.6尺	1.3：1
		川原寺	56.0×40.0	1.4：1
		観世音寺	54.0×34.5	1.56：1
	7間	本薬師寺	77.5×40.0	1.94：1
		興福寺	104.0×58.0	1.80：1
		大安寺	118.0×60.0	1.97：1
	9間	大官大寺	142.0×59.0	2.41：1
	11間	東大寺	290.0×170.0	1.70：1
講堂	8間	飛鳥寺	116.0×61.5	1.89：1
		四天王寺	(106.5×49.7)現	2.28：1
		川原寺	(134.0×53.0)	2.53：1
		法隆寺	98.7×54.2	1.82：1
		山田寺	109.2×47.2	2.31：1
	9間	薬師寺	126.0×54.5	2.31：1
		興福寺	142.0×62.0	2.29：1
		大安寺	146.0×92.0	1.59：1
	11間	東大寺	182.0×96.0	1.90：1

注（　）内は基壇寸法

仏門

寺名	南大門	中門	南大門・中門の正面長比
飛鳥寺	29尺×15尺	34尺×25尺	1：1.17
川原寺	39×21	34×21	1：0.87
法隆寺	38×19	39.3×27.91現	1：1.1
観世音寺	44×22	44×24	1：1
薬師寺	86×32	81×25	1：0.94
大安寺	85×34	88×30	1：1.03
上野国分寺	58×16	48×16	1：0.83

塔

寺名	初層一辺長
法隆寺	21.15尺
法輪寺	21.00
川原寺	20.00
薬師寺	23.50
元興寺	34.0
西大寺	28.0
甲可寺	30.0
陸奥国分寺	33.0
上野国分寺	36.0
大官大寺	55.0
東大寺	53.0

国分寺の金堂と講堂

寺名	金堂		講堂		金堂・講堂正面長比
陸奥国分寺	7間	81.0尺×44.0尺	7間	95.0尺×50.0尺	1：1.17
武蔵国分寺		122.0×56.0		122.0×56.0	1：1
駿河国分寺		100.0×56.0		82.0×52.0	1：0.82
出雲国分寺		92.0×51.0		77.0×44.0	1：0.84

154　堂塔規模の比較

尺の比が一対二・二―二・五と非常に細長い堂が多い。金堂が大きくなる傾向をもつのに、講堂はほとんどかわらず、八世紀中葉以降の国分寺などでは、反対に縮小する例が多い。

〔門〕 仏門についても金堂対講堂に類似した傾向で、南門が小さく、中門のほうが大きくりっぱであったのが、七世紀末ごろには同規模となり、八世紀には南大門とよばれて両者の関係が逆転する。

〔回廊〕 回廊については、単廊がふつうであったようで、複廊として確実な例は現在のところでは南都の大寺と国分寺の一部とにかぎられる。

〔僧房と食堂〕 僧房、食堂などのわかるものはまだすくないが、僧房（大房）には梁間三五―四五尺、長さ一〇〇―二〇〇尺程度の例が多く、食堂は講堂に匹敵する規模をもつ。

これら堂塔の遺跡については、基壇、

155　西大寺　東塔基壇築土

156　大安寺　南大門基壇

礎石など建物の基礎部分だけのこっているのがふつうで、発掘調査の主目的も通例その検出にしぼられるから、以下その基礎部分の技法について二、三の点を記そう。

《基壇》　基壇は塔、金堂、講堂などではかなり高く、前二者は一・五メートル前後、講堂はそれよりやや低く一メートル程度がふつうで、これには時代による差はみられない。いっぽう、仏門、回廊、僧房は飛鳥寺、川原寺などではごく低いかんたんな基壇であったが、薬師寺、大安寺以下南都の諸大寺では、それらが檀上積みの相当高い基壇をもち（薬師寺、大安寺の南大門、中門は高さ約一・五メートル）、伽藍中枢部の建物が一様に整備される傾向がうかがえる。

基壇をきずくには大別して二種の方法がある。一は旧地表面を基壇の広さだけまずプール状に掘りさげ、その底から玉石、粘土、砂などを互層にたたきかため、地上一・五メートル前後の所定の高さにまで積みあげる方式で、飛鳥寺、川原寺、四天王寺、若草伽藍などの仏殿、塔はすべてこの技法による。二は旧地表を多少ならす程度にして、そのまま築土するもので、法隆寺金堂、塔以下その例は多く、同寺講堂（当初食堂）のように周囲を削平して段状に地山をのこし、そのまま基壇にもちいたばあいもある。

地山を一度掘りさげる技法は、そのことで旧地のけがれをは

1　崇福寺
7世紀後半

2　橘寺
7世紀中ごろ

3　西琳寺
7世紀後半

4　石光寺
7世紀後半

157　塔心礎　花崗岩

らい、清浄な山土をもちいて基壇を構築するという、宗教的な意義をもつと考えられるが、いずれにせよ基壇は堅固にきずかれるにしくはなく、後者にくらべれば格段に念入りな仕事である。築土にあたっては、周囲を堰板でかこう版築の技法は、現在までのところまだ確実な例はなく、やや大きめに築土をおこない、周囲を切りおとして所定の基壇寸尺にするのがふつうのようである（法隆寺金堂、塔）。

築土の中間過程で礎石のすえつけをおこない、その上面まで積みあげるわけであるが、一度きずいた築土を川原寺塔のようにかなり深くまで掘りこんで心礎をすえた例や、武蔵国分寺金堂のごとく礎石下の部分だけさらに坪掘りして根固めした例もある。基壇の周囲および上面は石または瓦をもちいて化粧する。

自然石をもちいた例には、飛鳥寺講堂のごとく、幅九〇センチメートル、高さ六〇センチメートルほどの花崗岩を多少手をくわえてならべたもの、同東西金堂のごとく長径三〇センチメートルほどの玉石を積みあげた例など、石の大きさはいろいろで、なかには玉石積みの表面を漆喰などで化粧したとおもわれる例（竜門寺塔）もあるが、もっともかんたんな技法として時代をとわずひろくもちいられた。

切石をもちいた基壇としては、飛鳥寺および川原寺の中金堂、塔にみる地覆石を花崗岩、羽目石および葛石を凝灰岩とした技

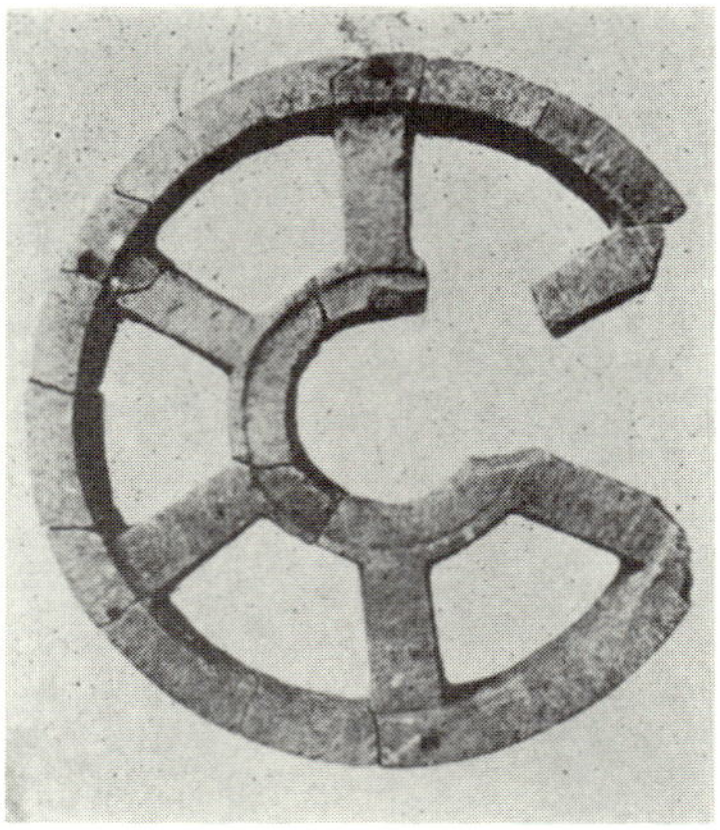

158　石製九輪　山町廃寺　7世紀後半

159　石製柱座　山王廃寺　8世紀後半

法が、いまのところいちばんふるく、つぎが法隆寺金堂、塔基壇の全部を凝灰岩でつくった例となる。これらには束石をもちいないが、八世紀にはいった南都諸大寺では凝灰岩壇上積みに束が加わって、整然とした基壇がもちいられ、しかもその細部寸法は相互によくにて、一定の規格があったことをおもわせる。

瓦積み基壇には平瓦を横にならべて積みあげた例（高麗寺、南滋賀廃寺など）と、木口をななめにみせてV字状に積んだ例（軍守里廃寺、瀬田廃寺など）があり、またなかには玉石と併用して積んだ例（伊丹廃寺、当麻寺曼荼羅堂前身堂など）もある。朝鮮の例（軍守里廃寺）をのぞけば、七世紀後半の例がもっとも多く、このころ好んでもちいられたとおもわれ、八世紀中葉の瀬田廃寺などがだいたいの下限をしめす。

塼をもちいた基壇はあんがい発見例がすくなく、いまのところ美濃国分寺金堂、田辺廃寺西塔など八世紀後半にかぎられているが、基壇周辺の雨落溝に塼をもちいた例（四天王寺金堂、塔）からみて、かなり古くからおこなわれたと想像される。

なお基壇外周に玉石敷をめぐらした例が、飛鳥寺、川原寺、東大寺大仏殿などにあり、これが最も格式高い基壇形式であった。また基壇上面の化粧には、白土仕上げのもの（法隆寺金堂、塔）、凝灰岩切石を敷いたもの（薬師寺金堂、東塔、法隆寺夢殿）、塼敷のもの（新治廃寺）などがある。

『礎石』　礎石は花崗岩、安山岩などの固い石をもちいたもの（川原寺中金堂の大理石は特例）と、凝灰岩の例がある。前者には自然石のままもちいるものから、上面の柱当りの部分だけをならすもの、柱座をつくりだすもの、それも地覆座をつけたり、柱座を二重、三重につくるものまで、その加工程度にはいろいろな形式がある。しかし飛鳥寺中門および南門の礎石に、円形柱座のつくりだしがあり、同講堂では地覆座

1　法隆寺食堂　石英安山岩
2　法隆寺東室　凝灰岩
3　山城国分寺金堂　花崗岩
4　武蔵国分寺金堂　圭岩

160　礎石

も付属するなど、日本に仏教建築がはいったときから、ある程度形式的にはととのえられているので、たんに形式分類だけで時代を判別することは困難である。

一般的にいえば柱座を二重あるいは三重にした例が、川原寺、山田寺などの七世紀後半に多い。このころ飛躍的に石材加工がたくみになったことがうかがわれるが、八世紀後半ごろから仏殿に床を張る傾向が顕著になるにつれて礎石の加工もおこなわれなくなる。もっとも、これには柱の底面を礎石表面にあわせてけずる木工技術も関係し、七世紀末からあらわれる柱座上面に枘をつくりだしたり、逆に枘穴をうがつ技法もその相関関係の一部である。その点では七世紀後半が礎石形式の頂点で、その後は木工技術の進歩につれてむしろすこしずつ簡略化される傾向があるといってよい。

礎石に凝灰岩をもちいた例には飛鳥寺、法隆寺の回廊、法隆寺、東大寺の僧房など、建物としてはやや従属的で一定規格のものが多量に必要なばあいが多く、上面が平坦なままのものと円形つくりだしをもったものとがある。なお凝灰岩礎石は下方を切頭角錐形につくるのがふつうで、安山岩などの礎石にも下方を同様に仕上げた例がある。

礎石上面のつくりだしの特別な例には、蓮弁をきざむものが中国、朝鮮ではかなりみられるが、日本では山田寺金堂・東大寺大仏殿など二、三にかぎられ、礎石そのものではないが群馬県山王廃寺の蓮弁柱座はめずらしい例である。

特別な用途をもった礎石に塔の心礎がある。形が大きいことと、舎利を埋納する設備をもつばあいがあることが特徴で、とくに舎利孔の形式（方、円など）、位置（礎石の上面と側面、心柱凹座の底面と側面など）などで細分類されるが、基本的には上記礎石とかわるところはない。心柱を強化するため周囲に添木をうつ例が、法隆寺塔などに現在みられ、心礎上面に心柱穴と同時に添木穴をうがったものもある（若草伽藍、橘寺、野中寺など）。そのなかでも西琳寺心礎には、凹座面に「刹」の字がきざまれていることで知られている。心礎が基壇床面より深く埋めこんですえられ、心柱が堀立になる例は前章でしめしたが、飛鳥寺、四天王寺、川原寺では、その周辺に木炭などを埋めながら、築土をすすめる工法であった。なお心礎中以外に舎利をおさめる方式もいろいろあったらしいが、現存例としては当麻寺西塔刹頂に発見された程度である。

以上建築遺構の発掘によって知りえた種々の問題についてのべてきたが、まれに検出することがある二、三のものについてかんたんにふれておく。棰や隅木の痕跡から四天王寺講堂が扇棰につくられていたことはすでにふれたが、奈良県片岡尼寺や大阪府船橋遺跡では扉が発掘され、また伊丹廃寺では壁画のあった壁面が残存していた。これに関連して、三重県夏見廃寺で壁面にはめられた塼仏がならんだまま検出された例などもみられる。このような建築そのものの部分が残ることのほかに建物に付属した各種の遺物が発見されることがある。もっとも顕著なものは塔の九輪や、水煙、刹管などで、山町廃寺の石製刹や伊丹廃寺の水煙、陸奥国分寺の刹管など相当数の類例が知られている。九輪や隅木の鼻にかけられる風鐸も四天王寺や雪野寺例のように横断面が菱形の袈裟襷文のものと横断面が円形のものとの二種が知られている。このほかに金銅製の各種荘厳具類も各地から発見され、仏像としては金銅仏のほかに塑像断片が発見されることも、往々みられることである。鉄釘は瓦とともにもっとも多く出土するが、その頭部のつくりも鋲状につくったもの、頭をおりまげたものなど種々の形と寸法のものが同時につかわれている。

一三　地方寺院の成立と展開

(1)　地方寺院跡研究の発展

奈良を中心とする寺院遺跡の研究が、関野貞・天沼俊一などの建築史関係者によって、明治末年頃から進められていたのにたいして、地方寺院跡の研究は、大正九年に制定された「史蹟名勝天然記念物保存法」を契機として始まった。それはもちろん発掘をともなわぬ初歩的なもので、地名や伝承をもととして、地上に残された土壇や礎石、またはその付近から出土する古瓦などから、寺名の比定におよぶ程度の調査であったが、地方史研究の中でもかなりの重要度を占め、とくに国分寺は関心を集めた。大正十年に奈良県の山田寺・本薬師寺などがまず史蹟の指定をうけると、同時に相模・下野・美濃・播磨・出雲・石見・大隅などの国分寺跡が指定され、翌十一年には陸奥・常陸・武蔵・甲斐・三河・伊勢・安芸・土佐・筑前などが加わり、また国分尼寺跡として常陸・三河・備中もこの年に指定された。ただこうした指定にともなう調査は、これらの寺院跡を保存すべき対象として決定するまでの基礎的な段階で終り、それ以上に発展するものではなかった。と同時に指定は一方では、重要遺跡顕彰の意味もあり、そのため調査が著名寺院にかたよる傾向もあった。

寺院遺跡の発掘は、むしろまったく無名の寺から始められた。奈良県内でも辺地の毛原廃寺が大正七年に、また山村廃寺が昭和二年に、それぞれ県の建築技師であった西崎・岸によって調査された。いずれも偶然に発見された礎石や石造相輪に関連し、発掘といってもごく小範囲に限られていたが、寺院名すら見当がつかないために、かえって遺跡の規模や性格をたしかめようとする積極的な姿勢があった。昭和三年から四年にかけて、肥後和男が大津宮跡の探求に関連して行なった崇福寺および南滋賀廃寺の調査は、それまでの地名や偶然に発見された遺物などによる研究方法からの脱却をはかり、ようやく本格的な遺跡調査にふみだしたものであった。

山林を切り開いて礎石の検出につとめ、基壇の一部を発掘して、その結果、山上の見世に存する寺院跡を崇福寺に、南滋賀の遺跡を梵釈寺に比定した。肥後はひきつづいて紫香楽宮跡とつたえる遺跡（甲可寺跡）の調査をおこない、その構成が寺院跡とまったく同一であることを明らかにして、これを宮跡とするそれまでの説に大きな疑問符を投じた。しかしこれも遺跡の清掃程度の発掘にとどまったので、宮跡を後に寺院に改造したのであろうという、非実証的な結論に満足せざるをえなかった。

調査にも日数をかけ、ある程度広い地域を発掘して遺跡の状況を明らかにしたのは、昭和七年に岸本準二らがおこなった大阪府百済寺跡調査で、これが薬師寺と同様に東西両塔を備えた寺院であり、その堂塔間の距離も薬師寺の比例とよく類似していることを解明した。この頃には、すでに前章の「先進地域における寺院の成立と展開」で記したように、藤原京や平城京に営まれた官寺の伽藍配置に関する研究が進み、いくつかの標準的な配置型式がわかって、地方寺院にもそれをあてはめる調査方法が盛んになったが、百済寺の発掘はそうした伽藍配置論を力づけ、地方寺院研究の好見本となった。ついで昭和九年には、柏倉亮吉が滋賀県雪野寺跡を発掘し、また同年に梅原末治も京都府北白川廃寺を調査した。前者は塑像や風鐸の発掘で注目され、後者はすでに発見されていた南滋賀廃寺以外に、瓦積基壇の例を加えて、地方寺院の基壇制度が、中央にみられる切石壇上積の正式なものとは異なっていたことをしめした。

こうして地方寺院の遺跡もわずかずつ発掘されるようになったが、一方では地上の土壇・礎石跡や出土遺物による調査も進められ、昭和十一年に石田茂作の『飛鳥時代寺院址の研究』が、また昭和十三年に角田文衛の編する『国分寺の研究』が発表された。これらは発掘によらない寺院遺跡調査のいちおうの総括ともいうべきもので、はじめて寺院跡を全国的な視野でとらえ、歴史的な位置づけを意図したものであったが、具体的な寺院の姿の解明というには、あまりにも推定が多すぎるうらみがあった。しかしこうした研究がより実証的な発掘調査を促し、昭和十三年に梅原らによる京都府高麗寺跡の発掘が、また同年から十五年にかけて柴田実による再度の崇福寺・南滋賀廃寺の発掘が行なわれた。このうち崇福寺では、塔心礎がほかの礎石より低く基壇内部に据えられ、その側面にうがたれた穴から舎利荘厳具一式が発見され、世間の耳目をあつめた。さらに昭和十四年に高井悌三郎が発掘した茨城県新治廃寺は、これまでの近畿を中心とする研究とは離れ、地方在住の研究者がおこなった調査として高く評価されると同時に、金堂の両脇に塔を備えた特異な伽藍配置は、先進地域とはちがった地方寺院の特殊性を教えるものであった。地方的な研究としてはこのほかに鎌谷木三次の『播磨上代寺院址の研究』（昭和十七年）も、発掘にはよらないが丹念に古瓦の出土地点をもとめた努力が評価される。

戦後の寺院跡研究も、しばらくは戦前の方法の延長であった。発掘の規模も小さく、塔や金堂などのように現状でもある程度の土壇や礎石が残存する箇所を調査し、基壇の一部をたしかめるにとどまって、建物一棟分を完全に掘り出すことも少なかった。しかし寺院跡の発掘調査は戦前に比べて格段に増加し、また近畿地方だけでなく、全国的におこなわれるようになった。昭和二十六の遠江国分寺跡、二十七年の岩手県無量光院跡、二十八年岐阜県弥勒寺跡、二十九年大分県虚空蔵寺跡、三十一年駿河国分寺跡、同出雲国分寺跡などが、そのなかでも比較的大きな調査である。とくに国分寺は、戦後になってようやく本格的な発掘調査が加えられ、塔・金堂のほか、講堂・僧房・中門・回廊などのセットとしての伽藍配置が、ある程度実証的につかめるようになった意義は大きい。

地方寺院の発掘もようやく寺域の全般におよぶ必要が痛感され、これにこたえる調査があらわれたのは、昭和三十年代にはいってからである。昭和三十年から三十四年にかけて、五次におよぶ発掘調査をおこなった陸奥国分寺跡、同じく三十一―三十三年にわたる岩手県毛越寺跡、三十一、二年に金堂・講堂を発掘したのち三十九、四十年に塔・中門・回廊を調査した武蔵国分寺跡、三十二―三十五年発掘の大分県弥勒寺跡、三十三―四十年の兵庫県伊丹廃寺跡、三十五―四十一年の宮城県高崎廃寺跡などが、その主なものとしてあげられる。これらはいずれもわずかな調査費に制約され、また調査員が学校の先生であるために調査期間も限られるなどの条件から、一寺院の調査に数年を費やすことをよぎなくされたが、それらの困難をのりこえて実施されたもので、地方寺院跡の実態も、こうした苦難の末に最近やっとわかりかけてきたといってよい。このほか近年の道路や住宅地開発にともなった比較的大規模な調査としては、昭和三十三年京都府大宅廃寺跡、三十四年滋賀県瀬田廃寺跡、三十五年大阪府新堂廃寺跡、三十七年大阪府高井田廃寺跡、三十九年三重県額田廃寺跡などがあり、また最近史蹟を保存・整備する必要から、再発掘調査をおこなった例として、昭和四十年の大阪府百済寺跡がある。

(2)　飛鳥時代の地方寺院

『日本書紀』の推古天皇三十二年（六二四）条には「是時に当り寺四六所、僧八百一六人、尼五百六九人、併わせて一千三百八五人が有る」との記事がある。これは後に聖徳太子建立四六院という形で問題にされ、鎌倉時代にすでに具体的な寺名を指摘する試みが行なわれた。その大部分は奈良県所在の寺院であり、大阪府の四天王寺などのように当然あげられるべき寺院もあるが、そのほかに大阪・滋賀・愛知・長野から、遠く秋田までの寺院もふくまれていた。これにはその後も修正を唱える者があらわれ、寺名のさしかえや追加がおこなわれたが、いずれも寺の縁起などにたよった根拠のない試みであった。しかし『書紀』の記事から推して、飛鳥時代に建立された寺が、中央の天皇や大臣に連なる有力氏族によるもの以外に、地方的な豪族の寺もふくめて数十箇所にのぼったであろうことは疑えない。

遺物や遺跡などによる考古学的研究から、総括的に飛鳥時代建立の寺院跡を指摘したのは石田茂作である。『総説飛鳥時代寺院址の研究』によれば、飛鳥時代の建立と考えられる寺は全国に四六寺で、その分布は大和国二五、山城国四、河内国五、和泉国四、摂津国三、伊賀・備中・豊前国各一、伊予国二であるという。しかしここでいう考古学的な調査は、すでに前節で記したように、発掘をともなわない初歩的なもので、あくまでも推定の域を出ない。その一例は法隆寺で、昭和十四年に若草伽藍跡が発掘されると、法隆寺西院伽藍の建立は飛鳥時代からつぎの奈良前期（白鳳時代）へ移されることとなった。

地方的な寺院で石田が指摘した寺のうち、現在までに発掘調査をおこなったのは、まだ二、三にすぎないが、いずれもこれと類似の否定的な結果となった。大阪府新堂廃寺は、出土の瓦に百済のものを直接模したとおもわれるほどの古式の瓦があり、飛鳥時代に創立されたことは明らかであるが、発掘された堂塔はこれらの古瓦をふくんだ埋土の上にきずかれたもので、奈良前期の遺構とみとめられた。したがって創建時のこの寺の姿は、まったく不明というほかない。京都府の高麗寺も、すでに昭和十三年の部分的発掘時において、出土瓦のうち最多量のものは奈良前期にぞくするので、塔と金堂を並べた発見遺構が、必ずしも飛鳥時代創建のままではなく、瓦積と石積の二重になった基壇をもつ塔だけが古くて、現状はむしろ奈良前期の姿をしめすとの見解が行なわれている。兵庫県猪名寺調査もやはり出土瓦の大半は奈良前期で、その法隆寺式配置の堂塔はこれに対応し、飛鳥瓦の用いられた遺構は不明の結果に終った。大阪府四天王寺でさえ金堂・塔はともかくとして、少なくとも講堂や回廊は奈良前期の建立になることが明らかにされ、その創建の事情に疑問が持たれるようになった。

新堂廃寺や猪名寺の例は、従来の偶然に出土した古瓦にたよる建立年代の判断が、いかにあぶないものであるかを教えた。また四天王寺のような大寺でも、発掘の結果は二説を生じた。一つは建立が飛鳥から奈良前期までおよぶ長年月にわたったと解し、もう一説は寺地の移動があり、現在の伽藍はむしろ奈良前期の創立で、旧寺より古瓦などを運んだと解するのである。いずれにしても飛鳥時代におけるこの寺の姿を、いわゆる四天王寺式の伽藍として、仏殿・塔以下講堂・中門や回廊まで完備したものと考えることは許されないこととなった。こうしてみると実は現在のところでは、飛鳥時代の建立と推定される地方寺院はいくつか存するが、その具体的な姿はまったく不明というほかないのである。新堂廃寺などでは、ごく小規模な伽藍であったために、奈良前期—それも山田寺と川原寺との両式の古瓦が出土するから、かなり早い時期—に大改造を行なったとも解される。あるいは飛鳥時代の地方的な寺院に、後世のような整備された伽藍構成をあてはめて考えることじたいが、誤っているのかもしれない。

その点で、従来飛鳥時代寺院の伽藍配置として指摘された型式についても再検討を必要とする。すなわち塔と金堂を前後に並べた四天王寺式は、飛鳥寺をこれにふくめるとして、ほかにも法隆寺若草伽藍・中宮寺・橘寺などに例がある。しかしこれを左右に並置したいわゆる法隆寺式や法起寺式が、飛鳥時代までさかのぼる実証はまだどこからも得られていない。これらは次項にのべるように、奈良前期にもっとも盛行した型式で、その始源はなお明らかでないが、現段階では—とくに地方寺院については—むしろ非飛鳥的な証とさえ考えてよい。飛鳥時代の地方寺院の具体的な姿が判明するには、まだかなりの調査時日を要することであろう。

(3)　奈良前期の地方寺院

飛鳥時代には寺院の数がまだ少なく、奈良・大阪の先進地域にほぼ集中していたが、奈良前期になると寺院の数は格段に増加し、仏教はようやく地方へ浸透していった。『播磨上代寺院址の研究』によれば、播磨国で飛鳥時代寺院跡とおもわれるもの一箇所にたいして、奈良前期一七箇所、同後期一七箇所を数えるという。石田茂作も古瓦からみた奈良前期の東国の寺院として、伊勢一一、近江一〇、美濃八、下野・下総各四、尾張・三河・駿河・常陸各二をあげ、そのほか甲斐・相模・飛驒・信濃・上野・岩代・陸前などにも分布することを指摘している。これらの地方寺院のうちには、福岡県太宰府の観世音寺や宮城県多賀城の高崎廃寺のように、中央政府の出先機関と結びついて設けられた官寺も存するが、大部分の寺はその名称すらつたわらず、わずかに付近の地名などからその建立氏族の推定が行なわれるにすぎない。飛鳥時代の寺院建立者が、天皇家とその周辺のごく少数の中央氏族やこれを取り囲む一部の帰化氏族に限られていたのにたいして、この時代には地方氏族の建立になる寺院が急激に増加していった状況がうかがわれる。

奈良前期の地方寺院跡で、発掘調査がおこなわれてある程度確実な姿が判明した寺は、しかしまだ少ない。天智天皇御願の崇福寺も、その地理的条件から地方寺院の例に加えるとして、現在までに発掘調査された主な寺をあげると、滋賀―崇福寺・南滋賀廃寺・大宅廃寺・雪野寺、京都―高麗寺・北白川廃寺、大阪―新堂廃寺・高井田廃寺・(野中寺)、兵庫―猪名寺・伊丹廃寺、鳥取―大寺廃寺・(斎尾廃寺)、福岡―観世音寺、大分―虚空蔵寺、徳島―石井廃寺、三重―額田廃寺、岐阜―弥勒寺、愛知―北野廃寺、千葉―長熊廃寺、宮城―高崎廃寺などで、(　)内の未発掘ではあるが遺跡の残存状況が比較的よく、ある程度堂塔の規模が判明する寺を加えても、ようやく二〇寺院程度にすぎない。これらの寺院から判明する事項を、前章の先進地域にならって次に記してみよう。

(i)　主要堂塔の配置

天智期に建立された崇福寺は、その立地が山腹に三列並んだ尾根を利用するという特殊な条件にあるが、南の尾根に東西に並んで南面する五間×四間の金堂・講堂を、中央の尾根にやはり東西に並ぶ三間の塔と方三間の小金堂を配置する。このうち西の小金堂は、東面して塔と向き合う形式である点は注目すべきで、これはほぼ同じ頃建立された川原寺と軌を一にしている。観世音寺は天智朝創建とはいうものの、実際の工事はかなり後世までつづけられたことが記録に残り、どこまでが当初計画にはいるか疑問はあるが、その伽藍配置は東に塔を、西に金堂を向かい合わせて置き、中門から発した回廊は北方講堂の両側面中央に取り付く。これとよく似ているのが高崎廃寺で、回廊は築地に変り、その北端の納まりもやや前方へ寄るが、塔・金堂・講堂の配置はまったく等しい。これらはいずれも地方寺院とはいえ官寺で、しかも高崎廃寺をのぞけばその創立は天智朝にある点は重視され、いまのところ飛鳥寺や四天王寺型式につぐ時代の古さをたもつている。

前記の崇福寺式あるいは観世音寺式ともよぶべき型式とは別な意味で、川原寺と類似の伽藍配置を有するのは南滋賀廃寺である。中門はまだ明らかでないが、金堂に取り付く回廊内に東西二建物を配し、北には講堂を置いてその東西および北の三方に僧房を並べる型式は、川原寺とまったく等しい。回廊内の建物のうち、東は方形基壇で塔と解され、西はわずかではあるが基壇は東西方向に長

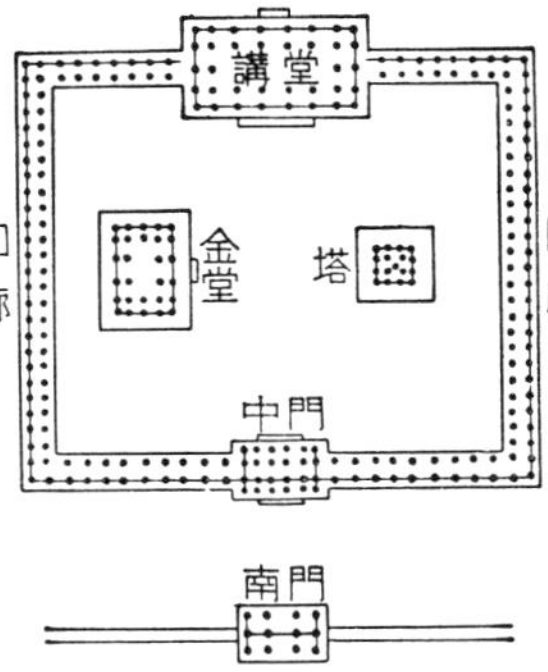

161　観世音寺伽藍配置図

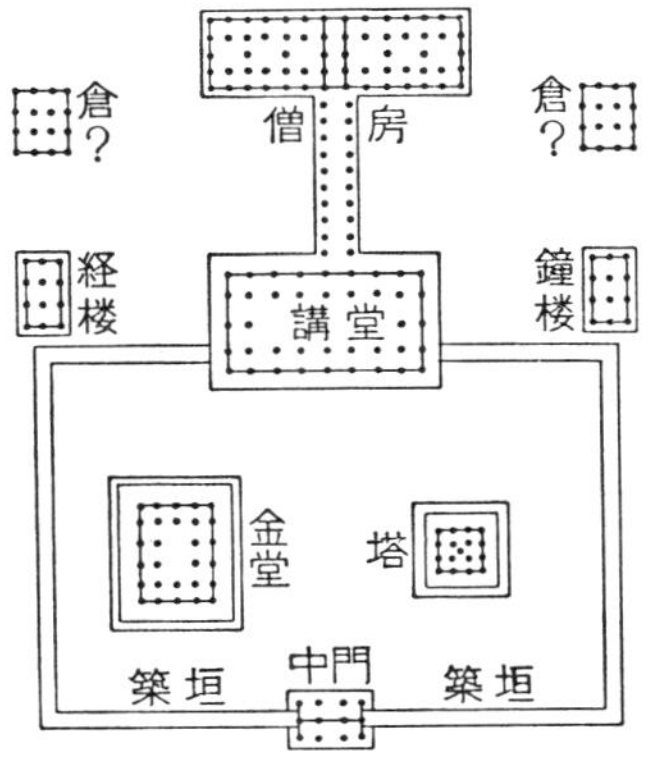

162　高崎廃寺伽藍配置図

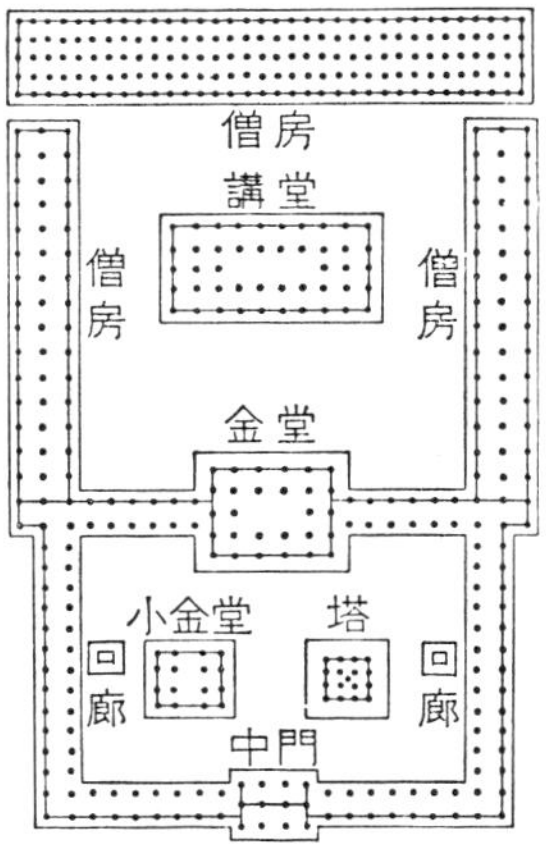

163　南滋賀廃寺伽藍配置図

く、小金堂と考えられる。川原寺の東塔と西金堂は向かい合っていたが、ここでは共に南面して並置されているのである。出土瓦からみて、この寺の創立も川原寺とほぼ並行して天智朝頃と考えられ、またその所在地が大津宮とごく近接して、寺名は明らかにしがたいが、やはり官寺的性格の寺であると推定される。とすると川原寺（＝南滋賀廃寺）―崇福寺―観世音寺―高崎廃寺という官寺系統の伽藍型式が存するとみられる。なお観世音寺の塔と金堂を反対にした配置が野中寺で、この寺は出土瓦からすると七世紀中頃をくだらぬ頃の創立とおもわれる。現状の遺跡が創建時の姿から大きく変っていないとすれば、川原寺以下の塔と金堂を対置させた型式と一連のものとみて、このような対置型式が、奈良前期のうちでもかなり早期に行なわれたことがわかる。

南滋賀廃寺の塔と小金堂とを取り出したのがいわゆる法起寺式配置であり、それを東西に置きかえたのが法隆寺式配置である。建物の現存する法隆寺にたいして、法起寺は果して東塔の西に南面する金堂が存在したか否か、疑問が多いが、従来の慣例のままここではいちおう法起寺式としておく。法起寺式の例としては、高麗寺・美濃弥勒寺・長熊廃寺・石井廃寺などがあり、雪野寺、大阪府西淋寺などもこれにぞくするらしい。このうち高麗寺・雪野寺・弥勒寺などはいずれも、川原寺と類似の複弁蓮華文軒丸瓦・重弧文軒平瓦を出土するが、高麗寺をのぞけば力強さが消え、多少年代がくだることをおもわせる。高麗寺では塔と金堂の基壇間距離が二七尺であり、これは塔の基壇一辺長四一・四尺に比べてかなり小さいのにたいして、弥勒寺は基壇間四一尺、塔一辺長三八尺である点からすると、初期には塔と金堂とが接近しており、年代が下るとそれがはなれてゆく傾向がうかがわれる。

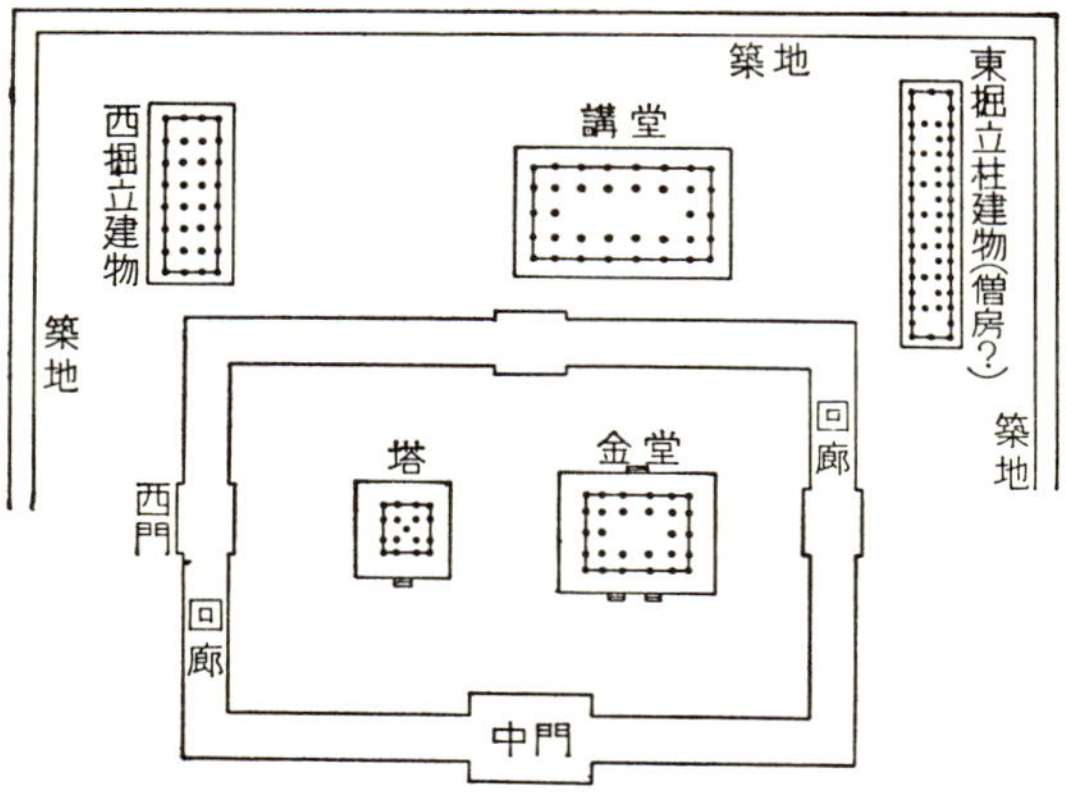

164　伊丹廃寺伽藍配置図

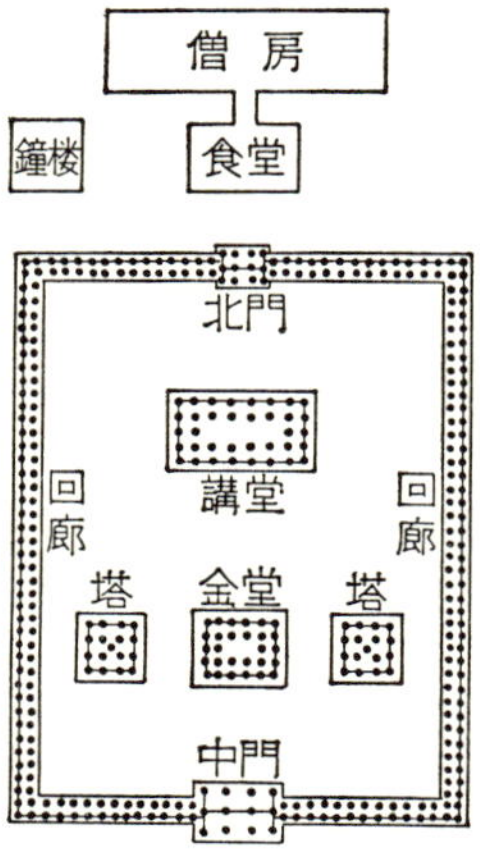

165　新治廃寺伽藍配置図

法隆寺式の例には、額田廃寺・猪名寺・伊丹廃寺・斎尾廃寺などがある。このうち伊丹・斎尾の二寺は、金堂と中心をそろえて背後に講堂が並び、これを伽藍中軸線とすれば、塔は西へ張り出す形になっているのが注目され、法隆寺式とは区別した方がよいのかもしれない。回廊を無視すれば、これはつぎの時代の甲可寺や陸奥国分寺と共通の性格を備えている。猪名寺は講堂が明らかでなく、どちらともいえない。額田廃寺は、山田寺式の重圏縁単弁蓮華文軒丸瓦を出土し、法隆寺西院伽藍の創立よりさかのぼる可能性があるが、塔・金堂の基壇間距離六・四〇メートル、塔基壇長一〇・六五メートルで、これは法隆寺の基壇間四七尺（一四・二四メートル）および塔基壇四一尺（一二・四二メートル）にくらべ接近の度がいちじるしい。法起寺式と法隆寺式のどちらが早くあらわれたのかはまだ明らかでないが、いずれも塔と金堂とが初期的なものほど近接している点は注意すべきで、その源流が飛鳥寺をはじめとして川原寺や南滋賀廃寺のように、中心部の殿堂が緊密に配置された伽藍型式にあることをしめしている。なお四天王寺式配置の寺院としては、愛知北野廃寺などがあげられる。

こうした、いわば伽藍配置の定式にあてはまらない寺もかなりの数にのぼる。新堂廃寺は塔と金堂が南北に並ぶ四天王寺式ではあるが、これに隣接してすぐ西に東向きの大きな建物跡があり、大寺廃寺も南滋賀廃寺を東向きにしたような変った型式である。崇福寺と同様に山裾の尾根を利用した高井田廃寺は金堂・講堂が南北線に並び、塔はかなり離れた西南方の尾根上に据えられて、平面的にみれば国分寺に多い伽藍配置になっている。また大宅廃寺や北白川廃寺は塔がなかったと推定され、一方では新治廃寺は、金堂の東西両脇に塔を備えた特異な配置をもつことが明らかにされた。新治廃寺は出土瓦からみて、その創建が奈良前期も終末に近く、あるいは後期にぞくするかともおもわれる寺で、中央にはすでに薬師寺があり、その変形と考えることもできる。しかし次節に記すように近畿地方でも薬師寺式配置の寺院は、大部分が奈良後期の建立と推定される点からすれば、はるかに遠い東国の新治廃寺としてはむしろ、伊丹廃寺型式との関連性を考えるべきであろう。ともあれ奈良前期の地方寺院は、その伽藍配置一つをとっても変化に富んでおり、そこに仏教興隆期らしい活気すら感ぜられるのである。

(ii)　主要堂塔の規模と遺跡

〈塔〉　柱間寸法の判明する例はまだ少ないが、初重一辺長二一尺程度、基壇は方四二尺ぐらいが最大で、これが上級の標準的な規模であり、一辺一八尺ほどの大きさがまた一つの基準であったらしい（表1）。現存例としては、法起寺塔の初重一辺長二一尺や当麻寺塔の同一七尺がこれらに近似しており、二三・五尺の薬師寺塔は中央官寺だけにやはり大きい。基壇は自然石乱積もしくは瓦積が普通であるが、高崎廃寺は凝灰岩切石積を用いる。心礎を基壇上面より一・五メートル程度下方に据えた例が、崇福寺・高麗寺・大寺廃寺・高井田廃寺・愛知北野廃寺などにみられ、前二者は心礎の側面に舎利埋納の孔を穿つが、大寺では上面に掘りくぼめた円形柱座の中央に舎利孔を存する。雪野寺では塔の各重四隅に釣った風鐸が発掘され、伊丹廃寺では水煙や九輪断片などが掘り出された。

〈金堂〉　金堂には塔のようにだいたいのきまった大きさは存しなかったらしく、各寺ごとに規模が異なる（表2）。最大の南滋賀廃寺は川原寺中金堂とほぼ等しいが、一般の地方寺院は一まわり小さかった。ただし桁行と梁行の間数はいずれも五間と四間で、これが奈良前期までの寺院の特色であることは、すでに前章で指摘した。内陣の仏壇が明らかにされた例はまだないが、三間×二間の内陣周囲に礎石間の狭間石を置いた例が、川原寺をはじめとして崇福寺や新治廃寺などにみられる。これは内陣を壁や扉で厳重に囲って、大きな厨子のように閉鎖的な場所にしたものと推定され、そうなればとくに後世のような仏壇は必要としないので、あるいはまだこの時代には金堂の仏壇はなかったのかもしれない。ちなみに法隆寺金堂も、現在は内陣一ぱいに土築漆喰塗の仏壇を設けるが、当初は内陣周囲の柱根元に長押を廻らし、この内部を低い床板張りとする型式であった。基壇は塔と同様に自然石乱積か瓦積、上面

	基壇一辺長	初重一辺長
高　麗　寺	41.4 尺	不明
崇　福　寺	不明	7＋7＋7＝21 尺
南滋賀廃寺	40	不明
美濃弥勒寺	39	7＋7＋7＝21
伊 丹 廃 寺	42	不明
斎 尾 廃 寺	約 41	7＋7＋7＝21
高 崎 廃 寺	上成 35 下成 45	7＋7＋7＝21
野　中　寺	約 40	6.7＋6.3＋6.7＝19.7
新 治 廃 寺	約 40	6＋6＋6＝18
虚 空 蔵 寺	38	6＋6＋6＝18
額 田 廃 寺	36	不明
石 井 廃 寺	33	5.8＋6.2＋5.8＝17.8
高井田廃寺	27.5	不明

表 1　地方寺院の塔規模一覧表

	基壇（正面×奥行）	平面（桁行×梁行）	
	総長	間　数	総　　長
南滋賀廃寺	75 尺×60 尺	(5×4)	(56 尺×40 尺)
高 崎 廃 寺	66×55	5×4	47×35
伊 丹 廃 寺	68.5×52.8	(5×4)	(47×33)
高井田廃寺	60×50	5×4	41.5×32
額 田 廃 寺	61×50		不　明
猪　名　寺	56.6×45		不　明
新 治 廃 寺	54×45	5×4	42×32
崇　福　寺	不　明	5×4	40×32
野　中　寺	約 55×45	5×4	37×32
美濃弥勒寺	49.1×41.0	5×4	36×28
石 井 廃 寺	46.2×40.0	5×4	31×24.8

表 2　地方寺院の金堂規模一覧表　（　）は推定

	基壇（正面×奥行）	平面（桁行×梁行）	
	総長	間数	総長
南滋賀廃寺	104 尺×54 尺	9×4	91 尺×41 尺
高 崎 廃 寺	108×63	8×4	92×47
北白川廃寺	119×75.5		不明
高井田廃寺	107×66	7×4	92.5×52
三河北野廃寺	98×55	8×4	91.2×45.6
大 宅 廃 寺	89×53	7×4	76×40
新 治 廃 寺	約 85×48	7×4	(71×36)
斎 尾 廃 寺	83×56.5	7×4	70×43
四 天 王 寺	106.5×50	(8×4)	不明

表 3　地方寺院の講堂規模一覧表　（　）は推定

は新治廃寺では甎敷が残り、伊丹廃寺は漆喰塗と推定された。なお伊丹廃寺の基壇は、平瓦と玉石とを交互に積み上げた珍しい型式で、地覆石と葛石には甎が用いられた。

〈講堂その他〉　奈良前期の寺院は、塔・金堂に比較して講堂の規模が大きいことが特色で、この点は中央・地方を通じて変りはない。南滋賀廃寺や高崎廃寺などの官寺では、さすがに講堂の規模も大きく、桁行が九間もしくは八間あり、中央寺院に比して遜色ないが、一般の地方寺院は桁行七間、梁間四間程度にとどまったようである（表3）。基壇は簡素な自然石乱積、高さも一メートル以下の低いものが多い。高井田廃寺では中央に正面二七・二尺（八・三メートル）、奥行一七・七尺（五・三メートル）の凝灰岩壇正積の仏壇があった。食堂の発掘例はまだほとんどなく、わずかに新治廃寺にそれらしい土壇が見いだされたにすぎない。

中門も新治廃寺で基壇正面四九尺、奥行三五尺と判明する以外は、まだ的確な規模を知りえた寺跡はない。回廊も発掘の例はごく限られており、南滋賀廃寺は単廊で梁間一二尺、桁行一間は九尺と推定された。基壇の幅だけが判明した伊丹廃寺（六メートル）や、新治廃寺（一五尺）も単廊とみられる。なお伊丹廃寺では回廊に南の中門だけでなく、かなり規模の大きな西門が設けられているのが珍しく、地方寺院の特異性であろう。地方的といえば高崎廃寺では、回廊の代りに基底部の幅二メートル程の築地塀が廻らされていたことが判明した。回廊の代用に土塁や土塀を用いる寺は、ほかにも多かったであろう。新堂廃寺や大宅廃寺では回廊はなかったと考えられているが、土塁程度はあったかもしれない。

僧房跡は南滋賀廃寺・高崎廃寺・伊丹廃寺などで発掘されている。このうち南滋賀廃寺は三面僧房を備えた堂々たる型式で、北は従来食堂と推定されていた。北の僧房は一房分が桁行一九・五尺で、これを六・五尺に三等分し、梁行は身舎が一九・五尺、前後の庇はその二分の一の九・七五尺の計三九尺ある。この柱間三間を一房とする構成は、奈良の元興寺や興福寺の僧房とまったく等しい。これにたいして高崎廃寺は、桁行二間各九尺を一房の幅とし、梁行は四間・九尺等間で二間一房の制をとり、法隆寺東室と類似している。最近さらにその下方に掘立柱遺構が発見され、創建当初の僧房と考えられているが、その平面は梁行二間各一〇尺、桁行一〇尺等間の身舎の前面に、八尺の庇を取り付けた型式である。伊丹廃寺の僧房と推定される建物もやはり掘立柱式であり、おそらくこのような掘立柱の例は、地方寺院では今後さらに多く発見されるであろう。なお大宅廃寺には前方に細殿（梁間一三・五尺）を備えた九間（七七尺）×四間（三三尺）の堂があり、中央部を食堂、両脇を僧房に用いたと推定されている。こうした例は東大寺戒壇院にもみられ、住僧の数が少ない地方寺院としては多用された型式とおもわれる。そのほか付属的な建物として、高崎廃寺では経蔵・鐘楼のほか、その後方左右対称に倉庫と推定される堂跡が検出されたが、このように中枢部分の堂塔がほぼ全部判明するまでの調査が行なわれたのは、まだ例が少ない。

(4)　奈良後期の地方寺院

遺物や遺跡によって奈良後期の建立と考えられている寺跡は、全国では四〇〇箇所以上に達する。その密度はやはり大和・河内・摂津・和泉・山城の畿内がもっとも高く、ついで東方は近江・伊勢・美濃・尾張までが、西方は播磨・備前・備中などがかなり多い。

そのほかでは関東は下野付近、山陰は伯耆・出雲、四国は讃岐、九州は筑前などを中心に比較的多く分布している。これらの地方寺院は、大きくは国分僧寺および尼寺の官寺と、一般的な私寺に分けられる。よく知られているように、国分寺は天平十三年の詔によって各国ごとに建立されたもので、丈六の釈迦三尊像をまつる金堂と、金光明最勝王経を安置する七重塔を備えた。その規模は一般的な地方寺院に比べて格段に大きく、また制度的にも整って、いわゆる七堂伽藍をいちおうは備えていたと考えられる。これにたいして私寺には、前代までの伝統を受けついだ氏寺的なものと、特定の僧侶を中心として勧進などにより成立った寺院とがある。もっとも前者は、族長が郡の大領などのように中央政府の統制機構の一員に加わり、その権力を利用する形で建立した寺院が多かったとおもわれ、こうしたばあいには官寺的な性格も加わったであろう。天平五年の状況を記す「出雲国風土記」によれば、九郡のうち五郡に計一一の寺院があり、そのうち五は郡の大・少領、五は有力郷人によるいずれも新造の寺院であった。この頃急速に寺院が増えていったことがわかる。

国分寺のうち僧寺は、現在までもなんらかの形で旧称を受けついでいることが多く、塔跡の存在などもあって、大部分の国の寺跡が判明しているが、尼寺はまだ半分程度であり、その中にもなお現在の比定に疑問をもたれるものが多い。発掘によって堂塔の規模が確認された例としては、徹底的な調査がおこなわれた陸奥国分寺跡を筆頭として、武蔵・相模・遠江・駿河・伊豆・出雲などがあり、遺跡の残存状態がよく、現状からある程度規模の判明するものに常陸・甲斐・讃岐・甲可寺などがある。尼寺は下野が近年調査された程度で、礎石などの残存がよい例も常陸など二、三を数えるにすぎない。

一般的な地方寺院跡については、ごく小範囲な発掘の例はかなり多いが、まとまった規模の判明するものは非常に少ない。調査報告のまとめられている寺としては、大阪府—百済寺、滋賀県—瀬田廃寺、大分県—弥勒寺、茨城県—台渡廃寺などが主なものとなる。

(ⅰ)　一般の地方寺院

大阪府百済寺跡は、昭和七年の調査で東西両塔を配した薬師寺式であることが判明したが、近年史跡整備のため再発掘をおこない、寺跡の全貌が明らかにされた。寺域は約五四〇尺（一六〇メートル）四方と推定され、これに基底部の幅七尺程の大垣を廻らす。伽藍中軸線と東大垣間は約二四〇尺で、軸線上に三間一戸の南門（三四×二〇尺）と中門（三三・五×一八尺）、桁行七間・梁間四間の金堂（七〇×四〇尺）、講堂（七〇×四〇尺）および桁行五間・梁間三間の食堂（五〇×二六尺）を配置し、中門から発して金堂に取り付く回廊に囲まれた内庭の東西に塔（東塔方一八・五、西塔方一九尺）を置いた。薬師寺では中門と講堂とを結んで回廊が設けられ、金堂・塔は共に独立して建っていたが、ここでは金堂の側面に回廊が取り付いている。これは興福寺以下、平城京内に営まれた奈良後期寺院にはじめてあらわれる型式で、金堂前庭を宗教儀式の場として重視した構成と考えられる。出土瓦によれば、百済寺の創立は奈良前期までさかのぼるものの、現状の伽藍型式に整備されたのは、天平年間百済王敬福とその一族によるものと推定され、双塔を備えた薬師寺式とはいっても、奈良後期的要素が強いのである。大阪府にはこのほかにも田辺廃寺、高宮廃寺など双塔形式の寺が数箇所存するが、いずれも奈良後期の建立とされている点は注目される。

天平十年（七三八）に金堂・講堂を、同十三年から十五年にかけて東西両三重塔を建立した大分県弥勒寺も、薬師寺式配置である。宇佐神宮の西南隅に東西五〇〇尺、南北約六〇〇尺の寺域を占め、南に小高い崖が接して北へゆるく下る傾斜地に南面した伽藍を設けたもので、地形的には好条件とはいいがたい。それだけに薬師寺式の整然とした配置の採用は、中央官寺の忠実な模倣のにおいが強く、天平十年頃から宇佐神宮と朝廷との関連が深まる動きと結びついたものと考えられる。これを前記の百済寺などと合わせると、国分寺創立以前の天平前期に、薬師寺式が規範とされた時期があったこと、その影響範囲は畿内や特殊地に限られ、時期的にも案外短かったらしいことなどがうかがわれる。

こうした進歩派にたいして、滋賀県瀬田廃寺は四天王寺式配置を墨守していた。この寺では初重一辺長二一尺の塔に、礎石は心礎と四隅柱礎の計五箇のみを備えただけである点が特異で、塔の構造や型式が多少通常の例とは異なっていたことをおもわせた。また金堂基壇も、平瓦を斜めにたてかけて積み並べた変った型式を持ち、類例は朝鮮扶余の軍守里廃寺などにみられる。地方寺院ではこのほかにも旧式の伽藍配置があり、山梨県寺本廃寺や広島県海蔵寺は塔を東、金堂を西に置いた法起寺式と推定されている。また奈良県毛原廃寺は、南大門・中門・金堂を南北に配置し

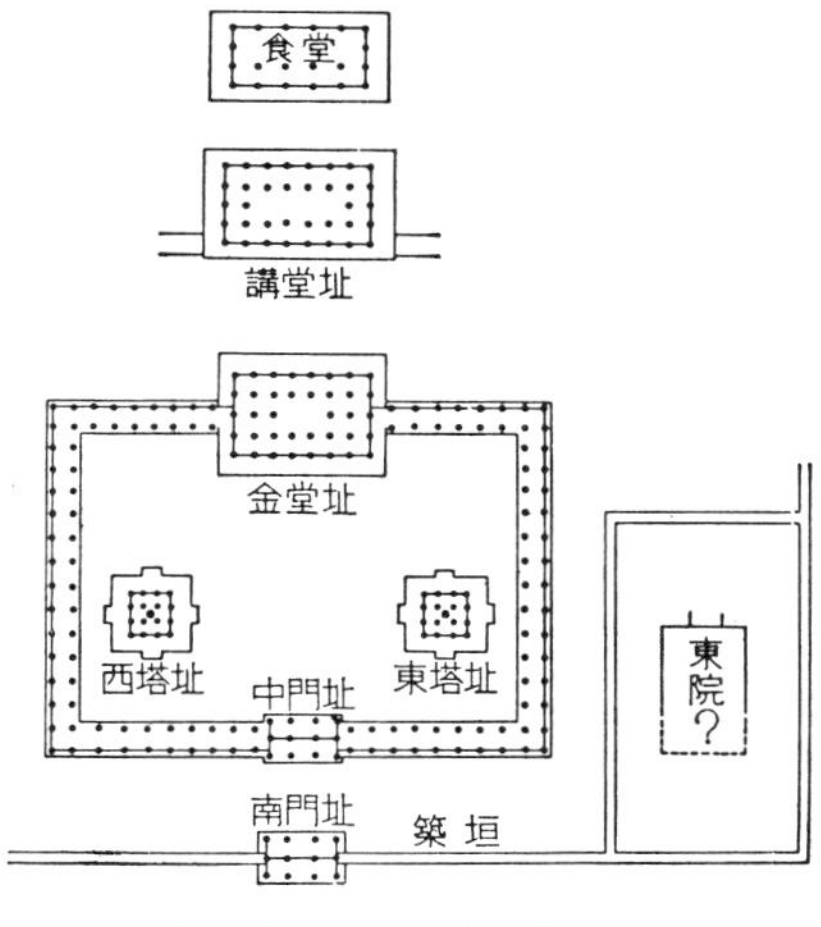

166　河内百済廃寺伽藍配置図

た中枢部をもつが北方の講堂を欠いていた。そのほか茨城台渡廃寺のように不規則に堂塔が散在する例や、神奈川県寺尾台堂跡のごとく八角堂だけが孤立していたと考えられる例もある。出雲風土記の寺院も、一一寺のうち五重塔を建てたところ一箇所、三重塔二箇所で、ほかは厳堂を建つとあるが、前者には塔だけの寺もあったかもしれないし、後者は仏堂だけの寺院をしめすものであろう。三重塔の型式にしても、大阪府家原寺の土塔のごとき特殊例があり、また瓦塔をもって代用したと推定される寺跡も存する。現在の地方寺院跡研究は、まだ中央寺院ないしは国分寺を念頭においた、類型的な伽藍型式を追求することに重点が置かれているので、こうした特殊例の発掘は少ないが、今後の調査が期待される。

（ii）国分寺

〈寺地〉平安時代中頃の記録であるが、「上野国交替帳」の同国国分寺に関する破損見積りのうちに、「築垣壱廻　四面弐町　長参百弐丈壱尺」の記事がある。発掘による実証的研究が進んでいなかった段階では、国分寺は天皇の詔勅によって統制的に設けられた官寺であり、二、三の例外はあっても全国ほぼ一定の規範に従って建立されたろうと考えたので、二町四方の広さも、またそれに築垣を廻らすことも、国分寺の寺地一般に通ずる規準と推定された。しかし発掘された寺院についてみると、寺地の広さもかなり広狭があったことがわかってきた。陸奥国分寺の寺域は、南門から金堂・講堂を連ねた伽藍中軸線にたいして、東方四〇〇尺に土塁、西方四〇〇尺に掘立柱の柵列が発見されて東西八〇〇尺であることがわかり、南北の広さは南面土塁と東西に発掘された東門との距離四〇〇尺を二倍して、これも八〇〇尺と推定された。南大門と講堂との中心間距離は四二〇尺であり、講堂が寺地のほぼ中央に置かれている。寺域の西面をかぎる掘立柱列は、東西一〇尺をへだてて二列あり、南北も約一〇尺間隔なので一見回廊状のものであるが、南面や東面の土塁にたいしてなぜ西面だけが異形なのかは不明である。

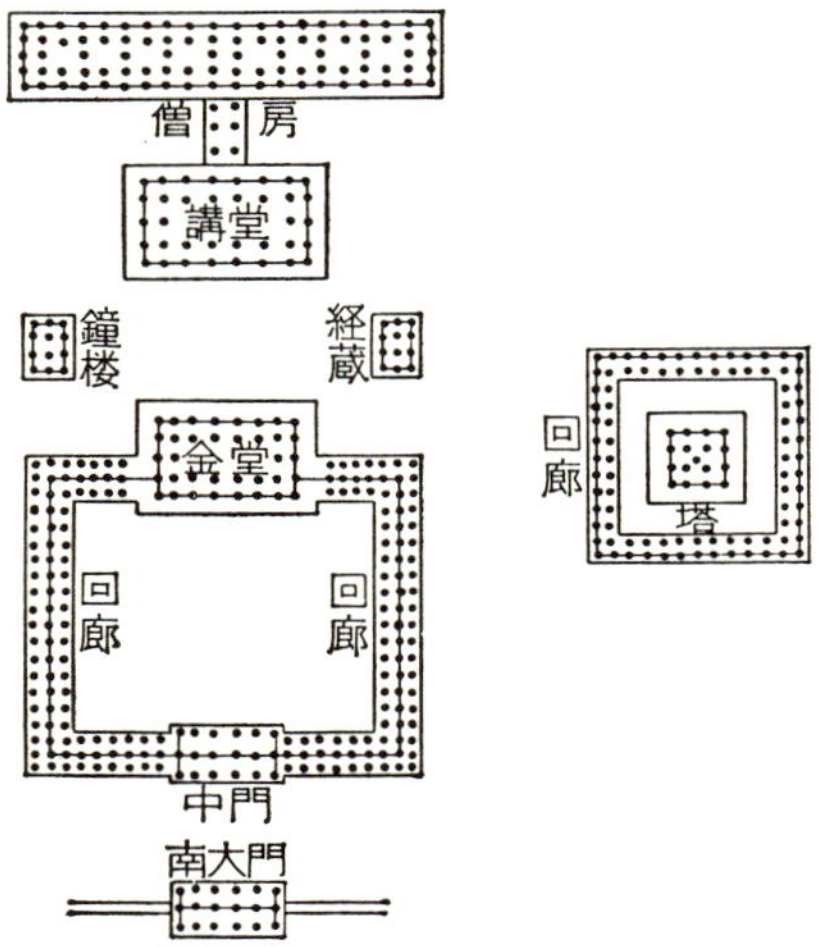

167　陸奥国分寺伽藍配置図

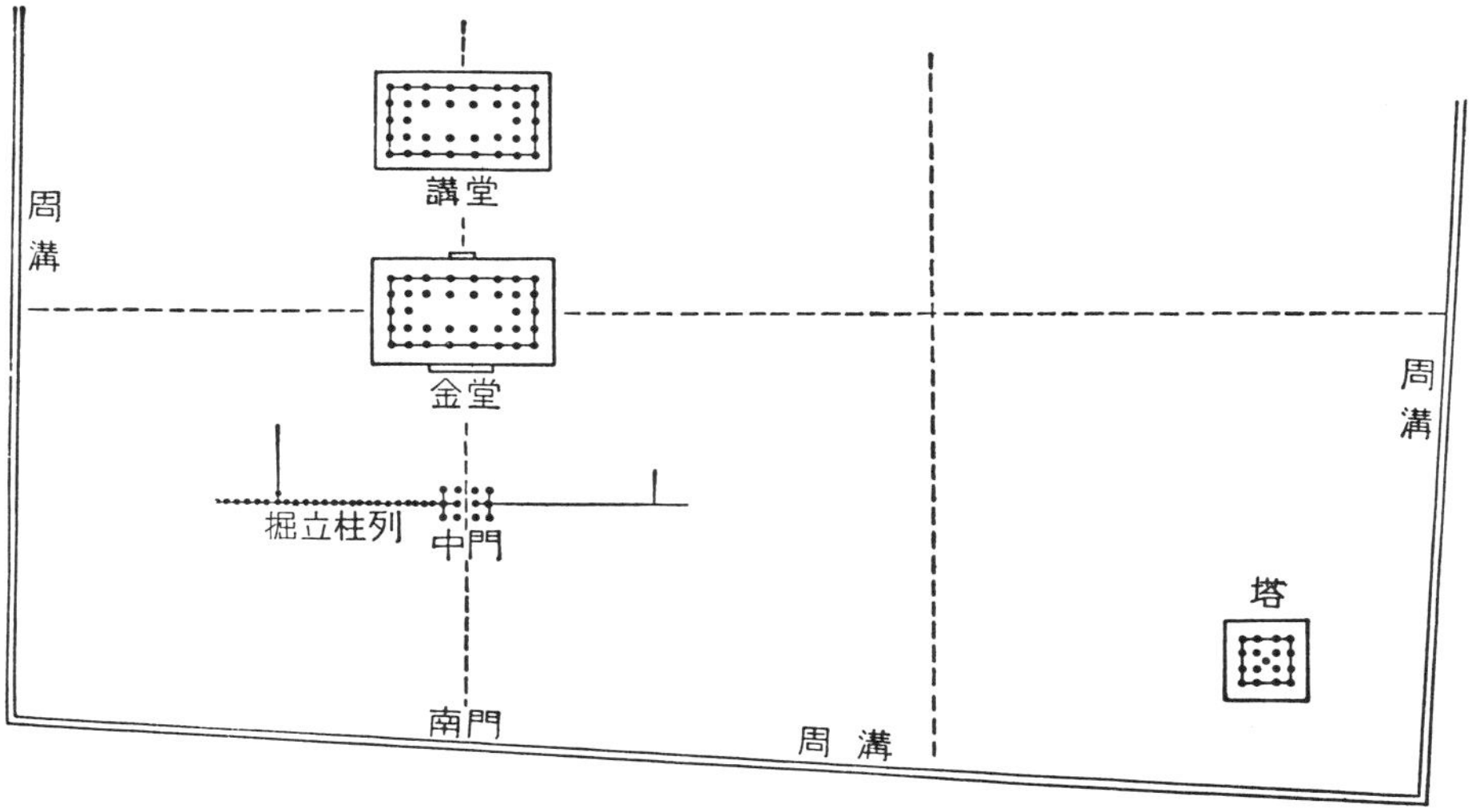

168　武蔵国分寺伽藍配置図

武蔵国分寺も最近寺地の境界が明らかにされた。ここでは築垣の痕跡はわからないが、素掘の大きな溝が廻らされており、その広さはやや不整形ながら東西・南北とも径約一二六〇尺（三八〇メートル）を測る。伽藍中軸線は西の境界溝より約四〇〇尺東に寄り、金堂の中心から南辺の溝までは三九〇尺ほどある。まだ主要建物と周溝の発掘を行なっただけなので確言はしがたいが、ほぼ方形の寺地を東西、南北共に三等分して九坪に分け、その西南の四坪を金堂・講堂などの主要伽藍地に、また東南隅の一坪を塔院に、そのほかは付属的な院地にあてたのであろう。寺地のそうした割付け方法は、平城京内の大寺に共通して見られるところである。前述の陸奥国分寺のばあいにも、方八〇〇尺の伽藍地の西方に付属院地の設けがあり、そのために西辺の境界方式がほかと異なっているのかもしれない。そのほか遠江国分寺は南と西の土塁が残されていて、方六〇〇尺と推定され、また出雲国分寺は方五〇〇尺と考えられたが、これらはまだ検討の余地が多い。

ところで寺地には、大きさとその中での各院の配置という問題のほかに、条里との関係もある。一般的にいえば条里の制約をうけ、そのうちの何坪かを寺地とするのが原則と考えられるが、調査例はごく少ない。出雲国分寺は、南門の正面に南へ延びる道路跡が発掘され、水田の畦畔などに残された条里制の遺跡と一致することから、伽藍中軸線が条里境界線と合うことがわかった。そして寺域としては方二町を占め、周囲に余地をとった中央部の方五〇〇尺を築垣の廻る伽藍地と推定した。その結果は前章の額安寺とよく似た配置となるが、額安寺には東方に倉院・大衆院・南院などが設けられており、国分寺にもそうした付属施設を考える必要があろう。武蔵国分寺でも寺地の北部は、竪穴住居跡の発見から大衆院と推定されている。方二町の占地はおそらくいちおうの規準であり、実際の伽藍地は寺ごとにかなり相違していたとおもわれる。なお陸奥国分寺は伽藍軸線の方位が条里の方向と約五度偏り、また畦畔などから復原される条里地割にたいし、寺地はうまく納まらない。したがって条里制の施行を国分寺建立以後とみることもできるが、国分寺と条里との関係がいつのばあいでも、出雲もしくは額安寺のごとき整った状況におかれるという証明は、まだあまりにも少なく、断定を慎まねばならない。

〈主要堂塔の配置〉　主要堂塔の配置についても、国分寺の大部分は一定の型にあてはまるとする従来の考え方には修正が必要とされる。常陸国分寺のように四天王寺式配置と推定される例や、相模国分寺のごとく法隆寺式配置の寺院も存するが、大部分の国分寺は伽藍中軸線上に南門・中門・金堂・講堂が並び、塔はややはなれて回廊より外側に位置する。こうした伽藍配置は平城京では興福寺にもっとも早くあらわれ、唐招提寺なども類似している。ただ興福寺では塔が中門よりやや南にあるが、国分寺にはそのほかに塔が中門と金堂を結ぶ回廊の脇に配されるもの（遠江・出雲・上野）、さらに北へ寄って金堂と並ぶもの（陸奥、甲可寺）などがある。中門より南方に塔を置く型式にも、伊豆・甲斐・讃岐など軸線と塔心との距離が一〇〇—一五〇尺と比較的近接するものと、武蔵のように離れる例がある。従来の発掘結果では、回廊の東西長さが金堂基壇正面長さの約二倍に当る例が多いので、前者のばあいには塔と回廊の隅とが接触するおそれを生ずるが、発掘によって実際の納まりがたしかめられた例はまだない。塔が奈良後期にはいって伽藍中枢部から離れるのは、当初の仏舎利を納めた寺院の中心的建物としての意義を失って、伽藍を荘厳するための標式的な機能が重視された結果と考えられている。その意味では塔の位置は、飛鳥時代や奈良前期ほど重要でなくなったわけではあるが、先進地域の大寺と国分寺では、伽藍配置はかなり相違しているのである。

相模国分寺は法隆寺式とはいうものの、金堂と塔との基壇間距離は約一五〇尺もあり、金堂がもう一つ納まるほど離れている。陸奥国分寺は相模からの発展とみることもできるし、また前節であげた伊丹廃寺式との関連も考えられよう。天平十三年（七四一）に国分寺発願の詔があった後、地方によっては工事の進行が遅れたため、天平宝字三年（七五九）に国分二寺の図を諸国に頒ち、建立を督促した。常陸・相模・陸奥など、とくに目立って異形の配置をしめす寺は、その督促以前にすでに建立を終ったものとする従来の理由づけは、安易にすぎよう。

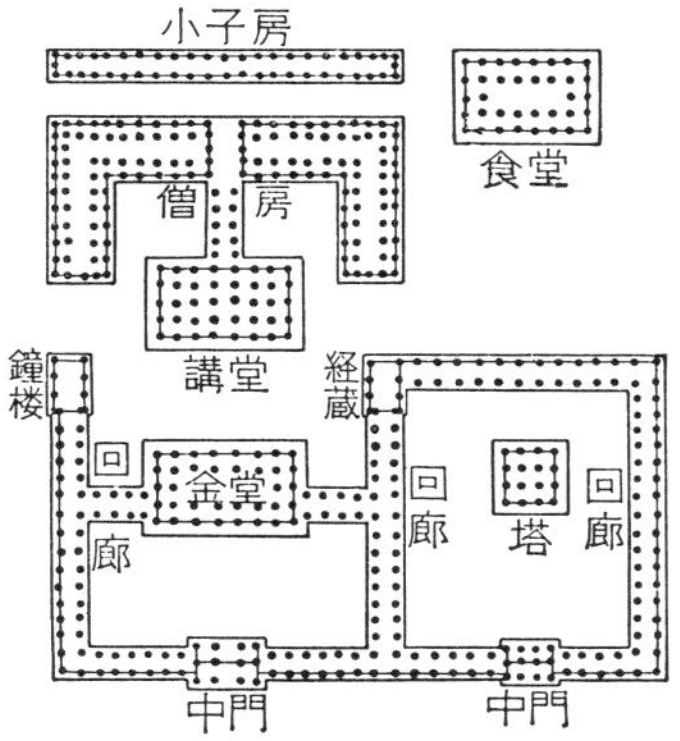

170　甲可寺伽藍配置図

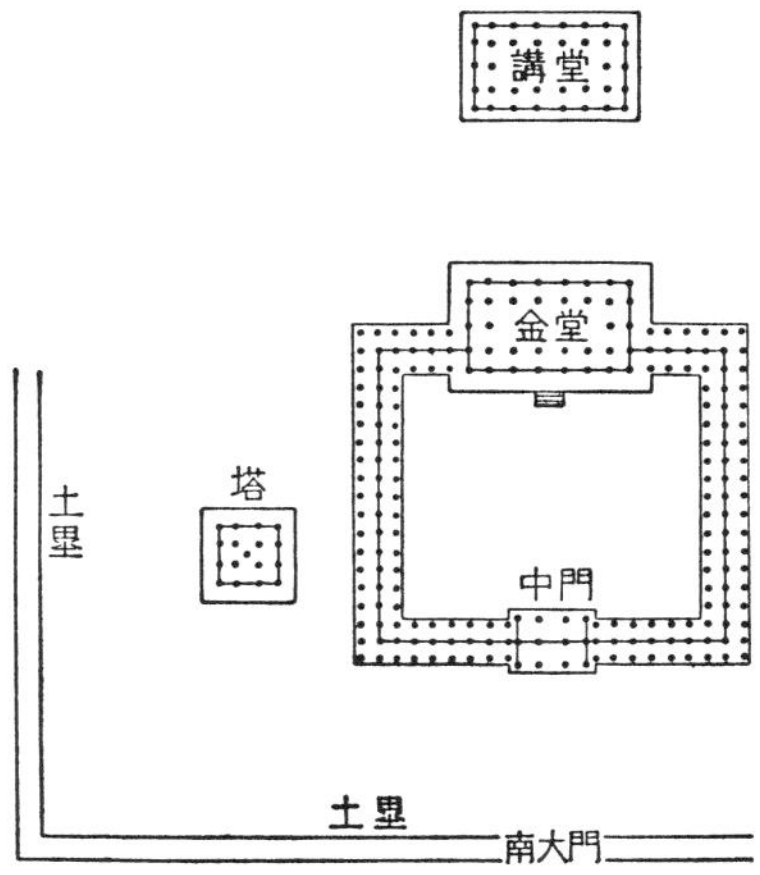

169　遠江国分寺伽藍配置図

〈主要堂塔の規模と遺跡〉　一寺で金堂・講堂・塔の規模が判明している例を中心に、その平面寸法を表示したが、このほかに塔跡だけが残存する国分寺は数が多い。金堂はすべて七間×四間で、正面の長さは奥行の二倍に近い。この傾向は平城京内の大寺とも共通し、回廊がその側面に取り付くことと関連して、堂の正面観が重視された結果であり、これが奈良後期の大きな特色であることはすでに前章で記した。各柱間ごとの寸法も正面では中央間をやや広くとり、端へいくにつれて少しずつ狭くするような意匠上の注意がはらわれているばあいが多い。

講堂は七間×四間を原則とし、奈良前期の寺院では講堂の桁行寸法が金堂のそれより一・五―二・〇倍もあったが、国分寺では逆に講堂の方が小さい例が多い。また柱間ごとの寸法は身舎各間を等しくとり、庇だけをやや狭める型式が普通で、金堂より意匠的にも簡略に扱われていることがわかる。金堂を講堂より大きな平面とするのは、中央寺院では東大寺以降で、八世紀のなかばすぎの傾向といえる。表のうち相模・武蔵・陸奥など東国の寺ではまだ講堂が金堂と同じか、あるいは大きいのは、前代の伝統を残すのであろうか。もっとも武蔵は後に左右に基壇をつぎ足して表示の規模としたもので、当初は金堂より小さかったことがわかる。いずれにせよ国分寺も武蔵・相模の級になると、平城京内の大寺である大安寺や興福寺に匹敵する規模であった。

塔は初重一辺長三〇―三三尺が多く、三六尺が最大級である。柱間寸法は三間等間にして各一〇尺、あるいは各一一尺とする簡単な例が多い。この点で注目されるのは、奈良に現存する元興寺極楽房五重小塔で、小さな模型であるがすべて実際の一〇分の一につくられていて、その柱間寸法は初重が各間一・一尺計三・三尺、以

	金堂（桁行×梁行）		講堂（桁行×梁行）		塔
	間数	総　　長	間数	総　　長	初重一辺長
陸　奥	7×4	83尺×44尺	7×4	97尺×50尺	33尺
武　蔵	7×4	122×56	7×4	122×56	34
相　模	7×4	116×56	7×4	116×56	36
甲　斐		不　明	7×4	87×44	32
遠　江	7×4	92×52		（基壇98×61）	32
駿　河	7×4	102×56	7×4	82×52	不　明
出　雲	7×4	92×51	7×4	77×44	32
讃　岐	7×4	95×48		不　明	34
甲可寺	7×4	81×45	7×4	77.5×40	30
常陸（尼）	5×4	58×40	7×4	76.5×39	ナシ

表4　国分寺の金堂、講堂、塔規模一覧表

下二重は一間が一・〇尺、三重は〇・九尺、四重〇・八尺、五重〇・七尺と明解な整数値で構成されている。国分寺の塔は七重が原則であるから、この小塔を直接あてはめるわけにはゆかないが、塔のごとき複雑な建物ではなるべく簡単に倣える規準作品が要求されたとおもわれ、その結果が等間の平面を多く残すこととなったのであろう。なお金堂・講堂・塔は、基壇を中央寺院に倣って切石による壇正積をするのが理想であるが、武蔵国分寺でも自然石乱積を用いるなど例外が多い。壇正積のばあいでも、陸奥国分寺は羽目石を直接地盤上に立て、その足元前面に地覆石を添えて置いたいわば見せかけだけの組方をしており、中央と地方の技術差をしのばせる。前記の塔の単純な平面構成といい、こうした技術差を前提としながらなお一律的に複雑な七重塔や大規模な金堂を建てさせたところに、国分寺の技術史的な意味があり、その地方的な様相を明らかにすることがもっとも大きな問題なのである。

なお国分尼寺には塔はなく、金堂は僧寺より一廻り小さい五間×四間を標準としていたらしい。

中門は陸奥で五間×二間の平面が発掘されており、奈良の大寺と同様な五間三戸門であったことがわかるが、武蔵や甲可等は三間一戸門であり、遠江も基壇の大きさからすると三間×二間と推定される。比較的大きな国分寺だけが五間で、むしろ三間を通例とするのかもしれない。回廊は陸奥では梁間八尺×二間、遠江は一〇尺×二間、いずれも桁行一間一〇尺の複廊、相模は梁間一八尺、桁行一間一〇尺の単廊である。これにたいして武蔵国分寺は中門も掘立柱であり、その側面中央から柵状の掘立柱列（一〇尺間）が延びて、西方では寺域の境界溝近くまでも達している。この柵列は途中で北方へ分岐し、回廊状の囲いとなるらしくもあるが、現在はまだ調査途中にある。いずれにせよ通常の回廊とははなはだしく異なった形態であることが注目され、ほかの国分寺でも回廊を中央寺院のごとく整備されたものであると考える危険性を教える。なお南大門の規模が明らかにされた例はまだない。中央寺院では奈良後期になると南大門の方が中門より大きくなり、両者の距離も東大寺以外は近接しているが、国分寺にはこれがあてはまるか否か、今後の調査をまつ必要がある。

そのほか僧房の発掘例は陸奥・相模・出雲・駿河にみられる。すべて梁行四間で身舎二間各一〇尺、前後の庇は陸奥・駿河は一〇尺、出雲は八尺である。桁行は陸奥・駿河では、講堂と結ぶ軒廊取り付きの中央部（馬道）のみをやや広くするほかは一〇尺等間で、これは二間を一房とするらしく、左右に一〇間各五房を配する（陸奥は東西両端房を三間として桁行計二三間、駿河は二一間）。国分寺住僧は二〇口と規定されているので、一〇房の構成はいちおうの規格かもしれない。中央の大寺では一房に従者や童子も付随して八人前後が居住したことが知られている。

なお平安時代の地方寺院については調査例がまだ少なく、文献などで知られる範囲を大きくは出ていないので省略する。岩手県平泉の無量光院・毛越寺・中尊寺が顕著な発掘例ではあるが、これらはとくに意図して都ぶりを移した中央寺院の模倣であり、一般的でない。ただし藤原道長の法成寺から法勝寺をふくめた六勝寺へ発展する平安末期の中央寺院の姿が、現在では京都の市街に埋もれて発掘も不可能な状況にあるので、毛越寺などから逆に推察される利点はある。毛越寺で常行堂・法華堂跡が南北に並んで発見されたことは、現存する例などから、これを東西に並置するのが普通と考えられていた常識を破るものであった。なお昭和三十九年発掘の延暦寺西塔堂坊跡調査は、奈良時代まではなかった複雑な平面をもった堂跡を検出した点が注目される。第一号前方堂跡は三間×二間の身舎に四面庇を廻らした五間×四間の平面に、前方孫庇を取り付けた五間×五間の建物と推定され、第二号堂跡は三間×二間の身舎と祀堂とを接続して三間×四間の入側部をつくり、この周囲四面に庇を廻らせて正面五間、奥行六間の建物が生まれたと考えられる。梁間が四間以上におよぶ奥行の深い仏堂は、中世寺院の本堂の一般的な形態であるが、その発展過程がこうした平安時代の仏堂遺跡からうかがえる。

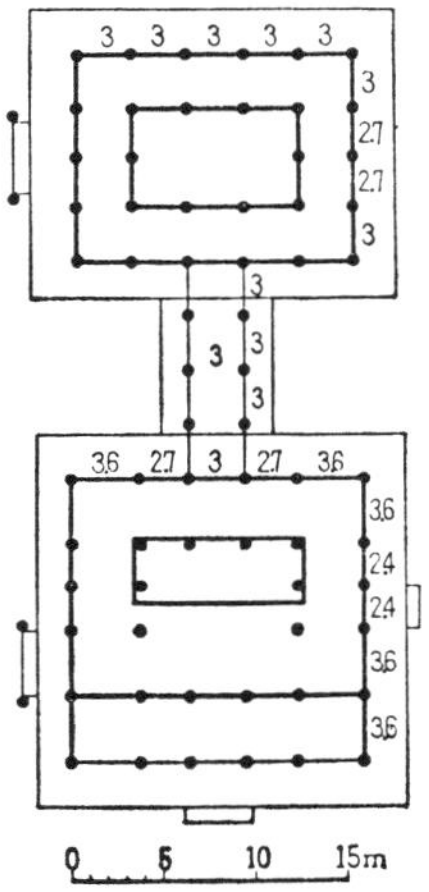

第1号堂跡

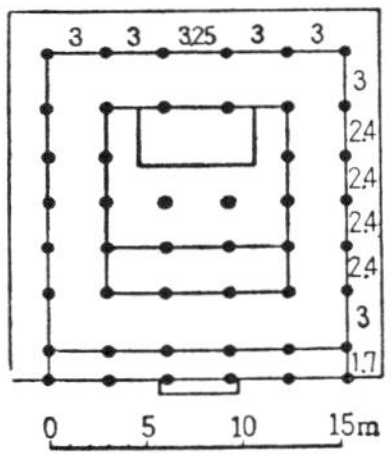

第2号堂跡

171　延暦寺西塔堂坊群平面図

一四　南都の大寺
――建築の様式とその展開――

南都七大寺の成立

国土の華

天平建築が生まれ育った平城京は、人口約二〇万を数え、唐の長安の一〇〇万余には比ぶべきもないが、東洋ではそれに次いで世界でも当時十指のうちに数えられる大都会であった。

日本の都が単に宮殿の所在地であった時代を経て、文字どおり首都の体裁を整えるに至ったのは持統八年（六九四）に新益京としてつくられた藤原京からである。宮殿を中心に整然とした碁盤目状の街路をもつこの都京は、中国式の都市計画を初めてとり入れたもので、天武朝から急速に律令国家としての体制を整えた古代日本が、国の勢威を示すために必要とした政治都市であった。

大宝元年（七〇一）、その朝堂院で元朝の儀式を行った際に、大宝令の施行も整ってようやく唐の文化に追いついたことを「文物の儀是において備われり」と自賛している。ところがこの藤原京は開都後わずか十六年の和銅三年（七一〇）に廃され、国家機関は新しく生まれた平城京へすべて移転した。官僚機構の整備増大がたちまち首都の狭隘化をもたらし、より広大な都市が求められたのである。

平城京は東西幅が約四キロで藤原京の二倍あり、南北の長さも約一・五倍あって、外京も加えると面積ではほぼ四倍の広さをもつこととなった。難波に上陸した外国からの使節が大和盆地に入って街道（下ツ道）を北上すると、平坦な田園の中から突然高い城壁（羅城）を左右にのばした城門（羅城門）が出現する。門を入ると幅員八五メートルの朱雀大路が一直線に約三・五キロ北にのび、その北端に宮城の正門である朱雀門が高くそびえる。門の前に並んだ儀杖兵による歓迎の儀式ののち宮城内へいざなわれ、朝堂院で天皇に対面する運びとなる。

朱雀大路の両側には条坊を区画する築地塀が続き、街路樹として柳などが植えられていた。築地塀の向うには屋根を瓦で葺き、赤や青に彩色した官人の家が見えたはずである。当時の一般的な住宅は掘立柱で屋根も檜皮葺か茅葺であったが、首都の家並みをりっぱに見せるため神亀元年（七二四）、有力者の家は特に瓦葺・丹塗とすることを奨励した。

瓦葺や丹塗は飛鳥時代に仏教建築とともに伝えられた中国式の建築技法で、宮殿にも用いるようになるのが確実にわかるのは藤原宮以降であるが、その適用は一部に限られていた。平城宮でも朱雀門をはじめ外郭の門や大極殿を中心とする朝堂院は瓦葺・丹塗の建築としたが、天皇の住いである内裏や諸官衙は大半が掘立柱の純日本式の建物であった。中国・長安にならった条坊制で首都としての体面を整え、「壮麗にあらずんば何をもってか徳をあらわさん」（神亀元年大政官布告）との意気ごみで大建設事業を推進した平城京も、宮殿や住宅では要所だけを中国風に飾りたてるのが精いっぱいであった。

こうした中で、先進文化都市の景観をつくり出す最も大きな働きをしたのが寺院建築である。寺には高い堂塔がそびえ立ち、丹青に塗られたあざやかな色彩や屋頂で金色に輝く鴟尾や相輪が遠くからも望まれて、その豊麗と壮観はそのまま中央政府の力の誇示となった。『続日本紀』の国分寺造営に寄せた「造塔の寺はまた国の華たり」（天平十三年）という言葉は、天平伽藍に対する当時の人々の期待をよくあらわしているといえよう。

競い合う四大寺

藤原京でも宮城の南方東西に、大官大寺と薬師寺の二大寺がつくられ、鎮護国家の祈願所であると同時に首都の示威的建造物となっていた。しかし大官大寺が天武元年（六七二）、薬師寺が持統二年（六八八）、いずれも藤原京の造営以前に建立に着手されているように、都市計画と造寺との関連は必ずしも密接ではなく、当時の朝廷は都からやや離れた飛鳥の地に早くからつくられた飛鳥寺（元興寺、五八八年）や川原寺（弘福寺、六六二年頃）も加えて四大寺を最高の格に位置づけていた。

大寺とは国が直接造営した官寺に対する美称で、蘇我氏建立の飛鳥寺は本来は私寺に当たるが、天武朝の寺院制度の整理で官寺に

172　平城宮朝堂院跡

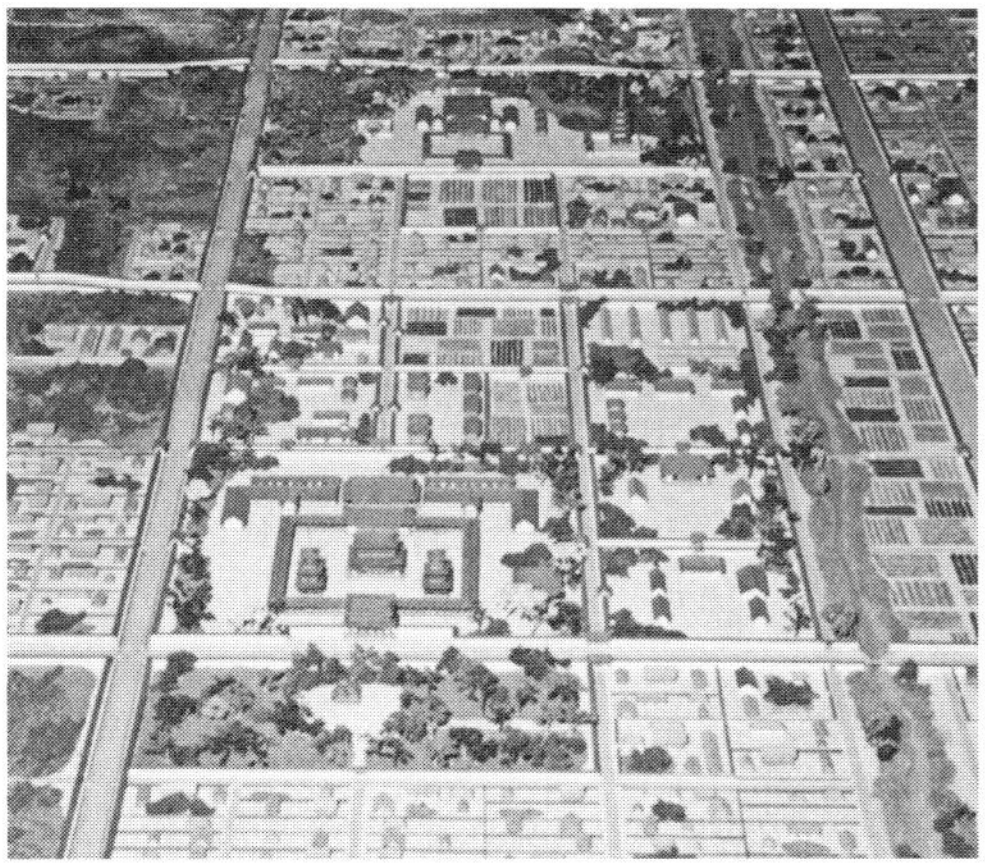

173　薬師寺伽藍と唐招提寺伽藍（平城京復元模型）

列することとなり、この四大寺が白鳳時代の国家的寺院であった。平城京ではこうした都城制と記念的建造物の配置の未熟さが完全に払拭される。遷都と同時に興福寺が、また霊亀二～養老二年（七一六～七一八）の間に大安寺（大官大寺）、元興寺、薬師寺が次々と新京内に移された。移転といっても元興寺や薬師寺は主要な堂塔を旧地に置いたままであり、大官大寺も旧寺が和銅四年（七一一）に焼失してしまったので、寺宝や建物の付属品の一部は運ばれたものの、新都での伽藍はまったくの新営であった。そしていずれも造寺司と呼ぶ特設の官僚組織のもとに国家事業として建設が推進された。

興福寺は藤原氏の氏寺であるが、当時朝廷の外戚として強大な勢力を誇っていたので、実質上官寺の扱いをうけて建設された。川原寺（弘福寺）の代りがなぜ興福寺になったのか詳らかでないが、天平時代前期には大安・薬師・元興・興福の四大寺が宮城と並んで平城京内で最も重要な国家的建造物となった。各寺は碁盤目に割り付けられた条坊の三×四町（三六〇×四八〇メートル）もしくはそれ以上を敷地として与えられ、周囲に高い築地塀をめぐらし、南大門をはじめとする各面二～三か所ずつの大門を開いて、大規模なこれらの塀や門が大路・小路の景観をいっそう引き立たせた。

四大寺は天平初年（七四〇頃）までの間にほぼ平行して建築されたが、それぞれに旧京における伝統を継ぎながらも、伽藍の構成や建築に最新技術をとり入れ、寺ごとに特色を競い合ったことが伽藍配置などから察せられる。

まず興福寺は、従来伽藍中枢部にあった塔をはるか東方に離し、中門と回廊に囲まれた金堂院を最重要視する新式の配置を採用した。いわゆる天平式伽藍配置で、

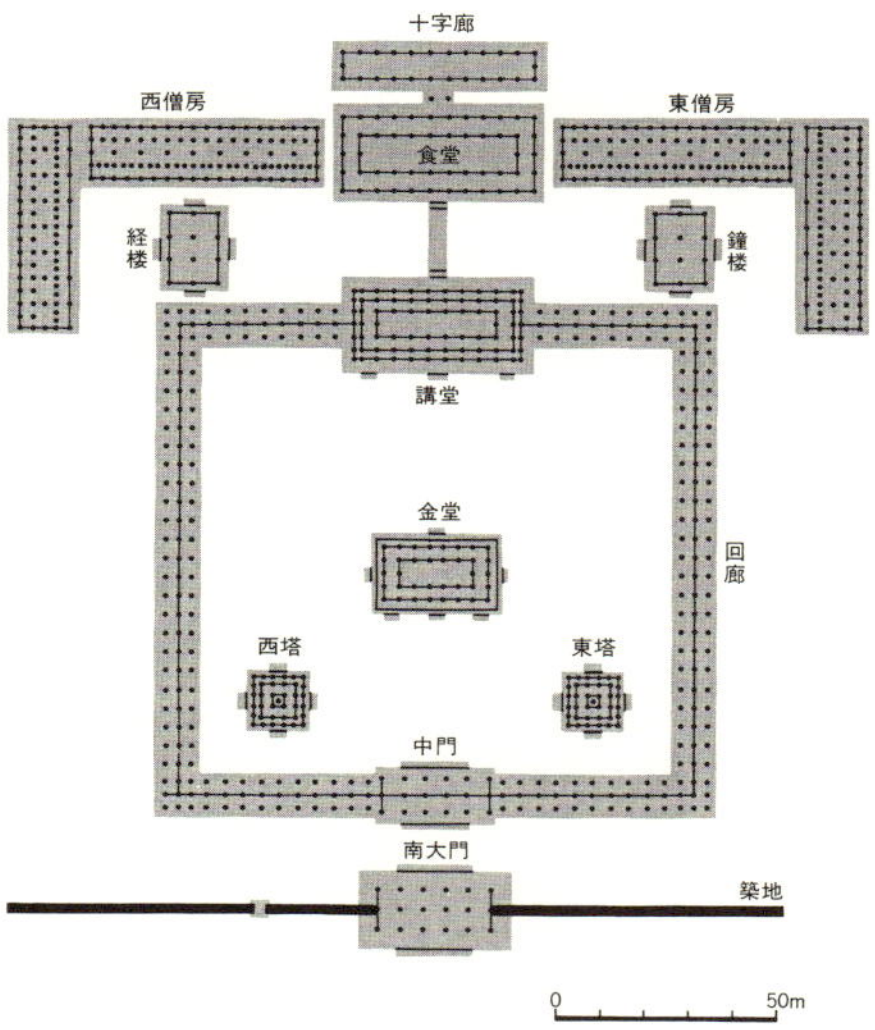

174　薬師寺伽藍配置復元図

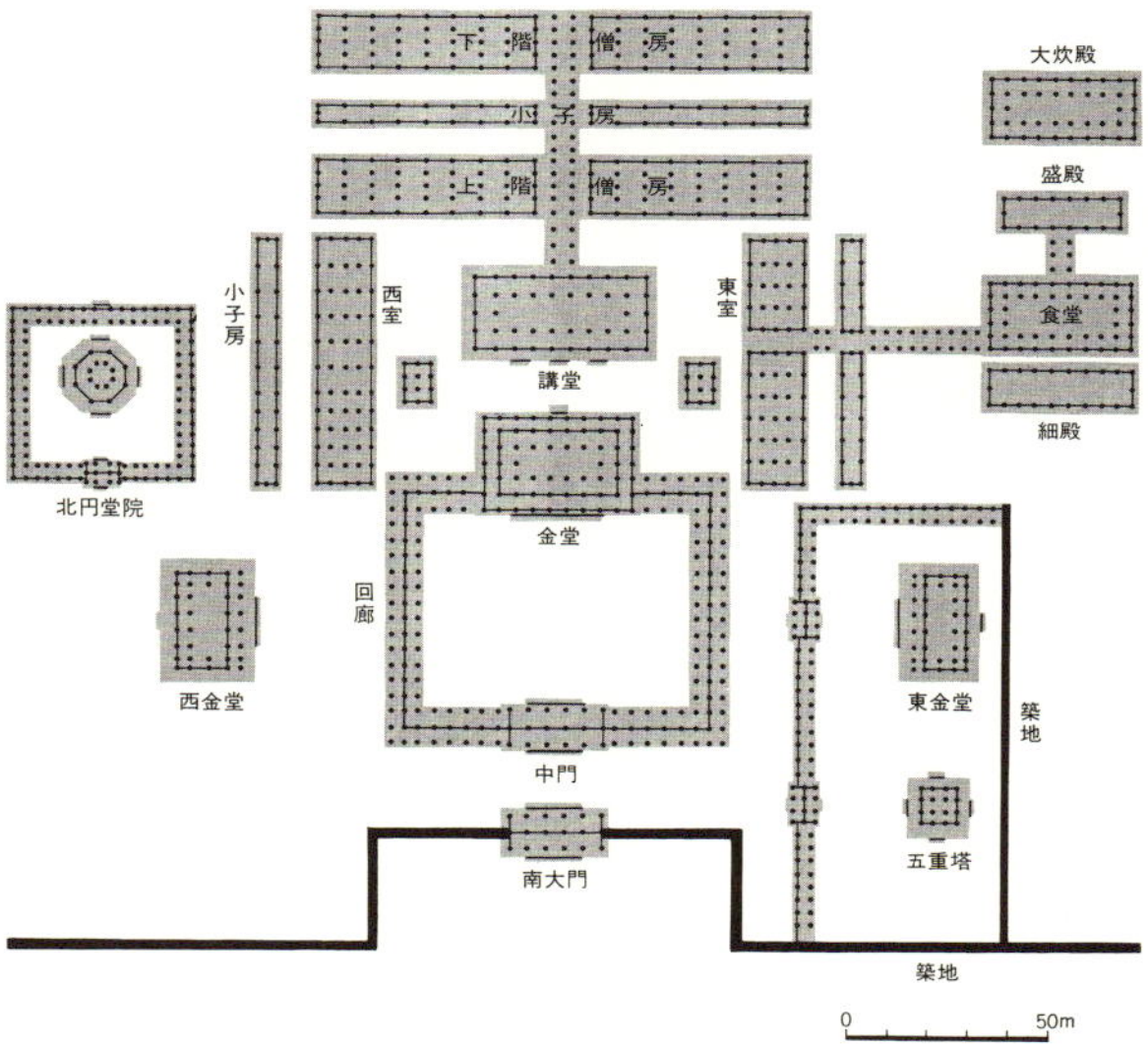

175　興福寺伽藍配置復元図

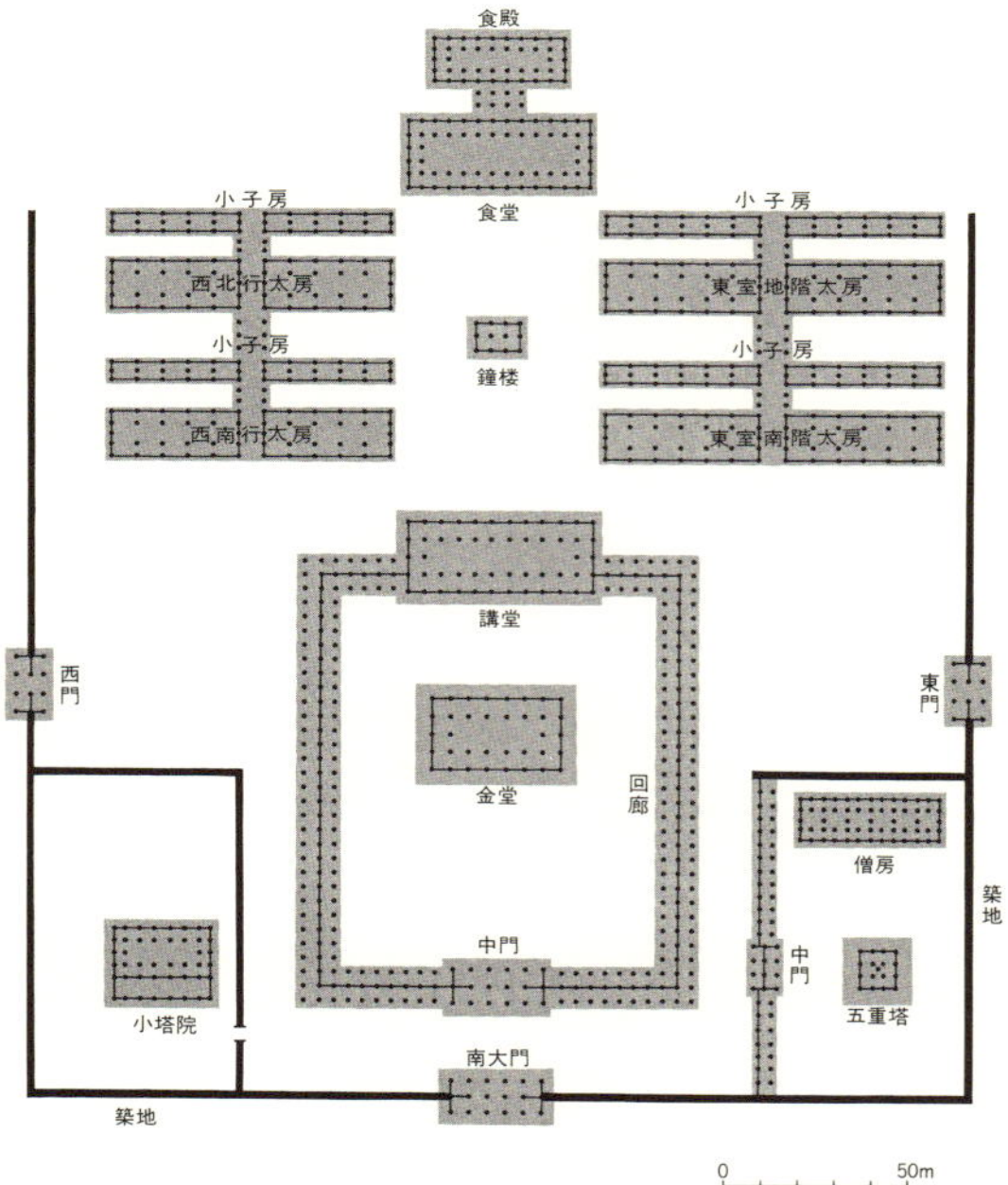

176　元興寺伽藍配置復元図

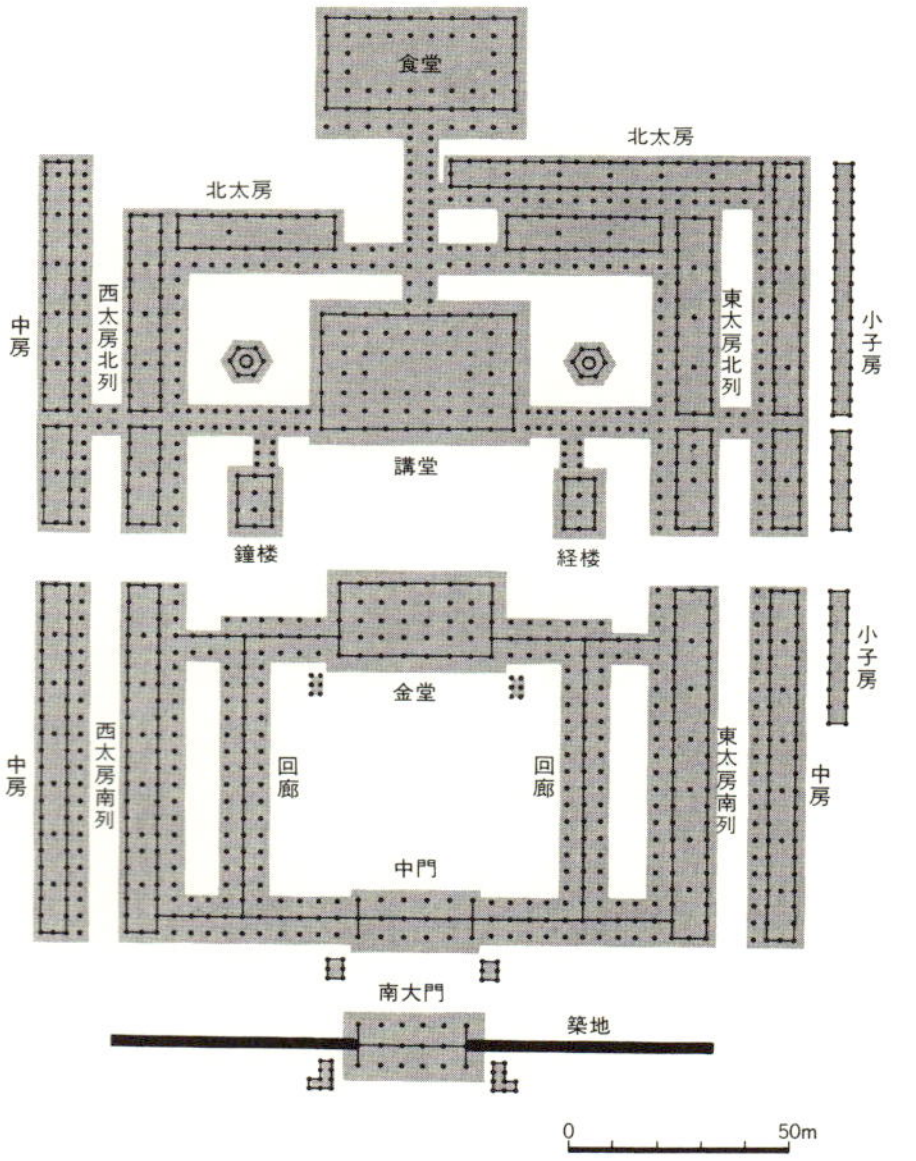

177　大安寺伽藍配置復元図

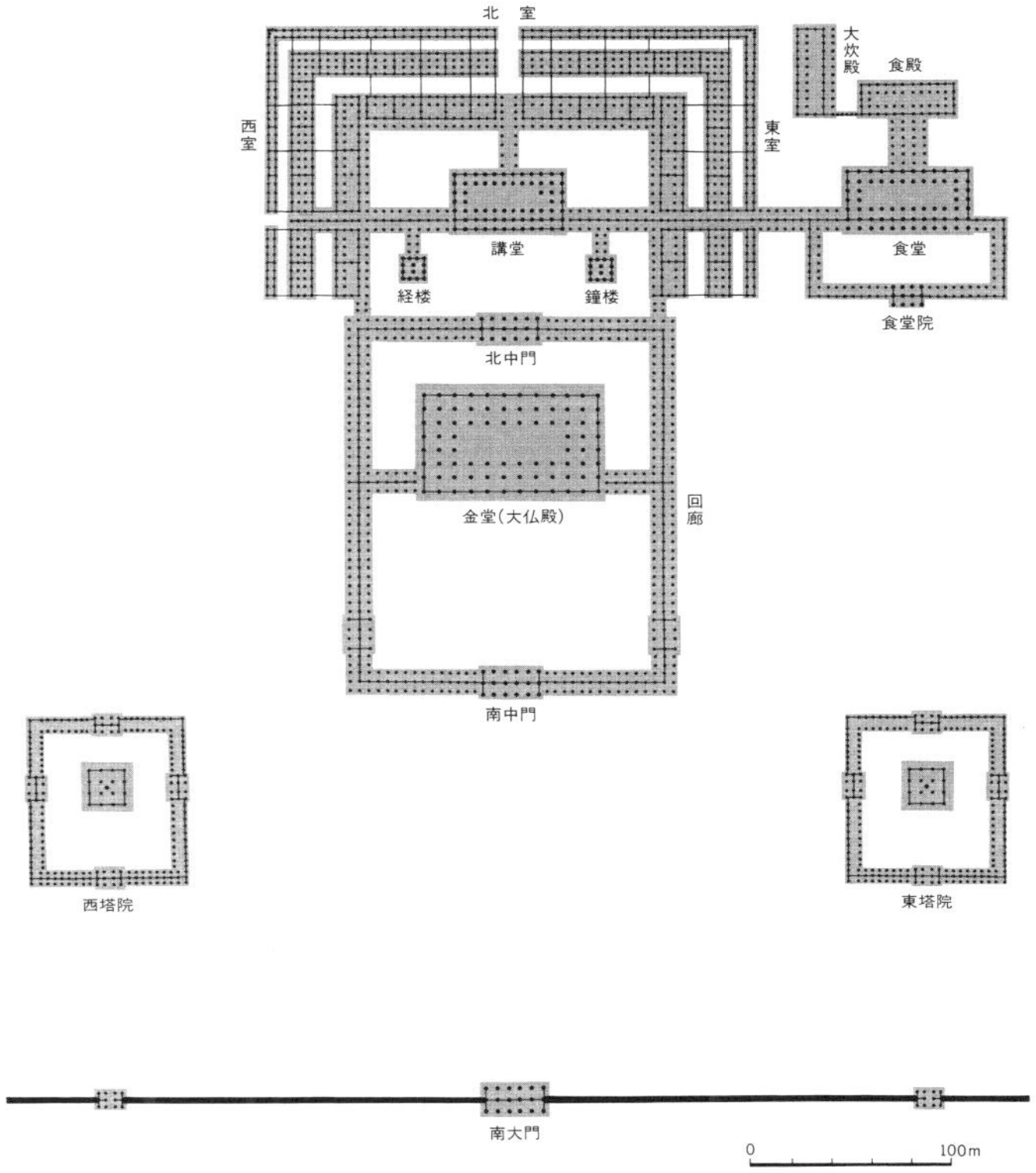

178　東大寺伽藍配置復元図

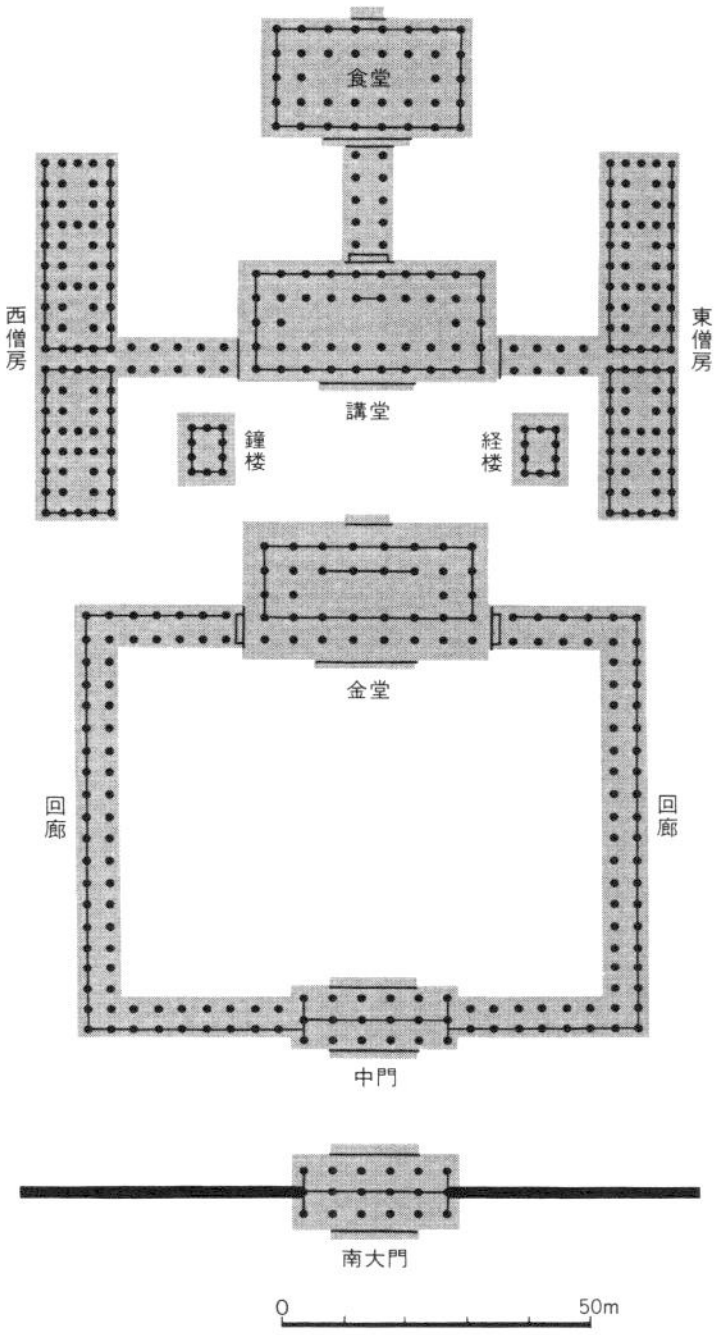

179　唐招提寺伽藍配置復元図

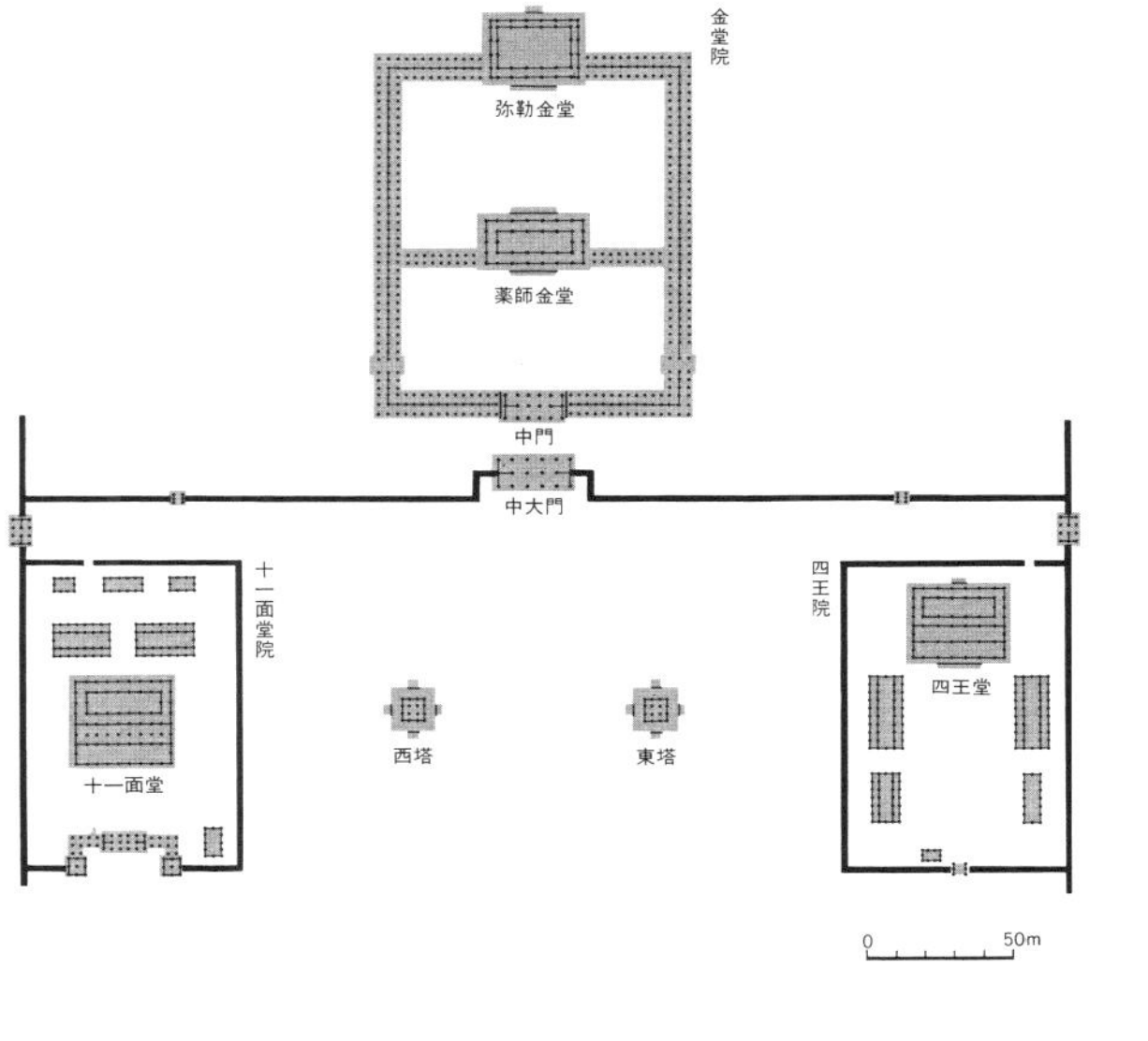

180　西大寺伽藍配置復元図

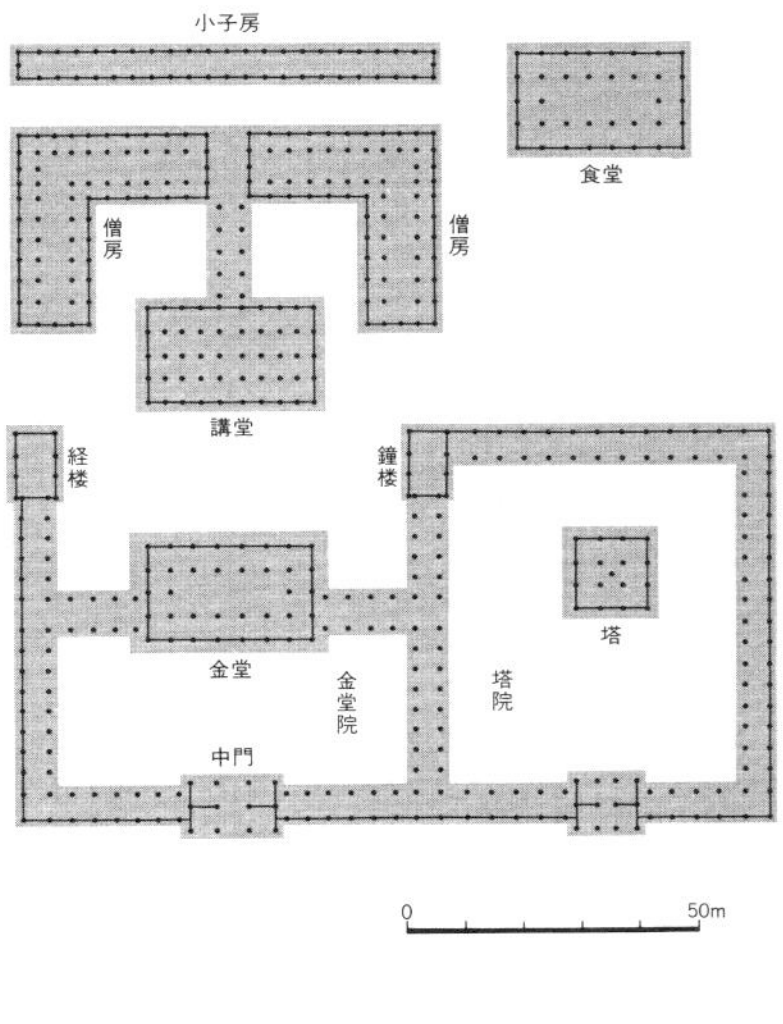

181　甲可寺伽藍配置復元図

おそらく盛唐から学び、以後これが典型となるが、その最初の例が興福寺である。一方、薬師寺は金堂の前庭に東西両塔を置く形式で、藤原京の薬師寺とまったく等しく、建物の規模や様式も旧寺をほぼ再現した。これは約二〇年前の本寺建設時に新輸入した初唐文化の踏襲になお深い自信をもったためと思われ、三重の各層に裳階をつけた独特の形式をもつ現存東塔の雄大さと美しさを見れば、その自負もうなずけよう。

大安寺は養老元年（七一七）に唐から帰朝した学問僧道慈に造営の指揮がまかされ、新知識を応用した造形の巧みさと荘重さは人々を感服せしめたという。中枢部の南に方二町の塔院をとって東西七重塔を建てる形式は、巨大な塔をもった大官大寺の伝統を継ぎながら新しい伽藍形態を創出したもので、のちの東大寺や西大寺も同系である。また元興寺は、塔を東へ離す点では新傾向をみせながら、中枢部は回廊内に金堂が独立する飛鳥・白鳳的形態を墨守して、新旧混合の異色ある伽藍配置をもっていた。

このような四大寺の競合は、大安寺での道慈の起用にみられるように、当時の活潑な唐文化移入の反映であり、首都にふさわしい町づくりの意欲に支えられて、天平時代の建築界は活力にあふれていたといえよう。平城京内にはこれらの官寺と平行して葛木寺、紀寺、穂積寺、菅原寺、佐伯院などの氏寺も次々と本貫地から移されて建ち並んだ。

東大寺

天平十二年（七四〇）に起きた藤原広嗣の乱で、聖武天皇は動揺して平城宮を捨て、恭仁・紫香楽・難波と遷都をつづけたのち、同十七年（七四五）再び平城へ戻ってきた。この間に鎮護国家を祈願する仏教への依存度は急速に拡大して、天平十三年に諸国国分寺の造立が発願され、次いで同十五年その総国分寺の本尊となる大仏の造立が紫香楽の甲可寺で着手されたが、この造像は骨柱を立てたところで中断され、都が平城へ帰ってからその東の郊外の山麓で再開された。これが東大寺である。

東大寺が従来のように京内の条坊街区の中に建設されなかったのは、寺の規模があまりにも大きすぎてこれを容れる余地がなかったためで、方約七町以上に及ぶ伽藍地は前項の四大寺と比べ三〜四倍の広さである。聖武天皇は国じゅうの銅を尽くし、天下の勢いと富をあげて三国（日本・中国・インド）一の大伽藍を造立することを命じたが、東大寺はまさにそれを実現したものであった。大仏は天平十七年につくりはじめて天平勝宝元年（七四九）にはほぼ鋳造が終わり、やがて大仏殿の組立ても完成して天平勝宝四年

182　東大寺伽藍（平城京復元模型）

（七五二）盛大な大仏開眼の儀式がとり行われた。

大仏殿は正面八六メートル、奥行五〇・五メートル、高さ約四七メートルの空前の大きさをもつ仏堂で、江戸時代に正面を五七メートルに縮めて再建された現在の大仏殿でも木造建築としては世界最大であるから、天平建築の壮大さは言語に絶するものであったろう。大仏殿を東西径一六七メートル、南北径一九三メートルの回廊がとりまき、北方には講堂を中心として三面僧房が建ち、南方東西には高さ約一〇〇メートルに達する二基の七重塔が建立された。西塔は天平勝宝五年（七五三）に落成し、講堂も同八年（七五六）頃には竣工したが、東塔は天平宝字八年（七六四）に至ってようやく相輪をとり付けており、僧房や門を含めた造営は造寺司の廃止された延暦八年（七八九）まで引き続いたようである。近年の研究によると、大仏殿の位置には元来大仏とほぼ同じ高さの丘が東方よりのび、それを削平整地して現伽藍を造営したと推定されている。土木・建築両面での事業量の大きさは、今日のわれわれからみても驚くべきものであり、東大寺は天平時代第一の記念物であった。

西大寺

この東大寺に対して規模の雄大さではやや劣るが、堂塔の形態や配置で特色を出したのが西大寺である。西大寺は称徳天皇によって創建された寺で、天平神護元年（七六五）から宝亀二年（七七一）頃にかけて成立した。宝亀十一年（七八〇）の「資財帳」によると、金堂には薬師金堂と弥勒金堂の二棟があり、大棟は両端を金銅の鴟尾、中央を火炎宝珠で飾るほか、隅木や尾垂木の木口も飾り金具を打ち、堂内には七仏薬師浄土を描くなど、従来とは異色でかつ格段に華麗な装飾が施されていた。塔も当初は八角七重塔を東西二基建てる計画であったが、このほうは建設途中で断念し、普通の五重塔となったことが昭和三十年の発掘調査で確かめられている。この発掘では、垂木の木口を飾っていた三彩陶板も出土し、「資財帳」の華麗な装飾の一端を実証した。ただし、こうした堂塔の荘厳はむしろ過飾の弊におちいった感があり、東大寺の規模の大に対抗するために造形の目先だけの変化を求めたものといえよう。

西大寺ではまた金堂院とは別に、十一面堂や四王堂を中心とする院を設けているが、これらの堂宇が双堂で檜皮葺という日本的な形態であったことが注目される。唐へ留学した吉備真備を造寺長官として最新式の唐風装飾を金堂や塔に盛り込む一方では、伽藍の大多数の建物は檜皮葺の日本式であったのである。天平建築がかつての生気に満ちた造形力を失い、唐様式の輸入も末期的な様相を示すに至ったことを物語っている。

その他の諸大寺

東大寺から西大寺に至る天平後期には、前期に劣らず大寺が次々に造営された。特に東大寺とほぼ並行して建てられた法華寺や新薬師寺は、前期の四大寺と同じ程度の規模をもっていた。法華寺は平城宮の東に隣接し、元来は藤原不比等の邸であったのを、その娘の光明皇后が天平十九年（七四七）頃寺に改めたもので、東大寺が国分総寺と位置づけられたのに対して国分総尼寺となった。

新薬師寺は天平十七年（七四五）の創立で七仏薬師を安置する九間の仏堂と東西両塔を備える大伽藍であったが、早くも宝亀十一年（七八〇）に焼失した。現在の本堂はこの伽藍中枢部から東に離れた位置にあって、東大寺における法華堂（三月堂）のように別院を形成していたと推定される。天平時代の金堂と講堂を今も残している唐招提寺はこうした官寺とは異なり、唐僧鑑真が東大寺から隠退して造立した私寺で、寺地も方二町である。天平宝字三年（七五九）に新田部親王の旧宅地を賜ってから、講堂は平城宮で改作中の朝集殿の払下げをうけ、食堂は藤原仲麻呂、羂索堂は藤原清河より寄進された建物を改造するなど、すべて朝廷や貴族の援助を頼りに造営が進められたが、金堂の新造は弟子の如宝が諸方の合力を得てようやく宝亀末年頃（七八〇頃）完成し、五重塔が建ったのは弘仁元年（八一〇）であった。このほか天平時代末期の官寺としては秋篠寺や西隆尼寺もある。

いわゆる南都七大寺は天平前期の大安・薬師・元興・興福の四大寺と後期の東西両大寺を含める点までは諸説一致しているが、そのほかに一寺を選ぶことはむずかしく、七は数の多さを示すと解したほうがよい。

寺院の造営組織

天平建築の「国の華」としての記念物的性格は、その生産組織の巨大化を必然のものとした。官寺の造営には、造寺司と呼ぶ特設の官衙が設けられたが、東大寺ともなると、その中身は造仏所、鋳所、木工所、造香山薬師寺所、造上山寺菩薩所、造石山寺所、甲賀山作所、田上山作所、高島山作所、写経所など数多くの「所」に分かれていた。東大寺だけでなく、香山寺や石山寺などを含むことが注目され、寺院の造営組織の集約化がうかがえる。

このうち山作所は材木を切り出す杣の所在地で、天平時代ではもう良材は大和盆地周辺では得られなくなって、寺院の用材は主として近江・伊賀・丹波の山々から採られ、一部は播磨まで採材地となっていた。山作所では注文された寸法に製材して送り出す。これは当時の製材法がくさびを用いて丸太を木目に沿って割りさく原始的な方法で行われ、所用の断面や長さの材が得られる確率が低かったためであり、反り付きの部材ではその寸法まで指定したことが『正倉院文書』などでわかる。

天平建築は原則的に良質の檜を用い、その材木の肌の美しさが魅力となっているが、当時の製材技術では良質の檜が最も大量生産に適した木材なのであった。それだけに良材だけを求めて大変な木材資源の浪費が行われたと想像されるが、それを可能にしたのは国家事業であったからにほかならない。

山作所で製材された材木は筏に組んで川を下し、琵琶湖や瀬戸内海を渡ったのち再び川を利用して奈良の北の泉津（今の木津）で陸揚げされ、それからは車に積んで平城京へ運ばれた。この作業もまた大変な労力を必要とした。こうした製材や運搬の便宜上、部材の断面寸法はできるだけ統一したものであることが望ましい。たとえば薬師寺の東塔では桁や肘木など主要角材の寸法が八・〇×六・二寸に統一されており、東大寺法華堂や唐招提寺金堂では八・三×七・二寸が規格材となっている。

そうした部材寸法の整一性も天平建築の美しさの大きな要素であるが、それも巨大な生産組織の必然的産物と思われる。基壇に用いる石材もまた同様で、軟らかく加工が容易なため最も多く使われた凝灰岩（松香石）は大和盆地の西南にある二上山付近から集中

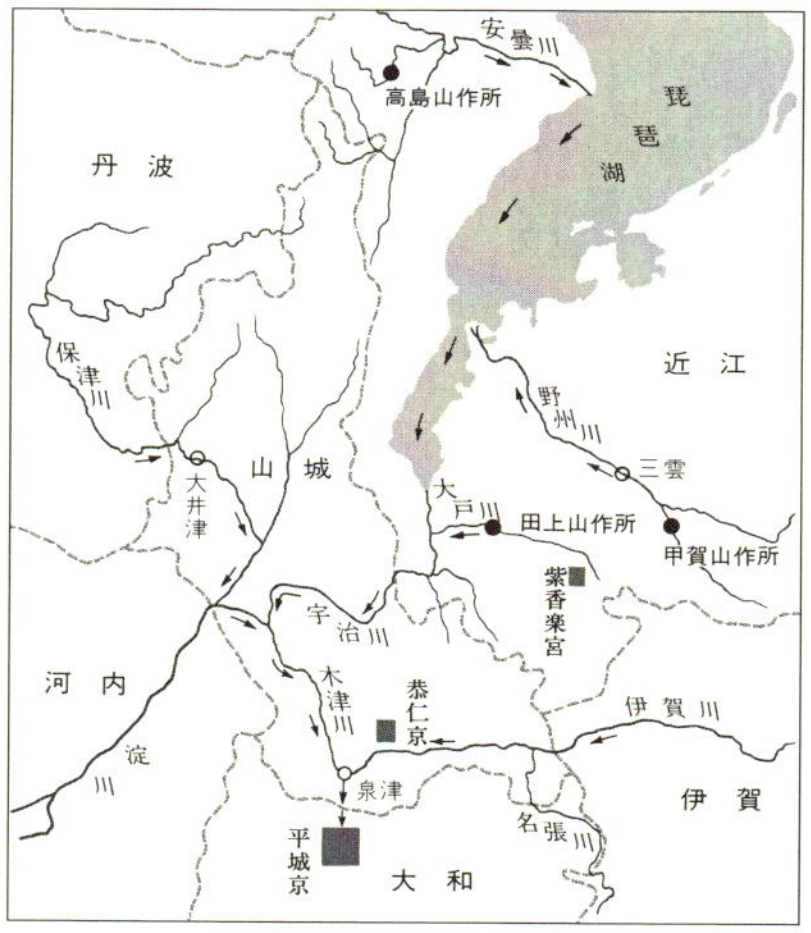

184　奈良時代の材木運漕路

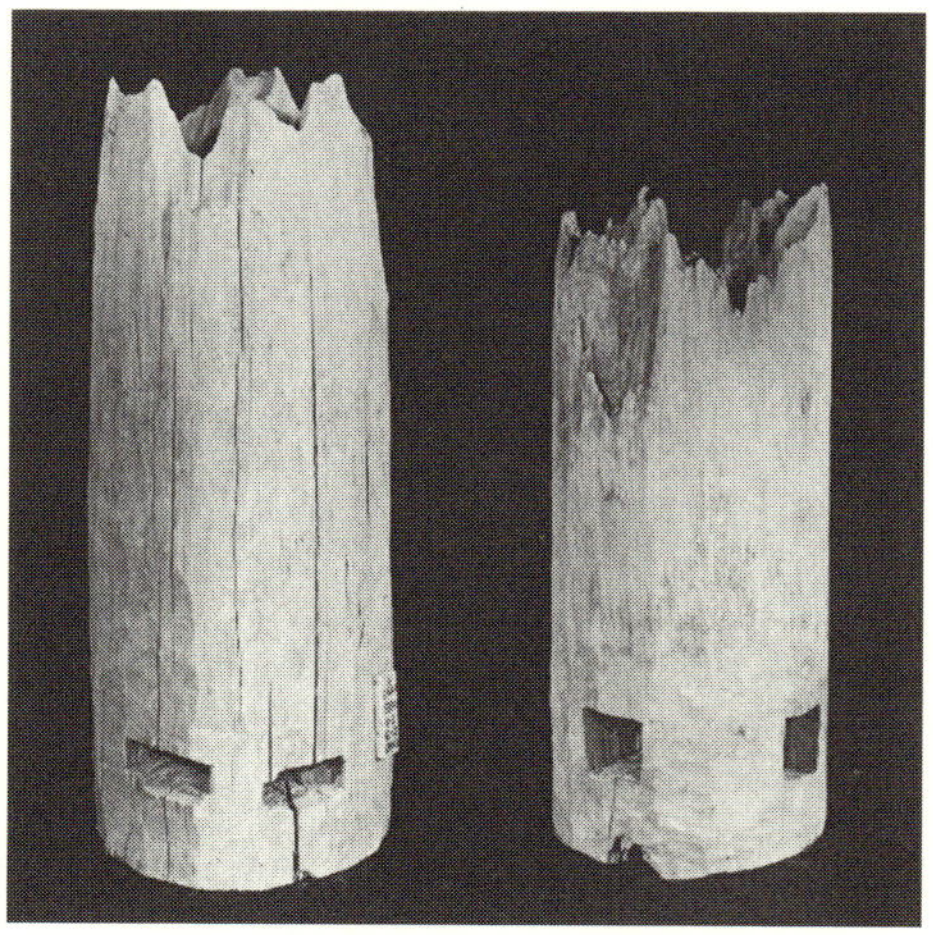

183　平城宮跡出土柱根
（右 根搦み貫穴　左 筏穴）

的に採られたが、その切出し寸法もほぼ一定の規格があった。

出土瓦の文様などを見ると天平前期の四大寺ではそれぞれに飛鳥・藤原京時代の系譜を引いた特色をもっているが、東大寺の造営を境にしてそれ以後の寺では平城宮と、または相互に共通する文様をもつ例が増える。これも瓦の生産の組織化が進んだためであろう。

天平建築は大規模生産の体制が確立する中で画一化する傾向を避けがたく、西大寺が装飾に力を注いだのは、独自性を発揮する手段がそれだけに限られてしまったことを示しているのである。

天平の伽藍

天平式伽藍配置

天平時代の伽藍がそれ以前の飛鳥・白鳳時代の形態と比べて、明確な特色を発揮したのは金堂を中心とする堂塔の配置法である。この形式は平城遷都に伴って京内寺院としては最も早く造営された興福寺からあらわれたもので、その範は条坊制の都市計画と同様に中国唐から採ったと思われる。

飛鳥時代の伽藍は塔が最も重視されていた。中枢部は回廊で囲われ、その正門である中門を入ると正面に塔が建ち、金堂はその背後（四天王寺式）、または背後と東西両側の三ケ所（飛鳥寺式）に置かれていた。白鳳時代には塔が中軸線よりわきへ寄せられる。中門の内庭に東塔と西金堂を向い合せに建て、その奥中央に金堂または講堂を置く形式（川原寺・大官大寺式）や、回廊内に塔と金堂をともに正面へ向けて東西対等に配置する形式（法隆寺式）に移行した。

これらは左右対称を重んじた中国建築の伝統からすると、やや異色のものであり、その伝来の径路にはなお不明の点が多いが、白鳳時代の後期に金堂前庭に東西両塔を置く双塔式（薬師寺式）が生まれて再び左右対称の伽藍となる。この形式は新羅にも類例が多く、ほぼ同時期に日本と新羅が唐から学んだ新様式と考えられている。ただ新羅では回廊が金堂の両側面にとり付き、前庭が一つのまとまった空間となって、その中にやや小さな東西両塔（石造三重塔が多い）が置かれるのに、日本の薬師寺では回廊が後方の講堂まで達して金堂と東西両塔の三者が中庭に鼎立する形となっており、白鳳前期の大官大寺式や法隆寺式と通じる古い空間構成をなお固守している。

興福寺で代表される天平式伽藍は、新羅の双塔式から塔を回廊外へ出した形といってよい。回廊内は金堂だけの前庭となり、その儀式の場となった。その配置は宮殿と同じ構成で、おそらく仏教が国教的色彩を強めるにしたがって儀式の面でも宮殿・官衙と共通する形態が増加し、公的行事の対象となる仏殿（金堂）だけを重視するようになって、寺院本来の精神的象徴である塔を切り離す必要が生じたのであろう。

従来、塔・金堂・講堂がそれぞれに儀式の場をもっていたのに対して伽藍の中心が金堂に集約され、講堂は金堂と近接してその後殿のような形態に移行した。ただ天平前期には四大寺のうちでも金堂中心の天平式伽藍であったのは興福・大安の二寺だけで、既述のように薬師寺は双塔式を踏襲し、元興寺は薬師寺の配置から塔を回廊外へ出した、ともに白鳳的な要素の濃い形式であった。

しかし天平後期になると、すべて興福寺式が採用される。東大寺、西大寺、法華寺、秋篠寺をはじめ諸国の国分寺もこの例が多く、唐招提寺や国分寺では塔が一基であったが京内官寺では東西両塔をもつのが原則であり、伽藍としては最も整備充実した形態となった。なお新羅でも金堂院と塔院を分離した紫香楽甲可寺と近似の形式が慶州高仙寺跡に発見されているが、今のところ類例はごく少ない。ただ、従来と同じ双塔式でも石塔が小規模となって、相対的に金堂が重視されてくる傾向はうかがえる。

同じく唐からの影響をうけながら新羅と日本にみられる寺院形態の変化の差は、やはり天平時代の熱狂的な国家仏教信仰による点が原因であろう。天平伽藍が名実ともに国家的記念建造物であったことをよく物語っている。小寺院で伽藍配置の判明する例は少ないが、海竜王寺では中門と中金堂を結ぶ回廊の内庭に南北棟の東西金堂を対立させて一見官衙や住宅ふうの配置としながら、西金堂

185　薬師寺再建金堂

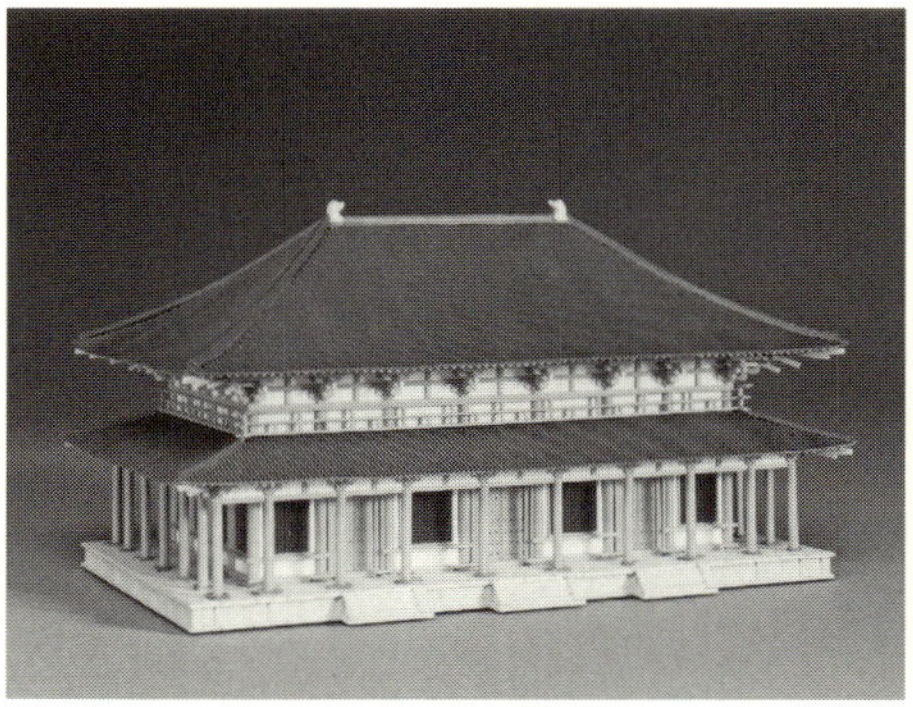

186　興福寺中金堂復元模型

内に小塔を安置して、実質的には西金堂と東塔を置く川原寺形式を反転して踏襲している。

金堂

こうした天平伽藍の壮麗さを具体的に伝える遺構は残念ながらごく少ない。金堂や講堂は、官大寺のものは一棟も残らずに私寺の唐招提寺だけであり、塔は薬師寺東塔一基にすぎない。後者はその規模、構造からしても当時第一級の建築であるが、三重塔であることが天平伽藍としては異色であり、配置が本薬師寺の踏襲であることもあわせて、むしろ白鳳伽藍の盛況をしのばせる遺構といってよい。こうした不足を補うために、遺跡や文献から復元できる建物の姿を加え、その中で現存建築を評価する必要がある。

金堂は大寺では二重屋根を原則とした。飛鳥・白鳳時代の金堂は塔と並立する関係上、四方からながめて均整のとれた姿となるように、平面は正方形に近い桁行五間×梁行四間が通例とされ、重層につくられた。法隆寺金堂がその標準型であり、回廊が両脇にとりつく川原寺も五×四間である。

しかし白鳳後期に入ると、同じく回廊内に独立する形式ながら、薬師寺金堂では七×四間と桁行が拡大する。これは中門を入ってながめた際の東西両塔に対する均衡のためと思われ、正面観が次第に重視されはじめたことを示している。天平式伽藍では回廊が両側にとり付き、内庭は金堂のための広場となるので、それに向かう正面長はいっそう拡大し、興福寺では正面九間、東大寺大仏殿では一一間となった。

こうした拡張には庇型裳階が一役買っている。興福寺と薬師寺を比べると、主体部の規模はともに七×四間で、薬師寺はその屋根の上に二重目を積み重ねる構造であるのに

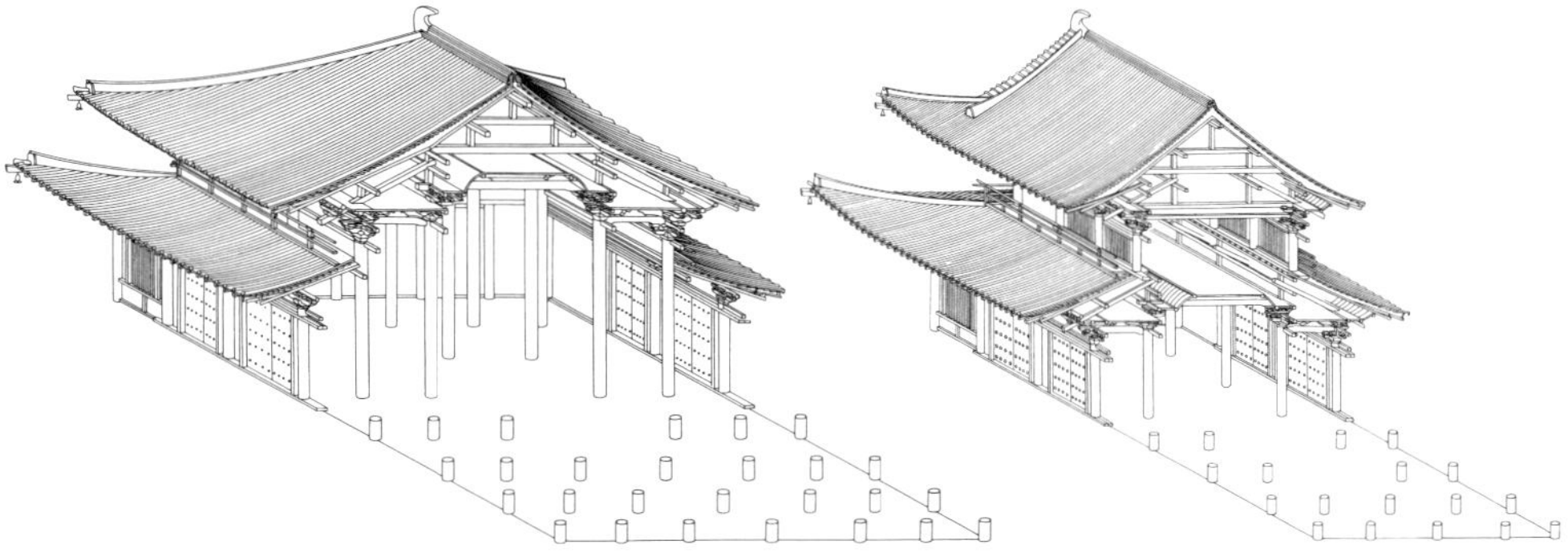

187　重層と裳階付仏殿の構造比較図

対して、興福寺では主体部の成を高くつくり、その下に周囲一間通りの裳階をつける。この裳階は薬師寺東塔や法隆寺金堂のように主体部の軒下に入る簡略なものではなく、主体部に準じた太さ・構造をもって大きく屋根を張り広げた形式で、いわば母屋に対する庇を一段下げて設けた形である。

この庇型裳階はまた堂内が高くなって、巨大な仏像を安置するのに都合がよい。二重造の仏殿は、下層の柱上で梁組をつくり、天井を張った上に上層の軸組をのせるので、内部は平屋と変わらず、上層は外観をりっぱに見せる飾り物にすぎないが、庇型裳階付き仏殿では柱が高くのびて上層の屋根を支え、その下までいっぱいに天井高がとられる。正面観の強調と堂内空間の拡大に庇型裳階は最も有効な構法であり、天平時代の金堂は外観は同じような二重屋根であっても、白鳳時代とは実質的なボリュームに大差があったのである。この庇型裳階は、中国では伝統的に宮殿や皇帝を祀る霊廟の正殿に用いられている。

天平式伽藍は、その配置や建物の形態が中国の宮殿と類似した点が多く、従来の寺院建築の系統の継承発展とはやや性格を異にしたものと思われる。屋根も飛鳥・白鳳時代の独立型金堂では入母屋造であり、薬師寺や元興寺の金堂はその伝統を踏襲したが、興福寺・東大寺などは寄棟造と推定されている。これも寄棟造を最高の格式とした中国宮殿建築の影響であろう。

唐招提寺で金堂が寄棟造、講堂が入母屋造であるのも、宮殿における正殿と後殿の関係に等しく、ただ、私寺であるために、金堂は単層となった。なお唐招提寺金堂の正面一間通りを吹放しにしたのは、天平時代に入って生まれた新型で、礼拝の場を前庭から壇上へ引き寄せて仏像への親近感を増すと同時に、ここを回廊の延長のように扱って、といえよう。

儀式の際に中庭が、参加した人々にとって同心円的性格をもつことを意図した変化である。いわば祭りの場における人間優位の設計

塔

塔は、官寺では五重塔が通例で、東大寺や大安寺では七重とし、西大寺でも八角七重塔の建立を計画した。五重塔は、初重一辺一〇メートル弱、高さ五〇メートル弱が基準であったらしく、現存の興福寺五重塔は応永三十三年（一四二六）の再建のためやや成が高くなっているが、平面や全体の形は天平時代の姿をよく伝えている。

中小寺院に用いられた三重塔は、当麻寺に東西両塔の遺構が残り、ともに、初重平面一辺約五・三メートル、高さ約二四メートルで、遺跡からみてもこの程度のものが多い。薬師寺三重塔はこれに比べると一辺七・一メートル、高さ三三メートル強で、ちょうど三重と五重の中間に位置しているが、これは各重裳階付きで一見六重に見えるという特別な形態と関連している。飛鳥・白鳳時代の塔では心礎に特別な孔をうがって仏舎利を安置するのが通例で、その伝統を継ぐ薬師寺でも双塔のうち西塔だけには舎利を納めていたが、天平時代に入ると心礎に舎利孔をもつものはなくなる。これは造塔の隆盛とともに舎利が不足し、国分寺では経巻を代用にして法舎利と呼んだこととも関連するが、東大寺東塔では露盤頂上の宝珠中、興福寺塔では二〜五重の各層に舎利を安置したことが記録にみえるから、同じように心柱の途中や頂部に安置する方法に変わってきたのであろう。心柱は各重の木組みと無関係に中央に独立して建ち、最上層の屋根から上に高くのび出して相輪を支える。塔が地震に強いのはこの特殊な構造によるが、各重は積木細工のように置き重ねるだけであるので、風には弱く、特に五重、七重と高くなるほど不利である。西大寺で八角七重塔の建立に失敗したのはやはり技術的困難さによるのであろう。

なお、塔では海竜王寺五重小塔、元興寺極楽坊五重小塔のような実物の一〇分の一模型が遺存し、類例に正倉院紫檀塔（五重塔と推定）の残欠もある。このうち海竜王寺小塔は初重内部に舎利か小仏像を祀ったと思われる一種の舎利塔で、正倉院の塔も同様と考えられ、海竜王寺ではこの小塔を安置した西金堂が塔婆の役割を果たしていた。

塔の初重には四天柱内いっぱいに仏壇を設け、薬師寺では東西両塔に分けて釈迦八相の塑像群を安置していたが、一般の天平時代

189　法隆寺経蔵

188　唐招提寺講堂

の塔は四方四仏を祀る例が多い。二重以上は外観だけで内部施設はまったくなく、木組みが混じり合って床板も張らないので一般の人は上がれない。周囲に縁をめぐらし高欄をつけていても、実用にはならない飾りである。

講堂

「仏法僧」で成り立つ寺院は、仏のための施設として金堂・回廊・中門の金堂院と塔院があるほか、法を説く講堂やそれに付随する鐘楼・経蔵、僧の生活を支える僧房・食堂・温室（浴室）・倉庫、寺地周辺をくぎる大垣や大門など、数多くの建物から構成されており、また東大寺法華堂や戒壇院のように本寺の中で特別な一郭をなす別院もある。

このうち講堂は唐招提寺に実例が遺存するが、この建物は元来平城京の朝集殿で、もとは切妻造であったが入母屋造に改造して講堂にあてた。寺内の僧侶が参集するため、講堂や食堂は金堂より規模が大きいのが通例で、唐招提寺も金堂は七×四間、講堂は九×四間である。ただし金堂や塔が三手先組の複雑な組物を用いて軒を大きく張り広げるのに対して、講堂以下の実用的建物は構造が簡単で、唐招提寺の場合も大斗肘木であった。鎌倉時代の改造のため現在側廻りは平三斗組になっているが、母屋の組物や架構に天平時代の姿がよく残っている。内部は広い土間で中央に小さな仏壇を置き、その前方左右に論議台をすえて、法会の際にはこの台上で経論の問答が行われる。

鐘楼・経蔵は法隆寺の遺構が代表例で楼造とし、上部は切妻屋根をかける。楼造とは下層の軸組の上に組んだ井桁をのび出させて床板と回縁を設け、やや小さめの上層をのせた形式で、いわば二階建てである。上層の内部には銅鐘を釣り、また経棚を設けるが、その原型は中国での宮殿前方の楼閣と思われ、実用性よりも伽藍の装飾的性格のほうが

190　薬師寺僧房内部

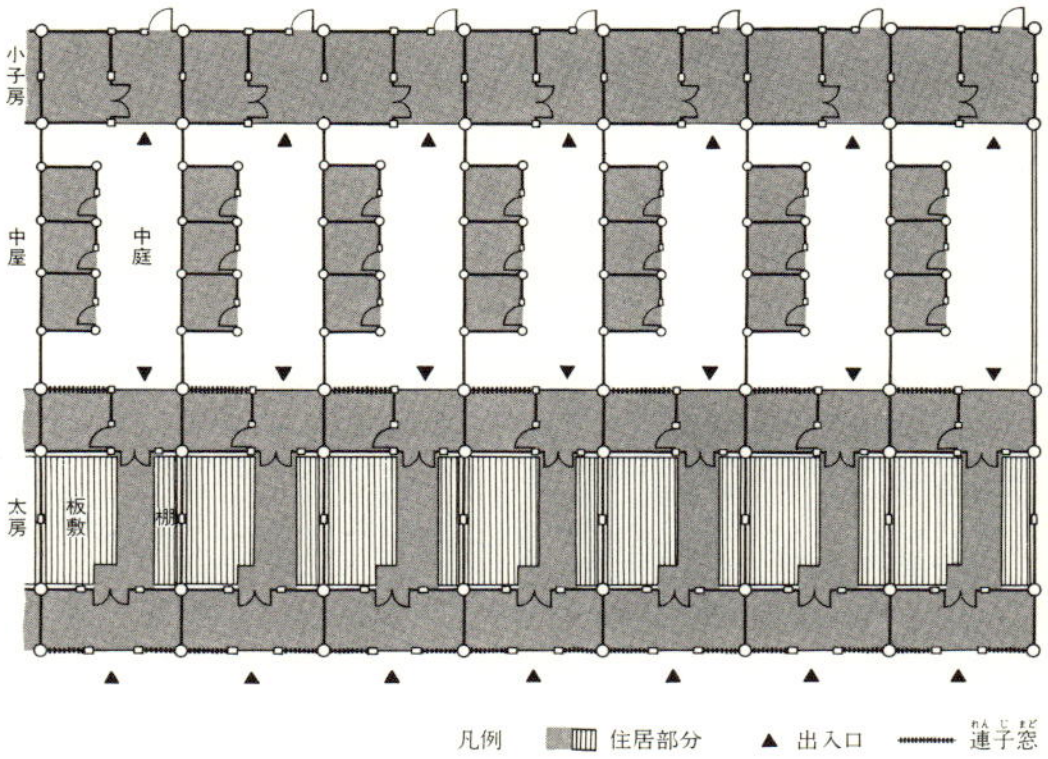

191　薬師寺僧房復元平面図

強い。

なお別院のうちに法隆寺東院（夢殿）、興福寺北円堂院のように八角仏殿を中心とする例があり、栄山寺八角堂も別院を形成していたと推定されるが、これらはそれぞれ聖徳太子、藤原不比等、藤原武智麻呂の菩提のために建立されたもので、霊廟的意味あいが強い。

僧房

僧房は僧侶の寄宿舎で、細長い切妻造建物を棟割長屋状にくぎって単位房とする。一房は柱間二間または三間分の長さで両側の房とは厚い壁で遮断されており、六〜九房が連続して長大な一棟の僧房を形成する。また僧房には梁間四間ほどの太房と二間程度の狭い小子房があって両者が一組となり、一房は中庭をはさんで太房が主室、小子房が後室の形で連続し、さらに中庭に物置状の付属屋も建っていた。

興福寺、東大寺、大安寺のように講堂の両側と後方をとり囲むように置かれることが多いので、三面僧房とも呼ばれるが、薬師寺のように食堂を中央にはさむもの、元興寺のごとく東西棟ばかりを横置きに並列させたもの、現在唐招提寺でみられるように講堂東西に細長い南北棟を配列させたものなどいろいろあって、必ずしも一定ではない。大安寺のように住僧が八八七人（資財帳）にもなると僧房は金堂院の両わきにまで長くのび出していた。計算では一房に五〜九人の僧が住み、ちょうど今日の大学での研究室のような形で仏教研究が各房ごとの特色をもって行われていたと考えられる。

僧房の内部は東大寺や薬師寺のように土間の例と、興福寺や元興寺のごとく床板張りにするものとがあり、薬師寺では各所に床子（台）を置いていた。僧房の遺構には法隆寺東室・同西室、元興寺極楽坊禅室、唐招提寺東室などがあるが、いずれも中世の改造または再建をうけていて、天平時代そのままのものはない。しかし、法隆寺東室や極楽坊禅室は当初の平面や規模を踏襲しているばかりでなく、古材も多く再用していて、天平伽藍の僧房の姿がよくわかる。

門

門には、寺地の周囲をめぐる大垣に開かれる大門と、その内部で、回廊とともに金堂院や塔院の前面を守る中門とがある。南大門は外郭の正門で、現在の東大寺南大門は鎌倉時代再建であるが、規模は天平時代と等しい。五×二間で正面中央三間各六メートル、両端間五・四メートル、高さは二五・五メートルの巨大な建物であるが、大安寺や薬師寺の南大門も五×二間の二重門であり、大安寺は五間とも五・一メートルで、平城宮朱雀門と同じ大きさであった。

192　平城宮復元朱雀門

中門は天平時代の遺構はまったくなく、発掘調査の結果では、大安寺・薬師寺とも南大門よりやや規模が小さく、形も単層切妻造の簡素なものと考えられている。飛鳥・白鳳時代には南大門のほうが小さく、単層で、中門は法隆寺に残されているように大きな重層門であった。しかし天平時代に入ると南大門が大きく重層となり、伽藍を守護する力士像も中門から南大門へ移された。これは宮城の正門が大きな二重門であることとの釣合い上の変化であり、首都の景観をりっぱにするための措置であったが、一面では従来の塔と金堂を包括した中枢部が分裂して中門は金堂院だけの正門となってしまい、仏法護持の力士像を置くのに適さなくなったからであろう。

なお薬師寺でも金堂や塔の規模・配置は藤原京時代と等しいが、南大門・中門・回廊などは天平式に建立されて、伽藍全体の景観は決して本薬師寺の再現ではなく、新様式を充分にとり入れた天平伽藍に生まれ変わったものと考えられている。

回廊は飛鳥・白鳳時代には現在法隆寺にみられる単廊が普通で、大官大寺のような大規模寺院でも単廊であったが、平城京内の官寺は複廊となった。薬師寺は藤原京の創建伽藍

193　正倉院正倉

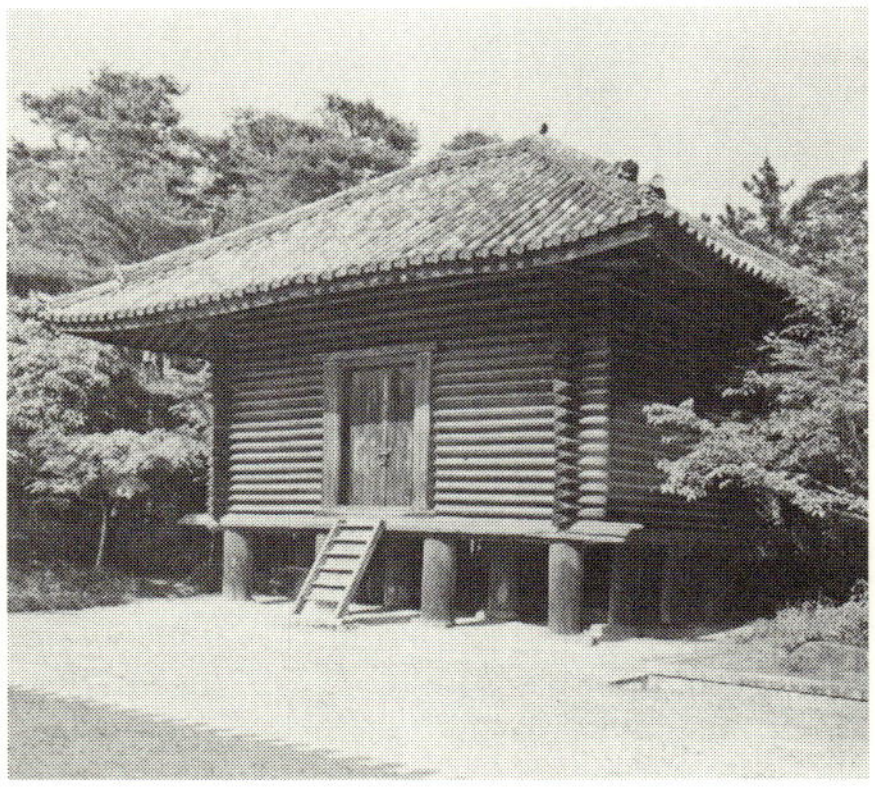

194　唐招提寺宝蔵

では単廊で造られたが、平城京の伽藍では、始め単廊に造りかけたのを複廊に改めている。

外郭門のうち南大門以外は特殊な場合を除くと八脚門（桁行三間、梁間二間）が原則で、法隆寺東大門、東大寺転害門（西北大門）の二棟が天平時代の遺構である。ともに二重虹梁蟇股の架構で垂木を三棟造にかけているが、転害門は鎌倉初期の改造で組物を一段つけ加えられていて構造がすっきりしない。

倉

寺院にはまた多くの倉があった。そのうち最も大切な宝物庫が正倉で各寺ごとにあり、現在の正倉院は元来東大寺に付属していた。「資財帳」によると、倉には各種の構造のものがあったことがわかるが、強さと機能のすぐれた点で最も尊重されたのは高床造の校倉で、その遺構も多い。

東大寺には正倉院の宝庫のほか本坊経庫、手向山神社宝庫、法華堂経庫、勧進所経庫の四棟があり、唐招提寺にも宝蔵・経蔵の二棟の校倉が残る。

構造はいずれもほぼ同じで高い床束上にへ字形の水切りをつけた台輪をすえ、その上に断面五角形の校木を桁行と梁行の一段ずつ交互に積み上げ、内側は平坦な板壁とする。校木は正方形から角を落としたもので、これも一種の水切りである。校木は隅で上下にかみ合うだけでなく、辺の中央部で太枘によって上下材が連結されていて、構造的には大変強い。

校倉には単倉と双倉とがあり、正倉院宝庫以外はすべて単倉である。法隆寺綱封蔵は校倉造ではないが双倉本来の姿を最もよく伝えている。桁行九間のうち両端の三間ずつ

195　慈恩寺大雁塔の仏殿図

196　懿徳太子墓の楼閣図

を壁で囲って倉とし、中央三間は床板もなく吹放しの空所で、両脇の倉の扉口をここに向かって開いている。倉の扉口が直接風雨の当たる外壁面にないのは、大切な宝物を守るためで、双倉は元来二つの倉を向かい合わせた形式であったものと思われる。

正倉院宝庫はこの双倉《ならびぐら》の変化したもので、二棟の校倉の中間を板倉でつなぎ、三倉とも扉口を正面に向けていて、三倉《みつくら》ともよばれる。

天平建築の推移

唐様式の摂取

天平建築は、中国唐代の建築様式を学んだものと考えられている。現存する古代建築のうち、法隆寺金堂・五重塔・中門、法起寺三重塔などに見られる、胴張り付きの太く短い柱や曲がりくねった雲斗栱、地垂木だけの簡単な一軒などを特色とする建築様式のグループと、薬師寺東塔、唐招提寺金堂などに見られる、すらりとした軸組、肘木と斗を組み合わせて整然と積み上げた組物、地垂木と飛檐垂木で優美な反上りをつくる二軒などを特徴とする建築様式のグループとでは、大きな隔絶が認められる。前者が朝鮮半島を経由した中国でもやや古式の技法の伝来と思われるのに対して、後者は唐代の建築と相似する点が多い。

ただし、中国の木造建築で現存する最古の遺構は、唐の建中三年（七八二）の南禅寺大殿であり、大中十一年（八五七）再建の仏光寺東大殿がこれに次ぐので、天平建築の直接の手本となった初唐もしくは盛唐期の建築は絵画や石造物からしか知りえない。

日本に唐の建築様式が入った最初の事例と推定されるのは、天智朝前半（六六二〜六七）頃建立された川原寺である。

この寺は、従来の飛鳥時代の瓦当蓮華文様が単弁であったのに対し、初めて複弁の瓦を用い、尺度も高麗尺でなく唐尺（天平尺）を用いた点で画期的である。金堂の柱間寸法も桁行中央三間が唐尺の一二尺、両端間は一〇尺、梁行四間各一〇尺となっており、こうした設計方法は、のちに建てられる薬師寺金堂とまったく等しい。

天智九年（六七〇）の火災後すぐ建設された法隆寺金堂は、同じ五×四間でも三×二間の母屋が各高麗尺九尺、周囲一間通りの庇が同六尺で、母屋と庇の柱間寸法は一・五対一となり広狭の差が大きい。これは雲斗栱式組物が隅では四五度の方向にだけのび出す構造のため、特に隅の間（庇）を狭くしたと考えられているが、川原寺金堂の平面計画はそれと異なり、天平建築に連なる性格のものである。

こうした新様式の伝来は、やはり遣唐使の往復と結びつけるのが自然であろう。遣唐使は舒明二年（六三〇）に第一回の派遣があったのちしばらく間があくが、白雉四年（六五三）からは編成を大きくして同五年（六五四）、斉明五年（六五九）、天智四年（六六五）、同八年（六六九）とひんぱんに往復しており、この間に唐の文物が大量に流入したはずである。

川原寺に次いで建立された大官大寺（六七三年）、薬師寺（六八八年）ではさらに唐様式の輸入が顕著にあらわれる。大官大寺では、複弁蓮華文の外縁部に珠文帯をめぐらせた唐のものとまったく同系式の瓦が用いられたが、この文様構成は以後天平瓦の主流となった。また薬師寺では、双塔式の新しい伽藍配置が導入されるとともに、その建築様式は現存する平城薬師寺東塔から察することができて、むしろこれが天平建築の具体的出発点になっている。

ところが、この唐様式が根づき白鳳文化として開花した最も大切な時期を遣唐使の面からみると、さきの孝徳・斉明・天智朝のひんぱんな往来以後、大宝二年（七〇二）に第六回目の使節が派遣されるまで、天武・持統朝でしばらくとだえていることが注目される。すると大官大寺や薬師寺での新しい動きも、そのときどきに唐から新様式を直接とり入れたのではなく、初期の短期間に学んだ雑多な蓄積を次々に開花させたか、または天武八年（六七九）の高麗・新羅の朝貢にみられるように、朝鮮半島の国々とは常に交流があって、そこから唐文化を吸収したこととなる。白鳳時代の伽藍配置が特に多種多様であるのはそのためではなかろうか。

とすれば、当時の建築が初唐様式を学んだといっても、統制のとれた一筋のものではなく、変化に富んだ各種様式の混在が推測され、平城遷都後、四大寺がそれぞれの特色を競い合ったのも、こうした白鳳時代の多様性の継承とみられる。

天平前期の建築―薬師寺東塔と海竜王寺五重塔

天平建築の流れの竿頭に位置する遺構は薬師寺東塔である。既述のように、平城京の薬師寺は養老元年（七一七）に藤原京から移されたものであり、東塔は天平二年（七三〇）に建立された。しかしその伽藍中枢部は藤原京時代の規模、配置をまったく踏襲し、建物の構造や様式もほぼ旧形を写したと推定されている。東塔は実際に建てられた天平初年当時には最新モードではなく、やや古めかしい様式であった。それに固執したのはおそらく金堂、塔ともに各重裳階付きの複雑な構造で、屋根が何層にも積み重なる特異な外観のりっぱさに自信をもっていたからであろう。あえて推測すれば、興福寺が平城京遷都の実力者藤原氏を背景にして、伽藍配置の斬新さにも示されるように、最新技術を導入した新興寺院であるのに対抗して、薬師寺や元興寺は、旧寺の伝統をやや古い様式の採用で示す必要があったと思われる。

薬師寺東塔の古様さは組物によくあらわれている。主屋は三手先であるが、肘木や尾垂木は前へ差し出すだけで斗も必要最小限にしか用いず、軒天井は広く斜め上りに張られる。肘木の上面、斗と斗の間は笹繰りを施して、側面からみると肘木が湾曲して力強く上部荷重を支える態にみせ、下面の弧状の繰上げ部には舌と呼ぶ突起をつけている。この舌は法隆寺系の組物にはあって、雲斗栱の曲線と呼応した彫塑的な装飾である。したがって、薬師寺のように同形の肘木と斗の集積からなる統一された組物では本来不用であり、以後の天平建築にもこれをもつものはない。尾垂木が直線であるのも法隆寺系の素朴さと共通し、地垂木や飛檐垂木もほとんど反りがない。それでいて、勾配に変化をもたせた二重の垂木が軒先を上向かせて軒裏に明るさと抑揚を与え、法隆寺の深くかぶさる一軒の暗さや剛直さとは、大変なへだたりをもっている。

この薬師寺東塔と類似するのが海竜王寺五重小塔で、天平三年（七三一）頃の制作とされる。軒下組物の下から二段目の肘木上に中間の斗がのって一段目の斗と上下そろい、積上げの安定感が増した点に進歩がみられるほか、尾垂木や地垂木、飛檐垂木に反りがついて優美さを増し、肘木の舌も消えた。

薬師寺東塔では最上層を方二間にして（法隆寺五重塔も同じ）、三間のままでは組物が混接し合い矮小化するのを避けているのに、

198　海竜王寺五重小塔組物

197　薬師寺東塔組物

海竜王寺小塔では五重目まで全部三間にそろえ、外観はずっと整うこととなった。ただし、そのために上層ほど組物の力強さが失われてしまったのはやむをえず、構造原則の簡明さを貫いた初期的性格と、外観の統一整備に傾いた修正期の差が読みとれる。こうした点で薬師寺東塔の古様さはやはり白鳳様式の名残りであり、海竜王寺小塔はそこから発展した天平期の技法を伝えるとしてよいであろう。

木口斗といって桁や肘木を受けるのに斗の木目を直角方向に置く方法が荷重支持には合理的であり、法隆寺系や薬師寺東塔ではこれが原則である。それに対し、見付け面（木口）に生ずるひび割れがきらわれて、天平建築では次第に姿を消してゆくのも同様な修正期の流れであり、海竜王寺小塔では木口斗は用いていない。

一貫する簡明な装飾技法

このほか、天平初年の遺構として法隆寺経蔵、同東大門の二棟がある。ともに三斗組で柱は上部にやや大きく粽を施し（頂上近くを急に丸く面取りして細める）、組物は柱に比べて比較的大きく、肘木は長くのびのびとして笹繰りをもっている。二重虹梁蟇股の架構で、虹梁の反上りは大きく、蟇股は肩に茨を一つつくっただけの簡単な形をしている。

元来、平城宮の朝集殿であった唐招提寺講堂も、二重虹梁の反りの大きさや簡単な蟇股がこれらの二棟と共通し、やはり天平初年の様式を伝えているが、これは組物が大斗肘木の簡素さである。なお、ここにあげた三棟は、いずれも地垂木を角としており、塔や金堂のように特に格式の高い建築では組物を三手先組にするのと合わせて地円飛角の二軒を採用したのに、一般では地、飛檐とも角垂木の例が多かったらしい。

199　法隆寺経蔵架構

200　東大寺法華堂内陣組物

地円飛角は中国伝統の形式で、中国では建物の格にかかわらずこれが原則であった。それは地垂木に丸太をそのまま用いたためであるが、日本では檜の良材に恵まれ、大材をひき割って垂木にしたので、角形にまず製材された。薬師寺東塔や後述の唐招提寺金堂のように、地垂木が円形の場合も桁から外の仕上げだけで、元のほうは角のままなのである。この点で角垂木はきわめて日本的な技法といえよう。

軒の問題も合わせて、天平初期の上記のような遺構がどの程度に中国唐代の様式を移したものなのかは、まだほとんどわかっていない。近年中国では壁画に建築を描く古墳が多く発掘され、従来、慈恩寺大雁塔仏殿図（七〇一年）しか資料がなかった初唐・中唐時代（七世紀前半～八世紀初頭）の建築の姿がだいぶわかってきた。それらと比べると、柱がやや細く柱頭に粽をもち、三斗を用いてそれを二手先以上にする場合には、先端の丸桁下だけ秤肘木を置く最も素朴な構法とするなど、共通する点は多い。

蟇股の形も、法隆寺東大門と永泰公主墓前室（七〇六年）のものとはよく似ている。しかし、唐では一般に頭貫を二段に用い、また中備に曲率の強い人字形蟇股を多用するのに対して、天平建築にその例はない。人字形蟇股は早く法隆寺金堂の高欄に用いられており、唐ではその華麗さが喜ばれて装飾化を進展させながら八世紀半ばまで引き続いて使われたのに、天平建築はごく質素な間斗束で一貫した。これは一方が装飾的絵画、一方が実際の建築遺構という差だけではなく、やはり簡明さを好む日本的性格からの選別が行われたとみるべきであろう。頭貫も、唐ではおそらく太い柱が得がたくなった補強用として、二段に用いはじめたのが様式化したものであり、日本ではその繁雑さが嫌われて不用とされたのであろう。

結論的にいえば、天平時代の建築は、唐の様式を構造的な面では摸倣しながら、装飾面では最も簡略な技法をとり入れるにとどまった、と私は考えている。

日本的な角地垂木も無装飾の技法であり、基壇や礎石でも、唐代の高級建築は彫刻を施す例が多いのに、天平建築にはまったく例がない。唐文化摂取の際のこの立場は、特に天平前期に限らず後期も同様であった。

天平前期後半の遺構例

海竜王寺小塔や法隆寺経蔵の様式が、その構造の素朴さで、初唐～中唐の建築と近似するのに対して、天平前期でも後半にあらわれる遺構は、その後の発達した技法をとり入れたものらしい。これらは天平十二～十七年（七四〇～四五）頃の建築で、東大寺法華堂（三月堂）と法隆寺夢殿がその例で、法隆寺伝法堂も蟇股の形が法華堂と類似している。軸組や組物の基本は同じであるが、梁の先端を肘木に利用して組物を強化し、実肘木を用いる点に進歩がみられる。

法華堂は出組（一手先）で繋虹梁の先をのび出させて枓肘木を支える。同じ構造が中国にないので直接比較しがたいが、大雁塔仏殿図や懿徳太子墓楼閣図（七〇六年）の二手先組物は斗・肘木の構造と梁頭の組合せが分離している。しかし、仏光寺大殿（八五七年）では虹梁の先が肘木に利用されていて、その構法は唐招提寺金堂の三手先組物と等しい。これからすると、中国でも八世紀初めに梁と組物との結合法が進歩し、その技法が比較的早く日本に伝えられたとみてよいであろう。

夢殿も現在の姿は鎌倉時代に大改造をうけているが、復元すると三斗で、隅では繋紅梁の先をのばし、斗を置いて隅木を支える簡単で要を得た組物構成であった。また法華堂は、内陣の出桁受け、夢殿は側廻り丸桁下に実肘木を用いる（夢殿は復元）。実肘木は、中国では七世紀末（趙澄墓壁画、六九五年）からあらわれるが、日本ではこの両者が最も古い。ただし両者とも実肘木の先が二段円弧に繰られている点が中国の例と異なり、その後の実肘木にもこの形はまったくない。法華堂が側廻りの丸桁下には用いず、内陣にだけ使っているところからすると、おそらくこの段階での実肘木は、本来の構造補強用としてではなく、装飾的細部として受容されたのであろう。蟇股も曲線が複雑化して装飾的な取扱いが進んだ。

いずれにせよ、天平十年前後に唐から新しい影響をうけて、これらのグループが生まれたことは間違いなく、それは天平五年（七三三）に派遣された遣唐使に従った人々が、天平六年（七三四）から十一年（七三九）にかけて次々と帰朝した中での新知見によったものと思われる。

天平後期の建築―唐招提寺金堂

天平後期を代表するのは唐招提寺金堂である。七×四間、寄棟造で、前面一間通りを吹放しにする最新流行の形式をもつ。柱間寸法を中央間一六尺、二間目一五尺、三間目一三尺、両端間一一尺と少しずつ変化させて、中心性と横への連続性を巧みにあらわすのも天平後期らしいきめ細かい手法で、前期の仏殿が中央三間を等間とし、その両わき各二間を二尺程度減じた等間にして柱間寸法が一段階に変化するだけであったのと比べ、正面観は整う。三手先組物を用いる当時最高級の建築で、軒も正規の地円飛角の二軒とする。規模の大きさや柱の太さに比べて組物全体がやや小さくまとまり、薬師寺東塔のようにのびのびとした力強さがないのが特色で、その代り、組物は整然とまとめられた安定感がある。

201　唐招提寺金堂内陣架構

細部では、二手先目に秤肘木と支輪桁が置かれて組物同士を横につなぎ、軒天井も水平な小天井と斜めに上がる軒支輪に分かれて組物上部が引き締まった。三手先目の秤肘木上にやや長い実肘木も据えられて、前期のように肘木や斗がそれぞれに上の力を受ける感じではなく、一塊となって実肘木を差し上げる形となった。尾垂木、地垂木、飛檐垂木にはゆるい反りがつき、全体として前期の建築とはまったく異なるおだやかな美しさをみせている。

唐招提寺金堂の組物は、三手先として一応完成した形式であり、その後、隅の組み方が多少進歩する程度で、近世まで変わらずに用いられた。

この唐招提寺金堂の整った構造から生ずる安定感と意匠的なおだやかさとが、後期の様式の最も大きな特色で、それを一番よく示すのが、肘木の長さである。大斗の幅と肘木の長さの比例をとると、三手先組物では前期の薬師寺東塔が二・五七、海竜王寺小塔が二・二〇であるのに、後期に属する唐招提寺金堂は二・〇〇、元興寺極楽坊小塔一・九三、室生寺五重塔は一・九五となる。三斗組の場合も、法隆寺

202　東大寺転害門架構

東大門と東大寺法華堂はともに二・八五、法隆寺経蔵は二・七七で、前期の建物ほど肘木が長く、のちになると東大寺転害門二・三五のように短くなる。そして肘木の力感をあらわした笹繰りも後期では消えてゆく。ここであげた建物では、天平末期に属する元興寺小塔や室生寺塔は笹繰りをもたず、平安時代に入るとまったく見られなくなるのである。

様式転換の契機、東大寺造営

こうした、前期から後期へ様式が転換する契機となったのは、東大寺造営の大事業であったらしい。東大寺には、法華堂は元来中枢部から離れて別の一郭を形成していたので、伽藍と一連の建物としては転害門しか残らないが、後期の特色がいくつかあらわれている。柱はやや太めで粽を急な丸面取りでつくり、組物は大斗を除くとやや小さく、桁・棟木を支えるのにすべて実肘木を用いる。転害門は鎌倉時代に組物を一段つけ加えて軒を高める改造を行っているので、直接の比較はむずかしいが、法隆寺東大門のしなやかな軽快さに対して重厚の気風が強く、どっしりした安定感が濃い。

大仏殿がこれと同様であったか否かはわからないが、転害門が建立された天平勝宝頃（七五一～五六）には後期様式へ移りつつあったとみられよう。ただし、唐招提寺金堂と比べると、組物や虹梁の形はまだ多少ののびやかさをもち、蟇股が人字形に類似するのも特殊で、法華堂から唐招提寺金堂への流れの間に、独特な一時期があったことを示している。

東大寺造営には、それまで各寺ごとに分かれて競合した工人が集められ、蓄積された建築技術の統合が行われるとともに、大量生産のための単純化と様式の統一が要求された。東大寺造営と並行して全国に国分寺がつくられたが、ここでも標準型の提示が必要であった。たとえば塔では都から離れた地方ほど平面を三間等間にした簡単な構成のものが多いが、これは単純化と規格化によって低い技術水準でも複雑な建築が造営可能になったことを示している。

元興寺極楽坊小塔はその規格化の適例で、この小塔は実物の一〇分の一の寸法で各部材が忠実につくられており、柱間寸法は初重

203　当麻寺東塔組物

204　当麻寺西塔組物

一間各一・一尺、二重以上は〇・一尺ずつ減少して五重では各〇・七尺となる簡単な比例の各重三間等間である。組物や軒の部材も各重同寸のものを用い、工作は可能な限り単純化されている。その代り組物は初重ではやや小さくまとまりすぎて力強さはない。細部の力強さより組み上がった全体としてのボリューム感をねらいとしており、それが天平後期の一特色であった。こうした点からみて、唐招提寺金堂の様式は、やはり唐から学び盛唐様式を伝えるものではあるが、その前に、東大寺造営という国家的大事業を契機とする日本での発展統合があって、両者を合わせて後期様式は成立したと考えてよいであろう。

元興寺小塔や室生寺五重塔のように、唐招提寺と同系でありながら肘木に笹繰りがなく、いっそうおとなしい建築へすぐ移行するのはそのためで、天平後期の様式は端正さと簡明なおだやかさを求めた日本的造形感覚が大きな背景となっている。そこでは、生のままの中国様式から一歩進んだ日本の古典様式が成立したと考えられるのである。

天平後期その他の遺構

天平後期の遺構には、そうした日本人好みの簡素な建築が多い。新薬師寺本堂や栄山寺八角堂がそれで、これらはむしろ和様と呼ぶほうが適切と思われる。新薬師寺本堂は大斗肘木の組物をもつ成の低い落着いた堂で、装飾的な細部はまったくなく、内部も簡単な叉首組架構をあらわす。叉首組は神社建築がすべてこれであるように日本的な構造で、本来は本瓦葺の重い屋根をのせる仏教建築には適さないが、新薬師寺の簡素で引き締まった架構は、二重虹梁蟇股で組み上げる重厚な中国式と比べていかにも日本的造形といえよう。

栄山寺八角堂も夢殿を簡素にした形で、内部の柱も本来は八本のところ四本に省略している。全体に細手で三斗組の肘木は笹繰りがなく、実肘木を備えて外観は清楚の趣が濃い。

以上のほか天平後期の建築には当麻寺東塔があり、同寺には西塔もある。東塔は組物がやや大きめで肘木も長く笹繰りをつける点に天平前期の特色を濃く残し、二重以上を二間に割りつける大胆さも前期特有の生気に満ちた意匠で、全体の姿も引き締まってすぐれる。ただ、丸桁下に実肘木を置き、隅ではその下の秤肘木を隣と連続した長材にしてあって、三手先組の構造では唐招提寺より進歩しているので、やはり天平末期の建立と考えられ、地方では様式の統一がややおくれたことを示すものと解されよう。これに対して西塔は組物の広がりが縮小して小さくまとまり、中間があくのを補うため間斗束が入れてあって、それがない東塔との差は歴然としている。斗の形が幅に比べて高くなるのは室生寺五重塔と共通する変化で、平安時代の特色があらわれはじめており、実際の建立年代も平安時代初期まで下ると推定されている。

建築の場合、和様というのは、中世に再び中国から輸入された新しい建築様式である大仏様（天竺様）や禅宗様（唐様）に対して、それまでの伝統的な様式を一括した区分であり、その中には天平建築も含まれている。元来、唐様式を基礎とする天平建築が特別な扱いをうけていないことは、その後の様式・技法との連続性の濃さによるもので、天平建築はその終末期には完全に日本の建築になり切っていたのである。

一五　二重屋根の仏堂建築

一　積層型と裳階型

二重屋根の建築は構造上、積層型と裳階型の二種類に分類されている。前者の代表は法隆寺金堂で、下重の屋根垂木の上に柱盤を据えて上重の柱を立てる、いわば積み重ね構法である。五重塔はそれを五段に積んだもので構造の原理は等しい。後者の代表は東大寺大仏殿で内部の柱が高く延びて上重の屋根を支え、外周に裳階（裳層とも書く）をめぐらせて外観が二重になる。したがって構造形式ではこれを「一重もこし付」と呼び前者の「二重」とは区別している。

細部をみると積層型は原則として各重の組物や軒の形式が等しいのに対して、裳階型では普通、下層の組物が上層より簡素に造られ、軒の出も短い。中心となる本建《ホンダチ》に対して周囲の裳階は格式を落してつくられているのである。また前者は上層の柱がかなり長い（法隆寺金堂は初重柱長さ一二・四尺、二重六・三尺）のに対して、後者は見えがかりの上層柱が短く、特に中世に輸入された禅宗系仏堂では柱の頭部しか見えない形式が多い。しかし創建の

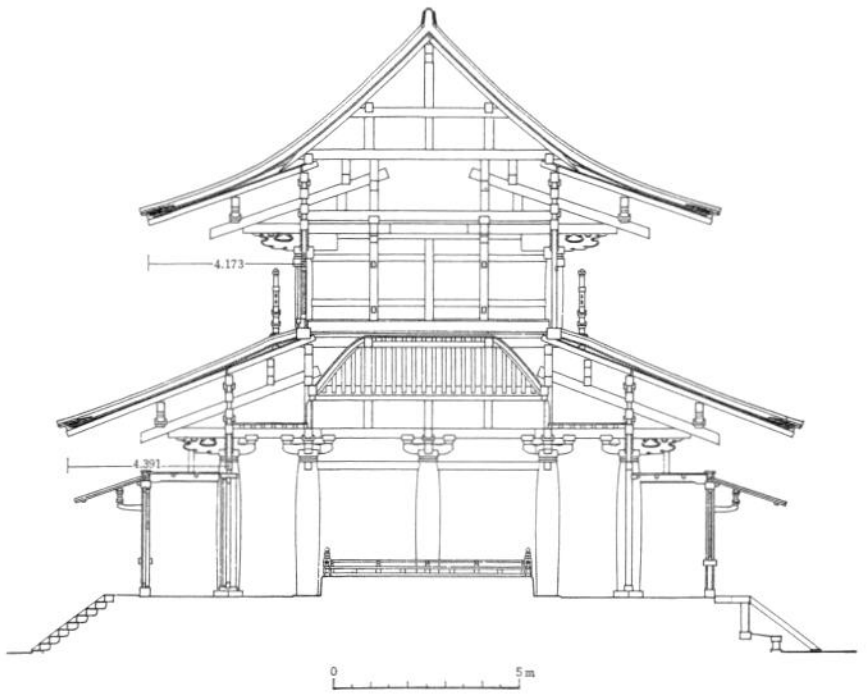

205　法隆寺金堂

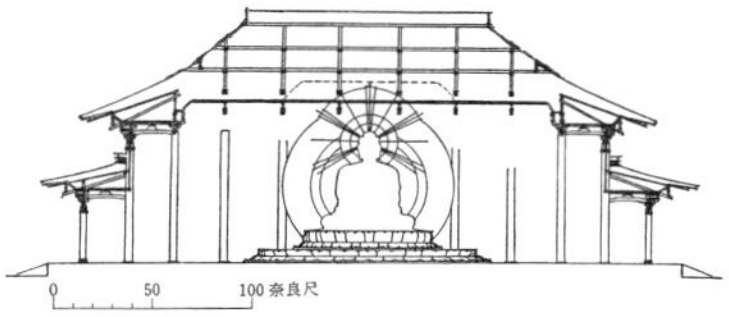

206　大仏殿復元図（福山案）

207　東大寺大仏殿

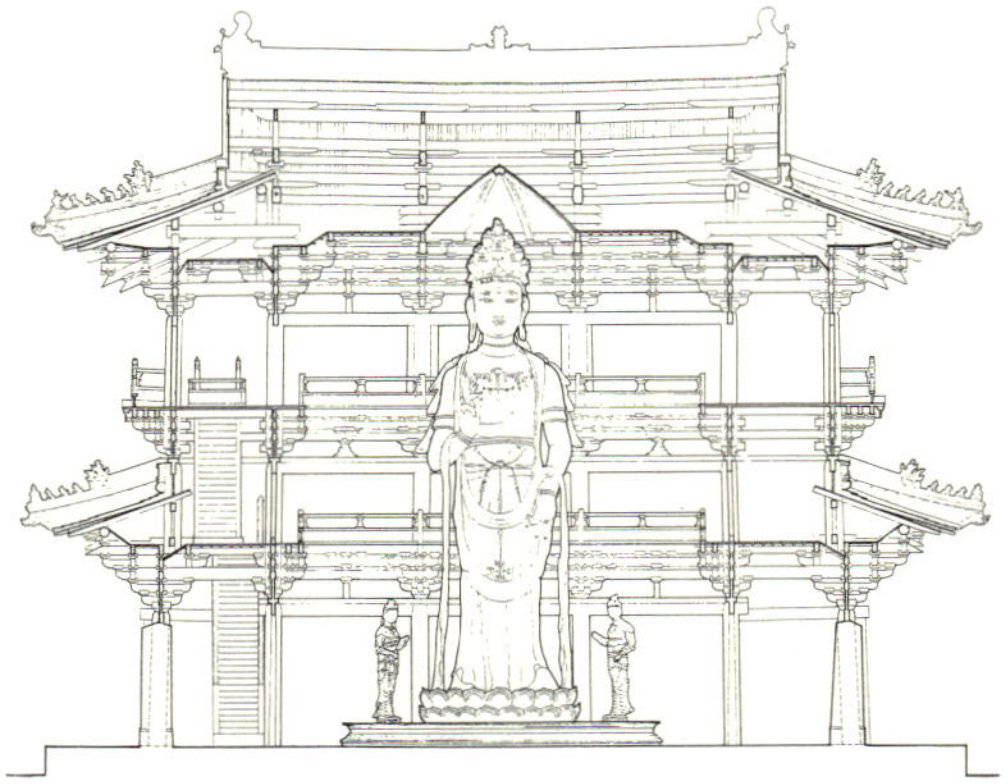

208　独楽寺観音閣

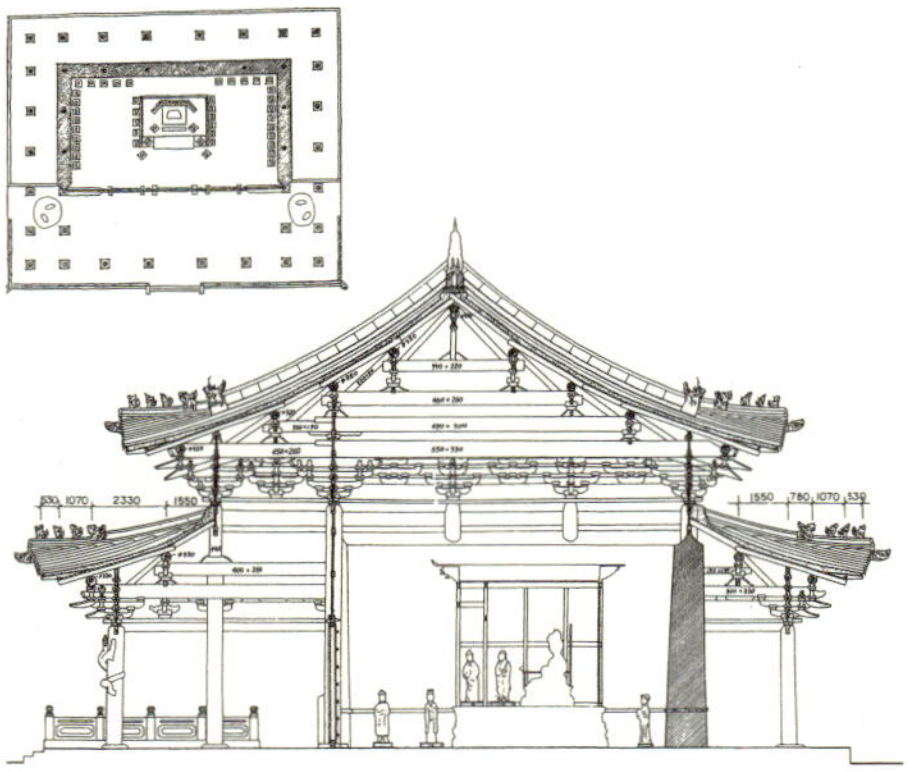

209　晋祠聖母殿

東大寺大仏殿では本建の側柱長さ六六尺に対して裳階柱は三〇尺で、その上に三手先組物を置き、垂木勾配を四・五寸として屋根をかけても一〇尺程度は側柱の頂部が現われる（福山敏男復原図）。これを積層型の上層の柱長に比定すると下層の三分の一となり、古代には上層が高い裳階型も存在した可能性が強い。後述する韓国の裳階型二重建物は上層の柱が長い。

二　中国の二重屋根仏堂

中国の仏堂で二重屋根の建築を年代の古いものから探すと、九八四年の薊県・独楽寺観音閣と一〇二三年（一一〇二年重建）の大原・晋祠聖母殿が二種類の構法の代表となる。前者は名前の通り楼閣建築で、初重の組物上に短い柱を立て、その上の大斗に上重の柱をのせている。柱だけみれば三段の積み重ねで、その足元を軒の組物や廻縁の腰組でうまく補強し、そこに床板も張るので、外観は二重でも三階建てなのである。

一一〇〇年に書かれた建築技術書『営造法式』ではこれを「又柱造り」と呼んでいる。中国では明器に多くの例がみられるように漢代から楼閣建築が好まれたからその伝統といってよい。李寿墓（六三〇年）の壁画には三重の楼閣図が画かれている。

後者の聖母殿は基本的には裳階型だが本建前面の側柱を、両隅だけ残して中間は繋虹梁上にのせ、抜き取ったもの。いわば減柱裳階型である。ほぼ同時代の正定・興隆寺摩尼殿（一〇五二年）は大型の裳階付二重仏堂であり、『営造法式』に記す側様図（建築断面図）も二重建物はすべて裳階型なのでこれが標準的とみられる。唐・大明宮含元殿も発掘の柱配置が減柱裳階型と考えられている。なお、呂大防が元豊三年（一〇八〇）に立てた石碑（長安図碑）に画かれた唐・長安城興慶宮（七一四年開設）は、最初の宮殿の

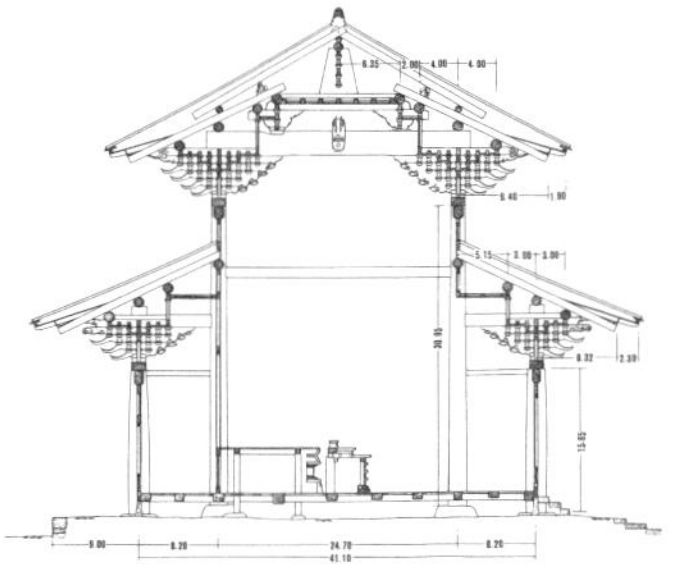

210　無量寺極楽殿

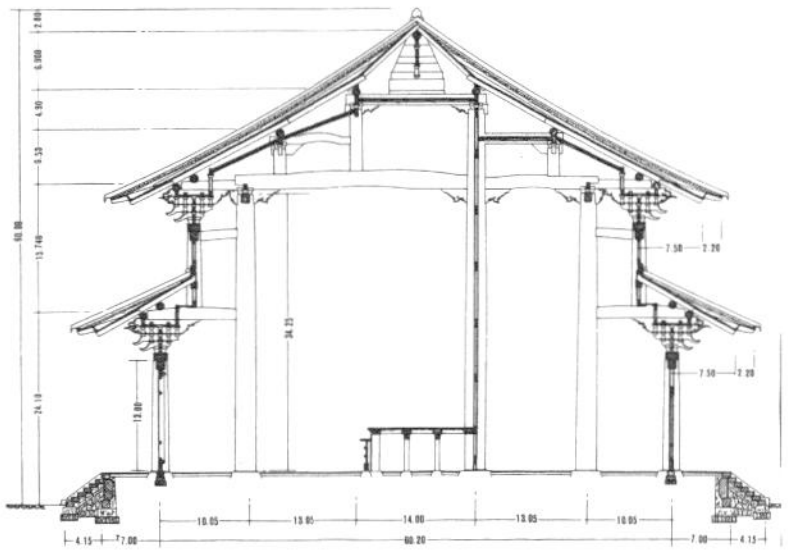

211　華厳寺覚皇殿

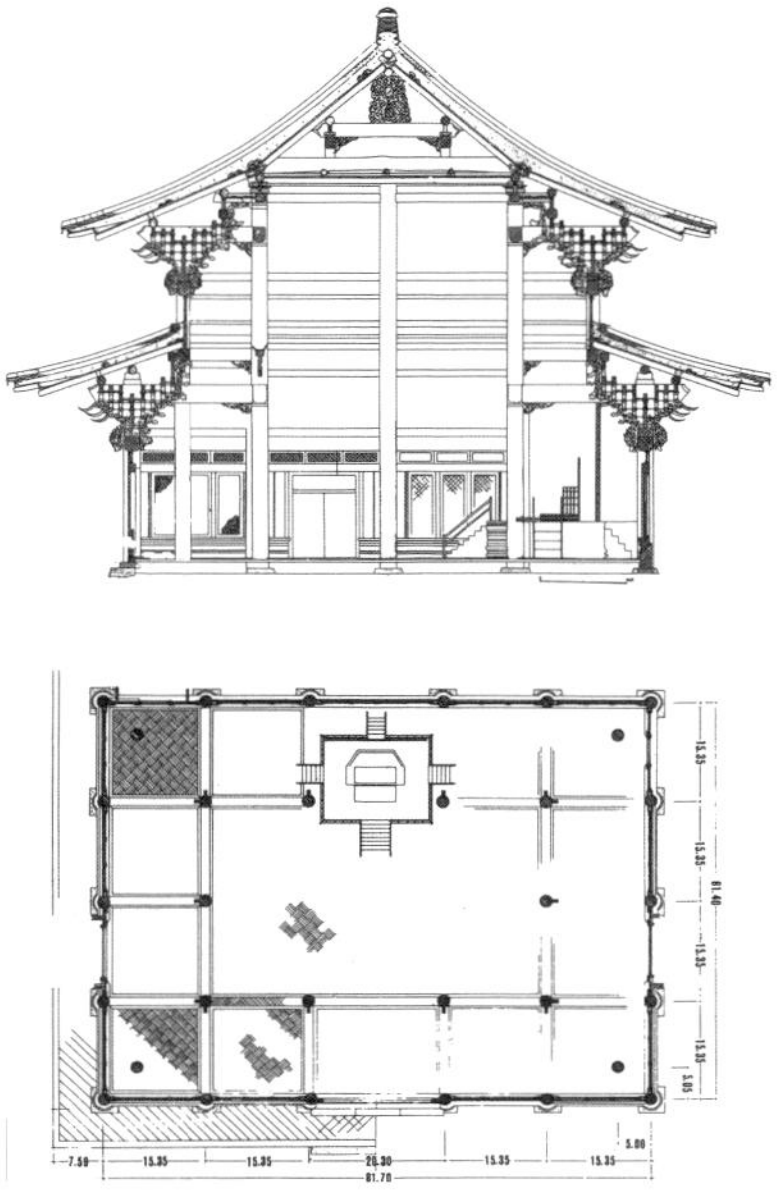

212　昌徳宮仁政殿（断面・平面図）

興慶殿や大同殿は裳階型、七二〇年増設の勤政務本楼や花萼相輝楼は楼閣型で、早くから両型式が併用されていたことがわかる。

三　朝鮮の二重屋根建築

朝鮮半島での現存二重屋根建築はすべて李朝（一三九二～一八九六年）に属して年代的には新しく、構造の基本もすべて裳階型である。その典型は無量寺極楽殿（一六七九年）で、金山寺弥勒殿（一六三五年）のように三重屋根の仏堂もある。これらの特色は本建と裳階の組物や軒の格式差が少く、上層の柱の見えがかりが比較的長いことで『営造法式』の側様図に近い。異色は華厳寺覚皇殿（一六九七年）で上層の側柱を下層裳階の繋梁上に立てて一廻り大きく造り、組物を上下同形式とするので、外観は二重の積層型のように見える。上層拡大裳階型とでも呼ぶべき構造だが、平壌普通門（一四七三年）が同形式なのでかなり古くから行われたことがわかる。

その点で注目されるのは昌徳宮仁政殿（一八〇四年）で、同様な構造の上層側柱のうち四隅の柱を基壇から立上げている。景福宮勤政殿（一八六七年）も同形式で、柱配置だけみると発掘された隋・仁寿宮第三七号殿址と近似している。第三七号殿址の復元考察は未だ、行われていないようだが、中国の宮殿建築では古代から上層拡大裳階型があったのではなかろうか。同じように四隅

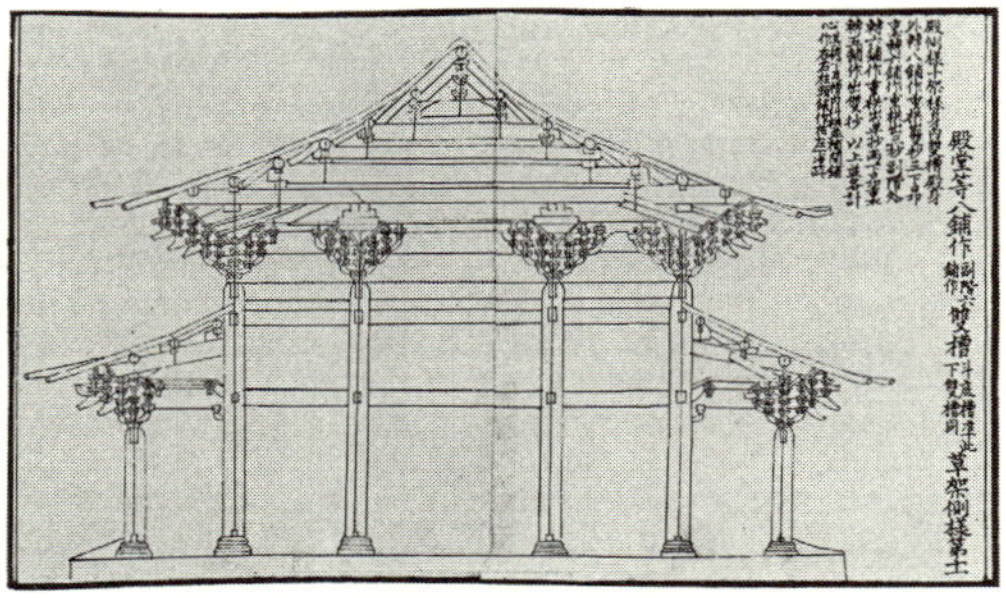

213　営造法式の側様図

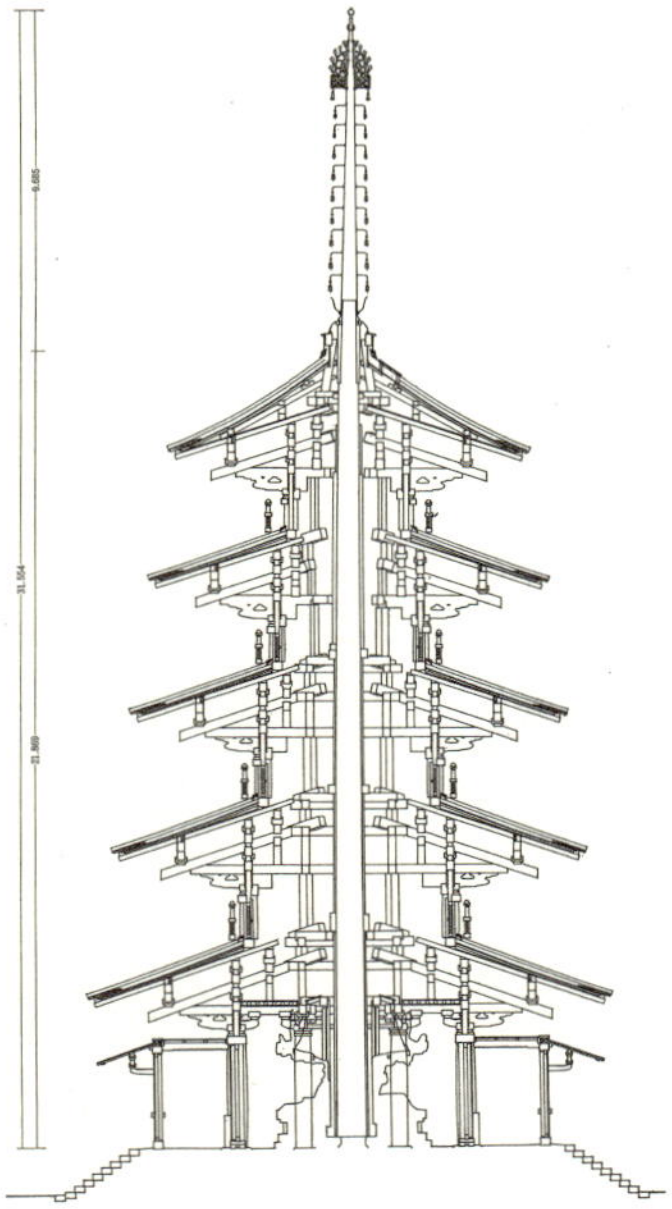

215　法隆寺五重塔

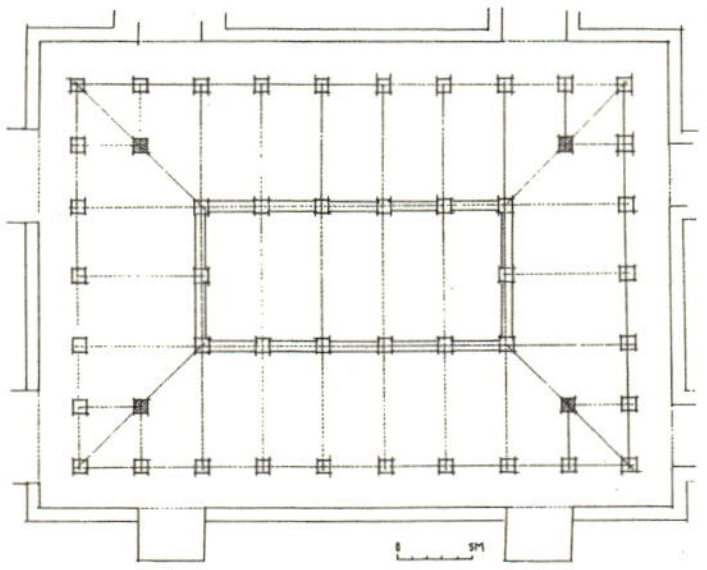

214　隋仁寿宮第三七号殿址発掘平面図

の内側に独立柱をもつ形式は早く北魏の洛陽・永寧寺木塔（五一六年建立）に用いられている。なお朝鮮の上層隅柱を下へ延す構法は京城南大門（一四四八年）など二重門にも多く使われている。

四　日中朝三国の木造塔

二重屋根の仏堂建築をみると日本・中国・朝鮮では構造的に異なる点がかなりあることがわかる。そこで念のために塔婆建築の構造を比較してみよう。日本の場合は最古の法隆寺五重塔（六八〇年ころ）から室町時代初期まで一完して積層型である。一重ずつ独立した構造体で、垂木まで組上げたものを積み重ねている。その後は遍照院三重塔（一四一六年）を初例として軸組を階段状に積上げてそれに各重の垂木を架ける構法に変るが、古代以来約八〇〇年間同じ形式を踏襲した。

中国では隋・唐時代にはむしろ木塔のほうが多かったらしく、首都長安・大禅定寺の木塔は七重で高さ九七メートルと伝えるが、現存する純粋な木造塔は応県・仏宮寺釈迦塔（一〇六〇年）一棟しかない。総高六七・三メートルの巨大な八角五重塔婆で、初重に裳階がつき、二重以上は各重に腰組付廻縁を廻らせて床板を張る。独楽寺観音閣と同

217　仏宮寺釈迦塔

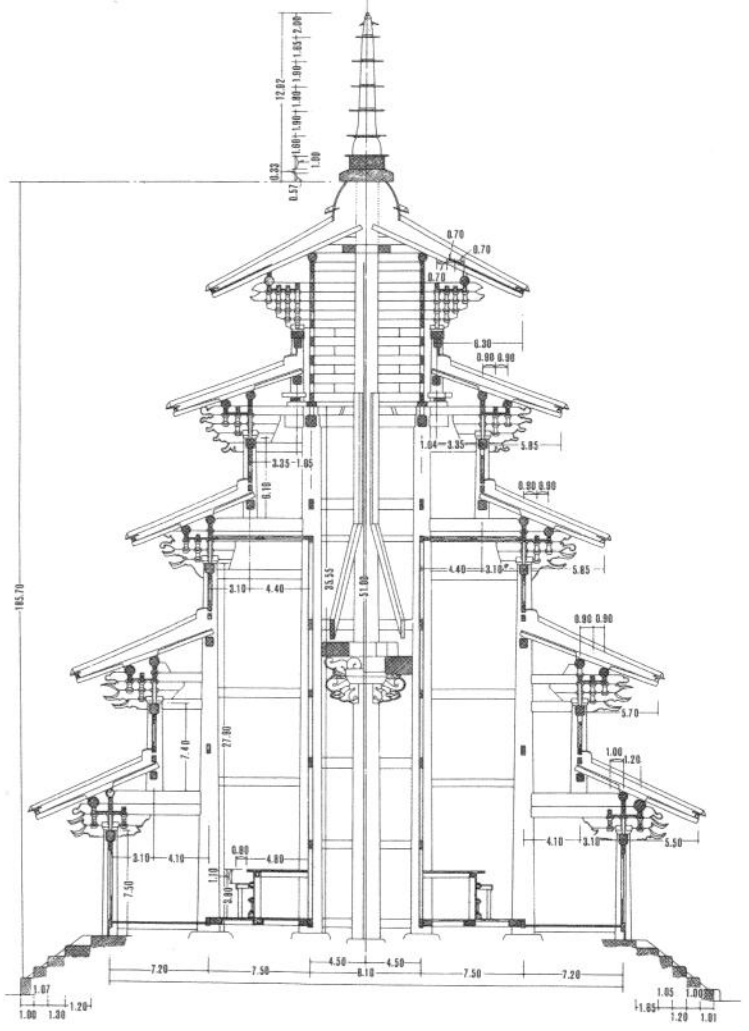

216　法住寺捌相殿

じ又柱造の構法で、腰組部分の内部は暗層と呼ぶ低い部屋が作られて全体では九階建てとなっている。五重の各層毎に仏像を安置し、心柱がないのも日本の木造塔と比べると珍らしい。

朝鮮の現存木造塔は法住寺捌相殿（一六二四年）と双峰寺大雄殿（一六九〇年）の二棟である。後者は日本の室町時代以降の塔と類似の軸組を積上げる構造だが、前者は一種の裳階型構造で、初重・三重・五重の柱を礎石から立上げ、二重と四重は丸桁繋梁の上に柱を建てている。三重目の組物の上に天井を張るので内部空間が非常に高い。こうしてみると木造塔婆も三国ではそれぞれに特色があり、二重仏堂の構造とほぼ規を一にしていることがわかる。

五　法隆寺金堂と中門

日本の仏教建築は中国の進んだ技術が朝鮮半島を経由して伝来したと考えられている。重層建築の積層型構造もその筈だが現存遺構は日本にしかない。その点で注目されるのは法隆寺金堂や五重塔が綿密な支割設計によって造られていることである。金堂の初重は三間×二間の身舎の四面に庇を廻らす構成で、身舎各間はコマ尺の九尺、庇は六尺とし、これに〇・七五コマ尺を一支とする垂木を配置して

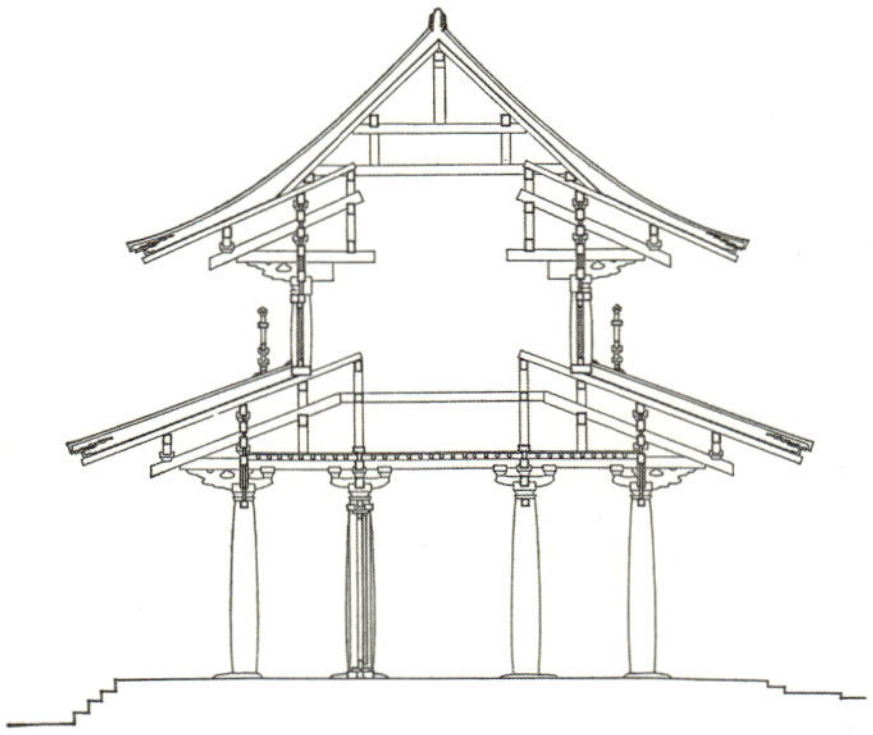

218　法隆寺中門復原断面図

219 「聖徳太子絵伝」中の法興寺

いる。身舎各間は一二支、庇は八支で桁行総長五二支、梁間総長四〇支である。二重目は初重身舎より〇・五支ずつ広げて桁行三七支、梁間二五支とし、桁行四間を中央二間各一一・五支、端の間各七支、梁間三間を中央一一支、端の間各七支とする。このように上層では支割で柱位置を定めるので柱間寸法は完数にならない。五重塔も同様で初重一辺長一八コマ尺を二四支として中の間一〇支、両脇各七支の三間に割り、二重以上は各間一支ずつ逓減する。

これに対して中門は上層の柱通りを下層側柱筋より二分の一柱間入った中間桁の位置とし、金堂に比べると初重に対して二重が大きい。上層は桁行・梁間とも下層の隅の間一間分小さくなるが、柱間寸法は初重が大体桁行七・一〇・一〇・七（計三四コマ尺）梁間七・一〇・七（計二四コマ尺）の完数値とするのに、二重目は初重と同様に四間×三間にして支割も柱間寸法もバラついている。強いて云えば二重隅の間を金堂上層の隅の間に倣って七支にとり、残りを中央間としたらしいが、実際には隅の間寸法も桁行と梁間では四寸の差があり、真隅になっていない。金堂や五重塔に比べて中門はかなり大らかに造られているのである。

積層型にはこのように二重目を初重の身舎に大体揃える金堂と、庇（端の間）の二分の一通りとする中門との二形式がある。構造的にみると前者は下層の身舎柱筋に近い位置に柱盤を置いて上層の柱を立てるので、上層の荷重が直接下層柱に伝達して安全性が高い。金堂の場合は初重天井桁の両端に柱盤を据えるので、荷重の伝達はさらに直接的である。一方、中門のように庇の中間桁の位置で垂木上に柱盤を置くと力の伝達は複雑となる。しかし扇垂木の場合は隅ではここが扇の要に当るので、その垂木尻を押さえるのは軒の構造にとってきわめて有利となる。但し古代では未だ構造が幼稚なので、中間桁を支えるには身舎・庇の柱高が等しい必要があるとか、上層全体の荷重をあまり大きくできないといった制約がある。

法隆寺中門のように上層が大きい積層型は一般に簡単な構造物に限られ、飛鳥寺・山田寺・川原寺・大官大寺など飛鳥時代の中門がいずれも梁間三間とするのは同様な形式と考えられている。しかし法隆寺東院の絵殿に一〇六九年作られた「聖徳太子絵伝」（国宝）の中の中宮寺金堂（画中では法興寺）は同類で、初重が桁行五間・梁間四間に対して二重も五間×四間に画かれ、屋根も大きい。現存建築と絵画表現では比較にならないとする意見も当然あるが、法隆寺金堂は天井桁の柱盤仕口の底に不用の枘穴があって、建築途中に設計変更して単層を重層に改めた可能性が高い。文割設計がきわめて日本的な点と合せ、これが古代の積層型二重仏堂の標準になり得るか否かを再検討する必要があろう。

六　四天王寺金堂の復元

四天王寺の金堂は『大同縁起』に「二重金堂一基」と記され、数回の火災後も常に二重屋根で再建されて、現在は昭和三十～三十二年の発掘調査に基づいて同三十六年完成した復元建物となっている。発掘では三間×二間の身舎礎石跡と凝灰岩基壇、その周辺の塼列雨落溝を検出したが、身舎は桁行中央間が他よりやや狭く、内部にも二柱を立てる珍しい形式であった。身舎柱筋と基壇の間隔が比較的狭く、その間に礎石跡も発見されなかったため、外周は庇ではなく構造的に軽い裳階と推測され、「一重もこし付」の仏殿に復元された。前述の『聖徳太子絵伝』に画かれた四天王寺は不鮮明だが、鎌倉時代の『一遍聖絵』では金堂上層を三間×二間とするから、妥当な判断であろう。復元では身舎を一〇コマ尺等間としたが、実際には櫓のように柱を内転びに立てて上方で等間に揃え、さらに内部二本の直立柱で強化したのであろう。身舎（本建）の礎石は当初地下式とみられ、類似例が斉明朝の飛鳥水落遺跡の時計台（六六〇年）に現れる。日本古来の高殿を造営する技術を応用した可能性も考えられる。

ところで『諸寺縁起集』や『諸寺建立次第』には「法興寺号本元興寺　金堂三間四面、二階」「橘寺　金堂一間四面、二階」「山田寺　金堂一間四面、二階」の記述がある。二階は二蓋でこれらが二重屋根であることを表し、このうち山田寺は発掘の結果、同心円状の特異な柱配置をもつために、実際には三間四面の規模であるのに外観では一間四面とも見られること、組物を放射状に挺出する構造で、それだと恐らく上重は積層型で身舎とほぼ同大と推定されている。では法興寺＝飛鳥寺はどうであろうか。飛鳥寺中金堂は

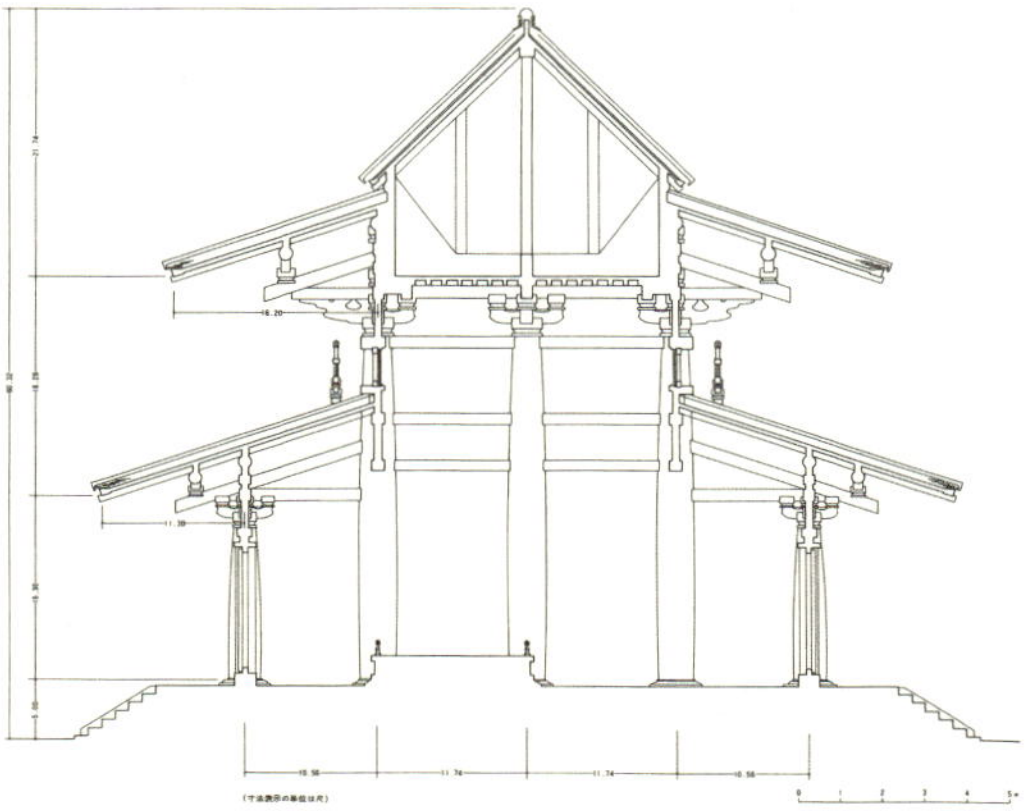

221　復元四天王寺金堂断面図

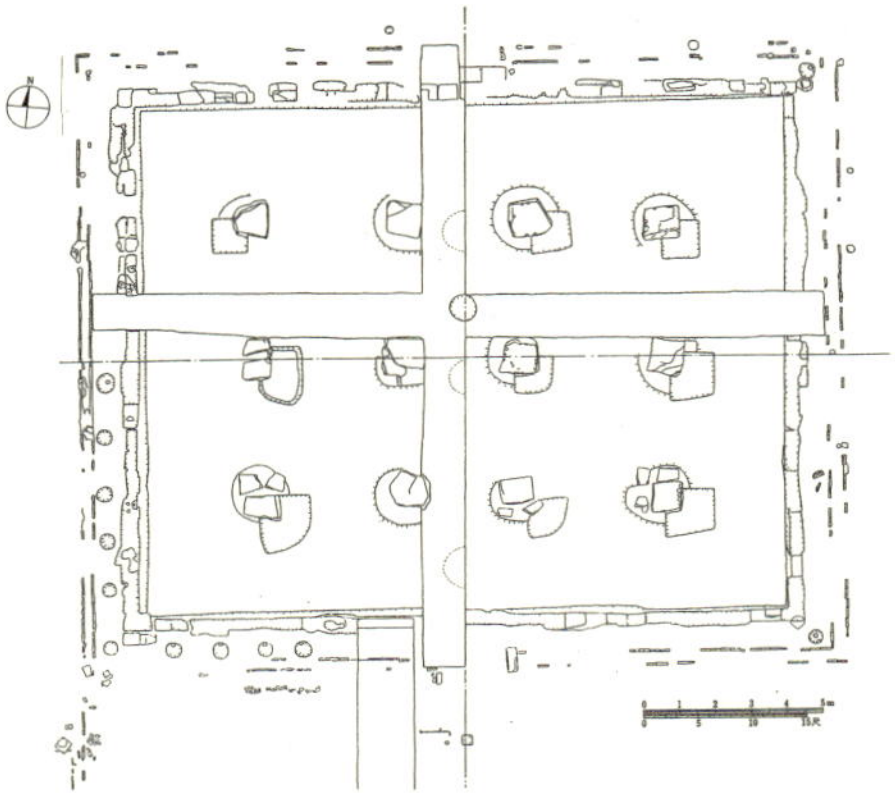

220　四天王寺金堂発掘平面図

発掘で基壇だけ判明しており、その規模は法隆寺金堂の上成基壇より桁行・梁間とも約一尺大きいだけだからほぼ同大とみてよい。三間四面の平面構成も両者等しい。そのため組物の形式は異っても法隆寺金堂と同様な積層型の二重建物と考える人が多い。その点で「護国寺本諸寺縁起集」（『校刊美術史料』藤田経生）が「金堂三間四面二階 [在]カ裳階」と記すのは注目される。写真で見ると不明の□は（大）と読め、あるいは上層が大きいために下層が裳階のように見えることを特記したのかもしれない。飛鳥寺中金堂は丸垂木・一軒で扇垂木の可能性が高く、法隆寺中門のような積層型も考えられる。

なお飛鳥寺中金堂は法隆寺とほぼ同規模の仏堂に丈六像を安置した点で興味深い。建物が小さく仏像が入らないのを止利仏師がうまく納めた話が『日本書紀』に記される。現存建物で丈六像を祀る典型は唐招提寺金堂（七八〇年ころ）で、単層建築だが内部身舎の天井高は二七・八尺ある。法隆寺金堂は内陣天井を入側柱筋の垂木掛桁の高さまで上げているにもかかわらず二二・八尺で、五尺低い。仏像の台座は飛鳥時代の宣字座から奈良時代は蓮華座に変り、背も高くなるが五尺の差は大きい。どうもこれは須弥壇を低くすることで対応したらしく、法隆寺金堂が当初は身舎全体を地長押上に床板を張る低い須弥壇としていたのはそのためと思われる。飛鳥寺中金堂の本尊（飛鳥大仏）は凝灰岩の台座の上に安置されていてこれが宣字座となっているから、須弥壇と呼ぶほどの施設はなかったらしく、少し時代は下るが当麻寺金堂も丈六の塑造弥勒仏坐像を安置する内陣一杯を低い漆喰塗の土壇としている。

もともと二重屋根の仏堂は①外観を立派に見せたい②高い内部空間を確保したい、このどちらか、或いは両方の要求に基いて建築されるものである。日本の場合は外観のほうが重視され、積層型が主流になった傾向がみられそうである。本建の背が高い

223　大官大寺出土瓦

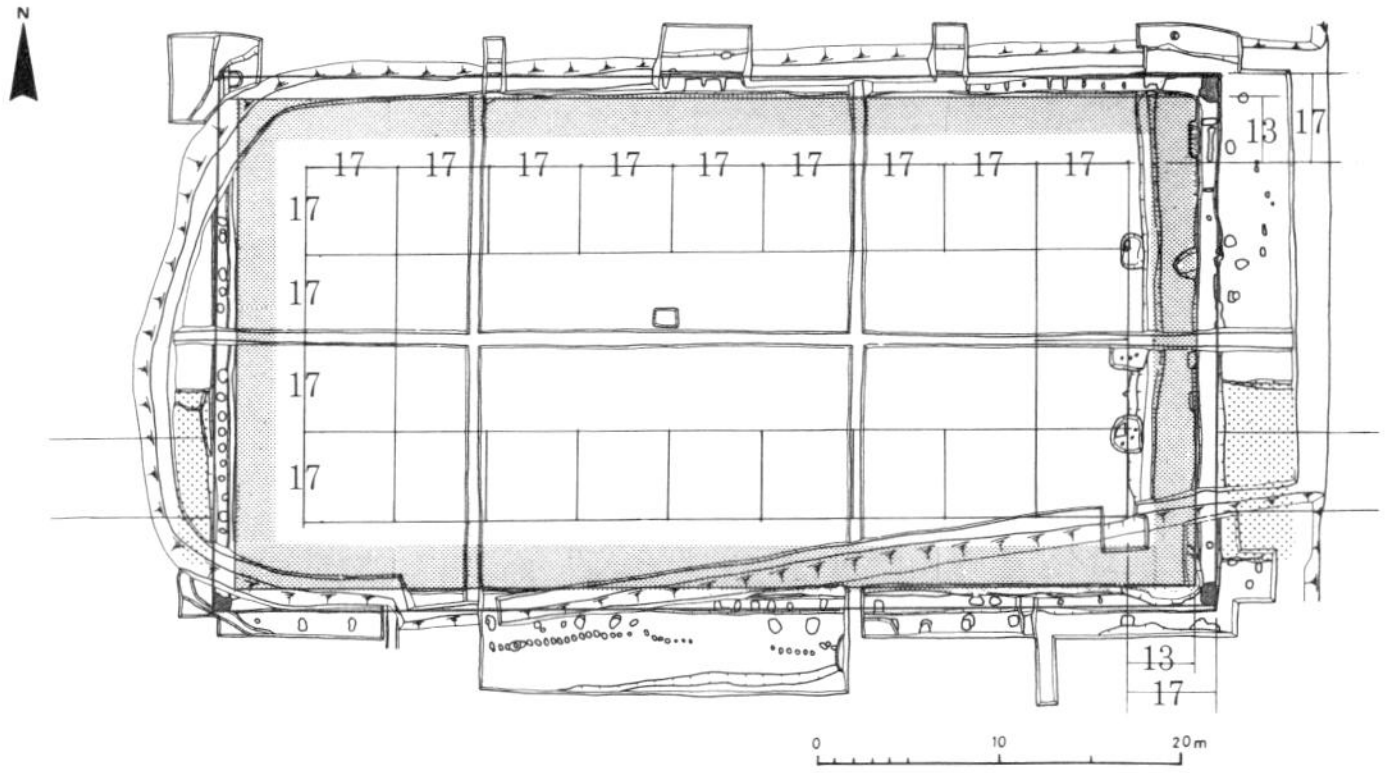

222　大官大寺金堂発掘平面図

裳階型は柱が長く不安定になり易いため、敬遠されたのかもしれない。

七　大官大寺と新羅皇竜寺

現存遺構はないが裳階型建築には二重基壇でその下方から柱を立てるものがある。日本では飛鳥寺東・西金堂がその例で、今のところ他に明確なものはみられない。しかし朝鮮には三国時代の高句麗・百済・新羅に多くの発掘例があり、年代が最も下るのは六七九年竣工の慶州・四天王寺金堂である。私見では元来は組物の先端もしくは軒の垂木を支える軒支柱で、後に裳階に転化したと考えている。

明日香村小山に所在する大官大寺は飛鳥最大の寺として名高い。発掘の結果金堂は桁行九間・梁間四間の規模をもち、飛鳥・白鳳時代の金堂が五間×四間を通例とする中で群を抜いて大きい。この金堂でもう一つ注目されるのは基壇外周四隅に礎石状の石を埋めて据え、その角を結んで凝灰岩の石列を廻らすことである。石列は抜取り跡からの知見であるが幅◯・八メートル、長一・◯メートル、厚◯・三メートルの切石で構成され、調査概報ではこの上に地覆石を据える延石としているが、延石としては幅が広すぎ、また基壇上の建物の軒先がこの上にかかるなど疑問が多い。これは下成基壇の基礎と考えると解決し、その外角を結ぶと桁行は五五・一五m、梁間は三◯・一五mあって、これは丁度天平尺にして桁行が一七尺×一一、梁間は一七尺×六に当るので概報では身舎の梁間を一八尺、他はすべて一七尺とするのを、九間×四間で一七尺等間と修正できる。側柱心から下成基壇の外縁までも一七尺である。実はこの規模・寸法は新羅最大の寺である皇竜寺中金堂（五八四年）と等しく、これには下成基壇に並ぶ礎石があって冒頭の裳階が付いている。但し大官大寺金堂では裳階の梁間が

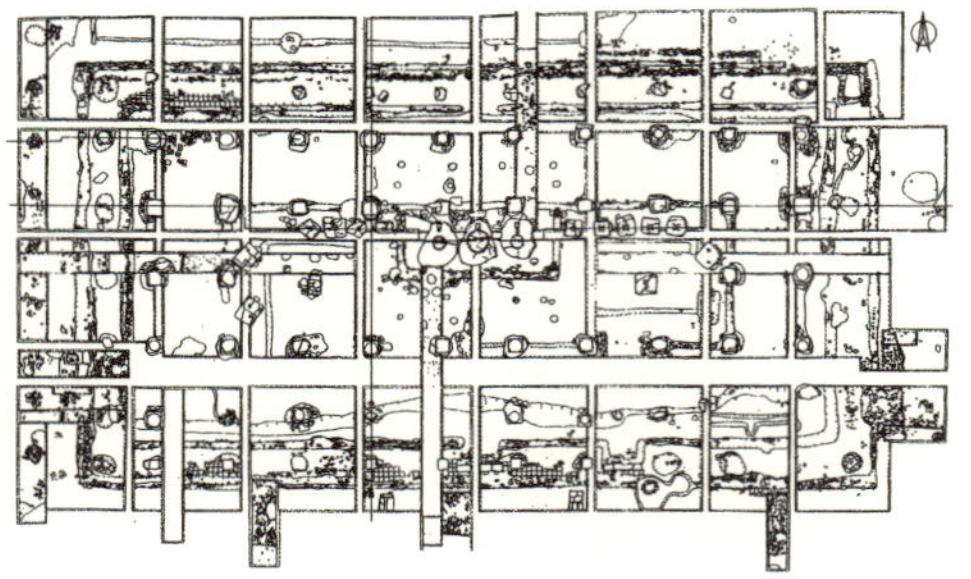

224　皇竜寺金堂発掘平面図

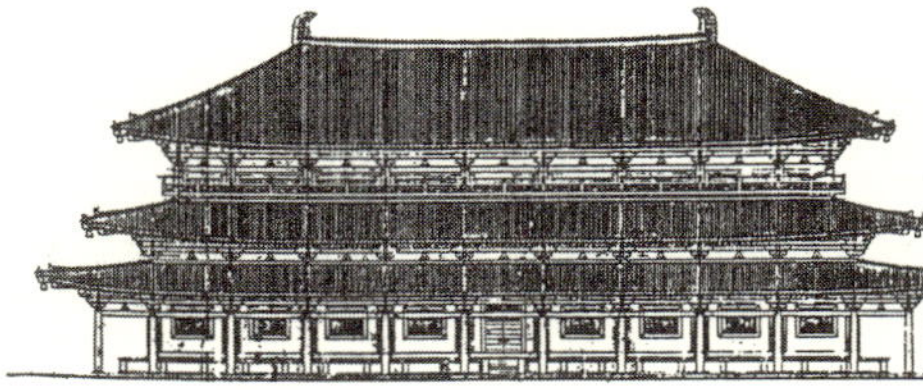

225　皇竜寺金堂復元立面図（金東賢作図）

一五尺程度と推定され、皇竜寺金堂の一二尺強よりやや大きい。

大官大寺では塔も飛鳥時代の他の例に比べて異色で、通常の塔が初重を方三間とし中央間を広くする例が多いのに対して、方五間一一尺等間とする。藤原京内に営まれた小山の大官大寺は文武朝（六九九年）の造営とみられ、「大安寺資財帳」には天皇が九重塔を立てたと記している。一方、六四五年竣工の皇竜寺塔は方七間一〇・五尺等間で九重塔であった。大官大寺では塔が未完成の中に火災に逢ったため基壇化粧石は未着工で土壇のまま置かれていたが、その土壇は方七間にも対応できる広さである。どうもこれは工事途中の変更か或いは組立工程のためか、本来は方七間にすべきところを、罹災時には方五間であったらしい。このようにみると大官大寺の金堂と塔は新羅皇竜寺をそっくり真似て造営されたとみてよいであろう。そのため金堂には飛鳥寺以来久しぶりに下成基壇型の裳階が用いられたのである。大官大寺では軒先瓦に同じ紋様で「大ぶりのもの」（軒丸瓦　瓦当面直径二一・六〜二四・二センチメートル、軒平瓦　瓦当面巾三六・〇センチメートル〜三六・五センチメートル）、と「小ぶりのもの」（軒丸瓦　二〇・五〜二二・〇センチメートル、軒平瓦　三三・四〜三四・〇センチメートル）の二種類があり、いずれも通例のものより大きいのだが、大小は本建用と裳階用かもしれない。

なおこうした下成基壇上の裳階を韓国の研究者が「遮陽間」と名付けたのは感じがでていて面白い。挿図の皇竜寺中金堂復元図も韓国研究者によるもので、本建に宮殿建築の面影がみられ、古代建築の復元にも日・中・韓の三国でそれぞれにお国風りが現れる。

八　平城京六大寺の金堂　（一）薬師寺

和銅三年（七一〇）の遷都から始まる平城京には先ず旧都から移った大安・薬師・元

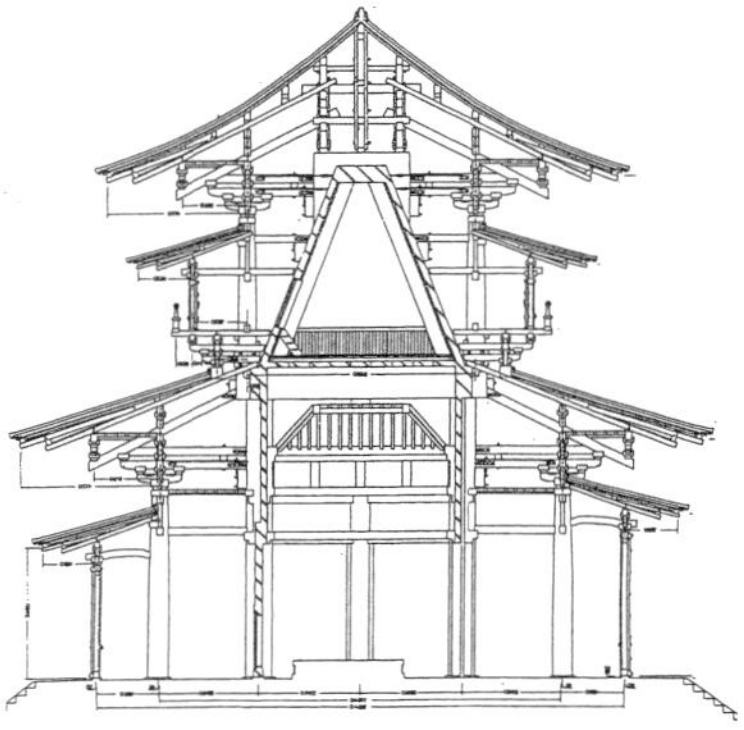

226　復元薬師寺金堂断面図

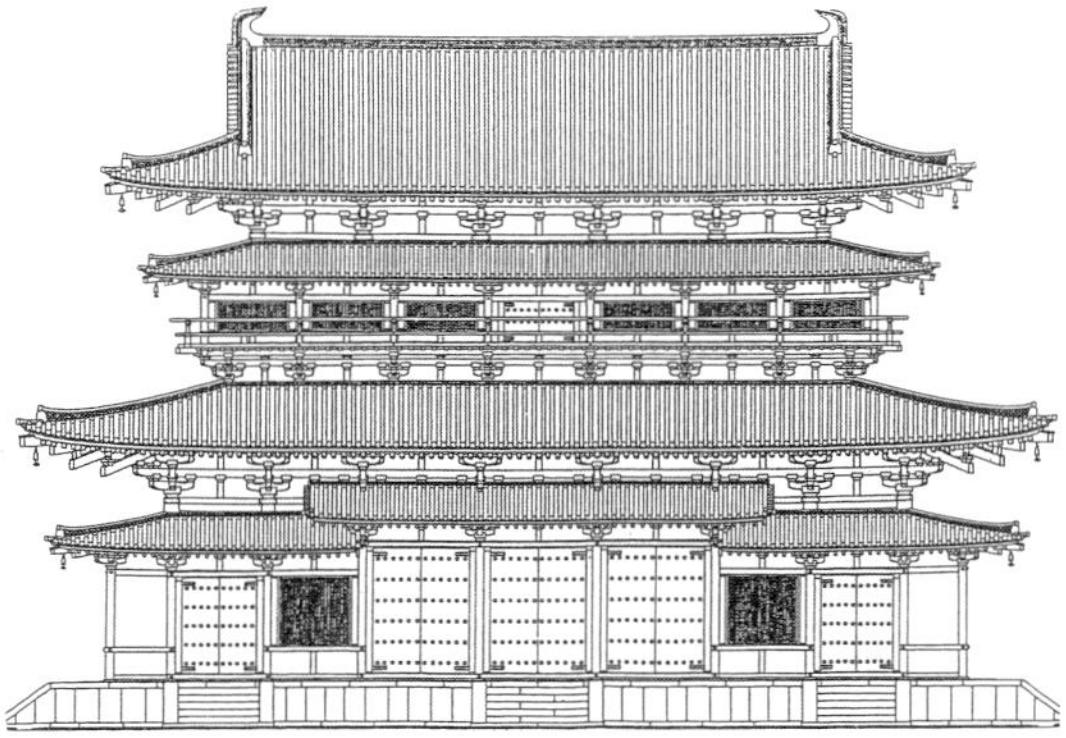

227　復元薬師寺金堂立面図

興・興福の四大寺が造営され、後に聖武天皇による東大寺、孝謙上皇発願の西大寺が加わった。もともと勅願寺であり藤原京では左右両京に配置された大官大寺と薬師寺はほぼ同様な占地で大安寺と薬師寺になり、蘇我馬子建立の飛鳥寺は元興寺、藤原氏々寺の厩坂寺は興福寺となって外京に配置された。後から造られた東大寺や西大寺は規模が大きいこともあって、京外、もしくはそれに近い場所を占めることとなった。

これらの寺の金堂で創建時の建築を遺すものはないが幸に東大寺、薬師寺、興福寺では後世に再建した金堂が旧位置を守って基壇の保護や旧形式の維持に努めてきた。東大寺金堂（大仏殿）は元禄時代再建の建物が現存するし、薬師寺・興福寺は復元金堂が近年竣工もしくは工事中である。一方、大安寺、元興寺、西大寺は旧境内が宅地化して金堂跡の発掘調査すらおぼつかない。このように六大寺では大きな差があるが国家仏教と云われるほどに栄えた奈良時代の金堂の姿を二重屋根の観点から探ってみよう。

最も復元し易いのは同時代の建築である東塔（七三〇年）が遺存する薬師寺で『薬師寺縁起』や『七大寺巡礼記』には「金堂一宇、二重二閣、五間四面」「金堂五間四面瓦葺重閣各有裳層　仍其造様四蓋也」などと記され、二重屋根の本建に上下層とも裳階がつく形式であることがわかる。東塔は三重の各層に裳階がついて屋根は六重となる形式だから全く同じである。裳階は角柱の軽快な構造で軒先は本屋根より内側に納る。金堂の発掘調査では礎石が本建・裳階計六六箇中、二箇所を除く六四箇所に残存し、大半が創建時に据えられたままであることや、凝灰岩製基壇・周囲の雨落溝なども判った。その規模は七間×四間（五間四面）に周囲裳階付で『縁起』の寸法とも一致する。さらに『縁起』には「柱高一丈九尺五寸」の記録もある。

これだけ資料が揃うと復元は比較的容易だが、実は上層の規模や柱配置は全く不明で設

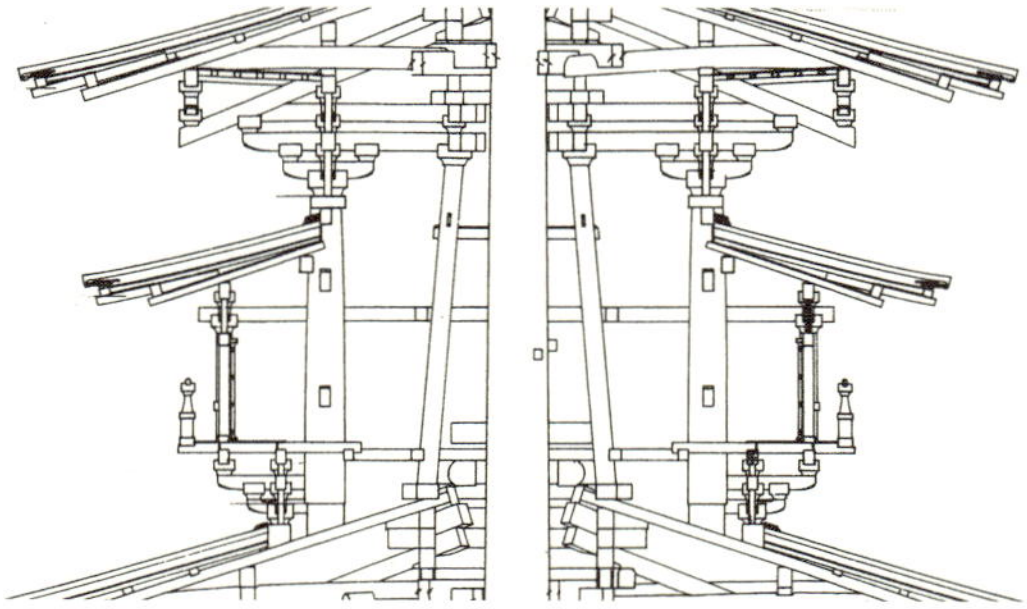

229　薬師寺東塔断面図（二重）

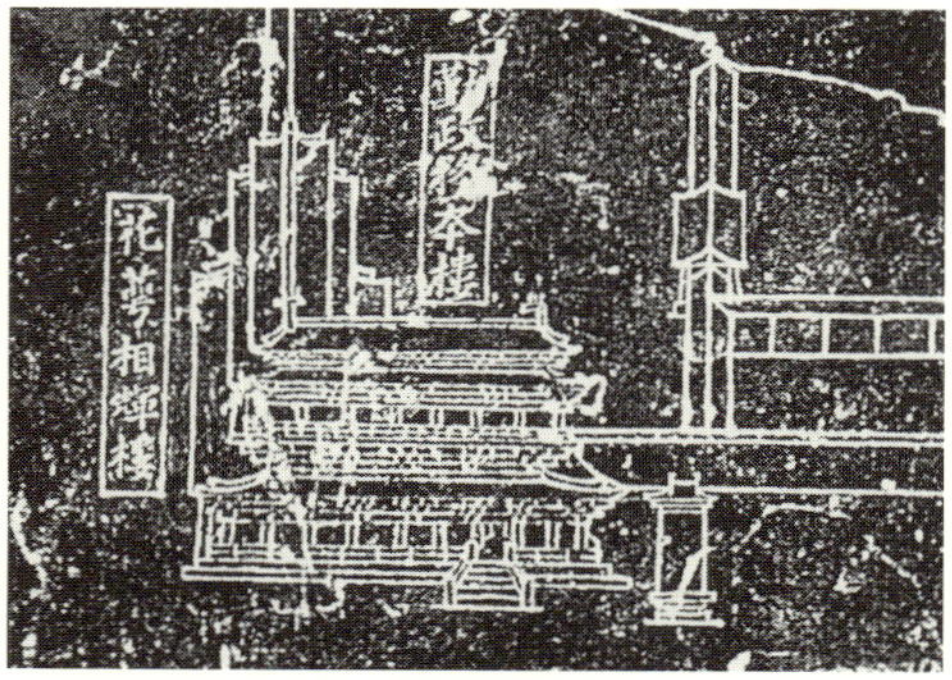

230　興慶宮勤政務本楼

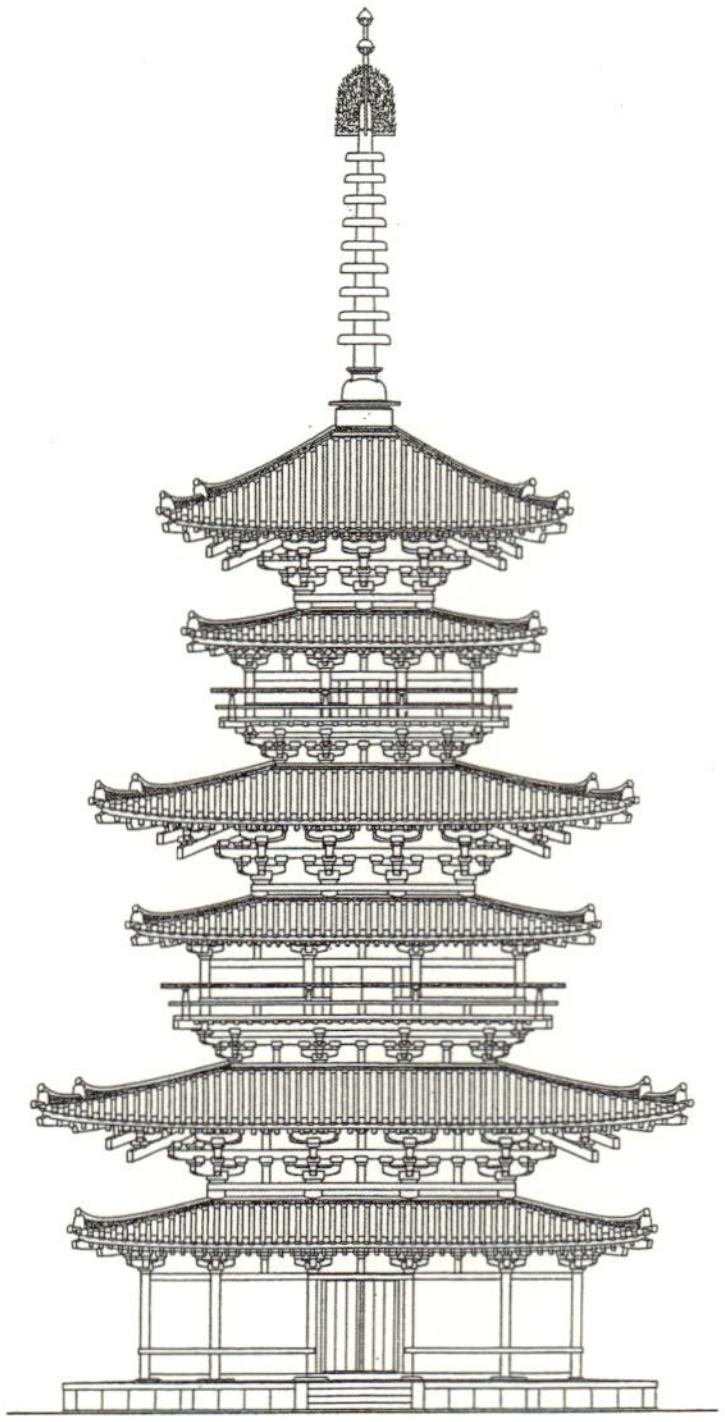

228　薬師寺東塔立面図

計は難行した。結果的には法隆寺金堂を参考にして二重目の側柱筋を初重身舎より一・二五尺外寄りとし、桁行五間・梁間二間としたのだが、法隆寺に倣って桁行を偶数間（六間）、梁行を奇数間（三間）とする案や、外寄りに拡大する寸法をどの程度にするかでさまざまな試行錯誤があった。一・二五尺というのは初重の柱間寸法が一二・五尺と一〇尺の二種類でその整数倍に当り、柱間寸法を定める単位であった可能性がある、といった解釈である。

ところでこの薬師寺金堂や塔の形式は持統朝（六八七〜六九六年）に造営された藤原京薬師寺をそっくり再現したと考えられている。すると二重二閣の形態は白鳳時代の出現となるが、どこから輸入されたのであろう。すぐ思いつくのは中国の楼閣建築の影響で、現に呂大防『唐長安京城図碑』に画かれた長安興慶宮の勤政務本楼は二重屋根の建築の上層に裳階がつき、よく似た形をしている。両者とも腰組で支えた廻縁の上に裳階がのる構造である。しかし楼閣型の腰組は独楽寺観音閣や仏宮寺釈迦塔のように本建に組込まれて強固に造られているのに、薬師寺は垂木上に土居桁を廻らせて大斗を据え二手先の組物を置く。いわば腰組も積層型で組物自体は本建とは何の連結もなく、上に並べた水平な垂木のような縁板を内部に引き入れて、本建の

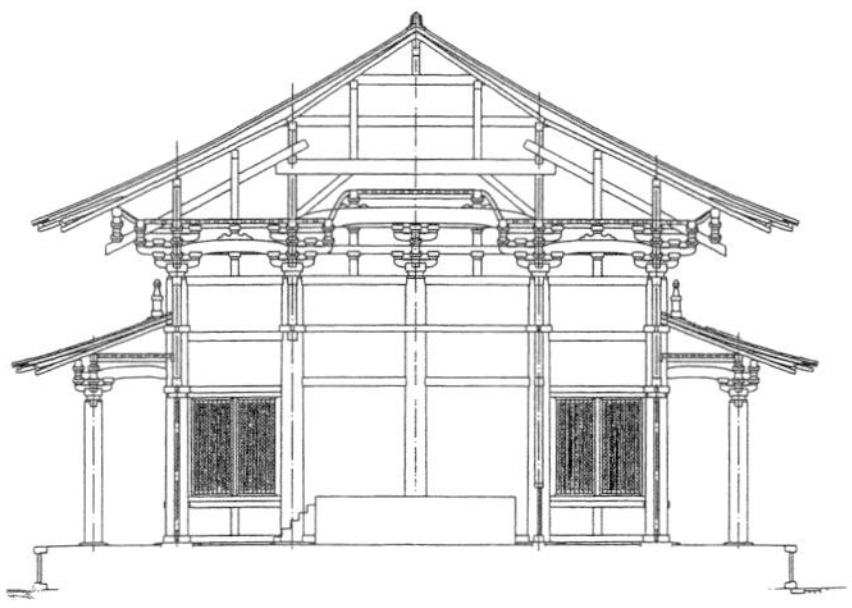

231　復元興福寺中金堂断面図

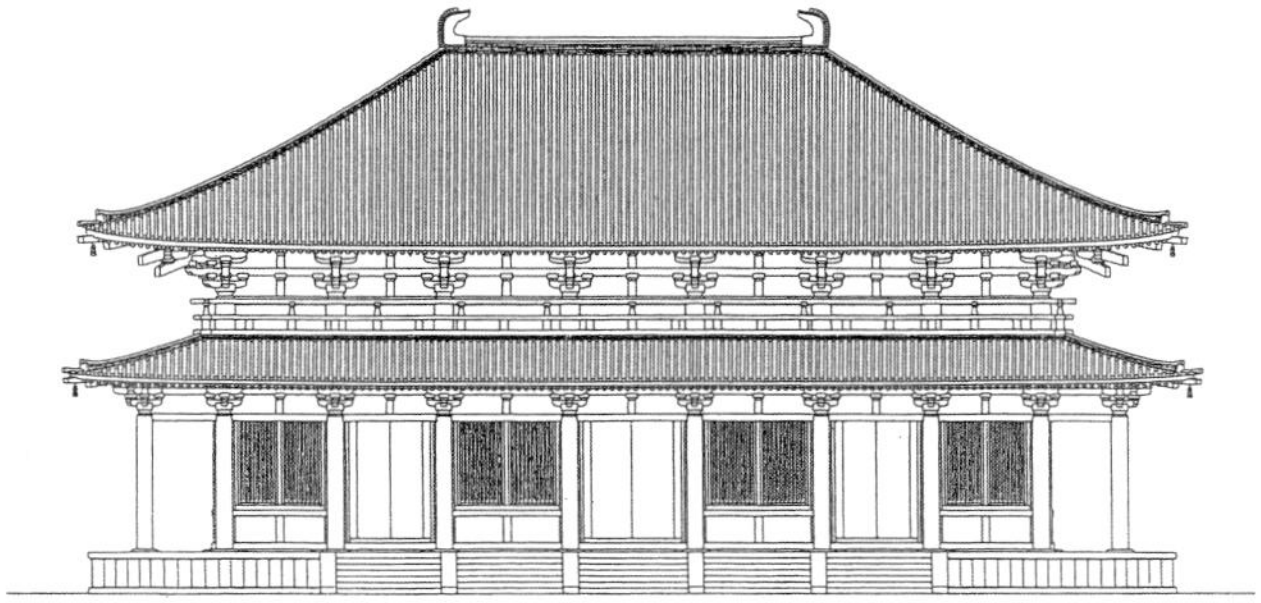

232　復元興福寺中金堂立面図

側柱の内側に廻らせた長押状の横材に釘止めしている。これでみると薬師寺の裳階は楼閣型の外観だけを輸入して積層型に応用したのかもしれない。完成した復元金堂をみると上下層のバランスはさほど悪くなく、心配していた側面観も裳階のおかげで上層が小さ過ぎて不安定に見えるといったこともない。積層型二重建築の上層はどのようにして設計されたのか、興味は尽きない。近年復元された平城宮跡第一次大極殿は法隆寺金堂に倣って積層型の重層建築としたが柱配置が下層九×四間に対して上層八×三間となり、上層の正面に掲げた「大極殿」の額が柱上の組物と重なり合う納まりになってしまった。

なお薬師寺金堂は丈六薬師像を安置するが復元の内陣天井高を二七・五尺としている。これは初重に裳階がつくため側柱が一九・五尺と長いからで、角柱の軽い裳階でも内部空間の拡大に極めて有効なことがわかる。因みに唐招提寺金堂の身舎（内陣）柱長さは一九・五尺でこれと等しく、薬師寺と類似の角柱裳階をつけた平等院鳳凰堂（一〇五三年）は本建の柱長さが二〇・〇尺である。

九　平城京六大寺の金堂（II）興福寺と東大寺

興福寺は平城京では最も早く造られた寺で、遷都と同時に着工して金堂は和銅七年（七一四）完成と伝える。その伽藍配置は金堂の前庭を回廊で囲む新型で興福寺式と呼ばれ、以後の奈良時代寺院の典型となった。前代までは同じ回廊の中に塔と金堂が近接して建つ配置であったのを分離したもので、金堂中心の伽藍の誕生といってよい。

興福寺の中金堂はそれにふさわしく桁行七間・梁間四間（五間四面）の周囲に裳階を廻らせ、全体では九間×六間となる大規模な二重屋根の仏堂である。『七大寺巡礼私記』には「金堂一宇五間四面瓦葺南向有重閣有戸三間、四面廻廊」と記され、その具体的な姿は良好に残存する創建時の礎

233　東大寺四至図（部分）

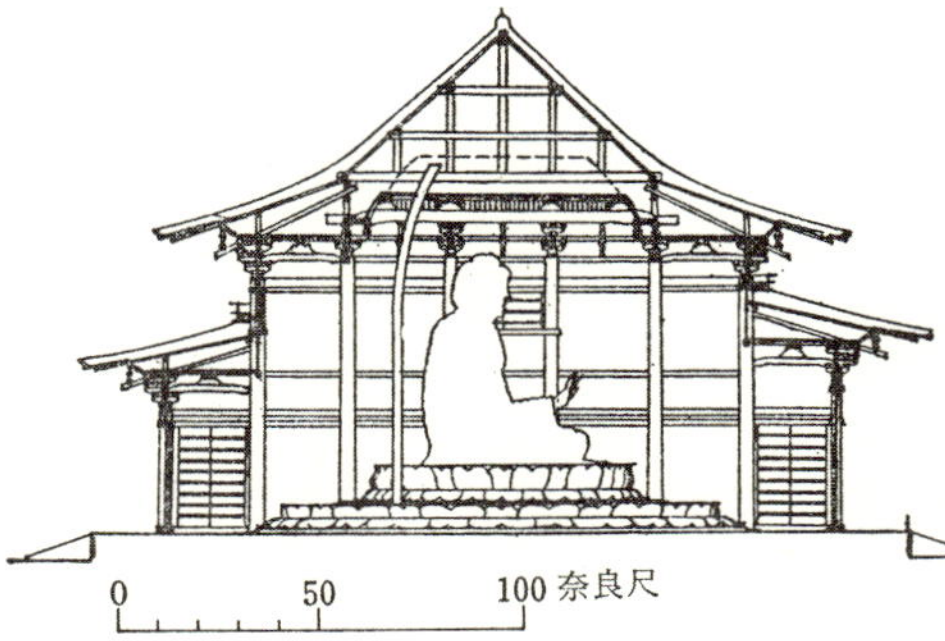

234　東大寺大仏殿復元図（福山）

石・基壇や豊富な古図・絵画資料などから容易に復元できる。それは七回の罹災にも拘らず常に当初の形態を守る再建が行われたためで、現在復元工事が進行している。

この金堂で最も注目されるのは梁間一〇尺の周囲裳階が全部吹放しで内側に本建の扉と連子窓を配列することである。興福寺の伽藍配置や金堂のルーツは未だ明らかになっていない。しかし大官大寺は塔が近接するけれども金堂両脇に廻廊が接続するし、金堂の裳階は下成基壇上に建つため当然すべて吹放しである。どうも興福寺はこの直前の時期に建立された大官大寺を改良・発展させたのではなかろうか。中国では古くから裳階付大型建築の伝統があり、情報として伝わったその形態をこうした姿で再現したと思われるのである。なお貞和三年（一三四七）完成、享保二年（一七一七）焼失の最後の中金堂は、延宝三年（一六五七）の実測図では本建の軒先を裳階軒先より前方へ延しているが、その実寸約二〇尺は四手先組物と枯木を用いた中世式技術によるもので、古代には無理とみて復元では三手先組物にしてやや内側に納めている。

これに対して聖武天皇が造った東大寺金堂（大仏殿）は恐らく正規の中国式裳階型二重仏堂であろう。現在の大仏殿は元禄再建時（宝永六年〔一七〇九〕完成）に両脇二間ずつを縮少して桁行七間・梁間七間の規模になっているが、創建時は九間×五間（七間四面）の本建に裳階をつけた一一間×七間の大建築であった。『巡礼私記』は「大仏殿一宇高十二丈六尺或云十二丈一尺四寸東西長廿九丈、南北広十七丈、七間四面有（裳）層、仍二蓋」と記している。その姿は天平勝宝八年（七五六）の「四至図」（正倉院蔵）に画かれ、屋根が寄棟造で上層には高欄を廻らす。上下層とも軒の出は大きく、『信貴山縁起絵巻』では下層の組物を三手先（絵では斗栱一段を省略）とするから、上層は三手先あるいは四手先であったと思われる。裳階の梁間が広く本建の庇の寸尺（一三

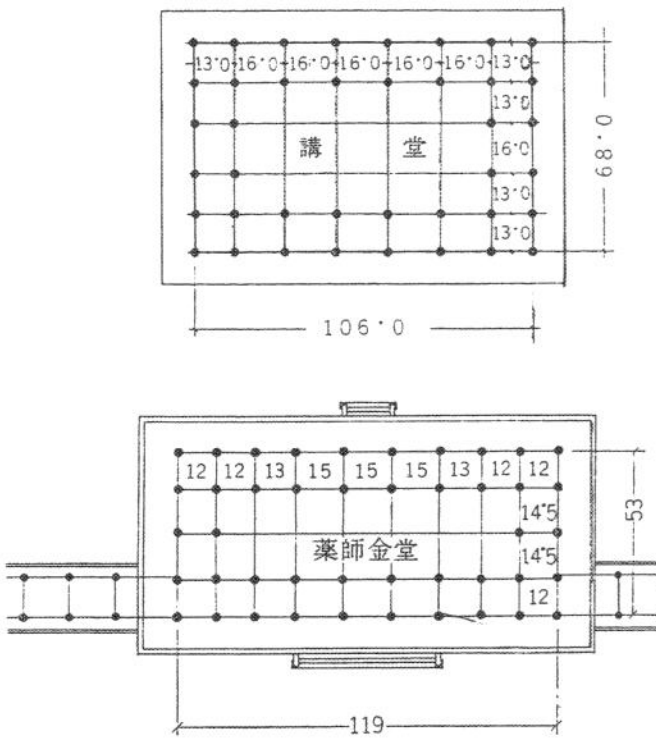

236　西大寺薬師金堂・弥勒金堂推定平面図（大岡実案。弥勒金堂を講堂としている）

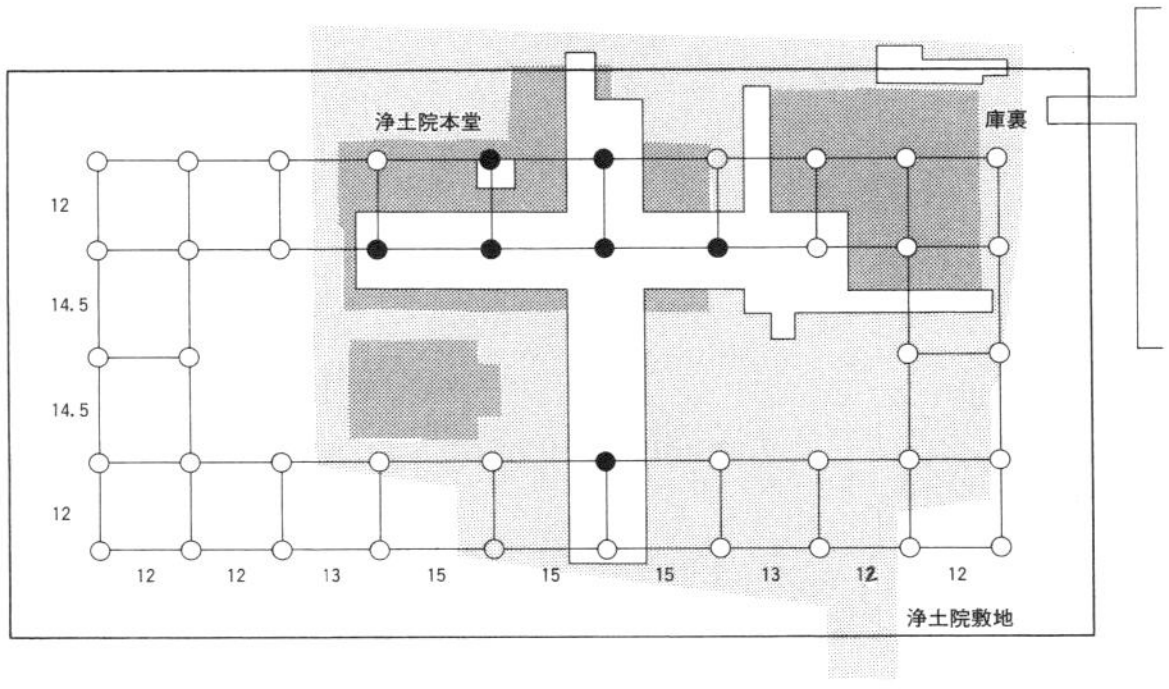

235　西大寺薬師金堂復元模式図（奈文研紀要 2008）

尺）と等しいことや、裳階の外周に扉・連子窓を設ける点が興福寺とは異るが、屋根の寄棟造は共通する。飛鳥・白鳳時代には法隆寺や薬師寺の金堂のように入母屋造が主流であったが、奈良時代には寄棟造が主流となったことを示している。中国では伝統的に寄棟造を最も上格の形式としている。

一〇　平城京六大寺の金堂　（三）元興寺ほか

金堂跡が宅地化した三寺のうち二重屋根とわかるのは元興寺である。『巡礼私記』に「金堂一宇五間四面南向瓦葺有重閣　又四面有歩廊」とあり、この書き方は興福寺金堂と全く等しい。続いて「南面上層有額、其文云彌勒殿、惣堂礎并甃等勝諸寺、柱絵等同神妙也」と誉めている。また長元八年（一〇三五）の『堂舎損色検録帳』は「七間二重金堂一宇」として以下に破損箇所をあげ、それによって上層は入母屋造で壁と扉で囲われ、高欄を廻らすこと、下層も壁と扉があることなどがわかる。住宅改修時の部分発掘で巨大な礎石が七箇発見されたがすべて移動されていた。しかしその旧位置を推定し周囲の地割と照合すると、基壇の大きさは興福寺と同じか、やや大きいらしい。身舎と推定される礎石に残る柱痕は直径三尺弱でこれも興福寺と近似する。以上が現時点の情報の全部である。

これからすると元興寺金堂は興福寺と同形の裳階型二重建物で屋根だけ入母屋造と考えることもできる。しかし上層の扉が活用されるとすれば法隆寺金堂や中門のような積層型かもしれない。もともと元興寺の伽藍配置は中門から発した回廊が講堂へ接続し、その内庭に金堂が独立して建つ古い形式である。入母屋造であることも奈良時代伽藍の中心建物らしくない。そう考えるといずれとも決め難いのが現状で、新資料の発掘をまつほかない。

これに対して単層と推定されるのは大安寺と西大寺の金堂である。大安寺は『巡礼私記』に「金堂一宇五間四面瓦葺　四面有歩廊」とあり、他の資料にも重閣や裳階の表現は全くでてこない。「資財帳」では柱高を金堂一八尺、講堂一七尺、食堂一七尺と記していて三棟とも単層建築であったことを思わせる。因みに唐招提寺金堂の柱高は一六尺である。大安寺の前身が飛鳥最大の寺であった大官大寺であることを思えばこれは不思議というほかない。大官大寺金堂は下成基壇型裳階という古い形態ではあるが二重屋根であった。どうもこれは道慈の改造に関わるのではあるまいか。道慈が大安寺の造営に携ったことは『続日本紀』にみえるし、『扶桑略記』天平元年（七二九）条には唐から帰朝した道慈が西明寺の伽藍の図を持ち帰ったのを聞き、天皇が悦んでそれをもとに大安寺の改造を命じたことが記されている。唐の新しい文物は当時憧れの的であった。

実は大安寺では大小一組の軒先瓦が出土する。普通なら本建用と裳階用の組合せであるが該当する建物は全く見当らない。一方、講堂跡からは黄色と緑色の釉薬による二彩の垂木先飾陶板が発掘されている。西大寺西塔跡からも三彩釉の垂木先飾板が発見されたが、「資財帳」によるとその金堂の屋根には中国風の金銅製の各種装飾用具がのって大変に派手な建物であったことがわかる。これらを結び合わせると大安寺は始め裳階型金堂の建設にかかったが途中で変更され、西大寺の前駆となる中国風の建築が造られたのではあるまいか。西大寺では薬師金堂と弥勒金堂の二棟の金堂があって講堂はない。このうち前方の薬師金堂は近年一部が発掘調査されて規模が判明したが、その柱配置からみても単層の仏殿としてよい。「資財帳」は弥勒金堂のみ二重と記し、二棟の金堂では薬師金堂の屋根の装飾が格段に豪華なことを伝えている。大安寺金堂から西大寺薬師金堂へ、その新しい風潮で単層の金堂が伽藍の中心に建つことになったのだが、西大寺では伝統への慮りがあって重層の弥勒金堂を加えた、これが私の推理なのである。

弥勒金堂は位置さえ未確認だが「資財帳」に規模の記載があり、それによって柱配置の推定が行われている。その代表的な案は大岡実によるもので、桁行七間、梁間五間に復元している。注目されるのは身舎を梁間三間とすることで、この推定が正しければ本建を身舎だけとする裳階型二重建築の出現が推測され、この形式では最も古い例となる。同型は平安京に造営された東寺金堂で、現在の建物は慶長八年（一六〇三）の再建になり、五間×三間の身舎周囲に裳階をつけた七間×五間の二重屋根である。しかしその礎石や基壇は創建時のもので、建久三年（一一九二）の修理用材木申請書によると当初の建物も身舎柱と庇柱による裳階型二重屋根であったことがわかる。興福寺中金堂や東大寺大仏殿など奈良時代の裳階型建築は本建が身舎・庇の構成で、それに裳階がつく形式であったが、平安時代初頭の東寺金堂で本建が身舎だけとなったのである。その際、恐らく軒を支える三手先もしくは四手先（現東寺金堂は四手先）の組物の尾垂木尻を支持するために、身舎の大虹梁を従来の梁行方向だけでなく、両端間では桁行方向の梁を加える必要が生じて、身舎側面が三間になったものと思われる。身舎両端間に冂形に大梁を架ける構法は校倉ではそれが定型であり、仏堂でも奈良末～平安初期の当麻寺曼荼羅堂に冂形の架構が出現する。西大寺弥勒金堂は本建を身舎だけとする裳階型二重屋根の最初の建築であった可能性が高い。というのも実は私は平安京の東寺と西寺を官僚による定形的な設計による建築と考えているからで、両寺

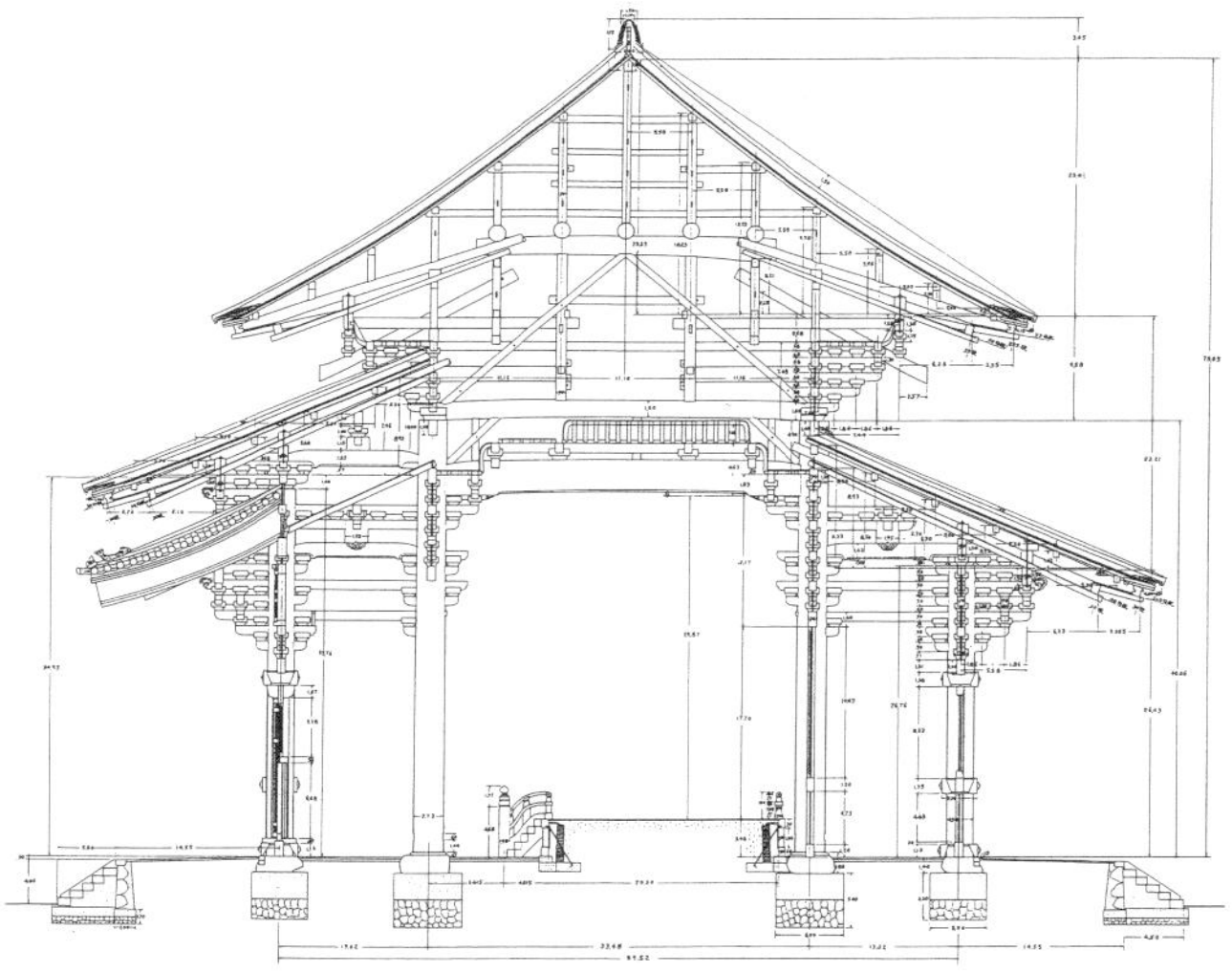

237　東寺金堂断面図

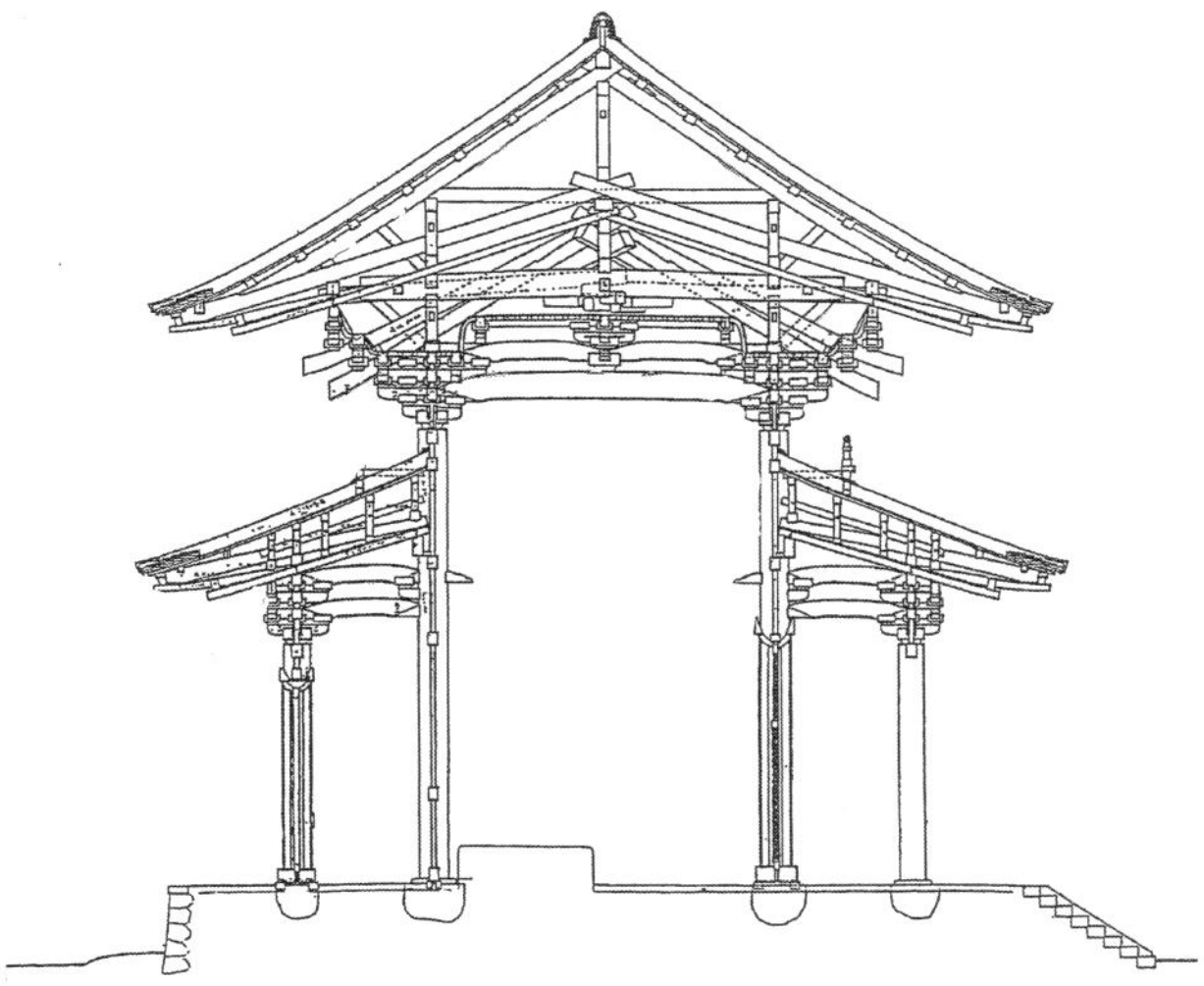

238　喜光寺本堂断面図

の伽藍配置や堂塔の規模が全く等しいのはその現れであり、そのような状況では新しい構造の誕生は望めず、先例があった筈である。それが西大寺弥勒金堂と思われるのである。

なお喜光寺本堂（室町時代初期）は同型でも本建の梁間を二間としているが、これは中世に発達した新形式の架構によるもので、古代には適用できない。現在の東寺金堂も梁組や小屋組はすべて近世式に造られている。

一六　薬師寺新移建論
――西塔は移建だった――

一　東塔の移建・非移建説

薬師寺は天武天皇の勅願をうけついだ持統・文武両帝が藤原京に伽藍を建立したのが始まりで、のちに平城遷都にともなってその右京六条二坊に当たる現在地に移され、改めて新伽藍を造営した。新旧両伽藍とも金堂の前方に東西二基の塔を配置する双塔式であるのが特色で、しかも遺存する礎石でみるとそれらの建物の平面規模や相互間隔は全く等しく、いわば新伽藍は旧伽藍をそっくりコピーしたような形となっている。平城京の薬師寺はその後天禄四年（九七三）の火災、文安二年（一四四五）の大風、享禄元年（一五二八）の兵火など度重なる災害をうけたが、東塔だけは奇跡的にこれらをまぬがれ、創建伽藍の唯一の建築物として現存するのである。

この東塔が元来は藤原京の薬師寺から移されたものだとする移建説を、関野貞が早く明治三十六年（一九〇三）に「薬師寺東塔考」(1)として発表している。関野貞といえば有名な法隆寺再建・非再建論争の建築史側の立役者で、そのきっかけとなった論文「法隆寺金堂塔婆及中門非再建論」(2)を発表したのが明治三十八年であったから、古代寺院の建築や仏像の造立年代をめぐる論争の出発は、法隆寺より薬師寺の方が先であったことになる。関野の論旨の中心は東塔を白鳳期の建築とする点にある。法隆寺の金堂・五重塔・中門および法輪・法起両寺の三重塔を推古時代の建築、東大寺法華堂・同転害門・正倉院宝庫、法隆寺夢殿・同伝法堂・同東大門・同食堂、栄山寺八角堂、当麻寺東・西塔、唐招提寺金堂・講堂などを天平期の建築とするのに対して、薬師寺東塔を唯一の白鳳期の建築に位置づける。そして白鳳期と天平期のものを合わせて奈良時代の建築という、と定義している。これらは、推古時代の建築は中国南北朝時代（四二〇〜五八九）の様式が朝鮮半島を経て日本に伝えられたものであり、奈良時代の建築は白雉四年（六五三）の遣唐使を皮切りに、大化改新後の孝徳朝以降唐との交通が本格的に開かれて、進歩したその文化が日本に流れこんで成立したとする歴史観に基づくもので、白鳳期は未だ前代の手法を混用した過渡期に当たるとしているのである。

関野がここにあげた様式史的時代区分の図式と該当する建造物名は、それから百年以上を経た今日でもほとんど変わっていない。明治三十六年といえば、古社寺保存法が明治三十年に公布されて、古建築の調査や修理が始まってからわずか数年後のことである。関野は初代の奈良県古社寺保存技師として明治二十九年十二月に東京から赴任した。以後明治三十四年九月に東京帝国大学工科大学助教授に任ぜられて帰京するまで、精力的に県内の古建築を調査するとともに、新薬師寺本堂（明治二十九〜三十一）、法起寺三重塔（明治二十九〜三十一）、唐招提寺金堂（明治三十一〜三十二）、薬師寺東塔（明治三十一〜三十三）、秋篠寺本堂（明治三十一〜三十三）、東大寺法華堂（明治三十二〜三十四）、興福寺五重塔（明治三十二〜三十四）、室生寺五重塔（明治三十二〜三十四）の修理工事を次々に立ち上げてこれらを監督している。前述の年代分類はこうした豊富な経験に裏打ちされたものであった。

関野は次に東塔の細部をとりあげ、これが法隆寺など推古時代の様式と唐招提寺など天平期の形式との中間に位置する過渡期の性質のものであることを詳述している。その項目は以下のとおりである。

（一）基壇は後世改修されて当初形式は不明だが、おそらく法隆寺金堂と同じ凝灰岩の切石積みであろう。

（二）礎石は花崗岩で上面に方形の柱座を作り出し、裳階ではさらに地覆座を高く作り出す。これは推古時代には例がなく、当期に初めて行われたと思われる。なお床の敷石は基壇と同じ凝灰岩である。

（三）柱は足元が太く頭部で細くなって腰部にはきわめて少ない膨らみをもつ。その割合は法隆寺金堂と唐招提寺金堂の中間で、全体の釣り合いもよい。

（四）組物は普通の斗と肘木を用いた三手先で、もはや法隆寺のような雲形肘木から脱却した構造になっているが、肘木の下面に薄い作り出し（舌）があるのは同様な舌をもつ法隆寺のものと親密な関係があることを示す。広い軒天井をもつのはこれがない法隆寺より一段進歩しているが、当麻寺両塔や唐招提寺金堂が支輪をつけ、隅では鬼斗を用いるのに比べると未だ幼稚である。
（五）軒は推古時代には一軒を常としたが、この塔婆で初めて飛檐垂木をつけた二軒となった。
（六）高欄は全体の成が高く架木・平桁に反りをつけず、かつその端を垂直に切る。また斗束は撥形で、これらは皆当期の特徴である。
（七）相輪は長さ・形状とも均衡がよく、露盤・受花は特色がある。特に飛天を刻んだ水煙は豊麗かつ雄健ですこぶるみるに足る。また橑には陰刻の銘文があり舎人親王の撰と伝える。
（八）内部は折上組入天井で支輪が直線形なのは簡古かつ雄大である。
（九）装飾は内外木部丹塗りで、垂木・尾垂木等の端や長押には飾金具を打った跡があるが、今は一片も留めない。内部の天井格間に宝相華文を画き、支輪板には宝相華と蓮華の唐草文を交互に彩絵するが、その模様はきわめて典雅優美である。
（十）塔内には当初塑造の釈迦八相成道形が置かれ、今でも当寺の宝蔵中に数十百の塑像の断片を収めるが、塑土が剝落した木骨ばかりで、当初の形式が判らないのは惜しい。

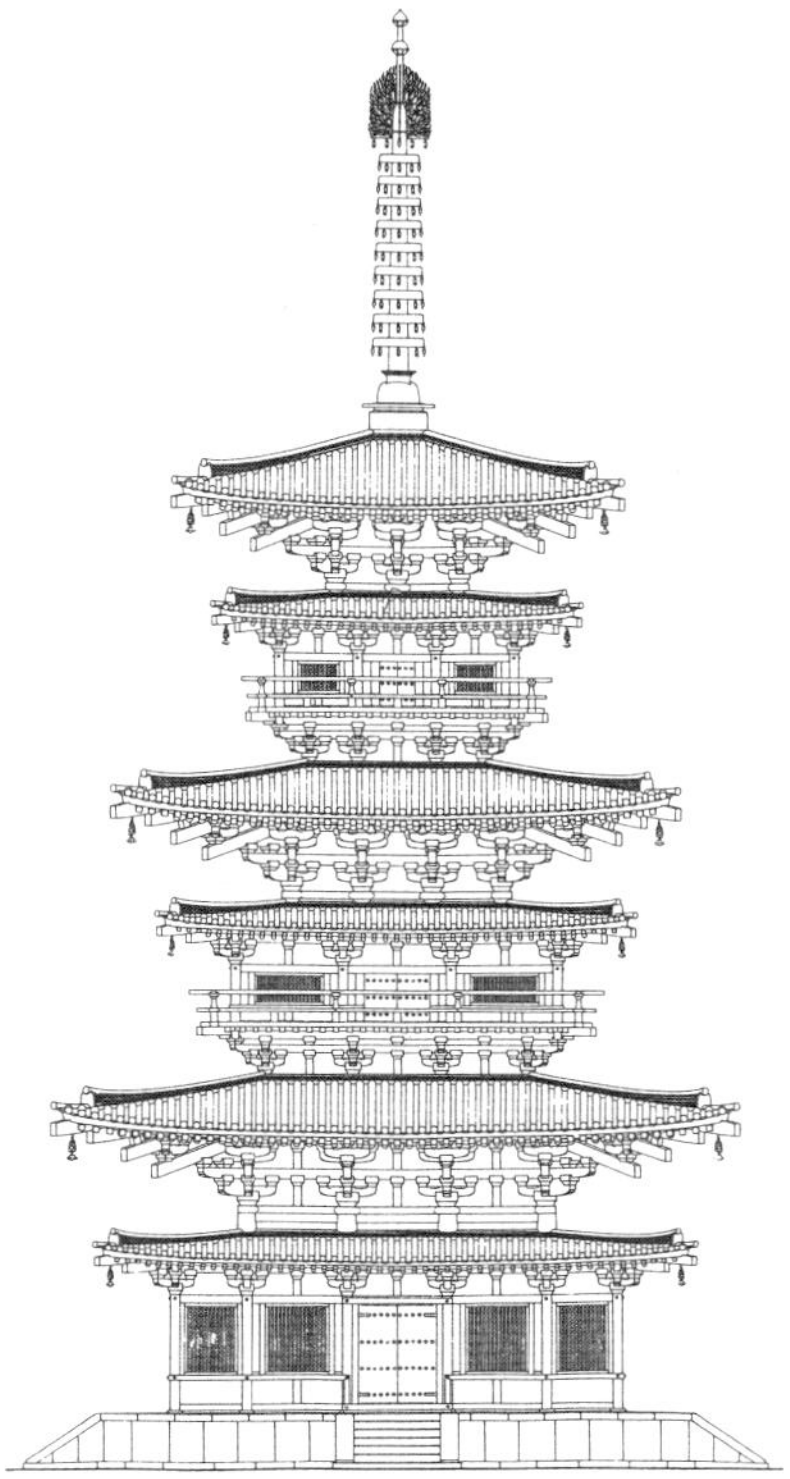

239　薬師寺東塔復原立面図
（『薬師寺東塔に関する調査報告書』より）

関野があげたこれらの東塔の細部の特色は、今でも白鳳様式の説明によく使われていて内容にさほどの差はない。強いていえば現在ではもう少し細かく次のような点が追加されている程度である。まず最も特色が濃い組物では

①　構成する部材の寸法が大きく、かつのびのびしている。
②　肘木の上面に施す笹繰が大きく力強い。

③　巻斗は木口を正面にみせた木口斗とする。
④　前方へ差し出す肘木の先端だけに斗を置き、後世のように手先ごとに斗が並ぶ形式に比べ初歩的である。
⑤　尾垂木は直線で木口を垂直に切る（法隆寺様式と同じ）。
⑥　三手先目の出がきわめて大きく、尾垂木上の枰肘木が他より短い。
⑦　丸桁下に実肘木を用いない。
⑧　以上のことから組物全体が簡明であり、また機能的に丸桁を前方へ差し出すことに徹していてきわめて力強い。

そのほかには軒が二軒で、地垂木が断面円形・飛檐垂木が角形のいわゆる「地円飛角」と呼ばれる最上の格式であること、しかしそのいずれも法隆寺式と同様に直線形の部材で後世のように反りをもたないこと、天井格間の宝相華文彩色が法隆寺金堂や五重塔では一間一花であったのが、薬師寺東塔から四間一花になること、などがあげられよう。

さてここで本題に戻ると、以上のような白鳳様式の考察を経て関野は東塔の建立年代について、『扶桑略記』等には天平二年（七三〇）とあるけれども、寺の創立縁起を記す檫銘は文武朝に作られたに違いないから、少なくとも相輪は旧寺より移したもので、建物も移築の可能性が高いとする。ところが今の橿原市木殿の地に残る本薬師寺の東塔跡を調査すると、建物の規模はほとんど同じなのに裳階の礎石がみられない。そこで相輪の長さからみてもここには五重塔が建っていたと推定する。その結果、新寺の塔は旧寺の材料を使って五重を三重に改めて裳階を付加し、旧寺から運んだ相輪の長さに調和する形姿にしたと結論するのである。関野は建築だけでなく飛鳥・奈良時代の彫刻についても多くの論文を発表して、仏像の時代区分を行っている。薬師寺に関しては既に明治三十四年（一九〇一）に「薬師寺金堂及講堂の薬師三尊の製作年代を論ず」(3)があり、そこでは後者を白鳳創建期、前者を養老移建期の作としている。そうした眼からみて水煙は彫刻史上まさに白鳳期のものであり、少なくとも相輪は旧寺から運んだに違いないと確信しているのである。

薬師寺東塔は三重塔ではあるが各重に裳階がついて屋根は六重になる特異な形式で、五重塔に匹敵する規模と高さをもっている。金堂も同様な姿であったことは平安時代後期の『七大寺巡礼私記』に「金堂五間四面瓦葺、重閣各有裳層、仍其造様四蓋也（後略）」

と明記されている。ところが本薬師寺では金堂跡も礎石配置から判る建物の規模は平城薬師寺と同じなのに、やはり裳階の礎石はない。そのため関野は新寺の金堂は旧寺の金堂を移建して裳階を付けたもので、法隆寺金堂に裳階が後から付加されたのと同様だろうと考えた。しかし塔はそのままというわけにはゆかないので、平面規模からしても旧寺は五重塔のはずと推定したのである。ついでに記すと面白いことに、関野は昭和四年にまとめた「日本建築史」(4)（アルス建築大講座）では、「思うに遷造の際、旧寺の三重塔の柱だけを長くし、新たに裳階を巡らしたのであろう」と改めている。これは旧寺ではなかった釈迦八相の群像を新寺に作ったので、それを保護する裳階を新造したとする解釈を加えたためで、それには法隆寺五重塔のように初重だけ裳階をつけるとかえって恰好が悪いから、二重・三重にもつけて全体の形を整えたと考えたのである。

関野の移建説に対して歴史家喜田貞吉が反対論を発表し、それに対して平子鐸嶺がまた反対する。丁度法隆寺再建非再建論争と同じ構図で、喜田の論文(5)は明治三十八年（一九〇五）に再建論と並んで登場する。喜田の説は『扶桑略記』に「天平二年三月廿九日、始建薬師寺東塔。」とあるのだから、東塔はこの時の新築に違いないとするもので、これは法隆寺が『日本書紀』に「天智九年の火災で焼けた」と書かれているから、今の伽藍はその後の再建だというのと同じ姿勢である。そして檫に刻まれた銘文もこの時のものとする。これに対して平子は銘文は従来の伝え通り文武朝のもので、関野が水煙と一緒に飛鳥京から運んだというのに賛成だと述べている。(6)この歴史家同士の論争はしばらく続き、(7)その中で平子がこの檫銘を唐長安の西明寺鐘銘から借りたものと指摘する貴重な成果も生まれた。一方、喜田は長和四年（一〇一五）の『薬師寺縁起』に「流記云、宝塔四基、二口在本寺云々」とあるのを追加し、「流記」が書かれた天平・宝亀のころに本寺すなわち藤原京薬師寺にも二基の塔が存在したのだから、平城薬師寺の塔は新築だ、と自説を補強した。

以上が東塔の移建非移建説の第一段階で、辷り出しは法隆寺論争とよく似るが、その後はほぼ建築史家の発言に限られてくる。まず大岡実は新旧両寺の遺跡を綿密に実測して伽藍配置を復元した上で、両者が全く等しいから本薬師寺の金堂や塔にも裳階があったはずで、東塔が奈良前期（白鳳期）の様式をもつのは旧寺から移建したためだとする。いわばそっくり移建説である。これは昭和四年（一九二九）に発表されたもので、(8)大岡は平城京の官寺が興福寺を筆頭にすべて塔が金堂を囲む回廊の外に建つ新式の伽藍配置となるのに、独り薬師寺だけが前時代の形式を踏襲したことの特異性を強く指摘している。「宝塔四基、二口在本寺」とあるのは少し

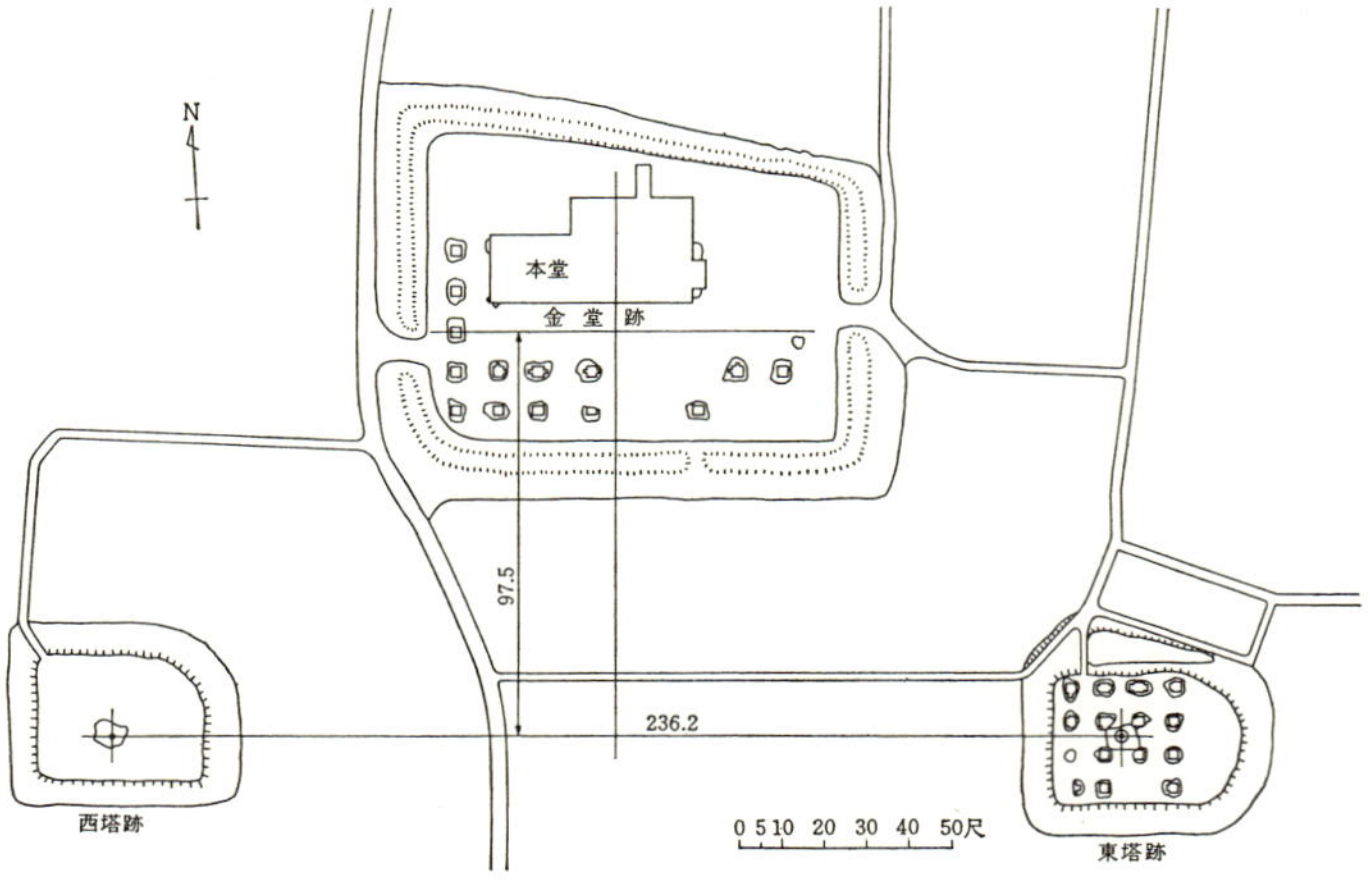

240　本薬師寺跡実測図

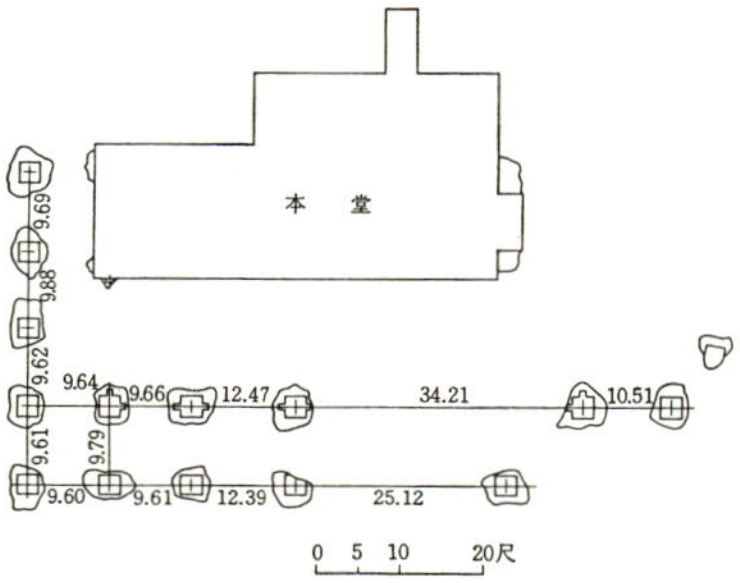

242　同　金堂跡実測図

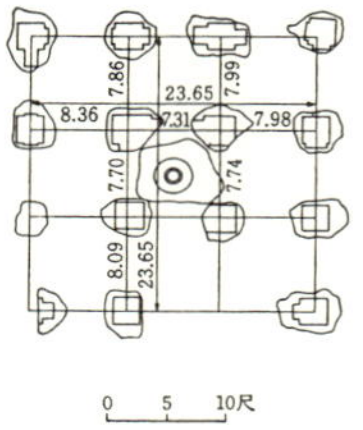

241　同　東塔跡実測図

（『奈良六大寺大観　六　薬師寺』（岩波書店）より）

気になるが、それなら金堂も残っていたはずで、その記載がないのだから不審だとしている。

これに対して足立康は昭和五年から七年にかけて薬師寺に関する大量の論文を発表し、建築史家としては初めて非移建説を唱える(9)。その論旨は本薬師寺には平安時代後期まで毎重裳階附の三重塔が残っていたのだから平城薬師寺の塔は新造で、その形態は全く旧寺のものに則ったとするのである。そして檫銘は旧寺の銘文の転刻とする。この足立説の根幹は承暦三年（一〇七九）に落慶供養された京都法成寺の東西両塔が『中右記』に「移薬師寺塔成二基、三重、毎重有母層（下略）」と書かれている（長承元年〔一一三二〕二月二十八日条）のを、文字通り移築と解釈したことにあるが、これには「移す」は「写す」の意でそれなら平城薬師寺の塔を倣えばよく、本薬師寺に塔が存続した証拠にはならないとする反論が出て影が薄くなった。

戦後の両説は東塔の部材そのものをめぐって展開する。それは昭和二十五～七年（一九五〇～二）に東塔の屋根葺替修理が行われたからで、工事に直接関わった奈良県技師日名子元雄は斗や肘木に寸法、笹繰や舌の有無、木口と平の使い勝手などからみて二種類あるらしいと報告した(10)。それをうけて福山敏男が二種類あるのは移建の際に補修材が加わったためと解し、昭和三十三年に単行書

『薬師寺』(11)で移建説を述べたのである。同じように宮上茂隆は裳階の柱に内部が風蝕しているものがあることから、東塔の本体は平城京で新築されたが裳階は旧寺から移築したとする新説を、昭和四十九年（一九七四）に発表した。(12)そして西塔に旧寺からの本体を用い、その裳階は新築としている。しかしこれらは近年の薬師寺白鳳伽藍復興事業の中で、西塔を復元するために行った東塔の詳細調査の結果、否定されている。すなわち調査に当たった浅野清は、部材にはかなりの差異が認められるが、この程度のバラつきは古代建築では許容範囲の内であり、裳階の柱も中古の修理で裏返したもので、旧寺から移築した可能性に触れる事実は発見できなかったと報告している。(13)こうした移建非移建説の推移をみると、やはり『薬師寺縁起』に「流記」をひいて「宝塔四基、二口在本寺」とあるのが大きい。移築には新築と同じほどの工事費がかかり、そのあとにまた同じものを再建するというのはいかにも非合理だからである。そうしたことから現在では、東塔は白鳳期の様式ではあるが天平二年の新造とする見方が大勢を占めている。(14)

二　西塔は移建だった

　薬師寺では近年白鳳伽藍の復興事業が進み、既に金堂・西塔・講堂・中門と回廊の約七割ほどの復元が終わって、かつての金堂・講堂が近世の仮堂で東塔のみ独り聳えたっていた時代とは、伽藍の姿が一新した。金堂の前方に東西両塔の建つ双塔式伽藍配置が眼前に展開し、各重に裳階をつけたそれらの建築群が、平安時代から「竜宮造り」と称賛された壮麗さを実感させてくれる。その中でも西塔は復元に当たって東塔を詳細に調査し、いわばその創建当初の姿を忠実に再現した点で、他に類のない復元建物であり、法隆寺昭和大修理の中で積み上げた古代建築研究の学術的な成果の一端を示すものとなっている。東塔と西塔を見比べると、裳階の白壁が連子窓となること、三重目は軒の出が大きくなって屋根勾配をゆるくしていること、柱の切縮めや部材の圧縮が復元されて建物全体のせいが高くなったこと、などに気付くであろうが、その対照が千二百五十年間の木造建築の歴史を物語っているのである。

　ところでこうした復元には事前の発掘調査が不可欠で、金堂や講堂のように既存建物がある場合はそれらを解体撤去して調査が行われる。その結果、今までに伽藍中心部ではかなり広範囲に発掘が進み、報告書も刊行されている。(15)一方、木殿の本薬師寺跡でも、特別史跡であるために最小限に止める必要があるのだが、平成四年（一九九二）から同八年にかけて金堂・東西両塔の一部や中門とその脇の回廊などを発掘調査した(16)。従来の両寺に関わる考察がすべて地上で観察される範囲に止まっていたのが、ようやく地下遺跡で検討できる段階になった。私の薬師寺新移建論はその推理の一端であり、結論からいえば西塔は移建と考えられるのである。順序としてまず本薬師寺の発掘成果を記すと、主な点は次のとおりである。

（一）金堂の基壇は平城薬師寺と同規模で、前面三ヶ所、背面一ヶ所に階段を設ける点も等しい（側面階段は未調査）。花崗岩の地覆石に凝灰岩の羽目石を用い、周囲に玉石敷犬走りを巡らせる。

（二）東塔は地覆石の抜き取り跡から基壇の規模が方一四・二メートルとわかる。平城西塔跡の方一三・六五メートルよりわずかに大きいが、基壇の高さや周囲犬走り幅などは等しい。

（三）西塔も基壇外装は失われて犬走りや雨落溝の玉石だけが残り、心礎の中心と結んで算出される基壇規模は約一三・五メートルとなる。心礎は南方から土坑が掘られてやや傾斜しているが、ほぼ原位置を保っている。

（四）中門は桁行三間・梁間二間（四七×二二尺）で、平城薬師寺中門の五間×二間（八一×二五尺）と比べ一回り小さい。低い基壇は凝灰岩切石積みらしく、玉石敷の犬走りと雨落溝を巡らす。

（五）中門の両脇に取り付く回廊は桁行・梁間とも一二・五尺の単廊で、基壇は雨落葛石に接して玉石敷溝を設ける簡単な形式とする。

（六）金堂と中門、並びに東西両塔の相互距離は平城薬師寺と等しく、これらを結んで十字型に交わる玉石敷の参道がある。

（七）金堂・塔とも裳階の礎石の据跡は不明であったが、いずれも当初瓦に大小二組あって裳階の存在が推測される。西塔跡からは裳階用と思われる径一〇センチメートルの金銅製垂木先金具が出土した。

（八）出土瓦には七世紀から九世紀にわたる各時期のものがあり、各建物とも平城遷都後も存続して、幾度かの修理をうけたものとみられる。

（九）創建軒瓦の文様や製作技術などからみて、まず金堂、次に東塔・中門・回廊のグループ、そのあと西塔の三段階の造営順序が想定され、特に西塔は平城薬師寺所用の瓦を多量に用いていることからすると、完成が奈良時代まで下る可能性が高い。

以上のうち最も注目されるのは西塔の造営時期で、西塔は心礎が出枘式でありこの形式が奈良時代に多いことから、従来もいろいろな疑問が寄せられていたのであったが、出土遺物によってさらにそれが深まったといえよう(17)。

そこで今度は平城薬師寺の発掘結果をみると西塔には面白い特色がある。それは金堂・講堂・南大門・中門・回廊などの基壇がすべて凝灰岩切石積みなのに、独り西塔だけ地覆石が花崗岩で羽目石以上を凝灰岩とするからである。この形式は飛鳥寺金堂・塔を最初の例として、山田寺金堂・塔、川原寺金堂・塔、本薬師寺金堂と続く。いわば飛鳥・白鳳時代の大寺の最も重要な建物に用いた正統的手法なのである。なお本薬師寺東・西両塔はともに基壇化粧石が後世撤去されていたが、西塔は地覆石抜き取り跡に凝灰岩片がかなり多く見られたので、地覆も凝灰岩であった可能性が高い。

243　薬師寺西塔発掘基壇全景
（『薬師寺発掘調査報告書』（奈良文化財研究所）より）

朝鮮半島では豊富な石材に恵まれて、古代から現代に至るまで、基壇を全部花崗岩で造るのが普通に行われている。荷重が多くかかる地覆に強度の高い花崗岩を用いるのは合理的で、飛鳥寺を造った百済の工人たちは、せめて地覆石だけでも、と考えたのであろう。あるいは彼等のノスタルジーの産物かもしれない。しかし日本では加工し易い凝灰岩がもてはやされ、平城京の大寺は興福寺・大安寺・東大寺・西大寺などすべて凝灰岩基壇となってしまう。平城宮の建築も同様である。ただしその中でも新旧があって薬師寺金堂と講堂は法隆寺金堂・五重塔と同様に束を用いない壇上積みとする。混同を避けて羽目石積みとも呼ばれるが、薬師寺では両堂とも周囲に玉石敷の犬走りと雨落溝を巡らし、それらの幅は本薬師寺とほぼ等しい。要するに基壇の形式は旧寺を踏襲し、地覆の石材だけが凝灰岩になったのである。なお平城宮や興福寺以下の京内大寺は束を用いる正式の壇上積みを用い、地覆石下に延石が加わる。

藤原京の薬師寺では西塔の建立がかなり遅れ、平城京薬師寺では西塔の基壇だけ旧寺と全く同じ形式・材料で造営された。しかも西塔の心礎は円形の柱座を掘り込み、その中央に二段式の舎利埋納孔を穿つ形式で、旧寺東塔の心礎と酷似することが、従来からしばしば指摘されている。とすれば西塔は移建と考えるのが自然であろう。藤原薬師寺で西塔の造営に着手するころ寺の移転が決まり、準備した材料をそのまま運んで平城で組み立てた。そして平城薬師寺がほぼ完成したころ、改めて旧寺に西塔を建立して伽藍の姿を整えた。こんなストーリーが浮かんでくるのである。藤原京では天武二年（六七三）建立の大官大寺（高市大寺）とする説のある紀寺跡、そして香具山の南の小山に所在する文武朝造営の大官大寺が、ともに本来は薬師寺と同様な双塔式伽藍に計画されながら、東塔のみ建設されて西塔は未着手に終わったと推定されている。後世の書ではあるが『薬師寺絵縁起』に「聖武天皇の叡願に依て東塔を建立し給ひけり、西塔は此より先、持統天皇既に建立ありけり、ここに至りて東西両塔始て角立しぬ、梵刹荘厳備れりといひつべし」とあるのは、何かこの間の事情を伝えていたのかもしれない。

この点では逆に本薬師寺東塔が文武朝には完成していたと考えられる有力な証拠がある。それは東塔前方の参道下で発掘された建築部材（加工途中に廃棄・転用）が、年輪年代測定の結果、持統九年（六九五）の伐採と判明したからである。建築部材は通肘木の一部で、断面寸法からみても塔の所用材と思われる。本薬師寺は持統二年（六八八）の無遮大会が金堂の完成を示すと考えられている。その前の朱鳥元年（六八六）十二月の天武先帝の百ヶ日忌に、大官・飛鳥・川原・豊浦・坂田の五寺で無遮大会を行ったが、薬師寺の造営は未だそこまで進んでおらず、工事を急がせてようやくこの時天武天皇自身の発願である寺で追善の大会を開くことができた、と解されるからである。そして『続日本紀』には文武二年（六九八）「薬師寺の構作はほぼ了り、衆僧を住せしむ」とある。その後大宝元年（七〇一）に造薬師寺司の任命もあって工事はまだ続くのであるが、東塔がこの「構作はほぼ了り」の中に含まれることは間違いないであろう。建築部材の伐採年は丁度その工事期間に当たっているのである。現存する薬師寺東塔に刻まれた檫銘は文武朝の撰文とみるのがほぼ定説となっている。とすれば、元来は藤原薬師寺東塔にあったものを平城東塔に転刻した可能性がきわめて高くなった。

ところで心礎については、石田茂作は『伽藍論攷』(18)の中で、白鳳形式の心礎が平城西塔にみられるのは奈良朝寺院として唯一の例であり、逆に奈良式心礎が本薬師寺西塔にあるのも白鳳期寺院では他に例がないと力説している。そして養老の移転に当たっては旧寺の両塔のうち、東塔を留めて西塔を新寺の西塔に移建し、新寺の東塔と旧寺の西塔を奈良時代に新造したとする説を唱えた。一方、現状をそのまま認めて、双塔式伽藍の場合どちらかの塔に舎利を納めればよく、舎利孔をもつ心礎と出枘式心礎は一対のものだと考える人も少なくない。なお、現存する平城東塔の心礎は上に大きな根継石がのって、表面を直接みることはできないが、舎利孔はないといわれている。

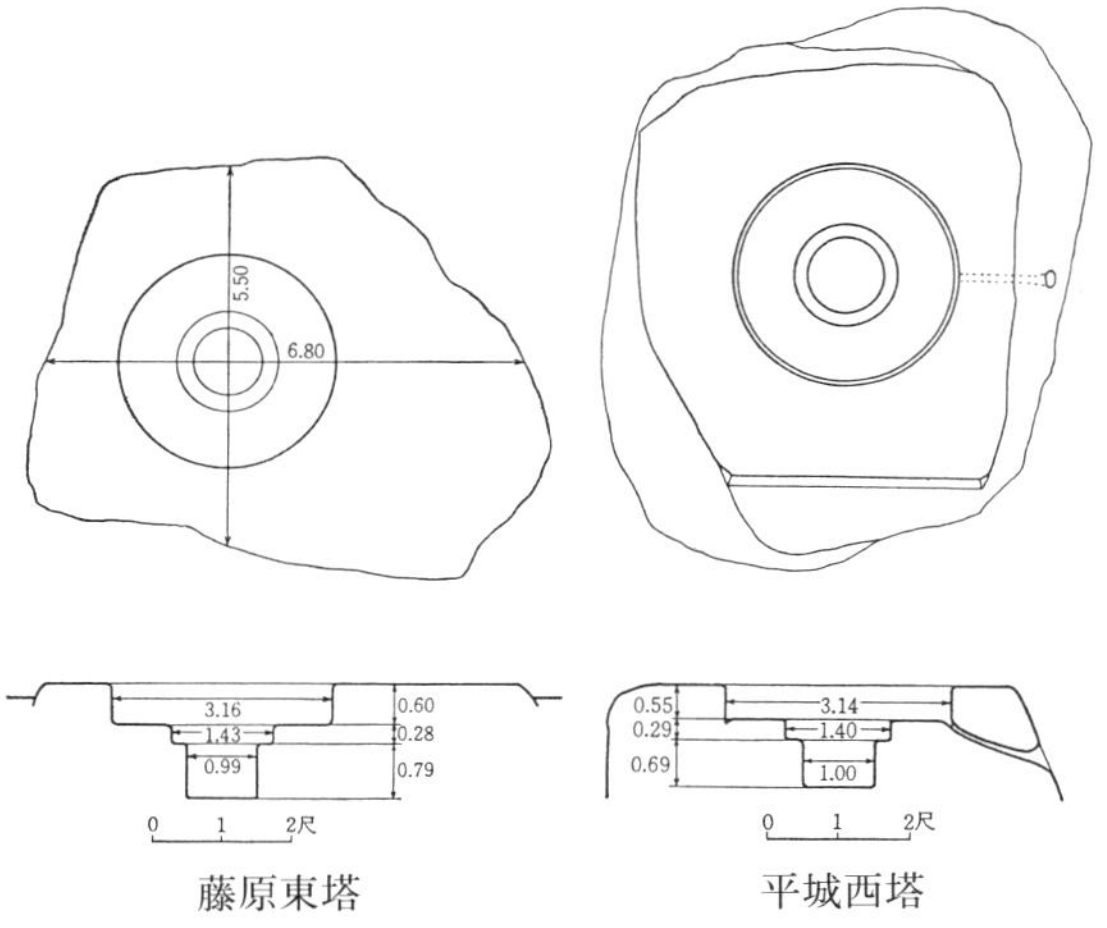

244　薬師寺心礎実測図
（『奈良六大寺大観　六　薬師寺』（岩波書店）より）

朝鮮半島の例をみると高句麗や百済には明確な双塔式伽藍はなく、新羅ではそれまで一塔一金堂のいわゆる四天王寺式であったのが、三国統一直後の文武王十九年（六七九）に創建された慶州四天王寺で双塔式伽藍が初めて現れ、以後は慶州をはじめ各地に建立されたほとんどの寺院がこの形式となる。初期の四天王寺や望徳寺（六八四年創建）は木塔であったが、他の多くは石塔で構成された。このうち、四天王寺と望徳寺の遺跡にはともに東西両塔に方形二段式の舎利孔をもつ心礎が残っている。両寺の創建年次は薬師寺とほぼ同時期で、日本と新羅との密接な関連が考えられるが、これでみると双塔式伽藍でもやはり東西両塔に舎利を納めるのが本来の姿であったことがわかる。塔が石造となった感恩寺（六八二年創建）も東西両塔に舎利を納めている。薬師寺の場合も当初は東西両塔に納める計画であったが、寺の移転という緊急事態が発生して、結果的に片方の塔に舎利を納めることになったものと解されよう。

本薬師寺では嘉保二年（一〇九五）塔跡から舎利が発見された。平城薬師寺の別当が夢告によって塔の地下数尺を掘ったところ金壺を得て中に舎利三粒があったという。恐らくそのかなり以前に東塔が崩壊もしくは焼失して放置されたままになっていたのであろう。平城薬師寺の両塔内には釈迦八相を表す塑像群を安置し、東塔に因相（入胎・受生・受楽・苦行）、西塔には果相（成道・転法輪・涅槃・分舎利）が作られた。西塔だけに舎利を納めたのはこれに対応させるためだったとする説がある。当時の伽藍の造営順序としては、東塔を優先させるのが普通であったが、西塔を旧寺から運んだ資材で造ったとすれば、おそらく平城薬師寺では西塔が先に完成することになったであろう。それはやはり八相像の造立が最初から計画されていたためかもしれない。

なお平城薬師寺西塔跡からは、昭和九年の発掘調査で五二点、伽藍復興にともなう昭和五十一年の発掘では一八六五点の塑像断片を発見しているが、本薬師寺では東塔・西塔とも全く出土しなかった。従来から平城薬師寺の東塔は裳階の礎石に地覆座を造り出して塔本体の側柱筋は開放とし、当然にその礎石には地覆座がないのに対して、本薬師寺の東塔は側柱筋礎石に地覆座をもつことから、旧寺には八相像を置かなかったと推測されていたのであったが、発掘の結果もそれを裏付けたといえよう。また本薬師寺東塔周囲の土坑で出土した土器から東塔の廃絶は十世紀と推定されたが、これも足立康の十一世紀末ころまで本薬師寺塔が存続して、法成寺へ移築された（承暦三年［一〇七九］落慶供養）とする推論を否定するものとなった。

三　寺院の移転と造営

藤原京が最も整った文武天皇の時代に国家的法会が行われたのは、大官・薬師・元興・弘福の四大寺であった。これらの寺院は和銅三年（七一〇）の平城遷都に伴って平城京へ移され、東大寺が造営される以前の天平年間（七二九～七四九）には大安・薬師・元興・興福の四大寺が災害消除・国家安寧を祈る都の寺として尊重される。大安寺は大官大寺が名を変えたものであり、元興寺は飛鳥寺である。弘福寺は川原寺で、斉明天皇の河原宮跡に天智天皇が創立した寺であるが、何故か旧地に留まり、代わりに藤原氏の氏寺であった厩坂寺が移って興福寺となった。このうち移転の年次を『続日本紀』が記すのは霊亀二年（七一六）の大安寺と養老二年（七一八）の元興寺で、興福寺と薬師寺は寺の縁起にそれぞれ和銅三年および養老二年としている。

こうした寺院の移転の実体はわからないことが多い。たとえば薬師寺では伽藍後方の井戸から霊亀二年の年号をもつ木簡が木屑と一緒に出土し、実際の工事は養老以前から始まったと考えられている。すると記録に「寺を移す」とあるのが着工の年なのか、ある程度建物ができあがっていて旧寺から僧侶が移り住み、いわば新都で開寺した年に当たるのか、いろいろな解釈が生まれてしまうのである。その原因の一つは興福寺の新都での造営があまりにも早すぎることにある。遷都と同時に新京に移り和銅七年（七一四）には金堂が完成したという。養老五年（七二一）には藤原不比等の一周忌に北円堂を建てた。平城遷都の主導者が不比等であったにしても興福寺は早い。ところが大安寺も『扶桑略記』では同じ和銅三年に「平城京に移し建つ」と書かれている。霊亀二年の『続日本紀』の記事は「元興寺を左京六条四坊に移し立つ」とあり、左京六条四坊が大安寺の寺地であることから、これは大安寺を指すとされているのであるが、こうした混乱が生じたのも、興福寺だけでなく他の寺も比較的早く新京への移転が行われていたためのように思われる。平城京では大安寺と薬師寺が六条大路に面した左京と右京に寺地を占め、藤原京で大官大寺と薬師寺が左右両京ではあるが南北方向には食い違っていたのを、対称形に整えている。大安寺の寺地は一五町、薬師寺は一二町なので、こうした広い寺地の確保には都市計画の早い段階での決定が不可欠である。歴代の天皇が造営を続けた大安寺と薬師寺であるだけに、新京への移転が永く決まらなかったとは考え難い。霊亀・養老の移転記事は何らかの実績の結果報告とするのが妥当であろう。

新都への移転に伴って建物が移された場合、その手掛かりになるのは建築部材や瓦である。平城宮跡の発掘調査では、藤原宮の四辺を囲っていた大垣（柵列）の掘立柱が暗渠の木樋に転用されて発見されている。平城宮の大垣は築地塀にしたので、同じ用途には使えなくなったのだが、恐らくそれも承知で旧都から運んできたのであろう。平城宮跡で発掘された掘立柱の柱根を最近再調査したところ、藤原宮期の伐採年代をもつものがあることが判明した。実際、藤原宮跡や平城宮跡の発掘では、柱を抜き取った跡をもつ掘立柱穴がきわめて多い。建物を建て替える場合、可能な限り以前の材を再用するのは当然の理であろう。少し話が飛ぶが、現在の唐招提寺講堂はもと平城宮の東朝集殿で、七六〇年ごろ移築された時、切妻造を入母屋造にしている。切妻造では寺の講堂としての風格に欠けるので、屋根の形だけ変えたのである。ところがその大虹梁はもっと梁間が大きい建物の虹梁を切り縮めて朝集殿に利用されたもので、唐招提寺はいわば再々用されたのであった。

平城宮には藤原宮と同じ瓦が出土していて建物と一緒に瓦も運ばれたことがわかるが、四大寺にも旧寺と同じ瓦の出土がみられる。ただし、興福寺については七世紀末の瓦が厩坂寺からのものと考えられているが、未だ厩坂寺そのものの遺跡が不明確なので推定の域を出ない。他の三寺のうち最もよく知られているのは元興寺で、奈良の元興寺極楽坊本堂・禅室（ともに国宝）の屋根には飛鳥寺

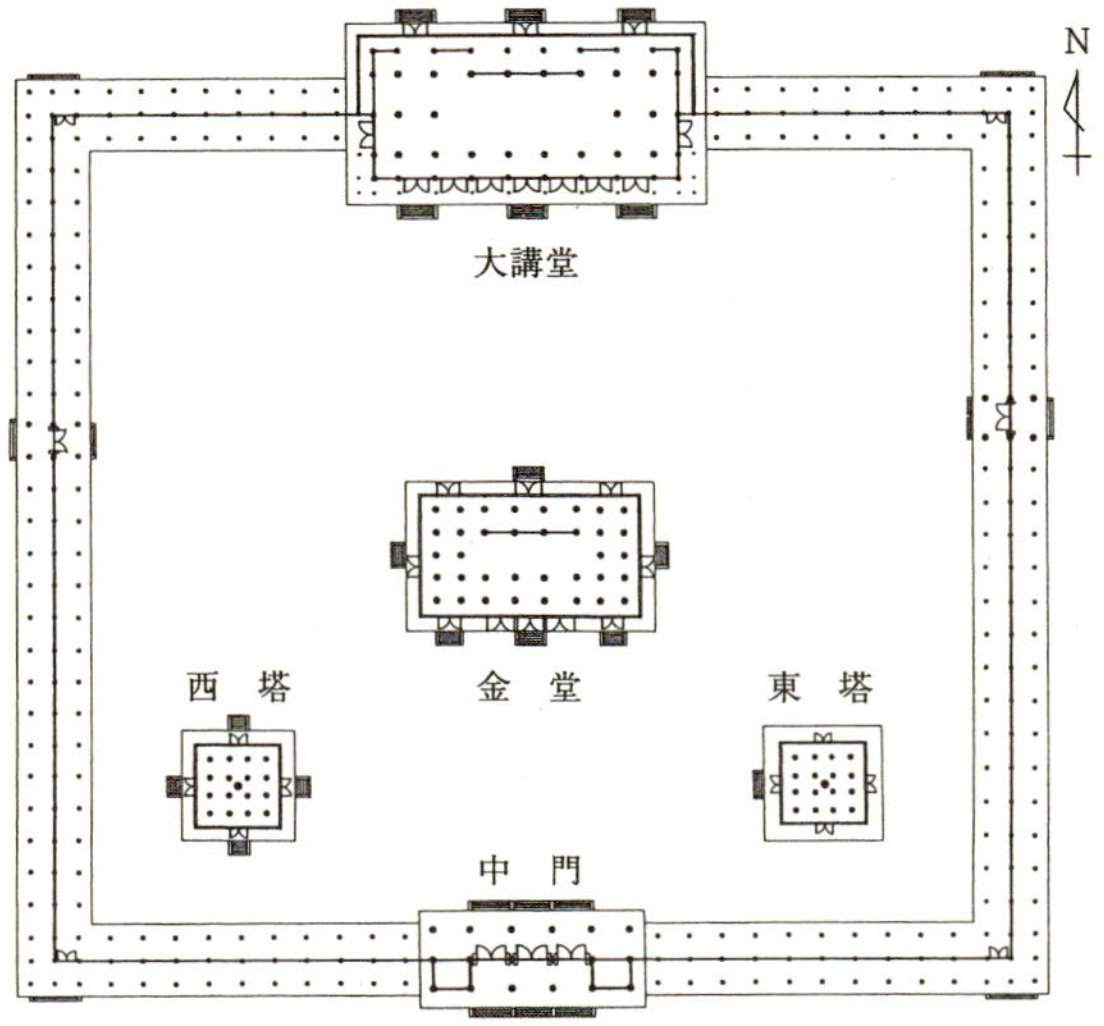

245　薬師寺伽藍配置図
（『薬師寺大講堂復原造営工事報告書』より）

から運んできた瓦が多量に用いられている。同じ瓦かどうかの判定は普通には軒先瓦の文様を比較して行うのだが、飛鳥寺では通常の玉縁付丸瓦と一緒に行基式丸瓦を用いていた。その特色ある行基瓦が今も本堂・禅室の屋根に載っていて、誰がみてもわかり易い。ここは奈良時代には元興寺の僧房で、元来は一二房が連続する長大な建物であったが、鎌倉時代初期に今の本堂と禅室の二棟に建て直された。その時に以前の瓦を再用したのであるが、建築部材も小屋裏などに多量に再用している。このうち昭和修理で取り外された部材を調査したところ、五八八年を少し下ったころに伐採されたものと判明した。[19]『日本書紀』には五九〇年に飛鳥寺の木を山から取ると記されている。今まで瓦が運ばれているのだから建物も移建されたはずだと考えられていたのだが、年輪年代調査で実証されたのである。再用古材には垂木がかなり多く、法隆寺金堂上層の身舎垂木と同様な反りを造り出したものも含まれている。垂木で年代が計測できる資料はないのだが、どうもこれらも飛鳥寺以来の建築材らしい。すると飛鳥寺の僧房を移建して元興寺の僧房にした可能性が極めて高い。飛鳥寺と元興寺を比べると、伽藍配置や中心堂塔の規模が全く異なり、しかも飛鳥寺は平安時代末まで存続しているので、中枢部の建物の移建はなかったと断定してよい。しかし、僧房のような実用性が高い建築は、寺の移転によって住僧の人数も減少するであろうから、それに伴って移建されることが充分に考えられるのである。

薬師寺の場合は西塔が移建されたことを先に述べた。平城薬師寺と本薬師寺で出土する瓦が同じものであることを最初に指摘したのは関野貞で、それが東塔移建説の基礎になっているのであるが、東塔にはどうもそれ以上の即物的証拠は今のところ見出し難い。平城薬師寺の発掘では本薬師寺と同笵の瓦が西僧房から比較的多く出土している。その点では元興寺と同様に僧房の移建が考えられるが、残念ながら本薬師寺の伽藍後方部は民家密集地になっているので発掘は難しく、遺跡同志の比較検討ができない。これに対して従来から移建の可能性が説かれているのは講堂で、それは持統六年（六九二）に天皇が先帝のために造顕した講堂本尊の阿弥陀大繡仏が新京の講堂に移されているからである。本尊が移されたぐらいだから当然建物も移築されたはずとする。これも、本薬師寺の講堂は発掘できないし、平城講堂での出土遺物の整理が進んでいないために現段階では何ともいえないのだが、その両脇に取り付く回廊が多少の判断材料を与えてくれる。

薬師寺の回廊は、中門両脇から出て講堂に至る。平城薬師寺では現在複廊の復元工事が進んでいるが、発掘調査では、初め本薬師寺と同じ桁行・梁間とも一二・五尺の単廊で計画され、のちに複廊に変更されたことが判明した。単廊の礎石を中門から講堂まで全長にわたって据えつけ、一部では柱を立てて連子窓下に土壁を設けるところまで工事が進んだところで全面的に撤去し、改めて基壇土を積み足して幅を広げ、複廊を造ったのである。単廊と複廊の中心線は一致している。この〝一部では〟というのは北回廊が講堂へ取り付く西脇五間分で、ここは遺跡の残りがよく、壁下の地覆列が発掘されたために、建物がある程度立ち上がっていたことがわかったのだが、或いは回廊の他の部分もかなり進捗していたのかもしれない。

よく知られているように、飛鳥・白鳳時代の寺院はすべて単廊であったが、平城京に造営された奈良時代の官寺はすべて複廊となる。宮殿では前期難波宮や藤原宮は複廊を用いているから、前代でもその形式を知らなかったわけではなく、おそらく法会の儀式的荘重さを高めるために単廊から複廊に変わったのであろう。薬師寺の場合は、伽藍配置や建物の規模・形式を旧寺に倣ったから、当然回廊も単廊とした。その途中で上部からの指示が出て、改めて複廊を造ったのである。複廊は梁間二間・一〇尺等間、桁行は一間が一三・五～七尺だから、梁行・桁行とも一二・五尺の単廊の建築部材をそのままでは使えず、ほとんど新築となったはずである。

ところで問題はこの変更時期で、それが早ければ単廊、特に北回廊は旧寺から移建した可能性が出てくる。実は北回廊は東西方向の方位がずれ、講堂に少し斜めに取り付いて西方で北に振れている。そのために東回廊と西回廊では長さが異なり、『薬師寺縁起』でも二四間と二五間に記され、西が一間長い。これは複廊の記録だが、振れは単廊の時から生じている。とすると、北回廊は着工を急いだために方位の誤差に無頓着となったかもしれないのである。着工を急ぎ、建物の組み立てが早く進んだとすれば、それは旧寺からの移建によって生じたことが考えられる。さらに想像をたくましくすれば、それは講堂が移建されたのと連繫する仕事だったのではなかろうか。今回の講堂の復元工事でわかったことだが、高さ三丈、広さ二丈一尺八寸の本尊繡仏を祀るためには現在程度の建

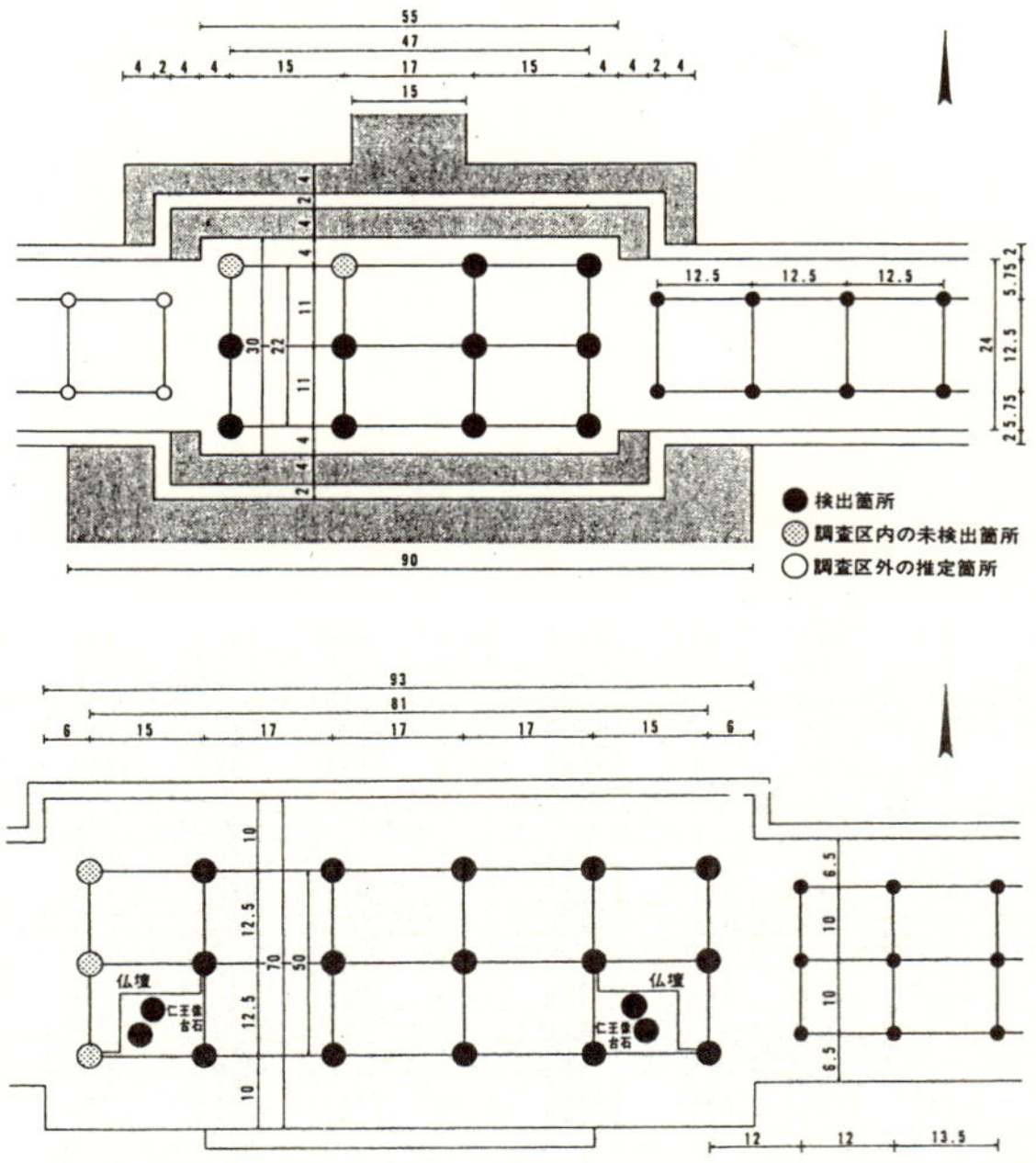

246　薬師寺中門模式図（上 藤原、下 平城）
（『奈良国立文化財研究所飛鳥・藤原宮跡発掘調査部発掘調査概報 24』（1994 年　奈良文化財研究所）より）

物が必要で、未発掘の本薬師寺講堂も同規模であったと思われるからである。なお、面白いことに興福寺でも中金堂に取り付く回廊を、初め単廊で造って奈良時代のうちに複廊に改めている。中門と中金堂を結ぶ回廊全体が同じ経過を辿ったか否かは不明なのだが、どうも興福寺や薬師寺は最初回廊を旧式の単廊で造り、大安寺からは新式の複廊で造るようになったらしい。大安寺は天平元年（七二九）に道慈に命じて改造し、唐・長安の西明寺に倣って伽藍を造営したという。天平四年（七三二）に任命された造薬師寺大夫の業務には単廊から複廊への改造が含まれていた、としてもよさそうに思われる。

薬師寺ではこの回廊の改造にともなって中門の規模も変更した。前節で記したように、藤原薬師寺の中門は桁行三間・梁間二間で柱間寸法は桁行中央間一七尺、両脇一五尺、梁行一一尺等間であったが、平城薬師寺の中門は、桁行五間（中央三間各一七尺、両脇間各一五尺）、梁間二間（一一・五尺等間）である。三間から五間にした時、丁度本薬師寺の中央間一七尺を平城では三間にとった形となっている。平城薬師寺中門の下層遺跡は未確認に終わっているが、おそらく最初は単廊に見合って旧寺と同規模の中門が計画されたのであろう。飛鳥・白鳳時代の寺院は中門が南門より大きく、法隆寺のように重層建築で金剛力士像を安置したが、奈良時代になると南大門が大きく、重層となって力士像もそちらに移り、中門は単層で仁王像（四天王のうちの二天で、普通は持国天と増長天像）を置く形式に変化する。平城薬師寺では『薬師寺縁起』に仏門（南大門）には金剛力士と東西獅子形、中門には仁王像と夜叉形等一六躰を安置したことが記されている。完成した平城薬師寺は、金堂と東西両塔、そしておそらく講堂などの主要堂塔は、規模・配置・形式とも旧寺を倣った白鳳伽藍であったが、回廊や南大門・中門は天平式なのである。

薬師寺の移建非移建論争では、従来藤原京薬師寺がほぼ完成したあとで、その一部の建物を平城京薬師寺に移したか否かが問題とされてきた。しかし近年の発掘調査の成果からみると、少なくとも西塔は藤原京では完成には至らず、その資材を運んで平城京で建築竣工したものと考えられる。もともと薬師寺の場合、旧寺と新寺の造営期間が近接し、仮に大宝元年（七〇一）の造薬師寺司任命と、養老三年（七一九）の造薬師寺司に初めて史生二人を置くという『続日本紀』の二つの記事をとっても、その間隔は二〇年に満たない。西塔の移建はむしろ造営が連続したことを示すといってよい。そのような連続性を考慮すると従来とは違った解釈も生まれそうである。たとえば、現在の東塔の水煙は「木彫の原型を作り、これを割込型で鋳造したものと考えられる」という昭和修理時の考察がある。「木彫の原型」であれば、連続する造営工事の中ではその原型が保存再用される可能性も決して低くない。本薬師寺東塔の水煙と平城薬師寺東塔の水煙は同じ木型で作られたかも知れないのである。現在の東塔が天平二年の新築であっても忠実に白鳳様式を再現したという、その造営過程をもう少し具体的な形で追求する必要があろう。

薬師寺では東塔の解体修理が数年後に計画されている。関野貞が監督した明治修理は初重の柱などを立てたまま行った不徹底な工事だったらしく、建物の傷みがかなり進んできたからである。解体すれば部材の痕跡や年輪年代などの調査で移建か新築かの議論にも決着がつきそうである。あるいは水煙などの金属分析でも新発見が期待される。薬師寺論争も新しい段階に入ったといえよう。

〔補遺〕東塔の修理工事

東塔は明治三十一年～三十三年に古社寺保存法による大修理をうけ、昭和二十五年～二十七年にも屋根の葺替と部分修理が行われていたが、近年心柱根元の腐朽が進み、また礎石の不同沈下も拡大してきたので、建物を全部解体する根本修理を実施することになった。工事は平成二十三年に着工後、同二十六年夏までに木部の解体を完了し、以後基壇の発掘調査を行って二十七年三月にそれも終ったところである。これらの解体部材や出土品の調査は現在進行中で、未だ結論を出すに至っていないが、前述の移建・非移建説に関連する部分を中心に今までに判明したことを記しておきたい。

247　平城薬師寺発掘塔基壇
（上 西塔西面、下 東塔西面）

（一）　本建の初重と二重の軸部や組物は後者の丸桁廻り部分を除いては明治修理でも解体しなかったことが判った。そのために従来からも認識されていたことではあるが、東塔は垂木など軒先の痛み易い部分のほかは、建立当初の部材がよく保存されている。

（二）　これらの当初材には移建によって再用されたと思われるものは存在せず、年輪年代調査によっても同様な結果であった。

（三）　裳階の屋根には各時代の古瓦が再用されていたが、奈良時代の瓦は平瓦二二点、丸瓦五点でそれを遡るものはなかった。

（四）　年輪年代調査では初層裳階の支輪板に樹皮が残存して伐採年代の判明するものが二点あり、七二九年、七三〇年であった。この支輪板は本来の垂木裏板の下に打付けた薄板に極彩色の宝相華文様を画いたもので、従来から本建の天井の支輪文様と比べて年代差はないと考えられていたものであったが、今回の年輪年代調査で裏付けられたことになる。同時に『扶桑略記』や『七大寺年表』が天平二年（七三〇）に「薬師寺東塔を始めて建てた」とする記事の正しさも立証された。なお心柱は二本継で上方は中古（室町時代）の修理時に取換えた杉材に替わっているが下方は当初材で、その最外年輪年代は七一九年（辺材残存）である。

（五）　基壇の発掘調査では創建時の規模や構造が西塔とほぼ等しいこと、現在は西面にだけある階段が元は四面に設けられていて、これも西塔と同様なことなど、東西両塔が基本的には同一計画で建設されたことが確認された一方、次のような相違点が明らかになった。

a.　基壇外装の地覆石に花崗岩などの硬い石材を用い、羽目石は凝灰岩で束石がない点は両塔共通するが、西塔では地覆石が分厚い花崗岩で統一され、表面の仕上げもカドを綺麗にとり、羽目石を立てる溝もキチンと掘り込むのに対して、東塔の地覆石は花崗岩のほかに安山岩、閃緑岩、班糲岩などが混在して全体に石材が薄いうえに、カドを丸く仕上げて羽目石用の溝も浅く、溝を掘らない地覆も少くない。

b.　階段部分の地覆石は西塔では他と同様な花崗岩を用いるが、東塔は凝灰岩とする。

c.　心礎は西塔では本薬師寺東塔心礎と同質の石英閃緑岩を用いて上面に同型の柱座と舎利孔を掘り込むのに対して、東塔の心礎は春日奥山附近に多く産出する両雲母花崗岩の巨石（厚さ約八〇センチメートルで西塔のほぼ二倍ある）を用い、上面に凹んだ柱座や舎利孔はない。なお上面は東塔の正保元年（一六四四）修理時に設置した心柱根継石に合わせて方形に浅く掘り凹めているため、当初に出枘の造り出しがあったか否かは不明である。

上記のように今回の修理工事で判明した点をみると、基壇の構築にあたって花崗岩のような硬い石材の加工技術が、東塔と西塔では格段の差があることがわかる。本文でもふれたが飛鳥・白鳳時代にはその技術が勝れ、飛鳥寺・山田寺・川原寺、本薬師寺など当時最高級の寺院の金堂や塔は基壇の地覆石に花崗岩を用い、その上の羽目石は凝灰岩とするのが定式であった。それが奈良時代になると平城京内の官寺ではすべてを凝灰岩とするように変化する。西の京の現薬師寺でも金堂・講堂・食堂・南大門・中門・回廊などほぼすべての建物の基壇が凝灰岩で造られた中で、東・西両塔のみ地覆に花崗岩を用いる飛鳥・白鳳様式の基壇なのである。しかし西塔の基壇が前述の飛鳥・藤原京域大寺院と比べて全く遜色がないのに対して、東塔のそれは大幅に退化したものと云わざるを得ない。これはやはり西塔の基壇石材は既に藤原京薬師寺で加工が終っていたものを平城京へ移したのであり、東塔は対立する建築である以上、それに倣って硬い石材を用いる白鳳式の基壇を構築したものの、技術の差は如何んとも為し難かったことを示すものである。「西塔は移建だった」と題した私の新移建論は今回の東塔修理工事の成果によって一層確実になったと云えよう。

附　本薬師寺跡の発掘調査（『奈良六大寺大観六　薬師寺』「薬師寺の歴史」補訂）

橿原市城殿に所在する本薬師寺跡には金堂・東塔・西塔の土壇と礎石が遺存し、その配置から判明する金堂と塔の柱間寸法が平城

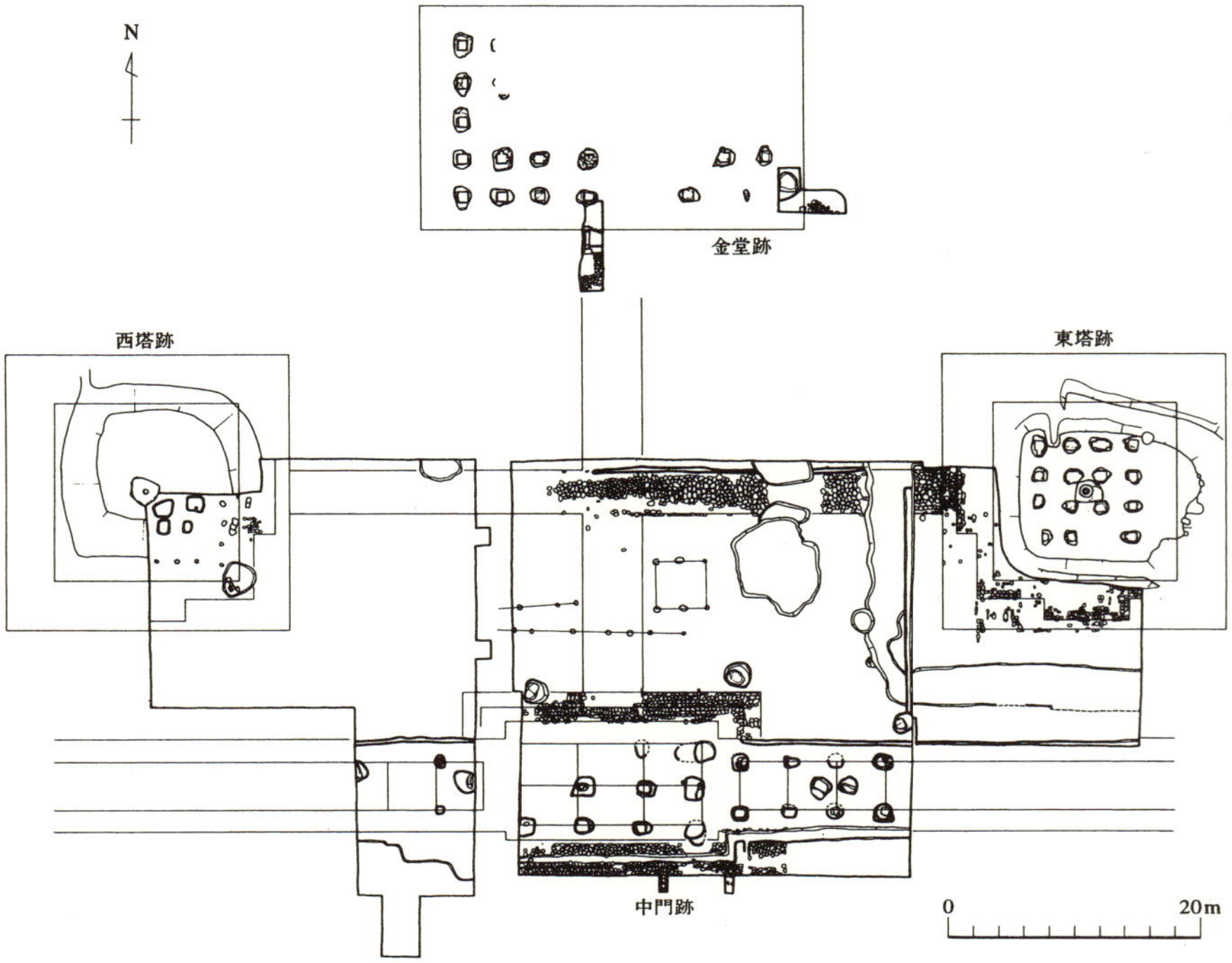

248　本薬師寺跡発掘遺跡図

薬師寺と等しく、東西両塔間の距離や両塔を結ぶ中心線と金堂中心との距離も平城薬師寺と一致することが早くから指摘されている[1]。ただしそれはすべて地表観察に基づくものであったが、近年周辺地域の開発が進み、藤原京の条坊に関連する遺跡の調査に当たる機会が増加したため、中心部の確実な遺構を把握する必要に迫られ、平成四年から八年にかけて断続的に発掘調査が行われて、中門・南回廊を含む伽藍配置と規模が確認された[2]。その主な点は次のとおりである。

一　金堂の基壇は東西二九・五メートル、南北一八・二メートルで平城薬師寺と同規模である。花崗岩の地覆石に凝灰岩の羽目石を用い、前面三ヵ所、背面一カ所に階段を設ける点も等しい[3]。ただし基壇周囲の玉石敷犬走りは平城薬師寺では階段前面が狭く幅四〇センチメートルとなるのに、ここでは九〇センチメートルの一定幅で巡る。

二　東塔は基壇化粧石がすべて抜き取られ、周囲の玉石敷犬走りと雨落溝が残る。地覆石抜き取り痕から判明する基壇規模は方一四・二メートルで平城薬師寺西塔の一三・六五メートルよりわずかに大きいが基壇高・犬走り幅などは等しい。

三　西塔の心礎は南方から土坑が掘られて、やや傾斜するがほぼ原位置を保つ。基壇外装は東塔と同様に抜き取られているが花崗岩地覆石と凝灰岩羽目石からなる壇正積と推定され、心礎中心と結んで算出される基壇規模は方約一三・五メートル。周囲犬走り幅は東塔や平城薬師寺西塔の六〇センチメートルに比べてやや大きく七五センチメートルある。

四　中門は桁行三間・梁間二間で柱間寸法は桁行中央間一七尺、両脇間一五尺、梁行一一尺等間に復原される。平城薬師寺の中門は桁行五間（中央三間各一七尺、両脇間一五尺）、梁間二間（一一・五尺等間）なので一回り小さく、桁行寸法は本薬師寺の中央一間一七尺を平城では三間にした形となっている。基壇外装はすべて失われているが凝灰岩切石積らしく、規模は東西一六・三メートル（五五尺）、南北八・六メートル（二九尺）、周囲に玉石敷の犬走りと雨落溝をめぐらす。側柱心から雨落溝心までの距離は平側・妻側とも八・五尺で等しい。

五　中門の両脇に取付く回廊は単廊で、柱間寸法は桁行・梁間とも一二・五尺等間。玉石の雨落葛石列に接して玉石敷の雨落溝を設け、基壇幅は七・四メートル（二五尺）。なお平城薬師寺ではこれと同規模の単廊の礎石を全長にわたって配置し、一部では柱を立て地覆石上に土壁を設けるところまで工事が進んだあとで基壇幅を広げて、梁間二間各一〇尺の複廊（桁行は南面一三・五尺、東面一三・七尺）に計画変更し回廊を完成している。

六　金堂・中門間および東西両塔を結んで十字型に交わる玉石敷の参道（幅四・三メートルと三・五メートル）があるが、その交点に燈籠などの施設は見出せなかった。この参道は平城薬師寺では未調査で存在は確認されていない。

七　金堂・塔ともに裳階の礎石据付痕は不明であったが、創建時の本屋根用瓦と同じ文様で大きさは約七―八割の小型瓦が出土し、これは裳階用瓦と考えられる。西塔跡からは裳階垂木端用の小型の金銅製飾金具も出土している。

八　出土瓦には八世紀から九世紀にわたる各時期のものがあり、金堂をはじめ東西両塔や中門は平城京遷都以降も当地に存続し幾度か補修された可能性が高い。なお西塔は基壇築土中に金堂創建瓦を含むことから建立がやや遅れ、平城薬師寺所用の瓦が多量に用いられているので、完成が奈良時代まで下ることが考えられる。

九　中門とその北方の南北参道の下には、藤原京西三坊坊間路（側溝心々距離約六メートル）の遺構が中軸線を揃えて存在し、寺の造営以前に条坊が施工されていたことを示す。ただし昭和五十一年の寺域西南隅部の調査では、西三坊大路の施工より寺域設定が先行した可能性が指摘されており、この問題はさらに調査の進展を俟つほかかない。

一〇　東塔・西塔とも塑像の出土は全く見られず本薬師寺で塑像がまつられていた可能性は極めて低い(4)。東塔跡の側柱筋礎石に地覆座がつき、この柱筋に扉や壁を設けた状況が、ここを開放とする平城薬師寺と異なるのは、これに関連するのかもしれない。

一一　出土した建築部材のうち一点（通肘木の切断片）を、年輪年代法によって測定し、幸いに辺材部が完存していたので、その伐採年を持統九年（六九五）と特定することができた。出土位置からは東塔が第一候補と考えられ、もし東塔の建立が持統朝末期に進行中とすると、平城薬師寺の東塔檫銘が本来文武朝に撰文された本薬師寺の塔のものだったとする説に有力な援護となろう。

註

(1)　関野貞「薬師寺東塔考」（『國華』一五五・一五八　一九〇三年）
(2)　同「法隆寺金堂塔婆及中門非再建論」（『建築雑誌』二一八、一九〇五年）
(3)　同「薬師寺金堂及講堂の薬師三尊の製作年代を論ず」（『史学雑誌』一二―四　一九〇一年）
［以上三編『日本の建築と芸術』下　岩波書店、所収、一九九九年］
(4)　同「日本建築史」（『日本の建築と芸術』上・岩波書店、一九四〇年）
(5)　喜田貞吉「薬師寺東塔建築年代考」（『歴史地理』七―五、一九〇五年）
(6)　平子鐸嶺「薬師寺東塔の檫の銘に就いて」（『史学雑誌』一六―八、一九〇五年）（『仏教芸術の研究』金港堂、一九一四年所収）
(7)　喜田貞吉「薬師寺東塔の檫の銘に就きて」（『史学雑誌』一六―九、一九〇五年）
(8)　大岡実「南都七大寺建築論　二　薬師寺」（『建築雑誌』五一九、一九二九年）（『南都七大寺の研究』中央公論美術出版、一九六六年抄録）
(9)　足立康「薬師寺東塔建立年代考」（『國華』四八三・四八五・四八七・四九一、一九三一年）（『足立康著作集一　古代建築の研究』中央公論美術出版、一九八六年所収）
同「薬師寺東塔非移建論」（『東洋美術』日本美術史寧楽時代上、一九三二年）
(10)　奈良県教育委員会『薬師寺東塔及び南門修理工事報告書』一九五六年
(11)　福山敏男・久野健『薬師寺』東京大学出版会、一九五八年

（12）宮上茂隆「薬師寺東塔檫銘考」（『建築史研究』三八、一九七二年）（『薬師寺伽藍の研究』草思社、二〇〇九年所収）
同「薬師寺宝塔の研究」（『日本建築学会論文報告集』二二六・二四八・二五一、一九七四～七七年）
（13）浅野清『薬師寺東塔に関する調査報告書』薬師寺、一九八一年
（14）伊藤延男「東塔」（『奈良六大寺大観　六　薬師寺』岩波書店、一九七〇年）
（15）奈良国立文化財研究所『薬師寺発掘調査報告書』（奈良国立文化財研究所学報第四五冊）一九八七年
（16）同「本薬師寺の発掘調査」（同「年報」一九九二～一九九七年）
（17）花谷浩「本薬師寺の発掘調査」（『佛教藝術』二三五、一九九七年）
（18）石田茂作『伽藍論攷』養徳社　一九四八年
（19）光谷拓実「年輪年代法と文化財」（『日本の美術』四二一、至文堂　二〇〇一年）

附

（1）大岡実「南都七大寺建築論　二　薬師寺」（『建築雑誌』五一九号）昭和四年（『南都七大寺の研究』所収　昭和四十一年、中央公論美術出版）
足立康『薬師寺伽藍の研究』（『日本古文化研究所報告』第五、昭和十二年）
なお遺跡の概要については本巻「薬師寺の歴史」の項に記されている。
（2）「本薬師寺の調査」（『奈良国立文化財研究所年報』一九九二―九七）
花谷浩「本薬師寺の発掘調査」（『仏教芸術』二三五号、平成九年）
（3）平城薬師寺金堂にある東西両側面の階段は未調査。
（4）従来、本薬師寺跡から昭和初年ごろ拾得したと伝える塑像断片があって寺に保存されている。
なお承暦三年（一〇七九）法成寺供養願文（『本朝文粋』所収）に「すなわち八相の旧造をもって、おのおの両塔の新壇に安んず」とあり、その「八相の旧造」を本薬師寺のものとすれば、塑像が全く出土しないことを当初からなかった証とすることはできない。

一七　唐招提寺創建期の建築

はじめに

奈良時代に平城京内で造営された大規模な寺院建築は、基本的にはすべて官寺のものであった。その中で唐招提寺だけは唐からの渡来僧集団、すなわち鑑真とその弟子たちが朝廷をはじめ多くの庇護者の支援をうけながら、天平宝字三年（七五九）私寺として出発した特異な寺である。そのため建築自体にも他の寺にはない特色が見られる。例えば現在伽藍の東側に宝蔵・経蔵と呼ぶ二棟の寄棟造の校倉が並んで建っている。共に奈良時代創建期の建築で、大小の差はあるもののほとんど同じような校倉である。しかしよく見ると大型の宝蔵では、校木の最上部に架けた梁の先端が長く外へ延びて軒桁を支えているのに対して、小型の経蔵では梁を重ねて二段に持出し、そこに軒桁をのせている。宝蔵の構法が校倉の標準型で、正倉院宝庫以下現存の建築はすべてこの形式であるのに、経蔵だけが異なるのである。これは昭和二十七年の解体修理時の調査で、経蔵が元来は切妻造の屋根をもつ校倉であったのを、現在のような寄棟造の屋根に変更したためであることが判明した。

よく知られているように唐招提寺の寺地は故新田部親王の旧宅を賜わったものである。その創建期の寺地や建築を記した『唐招提寺建立縁起』（『諸寺縁起集』所引、以下『建立縁起』という）には「東一甲倉一宇。二甲倉。三甲倉。右地主屋舎」とある。おそらく経蔵の前身はこの地主屋舎で、伽藍整備の過程で新築の宝蔵と並べるために、屋根の形式を改めたのであろう。改造された小屋組も別の屋舎の古材を転用して作られている。経蔵は唐招提寺ならではの建築なのである。寺では平成十二年に着工した金堂の解体修理工事が、十年の歳月を費して昨年（平成二十一年）ようやく竣工した。この間に新発見もあったので、この機会にそれらを含めて唐招提寺の創建期の建築の特色を改めて検討してみたい。

一　講堂と僧房

講堂は平城宮の朝集殿を移築して寺内では最も早く建立された。『建立縁起』には「平城朝集殿施入」とあり、明治三十八～四十一年の解体修理の際に旧番付墨書が発見されて、元来は南北方向に棟を通す建物であることが判明し、このことが確認された。その後昭和四十二～四十七年に再度の解体修理があり、朝集殿当時の姿もほぼ解明された。平行して平城宮第二次朝堂院の東朝集殿跡の発掘調査も行われ、現存建築と遺跡の適合性も確認されている。『延暦僧録』には文屋眞人（もと智努王）が別当となって朝廷から寄進された九間屋（朝集殿は桁行九間）を移して唐寺の講堂とし、その縁で鑑真の弟子となって浄三と名乗ったという伝記があり、眞人が浄三と称するのは天平宝字五年（七六一）一月以降なので、移築の時期はその前年かと推測されている。これはまた『続日本紀』によって天平宝字四年一月から同六年六月までの間、平城宮で改作工事があったと考えられることとも矛盾しない。

この創建講堂の最大の特色は切妻造の朝集殿を入母屋造に改めただけで、軸組や斗栱をそっくり再用

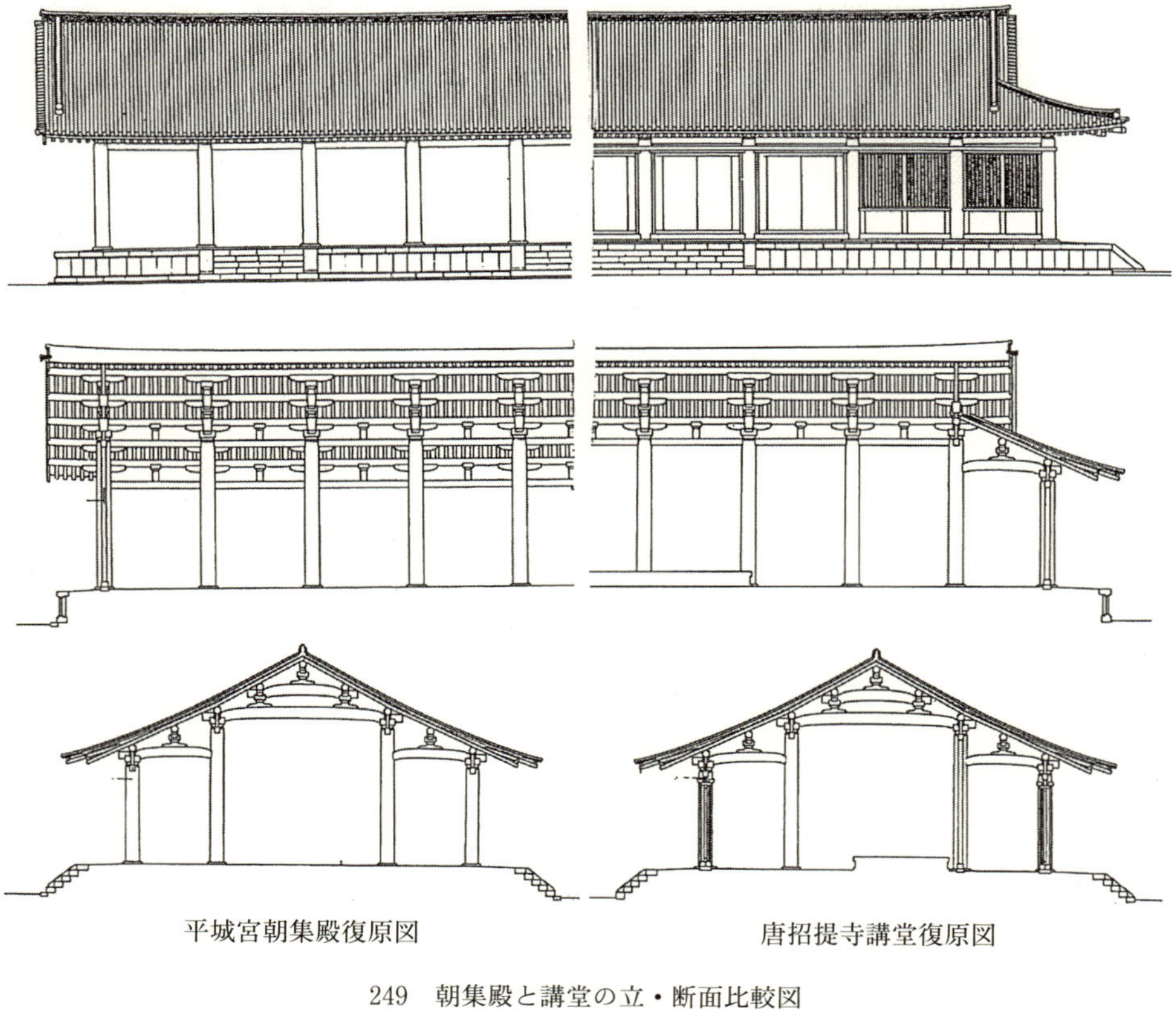

平城宮朝集殿復原図　　唐招提寺講堂復原図

249　朝集殿と講堂の立・断面比較図

して移築したことである。現在の講堂は鎌倉時代の健治元年（一二七五）に大改造されて、側廻りの軸部・組物・軒・造作はすべて鎌倉式になっている。内部に入ると内陣の柱は太くて柱上に簡素な大斗肘木の組物を置き、二重虹梁蟇股式の架構が渡されていて、このあたりには天平建築らしい雄大さが見られるが、残念ながら天井や中央部の梁組みには鎌倉式の改造があって、内陣全体が天平式とはいえない。屋根も鎌倉改造のものがさらに後世の修理をうけているが、妻飾は講堂創建時の虹梁又首組を、鎌倉時代に高い位置に上げて再用していて、ここだけ天平の香りが漂う。このように現在の講堂が創建時とは大きく姿を変えてしまっているために、まずその復元を行い、さらにその前身の朝集殿時代と比べる作業が必要となるのであるが、その結果、前記の通り屋根の形式を変更しただけで移築されたことが判明するのである。

ただし切妻造を入母屋造にするためには四周の庇の柱間寸法を揃える必要があり、朝集殿では桁行九間・各一三尺等間であったのを、講堂では両端間を梁行両端と等しい一一・五尺に縮めている。また切妻造では妻（側面）も内部と同じ二重虹梁蟇股式の架構となるが、入母屋造では軒が同じ高さで廻るため、正面と同じように柱高を揃えて組物を置く形式に改めた。その時不用となった大虹梁を妻飾に転用し、それが鎌倉時代にも再用されて現在に至っている。このように桁行両端間だけは屋根形式の変更による改造が必要となるが、これはごく軽微な改変であり、またそのために追加する建築部材もわずかな量で済む。こうした点で講堂の組立てに要する作業日数は、おそらく一～二箇月程度の短期間であったことが予想される。朝集殿の時には両妻だけ壁があって他はすべて吹放しの建築であったらしい。講堂では周囲に扉・連子窓・壁を設ける必要があるから、こうした造作仕事に多少日時を費したとしても、講堂は移築建物を利用することで極めて短期間に完成することができたと思われるのである。

講堂のもう一つの特色は南北二町の伽藍地の中心に建てられたことである。講堂の地下には東西方向に通る幅約九・五メートルの道路があり、始め両側とも掘立柱の柵列で北柵列の中央部を出入口としていたが、後にこれを高さ約一・二メートルの基壇をもつ桁行五間（一二尺等間）の門に改め、門の両脇は築地塀に改造したことが発掘調査で明らかにされた。築地塀を門の両脇では入り込んで取りつけ、門の前面が二メートルほど道路にせり出すだけで前面通路の機能は以前のまま確保されている。講堂の基壇はこの門の基壇の後方を削り、前方と左右に大きく継ぎ足して丁度道路心が建物の中心になるように築かれている。唐招提寺の寺地は右京五条二坊に所在する四町で、この道路は南北を二分する中央に当る。道幅がやや狭いことや両側に柵列をもつ状況から、坪境の小路では

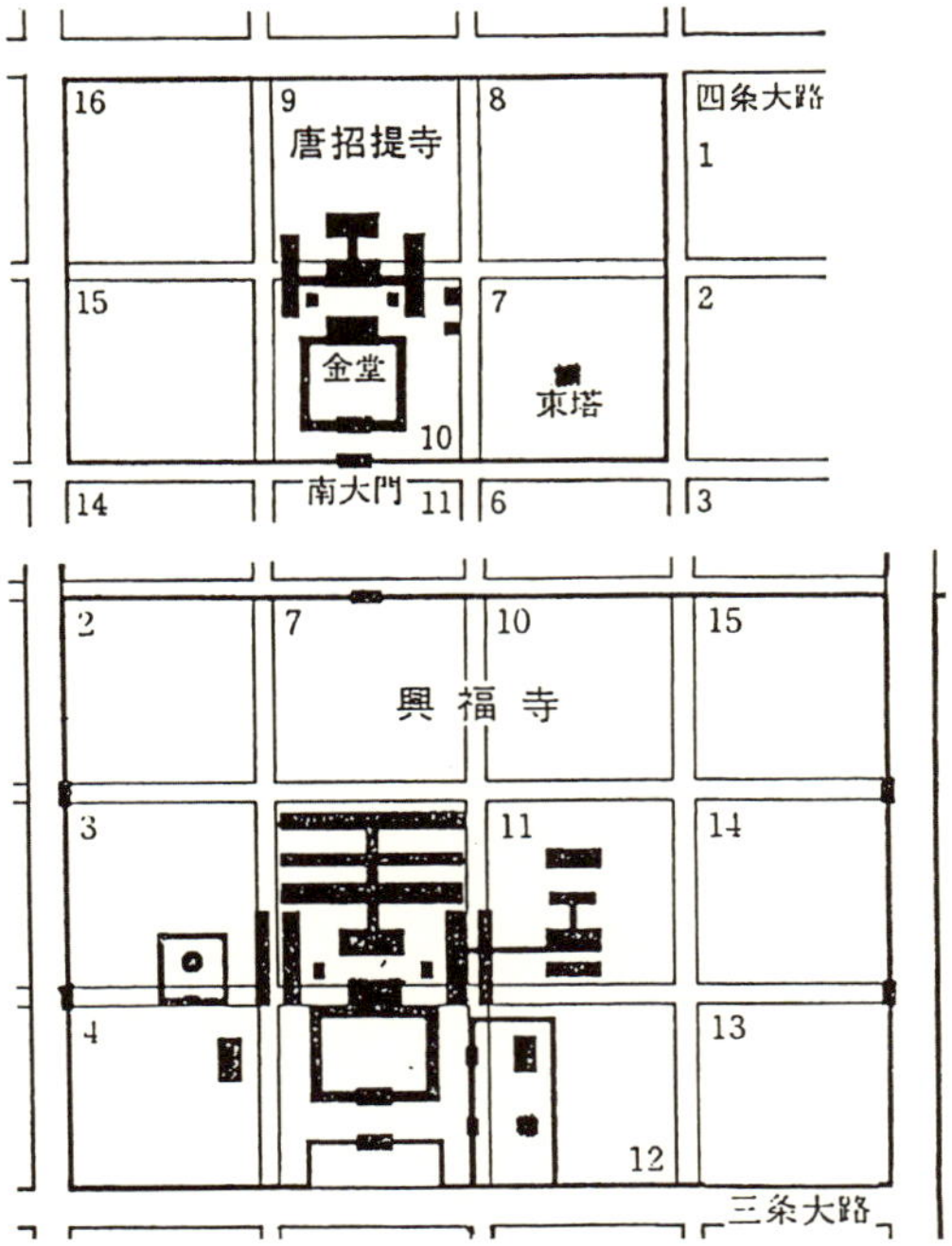

250　唐招提寺と興福寺の堂塔占地比較図

なく大きな敷地の中を分割した道と考えられているが、講堂はその中心に建てられたのである。すなわち伽藍配置を計画する最初に講堂の位置を定めたことがわかる。

興福寺では同様な南北二町の主要伽藍地の中心に中金堂を配置し、その基壇は地山を削り出して造られている。これは伽藍造営の最初に中金堂の位置と規模を定め、それから敷地造成を行ったことを示しており、おそらく寺の創始者である藤原不比等の指示に基づくものであろう。中金堂は父鎌足ゆかりの仏像を安置するために、不比等が真先に建立した建築なのである。こうした例をみても唐招提寺の場合、講堂を中心として最初の伽藍が営まれたのは、やはり鑑真の強い希望によるものと考えられる。唐招提寺は戒院として発足した。戒律の講究のためには仏像を安置するだけの金堂より、まず講堂の確保が必要とされたのであろう。その希望に沿うように移築を利用することで短期間の間に、しかも次に述べるように充分な広さをもった講堂を完成させることができたのである。

講堂の規模は山田寺や法隆寺とほぼ等しい。両寺とも桁行八間、梁間四間で桁行方向が偶数間であるのは講堂の古い形式と考えられている。しかし平城京内の大寺は興福寺、薬師寺、唐招提寺などが九間×四間で、これが標準型であった。法隆寺は天平十九年（七四七）に記された『法隆寺伽藍縁起幷流記資財帳』（以下「資財帳」という）に「合見前僧二六三口僧一七六口 沙弥八七口」とある。講堂（「資財帳」では食堂と記されるが後に講堂となっており、両者を兼用したとみられる）は少なくともこのうちの僧一七六人を一度に収容できる広さだったと仮定して計算してみると、その平面積は二九・九メートル×一六・四メートル＝四九〇・四平方メートルで、一人当り約二・八平方メートルとなる。唐招提寺講堂は三三・八メートル×一三・五メートル＝四五六・三平方メートルであり、単純計算では一六四人の僧が収容可能である。一方、僧房をみると法隆寺には長大な僧房四棟があってその総延長は六一七尺に及び、現存する東室では一房の間口が一八～二〇尺なので、これは三〇～三二房分に当る。これに対して『建立縁起』にみえる唐招提寺の僧房は、東北一房・東一房・東二僧房・西北一僧房（以下略）など小子房を含めても東西一二房に過ぎない。現在は講堂の東側に馬道を挟んで南北に長い建物があり、南を礼堂・北を東室と称するが、これは元来は全部僧房であったのを、弘安七年（一二八四）に建替えた時に南方を仏堂に宛てたものである。この僧房は桁行三間を一房とする構成で東室は三房、礼堂部分は二、五房分ある。講堂の西側にはほぼ同規模の西室もあったから、一〇～一二房というのはその後も踏襲されているのである。法隆寺のほぼ三分の一であり、おそらく住僧の数もその程度が上限であろう。とすると講堂はかなり広い。

鑑真は在唐時代には各地で頻繁に戒律の講座を開き授戒会を催している。東大寺を出て唐招提寺を創めた鑑真にとって、そうした講律授戒の場の確保こそ最大の願いであったに違いない。講堂の広さはそのために必要であったと考えると、講堂の利用者を寺内の住僧だけに限らなくても良いかもしれない。その点で注目されるのは『建立縁起』の僧房には客房がないことである。古代寺院には旅僧が一時逗留する客房が、講堂を囲むいわゆる三面僧房とは別に設けられた。「資財帳」でみると法隆寺では太衆院の中に二棟の客房があるし、大安寺では禅院に僧房六口がある。大安寺の例からすると旅僧とは限らず、本寺とは別組織の僧のための施設を含むとも思われるが、伽藍の中枢部以外にも僧房をもつことが古代寺院の原則と言ってよい。来日した鑑真一行を安置した東大寺唐禅院も同類の施設で、その位置は三面僧房のすぐ後方西寄りであったと想定されている。元興寺では蔵院に客房があったことが長元八年（一〇三五）の『堂舎損色検録帳』（東大寺東南院文書）からわかる。

ここからは全くの想像になるが、そのような別施設が東区画に設けられていたのではなかろうか。唐招提寺は平城京右京五条二坊にあって寺地は四町を賜わった。『建立縁起』はその四至を「東塔。南巻（巷カ）。西路。北路。」と記す。その占地には諸説あるが、今日では主要伽藍地である九・一〇の坪と、その西側の一五・一六坪とするのがほぼ定説化している。しかし現在の寺地は東の七・八坪も含み、七坪には中央に塔跡があるし、八坪の北寄りには鑑真の廟所がある。弘仁元年（八一〇）に造立された塔が承和二年（八三五）記録の『建立縁起』に建物としては記載されず、四至の表示となっているのも不審である。これらを考え合わせると東側の七・八坪は唐招提寺の別院のような性格であった可能性が極めて高い。この場合、薬師寺の寺地が奈良時代の「流記」に「十坊四分の一」と記されるのに、平安時代には「新録」にいうとして「寺内十二町」とあるのが参照される。別院の占地二町は奈良時代に

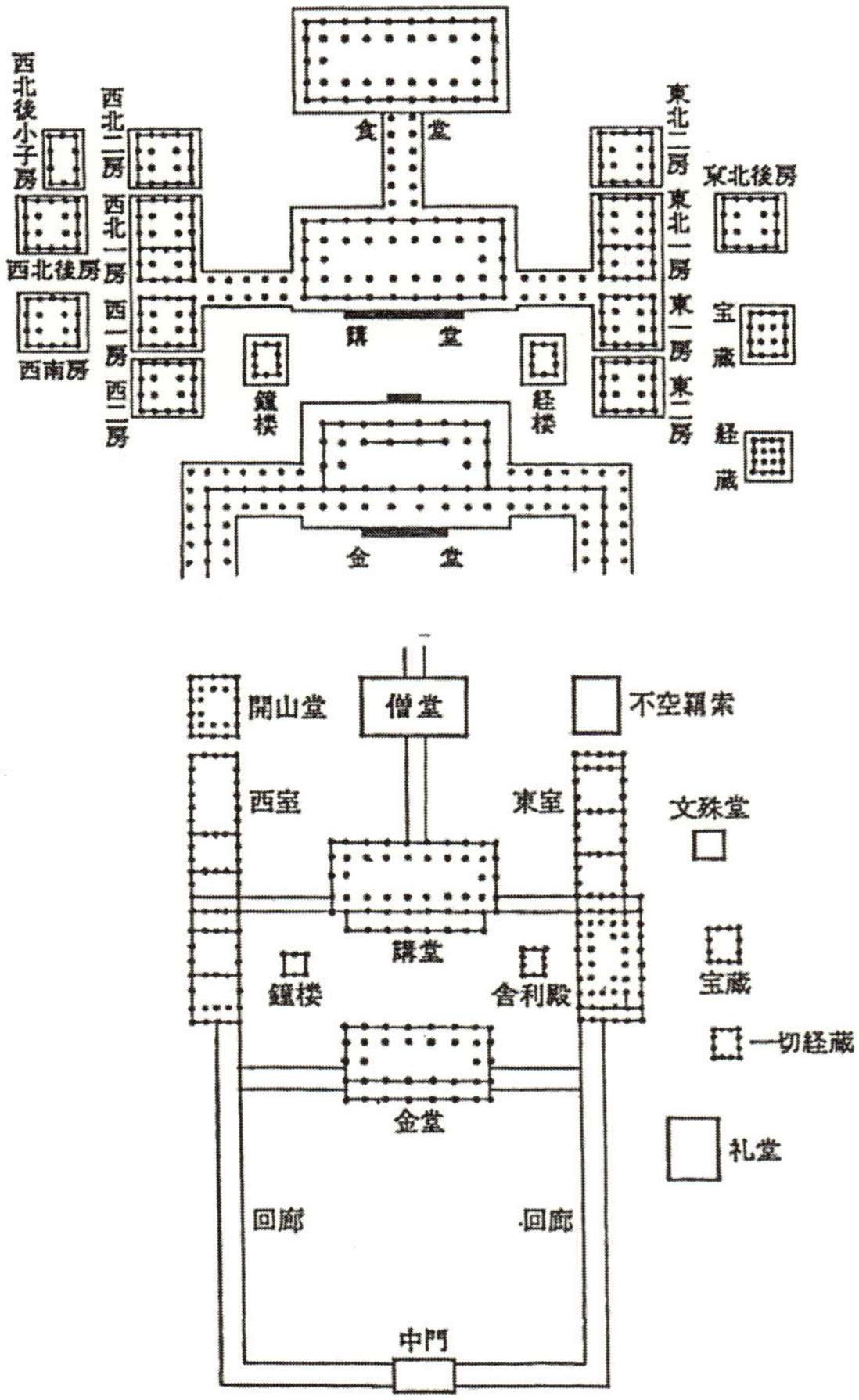

251　唐招提寺伽藍配置図
上 復原図（鈴木案）　下 境内古図（江戸時代）

は薬師寺に僧綱所等がおかれていたので「流記」では除外されていたと思われ、唐招提寺の場合も何らかの事情で寺地四町と限定されたのかもしれない。伽藍の東側に並ぶ二棟の校倉は坪境の小路にはみ出している。

その施設を運用する責任者が思託であったとすれば想像はさらにふくらむ。思託は終止鑑真の渡航に従って辛苦を共にし、唐招提寺の寺地の選定に当っても普照と共に鑑真に勧めたというが『建立縁起』にはその名が見えない。しかし鑑真は自分の死後は戒壇院に別に影堂を立て、旧住房は僧に住まわせるよう、常々思託に語っていたという（『東征伝』）。鑑真像を安置する開山堂は平安時代末には講堂の西北方にあり、そこは鑑真の旧住房跡かその北の隣接地と推定されるので、この希望は実現されなかったようだが、思託が最後まで鑑真の側近くに仕えたことは間違いないであろう。唐招提寺に現存する戒壇は弘安七年（一二八四）の再興で、それ以前、特に鑑真在世中から存在したか否かは賛否両説あるが、東側の施設を思託が管理し、そこに戒壇院も設けられていたとすれば、『東征伝』の記事も現実味を帯びそうに思われる。鑑真は戒壇を設けたが、如宝によって金堂が造営されて延暦二十五年（八〇五）に一五大寺に編入された後、官寺としては戒壇の存置が認められなくなって、替りに弘仁元年（八一〇）五重塔が建立されたのかもしれない。塔跡を発掘してみたいものである。

以上は僧房から推測される住僧の数に比べて、講堂が大きく、広すぎることからの連想であるが、両者の関係ではもう一つ注目すべき特色がある。それは講堂と東西僧房を結ぶ軒廊に接して、その北側の僧房の中に経蔵を設けていたことである。現在東僧房の中ほどには馬道が通るが、元来は講堂両側面前端間から延びる軒廊がここに通じていた。創建期は梁間一六尺の単廊で、現馬道の幅一一尺より広い。僧房はこの軒廊を基準に北方を東北一・二、西北一・二、南方を東一・二、西一・二と呼んでいるが、『唐招提寺用度帳』（以下『用度帳』という）には「東北第一房、同房経蔵」、「西北第一房」「佐官師御房経蔵内室」などの語がみえる。『建立縁起』では「西北一僧房一宇、右義浄大法師造立如件」とあり、ここは義浄の住房であったらしく、それはまた佐官師御房とも呼ばれたらしい。『建立縁起』ではまた「東西近廊、八角堂二基。唐義靜造、一基東義演大徳造」とある。従来この八角堂を独立の建物と考えて所在不明とする説が一般に行われているが、八角堂を経蔵の内室とすると疑問は一度に解ける。すなわち東西の北第一房には軒廊に接して経蔵が設けられ、中に八角堂があったのである。

経蔵の内部に八角造りの経庫を置く形式は輪蔵と呼ばれる。中国でも最も古い建築は北宋時代（九六〇～一一二七）の正定・隆興寺転輪蔵で、日本には鎌倉時代以降禅宗と共に輸入された。しかし中国の輪蔵は南北朝時代に梁の武帝（在位五〇二～五四九）の帰依を受けて傅翕が建てた双林寺に創ると伝え、大蔵経を収めるための画期的発案であったという。唐招提寺の八角堂が回転したかどうか不明だが、恐らく鑑真一行が将来した多くの経典の収納庫として、本国に倣って造られたものであろう。僧房の一部を経蔵に宛てた例には元興寺東室南階大房（俗称北室）などが知られている。しかし講堂と連結してその両脇の最も手近かな所に設置した形式は、他の寺には全く類をみない。唐招提寺は自身の理想とする戒律学習の場を日本に造りたいという、鑑真の強い意志の下に発足した。伽藍の中心に寺内だけでなく十方衆僧の用途にも供すべき広さをもつ講堂が最初に建立され、その両脇に僧房の中ではあるが異国情緒濃厚な経蔵を設けて、勉学の備えとしたのは、すべて鑑真の指揮に基づくと考えてよいであろう。唐招提寺の建立には従来から鑑真不遇説がつきまとうが、こうしてみると鑑真が目的とした処は、かなりの程度実現することができたのではなかろうか。寄進を募って伽藍造営を進めたのも、それが本国では普通のやり方だとする説もある。不遇説は当らないと私は考えている。

二　金　堂

金堂は奈良時代に造営された大伽藍の中心仏殿としては唯一の現存建物で、寄棟造の堂々とした姿と正面一間通りを吹放しにした軽快さが調和した名建築として知られている。その評価は大体以下のようなものである。すなわち、平城京内に造られたいわゆる南都七大寺の金堂はすべて重層建築、もしくは外観を重層にみせた裳階付建築であったが、唐招提寺は官寺ではなく鑑真が創めた私寺のため金堂を単層とした。したがって当時第一級の仏殿とは言い難くいわば第二級の仏殿である。この評価が近年少しずつ見直されている。そのきっかけは平成元〜六年に行われた防災工事に伴う発掘調査で、金堂両脇に取り付く回廊が、従来考えられてきた単廊ではなく、複廊であることが判明したことによっている。近世の伽藍古図には回廊が幅狭く簡略に画かれているために、単廊跡と思われていたのであったが、梁間二間各一〇尺、桁行一〇尺等間の複廊と判ったのである。

平城京内の官寺は七大寺と呼ばれる大寺だけでなく、唐招提寺と同様に寺地が四町で金堂の規模も似る西隆寺でも、金堂に附随する回廊はすべて複廊であった。薬師寺では初め藤原京の本寺に倣った単廊を造りかけてから複廊に改めているし、興福寺中金堂の両脇も同様に建立後すぐに単廊から複廊に改築している。藤原京では規模の大きさで知られる大官大寺でも回廊は単廊であり、今のところ奈良時代以前の寺はすべて単廊なので、どうもこれは官寺の威容を整えるために、平城京ではすべて複廊とするように規格が定められた結果らしいのである。すなわち複廊は官寺のステータス・シンボルといってもよく、その複廊を備えた唐招提寺金堂が、従来通り私寺だから単層は当然のこと、あるいは第二級なのは仕方がない、といった観点では捉えきれなくなってしまった。今回の解体修理は金堂を見直す絶好の機会となったのである。

金堂は明治三十一〜三十二年に解体修理をうけ、昭和十九年以降は法隆寺昭和大修理で得られた古代建築技法に係わる知識を応用した復元研究が行われてきた。そのため建物の現状やその創建当初の形式などが大体判明していたが、今回の修理では大きく分けて次の四項目で新発見があった。

一、建築部材の年輪年代測定の結果、建物の建立年代をほぼ確定することができた。

二、創建以後元禄修理まで約九〇〇年間は大修理がなく、建築の構造や材質が他の建物と比べても極めて優秀かつ上等であることが判った。

三、従来の復原案に加えて基壇が特殊な二重基壇であることや、屋根構造が又首組となることが判った。

四、扉の彩色文様などを復原することができて、従来考えられていたより華麗な装飾をもつ建築であることが判った。

まず金堂の建立年代については、『建立縁起』には「金堂一宇、右少僧都唐如宝、率有縁壇主等、建立如件」とあるものの、従来から諸説あって、早いものは天平宝字三年（七五九）の寺の創立時とする説から、遅いものは如宝が少僧都になった大同元年（八〇六）以降、没年の弘仁六年（八一五）までの間とする説まで、年代にかなりの幅があった。今回の解体修理では建築部材二四五点について年輪年代調査を行い、そのうち一五九点の年代を確定することができたが、特筆すべきは地垂木三点に樹皮直下の年輪まで完存するものがあり、いずれも七八一年と確定したことである。これは伐採年代を示すもので、その他の多くの当初材も最外年輪年代は七五〇～七七〇年代の数値であった。建築用材の調達は通常柱や梁などの大材から始まって垂木などの小材に及ぶので、垂木が伐採された七八一年には金堂建築工事はかなり進んでいたことが想定される。おそらくその数年後以内には建物が完成したと思われるのである。

金堂は従来から天平建築の中では後期に属し、おそらく宝亀末年頃（七七六～八〇）に造営されたものと、建築史家は考えてきた。宝亀七年（七七六）に播磨国の封戸五〇戸が施入され、同じ年に備前国の陸田を買取り、翌八年には備前国の田地一三町が施入されるなど、寺の経済が急速に豊かになったのを背景に、この頃造営が開始されたと想定すると、建築様式上の位置付けともよく合う。今回の年輪年代調査の結果はこれを裏づけるものとなった。宝亀年間から木材の調達を始め、完成は延暦初年ころとほぼ確定したのである。

252　隅尾垂木上邪鬼

なお年輪年代調査の副産物として、隅行の上方尾垂木（二重尾垂木）の上面に据えて地隅木を支えている邪鬼像が、創建当初からのものであることがわかった。四隅のうち西南隅を除く三体が古く、その最外年輪年代の最も下るものが六三六年なので、創建時以外にこれだけ古い木材を使うとは考え難いからである。この部分には薬師寺東塔のように角材の支束を用いるのが通例で、当麻寺東塔や室生寺五重塔など、支束がない例もある。その中で唐招提寺金堂の邪鬼像は異例で、おそらく元禄修理時に加えられたものと思われていたのであったが、今回当初材と判明したのである。中国ではこうした隅木を支える邪鬼像

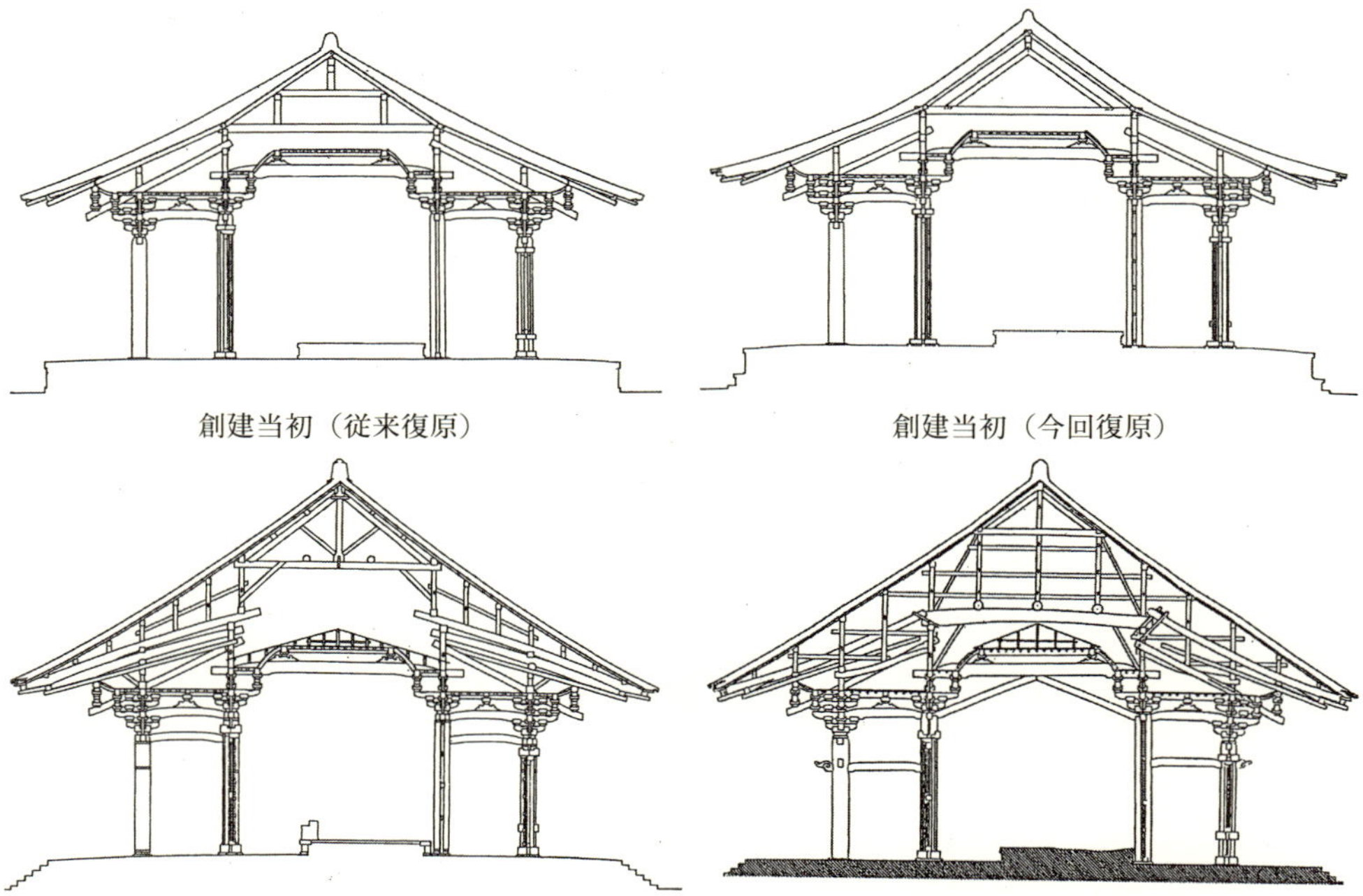

253　金堂断面変遷図

を角神と呼んで、実例は唐代（八五七年）の五台・仏光寺東大殿（壺形）や遼代（一〇二〇年ころ）の義県・奉国寺大雄殿（邪鬼）などにあり、恐らく古くからの伝統と思われる。唐招提寺金堂はこの中国流に倣ったものであろう。

二番目の後世修理については寺の記録である『招提千歳伝記』に「文永七年庚午。金堂再補悉成。夏四月六日啓大法会（下略）」とあることから、従来文永七年（一二七〇）に大修理があって柱を繋ぐ貫を加えたり長押を太くするなどの構造補強を行い、小屋組も改造したと考えられてきた。現存する天平建築はほぼすべて鎌倉時代に大修理とその際の改造をうけており、当寺の講堂も健治元年（一二七五）の大修理によって現在の姿になったので、金堂も同様と思われたのである。その後東方鴟尾を取替えた元亨三年（一三二三）に屋根の葺替えがあり、慶長元年（一五九六）の大地震後、元禄五年（一六九二）に将軍徳川綱吉の生母桂昌院の寄進を得て再度の修理を行って、明治三十年の古社寺保存法による解体修理に至った、とするのが従来の認識であった。

ところが今回解体してみると、飛檐垂木に年輪年代で一一〇〇年代前半の伐採年を示すものがあって、平安時代後期に軒廻りの修理を行ったことが新たに判明したものの、中世の修理にかかわる部材は元亨三年の墨書をもつ野地板のみで、それも最初は軒先から続く化粧垂木に直接打っていたことが明らかになった。恐らくその上にふところの狭い野屋根を設けていたのであろう。鎌倉修理材と思われていた貫や太い長押はすべて元禄修理時の補足・取替材だったのである。すなわち創建当初の野屋根のない構造が元亨修理時にもほぼ継承されており、現在のように屋根勾配を強めて大棟を約二・八メートル高くしたり、側廻りに貫を加えて戸口や窓を改造したのは、すべて元禄修理時であることが判明したのである。このように創建後九〇〇年間も大修理や補強工事の必要なく維持管理できたのは、それだけ建物が上質で構造も優れることの証明と言ってよく、修理回数が少ないため当初材の残存率も極めて高い。実際、身舎廻りの建築部材は、元禄・明治の修理を経ながらも当初材が九五％以上残されており、今回の修理でもほとんど取替材はなかった。

第三の当初形式の復原については、今回の解体修理の結果ほぼ完全に解明することができたが、その大筋は従来の研究成果を裏付けるもので大きな差異はない。しかし発掘調査の結果、基壇が当初は特殊な二重基壇であったことが判明したのは大発見といってよい。現在の基壇は花崗岩壇上積で鎌倉修理時にこの形式となり、元禄修理では一部鎌倉材を再用しながら大半の石材を新補して積直したものである。内陣の須弥壇も羽目石に格狭間を刻む花崗岩壇上積で、これはすべて鎌倉材であった。『招提千歳伝記』が記す文永七年（一二七〇）の修理は建物外周の基壇と堂内の須弥壇を花崗岩で造り直す仕事だったのである。ところが発掘してみると現在の基壇の周囲から下成基壇となる高さ約四五センチメートル、幅約四〇センチメートルの凝灰岩積み基壇が検出され、当初は現基壇が上成部分に当る二重基壇であったことが明らかになった。当初の上成基壇が凝灰岩壇上積であることも裏込め石に転用されていた旧石材から判明した。元禄修理時の据直しが三箇所あるものの礎石はすべて当初材なので、基壇上面の高さは変らないから、現在は高さ一メートル強の基壇が二重になって、高さ約一・五メートルに復原されるのである。

二重基壇は法隆寺金堂・五重塔など飛鳥・白鳳時代には例をみるが、奈良時代では法隆寺夢殿しかなく、それも現状は上下壇とも花崗岩製なので、当初まで遡るか否か疑問視されている。平城京内の寺院跡の発掘でも今まで二重基壇の例はない。当寺講堂も当初は凝灰岩壇上積（南面の高さ約一・二メートル）で、これが京内寺院の標準型である。そのなかで金堂の二重基壇は極めて異色といってよい。さらに興味深いのは下成基壇の地覆に方約四二センチメートル、厚約一二センチメートルの大型の塼を敷並べている点である。七〜八世紀の塼積基壇は通常長さ三〇センチメートル程度の細長い煉瓦形の塼を用いるので、この方形の大形塼は異例であり、

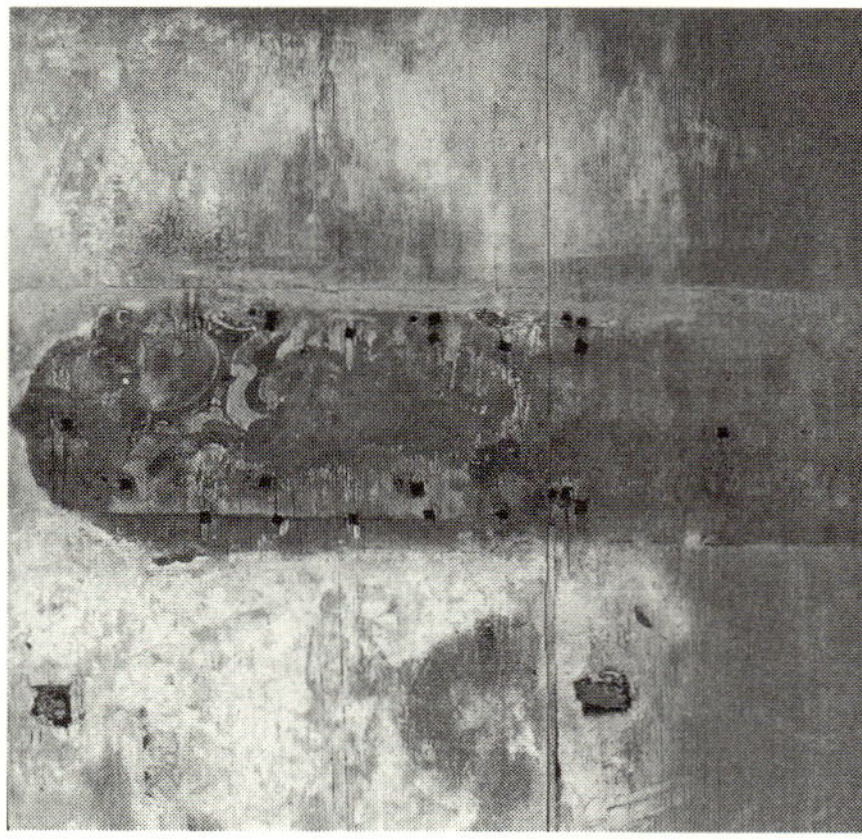

254　金堂扉彩色痕跡

しかも凝灰岩の羽目石と組合わせて基壇化粧とする形式は全く類をみない。敷石代りに大型の塼を用いるのは中国の伝統的工法である一方、凝灰岩のような柔らかい石を基壇に用いるのは日本独特の技術であり、それが混合したこのような基壇は特殊例としか言いようがないであろう。

なお復原調査の中では従来小屋組が二重梁・束組式と考えられていたのが、又首組と判明した点も新しい発見である。身舎の小屋組は従来の現状調査では該当する古材が見当らず、他の例を参考に梁束方式と推定していたのであったが、今回の解体調査で元禄修理時に旧大梁を地隅木に転用しており、それに又首棹仕口があって当初形式が判明した。又首組の小屋は新薬師寺本堂や室生寺金堂など比較的簡素な建物に用いられており、檜皮葺や板葺のような軽い屋根に適した日本式の印象が強いが、中国唐代の建築様式をかなり忠実に写したと考えられている唐招提寺金堂がその例に入るのは、意外といってもよいであろう。

第四の彩色の調査では、正面の板扉の八双金具を取り外したところ下から当初の彩色文様が発見され、扉板の表面に風蝕してアバタ状に残る図柄痕跡を斜め光線で探査するのと併せて、当初の彩色文様を復原することができた。扉は元禄修理時に幅・高さとも縮少されたが、扉板はすべて当初材である。その表面に中央三間には蝙蝠狭間状の、両脇間には正円形の集合花文の文様跡があって、従来は後者を当初のものとする見解であったが、いずれも元禄修理時のものと判明した。復原された彩色文様には二種類あり、甲種は中心に蓮華文を置き外周に大小八箇の宝相華文を全体ほぼ円形に配置したもの、乙種は中央に四弁花文、外周に太い蔓で繋いだ大小八箇の宝相華文を配して全体を八稜形とするもので、これらは交互に配置されたものらしい。保延六年（一一四〇）の『七大寺巡礼私記』には「戸五本扉外有絵、蓮之番絵也」とあるが、その実体が今回の修理で初めて明らかになったのである。

彩色に関連しては内陣須弥壇背後の板壁が創建時のものと判明したことも今回の新発見の一つである。元禄修理時に表面を削り直して現在は素木となっているために、従来は中古材と考えられていたのであったが、竪張りの壁板五一列のうち四七列は当初材もし

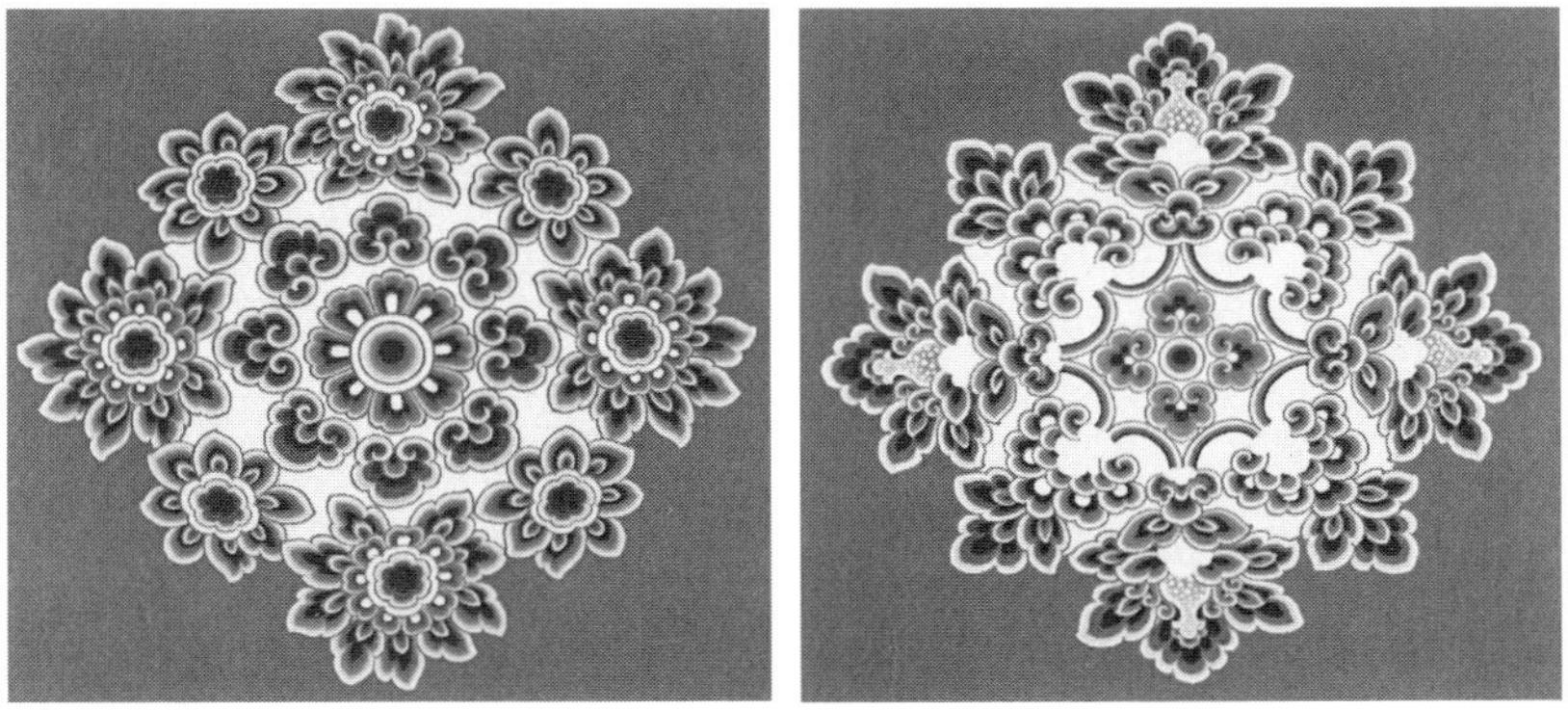

255　扉彩色復原図

くは創建当初からの転入材と認められた。『招提千歳伝記』には「金堂南北八間。東西一十六間。（中略）中央安奉丈六毘盧像。金色感肝。円光之中有千仏像。（中略）後板丼諸柱画二千仏。光中千仏卜此二千仏。合則三世千仏也。（下略）」とある。中尊の光背には現在八六四体の化仏を数え、内陣柱の上部には仏・菩薩像が描かれていた痕が残るから、後壁にも当初は同様な彩色があったとみて間違いない。『千歳伝』の記述は誇張ではなかったのである。

このように今回の修理ではいくつかの重要な新発見があったが、残念ながら不明に終わった課題もある。それは現金堂に前身建物があったか否かの問題である。金堂に安置する三尊のうち中央本尊の盧舎那仏坐像は、両脇の薬師・千手観音両像が木心乾漆造であるのに対して、これのみ脱活乾漆造であることから、その製作年代を古くみる人が多い。そのため現金堂以前に盧舎那仏を中心とする仮金堂のような建物があった可能性を指摘する説がある。また現金堂には創建時からの転用古材がかなりあり、これがそうした前身堂のものかもしれないという疑いもあった。

こうした疑問に応えるため金堂基壇の中央部を南北に断割る発掘調査を行い、その結果基壇が外周とほぼ同高の整地土の上に版築されていること、下層の整地面には掘立柱穴らしい遺構があることなどが判明した。平成元～六年の防災工事に伴う発掘では、金堂の周辺で四棟分の掘立柱建物跡が検出され、これらは故新田部親王の旧宅に関わるものと考えられている。今回の調査範囲が狭いため下層遺構がこれと同じかどうか断定し得ないが、積極的に前身金堂の存在を示すものは、発見されなかったとするほかない。一方、転用古材の調査では総数が約二七〇点に及び複数棟の建物からの転入が考えられたが、その旧形を復原できるものはなかった。そのうち正面扉構えの幣軸・方立・半長押には多量の転用

256　華鬘推定復元図（岩波・六大寺大観より）

古材があり、そのほとんどは柱間寸法が一〇尺で径一・三尺ほどの丸柱を用いた建物の長押を再利用したことが判明したが、建物本体の形を示す資料はない。また庇の組入天井では中間桁の大部分が当初からの転入材で、その中に桁・梁・棟木とみられる部材があり、これらは組物を用いない建物の二〜三棟分で、その一棟は柱間寸法七・五尺、柱径〇・六尺の建築と判明したが、これもそれ以上のことは不明である。最も目立つ正面の扉廻りに転用された一〇尺柱間の建物の存在が気になるが、前身建物の探求はここまでとなった。

　冒頭で述べたように唐招提寺金堂は従来ややもすれば第二級視されてきた。しかし今回の修理で、材料・工法とも極めて上質な建築で、外観は二重基壇を備えて格式高く、堂の内外は華麗な彩色で飾られていたことなどが判明した結果、新しい評価が求められることになった。特に二重基壇は塼を用いた中国的要素の濃い特殊なものであり、隅の組物に加えた邪鬼も中国式で、両者とも他に例をみない。建物の外部となる扉の表面に極彩色の文様を画くのも、平等院鳳凰堂のように平安時代にみられる堂内を荘厳するための扉装飾とは異質である。これらはやはり唐寺らしさの演出を意図したものであろう。寺には金堂落慶時に用いたと伝えられる牛皮製の大型彩色華鬘断片（七枚分）が遺存する。縦一一〇センチメートル前後、幅八〇センチメートル前後に及ぶこの異色の華鬘が、金堂正面の吹放しになった頭貫下に吊下げられた情景を想像すると、唐寺の雰囲気は一層高まってくる。

　建築に求められたもう一つの役割は官寺の金堂としての格式である。延暦二十三年（八〇四）如宝は寺の田地からの収入を常置の講律の経費に充てることを上奏し、その許可の太政官符が寺に下された。同二十五年には一五大寺が定められてそれに列している。

金堂東の間に安置する薬師如来立像は古銭「隆平永宝」を掌中に納入することから、それが新鋳された延暦十五年（七九六）以後の造立とみられているが、おそらくそうした堂内の仏像や荘厳がすべて完成したのちに如宝の上奏が行われたのであろう。そして首尾よく官寺の列に加わることができたのである。官寺の金堂には不可欠の複廊の回廊も既に竣工したはずである。今回の修理に伴う発掘では金堂基壇に接続する回廊の基壇石列が発見されており、両者が一体に計画されたことが判る。また面白いことに身舎の組物や天井廻りを、最初はベンガラを主体とする赤系の色料で塗った後、途中で赤・緑・青系の各種繧繝彩色に改めたことが今回の彩色調査で判明した。外観を二重基壇や複廊で立派に見せると同時に堂内の彩色も最高級のものとしたのである。

金堂はただ官寺の中心建築というだけでなく、通常の天平建築より一層中国色の濃い、唐寺を象徴する仏殿として造立された。これはやはり鑑真を顕彰しその偉業を永く伝えたいという、如宝をはじめとする弟子僧たちの思いが籠ったものであろう。ただし外からは見えない小屋組は日本式の叉首組であるように、建築技術面では中国様式からの日本化が進行した奈良時代末期の様相をよく反映している。敷塼・角神・彩色文様など比較的マイナーな建築細部による中国風表現も、そうした技術的背景から生れた精一杯の唐寺らしさの演出と思われるのである。

（附記）本稿は二〇〇九年十一月七日、唐招提寺金堂落慶記念講演会『唐招提寺の創建』（於奈良教育大学講堂）に同題で講演した内容を、少しく補足して成稿したものである。

一八　唐招提寺金堂

桁行七間　梁行四間　一重　寄棟造　本瓦葺

（国宝）

天平時代の仏教寺院は本尊をまつる金堂を中心として伽藍が構成されていた。したがって天平建築の意匠を考えるとき、最も重要なのは金堂である。しかし遺構として現存するのは、この唐招提寺金堂ただ一つしかない。唐招提寺は官の大寺ではないから、当時の第一流の寺院ではないが、これに次ぐ寺格を有するものであり、現存する他の天平時代建築遺構と比較するとき、その建築的価値は、当時においても、南都七大寺金堂と匹敵するものであったと思われる。

南大門を入って、金堂に相対したとき、だれしもその堂々たる姿に圧倒されるであろう。正面一間吹放しの列柱は濃い陰を壇上と扉に落し、列柱上の小壁には軒の陰がうつり、堂にゆったりとした奥行を感じさせる。

柱上の組物は木太く、その線はのびやかで、二段に重なる間斗束とともに、明快な表現をもっている。扉が側柱より一間うしろの母屋柱筋に設けられているため、扉の丈は高く、丈余の三尊を拝するにふさわしい高さをもっている。長押は中世の太いものに替えられているため、若干の重苦しさは否めないが、これが天平時代の細いものに戻れば、連子窓の感じは一層明るくなるであろう。屋根勾配が急になって、重厚な感じをもつ堂姿も、天平の緩やかな屋根に復されたら、今とは違った軽快さを示すであろう。

堂内に入ると、なによりもその立体的な内部空間の構成に驚かされる。庇の低い組入天井から、母屋柱上の組物、ここに設けられた小天井、さらに支輪によって立上る折上組入天井と次第に高まりゆく空間は、大きな三尊像をまつるにふさわしく、中国伝来の空間構成の仕方を巧みにあらわしている。大虹梁・蟇股・支輪・組物の形にしても、これを同様の構造形式になる興福寺東金堂と比較するならば、天平の延びのある、ゆったりとした線と、室町の堅い線との差を一見して知ることができる。

金堂の造立年代については、従来、天平宝字年間（七六〇年頃）、宝亀年間（七七〇年代）、延暦年間（八〇〇年頃）、弘仁年間（八一〇年代）などの諸説があったが、『建立縁起』に鑑真の弟子如宝が「有縁の壇主を率いて建立」したとあるので、天平宝字七年（七六三）の鑑真の死後、ただし様式的にみて延暦・弘仁までは降らず、宝亀年間とするのが妥当であろうとする説が有力である。

創立以後、年代の明らかな修理は文永七年（一二七〇）、元亨三年（一三二三）、元禄六—七年（一六九三—四）の三回で、文永と元禄の修理は『千歳伝』に記され[1]、元亨は鴟尾の刻銘および屋根野地板の墨書でもわかる[2]。これらの修理を各部の部材や、部材に残る痕跡から調べると、文永の修理は主として扉口・窓・長押などの造作回りの改修、元亨の修理は屋根の葺替えであり、元禄修理は側回りの組物、軒回りおよび小屋組の解体修理であったと認められる[3]。これらのうち、文永と元禄の改修はこの堂の外観に大きな変更を加えるものであった。

その後、明治三十一—二年に古社寺保存法による解体修理が行われたが、当時はまだ古建築修理に着手したばかりで、経験が浅く、建物の復原的調査に注意が払われず、修理前の現状をそのまま踏襲して再度組立てたにとどまった。ただし、屋根裏は見えないところなので、合理的な構造に改めた方がよいとして、洋風小屋組に改造している。

文永・元禄の修造により、現在の状態はかなり建立当初の姿と変っている。とくに屋根は元禄に棟の高さを高め、重々しくかぶさる近世的な形となっているので、天平時代の軽快さを失った。また軸部をしめ固めている長押も、文永に丈の高いものに変えられたために、太い柱による縦の線の強調を乱している。しかし、近年の研究により、もとの状態が明らかになったので[4]、これらを当初の姿に復原して考えなければいけない。現状と当初の形と違うところはつぎの諸点である（復原の根拠は長くなるので註で示す[5]）。

一　正面・背面の戸口は現在より幅が約五〇センチメートル広く、高さが二〇センチメートルほど高かった。
二　窓は上下で約五〇センチメートル大きく、窓枠は唐戸面をとらなかった。
三　戸口・窓回りとも長押はすべて現状より約一〇センチメートル丈の低い細いものであった。
四　組物は一手先目の一番上の斗がなく、尾垂木の反りが少かった。
五　地垂木の勾配は今よりも急で、飛檐垂木の上端は直線、下面がわずかに反っていた。
六　地垂木・飛檐垂木の上にすぐ瓦が葺かれ、野小屋はなかった。したがって、屋根勾配は緩く、棟は現在より約二・八メートル低かった。
七　基壇は現在花崗岩であるが、当初はおそらく凝灰岩であり、床も凝灰岩の敷石か、塼（瓦）敷であったろう。講堂の発掘結果からみればもっと高かったであろう。

八　繋虹梁二段のうち、下のものは後補の貫を明治に形を整えて入れたもので、もとはなかった。

九　内部には華やかな彩色があり、内陣の仏壇後壁はもと土壁であった。

以上の諸点を訂正して作ったのが復原図および復原模型であり、以下これを基にして述べよう（ただし基壇の高さは現状のまま）。堂は五間×二間の母屋の四面に庇をめぐらした桁行七間・梁行四間の平面で、屋根は寄棟造とする。柱間を天平尺に換算すると、桁行中央間が一六尺、その両脇間は一五尺、つぎの両脇間は一三尺、両端は一一尺で、梁行は中央二間が一三・五尺、両端の間は一一尺になる。正面の一間通りを吹放し、前面の側柱は独立した柱列を形成して、堂の正面に広々したゆとりを感じさせる。当初この開放の前庇の両側面には回廊が取付き、折れ曲って南方にあった中門まで達していた。回廊は内側を吹放しとするので、金堂前庭は吹放しの柱列によって明るい空間を構成していた。

正面の戸口はこの柱列の奥に設けられ、中央五間を板扉両開き、両端間を連子窓とする。側柱より一段丈の高い母屋柱間を正面の戸口としたため、開口部の高さは側柱頂より高く、扉を開くと中央三間の戸口から真正面に、内陣の三尊像がその全容を現わす。これは前庭を礼拝の場として、そこからの視覚的効果を期待した意匠で、南都諸大寺のうちでも飛鳥・藤原京以来の伝統をついだ元興寺や薬師寺にはなく、新興勢力を代表した興福寺で現われた比較的新しい傾向である。ただ同じ前面一間吹放しでも、神亀三年（七二六）建立の興福寺東金堂は正面中央三間の柱間を一四尺等間、両脇間を一〇尺、端の間を九・五尺として中央三間の優位性を強調していたのに対し、唐招提寺金堂は中央をやや広く一六尺にとり、つぎを一五尺として変化を持たせ、以下順に端の間まで二尺の等差で逓減させているので、正面観は中心性を保ちながら、横になだらかな広がりをもつこととなった。側柱の高さを一六尺として柱と頭貫でつくる矩形を中央で正方形にし、その形が端へ順次縦長となって移行する立面は、外観に諧調のある落着きを与えている。なお両側面および背面は、背面中央一間を戸口とするほかすべて連子窓で壁はなく、そのため堂内は明るい空気に充たされている。

礎石は上面に円形柱座を造り出し、円柱は頂部に丸面をとる。柱は母屋・庇とも径二尺の同寸で、上方ではわずかに細まるが、ほぼ真直といってよい。前面の独立柱の下方を削り、一見胴張りを持った形にされているのは近世改変の結果である。

柱を連結する横材は頂部の頭貫だけで、扉や窓の個所は内外から内法長押・腰長押・地長押を取付けている。頭貫の断面が正方形

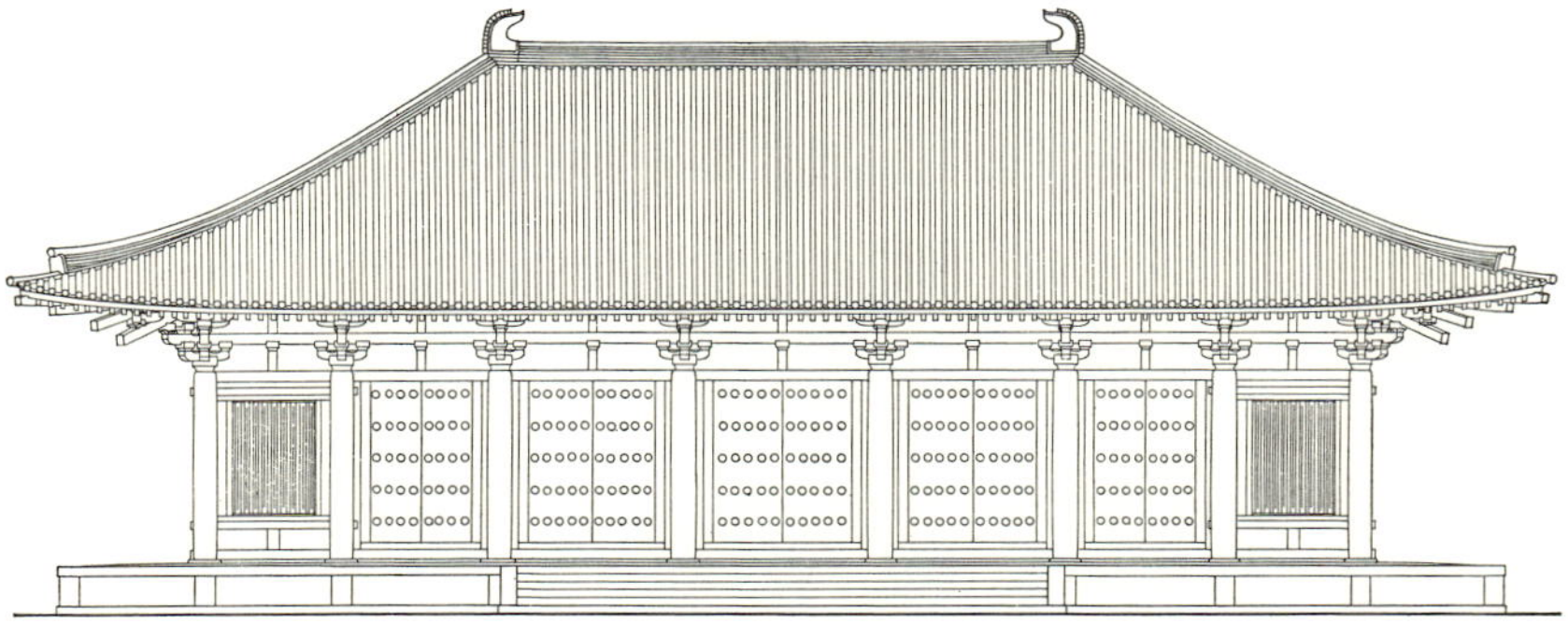

257　唐招提寺金堂復原正面図

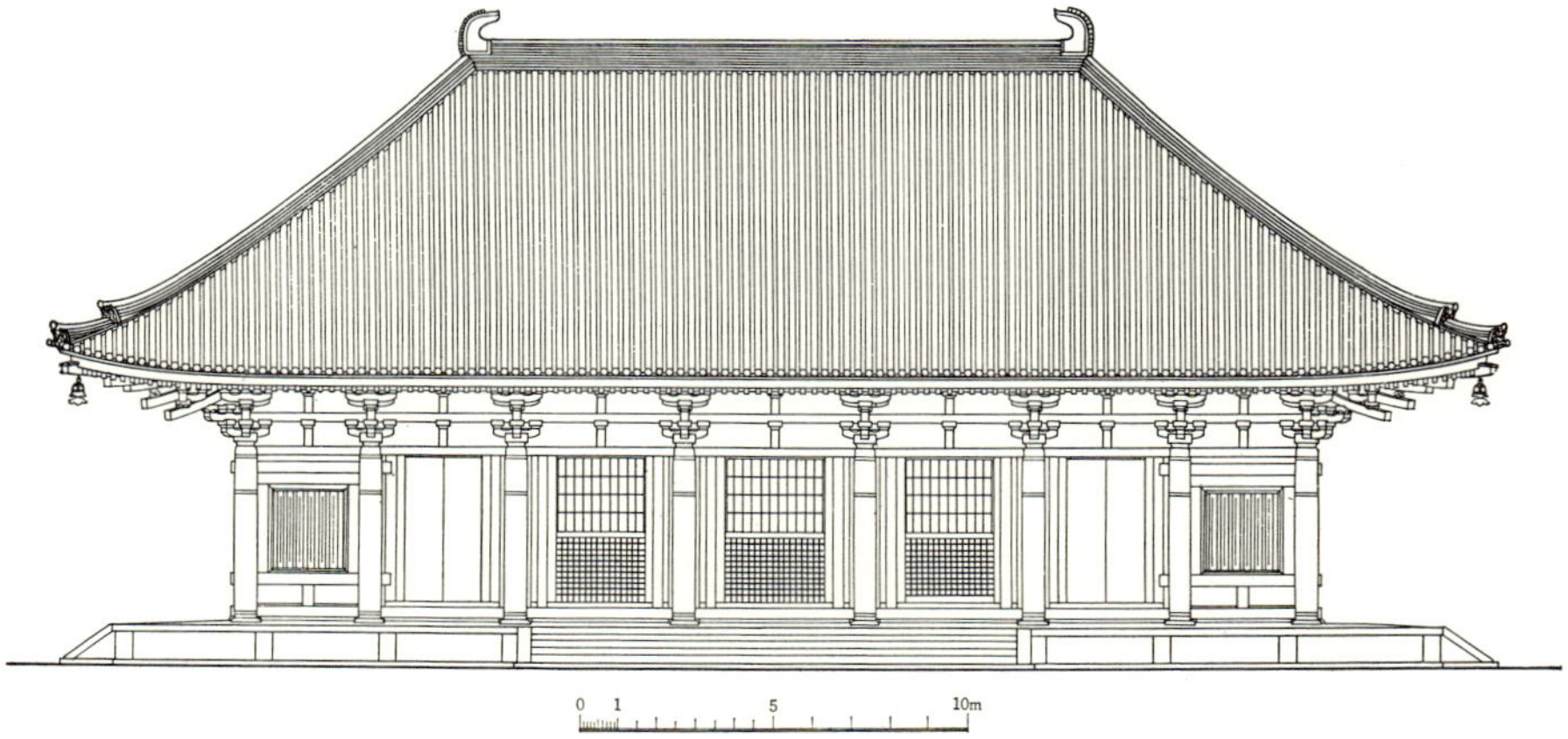

258　唐招提寺金堂現状正面図

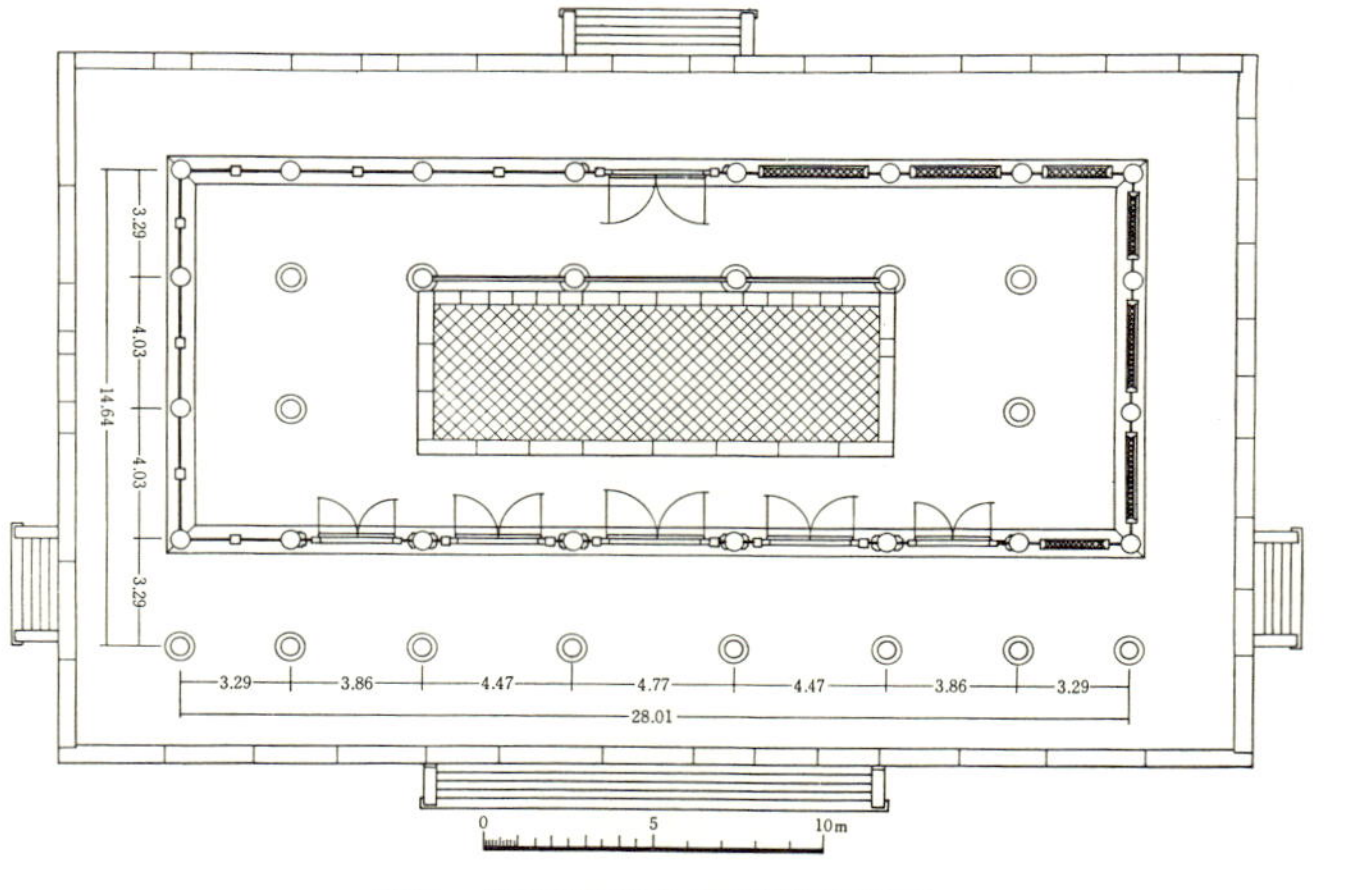

259　唐招提寺金堂現状平面図

一八　唐招提寺金堂

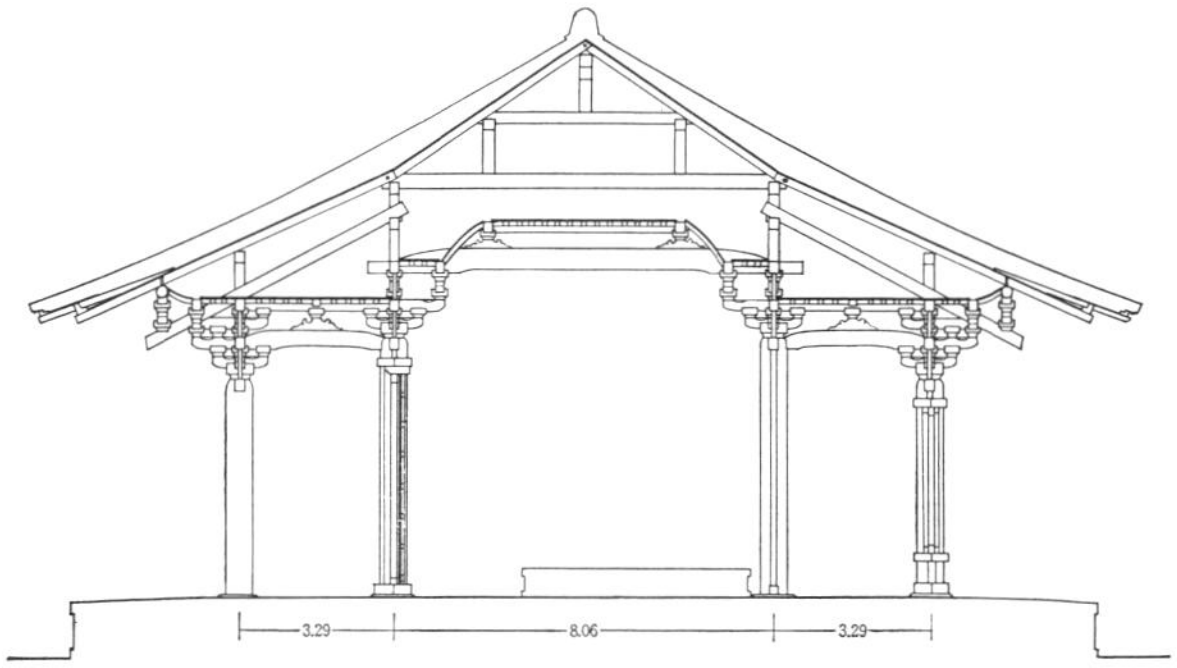

260　唐招提寺金堂復原梁行断面図

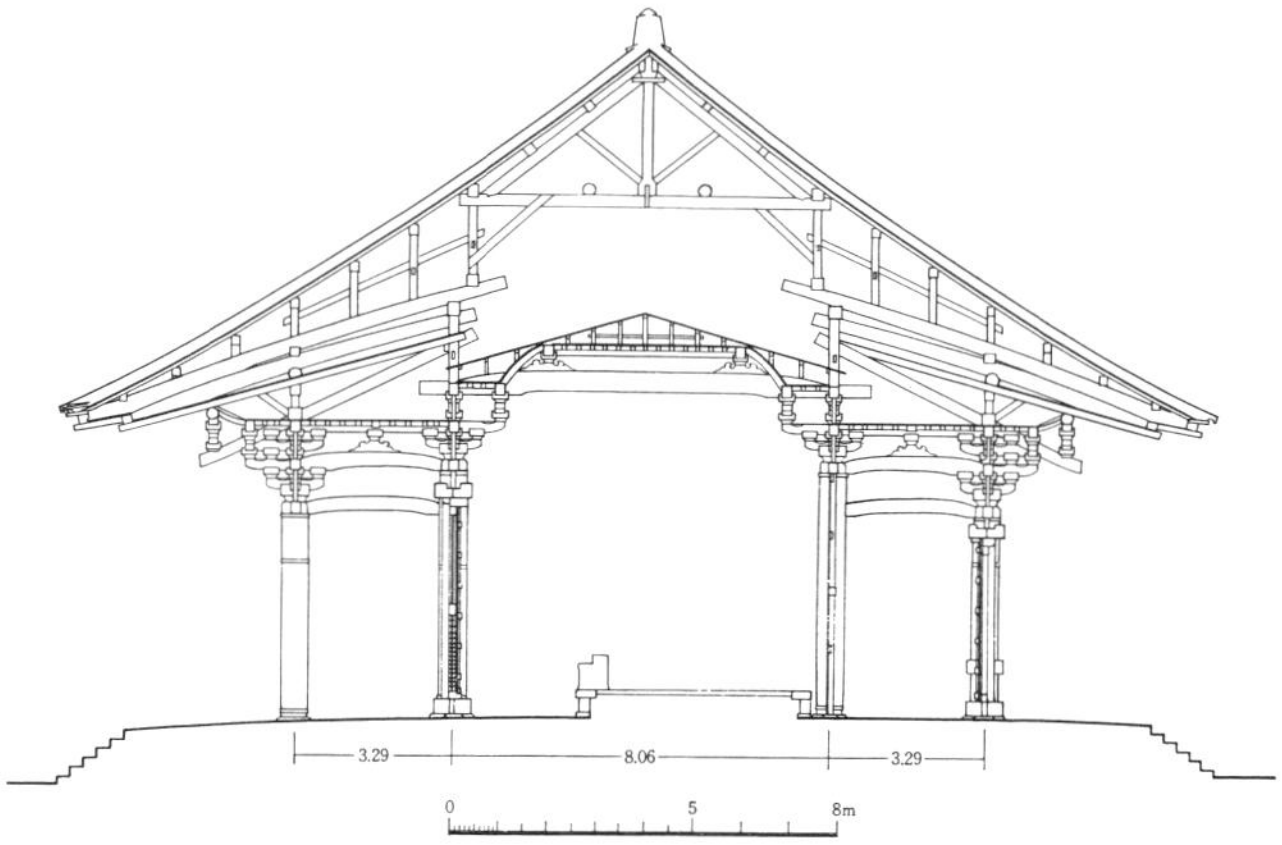

261　唐招提寺金堂現状梁行断面図

262　唐招提寺金堂復原模型

に近く、内法長押・腰長押などとともに横架材が柱に比べて細い点が天平建築の特色で、現状との意匠の差はかなり大きい。戸口は内法長押と地長押の間に幣軸をまわし、そのすぐ内側に方立を構えるが、堂内では上辺の額縁を半長押とし、縦幣軸のみを用いる。幣軸の幅が狭く、幣軸の丸みをとった部分が直接方立の前面に接するのは、海竜王寺小塔のものに似ており、幣軸の古い形である。扉は半長押と地長押間に釣られ、内開きで、数枚の厚い板を合せ、裏の横桟で留められている。正面の扉は桟留めの釘隠しに木製饅頭座を打ち並べ、荘重な趣を備えているが、背面扉は釘隠しもなく八双金具だけの簡素な形式となっている。

内法長押・腰長押間一杯に開いた連子窓は凸字形の框を四方にめぐらし、やや太めの縦連子子を建てこんだ形式で、柱と縦框の間にほどよい幅の小脇壁をとり、窓の内側には両開きの板戸が入れられている。これと同様な板戸は栄山寺八角堂にあり、連子子の間隔が広い天平時代の窓の防風設備であるが、現在この金堂に入っているのは、近年仮設的に設けたものである。窓下中央にある束は丈の低い腰長押を補強するためので、文永修理によって太い長押に変った現状でも、中央の束は踏襲されている。

また天平時代の長押で力のかかる部分に用いられたものは、柱に差込まれた三センチメートル角ほどの栓で下を支えるのが普通で、ここでもその栓の枘穴が腰長押取付け痕の下に残っている。

このように建立当初の姿を復原してみると、戸口や窓が現在より大きく、その上下の長押も細くすっきりとして、太い柱から組物へ盛上がる縦の力の流れをさまたげず、現在、側面や背面のもつ厚い長押に締め固められたための重苦しさは消えて、外観はずっと引締った軽快なものとなる。

組物は三手先で、二手まで肘木で持出し、その先に斜めにかけた尾垂木で三手先目の秤肘木を受け、これに丸桁をのせる。薬師寺東塔ではまだなかった二手先位置の秤肘木が加わって、ここに支輪桁を通し、側桁と支輪桁との間を軒小天井に、支輪桁・丸桁間を軒支輪としており、三手先として後世まで用いられる基本の形は完成している。

この組物は横の広がりが少く、正面からみると柱上に重厚に積み重なって、組物間の小壁はやや広く水平に横たわる。これは大斗に比べ肘木の長さがいちじるしく短いからで、薬師寺東塔の延びのびと左右に張った肘木と比べるとその差がよくわかる。そして薬師寺（初重）では壁付きの肘木長さ四・五尺に対し、前方の丸桁下肘木は三・六尺と短いのに、唐招提寺は壁付きを四・〇尺、丸桁下を四・四尺と逆に長くしている。組物は一つのかたまりとして壁面にはめこまれ、中間は間斗束を二段に置いた簡素な中備を用いることもあって、かなり広い余白を残すが、薬師寺に比べると機械的とも感ぜられるこの固い意匠に天平後期の特色がある。大斗に対する肘木長さの比は、薬師寺東塔二・五七、海竜王寺五重小塔二・二〇、当麻寺東塔二・四一が長い方、唐招提寺金堂二・〇〇、元興寺極楽坊五重小塔一・九三、室生寺五重塔一・九五が短い方のグループに属する。三斗組の場合も東大寺法華堂と法隆寺東大門はともに二・八五、法隆寺西院経蔵二・七七と天平初期の建物ほど大きく、後になると東大寺転害門二・三五と短いものが生れるので、このグループの差はやはり時代的な相違とみてよい。肘木の上かどに笹繰と称する面をとることも、天平時代の組物の一特色であるが、ここで挙げた建物のうち、元興寺極楽坊小塔と室生寺五重塔にはそれが消えている。

つぎに三手先の組方をみると、一手目の最上段にあって尾垂木をうける斗がこの建物では当初なかった点が重要である（現在のものは元禄の補入）。この位置の斗は、薬師寺東塔や海竜王寺小塔にはなく、当麻寺東塔・元興寺極楽坊小塔・室生寺塔などには存在する。当麻寺東塔以下をよく見ると、この斗は側桁と組合って内部から延び出す通肘木をうけ、尾垂木はその先端で支えられていて、側桁に直接尾垂木をかけた薬師寺・海竜王寺そして唐招提寺金堂の場合より、一手だけ支点を前へ持ち出した構造であり、明らかに一歩進んだ方式である。この方式によると、斗が上下に整然と並ぶことになって、以後の三手先組物はすべてこの方式を踏むが、その点で唐招提寺金堂は薬師寺東塔の原始的な三手先組物から当麻寺東塔以下に発展する過渡期の形式といってよいであろう。なお実は、当金堂の組物は一手目の出が一・六三尺、二手目は三・一〇尺で、二段目の肘木はこの中点に巻斗を置くので、一手位置での斗の並びは、よく見ると上下で少し食違っており、この点でも過渡的である。尾垂木の形も薬師寺は直線で、当金堂はわずかに反り、室生寺塔では反った上に、増しがついて、この傾向は後世になるほど強まるのである。ここに挙げた建物の建立年次はいずれもまだ種々の説があって確定し難いが、当金堂が天平時代末期の様式をもったグループの中では、もっとも古式に属し、当麻寺東塔と比較しても古い要素を備えている点は注目に価しよう。

丸桁は文字通り断面円形で、地垂木を円、飛檐垂木を角とするのは、天平時代の定法通りである。垂木の勾配が今より強くなり、反りもごくわずかだったから、当初の軒裏の感じは、今よりやや奥深く落着いたものであった。

屋根は勾配が緩くなるので、現在のように重苦しくなく、ずっと軽快なものとなる。野小屋がなく、化粧垂木上にすぐ瓦を葺くのは、天平時代一般に用いられた構造であったが、どの建物も後世これを改造していて、旧状がわからなかった。しかし、法隆寺伝法堂などの解体調査の結果、天平時代には野小屋がないことが明らかとなった。これは大陸伝来の構造法で、日本では平安朝以後、野小屋が造られているが、鎌倉時代に伝来した大仏様は、再び野小屋のない構造を採用している。小屋組は二重梁・束組と推定され、当初から寄棟造であった。後世の改修のため軒先の瓦や、隅棟の鬼瓦などはすべて替ってしまったが、大棟西端に当初の鴟尾、東端にはそれを摸して元亨三年に造った鴟尾が残存して、堂の品位と格調を盛上げている。

内部は中央三間に壇上積の仏壇を築き、本尊を安置する。仏壇の羽目石には雄勁な格狭間を刻む。天平時代の建築用材は凝灰岩が多いから、花崗岩製である点に疑問ももたれるが、しかしすでに、古墳時代から固い石の加工を行っていることからみれば、当時花崗岩の仏壇がなかったとはいえず、格狭間の形からみて、当初のものとすべきであろう（なお上面の四半石敷は後補である）。仏壇上に中世の木造供物壇を設けていたが、近年これを周囲に下ろした。仏壇後壁は縦張り板壁で裏を薄い土壁とするが、柱に古式の大きな壁間渡仕口穴があって、当初は厚い土壁と推定される。『建立縁起』によると、仏画があったと言うが、今はない。

内陣には母屋柱上の二手先組物で持ち出されて大虹梁がかけられ、虹梁上には両端から約四分の一の位置に蟇股がのって天井桁を支える。入側桁から小天井と支輪でこの天井桁へ達し、中央は母屋の約半分の幅をもった組入天井となる。支輪はゆるく反り上り、折上げた天井の入り込みもさほど深くないので、堂内を広大なものとする立体的な効果が生かされるとともに、明るい雰囲気がよく保たれている。この大虹梁は母屋柱筋を前後に繋ぎ、あわせて天井を支えるためのもので、屋根の小屋組はその上方に別に組まれている。

なおこの建物には創建当時、すでに古材を用いたのではないかとみられるところがある。それは正面戸口の方立四本と背面戸口の縦楣軸二本で、これらは旧長押の転用材である。柱当りの切り欠き仕口が小さいので元来この堂のものではなく、廃物利用と考えられる。庇の間の組入天井にも転用材があり、創建の時から古材を混用したらしいが、経蔵も寺院創立の際、以前からあった校倉を他の建物の廃材で改造しており、この寺の創建時の経済事情を物語るものといえよう。

彩色は外部を丹土塗り、垂木などの木口は黄土塗りとする通常の塗装で、連子子は緑青に彩られていたはずであるが、軸部は大半が剥落して木肌をみせている。ただこの堂では外部にも軒下の支輪板に宝相華文、主屋正面柱の中央四本の上半部に唐草風の文様が描かれていた痕跡が残っている。内部は庇の間は丹塗りで、母屋は柱頂部と頭貫以上の天井付近に彩色文様や仏画が剥落しながらも残されていて、当初の極彩色のさまがしのばれる。支輪板の彩画は宝相華文二種、菩薩立像、同坐像、飛天の五種らしく、西面北の間にはこれらの図様を明治修理時に復原した支輪板が並んでいる。支輪は中央に三条の帯をまき上下は緑青地に赤の線条文を縦に入れるが、例外として南面東方に八弁花を散らした三本がある。桁や天井組子も赤と青を主とした線条文で、斗・肘木・蟇股も輪郭にそった線で彩色される。頭貫の側面と下面に霊芝形の飛雲を残す個所がある。天井板は四小間を一組にして一個の八弁花を描く。文様の外縁を朱でかこみ、緑青・群青・紫・黄などの色彩が用いられている。小天井の板も四小間一組とし、各間に配した一輪の六弁花を蔓でつないで一単位としている。虹梁は東端のものに比較的よく彩色が残る。両端の下面から両側面にかけて大きな宝相華文様をめぐらし、側面（東は剝落）中央にも宝相華を丸文状に置いて、左右にはその宝相華を捧げるような形の天衣を長く引いた大振りな飛天を描く。また中央下面には頭をつき合せた二体の飛天が描かれ、虹梁の両端部には、下面から側面にかけて宝相華文を左右相称に配している。飛天の図様は虹梁ごとに多少異なるらしいが、他の虹梁は剝落がはなはだしく、一部に仏坐像・蓮坐・飛雲などを弁別し得るにとどまる。虹梁の小天井にかかる部分には、側面・下面ともに中央に団花文、その左右に雲文を描く。

内陣の柱には、仏・菩薩が描かれていたらしいが、ほとんど剝落して彩色をとどめていない。ただわずかに内陣の南の二本と、後壁西端の一本とに残る下地白土によって、円光背を行う三尊の姿が認められ、また正面の柱四本や東北の柱などによって、各柱とも柱頭部に花弁垂下装飾のあったことが知られる。

正面の扉の表には花葉丸文が描かれていたが、いずれも文様彩色の部分のみ白土地もろとも剝落して木地をあらわしている。中央三間のものは後補であるが、両脇間の正円形のものは当初の文様と思われ『七大寺巡礼私記』にいう「蓮の蕃絵」とはおそらくこの文様をさしたものであろう。

註

（1）『招提千才伝記』金堂　南北八間。東西一十六間。棟高聳松梢。日昇輝軒頭。唐如宝師竭力建之。（中略）文永七年不加修理。而後元亨年中又補。尋時々加其補也。此元禄五年大補。用黄金若干也。

（2）屋根の野地板に「敬白□□元亨三年三月五日」の墨書をもつものがあり、同種の板が多量に使われている。

（3）母屋がごく一部に明治修理時の取替材を含むだけで、創設以来の材をよく伝えているのに対し、側回りには後補材が多い。しかし文永修理時の取替材と思われるものは、主要部では北側の尾垂木上の組物程度で、垂木にも北側に取替材がかなり多い点からすると、文永には背面を主にして軒回り以上の修理を行ったとみられる。一方、側柱上の大斗計二二個のうち創建材一、明治材七を除いた一四個が元禄材であり、頭貫にもこの時の取替材が多く、柱に鉄製の輪をはめたのも補強貫の挿入と関連した仕事なので、元禄修理には側回りは解体修理を受けていると認められる。造作部分では内法長押・腰長押を始め、方立・幣軸の戸口回り、窓枠・連子子の窓回り部材は半数以上が文永修理材に取替わるか、あるいは矧木などによって当初材を改造して使用しており、文永に造作回りが大きな改修をうけたことがわかる。そして元禄にはこれらの長押や幣軸は一たん解き放し、表面を削り直して、一見新造のようにみせかけただけで、根本的な改修はしていない。なお小屋組の部材で明治修理以前のものは、当初材と元禄修理材に限られ、中世の補修材はほとんど見当らないので、元禄までは当初の二重梁式の小屋組が存続し、元禄修理で近世の小屋束式のものに改変されたと推定される。

元禄修理の記録は『千歳伝』のほか、つぎの瓦銘がある。

「蔵松院客殿大棟使用鬼瓦銘」

金堂鬼　元禄六癸酉　九月吉日　当寺領下瓦師鈴木小兵衛作之

（4）復原考察に関する主な論文はつぎのとおり。

浅野清「唐招提寺金堂復原考」（『建築史』六ノ四）昭和十九年

浅野清「唐招提寺の金堂」（『仏教芸術』六四号）昭和四十二年

鈴木嘉吉「唐招提寺総合調査概要—金堂」（『奈良国立文化財研究所年報』一九六一）昭和三十六年

（5）復原個所とその根拠

1　戸口の復原

正面五間の戸口は内法長押と地長押の間に幣軸をまわし、楣、蹴放、方立を入れるが、現在中央三間は方立柱を建てて脇に漆喰塗の小壁を設け、また両脇間も方立と幣軸の間を小板壁としている。しかし内側をみると、ここでは幣軸の上框は半長押とされ、その下面には現在の扉軸穴以外に、その外寄りに旧軸穴があり（図263）、当初は扉の幅が広かったことがわかる。このことは当初は方立が柱にすぐ接して取付けられていたことを示すが、外側の縦幣軸のうち当初材は唐戸面の奥の見込み方向の平らな部分が別木で矧付けてあり、元来はこの平らな部分がなく直接方立に唐戸面が接していたことを証する。内側の幣軸は現在も見込み方向の平坦面がなく、海竜王寺

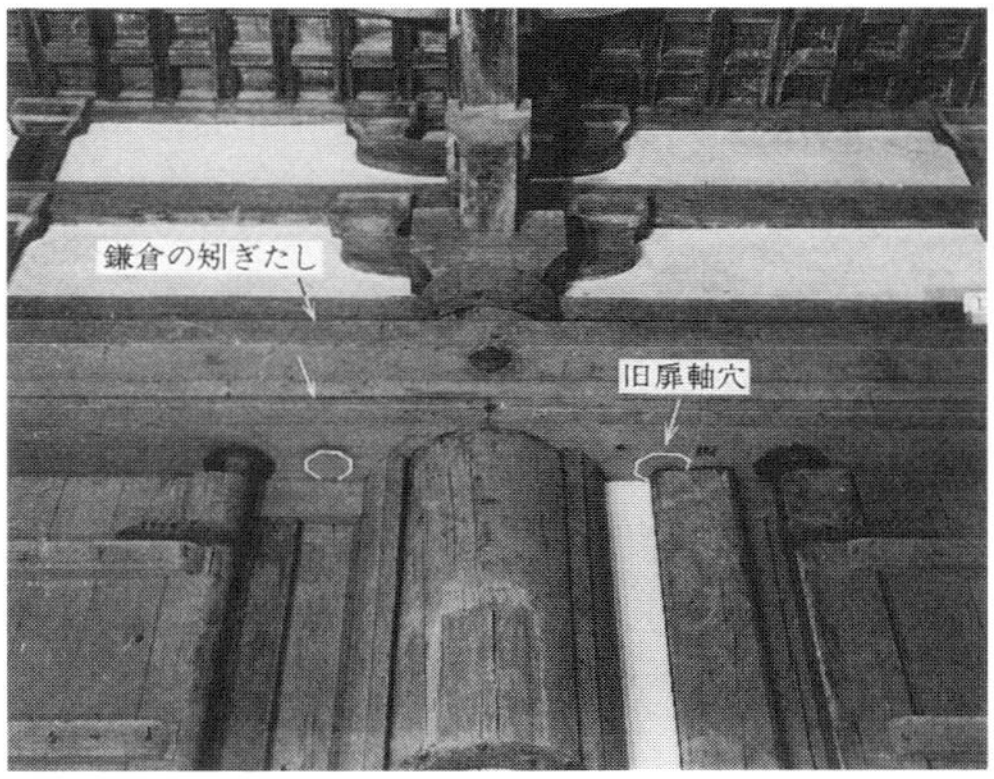

263　金堂正面扉口上旧長押改造状況

264　金堂側柱の旧腰長押取付け痕跡

小塔と似て古式である。開口部の高さについても、柱には現在内法長押の取付いている裏に旧楣仕口穴があり、その上方に旧内法長押の留釘痕があって、現状は当初より低められていることがわかる。また現在の内法長押や半長押のうち古材は上部に矧木して丈を高め、その分でも戸口の高さを低めている。内法長押は現在三二センチメートルの丈の高いものであるが、当初材は二〇センチメートルほどで、戸口の丈は今より約二〇センチメートル、幅も四〇—五〇センチメートル大きかった。両脇と背面の扉は当初材とみられ、戸口幅改造の時、丈を切縮め、幅もせばめられている。

2　連子窓の復原

連子窓は現在背面戸口脇の四間が内法長押と腰長押の間一杯に設けられているほかは、内法長押下に後世補強のために挿入された貫から下に造られ、正面と側面では高さも異なっている。窓の形式としては背面のものが正式であるが、戸口と同様に長押の位置や大きさに変更が加えられ、窓枠の形も変えられている。まず腰長押については、現在は丈が三二センチメートルの厚いものであるが、その下端をもとの上端として、丈約二〇センチメートルの旧長押取付け痕および下端揃いに長押を支える太枘を植え込んだ穴が柱に残されている（図264。明治修理時に柱頂を切り、下に根継をしたので、長押の痕跡は旧位置より高くなっている）。内法長押も柱面の釘穴が現在の長押より上方にあって、当初は長押が上下とも丈が低く、内法高が約五〇センチメートル大きかった。窓枠も現在は外側に唐戸面をとるが、柱面に旧下框が当っていた痕は内外とも同形式であったことを示し、凸字形の框を回らしていたことがわかる。内部の上下框に扉の軸穴があり、連子の裏側には各間共二組ずつの両開きの板戸が建てこまれていた痕跡を存するが、現在の窓の扉装置はこれに倣って近年仮設的に造られたものである。なお現在端の間では縦框が旧扉軸穴に重なり合っていて、窓の幅も少しせばめられていることがわかる。丈の低い長押、凸字形の窓框は天平時代建築の定形で、連子窓の裏の扉も栄山寺八角堂などに例がある。腰長押の両端は柱に打った栓で支え、中央に束を立てたとみられ、中央束は今も踏襲されている。

3　組物の復原

組物は元禄修理時に、もと外側にあって風蝕のはなはだしい斗や肘木を内方のものと置きかえたり、また相当数の巻斗の斗繰や肘木の下面などを削り直して形を整えるなど、外見をよくする工作が施された。その時三段目の肘木の一手先位置に尾垂木を受ける巻斗を置き足し、それに合せて肘木の笹繰もつけた。現在この位置の巻斗は総数三〇個の中、二九個が元禄または明治の取替材で、ただ一個ある古材も元来この位置のものではない。この補入の結果、一手先位置には上下三段に巻斗が揃い、整然とした形式になったが、薬師寺東塔ではまだなかった二段目の斗が海竜王寺小塔には存在するように、この部分の斗の少いのが組物として初期的であるので、この改造によって当堂の古様を損じた。また尾垂木は元来直に近く、先で下面をわずかに反り上らせる形であったが、後述のように軒の勾配をゆるくしたので、それに合せて下面を先で削りあげ、上面に矧木をして強い反り形に変えた。とくに隅では下方尾垂木を前へ約二四センチメートル引き出し、上方尾垂木は逆に同程度引込めて、いずれも矧木によって大きな反り増しを付け、本来ののびやかさを失った。

4　軒と屋根の復原

屋根と軒の改造は当堂の外観に重要な影響を及ぼしている。現在屋根勾配は七寸勾配と強く、地垂木は緩い三寸勾配であるが、これ軒先に見える化粧垂木とは別に瓦の葺下地となる野屋根を造っているためで、本来の形式ではない。古建築の修理経験を重ねるうちに、昭和になってから、天平時代の建築は野屋根を用いず、化粧垂木の上に直接屋根を葺いていたことがわかってきた。その場合には化粧垂木の勾配はあまり緩くすることはできない。軒回りの垂木をそうした目でみると、地垂木の丸桁よりやや外寄りに、もと丸桁へ留めた釘穴があり、勾配をゆるめた時に前へ送り出していることがわかる。また屋根裏へ入ると、地垂木の尻は二枚枘に分れて横からの栓穴が穿たれ、もとは母屋垂木と男木女木《おぎめぎ》の仕口で連結していた痕跡を残す（図265）。母屋垂木は棟木上で拝みに組んで、同様に込栓でとめ、下端は一枚枘の男木仕口で前記地垂木と接続するように造られており、こうした仕口を残す垂木も一七本発見された。母屋垂木は天井裏になるので元来四角断面の材で、現在は丸桁から先を円形に削り、地垂木に転用されている。しかし元来母屋垂木の方が短いので、尻は垂木掛まで達せず、庇の間の中間で留まり（図266）、またこの転用のため元来両端にあった仕口の一方は切断されている。

265　金堂小屋組内部地垂木尻付近

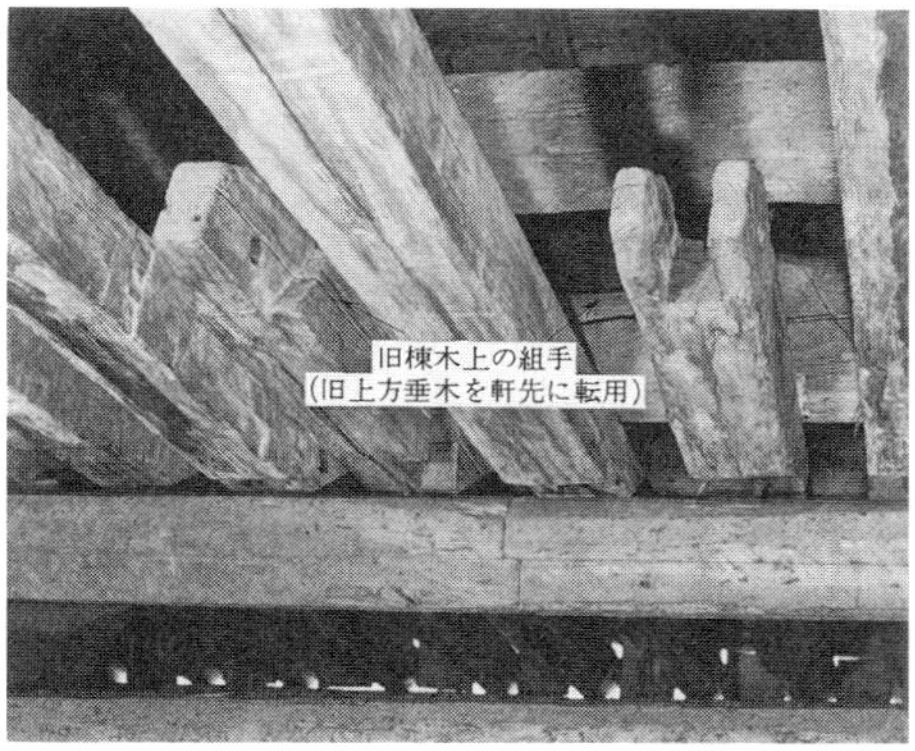

266　金堂小屋組内部転用垂木尻付近

現存するもののうち最長のものは仕口部を除き約一六尺あり、他端を旧仕口のすぐ際で切断したと仮定して作図すると、母屋垂木の勾配は七寸ほどとなり、この上に直接屋根を葺くのに十分の勾配を持っていたことがわかる。

つぎにこれらの垂木がかかる小屋組は、小屋裏に残る古材で復原が可能である。古材は母屋柱筋で尾垂木の尻を受ける桁、その上方で垂木のかかる母屋桁、側柱筋の母屋桁の三種類がある。第一の尾垂木受桁は現在桔木枕に転用されて四本あり、上面に尾垂木幅の斜めの切欠きとその両脇に挟み束の枘穴があり、この尾垂木掛位置の中心の間斗束相当部に束の枘穴をもつ。第二の母屋柱筋で垂木のかかる桁は、現在でもほぼ同じ通りで、ずっと上方にもち上げられ、野垂木を支える母屋桁に転用されているものが九本あり、下面には前記尾垂木受桁上面の束枘穴と対応するように、柱筋に挟み束の枘穴、中間に中束の枘穴がある。上面には垂木留釘穴が約一尺間隔に並ぶほか、柱心位置に大梁のかかる渡り腮仕口があるものが四本あり、これは桁行方向に置かれた桁であることを示す。残り五本のうち二本は渡り腮の仕口がなく、元来母屋の妻柱筋に用いられたことがわかるが、三本は断片材である。第三の母屋桁は現在も側柱通りで野垂木を受ける母屋桁で、六本ある。下端に明治挿入の土居盤が密接し、痕跡を確かめ難いが、上面に旧垂木釘痕があり、もとからこの位置の桁と思われる。これらの旧高さを示す資料（小屋束）はないが、前記の垂木勾配からほぼ旧構造が押えられ、また母屋柱筋母屋桁に大梁仕口があるので、母屋部は天平時代建築に例の多い二重梁方式の小屋組と推定された。その結果は図示（図260）のように上方垂木が七寸勾配、下方（地）垂木勾配が四・六寸ほどに復原され、両者は入側桁上で折れて接続し、屋根面はゆるやかな反りをもち、引通し勾配は約五寸におさまって、天平時代の屋根としては恰好となるのである。

軒回りの地垂木は元禄修理時に垂木勾配をゆるめた際、木口の風蝕した部分を切縮めて根元を送り出すとともに、側面も削ったので、一見新しくみえるが、前記のとおり、母屋垂木も混えて大半が当初材である。飛檐垂木にも古材がかなり残存しているが、これらは一尺以上も送り出したものが多い。しかし送り出しの少いものは上面が直線の旧形を留め、当初はほとんど直材で下面のみ先端でわずかに細くした、天平時代通例の古式の飛檐垂木であったと認められる。なお天平時代には飛檐垂木の鼻に渡した茅負に直接瓦繰りを施し、裏甲は用いないのが通例であるので、復原図は垂木の形や木負、茅負など軒回りの納まりをこれらによって作図してある。

軒反りについても現在は丸桁上の隅の部分に細長い三角形の材をおき、その上に垂木を並べることによって軒反りをつけ、隅木も飼物によってもち上げられている。このように隅に斜め材の添木をする例は、唐招提寺宝蔵や法隆寺大講堂では当初からの仕事と認められたが、当金堂の場合には疑問があり、少くとも現状の形式は元禄を遡らない。

後注

（1）唐招提寺金堂は平成十二年から二十一年にかけて再度の解体修理を行った。軒先荷重から生ずる組物の回転変形と柱の内倒れが拡大して地震に対する危惧が大きくなったためで、修理は構造補強を主な目的とし、それも屋根裏を利用して行うことができたので、外見では修理前と変らない姿となっている。ただ大棟にのっていた西方の天平時代、東方の元亨三年（一三二三）の鴟尾は両者とも破損が大きかったので、別途保存することとし、模造の新品に取換えた。なお工事中の調査による新発見の主な事項は前章「唐招提寺の創建期の建築」に記したが、本章の復原考察に修正・追加する部分も生じたので以下に記す。

組物の復原で一手先位置の最上段の巻斗を後世の追加と判断したが、この位置の斗は当初からあった。現在この巻斗には尾垂木が斗繰りの部分の中ほどに至るまで深く欠き込まれて不自然な納まりとなっている。しかしこれは元禄・明治の修理の都度、側柱筋の通肘木に架ける尾垂木の欠き込み仕口を深めて先端でうける丸桁の高さを調節した結果であった。なお本文で記すようにこの巻斗は本来側桁と組合って内部から前方に延び出した通肘木（天井桁）を受けるもので、当金堂の場合は天井桁を側桁の内側で納めるから、その点では不必要であり、一手先目の斗を上下揃えて並べる外観上の整備のために入れたものと解される。

（2）須弥壇は現状の築土がすべて中世、恐らく文永修理時のものと判明し、花崗岩による壇上積の外装も同時期と認められた。基壇築土に高まりがあって当初の須弥壇も同大と思われたがそれ以上のことは不明である。

（3）前章で記したように須弥壇の後方の板壁は当初からのものであり、また小屋組は叉首組であったことが判明した。大型の塼を用いた特殊な二重基壇であったことも予想外の発見であった。

（4）『国宝唐招提寺金堂修理工事報告書』平成21年12月、奈良県文化財保存事務所

一九　唐招提寺講堂

（国宝）

桁行九間　梁行四間　一重　入母屋造　本瓦葺

講堂は金堂と違って、後世あまり使われなくなったので、再建されることが少く、天平時代のものとしては唐招提寺講堂と法隆寺東院伝法堂、平安時代のものとしては法隆寺大講堂があるほか、遺構はごく少い。この建物はこのように数少い講堂の遺構として貴重なばかりでなく、平城宮の朝集殿を移したものであるため、天平時代宮殿建築のただ一つの遺構として、重要な価値をもっている。建立以後、鎌倉時代と江戸時代に大きな改修をうけ、当初の形と変った点も多いが、最近の研究[1]によって、講堂として建てられた時の状態だけでなく、さらに遡って朝集殿時代の姿も明らかになった。したがって、ここでは平城宮時代まで遡って考察を進めたい。

講堂は講経のための建物であるから、僧房と密接な関連をもつ。当初、この堂は左右に軒廊があって東西の僧房に連なり、また背面も軒廊で食堂に連絡していたが、現在では軒廊の基壇の跡さえ失われている。『延暦僧録』に文屋真人浄三が別当となって朝廷から寄進された九間屋を移してこの寺の講堂としたと記し[2]、『建立縁起』には講堂は平城宮の朝集殿を施入されて造ったとある。[3]浄三はこの工事を機縁にして鑑真の弟子となったというし、また『東征伝』は天平宝字七年に鑑真の弟子忍基が講堂の棟梁の折れた夢を見て、師の遷化の近いことを知ったと記しているので[4]、講堂は鑑真在世中の天平宝字四―六年頃（七六〇―二）移築し、鑑真の死の天平宝字七年までには完成していたらしい。講堂が朝集殿の移築であることが確かめられたのは、明治三十八―四十一年の解体修理の際で、蟇股下面の旧番付墨書によって、前身建築は南北方向の棟をもち、西面していたことが判明した。[5]移築されてから後、建治元年（一二七五）の修理[6]に当り、側回りの軸部・組物・軒などに大改造を加えた上、戸口や窓を当時流行の新様式のものに改めた。この時、建物は解体され、これにともなって母屋の柱高を低くし、屋根も中世風の高い形に改変したので、外観は完全に鎌倉時代の建築に生れ変った。したがって、現状からただちに天平時代の姿は窺い得ない。

その後、応永三十二年（一四二五）、文明九年（一四七七）、長享二年（一四八八）、慶長十一年（一六〇六）、同十四年、寛文十一年（一六七一）などに瓦の葺替や部分修理[7]があったが、延宝年間（一六七三―八〇）にそれまで前面七間に設けられていた向拝ふうの庇

267　講堂発掘旧基壇

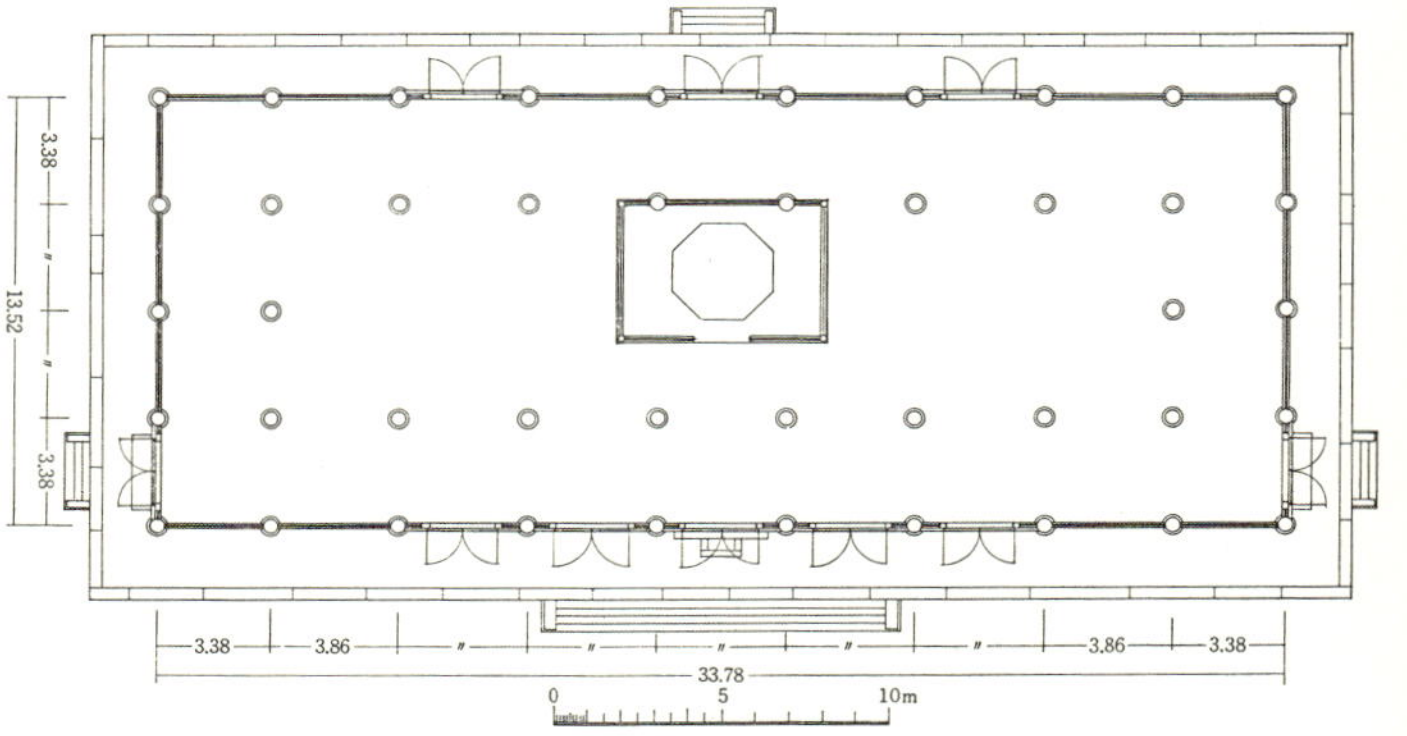

268　講堂現状平面図

や周囲の高欄を撤去して、ほぼ現在見られる姿となった。明治の修理は現状踏襲の方針を守りながら、屋根裏の構造だけを洋風小屋組に改めている。

堂は七間×二間の母屋に庇をめぐらした九間×四間の入母屋造で、柱間は天平尺にすると、桁行は母屋七間が各一三尺、両端庇の間が一一・四尺、梁行は四間とも一一・四尺である。正面は中央五間が戸口で両脇各二間が窓、両側面は前端間を戸口とするほか三間とも壁、背面は中央間とその一間おいた両脇間が戸口で、戸口間の両隣は窓、両端間は壁とする。金堂と違って背面に三カ所も戸口を設けるのは講堂が衆僧を集める講経の場所であるためで、定式通りの平面といってよい。

低い花崗岩の壇上積基壇上に建ち、床面はコンクリートに変更されているが、昭和十三年礼堂修理の際、礼堂下から連続する溝を追って講堂東側を発掘し、凝灰岩の旧基壇を発見したので(8)、もとは高さ約一メートルの凝灰岩壇上積であったことが確かめられた。基壇上面は石敷きもしくは瓦敷きであったろう。

礎石は当初円形柱座付きであるが(9)、現在は上面をならして、その上に近世挿入の円筒状沓石が置かれている。柱は円柱で側柱・入側柱とも天平時代通例の頂部丸面を持たないのは、建治の修理に柱頂を切縮めたためで、側柱は削って柱径を縮小し、禅宗様にならって上下の粽までつけられた。側通りの軸部に腰貫・内法貫を入れ、頭貫は隅柱上で外方まで延ばし、木鼻を付けているのも宋様式であり、戸口も内法貫と地覆に藁座を打ち、桟唐戸を釣る当時の新方式によっている。組物は側回りは建治改造の実肘木付出三斗組で、中備は蟇股の上に間斗束を置いた特殊形とし、入側通りは、大斗肘木に間斗束を配して内外で形式が異なる。

軒は角垂木の二軒、元来は一三尺の柱間に垂木を一三本配っていたが、建治修理時に垂木を細めて一四支に改め[10]、地垂木の出を少くして飛檐垂木の出は長くした。天平時代の建物は野屋根がなく、化粧垂木上に直接瓦を葺く関係で、飛檐垂木の出を大きくとることができず、地垂木の出との比は七対三程度であるが、この場合は約六対四とし（地軒五尺、飛檐軒三・四尺）、まったく中世の軒の形式に改められている。

内部に入ると庇の間は化粧屋根裏で、繋虹梁と飛貫が側柱と入側柱とを結ぶ。繋虹梁は根元を入側柱に大入れとし、側柱上では出三斗の桁と組む。飛貫は側柱筋の頭貫の高さに通され、明治修理前の図を見ると、入側柱を貫通して先端に大仏様の木鼻が付けられていたが、いまは切断されている。

母屋七間×二間は中央一間の後寄りに木造須弥壇を設け、その背後を壁とするほかはすべて吹放しで、大虹梁とその上に蟇股を置いて二重虹梁を架け、折上組入天井を張る。柱頂部を結ぶ頭貫・飛貫は断面正方形に近く細くすっきりと通り、一方、大斗肘木の組物や二重虹梁の架構は雄大で、ここに至ってようやくこの建物の天平時代らしさが発揮される。ただし、仏壇上に当る中央一間だけは、建治に繊細な折上小組格天井を造り、天井全体の木太い格調を乱している。

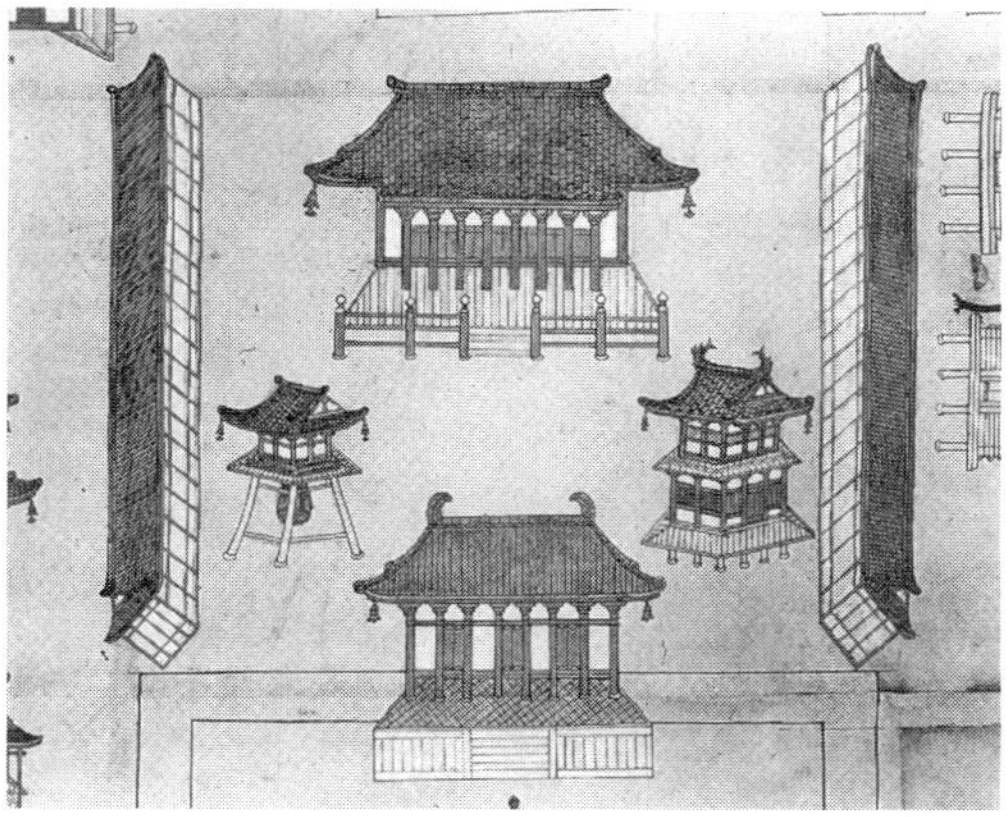

269　伽藍古図の講堂（延宝以前）

また本尊前方の入側柱筋に三間にわたる虹梁を渡して中央柱二本を抜き取ったのも建治改修時の工作であるが、後に旧位置に再び柱を入れて大梁を支えたので、柱の配置は旧状と等しくなった。

なお建物の前方の地上に円形柱座と丸枘を造り出した礎石四個がある。これは前面にとりつけられていた庇の礎石[11]で、南側柱の正面に庇の繋梁取付け仕口が埋木されている。延宝修理前の古図をみると、いずれも正面七間分に吹放しの庇があり、庇部分は基壇より一段低い板張り床で周囲に高欄がめぐらされ、張出しの舞台状に描かれているが、いまの軒高からみても、葺下ろした庇の軒先はかなり低かったはずで、初めは土間の庇であったのを後に床張りとしたのであろう。この土庇が撤去された以外は建物はほぼ建治改修時の姿を保っており、創建当時の面影はわずかに母屋の内部上方付近だけに残されている。

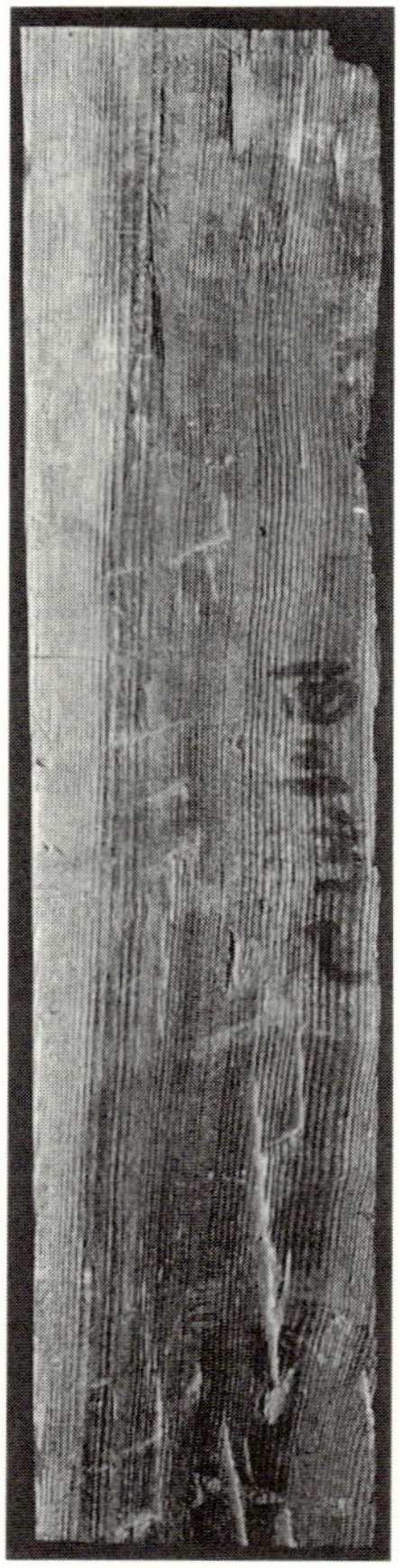

270　蟇股下端旧番付

以上は建治改修当時の姿であるが、遡って唐招提寺移建当時、さらに平城宮朝集殿時代の形態はどのようなものであったろうか。それを復原する手掛りとなるのは繋虹梁と現在側回りの中備に転用されている旧蟇股である。

繋虹梁は二二本中、明治取替の一四本を除いた八本が当初材で、いずれも建治修理に削り直して幅をせばめられている(12)。このうちの七本には上面中央に旧蟇股取付けの太枘穴がある。一方、側通りに転用されている蟇股は下面に「西三条九」(図270)「東三条□」の墨書があり(13)、これらは南北方向の棟通りを中心としてそれから東西振分けに二重梁の端を一条、入側柱筋を二条、庇の間の中央を三条、側柱筋を四条とした番付とみられ、「三条」とある蟇股はもと繋梁上にあったことを示している。また現在は天井裏に入っている母屋の二重虹梁上面にも中央に蟇股取付け痕があり、元来母屋は棟木や母屋桁を蟇股上の斗で直接支える二重虹梁蟇股式の架構であり、天井を張らずに垂木がそのまま下から見えていたことがわかる。このように母屋が二重虹梁蟇股で、庇も繋梁上に蟇股を置く架構方法は、側面からその全体の形が見られる切妻造特有のもので、この建物の最初が切妻造であったことを物語っている。

部材の残存状況からみると、前身建物は九間×四間の大きさで、桁行は現在の両端庇の間を母屋と同一寸法とした一三尺等間の計一一七尺、梁行は現状とほぼ同じ一一・五尺等間の計四六尺であった。組物は切妻造では側柱上と入側柱上とを同一形式にするのが原則であるから、この場合も、ともに大斗肘木と推定される。垂木をみると、側桁と繋梁上の母屋桁とに留めた釘穴を残すものがあって、旧地垂木の勾配が約四・五寸だったことが判明し、繋虹梁は旧仕口穴をそのまま再用しているので、今の化粧垂木勾配三寸との差からみると、現状は入側柱頂部が約二尺切縮められていること、側柱も大斗肘木を三斗組に改めた分が切縮められ、柱径も細くされたことなどがわかる（中央部の側柱長さ一三・五尺〔現在一二・一尺〕、柱下径一・七五尺〔現在一・六〇尺〕）。

その他細部では現在の入側組物も建治修理に表面を少し削られていて、当初の大斗は幅が一・九〇尺（現在一・八〇尺、以下同じ）、肘木は幅八・五寸、丈八寸（七・五×七・〇寸）、長さ約六尺（五尺）とすべて一回り大きかったこと、桁は円形断面（現在は小判形）、軒の出は地垂木が六・一尺、飛檐垂木が二・七尺程度で、ともに今より太かったことなども旧材の痕跡[14]から判明する。

こうして復原された建物がいうまでもなく朝集殿であるが、平面については旧妻通り飛貫（現母屋妻通り飛貫）や、同繋虹梁（現母屋東妻通り南繋虹梁）の下面にエツリ穴を存することから、妻を四間共壁とするほかは、すべて吹放しであったと推定される程度である[15]。

なお南面の土庇は講堂としては他に例もなく、朝堂院以来の伝統を引き継いだものと推定され、朝集殿の際には九間全面に土庇が設けられていたと考えられていたが、最近発掘された平城宮東朝集殿跡には土庇の痕跡のないことが明らかになり、土庇がいつ付いたかはさらに検討を要することとなった。

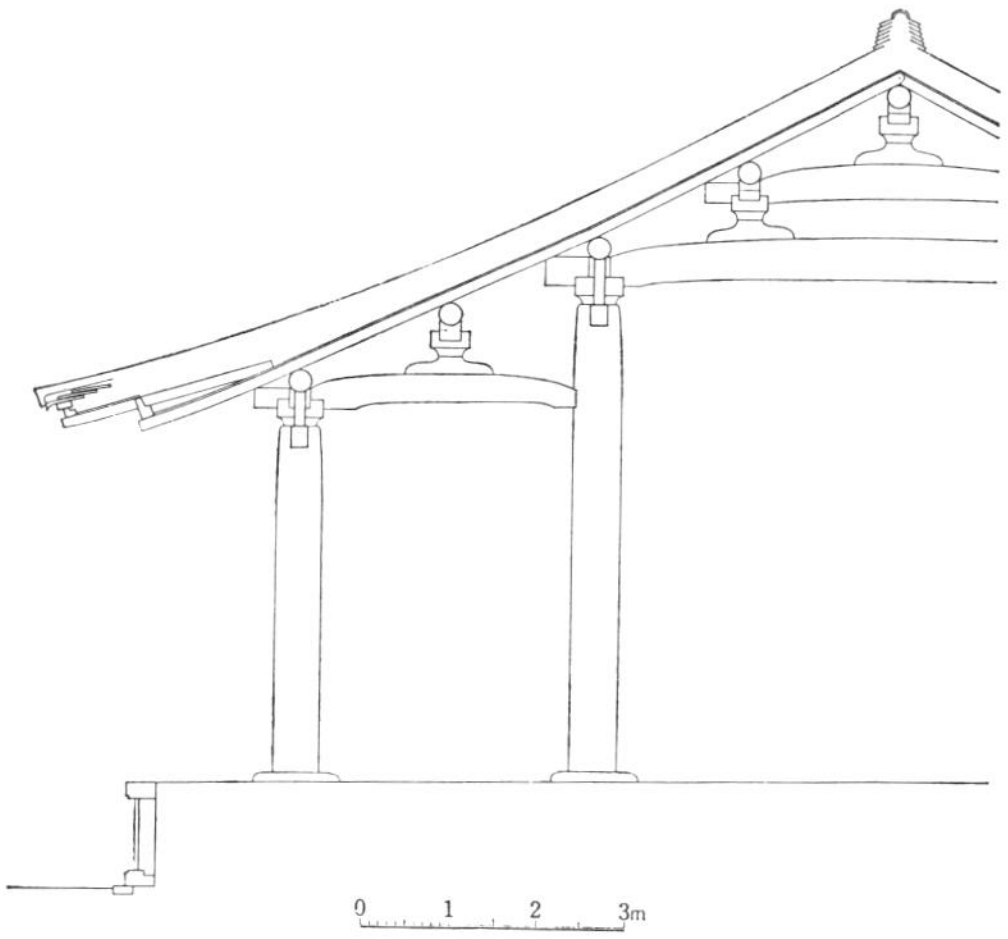

271　朝集殿復原梁行断面図

この朝集殿の平城宮における建立年次については、和銅創立時とする説と、天平十七年（七四五）還都後とする説とがあるが[16]、近年の平城宮跡の発掘調査によると宮殿の造替の頻度は意外に多く、また一斉に造替が行われている点からみて、必ずしも建立後かなり経ってからの移建とみる必要はなく、天平十七年建立のものが、天平宝字三年に移されたとしても差支えない。

朝集殿を講堂に移築改造した際に、現在の柱配置とし、切妻造を入母屋造に改めた。切妻造を入母屋造にすると、繋虹梁二本の補加が必要となるが、現在東庇の中央にかかる繋虹梁がこの補加材で、上面には蟇股取付け仕口を持たない。そして不必要となった旧繋虹梁上の蟇股は側柱筋の中備に転用された。母屋には現在のような組入天井を設けたが、二重梁側面の旧組子跡によると、この天井は二重梁上面に添ってやや彎曲したもので、組子の割付けも周囲の垂木が一尺割りであったのと対応して、今より少し粗かったことがわかる。また前記補入の繋虹梁が朝集殿以来の虹梁と同様に、いまの大斗からすぐ外で継木されている点からすると、側回りの組物は旧来通り大斗肘木組であったらしい[17]。中備の蟇股も上面に一端からずらして入れる枘穴があり、この上に直接斗をのせていたと思われる。

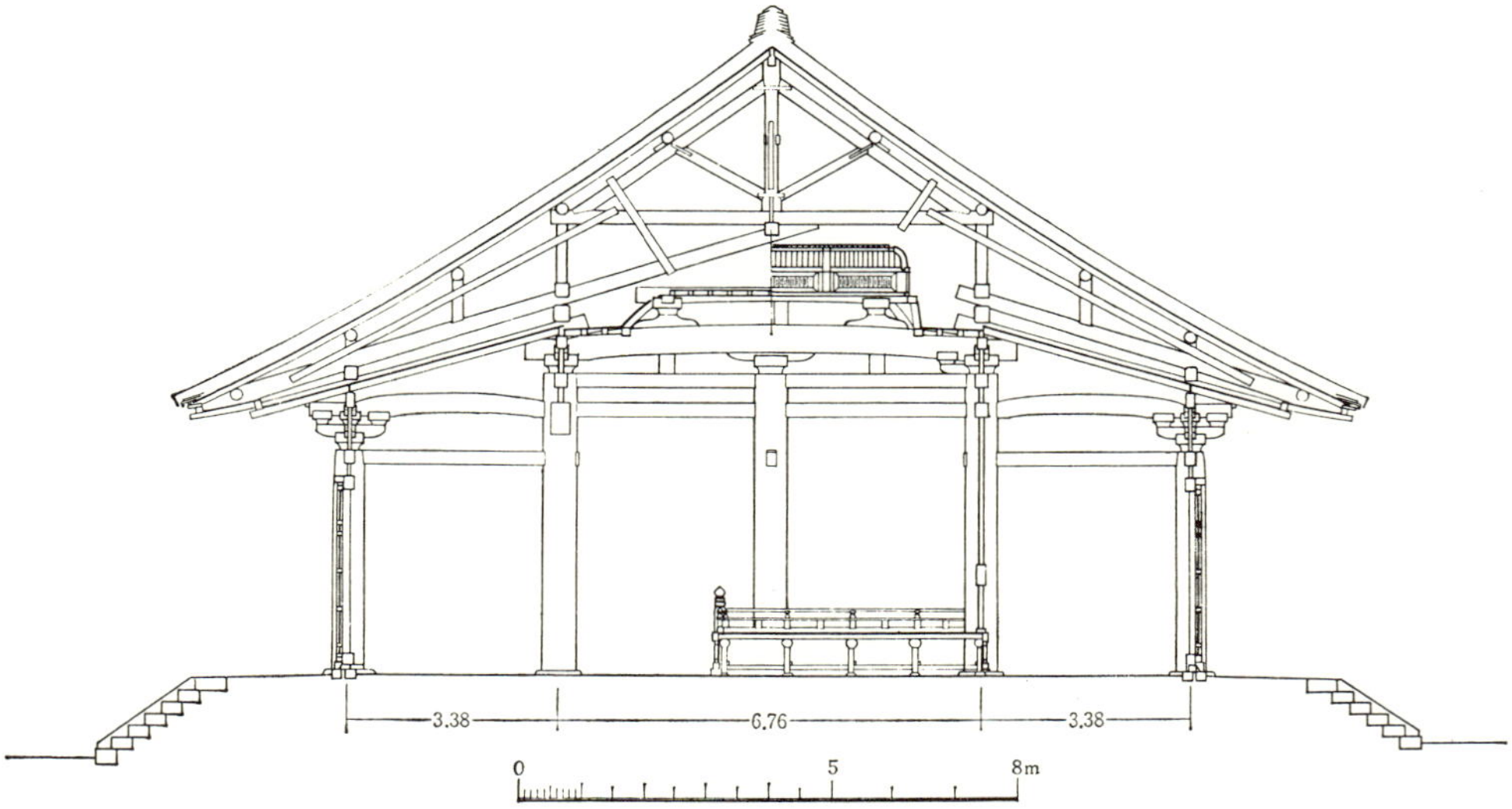

272　講堂現状梁行断面図

現在でも天平時代特有の木口斗の間斗三個が削り直されて残存する。

屋根は旧妻虹梁を叉首台に転用して入母屋屋根を造った。入側桁の上では地垂木のすぐ横に天井を張るので、母屋には別に高く小屋組を設け、母屋垂木の先を延ばして地垂木上面にそぎつける法隆寺金堂と似た構造が採用されたであろう。その結果屋根は高くなり、入母屋の妻飾も加わって、朝集殿当時より格段に立派になった。

側回りの戸口は現状と同じ位置に配されていたと思われるし、南面には土庇がおそらく七間に設けられていたであろう。このように復原された講堂は、現状より木太く堂々とし、組物や扉は簡単な形式であったから、外観は比較的落着いた簡素なものであったと想像される。現在、土庇付きの仏堂は他になく、基壇上に高欄をもつものも夢殿ぐらいしかないが、これらを復原して考えると、この講堂の姿は今よりずっと大陸的な姿になろう。（この項については補訂「講堂」参照）

註

（1）黒田昇義「唐招提寺講堂復原考」（『以可留我』一〇号）昭和十五年
浅野清「平城宮朝集殿の復原」（福山敏男編『大極殿の研究』所収）昭和三十年　平安神宮
沢村仁「唐招提寺講堂」（『仏教芸術』六四号）昭和四十二年

（2）『延暦僧録』（『日本高僧伝要文抄』所引）沙門釈浄三菩薩伝
釈浄三者。俗姓文室真人。即浄三原天皇之後也。（中略）政事之暇。存心三宝。翹誠奈苑。忻尚祇薗。公事之余。参給侶以年。預勅参玄。配東大寺。朝命任大鎮。兼法華寺大鎮。浄土院別当。大内施先上。解歇九間屋。入唐寺為講堂。口勅合別当。因茲□伏膺大和上鑒真為菩薩戒弟子。（下略）

（3）『招提寺建立縁起』（護国寺本『諸寺縁起集』所収）

一、講堂一宇右平城朝集殿施入、仍件堂造如件

（4）『唐大和上東征伝』（『寧楽遺文』による）

（前略）宝字七年〔癸卯〕春、弟子僧忍基夢見講堂棟梁摧折、寤而驚懼、知大和上遷化之相也。仍率諸弟子、模大和上之影、是歳五月六日、結跏趺坐、面西而化、春秋七十七（下略）

（5）天沼俊一「唐招提寺講堂と朝集殿との関係に就いて」（『建築雑誌』三二三号）大正二年

（6）『招提千歳伝記』講堂条

講堂者、爲平城之朝集殿也。帝勅移建此寺、東西十有八間、南北八間、有欄楯及階也。荘厳用金銀珠玉、恰如天宮也。然歳屢古、破壊己及、建治元年丕補治之、其延宝中又修理之、此時欄竿及階等除之云（後略）

（7）講堂平瓦に「応永廿二年三月廿日」「文明九年丁酉三月吉日」、同鬼瓦に「長亨二年戊申四月日」の銘をもつものがあり、また柱根継に「慶長十一年五月廿七日」「慶長十四年正月十八日」の墨書、東西両妻の懸魚に寛文十一年・貞享二年五月吉日の墨書がある。

（8）岸熊吉「唐招提寺の遺溝」（『建築史』二ノ四）昭和十五年

『国宝唐招提寺礼堂修理工事報告書』昭和十六年。なお発見旧地覆石によると基壇の大きさはほぼ現状と等しい。

（9）円形柱座付き礎石に凝灰岩製と花崗岩製の二種類あり、前者は平城宮朝集殿使用のものを建物とともに運搬、後者は講堂建立時の補足材と推定されている。

（10）桁に旧材を削り直して再用しているものがあり、旧垂木留釘穴が一尺間隔に並んでいる。（側桁のうち北側東より第四間、東側南より第一間。なお同東側南より第三間では一尺弱に割られ、側面の一一・四尺の柱間は一二支割と推定される。）

（11）正面柱心より奈良尺の一四・五尺の線上にほぼ揃う。ただし柱筋との通りはやや悪く、また講堂創建時の地表面は発見旧地覆石によって現在より約三〇センチメートル下であったことがわかるので、旧位置のままではない。一説に明治頃東塔跡の礎石を運び並べたともいうが、その当否は確かめがたい。

（12）現在上面での幅は八寸強であるが、この上に据えられた蟇股の旧厚さは大虹梁上のものと同じく九寸と推定される。

(13) 現在この番付をもつ蟇股二個が取外され、べつに保存されているが、他につぎの番付があった（計八個）。「東一条四、東一条六、東一条七、西一条三、西一条七、東三条六」。なお中備に転用の蟇股は中央で引き割って厚みを頭貫に合せて減じ、前後二片を釘で縫い合せている。そのため下面の太枘穴は元来一寸角ほどの大きさをもつが、挽き割られた面にわずかな痕跡を残す程度となっている。

(14) 入側回りの部材の残存状況はつぎの通り。

㈠柱　一八本中一〇本明治取替材、残り八本はおそらく当初材と思われるが痕跡なく、積極的な立証は不可能である。

㈡大斗　当初材六個、鎌倉材四個、明治材八個、計一八。当初材の幅は現在木口方向で一・八〇―一・八二尺だが、木口の切れが悪く、肘木下端の当り痕からすると一寸程度大きかった。

㈢肘木　当初材八個、明治材一四個、計二二。現在当初材の長さ四・九一尺、丈〇・六八―〇・七〇尺、幅〇・七三―〇・七五尺。二重虹梁端のもと肘木と相欠きにした仕口の幅が〇・七九―〇・八五尺、相欠きとして残る高さ〇・四〇尺である点からみて、旧肘木幅〇・八五―〇・九〇尺、丈は相欠き部の二倍の〇・八〇尺と推定される。長さもすべて両端木口が新しいので、現状より長かったことがわかる。

なお側回りでは中備の蟇股一八個（他に二個取外し保存）、蟇股上の斗（木口斗）三個、巻斗または方斗（元来は蟇股上の斗か）四個、肘木（旧丸桁下肘木を三斗組肘木に転用）二個、旧頭貫三本（内二本は現在三斗組肘木に転用）、旧丸桁（現実肘木）二本、同（現側桁）三本、大斗四個が当初材であるが、いずれも削り直し、部材の大きさを縮小している。

また軒回りについては旧垂木と思われるものはすべて削って断面を縮小され、地垂木は旧丸桁留釘穴と木負留釘穴間の距離は六・三尺前後を計る。飛檐垂木は送り出して先を切断しており、旧木負留釘から現木口までの最長のものをみて三尺弱と推定される。

(15) 昭和四十三年夏に行われた平城宮東朝集殿跡の発掘結果も以上とほぼ一致する。すなわち基壇は桁行一二九尺、梁行六〇尺で、これは現講堂の基壇とほぼ等しく、九間の切妻屋に適合している。前後とも中央間とそれから二間おいた次の間の三カ所に階段があり、こうした階段の配置からみても、前後方向はまったく吹放しとなっていたと考えられる。ただこの発掘では土庇の痕跡は認められず、少くとも昭和四十三年に発掘した東朝集殿には土庇がなかったことが明らかとなった。

(16) 関野貞「平城京及大内裏考」（明治四十年）は和銅説、喜田貞吉「南都唐招提寺講堂の年代に就きて」（明治三十八年）は天平十七、八年建立の朝集堂と説く。ただし唐招提寺へ移建の年代を前者は天平宝字年間、後者は大同年間とする。これはともに平城宮で建立後かなり年代を経た建物が下賜の対象とされたであろうとする推定に基づいた説であるが、近年の発掘結果をみると造替は大規模かつ一斉に行われたらしく、従来の推定は当らない。

(17)　移築して講堂に改めた際、側回りの組物を旧来の大斗肘木としたか、三斗組に改造したかは、判別がむずかしい。今までの復原考察でも、黒田昇義は大斗肘木、浅野清は三斗組としているが、後者の場合でも移築の時補加された繋虹梁の鼻が短い点から、現在のような出三斗組でなく、平三斗組であったと考えられる。側回りの間斗束には古材が五個あり、しかもその長さは大斗肘木の場合より長過ぎるので、これを三斗組の間斗束と考えると、後者が有力になる。この場合、今その下に使われている蟇股は、旧来通り繋虹梁上で用いられ、入母屋造としては珍らしく、庇の中間に桁を廻らす構造と推定されるが、現在の隅木や化粧垂木にもこの中間桁位置に留釘孔をもったものがあって、必ずしもあり得ないことではない。ただしこの場合には、側桁を三斗組で上げたのに見合って、繋虹梁上の蟇股巻斗組も丈を高めなければならないことに難点があり、また東庇にある移築時補入の繋虹梁上面に蟇股据付跡が無いことも反論の証となる。このように問題が複雑であるので、本論では大斗肘木説をとっているが、講堂は昭和四十三年夏解体修理に着手したところであり、結論はその結果をまたねばならない。

補訂　唐招提寺講堂

講堂は昭和四十二年十月から四十七年三月にかけて解体修理が行われた。その結果、各種の新しい知見が得られたが、初版が刊行された時には、解体に伴う調査に着手したばかりであったので、ここに調査成果の主なものを記す。(1)それらは大別して、移建前の平城宮朝集殿に関するもの、移建当時の講堂の形状、発掘によって発見された地下遺構に分かれる。

朝集殿当時の状態について新しくわかったのはつぎの諸点である。

(1)蟇股のほか頭貫にも旧番付墨書が発見され、(2)西向きの切妻造南北棟の建物であることがさらに裏付けられた。(2)飛貫はすべて転用材で当時はなかった。(3)(3)桁行一三尺を垂木一二支割にしていたらしい。(4)(4)大虹梁はもと一三尺二間の梁間をもつ古材で、朝集殿として建っていた時に現状と同じ一一・四尺二間に転用している。(5)(5)頭貫は一間ごとの短い材で、柱には大入れで渡しかけ、柱頂にはおそらく中央に大斗の太枘を造り出していた。(6)

このうち、(4)は平城宮内での造替工事に古材を用いたことを証したが、前身建物の復原を考察できるほどの発見はなかった。[7] また、(5)は法隆寺金堂とまったく等しく、[8] 従来の天平建築の構造に対する知見と比べていちじるしく古めかしい技法であることが注目される。[9] 頭貫は墨書によっても朝集殿建立時の材と思われ、もし(4)の大虹梁を平城宮和銅創建時の材とすると、当然一時期遅れることとなるが、それにしても古式をよく伝えており、朝集殿の建立年次は、初版時考察した天平十七年（七四五）よりむしろ遡るとしたくなる。しかしこれは平城宮内での朝堂院改修時期と関連するので、にわかに断定し難い。

つぎに当寺に移築して講堂に改造した際の形状は従来より格段に明瞭となった。その構造は切妻造を入母屋造に改めただけで、朝集殿をできるだけ踏襲したと思われ、組物は側・入側とも大斗肘木、繋虹梁上の蟇股もそのまま置いて庇には中桁をめぐらしていた。[10] 天井もまだなく、[11] 母屋は二重虹梁蟇股の化粧屋根裏とし、妻飾は入側桁上に直接巻斗を据え、朝集殿当時の妻大虹梁をこれに渡して上方に叉首を組み、叉首棹尻のすぐ脇には虹梁上に直接舟肘木を置いて内部二重梁上から延びる母屋桁を受けた。妻飾のこの形式は位置や高さが変ったものの、鎌倉改修の現建物にもほぼ踏襲されている。垂木は一三尺を一三支割とした。柱間装置は旧痕跡をほとんど残さないために確実なことは不明であったが、戸口や窓は辺付を組みめぐらせて柱に仕口をしない方法で造作されたらしく、扉・窓・壁の配置はほぼ現状と同じと思われた。また発掘調査により、当初の基壇地覆石が発見され、元来は高さ約一・三メートルの凝灰岩壇上積の基壇であったこと、前面の庇は鎌倉時代の付加で、創建講堂にはなかったことなども判明した。庇はかつて正面七間に設けられ、延宝年間（一六七三—八一）の改修で撤去されたもので、従来は朝集殿以来あったと考えられていたが、近年の平城宮朝集殿跡発掘でそれが否定され、今回はさらにその礎石跡が鎌倉時代の地表面で検出されたことから、当初にはなかったことが明らかにされた。その位置は偶然にも現講堂前庭に並べてあった四個の礎石列と一致して側柱よりの出一四尺、周囲三方には四・五尺の距離で旧縁束石も残存し、ことに中央間では縁束石のすぐ内側に簓桁受石があって、中央位置間のみ切込み階段のあったことも判明した。周囲に縁をめぐらし、内を床板張りにしたこの庇の形状は古絵図（本文「講堂」の項の図269）とよく一致している。

以上のように講堂創建当初の姿がほぼ明らかにされ、とくに前面の庇が鎌倉時代の付加と判明したのは今回の修理の大きな収穫であったが、鎌倉の改造が徹底的で、かつ現状はほぼその当時の形態を保持しているので、今回の修理はすべて現状踏襲のまま実施し、ただ近世挿入された柱下の円筒形沓石を撤去したことと、建物の保存上基壇の丈を当初の一・三メートルに高める変更だけを行った。

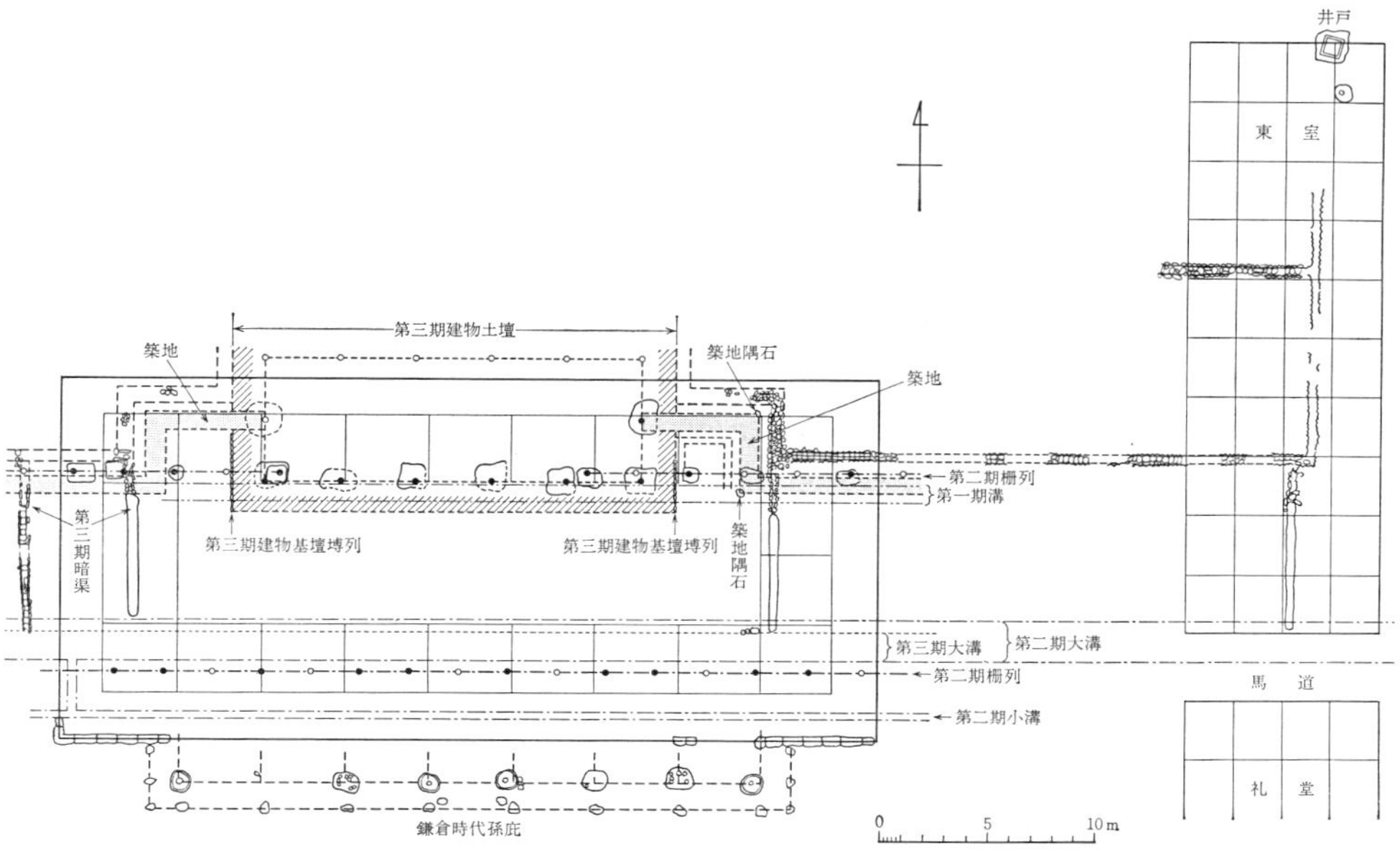

273　講堂地下前身遺構略平面図

したがって修理前に比べると講堂は約五〇センチメートル全体が高くなって外観の立派さを増し、柱の足元がややすっきりした程度で、他はまったく変っていない[12]。

基壇下の発掘調査の結果、発見された遺跡は重複して三期に分かれる[13]。第一期。北入側柱筋の下方に東西方向に走る幅一・二メートルの素掘りの溝。第二期。上記の溝と重複してその埋土に掘られた掘立柱の東西柵列およびこれと平行する南の柵列。後者には南北両脇に素掘りの溝があり共に東へ流れる[14]。柵列間の距離は九・五四メートル（三一・五尺）、柱間寸法は南列約七・五尺、北列約八尺と多少相違し、南列は掘立柱が連続するが北列は中央付近四六・五尺の間には柱穴がない。第三期。現講堂基壇の中央後方部に東西二〇・五メートルの版築基壇跡。現基壇はこの前身建物の土壇の後部を切取り、三方に継ぎ足したものである。土壇周囲に塼積の一部が残り、上面に礎石抜取穴をもつ[15]。桁行五間で天平尺の一二尺等間とみられ、梁行は南から二列目が梁間一〇尺。それ以北は土壇自体が切られて遺存しない。第二列は東西両端の柱位置だけ抜取穴があり、中央は検出し得なかった。この柱筋に合せて土壇両脇に幅約一メートルの築地塀が取付き、塀は東西対称に約四メートルで南へ折れ、約三メートルでふたたび矩折れに曲って東西に長く延びる。築地の北側には玉石や塼を底に敷き、玉石もしくは平瓦を縁に立並べた幅約四二センチメートルの溝があり、この側溝には前記第二期の北大溝へ結ぶ暗渠三カ所が附随する。暗渠は築地の下部を凝灰岩もしくは塼積とし、その先の約七メートルを木樋にしている。昭和十四年に発掘された溝と暗渠はこの第三期遺構で、東室下にも一連のものがあり、暗渠の南端は第二期の北側大溝をやや幅を狭めて再用していることが明らかになった。大溝と関連して第二期の南柵列も第三期まで引続いて存続したかもしれない。なお第三期中央土壇の東側塼積基壇列も実は前回の調査で発見されていた。

これに伴う遺物では木簡に天平十五年の銘をもったものがあり[16]、第二もしくは第三期がそれを遡り得ないことを示した。その他では第三期建物に従来からも当寺内から数多く出土している重圏文軒瓦が使われていること、第二期に附随して輪宝文の周縁に鋸歯文をつけた珍しい文様の小形軒瓦[17]が発見されたことなどが注目され、また木製擬宝珠や小斗が出土していて、南方の大溝には橋があったらしい。

これらの遺跡の性格については、まず第三期は両脇に曲折して取付く築地の形態や前方の暗渠の状況からみると、建物は門のようなもので築地の外側は南方の大溝までが東西方向の道らしい。第二期の南北二条の柵列間も同じように道らしく、柵列はおそらく柱間を壁塗りにした垣であり、北柵列の中央で柱穴が発見されない個所はやはり門のごとき通路と思われる。第二期の北柵列と第三期の築地塀はほぼ同位置で重なり、中央に出入口をもつ点もよく似ている。暗渠南端の東西溝が両期を通じて使われているので、あるいは第二期の南柵列は第三期にも存続し、北柵列だけを築地と基壇付建物に改作したのかもしれない[18]。道路をはさんで南北二区画の柵列または築地をめぐらす敷地があり、北の区画は中央に出入口があった。これが第二・第三期を通じての姿である。第一期の溝は流水の跡も不明確で、おそらく地割を示すものであろう。

講堂の位置は、ちょうど四条大路より一筋南の小路の上に当り、今回明らかにされた道路状遺跡はこの坪割にほぼ一致している。この点からすると遺跡は小路であり、また南北いずれかの区画を新田部親王旧宅とする解釈が当然生れるが、疑問も多い。まず第一に小路とするには柵列間の距離三二・五尺（三二・二天平尺）はやや狭く、また近年の平城京内の条坊遺跡発掘調査でも、小路は築地と溝を両側にもつ形式が多く発見されているのに、柵列の例はない[19]。さらに第三期の築地内側溝が、東室下で北折していることからすると、築地自体もここで折れ曲っていた可能性が強く[20]、中心からこの隅までは約四〇メートル（一三五天平尺）で、東側の小路までまだ約一九メートルを残し、こうした状況が直接小路に面する築地に起るとは考え難い。つぎに北の区画については、中央の基

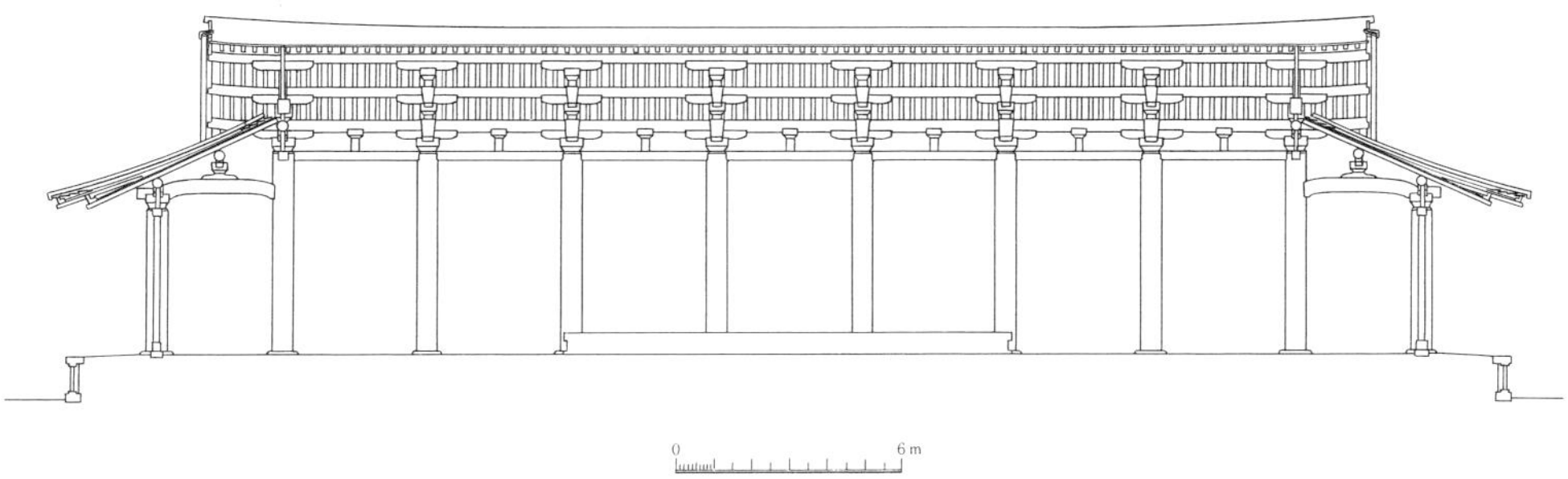

274　講堂復原断面図

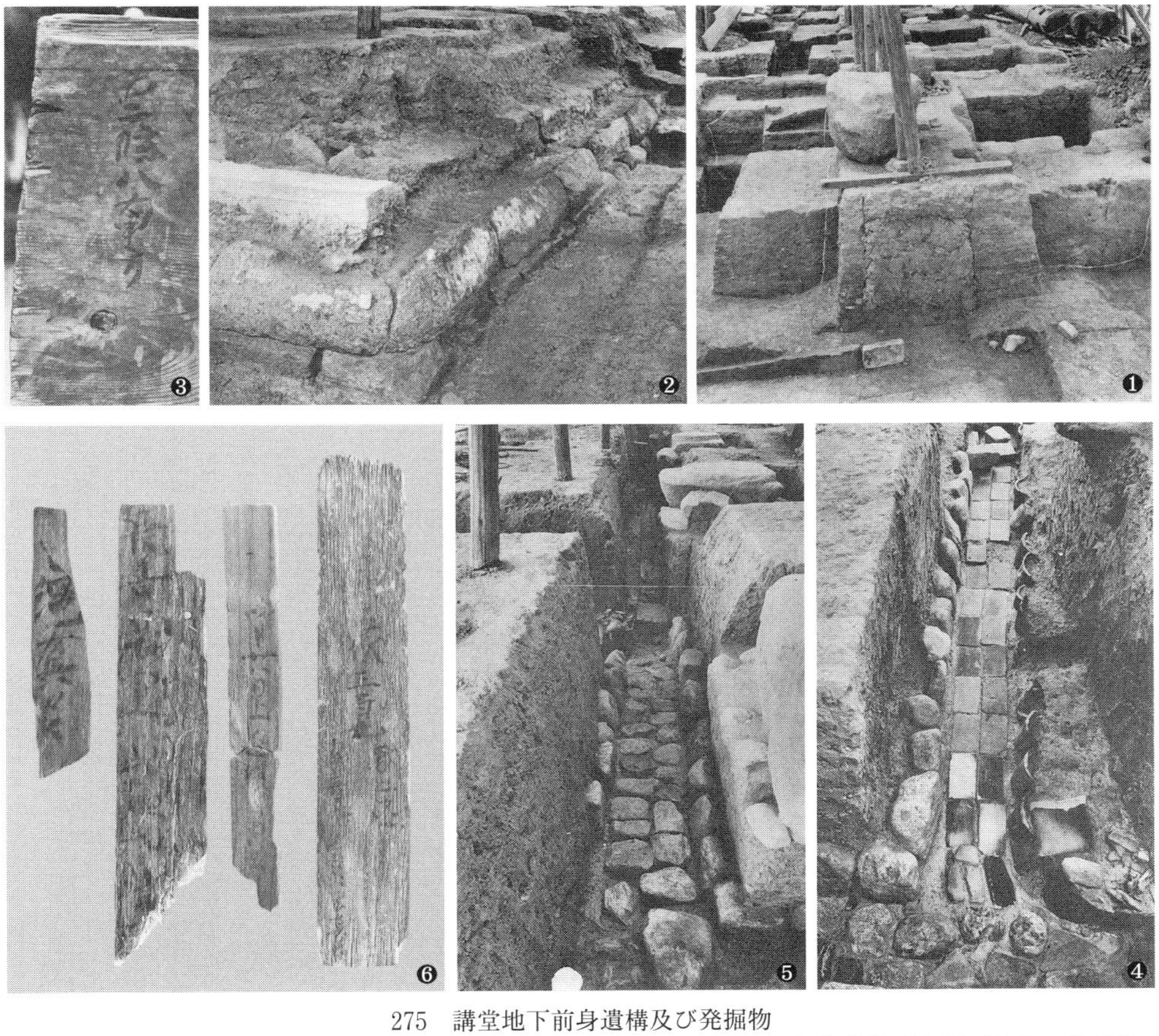

275　講堂地下前身遺構及び発掘物

1　第三期中央基壇建物の塼積と礎石抜取跡（東より）、2　凝灰岩積の創建基壇西南隅（上方の花崗岩は現基壇地覆石）、3　頭貫墨書、4　第三期築地内側溝の東側の曲折部（西より、上方は東室へ向う）、5　同（北より、上方は南への暗渠）、6　木簡壇付建物が一応は門と思われるものの、前より第二列の両端のみに礎石跡があって中央にないのは不審である。門とするとその規模は当寺の南大門とほぼ等しいが、(21)この区画は北側の四条大路で方一町と限定されており、そのような狭い敷地になぜこれほどの大きな門を要したのであろうか。また柵列を立派な築地塀や基壇付の建物に改造したのはなぜであろうか。柵列が新田部親王邸当時の垣で、創建時の寺はこの敷地をそのまま利用するほどの小規模なものであり、築地や門は寺に改めた際の造替とも考えられるが、それにしてはこの敷地全体が現状でも西北方が小高い傾斜地で、宅地・寺地ともに中心的建物を容れるのにはいちじるしく不利である。(22)このように並べてくると、今回の調査でようやく明らかにされた遺跡も寺域全体からするとあまりにも狭く、唐招提寺の創立と前身邸宅の関係については、さらに広範な調査で遺跡の全貌を確かめるまで待たなければならない。

註

（1）奈良県教育委員会『唐招提寺講堂他二棟修理工事報告書』（昭和四十七年）による。

（2）蟇股下面墨書は、本文「講堂」の項の注一三に記載の八個のほか、「西三条□」の一個が新たに発見され、頭貫墨書（いずれも柱に大入部の側面）にはつぎのものが見出された。

(1)（南入側通り東より第二間の東端）西二条八南方

(2)（同　東より第三間の東端）西二条[七]南方

(3)（東入側通り北の間の南端）（東側面）中東方（西側面）上中

この番付は中央棟通りを「中」、二重梁上の母屋桁通りを「一条」、入側通りを「二条」、庇中桁通りを「三条」、側通りを「四条」とするもので、(1)および(2)の頭貫は朝集殿当時の位置のままであることを示し、(3)は元来は現建物でもう一間東寄り、もとの南妻通り東の間のものであったことがわかる。(3)は下面に土壁の骨組を縄がらみで吊り下げる桟穴を存している。なお蟇股も「東一条四」「東一条六」「東一条七」「西一条七」の四個は旧位置に遺存する。

（3）飛貫のうち古材はすべて頭貫の転用材で間斗束仕口を残していた。

（4）旧丸桁に桁行一三尺間を一二支と一三支にほぼ割付けた垂木留め釘孔が重複して残り、一三支割には打替えて二回分の痕跡をもつものがあるので、朝集殿当時は一二支、講堂は一三支割と推定した。

(5) 二六尺梁間の際の一方の肘木仕口を再用、他端は切断して仕口を造り直しており、そのため改造側は下面に矧木して虹梁型とする。上面に一三尺間の二重虹梁を受ける蟇股枘孔がある。

(6) 柱には幅七寸（丈は八・四寸と推定）の旧頭貫大入仕口痕をわずかに残すものがあるが、鎌倉時代に現状の七・〇×八・〇寸の頭貫の輪薙込み仕口に改造した際に、中央の恐らく枘を造出した部分を欠き取っている。

(7) 大虹梁上の前身蟇股枘孔は現在のものよりやや大きく、かつ間隔も少し広くて、現蟇股と合わない。そうした痕跡をもつ蟇股は遺存せず、また積極的に前身建物とすべき痕跡をもつ他の古材も発見されなかった。

(8) 法隆寺金堂も頭貫を一間ごとの材とし、柱にはただ渡しかけるだけで釘留めなどの結合をしない。大斗の枘は隅柱では中央に一個、平柱では左右二個とし、後者では頭貫仕口を切通すものもあるが、頭貫自体はその中で突付けとする。ただ法隆寺では隅柱上で矩方向に取付く頭貫がぶつかりあう入隅部は一方を切欠いて納めているのに対して、朝集殿（講堂も踏襲）では「留め」にして突付けており、この点はずっと手ぎわがよい。

(9) 天平時代の建築では高床造の校倉の床柱と頭貫にこれと似た渡しかけ技法がみられるが、その場合はすぐ上に台輪を据え、これが主要構架材となるので、やや意味が異なる。

(10) 本文「講堂」の注一七で指摘したように、隅木・垂木に中桁位置の留釘孔を遺存するものが多いので、中桁は講堂にも踏襲され、したがって蟇股を現状のように側通りの中備に転用したのは鎌倉改造時とした。しかし東庇の繫虹梁一本に蟇股大枘孔がないのはこれと矛盾しており、さらに後考をまちたい。なお同じく注一七で間斗束が長過ぎるとしたのは、その後検討の結果、大虹梁を肘木にのせる仕口が当初は浅かったのを鎌倉時代に深くしたためで、それだけ現状は丸桁が下っていることが判明し、全長を遺す旧間斗束は当初の大斗肘木組の高さとよく一致する。

(11) 二重虹梁上の現天井桁は幅がやや狭いため旧肘木仕口の一方へ片寄せて据え、内部組子はこれを基準に割付けられている。同時に虹梁下面は削り直して天井桁と蟇股心が一致するように全体をずらしており、このような改造は移築当時とは考え難いので、天井は一応後補とした。しかし建治元年（一二七五）改修時に直したとすると、本尊上の小組格天井はすぐあとの弘安十年（一二八七）にふたたび改造したとせねばならず、建物と本尊の計画に齟齬があり過ぎるので、あるいはもっと古くから造られていたのかもしれない。

(12) 従来講堂前庭にあった一見旧向拝跡風の礎石も、本来のものではないことが明らかになったので撤去した。

(13) 岡田英男「唐招提寺講堂地下調査概要」（『月刊文化財』七九号）昭和四十五年。

276　軒丸瓦と軒平瓦

(14)　溝は北側は幅二・一メートルの大溝、南側は幅〇・七メートルの小溝。心々距離三・六五メートルで、柵列から南小溝心まで二・〇メートル。西方でこの両溝を連結する短い南北溝がある。

(15)　径一・五―一・八メートルの隅丸方形の掘方で深さは約一メートルあり、掘立柱の可能性もあるが、掘方がやや浅いので礎石の掘取跡と判断した。なお前身土壇の上面は現講堂基壇面より一二センチメートル下で、当時の地表面（塼積の下面）からの高さは一・二メートル。

(16)　木簡は断片ばかりで一一点ほど発見され、その主なものはつぎの通りである。

(1)　」苽三百丸□　天平十五年九月七日出雲真備

(2)　四月廿八日上近江□田□

(3)　（表）　」諸僧□　（裏）　長善長運□□

(4)　縄真呂

(17)　この小形瓦は直径一二・五センチメートルほどのもの（Ⅰ、上）と、一一・五センチメートルほどのより小形のもの（Ⅱ、中）とがある。Ⅰは周縁の異形鋸歯文の内向き角の外区毎に珠文があり、この外区文様が雷文の変化したものではないかと思わせる。Ⅱは直径が小さくされているためか、この珠文をもたない。これらに組合うものとして軒平瓦（Ⅲ、下）がある。これも下半と脇に線鋸歯文をもち、上半は唐草などなく縦の分割線が入るのみである。顎は段顎で見込五・五センチメートルほどである。地下第二期遺構にともなうので天平頃のものとみられるが、平城京一帯では類例のないものである。小形なことから或いは檜皮葺の棟飾のようなものかと考えられる。

(18) 第二期柵列の中央空間部の中心は現講堂心より一・六メートル西、第三期建物心は同じく〇・七メートル西寄りで、両者ともやや西へずれる。

(19) 東三坊大路の発掘で大路境界の築地塀から内側でこれと平行して走る柵列が発見され、この間は坪内に設けた道路かと推測されている。平城宮内にも柵列による官衙間の道路の例は多いが、直接条坊割の路に柵列を用いたものは、今のところまだない。

(20) 東室地下調査の際に北折した溝の北方延長の東側で柱根が発見されたが、これも第二期の柵列が築地と同様に北折していて、その一部が偶然柱根として残ったために発見されたのかもしれない。当時の調査は溝に主力が注がれ、東側は未調査に終っている。なおこれに関連して東室地下調査では南北溝を北の井戸からの排水路と解しているが、井戸は一時期遅れ、両者は無関係なのではあるまいか。

(21) 南大門はほぼ旧礎石を残し（現在はその上に建物も復原的に昭和三十八年復興されている）、桁行五間梁行二間、天平尺で中央間一四尺、脇間一二尺、両端間一〇尺の計五八尺と推定されている。

(22) 現在の本坊の北側にやや急な下向斜面があり、建物の建設適地としてこれより南方をとると第三期築地までは約八〇メートルあって築地の東西総長（西も対称に北折すると仮定）とほぼ等しい。すると方八〇メートル、約三分の二町の区画が考えられるが、これを寺とするのはあまりにも狭過ぎよう。注一九の例も推測の域をでないが、第二期柵列間の通路を正式の小路ではなく、大きな敷地内での通路と考えれば、北方はその中での独立的な区画と解することもできる。なお木製暗渠は初めから上面がかなり損じているもの（講堂下の二本）、三本継ぎのもの（東室下の一本）などばかりで、古材の転用と思われ、そうした姑息的手段がとられていることも、道路を坪割の正式小路とは考え難い一資料となろう。

二〇　元興寺極楽坊五重小塔

三間五重塔婆　本瓦形板葺　（国宝）

この小塔は形式・技法から天平時代の製作と考えられている。ただしその由緒・伝来は不明で中世の縁起や古文書にも記載はない。江戸時代に入ってからは現本堂の内部に床板と天井を取除いた一間を設けて安置していた。天和三年（一六八三）に極楽院の住職が修理を加えており、(1)床下の石積旧基壇も同時期の造成と思えるので、(2)少くとも近世以後は当坊に所属し、本堂内に置かれていたことが確かめられる。

昭和四十二—四十三年に解体修理を行った際の知見によると、(3)小塔は平安時代・鎌倉時代・天和三年の三回にわたって修理をうけている。本堂の天井裏から発見されたこの小塔の古材(4)には天和三年に取替えられたものだけでなく、それ以前の、恐らく鎌倉末期頃の修理で取外したと思われる部材も混在していた。そのことから、この小塔は既に鎌倉時代から当坊に所在したとする推定も行われているが、二、三百年を隔てた二時期の修理部材が同一場所に投げこまれること自体に不自然さが多く、この塔の近世以前の伝来には疑問が多い。(5)

この塔は海竜王寺五重小塔と違って、内部に隠れる部材まで実際の建物と同様に造られ、実物を組上げるのと全く同じ工法で組立てられている。そのために元興寺五重塔の雛型とする説が江戸末期から流布した。(6)しかし安政六年（一八五九）に焼失した五重塔は柱間寸法が小塔とはやや異なり、(7)様式的にみても大塔のほうが古いので、(8)その試みにこれを造ったとする説は成り立たない。また元興寺には五重塔を中心とする東塔院とほぼ対称的に西方に小塔院があり、この小塔は元来その中に安置されていたとする考えもあるが、小塔院の名は光明皇后御願の八万四千基小塔を祀ったことに基づくものであり、(9)この小塔と結びつく史料はない。海竜王寺小塔が初重内部に舎利もしくは小仏像を安置し得るような形式となっているのに対して、極楽坊小塔にはそのようなゆとりはなく、この塔の製作目的や安置場所についてては今のところ適切な説明をつけ難いのである。明治三十年から永く奈良国立博物館に寄託されてい

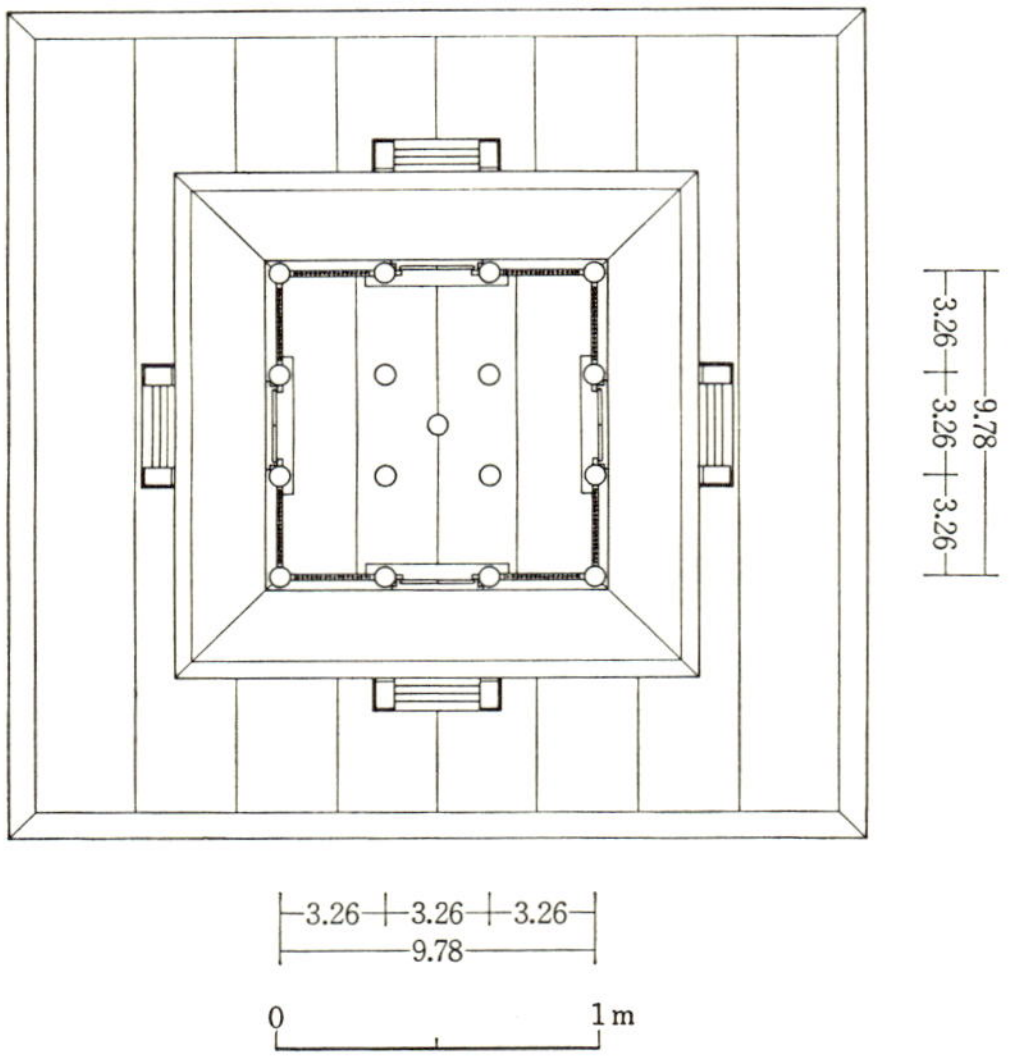

277　元興寺五重小塔　平面図

たが[10]、昭和四十年にこれを納める収蔵庫が建設されて寺に帰ってきた。昭和四十二―四十三年に解体修理が行われ、その際に後世の修理で改変された部分を復原して本堂天井裏から発見した古材もできるだけ旧位置に再用し、小塔はほぼ製作当時の姿を取戻している。

小塔は木造の置台をもち、その上に基壇付の主体部をのせる。置台は脚を兼ねた古式の格狭間で各面を三区に分けるが、本堂内に納めた時に置台は廃棄されて格狭間板だけが残存したもので、他は推定復原である。基壇も側柱のすぐ際まで切り縮められ、側板を張って厚い框のように改造されていたのを昭和修理で復旧した。天平時代の一般の建物の例にならって壇上積の形式にととのえ、四面に階段をつけている。基壇は柱を枘立てにするための井桁に組んだ土台を外へ延ばし、その木口を箱状に覆いかくして造られており、建物の比例からするとやや丈が低い[11]。

軸部は各重とも三間等間で、一間は初重一・一尺、二重一・〇尺、三重九寸、四重八寸、五重七寸（天平尺）の各一寸落ちに計画されている。初重の柱は土台上に枘差しで立ち、二重以上も各重ごとに柱盤で分けて下層の屋根上に積み重ねるように造られている。初重は中の間を板扉、両脇の間を連子窓とし、二重以上は三間とも板張りで中央には扉を画き両脇は白く塗って壁にみせる。柱は総円柱で頭貫・台輪を置き、初重だけ外部に地長押と内法長押を廻らし、脇の間には窓下に腰長押を打つ。組物は三手先で初重から三重までは中備に間斗束を置く。軒小天井と支輪は共に簡略な平板張りである。軒は二軒で地垂木は円形、飛檐垂木は角形、丸桁も断面円形とする。

屋根は軒先の平瓦部分を茅負と一緒に造り出し、その上方は横板張りにして半円形の瓦棒を打付ける。化粧裏板と屋根板の間はほとんど隙間がなく、野屋根のない構造をかたどっている。屋根勾配はゆるく、屋根面には反りもつく。隅棟は一木造りで端には稚児棟がない。二重以上は屋根上に直接やや厚い縁框を据えて前面に縁板の木口を現わす小突起を植え込み、中の間の明いた組高欄を廻らす。

相輪は軸部に比べると不釣合に大きく、全高の五分の二を占める。大きな露盤上に一木造りの覆鉢・受花をのせ、九輪も木製で心柱は擦管を兼ねたやや太いものとなっている。水煙は銅製で心柱の切込みに差し込まれ、頂部に竜車・宝珠をつける。受花の花弁も薄い銅製であるが、水煙と花弁は近年の修理で復原されたものである。

この塔は実際の建物の一〇分の一の寸法で作られているが、相輪部分が大きいため基壇上面からの総高は一八・五七尺とかなり高い。興福寺五重塔は現在総高一六五尺あるが、『興福寺流記』によると天平創建の塔は総高一五一尺（相輪高五一尺）であった。また元興寺五重塔も安政焼失前の古図でみると、基壇上総高約一六三尺で、平面方三〇尺（興福寺）―三三尺（元興寺）の天平時代の五

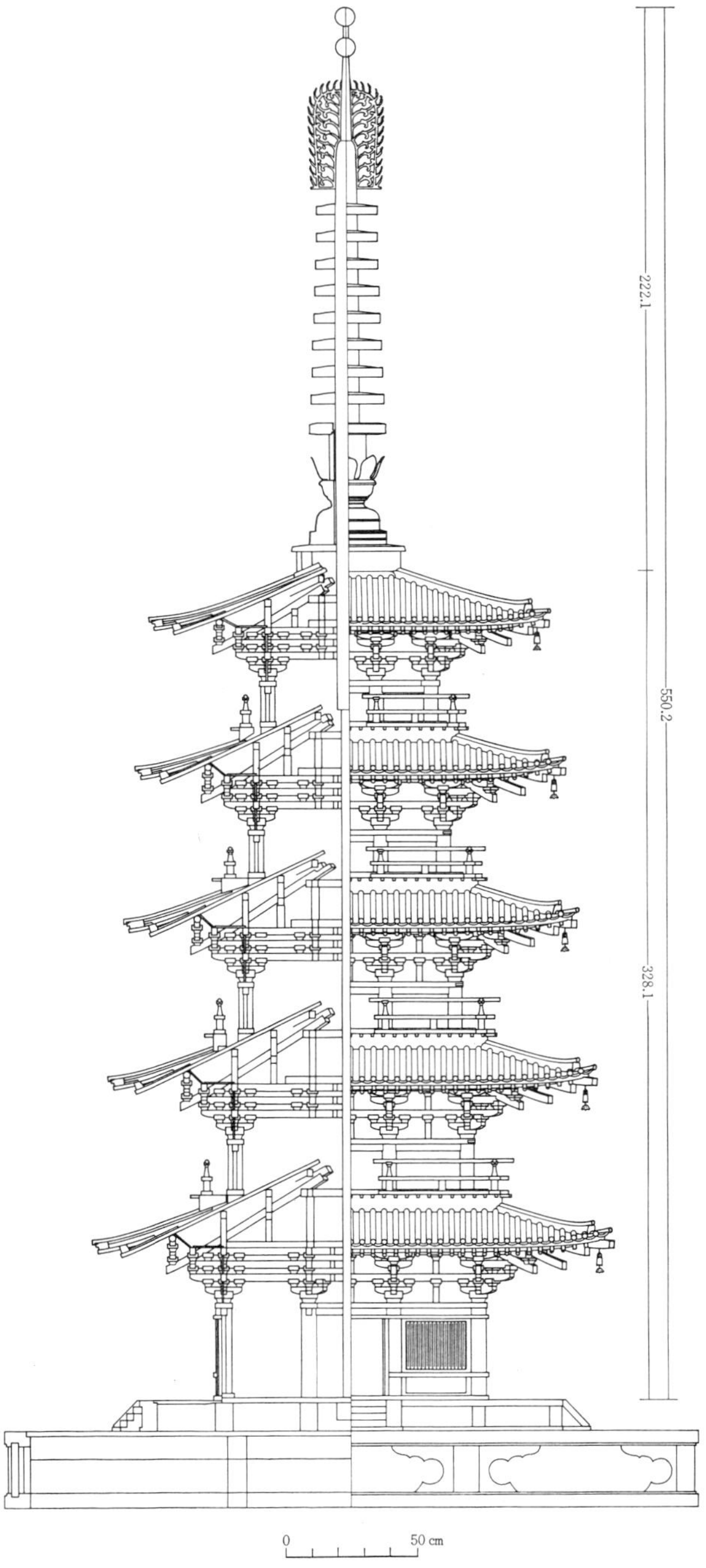

278　元興寺五重小塔　立面・断面図

重塔の高さは一六〇尺前後が標準であったらしい。この小塔も実際の建物に倣って相輪を全高の三分の一弱に押えてみると、総高一六・三尺ほどとなり、高さでも一〇分の一縮尺によく当てはまって当時の標準型になる。

規模が標準型である上に柱間寸法や部材構成が著しく単純化されていることがこの小塔の最大の特色である。既述の如く平面は各重とも三間等間で、しかも各間〇・一尺ずつ逓減する簡単な比例をもっている。初重の一辺長は一・一尺×三間の三・三尺で、二重以上は三・〇尺、二・七尺、二・四尺、二・一尺となる。天平時代の塔は中央の官寺では中の間をやや広くするのが普通で、興福寺や元興寺も中の間が一尺程度広い。これは恐らく視覚上の安定感を求めるためで、薬師寺塔のように裳階が軸部を隠してしまう形式では三間等間とした。等間のほうが部材の加工や組立が単純化されるのは自明の理で、わざわざ中の間を広くとるのはやはり完成後の姿の単調さを避ける意図が強く働いた結果である。ところが諸国の国分寺塔跡では三間等間の例が多くみえ、近畿や中国・四国などが、都と同様に中の間を広くする形式であるのに対して、中央文化から離れた地域ほど等間の例が増える[12]。このことは高い塔の建立が技術的にも容易でなく、後進地域へ普及させるには、できるだけ単純化する必要があったことを物語る。この小塔の初重平面は規模からみてもそうした国分寺塔に通ずる性格をもっている。

各重ごとの逓減も既に法隆寺五重塔で各間一支落ちの簡単な比例がみられ[13]、天平時代には一支は一尺となるのが通常の木割であるから、各重各間〇・一尺ずつ減少するこの塔は当代の典型的な立面計画として差支えない。柱長さも二重六寸、三重五・五寸、四重五寸、五重四・六寸と二重以上は約〇・五寸ずつ短くしている。

構成部材は一層簡単で、柱だけは初重を径約二・一寸、二重から五重までは径約一・八寸の二種類とするが、頭貫・台輪その他の部材の断面寸法は各重とも同一で、組物も各重同寸の材を用い、通肘木・枠肘木・秤肘木・尾垂木などの角材はすべて規格を揃えて同一断面とする。五重塔は上層ほど柱間が接近するので組物も多少寸法を小さくする例が多い。大斗・肘木・巻斗などを各重同一寸法とするのは古代では室生寺五重塔とこの小塔だけである。側桁心から丸桁心に至る三手先の出も初重の六・三寸と二重以上の六・〇寸弱との二種類に統一している。ただ軒の出は地垂木・飛檐垂木とも上層にゆくに従って少しずつ縮小し、側桁心から茅負までの総軒の出は初重と五重で一・五寸強の差をつけている。軒先の引通し線はほぼ直線となる。垂木の形状寸法も各重同一で、勾配は初重から四重までは等しく五重はややゆるい。野屋根を作らない構造なので屋根も四重以下に比べて五重目がゆるく、雨に対しては非常に不利な形式となっているが、[14] 天平時代に実際こうした塔が作られたのか模型の故か明らかでない。軒反りも初重から四重までは木負・茅負とも同じ型板を多少ずらせながら用いたとみられ、五重目も木負と茅負は同一型板である。四重以下がゆるい反り上り曲線であるのに対して五重目は両端で急に反りを強めている。小屋組も各重全く同じ構造で初重は四天柱で通肘木を支えるのに二重以上は四天柱がないだけである。二重以上の四天柱を省略するのは下層の屋根上に積み重ねる際の調節が難しいためと思われる。三段に重ねた通肘木上に側柱筋、四天柱筋およびその中間の三通りに母屋桁、四天枠を組廻らし、束は尾垂木上ではそれをまたいで両脇を通肘木上に枘立てにする形の挟束を用いており、そうした細部まで実際の建物と同一の技法を忠実に踏襲している。ただ垂木割は約一・五寸前後と五割方粗く、[15] 本瓦形の割付けもこれと合せる。

このように垂木割や瓦割を除くと、この小塔は部材寸法や構法がそのまま十倍すると直ちに実際の建物が作れるようになっており、しかも柱間寸法以下各部分の規格がきわめて単純で工作の簡便化に最大限の考慮が払われているのである。既に触れたように、この塔は相輪部が過大な点で実物を建立するための試作模型と直ちにはいい難いが、国分寺塔跡の単純な等間平面と関連して天平時代末期の塔の普及量産と深い技術的つながりがあったことは認められよう。

細部では初重の柱を上方三分の一ほどやや先細りとし、頭貫や長押が柱に比べて細く、台輪は隅を三枚組とし、断面円形の丸桁を用いるなど、天平時代の特色が随所にみられるが、尾垂木・地垂木・飛檐垂木などが反りをもち（増しはない）、また肘木に笹繰がないのは当代でも末期の様式を示す。隅では鬼斗を用いないが、これは室生寺塔と同様に小型すぎて工作ができないためかもしれない。高欄には多少疑問があり、天平時代にはこのように中央の明く例は他にない。根太状の木口を植えた縁框も丈が高すぎて重苦しく、当初材ではないようである。相輪部もやや重苦しいが当初か後補かの判断はつけ難い。心柱は初重土台上から枘立てにされるが五重目で継木をし、上部を太くして擦管も兼ねた形にしている。このように多少後補らしい個所もあるが、この小塔は一般の建物と異なって直接風雨にさらされることがないため当初の部材や形式がよく保存されており、天平時代の建築技法を知る上で貴重な遺品である。

註

（1）「心柱墨書」
□　奉再造五重塔天和三癸亥年 閏五月廿三日為与法利証秡苦楽意成就祈所乃至普利　極楽院住持尊覚合掌

（2）本堂南面東より第二間の床下に方約八尺の亀腹を築き、中央に方約四尺の石造基壇を据えて小塔を安置していた。この基壇は石塔の反花蓮華座を利用し、側転して延石状に並べたもので、様式上それ自体が室町末期の作と思われ、小塔基壇への転用は天和三年の修理時と推定される。

（3）奈良県教育委員会文化財保存課『元興寺極楽坊五重小塔修理工事報告書』昭和四十三年。

（4）天井裏からの発見古材については、奈良県教育委員会文化財保存課『元興寺極楽坊本堂・禅室及び東門修理工事報告書』（昭和三十二年）参照。

（5）この小塔の古材は本堂東方および東南方にあった旧池の埋立土中からも出土している（辻村泰円・水野正好「南都元興寺極楽坊中世信仰資料包蔵坑発掘調査概要」〔『大和文化研究』七ノ一〕昭和三十七年）。これらの池は寛永十三年（一六三六）頃の埋没とみられ、本堂天井裏や床下にあった庶民信仰の品々と共に廃棄されたらしい。なお小塔は一時屋外に置かれていたことがあり、風蝕が多少ある。

（6）元禄十四年（一七〇一）の『南都極楽院宝物略記』では「聖徳太子勅言にて来朝の良工試につくれり。本朝層塔の最初なり」とあるが、弘化四年（一八四七）の川路聖謨『寧府記事』では元興寺大塔の「ひながた」としており、明治の川井景一編『和州社寺大観』もこれを踏襲している。

（7）現存する塔跡の礎石実測寸法は中の間一一・五尺、脇の間一〇・五尺（計三三天平尺）であり、小塔の一・〇七六尺（一・一天平尺）等間（計三三天平尺）と相違する。

（8）江戸時代の実測図でみると、元興寺五重大塔には肘木に笹繰があり、小塔より古式と認められる。なお昭和二年の発掘調査では心礎の周囲から「和同開珎」「万年通宝」「神功開宝」の貨銭が出土しており（『奈良県史蹟名勝天然記念物調査報告』11）、建立年代は七六五〜七〇年ころと推定される。

（9）『七大寺巡礼私記』元興寺条
吉祥堂南向。五間四面瓦葺。此堂亦名小塔院。（中略）斯堂者在金堂坤角、光明皇后御願也。安置八万四千小塔轆轤曳 高七寸許故号小塔。（院脱カ）此塔各無垢浄光陀羅尼経五真言之内納其一本云々（後略）。

(10) 心柱に、「明治三十一季四月廿三日命工匠加修理帝国博物館長山高信離」、また「心柱下半昭和廿五年補時三月五日」の墨書がある。これらはいずれも小塔を移動した際の小修理である。

(11) この基壇は高さ約四寸弱で、後述のように小塔は実物のほぼ一〇分の一であるから、実際の塔例えば薬師寺西塔の五・二尺（発掘結果）と比べると大分丈が低い。

(12) 陸奥（一間一一尺）・下野（一二尺）・上野（一二尺）・上総（一〇尺）・相模（一二尺）・能登（五尺）・美濃（一二尺）・若狭（九尺）・伯耆（八尺）・丹波（一〇尺）・筑前（一〇尺）・豊後（一二尺）の各国分寺が三間等間の例であり、特に一辺三六尺の最大規模の塔は等間を原則とする。

(13) 法隆寺五重塔は〇・七五高麗尺を一支として柱間寸法を初重は中の間一〇支、脇の間七支（計二四支）に割付け、二重以上は各間ごとに一支落ちにして二重は九と六（計二一）、三重は八と五（計一八）、四重は七と四（計一五）、五重は二間にして各六（計一二）とす

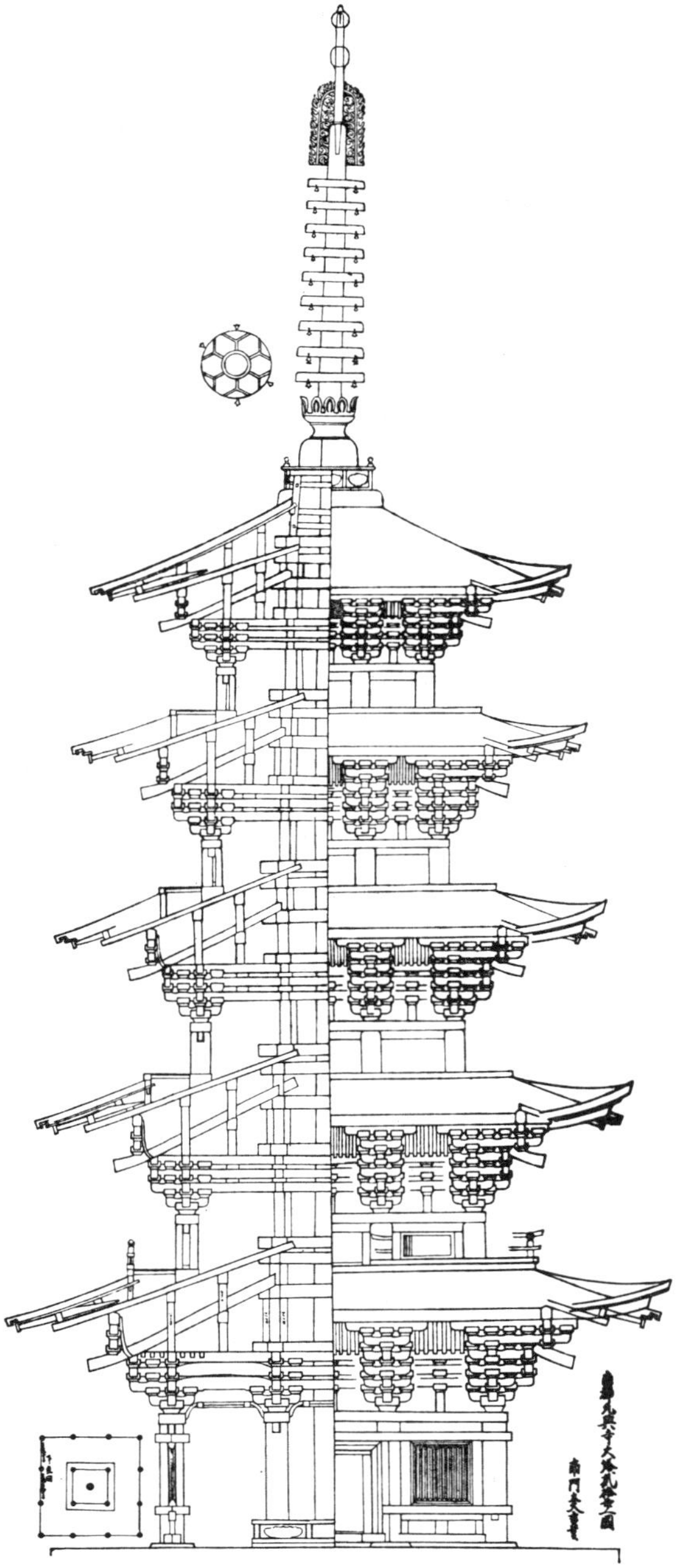

279　元興寺大塔実測古図

る。

(14) 法隆寺五重塔を初め古代の塔はすべて後世、最上層の屋根勾配を下層より強めて雨漏りを防いでいる。ただし化粧垂木勾配は原則として各重とも等しい（室生寺五重塔のみ上層をわずかずつ強めている）。

(15) 支割寸法は各重ごとに差があり一定しない。なお飛檐垂木も自由に配置して木負の隅木取付け位置とは一致させず、隅では反り上る茅負の下面に合せて木口が傾くままに並べている。

二一　室生寺五重塔

（国宝）

三間五重塔婆　檜皮葺

本堂（灌頂堂）の脇を廻り後方の石段を上るにつれて、高い木立を背景にした小柄な五重塔がその姿を現わす。この塔は軸部に比べて屋根の広がりが大きく、しかもその軒先は不釣合に厚い。したがって普通なら重苦しく見える筈であるが、厚い軒先を逆手にとって白く際立たせたのが、暗緑のバックへ丹塗りの軸部が沈むのと対照に浮き出て、あたかも水平に近い檜皮葺屋根だけを中空に積重ねたような軽快かつ律動的な効果を生み、いかにも室生山寺にふさわしい日本的景観を作っている。基壇を除いた総高一六・一メートル、興福寺塔の三分の一にも達せず、五重塔としては最も小さい。寺伝では天長元年（八二四）寺の再興と共に弘法大師の建立するところと伝え、(1)可憐さのゆえに大師一夜造りの俗説もあるが、いずれも中世以降の付会である。ただし様式上からみて天平時代にごく近接した時期の建立は疑いなく、当寺草創の賢璟もしくは修円の時代に遡るものと思われる。初期密教寺院の塔は、新しくもたらされた多宝塔または大塔の形式であった点からも、こうした層塔が造られた時期は、当寺がまださほど密教化しない奈良末か平安時代早期に限られよう。

建立後の沿革も不明で、正和三年（一三一四）写の『宀一山図』（金沢文庫蔵）にはこの塔を描き、脇に「五重木塔此塔内四仏」と記す。永禄三年（一五六〇）に五重塔修造の勧進があり、(2)また心柱に打付けた銘札によると、明和五年（一七六八）に修理が行われているが、(3)その個所は明らかでない。明治三十三―三十四年に解体修理され、大正十四年と昭和二十七年、五十三年に屋根葺替えが行われた。

塔は明治に改修されたやや高い亀甲石積基壇上に建ち、正面にだけ石階をもつ。初重方八・〇八尺、礎石上面より露盤までの高さ三八・一八尺、相輪長一五・〇八尺、総高は五三・二六尺である。五重目まで各重とも三間とし、初重は〇・九八五尺を単位とする天平尺で中の間三・〇尺、脇の間二・六尺とみられるが、二重目以上はうまい整数値が得られない。初重一辺長に対する総高は六・六倍で、法隆寺塔の五・一倍、海竜王寺小塔の五・三倍、元興寺極楽坊小塔の五・六倍、醍醐寺塔の五・七五倍に比べ著しく丈が高

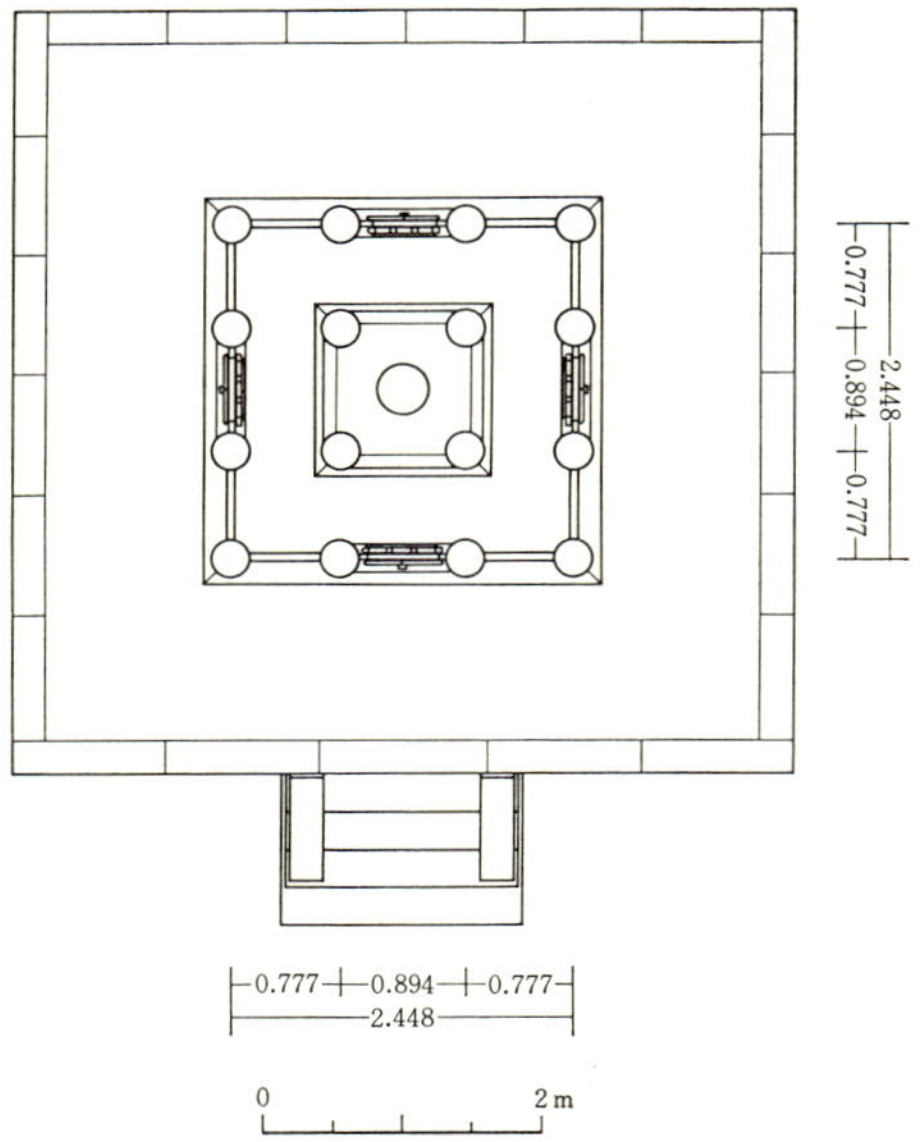

280　室生寺五重塔　平面図

い。五重と初重の一辺長の比は〇・五九四である。各重とも四面中の間を扉、両脇の間を白壁とする。ただし、二重以上は柱間が狭いので扉は一枚の片開きを用いる。礎石は自然石、円柱に頭貫を通し台輪をのせ、初重には地長押と内法長押がつく。組物は三手先で中備はなく、実肘木で円形の軒桁をうけ、軒は地垂木を円、飛檐垂木を角とする二軒である。軒先は出の多い裏甲上に二段の軒付を積んで檜皮を葺いており、茅負から軒端までは各重とも約一・四尺に及び、飛檐垂木の出〇・八八―〇・九四尺と比べ異常に大きい。そして裏甲と下軒付（柿積）を併せて白塗りとしているので軒先の白線が目立つ。檜皮葺屋根の勾配はごく緩く、二重以上各重ともその上に直接高欄を置く。相輪は通常なら水煙を取付ける個所に受花付の宝瓶を据え、上に八角天蓋を飾り、その頂部に竜車・宝珠をあげた珍しい形式で、他に類がない。内部は地長押と上端揃いの低い板敷床とし、四天柱・心柱をたて、四天柱内は框をめぐらして仏壇とする。現在の仏壇は材料・工法とも近世のもので、安置する金剛界五仏も新しい。四天柱は側柱と同高で、頭貫・台輪を置き、組物もすべて化粧材として仕上げられている。ただし、組入天井をなぜか上下二通りの通肘木に合せて二段に設けているので、下段天井から上は図面でしか知りえない。四天柱内は一層低く台輪上で板天井を張る。なお四天柱内は心柱とも台輪より下方を黒漆塗り、上方の組物は白く胡粉塗りとしている。

この塔は天平時代の大寺における一つの標準型であった一六丈級五重塔のほぼ三分の一に造られている。ただし海竜王寺や極楽坊小塔のように忠実に一〇分の一に縮尺された模型的な塔とは違って、屋外に建ち風雪に耐えなければならないので、構造材を太くしており、そのために各部の比例も大分異なる。まず柱は初重で径九・三寸、五重でも七・〇寸あり、中の間の柱間寸法との比は〇・三二（初重）から〇・四二（五重）に及ぶ。初重は通常〇・二前後であるから、この塔は五割も太い。通肘木・肘木等の横材も丈三・三寸、幅二・六寸が規格で、醍醐寺五重塔の六・五寸×五・五寸と比べると、塔の規模の割合にはやはり五割がた太くされている。こうした部材の太さが立面に直接あらわれ、初重柱高四・五尺は中の間柱間の一・五倍に当り、通常の一・一二倍（極楽坊小塔）―一・二五倍（醍醐寺塔）よりかなり軸部の丈は高いのであるが、実際には柱が太すぎるので、これでもまだ多少ズングリして見える。さらに組物となると、肘木の太さが直接積上げ高を規定するため、柱長のように多少加減するわけにもゆかず、必然的に丈が高くなった。肘木と肘木（又は桁）の積上げ間隔は肘木丈の〇・七（天平時代）―〇・九（平安時代末）とするのが通例で、この塔でも〇・六五まで狭めている。それでも巻斗が後述のように五重目の配列に規制されて著しく小さいので、その含みはごく浅くなり、三斗組全体の丈はかなり高い。先に記したように初重一辺長に比べて総高が異常に高いのも、構造的な必然性によることが理解されよう。

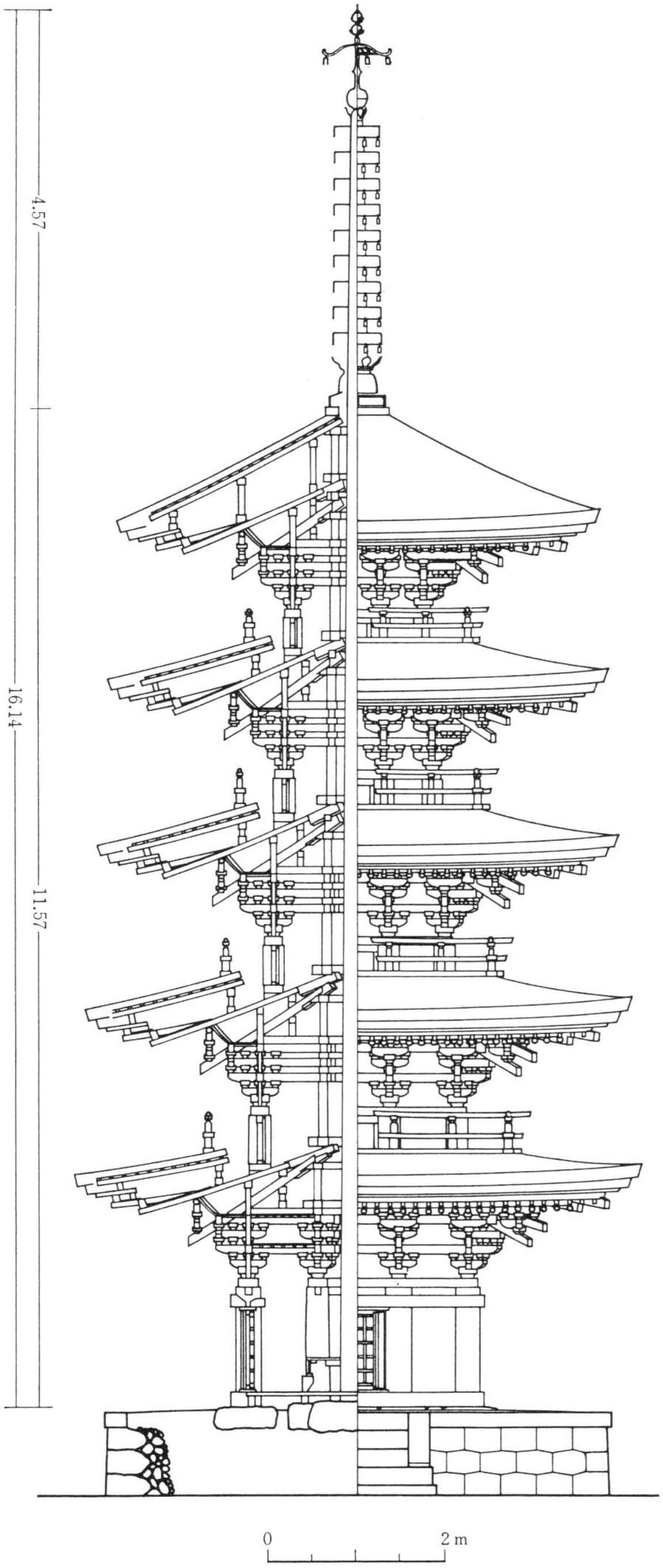

281　室生寺五重塔　立面・断面図

こうした細長い不安定な格好を幾分補っているのが緩い勾配で大きく広がった屋根である。現在の屋根勾配は初重二寸、二重二・四寸、三重・四重二・六寸とごく緩く、五重目だけは五・三寸ある。地垂木勾配も初重・二重四寸、三重四・四寸、四重四・六寸、五重四・八寸で、一般に天平時代の建築が五寸程度（極楽坊小塔は五寸）であるのに比べ、下方の層では殊に緩い。古代の塔は下層の地垂木上に土居盤をのせて柱を立て、またその上の層を組上げる構造なので、地垂木勾配を緩くすると、各重軸組の間隔を多少でも縮められる。この塔は規模が小さ過ぎて二重以上については内部をのぞくこともできず、現在の垂木勾配が当初のままか否か検討し得ないが、雨の影響が緩和される下層ほど勾配を緩くするのは、やはりこれで総高が高くなり過ぎるのを少しでも押えたのであろう。軒の出は各重ともほぼ等しく、側桁から丸桁までは一・八六尺、地垂木は二・一尺前後、飛檐垂木は〇・九尺前後の総計五尺弱である。天平時代の三手先組二軒の出は一四―一五尺程度なので、比例的にはさほど大きくない。初重の軒全長（茅負外角）と軸部一辺長の比は、極楽坊小塔二・〇、海竜王寺小塔二・一五、醍醐寺塔二・一九で、室生寺塔は二・二五だから、軒の出だけでいえば一割ほど長いだけである。ところが裏甲と二重軒付を加えた軒端の長さは格段に増し、みかけの初重軒先全長の軸部に対する比は二・六に及び、他の塔が瓦葺のため前記の数字に〇・一弱加わる程度に止まるのに比べ異常に大きい。しかも通常の塔は上層へゆくにつれて軒の出（組物も含む）を減じ、軸部平面寸法の逓減と併せて軒先を連ねた線はかなり上方へすぼまるのに、この塔では屋根総幅の逓減はごく少い。このように背高のっぽで逓減も少い点は近世の塔と類似し、他の古代の塔の安定した姿とは大分異なるのであるが、目に近い下層ほど極端に緩い勾配として大きく広げた屋根が、面というより線に近い感じで働き、塔全体を中空へ引上げるような不思議な調和を作り出すことに成功している。それは天平時代の建築が太い柱に対して長押や頭貫等の横材を細く扱う技術と共通するもので、異色ではあっても、やはり古代の意匠といってよい。なお現在の檜皮葺屋根は恐らく当初の形ではなく、切裏甲の出が大きい点からみると、当初はこれがそのまま延びて流板葺であったと思われる。(4) とすると軒先の出はやや減ずるが屋根は一層薄くなり、より軽快な姿となろう。

細部ではまず組物が各重とも同大の点が大きな特色で、垂木の太さや軒の出も各重等しく、柱径だけが三段階に異なる。(5) 組物が各重とも同大の例は極楽坊小塔にも見られ、この小塔は柱間寸法も各重三間等間とするなど、複雑な層塔を可能な限り規格化して施工を容易にするための模型と推定されているが、同様に当塔も単純な構成なのである。層塔では柱間隔が狭まる上層へゆくにつれて組物が接近し、ぶつかり合うようになる。それをさけるために法隆寺五重塔・薬師寺東塔等は最上層を二間とし、当麻寺東塔では二重・三重を二間にしている。各重とも三間にした最も早い例は海竜王寺小塔で、組物は初重―三重を大、四重を中、五重は小の三段階に分けて上層での接触をさけた。これに対して当塔の場合は最上層でぶつかり合わない最大値を組物の大きさに定めており(6)、そのために肘木は丈に対して長さがひどく短く、その上にのる巻斗も大斗に比べかなり小さい(7)。間斗束を用いないこともあって初重や二重では組物間の白壁が大きく残り、多少間延びした感があるが、それがまた一種の落着きを作り出している。なお組物の細部では尾垂木を二手先目秤肘木に浅くかけ、隅ではこの肘木の矩折りになる部分が全部あらわれてやや不安定に見えるのが変った技法で、これも工作の単純化のためであろう(8)。この二手先目秤肘木やその上の支輪桁が隅で留め仕口になる点は、唐招提寺金堂・極楽坊小塔など天平期の遺構と等しく(9)、尾垂木の木口をやや外へ向けて傾めに切るのは海竜王寺小塔と類似の古い手法である。隅で鬼斗を用いないことも薬師寺東塔・海竜王寺小塔の古式と通じるが、当塔では巻斗がひどく小さいので鬼斗にするゆとりがとれなかったと解したほうがよい(10)。

　その他の細部を下から順に見てゆくと、柱は頂部に面を取り、頭貫は細い。長押も外部は丈の高い近世の材に替っているが、内部には丈の低い古式の内法長押が残る。台輪は組物と釣合せるため柱より幅が狭い異常な形となった。隅を側廻りは台輪留め、四天柱

282　室生寺五重塔　初重内部

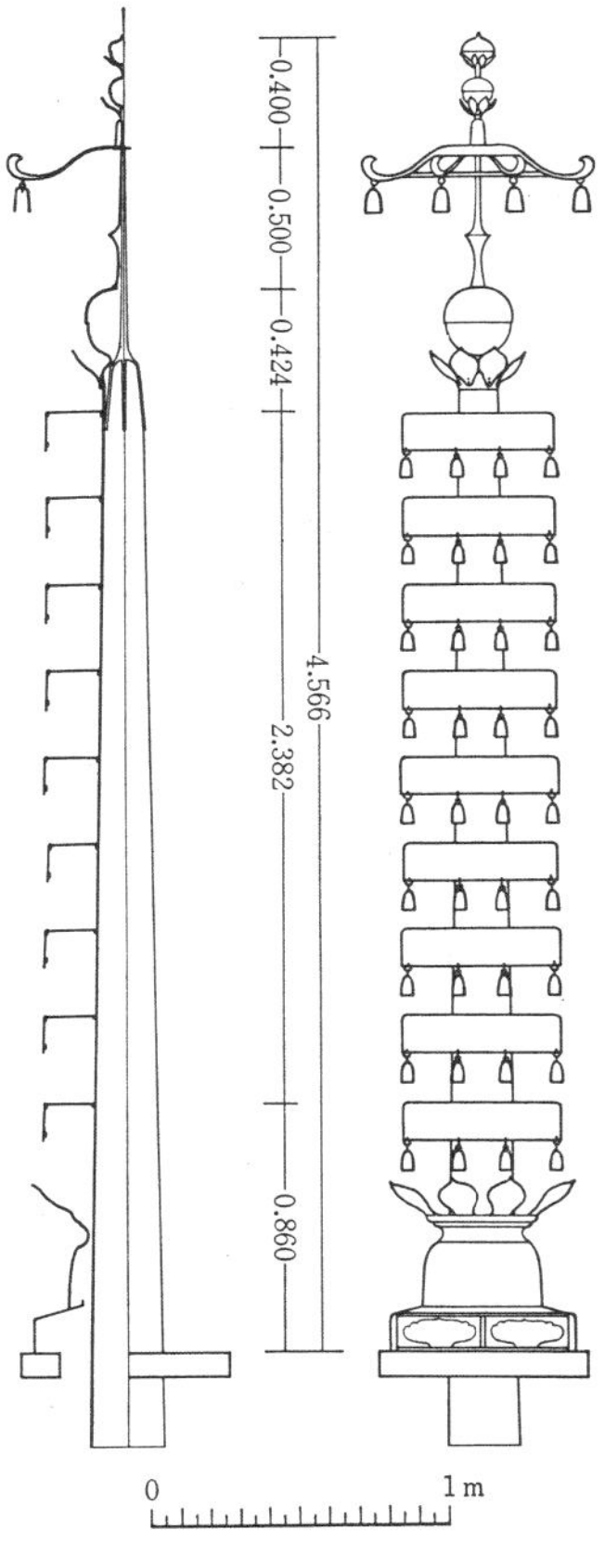

283　室生寺五重塔
相輪立面・断面図

上は三枚組とする。四天柱は下径九・三寸、上径八・〇寸でほぼ直線状に細めている。組物のうち隅行一段目の枠肘木は斗まで一木で造る。肘木は笹繰がない。尾垂木は増しはほとんどないがゆるく反る。丸桁は他の肘木類に比べ大分細い。地垂木もかなり強い反りをもつ一方、飛檐垂木は地垂木より太く見えるほど木太く、直材に近くて先の細まりも少い。垂木の配りは組物に比べ疎大で（三斗に対し約三・五支）、軒天井や支輪と関係なく、各面ごとで違っている。材は大半を檜とし、斗には木口を正面に見せたものも混る。柱や垂木など直接荷重をうける材を特に太くしたための不釣合をのぞくと、以上のような細部は大筋では天平期を踏襲し、反り付きの尾垂木や地垂木の形式は、天平期よりやや進んだことを示すものといえよう。なお高欄は各重ともすべて近世以降の後補材で、屋根面上に直接地覆を据え、縁板や縁葛のない点は古式であるが、刎高欄となっていることや、中央をあける点はどこまで旧形を伝えているのか不明である。[11] ただ五重目に横連子をつけるのは当初の形式を残したものと思われる。また相輪は露盤と覆鉢がその形式から見ても明らかに後補であるが、受花以上は当初材と報告されている。[12] しかし全体に薄い銅板製で九輪や天蓋は鉄で骨組を造った上に銅板張りとしているので、恐らく中世の改修によるものであろう。その意匠が非凡で全体の形もよく整っていることからすると、或いは旧形を踏襲するかとも思われるが、類例がないので実証は難しい。

註

（1）『宀一秘記』（『大和志料』所収）がこの寺伝の古い例である。

（2）『大和志料』にこの勧進状のあったことだけ見え、いま現物はない。

（3）初重心柱南面に、「明和五年戊子之秋宝塔修復料金拾両、施主勢州相可西村三郎右衛門広常法名宗阿（後略）」と陰刻した銅板が打付けてある。

（4）二重以上の柱足元及び柱盤前面は風蝕が大きく、現状のように檜皮の葺終いを柱面から約二〇センチメートル前方でとめ、板蓋を被せる野屋根の納まりも不自然であるので、元来は柱盤まで見せた板葺が推測される。醍醐寺五重塔がやはり当初は流板葺（木瓦葺と呼んだ）で、それを瓦葺に改修した時に軒先部分が切裏甲として残った。

（5）柱径は初重九・三寸、五重七・〇寸で、中間の二重—四重は各八・〇寸とする。

（6）五重目では組物がびっしり並び、巻斗同士の間隔も端の間の両脇柱上に据えた組物間では、肘木上三斗の場合より幾分狭くなっている。
（7）巻斗幅は大斗幅の〇・五で大斗に比べ著しく小さい。通常は〇・六前後となる。
（8）通常の三手先は一手目に並ぶ巻斗の最上段のものが尾垂木を受ける形で、この斗は前方を斜めに欠き落すこととなるが、尾垂木を浅く浮かせるとこの斗にかからず、特別な工作がはぶける。
（9）当麻寺東塔は隅行尾垂木上の秤肘木を隣接する配付け尾垂木上の肘木と一木で続け、支輪桁は隅で相欠きに組んで端を少し延ばす。同西塔は尾垂木上の肘木は続けないが、二手先目の秤肘木を隅で組んで外へ延し、巻斗を置いて同じく延び出させた支輪桁をうける。これがさらに醍醐寺塔を経て平等院鳳凰堂で三手先組みの隅の形式の完成をみる。こうした変遷からすると、当塔は全く天平期の技法を踏襲している。なお当塔でも五重目だけは隅で尾垂木上を続き肘木とするが、修理前図面を見ると五重目は後世の大修理をうけて柱や丸桁に異形の材が多く使われているので、続き肘木も当初の形式ではないと判断される。
（10）元興寺極楽坊小塔も巻斗が小さいので鬼斗を用いない。
（11）天平時代の塔の高欄は中央を明けないのが通例で、現在明いている極楽坊小塔も旧規は不明である。
（12）関野貞「室生寺五重塔」（『建築雑誌』二〇六号）明治三十七年。明治修理の監督に当った関野貞がこの塔の特色を列記している。

後注

この塔は平成十年九月の台風で杉の巨木が倒れ込み、西北隅の初重から五重までの屋根を大きく破損する被害をうけたため、十一〜二年に半解体修理を行った。その結果、部材の状況から中世のかなり早い時期に五重目の解体修理が行われたこと、明治修理が初重側柱一二本のうち九本を取替えるなど、初重四天柱だけを残してすべて解体した根本的なものであったことなどが判明したが、建築細部での後世の改変などに係わる新知見はなかった。ただ本文でも記すように屋根が現在の裏甲を上方へ延した厚板葺（目地覆に半円形の瓦棒を用い木瓦葺と呼ばれる）であったことの確実性は大きいと判断され、報告書にはその推定復原図が掲載されている。また部材の年輪年代調査で軒支輪板に辺材（白太）部分を約一・九cm残した良好な柾目板があってその最外年輪が七七六年と判明し、伐採年は七九四年前後で八〇〇年まで下ることはないと判断された。従来から本塔の建立年代は平安京遷都（七九四年）をさほどへだたらない時期と推定されてきたのであったが、それが実証されたことになる。

『国宝室生寺五重塔（災害復旧）修理工事報告書』奈良県教育委員会　平成十二年

二二　室生寺金堂

（国宝）

桁行五間　梁行四間　正面一間通り庇付　寄棟造
庇葺下ろし　柿葺

金堂は室生川添いの平地から、俗に鎧坂と呼ばれるかなり急峻な自然石積の石段を上った正面、天神社と弥勒堂を東西に配置した狭い山腹の台地に南を向いて建ち、その奥の一段高所から懸造でのぞむ。中世には根本堂・本堂または薬師堂と呼ばれていたが、(1)近世真言宗に改まる頃から金堂の名も併用され、(2)明治以降はこれが正式名称となった。山中に寺を営むことは白鳳・天平時代から多くの例があり、室生寺も初めは興福寺別院として発足した奈良系山寺である。山寺の堂舎は地形に制約されて散在し、また檜皮葺や板葺を用いるなど、平地伽藍に比べると日本的要素が濃いのが特色であったが、都市仏教の栄えた天平時代には傍系に過ぎなかった。しかし平安時代初頭に新しく興った密教では修法を重視する立場から山寺が主流となり、その堂塔の配置や形態は以後の仏教建築に大きな影響を及ぼした。この金堂は当初の呼称や創建の年次が明らかでなく、寺の歴史とも関連して密教仏堂的性格をどの程度に考えるか異論もあるが、平安初期の山寺仏堂としては唯一の遺構であり、建築史上の価値は高い。

ところで現建物の建立時期については、この堂を明治三十四年に最初に紹介した関野貞以来ほとんど動きがない。(3)「様式上は天平期に近いが、形式手法とも天平期と伯仲する当寺の五重塔よりも遅れ、内部の仏像や後壁の仏画が弘仁期とみられるので、これらと同時代、恐らくは貞観前後であらう」とするもので、以後は建物自体の細部からは限定不能であり、漠然と平安前期とするのが適切であろうとする説(4)が生れた程度に止まっている。建立後の沿革も明らかでないが、現状の部材からみると鎌倉時代に大修理をうけて側廻りの部材の大半が取替えられ、また寛文十二年（一六七二）にも大修理があって正面の礼堂はこの時全く新材で造り直された。(5)礼堂は鎌倉時代末期には存在したことが明らかであるが、(6)何時頃まで遡るかの資料はなく、また記録にみえる天承元年（一一三一）の修理(7)も金堂との関連は不明である。明治四十年の解体修理では西側面北寄りの三間にあった連子窓や格子を廃して板壁に復し、また内陣（母屋）の後半が厨子状に囲われていたのを撤去して現在の開放的な須弥壇に整備した。(8)

建物は桁行五間・梁行四間の正堂の前面に一間幅の庇（礼堂）を縋破風で取付けた構成で、礼堂は柱を一段下の石積壇上まで延して懸造とする。礼堂は正側面三方に廻縁をめぐらし、正面中央三間と両妻を扉、正面両端の間を連子窓とし、後方の正堂は礼堂の縁に続く低い基壇上に建って、側面南端の間を連子窓、背面中の間を扉にするほかはすべて板壁である。円柱に大斗肘木の組物を用い、屋根は寄棟造で庇を葺下ろし、柿葺とする。ただし本来なら縋破風に添ってゆるい勾配で葺下ろされる筈の庇屋根を雨もり防止のために高く造り、大棟の位置も正堂の中心よりかなり前へ送り出している[9]。そのために軸部に比べて頭部が過大に見え、堂の外観が近世建築風になっているが、野小屋を用いて大きなふところをとった現在の屋根は礼堂を寛文十二年に造替した時のものなので、それも止むを得ない。基壇も現状はすべて近世の改修になり、正堂周囲のごく低い切石積壇を正面柱筋まででとめ、前方は土地の下降に合せてやや高い石垣二段を設けて礼堂の基盤としている。礼堂床下には丁度正堂の正面軒先線上で玉石列が遺存するので、正堂は当初から低い基壇をそなえていたらしいが、それより前方の地形の旧状は明らかでない。後述するように中世の礼堂には前面中央に階段があり、向拝も付いて金堂は正面から入る構えであったが、現状は一般の懸造の建物の例にならって正面の縁が舞台のように造られ、西側面から廻って入る形式になっている。この堂は後世の修理が著しく、当初材がごくわずかしか残らないので原形が分りにくいが[10]、そのうえに周囲の地形や入口の方向も近世に大変更されていることを念頭に置く必要がある。

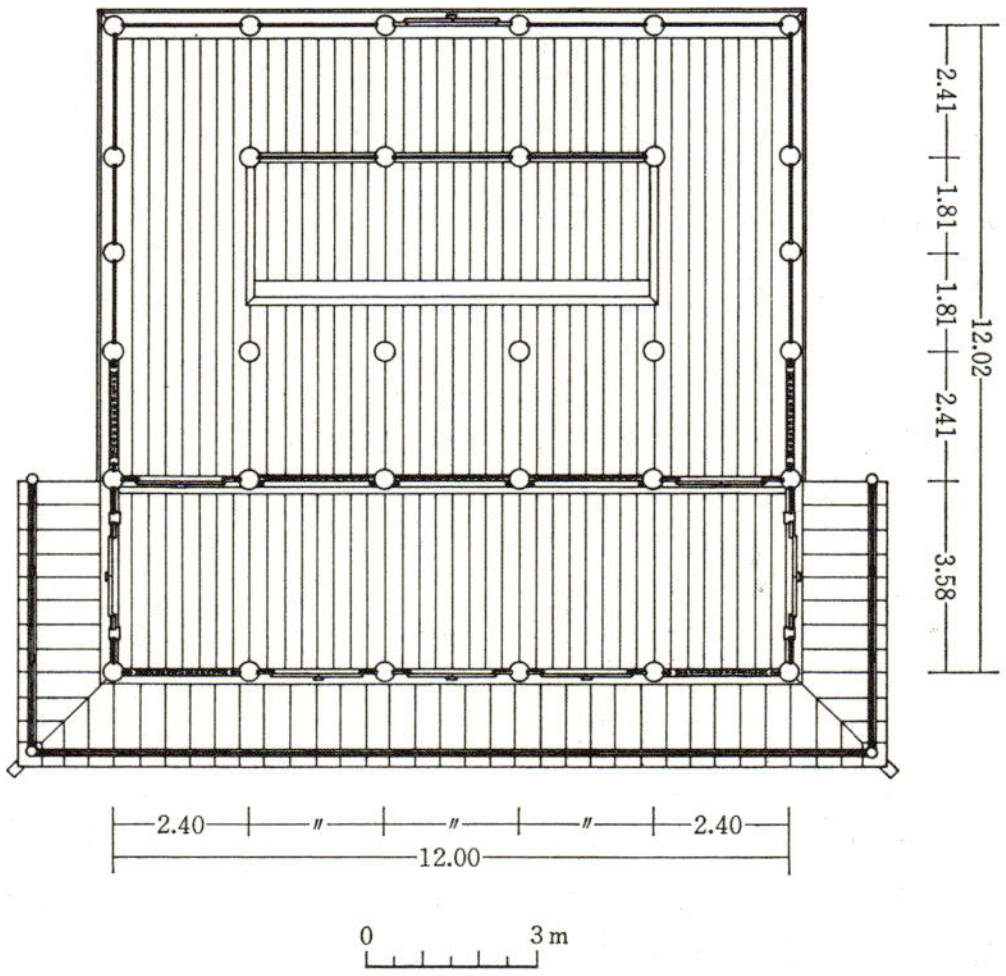

284　室生寺金堂　平面図

　正堂は三間×一間の母屋の四面に庇をめぐらした三間四面堂で、桁行五間を八尺等間、梁行は母屋を一二尺、庇を八尺とする。側面では母屋の中央にも柱を入れて梁行を四間に割ったため脇の間より中央二間が際だって狭くなった。母屋の柱間寸法に比べて庇を広くした仏堂は醍醐寺薬師堂や浄瑠璃寺本堂など、平安時代にいくつかの遺例があり[11]、それは多分仏像を祀る母屋を多少狭めても、修法の場となる庇をゆったりさせたいという使用上の要求から生れたのであろうといわれている。この金堂もそうした平安時代の新しい動向を代表する例によくあげられるが、もともと梁間一間の母屋が異例なので、必ずしも同列には扱えない。桁行を等間とするのは石山寺本堂や当麻寺曼荼羅堂など天平末期—

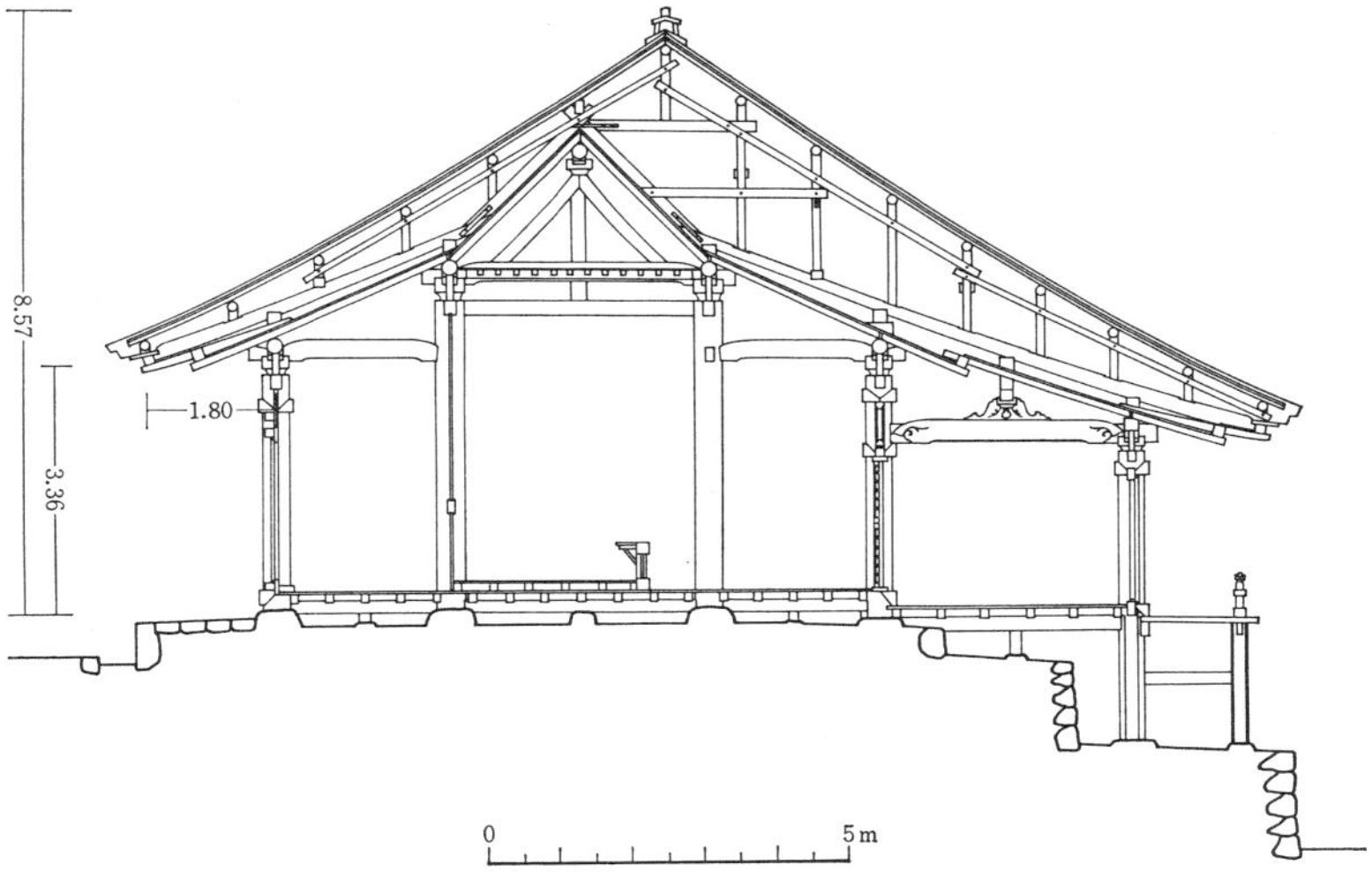

285　室生寺金堂　断面図

平安初期の簡素な仏堂に共通した手法であるから、規模の小さな仏堂の一構法と解しておくのが無難であろう。柱間寸法は〇・九九五尺（三〇・一五センチメートル）を一尺とする完数で、平面は正堂正面の柱筋から直角線を引くと背面の柱心は二〇・四センチメートルも西へ寄るほど大きくひずんでいる（平面図は直角に直して製図した）。

礎石は自然石、柱は円柱で頭貫・腰貫を通し、地長押と内法長押をめぐらす。腰貫は明らかに後補で、上下の長押にも中世を遡る材はない。礼堂と接する正面通りは腰貫の替りにやや低く内法貫を入れ、中央三間は蔀戸に上部菱欄間、両端の間は扉とし、[12]内法上と欄間上の二段に長押を通す。しかしこの構えはすべて現礼堂造替と同時の仕事で、それ以前は内法貫がなく、側背面と同高で内法長押をめぐらし、[13]その下に二重長押を付けて五間とも扉であった。[14]これからみると側廻りは腰貫も近世に補加されたもので、[15]中世にはやや太い上下の長押だけで軸部を固めていたらしい。側面の連子窓も新しく、元来は他と同じ板壁と思われ、[16]背面の戸口も近世に低く改造されている。[17]柱は上下同じ太さで頂部に面をとらない。組物は大斗肘木で繋虹梁と肘木の敷面を同高とする。側面の中央柱上では母屋が一間のため内部の繋虹梁を欠くのに、その鼻先だけを外部に飾る。中備はなく、桁は断面円形、軒は二軒で地垂木・飛檐垂木とも角である。[18]軒廻りは大部分が後補材に替っているが、地垂木の出は当初とほぼ等しく、飛檐垂木の出は元来もっと短かったのを中世に現状のように改めたらしい。[19]地垂木は勾配四・八寸でこの上に直接屋根を葺く十分な傾斜を持ち、地隅木へはもと仕口をつくらず突付けで取付けていた。

内部は地長押と上端揃いに低い板床を張る。床組の材料はすべて明治に取替えられているが、土間の形跡はなく最初から今のような低い板敷床であった。母屋は頭貫をめぐらし、大斗肘木に大虹梁をかけ、側柱との間を繋虹梁で結ぶ。母屋正面柱筋で繋虹梁と同高に補強のため加えられた飛貫は、材質や丈の高い断面からみて中世の仕事である。梁間が一間で母屋の妻中央柱がないため、普通なら桁をめぐらす東西両妻柱筋にも中央部と同じ大虹梁をかけ、頭貫上に支えの束を入れる。庇は化粧屋根裏で地垂木の尻を側面ではこの大虹梁に直接のせるため、虹梁が細くなる両端の肩のところでは上面に枕木をおく変則的な納まりにしている。母屋の天井は現在は大虹梁の側面に廻縁を取付けた組入天井となっているが、大虹梁上には叉首組が残り母屋垂木も打たれていて、もとは化粧屋根裏であった。叉首組は両妻が豕叉首に斗と肘木、中央二通りは束がなく叉首上に直接肘木をのせて棟木をうける。母屋の桁・棟木とも妻通りから外に延び出してその端には破風の取付いた痕跡もとどめ、元来は正堂が入母屋造で虹梁叉首組の架構をすべて現わし、化粧屋根裏の垂木上に直接屋根を葺いていたことが分る。叉首はかなり強い反りをもち、棟木・桁ともに丸い。母屋の背面は三間とも横板壁で前に須弥壇を置く。この須弥壇は前述の如く明治に新しく設計したもので、壇は板囲いだけとし、内部は堂内床面よりわずかに高い板敷床になっている。三間の中の間には俗に帝釈天曼荼羅と呼ぶ壁画を描くが、その取付け方法はきわめて粗雑で[20]、本来この位置にあったとは考え難い。

正堂の前面に孫庇で設けられた礼堂は床を正堂より長押一段下げ、正側面の三方に高欄付の切目縁をめぐらす。円柱に大斗肘木を用いる形式は正堂と共通するが、柱の床下部を断面八角形に造り、肘木の繰上げを急な円弧曲線とするなど、近世の技法を見せている。各柱筋に渡された繋虹梁は不釣合に太く、内部に入ると、頭を押えられるほどの重圧感を与えているのも近世的な木割である。繋虹梁上の板蟇股には両面に薬壺を彫り、薬師堂の意をあらわしている。打越垂木を化粧屋根裏とし、二軒で両妻を縋破風でまとめているが、大きな屋根をかけたため破風上がぼってり厚くなってしまった。

以上で建物の概要を記し終ったが、もう一度まとめてみると、正堂は五間×四間、入母屋造で正面は五間とも扉、他は背面中の間を扉とするほかはすべて板壁、地長押・内法長押をめぐらし、扉上は二重長押とする。内部は低い板敷床で母屋の背面三間を板壁にしてその前を仏像安置の場に宛て、天井はなく全体化粧屋根裏で、母屋では高く大虹梁叉首組の架構を現わす。これが一応中世まで遡った姿である。ただしその時には既に前面の礼堂が設けられていた可能性が強く、正面を五間とも扉とするのはそのためと思われる。[21] 礼堂は乾元二年（一三〇三）及び文保元年（一三一七）の指図に桁行五間・梁行一間で描かれ、両側面を妻戸（扉）とするほか、正面中央に階段と一間の日隠（向拝）をもち、本文中には正面の縁や格子の記事もある。向拝がどのように設けられていたのか、現在の地形からは想像もし難いが、これを除くとほぼ現状の礼堂と等しく、ただ正面の扉が蔀戸であったらしい。正堂前面柱の繋虹梁の仕口が古い柱では二重にあり、旧仕口の上端に接してもとの扉上長押が取付く納まりになっているのも前身礼堂の存在を実証する。前身礼堂は恐らく入母屋造の正堂に縋破風で取付き、屋根はゆるい葺下ろしとなっていたであろう。密教系の仏堂では平安時代初期から礼堂をもつ例が多いので、[22] この室生寺薬師堂も当初もしくはかなり早い時期から礼堂付仏堂であったものと思われる。構造の面では軸部を鉢巻状にしめ固めている正堂の内法長押は恐らく当初にはなく、扉上にだけ長押を用いていた。[23] この堂は側面から見ると意外に丈が高く、基準の柱間隔八尺に対して側柱高は一一尺あるが、現状は後世に加えられた腰貫や内法長押で壁面が分断され、垂直感を殺している。こうしたものを除いた正堂に、より簡素な礼堂をつけたのが古代の姿とすれば、平安時代初期の山寺の仏堂にふさわしい建築となろう。

286　室生寺金堂　天井裏叉首組

最後にこの堂を平安時代初期とみる建築的特色をいくつかあげておく。まず古式な要素としては建物の丈が高く木割の太いこと、頭貫など横材が細く断面が正方形に近いこと、[24] 肘木は下端にふくらみをもつこと、棟木や桁に丸桁を用いること、反り付きの叉首で内部は斗を省略して簡潔に処理すること、[25] 全体化粧屋根裏で架構を現わし垂木勾配が急なことなどで、これらは天平期の技法を踏襲する。ところが柱の頂部の面取りがなく、比較的丈の高い斗を用いて含みも少く、虹梁は上下面とも端近くで急に繰り上って中央がほぼ水平になる点などは時代の下降を思わせ、転ばし根太式の低い板敷床や板壁も天平時代に例はない。[26] 丈の高い斗は平安時代の建築全般に通じる特色で、大斗の幅と高さの比は天平時代の〇・六六―〇・六八に対して平安時代は〇・七以上、特に末期では〇・七六から〇・八台に及ぶ。この堂では〇・七二（入側）、〇・七五（側）である。また含みの少い点は平安時代でも前期・中期に際だち、後期ではまた斗面高の中ほどより下るが、当堂は斗面高に対し〇・三八で法隆寺大講堂に近似する。[27] 柱の頂部は法隆寺大講堂・平等院鳳凰堂など平安時代中期までの建物では面取りを施すのが通則であり、この堂にないのは異例に属する。虹梁の形は法隆寺鐘楼に最も近似し、天平期の全体的な反りをもつ力強い形式からは大分おとる。ただし鐘楼では木鼻に増しが付くのに当寺金堂では増しがなく水平である。法隆寺大講堂・鐘楼では桁を馬蹄形とし、醍醐寺五重塔では隅丸矩形断面とするのと比べると、当堂のほぼ円形に近い桁は古式であり、その他の点も総合すると、この堂の建立年代は九世紀から十世紀初め頃までの間に比定されよう。ただし繋虹梁の丈が異常に高い点[28]や柱の面取りがないことからすると、中央様式とは離れた地方色が加わっているように思われる。なお基壇をもつ建物内に低い板敷床を設けるのは仏教建築の日本化の過渡期的現象で、醍醐寺五重塔・平等院鳳凰堂など平安時代中期に例があるが、そうした主要堂塔に及ぶ以前に、こうした山寺の仏堂などではかなり早くから用いたのであろう。

ところで以上のような様式的特色とは別に、この堂では柱・梁・組物など建物の主要部材をすべて杉とするのが珍しい。[29] 天平時代のみならず古代建築は檜材を主とし、当寺五重塔も同様である。この相異は両建築の建立年代の差を示すだけでなく、金堂は手近な材料だけを用いた点で格式的に一段下ることを意味する。あるいは先にふれた地方色と関連して、そういう手近な材料になれた地方的技術者が造営したのかもしれないが、いずれにせよ五重塔に比べると技術上も格式も下級に位置し、両者を一寺の主要堂塔とするには不釣合が目立つ。もともと現在の室生寺伽藍では金堂と塔は大きく離れているだけでなく、丁度その中間の最も広い台地上に本堂（灌頂堂）が建っている。現在の本堂は鎌倉時代末の延慶元年（一三〇八）建立になるが、正和三年（一三一四）写の『宀一山図』（金沢文庫蔵）ではこの位置に礎石を描き、「右堂跡石居」とする。「右」は恐らく「古」であり、現本堂以前にかなり大きな建物があったことを示している。仰旨を蒙って建立した興福寺別院として（『宀一山年分度者奏状』〔承平七年〕）、五重塔にふさわしい金堂がここにあった可能性も皆無としないであろう。ただしそれは現金堂が平安時代初期の山寺の仏堂として、唯一の遺構であることの貴重さを、きずつけるものではない。

註

（1）正和三年（一三一四）に古図を写した『宀一山図』（金沢文庫蔵）には、「根本堂薬師仏」と注記し、その脇に「本堂ヨリ五丁竜穴」とある。また『大乗院寺社雑事記』寛正二年（一四六一）四月四日条に尋尊が室生寺で参詣した堂舎を記した中で「本堂」と呼んでいる。

（2）寺蔵の元禄十三年（一七〇〇）十一月『伽藍立物書上』に、「一金堂梁四間四尺 桁六間三尺五寸こけらふき　外ニ壱間弐尺五寸之御拝有」と記すが、江戸時代末期の普請帳（文政八年〔一八二五〕―明治初年までほぼ毎年残す）では薬師堂とあり、公式には金堂、寺内では薬師堂と呼ばれていた。

（3）関野貞「古都通信―室生寺金堂」（『建築雑誌』一七一号）明治三十四年。

（4）浅野清「室生寺の建築」（近畿日本叢書『室生寺』所収）昭和三十八年、近畿日本鉄道株式会社。

（5）礼堂繋虹梁中央の蟇股上の斗の斗尻に「寛文十二年二月廿一日」及び「同年三月十二日」の墨書がある。ただしこの墨書は当金堂の解体修理工事を監督した天沼俊一が自署の『日本建築史要』（昭和二年、飛鳥園）の解説で報告しているだけで、正式記録はない。

（6）田中稔「唐招提寺所蔵「伝法灌頂作法」について」（『奈良国立文化財研究所年報』一九六三年）。

（7）『長秋記』天承元年一月二十七日条に、「室生寺修理料栄爵事。仰依請給位記。頭中将下之召内記給」とある。福山敏男「室生寺の建立年代」（『日本建築史の研究』所収　昭和十八年　桑名文星堂）では、繋虹梁のうち木鼻に増しのあるものを、この修理と関連した取替え材にみているが、註（4）の浅野論文のように、内陣飛貫の補加を繋虹梁と同時期とし、鎌倉時代の大修理を推定するのが妥当であろう。

（8）修理前実測図では、西側面の北寄り第一・第二間が格子、第三間が連子窓となっている。また母屋は梁行中央に小円柱を立て、出三斗を置き、正面三間を板扉、両側面を板壁とする厨子を構え、その前面に高欄付の供物壇を設けていた。厨子内部は天井がなく現状の大虹梁側面天井まで吹き抜け、母屋前列柱と厨子の間は頭貫下端の高さで小割の組入天井があった。図面からみるとこの厨子の製作は寛文を下らない。なお現在の須弥壇は全くの新設計で、床高のみ修理前を踏襲している。

（9）孫庇上の野屋根勾配を強めるために大棟を前方へ寄せる技法は、鎌倉時代中期の愛知県金蓮寺弥陀堂が最も古い例であり、時代の下降と共に前寄り度が増大する。

（10）当初材は側廻りでは柱一本（一八）、大斗肘木一組（他に大斗のみ一）（一八）、繋虹梁一丁（一二）、地隅木二丁（四）、その他頭貫・桁・長押類にはなく、地垂木一本で極端に悪い（（　）内の数字は所要数量を示す）。

（11）法隆寺大講堂も当初母屋が桁行六間各一三・五尺、梁行二間各一七尺、庇は一〇尺で計一〇一尺×五四尺であったのを、正暦元年（九九〇）再建時に、桁行六間各一二・三尺、梁間二間各一四尺、庇は一三尺で計一〇〇尺×五四尺と庇の広い平面に改めている。

正面入隅内法長押仕口

正面柱の楣と二重長押取付け痕跡

287　室生寺金堂内部

(12) 内法貫は両端扉の間では楣に、中央三間は下端を削り二本溝をつけて鴨居に用いている。したがって中央三間は寛文改修時には格子戸引違いであり、江戸時代末期頃現状の蔀戸に改められた。

(13) 柱に側背面と同高で内外内法長押の取付け痕があり、現在内側上方に使われている中世材の長押には隅留めの仕口がある。

(14) 前記内法長押痕跡の下に二重長押の止釘穴と楣仕口穴がある。

(15) 東側面後端の間には中世片引戸のあった跡があり、補強の腰貫は中世にはまだなかったと思われる。

(16) 窓廻りの材料はすべて明治取替え材であり、柱にも全く取付け仕口がないので、側面の連子窓は多分寛文以降の改設であろう。

(17) 内法長押下に半長押の付く丈の高い構えであったのを、近世に一段下方に半長押を新しく加え、戸口の丈を低めている。

(18) 正面東西の地隅木が古く、約一五センチメートル内部へ引きこんでいるが、旧木負仕口が残り、地垂木の出は現状とほぼ等しい。

(19) 飛檐垂木は中世以前の材と思われるものも前へ引出して再用してあり、旧規を知り難いが、現在は地垂木の出一に対して〇・五五とかなり長く、全く中世の比例である。

(20) 横板壁の前に胴縁を数段入れ、それに釘止めとする。釘穴は五、六回分。周囲柱との間は押縁をめぐらす。横板壁は明治材で、この壁画のために隠される南面は仕上げていない。

(21) 阿弥陀堂などを除くと、古代の仏堂で正面全部を扉にする例はごく珍しく、広隆寺講堂は後世の改造によるので、この室生寺金堂が唯一の遺構となる。しかし古図でみると元慶六年（八八二）の改造でも孫庇を設けた平面を基本的に踏襲した延暦寺根本中堂では、正堂の正面十一間をすべて扉にしており、その類似性が注目される。

(22) 前注延暦寺根本中堂のほか神護寺金堂などがある。

(23) 痕跡からみると扉のすぐ上の長押はかなりの丈をもち、これだけで使用に耐え得る。またその上の内法長押は柱に首切りの仕口を施しており、中世的な技法で取付けられているのに対して、下の長押は仕口がない。側柱は当初材が一本だけであり、長押は全く当初材を残さないからこれ以上は追求し難いが、法隆寺大講堂の如く平安中期までは戸口部にだけ長押をもつのが簡素な堂の通則である。

(24) 内陣頭貫は丈六・五寸×幅六寸、同肘木は六・四寸角。

(25) 反りの付いた叉首は法隆寺金堂とこの堂の二例しかない。共に入母屋造で前者は母屋垂木も反りをもつ。当堂の母屋垂木は直材で下端を入側桁に突きさす変形な納まりをしているが、すべて明治材である。当堂もおそらく母屋垂木は反りをもっていたのであろう。高く立上る入母屋屋根では母屋垂木に反りをつけ、庇垂木へなめらかに接続させて、その上に直接屋根を葺くのである。

(26) 当堂は頭貫上や楣上の小壁に土壁を用いるほかは板壁とするが、痕跡では板壁を否定する資料はない。「多度神宮寺資財帳」に「板葺堂壱間　板敷壁代板立」とあり、天平時代の寺院建築では板壁は特例とされていたらしい。

(27) 大斗肘木は法隆寺伝法堂・当麻寺曼荼羅堂（内陣）などのように肘木を大斗上面にのせるのが古式であるが、天平時代末と思われる新薬師寺本堂では室生寺金堂と同様に虹梁と肘木の下端を同高としている。

(28) 繋虹梁のうち背面中央東柱筋に残る唯一の当初材は丈が肩で一・〇五尺、中央部〇・九一尺で、中世材の〇・九五尺及び〇・八五尺と比べ、反りが強く全体の丈も高い。

(29) 当初材のほか中世及び近世の補修材も軒廻りの一部を除きすべて杉材とする。ただ入側柱一、側柱二に欅材があり、これは中世以前の補修材と思われる。平安時代末期の修理（註（7）参照）がここに該当するのかもしれない。

二三　東寺の建築（総説）

一　創建と密教化

東寺は平安京の羅城門を入ってすぐ脇にあたる左京九条一坊の地に、右京の西寺と東西対称の形で創立された。寺地は九条大路に面して東は大宮大路、西は坊間の壬生大路に挟まれた幅二町を占め、『拾芥抄』の条坊図では南北も二町とするが、『延喜式』（九条家本）の京図は坊門路より北に約四分の一町張り出して特別に小路を描き、ここまでを寺内としている。現在の北面大垣はこの拡張位置にあり、伽藍古図でも食堂院の北に勅使坊などを配して大垣や門の位置は現状と同じなので、食堂背後にゆとりをもたせるため、おそらく当初から方二町より南北にやや長くとられたのであろう。

伽藍の創建は延暦十五年（七九六）と伝え、同十九年（八〇〇）には伊賀国で東西二寺だけ特に巨樹直木の伐採が許された。この頃造営が進みつつあったことがわかる。しかし講堂や五重塔はのちに東寺が空海に付託されてから着手しているので、それ以前には金堂と住僧施設の一部が建立される程度にとどまったらしい。弘仁三年（八一二）に屛風一帖・障子四六枚が施入されたほか、東大寺の官家功徳分の封二千戸が東西二寺へ移譲され、翌年諸大寺に準ずる布施を得て夏安居を行うことが初めて定められたのは、この頃ようやく寺の態勢が整ってきたことを示すものと考えられる。

弘仁十四年（八二三）東寺は空海に賜わり、その願いによって真言僧のみ止住する寺となった。一宗独占は官寺では初めての例である。天長元年（八二四）空海は造東寺別当となり、同二年に講堂、翌三年に五重塔の造営に着手した。講堂は承和二年（八三五）の空海奏言中に「今堂舎已建」とあるのがその竣工を示すと思われ、同六年御願の諸仏の開眼供養が行われた。一方、塔は伐り出した材木に稲荷神社の神木があり、天皇発病がその祟りとされたため中断した。元慶七年（八八三）造塔料として稲一万六千束の施入があり、応徳三年（一〇八六）の塔供養願文に「隆二元慶一更造二塔婆一」とあるので、塔の完成は元慶年中（八七七〜八八四）まで遅れたらしい。

このように東寺は造営途中で密教寺院に転換したが、伽藍の形態は既定計画に副って進められた。講堂の規模・平面は勅使によって定まり西寺も同じとされたし、塔婆の材木も東西二寺が同時に集めている。発掘調査によっても東寺と西寺は全く同じ伽藍配置であったことが判明した。その形式は南大門・中門・金堂・講堂を中心線上に並べ、中門と金堂を廻廊で結び、講堂の前方左右に軒廊で繋いで経蔵と鐘楼を配置し、廻廊両脇から大きく講堂をコ字形に取り囲む三面僧房を設けたもので、興福寺が典型とされる奈良時代の官寺の標準的形式である。ただ食堂院は興福寺や東大寺では講堂と並んで東方にあったのに、ここでは最後部に置かれ、伽藍中枢部から隔絶された形となった。同じように中軸線上に食堂を置いた薬師寺や元興寺の場合は、食堂を重視して北僧房を東西に分け、一体感をもたせていた。それに比べると、伽藍全体の形式の斉整さを重点にしたことが察せられる。僧房についても弘仁十四年（八二三）官符によって定額僧五十口を与えられたのが、空海没後の承和四年（八三七）には「寺大料小」として二十四口に減じられているので、長大な三面僧房がどこまで実用されたかに疑問を生ずる。東西二寺が首都の都市計画に完全に組み込まれ、伽藍配置も官僚主導型であったことを示すものといえよう。

密教寺院としての特色の創成は、こうした既定計画のなかでまず建物の性格を変更することから進められた。その最大は講堂に五仏・五菩薩・五大明王の諸尊を安置したことで、薬師三尊を祀る本来の金堂のほか、ここに新しく密教の金堂が出現することとなった。承和十一年（八四四）の太政官牒ではこれを新造真言仏堂と呼んでいる。『東宝記』には当初計画と現状の二種の平面図が記され、後者は正面両端間を壁から連子窓に変更したほか、正面の三箇所に階段を設けている。発掘によると階段は当初五間幅の広い形式で、多数の僧侶が参集する講堂にはそのほうが都合がよい。変更後の正面構えは金堂とよく似ていてそれに倣ったことが明らかであり、堂の性格の変更に伴って建物にも改造を加えたことが看取される。『東宝記』の筆者はこれを中古と考えたが、おそらくごく初期の改造であろう。本来は食事の場であり、古式に従って聖僧文殊像のみを置いた食堂も、聖宝が長者在任中の九〇〇年前後に千手観音像を安置し、仏堂に変えてしまった。五重塔も外形は前代の踏襲ながら、初重内部は須弥壇上に金剛界四仏を安置し、柱に両界曼荼羅の尊像、四方の壁に真言八祖の影像を画くなど、すべて密教の教義に基づいて荘厳されたのである。

密教寺院としての特色を鮮明に示す灌頂院は、こうした伽藍中枢部とは別に寺域の西南隅に設立された。空海は高雄山寺（後の神護寺）をはじめ東大寺真言院、次いで宮中真言院と各所に灌頂道場を開いたが、東寺ではその遺命をうけて実現した。承和十年（八四三）から灌頂院での灌頂修法が始まるので、この時までの造立と推定される。入寂の八年後である。五間四面の正堂と七間の礼堂を並立した雙堂で、正堂内の東西に金胎両部の曼荼羅を向合せにかけて前方に大壇を置き、周壁には種子と祖師影像を画いた。四辺が築垣で囲まれ、同様な区画の東南隅の塔院と東西対称となるので、元来は東西両塔を建てる計画ではなかったかとする説もあるが不明というほかない。東寺でのもう一つの特色は伽藍西北隅の西院である。長治二年（一一〇五）の注進状に五間四面檜皮葺大師御房とあり、早くから大師在世中の住房に御作の不動明王像を祀ったところと伝える。長保二年（一〇〇〇）の「造東寺年終帳」に西院寝殿の修理を記し、これが大師御房に当たると考えられるので、設立がかなり古い時期に遡ることがわかる。ただ延喜十年（九一〇）に始まる御影供が灌頂院で行われたことからすると、中世以降ここが大師信仰の中心道場となった状況とはやや異なり、当初は御影堂的性格が薄かったらしい。

なお以上のほか創建以来、伽藍の東北隅には倉院が設置され、また南大門と中門の中間西方には鎮守八幡宮が勧請された。八幡三所の神体は空海の自刻と伝えている。

二　再興の諸建築

東寺はたびたび動乱の舞台となった都に所在したにもかかわらず、災害に遭うことが比較的少なく、伽藍の中枢部が焼失したのは文明十八年（一四八六）土一揆による一度だけで、この時南大門、中門、廻廊、金堂、講堂、同軒廊、鐘楼、経蔵、鎮守八幡社など主要な建物が一時に炎上した。このうち鐘楼は文治三年（一一八七）、南大門・経蔵・鎮守社は建久年間（一一九〇〜一一九八）の再建に代っていたが、他は修理を経ながらも創立当初の建物であった。治承三年（一一七九）の損色検注帳によると、創建後三百年を経て平安時代後期には伽藍全体が荒廃し、特に四面大垣は破損が甚だしく、南大門や南面大垣は顛倒無実となってしまった。また中枢部でも食堂がしばしば倒壊の危機を訴えるほか、鐘楼や経蔵は失われていたが、鎌倉時代初頭の文覚上人の復興事業（文治三年〔一一八七〕〜建久八年〔一一九七〕）によって金堂以下主要建物の大修理が行われるとともに、これらの建物も再建された。延喜十八年（九一八）の火災などがあって早く廃絶したらしい僧房を除くと、創建伽藍の威容が室町時代までよく保たれていたのである。食堂や四面大垣に開く諸大門は南大門以外この時も火災を免れ、後者は東大門（不開門）、慶賀門、蓮華門、北大門の四棟が建久再興の建築として現存している。発掘調査によると北大門はそれ以前は穴門であり、また慶賀門は一一〇〇年前後に新設されたらしい。

罹災後の復興は旧基壇や礎石を再用し、創立の旧規を忠実に踏襲した。須弥壇も金堂は現在の木製壇の内部に旧石積壇があり、講堂は当初の凝灰岩壇正積の表面を白漆喰塗りにしたものである。ただし戦乱の続いた室町時代後期に伽藍の復興は容易ではなく、永い年月が費やされた。まず再建されたのは講堂で延徳三年（一四九一）に立柱、明応六年（一四九七）には本尊の大日如来像も造立して一応竣工した。講堂の仏像は文明の火災時には大日像を主尊とする中央の五仏と東方五菩薩の中尊を失ったが、他の一五体は救出されたのである。しかし屋根の瓦葺は大永二年（一五二二）まで継続している。ところがこの講堂は慶長元年（一五九六）の大地震で倒壊し、その部材を極力再用して慶長三年（一五九八）復旧された。これが現在の建物で小屋組が慶長に替えられたほかは室町時代の形式・部材をよく伝えている。建物は純和様で三手先組物を用い、屋根を入母屋造とする点は創建時に倣ったものであろう。古図より扉口が少なく、側廻りのほとんどを腰貫入りの壁面とするのは耐震性を考慮したためと思われる。文明に焼失した創建以来の講堂も応安二年（一三六九）の地震で傾き、補強に貫を加えて修造したことが記録されている。おそらくこの時から壁の多い形となったのであろう。

講堂に続いては南大門が文亀元年（一五〇一）に立柱、やがて中門も着工したらしい。両者とも慶長大地震（一五九六）で顚倒した。一方、金堂の再建は大幅に遅れ大永四年（一五二四）に綸旨を得て勧進に務めたが成就に至らず、ようやく慶長四年（一五九九）に着工して同八年（一六〇三）に竣工した。これが現在の金堂で五間×三間の母屋に裳階をつけて二重屋根とした大建築である。豊臣秀頼の援助によるもので、南大門も慶長九年（一六〇四）立柱、翌年完成している。金堂は母屋が和様四手先の組物を用いるのに対して裳階は大仏様の挿肘木とする。これは秀吉の建立した方広寺大仏殿が東大寺に倣って大仏様を採用したのを見習ったものと思われ、裳階正面の屋根を中央で切り上げて中心性を強調するのも方広寺と等しい。ただ方広寺がこの部分を唐破風造とする桃山時代らしい派手な意匠であったのに対して、当金堂は平等院鳳凰堂と同じ平屋根で、伝統の重みを感じさせる。建久三年（一一九二）の修造文書からみると創建の金堂も一重裳階付きの形式と推定されるが、正面の切り上げの有無は不明である。古図によると当初の金堂は正面一間通りが吹放しで礼堂となっていた。現堂はその図の入側柱筋に設けた扉口と連子窓を、そのまま前方へ移した形であるが、これはおそらく堂内を広く使いたいためと、本来は吹放し部の両脇に接続する廻廊の復興が困難と判断したためであろう。金堂前庭を囲む中門・廻廊や講堂両側の軒廊は以後再建されることがなかった。

なお南大門は惜しくも明治元年（一八六八）鎮守八幡社と共に焼失し、現在の建物は明治二十八年（一八九五）蓮華王院（三十三間堂）の西門を買得・移築したものである。そのため元来は五間×二間で二階造りの大規模な門であったが、今は三間一戸八脚門となっている。しかし八脚門としては最大級で、慶長六年（一六〇一）の建立年代にふさわしい桃山様式の豪華さを備え、正門の名を恥ずかしめてはいない。平成三年には鎮守八幡社も復興された。また食堂は文明の火災では焼け残ったが慶長元年（一五九六）の地震で倒壊し、その後は長く仮堂で過ごしたのち、江戸時代末期の文政十一年（一八二五）ようやく再建された。しかし昭和五年（一九三〇）に焼失し、現在の建物は同九年に復興したものである。古図では五間四面の堂の正面に孫庇の礼堂を設けた形式に描かれ、現堂も七間×四間の堂に三間の向拝がついて、孫庇が向拝に変ったただけのように見えるが、発掘調査をしていないので、どこまで旧規を踏襲しているのか判じ難い。

四周の大垣に開く門については既に記した通りすべて建久年間に建て替えられ、東面二門と西面の蓮華門、北の北大門が現存して、東寺の建築としては宝蔵に次いで古い。西面北門は康暦元年（一三七九）御影堂と共に焼失したが直ちに再建され、康正三年（一四五七）の古図には描かれるが、その後倒壊して室町後期からは現在のような穴門になったらしい。現存の諸門は同一規模の三間一戸八脚門で、型通り二重虹梁蟇股の妻飾とするが、その内部は奈良時代のように三棟造とせず一面に組入天井を張る。そのため妻の大虹梁は内側を削って、肘木や斗をつくり出しているが、このように表裏で意匠を使い分けるのは、おだやかさを好んだ平安時代に生まれた技法で、時代の特色をよく示している。壁に筋違が用いられているのも、鎌倉時代に貫の工法が輸入される以前の補強策で、遺例としては最も古い。

三　塔、灌頂院、西院など

寺域の東南隅に建つ五重塔、西南隅の灌頂院、西北の西院、東北の倉院は、それぞれに上記の中枢部とはやや異なる歴史を歩んだ。現存する建物で最も古いのは倉院にある校倉造の宝蔵で、平安時代初期の建築と推定されている。ただしここは元来桁行一一間、梁間三間、檜皮葺の南北に長い宝蔵があったところで、双子倉とも呼ばれて北方五間と南端三間を囲って倉に当て、中間三間は空所とする雙倉であった。長保二年（一〇〇〇）に北宝蔵が焼失し、その後修復再用した南宝蔵も大治二年（一一二七）に炎上した。したがって今の校倉はその後移築されたわけで、慶賀門の小屋組にこの校木が転用されていた点からすると、建久年間の伽藍復興時に門と同時に再建された可能性が高いが、それ以前の位置は不明である。校倉の床板は古い扉の転用で、建久年間に修理をうけた金堂のものと思われる。

五重塔は東寺の建築のなかでは最も興亡の回数が多い。元慶七年（八八三）頃最初の塔が建立された後、天喜三年（一〇五五）焼失、応徳三年（一〇八六）再建、文永七年（一二七〇）焼失、永仁元年（一二九三）竣工、永禄六年（一五六五）焼失、文禄三年（一五九四）再建、寛永十二年（一六三五）焼失、同二十一年（一六四四）再興と繰り返し、現在の建物は最後の五代目のものである。いずれも雷火による焼失であったが、文永度の焼失だけは不審火という。その間に創建後間もなくの仁和二年（八八六）にも落雷で火災を生じ、全体の焼失には至らなかったらしいが延喜二十年（九二〇）に修造されており、その後も建武三年（一三三六）落雷による半焼で暦応四年（一三四一）修理、永享八年（一四三六）電火損傷で同年修理など高層建築だけに雷火による被災は多い。建物は高い基壇上に立つ各重方三間の五重塔で、基壇上から相輪頂部まで一八一尺（約五五メートル）あって現存の塔では日本一高い。暦応三年（一三四〇）の奥書をもつ「院家雜々跡文」には「興福寺五重塔 高一五丈、東寺五重塔高一六丈」とあってこれが創建以来の高さらしく、現在は近世式の急勾配の屋根のためこれより高くなっている。初重平面は興福寺三〇尺、東寺三一・三尺である。垂木間隔を九・二寸とする木割で造られ、軸部を三重までは各三支、それ以上は各二支逓減する。このため上方がさほど窄らず、やや安定感を欠く姿をもつが、近世の塔婆の通例にならったもので止むを得ない。ただし全体は木割が太く、装飾的部材を全く用いない古風な和様の形式になり、寛永再建時の復古精神をよく示している。

灌頂院は承和十年（八四三）までに創立後、延久元年（一〇六九）に大風で顚倒したが間もなく再建され、長治二年（一一〇五）と建久二年（一一九一）の修理を経て建長四年（一二五二）に炎上、これも直ちに復興した。この建物は正和六年（一三一七）の地震で破損し、康永二年（一三四三）補強のため貫を加えて修理したのち、文明十八年の伽藍の火災からは免れたが、天正十三年（一五八五）の地震で破損、慶長元年（一五九六）の地震で倒壊している。現在の建物はその後寛永六年（一六二九）に着工して同十一年完成したもので、それまでは正堂と礼堂が別棟の雙堂形式であったものを、大きな屋根に納めて一棟とした。室町時代の伽藍指図（阿刀文書）には礼堂東妻に日隠（向拝）が画かれ、別棟形式が古代・中世を通じて守られていたことがわかる。建物は七間×七間のほぼ正方形で内部は前方二間を礼堂、次一間を相の間、後方四間を正堂とする。創建時の規模・平面を踏襲しており、礼堂だけ低い板敷、他は土間とするのも当初からであろう。屋根が大きく急勾配のため、いかにも近世風な外観ながら建物の細部は純和様で構成され、五重塔と並ぶ寛永の優れた復古建築となっている。なお周囲築垣に設けた四脚門の東門と、棟門形式の北門は共に鎌倉時代の建築で、建久年間の文覚復興時、もしくは灌頂堂建長罹災後の再建と同時のものである。

西院は大師御房と伝える五間四面檜皮葺の建物を中心とする一郭で、『東宝記』に根本図様として七間×四間の主屋に北孫庇がつき、東北に三間×二間の廊が接続する平面をのせる。母屋の中央西寄りの方二間を囲って不動堂とするほかは全体に開放的な間取りで、寝殿造住宅の対屋に通ずる構えである。文治四年（一一八八）不動像を東廊に移して修理している。この西院が大きく変ったのは天福元年（一二三三）当時の長者親厳が弘法大師像を新たに造り、不動堂内に祀ってからである。延応二年（一二四〇）大師像が北面に移されてここが御影堂となり、同年に宣陽門院が寄進した五重小塔が宝蔵に伝わる仏舎利を納めてその脇に置かれた。その御願により御影供が始められ、舎利講も行われるようになった。延喜十年（九一〇）から続く灌頂院御影供は本尊が画像であったが西院では彫刻像となり、毎日の生身供が捧げられて大師の存在が身近かなものとなったのである。御影堂前庭を広めるためか、東北にあった廊を北面の西寄りに移して北方の小子房と結ぶ渡廊を設けた指図が当時様として『東宝記』にのせられている。

康暦元年（一三七九）西僧房からの出火で西院は全焼したが、不動・大師両像は無事に取り出された。翌年直ちに旧規模で再建される。さらに一〇年後の明徳元年（一三九〇）その北側に正堂と直角に棟を置く礼堂を増築した。これが現在の建物で屋根の三方に破風をもつ変った形はこのためである。正堂（後堂）では大師像は北庇に祀られ、その前の孫庇が礼拝所であったが、前堂が付加されて広い礼拝空間が整い、名実共に御影堂となった。この御影堂で注目されるのは不動堂の南面に板扉と連子窓を配し、古代の僧房の正面構えを模した形式とすることである。板扉の裏面には大師親筆と伝える法式文を貼り、火災では扉も救出した。ここが大師の住房で、亡きあと、代りに不動像を安置した躰となっている。ただし寝殿造住宅の内部に僧房を設けるのはやや不自然で、西院の成立には謎が多い。なお西院の東築地には北方に唐門、南方に四脚門を開き、いずれも創建は明徳頃まで溯るが後補の部分が多い。長治二年（一一〇五）の注進では四脚門のみを記すので、北方の唐門は延応二年（一二四〇）大師像を北面に移したのちの新設と思われる。

西院の南に接する本坊は康暦火災後の西院復興に際して応永二年（一三九五）に再建した僧房二棟のうち、西の房を以て東寺の庁屋としたのに始まるという。明和三年（一七六六）後桜町天皇の論旨による伽藍修造に当り倉庫と庫裏を造立して穀屋と改めた。この時初めて西院の南へ進出したらしく、享和三年（一八〇三）の境内図は現客殿のほぼ中央より北を築地で囲い評定所としている。ここはまた年預所とも称した。明治十六年（一八八三）玄関・客殿等を新造して本坊と改め、昭和九年（一九三四）には書院の改築、客殿を南へ曳屋、小子房の新造とそれに伴う勅使門の南へ移建など、大拡張工事を行った。これが現状で、それまで蓮華門内側は中枢部まで見通す空地であったが、客殿と小子房間に庭園が造られ、その脇に建つ形となった。このうち最も格式高い建物は小子房で、上段の勅使の間をはじめ各室に華麗な障壁画を備え、その名に似ぬ大規模な書院造客殿である。建武三年（一三三六）足利尊氏が光厳上皇を奉じて入洛した際、西院小子房を御所とした由緒を偲ぶもので、東寺の歴史の一側面を語る建物といえよう。

伽藍の北方には北大門から北へ延びる櫛笥小路の両脇に多くの子院が建ち並び、北端に八条通に面して北総門を構える。北総門は大型の四脚門で鎌倉時代後期の建築である。天保四年（一八三三）に前方を馬駐の広場とするため南に曳屋されていたが近年の修理で旧位置に復された。東寺の子院は後宇多院の御願で延慶年中（一三〇八―一三一一）に創立した十五箇院もしくは二十一箇院に始まるという。しかし北総門の建立年代からすると、そのうちのいくつかは成立が鎌倉時代まで遡るのであろう。江戸時代中期の院家図ではこの地域に一六の子院が描かれ、うち五箇院は建物がなく空地となっている。明治二十八年（一八九五）の銅版境内図では西半分がすべて講伝所に変り、東側に観智院、宝菩提院、金勝院の三箇院が残るに過ぎない。講伝所の跡は現在は洛南高校と種智院大学になっている。

子院のうち最もよく旧構を残すのは南端の観智院で、ここは江戸時代には真言宗の勧学院であった。客殿・庫裏・本堂・書院・門・土蔵など一式の建物が整い、なかでも慶長十年（一六〇五）建立の客殿は初期書院造り住宅の貴重な遺例である。

東寺には残念ながら創立当時のままで遺存する建物はない。しかし重要な建物のほとんどが創建時の位置・規模・姿を踏襲して今日まで伝えられ、四辺の築垣によって寺地も厳重に守られてきた。大極殿の跡すら人家に埋もれてしまった現在の京都では、平安京草創の原点を地上に示す唯一の建造物群となっている。そこに王城鎮護の寺の誇りを見ることができる。

二四　醍醐寺の建築（総説）

一　創建と平安建築

醍醐寺で最初に営まれた建築は笠取山山頂の准胝堂と如意輪堂である。『醍醐寺縁起』（以下『縁起』）では貞観十八年（八七六）の創建で、はじめ両観音像を准胝堂に安置したところ、如意輪は自ら東の峰に登って岩上に坐したので、そこを如意輪堂としたという。この創建の位置は現在も踏襲しているものと見られ、両堂は直線距離にしても三〇〇メートルほど離れて、准胝堂が谷筋の最奥部に建つのに対して如意輪堂は突出する岩山の上に構えられている。醍醐寺は聖宝（八三二―九〇九）が山頂に草庵を結び、修行の地としたのが始まりと伝えるから、その点では醍醐水に近く、現在も山上寺務所が設けられている准胝堂附近のほうが開創の地にふさわしく思われるのに、如意輪観音を同時に祀ったため、こうした説話が生まれたのであろう。如意輪堂の建つ山頂は今でも岩間寺・石山寺へ続く札所巡礼の尾根道が通り、山岳信仰の修験者にとっての要所となっているので、岩座上安置とされる石山寺本尊にならって聖宝がここを霊地としたものと思われ、住房もこの麓にあったと伝えている。

延喜七年（九〇七）醍醐天皇の御願によって仏像が造られ、同九年聖宝の没後は弟子の観賢（八五四―九二五）に引きつがれて、山上にこれを祀る薬師堂と五大堂が建立された。前述の二堂は『縁起』のほか拠るべき史料をもたないが、このほうは延喜十三年に定額寺となった際の奏状（『醍醐寺要書』（以下『要書』））に記され、「新堂宇を双べて掲焉たり」とあるので二棟がほぼ同時に建てられたことがわかる。ただしその位置は薬師堂が現在と同じ、准胝堂東方の山腹の狭小地、五大堂は如意輪堂の東隣接地と考えられるので、実際に二棟が宇をならべたわけではなく新しい建物への修辞である。この間延喜十一年もしくは十二年に観賢によって聖宝の御影を安置する御影堂も建立された（『醍醐寺新要録』巻四「御影堂篇」）。後述するように現在の開山堂は慶長十一年（一六〇六）に地盤を掘り下げ整地拡張した場所に建っているが、その際骨壺を掘り出しており、創建の位置を踏襲している。

以上が上醍醐寺の成立で各建物の規模については『醍醐雑事記』巻一（以下『雑事記』）に次のように記される。

「一准胝堂　正堂一宇三間四面、廊一宇五間、礼堂一宇三間四面、東西廊各三間、鐘楼一宇、已上檜皮葺、一薬師堂一宇三間四面、檜皮葺

一如意輪堂一宇三間四面、檜皮葺、一五大堂一宇三間四面、檜皮葺、一御影堂一宇三間四面、檜皮葺」

これでみると堂はすべて三間四面の檜皮葺となっているが、現存の建物も平安時代の薬師堂が桁行五間・梁間四間でまさに三間四面堂であるし、慶長再建の如意輪堂や五大堂も三間の身舎に四面庇をもつ構造形式なので、それぞれの堂の大きさは異なっても建物の形態としては正しく表記されているのであろう。ただし『雑事記』が書かれた平安時代末までの間に、寛治六年（一〇九二）御影堂を取壊して翌年新堂再建、永長二年（一〇九七）准胝堂修造、康和元年（一〇九九）如意輪堂修造、保安二年（一一二一）薬師堂再建、久安三年（一一四七）五大堂供養と各建物とも修造もしくは再建されているので（『雑事記』巻七）、これらは必ずしも創建時の規模を示すものではない。ことに薬師堂は以前の堂が朽損してただ礎石ばかり残っていたのを新しく造立したと記されるので、建立後約二百年を経た十一世紀末には各建物とも大きく破損していたことがわかる。その点で准胝堂や如意輪堂の修造も新築に近いほどの大工事が推測され、創建時の規模や形式が変わらなかったことを保証し難い。

このうち保安二年再建の薬師堂が現存し、山岳寺院の古代仏堂としては室生寺金堂（十世紀）と並ぶ数少ない遺例となっている。基壇上に建って土間ゆかとするのは古式で、低い軸組の上にゆるい勾配の軒を大きく張り広げた外観はおだやかさと低平感に溢れ、同傾向の平安後期建築のなかでも最右翼に属する建物である。最大のみどころは身舎の内廻りを平三斗二段組とし、その上段中備に本蟇股を飾る組物構成で、同類は他になく蟇股の意匠も優れる。

延喜十九年（九一九）四月、寺の申請によって下宿院を造営することが認められ、同九月には、三綱ほか定住僧の制度も整って、観賢が初代座主となった（『要書』）。山上伽藍だけでは御願寺としての運営に不便が多く、山下の施設が必要とされたのであろう。やがてこれが下醍醐寺へ発展する。その中心が釈迦堂で延長四年（九二六）に本尊と四天王像の開眼供養が営まれたが堂の完成は同七年まで下るらしい（『要書』）。ところが翌八年（九三〇）には願主醍醐天皇が没しその一周忌をここで行なうこととなった。そのため木工寮に命じて工を急がせたが、(1) 期日の迫る承平元年（九三一）六月になっても諸国からの材木の進上が滞り大幅に遅留していた。しかし同九月の一周忌には本堂・礼堂をはじめ南中門、経蔵・鐘楼・東西中門とこれらを結ぶ回廊が完成している（『要書』下　所引「吏部王記」）。これらは先帝が寺の上座延賀に命じて諸寺の形態を調査させ、善いものを択んで作図させた計画に基づくもので（「同

前」六月九日条）、『雑事記』巻三によると次のような建築であった。

「一　釈迦堂一宇五間四面　庇戸八具（中略）礼堂一宇七間二面、廻廊六十間　鐘楼一宇　経蔵一宇　八足中門一宇　八足南大門一宇　八足西大門一宇　四足東大門一宇已上自本堂皆檜皮葺」。ただし南大門以下の造立はずっと遅れ、山下伽藍が整ったのは三宝院を開いた第一四代座主勝覚（一〇五七―一一二九）とその資定海・元海代の十二世紀初めころまで下るらしい(2)。

この伽藍の特色は中心の釈迦堂が礼堂付の建築でその前庭を回廊で囲い鐘楼・経蔵を東西回廊の先端近くに組入れて設けたことである。平安遷都に伴って官寺の造営は東西二寺に制限され、以後久しく天皇の御願であっても奈良時代までの寺院のように回廊を備えた本格的な伽藍は造られなかった。下醍醐での復活は或いは上座延賀の画策によるのかもしれないが、修法を中心とする密教寺院にも華麗な古代伽藍への回帰を望む声が高まったのであろう。中心の釈迦堂が礼堂をもつのは平安時代に入ってからの新しい形式で、九世紀始めの東寺や広隆寺の金堂で前庇を礼堂としたのが発展して、貞観十六年（八七四）建立の貞観寺大堂は正堂・礼堂で構成されていた。聖宝が貞観寺を開いた真雅の弟子であることも想起される。そしてこのような礼堂付仏堂は一般に根本堂または本堂と呼ばれ、醍醐寺でも金堂の名称は鎌倉初期から使われ始める。なお、奈良朝伽藍では講堂に附属する形で、その前方左右に置かれた鐘楼・経蔵が東西回廊の前端近くに配された点については、醍醐寺では講堂に相当する建物がなく、礼堂がその役割を兼ねたためであろうとする説がある。しかし敦煌壁画の「五台山図」や慶州仏国寺（七五一年）など中国・朝鮮には早くから類似の伽藍がみられるので、そのような新しい情報をとり入れたものと考えたい。

五重塔は承平元年（九三一）十一月、先帝醍醐の周忌がすんだすぐ後に計画され、同六年には心柱材六枝を三百余人の夫で曳くまでに進んだ（『要書』下　所引「吏部王記」）。しかし造営の中心となった代明親王が翌年急逝したため中断し、一五年後の天暦五年（九五一）に完成した。翌年十月には朱雀上皇の七々忌を兼ねて塔供養が行なわれている（「同前」六年条）。『雑事記』巻三には「五重塔一基村上御願、瓦葺」とあるが「吏部王記」は朱雀上皇が造塔に当たったことを記している。これが現存する五重塔で、高い石積み基壇の上に建つ外観は奈良時代の塔と変わらないが、初重内部に低いゆかを張り、心柱を囲む覆板や四天柱、側廻り連子窓裏板などに金剛界・胎蔵界両部の仏・菩薩を画いて、華麗な密教空間を現出している。当初の計画では五重塔のほかに一重塔もあったが立ち消えとなったらしく(3)、またこの間に朱雀院御願により天慶二年（九三九）に法華三昧堂（方五間、宝形造）が回廊の東方に造られ(4)

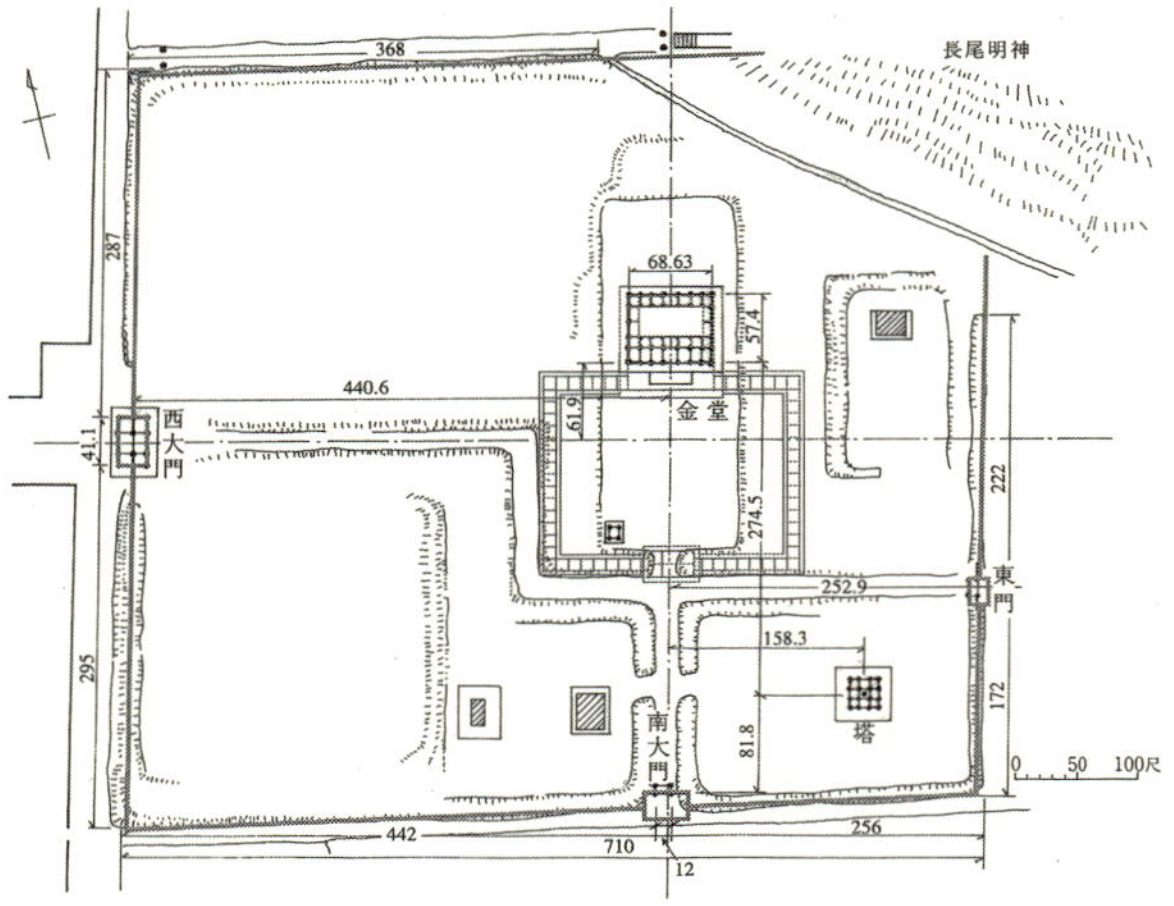

288　下醍醐伽藍実測および寺地伽藍復原図（大岡実作成）

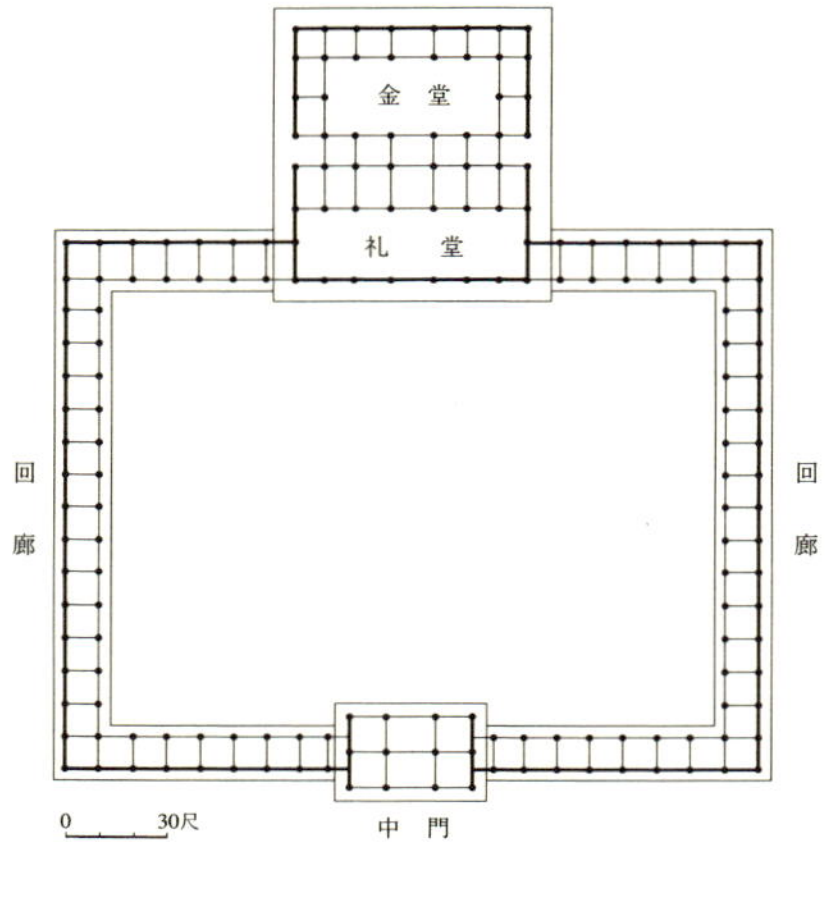

289　金堂中門回廊復原図（大岡実作成）

『雑事記』巻三、『要書』下　所引「吏部王記」）、さらに天暦三年（九四九）清涼殿の建て替え材を運んで、別の法華三昧堂が建立された。[5] 後者は在位中の住居を移したもので釈迦堂の後方に位置して清涼堂または清涼殿御堂とも呼ばれた。

以上のうち現存するのは五重塔のみであるが、下醍醐の伽藍はほぼこの創建の規模を伝えている。現金堂は慶長五年（一六〇〇）の再建であるが基礎工事中旧礎石を発見しているので（『義演准后日記』慶長三年五月十九日条）、旧位置を踏襲したことが明らかであり、その前庭を囲んで回廊跡も土塁状に遺されている。また『雑事記』巻三には前述の建物に続いて四面築垣の寸尺を記すが、これも現在の西大門・南大門・東大門で囲む寺域とほぼ一致しており、[6] これらによって大岡実は図のように寺地と中心伽藍を復原している。[7] このうち問題は釈迦堂の平面で大岡案は礼堂の梁間を広い二間とするが（合の間を含め全体の奥行きは七間）、七間二面（庇）の字義通り梁間三間とする藤井案（全体奥行き八間）もあり定かでない。[8] この創建堂が永仁三年（一二九五）に焼失したあと、嘉元二年（一三〇四）に再建された金堂は、満済准后が応永三年（一三九六）に拝堂した時の指図があって桁行・梁間とも七間で前方の三間を外陣、後方四間を内陣とする構成であったことがわかる。しかしこれは明らかに全体を一つの屋根で覆った中世本堂の形式であり、正堂と礼堂を書き分けた創建時の姿とどこまで等しいかは不明というほかない。[9]

平安時代における伽藍の整備に欠くことができない建築としては清滝宮の創立があり、上醍醐には寛治三年（一〇八九）、下醍醐は承徳元年（一〇九七）にそれぞれ建立、遷座された（『雑事記』）。一説に祭神はもと大唐青竜寺の鎮守で空海

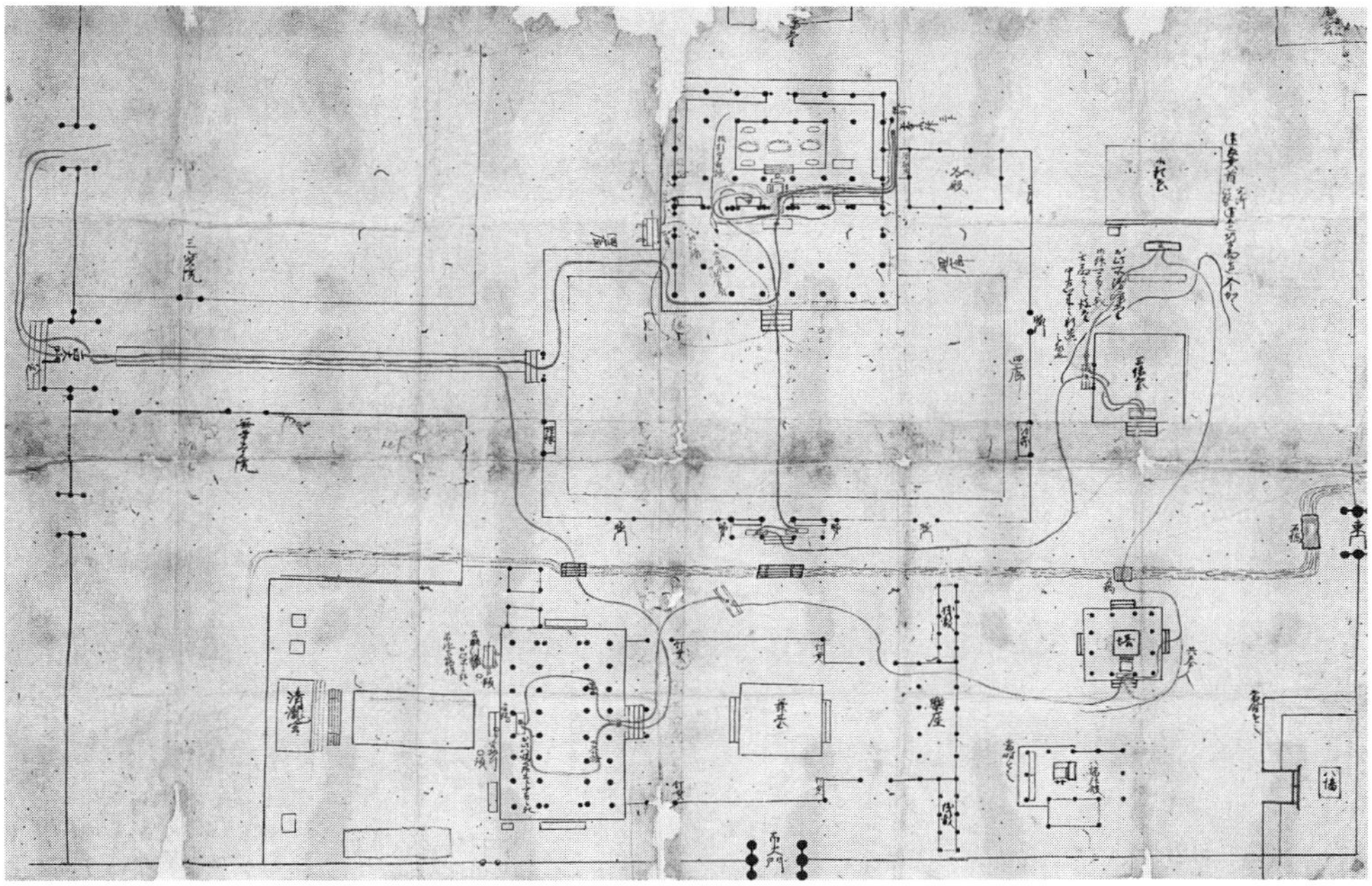

290　下醍醐釈迦堂拝堂図

帰朝の時真言宗の守護神として同船し、初め高雄山に鎮座したが、のち醍醐の炭山に影向、寛治二年に勝覚が上醍醐の社殿を造って翌年遷宮したという。清滝宮にはこのほかにも諸説あるが、上・下とも社殿を勝覚が始めて造営した点では一致し、空海に直結する守護神の勧請によって真言宗内での醍醐寺の地位を高めようとしたことが察せられる。既述のように西大門の建立が寛治五年であり、また上寺では同じころ御影堂・准胝堂・如意輪堂・五大堂が次々と造替・修理されているので、勝覚とそれをついだ定海・元海が活躍した十一世紀末から十二世紀始めにかけて、醍醐寺伽藍は上・下両寺とも最も充実した時代を迎えたことがわかる。清滝宮は上寺では醍醐水西南方の東面する傾斜地の中腹、下寺では五重塔の西側で伽藍中軸線からほぼ対称の地に所在するが、創建以来同位置を守ったものと思われる。『雑事記』巻二・巻四によると上醍醐の清滝宮は二宇の宝殿と三間三面の拝殿、下醍醐は三間一面の宝殿一棟からなりいずれも檜皮葺であった。下の宮も当初は上の宮と同様に一間社流造の宝殿を二棟並べる形式であったが、久安六年（一一五〇）連結して三間社流造（三間一面）に改めたという。この形式は上下それぞれに以後も踏襲された。[10]

なお伽藍の形式とは直接かかわらないが、平安後期には特定の本願主の外護をうけて立派な仏堂（時には塔も）と住房を備えた半独立の小寺院とも云うべき院家が寺内各所に創立された。上醍醐の円光院（一〇八五年）、一乗院（一〇九一年）、下醍醐の大智院（一〇九七年）、無量光院（一〇九七年）、三宝院（一一一五年）などがその代表で、例えば円光院は「堂一宇一間四面、廊一宇四間三面、渡廊一宇三間、鐘楼一宇、僧房一宇五間三面、已上檜皮葺、雑舎一宇二間二面、板葺」（『雑事記』巻二）で構成されていた。堂の仏壇下に願主の白河天皇中宮賢子の遺骨をはじめその女郁芳門院、一品宮などの遺骨が次々に納められたが、その荘厳の華麗さは六勝寺建立の際手本とされるほどであった[11]。ただしこれらの院家建築は指図によってようやく察せられる程度で旧位置も未確認のものが多く、わずかに円光院御堂の跡が現在皇室の陵墓となっているに過ぎない。久寿二年（一一五五）の「醍醐寺在家帳」はこうした諸院を合わせて「堂四十二宇　塔四基　鐘楼三宇　経蔵四宇　神殿十社　高庫二宇　御倉町三所　湯屋三宇　僧房百八十三宇　御所三箇所　帳衆八十六房」（『雑事記』巻三）の所在を記している。

二　興廃と中世建築

建久六年（一一九五）東大寺復興大勧進の重源が「唐本一切経」を施入し、同九年それを収める経蔵が上醍醐の薬師堂すぐ南方下段の地に建立された。重源はもともと醍醐寺の出身で入宋三度の経歴をもち、東大寺大仏殿の再建にあたっては中国で実見した知識を基にして宋工を起用しながら大仏様と呼ぶ新しい建築様式を創始した。この経蔵も大仏様の代表の一つに数えられるが、昭和十四年に焼失し、今は図面や写真でしか見られないのが惜しまれる。前室をつけた三間×二間、寄棟造の主屋内部に、独立した切妻造の経室を設け、その中に棚を組んで経箱を収める変わった構造の建物で類例は他にない。現存する一切経蔵は内部に回転式の書架をもつ輪蔵形式が多く、これは鎌倉時代に禅宗建築と共に中国から輸入したと考えられているが、それ以前の一切経蔵の唯一の遺例であった。

醍醐には重源が建立した建築がもう一棟ある。「下醍醐栢杜堂一宇并九躰丈六」（『南無阿弥陀仏作善集』）で、近年まで場所も不明であったが、発掘調査によって境内の南方約一・五キロメートルの丘陵裾地に堂跡が発見された[12]。方三間各間二〇尺の播磨浄土寺浄土堂（国宝・建久五年）と同一平面を持ち、出土した建築部材から同じ大仏様で造られていたこともわかる。並んで発掘された八角堂跡は『雑事記』巻五に記す「大蔵卿堂八角二階」で、建久六年「一切経」施入の際にはまずここで讃歎の供養が行なわれた。重源が各地に営んだ別所（播磨浄土寺もその一つ）の中でも複数の丈六像を安置したのは東大寺浄土堂（一〇体）だけであり、醍醐寺に寄

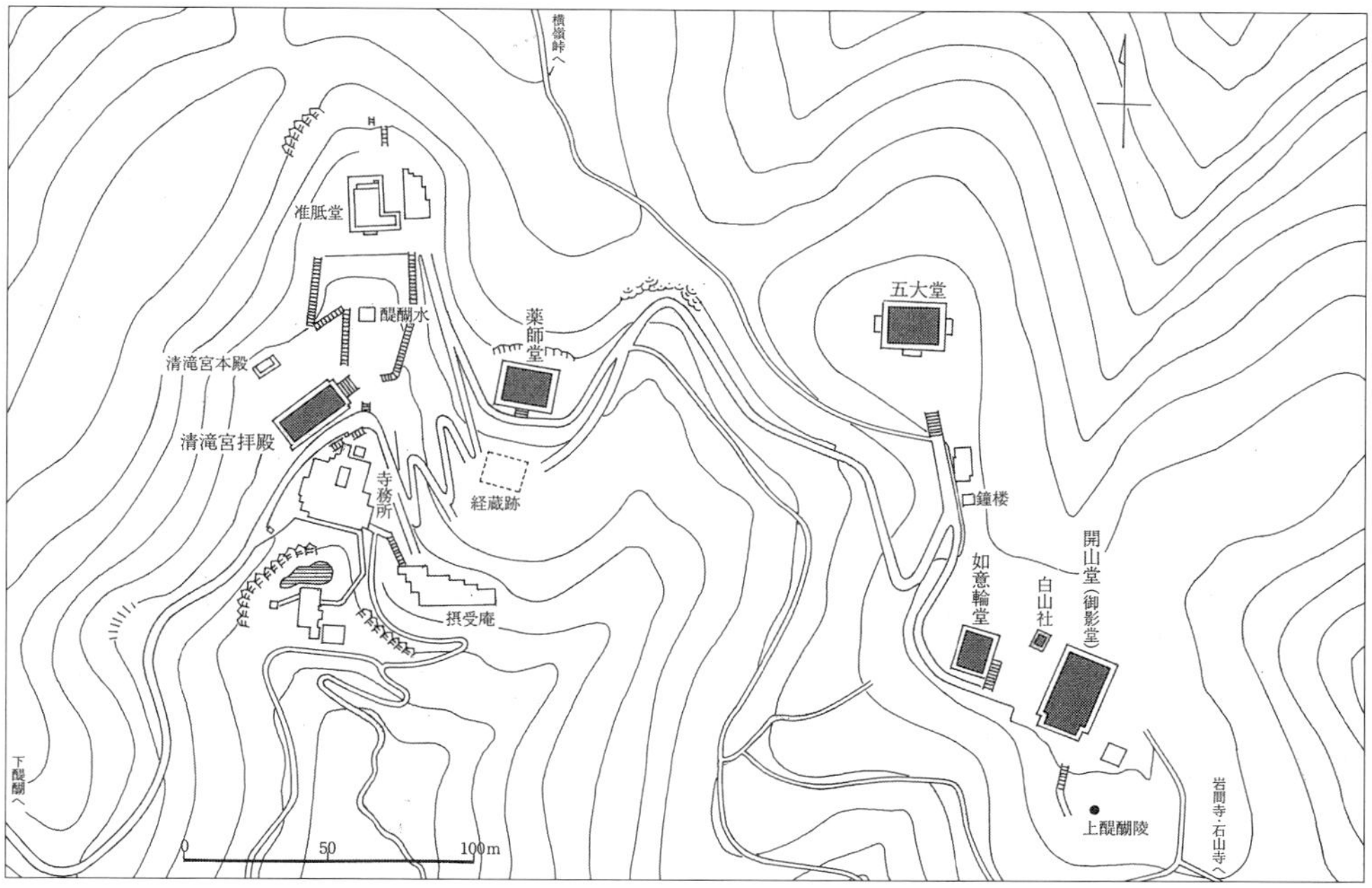

291　上醍醐伽藍配置図

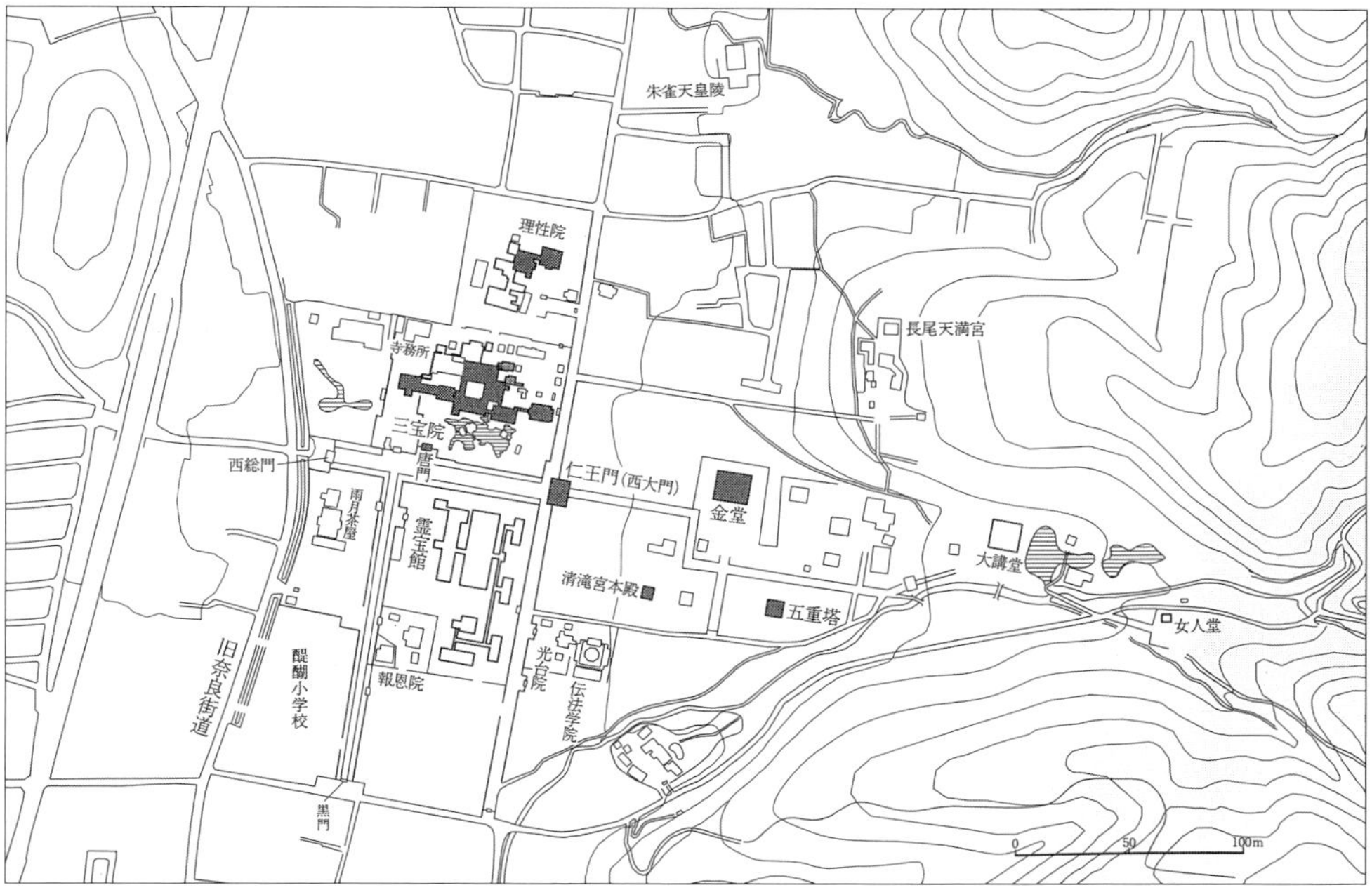

292　下醍醐伽藍配置図

せる重源の想いが察せられる。栢杜は、三宝院領で、当時醍醐寺の子院が寺外に大きく広がっていたことがわかる。

この頃を境にして以後醍醐寺の建築活動は沈静期に入る。そして文応元年（一二六〇）には上醍醐の御影堂・経蔵・五大堂・如意輪堂が焼失した（以下『醍醐寺新要録』、『上醍醐寺伽藍炎上記』）。山上伽藍としては始めての火災で、一時に多くの堂を失ったのはこれらが近接して建っていたためである。なおこの経蔵を重源造立の建築とみる説もあるが、薬師堂下段の建物をその後の建立とみる説もあるが、内部に収めた一切経が伝存する点からも否定され、もとからあった上醍醐全体の経蔵とすべきであろう。この再建は御影堂から着手され翌弘長元年（一二六一）には焼失した御影の復興開眼と合わせて堂供養が行なわれた。しかし如意輪堂が再建されたのは九年後の文永五年（一二六八）であり、五大堂は再興されたもののその記録が見えない点からすると、或いは仮堂程度に止まったのかもしれない。弘安五年（一二八二）下醍醐にも御影堂が新しく営まれた[13]。

永仁三年（一二九五）寺内の騒乱による放火で金堂（釈迦堂）が焼失した。乾元元年（一三〇二）再建上棟したが本尊の御衣木加持を嘉元二年（一三〇四）に行なっているので、堂の完成もそのころまで下るのであろう。上棟式の次第に経蔵・回廊の名がみえ、これらは災を免れた可能性がある。この時再建された金堂一郭の平面は既述のように応永三年（一三九六）の拝堂図からわかり、釈迦堂は桁行・梁間とも七間になっている。

延文六年（一三六一）山上の御影堂・五大堂・如意輪堂・鐘楼が再び焼失した。この時も先ず御影堂から再建にかかり応安元年（一三六八）立柱、同三年には両御影（聖宝・観賢）を奉還したが堂は仮葺で内造は半作であった。寺の財政が次第に逼迫した状況がわかる。如意輪堂も応安二年に立柱するが完成年次の記録はない。そして五大堂はずっと下って天正十四年（一五八六）に再興（慶長四年（一五九九）完成）するまで無実のままおかれたのである。応永十二年（一四〇五）下清滝宮が勧請以来初めて焼失し、同十四年には将軍足利義満によって本殿・拝殿とも再建された。時の座主満済は義満の猶子である。応永十七年（一四一〇）には上清滝宮も初めて焼失、同二十一年に再建立柱・上棟のことがあったが、満済の代には完成せず、永享十一年（一四三九）遷宮を行なっている。義満が応永十五年に没し、幕府からの援助も細まるなかで、永享六年拝殿の造営にかかって同九年に竣工するのをまっての遷座であったらしい。この時の本殿は昭和十四年の火災で焼失したが、拝殿は現存して国宝に指定されている。拝殿は急傾斜地に建つため前面を懸造とし、側面に軒唐破風付きの広庇を設けて妻入りとする入母屋造、檜皮葺の建築で、側廻りを面取角柱、蔀戸、格子戸、妻戸など住宅風に構成して優美な外観とする一方、内部は板敷で丸柱が列立し、法要の場らしい重厚さを備えている。神仏習合が常態の時代にはおそらく各所の寺院に類似の施設があったに違いないが、中世に遡る現存建築はこの拝殿だけであり、意匠的にもすぐれた建物である。

文明二年（一四七〇）大内政弘の軍勢が攻め入り、下醍醐の伽藍・諸院を全焼した。金堂・三昧堂・清涼堂・御影堂・清滝宮・同拝殿・長尾社・同拝殿・閼伽井小社・炎魔堂・八足二天（中門）・回廊・灌頂院（三宝院）・金剛輪院・金剛王院・報恩院・理性院・地蔵院・妙法院・観心院・菩提寺等が一時に灰燼に帰し、残るのは南大門・東大門・五重塔だけとなった。のちに『醍醐寺新要録』を編纂した義演は、建武擾乱の時（建武三年（一三三六））も兵火で諸院が焼かれ、その後応永ころ漸く旧儀に復したのに、応仁の乱以後、洛中洛外の寺社が残らず焼払われて、当寺に限らぬことだが、歎いても余り有る、と記している。[14] 以後、下清滝宮だけは文明十六年（一四八四）に仮本殿を造り、永正十四年（一五一七）ようやく本格的社殿を営むことができたが（拝殿は天文十年（一五四一）立柱）、金堂以下仏堂の復興は義演の代まで百年以上にわたって手がつけられなかったのである。

現存する下醍醐清滝宮本殿はこの永正再建時のもので、したがって寺内の中世建築としては上醍醐清滝宮拝殿とこの本殿のいずれも神社建築だけが遺ったことになる。建物は久安造替以来の伝統を継ぐ中央を少し引っ込めて合の間とする三間社流造の形式で、全体に簡素な和様になるが、向拝蟇股の意匠などにこの時代の正統的中央様式がよく現われている。

三　復興と桃山建築

慶長二年（一五九七）二月、天正・文禄二度の大地震で破損した五重塔の修理が認可され、翌月観桜のためにわかに来寺した豊臣秀吉が実見の上、修理料千五百石を寄進したのを端緒に桃山時代の復興事業が始まる（以下『義演准后日記』）。時の座主義演が方広寺大仏殿建立を機に秀吉や側近の大仏上人応其、徳善院前田玄以らとの接近を図った政略が、功を奏したのである。同年十一月、方広寺から運んだ材木で足場を組んで塔の修理に着手し、さらに翌年二月には仁王門（南大門）の修理も始まった。この月、花見の準備にたびたび寺を訪れた秀吉は自ら三宝院（当時は金剛輪院）の復興を指揮して、敷地の拡大や新造する寝殿などの規模を定め木材の手配を命ずると共に、伽藍についても金堂・講堂・食堂・鐘楼・経蔵・塔・湯屋・三門の八棟の建立を表明している。このうち塔と三門は修理中で金堂以下は大和や河内の廃寺から移築せよという計画である。そして四月には伽藍復興奉行となった応其の手で紀州湯浅の満願寺本堂が金堂に充てるため解体され、五月中に柱や梁も運ばれて六月には金堂基礎も完成した。

このように急ピッチで進んだ復興事業も八月の秀吉死去によって頓挫する。義演の落胆は大きかったが、懸命の働きかけで三宝院については、北政所の援助によって十月から工事を再開することができた。大規模な寝殿の造営をとりやめて、この年観能のために秀吉が新造した清滝宮前の楽屋を移築することになり、十二月末に移徙を行なうまでに進行したが、実際の完成は翌慶長四年五月ころであった。現在の三宝院殿舎・庭園の骨格はこの時のもので、建物では表書院と唐門が慶長造営時の姿をよく伝えて共に国宝に指定されている。一方、金堂のほうは豊臣秀頼の助成で慶長五年になって再開され、三月の立柱から始まって五月に完成した。これが現在の金堂である。慶長十年（一六〇五）十一月には西大門跡に仁王門も上棟した。慶長三年二月に南大門の修理にかかり、解体したところで秀吉が仁王像を置く門を西大門跡に建て二階にすべしと言い出したもので、それが漸く実現したのである。現在の西大門がこれで旧南大門の仁王像を安置している。このように秀吉が生前に着工した建物については一応復興したが、他はその後も造営されることはなかった。義演が書かせた伽藍復興計画図[15]（『下醍醐寺伽藍惣絵図』）が残されているが、金堂と西大門以外はすべて画餅に帰したのであった。下醍醐の伽藍はこの状況のまま今日に及んでいる。

これらの建物のうち三宝院については、その後の増築や整備を含めて本大観第三巻で詳述しているので、本稿では金堂と西大門だけ簡単に記す。金堂は方三間の内陣の両脇に中陣をつけてその四面に庇を廻らす構造の建築で、前面の庇だけ広くして外陣とする。前面庇を広げるのは紀州の中世本堂に多く見られる形式で、この金堂もその範疇に属するが、内陣廻りを仏壇後壁のほかすべて吹放ちとするのは他に例がない。組物に平安時代に遡る部材があるが、正面に出三斗を用いる現在の建物は鎌倉後期の成立とみられ、開放性のみ古い姿をうけついだのであろう。移築の際、屋根を急勾配の本瓦葺に改めて外観は桃山風となっており、内陣柱の一部には立登せ構法も加えられている。西大門（仁王門）は大型の三間一戸楼門で純和様になる。寺の番匠が大坂へ出向き木作りした材木を運んで組立てたことが義演の日記に記され、平面も旧西大門（八脚門）に比べて一廻り大きくなった。

なお西大門は寺域の西を奈良街道が通ることもあって早くから「晴の門」とされ額も上げられていたが、寺の正門は仁王像を安置する南大門であった。ところが秀吉はその像を移し、二階門（楼門）に改めて名実ともにここを正門とした。これは門前の子院の配置に関係し、西総門と西大門を結ぶ桜の馬場の北側に座主坊の三宝院を広く構えると共に、南側には三宝院門前から南下する新道（六坊馬場）の両脇に東西三坊ずつ計六坊の子院を置いた。その敷地の規模・配置は秀吉自身の発案で慶長三年二月に六坊屋敷の縄張を命じ、五月には家臣尾池清左衛門が来寺して地割を行なっている。室町時代には現在の西総門が鳥居で、それから西大門に至る道の両脇に三区割ずつ院地が配置されていた(16)。金剛輪院（現三宝院）もその一つで、それを秀吉の命で拡大したのである。いわば新しい正門前における三宝院を頂点とする近世的秩序の子院配置の創設であって、現在は新馬場道の東側が霊宝館、西側は茶店や駐車場に利用されているけれども旧六坊の屋敷割はよく遺されている。下醍醐は伽藍・諸院地とも秀吉の構想で成り立ち、そのまま現在までひきつがれているのである。

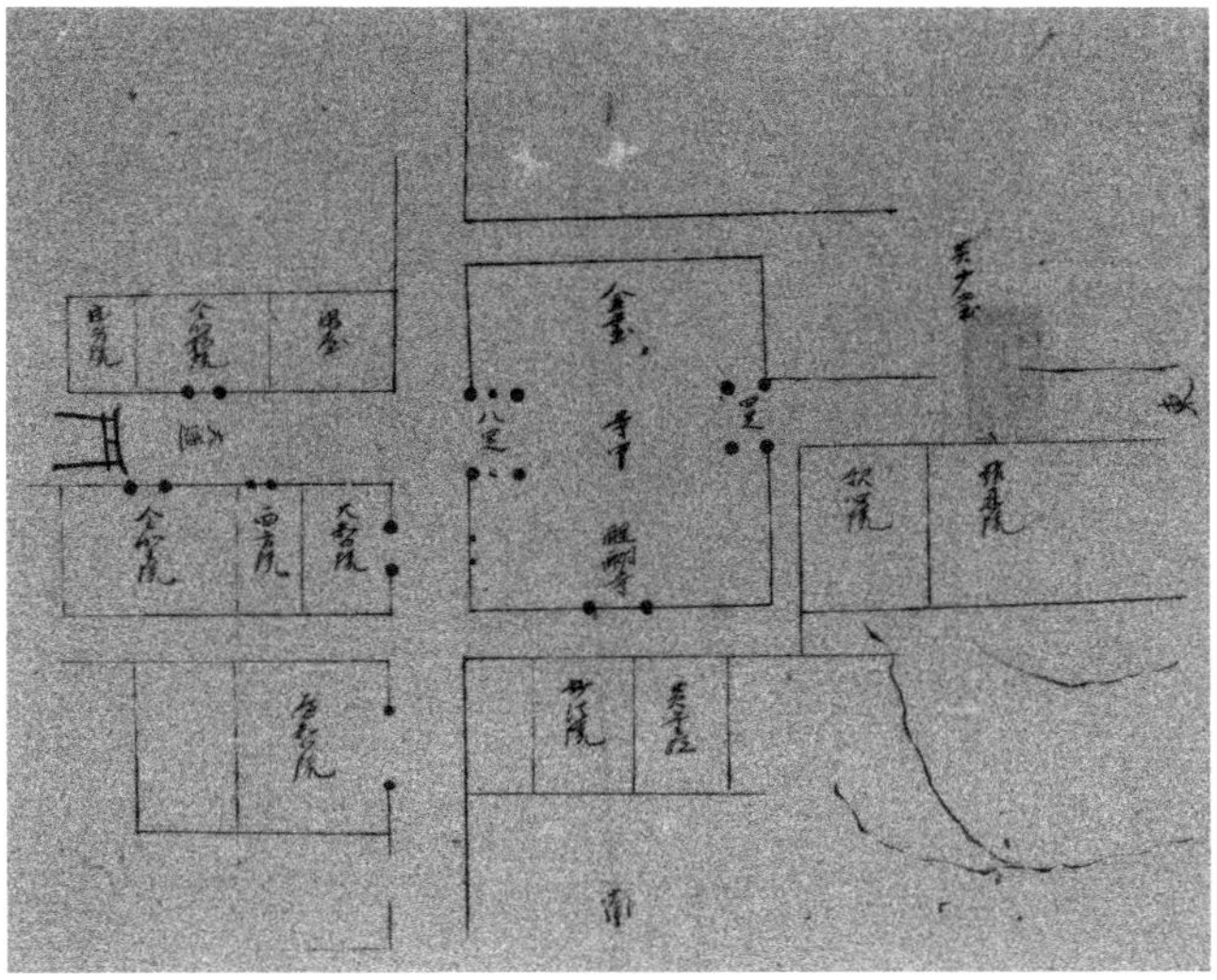

293　醍醐下寺図

一方、上醍醐では慶長十年十二月、如意輪堂から出火し御影堂・五大堂の三宇が同時に焼失した（『上醍醐寺伽藍炎上記』）。創建後三度目の火災である。この復興は家康の口入れもあって秀頼が行なうこととなり、翌十一年急速に進行して同年中に三棟とも完成した。ただし五大堂については三棟が三度も同時焼失するのは接近し過ぎているためだとして、薬師堂東方の神宮ヵ尾と呼ぶ峰を開いて新地に移転した。これは御影堂を従来より大きくしたのとも関連し、そのため敷地を一丈（三メートル）余り掘り下げて平地にしたが、その際、御影堂跡から聖宝のものと思われる骨壺、五大堂跡地から保延年間（一一三五―一一四一）の経筒を掘り出している。現在開山堂（御影堂）が建つ平地はかなり広く、如意輪堂がのる岩盤より約二・九メートル低いが、慶長以前はほぼ同じ高さに三堂が並んでいたと思われる。現存する開山堂と如意輪堂はこの時のもので、慶長十三年（一六〇八）落慶供養が営まれた。約一二〇メートル西北方の新敷地に建立された五大堂も同時に落慶し、前の二棟より早く明治三十二年に指定されたが昭和七年焼失し、同十五年に形式・

規模とも旧建物をできるだけ踏襲して再建されている。

建物は三棟とも大坂で木作りした材料を大勢の人夫で山上に運び上げて建立した。少しずつ様式が異なり、五大堂は最も禅宗様が強い。早くに国宝指定されたのは、組物や架構の複雑巧妙さが高く評価されたためで、実際今の建物を見ても繋虹梁上の尾垂木尻を支える斜めの束や大仏様木鼻の肘木など、他に例のない細部があって技法上大変面白い。開山堂と如意輪堂は和様が基調でことに外観は和様で統一されている。しかし内部では柱に粽をつけるなど大仏様がかなりとり入れられ、開山堂ではさらに海老虹梁など禅宗様がつかわれる。建物ごとのこうした様式選択を誰が指示したのかわからないが、三棟とも大仏十人棟梁の一人、源左衛門の設計になることが注目され（『義演准后日記』慶長十一年十一月九日条）、分担した三人の奉行の下で方広寺大仏殿造立に係わった豊臣氏縁故の番匠たちが、それぞれに腕を競ったことが想像される。方広寺は重源再建の東大寺大仏殿を学び大仏様を大幅に用いていた。各建物に大仏様がみられるのはこれと無縁ではあるまい。その点で寺の番匠が中心であった金堂や西大門とは作事形態が大きく異なり、いわば当時最先端の様式・技法の標本的建築が山上に並び建ったのである。

建物の規模や形式は如意輪堂については旧来と大差ないものと思われ、懸造とするのも古くからであろう。戸口を正面中央間の桟唐戸以外はすべて板扉とするのも古制を意識している。中央方一間の祈禱所を正面だけ開いて他は格子囲いとする堂内構えは珍しいが、准胝堂の古図に類似例がみられるので、醍醐寺独特の伝統と考えられる。一方、開山堂は正面五間・奥行八間の主屋に唐破風付三間向拝をつけた大建築で、平安時代の三間四面堂からすると倍以上の規模である。義演は「元の堂に十倍せり」と記している。外陣廻りの床板を外すと石敷の土間が現われ、三方の庇が床几を連ねた伴僧の座になる仕掛けは奇抜で例がない。さらに正面広縁には衆僧の座も一段高く設けられていて、全体にきわめて機能的な法会用の建築となっているのが特色で、ここで行なわれる御影供や竪義がいかに重視されたかがわかる。(17) 開山堂と如意輪堂の間に建つ白山神社本殿（一間社流造）も両堂と同時の慶長十三年の建築である。

山上ではその後宝暦元年（一七五一）准胝堂が焼失した。(18) 准胝堂は正堂と礼堂からなる上醍醐での中心的建築で山上本堂とも呼ばれ（『満済准后日記』）、永長二年（一〇九七）に修理され、康元元年（一二五六）には定済が外陣を造り直したが内陣は義演のころにも聖宝建立のままと伝えていた。創建後八百七十余年を経ての焼失が惜しまれる。その後復興の堂も昭和十四年に焼失し、現堂は昭和四十六年に再建された。

最後に醍醐寺の指定建造物を指定された年代順にあげておく。五重塔（明治三十年）、三宝院殿堂（同前）、三宝院唐門（明治三十一年）、経蔵（同前・昭和十四年焼失）、五大堂（明治三十二年、昭和七年焼失）、薬師堂（明治三十四年）、清滝宮拝殿（同前）、金堂（明治四十一年）、清滝宮本殿（昭和二十九年）、開山堂（同前）、如意輪堂（同前）、三宝院宝篋印塔（昭和三十一年）。なお次の三棟は京都府指定文化財となっている。西大門（昭和五十九年）、白山神社本殿（同前）、女人堂（同前）。

註

（1）『貞信公記』承平元年五月廿日

有官奏公忠朝臣、仰木工寮可令作醍醐寺事

（2）『雑事記』巻三には中門の二天像を第一五代座主定海が保安元年（一一二〇）、南大門の金剛力士像を第一六代座主元海が長承三年（一一三四）に造立したと記される。西大門を入って伽藍中心部へ向かう道の両側に三宝院と無量光院が南北対立して占地するのも一連の計画であることを示唆し、西大門は寛治五年（一〇九一）石居、無量光院は永長二年（一〇九七）供養、三宝院は永久三年（一一一五）に供養されている。

（3）承平六年に曳いた心柱六枝は一重塔と五重塔の両者を合わせた数量と思われるが、以後実際の工事が行なわれた形跡はない。一重塔は勧修寺の醍醐天皇御願の御塔が「一重多宝塔、四面有層庇」（勧修寺文書）とあることからも多宝塔と考えられる。

（4）『雑事記』

一　三昧堂一宇朱雀院御願、三間四面、宝形造、檜皮葺

「吏部王記」（天慶元年）十一月十三日

仍欲始修法花三昧、至明春可作其堂

（5）『貞信公記』天暦元年十二月廿七日

又壊清涼殿欲運醍醐、過正月賭弓令壊何

『日本紀略』天暦三年三月

今月日、醍醐寺建法華三昧堂、運清涼殿材木作之

(6) 『要書』上には同様の築垣長さを記して「依天慶五年実録帳記云」とあるので、大門の建立がおくれても寺地は創立当初から定まっていたのであろう。「吏部王記」承平元年六月二十四日条に「(貞信公) 依先年図可奉造大門」とあり、大門の位置の既定を推測させる。

(7) 大岡実「醍醐寺の伽藍配置」(『建築史』二ノ二) 昭和十五年 (「貞観時代における興福寺式伽藍配置」として『南都七大寺の研究』所収　昭和四十一年、中央公論美術出版)。

(8) 藤井恵介・大橋治三他『醍醐寺』(日本名建築写真選集　九) 平成四年　新潮社

(9) 『雑事記』巻七に文治元年 (一一八五) 釈迦堂、礼堂の檜皮葺替に檜皮二千六百五十一囲、縄三百方、ヱツリの竹二百九十六本を要した記事がある。『延喜式』では七丈屋 (七〇尺×二〇尺) の葺料を三尺檜皮九百囲とするので、もし同じ基準とすれば建物の大きさは七〇尺×七〇尺程度と推定され、ほぼ再建堂の規模に近い。

(10) 但し現在の上醍醐清滝宮本殿は昭和十四年火災後の再建で、下醍醐本殿と同形式の三間社流造に造営された。

(11) 円勝寺三重塔は仏壇に螺鈿をちりばめ、四柱に金剛界三十六尊を図し扉に十二天を描いたが、これは醍醐寺の一堂の荘厳を模したものといい、この一堂は円光院と考えられている。

(12) 『栢杜遺跡調査概報』昭和五十一年、鳥羽離宮跡調査研究所

(13) この御影堂は空海御影 (聖宝御筆) を祀るもので義演は五重塔内の八祖影像に対する塔本御影供が古くからあり、それが濫觴かとしている。のちに聖宝御影供もここで行なわれた (『新要録』巻七「御影堂篇」)。

(14) 『新要録』巻一一「遍智院篇」

座主次第云、建武三年七月十三日 (中略) 焔魔堂・遍智院等、諸院家悉武士焼払了、諸門主以下寺僧、走東西、籠山林了、一寺一宗之滅亡遮眼也

(15) 『義演准后日記』慶長十二年二月六日の「山下寺家伽藍惣指図、為大坂訴訟料図之了」にあたると思われ同月九日には「下醍醐伽藍再興之事、旧冬ヨリ右大臣殿執事片桐市正ヘ訴訟、又今日寺家ヨリ年預罷下」とあって、再興を熱願していたことがわかる。

(16) 「醍醐寺史料」一九一函一三号

(17) 山岸常人「上醍醐御影堂史論」(奈良国立文化財研究所創立三〇周年記念論文集『文化財論叢』所収) 昭和五十八年、同朋舎出版

(18) 『続史愚抄』宝暦元年二月十二日庚辰、今暁寅刻、醍醐山准胝堂号本堂火、貞観十六年理源大師建立後、所未火云、

第三編　日本建築の様式と技術

二五　日本美術時代概説〔建築〕――古代・中世・近世

古代

仏教渡来以前――神社建築の成立

永い縄文時代の間、建築は竪穴住居に限られていたが、米作りを先頭とする大陸の新しい文化が導入されて弥生時代が始まると、建築にも高床式建物や掘立柱建物などの新形式が生まれた。建築の主流はなお竪穴であり、四世紀からの古墳時代になっても全国的にみれば竪穴住居が大多数を占めるが、畿内や九州北部を中心とする西日本の先進地域では新形式の建物がしだいに浸透し、支配者層の住居や倉となった。『魏志倭人伝』は、三世紀中頃に死んだ倭の女王卑弥呼の邸について「宮室楼観城柵を厳しく設けていた」と記しており、弥生時代末期にはすでに高楼を備えたかなり大規模な宮殿があったことが知られる。家形埴輪としては最も古い三～四世紀の岡山県女男岩遺跡出土の台付寄棟造家は、すでに近世の民家と全く変わらない外観をもっている。

古墳時代の建築は四世紀の奈良県佐味田古墳出土家屋文鏡や、各地の埴輪家によって具体的な姿がわかり、高床の住居、高床の倉、平地住居、竪穴住居など各種の建物があって、屋根も寄棟造、入母屋造、切妻造と変化に富んでいた。ことに共に五世紀初め頃と推定される三重県石山古墳および大阪府美園遺跡出土の埴輪家には妻飾に棟木をうける斗の使用がみられ、大陸文化の影響をうけながらの建築技術の発展をうかがわせる。一方、群馬県茶臼山古墳出土の八棟の埴輪家では、主屋とみられる一棟だけ切妻造で棟に堅魚木をのせており、堅魚木を権威の象徴とする日本的特色も顕著となった。『古事記』には雄略天皇が堅魚木をあげた志幾の大県主の家を、天皇の御舎に似せたものと怒り、焼きはらう命令を下したことを記している。五世紀後半に比定される説話である。

伊勢神宮、出雲大社、住吉大社などの神社本殿は、こうした弥生時代ないし古墳時代の建築様式を伝えるものと考えられている。

その特色は掘立柱で高床とし、桁・梁・垂木などの各部材はすべて直線で、屋根は茅か檜皮で葺き、棟には千木・堅魚木を飾る。神社建築の起原には種々の説があるが、自然や祖霊への崇拝から発して神の依代や霊代を祀るためにかなり早くから住宅もしくは倉から転化した建物が生まれ、祭祀が政治と密着して重要さを加えるにつれて、その壮大さや端正さが権力の象徴となったことは疑いない。したがってその建物は堅固であると同時に格式高く、当時最高級の建築であったはずである。ところでこれらの古式本殿も現在の建物は式年遷宮による造替の中で旧形式を伝承したもので、建築の実年代は出雲大社が延享元年（一七四四）、住吉大社は文化七年（一八一〇）、伊勢神宮は昭和に下る。そのため細部では後世の改変も多く加わり、その基本的な形も、伊勢神宮の式年造替制度が定まり、出雲でも国造による修復があった七世紀後半には成立していたことがほぼ確かめられるものの、それ以前の建築の形や技法をどの程度伝えるのか不明な点が多い。

最もよく古式を伝える伊勢神宮では、妻柱の外方に離れて立つ棟持柱が最大の特色となっている。棟持柱は一世紀後半頃と推定される伝讃岐国出土銅鐸に描かれた高倉にみられ、構造的にも未熟であった弥生時代の技法と思われる。しかし、現在の正殿ではその必然性はなく、建物各部分の釣合や寸法は仏教伝来に伴ってもたらされた大陸の建築様式とほぼ同じ体系で成り立っている。同じ棟持柱でも出雲大社の場合は妻の中央柱を特に太くしてやや外方へ寄せた形式で、構造上は伊勢より進歩した技法であり、和歌山県鳴滝の五世紀前半の倉庫群遺跡に類例がある。こうした点から考えると、古式の神社建築はその骨格を古墳時代の建築様式におき、一部ではさかのぼって弥生時代の、またもう一方では仏教建築輸入以降の技法を交じえて成り立った形式としてよいであろう。純粋に一時期の建築の形を伝えるには、神社建築はあまりにも政治的産物でありすぎたのである。

飛鳥・白鳳時代――先進技術への急追

日本で最初の本格的仏教伽藍である飛鳥寺は、蘇我馬子の発願によって崇峻元年（五八八）に創立された。この年、百済から仏舎利のほか僧・寺工・鑪盤博士・瓦博士・画工を献じたので、その前年に物部守屋を滅ぼした馬子が、これを利用して寺を造り始めたのである。朝鮮半島諸国からの仏像・経典・造仏工・造寺工の贈与は、五三八年のいわゆる仏教公伝以後たびたびあり、蘇我氏や渡来系氏族で寺を営むことも細々と始まっていた。しかしそれらは住宅を改造した仏堂や草堂と呼ばれる簡素な建物であり、本格的な大陸式建築の出現は、やはり強大な権力と政治の裏付けを必要とした。飛鳥寺はいわば中央政治の実権を手中にした蘇我氏の戦勝記念として生まれたのであって、百済からの工人の渡来もおそらく蘇我氏の要請によったのであろう。ただしその遺跡から推測すると飛鳥寺には百済だけでなく高句麗の影響も強く加わり、また同じ伽藍を構成する建物にも新旧両様式が混在して、当時先進の半島文化を与えられるままに採り入れた観がある。

飛鳥寺に続いて渡来系氏族による氏寺の建立がいっせいに始まり、朝廷でも聖徳太子を中心とする仏教興隆策がとられて四天王寺や法隆寺が造営されると、仏教建築は急速な広まりをみせ、推古三十二年（六二四）には寺院の数は全国で四六になった。しかし遺跡や古瓦からみると、この時代の寺院は大和・山城・河内付近だけに限られ、その規模も小さなものが多い。寺院はすべて各氏族の氏寺であり、法隆寺も聖徳太子一族の氏寺なのであった。

ところが舒明十一年（六三九）百済川の畔で舒明天皇による大宮（百済宮）と大寺（百済寺）の造営が始まると、仏教伽藍は公的性格を強めて官寺への道を歩み出す。百済寺造営のため近江と越の丁が徴発され、九重塔を建てたという。九重塔の発想はおそらく北魏霊太后が五一六年に洛陽城内に建造した永寧寺の九層塔にならったもので、飛鳥寺をはじめとする氏寺に対抗する天皇家の権威の象徴であったのであろう。百済寺の遺跡はまだ確認されていないが、舒明十三年（六四一）に蘇我石川麻呂が造営を始めた山田寺では、玉虫厨子に類似した構造の金堂が建ったと推定され、瓦も山田寺式と呼ぶ新形式が現われる。また山田寺では金堂基壇の羽目石に彫刻を施し、回廊には蓮弁付礎石を用いるなど、他に例のない装飾がみられる。舒明朝には第一回の遣唐使が派遣され、それに伴った留学生たちもやがて帰国するので、建築文化の面でも新しいものが伝えられた可能性が大きい。

朝廷による大寺院の造営は、律令体制がようやく充実する天智朝以後本格化し、飛鳥の川原寺をはじめ、近江大津京には崇福寺・南滋賀廃寺が天智天皇によって建てられ、飛鳥に帰った天武天皇は百済寺を移して高市大寺（のちの大官大寺）を建立した。川原寺では華麗な複弁蓮華文の瓦が初めて現われ、建物も唐尺（天平尺）で設計されている。おそらく初唐の様式をもった建築がここで初めて造られたのであろう。一方、現存する法隆寺西院伽藍は天智九年（六七〇）の火災後、六八〇年頃に金堂・五重塔などの中心部が建立されたとみられるが、ここでは山田寺の系統を引く古式の組物が用いられ、造営尺も高麗尺である。官寺には最新様式が導入されながら、一般の寺ではまだ古い伝統が続き、法隆寺様式は飛鳥的要素を濃く残したものと解されよう。そのためか法隆寺様式は慶雲三年（七〇六）に竣工した法起寺三重塔を最後にして姿を消す。

官寺はこのあと持統二年（六八八）頃造立の薬師寺、持統八年に遷都した藤原京内への大官大寺の移築造営と続き、飛鳥・白鳳時代を代表する大官・薬師・元興（飛鳥寺）・弘福（川原寺）の四大寺が出そろう。飛鳥寺を除く三寺はいずれも七世紀後半の比較的近接した時期に建立されながら、伽藍配置や瓦の形式がそれぞれに異なるのは、新様式が中国から直接伝わったのではなく、朝鮮半島を経由したためと思われる。薬師寺の東西両塔を配した伽藍は新羅での流行形式であり、大官大寺では大唐様式と呼ばれる唐の瓦とそっくりな瓦を用い、建物の規模も桁はずれに大きくして、いっそう唐の文化への接近をねらった。この時代の建築は大陸の先進技術をつぎつぎに追い求め、めまぐるしく変化しながら最も新しい唐の様式へたどりつこうとする急追の道を歩んだのである。

なおそうした唐の制度の模倣は宮殿や都市の建設でもつぎつぎに新しい面を拓き、宮殿では初期には天皇の住居だけを主な施設としていたのが、大津宮や天武朝難波宮では大極殿や朝堂院が備わって威儀を加えた。さらに大津宮や難波宮はまだ建物がすべて掘立柱・檜皮葺という日本的なものであったのを、持統八年（六九四）遷都した藤原宮は、大極殿・朝堂院に仏教建築と全く同じ高い基壇上に立ち、屋根を瓦葺とした大陸式宮殿建築を実現した。中国の都城制度をとり入れた都市計画も、白雉二年（六五一）造営の長柄豊碕宮を先駆としてしだいに整備され、藤原京では道路を碁盤目状に配した本格的な条坊制都市の出現をみて、律令国家の首都にふさわしい偉容を整えたのである。

奈良時代——都市を飾る宮と寺

和銅三年（七一〇）、都は藤原京から平城京へ移された。わが国最初の条坊制都市を造り上げ、大宝元年（七〇一）の元朝儀式で、「文物の儀是において備われり」として、ようやく唐の文化に追いついたことを自賛した藤原京が、建都後十数年でさらに新しい地を求めざるを得なかったのは、大宝令の完成にともなって官僚機構が整備されると、都に住む人々の数も急速に増大し、大和三山に囲まれた狭い地域ではそれに対応することができなくなったためと考えられている。両京を比べると中心になる宮城の広さはほぼ同面積であるのに、市街地は約四倍になっている。新しい首都を飾るため飛鳥地方に散在していた官寺や氏寺が続々と移された。外国からの使節や辺地の蕃族たちに中央政府の勢威を示すためには、宮殿だけでなく首都全体が壮大、かつ華麗でなければならなかったのである。そのため神亀元年（七二四）には五位以上および富者の家を瓦葺丹塗にするよう促した勅令まで発した。

平城京内の宅地の発掘調査の結果からみると、住宅はすべて掘立柱で板または茅葺であり、貴族の邸宅では一〇尺を一間とする桁行七間程度の主屋をもち、多くの付属屋を配していたが、大多数を占めた下級官僚や庶民の家はせいぜい六～七尺一間で桁行五間・梁間二～三間程度の小さなものであった。短冊形に区切られた細長い敷地にこうした小さな主屋が道路からかなり入って置かれ、周囲に二、三の付属屋がつく状態であったから、都市といっても全体としては空閑地の多い農村的景観を呈していた。それだけに高い基壇上に建ち、瓦葺・丹塗とした宮殿や寺院はひときわめだつ存在であり、ことに五重・七重と高く聳え建つ仏塔はまさに国の華なのであった。平城京でも寺院建築と同じように瓦葺・丹塗にした建物は、大極殿を中心とする朝堂院のほかは朱雀門以下の外郭の門や大垣などごく一部に限られ、内裏や諸官衙は原則的に掘立柱の建物であったことが知られている。

平城京内の寺院建設はまず飛鳥から移された四大寺から始まった。藤原京で左右ほぼ対称に造られた薬師寺と大官大寺は、平城京でも似た位置で薬師寺と大安寺となった。また東の外京には元興寺と興福寺が南北に並んで営まれた。興福寺は藤原氏の氏寺であるが、飛鳥の弘福寺のかわりに四大寺の列に加わったのは、遷都が藤原不比等の政治的野心に基づく新しい舞台造りであったためとみられている。四大寺の中では最も早く和銅三年の遷都と共に寺も移り、同七年（七一四）には金堂が建ったという。大安寺は霊亀二年（七一六）、薬師寺と元興寺は養老二年（七一八）の移転と伝えている。

これらのうち薬師寺東塔のみが現存する。その建立年代は天平二年（七三〇）であるが、建築様式を他の天平時代の建物と比べるといちだんと古めかしい。これは平城京の薬師寺が伽藍配置だけでなく、金堂・塔など建物の大きさまで藤原京薬師寺と全く等しいので、建築様式も旧形式を踏襲したためと考えられている。実年代は天平時代であるが、様式的には七世紀末の初唐様式を伝えているのである。宮城の東に営まれた藤原不比等邸の隅に当たる海竜王寺に伝わる五重小塔も、薬師寺東塔と類似した古い形式をもっている。

平城京内での宮城や寺院造営の第一段階が終わった天平十三年（七四一）、聖武天皇は全国に国分寺・国分尼寺の二寺を建立する詔勅を発して、仏教は鎮護国家の国教的性格をますます強めた。残念ながらその建築は全く残らないが、国分寺は七重塔を原則とするなど、建物の規模は都の寺に匹敵する大きなものであったことが、各地の遺跡からわかる。国庁の官衙建築がすべて掘立柱であった中で、ここでも寺院建築が国府の華となった。聖武天皇の仏教への情熱はさらに天平十五年（七四三）の大仏造顕へと発展した。当時都は紫香楽京にあったのでそこで着手されたが失敗し、天平十七年に再び平城京へ帰ると一大伽藍の造営が始まった。これが東大寺で、その大仏殿は正面八八メートル、高さ四七メートルの大建築であり、前方には高さ一〇〇メートルの七重塔が東西に並立した。現在の大仏殿は宝永六年（一七〇九）の再建で、その時正面を五七メートルに縮小したが、それでもなお世界最大の木造建築なのである。

この頃の建築としては東大寺法華堂・同正倉院宝庫・同転害門・法隆寺東院夢殿・同伝法堂・西院伽藍の経蔵・東大門・食堂（旧政屋）などが残る。これらは基本的には薬師寺東塔と同じ唐様式であるが、部材に反りをつけるなど全体に柔らかみが加わる一方、構造面でもかなり進歩し、おそらく盛唐の建築様式を模したものと思われる。ただし中国の壁画などに残る盛唐様式の建築と比べると、その中でも比較的おとなしい形に属するから、様式の選択に当たっては神社建築に代表される簡明さを尊重した日本的好みが働いたとみてよい。そのためさらに造形の複雑さを加える晩唐様式はついに採り入れられることはなかった。

東大寺の後、平城京に造られた主な寺としては鑑真が天平宝字三年（七五九）に寺地を賜わって始めた唐招提寺や仲麻呂の乱後、法王となった道鏡が東大寺に匹敵する大伽藍を意図して称徳天皇にすすめ、天平神護元年（七六五）に創立した西大寺がある。唐招提寺には金堂・講堂と校倉二棟が創建当初のまま残り、天平伽藍の姿をよく伝える。しかしもともと私寺であったため経済上の困難が多く、講堂は平城宮の朝集殿を移築したほか、金堂はかなり遅れて七七〇年代末頃弟子の如宝の手で建てられた。一方、西大寺は金堂の棟や軒先に過度の装飾を施し、八角九重塔を計画するなど、やや奇抜な建物を造ったことが「資財帳」から知られる。天平時代後期の建築にはこの唐招提寺金堂を代表例として、ほかに天平宝字八年（七六四）頃の栄山寺八角堂や年代未詳の当麻寺東塔、元興寺極楽坊五重小塔、新薬師寺本堂などがある。これらを東大寺法華堂など天平前期の建築と比べると、よく似た形式でありながら余分な曲線が消えて整然としたまとまりを示す一方、その分、柔らかなふくらみや力強さを減じた観がある。この点は中国で唐様式がより複雑さを加えるのとは異なり、和様化の始まりと解されよう。先の西大寺でも四王院などの脇仏堂は檜皮葺で造られて寺院建築の日本化の進行を示しており、中枢仏殿の過度の装飾も、むしろ技術の停滞を粉飾する手段であったらしい。大陸文化への強い憧憬と摂取の情熱も、建築の面では東大寺建立の大事業を完成した満足感から遠いものとなり、以後はむしろ日本化の道をたどり始めるのである。

なおこうした仏教建築の発展経過は神社建築との接近をもたらし、神社建築でも組物を用いて屋根に曲線をつけ、あるいは彩色を施した春日造・流造・八幡造といった新しい形式の社殿が八世紀末から九世紀前半に生まれた。

平安時代前期――和風化の進行

延暦三年（七八四）、都は平城から山城の長岡京へ移ったが、一〇年後に再び平安京に移されて以後ここが千年をこえる長期間の首都となる。平安京の都市計画は平城京を踏襲したが、平城京ではまず大きな方眼地割をし、その線を中心線として大路を設けたので、朱雀大路のような広い道の脇では幅の狭い坪が生まれていたのに、平安京は最初から道幅を定め坪がすべて同面積となるよう計画的な地割がしてある。宮城には饗宴場として豊楽院が加わり、唐風にならった整備が進む一方、平城京に比べると朝堂院は狭くなり、より儀式化した場所となった。また京内の寺院は羅城門を入った両脇の東寺・西寺に限られて、その目的も王城鎮護に矮小化し、仏教都市の色彩が強かった平城京に対して、平安京は官僚制の実務に徹した都市であった。かつて建築の主役であった寺院はその座を失い、建築界全体が停滞の様相を示し始めるのである。

最澄・空海による密教の導入はむしろこの傾向を助長した。密教の特色はまず伽藍を山中に営んだことがあげられるが、山中では地形上の制約から大建築を造ることはできず、修法を重視する密教本来の立場からも華麗な堂塔は不用であった。檜皮葺の小堂を散在させたきわめて日本的な山地伽藍が新しく登場したが、それは天平時代の建築技術からいえば第二級のものであり、使われない技術は停滞せざるを得なかったのである。

密教はまた礼堂や板敷床を設ける点で仏教建築の日本化を促した。これらは天平時代から脇仏堂には現われたが、平安時代に入ると主要な堂宇に及び、ことに庇の発達が新しい造形を生みだした。室生寺は本来興福寺の別所として開かれながら、しだいに密教化した寺で、八世紀末の五重塔と九世紀中頃と推定される金堂が残って、当時の山地伽藍の形態を最もよく伝えている。両建物とも屋根を檜皮もしくはこけらで葺き、内部には低い床を張り、金堂には後世の改築を受けているけれども前面に庇による礼堂がついて、天平時代の建築とは全く趣の異なる日本的な姿をみせている。なお密教には天台宗の法華堂・常行堂、真言宗の真言堂・灌頂堂・五大堂、両宗に共通する多宝塔などの新種の建築が生まれたが、多宝塔が従来の層塔とは異なる形式であるほかは、平面や屋根の形に特色がみられるだけで技術面での新鮮さはなかったものと解される。

そうした中で宗勢が盛んになり、天皇の御願による寺院経営が九世紀末から始まると密教伽藍もしだいに壮大さを加える。貞観十八年（八七六）の大覚寺、仁和四年（八八八）の仁和寺はいずれも天皇の別荘を寺に改めたものであったが、延喜七年（九〇七）勅願所となった醍醐寺ではまず山上に薬師堂や五大堂が造られ、ついで延長四年（九二六）には山下の伽藍が営まれた。伽藍は天平時代に最も流行した興福寺式配置の踏襲であったが、金堂の前面には広い礼堂がつき、東西回廊の前端に鐘楼、経蔵を置いて絵画的効果をねらう新しい試みも行われている。現存する五重塔は天暦五年（九五一）の落成で、細部は天平以来の伝統を守り、全体に比例の整った美しい姿を示す。ただしその美しさは、醍醐寺の造営に当たってあらかじめ各地を調査し、姿のよいものを参考とした結果で、五重塔は普光寺を手本にしたという。完成した古典の模倣に安住する創造性喪失の中で、日本的な洗練化のみが建築の主流となったことを示している。なお山上伽藍に現存する薬師堂は保安二年（一一二一）再建である。

仏教建築の和風化を進めたもう一つの要因は野屋根の発明である。飛鳥・奈良時代の建築は垂木の上に直接瓦や厚板を葺く構造であったが、平安時代に入ると軒先に見える垂木の上に、別の野垂木を重ね、葺下地とする工法が始まった。これは仏教建築を檜皮葺や板葺にする時に瓦葺下の置土の代りとして発生したと考えられているが、雨の多い日本の建築に適した技術として急速に発展し、瓦葺でも野屋根を用いるのが普遍化する。野屋根ができると軒先の垂木は勾配がゆるくなり、外観は軽快さを増す。同じ頃、建物の内部でも一面に天井を張って穏やかな意匠とする日本化が進行し、ゆるい勾配の軒とその下の縁が室内の延長部ともなって、開放的な日本建築独特の空間を造り出した。正暦元年（九九〇）に再建された法隆寺大講堂は内部に天井を張って構造材を隠し、従来の力強い大陸建築式の空間構成とは趣を異にした簡明さを表わす一方、野屋根の採用で軒の垂木はゆるくなり、仏教建築の和風化を構造技術面で実証する好例となっている。

平安時代後期――日本美の完成

寛仁三年（一〇一九）、藤原道長が自邸京極殿隣に造立した無量寿院阿弥陀堂から仏教建築は新たな隆盛期を迎える。十世紀後半に良源、源信の起こした浄土信仰は永承七年（一〇五二）を末法の始まりとする不安感も加わって貴賤を問わず広まり、以後十二世紀末まで都・地方に数多くの浄土教建築が造られたのである。無量寿院は九体の阿弥陀仏を祀る長大な建物で、内部は立派に荘厳されてさながら極楽浄土であったという。道長はさらに金堂、五大堂、薬師堂、五重塔などを加えて法成寺と名づけ、自らもその中に建てた寝殿に住んで現世の浄土を満喫した。池を中心に各建物を配置した法成寺の構成は寝殿造住宅と共通しており、浄土教伽藍は寺と住宅の要素を混合したきわめて日本的な新しい型の寺院であった。そして邸宅的な性格からも繊細な優美さが好まれ、藤原貴族の耽美主義がいっそう建築の日本化を促進したのである。

道長の子頼通が宇治の別業を捨て天喜元年（一〇五三）に造立した平等院鳳凰堂は法成寺につぐ記念物であり、翼廊を配した美しい外観と工芸技術の粋を尽くして荘厳された堂内の華麗さは、「極楽疑わしくば宇治の御寺をうやまえ」と当時からもてはやされた。建築の細部でも法隆寺大講堂では野屋根を用いながら、まだ軒先の飛檐垂木が短い奈良時代以来の伝統を継いでいたのに、鳳凰堂はそれを延ばして優美さを増し、また三手先組物は以後、中・近世まで引き続く形式に整備された。鳳凰堂は造形的には日本美の完成であると同時に、建築様式や技術の面でもいわゆる和様の完成をみたのである。

浄土教の隆盛は極楽往生を願う功徳のため仏像や寺院を数多く造る風潮を生み、院政期に入る十一世紀末から十二世紀にかけては、京都で皇室関係の造寺がつぎつぎに行われたほか、貴族や庶民もこれをならい、都から遠く離れた地方にも波及して、建築界は空前の量と広がりをもつこととなった。皇室関係の寺では洛東白河に営まれた六勝寺（法勝寺〈一〇七七〉、尊勝寺〈一一〇二〉、最勝寺〈一一一八〉、円勝寺〈一一二八〉、成勝寺〈一一三九〉、延勝寺〈一一四九〉）、京都の南郊鳥羽に設けられた離宮に付属する形で営まれた証金剛院・成菩提院・勝光明院・安楽寿院・金剛心院（一一〇一～一一五四）などの諸院、鴨川の東、白河の南にひらいた後白河法皇の法住寺殿（一一六一）のうちに建立した諸寺が名高い。法勝寺の中に白河天皇の御所が営まれ、鳥羽離宮や法住寺殿では御堂が御所の一部になったように寺と住宅の一体化はさらに進行し、建築に優雅さや繊細さを求める耽美的傾向はいよいよ強まった。当然反復や類型化も進み、鳥羽の勝光明院や東北平泉で藤原秀衡が営んだ無量光院は平等院鳳凰堂を模したことで知られている。

この時代の遺構としては京都では法住寺殿の西に造られた蓮華王院の本堂が、建長元年（一二四九）の火災後、文永三年（一二六六）に再建されて残るが、この堂は桁行三十三間の内陣に一千一体の千手観音像を安置し、当時の大量造仏の壮観を伝える。また浄瑠璃寺本堂（一一五七）は法成寺を筆頭に記録では三十数棟造られたことがわかる九体阿弥陀堂の唯一の遺構である。なお奈良・京都を離れた地方にも遺構が見出されるようになるのがこの時代の特色で、中尊寺金色堂（一一二四）、願成寺阿弥陀堂（一一六〇）、富貴寺大堂などの浄土教建築のほか、密教伽藍としても石山寺本堂（一〇九八）や鶴林寺太子堂（一一一二）・一乗寺三重塔（一一七一）などが残る。なお当麻寺本堂（曼荼羅堂）は八世紀末頃建立の堂を永暦二年（一一六一）に改修し、従来は孫庇で設けられていた礼堂を大きくして屋根を新旧両堂にまたがらせ、奥行の深い一棟の建物としたもので、野屋根構造の発達の結果生まれた新しい型の仏堂であり、内・外陣に分かれた中世以後の密教本堂の最初の例となっている。

このほか神社建築でも平安時代前期には庇が発達して母屋に三面庇をつけた日吉造や、四面庇となった御上神社本殿などが生まれたが、後期になると京都八坂神社本殿のように仏教建築と類似した神殿や、北野天満宮のように後世の権現造の基となる複合社殿が現われる。と同時に古来の瑞垣や簡素な門に代って回廊や楼門などで社頭を飾ることも平安末期から始まり、神社建築はかなり多彩となった。神社建築の遺構も宇治上神社本殿、三仏寺投入堂（一一六八頃）など最古の建物が残されている。なお平安時代を代表する最も重要な建築である寝殿造住宅は絵画や記録からその姿が察せられるが、残念ながら建物として残るものはない。

中世

鎌倉時代——中国様式の新風

建築史の中世は治承四年（一一八〇）、平家の南都焼打ちによって焼亡した東大・興福両大寺の復興事業から始まる。ことに東大寺は大仏殿という超大規模の建物を再建するため、平安時代を経過するうちに形の優美さのみ求めて、構造面では停滞してしまった和様建築とは別の新しい技術を必要とした。ここで東大寺再建の勧進職となった重源が採用したのが大仏様（天竺様とも呼ぶ）であり、中国大陸からの建築技術の輸入が天平時代以来約四〇〇年間の空白期を経て再び行われ、日本の建築界に新風を吹きこんだのである。

東大・興福両大寺の復興事業はほぼ同時に発足したが、その進め方は対照的であった。藤原氏の氏寺である興福寺では堂塔の造営を各国に割り当てる平安時代以来の方法を採り、工匠も京都の中央官庁技官が指揮者となって、伝統的な和様で再建工事が行われたのに対して、東大寺では全責任が重源にゆだねられ、資金を勧進に頼る一方、来日中の宋人陳和卿を招いて技術指導に当たらせた。重源は入宋三度と自称し、大仏様は重源が宋で見た建築の中から採り入れたものと考えられている。ただし類似の様式は重源も訪れた天台山のある浙江省南部から福建、広東地方にかけて見られるものの、はっきりした手本がまだ確かめられないのが、大仏様の大きな謎となっている。また重源はこの様式を東大寺の再建と彼が七か所に建てた別所に用いたが、その遺構を比べると細部ではかなり異なると同時に、たとえば浄土寺浄土堂のように軒反りが全くない素朴な意匠もあって、はなはだ統一性に欠けている。こうした点からすると大仏様は中国様式の直模ではなく、重源と宋工による合作であって、そこへ日本人工匠の意見も加わり、その場その場での多彩な建築を生んだものとみられる。浄土寺浄土堂（一一九四）と東大寺南大門（一一九九）が大仏様の代表例であるが、後者には日本的要素が強い。大仏様は木割が太く豪放な意匠のため、重源の死後急速に衰えて和様に吸収されるが、その原因は成立の事情の中にすでに含まれていたのである。そして貫や木鼻にみられる構造面や装飾面での卓越性が和様に活気を与え、新和様と呼ぶ秀れた建築をつぎつぎに生んだ。興福寺でも三重塔や北円堂が残り、和様で進められた再建事業の実証となっているが、承元四年（一二一〇）の北円堂には貫が使われ、京都とは異なる南都和様の成立がうかがえる。その技術的優越を背景に建保元年（一二一三）再建の法勝寺九重塔や延応元年（一二三九）建立の東福寺仏殿など、京都へも南都工匠が進出した。

東大・興福両寺の再建は南都の他の寺へも大きな刺激を与え、元興寺・唐招提寺・法隆寺など天平時代以来の古寺の堂塔の修造、再建が盛んに行われた。それはまた南都仏教の復興活動でもあり、鎌倉時代を通じて南都の建築界は活況を呈した。ことに文永七年（一二七〇）頃までの鎌倉時代前・中期をみると全国に遺存する仏教建築六一棟のうち三三棟までが奈良地方に集中しており、この時代の建築界の中心が南都であったことがわかる。それを支えたのが新和様であった。一方、京都、滋賀などでも平安時代以来の天台・真言寺院で再建された堂塔がいくつか残るが、これらはいずれも伝統的和様が濃く、文永三年（一二六六）完成の三十三間堂に至ってようやく貫や木鼻など新様式の影響が現われる。

鎌倉時代にはまた禅宗に伴って新しい建築様式が伝えられた。これを禅宗様または唐様と呼ぶ。禅宗は建久二年（一一九一）宋から帰朝した栄西によって初めて伝えられ、ついで俊芿、道元が入宋求法を果たして新しい宋風文化をもたらした。しかし、栄西が重源の次の勧進職となって造営した東大寺鐘楼（一二一〇頃）には大仏様の要素が濃い点からみても、まだのちの禅宗様のような整った様式はこの時代には輸入されなかったことがわかる。円爾弁円（一二四一年帰朝）が開山となった東福寺も南北朝に再建された三門は大仏様系なので、当初も禅宗様ではなかったらしい。これは栄西の建立した聖福寺・建仁寺・寿福寺がいずれも禅院とはいえ天台・真言兼修であり、東福寺も顕・密・禅三宗兼学の寺院であったなど、まだ純粋の禅宗伽藍が成立しなかったことと関連するものと思われる。

しかし、寛元四年（一二四六）来朝の宋僧蘭渓道隆を鎌倉に迎え、幕府の庇護を得て建長三年（一二五一）に創立された建長寺では宋における軌則や風儀をそのままうつした「一向の唐様」が初めて行われた。建長寺は初代蘭渓から五代までの住持がすべて来朝の宋僧であり、その後も鎌倉時代末までは日本人と宋人の住持が相半ばした。その伽藍は永仁元年（一二九三）、正和四年（一三一五）などに被災して伝わらないが、元弘元年（一三三一）の指図では三門・仏殿・法堂・方丈が中軸線上に一列に並ぶ整然とした禅宗伽藍が描かれており、その純粋な宋風はおそらく創建当初までさかのぼって、建築における禅宗様も建長寺で確立したと考えられている。鎌倉では無学祖元（一二七九年来朝）を招いての円覚寺開創（一二八二）など宋僧による新文化の移入が引き続いて行われ、京都でも皇室の手で南禅寺が出現した。南禅寺は無関普門を開山に仰ぎ、無学祖元の法嗣である二世規庵祖円によって正応五年（一二九二）から正和二年（一三一三）の間に伽藍が整備され、京都で初めての純粋禅の専門道場となった。

禅宗様の遺構には十三世紀にさかのぼるものはなく、鎌倉時代の建築としても善福院釈迦堂（一三二七）など、一～二棟を遺すにすぎないが、善福院はのちの禅宗様と比べると木割が太く、細部も多少異なって古様を伝える。禅宗様は祖形を南宋末から元時代の杭州を中心とした中国・五山地域に求めることができるが、繊細な組物や軒の垂木を整然と配置する視覚上の整備が進み、また檜皮やこけら葺にした屋根などに日本的造形感覚が大きく加わっており、宋建築とは全く別のものとなっている。中国より様式的統一性が濃い点も大きな特色で、これは南北朝に入って禅院が官寺に位置づけられ、五山十刹制度の強い統制下に置かれたことと関連すると思われる。おそらく鎌倉時代には宋風様式の輸入は多様な形で行われ、禅宗建築にも後世のような型にはまらない活動性があったのであろう。折衷様はこうしたなかで生まれた。

折衷様は和様に大仏様、禅宗様の細部を採り入れた様式で、和様に大仏様が加わった新和様よりいっそう装飾性や構造面での巧妙さが進んだ技法である。その初期的な形式は文永七年（一二七〇）頃に現われるが（明通寺三重塔、慈眼院多宝塔）、一二九〇年代の鑁阿寺本堂や松生院本堂（戦災焼失）で新局面を拓き、十四世紀に入ると本山寺本堂（一三〇〇）、長保寺本堂（一三一一）、明王院本堂（一三二一）、浄土寺本堂（一三二七）などの華麗な建築を生んだ。そして南北朝に入ってますます優越し、観心寺金堂（一三七八頃）、鶴林寺本堂（一三九七）などの代表作を残すが、十五世紀中頃以降は生気を失って見るべき作品がなくなる。これは折衷様が中世密教本堂の発展と深くかかわっていたためで、鎌倉時代後期の多彩な建築は各地の密教本堂によって代表されている。

密教本堂は外陣と内陣を格子戸で隔てた奥行の深い空間をもつ仏堂で、その最初の遺構が平安末期に現われた（当麻寺本堂）あと、鎌倉時代に入るとしだいに発展し、長寿寺本堂、西明寺本堂（共に十三世紀前半）、大報恩寺本堂（一二二七）などの大型仏堂を生む。これらは和様であったが、十三世紀中頃から新和様に進み、それも初期には元興寺極楽坊本堂（一二四四）、明通寺本堂（一二五八）のように内部架構や天井の構成が比較的穏やかであったのが、長弓寺本堂（一二七九）以降、架構や装飾に清新さを競い、その中で新和様のおとなしさに飽き足らず、禅宗様の細部が導入されて建物ごとに新しい構造・意匠をみせる生気にあふれた折衷様の活躍する舞台となったのである。

なお鎌倉時代は神社建築も大きく発展した時代で、ことに拝殿・門・廊などの付属施設が整い、仏教寺院とかわらぬ整備された社殿群が構成された。本殿では春日造、流造の庇が意匠的に発達して隅木入り春日造や前室付流造のような新形式を生んだことが遺構から確かめられ、両流造、入母屋造などの基準的本殿遺構もこの時代から出そろう。また宇治上神社や石上神宮などの拝殿の遺構（共に鎌倉時代）ではその住宅的性格から当時の寝殿造をしのぶことができる。

南北朝・室町時代――拡散と地方化

一三〇〇年代の初めから一四〇〇年代の初めまで、南北朝時代を中心にしたおよそ一〇〇年間は、禅宗寺院と折衷様による密教寺院造営の最盛期に当たり、良質の建築が大量かつ各地方まで広範囲に建立されると共に、意匠面でも細部の彫刻的装飾が発達し始めて華やかさが加わり、いわば鎌倉時代に蓄積された建築技術が花を開いた時代である。禅宗は鎌倉の建長・円覚両寺の創建に続いて京都に純粋禅の南禅寺が創立されると急速に興隆し、京都に本拠を定めた室町幕府は足利尊氏が後醍醐天皇の菩提のため暦応二年（一三三九）に天竜寺を創め、同四年には五山制度を定めるなどいっそう禅宗の発展に尽くした。五山制度はその後至徳三年（一三八六）に足利家の家刹として相国寺が創立されるのと併せて十刹・諸山に至る拡充と再編が行われ、官寺としての擁護と中央集権体制の強化はさらに進む。この間に京都五山は文化・芸術の面でも全国に大きな影響を及ぼしたのである。

中世の禅宗建築遺構はほぼこの期間に集中している。京都では南禅・天竜・相国各寺のほか東福・建仁両寺の再建も行われ、これらの諸寺では火災のつど、すぐに復興事業が始まって五山のどれかは常に建築中というほどの活況を呈したのであったが、残念なことに現存するのは東福寺の三門（一四〇五）・禅堂・東司などにすぎない。そして東福寺は鎌倉時代創建時の様式を受け継いだためか大仏様の要素を強く保つので、いわば最盛期の本場の禅宗様を伝える建築が残っていないのである。この点は鎌倉五山についても同様であり、円覚寺舎利殿は中世末の永禄六年（一五六三）の一山被災後、鎌倉所在の大平寺仏殿を移築再建したもので、その建築年代も一四〇〇年前後と推定されている。したがって禅宗様建築の遺構は地方的、かつ中・小規模のものに限られるが、永保寺観音・開山両堂（十四世紀）・功山寺仏殿（十四世紀改造）・正福寺地蔵堂（一四〇七）・清白寺仏殿（一四一五）など優作が多く、また安楽寺八角三重塔（十四世紀）・飛驒安国寺経蔵（一四〇八）など種類の変化にも富む。様式的に見ると東日本と西日本では少し異なるが、全体としてよく似た形式で統一されているのが大きな特色で、五山制度の統制の結果と考えられている。南北朝時代には対明貿易などで中国との交流は盛んになるが、鎌倉の禅院が来日の宋・元僧の指導下にあったのと異なって、夢窓疎石とその法嗣春屋妙葩・義堂周信が天下の叢林を掌握し、建築技術の面では中国からの新しい輸入が絶えて、それまでの様式の中から選別集成されたものが全国的な規範となったのであろう。ただしそのなかで組物の間隔をそろえ、また隅だけの扇垂木から全面を扇垂木にするなど視覚を重視した細部の日本的整備は進み、時代差の指標となる。

なお禅宗文化の隆盛の中で生まれた新しい建築に楼閣がある。禅宗伽藍では中国の風を移して三門や法堂の上層に仏像を祀り、また方丈も二階を設けた例が多く行われたが、南北朝時代に入ると夢窓国師による作庭の推進と共に庭園建築としての楼閣が現われた。西芳寺の瑠璃殿がそれで、のちに足利義政が東山殿内に造った観音殿銀閣（一四八九）はこれを模したものといわれるが、その先蹤は足利義満にあって、義満は北山殿に舎利殿金閣（一三九八）を営み、また公邸としての室町殿にも観音殿を造った。以後の将軍邸には庭園内に観音閣を設けることが一つのきまりであったらしい。金閣・銀閣とも下層は住宅風としながら最上階は花燈窓を配した禅宗仏堂の姿としており、方丈上の楼閣を下敷きにして生まれたと考えられている。

鎌倉後期から南北朝にかけては、禅宗だけでなく従来近畿地方を中心にしていた仏教各宗派がいっせいに地方へ進出し、有力な守護大名や富豪の帰依を得て大規模な地方寺院が各地に数多く興った時代である。この間に変化に富んだ折衷様による優れた建築が多数生まれたことは、すでに前項で記した。広島・西郷寺本堂（一三五三）、島根・万福寺本堂（一三七四）はともに時宗であるが、こうした新仏教の仏堂遺構がみられるのも、この時代からである。しかし折衷様の大建築が鶴林寺本堂（一三九七）や観心寺金堂（一三七八年頃）以後は建てられなくなるように、こうした隆盛期も一四〇〇年頃を境として衰退する。そしてたとえば東福寺三門が至徳元年（一三八四）頃から建築を始めながら竣工は応永三十二年（一四二五）に至るなど、長期間の造営がめだち始める。観心寺金堂も中断・再造のため現在の姿の完成は永享十一年（一四三九）であった。円教寺大講堂では下層に永享十二年、上層に寛正三年（一四六二）の墨書があって、造営には少なくとも三〇年を要したことがわかる。もう少し時代が下った根来寺多宝塔は文明十二年（一四八〇）の資材収集から天文十六年（一五四七）の完成まで六七年の年月を費やした。

こうした寺院経済の逼迫から室町時代後半期には前期にみられた意欲的な建築作品がなくなる。ただし戦国大名の登場によって地方建築界は活発化し、ことに中部・関東や西国筋では遺構の数は前期より格段に多い。しかしこれらは規模が比較的小さく、また構造・意匠面での進歩も少ない。その中で注目されるのは一四〇〇年代の末頃から装飾的細部に地方色が現われ、また地方によっては構造・意匠の歪曲化がみられることで、これは応仁の乱以後中央の工匠が四散し、地方ごとに土着の工匠組織が生まれた結果と考えられている。なお浄土宗や日蓮宗寺院の本堂も室町時代に入ると遺構が残り始めるが、現存のものは小規模で禅宗仏殿風か、あるいは中心部を禅宗様とする例が多い。一方浄土真宗として唯一の中世遺構である照蓮寺本堂（一五〇四）は角柱に襖障子や遣戸を用いる全く住宅風の仏堂で、こうした本堂の宗派別特色は近世に引き継がれる。

神社建築は、鎌倉時代までは比較的簡素な形態を保っていたが、この時代に入ると平面・外観・細部がいっせいに多彩化し、特に応永以後寺院建築がふるわなくなるのと対照的に装飾面では建築界の旗手をつとめる活動をみせる。平面では鎌倉時代末に現われた前室付流造が普及し、また流造や春日造を横に何棟かつないだ連棟本殿やそれを組合せた連接形式が現われる。その結果総体的に大型化し、吉備津神社本殿（一四二五）のように内々陣を中心にした同心円状の複雑な平面をもち、屋根も比翼入母屋造とする大規模社殿も生まれた。屋根には千鳥破風や軒唐破風を飾り、細部にも虹梁や組物に禅宗様を用いて外観の派手さを競ったが、十六世紀に入ると彫刻装飾が急速に発達して、桃山建築の豪華さを演出する要素は神社建築の中で室町時代後期にほぼ出そろっていた。

この時代はまた住宅の変遷史上、寝殿造から書院造へ移行した注目すべき期間に当たる。柱が丸柱から角柱に移行し、柱間寸法も小さくなって最終的には畳割りによる内法制が設計の基準となった。平安時代以来の貴族住宅形式である寝殿造は中世へも引き継がれ、内裏はもちろん室町幕府の将軍邸も儀式を行う晴向の殿舎は寝殿造であった。しかし禅宗を介しての唐物文化が上流階級の心を捉え、唐絵をはじめ唐渡りの工芸品、文房具、書籍などを居室内に飾って生活を楽しむ風潮が生まれると、やがて専用の飾りの場を座敷に固定した書院造が成立した。足利義政が営んだ東山殿内に残る東求堂（一四八六）がその最古の遺構であり、またその会所にも押板・違棚・書院・上段などを設けた部屋のあったことが記録されている。会所は連歌・和歌・闘茶など社交・遊興の文芸的寄合の会場として発生したもので、足利義満の室町殿や北山殿に現われ、北山殿では唐絵・唐物の飾り具足を数多く並べて人々を驚かせた。以後同朋衆の成長とともに将軍邸内での会所の比重が増し、東山殿では会所と常御所が主要建物となった。書院造の要素である押板・棚・出文机（書院）などは南北朝時代から僧侶の住宅に個別に現われるが、それらが座敷飾の場として集中、固定されるのは会所の発達に比例し、書院造の成立は義政の時代をさほどさかのぼらないとみられている。なお角柱に障子・舞良戸を用いる書院造の構造面での基本形式は禅宗寺院の方丈建築に早くから現われ、東福寺塔頭竜吟庵方丈（一三八七）が最古の遺構となっている。そして大徳寺塔頭大仙院本堂（一五一三）、同竜源院本堂（一五一七頃）など室町後期の客殿遺構では、いっそう書院造の色彩を強める。大徳寺は鎌倉時代末の創立ながら、五山制度の体制からはずれたため長く孤立していたが、応仁の乱後、新興の戦国大名や富商を背景に五山の衰退と対照的に勃興した寺で、禅宗寺院におけるこうした勢力交替も近世への変移の一つである。

近世

桃山時代――覇将の建築

桃山時代は半世紀に満たぬ短い期間にすぎないが、古代・中世を通じて建築界に君臨した神仏のための建築から人のための建築への転換期に当たり、城郭・霊廟・茶室などの新しい建築が生まれるとともに、書院造を大成させた画期的時代である。これらが施主の個性を強く反映して豪華さのうちに多様性をみせ、あわただしく推移しながらまたたく間に完成の域に達したことも、他の時代には例のない激しい動きであった。

城郭は中世には要害堅固な山地に構えられ、戦闘を重視した「詰の城」であったが、信長・秀吉による天下統一の気運に向かうと、領地の統治に便利な開けた土地に居城を営むようになった。山城から平山城へ発展移行して、新しく城下町が形成される。城郭の建物も十六世紀初め頃から発達し、天文年間（一五三二～五五）には天守（天主）と呼ぶ高楼建築が姿を現わした。

天守は初期には一階または二階建の建物の大屋根上に展望用の座敷を据えた形式で、丸岡城天守（一五七六）や犬山城天守（十六世紀後半）がその古式を伝える。しかし天正四年（一五七六）に信長が築いた安土城天守は五重七階の大規模であるばかりでなく、金箔瓦や青・赤の瓦を用い、内部は狩野永徳一族の金碧障壁画で飾って、城郭建築の一大改新となった。天守は主要の目的を軍事上よりもむしろ政治上へ移し、城主の権威を誇示する建築となったのである。秀吉の築いた大坂城や聚楽第も豪華をきわめ、狩野派の手になる障壁画や聚楽第図屏風によると天守・櫓・殿舎の軒先や棟を金で飾って人目をそばだたせた。

ところが秀吉の没後再び戦雲が起こると城郭は虚飾を捨て軍事建築本来の発展をとげる。初期の天守では柱や垂木の木部を現わしていた望楼部も総塗籠とされ、高欄付の回縁をもたないものが多くなった。建物の構造も強化され、通し柱や胴差を巧みに用いて軸組を固めるとともに、外壁を厚くして防衛力の向上をはかった。石落しや鉄砲狭間なども完備し、木造建築としては最高の軍備が整う一方、唐破風・千鳥破風、火燈窓などの装飾性もまだ十分に残し、戦国時代を生き抜いた武将の知恵と個性をそれぞれにもりこんで城郭建築は頂点に達する。姫路城、彦根城、松本城など外観も美しい城郭建築の傑作はすべて慶長年間（一五九六～一六一五）の建築であり、江戸時代に入ると一国一城令（一六一五）など徳川幕府の統制がきびしくなって規模・意匠とも下降の道をたどる。

城郭の発達はその中に設けた殿舎の豪壮華麗化をうながし、工法にも野物材を多用して大規模な書院建築を作り出した。書院造は室町時代に会所や方丈に用いられてしだいに形を整えてきたが、桃山時代に武将の館として成熟する。その代表が秀吉の造営した聚楽第で、中心の大広間は正親町天皇を迎えて諸大名に忠誠を誓わせた対面の儀場となった。室町御所では儀式用のハレの場は依然として寝殿造であったのに対して、武将好みの新しい建築の誕生といってよい。床・棚・書院・帳台構などの座敷飾は室町時代にはばらばらに用いられていたが、桃山時代に入ると組合せ装飾として定着し、慶長末期には組合せに一定の形式が確立した。対面の機能を重視した上段ないし上々段を最高所とする部屋の配列や格付けが行われる中で、座敷飾や広縁が重要な要素となったのである。

この時代の書院造は表向きの建物が広間と呼ばれ、多くは広縁とその端に中門をもつ。聚楽第や大坂城の殿舎は残念ながら簡単な平面図しか残さないが、寺院の客殿には醍醐寺、園城寺、東寺などに慶長年間の遺構があって当時の姿を伝えている。そこでは広縁・中門のほか車寄せの唐破風があり、また建具では大部分が遣戸となったものの、まだ蔀戸や板扉の箇所がある。これらは江戸時代に入ると消え、寛永年間（一六二四～四四）には書院造の完成を迎えるが、こうした前代の古風を残しながら、内部では座敷飾や障壁画によって豪華な雰囲気を作りあげたのがこの時代の住宅の特色であった。

なお書院造の遺構は室町時代後期以降は大徳寺塔頭の方丈などで連続的にみられるようになるが、それらを通観すると永禄末年（一五六六頃）に柱間寸法の定め方が心々制から内法制に発展し、同時に床や書院が設けられ、また大画面の金碧障壁画が現われる変化が注目される。大徳寺の各塔頭は戦国武将と深いつながりがあったから、こうした変化が武家住宅と関連することは十分に考えられ、桃山時代の書院造の技術的基盤がこの頃に整ったものと思われる。

戦国武将は豪華な書院造住宅にハレの場をしつらえる一方、茶室の小空間に心の安らぎを求めた。茶の湯は室町時代から出現し、客をもてなす点茶や闘茶が庭園の中に建てられた会所で社交と遊びの要素を多分に含んで行われていた。広間の茶と呼ぶ方式で台子や棚を用い、茶立所で茶坊主が点てた茶が主人や客の前に運ばれる。ところが桃山時代に入って千利休が現われると、主人自身が茶を点て客をもてなすことに精神的な意義を見出し、数寄屋と呼ぶ小座敷の茶に新境地を開いた。その建築は書院・お茶屋などとも称し、広間の格式を捨てて専ら心の安らぎを求めたが、ついに草庵茶室に達する。それは広さ四畳半から二畳ほどの小部屋で、普通は周囲のほとんどを壁で閉じ、出入りにはにじり口を用い、床を設けてわずかに花や軸物を飾る閉鎖的な空間であり、外界と隔絶した中で主客は膝を接して心を通わせる。こうした草庵茶室は一見豪華な書院造住宅と矛盾する建築に思われるが、秀吉の築いた大坂城の一郭には風雅な山中の景色をかたどった山里丸が造られ、江戸城にもそれが継承されたように、戦国武将にとって生命をかけた戦の間に心をなぐさめるには、豪華と侘びとの両面が必要なのであった。秀吉が利休を重用する一方、黄金の茶室を造ったのは当時の茶の湯のありかたをよく示している。しかし、江戸時代に入ると利休の確立した侘びの茶だけが主流となり、遊びの施設としての茶屋は皇室や貴族の別邸など一部に受け継がれるだけとなった。草庵茶室も早く型が完成し、その伝統が墨守されて発展がみられなくなる。茶室は一見素朴ではあっても選りすぐった材料を用い、また技巧もこらしてある。たとえば藁屋根の農家の雰囲気を採り入れた掛込み天井や下地窓も決して本当の屋根下地や壁下地をみせたものではなく、そこだけ別の入念な工作をして美しさを演出しているのである。利休の茶室として唯一現存する待庵（一五八二頃）ですでにそれがみられるが、こうした創造性も茶人の個性を反映して桃山時代から江戸初期にかけての短い期間に出つくしたあと枯渇し、以後は先人の好んだ型としての伝承に終始した。

桃山時代の社寺建築は前半には永い戦乱と信長の破却によって壊滅するばかりの受難期をすごしたが、秀吉の方広寺大仏殿建立（一五九三上棟）を契機としてようやく立直りをみせ、特に秀吉の死後は秀頼の寄進による再建・修理がさかんに行われて、園城寺・東寺・相国寺・北野天満宮など都の内外の有力社寺が復興された。この復興事業は徳川家康が豊臣家の財力を消費させるためといわれるが、社寺建築にとってはひさびさの活気であった。多くの工匠が都に集められ、豪放な時代の空気を反映して桃山様式といわれる装飾ゆたかな建築が生まれた。その代表が秀吉を祀る豊国廟（一五九九）で、廟は大坂の陣後破却されたが、その一部が竹生島に移され、宝厳寺唐門・観音堂、都久夫須麻神社本殿として残っている。これらの建物は大柄な彫刻を各所にはめこみ、また漆塗や極彩色により、豪華に装飾されていて、その意匠の大胆さは類がない。同じ傾向の建物で聚楽第または伏見城の遺構と伝えるものが大徳寺唐門などいくつかあり、その真偽には論があるが、いずれにせよ秀吉にまつわる建築で桃山様式の誕生が語られる。

建築の彫刻による装飾化は室町時代中期から始まり、後期には工匠の地方分散とともに地方色が現われて、泉南・紀伊・但馬・播磨など畿内に接する地域で特に装飾的細部が発達した。それらが比較的小さな神社建築にみられるのは、郷村制の充実によって神社の新・改築が多く行われる中で、中央の伝統から離れた工匠たちが自由に腕をふるった結果である。そのため秀れた彫刻装飾がある一方、その密度や納まりが悪い不均衡さも各所に目立つ。桃山様式はこうした畿内周辺地域の工匠の登用によって成立した。おそらく豪華さを好んだ秀吉が注文を発し、工匠たちは従来に輪をかけて自由奔放な意匠を案出したのであろう。したがってその建築は豪華ではあってもやや荒削りで洗練さに欠け、また基盤も弱いものであった。桃山時代を代表する社寺建築遺構としては園城寺金堂

（一五九九）、東寺金堂（一六〇三）、北野天満宮本殿（一六〇七）などがあり、いずれも秀頼の再建になるが、これらは伝統を固守してむしろ古典復古様式ともいうべき建築である。それを演出したのは片桐且元やその信をうけた大和の中井一族を中心とした工匠たちであった。復古的なものとバロック的なものとが共存した時代であり、後者は施主の好みを強く反映させた様式であったために一般的な広がりをみせることはなく、たまたま地方の有力武将が中央の工匠を招いた場合などにのみ伝播した。それが伊達政宗による大崎八幡神社（一六〇七）や瑞巌寺本堂（一六〇九）であり、全国的にみればいわゆる桃山様式の全くない地方のほうが多い。そして江戸時代は前者の中に後者を組み込む形で、建物全体としては古典的な格式を強調しながら、細部では彫刻がその骨格をくずさない緻密さではめこまれる装飾技法が成立し、寛永年間（一六二四〜四四）に頂点に達する。なお建築設計の指針となる木割術は室町時代に発展し、桃山時代には木割書が成立した。江戸時代に入るとこれが金科玉条となって建築を生気のないものにするが、桃山時代に木割書がまとめられる背景には、新しく中央の工匠界を牛耳ろうとする工匠間の争いの中で、木割書が技術公認のための重要な手段となったことがうかがわれ、工匠界の近世的再編成もこうした社会的変化を軸にして進められた。

江戸時代―支配者の建築から庶民の建築へ

江戸時代は万治頃（一六六〇頃）を境にして前期と中・後期の二期に大別され、前期では桃山時代の気風が受け継がれて建築は豪華さを加え、むしろ封建制度の権威の象徴としての完成期を迎えたのであったが、中・後期には平和な時代の中で台頭した庶民の力が建築の姿を変えていった。前期は書院造や霊廟建築が絶頂期を形成する一方、公家社会も安定しその洗練された感覚から数寄屋風書院と呼ぶ新しい建築が生まれたいわば支配者文化の時代であり、中・後期は下層武士階級を含む庶民のための民家・学校（藩校）・劇場などが興隆し、社寺でも大衆信仰の拡大化に合わせた建築の発展をみたのである。

書院造は桃山時代にはまだ前代の寝殿造からの遺風を伝える部分があったが、元和から寛永にかけて幕府・諸藩とも大規模な御殿建築を営む中でそれらを払拭して完成の域に達した。開放的な中門がいかめしい玄関に変わるとともに、広縁も入側（廊下）となって格式を高め、柱や長押なども太くされて威厳を加えた。障壁画は桃山時代には内法下だけに施され、上方は白壁であったが、この時代に入ると内法上まで装飾される。建物の呼び名も広間から書院となった。二条城二の丸御殿は徳川家康が建てた御殿を寛永三年

（一六二六）、後水尾天皇行幸に際して改築した時の姿を伝えるもので、完成された書院造の典型的な例である。

霊廟建築も豊国廟の例にならった家康の東照宮で本格的な歩みを始め、久能山・日光（共に一六一七）のあと和歌浦（一六二一）など御三家や譜代大名家でも追随して幕藩体制の記念的建造物となり、いわばその総結集として没後二〇年の寛永十三年（一六三六）に日光東照宮の造替が完成した。その建築は善美をつくし彫刻・彩色・金具等で華麗に飾られるのはよく知られるところで、真に江戸時代前期を代表する建築である。家康に続いて二代秀忠、三代家光以下の霊廟も造営されるが、大猷院霊廟（家光・一六五三）ですでに多少緊迫感の薄らぎが現われ、以後七代家継まで続けられた建築は過飾のための歪曲が時代の下降とともに増加して、建築美も失われた。しかし各藩もそれぞれに多大の経費をついやして霊廟を営むことが流行し、江戸時代の前・中期では霊廟が社寺建築の筆頭の地位を占め、工匠の情熱も多くそそがれたのであった。なお日光東照宮の現在の姿には後世の修理で改修された部分も多い点は注意すべきで、寛永造替時には大半の建物は屋根が檜皮葺であり、また塗装にも木の木目を見せた透漆塗がかなり用いられて、全体に今よりずっと柔らかみをもつ意匠であった。寛永期には霊廟建築のほか清水寺本堂（一六三三）、延暦寺根本中堂（一六四〇）、西本願寺大師堂（一六三六）、知恩院本堂（一六三九）などすぐれた大建築の造営もあり、江戸時代を通じて建築界が最も高揚した時代である。このうち前者二棟は復古和様とも云うべき手固い建築であるが、後者は秀吉が建立した方広寺大仏殿の大仏様による通し柱の技術を応用した「立て登せ柱」の導入によって、比較的安価で大建築を造ることができるようになった点が注目される。

江戸時代前期はまた後水尾天皇や八条宮父子を中心に宮廷文化が華麗にくりひろげられた時代であり、そこから桂離宮（一六一六～六二）・曼殊院（一六五六）・西本願寺黒書院（一六五七）・修学院離宮（一六六三）などのすぐれた数寄屋風書院建築が生まれた。桂離宮や修学院の建築は「御茶屋」と呼ばれて侘びの中にも草庵茶室にみられぬはなやぎと明るさをもっている。それはきびしさを求めた利休の茶とは異質の宮廷的なみやびた遊びの精神によるもので、その自由な意匠が書院建築と融合して軽快でくつろぎのある新しい空間を創造した。数寄屋風書院はこのあと大名や富商の別荘に多く造られたが、時代が下るほど技巧化に走り、格調の高さでこの時期の建築を越えることはなかったのである。

民家は江戸時代前期以前にさかのぼる遺構はごく少なく、近畿地方を中心に約二〇棟を数えるにすぎないが、江戸時代中期になると残存数が急激に増え、その分布も全国に広がる。民家には地域での遅速はあるものの、寛文から元禄にかけての十七世紀後半と明和から天明頃の十八世紀末に転換期がみられる。前者は民家の規模や構造が飛躍的に向上して、閉鎖的な住いから開放的な住いへ発展した時代であり、広範に民家が残るようになったのはそのためである。第二の時期には接客空間の確保が進んで書院造の手法が民家にも大幅に導入され、また大黒柱など民家特有の造形の中でも家の格式を見せる部分が特に発達して、民家が構造・意匠とも立派になる。近畿などの先進地域を除くと、農家は十八世紀中頃までは広間型と呼ぶ三間取平面が普遍的であったが、十八世紀末に田の字型の四間取平面に発展した。これには差物を用いるなどの進んだ城郭建築の構法を民家に採り入れたのも一つの要因であり、それが先進地域では十七世紀中頃から始まるが、十八世紀末に至って全国的に民家の技法として確立するのである。町家も近畿では早く生まれた瓦葺で塗籠造とする防火建築が、この頃には各地に広がり、正面の意匠にも地方ごとの特色が現われる。

こうした町人文化の進展を背景に遊郭や劇場などの建築も発達し、その遺構も中・後期のものがいくつか残る。文治政策による学校建築の興隆もこの頃からで、幕府は儒学を官学として寛永七年（一六三〇）に上野忍岡に学問所を開き元禄三年（一六九〇）に神田へ移して昌平黌と名づけるが、これにならって藩校を設けるところが相つぎ、岡山藩閑谷学校（一六八四〜一七〇一）などのすぐれた建築が造られた。藩校の特色は書院造の校舎・塾舎と並んで孔子廟（大成殿）を必ず設けたことで、そうした漢学の素養や中国様式が江戸時代後期の文人趣味を育て、数寄屋風書院造とはやや異質の煎茶座敷を生む。なお藩校の最盛期は各藩がきそって人材養成に向かった江戸時代後期から末期に至る時代で、この時期の藩校建築が広く各地に残っている。

江戸時代中・後期の社寺建築ではその初頭に黄檗宗の渡来があり、中国・明の建築様式をそのまま輸入した黄檗様と呼ぶ新しい様式が現われる。しかしこれは長崎崇福寺や京都万福寺など黄檗宗寺院のみに用いられ、他に影響を及ぼすことはほとんどなかった。それよりも社寺建築に変化をもたらしたのは庶民信仰が娯楽性を帯びて発展した「札所めぐり」や行楽地への社寺参詣の流行で、寺院では外陣を開放して土足のまま礼拝する形の新しい本堂が現われ、神社も拝殿の規模が大きくなる。長野善光寺本堂（一七〇七）や成田山新勝寺本堂（現光明堂　一七〇一）はその代表例である。社寺が大衆施設としての性格を強める結果、江戸時代後期には彫刻装飾をあらゆるところに施して目先の変化を求める建築が増えるが、豪華に彩色した霊廟と異なってそれらがしだいに素木造となる点は興味深く、支配者の建築とは一味違った庶民性をそこに求めたのであろう。

二六　国宝概説——日本建築の発展と特質

国宝の種別と時代

国宝は重要文化財に指定されたもののなかから、特にその価値が高いことを条件にして選ばれており、建造物では重文一、九八二件三、一九六棟（昭和六十年八月一日現在）のうち、二〇七件二四九棟が国宝となっている。その種別と時代別の棟数は別表の通りであるが、件数では神社建築三七件、寺院建築一三八件、城郭建築八件、住宅関係二一件、洋風建築一件、その他二件である。神社のなかには霊廟建築が含まれて日光東照宮（五件）や輪王寺大猷院霊廟（一件）はここに属し、住宅関係には慈照寺銀閣や方丈型本堂のように仏堂の性格を併せもつものを含んでいる。三宝院唐門といった住宅附属の建築や茶室もここに入る。分類のうちその他は学校・劇場建築など遺構がごく少数のもので、国宝の二件は本願寺北能舞台（一五八一）と旧閑谷学校講堂（一七〇一）である。また洋風建築は今のところ大浦天守堂（一八六四）一件に限られている。なお重要文化財としては民家や石造物も多数指定されているが、これらの国宝は未だない。

種別の特色では寺院建築が全体の六割を占めて圧倒的に多く、遺構の年次も各時代にわたっている。このうち飛鳥・奈良時代の建物が二五件二六棟もあるのは我国の大きな誇りで、法隆寺が世界最古の木造建築であることはよく知られている。日本の仏教建築の基となった中国でも、石窟寺院などには古いものが残るが、木造では七八二年の南禅寺大殿が最古であり、奈良時代末期にあたるのである。これに対して平安時代の遺構が少ない（一九件二二棟）のは、やはり中心となる京都が戦乱で何回も焼かれているためで止むをえない。寺院建築は中世には中国から新様式の輸入もあって技術的に大きな発展を遂げ、各地に秀れた建築を生んだ。鎌倉・南北朝時代はその黄金期で、国宝もこの時期のものが多い。それに比べると室町時代以降は重要文化財の寺院建築遺構は増加するが、国宝となるものは限られている。

一方、神社建築は平安時代の後期に入って遺構がようやく現れ（二件二棟）、以後は各時代に分布するが、江戸時代に入ると急に

国宝建造物の時代別・種類別棟数表　（昭和六十年八月現在）

時代	神社	寺院	城郭	住宅	洋風	その他	計
飛鳥・奈良		26					26
平安	2	22					24
鎌倉	15	53					68
南北朝・室町	9	28	1	4			42
桃山	5	7	13	18		1	44
江戸	27	7	2	7	1	1	45
明治以降							
計（棟）	58	143	16	29	1	2	249
計（件）	37	138	8	21	1	2	207

（注）

一、近世以前のものは通常一件一棟であるが、法隆寺回廊（東西で二棟）、平等院鳳凰堂（翼廊・尾廊を含め四棟）のように複数棟のものがある。

二、神社建築で同形の本殿を並べるものは、鎌倉時代の円成寺春日堂・白山堂（二棟）、宇太水分神社本殿（三棟）をはじめ、江戸時代の上・下賀茂神社（各二棟）、住吉大社（四棟）、春日大社（四棟）、宇佐神宮（三棟）など、いずれも一件が複数棟となる。

三、一件で複数棟のものは通常同時の造営であるが、厳島神社は社殿全体の配置を重視して一件としたため、六棟のなかには鎌倉時代の三棟と室町時代造替の三棟が含まれ、表もそのように区分してある。松本城天守も一件五棟のうちに江戸時代増築の附櫓二棟があり、表の城郭の江戸2はこれである。

四、近世以降は二条城二の丸御殿（一件六棟）のように同時代の一連の造営のものは通常一件にまとめるが、姫路城（五件八棟）、日光東照宮（五件八棟）は建物ごとに一件としている。

五、上記のように件数と棟数は数え方が異るので、件数は種別の合計のみあげている。

多くなって神社の国宝三七件のうち一三件がここに含まれる。これは今日でも伊勢神宮で行われているように、古代に成立した神社建築の様式を式年造替の制度によって伝承し、建物の実際に建てられた年代は下るが、その形式は古く貴重と認められるものがあるからで、仏教建築にはみられない大きな特色である。仁科神明宮、出雲・住吉・春日の各大社、上・下の賀茂神社、宇佐神宮などの本殿（以上七件）がこれに当り、時代は桃山に遡るが日吉大社東・西両本宮本殿（二件）、神魂神社本殿（一件）も類似の例である。古代の神社建築は掘立柱が通例で、そのために木造建築としての耐用年限は短かった。式年造替はそれを補う独特の制度であり、こうした形で歴史を継承する建築のあり方は、世界にも例のない日本文化の特質の一つといってよい。なおこれらの神社の多くは今でも式年制を守っているが、現在の建物は再建時に既に掘立柱をやめて礎石立ちとなっており、式年時には全体を建てかえるのではなく、主として屋根葺替や塗装替で外見を新たにする修理を行い、建物の保存と歴史的儀礼の伝承との両立をはかっているのである。

神社や寺院と異り、実用の建築である住宅は古い建物が残り難い。宮殿・住宅関係の建築で最古の遺構には、平城宮朝集殿を移した唐招提寺講堂や、同じく天平貴族の邸宅を転用した法隆寺東院伝法堂がある。しかしこれらはいずれも早く奈良時代に寺院建築に転用されたために残ったものであり、そのさいに大改造をうけて住宅本来の姿を保ってはいない。下って平安時代に寝殿造と呼ぶ特色ある住宅形式が盛行したが、残念ながらその遺構は全くない。そんなことで住宅建築の最も古い遺構は南北朝時代末期の竜吟庵方丈（一三八七）となる。そして純粋な住宅ではないが火災で原物が失われた鹿苑寺金閣（一三九八）がこれに次ぎ、以後はしばらく期間を置いて同じ系列の慈照寺銀閣と東求堂（一四八六）が室町時代後期に姿をみせる。住宅建築としてようやく連続的に遺構が残るのは十六世紀に入ってからで、大仙院本堂（一五一三）がその筆頭に位置し、以下に大徳寺や妙心寺の塔頭住房がつづく。しかしこれらはなお主として方丈系の僧侶の住宅であり、当時の支配階級である武将の住宅形式を伝えるのは桃山時代に下る醍醐寺三宝院表書院、園城寺の勧学院・光浄院両客殿、東寺観智院客殿などが最も古い遺構となるのである。なお桃山時代に興った茶室は、建築としては木細く構造上弱いものが多いが、流儀の伝承が尊重されたことと関連して、千利休の茶室と伝える待庵をはじめとしていくつかの建物が残り、また「写し」として旧形を伝えるものも少なくない。

城郭建築も発生は古代に遡るが、天守と呼ぶ立派な建築が現れるのは室町後期のいわゆる戦国時代からであり、犬山城天守がその初期的形態の代表とされる。そして桃山時代に最盛期を迎え、松本城、彦根城、姫路城（五件）などが建てられたが、江戸時代に入ると一国一城令の施行（一六一五）もあって急速に衰退した。城郭の国宝が桃山時代に限られているのはその歴史の反映にほかならない。国宝は日本文化の精華であり、美術の鑑であると同時に、歴史の流れをよく示してくれるのである。

飛鳥・奈良時代――仏教建築の輸入

神社建築の原型が弥生時代に遡り、古墳時代には千木や堅魚木を備えた独特の形式がほぼ完成したとみられるように、日本の建築は永い歴史と秀れた技術・意匠をもっている。住宅も縄文時代の竪穴式から進んで、古墳時代には高床、平地、竪穴などさまざまな形式の建物が出揃う。しかしこれらはすべて柱を掘立式にする木造建築であったため寿命が短く、古い建物をそのまま伝えるものはない。そのかわりに式年造替で古い形式を保持してきたことは、既に前節でふれた通りである。

こうした日本の建築界に革命をもたらしたのは大陸から輸入した仏教建築である。日本で最初の本格的伽藍は崇峻元年（五八八）

294　法隆寺西院伽藍

に蘇我馬子が建立に着手した飛鳥寺で、これは百済から招請した寺工、露盤博士、瓦博士、画工の指導で造られた。いわゆる仏教公伝は五三八年とされ、普通これ以後を飛鳥時代としている。しかし飛鳥寺以前の仏教文化の流入は細々としたものであり、寺も住宅を改造した程度であった。それに対して飛鳥寺は高い基壇を築いて礎石を据え、柱の上には複雑な木組の斗栱を置き、軒は大きく張り広げて反りをつけ、屋根には瓦を葺いた本格的な大陸建築を出現させた。木部は丹・緑青・黄土で彩色され、要所に金銅の金具を飾り、塔には高い相輪が金色燦然と輝く。それは掘立柱で屋根は茅か檜皮で葺き、各部材は直線的な造形で白木造のままにした従来の素朴な建築に比べると、大変な技術的格差であった。その意味で建築史における飛鳥時代は飛鳥寺から始まるといってよい。

飛鳥寺につづいて各氏族の氏寺や聖徳太子主導による法隆寺・四天王寺などが七世紀始めに一斉に造られる。寺は大陸の先進文化の一大センターであり、壮麗な建築は建立者の勢威の表象であった。この時代の建築は残念ながら残らないが、発掘調査の結果、飛鳥寺には百済だけでなく高句麗文化も採り入れられ、当時の朝鮮半島諸国の進んだ技術を貪欲に摂取したことがうかがわれる。皇極二年（六四三）に金堂が造られた山田寺では建築様式も飛鳥寺や四天王寺とは異るらしく、先進文化の急ピッチな輸入とともに建築も大陸から様々な形式や技術が入ってきたと推定されている。山田寺では倒れた回廊が土中に埋もれたままそっくり発掘され、部材の仕口まで詳細に法隆寺の回廊と比較する資料が得られたが、両者ではかなり異る部分があって飛鳥建築が単一の様式ではなかったことを実証した。

現存する法隆寺西院伽藍の中枢部は、以前は聖徳太子が推古一五年（六〇七）に建立した当時のままと考えたこともあったが、発掘調査で若草伽藍跡が創建法隆寺と判明した結果、『日本書紀』に記された天智九年（六七〇）の火災で創建の寺は焼け、少し位置を移しての再建とするのがほぼ定説になった。金堂は六八〇年ころには既に完成し、五重塔、中門、回廊もあいついで建立されて、和銅四年（七一一）には荘厳し終ったと推定されている。ところで法隆寺建築が何故古く考えられたかといえば、強い胴張りをもつ太い柱、怪奇な曲線の雲形組物、人字形の蟇股など、のちの中国・唐代の建築を手本にしたと思われる奈良時代の建築とは全く異る構造と意匠をもち、また高麗尺と呼ぶ古い尺度を用いているからである。

政治制度充実のため中国式の宮殿や都城の形が積極的に採り入れられた天智朝（六六二～六七一）ころから、仏教建築も新しい様式の時代へ移る。つぎの天武・持統朝（六七二～六九六）へかけて飛鳥地方には川原寺、大官大寺、薬師寺が天皇勅願で建立され、これに飛鳥寺を加えた四大寺が政府直轄の官寺となった。これらにも残る建物はないが、瓦の文様や天平尺（唐尺ともいう）の採用から、唐文化の影響が看取される。法隆寺はこのように都の大寺が新様式で造られつつあった時代に、むしろ古い様式で再建された。そのため金堂では雲形組物に筋彫を施すなど石造建築風な意匠の強調がみられるのに、やや遅れる五重塔や中門ではそれが消えてこの様式独特の粘稠感が薄れる。さらに法隆寺様式最後の建築となった法起寺三重塔（七〇六）では部材の太さの比例が天平様式に近づくなど、順次その純粋性を失い衰退した。そして法隆寺でも伽藍の整備が進行して、回廊外方の経蔵、食堂、東大門などが建てられる時には、新しい天平様式が採用されたのである。

法隆寺の次に古い建築は薬師寺東塔で天平二年（七三〇）の建立である。薬師寺は始め藤原京に造られたが、和銅三年（七一〇）都が平城京に移ると、飛鳥の四大寺も一斉に移され新都を彩る華となった。そのさいに興福寺、大安寺などは新式の伽藍配置を採用し、建物もおそらく唐から直接学んだ新様式で建立したと思われるのに、薬師寺は藤原京の伽藍をそっくり再現した。東西両塔を並立した配置の斬新さと、金堂・塔とも各重に裳階をつけた姿の美しさによほどの自信があったのであろう。そのため東塔は奈良時代の建立ではあるが、他の天平建築より古い七世紀末の、いわゆる白鳳様式を伝えるとみられている。ともあれ、法隆寺や薬師寺のように実年代前の古い様式を伝える建築がある点は、先進文化を急速に採り入れた飛鳥時代の過渡的性格をよく示すものといえよう。

飛鳥時代には意外なほどの早さで進展した伽藍配置や建築様式の移り変りも、奈良時代に入ると安定する。薬師寺の双塔式伽藍配置が新羅の影響と考えられるように、七世紀には未だ唐文化の摂取は朝鮮半島を経由することが多かったが、奈良時代に入って遣唐使の往来が充実すると直接唐文化を学び、しかもそのなかから日本に適合したものを持ち帰った。奈良時代の建築がほぼ一様式なのはそのためである。歴史的にみれば奈良時代前半期の代表は平城宮と四大寺（大安・薬師・元興・興福の各寺）であり、そのなかでは古式の薬師寺東塔しか残らないが、天平年間までの遺構には法隆寺の西院経蔵・食堂・東大門、東院夢殿、同伝法堂、東大寺の法華堂、旧平城宮朝集殿（唐招提寺講堂）などがあり、いずれも様式的には近似する。ただ七三〇年ころ製作の海竜王寺五重小塔は薬師寺東塔の構法を少し発展させた形式をもち、なお初唐様式を継承しているから、天平初年までは未だ統一性が薄かったらしい。

天平勝宝三年（七五一）に東大寺大仏殿が建立されると奈良時代も後半期に入り、以下唐招提寺、西大寺などが造営される。この時期の代表的建物は唐招提寺金堂で、前半期と比べると組物がやや小ぶりになって整然とする一方、のびやかさが失われる。同じころの栄山寺八角堂や元興寺極楽坊五重小塔では、肘木の笹繰も消え、整頓と簡明さを好む日本的意匠が顔を出し始める。天平前期までの建築は柱頭に丸面をとって上の組物を大きくみせ、笹繰も肘木を力強くみせる手法であったが、木材の直線的な素直さを愛する日本人にとってこれらは余分な造型と映り、丸面や笹繰をもたない建物が増えていったのである。柱も法隆寺様式では強い胴張りをつけていたが、薬師寺東塔では上方三分の一を直線的に細める形状に変り、唐招提寺金堂では上下径の差が小さくなって以後はほぼ同圣となる。その代表は奈良時代末期の新薬師寺本堂で、ここでは既に中国から学んだ技法を脱却した日本的建築が完成している。こうして天平建築は日本建築の古典的地位を占め、以後の和様の原形となった。

天平後期の建物としては以上のほか東大寺転害門、当麻寺東塔があり、また校倉には正倉院正倉を始め東大寺本坊経庫、唐招提寺経蔵・同宝蔵などが残っている。

平安時代——日本化の進展

平安時代に入ると寺院建築は一変する。平城京ではいわゆる南都七大寺が政府直轄で造営され、建築界は空前の隆盛をみたのであったが、新しく都を移した平安京では旧仏教を退け、都市の形を整えるために羅城門を入った左右に東寺、西寺の二寺だけを設けた。かわって空海、最澄がもたらした密教が少しずつ勢力を拡げ、その修行の場として高野山、比叡山などの山中寺院が営まれる。密教にともなって真言堂や三昧堂など新しい形式の仏堂が建てられ、塔も奈良時代までの五重塔や七重塔とは別種の大塔がもたらされた。

しかしこれらの堂塔は嶮しい山中で造られることからも、屋根を板葺や檜皮葺とした質素な建物であり、修法のために板敷の床を設ける例も多くなって、仏教建築の日本化が一挙に進んだ。

室生寺は元来興福寺の別院であるが密教とも深い関連をもち、こうした山地伽藍の姿を最もよく伝える寺である。室生寺には八世紀末の五重塔と九世紀中ごろの金堂が遺るが、両者とも屋根を檜皮や杮で葺いたおだやかな外観をもち、内部には低い床を張ってきわめて日本的な建築となっている。仏堂は元来大陸式に土間が正規の形式であったが、奈良時代中ごろから前面に板敷の礼堂を設ける日本化がはじまり、密教本堂では一層普遍化したのである。九世紀末に三棟の小堂を合併して成立する延暦寺根本中堂はその好例で、江戸時代に再建された現在の建物も外陣を板敷、内陣を土間として古式を守っている。

九世紀末から密教寺院にも大覚寺（八七六）、仁和寺（八八八）、醍醐寺（九〇七）など天皇の御願寺として造営される寺が現れ、大規模な建築が造られるようになる。その代表が醍醐寺でこの寺は山上、山下に分かれ、まず山上に勅願の薬師堂や五大堂が建ち、延長四年（九二六）からは山下伽藍が営まれた。その配置は興福寺に似た天平時代式の構成であり、ただ金堂以下すべて檜皮葺とし、金堂前には礼堂のつく点が平安寺院らしい特色を示していた。現存する醍醐寺五重塔はやや遅れて天暦六年（九五二）に竣工し、平安時代中期の代表的遺構となっている。建物は天平様式をほぼ踏襲するが、地垂木も角とするなど一層和様化が進み、内部も基壇上に低い床を張る。なお山上には当初の規模を踏襲したと推定される保安二年（一一二一）再建の薬師堂が残るが、低平な軸部、緩勾配の軒、内陣の左右二材からなる蟇股などに平安後期の特色がよく現れている。

295　延暦寺根本中堂

建築の日本化を技術的側面から推進したのは野屋根の発明であり、その詳細がわかる最古の建物は正暦元年（九九〇）再建の法隆寺大講堂である。大陸建築は軒先にみえる垂木の上に直接瓦を葺き、奈良時代までの建築はこれを倣っていた。しかし平安時代に入るとその上に別の垂木

296　願成寺阿弥陀堂

を重ねて葺下地にする技法が生まれる。瓦の下に大量の葺土を置く替りに、檜皮葺や板葺にした場合、そのための野地を別に設けたのが起源らしい。野屋根が生まれると垂木は勾配を緩くすることができ、軒の出を深くしても軒先が下らずに明るく大きく広がる軒が作れるようになる。九世紀中ごろと推定される当麻寺西塔には既に簡単な野屋根があったらしいが、法隆寺大講堂では小屋組の細部まで判明した。この建物では緩い垂木が内部の庇の化粧天井となるのに対応して母屋にも大梁を隠した一面の組入平天井を張り、従来の仏堂とは全く異る平明な感じのきわめて日本的な空間を構成することに成功している。組物など様式的細部は醍醐寺五重塔と同様に奈良時代との差は少ないが、野屋根の発明が日本的造型を創出する大きな役割を果したのである。

天喜元年（一〇五三）に建てられた平等院鳳凰堂はそのような日本的建築美の完成した姿を示す。ここでも実は中堂の主体部は天平様式とさほど変わらない。進歩した点は三手先組物の隅での構造が、唐招提寺金堂を基本としながら当麻寺西塔、醍醐寺五重塔と少しずつ発達し、鳳凰堂ですべての斗が整然と並ぶ組方に完成して、以後はこれが規範となる程度である。しかし法隆寺大講堂では天平様式そのままに未だ短かった飛檐垂木が、鳳凰堂では長くなって優美な軒反りを形成し、また、柱、組物、垂木などを大面取にした裳階が、主体部の木太さを包みこんで全体を軽快かつ優しくみせている。屋根の荷重を感じさせないほどに軽やかな軒、木太さを隠す面取の技巧などは、当時の貴族たちの洗練された感覚から生まれたものであり、平安時代に入って少しづつ進行した建築の日本化も鳳凰堂で一頂点に達したとしてよいであろう。

平安時代後期は浄土教の全盛期で鳳凰堂はその初期の遺構であるが、十二世紀に入ると阿弥陀堂が全国各地にみられるようになる。中尊寺金色堂（一一二四）、願成寺阿弥陀堂（一一六〇）、富貴寺大堂などがその代表で、これらはまた奈良・京都などの首都圏外に現れる最古の遺構であり、その秀れた意匠や構法から、ようやくこの時期に中央の建築技術が広く地方へ及んだことを示している。これらの阿弥陀堂は常行三昧堂の系譜をひく一間四面堂形式が多く、鶴林寺太子堂（一一一二）も元来法華堂で、同じく一間四面堂に礼堂をつけた形である。記録では九体阿弥陀堂も数多く建てられたことが判るが、浄瑠璃寺本堂（一一五七）が唯一の遺構となった。これら十二世紀の建築の特色は軒先の垂木の勾配が一層緩くなって優美さを増す一方、全体が繊細に流れてやや弱々しくなったことで、藤原貴族の耽美的趣味が形の美しさだけを求めた結果である。ただし一方ではこのころから中世的技法も芽ばえ始める。永暦二年（一一六一）に奈良時代末の仏堂を改修して成立した当麻寺本堂は内陣・外陣に分かれた梁間六間におよぶ奥行の深い建築で、中世に盛行する密教本堂の最初の現存例となった。従来礼堂は孫庇または別棟の細殿で設けていたのを、野屋根構造の発達によって建物全体を一つの屋根で覆うことができるようになり、中世本堂への道が開かれたのである。また一乗寺三重塔（一一七一）では壁付の三斗組を通肘木にすることで構造強化を図っているが、これも以後の塔の模範となった。

なお平安時代後期には神社建築の遺構が始めて現れる。宇治上神社本殿と三仏寺投入堂で、ともに流造を基本とするが、京都・上下両賀茂神社にみられる古式の流造と比較すると庇も繁垂木となり、各部に大面取を施すなど、仏教建築の影響を受けて大きく発達変化していることがわかる。神社建築は早く飛鳥時代以前に神明造（仁科神明宮）、大社造（出雲大社本殿）、住吉造（住吉大社本殿）などが生まれ、奈良時代から平安初期には母屋に階隠の庇をつけた春日造（春日大社本殿）、流造（賀茂神社本殿）が成立したが、平安時代に入ると仏教建築や宮殿建築の影響で庇が発達し、三面庇の日吉造（日吉大社本殿）や四面庇の入母屋造本殿（御上神社本殿）が造られた。また本殿と拝殿を石の間で結んだ権現造も十二世紀末には北野神社で現れ、同じころ厳島神社本殿にみる両流造も成立したらしい。八幡造（宇佐神宮本殿）も仏教建築の双堂にならって成立したと推定される。このように平安時代は神社建築が発達して基本的な本殿形式がほぼ出揃い、またその末期には附属建物に寺院風の回廊や門を採り入れて、社頭の景観も大いに整備された時代であった。

鎌倉時代――宋様式による活性化

建築界の中世は源平争乱で治承四年（一一八〇）に焼失した南都の東大・興福両寺の復興から始まる。両寺ともさらに後世罹災し

297　東大寺南大門

て中心部はそのままではないが、東大寺には南大門（一一九九）、開山堂（一二〇〇）、鐘楼（一二〇六～九）、興福寺には北円堂（一二一〇）、三重塔（十三世紀初）が残って当時の建築の動きを知ることができる。両寺の復興は対照的で、藤原氏の氏寺である興福寺が京都から工匠の派遣をうけ伝統的な技法で再建したのに対して、東大寺は僧重源を勧進職に任じて広く募金するとともに、重源が宋でみた新しい様式で再建された。これを大仏様と呼び、従来の伝統様式を和様という。大仏様は東大寺南大門でみるように貫や挿肘木を用いて軸組と組物を一体にしながら丈夫に組立てるのが特色で、大建築に適した構法である。重源がこれを採用したのは巨大な大仏殿を造るには従来の和様では心もとないと判断したためであろう。事実奈良時代に建立された大仏殿は早くも二十年後には多数の支柱を必要とする有様であった。

重源は東大寺と彼が開いた七ヵ所の別所を大仏様で建て、播磨別所には浄土寺浄土堂（一一九四）が残っている。浄土堂と南大門を比べると斗の並べ方や軒の構法が少し異り、前者が宋様式を生のまま現出させたのに対して、後者には日本的な感覚による整備が加えられている。東大寺では宋工と和工が協同して建築にあたっているから、おそらく伝統ある東大寺に合わせた補正であろう。しかしこれほど思い切った新様式の採用は時代の転換期ならではであり、大仏様は重源の死後急速に衰退するが、その秀れた技法は沈滞した日本の建築技術に新しい生命を吹きこんで中世建築の華やかな幕を開いた。興福寺北円堂も外見は純和様であるが、貫や力垂木の新構法を巧みに採り入れ、京都とは異る堅実な南都和様の誕生をみせている。

東大・興福両寺の再建と平安末期からの戒律復興運動の興隆が重なって、鎌倉時代の南都建築界は久しぶりの活況を呈し、奈良時代以来の伽藍の修造や再建が行われる一方、新たな堂塔も数多く建てられた。例えば法隆寺では東院の舎利殿・絵殿（一二一九）、同礼堂（一二三一）などが旧建物を廃して新築されて中心の夢殿は再建に近い大修理（一二三〇）をうけたし、西円堂（一二五〇）、三経院・西室（一二三一）、聖霊院（一二八四）、東院鐘楼（十三世紀中ごろ）などが再建され、唐招提寺でも鼓楼（一二四〇）、礼堂（一二八四）を再建、講堂を大修理している。秋篠寺本堂、海住山寺五重塔（一二一四）なども鎌倉時代初期の建築である。これらの建物は天平以来の伝統をついだ木割の太い和様であり、北円堂や秋篠寺本堂ではいち早く貫を用いるなど新構法を積極的に採り入れて、平安末期の弱々しくなってしまった建築を再生したのであったが、さらに木鼻や桟唐戸など大仏様の装飾的細部を導入して、従来のおとなしい和様から一歩進んだ様式を作りだした。その代表が唐招提寺鼓楼（一二四〇）や元興寺極楽坊本堂（一二四四）でこれを新和様と呼び、鎌倉中期以降の南都建築の主流となった。

南都に比べると京都周辺はやや寂しく、蓮花門（一一九二）を始めとする東寺の諸門や石山寺多宝塔（一一九四）が古寺再興の代表となるが、むしろここでは密教寺院の建築が中世的装いを新たにして登場したのが注目される。京都の大報恩寺本堂（一二二七）、滋賀の長寿寺本堂（十三世紀初）、西明寺本堂（十三世紀初・十四世紀拡張）などで、いずれも内・外陣に分かれた奥行の深い平面をもち、中世本堂の初期の例である。これらは従来の和様の継承であったが、京都でも十三世紀中ごろになると光明寺二王門（一二四八）や蓮華王院本堂（三十三間堂）（一二六六）のように新様式の影響をうけたものが現れ、このころから南北両京の建築界が融合して前代の平安的繊細さを払拭した端正な鎌倉建築が共通のものとなったことがうかがわれる。

鎌倉時代後期に入ると仏教の大衆化とともに密教寺院が全国的に興隆し、規模の大きな秀れた建築が各地にみられるようになる。若狭の明通寺本堂（一二五八）・同三重塔（一二七〇）をはじめ奈良郊外の長弓寺（一二七九）および霊山寺各本堂（一二八三）、薬師寺東院堂（一二八五）、兵庫太山寺本堂（一三〇〇ころ）、香川本山寺本堂（一三〇〇）、愛媛太山寺本堂（一三〇五）、山梨大善寺本堂（一二八六）などで、これらは主として和様に大仏様の細部を採り入れた新和様系であるが、やがてより新しい意匠や構法を求めて禅宗様をも加えた建築が現れる。それが折衷様で和歌山・松生院本堂（一二九五・戦災焼失）を筆頭にして十四世紀に入ると瀬戸内海沿岸を中心に広まり、長保寺本堂（一三一一）、明王院本堂（一三二一）、浄土寺本堂（一三二七）・同多宝塔（一三二九）などの華やかさを増した建築を生んだ。

禅宗様は禅宗とともに中国から伝えられた建築様式で、大仏様が古拙な面をもつのに比べると、宋朝の正統様式というべきものである。その初期的な伝播は栄西が重源の後をうけて勧進職となって建立した東大寺鐘楼（一二一〇頃）にみられるが、純粋な禅宗様の確立は始めての専門禅刹として建長寺（一二五三）が建立されるまで下るらしい。以後は同じ鎌倉の円覚寺（一二八二）を始め、京都でも南禅寺（一二九二）が創立されて次第に隆盛に向かうが、遺構としては鎌倉時代のものは山口・功山寺仏殿（一三二〇）、和歌山・善福院釈迦堂（一三二七）など一、二に過ぎない。しかもこれらは次の南北朝期に入って多く現われる禅宗建築遺構とはやや異色の様式をもち、鎌倉時代には禅宗様は後世のように統一された一様式ではなかったことを示している。そうした禅宗様の多様さがそこからの自由な応用を可能にして折衷様を生んだのである。

なお寺院建築では鎌倉時代には住宅風仏堂の遺構が多いことが一特色となっている。平安末期の阿弥陀堂は寝殿造住宅と並立したり、持仏堂として邸宅内の一隅に建てることが多く、また参籠所を内部にしつらえたりしたので住宅風の要素を濃くもっていたが、鎌倉時代の小仏堂はそれをうけついだ。高山寺石水院、金剛峯寺不動堂、金蓮寺弥陀堂、十輪院本堂（以上いずれも鎌倉後期）などが代表で、広隆寺桂宮院本堂（一二五一）は八角円堂が住宅風に日本化しためずらしい建築である。また法隆寺聖霊院（一二八四）は寝殿造の対屋に似せた構成をもち、遺構の全くない寝殿造住宅を推測する絶好の資料となっている。

神社建築の遺構は平安時代にはわずか二棟であったが、当代に入ると国宝・重要文化財ともに大幅に増加し、本殿だけでなく拝殿、門など各種の建築がみられるようになる。流造として造営年次がわかる建物では最古の香川・神谷神社本殿（一二一九）、春日造で最も古い奈良・円成寺春日堂・白山堂（一二二八）、両流造の広島・厳島神社本殿（一二四一）、入母屋造の滋賀・御上神社本殿（一三三七）などが遺構として出揃い、拝殿も仏堂風の奈良・石上神宮拝殿（一三世紀初）、住宅風の京都・宇治上神社拝殿（一三〇〇ころ）、割拝殿形式の奈良・石上神宮摂社出雲建雄神社拝殿（一三〇〇）、大阪・桜井神社拝殿などと変化に富む。これらは建築様式の面では寺院建築と全く等しく、鎌倉中期まではほぼ純粋な和様によるおとなしい意匠の建物であったが、十四世紀に入ると滋賀・苗村神社西本殿（一三〇八）や奈良・宇太水分神社本殿（一三二〇）のように、彫刻的細部の発達したにぎやかなものへ移行する。

南北朝・室町時代――建築技術の開花と分散

南北朝時代から十五世紀始めの応永年間にわたる約百年は、禅宗建築と折衷様建築の最盛期に当る。京都に室町幕府が成立すると禅宗は官寺化され、康永元年（一三四二）には五山十刹制度が定められた。その下に諸山を置き幕府の強い統制下に禅宗の振興を図ったのである。至徳二年（一三八五）将軍家の家刹として相国寺が創立されるほか地方豪族にも外護者が増加し、禅宗寺院は広く各地に進出した。翌年五山の編成替えが行われた時には十刹・諸山は一九五寺以上を数えている。京都五山はそれぞれに何回かの火災に遭いながらその都度復興され、鎌倉でも建長寺、円覚寺が被災と復興の歴史をたどって、応永末年ころまでは京・鎌倉五山とも整備された大伽藍の威容を誇っていた。

禅宗様建築の代表的遺構はほぼこの百年間に集中している。ただし五山では京都・東福寺三門（一四〇五）・同禅堂が遺る程度で、他はすべて地方寺院である。岐阜・永保寺観音堂・同開山堂（一三四七）、長野・安楽寺八角三重塔、東京・正福寺地蔵堂（一四〇七）、鎌倉・円覚寺舎利殿、岐阜・安国寺経蔵（一四〇八）、山梨・清白寺仏殿（一四一五）、広島・向上寺三重塔（一四三五）のほか重要文化財の建築も数多い。このうち東福寺が創立以来の伝統と思われる大仏様系であるほかは、すべてほぼ同じ様式である点は注目され、夢窓疎石・春屋妙葩とつづく僧綱の強力な中央統率下に、禅宗建築の標準様式による単一化が進んだためと考えられている。

298　正福寺地蔵堂（部分）

この時代はまた密教系の地方寺院も一層興隆し、鎌倉末期に生まれた折衷様はますます活動の場を広げた。大阪・観心寺金堂（一三七八年ころ）、兵庫・鶴林寺本堂（一三九七）、同朝光寺本堂（一四一三）など、折衷様の特色とする細部装飾や構法の巧みさを最もよく発揮した建築が造られた。一方、京都系伝統の濃い地域では和様も根強く残り、教王護国寺大師堂（一三九五）をはじめ滋賀・善水寺本堂（一三六四）、同常楽寺本堂（十四世紀）・同三重塔（一四〇〇）、山形・羽黒山五重塔（一三七七）、山口・瑠璃光寺五重塔（一四四二）などが建築される。この時代の和様は鎌倉中期に南都系との融合で成立した木太い堅実なものをうけつぎ、華やかさはないが落着いた安定感をもっており、その支持は以後も長くつづいて近世に下っても滋賀・園城寺金堂

299　鹿苑寺金閣

（一五九九）、京都・清水寺本堂（一六三三）など伝統と格式を重んじる建築に用いられた。なお応永末年に奈良では興福寺東金堂（一四一五）・同五重塔（一四二六）が再建されるが、これは完全な復古様式である。

こうした寺院建築の隆盛と競って神社建築にも複合化した大型社殿が現れ、また鎌倉末期から始まった彫刻的細部の発達が顕著になる。一間社流造本殿五棟を連続して相の間を含めると九間社流造の形式になる山口・住吉神社本殿（一三七〇）、内内陣・内陣・中陣・外陣の同心円構成になる大規模な岡山・吉備津神社社殿（一四二五）などが前者の代表で、これらは千鳥破風をつけたり比翼入母屋造とするなど、屋根の形も複雑で変化に富む。同じころ軒唐破風付の本殿も現われ、神社建築の外観は南北朝期から急速に華やかさを加えた。一方、滋賀・園城寺新羅善神堂（十四世紀後半）や大笹原神社本殿（一四一四）では欄間・建具・格狭間などに彫刻をはめ込み、また蟇股内の彫刻も肉太とするなど、寺院建築にはない積極的な彫刻の活用がみられ、以後建築の装飾性では神社建築が常に先頭を行くことになる。

以上のように室町時代も応永末年ころまでは寺院・神社建築とも隆盛し、鎌倉時代後期から始まった地方への進出も質・量ともに充実して、いわば新様式輸入に触発されながら蓄積した鎌倉時代の建築技術が大きく花を開いた時代であった。しかし以後は東国などではむしろ遺構の数が急速に増えるのであるが比較的規模の小さい建物が多く、質的にもみるべきものは少ない。中央では法隆寺南大門（一四三八）、金峯山寺二王門（一四五六）、根来寺多宝塔（一五一三）などがあるが、いずれもおとなしい和様系であり、かつての折衷様のような新工夫の競い合いはみられなくなる。かわって細部の装飾化が進むとともに室町時代後期には地方色が顕著となり、意匠面では多少均衡を失するような社寺建築も現れた。

住宅建築の面では南北朝・室町時代は寝殿造から書院造への移行期に当り、また楼閣建築の誕生をみた変化に富む時代である。住宅建築の遺構も始めて現れる。京都・東福寺竜吟庵方丈（一三八七）がその最古の建築で、ここでは角柱を用い長押をめぐらし各室とも天井を張るなど書院造の基本構造は整うものの、蔀戸や側面の板扉など寝殿造風の構成も残している。当時の住宅は指図に残る将軍邸室町殿などでみると、表向き御殿は未だ全くの寝殿造であったが、足利義満が応永四年（一三九七）から営んだ別荘北山殿では舎利殿金閣を中心に寝殿造の御所を配する一方、くだけた社交の場として会所を設けた。この会所や常御殿が書見や唐物飾りの場として床・棚・書院を設け、しだいに書院造の要素を強めた。足利義政が北山殿にならって経営した東山殿の東求堂（一四八六）は持仏堂として建てられた建築であるが、書斎の同仁斎には書院と違棚がついて書院造の初期の姿を示している。金閣の初重は蔀戸と板扉であったのに、銀閣（一四八九）は引違戸となる。十六世紀に入ると京都・大徳寺大仙院本堂（一五一三）は室中正面の桟唐戸以外の建具をすべて舞良戸・明障子とするなど、竜吟庵方丈に比べると書院造的特色が一層顕著になった。

楼閣建築は禅宗とともに輸入され、庭園建築としては南北朝時代に夢窓国師が再興した京都西芳寺の瑠璃殿を先蹤とするが、東山殿の銀閣はこれを模したものという。金閣・銀閣ともに下層を住宅風、最上階を仏堂風として屋頂に鳳凰を飾り、仏堂部分には禅宗様式の装飾が施されるのは、禅宗伽藍で方丈の上に楼閣をのせたのが手本になったと考えられている。ともあれ住宅に始めて二階・三階が造られたことは高く評価され、初期の城郭建築で天守などの最上階に花頭窓をつける例がかなりみられるのも、ここからの影響と思われる。

桃山・江戸時代――神仏から人のための建築へ

桃山時代は半世紀にも満たぬ短い期間ながら城郭、霊廟、茶室などの新しい建築が生まれる一方、社寺関係では桃山様式と呼ぶ豪華な建築が一時期を画し、また書院造が大成した華やかな時代である。古代・中世を通じて常に建築界の王者であった宗教建築に替り、人間のための建築が主役に躍り出て近世文化の幕を開いた。これにつづく江戸時代は寛永末年ころまでは桃山の気風をうけつぎ、霊廟や書院造住宅はむしろその豪華さを増大させたのであったが、他の分野では創造性が失われて停滞し、わずかに数寄屋風書院が新風となる程度であった。さらに、江戸時代中期以降には民家をはじめ学校・劇場など庶民建築や公共建築が台頭発展して建築文化の相も大きな変化を遂げたが、これらのなかの国宝は未だごく少ない。

社寺建築は室町時代後半から打ちつづく戦乱に破壊のみ蒙って建設が途絶えていたが、豊臣秀吉が聚楽第（一五八五）、方広寺大仏殿（一五八六）の建設に着手したころからようやく復興の気運に向かう。都の急速な再建のため諸国から工匠が集められ、豪華好みの覇者の気風を反映して一足とびに派手な建築が造られた。これを桃山様式と呼び、室町時代後期の地方分立で生まれた特色ある細部技法が集まり、なかでも和泉・紀伊地方の神社建築に多い華麗な彫刻装飾が基本になって成立したと考えられている。その代表は秀吉の没後、彼のために造られた豊国廟（一五九九）で、破却後その一部を移築した都久夫須麻神社本殿（一六〇二）や宝厳寺唐門（一六〇三）が遺り、大柄な彫刻で飾られた豪華な姿を知ることができる。

ところが同じころ歴史の古い社寺では和様を基調にした復古的再建が行われた。園城寺金堂（一五九九）、教王護国寺金堂（一六〇三）、北野天満宮社殿（一六〇七）がその典型で、桃山様式に数えられるのは三宝院・大徳寺・豊国神社の各唐門ぐらいであり、これらはいずれも秀吉関連の遺構と伝えている。こうした点からみると桃山様式は京都でも一種の異端建築として扱われたらしく、その原因は粗放とも映る大胆な彫刻装飾にあった。そして地方へもほとんど伝わらず、ただ秀吉に劣らず気質豪快な伊達政宗が紀州から工匠を招いた奥州仙台の地に移植された程度に過ぎない。大崎八幡神社（一六〇七）、瑞巌寺本堂（一六〇九）・同庫裏（同上）がその遺構である。

江戸時代の社寺建築も幕府が直接造営したものは様式的には復古調が強く、建て登せ柱と梁組の発達で大きな屋根をのせる点に近世的特色を出す程度であったが、霊廟建築は彫刻や塗装で飾りたて幕府の権力の象徴とした。おそらく豊国廟の華麗さに対抗したのであろう。それでも家康没後すぐに造られた東照宮は久能山・日光とも未だ彫刻的細部は少なく塗装も控え目であったが、家光が造営した台徳院霊廟（一六三二　戦災焼失）や寛永造替の日光東照宮（一六三六）は、建物の表面を覆い隠すほどの飾装を施し、工芸技術の粋をつくした建築を出現させて人目を驚かした。ただその装飾は桃山様式の奔放さとは異る細部技巧に走ったものであったために、寛永年間を頂点として次の大猷院霊廟（一六五三）では早くも定型化による萎縮がみられ、以後はデフォルメの道をたどった。なお江戸時代の社寺建築では参詣の大衆化と娯楽化にともなって、外陣を土足で踏みこめるように開放的に取扱う新しい形の建築が登場した点も大きな特色で、長野・善光寺本堂（一七〇七）はその代表である。また様式面では黄檗宗とともに中国明末の建築様式が輸入され、長崎・崇福寺第一峰門（一六四四）・同大雄宝殿（一六四六）、京都・万福寺伽藍（一六六一～七八）などが建てられたが、他への影響は少なかった。

大規模な城郭建築とそれに附随した豪華な書院造邸宅は、近世建築の華であり、いわば近世封建制度から生まれた必然の建築といってよい。城郭は織田信長が天正四年（一五七六）に築いた安土城を画期に急速な発展を遂げ、中世の山城から平山城または平城へ移行して、戦争よりも統治を主眼にした領主の権勢のシンボルとなった。城郭建築としては最も古い犬山城や丸岡城（一五七六）の天守は入母屋造の櫓に小さな望楼をのせた簡素な形式で、柱や垂木も外部に現した構造であったが、松本城（一五九二ころ）、彦根城（一六〇六）、姫路城（一六〇一）と進むにつれて大型かつ複雑化し、全体を塗籠とするなど防備も充実した。ことに慶長五年（一六〇〇）の関ケ原の戦役から慶長末年までは東西分裂の世相を反映して城郭建築の最盛期に当り、現存する名城はこの期間のものが多い。しかし江戸時代に入ると幕府が一国一城令を布き城の新改築を厳しく規制したので、意欲的な建築はみられなくなった。

信長の安土城天守はまた、内部に豪華な金碧障壁画をもつ書院を設けた点で、武将の居館に大転機をもたらした。以後秀吉の聚楽第や大坂城、伏見城に書院造の豪華な殿舎が造られる。そうした直接の武将の邸宅ではないが三宝院表書院（一五九八）・勧学院客殿（一六〇〇）、光浄院客殿（一六〇一）、観智院客殿（一六〇五）などは桃山時代の書院造の代表的遺構である。そこでは床・棚・書院・帳台構などの座敷飾が一応整うが、江戸時代に入るとさらにこれらを効果的に配置し、上段を設け、内法上の欄間や小壁も彫刻や金碧画で飾って、人を威圧する絢爛豪華な建築に発展した。寛永（一六二六）修築の二条城二の丸御殿は完備した城郭殿舎としても唯一の遺構で、武家住宅としての書院造の最盛期の姿をよく示しており、京都・西本願寺書院（対面所及び白書院）もほぼ同時期の例である。書院に附随した能舞台も天正九年（一五八一）の建築が西本願寺に伝わる。なお、住宅関係では仁和寺金堂（一六四三）（旧紫宸殿）、南禅寺方丈（伝旧清涼殿）など桃山時代の内裏の建物が移築されて遺るものがあり、当時の宮殿建築の具体的な姿を知り得るのも貴重である。

書院造の成立と平行して茶の湯の建築が発達し、桃山時代には千利休（～一五九一）によって草庵風茶室が完成した。室町時代の「広間の茶」から「小間の茶」への転換は主客対応の精神面が尊重されたためで、素朴な草庵はそれにふさわしい。妙喜庵茶室待庵は利休作と伝える最古の茶室で、一畳の小室に利休の理想とした侘の造型がよく保たれている。また如庵は織田有楽好みの茶室であ

300　桂離宮新御殿一ノ間上段

り、竜光院書院内の茶室密庵は小堀遠州の作と伝える。一方、こうした茶室の流行とともに、豪華な書院造のような威圧感をあらわさない数寄屋風書院が発達した。古書院（元和）、中書院（寛永）、新御殿（寛文）が雁行する桂離宮の御殿群が建築としては最も早い例で、寛永末から明暦ころにかけては意匠的にも秀れたものが多く、京都・西本願寺黒書院（一六五七）はその代表作である。

なお江戸時代の公共建築の一つである学校は、幕府が寛永七年（一六三〇）に開いた学問所を筆頭として各地に藩校や郷学が設けられ、儒教による子弟育成を行った。そのため学校には孔子を祀る聖廟がかならず附属していたのが特色で、岡山・閑谷学校は旧施設の大半をよく遺しており、なかでも講堂（一七〇一）は規模も大きく建築的にも秀れている。また安政四年（一八五七）にそれまでの長い鎖国が解かれると西洋文明が流入して建築界も新しい時代を迎えるが、長崎・大浦天主堂（一八六四・一八七九改造）はその初頭を飾る最古の教会堂である。

後注

平成二十八年八月一日現在の建造物の重要文化財は二、四五六件、四、八二五棟で、そのうち国宝は二二三件二八二棟である。国宝だけをみると三一年間に一六件、三三棟増加したことになる。増加分の主なものは江戸時代の神社および寺院建築のうち従来から重要文化財に指定されていた建造物で、これは昭和五十二年から行われた全国的な近世社寺建築緊急調査及び同重要遺構調査の成果をとり入れたものである。また平成四年からは近代化遺産の調査・指定が始まり、近代建築も二件四棟が新しく国宝になっている。なお宮内庁所管の歴史的建造物は原則として文化財指定を行っていないが、平成十年「古都奈良の文化財」が世界文化遺産に登録された機会に正倉院正倉を国宝に加えた。

二七　建築の技術とその背景

自然の中から

建築のはじまりが住宅である以上、その歴史や技術も非常に古く、人類の歩みと共に始まったとしても過言ではない。しかし、群馬県岩宿や栃木県磯山などで発見された約二万年くらい前と思われる旧石器時代人の生活跡からすると、彼らは丘の南向きのなだらかな斜面をおもな居住の場とし、建築的な設備はまだなかったと推定されている。

もう少し時代がくだると、自然にできた洞穴や岩かげを利用し、入口に簡単な覆いをつけたと思われる住居跡も見受けられるようになるが、これも建築とは言えない。住居がどうにか形をみせ始めるのは縄文時代前期からで、今から約七～八〇〇〇年以前と考えられている。その形は、地面を浅く掘りくぼめた部分に屋根をかけた竪穴住宅で、この方法はその後鎌倉時代初頭ごろまでも続いた。その前の縄文早期にも炉を中心とする生活跡は発見されている。滋賀県石山では地表をすり鉢形に掘りくぼめ、その底一面に河原石を敷いた炉跡がいくつもあったが、すべて屋外用と推定された。これは当時の住宅が屋根の低い簡単な覆い程度のもので、狭小な屋内では火を燃やすことすらできなかったことを示すと解されている。

縄文時代の竪穴住宅は前期には平面が長方形または梯形が多く、その中央付近に石組みの炉があり、前半期には柱穴が少ないが後半期に増加してゆく。縄文中期になると平面は不整の円形または隅丸方形に変わり、径三～四〇センチの柱穴を四～八本、やや不整に配する形が普通となる。縄文後期または晩期の住居跡は発見例が少なく、これはそのころ竪穴住居から平地住居に変わったためとも言われるが、正否は明らかでない。関東地方を中心に床面を石で敷きつめた敷石住居が現われ、これには主柱の穴が見当たらない場合が多い。しかし、同じころ平地にただ八個の柱穴を径四メートルの円形に配し、中央に炉をもった福島県飯坂のような例もあるので、中期とは根本的に住居の工法が変わったとも言えない。

こうした縄文時代の住居跡に対して、復元案もいろいろと考えられた。ただし建築材で残されたものはほとんどなく、晩期に属する青森県是川で、先端を二股にした主柱材と思われるものが出ている程度で、復元もまったく推測の域を出ない。前期の長方形平面の場合には切妻か、かまぼこ形の屋根が架かり、中期以降の円形、もしくは隅丸方形住居には、垂木を放射状に配した寄棟造の屋根が設けられたらしいが、その復元構造は人によってだいぶ異なる。後期または晩期に柱穴が見当たらないのは、主柱を使わない構造に変わったのではなく、根元の埋めかたがごく浅くなったためであろう。中期には支柱を深く掘立て、その頂部を母屋桁で繋いでこれに放射状の垂木をもたせかけていたが、やがて桁と垂木、あるいは垂木どうしの締め固め方法が強くなり、柱は地面から組み上げた垂木による叉首構造の足場材もしくは補強材の役割しか果たさなくなった可能性が考えられる。

縄文期の復元住居には枝を利用して先が二股となった主柱と垂木を三叉に組んだ叉首とがつきものになっている。二股の主柱頂部は桁を蔓草で結びつける程度の原始的構造法には不可欠と思われるが、叉首の考えかたにはやや疑問がある。後・晩期の主柱を前述のように補助材的な役割と考えると、地面に突きさした垂木の頂部を何本か集め、カズラなどで結んで安定した形を組み上げる叉首構造も、じつはようやく後・晩期になって確立したのではなかろうか。

縄文時代の建築は工具の石器からみても細かな工作は望めず、あまり太くない部材をカズラなどの蔓性植物で緊結する構法が基本であった。そのさい、結縄の役割には二種類あって、二股で支えた桁を柱と結びつける場合には、荷重はおもに桁から柱に直接伝えられ、縄はただ両者の位置関係を確保すればよく、構造的には補助材である。これに対して叉首の頂部の結縄はすべての力を受けとめるわけで、前者よりいっそうの強さや結縄の巧みさが要求される。従来の復元案の多くが前期の住居でさえ、まず叉首構造を基本とする点に問題があろう。縄文時代は結縄工法の時代であり、叉首構造の安定はいちおうその最終成果を示すもので、それはやはり後・晩期に至ってようやく達成されたと思われるのである。

建築技術のあけぼの

弥生時代の竪穴住宅も前期には発見例が少ない。その点は縄文時代の後・晩期と類似しており、ごく浅い平地住居的なものと考えられるので、両者に大差はなかったであろう。ところが中期になると目立った変化が現われる。それは主柱の配置が整然とすることで、多くの場合は四本、特に規模が大きい場合に六〜八本が、かなり正確な矩形状に配される。竪穴の平面は楕円形か隅丸方形で、炉は一方に片より、主柱の柱筋位置に作られた。後期の静岡県登呂では一二棟の住居跡がほぼ一定方向を向いて建てられ、すべて四本柱で、その底には柱の沈下を防ぐための礎板まで置いている。

縄文中期にも四本柱の例があったが、柱は竪穴の広さに応じて数が増え、配置も多角形にならぶことが多かった。それに対して弥生時代は方形の四本柱配置が原則となった点は注目すべきで、これは四本柱による軸組やその上に据えられる叉首組構造が確立したことを示すと解される。縄文時代には足元を地面に突き差し、先端数本を結縄した叉首が主構造であったのが、軸組と小屋組に分かれ、主柱上に桁・梁を組みめぐらせて、叉首はその上に固定されたとみるのである。

建物の外観は上部を切妻造とし、下方に円錐形の屋根をつけた入母屋造となったであろう。炉が主柱の柱筋に設けられるのも、その上が入母屋の妻で煙出しに好都合なためである。桁と梁は相欠きの仕口で組み合わされ、交点には上下を通した枘穴を穿ち、栓を打って固めたはずである。そうした四角形の枠組みを最初は自然の股木で支えた主柱も、やがて頂部に枘を作り出し、その枘で桁と梁の組み手を差し貫いたであろう。叉首も頂部は一方が他を抜き通す枘差しとなり、鼻栓止めにされたと考えられる。それは三本叉首から脱却して二本叉首が確立したことを示すものである。

弥生時代の竪穴住宅についても、建築遺材の発見例はごく少なく、こうした構造細部までの推定はやや大胆に過ぎるかもしれない。しかし弥生時代は木器の時代とも言われるように、食器などの生活用具から鋤・鍬の農耕用具に至るまで木製品が多量に使われた。その背後には当然木工技術の飛躍的な進歩があり、前期の奈良県唐古の高杯は杯と台脚の上下二材を目釘止めの雇枘で継ぎ合わせているし、後期の登呂や山木の高杯は脚の上下の造り出し枘で杯部と台部を結合させている。

登呂や山木では現在の鋼鉄製ボルトを大型化したような形の木製の栓が数多く発見され、中には目釘の栓穴をもつものもある。これは二材を組み合わせて差し通した枘が抜けてこないように枘の鼻に打った鼻栓や、二材の組み合わせ部を打ち抜いた打ち込み栓と認められ、打ち込み栓は、さらにその先端に小さな鼻栓を打つための目釘穴をもったものもある。部材の組み合わせに継手・仕口が生まれ、その主役は枘と栓であった。粗笨な加工技術では枘と枘穴を後世のように密着させることは至難で、その補強は楔ではなく鼻栓か込栓で行なわれ、相欠きの組み合わせ仕口も釘の代わりに木製の栓打ちとされたであろう。

竪穴住宅の構造が資料上推測の域を出ないのに対して、登呂や山木で発見された遺材から、高床の倉はほぼ建築的な復元が可能とされ、その試作も早く登呂で建設されている。ここでは枘が構造の主役で、柱も床上部は長い枘状に造り出され、井桁に組んだ床組みの台輪を抜き通している。鼠返しと俗称される台輪下の円板は、この枘穴だけをかなり正確に穿ち、下方にずり落ちないようにさえすれば、上の台輪の枘仕事は粗雑でもすむから、そうした床組み受けの役割を兼ねているのであろう。

また、この高倉では周囲の壁体や妻の覆板などに板材が用いられている点も注目される。竪穴住宅では草葺の屋根を地面まで葺きおろすため板材は不必要であったが、高床の場合は床板のほか壁を板で造るさいには壁材も必要となる。板の製材技術やその組み合わせ技術の進歩がその裏付けとなったはずで、特に登呂では水田の畦畔や水路のほか、竪穴住居の周囲盛土の土留めにまで矢板として多量の板材が用いられていた。製材については後にふれるとして、組み合わせの工法をみると、壁体は横板の鼻を長く延ばした一種の三枚枘組みで、その鼻を結縄して組み固めたらしい。また妻壁板は要所に穴を穿ち、縄を通して裏桟と結びつけながら竪板を並べていたとみられ、いずれも結縄に頼るごく初歩的な技法であった。

こうした木工技術の発展の背景には、もちろんその加工工具の進歩があった。縄文時代の後半に現われた磨製石斧はようやく細い樹木の伐採を行ないうるていどであったが、弥生時代に新しく大陸系の磨製石器が現われ、やや遅れて鉄製工具も出現する。新磨製石器のおもなものは木材の伐採や荒割り用の太形蛤刃石斧、手斧のようにして木材を削ったりえぐったりした柱状片刃石斧、扁平片刃石斧、鑿に使用したと考えられる小型鑿状石斧などで、これらによって太い樹木の伐採や切削・穴開けなどの加工が可能となった。鉄製工具も前期にはまだその存在が推定されるていどで実証資料に乏しいが、中期では北九州のほか瀬戸内地方にも鉇の出土例が見られ、また畿内まで含めたこれらの先進地域では前記の磨製石器が漸減し、石製工具が徐々に金属工具に替わっていったことが判る。

この傾向は後期ではいっそう進展し、登呂では出土した木器や建築材に楔・鑿・斧・手斧など鉄製工具の刃跡をみるいっぽう、石器の出土はごく少なく、鉄製工具の普及を明示している。鉄製工具は腐朽しやすいため発見例は少ないが、鉇や手斧は出土品があり、楔・鑿・斧などが刃跡から推定され、錐の存在も確実と考えられている。

楔は原木を割りさいて板材を造るために不可欠の工具で、石器でも同様な役割を果たしたものがあったであろうが、鉄製楔によって早く大量に、しかも正確な厚さの板材が作れることとなった点は注目され、登呂のように建築のみならず水田などの農業土木技術の基礎となった。また鉇によって平坦な表面仕上げが可能となり、精密な寸法の部材が作れるようになった点も、石製工具に比べて大きな進歩であった。

なお、登呂や山木の建築・土木用木材はスギがおもで、径六〇センチ以上の樹幹を伐採し、板は年輪に沿って厚さ三〜四センチ、幅三〇〜四〇センチに剝ぎ割っているし、径三〇センチほどの柱も心去りの割材で作られた。楔割り製材には節の少ない木目のよく通ったヒノキ、スギなどの良材が適しており、関東以北では現在もヒノキは育たないから、必然的にスギが選ばれたのであろう。雑木の細い粗朶を用いるのが一般的な垂木や木舞も、登呂では割木が用いられているが、これは多量に製材した端材の利用で、建築がまがりくねった皮付きの自然木を用材とする段階からすっかり脱却し、それだけに形も構造も整然としたものになってきたことがわかる。鉄製工具による製材・加工等の木工技術の進歩は、前代の石器による技術に対して革命的な変化で、建築技術もむしろここから始まったとさえ言えよう。

鉄製木工具の発達

古墳時代の建築は各地の家形埴輪や奈良県佐味田古墳出土の家屋文鏡などから、かなり具体的な姿がわかる。住宅と倉は形態上も造り分けられ、窓や戸口の位置もわかるようになった。住宅には前代の竪穴式のほか平地式と高床式とが生まれ、屋根の形も多様となった。家屋文鏡には高床で露台や手すり付き階段を備えた入母屋造建物、それよりやや簡素な高床の切妻屋、平地床で壁を立ち上げた入母屋家屋、竪穴と思われる屋根ばかりの家の四種が描かれているが、これは族長の住んだ最高級住宅から一般民衆の竪穴住宅まで、当時おこなわれた住宅の各相を写したと考えられている。

また、群馬県赤堀出土の埴輪屋は主屋一、副屋二、高床の倉四、同納屋一の計八個で、これらは豪族の屋敷を構成した建物群といわれ、切妻造の主屋は桁行三間、梁間二間、棟に勝男木をあげ、窓も多くとって、平地住宅ながら堂々としている。これらの構造はよくわからないが、柱は掘立柱、高床の場合は台輪を置き、その上に板を並べていたとみられる。壁は網代や土壁のほか、倉庫では柱の間に横板を嵌めこんだと推定されるものもある。屋根は切妻造・寄棟造・入母屋造と豊富になり、三重県石山古墳からは片流れ造高床倉庫も発見されている。

遺跡の発掘は、高床や平地式は発見困難なこともあって、竪穴住宅が大部分を占める。この時代の特徴は竪穴の平面がより整然と

301　家屋文鏡
（奈良県佐味田宝塚古墳出土）

302　埴輪屋の主屋（群馬県赤堀茶臼山出土）

した方形になることで、四本柱の構造主体は前代と変わらない。この方形化は周壁の成立を示すもので、草葺き屋根は垂木を放射状に配するから、地面まで葺きおろした場合には竪穴は隅丸となるが、周囲に柱や壁が立ちあがり、屋根が地面から離れると、隅は矩の手に回ることとなる。そこではすでに近世まで普遍的であった軒の低い、内部の大半を土間とする農家建築に類似した建物が、姿を見せていたであろう。

近世初期の古式民家は周囲の大半を土塗りの大壁造りとしてわずかな窓や戸口を開くのが標準的形式であり、なかには茅壁とする例もある。大壁は柱に栓を打ち粗朶の間渡をのせかけて縄で結びつけ（柱に横材の間渡をただ結びつけても、壁土の重さでさがるので、その予防である）、これを骨組みにしてやはり粗朶の木舞を搔いて壁下地とする方法が一般的であるが、古墳時代の壁も大差なかったであろう。竪穴住居址の発見例は中部・関東・東北などの東日本に集中しているが、このことは西日本の先進文化地域ではすでに平地住居や高床住居が主流となっていたことを示すとともに、後進地域の庶民住宅にも柱壁をもった建築が普遍化したことを意味し、木造建築技術としてはいちおう満足しうる段階に達したものと考えられる。

その基礎となったのは鉄製木工具の発達で、古墳時代にはほぼ木工具は出揃ったとみてよい。すなわち前代からあった斧・手斧・鉇・鏨・鑿・錐もその種類が増えて、たとえば鑿が平鑿と丸鑿に分離したほか、鉇も刃先を細長くして鎬をつけた削りやすい形に変化するなど、用途に応じた発達があり、また新たに鋸が加わった。鋸は前期では両端に柄をつけた枠鋸状のものであったが、後期からは現在の鋸のように一方だけに柄をつけた引鋸に替わった。大鋸《オガ》や台鉋が現われるのはずっとくだって中世に入ってからであるから、古代を通じての木工具は古墳時代には出揃い、しかもその形態も後世のものと大差はなかったこととなる。またこのような鉄製品の増加と関連して、後期には鎹や釘も生まれた。これらは木棺の組み立て用として発見されているだけであるが、当然建築にも用いられたはずであり、建物の工法はよりいっそう進歩し、その結果が埴輪や家屋文鏡の建築を生んだのである。

伊勢神宮など古式の神社建築は、現在の形式や工法は仏教建築輸入以後の新しい要素を多分に含んでいるが、その大要は古墳時代にすでに成立したと考えられている。ただしそのようにして生まれた建築が掘立の木柱、板や土塗りの壁、粗末な茅葺屋根など、身近かな自然材料を一次加工した範囲を出ず、組物のような複雑な木組みも知らなかったために、ほぼ画一的な形態であったことは否めず、身分的権威の表示は高床構造とか装飾的細部に限られていた。勝男木をあげた家を建築した志幾の大県主を大王の宮殿に似せた越権の罪で罰した雄略天皇の物語（『古事記』）は、建築技術の格差がまださほどなかったことを示している。その結果、豪族たちの建築は単純な形式のまま巨大化し、伊勢神宮の柱や垂木は不必要なほど太いものとなり、出雲大社は高さ十六丈（約四八メートル）の巨大な神殿が営まれた。

なおこうした鉄製木工具の地金の大きな供給地は朝鮮であり、木工技術者も帰化人が中心であったことは、他の文化面と同一であった。奈良県ウワナベ古墳の陪塚から多量の鉄鋌が発見されたが、同種のものが朝鮮の古墳の副葬品にしばしばみられるので、地金としてもたらされたと考えられている。五世紀を中心とした大和政権の南部朝鮮進出がそれを促進したと思われ、支配者は大量の鉄器を確保して自家の生産力の増強を図ると同時に、従属の条件としてそれらの鉄器を被支配者にわけ与えたのであろう。奈良時代に切妻造を真屋、寄棟造を東屋と呼ぶのは、畿内周辺では茅葺もしくは板葺の切妻屋が重要な建築＝真屋であり、東国の茅葺寄棟屋は田舎屋＝東屋とみられたことを示している。前者は平地家屋、後者は竪穴か、あるいはそれに近似した軒の低い建物と思われるが、こうした地方差もおそらく鉄製工具の普及度の差を示すものであろう。

石と土の建築技術

簡単な竪穴式石室から、長い羨道と広い玄室をもった横穴式石室へと発達の道をたどった古墳時代は、またとうぜん石や土の建設技術も大きな進歩をみた。偏平な割石を積みあげた初期の石室は、五世紀中葉に至って大きな石材を壁や天井に用いる石室に替わり、上部に高い墳丘を盛りあげた巨大な前方後円墳が生まれる。これは大きな石材を自由に操作しうる土木技術の習得の結果であり、やはり朝鮮半島から学んだものであるが、ここで注意されるのは建築的な加工技術はまだごく低かったことである。典型的な巨石古墳である奈良県石舞台古墳（七世紀始め）の天井石の一個は重さ約七万五千キロあり、仮りに人力のみによるとすれば運搬に約七〇〇人を要すると計算され、「ころ」や「ろくろ」の使用も推定されているが、石材は荒割りのままで積み面にも間隙が多い。石棺には家形石棺など精巧な形式も生まれたが、これはやわらかい凝灰岩系の石材を用いたもので、その加工具は木工具と同じ鑿や手斧であり、基本的には木工技術と等しく、その加工は磨製石器でさえ可能であった。巨大な古墳もその巨大さを生んだものは氏人たちの単純な労働の蓄積であり、構築技術は初歩的な段階を抜け出たものではなかった。

そうした花崗岩系硬石の鉄器による本格的な加工技術が最初にみられるのは、北九州を中心として分布する神籠石である。神籠石は六世紀中頃に朝鮮の山城をまねて築城したといわれるが、その城壁は基礎に硬石を敷き並べ、土塁を積み上げたもので、基礎石の前面上角は均整な直角面によく仕上げられており、土塁も薄い築土層を何層も積み重ねた版築工法によっている。古墳のようにゆい傾斜の盛土は円筒埴輪などによって表面的な土留めをすればこと足りたが、堅固にかつなるべく垂直に立てたい防塁の構築には新技術が必要であった。

城壁の詳細にはまだ不明の点も多いが、硬石の加工技術と版築工法とが関連して朝鮮からもたらされた点は注目すべきで、石と土の建築技術は木工よりはるかに遅れていた。これはおそらく豊富な木材を利用しうる自然環境のため弥生時代・古墳時代を通じて木工技術の輸入だけが主流となり、石や土の技術はほとんど必要としなかったためであろう。なお神籠石の城門は太い掘立柱に石製唐居敷を用いたもので、軸穴を掘りこんだ花崗岩唐居敷の出現によって重く大きな扉板を開閉しうるようになった（後注）。

神籠石築城のさい、せっかく輸入された石や土の新技術は、しかし、それだけでいったんとだえ、もう一度それらが姿を現わすのは仏教建築の輸入に伴った総合的な建築技術の一部としてであった。大和を中心にして七世紀に入る頃から造営された整美な花崗岩切石積みの玄室をもつ古墳はその成果であって、神籠石を生んだ北九州地方には、軟石を加工した石人や石製靫はあっても、新しい硬石加工技術が山城以外に影響を及ぼした痕跡は見当たらない。日本の建築界が石や土に無関心であったのは、まったく風土的特性とも言えよう。

仏教建築の輸入

宣化三年（五三八）に百済の聖明王が仏像と経論をおくり、仏教が公式に伝来して以降、その建築の造営についても技術援助の申し出があり、敏達六年（五七七）に造仏工・造寺工各一人が渡来したが、崇峻元年（五八八）には寺工二人、鑪盤工一人、瓦工四人、画工一人が贈られ、それらの技術者によってわが国で最初の本格的な大陸式伽藍飛鳥寺の造営が着手された。ここで新しく輸入された仏教建築は、同じく木造ではあっても従来の掘立柱式茅葺建物とはまったくかけ離れたもので、版築できずかれた高い石組みの基壇上に礎石を据えて柱はその上に立ち、柱上には複雑な木組みの斗栱が置かれて、組物に支えられた軒は軸部から遠く張り拡げていた。また屋根は瓦葺となって、茅葺よりずっとゆるい勾配とされ、従来の重く覆いかぶさる形態から、隅でピンと張り上がって漆黒の瓦が陽光に照り映える軽快な姿となった。丹・緑青・胡粉によって赤青白に彩られ、各所に金色の飾り金具が打たれて、建物の内外はよりいっそうきらびやかに荘厳されたが、そうした装飾的部分を除いた建物自体の構造・技法にも従来の技術とは格段の差があった。

しかし、こうした新しい建築がわずかな指導的工人の渡来によって造営可能であった点は注目すべきで、これは木工をはじめ金工・石工・陶工など基礎的な生産技術はすでに新技法を十分消化吸収しうるまで成熟していたことを示している。木工でいえば大きな部材の製材や削り仕上げの技術、枘や仕口の工作などは手なれた仕事であり、ただそれらの組み合わせが、複雑化し、外観が異国風になっただけで、その組み立ては百済工人の設計に忠実に従うことで達成されたはずである。工人たちは同時に金堂の本様（模型）を持参したと伝えるから、新技術の意図するところもかなり容易に理解し得たであろう。飛鳥寺の発掘では瓦に灰黒色とやや赤みがかったものとの二種類出土したが、後者はあきらかに須恵器作りの工人の手になるものと認められた。このときまったく新しく出現した瓦でさえも、従来の技術者集団によって、ただちに注文に応じた製作が可能であったのである。ただ新建築は従来と比較にならないほど多様な技術の協力と組織化が要求されたので、渡来の工人たちは個々の新技術のみならず組織化の指導に主要な役割を果たしたことが想像される。

ところでこうした新技術も、輸入の初期は新旧ばらばらに、かなり偶発的な形で持ちこまれた点は留意しておく必要がある。大陸で長年の間に発展してきた技術段階のうち、技術者集団のつながりや地方差によって、進歩的なものと停滞的なものが生まれ、それらが選択なしにごく狭い窓口を通じてやってきたのである。

飛鳥寺では丸瓦の尻に玉縁が付いた形式と、それがなく全体が先細り形で、大きく葺き重ねる行基葺式の二種類あったが、最初からほぼ同時にこの二形式が使われたらしい。玉縁式は近世まで引き続いて使用されているように技術的にみればこのほうが進んでおり、行基式から玉縁式までの発展には長い道程が想定されるが、それらを無視して両者は併存した。飛鳥寺ではまた塔を中心にして東西および北の三方に金堂をおく伽藍配置でありながら、塔・中金堂と東・西金堂では建物の構造や形式も大差があったらしい。塔・中金堂は切石積みの高い基壇をもち、おそらく現在も残る法隆寺の塔・金堂と類似していたと思われるのに対して、東・西金堂は玉石積みの二重基壇で、下成基壇から軒支柱を立てた建物であった。以後まったく類例がないため、その構造や形式は想像のほかないが、軒支柱があったほどだから柱上の組物も手先を延ばした複雑なものではなく、やや原始的な姿であったと考えられる。

六～七世紀の高句麗・百済・新羅の寺院には同じ二重基壇をもった遺跡があって、この形式がかなり広く行なわれたことがわかる。しかし朝鮮でもその期間は短く、早く消滅してしまうので、元来は中国から伝わった形式でありながら、比較的短期間でより新しい技術の輸入によって淘汰されたらしい。飛鳥寺では朝鮮でのそうした現状を反映して特別な意図もなく、塔・中金堂に新様式、東・西金堂に旧様式の建物が建てられたのであろう。あるいは渡来の技術指導者が親切心で新旧すべての技術を教えようとしたのかもしれないが、その良否優劣を判断するにはあまりにも彼我の技術差が大き過ぎたのである。

飛鳥寺が六世紀末に建立されたのち、七世紀にはいるとつぎつぎに寺院建築が建てられる。その前期を代表するのが聖徳太子建立の四天王寺・法隆寺であり、中期は舒明・孝徳朝の百済大寺、ついで斉明・天智朝の川原寺・崇福寺などである。これらはすべて天皇家の造営になる大伽藍であるが、氏族の中心となる氏寺も帰化人系を主流としてあいついで建立された。こうした寺院建築は七世紀末再建の法隆寺堂塔のほかはまったく残されていないので、その詳細を知りえないが、たえず大陸から新技術の摂取につとめ、様式的にもかなり多様であったことは、各寺院址から出土する瓦の多様さからも察せられる。

四天王寺の発掘では講堂の隅軒が地上に落下した痕跡が検出されたが、軒は丸垂木を扇状に配した一軒で、尾垂木もあった。扇垂木は鎌倉時代に宋様式として輸入されるまではわが国にはなかったと言われ、現存する古代の遺構には例を見ないが、中国建築は本来扇垂木が主流であり、四天王寺はその本流を写したとみられる。むしろ問題は法隆寺以下の現存する古代建築になぜ扇垂木が用いられず、すべて平行垂木になっているかにあり、これは大陸から新様式輸入のさい、選択もしくは改良によって日本人好みの形式が成立したことを示すのであろう。六世期末から七世紀を通じた新様式摂取の努力のなかから、選択・改良を行ないうる技術的基盤が確立したとみられる。

なお七世紀で様式上の転換期として注目される寺院に天智朝（六六二～七一）建立の川原寺がある。それ以前の軒丸瓦の文様はすべて百済系もしくは高句麗系の単弁蓮華文であるが、川原寺ではじめて唐様式の複弁の華麗な瓦が現われた。伽藍配置も飛鳥時代の塔と中金堂を前後に並べる形式から、塔を中金堂の斜め前に置き、西金堂を対峙させる形に変わった。飛鳥寺や四天王寺では高麗尺（一尺が約三五センチ）を用いたが、川原寺は唐尺（一尺が三〇センチ弱）を用い、法隆寺を除く奈良時代の建築と同一尺度の使用が始まった。金堂の柱間寸法のとりかたも、奈良時代の建築と相似している。また、軒も奈良朝式の組物による二軒と思われ、ほぼ同時期の福岡県北薬師堂では地垂木用の円形と、飛檐垂木用の角形の二種類の垂木先瓦が出土するから、天平仏殿の正規の姿である地円飛角（地垂木が円形、飛檐垂木は角形）の軒の制度が用いられていたであろう。このようにあげてゆくと川原寺は天平建築の母体となった唐代建築様式を始めて輸入した寺で、技術的にもこれを機会に大幅な前進があったものと思われる。

都市の寺々

大化改新以後約半世紀にわたる律令制確立への努力がようやく結実し始めた持統五年（六九一）に、唐の長安や洛陽にならったわが国最初の条坊制都市藤原京が造営される。和銅三年（七一〇）には平城京への遷都が行なわれて、「咲く花の匂うがごとし」とその繁栄をたたえられるが、こうした古代都市の造営は経済的発展の結果自然に生まれたものではなく、律令国家の勢威の最も有効な表示手段としてであった。なかでも宮殿と寺院とは都市の顔であり、より壮大かつ美麗であることが要求された。藤原京における大官大寺・薬師寺、平城京での大安・薬師・元興・興福各寺はそうした都市の荘厳としての役割を背景に生まれた新しい性格の官寺であり、それはさらに聖武天皇が国力を尽くしても三国一の大伽藍を達成すべく熱願した東大寺の建立へと発展する。

これらの宮殿・寺院建築のうち現存する遺構はごく少ない。しかし少数ながらそれらの遺構をたどると、建築様式的には全体がほぼ一つの流れ（唐様式）に属し、飛鳥時代の古式を受けついだとみられる法隆寺だけはむしろ地方的な特殊例と考えられている。藤原京の二寺あるいは平城京の四大寺、東大寺など各官寺はそれぞれに伽藍配置が異なり、堂塔の形式もずっとのちに奈良の寺々を参拝して歩いた平安貴族の記録などから少しずつ相違したことがわかる。薬師寺が金堂前庭に東西両塔を併立させる配置、興福寺の金堂院と塔院を別個に営む形式、大安寺では金堂から遠く離れて東西両塔院が置かれるなど、各寺ごとに特色ある伽藍配置が営まれたが、大安寺が大唐西明寺を模したと伝えるように、いずれも唐における既成伽藍の模倣であり、競合する造営の意義をより新しい意匠に求めたもので、基礎的な技術は同一様式内にあった。

白鳳期の様式を伝える薬師寺東塔と天平盛期の唐招提寺金堂では、細部の形式に差があって、後者のほうがより構造的に強く、また形式的にも整ってゆくことがわかるが、これは一様式内の強化発展であり、それはおそらく川原寺建立以来の建築界の主流であったであろう。そしてこの唐様式の摂取はおそらく平城京四大寺が和銅三年（七一〇）から天平十二年（七四〇）ごろまでの約三〇年間に平行して建築された時期に頂点に達し、木造建築としては当時最高峰にあった唐の技術をほぼ完全に消化吸収し終わったとみられる。東大寺の大伽藍造営の背後にはそうした自信が裏付けとなっていたことが想像される。この段階で従来の生のままの中国様式から一歩進んだ日本の古典様式ともいうべきものが成立したとみられ、それが古代を通じて停滞的に踏襲されただけでなく、中世にふたたび中国から新様式が輸入されてからのちも、和様としてその生命を保ち続けた。

掘立柱建築の伝統

仏教建築が輸入されてからのちも、それ以前からの伝統的技法による掘立柱建物は造られた。平城宮跡の発掘によると基壇・礎石・瓦を用いた寺院式建物は朝堂院や周囲の大垣に設けた宮城門などごくわずかな枢要部分だけで、天皇の住居である内裏を始め諸官衙の殿舎もすべて掘立柱で檜皮葺もしくは板葺の建物であった。寺院でも天平十一年（七三九）造営の法隆寺東院は金堂に当たる夢殿と講堂の伝法堂を除き、門・回廊・付属屋などすべて掘立柱・檜皮葺であった。掘立柱建物は伊勢神宮が径八〇センチ余の材を用いながら二〇年ごとに建替を要するように、柱根元が腐朽しやすく、寿命も短いが、何といっても構造が簡単である。

柱は径三〇センチほどの円柱が普通で、約一メートル角、深さ一・二メートル前後の穴に埋立てられ、頂部に短い枘を造り出して、

303　掘立柱（平城宮址出土）

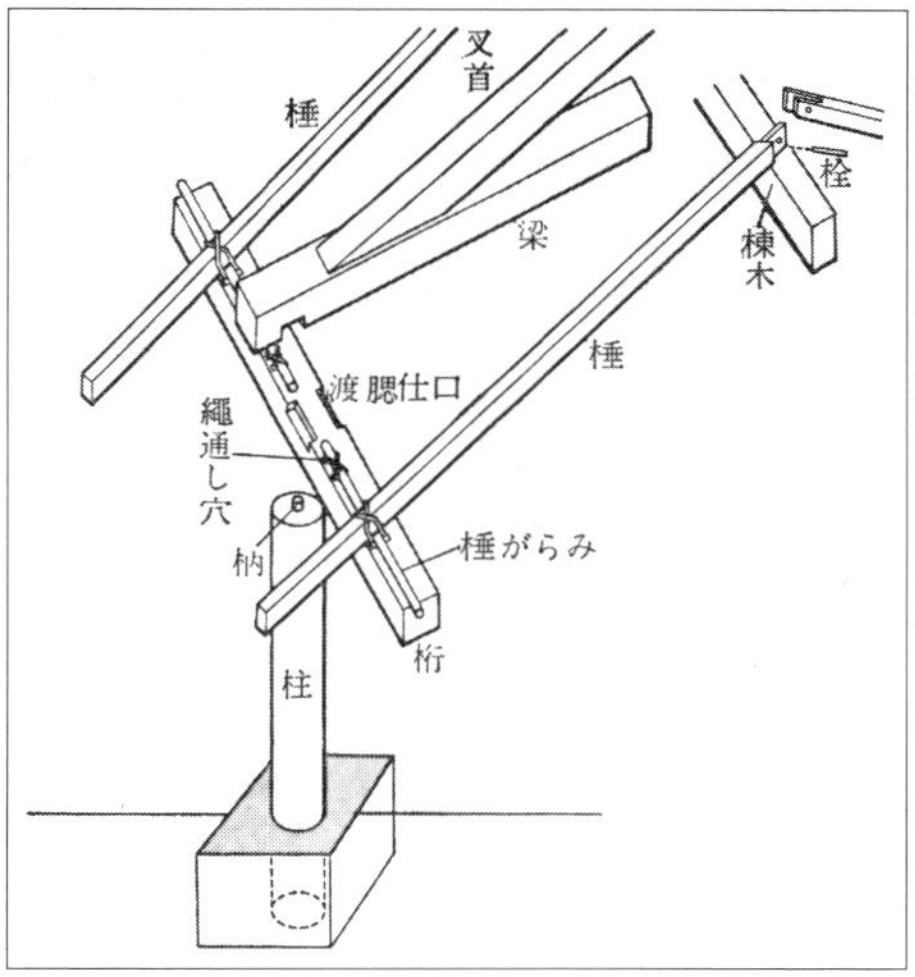

304　最も簡単な掘立柱建物の構造

桁は下面の枘穴をこれにはめこんで横たえられる。柱上で桁と渡腮に梁を架け、梁上には棟束を立てるか、叉首が組まれて棟木を支え、棟木と桁を架け渡して垂木が並べられる。垂木は棟木上で反対の斜面の垂木と三枚枘（一方を平枘形、他方はそれをはさむように二枚枘に作る）に組み合い、ここに栓を打つので、棟木から両側にぶらさがる形となる。棟木や桁に垂木止めの釘を打つのは、これで垂木がずり落ちるのを防ぐよりも、棰の位置を固定する役割が濃く、荷重は頂部の栓で強固に支えられた。そのため釘をまったく用いず、桁の上面に縄かけの目途穴を掘り、これからフジ蔓などで垂木をしばりつける例も多い。以上が構造の主要部であるから、古墳時代にもすでにこの方式は完成していたはずであり、伊勢や出雲などの神社建築は現在でもそれをほぼ踏襲している。

この掘立柱式建物が平城宮殿舎の大半を占めていたのは、掘立工法により安定した構造が容易に造れるため、建物の規模によって柱や桁・梁の寸法をこまかく変える必要がなく、材木の木取りが簡単なうえ不熟練な労働者でも組み立て可能であったためで、役民や雇民を中心としながら大量の建築生産が要求された当時の状況に最も適した建築であったからである。平城宮の官衙建築には桁行・梁間とも一〇尺等間とするものが多い。そこでは建物の寿命はさほど問題とならず、じじつ平城宮でも奈良時代の七〇余年間に掘立柱殿舎の多くは四回建てかえられており、現在からみれば木材と労働力の大変な浪費が行なわれていた。寺院の付属的雑舎や京内の貴族・官人等の住宅もほぼ同様な掘立柱建物であったから、こうしたものの総合である律令都市を支える資材・労働力は思いがけぬほど大きかったであろう。

天平建築の材料と労働力

天平時代の建築生産の実態は『正倉院文書』などから、かなりよくわかる。それは平城京法華寺内の阿弥陀浄土院金堂や滋賀県石山寺の造営に関するものであるが、材料の入手経路や工人の労役状況は、当代の一般的な姿を示すと考えてよい。まず木材は近江・伊賀・丹波の山々から採られた。

『万葉集』巻一の「藤原宮の役民の作れる歌」にも、ヒノキ材を近江の田上山から採ったことを詠い、すでに白鳳時代に大和盆地周辺では良材が得られなかったことを示すが、天平時代には寺院の用材は全面的に畿内周辺の山地に分け入って探すこととなった。伐採地には「山作所」が設けられ、ここに本部の造寺所から作材の注文書がくる。この注文書は柱・桁など用途とその長さ、断面寸法を記すほか、破風板のように反りのあるものはそこまで指定している。これは原木で送ると運搬の労力が大きいことのほか、楔による割製材であったから、むだが多く、確実な半製品として送り出すほか仕方がなかったせいであろう。

法隆寺金堂の扉板は縦三メートル強、横約一メートル、厚さ九センチの一枚板であるし、方約六〇センチの大斗も心去り材であるから、これらをとるには径三メートルに近い大材を要し、またその楔割りは成功度の低い工法であった。そのため山作所には杣工のほか木工も従事し、東大寺の杣の一つである伊賀山作所では日々約一一〇人が働いていた。杣で製材された材木は筏に組んで川に流し、たとえば近江のものは琵琶湖・宇治川を経て木津川をさかのぼり、泉津（現在の木津）に運ばれる。材木にはそのため端に筏組みのカズラを通す「筏穴」が明けられたが、見えない部分に使う場合はこの穴が現在でもそのまま残されている。この運漕費や木津から奈良まで運ぶ車賃は、請負仕事となっているから、運搬には専門の業者がついたのであろう。

石材もまたかなり遠方から運ばれた。特に基壇・敷石・階段・地覆石など最も多量に使われた凝灰岩はほとんどすべて奈良と大阪の境にある二上山の石切り場から採られた。凝灰岩はやわらかく加工が容易であったため、強度を要する礎石以外は石材の大半を占めたが、基壇でも飛鳥寺では地覆に花崗岩を用いていたから、寺院の造営が盛行するにつれて加工に手間のかかる硬石の使用を避けたのであろう。

硬石の加工技術が最も進歩したのは七世紀で、前にもふれたように飛鳥地方を中心として、この時整然とした切石積み古墳が造られるし、花崗岩に細い穴をあけて噴水にした須弥山像や用途不明の酒舟石なども現われる。建築関係では心礎の舎利孔や円柱座の工作に精緻な技巧が見られ、川原寺金堂では瑪瑙の礎石（大理石）に方円二重の柱座造り出しを設けた。同じ大理石は薬師寺金堂内部の須弥壇にも用いられており、これらは吉野の奥の洞川から運搬したらしい。また近江では帰化人たちによって花崗岩製の大きな三重塔が石塔寺に建てられた。このような硬石の加工技術を根底に持ちながら凝灰岩がもてはやされたのは、やはり建築工事量の膨大さと硬石を扱いうる熟練技術者の過小というアンバランスであり、ここでも耐用年数の短い掘立柱建物が大量に生産されるのと同様な生産条件が働いたのであろう。ただしこうして使われなくなった高級技術は自然消滅の道をたどり、鎌倉時代に宋の技術がはいるまで、奈良末期以降はまったく忘れ去られてしまった。なお凝灰岩が二上山付近で集中的に採石された結果、石材にほぼ一定の規格が生まれたらしく、天平寺院の基壇用石材等の寸法は各寺を通じて二段階ていどに分類しうるほど近似している。

建築工事に従事した技術者には木工・石工・瓦工（瓦作・瓦葺）・土工（壁塗り・垣築）・金工（銅工・鏡作工も含む）・漆工・画工など専門の工人のほか、それを助ける「夫」がいた。工は、造寺司に属する司工と、雇の雇工に、夫は、全国から徴発された仕丁と畿内からの役民雇夫とにそれぞれ分かれる。工・夫ともすべて常食が給せられ、司工には半食残米などの給米や手当が、雇工・雇夫には出勤日数による賃金が払われた。その高（単位文）は木工（一〇〜一七）、石工（一〇）、瓦工（一〇〜一五）、土工（一〇）、金工（三二〜五〇）、画工（三六〜三七）、仏工（六〇）、雇夫正丁（一〇〜一四）、同少丁（五〜六）、同小子（四）、雇女（五〜七）で、金工以下の特殊技術者と比べて、木工から土工までの建築プロパーの技能者の賃金が格段に低く、雑役の雇夫と近似していた点がめだつ。これは建築技術者といっても単純な肉体労働がおもで、特別な知識や技術を要しなかったことを示しており、壮麗な天平寺院建築と掘立柱宮殿とが併行して建築される社会的基盤もこの点にあった。

寺院建築の構造技法

古代の寺院建築と掘立柱建物との技術的基盤は等しく、前者はただ木工のみならず多様な諸技術の組織化の上に成り立っていることを述べたので、その具体的な理解のために、最後に古代寺院建築の基本的な構造技術面での大きな特色だけを、いくつかあげておこう。

まず第一の特色は身舎と庇の区分が明瞭で、平面や形態が単純であったことである。古墳時代の建物は神社建築に見られるように一スパンに梁を渡した身舎（普通梁行二間）だけの建築であるが、寺院建築では前後二面、または周囲四面に庇をつけた奥行の深い（梁行四間）構造が主要堂宇に用いられた。この庇は垂木を身舎の桁上で上方垂木と繋ぎ合わせ（ここも一種の三枚枘で栓止め）、一連の屋根を形成したもので、二面庇の場合は切妻造、四面庇は入母屋造か寄棟造となった。

このように身舎と庇を組み合わせて大きな建物を作ることは寺院建築の進歩であったが、組み合わせの工法は繋梁を入れるていどで特別なものはなく、むしろ庇の付加によって構造も強化されるので、ただちに掘立柱建物にも採り入れられた。したがって奈良時代には両者は平面や基本構造に大差はなく、ただ組物や軒などに簡・繁の相違があるだけであった。後世になると庇の柱筋から大梁を架け、身舎の柱を抜きとって内部を柱のない広い空間にする変化が起こるが、この段階では平面は構造に忠実であり、身舎と庇は明瞭に区分されていて、それだけ原始的であった。

つぎに、継手・仕口が単純かつ粗雑で、部材の組み合わせ力が弱かったことが構造面の大きな特色である。継手は単に突き合わせるだけの胴付継ぎ、または最も簡単な相欠や鎌継ぎ（角鎌）だけで結合力は弱く、また仕口も相欠・渡腮・太枘・大入れなど複雑な工作を要しない形式ばかりで、部材を組み合わせる力は弱く、これらは相互の位置を保持するていどの役割しか果たさなかった。柱と柱を結び合わせる横材は組物を用いた場合には、柱頂部に渡された頭貫だけであるが、法隆寺金堂では頭貫は柱に大入れに渡しかけただけで、まったく結合力はなかった。したがって柱は隣同士の連結がなく独立して建っていることを要求され、掘立式と違って礎石上で安定するためには非常な太さを要することとなり、法隆寺金堂では柱は長さの六分の一におよぶ径六〇センチにもなった。

この点は天平時代になると多少進歩し、頭貫は相欠で継ぎ合わされ、上から柱まで通した長い釘で縫い止められる工法となって、柱と頭貫の結合力も強まり、横ゆれへの抵抗も強化されて柱の太さもやや減じる。しかし釘止めていどでは連結力もごく弱く、柱は上部荷重に対して不必要なほどの太さを持っていた。奈良時代の建物は柱や組物・垂木など垂直方向の荷重を受ける部材は全体的に太くたくましく、逆に頭貫・長押・通肘木など横の繋材は細くすっきりとしている。そのため全体が木太い場合の鈍重さや細手のさいのひ弱さから免れ、荘重さと軽快さのバランスのとれたこころよい力感を印象づけるが、これは横力に対する構造的未熟さの産物であった。なお平安時代にはいると長押が柱繋材として有効であることが認識されて太くなり、また頭貫・通肘木なども奈良時代のように正方形に近い断面よりも丈の高い矩形の方が効率的であることがわかってきて、横架材の丈が高くされるので、外観は全体的にややぽってりとしてしまう。

部材の組み合わせ技法では、継手や仕口が不完全なため、むしろこれを避ける工法がとられたのも大きな特色であった。継手をなくするには長い部材を使えばよく、頭貫・通肘木・桁など柱上位置で継げるものでも、柱間三～四間を一材で通した。これも豊富な木材の恵みであることは、くり返すまでもなかろう。また柱に床組みの桁（大引）を取り付けるさい、柱横面に太枘を植え、これに大引の木口を落とし込んで位置を固定させるだけで、床の荷重は柱のきわに添えられた束で支えた（法隆寺伝法堂）。大引は平安時代末になると柱の横を切り欠いて相欠止めとし、中世に貫の工法がはいってからは柱を貫くようになる。これに対し際束で支える方式は最も簡単で、仕口を必要としないため特別な木工技術も不要であった。この床組みの方式は伊勢神宮正殿が中世まではそうであったように掘立柱建物の技法であり、七世紀の飛鳥板蓋宮（伝）の推定大極殿など多くの例が見られる。中国建築は高い床を張らず土間が原則であるから、床組みだけは日本古来の技法によったわけで、それはまた仏教建築を支えた技術的基盤が古墳時代以来の伝統技術と大差なかったことを示している。なお床組みと類似して長押も柱には仕口を作らず、特に力のかかる切目長押や窓下長押は柱に打ち込んだ栓で下面を支えられたうえで釘止めされた。荷重は栓にかかって釘は長押が栓からはずれない役割を果たすだけであり、切欠いた仕口にたよって大きな力を負担させる技法は古代にはなかったのである。また柱間を全体に壁とする場合、奈良時代まではその上方に渡した頭貫や繋梁の下面に筏穴を穿ち、これに藤蔓や藁縄を通して下方の壁間渡を吊り下げる工法が行われた。しかし以後は消えるから、やはり古来の技法であったと思われ、継手仕口の進歩と共に工法も変わっていった。

後注

神籠石は昭和三十年代までは磐井の乱（五二七）に関連する山城遺跡と考えられていたが、その後の考古学調査で天智朝（六六四～七）に造営された大野城以下の山城と同時代と解するようになった。したがって版築や硬石加工技術は飛鳥寺から始まる仏教建築が最初であったことになる。

二八　古代建築の構造

和様の成立

古代は大きく分けて前後の二期に区分される。前期は仏教とともに大陸の建築様式を組織的に輸入した時代であり、後期はそれを日本的な形で発展させた時期である。ここに日本的なというのは、その発展の様相が中国大陸内におけるものと大きく相異しているからであって、その具体的なすがたは、中世にはいってふたたび大陸から輸入された大仏様や禅宗様と、和様との対比としてあらわれる。したがって日本建築において古代史の問題とすべき点も、おのずから二つに分かれる。その一は、おそらく当時としては最高の木造建築技術をしめしていたと考えられる大陸様式の解明であり、二は和様とよばれるその技術的展開過程の追究である。具体的にはしかし、この両者は表裏一体の関係をなしている。大陸で木造とならび行なわれた煉瓦造のアーチ式構造が輸入されなかったのは、一方でわが国の木造建築技術がすでにかなりの水準にたっしていて、新様式の基盤となりえたことをしめすとともに、他方、その結果、必然的に様式の選択が行なわれたと考えられるからである。

したがって、現在残されているわずかな数の古代建築を点綴して論をすすめるさいには、全体として大陸様式の日本化という傾向を指摘することは、わりあいに容易であるが、個々の部分については、かなり慎重に取りあつかう必要がある。もともと古代建築を包括して和様と呼ぶばあい、かなり便宜的な使われかたをしており、様式的には多分にあいまいな定義づけが行なわれている。このことは、そうした個々の具体的事実の指摘の困難さにもとづくように思われる。そこで以下に建築構造の面でいくつかの部分の発展、あるいは停滞の様相をたどり、和様成立の基礎となるべきものを述べてみたい。

組物の種類

組物は、柱上におかれてふかい軒の出をささえる構造材として重要であるばかりでなく、意匠上にも最も目だつ部分である。しかし、仏教建築にも組物を用いず柱の上に直接桁をおいた神社建築と同じ構造もみられる。法隆寺創建東室、当麻寺曼荼羅堂前身建物、唐招提寺経蔵前身建物、法隆寺東院礼堂前身建物などで、それらはいずれも後世に改築されて組物をもった構造に変更されているが、その種類は僧房、千手堂（推定）、中門などの多様にわたり、寺院建築としてもかなり重要な建物である。したがって八世紀中ごろまでには、いちばん簡単な桁を柱上に直接おく方式（東室）から、大斗肘木（法隆寺伝法堂、同食堂、新薬師寺本堂など）、平三斗（法隆寺西院経蔵、同東大門など）、一手先（東大寺法華堂）、二手先（正倉院紫檀塔）、三手先（薬師寺東塔、唐招提寺金堂など）、と順次複雑化した組物の各種実例が並存していることが知られる。そして六朝の様式をつたえる法隆寺・法起寺などをのぞけば、これらが相互によく似かよっており、中国唐代の建築様式を輸入したものと考えられることもつねに説かれるところである。しかしこれらの組物の方式を、古代末期、ないしは中世初期までの遺構と比較してみると、部材のプロポーションが多少変化する程度で、その構造にはほとんど変化がないし、種類もまったく固定していることが観取される。とすれば、組物における和様の性格は、その構造面での停滞性にあるといわなければならないが、それでも多少の変化はあるので、それを三手先組物でたどってみよう。

305　組物なし（法隆寺東室）

306　大斗肘木（法隆寺伝法堂）

307　平三斗（法隆寺東大門）

308　一手先（出組）（東大寺法華堂）

309　三手先（薬師寺東塔）（上 平、下 隅）

310　三手先（唐招提寺金堂）（上 平、下 隅）

三手先の変遷

三手先の基本的形式をしめしているのは薬師寺東塔である。前方へ二段につきだした肘木の先へ尾垂木をかけ、その先端に三斗をおいて軒桁をささえた構造で、その点では法隆寺もまったくひとしい。この構造の特色は、二手目までの高さや壁からの出が、これと直角にくみあう壁付きの枠肘木に規制されているのにたいして、尾垂木による三手先目の三斗の位置がまったく自由な点にある。したがって、尾垂木上の秤肘木と壁付きの枠肘木との関係も自由で、この塔では枠肘木の長さが初層四・五尺、二層四・〇尺、三層三・五尺と逓減するのに、三手先目の秤肘木は各層とおして三・五尺である。海竜王寺五重小塔はこの形式の変化をしめす第一歩目の例で、ここでは二手先の肘木上に斗が二個ならんで外見上の安定感をましているが、構造上はまったく変わらない。壁から前方へ付きだしただけのこの構造を、横に連絡して強化したのが唐招提寺金堂で、三手先のいちおう完成されたすがたをしめす（ただし一手目の斗のならびの最上部で、尾棰をうけている斗はまだなく、現在のものは後世に形式をととのえるために付加されたらしい）。壁付きの枠肘木と支輪桁をうける二手目の秤肘木の長さが四尺であるのに、尾垂木上の三手先の秤肘木を四・三尺とするのは構造的に両者が自由である原則が変わっていないことをしめしているとともに、強化されて整然とした二手先までにたいして調子を求めた意匠上の意図がうかがえる。しかしこうして肘木が前後に三個ならぶと、そ

311　室生寺五重塔組物（800ころ）

312　当麻寺西塔組物（9c）

313　醍醐寺五重塔組物（952）

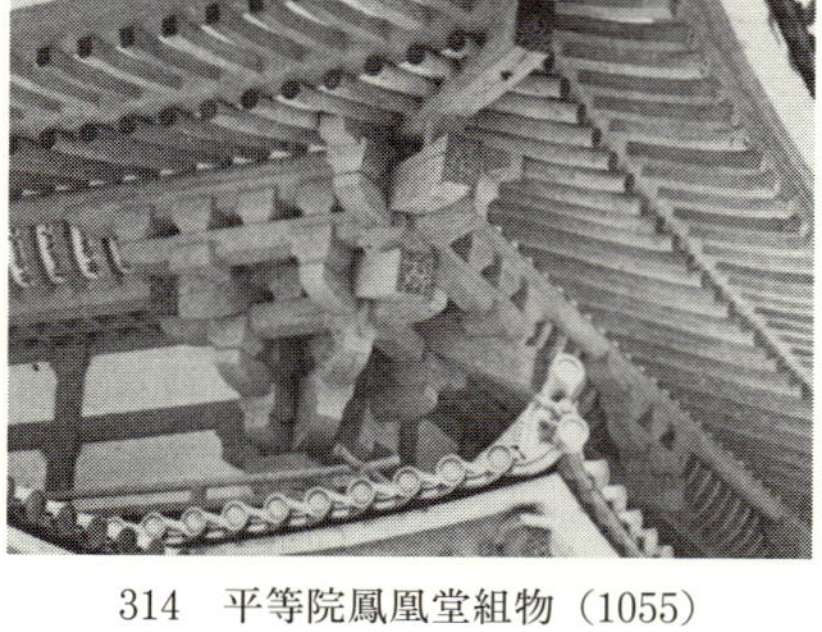
314　平等院鳳凰堂組物（1055）

の長さをそろえたほうが工作上には便利であり意匠的なおもしろさはなくなるかわりに、また別の整備感が生まれる。当麻寺東・西塔、元興寺極楽坊五重小塔、室生寺五重塔などはその例で一手先目の最上部の尾棰下の斗も加えられて、斗の上には斗が必ず重なる方式になる。またその尾棰下の斗を有意義ならしめるために通し肘木の先をのばし、尾垂木をその先端でうけるので、尾垂木の位置が全体としてすこし上にあがる。構造的には停滞したまま行なわれるこうした整備の一部として、隅における斗栱の組みかたの発展がそのつぎの段階である。それはまず当麻寺西塔で、二手目の枰肘木を隅でのばした形からはじまり、醍醐寺五重塔のごとくそののばした先の斗が三手先目の枠肘木と交錯しあう状態になって、いままで自由であった三手目の出の寸法を調節しなければならなくなったことが主要な原因である。その完成は平等院鳳凰堂でみられ、以後和様で三手先組物といえばすべてこの形式となるが、その結果は隅の組物をみればすぐわかるように、じつは肘木と斗だけで三手前へでる形のあいだに、尾棰がはめこまれた状態をしめしている。なお鳳凰堂では巻斗を据える肘木上の太枘穴を掘り直しており、まだ試行錯誤の段階であった。

ところで日本におけるこうした組物の変化を中国と比較してみると、斗栱が整備されて尾垂木が形式化するという結果は共通しており、その成立時期も鳳凰堂を基準にして十一世紀中ごろとすれば、中国では『営造法式』（一一〇〇）をかなりさかのぼると推定されるから、ほぼ同時代と思われる。ここで中国での組物の変遷を詳細にたどることはできないが、大きくいえば尾垂木が二重にふえて全体として四手先となり（仏光寺大殿・八五七）、その結果不安定になった尾垂木上の秤肘木や軒桁を直交する水平材でつないで立体的に強化する、という変化がある。したがって尾垂木の形式化ということが、中国では構造的発展の一過程としてあらわれる点は注意を要し、事実そののちの変化は肘木の先を加工して、尾垂木をまったく装飾化するまでに進展するのである。中国では内部の大梁の位置が次第に上方に移動して直接軒桁を支える構法に発展するために、軒桁の太さが増大して組物は次第に萎縮した。ところが、日本の場合には規矩的な整備のみが組物変遷の要因であるから、そののちさらにすすんで中世にはいわゆる六枝掛へと整備されるが、構造的にはまったく変わらず、したがって意匠的にも大きな変化がない。こうした両者の相違は、組物だけを取りあげれば明らかに構造的な発展と停滞の差で、とくに日本化と指摘しうる余地はすくないのである。なお塔では壁付の二手目の枠肘木が平安時代末期の一乗寺三重塔（一一七一）で通肘木に変化し、以後これが三手先組の標準形式となるが、中国では唐代の南禅寺大殿（七八二）（二手先組）で既に用いられている。

構架

組物と同様進歩しないものに構架がある。構架というのは建物内部で柱の上部をつなぎ、屋根をささえる部分で、天井を用いない古代建築のばあいには、内部意匠を左右する重要な構造材である。大別すれば梁束式とサス式とに分かれ、二重虹梁蟇股式（伝法堂、転害門など）と叉首組（法隆寺西院回廊・新薬師寺本堂・室生寺金堂など）が代表的なもので、内部に天井を張って構架が化粧でないばあいには二重梁束組式（法隆寺金堂・唐招提寺金堂など）が用いられる（正倉院のように梁間が大きいと三重梁になる）。この両式は、それを妻と内部で使いわけた法隆寺食堂や、二重虹梁の上に叉首組を用いた東大寺法華堂、元興寺僧坊（復原）などの例で知られるように意匠的に選択が行なわれ、構造的には形式にとらわれずに必要性に応じて混用される（二重虹梁蟇股式はつみあげ高さに限度があるから、梁間がひろくなれば屋根勾配がゆるくなる。上に叉首を使うのはその解決の一方法である）。もともとサス組と束組とは成り立ちが異なると考えられているが、古代前期の建築にみられるこうした自由な手法は、構造技術面でかなり発展していることをしめしている。ところがその後の変遷をみると、化粧となる構架は形式的に固定し、しかも両者の混用ということもない。そうした形式化の

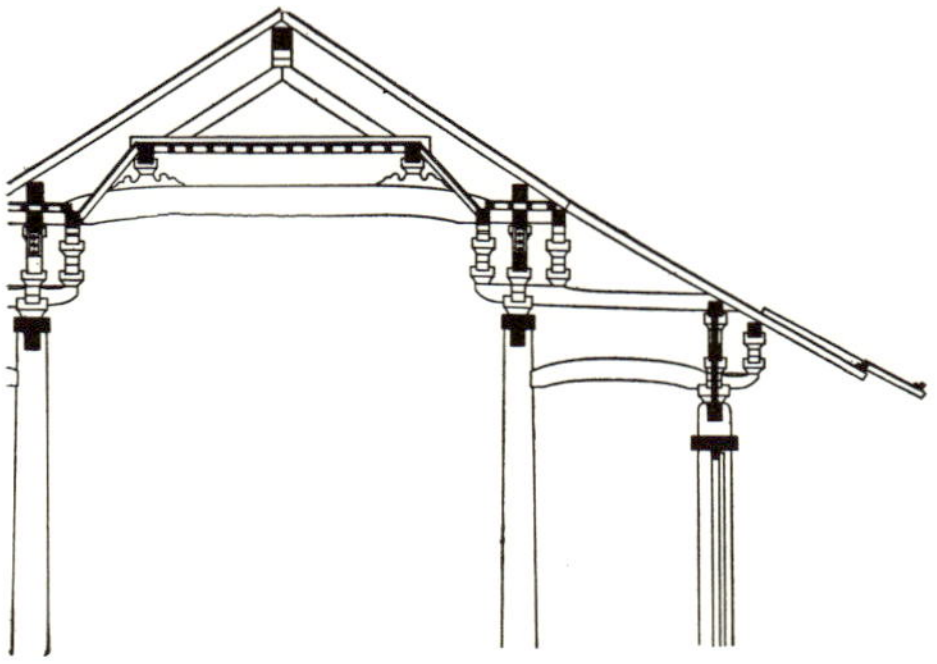

316　東大寺法華堂復原断面図

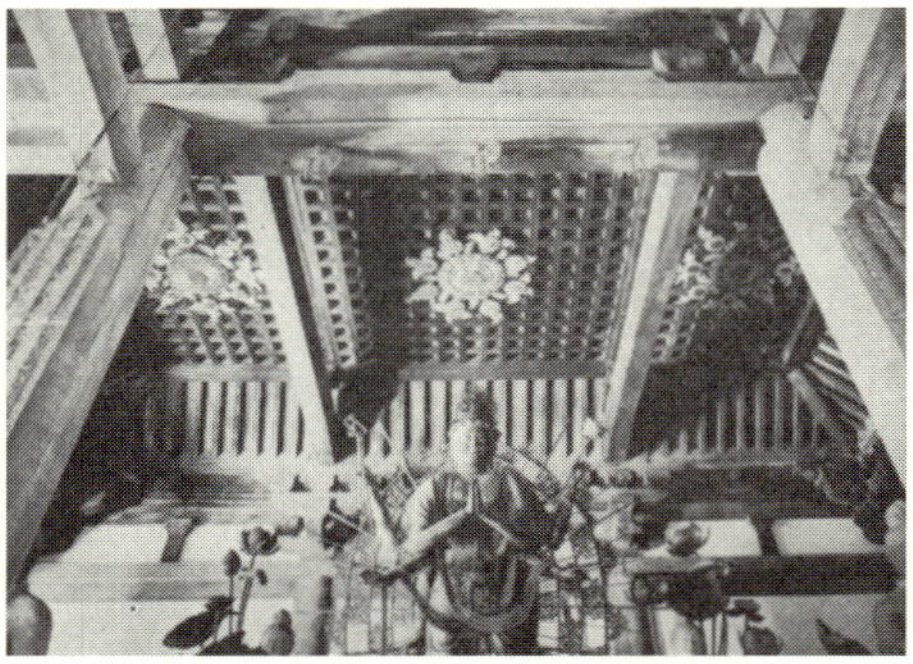

315　東大寺法華堂内部（746ころ）

原因には、天井の愛用と野屋根の発生という二点を指摘しなければならない。天井は伝法堂や栄山寺八角堂のように堂の中心部分を保護する天蓋状の覆板が原始的な形で、それを全面的にひろげた唐招提寺金堂、東大寺法華堂などのばあいは、内部荘厳の一部として仏殿の格を高めるのが本来の役割である。しかし天井が張られてみると、その上の構架はかくされるから、いつでも梁束式を用いればよいことになって、化粧であれば梁間寸尺に応じていろいろ考えなければならない構架方式を新しくつくりだす必要がなくなる（入母屋造の法隆寺金堂―同大講堂―鳳凰堂中堂とその間約四〇〇年あるが構架も妻飾りも変わらない）。と同時に、天井によって室内空間の意匠的変化がおこることも重要で、ふかく上方にはいりこんで屋根面をささえる構架からうける力学的な雄大感が消え、かわりに落ちついた平明な気分が生ずる。それが日本人の好みにあって、天井が荘厳の一部としてよりも内部空間の意匠として重視される結果になり、彩色も簡略化する（唐招提寺講堂、法隆寺大講堂）。そうした意匠的変化は、天井を張らずに構架をみせたばあいにも影響し、単純で明快な形式である二重虹梁蟇股、もしくは叉首組を好み、これらを混用したり、形式を複雑化したりする動きをみせない。それにはまた、屋根構造が二重になり（野屋根の発生）、化粧の構架は実際の屋根面を構成する垂木ではなくて、その下のいわゆる化粧垂木をささえるので、屋根の荷重や勾配をあまり問題にする必要がなくなる、という構造材としての役割の退化が関係する。構造材は好みだけでは形式化しえないのである。

叉首組と束組

こうした構架の変遷を中国と比較してみると、中国のばあいには梁をなん重にも重ね、そのあいだに通し肘木を加えるなど構造的強化が行なわれるのは当然であるが、その過程には一つ顕著な傾向を指摘しうる。それは叉首構造の退化であって、南禅寺大殿（七八二）のような

〝叉手侏儒柱並用〟（営造法式）の形式から、いわゆる虹梁大瓶束式へと発展する。この叉首組の消長にみられる両国の差は、簡素を好む日本人に叉首組が適応したという嗜好上の問題ともうけとれるが、さらに根本的には、中国の先進技術を採りいれるさいに、すでにもっていたわが国の技術的基盤が関係しているように思われる。叉首組も束組も、中国では早く漢代に例をみるから、その伝統も非常に長いわけであるが、日本のばあいには束組が高床住居とむすびついて輸入されたと考えると、両者の伝統には大きな差がある。構造的にみれば、建物の大きさや屋根勾配の変化にたいして、束組のほうが叉首組よりも適応しやすいのは明らかで、前述したこれらの混用形式は構架技術の柔軟な対応性をしめしている、と同時に、適応性という面からすでに両者に優劣の判定がくだされ、束組が主、叉首組が従という包括的な関係が成立していると思われる。ところが日本ではそれが一方は固有のもの、他方はあたえられたものとして、一対一のままに原始時代を経過し、両者は総合されずにべつべつな伝統をつくりあげた。したがってごく大まかないいかたをすれば、古代前期をもふくめて束組がつねに輸入技術であったのにたいして、叉首組には日本的な伝統があり、それが仏教建築の構架にも反映したと考えられるのである。大きな叉首組で直接棟木下端をささえる方式（当麻寺曼荼羅堂前身建物、唐招提寺経蔵前身建物、法隆寺東院七丈屋など）は、そうした日本的伝統をつたえるものであり、それが新しく輸入した仏教建築技術のなかでの叉首構造にむすびつき、ふたたび両者の関係を一対一にひきもどすという日本的な展開がみられるのである。そして前述した構架の形式化のなかで、束組である二重虹梁蟇股式とならんで好んで用いられる内部意匠として定着する。

317　法隆寺食堂内部

野屋根の発生

日本建築の構造でもっとも大きな変化をしめすのは屋根である。まえにあげた組物や構架が、それ自身としては構造的に発展しないのは、じつは当然それらが担当すべき問題を、全部屋根構造の変化にもたせかけてしまったこ

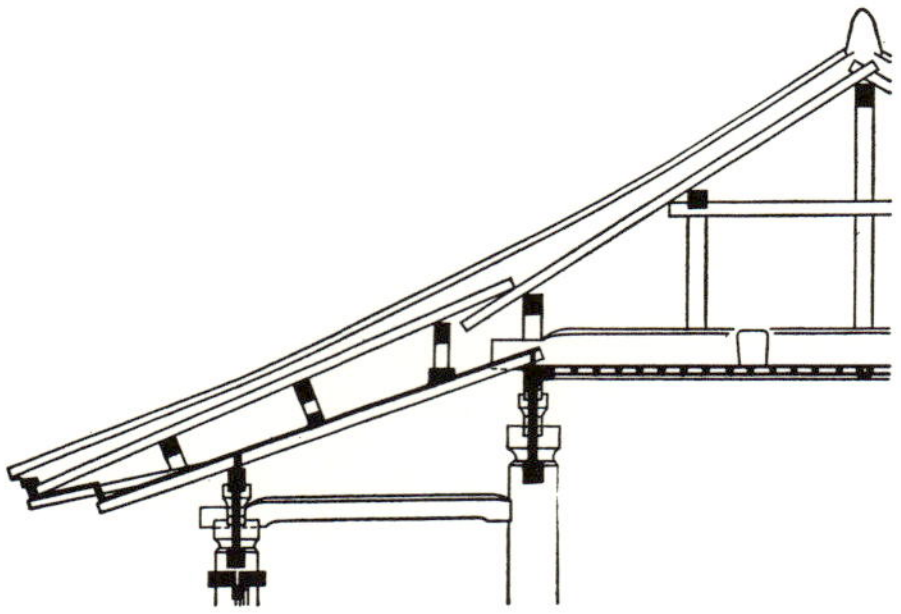

318　法隆寺大講堂屋根断面図

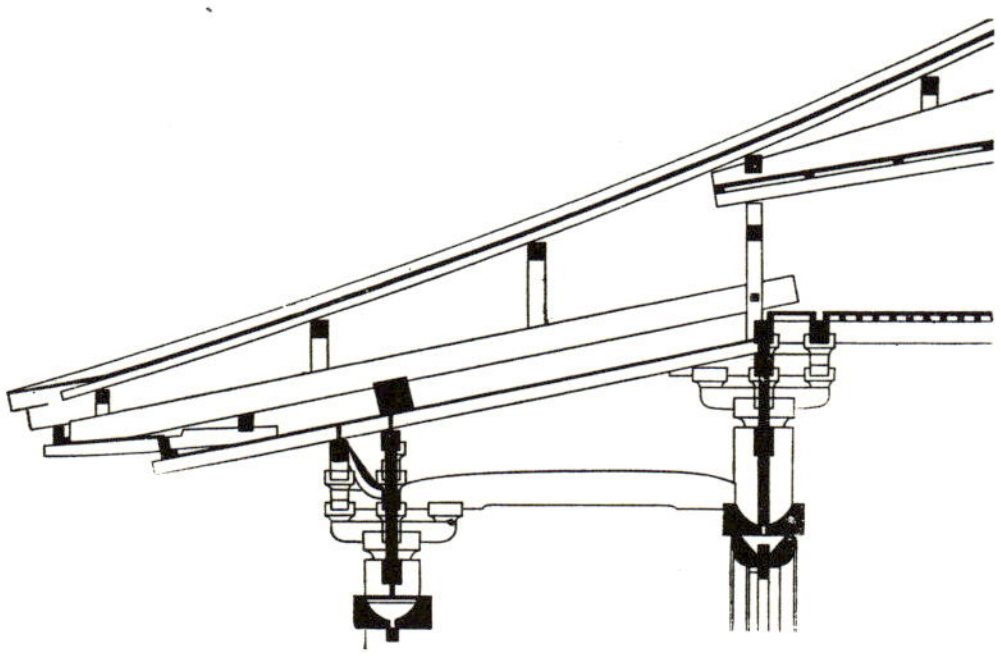

319　大報恩寺本堂屋根断面図（はね木入り）

とによっている。中国・朝鮮の建築はいまでもそうであるが、古代建築では軒先や室内で下からみえている垂木の上に野地を張り、その上に直接土をおいて瓦を葺いた。大きな建物では垂木を二段につなぎ、母屋と庇で勾配を変えて、棟を高くしてりっぱにみせると同時に、軒先がさがりすぎないように考えてある。はじめ一軒であったのが（法隆寺金堂・塔）、飛檐垂木を加えて二軒になるのも（薬師寺東塔）、軒の出を大きくしながら軒先がさがって暗い感じになるのをさけるためである。したがって垂木上面は折線になるが、その上に適当に土を置いて瓦をならべ、反りのある屋根面をつくる。だから垂木の折点では葺土の厚みがそうとう厚くなるわけである。野屋根が生まれる原因として、この葺土の量をへらすために折点部分に短い野の垂木を用いたのがはじまりで、それが発展して化粧垂木と野垂木の分離が生ずる、とする考えがある。法隆寺大講堂、鳳凰堂中堂などの屋根構造はこの推定につごうがよい。ところがわが国の古代建築中で、野屋根の存在を確かめうる最古のものに当麻寺西塔（平安時代初期）がある。この西塔の野屋根はいま述べた推定では説明がつきにくく、もうすこし別な原因をさがす必要がある。それは檜皮葺の屋根である。仏教建築の日本化がもっともはやく、またはっきりとあらわれるのは檜皮葺の使用で、近江崇福寺（天智朝）以下各寺院で盛んに行なわれ、平安時代になるとむしろ檜皮葺のほうが多い。古代建築で檜皮葺屋根の下地を確かめえたものはまだないが、瓦葺と同様に垂木をかけて野地板を張り、その上にまた葺下地の野屋根をつくったらしく、伝法堂前身建物や東院七丈屋の垂木には、上面にそのための枕木を止めた枘穴がある（延喜式には長さ三尺の檜皮と針縄が記されているから、当時の檜皮葺はいまの茅葺に似ていた）。この野屋根は構造的にはもちろん無力であるが、屋根面をととのえる効果は大きい。しかも、古代では瓦は貴重品であるから、瓦葺のつもりでも、しばらくは手近かな材料で葺いておくことが考えられ（醍醐寺塔ははじめ木瓦で葺いた）、それが自然に野屋根に移行したのであろう。前述した葺土の減量も、土の厚さだけで形をととのえるのはむつかしいから、そうした手法を導入したと考えたい（中世の例になるが、東院舎利殿絵殿の野屋根が参考になる）。したがって野屋根は葺土のかわりに、なにか骨材をいれるといった偶然から生じたのではなく、大陸建築の日本化のなかから必然的に発生したと云ってよい。野屋根が生まれて、化粧垂木の勾配を屋根勾配と関係なくゆるくすることができるようになると、つぎのような利点が生まれた。すなわち、構造的には母屋にたいして庇の梁間をひろくとれるようになって（野屋根がないと、庇をひろくすれば屋根勾配がゆるくなる）、平面と構造との連結性がうすめられたことであり、意匠上では軒の出を大きくしても軒先があまりさがらずにすむから、外観に平明な気分をあたえたことである。古代後期の建築がその二つの利点上で発展したことはいうまでもない。しかし、野屋根自身としては、屋根荷重を間接的にではあるが、まだ化粧垂木にかけており、その小屋組も梁束式の域をでないのである。桔木を使って軒先の荷重をささえ、小屋組も長い束を貫で固めて使うようになって、軸部の構造と無関係に野屋根をつくるのは中世になってからであり、桔木は法隆寺夢殿（一二三〇改造）、大報恩寺本堂（一二二七）、小屋貫は元興寺極楽坊本堂（一二四四）、などがその早期の例となる。中尊寺金色堂（一一二四）など小規模な建築には早くから登り梁の使用がみられるから、桔木はその発展構法と考えられる。なお野屋根のため庇の構造がかなり自由になり、意匠的にもかるくあつかわれるようになると、それまで住宅などに主として用いられた平面の間面記法が仏殿にも適用されるようになる（広隆寺（八七三）、観心寺（八八三）の各「資財帳」などがその早期例）。仏堂建築の日本化が両者を共通して呼称しうるまでにすすんだわけである。

和様の特質

構造材の変化としてはなお他にいくつかの問題、たとえば部材断面とか継手仕口などがあるが、ここでいままで述べたことを総合してみれば、つぎのようにいえると思う。すなわち、組物や構架に発展がみられず、それらはむしろ構造的にその役割を退化させ、したがって形式化と意匠の固定化が顕著にあらわれる。本来それらが対応すべき建物の平面や空間の変化にたいしては、野屋根の発生による屋根構造の変化が代行した。そのために構造の変化は裏面でのみ行なわれ、構造即意匠という古代建築の本質がゆがめられた。和様の歩んだ道は、したがって、建築としては一種の脇道といわなければならないが、その反面にはかなり自由に平面や空間を創作しえた効果をみのがせない。古代後期の建築における日本化は、そうした新しい空間の創造にその発展の本質があった。

二九　古代建築の構造と技法——法隆寺建築を中心として

320　夢殿断面図

法隆寺は古代寺院の主要部がそっくり残り、伽藍配置や各建物の形態・機能がまのあたりにみられることや、金堂・五重塔・中門などわが国最古の建築遺構を残している点でまことに貴重な寺であるが、古代から中世・近世にわたる建物が多数残存し、とくに近世以前のものは全国的にみても優秀な建築が多い点でも他に類例がない。そのため、建物の構造や技法の時代ごとの発展変化の比較には絶好の場所であり、ことに昭和九年から始まった修理事業は、細心の注意で建物の解体調査を進め、修理の際でなければ得られない数々の資料を得、各時代の技法の比較をいっそう正確かつ容易なものとした。その中には、的確な数値をなかなかつかみ難い柱間寸法や、軸部・組物の隅延びを含む規矩的細部寸法があり、また軒先や屋根構造の原形、戸口・窓・床など雑作部分の当初の形式、基礎や壁の工法など、各時代ごとの技法が判明した得難い成果が多い。

また一方では、転用されていた古材や遺跡の発掘によって、いまは全く姿を消した前身建物を復原考察しえたものも、伝法堂・東院中門（礼堂前身）・七丈屋（舎利殿絵殿前身）・保安創建聖霊院など数棟に及んだ。これは残存遺構のごく少い古代建築に、実質的に一棟ずつを付け加えることができるほどの成果であった。こうしたことから、法隆寺の各遺構による構造や技法の研究は、そのまま古代から中世にわたる日本建築技術史を形成することになる。ここではそのうちから、問題を比較的簡単な古代建築の構造方式とその細部の技法にしぼって、その基本的な性格と変遷をたどることにした。もちろん、中世でも、たとえば大仏様とと

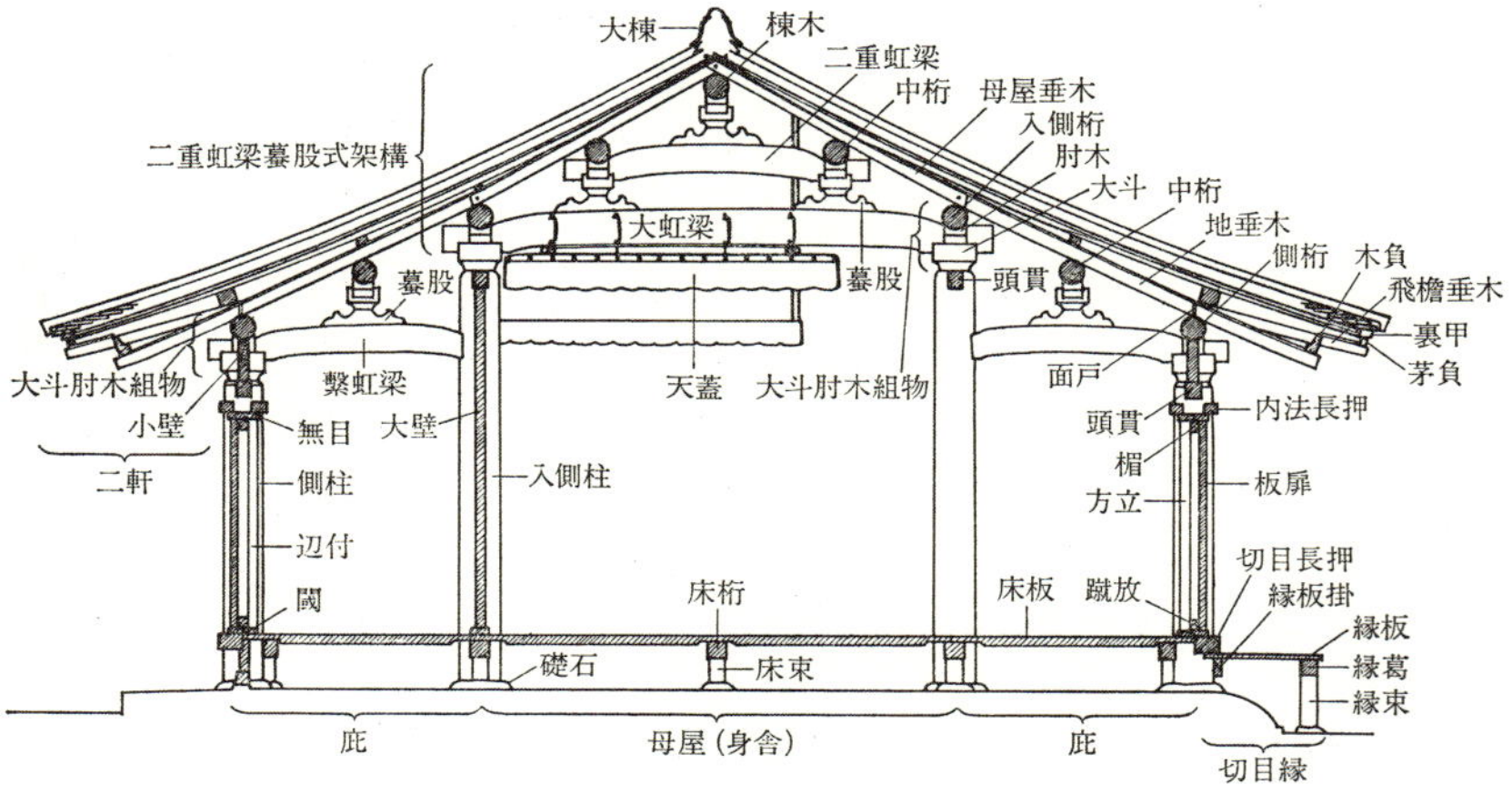

321　伝法堂復原断面図

もに輸入された貫の工法が、承久元年（一二一九）再建の東院舎利殿絵殿にはなく、寛喜三年（一二三一）再建の東院礼堂で現われること、礼堂で初めて支割による柱間寸法決定法が使われていることなど、主として中世和様の形成過程に関する重要な諸問題があるが、これらは他の機会にゆずりたい。

平面と建物の形

古代建築の形は平面と密接な関係をもっていて、柱の配置が構造をそのまま現わし、それがまた外観の屋根の形式に反映している。その構造のもっとも基本となるのが母屋（身舎）と庇である。母屋は矩形平面の長手の両辺に一定間隔で立て並べた柱に梁（大梁）を渡し、中心に棟木をあげて棟木から柱筋の桁に垂木を架けて造られ、簡単な建物はこの母屋だけである。矩形平面の長手方向は柱上に桁を通すので桁行と呼び、短辺は梁行と称する。母屋の桁行方向の柱は三メートル前後の間隔で立て並べて、柱間の数を三間または五間（広狭と無関係に柱と柱の間を一間と呼ぶ）とする。桁行方向は柱を増せば、用途に応じていくらでも長くつくれるが、梁行方向は母屋の中心の柱を抜くので、柱間をあまり広くすると巨大な梁を必要とする。そのため、通常は母屋梁行全長六―八メートル程度に限られる。周囲は柱間を戸口や壁にする必要上、矩形平面の短辺（建物の妻と呼ぶ）にも柱を配置するが。二間が普通で、ごく特例として三間のものがある。古式の神社建築はすべてこうした母屋だけの構造で伊勢神宮正殿は桁行三間・梁行二間、出雲大社本殿は桁行二間・梁行二間である。大梁の上には叉首または束を立てて棟木を支える。母屋だけの建物だと梁を全部の柱列に架け、おのおの梁上に叉首または束が立つので、棟木は桁行方向全長に及んで切妻造となる。神社建築はじめ簡単な建物はすべてこの形式に属し、法隆寺では妻室がその好例である。また梁上の架構をより複雑な二重梁式にした例に食堂前の細殿や西院経蔵・鐘楼などがあげられる。（ただ特殊な例として、母屋だけの建築ながら、屋根が寄棟造となる校倉があるが、ここでは理解しやすいよう叙述を避ける）。

奥行の深い建物を造るには、母屋の前後に庇をつける。庇は柱を母屋より一段低くして、柱上の梁（繋梁）を母屋柱の横腹へ差し込んで繋ぎとし、母屋柱筋と庇柱筋の桁を結んで垂木が渡され、母屋と一流れの屋根が造られる。母屋だけの場合と違って庇がつくと、側柱とその内部の柱（入側柱）との結びつきで構造が強化され、また母屋の垂木より庇の垂木の勾配をゆるくすることによって、垂木の線は母屋柱上で折れ、その上に屋根を葺くと、屋根面は中央で凹んだ優美な凹曲線となる。官衙や住宅などの実用的な建築では、細長い母屋の表または裏の一面だけに庇を設ける例もあるが、寺院建築は表裏二面に庇がつくのが原則で、屋根は切妻造となる。食堂・伝法堂などは側面から母屋と庇の構成がよくわかり、東室や西室の北妻はもっとも簡素な構造を現わしている。梁行はすべて四間で、桁行は前の二棟が七間、東室の創建時は十八間であった。庇が前室的な役割を果し、母屋が単独の場合より格の高い空間となっていることも一見して明らかであろう。

母屋をさらに上等の場合としたのが、周囲に庇をめぐらせた四面庇付きである。切妻造の母屋に四方流れの庇をつけて全体を入母屋造にする形と、母屋を寄棟造にして全体もその拡大形になる場合とがあるが、その選択は外観の意匠だけにまかされていて構造上は全く等しい。伽藍の中枢となる仏殿は四面庇が原則で、平城宮などの宮殿・官衙も中心建物は四面庇であった。法隆寺金堂は桁行三間・梁行二間の母屋の周囲に庇をめぐらせた形式で、全体は五間×四間となり、当初は母屋柱筋から内部全体を低い仏壇にしていた。なお平安時代に住宅関係で使われ始めた間面記法は、法隆寺金堂の場合の三間×二間・四面庇付きを省略して「三間四面」と記したもので、単に平面の大きさだけでなく、内部の空間構成をも示す便利な表現として広く用いられた。金堂では飛鳥時代は大寺でも三間四面堂が標準で、白鳳期の薬師寺以降天平期は興福寺など五間四面堂が中心となる。唐招提寺金堂もその例である。そして屋根も飛鳥・白鳳期は入母屋造、天平期は寄棟造が多い。

建物をさらに広げる場合は庇の先に孫庇をつけるか、軒先を接して前に同じ桁行長さの建物を建て、前後二棟を外郭で囲って内部はひと続きの空間とする。後者の形式を双堂（並堂）と呼び、中間の造合の上には樋が通される。法隆寺食堂・細殿がその例で、現

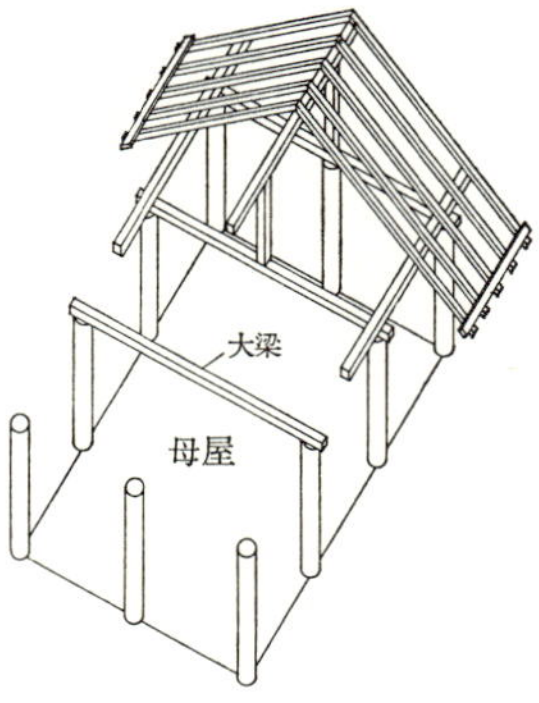

a　無庇建物（三間×二間切妻造）

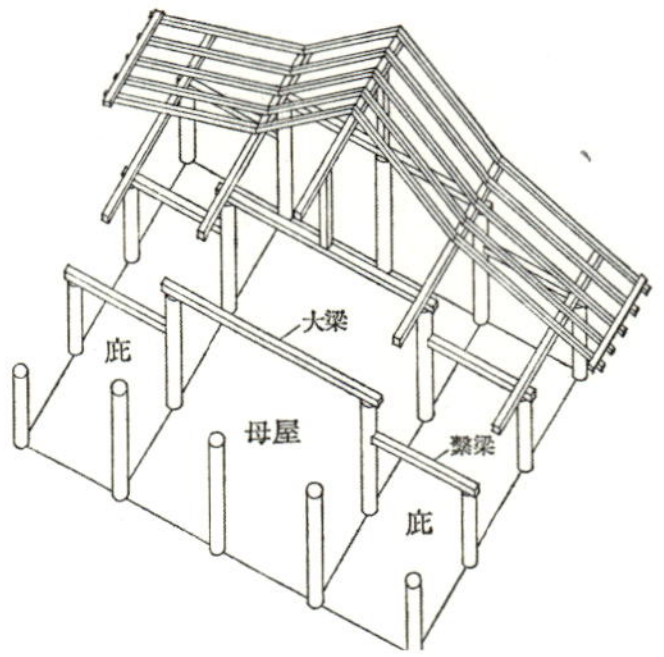

b　二面庇付建物（三間×四間切妻造）

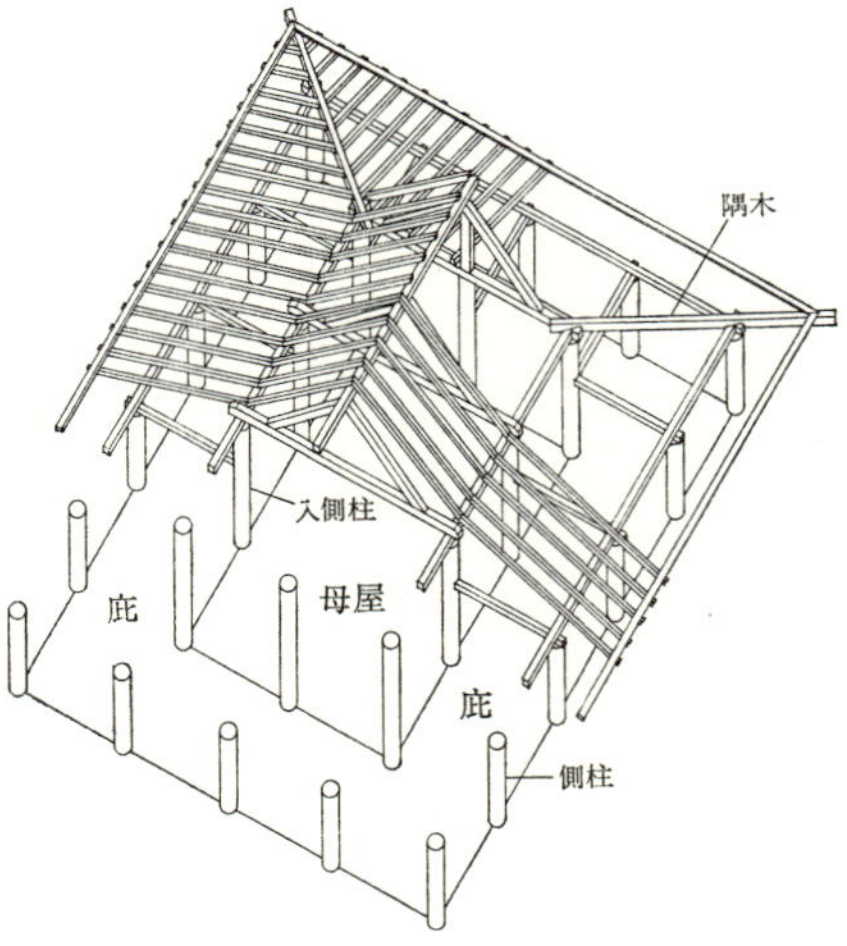

c　四面庇付建物（三間四面入母屋造）

322　古代建築の基本形式

在は両者が別建物として扱われているが、平安—鎌倉中期の間は双堂であった。孫庇・細殿とも本建物に対する付属的部分として軽く扱われ、構造・意匠とも、より簡素な形式を採るのが原則で、仏堂では礼拝の場（礼堂）として天平期から両者併行して現われる。孫庇式は創建時の当麻寺曼陀羅堂、双堂式は東大寺法華堂が好例であるが、両者とも後世の改造で当初の姿を失っている。なお本建物の周囲を取り巻いて一段屋根を低めた差掛けを造る場合は裳階と呼び、孫庇が必要に応じて一面または二面につけられるのと異なって、柱は母屋・庇・裳階の三重に配される。中心部に向って順次高く盛りあがる空間構成の荘重さとともに、外観ではあまり高くなりすぎる軸部に、腰屋根をめぐらして均整のとれた二重屋根の姿に整える役割を果しており、天平期の金堂では最高級の形式とされた。興福寺中金堂や東大寺大仏殿がその代表である。法隆寺金堂のような本来の重層建築と、裳階をつけた結果外観が二重屋根になった建築との構造の差は図に示すとおりで、前者の上層が内部を使えない飾りだけのものであるのに対して、後者は高い堂内空間が確保されている。

平面の基準になる柱心々距離（柱間寸法）は古代では簡単な完数値にするのが原則で、たとえば切妻造の食堂は桁行七間各一〇尺、梁行四間各八尺の計七〇尺×三二尺、同伝法堂は七間各一二尺×四間各九尺である。簡素な建物ほど桁行・梁行とも等間としており、創建の東院では中門（礼堂前身建物）・七丈屋（舎利殿絵殿前身建物）・回廊などの桁行寸法をすべて一〇尺に統一していた。近年の発掘調査の結果、平城宮では一〇尺単位の方眼地割が基本となり、多くの建物の柱間寸法が一〇尺であるばかりでなく、建物の間隔も一〇尺の倍数に計画されていることが明らかにされた。食堂は本来は、政屋（寺務所）で官衙的性格をもち、東院の上記各建物も掘立柱・檜皮葺で宮殿建築的要素が濃いから、これらに一〇尺柱間が用いられている点は仏教建築と宮殿・住宅建築の相関性を示すものとして興味深いが、多くの場合もっとも単純な一〇尺が基準寸法であったことは古代建築の大きな特色である。

上記のような簡単な切妻造の建物でなく、四面庇の建物では、構造上、庇の柱間寸法を一〇尺程度に押えながら、母屋は少し広くする例が多い。白鳳期の川原寺金堂（遺跡）は桁行三間の母屋を各一二尺（梁行二間各一〇尺）、庇は一〇尺とし、薬師寺金堂は五間の母屋のうち中央三間各一二・五尺、両脇一〇尺（梁行二間各一〇尺）、庇は一〇尺としている。天平期の東大寺法華堂（正堂）も母屋桁行三間各一四尺×梁行二間各一二尺、庇は一〇尺である。こうした簡単な柱間寸法のとり方も天平末期になると複雑化し、唐招提寺金堂では正面七間のうち中央間を一六尺、つぎ一五尺、そのつぎ一三尺、両端の庇を一一尺に順次逓減して中心性を強調した変化のある外観をつくり出すが、柱間寸法が完数値である点は変らない。ただし以上にあげた尺はすべて当時の尺（天平尺）で、右の表のように、八世紀の物指（天平尺）の一尺は現尺の〇・九六—〇・九八尺ぐらいに当る。飛鳥時代およびその様式を受けた法隆寺金堂・塔・中門などは、高麗尺（一・一六—一・一八現尺ぐらい）の完数値とみられ、金堂は母屋三間各九尺、庇六尺、塔は初重柱間

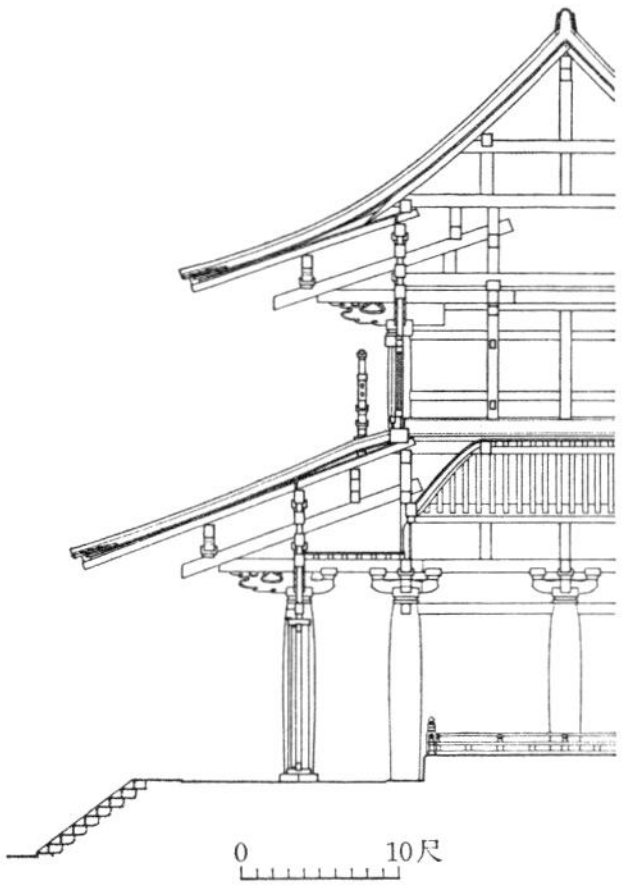

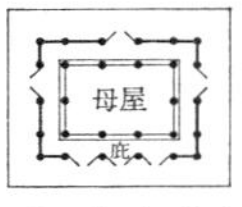

初重平面図

323　二重構造建築断面図
（法隆寺金堂—白鳳時代）

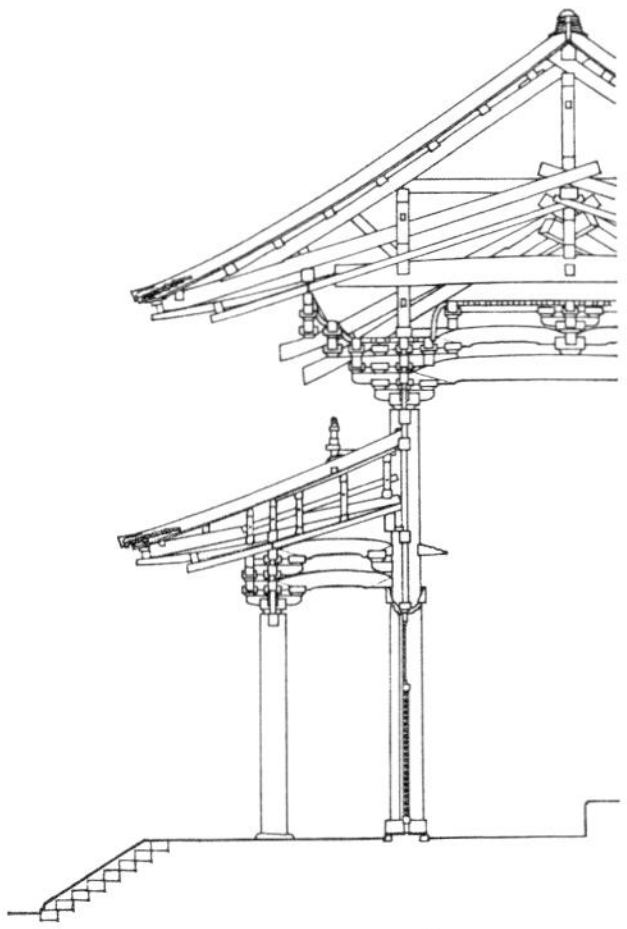

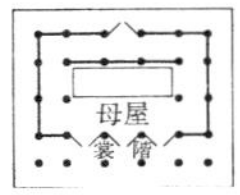

初重平面図

324　裳階付外観重層建築断面図
（喜光寺本堂—室町時代）

法隆寺内諸堂　造営尺度変遷表

建物	建立年時	造営尺
金　　堂	7 世紀後期	1.1860
五 重 塔	〃	1.1760
中　　門	〃	1.1630
東 大 門	8 世紀前期	0.9676
西院経蔵	〃	0.9680
食　　堂	〃	0.9750
伝 法 堂	〃	0.9780
東院中門・七丈屋	〃	0.9780
東院創建回廊	〃	0.9760
大 講 堂	正暦元（990）	0.9890
舎利殿絵殿（前庇梁行）	承久元（1219）	1.0035
東院礼堂	寛喜 3（1231）	1.0035
東院回廊	嘉禎 2（1236）	1.0033
宗源寺四脚門	嘉禎 3（1237）	1.0020
西 円 堂	建長元（1249）	1.0020
東院鐘楼	13 世紀中頃	1.0050
聖 霊 院	弘安 7（1284）	1.0067
地 蔵 堂	応安 5（1372）	0.9965
北室院表門	15 世紀	0.9980
東院南門	長禄 3（1459）	0.9990
北室院本堂	明応 3（1494）	1.0000

一辺長一八尺、中門は梁行三間の中央間一〇尺、両端間七尺と考えられる。なお柱間に対する垂木配置は天平期の遺構では一支（垂木の中心から中心までの距離）を一尺とするのがもっとも普通で、これもごく簡単な方式をもつ。法隆寺金堂・塔などは一支が〇・七五高麗尺（天平尺で九寸）で金堂の母屋は一間一二支（垂木一二本）、庇八支、塔は初重総柱間を二四支として中央間一〇支、両端間七支に割付ける。したがって、五重塔の柱間寸法は各間では完数値とならないが、これは重層建築の外観を支割の逓減で定めるためで、二重以上の各柱間も一支ずつ減じて二重は六・九・六、三重は五・八・五に割付けられている。五重目は三・六・三になるが、これでは狭くなり過ぎるので六・六の二間にした。天平期の元興寺極楽坊五重小塔では初重三間各一・一尺（十分の一模型だから実際は一一尺）、二重以上は各間〇・一尺ずつ減じて五重目は各間〇・七尺となり、一支一尺割だと柱間寸法も完数のまま逓減して単純である。

天平時代の柱間寸法は重層など上下平面のバランスを考慮する必要があるものを除くと、完数または〇・五尺単位の整数値が普通で、これはそのまま長く踏襲された。たとえば東院舎利殿絵殿は前身建物の規模（七間×二間、各一〇尺）をそのままに各柱間とも一〇尺とし、前面に加えた庇も一〇尺にとった。ただし旧規を踏襲した一〇尺は天平尺で、九・八三現尺に当り、新たに加えた庇は当時の造営尺に延びがあって現尺の一〇・〇三五尺となる（造営尺度変遷表）。聖霊院（弘安七年〈一二八四〉）も桁行柱間を前方から九尺ずつとり、北端間を七尺にしている。こうした整数制を初めて破ったのが東院礼堂で、桁行五間のうち両脇二間ずつを一〇尺としながら中央間は一一・五三五尺とした。これは一〇尺を一三支とした垂木配りの一五支分（一支〇・七六九尺）に当り、柱間寸法が支割で定められたことを示している。平安時代末期から木割が細くなって、垂木の配列が密になったことと、出三斗組が生れて、各柱心ごとで垂木が内部から延びだす梁の鼻を両脇から挟む（これをタバサミと呼ぶ）きちんとした形式にかならず配置する制約から、支割による柱間の規制が生じたものとみられ、古代建築の場合に桁の隅組位置だけをタバサミにして中間は適当に垂木を配る無頓着な形式（法隆寺塔でも柱間寸法は前記のように支割で定めながら、実際の垂木はそれと無関係に適宜配置し、同じ層でも面によって本数が異なる）から脱皮して整然とした姿になった。ただこうした支割が柱間寸法決定の基本方式となるには、まだ多少年月を要し、聖霊院では一見よく整いながら九尺間一六支（一支五・六六寸）、七尺間一二支（一支五・八七寸）と柱間ごとに一支寸法が異なる。そして全国的にも鎌倉時代末期から支割方式が確立し、法隆寺では地蔵堂（応安五年（一三七二））以下の遺構はすべて柱間寸法を支割で定めている。ちなみに地蔵堂は方三間で中央間六・一二尺（一八支）、両脇間五・四四尺（一六支）、総長一七・〇〇尺（五〇支）、一支三・四寸である。

なお、柱間寸法に対する建物の立面については、従来から唐招提寺金堂の側柱長さが中央間と等しく一六尺であることが注目され、中央間立面を正方形にするのが造形の基本と考えられてきた。法隆寺でも東大門は中央間と柱高がほぼ等しく一三尺（柱は中世にやや切り縮められていて、これは当初寸法）であり、伝法堂も前身建物ではともに一二尺である。しかし法隆寺金堂中央間一〇・六七尺（九高麗尺）・柱高一二・三尺、経蔵中央間一三・五五尺（一四天平尺）・柱高一二・七尺、大講堂中央間一二・一七尺・柱高一六・六五尺などからわかるように一般には柱高と柱間寸法とはかなり違う。回廊のような吹放しの簡単な建物の柱高は一〇尺未満（西院回廊九・一尺）、東室・食堂など実用本位のものは一〇—一一尺（実際はともに一〇・五尺）、門や鐘・経楼など多少格式張ったものは一二—一三尺程度、仏堂は一四—一九尺ぐらい（東大寺法華堂約一五尺、新薬師寺本堂一三・八尺、『正倉院文書』による法華寺阿弥陀院金堂一九尺）と建物の性格でほぼ定められたらしい。中世に入ると床板張の建物が一般化するが、東院礼堂と聖霊院では足固貫の上面を水平基準にとり、それから柱頂までを一〇尺の完数としている。全体の柱高も礼堂約一一・八尺、聖霊院一一・一尺、舎利殿絵殿一一・六尺と近似し、中世における軸部基準寸法の整った一方法を示して古代との差を思わせる。

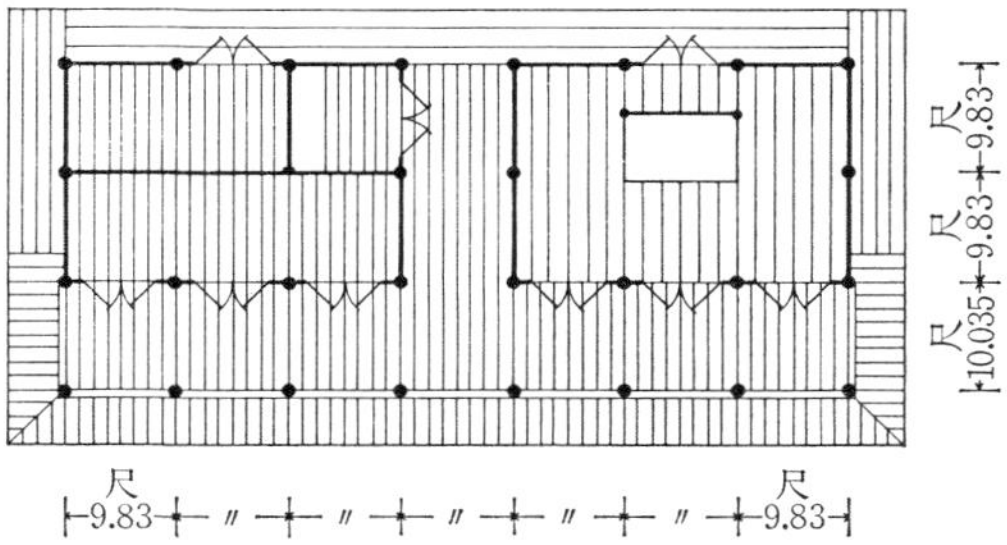

325　舎利殿絵殿平面図

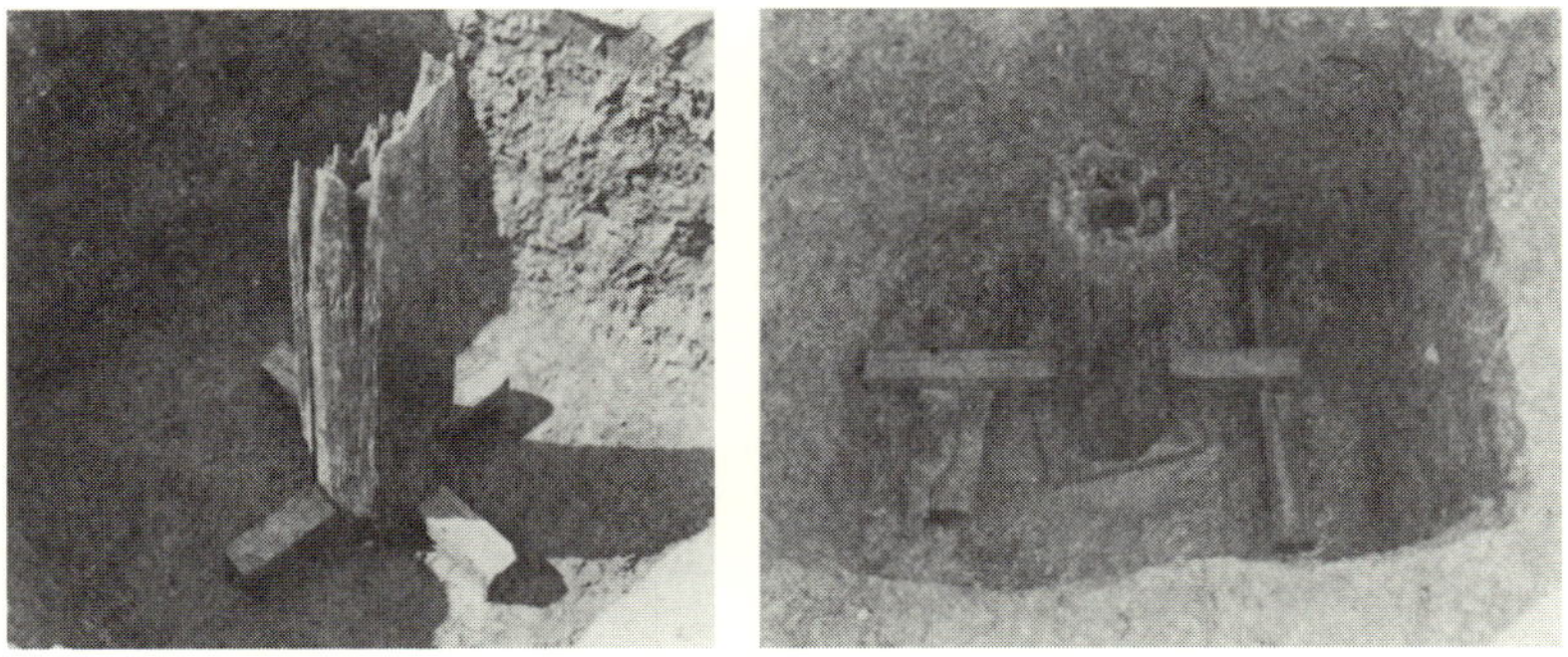

326　平城宮跡の掘立柱

基礎と軸組

日本古来の柱を立てる方法は掘立で、いまも伊勢神宮では式年造替ごとに踏襲され、八世紀の平城宮でも、朝堂院、外郭の諸門、ごく一部の官衙の中心建物などを除くと、内裏正殿以下大半が掘立柱であった。さらに遡ると、前期難波宮（七世紀中頃）や飛鳥浄御原宮（六七二）は大極殿以下すべての建物が掘立柱である。中国建築の技法を輸入した仏教建築は、高い基壇を築き、礎石を据えてその上に柱を立てるのが正規の方式で、崇峻元年（五八八）建立の飛鳥寺から現われる。ただそうした仏教伽藍でも、門・回廊・僧房など付属的建物は掘立柱を用いたことが、近年各地の寺院跡で明らかにされつつあり、最初の発見例となった法隆寺東院伽藍では夢殿（金堂）と伝法堂（講堂）は礎石を用いていたが、南門・中門・回廊・七丈屋は掘立柱・檜皮葺であった。掘立柱は地面に方一メートル、深さ一メートルほどの穴を掘り、柱を埋め込むもっとも簡単な構造で、東院では柱の下に盤木を入れて高さを調節したものもあり、柱底面には心墨が打たれて所定の位置に正確に立てられていた。藤原宮跡の官衙建物をみると、柱筋は桁行方向はかなりよく通るものの、梁行の向かい合った柱位置は不整で、この点、東院のほうが据付け技術は高い。また平城宮跡では、門や楼などとくに力を受ける柱には穴底に短い地貫を横たえて柱をまたがせるものや、段違いの十文字に貫穴を穿って短い貫を差し込み、これを土に埋め込んで柱の横倒れを防止する例があり、掘立柱の安定法にも各種の技法があった。同類は九州北部ではすでに弥生時代後期に用いられている。掘立柱は礎石立ちの柱より一般にやや細いのが普通で、一〇尺間の建物では径一・〇—一・二尺弱（東院各建物）が多い。これは掘立の工法自体が柱の傾きを防ぎ、安定のための余分な底面積を必要としないことによる。ただし最大の弱点は根元の腐朽で、耐用年限は二、三十年程度と推定され、東院でものちにすべて礎石式に改められた。貞観元年（八五

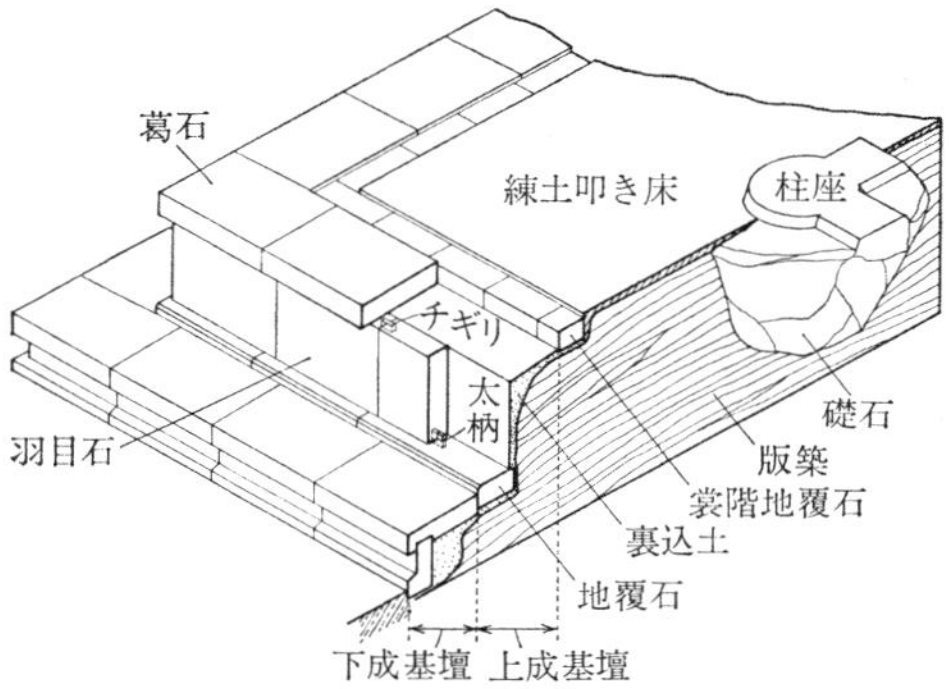

327　羽目石積基壇（白鳳時代）

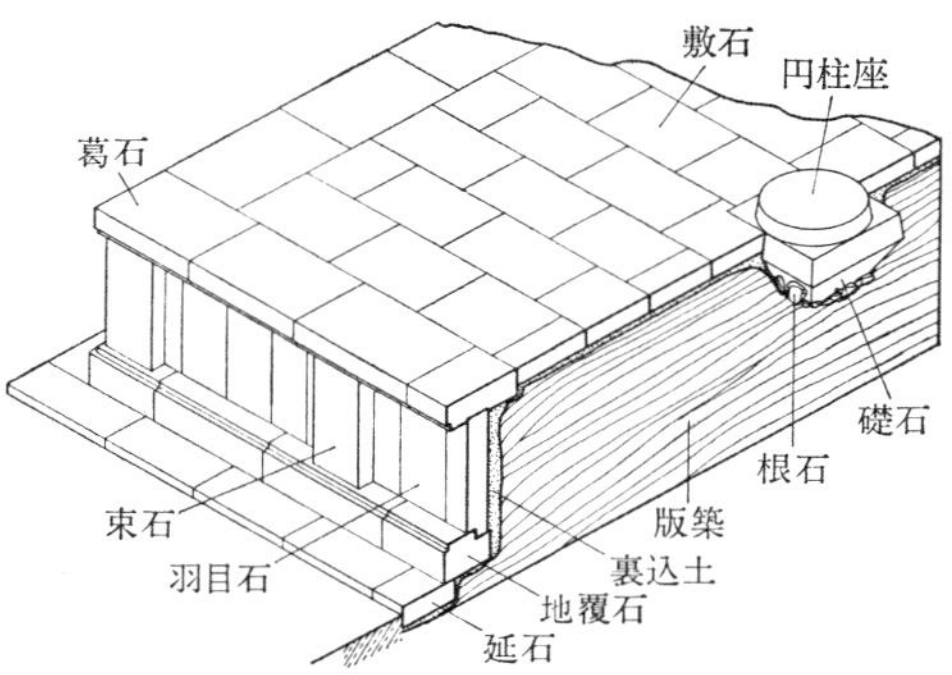

328　壇正積基壇（天平時代）

九）の道詮による大修復がこれである。

基壇は砂混りの土と粘土を交互に叩きあげる版築の工法でつくられ、礎石を据え、周囲や表面を化粧して終る。版築はあらかじめ地面を少し掘り下げたところから始める掘込基壇がもっとも丁寧で、飛鳥・白鳳時代には多く行われたが、天平期以降掘込は省略された。一度に叩き締めた土層の厚さも七世紀では五―八ミリメートル程度と薄く堅固であったのが、八世紀に下ると倍以上の厚さとなって締りがやや不十分になる。構築の中間で据える礎石も前者では周囲を十分固めるので礎石下にかませる根石が少いが、後者では一定面で礎石を並べて根石を多くかませ、それより上は厚く土を積んで築固めを省略する例が多い。仏教建築を学んだ初期には、中国の方式を忠実に施工していたのが、だんだん手抜きする様子がうかがわれ、土や石の精緻な仕事が日本にはなじまなかったことがわかる。なお版築といっても基壇の高さは一・五メートル前後なので、堰板は使わず、土饅頭型に築成して、その後周囲を切り整えたらしい。そのことが前記の簡略化を生む一因でもあった。基壇の外装は切石積がもっとも正規で、飛鳥寺や川原寺では花崗岩の地覆石に凝灰岩の羽目石（葛石も多分同じ）を立てていたが、七世紀末の法隆寺金堂・塔は全体を凝灰岩製にする。これも多分、固い石を用いる中国方式から、加工の容易な凝灰岩へ移行したのであろう。八世紀に入ると隅だけ束石を用いる形式（多賀城廃寺塔跡）、ついで隅と各柱筋に束石を配置する正規の壇正積（南都諸大寺）が現われ、以後これが長く踏襲された。法隆寺金堂・塔の形式を羽目石積とか初期壇正積とか呼んでいるが、いまのところ適切な名はない。他の建物では多くが、中世以降花崗岩基壇に替えられて旧形式を残さないが、大講堂・夢殿なども当初は凝灰岩基壇で、大講堂は地覆石を省略して地面に直接羽目石を立て並べた簡略形式と推定されている。また夢殿の内部基壇（仏壇）や東院中門・回廊の基壇など、せいの低いものは地覆石と羽目石を一

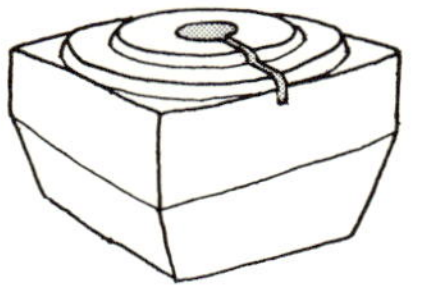
329　食堂礎石

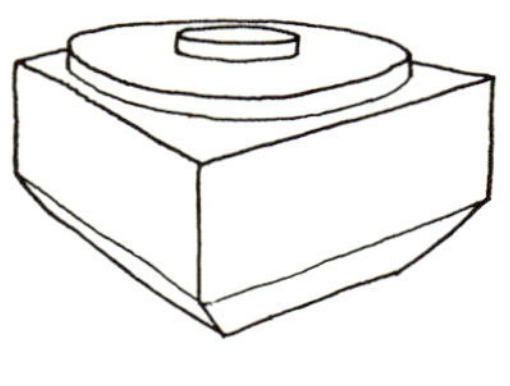
330　夢殿礎石

石から造り出しているし、同じ形式で大講堂の須弥壇は格狭間を彫り凹めていた。基壇上面は叩き土間（金堂・塔）、凝灰岩切石敷（夢殿）、磚敷（大講堂須弥壇）などに分れる。

実用的な建物は内部床面を水平に保つ程度のごく低い基壇で、外周も必要な個所だけ玉石積にする（東室南妻）。地方寺院に多い瓦積基壇も鎌倉再建前の西円堂内部で用いられており、入側柱礎石の外縁を結んで低い瓦積を設け、漆喰塗にして母屋全体を低い八角漆喰壇にしていた。なお平安時代以降、板敷の建物が増すと基壇は亀腹に変わる。聖霊院は保安二年（一一二一）に東室の南端を改修して創建されたが、本来ゆるい南下りの土地であるため、南方に生ずる土壇を玉石積にしていた（現在は亀腹の下に埋っている）。その土壇の肩を丸めて土で叩き締め、漆喰塗で表面をとめたのが亀腹で、聖霊院は全国的にみてももっとも古い例に入る。

礎石は花崗岩系（金堂・塔・中門では花崗片麻岩・黒雲母片麻岩が主）の固い石を用い、上面に円座を造り出したもの（塔）と、自然石のもの（中門）とがある。金堂は円座付き礎石を転用してその上面を削り直したものと自然石が混在する。こうした固い石のほかに凝灰岩も用いられ、法隆寺ではそれが多いことが特色となっている。食堂・夢殿・西円堂・大講堂・東室などがその例で、とくに大講堂のような大建築に柔らかい凝灰岩礎石を使った例は他にないが、大講堂・東室の礎石は当初から転用材なので特殊例と考えるべきかもしれない。このうちでも、もっとも特色があるのは食堂礎石（凝灰岩とよく似た石英安山岩）で、上面は二重に円座を造り出し（一重の個所もある）、中央に径五寸、深さ三寸ほどの枘穴を穿ち、穴から外方へ排水の溝を掘っている。柱は径一・三尺で底に枘を造り出し、礎石の枘穴へ入れて移動を防ぎ、水抜きはその腐れ防止のためであるが、実際には枘はすべて腐っていた。これと類似の水抜きは白鳳期の塔心礎（檜隈廃寺・薬師寺など）にみられ、おそらく中国式なのであろうが、多雨多湿の日本にはむかず、短期間で廃れた。夢殿の礎石は上面に円座とその上に径七・三寸の低い枘を造り出す。この上に径一・三七尺の八角柱を据えていたが、柱の移動防止にはこの方が効いていた。一般に白鳳—天平期には出枘式礎石が多くみられるが、夢殿のように柱径の二分の一以上に及ぶ枘は例がない。法隆寺の礎石が案外他と異なった各種の工夫をもっていることが知られよう。なお礎石上面に柱心を示す十字墨

（舎利殿絵殿・西円堂）や陰刻線（夢殿・大講堂）をもつ例があるが、その位置が割合正確なことから、礎石据付け後に記したものと考えらえている。

建物は、まず柱を立て、上を梁と桁で繋いで軸組が造られる。柱は金堂・塔・中門など飛鳥様式の建物はとくに太く、胴張りをもつ（金堂で底径一・九五尺、胴径二・〇五尺）が、天平期に下ると直線的に上方へ細まり、頂に丸く面をとる形式となる（伝法堂は上径一・三五尺で底径は側柱一・四七尺、それより長い入側柱は一・五三尺とする。食堂は側柱上径一・二〇尺、底径一・二八尺）。柱間寸法と柱（底）径の比は金堂一対〇・一八二、伝法堂〇・一三五、食堂〇・一三二で、金堂はとくに太い。これは後述のように柱頂部を繋ぐ方式が未熟のため、柱が上部荷重を受けるだけでなく、横倒れ防止の太さも要求されたためである。鎌倉時代になると柱は上下径がほぼ近似し、頂の面取りもなくなり、柱間寸法との比も小さくなる（舎利殿絵殿〇・一一八弱）。柱の太さが建物の規模に規制されることは後世の木割書でもこまかく記すが、ごく大づかみに柱間一〇—一二尺程度では天平時代は〇・一三強、鎌倉時代は〇・一二前後であった（なお慶長一五年〔一六一〇〕記述の『匠明』は〇・一二）。

軸組のもっとも簡単な構造は柱上に桁を通し、渡腮仕口で梁を桁の上に架けた方法で、母屋だけの形式が妻室（平安時代）、前後庇付きが東室（白鳳時代末）にみられる。桁の断面はせいより幅が広く（ゴヒラと呼ぶ）（東室の入側桁〇・七五×〇・九八尺、柱頂径〇・九八尺）、一間ごとの坊境に渡す陸梁（真直ぐな梁）も同断面である。東室は坊境には陸梁を、中間には虹梁を架け、陸梁上に叉首組、虹梁上に棟束を置くが、妻室はすべて豕叉首組（叉首の中央に束を加えた形式）を用いる。棟木はともに下面を〈形に彫り込んで直接叉首組上に据え付ける素朴な工法で、東室の束上は丸枘差しとする。庇の繋梁の尻は入側柱に枘差しで落し込む（後世の下鎌・鯖尾と似ているが、枘の先が開いていないもの）。垂木は棟木上で三枚組にして栓で結合し、桁上は釘留めと

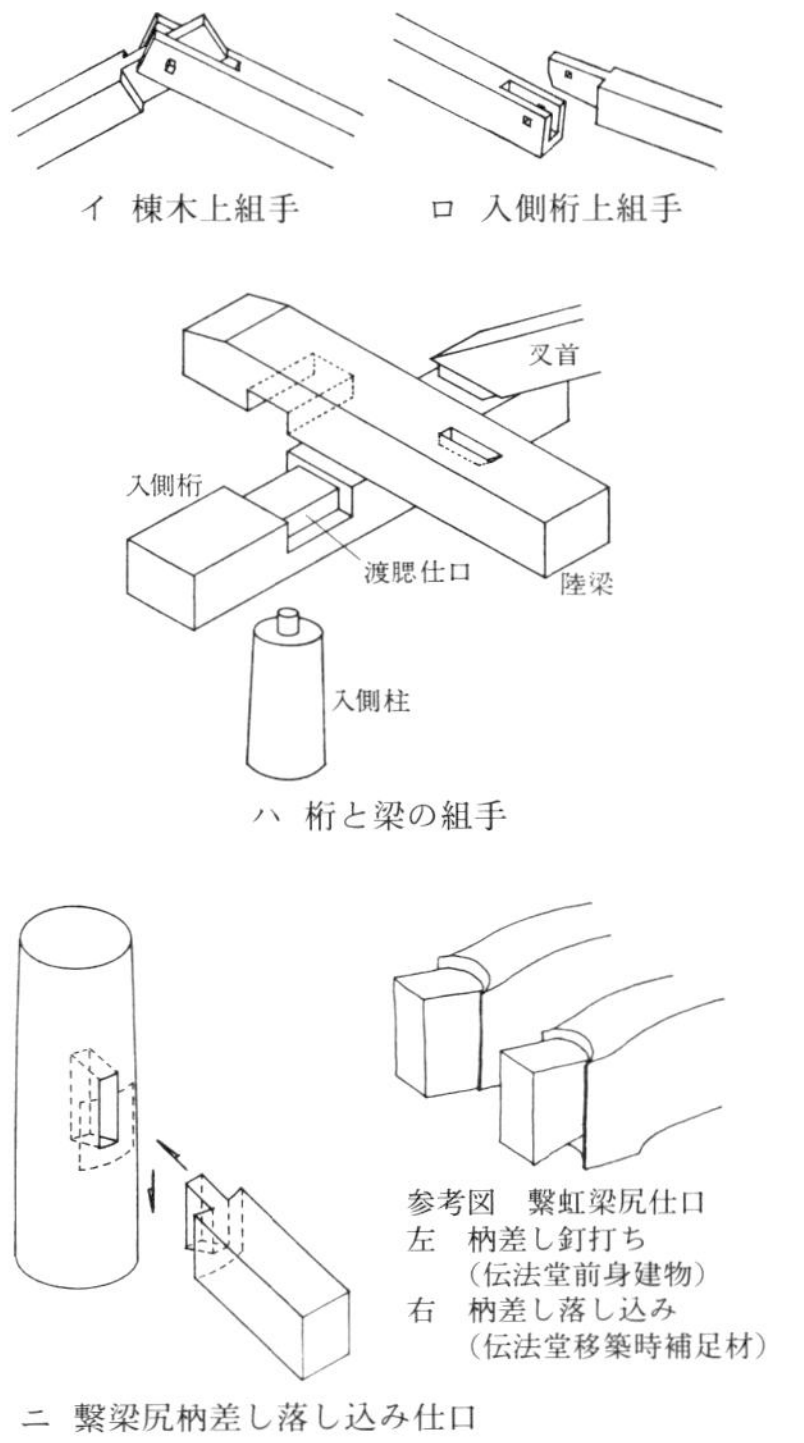

331　東室仕口細部

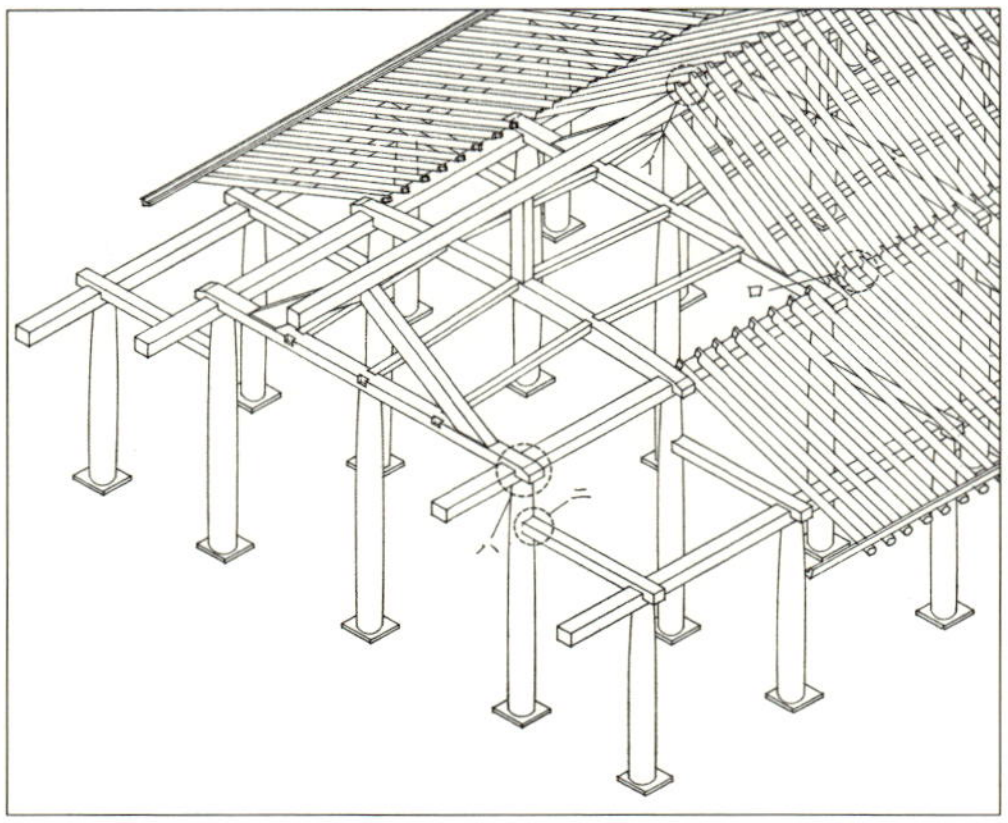

332　東室構造図

する。法隆寺ではこれがもっとも簡単な構造であるが、唐招提寺経蔵に転用されていた部材からは垂木を桁に縄で結びつけるという、さらに素朴な方式も発見されている。東室には他から転用の丸垂木に縄結びの圧痕をもったものがあり、法隆寺内にも同種の例があったことがわかる。また東室の柱は前身建物の転用材で、その繋梁尻の仕口は枘を差し込み、斜め横から大釘打ちにしていた（伝法堂も前身建物は繋梁尻を柱に枘差し釘止め、移築時に枘差し落とし込みに改造）（金堂裳階の繋梁尻も枘差し釘止め）。これらを総合すると、七世紀の組物を用いない構造方式の実態がおのずから浮び上がってこよう。

東室・妻室とも上記の構造は妻（建物の端）では梁と桁の上下が逆になり、柱上に梁をのせ、その上に桁を渡し架ける。これは桁の先をはね出して妻壁から外の軒を支えるためで、仕口の切欠きが上面にあると、はね出した先端部が荷重で垂下しやすいのを防止している。このことは桁に限らず、組物や通肘木・尾垂木など前方へ差し出す片持材の鉄則で、差し出すほうを常に上木とするのである。さらに東室の構造を踏襲した保安創建の聖霊院では妻だけに肘木を用い、桁の持出しを補強する形式に発達する。柱上に肘木をのせ、渡腮で梁を架け、梁の上面を渡腮にして桁を据え、桁と肘木は丸太枘で結合する方法である。いわゆる舟肘木組と呼ばれる形式で、通常は組物のうちもっとも簡略なものと考えられているが、大陸から学んだ斗と肘木を組合せる方式とは異質であり、補強の工夫から自然に生れた構法と解される。平安時代の遺構に隅だけ舟肘木を用いた例が多くみられ（浄瑠璃寺本堂など）、東室でも改修のつど、平（妻でない部分）の柱上に舟肘木が付け足されてゆく（桁の継手の補強）ことが、それをよく物語っている。

組物を用いる構造では柱の頂部を頭貫で繋ぐ。金堂・塔など飛鳥様式の建物では頭貫は一間ごとの長さで、柱に落し込んだだけである。したがって頭貫は横振れに対して隣接する柱との繋材とはならず、すでにふれたように柱の太さで安定を計ることになる。天平時代の頭貫は柱上で相欠とし、上から大釘で柱へ打ち付ける。あらかじめ頭貫の上面に枘穴を掘り、その枘穴の底から釘を打って柱に十分きかせるとともに、穴には丸太枘を植え込んで大斗据付けに備えた（伝法堂）。この技法は以後も変らないが、大講堂では頭を円筒形にした特殊な釘をつくり、打ち込んだ頂部を太枘に利用する面白い工法をしており、舎利殿絵殿ではこの釘を樫でつくっている。

天平以後の頭貫取付け技法の変化は大きく二つの方向がある。その一つは頭貫どうしが引っ張る力にも耐えうるように継手を発達させることで、天平の伝法堂ではただの相欠であったのが、鎌倉時代の舎利殿絵殿ではかみ合わせの相欠となる。もう一つは頭貫と柱の仕口の発達で、食堂では柱の切欠部の底に角枘を造り出し、頭貫下端に枘穴を穿って、横力に対し釘だけでなく太枘でも抵抗するようにしている。東院鐘楼（現鐘楼の創建時、応保三年（一一六三））も柱の切欠部の底に山形の造り出しを設け、頭貫を渡腮に取り付けた。鎌倉時代に入ると、柱に縦方向の突出部をつくり、頭貫の側面に溝を掘って上から落し込むようになる。東院礼堂がそのもっとも素朴な形で、柱との仕口に専心するあまり、頭貫どうしは突付けとなってしまったが、やがて聖霊院では柱の縦突出仕口と頭貫のかみ合せ継手の組合せへ進む。以上のほか、綱封蔵では頭貫の片面の幅を柱仕口部分だけ狭め胴付をつけている。これは横振れを胴付面の突張りで防ぐ方式で角柱に用いられたが、室町時代の地蔵堂や北室院本堂に下ると、頭貫を両面から細め、表面は柱との

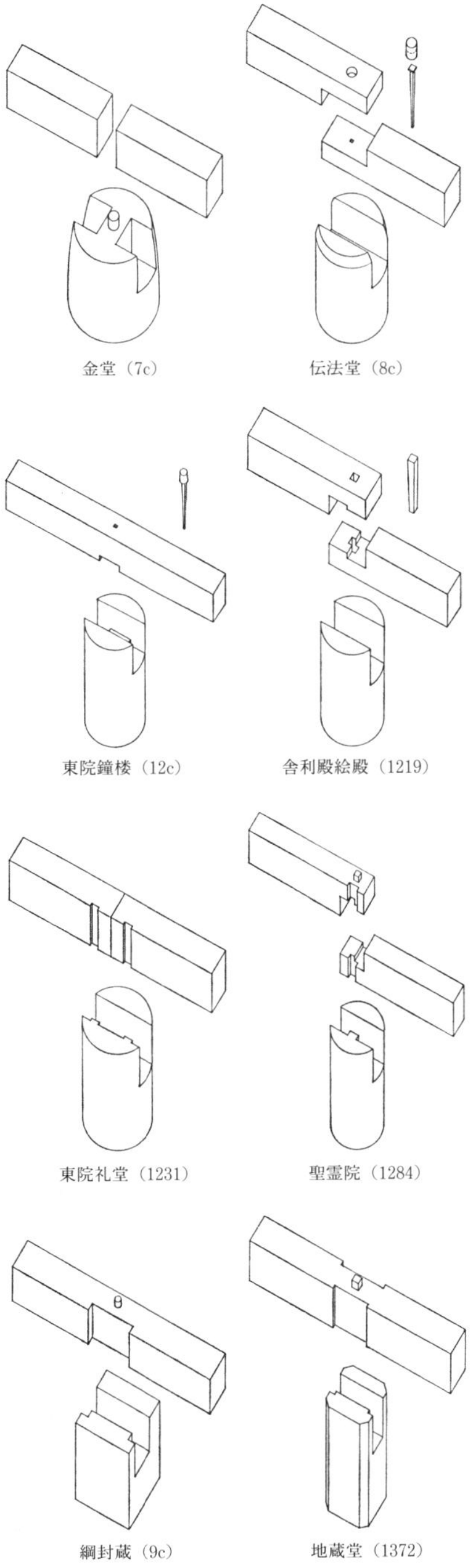

333　頭貫工法変遷図

隙間をみせないように浅い大入れにした手際のよい納まりとなる。こうなると丸柱にも使えるようになり、鎌倉末期からは以上の各種を組合わせた仕口で、柱と頭貫の結合力が強められてゆく、なお鎌倉時代には隅柱上で頭貫の先を延ばして十文字に組む技法が大仏様・禅宗様とともに輸入されるが、いまはその問題にはふれない。

組物・架構と軒・屋根

もっとも簡単な組物は大斗肘木組で、柱上に大斗を据え、その含みに渡腮で梁を架け渡し、梁上に渡腮仕口で肘木を置き、桁を重ねる。さきの柱と桁・梁を直接組合せる方式に比べ、梁の端は大斗で接触面を広くして支えられ、桁も肘木で継手を補強されている。伝法堂・食堂、法隆寺以外では唐招提寺講堂（もと平城宮朝集殿）・新薬師寺本堂・室生寺金堂などが大斗肘木の代表的遺構で、前の三棟は切妻造、後の二棟は入母屋造である（唐招提寺講堂は前身の朝集殿が切妻造、講堂は入母屋造）。母屋・庇とも柱上は同じ構造とし、大梁・繋梁はともに中央を反り上げた虹梁とする。桁（丸桁）は円形断面で、そのため肘木上面は丸く欠き取ってある。こうした構造は大陸伝来の方式で、本来は桁と同じく垂木も円形が正式であるが、現存のものはすべて角垂木になっている。架構は母屋では大虹梁上に蟇股を置き、二重梁を架ける二重虹梁蟇股式（伝法堂・唐招提寺講堂、旧朝集殿も同じ）と、叉首組（新薬師寺本堂・室生寺金堂）とがある（食堂はやや略式で妻を斗だけで支える二重虹梁組、内部は叉首組とする）。母屋が二重虹梁のとき、庇の繋虹梁の中央に蟇股を置き、斗・肘木を据えて中間桁を通すが、母屋が叉首組のときは中間の桁はなく、入側桁から側桁まで垂木を架け渡す。

ところでこうした架構を中国や朝鮮の建築と比べると、それらでは母屋にも庇にも中間桁がかならずあるのに（建物の梁行規模を柱間数でなくその中間桁を含む桁の数で呼ぶ）、日本ではそれが守られているのは二重虹梁蟇股式の場合だけで、叉首組では母屋・庇中間桁はない（ただし新薬師寺本堂のように、母屋梁間が三〇天平尺にもなる大梁間のものには母屋の中間桁がある）。宋の『営造法式』でみても、中国では垂木を比較的短くして桁上ごとで継ぎ、上方ほど勾配を強めて全体が屋根だるみの凹曲線になる形につくり（この技法を挙折と呼ぶ）、軒先の垂木は庇の中間桁に尻を架ける。これは一つには垂木に長材を要しない利点があるし、垂木を扇形に配置するには庇の中間桁は欠かせない（中国・朝鮮の軒は隅だけ放射状に配る隅扇垂木が伝統的手法）。これに対して日本では、さきの桁梁組でみたように、棟木から入側桁へ、そこから側桁へと、母屋・庇とも途中に支えを設けず垂木を架け渡すのが古代建築の常套手段

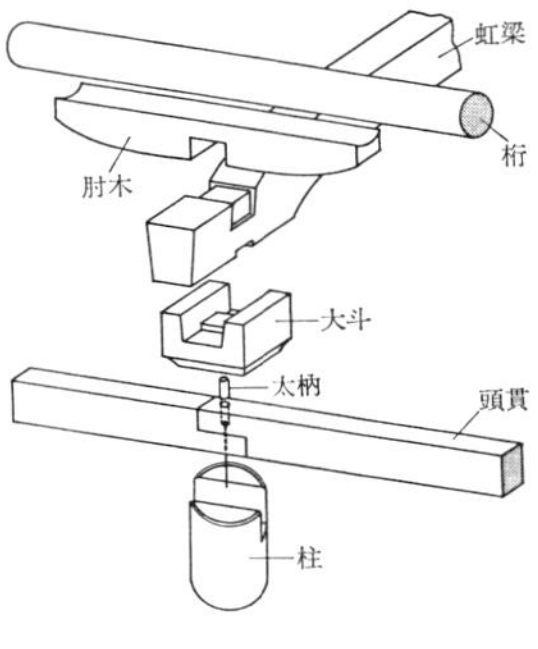

334　大斗肘木組分解図
（伝法堂）

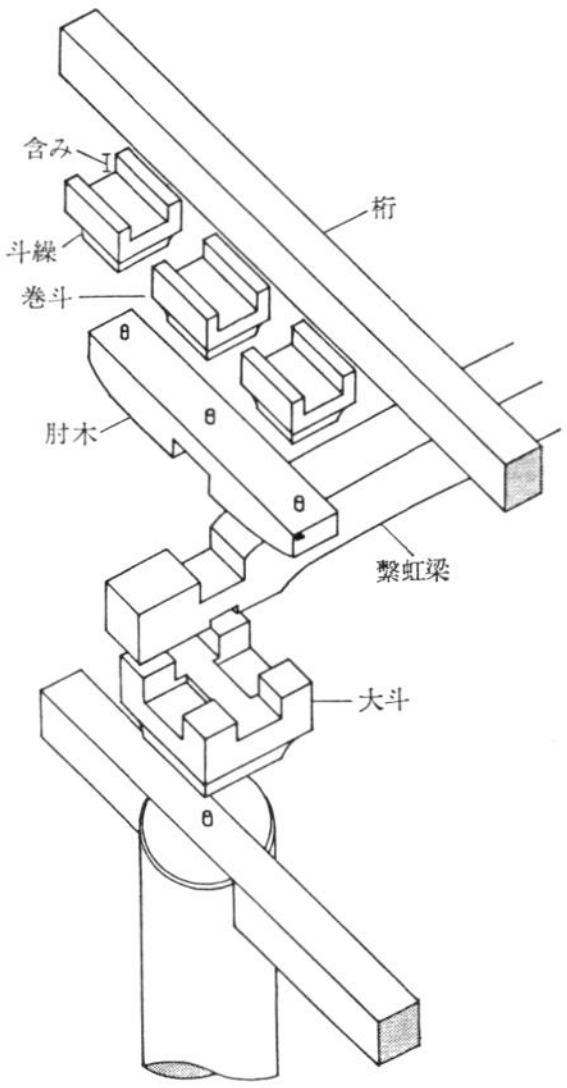

335　平三斗組分解図
（大講堂）

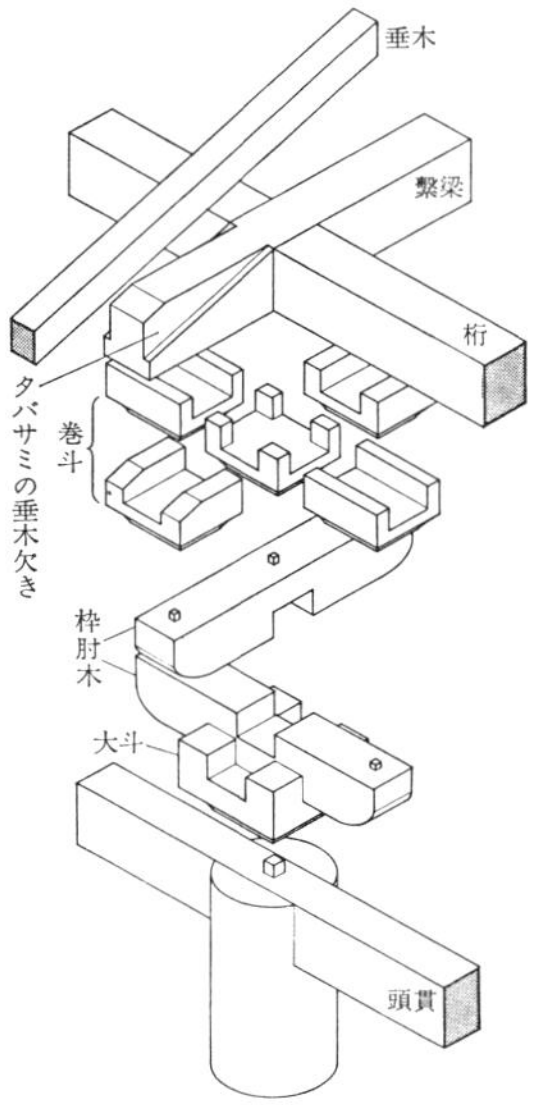

336　出三斗組分解図
（東院礼堂）

で、東室（保安創建聖霊院も同じ）では母屋の梁間が一〇・五尺、同垂木長さは一二・六尺、庇垂木は軒先まで一四・四尺になる（庇の梁間八尺）。屋根が軽い茅葺や檜皮葺ならまだしも、東室・妻室は瓦葺で重く、垂木はかなり太い。こうした点を比較すると、組物を用いる構造では中間桁を備える二重虹梁蟇股式（架構が天井で隠れてみえない場合は二重梁束組式、例えば法隆寺金堂）が本来の中国式で、叉首組はその日本化なのではなかろうか。後述するように、日本では野垂木で屋根曲面を形づくる方式が主流となったため、化粧垂木は折れ上がる必要がなく、中間桁をもたない形式が伝統化した。この点は和様の構造意匠の大きな特色の一つで、そこへ導いたのは檜の良材に恵まれて簡単な構造で大スパン（梁間）を支えうる日本の風土的特質であり、今日の大多数の人が伝法堂の重厚な架構より、新薬師寺本堂内部の簡明な空間構成にひかれるのもその親近さによるのであろう。

大斗肘木より一段格式が上がるのが三斗組で、これは肘木を梁と同高に沈め、肘木の中央と両端に太枘で小さな斗（巻斗）を三個据え、その含みに桁を通す方式である。西院経蔵・東大門、寺外では海竜王寺西金堂などが代表的遺構で、これら天平期のものは肘木の上端角に笹繰（水繰）を施して ）形に巻斗を差し上げる力強さをみせ、なかでも初期に属する前二棟は肘木木口も垂直でなく、下方をやや前に出す曲線にして、いっそう彎曲の支持力感を強調する。大斗肘木に比べて桁の位置が高まり、三斗で力強く、しかも空間的には余裕をもって軒

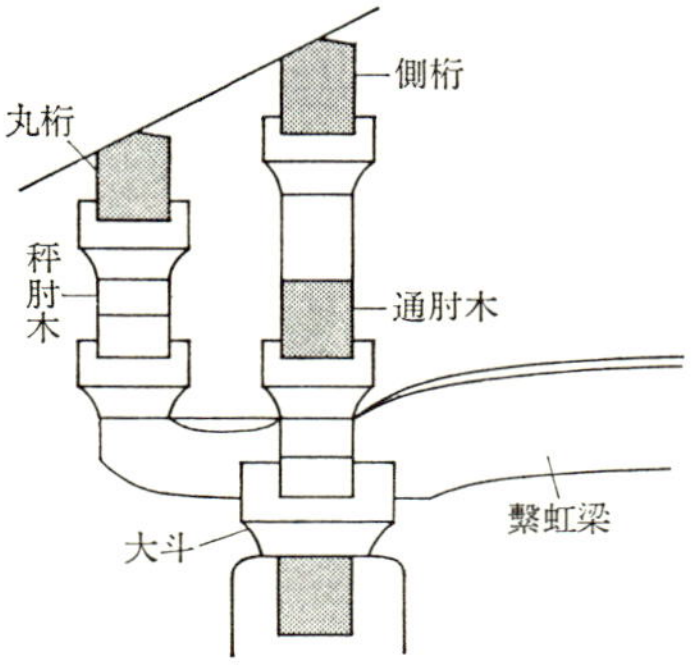

337　出組断面図（東大寺法華堂）

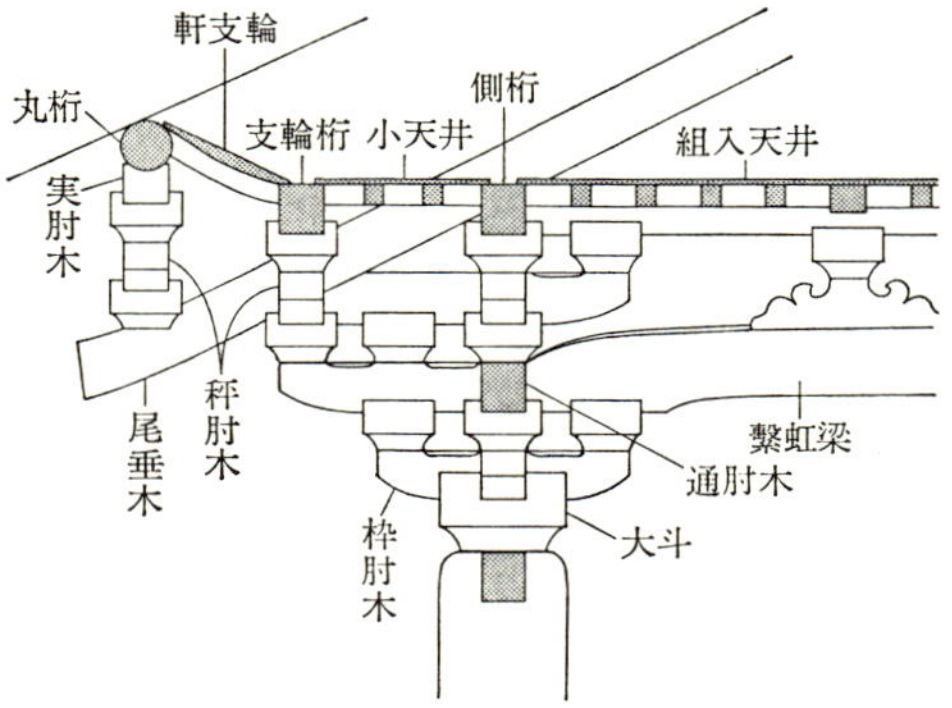

338　三手先組断面図（唐招提寺金堂）

を支えるため、建物の外観はより立派にみえるのが特色で、さらに三斗の上に丸桁をうける長い肘木（実肘木）を置く例もある（夢殿・大講堂）、天平時代末期以後、肘木の笹繰は消え、また桁も平安時代になると円形から縦長の楕円形に変る（大講堂）、さらに大斗とかみ合って外へ延び出す虹架の鼻が先端でせいが高くなる形に変化するが、正暦元年（九九〇）再建の大講堂ではまだ増しがなく、約二十年後再建された西院鐘楼で初めて現われるのが面白い。

　こうした平三斗組が鎌倉時代に入ると出三斗組に発展する。東院礼堂がその早い例で、以下聖霊院などへつづく、出三斗組は桁と繋梁を組合せ、大斗上に十字に組んだ肘木（枠肘木）と巻斗でそれを支える方式で、平三斗の場合は軒先荷重で桁が前方へ倒れ出しやすかったのを是正してる。出三斗は早く楼造の下層組物（西院経蔵・鐘楼）にみられるが、軒下組物としては庇にも天井が張られるようになってから用いられた。そして屋根の荷重は天井上で別に組まれた小屋組で支えられる。こうした点も、どうも中国とは発達の仕方が異なり、中国では梁を順次上方へ移して前方の通肘木や桁との結合を強化するために、組物との組合せが増えるのを、梁の端を細めたり、袖切をつけたりして苦心し、その間にさまざまな発展があったのに、日本では梁が下からみえる姿（化粧）で用いられる間はいつまでも旧状を踏襲し、組物・架構ともに進歩がなかったのである。

　組物は桁を高めるだけでなく、垂木の支点を柱筋より前方へ持ち出す役割も果す。桁が前へ出ると垂木の長さは同じでも柱筋からの軒出は大きくなって建物の格が上がる。桁を前に出すもっとも簡単な方法は、梁の端を延ばしてその先に桁を置く形式で、綱封蔵や各寺の校倉がその例である。近世の民家ではそれをセガイ造りと呼んでいる。それに三斗組を組合せたのが東大寺法華堂にみられる出組で、平三斗組より格段と立派になる。ただしその構造原理は簡単で、持ち出された桁は内部との繋材もなく不安定をまぬがれない。そしてここでも前述のように中国式の工夫発展はなく、平安時代末期の白水阿弥陀堂も法華堂と全く同じ出組を用いている。出組はまた一手先とも呼ばれ、さらに格の上のものに二手先組、三手先組があり、後者は古代のみならず、以後も最上級の組物として金堂・塔など伽藍の中心建築に用いられた。二手先組は中国では西安・慈恩寺大雁塔楣石の仏殿図（七〇一）を始め絵画の建築例が唐代に数多く見られ、日本にも正倉院蔵の紫檀塔（残欠）や旧富貴寺羅漢堂（推定二重塔・十二世紀）がある。三手先目は肘木と斗の組合せでなく尾垂木で持ち出すのが定法で、法隆寺金堂・塔・中門も一種の三手先組であるが、唐代様式の三手先組は薬師寺東塔・海竜王寺五重小塔にその初期形式がみられ、唐招提寺金堂・当麻寺東西両塔・元興寺極楽坊五重小塔・室生寺五重塔などでは、小天井と軒支輪を備えた完成形式となる。なお斗はその上にのる桁や梁と木目が直角になるように据えるのが、接触面での喰い込みをさけた合理的な方法で、三斗組以上では巻斗の木口が正面を向く。これを木口斗と呼んで、天平前期まではそれが守られたが、木口に割目を生ずるのが外観上好ましくないため、天平後期以後は平斗となった。なお大斗や巻斗を据える枘は平安時代までは丸枘であったが、鎌倉時代以降は角枘となる。

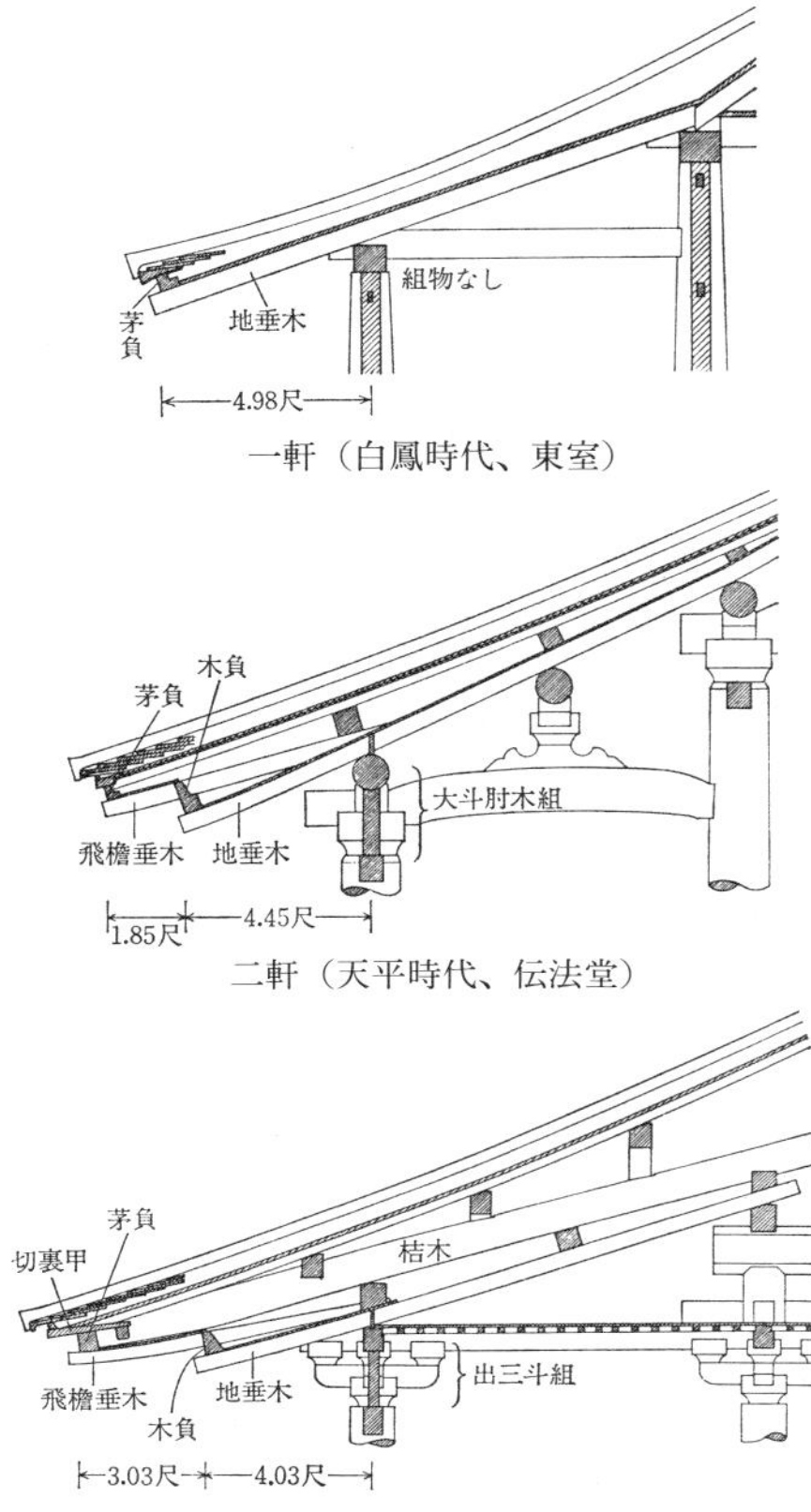

一軒（白鳳時代、東室）

二軒（天平時代、伝法堂）

二軒（鎌倉時代、東院礼堂）

339　軒断面図

組物で支えられて大きく張り広げた軒と、その上にかぶさる屋根とは、木造建築の場合その比重がとくに大きく、外観の意匠を左右する最大部分となる。軒は入側桁から側桁へ渡した庇垂木の先をはね出させた部分で、それだけの場合を一軒と呼び、垂木は地垂木と称する。古代建築は木割が太く、垂木も太い（東室は径四・五寸、伝法堂はせい四・〇寸、幅三・五寸）ので一軒でも五尺前後の出をもつが、さらに延ばしたい場合は短い垂木を打ち重ねた。これを飛檐垂木と呼び、この形式の

食堂の柱（中心より）隅延び寸法表

	一の柱筋	二の柱筋	三の柱筋	妻柱筋
1　側柱せいの延び	0	0.015 尺	0.080 尺	0.195 尺
2　同上組物高さの延び	0	0.007	0.016	0.027
3　計（側通りの延び）	0	0.022	0.096	0.222
4　入側柱せいの延び	0	0.040	0.126	0.260
5　同上組物高さの延び	0	0.010	0.028	0.053
6　計（入側通りの延び）	0	0.050	0.154	0.313
7　大虹梁受け敷面高さの延び	0	0.015	0.055	0.120
8　4+7（軒通りの延び）	0	0.055	0.181	0.380

軒を二軒という。一軒から二軒への発展は白鳳期にみられ、前代の様式を伝える法隆寺金堂・塔・中門はまだ一軒であるが、以後は組物を用いた建物は原則として二軒とした。二軒は地垂木だけで前方へ持ち出すと軒先が下り過ぎるのを防ぐだけでなく、勾配をゆるめた飛檐垂木によって軒先を反転させ軽快にみせる効果がある。地垂木を円形、飛檐垂木を角形とするのが（地円飛角）、大雁塔仏殿図ほかに見られる唐代建築の正規の姿で、薬師寺東塔・唐招提寺金堂など最上級の建物はそのまま踏襲したが、天平時代でも共に角垂木にする例が多い。これは中国では元来垂木に細い丸太を用い、それが様式化したのに対して、日本では木材が豊富なため、円形断面の材（柱・桁・地垂木など）は、丸太からまず角材をつくり、それを削って円形断面にしたので、角垂木は手間を省いた結果である。実際、地垂木の丸いものでも（薬師寺東塔・唐招提寺金堂）、内方のみえない部分は角材のままとし、母屋の垂木も角材を用いている。地垂木は薬師寺東塔までは直材で、天平期のものは軒桁から外にゆるい反りをつける。地垂木の木口のせいを増すのは平安時代に入って現われ、反りも強くなる。飛檐垂木も遺構でみると、天平期までは直材で下面のみわずかに先端を削り上げて反りをもたせる程度であったのが、やがて弓状の反りとなり、先端の細まりも顕著となる。飛檐垂木の出は天平時代の建物では二尺程度と短く、地垂木との勾配の差が大きいことが特色である。これは野屋根がなく軒先荷重を直接支えるためで、木負から内側はその倍以上の長さをもち、飛檐垂木の尻を釘止めして梃子の力を十分にきかせている。野屋根が発達すると飛檐垂木の出が増し、天平時代には地垂木との比が五対二程度であったのが、鎌倉時代では四対三になる。

　軒反りは丸桁（垂木を受ける軒先の桁）上面の反り上がりによってつくられるが、天平・平安時代の丸桁には端でせいの増しをつけないので、柱の長さや組物のせいを隅へ行くほど高くして、その上に載る丸桁が隅に行くほど高くなるようにしてある。それを隅延びの技法と呼び、室町時代まで行われた。そのもっとも簡単な例が伝法堂や東大門で、前者は側通りの隅柱が中央より〇・八五寸、後者は約一・〇寸長い。伝法堂では入側柱に隅延びはなく、入側桁は水平に納められるので、入側桁から側桁へ架け渡した地垂木の先は隅柱位置では一・二七寸ほど中央部より高くなり（庇の梁間八・八尺、地垂木の出四・四五尺で側桁高さの延びの約一・五倍が軒高の上がりになる）、さらに妻柱から外の部分では桁自身が約三・五寸反り上がるので、地垂木先に据えた木負は破風位置で計約四・八寸の反りをもつこととなる。実際の軒反りはこの先端に取付ける飛檐垂木と茅負で現わされ、飛檐垂木は尻を地垂木上に密着させるか、尻に物をかって多少浮かせるかによって勾配を加減しうるので木負の反りとは幾分異なるが、こうした骨組で形成される軒反りは建物の妻柱付近までは反りが少く、その外で急に折れ上がって、全体として後世と比べ、ずっと反り上がりの少いおだやかな心反り曲線となる。そうした隅延びを最大限に活用した例が食堂で、その数値は上表のように計測された。これでみると側柱筋の高さは中央と隅で二・二寸の差があって、軒先もそれに従って心反りに反り上がるだけでなく、入側柱筋や棟通りはさらに大きな隅延びをもち、大きな棟反りをもちながら、屋根面全体が端へ捩れ上がる形であったことがわかる。金堂や塔のように複雑な組物をもつ場合でも、尾垂木の勾配やその上に置く斗の高さを加減して、直線の丸桁を継目で折って隅にゆくほど高くなるように据えていた。天平時代までの屋根は母屋・庇に架けた垂木上に直接瓦を葺く中国式をそのまま受けついでいたので、軸部や組物による桁の高下が軒反りや屋根の形に直接的な関係をもち、細心の工夫で微妙な曲線が生みだされているのである。なお舎利殿絵殿・東院礼堂など鎌倉時代の建物も隅で〇・七—〇・八寸の柱延びをもつが、この場合は桁が端で反り増し付きとなり、頭貫も前者では隅の間だけ端に向ってせいを増し、頭貫の下面を水平に納めながら上面は延びた柱頂を結ぶ斜線にしている。これは天平時代のように直材の頭貫を斜め上がりに渡すと、隅柱との交叉が直角でなく鋭角となり、

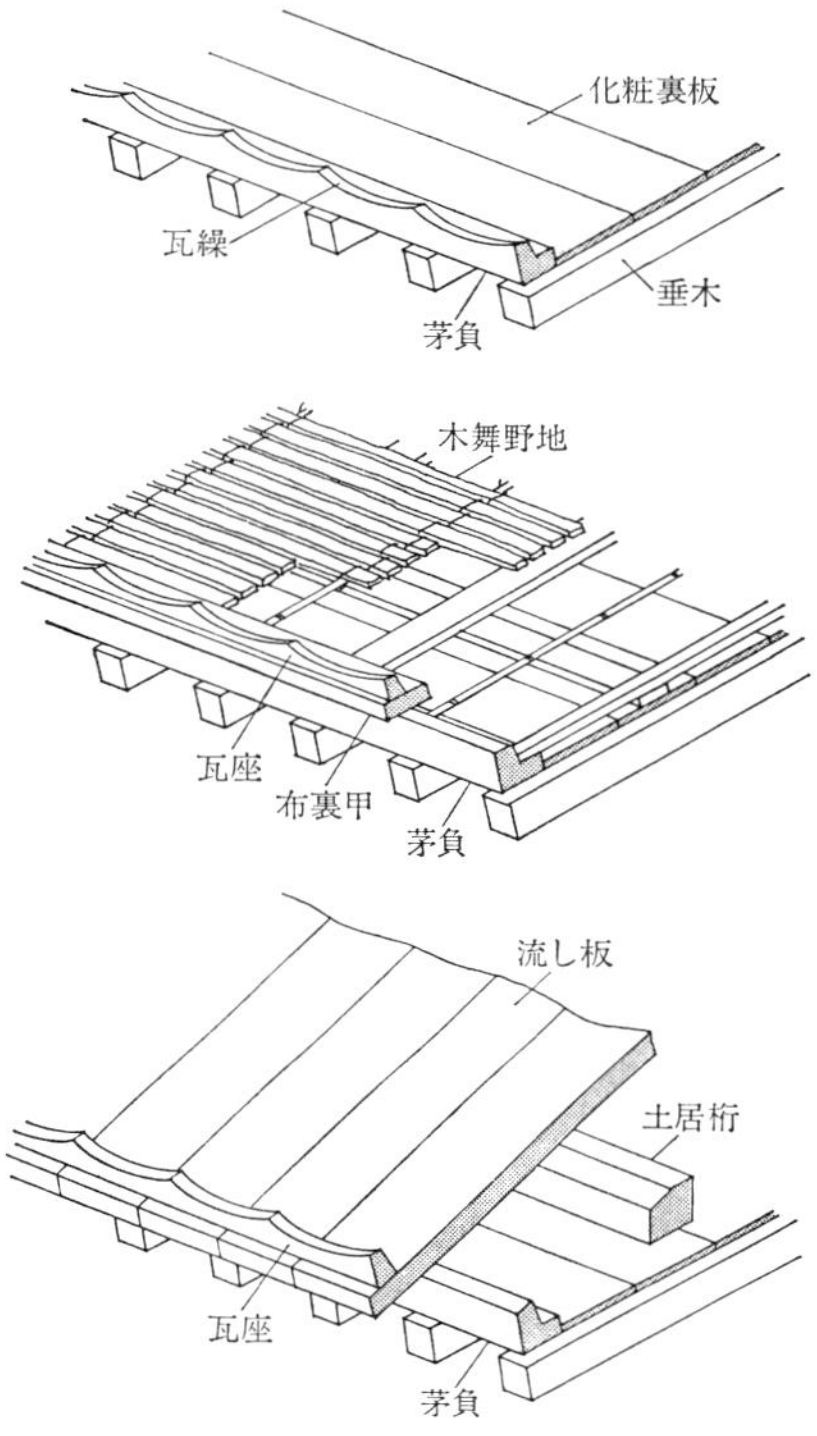

340　軒先変遷図

建物の下部が縮まってみえる錯覚を匡正するためで、平安時代末期から現われた。そうした軸部の視覚匡正ではむしろ側柱を内部へわずかに傾ける技法（内転び）のほうが素朴で、中国・朝鮮では伝統的な手法として近世まで続いたが、日本では法隆寺東大門や夢殿、栄山寺八角円堂など天平期の遺構だけにそれがみられる（例外的に根来寺大塔にもある）。ただし東大門も梁行方向にだけ内転びを付し、桁行方向にはないから、中国式とはやや異質である。

屋根は垂木の上に板（化粧裏板）を張り、その上に土を置いて瓦を葺き並べる。板張りのかわりに垂木の上面を山形に造り、縄通しの穴を穿って木舞（細く割りさいた木）を編みつけ、上面に葺土を置き、下面は壁と同じく白土仕上げにする例もある（創建夢殿・大講堂）、葺土によって屋根をなだらかな凹曲面に整えるわけで、母屋・庇両垂木の継目や飛檐垂木尻など、下地が凹んでいる個所では土がかなりの厚さとなるのをまぬがれない。それが中国本来の方式で、法隆寺金堂・塔・創建夢殿などで用いられている。この方式では、軒先の厚みは茅負に直接瓦繰（瓦をのせるため上面を平瓦に合せて彫り込んだもの）を施しただけなので薄く、破風板上にも直接瓦座を打った。それでも入母屋造の金堂では上層の母屋垂木に大きな反りをつけ、庇垂木と接する下端には短い反り付き材を打ち足して凹みを塞ぎ、垂木だけでかなりの程度屋根の凹曲面をつくり出して葺土が厚くなるのを防いでいる。

こうした中国式の厚い置土を朝鮮ではそのまま踏襲したのに対して、日本では早く改良型が生れた。それは鎌倉時代の舎利殿絵殿に用いられていた方式で、垂木上の要所に土居桁（横にねかせた長材）を並べて野垂木を渡し、木舞を編んで下地とするものであり、天平時代の伝法堂がすでにこの方式であったと推定された。野垂木は飛檐垂木尻や上下垂木の継目の折線部を整形するだけの役割を果し、葺土の量は大幅に減少する一方、軒先は多少厚みを増して茅負はかなりせいの高いものとなり、上面に布裏甲状の台を置き足してその上に瓦座を打つ形式になった。これが一体となったのが茅負の眉である。この点はあるいは逆で、軒先が瓦繰付き茅負だと腐朽のつど取替えが大工事になるのに対して、茅負と瓦座を分離すると修理が容易で、しかもせいの高い茅負で軒反りの曲線を正確につくり出せる利点から、まず軒先の改良が行われ、その裏側の葺土がいっそう厚くなるのをさけて、詰め物的な野地（瓦下地）構造が生れたのかもしれない。朝鮮では茅負に平たい板状の材を用い、垂木の並べ方によって自由に曲線を画く形式で、玉虫厨子も同様であるが、日本の場合は軒反りに対しても整った納まりを求め、あらかじめ軒反り曲線に削り出したせいの高い茅負を用いた。

軒先の形式では平安時代にもう一つの変化が現われる。それは醍醐寺五重塔（天暦六年〔九五二〕）や平等院鳳凰堂（天喜元年〔一

○五三）で復原考察されたもので、野垂木のかわりに厚い縦板を打ち、その先を茅負より延ばして上面に瓦座を据える方式で、瓦葺完成前のしばらくの間、板葺で雨をしのいだことから発生した。しかしこうして厚板が茅負より前へ深く突き出すと、軒先の保護には都合がよく、のちには厚板の先端部だけが利用されて切裏甲と呼ばれる形式となる。そして古代では垂木木口の茅負からの出が短く一・五寸程度であったのが、中世に入ると三寸前後となり、軒先は厚さと出の両者を増加する。

軒先のこうした変化とは別に、野垂木も発達し、当初の整形的役割から脱して、下からみえる垂木（化粧垂木）とは分離する。それが野屋根構造で、そのもっとも早い例が正暦元年（九九〇）再建の大講堂にみられ、天喜元年（一〇五三）の平等院鳳凰堂も同じ方式であった。これらの建物は母屋に天井を張り、軒先にみえる化粧垂木の上方（母屋）部分を略している。そして、化粧垂木と同

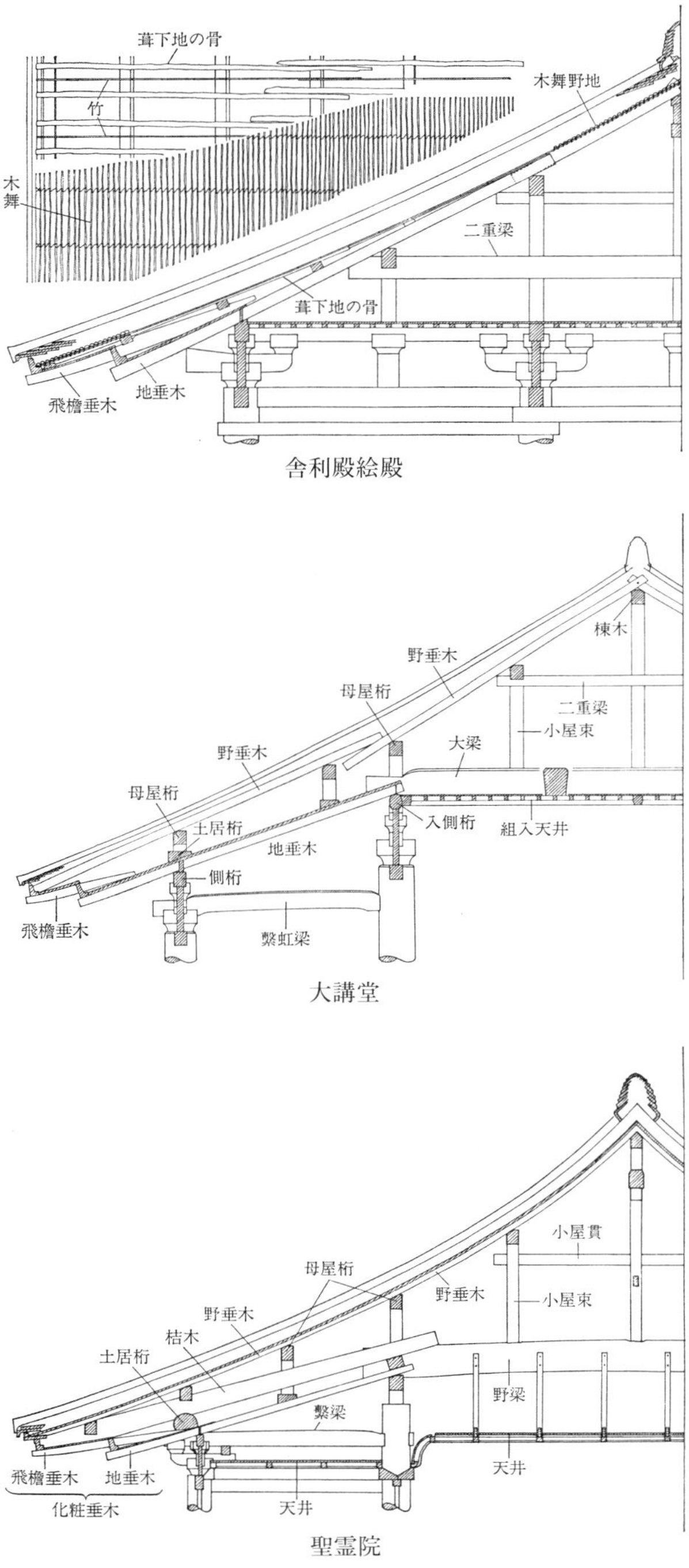

341　小屋組変遷図

じくらいの太さの野垂木を化粧垂木の上に重ねる。この野垂木は、天平時代までの化粧垂木のように、母屋垂木と庇垂木を継ぐので、継目で折線をつくり、その部分の置土を多くして屋根の曲面を形成している。したがって、化粧垂木と野垂木の間の懐は狭く、庇部分は化粧垂木を二重にしたような形である。しかし平安時代末期になると細い野垂木を屋根だるみに応じた曲線状に取り付けて、そのまま屋根下地とする方式に発達し、庇の軒先垂木の勾配は極度にゆるくなって、野垂木と化粧垂木が完全に分れる。こうしてかつては孫庇や細殿で付け足しとなっていた部分も大きな屋根で取り込んだ奥行の深い仏堂を造れるようにもなる。永暦元年（一一六〇）改修の当麻寺曼陀羅堂がその例で、以後中世建築はその軒先のふところに桔木を入れるとともに、小屋束を軸部と無関係に一定間隔に割付けるいわゆる和小屋形式へと発達した（聖霊院）。野屋根は日本的工夫から生れ、その発達とともに化粧垂木の勾配がゆるく繊細となって日本独特の優美な建築を造り出したが、一方ではさきに出三斗組でふれたように、屋根の外観整備や構造強化が見え隠れ部分でたやすく進行したために、組物や架構には新たな工夫を加える必要がなくなって、旧状をいつまでも踏襲させる因となった。

雑作

最後に床・扉口・窓などの雑作（造作）について簡単にふれると、天平時代まではこれらがすべて軸組を終ったあとから取り付けられるのが原則で、後世のように軸組と一緒に組込む（建込み）ことはない。床組・扉口・窓・壁などの典型的な形式は伝法堂で明らかにされ、床組以外は金堂や五重塔ですでにその方式が行われていることもわかった。伝法堂の床板は幅一尺、厚さ三寸ほどの厚板で根太を用いず、桁行方向の柱筋に設けた大引（下桁）に渡し架ける。大引は側柱筋では柱の内側に添わせて立てた床束上に渡し、入側柱筋では前身建物の時には柱に角太枘を植え込んで木口をのせていたが、伝法堂成立時には柱の両側に添束をして端を支えるように改めている。太枘だけでは床上の荷重に対して不十分なことがわかったからであろう。この添束方式は伝飛鳥板蓋宮の太極殿と推定される掘立柱建物にもみられ、簡単かつ標準的工法であった。中世の舎利殿絵殿になると、まず梁行方向に柱の両側を抱かせて大引二本を釘止めで取り付け、その上に約二・五尺間隔で桁行に根太を渡し、上に厚さ一・五寸ほどの床板を梁行に張る。大引は柱を浅く切り欠いて渡腮式とし、下にはやはり添束を用いた。伝法堂に比べると部材の大きさは半減したが、柱への固定方法は進み、床組も大引・根太の二重になって、薄板でも耐えられるようになったことがわかる。このあとは東院礼堂にみるように足固貫を十文字に通して、それを大引・根太とする形式となるが、これは浄土寺浄土堂（建久三年〈一一九二〉）から始まる大仏様の新技法であり、純和様の床組は伝法堂から舎利殿絵殿の間に発展を了る。大引を柱に抱き合わせる床組みは京都・大報恩寺本堂（安貞元年〈一二二七〉）にも見られた。これからすると貫を用いた新式の床組への移行は京都では奈良よりかなり遅れたらしい。なお床板の裏面は割肌のまま用いられ、大引や根太に乗せかける部分だけを一定の厚さに削り取る。

出入口は天平時代までは両開き扉口しかなく、窓も連子窓だけであった。扉口は柱と頭貫で構成する軸組の中に厚板状の材で冂形にした枠組を造り、その中に戸当りとなる楣・方立・蹴放を取り付け、枠の上下材に軸穴をあけて一枚板の扉を釣り込んだ金堂の形式がもっとも古くかつ基本形である。枠組の上下材は両端を刳って柱面に仕合わせて長押で押え、柱間が広過ぎるときには縦枠と柱の間を小壁とする。伝法堂も全く同じで、この方式では柱に仕口をつくらないが、やがて楣を大入れで取り付けるとともに枠組が表裏二材に分れて上下材は半長押、縦材は繰形を施した幣軸に発展する。唐招提寺金堂では外面は幣軸を上辺にもまわして三方を額縁状の繰形材で囲う形式とする一方、堂内側は両脇を幣軸・上方を半長押としている。土間床の場合は唐居敷や藁座で簡単に扉を吊り込むことができるが、このようにわざわざ外周に厚板の枠組を設けるのは、恐らく掘立柱の高床建築では床面の水平を確保するのが難しく、それを補完するために生まれた日本的工法であろう。金堂中央間に安置する釈迦三尊像（推古三十一年〈六二三〉光背銘）の台座にはこの枠組式扉口部材が転用されている。

窓は断面凸字形の部材で枠組を造り、連子子を入れて枠組の下を束で支える形である。凸字形の部材は扉口の方立と辺付の二材を一本で造り出した形で、柱に仕口をつくらない点も扉口と同一方式である。なお唐招提寺金堂の連子窓も凸字形の枠組で、元禄修理時に

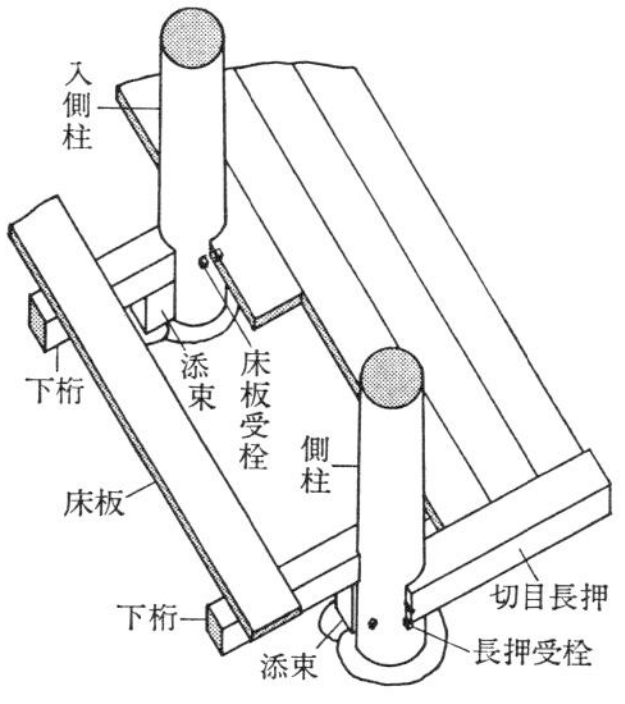

伝法堂

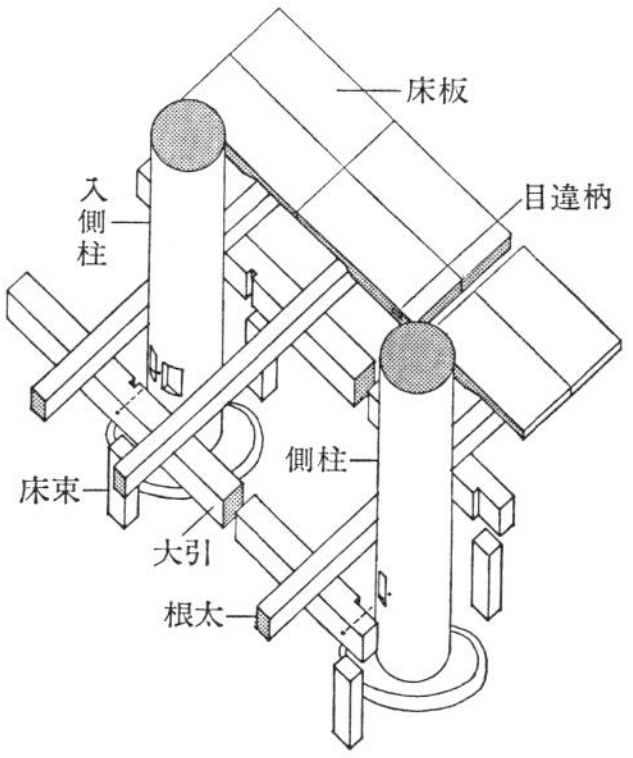

舎利殿絵殿

342　床組変遷図

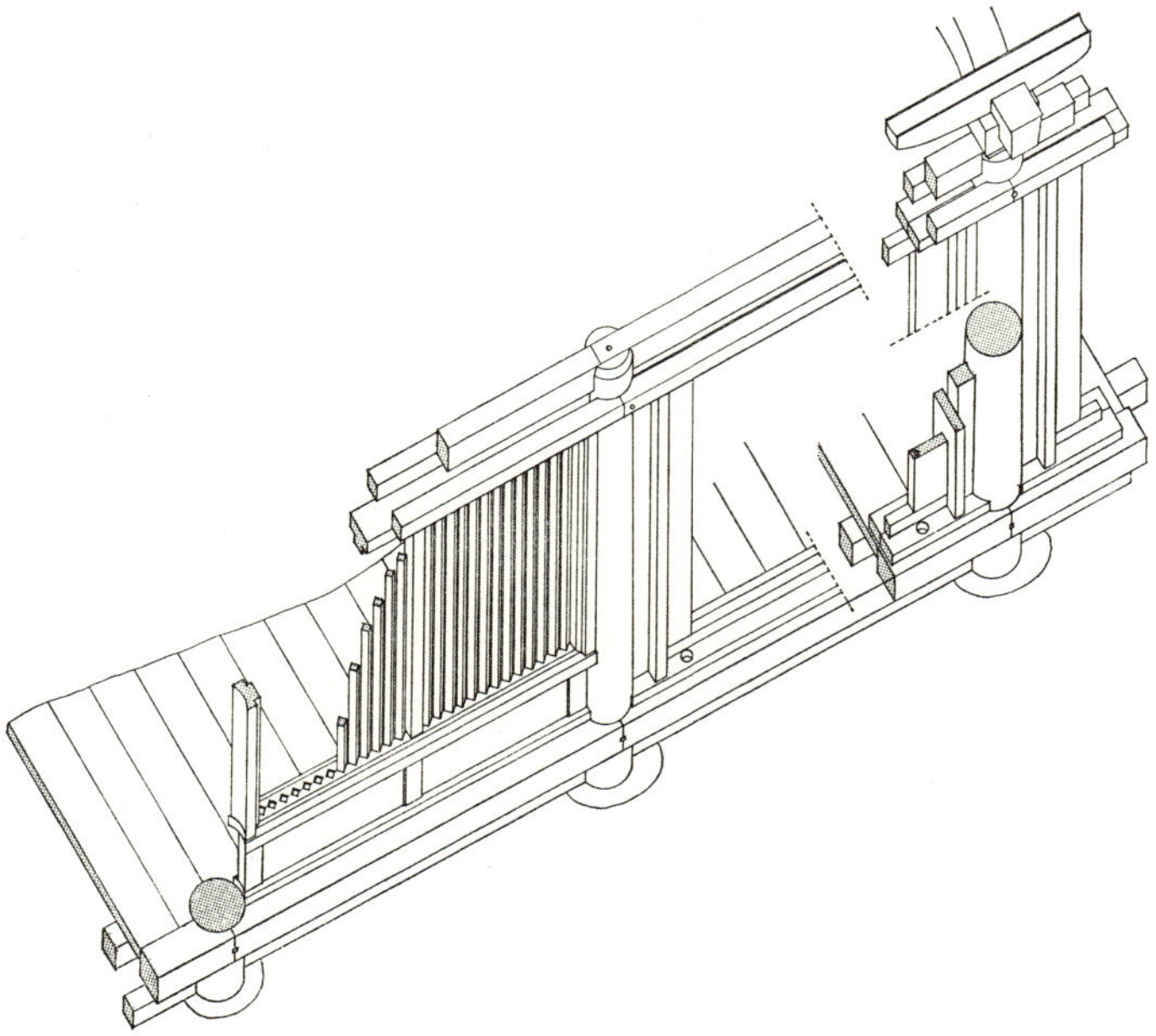

343　伝法堂戸口・窓工法分解図

外側を唐戸面状に削り直している。この場合は窓枠を上下の長押で支えるが、古代の長押は断面が矩形で柱に仕口を設けず、窓の腰長押や床組の切目長押のように支持力を必要とする場合には、柱に栓を打ってそれに乗せかけ、正面からの釘止めは釘で重量を支えるのではなく、位置の移動を防ぐためなのが特色である。垂木の拝みや継手に栓を打ち、床組の大引や床板を支えるために柱に栓を打つなど、古代には力の伝達を釘ではなく栓に頼る方式が原則であった。登呂遺跡など弥生時代の建物跡から木栓の出土がみられるから、これは日本古来の伝統技法と考えられる。仏教建築も細部にはかなり大幅に前代からの構法が用いられているのである。金堂の壁画をもつ大壁の下地を作るに当たって頭貫の下面にエツリ穴を掘り、藤蔓を通して下方の間渡を吊り上げているのも、その一例と云えよう。

三〇　和様建築の成立

面と架

平安時代後期に大江親通が大和の七大寺を巡礼した時の手記『七大寺日記』（一一〇六年頃）や『七大寺巡礼私記』（一一四〇年）には、建物の大きさや形が「法隆寺　金堂二蓋、瓦葺、三間四面」「唐招提寺　金堂五間四面瓦葺」などと記されている。これを間面記法と呼び平安後期から広く行われた。慶長十三年（一六〇八）の奥書をもつ江戸時代の大工技術書『匠明』にも「三間四面堂」「五間四面堂」などとして、仏堂の標準的規模が例示されている。ところが前者と後者では時代の隔たりの中で何時の間にか大きな錯乱が生じた。『匠明』の三間四面堂は正・側面とも三間の平面が描かれているし、五間四面堂は正面（桁行）五間、側面（梁間）四間の建物となっている。四面の意味が四方になったり、奥行の柱間数となったりしているのである。

しかし、現存する法隆寺金堂は桁行五間、梁間四間、二重で、その初重に裳階がつく形式であり、唐招提寺金堂は桁行七間、梁間四間の平面をもっている。ここでの一間は柱間を数えるだけで実長には関係なく、例えば唐招提寺金堂の正面柱間寸法は中央間一六尺、その両脇間一五尺、その次一三尺、両端間一一尺とそれぞれ異なっていても、全体では七間あるので、これを桁行七間と表示する。そうすると平安時代の間面記法で法隆寺金堂が三間四面、唐招提寺金堂が五間四面と記されたのは何故であろうか。

これは平安時代の記録を初期まで遡るとわかる。その例を二、三あげると、『東南院文書』承和八年（八四一）の家地売券に「三間檜皮葺板敷屋一間　在庇三面」、同仁寿三年（八五三）の施入状に「五間檜皮葺板敷東屋一宇　在三面庇」、貞観三年（八六一）の『宇治院資財帳』に「五間板敷檜皮葺一宇在庇四面一面破」などとあって、本来庇が建物の何面に取り付く形態かを示す表現として生まれたものであった。そして初めの頃は住宅のような簡単な建物の表現に使われ、仏堂などの規模を示すには、奈良時代以来の伝統である長さ（桁行）、広さ（梁間）、高さの実寸法を記す方法が用いられていた。しかし、貞観十五年の『広隆寺資財帳』では伽藍主要部の建物を実長表記しながら、別院の建物については「檜皮葺三間堂一宇有庇四面前庇一面」のように間面記法だけで済ませている。さらに元慶七年（八八三）の『観心寺資財帳』になると「三間檜皮葺如法堂一間在四面庇　五間檜皮葺講堂一間在庇四面」として中心建物の間面記法への移行が見られ、仁和三年（八八七）の『広隆寺資財交替実録帳』では、「檜皮葺五間金堂一宇　有庇四面高一丈五尺六寸、長八丈八尺、広四丈四尺三寸」と伝統の実長表記が後退して付け足しの扱いに変化する。そして平安時代中期からは間面記法だけになってしまうのである。

このような間面記法は木造建築の基本的構成が母屋と庇であることに基づいている。母屋（身舎）とは、相対する柱を梁で結んだ鳥居型の上に、両側二筋の桁を渡しかけて造る箱型の構造体で、梁上の束か叉首で棟木を支え、棟木から桁へ垂木を並べて屋根を葺く。簡単な建物は母屋だけで造られ、伊勢神宮や出雲大社など日本の古式神社建築はすべてこの形式である。母屋の梁（大梁）は屋根荷重を支えるためあまり長くすることはできず、通常は柱間の二間分、広くても三間までとなる。庇はこの母屋の周囲に片流れで取り付き、任意の面に設けることができる。春日造や流造の神社本殿形式は一面だけ庇をつけた例である。しかし均整さの点で前後二面または周囲四面に設けるのが最も普通に行われ、母屋が桁行三間・梁間二間だと、全体では前者（二面庇）は桁行三間・梁間四間、後者（四面庇）は桁行五間・梁間四間となる。屋根の形もこの母屋と庇の組み合わせで定まり、母屋は切妻造が原則なので、前後二面庇は奥行の深い切妻屋根、四面庇は入母屋造の屋根が自然にできあがる。ただし後者では四方への屋根の流れを重視して寄棟造にする場合もある。間面記法はこのように建物の大体の大きさと同時に、格式や形態も示すのが大きな特色で、最初は寝殿造のような住宅形式の発展の中で生まれたが、やがて仏堂などに拡大していったのである。

こうした日本の間面記法に対して、中国では伝統的に三間五架のように間と架を用いて建物の規模を表わしている。間は正面の柱間数、架は棟木・桁・母屋桁など垂木を受ける横材の総称で、その数によって奥行方向の広さを示す。側桁と棟木だけの建物は三架、二重梁架構で側桁と棟木の間に母屋桁（中間桁）をもつものは五架である。この方式は早くから確立し、唐代には官吏や庶民住宅の規模を規制する次のような法令が定められている。「三品の堂は五間九架、門は三間五架、五品の堂は五間七架、門は三間両架、六品七品の堂は三間五架、庶人は四架、門はいずれも一間両架とせよ。」（『新唐書』車服志）

五間七架とは桁行五間で奥行は二重梁架構の母屋の前後に廊（狭い庇）のついた建物、五間九架とはその母屋の梁間が広く三重梁となった建物であろう。梁行の柱間数はおそらく前者は四間、後者は母屋が三間あって全体では五間になるものと思われるが、曖昧

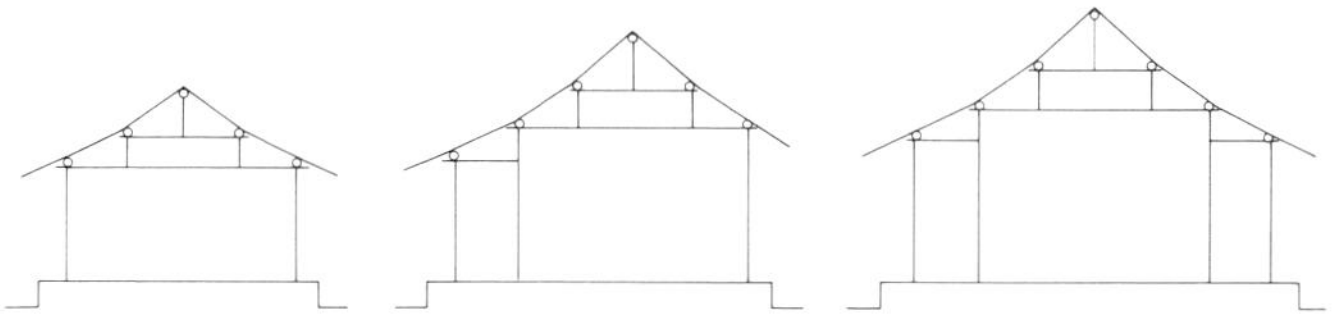

344　中国木造建築の「架」

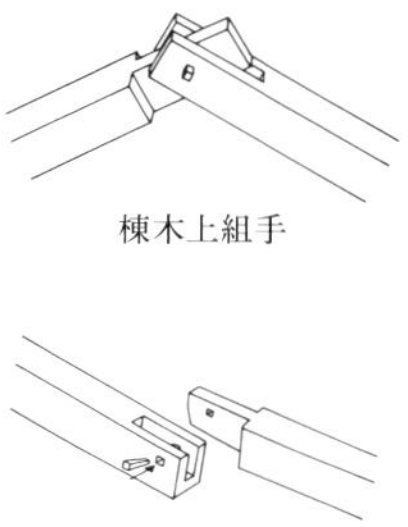

346　垂木の組み方

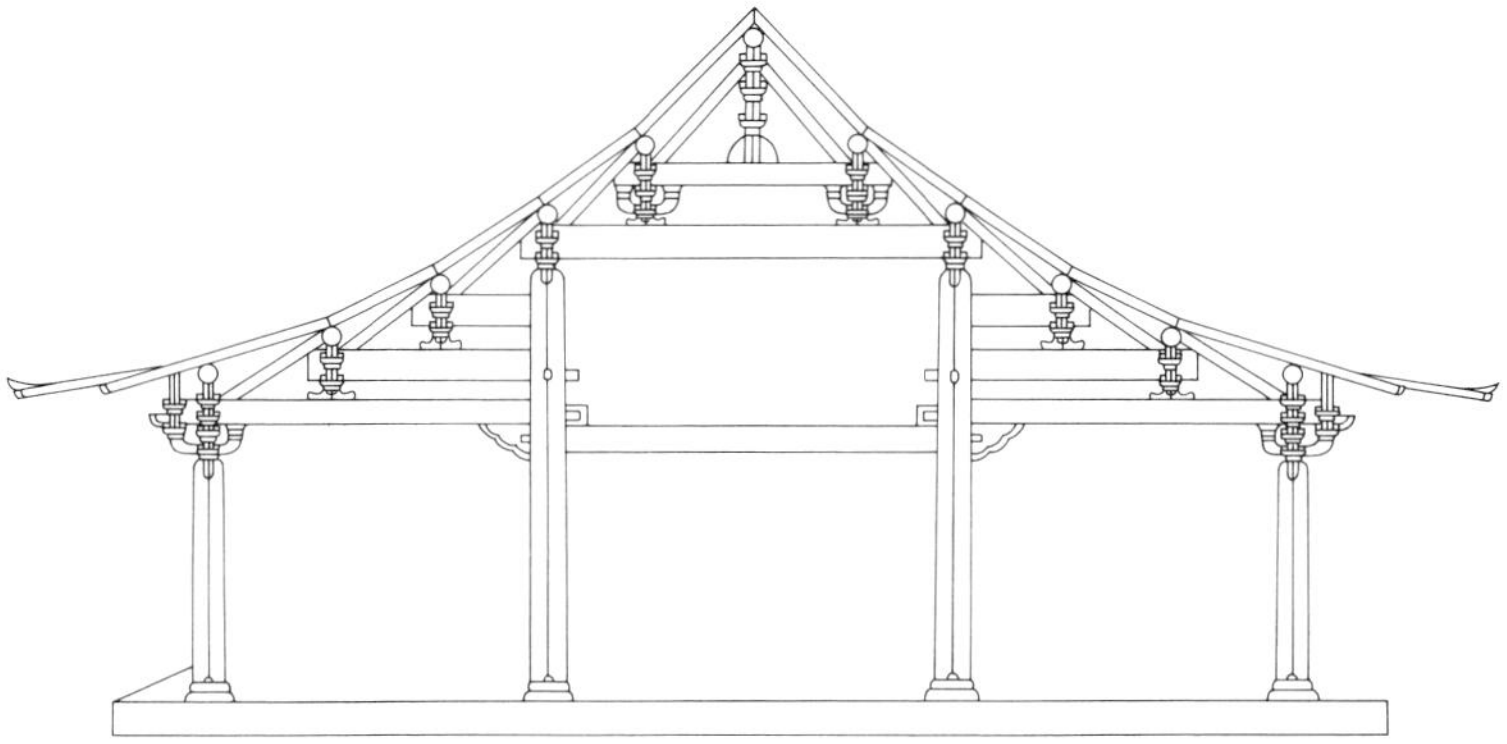

345　『営造法式』大木作側様図（梁行断面図）
（『営造法式の研究』竹島卓一作図より）

な点は間面記法に似ている。また、同じ法令を引く『唐会要』では両者とも主屋は入母屋造と記されているから、桁行両端間のほぼ中央に梁で支えられた母屋桁が通り、その上に妻飾が立つ構造であったことがわかる。この点は、日本の入母屋造が原則として四面庇から生まれるのと相違しており、間架の記法だけでは屋根が切妻、入母屋、寄棟のどの形かは定まらない。なおここで三品・五品の主屋を入母屋造とわざわざ記すのは、中国では寄棟造を最上の格式としてこれを禁ずるためで、これもむしろ入母屋造を上級と感ずる日本とは異なっている。

長垂木と短垂木

中国建築でも日本の母屋・庇に当たる内槽・外槽の表現があり、上級の殿閣建築に主に用いられる。しかし、殿閣建築でも元符三年（一一〇〇）刊の建築技術書『営造法式』の大木作側様図（梁行断面図）が「十架椽屋前後三椽栿用四柱」などとして基本的には架によって規模を示すように、間架の記法が広く定着している（この時代になると棟木は除いて前後の桁だけを数える）。建物の規模を表わす記法が日本と中国で何故このように違うのであろうか。

これは垂木が日本では長く中国では短いことに基づいている。日本の場合、古代には主に檜が建築用材に使われ、その大木を楔で割る製材法によって桁・梁・垂木などの部材が造られた。その

347　平城宮朝集殿復元模型

結果、これらの部材は真っ直ぐで長い角材となる。これをそのまま用いたのが伊勢神宮社殿など古式の神社建築で、その直線的造形は曲線を使う中国伝来の仏教建築とは大きく異なる。垂木は棟木上で左右を組み合わせ軒先まで一本の長材でかけ渡される。中国では椽の字を当てるが、日本は文字通り垂木である。母屋だけで構成する古式神社建築は切妻造で、古代にはこれを真屋と呼んだ。東屋（寄棟造）に対する言葉であるが、真屋とした点に上格あるいは本式の意を含んでいる。

建物の規模の拡大は母屋に庇をつける形で行われるが、その場合もそれぞれを一本の垂木でかけ渡す。母屋垂木と庇垂木は入側桁の上で箱形の三枚枘組に栓を挿して接合され、棟木から軒先まで一連の材として垂れ下がる。したがって棟木や桁に垂木を止める釘も位置の固定に主眼があり、必ずしも全部の垂木に打つ必要はない。七〇〇年前後の建立と推定される切妻造の法隆寺東室では、側桁に縄がらみで固定され、棟木や入側桁にはただのせかけただけの垂木が使われていた。

これに対して中国の椽は細い木を丸太のまま用い、あまり長い材を採ることは難しい。椽をかけ渡す架の間隔を広くすることはできず、『営造法式』では、水平距離で六尺をこえず、殿閣の場合は五寸乃至一尺五寸を加えてもよいとしている。殿閣・庁堂・余屋の順に垂木の太さを定め、長さは架の斜めの距離とし、一番下のものは軒の出を加えた長さとする。継手は架の上で斜めに殺いで重ね合わせ、それを釘止めすることも定めている。要するに架の間隔が建物の種類ごとにほぼ一定し、その数によって奥行の広さが大体わかるのである。日本の場合、母屋は棟木を中心に前後一本の垂木をかける単純な三角形の構造体で、そのため梁間寸法に限度があって柱間の二間分が標準となり、規模の拡大は庇によるしかないのに対して、中国建築では長大な梁で荷重をもたすことができれば、母屋の奥行はその上の架の数を増加して自由に大きくなる。二重梁・三重梁の架構はこうした構法から生まれた。日本式構法の場合は棟束だけ立てるか叉首組である。逆に庇は、中国では住宅など下級の建築では一本の垂木で済ますため廊と呼ぶ梁間の狭いものが一般的で、殿閣の場合は繋梁の上に中間桁（架）を置いてその幅を広げる。日本の庇が通常は母屋の柱間寸法とほぼ同じ広さで

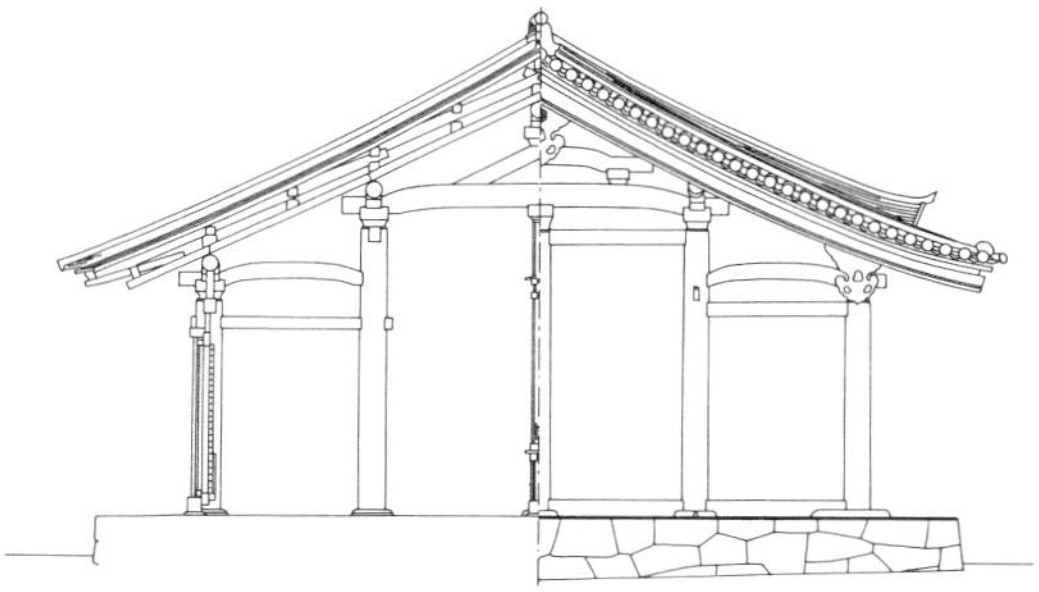

349　法隆寺食堂　側・断面図

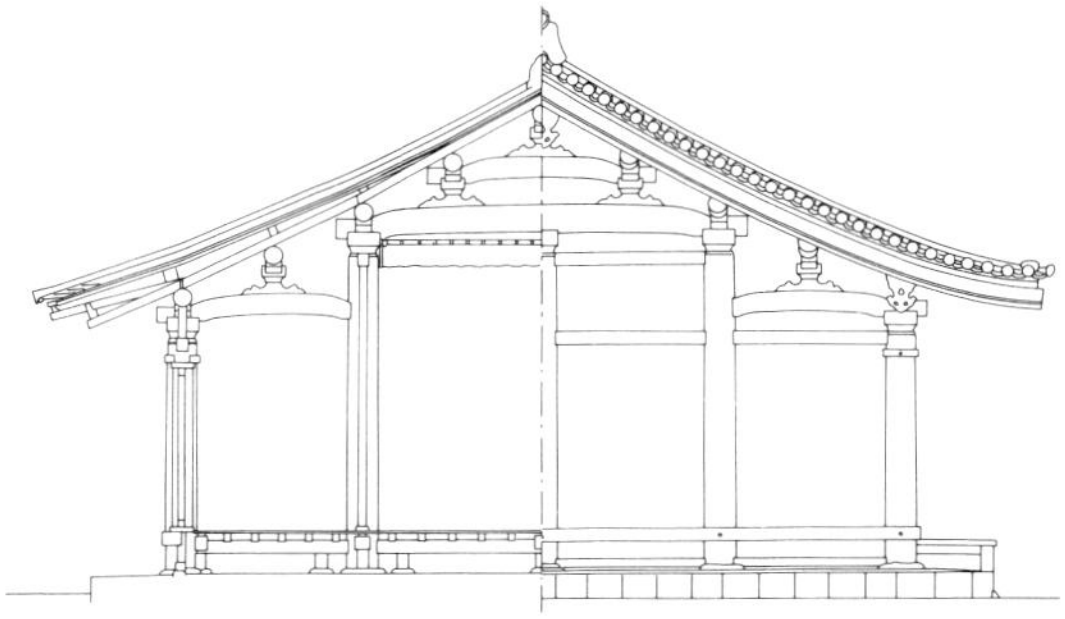

348　法隆寺伝法堂　側・断面図

造られるのとはかなり異なるのである。

中国建築の構造・様式を学んで造られた日本の古代仏教建築は、当然に同じ形をもっている。しかし、すでに神社建築に見られる高い水準の伝統技術がある上に移植された新技術はその影響をうけざるをえない。その最も端的な表われが材種やその製材法の相違による垂木の形や使い方である。中国でも垂木は椽だけでなく桷・榱・橑の文字で示され、椽は丸垂木、桷は角垂木であるという。だが、資料的にみても丸垂木が主流であり、奈良時代に輸入された唐様式では、地垂木は円形、飛檐垂木は角形断面をもつ二軒の形式が最も上格とされた。これを「地円飛角」と通称している。飛檐垂木は地垂木上面に張った化粧裏板の上に置き並べるから、当然角形でないと安定しない。薬師寺東塔や唐招提寺金堂など第一級の建築の軒はこの形式となっている。ところが、実はこれらの建物の地垂木は軒桁から内部は角形で、軒先の見える部分だけ円形に削ったものなのである。角垂木を伝統とする日本では、見せかけの「地円飛角」にしたにすぎない。

屋根についても、日本の仏教建築は母屋・庇のそれぞれを一本の長い垂木でかけ渡す。唐招提寺金堂のように規模の大きな建物では、母屋垂木は長さ約一七尺（五・一五メートル）、軒先まで延びる庇垂木（地垂木）は長さ約二四尺（七・二七メートル）に及ぶ。法隆寺伝法堂や平城宮朝集殿（移築後は唐招提寺講堂）は母屋を二重虹梁蟇股とし、庇は繋虹梁上に蟇股を置いて中間桁を通す中国式の架構をもち、桁の間隔は母屋で四・五尺、庇は五・七五尺となっているが、いずれも母屋・庇に一本の長垂木をかける。そのため日本では庇の中間桁がかなり早い時期に消滅した。長垂木による簡明な造形の庇を見なれた感覚からは、中間桁やそれを支える組物・蟇股などは余分なものと写ったのであろう。法隆寺食堂は天平十九年（七四七）の『資財帳』の政屋に当たる建築であるが、母屋は妻飾を二重虹梁としながら内部は叉首組とし、母屋・庇ともに中間桁をもたない形式となっている。仏教建築でも実用的な建物は日本伝統の宮殿・住宅と近似し、中国伝来の建築様式とはかなり離れていったことがわかる。なお平城宮朝集殿では棟通りを「中」、大虹梁上の中桁通りを「一条」、入側柱通りを「二条」、繋虹梁上の中桁通りを「三条」、側柱通りを「四条」とする番付を用い、蟇股に「東一条四」、「西三条九」、頭貫に「西二条七南方」などの墨書を残していた。後続の数字は桁行柱筋の番付で、中国流に架が優先されたことを証している。

法隆寺金堂・五重塔など七世紀の法隆寺様式の軒が角垂木で隅も平行に配列しているのを、すでに日本式と見る説も少なくない。ただ、この時代は未だ中国建築の本流が正確に伝来したとはいえず、その不足分を日本の技術が補ったことも考えられる。しかし、八世紀の唐様式の忠実な模倣の中で独自性を保つ日本的技術は、生産基盤の差が様式を変える力を示し、建築での和様化は唐様式輸入の時点から始まっていたことを物語っている。東大寺法華堂など天平建築でも最上格でない建物が角垂木二軒としているのは、明確に和様への第一歩と認められる。その直線的明快さがやがて組物にも影響を及ぼし、肘木の笹繰が奈良時代末期にはなくなる。元興寺五重小塔や室生寺五重塔がその例である。笹繰は肘木の上角を面取りしてその先端にのる巻斗を湾曲線によって差し上げるように見せる意匠的造形で、中国では明・清時代まで永く続くが、日本では鎌倉時代に再び中国様式を輸入した大仏様や禅宗様まで使われることはなかった。同じように天平前期の建築は柱の頂部を丸く面取りして上にのる大斗を際立たせ、力強さの表現としていたが、これも奈良時代末期には消失する。余分な曲線をもたない直線的意匠と中間桁の煩雑さを排除した簡明な造形が和様の基本であり、奈良時代の建築は比較的足早に日本化の歩みを進めていったのである。

野屋根の発生

長垂木による日本式屋根構造は必然的に補助的な葺下地を生み、野屋根へ展開する。中国式の短い垂木をほぼ五〜六尺間隔に配置した桁へ渡しかける構法は、同時に上にゆくほど少しずつ勾配を強めて屋根流れの曲線を造り出す手段でもあった。これを「挙折」と呼んでいる。しかし、日本式に母屋・庇を各一本の垂木にすると、継目の入側桁位置で一度に折れ曲がり、連続した屋根曲線を造るには厚く粘土を置き足す必要がある。瓦葺屋根は下地の粘土の厚さで曲線を調節するが、あまり厚くなり過ぎると重量が増し構造上も好ましくない。これを緩和する一つの方法は垂木を曲線形に造り出すことで、法隆寺金堂や元興寺僧房（極楽坊本堂・禅室の前身建物）では母屋垂木が反り垂木になっている。幅九寸ほどの板から五寸の垂木を円弧状に削り出しており、直線の垂木に比べると

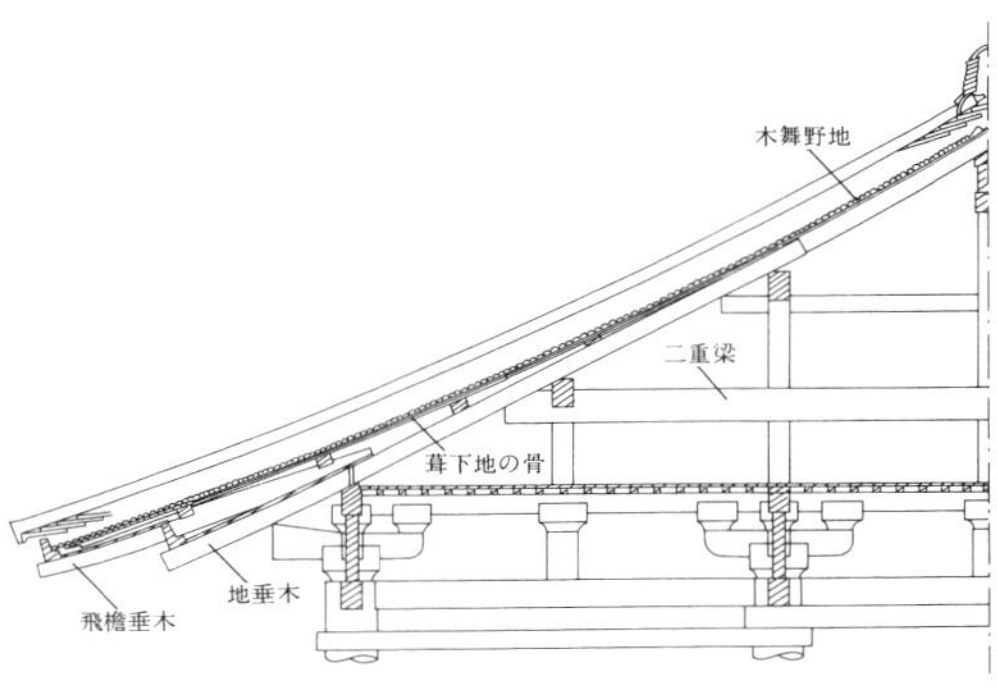

350　法隆寺舎利殿絵殿の野屋根

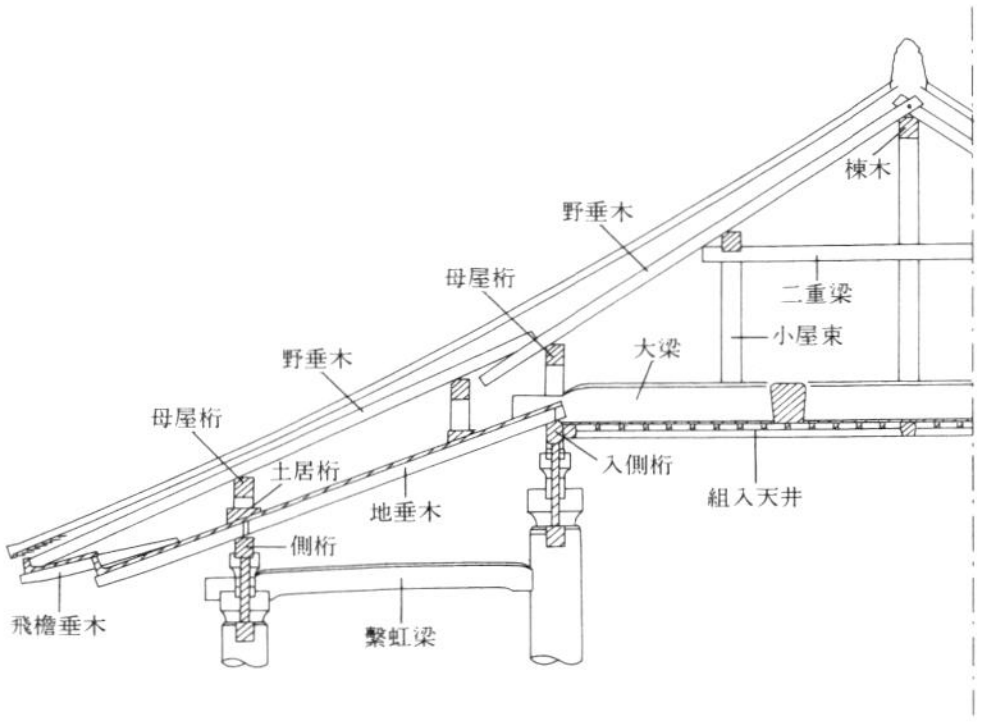

351　法隆寺大講堂の野屋根

倍の大きさの材料と大変な手間を必要とする。共に軒先に延びる庇垂木は直材であり、小屋裏の見えない部分での屋根曲線のためだけの仕事である。山田寺では金堂に続いて七世期中頃に建立された回廊（単廊）に反り垂木が使われていた。

もう一つは葺土が厚くなる部分に補助材を渡して空隙を造りながら曲面に整形する方法で、鎌倉時代の法隆寺東院舎利殿絵殿に実例が残っていたが、奈良時代の同伝法堂ですでに行われていたらしい。垂木の上面に通常では不要の枘穴があって、補助の屋根下地用と推定されている。もっとも、この場合は伝法堂の前身が橘夫人の住宅で檜皮葺のため、葺土で調節する代りにあらかじめ曲線の葺下地を造っておく必要があったものと考えられる。あるいは野垂木はこうした日本的葺材に対応するために生まれたのかもしれない。

下から見えている垂木（化粧垂木）とは別に野垂木で葺下地を造る構法は、その後発展して法隆寺大講堂（九九〇年）では上下全く分離し、天井を張る母屋では野垂木だけ用いる方式となる。この間、例えば平安初期の当麻寺西塔は化粧垂木の勾配がきわめてゆるく、現状のような野屋根を最初からもっていたと推定されるが、後世の修理でその実態を確かめ難い。また、醍醐寺五重塔（九五一年）では、建立後しばらく長い厚板を用いた木瓦葺としたのちその上に瓦を葺いたので、厚板がそのまま野屋根となった。遺構が少ないため、平安時代に進行した野屋根の形成過程を法隆寺大講堂まで順を追ってたどることは難しいが、ここでも板葺といった日本的葺材の仏教建築への使用が、その発展に大きく寄与したことが推測される。平安時代に仏教界の主流となった密教寺院は山中幽邃の地に営まれ、檜皮葺や板葺とするのが通例であったから、発展に拍車がかけられ、補助的な整形用下地方式から化粧垂木とは離れた別個の構造体方式へ急速に移行していったのであろう。法隆寺大講堂の野垂木は化粧垂木とほぼ同じ太さで母屋・庇の各部分一木で渡され、配列間隔

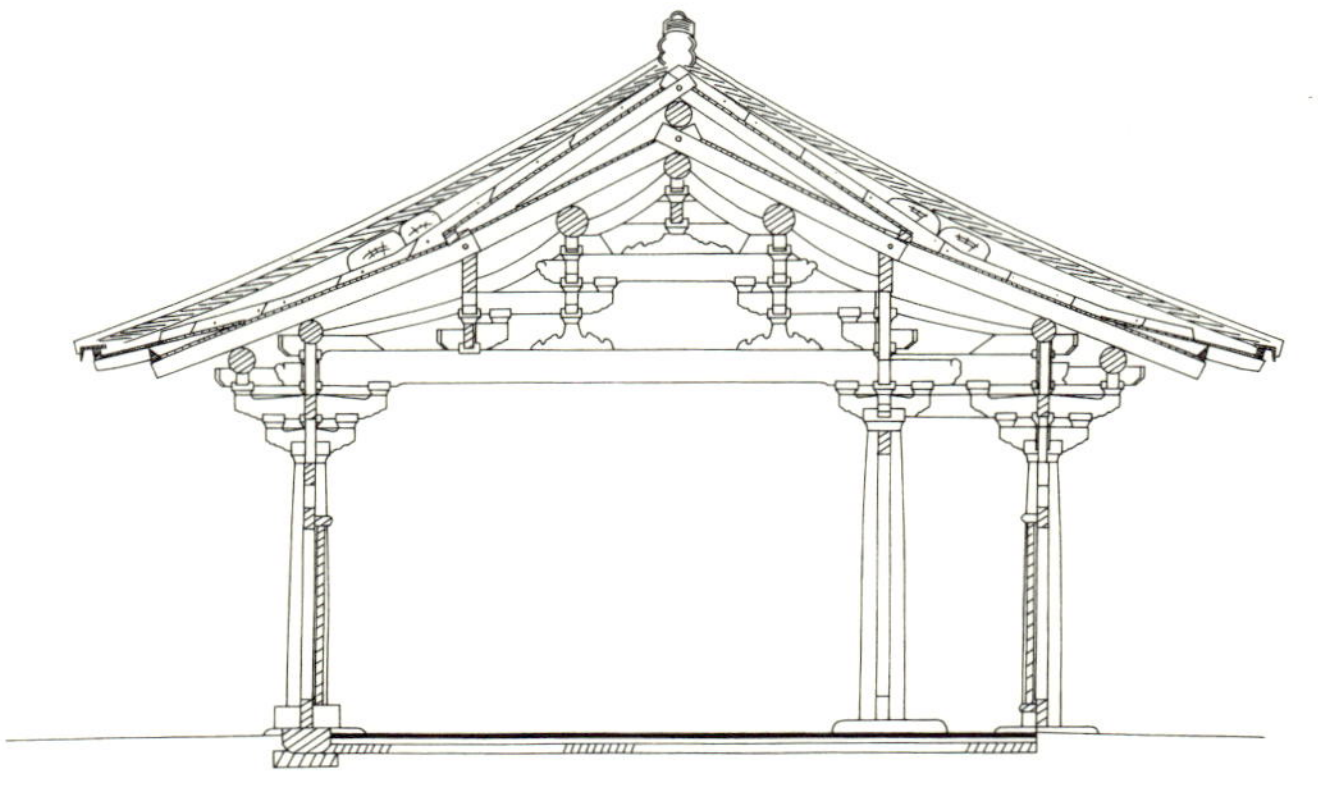

352　鳳停寺極楽殿　断面図

も広い。なお、整形方式の野垂木の使用は韓国現存最古の建築の鳳停寺極楽殿（十三世紀）にも見られ、ここでは母屋垂木と庇垂木の勾配差が少ないため、棟際で反り上りを強める役割に使用されている。

野屋根の発生に伴う最大の変化は化粧垂木の勾配の自由化である。屋根勾配は葺材で異なるが、瓦や檜皮は四～五寸を必要とし、板葺はそれよりやや緩くてもよい。化粧垂木の上に直接屋根を葺く奈良時代の構法では、したがって庇垂木（地垂木）を四・五寸前後、母屋垂木を五・五～六寸程度の勾配とするのが普通となっている。庇垂木の先に取付く飛檐垂木は三寸程度となり、その先端から棟木まで引き渡した屋根勾配は四・五寸ほどに納まって適当な屋垂みがつく。しかし、野垂木にその役割をゆずると化粧垂木の勾配を緩め、軒先を上げて軒下空間を明るくすることができる。塔を例にしてその変化をたどると、いずれも初重の地垂木の勾配は、奈良時代末の元興寺五重小塔が五寸、やや下る室生寺五重塔は四寸、平安初期の当麻寺西塔は二・六寸、九五一年の醍醐寺塔は三・二寸となっている。当麻寺西塔はやや緩すぎて後世改修の疑もあるが、時代の下降と共に勾配が緩くなることがわかる。九九〇年の法隆寺大講堂は三・七寸、一〇五三年の平等院鳳凰堂は三・四寸である。

化粧垂木はまた、野屋根の発生によって屋根荷重の負担が軽減され、細く優美な形式へ移行する。奈良時代の軒は垂木を一尺間隔に配列するのが原則で、垂木のせいが四～五寸もある太い材を用いていた。地垂木は薬師寺東塔では反りのない直材であったが、唐招提寺金堂などいわゆる天平建築では先端でわずかに反り上がる。しかし、平安時代の醍醐寺五重塔では間隔が九寸に狭まり、垂木も幅の狭い縦長断面となって先端で急に強く反り、一分程度の増しがつく形に変わる。飛檐垂木も天平建築は直材で下面のみ先端をこき上げる形であったが、平安時代に入ると上面にも反りがついて全体が円弧状となる。

和様の大成

和様とは、鎌倉時代に新しく再び中国から輸入した大仏様や禅宗様に対比して、それまで行われてきた建築様式を漠然と呼ぶ言葉で、実は厳格な定義はない。江戸時代の大工技術書ではこれを日本様、他を天竺様や唐様などとしているが、その元は奈良時代に学んだ中国唐の様式であり、後者は宋代の様式である。しかし、和様が天平建築そのものを指すのではなく、平安時代に日本化した建築様式を意味することは疑いない。細部をあげると床は板張りで縁を廻らし、軸部は真っ直ぐな柱に長押を添えて隅では横材が外へ延び出さず、組物は肘木と斗の区分が明確で中備は間斗束か蟇股、柱間装置は板扉、格子戸、連子窓、天井は格子組か竿縁天井とするなどが特色で、全体に曲線部や余分の突出部の少ない簡明な構成であることがイメージとして浮かび上がる。

ところが、これらのほとんどは天平建築にすでに現われているので混乱が起こる。例えば板敷床は法隆寺東院伝法堂や今は土間に改められている東大寺法華堂に見られ、確かにこれらは仏堂の日本化の例に挙げられるが、建築様式を和様とするのはためらわれる。板敷床は平安時代に入ると室生寺五重塔や醍醐寺五重塔のように最高級の仏教建築にも順次浸透し、これらは基壇を備え内部だけ転ばし根太の低い床を張る形式であったが、平安後期には基壇の代りに廻り縁をつけた仏塔が主流となる。一乗寺三重塔や浄瑠璃寺三重塔がその例である。一方、組物や中備は天平建築と平安建築では外見に大きな差はなく、肘木の笹繰が消えて直線的になる程度である。中備は中国では八世紀以降複雑化し、のちには柱上の組物と同一形式となって禅宗様の詰組として日本に輸入されるが、日本では終始一貫して最も簡素な間斗束が用いられ、平安後期にようやく装飾的な本蟇股が現われる。その点ではむしろ天平建築で中国の多様な中備形式の輸入を拒否し、薬師寺東塔に代表される初唐様式の簡素さを、日本人好みとして守り続けたともいえる。

こうしてみると、和様とは単に日本化した建築様式というだけでなく、日本的な改良を加えた様式を指すことがわかる。そして、その最大の要素は軒と屋根の変化であり、また附随して中間桁をもたない単純明快な内部空間の確立であることが指摘できる。その意味で和様の大成を示すのが平等院鳳凰堂であり、特に大きく張り広げた軒の優美さが日本的造形の特色をよく表わしている。鳳凰堂も太い野垂木による野屋根をもつ点は約六十年前の法隆寺大講堂と共通し、化粧垂木と野垂木の勾配がほぼ同じことは約百年前の醍醐寺五重塔と類似する。このように野屋根では特別な発展は見られないが、飛檐垂木が一層長くなり、軒の出が大きくなった。飛檐垂木は地垂木の先に撥出して取り付けるため直接荷重がかかるとあまり長く出すことはできず、天平建築では二～二・五尺程度が

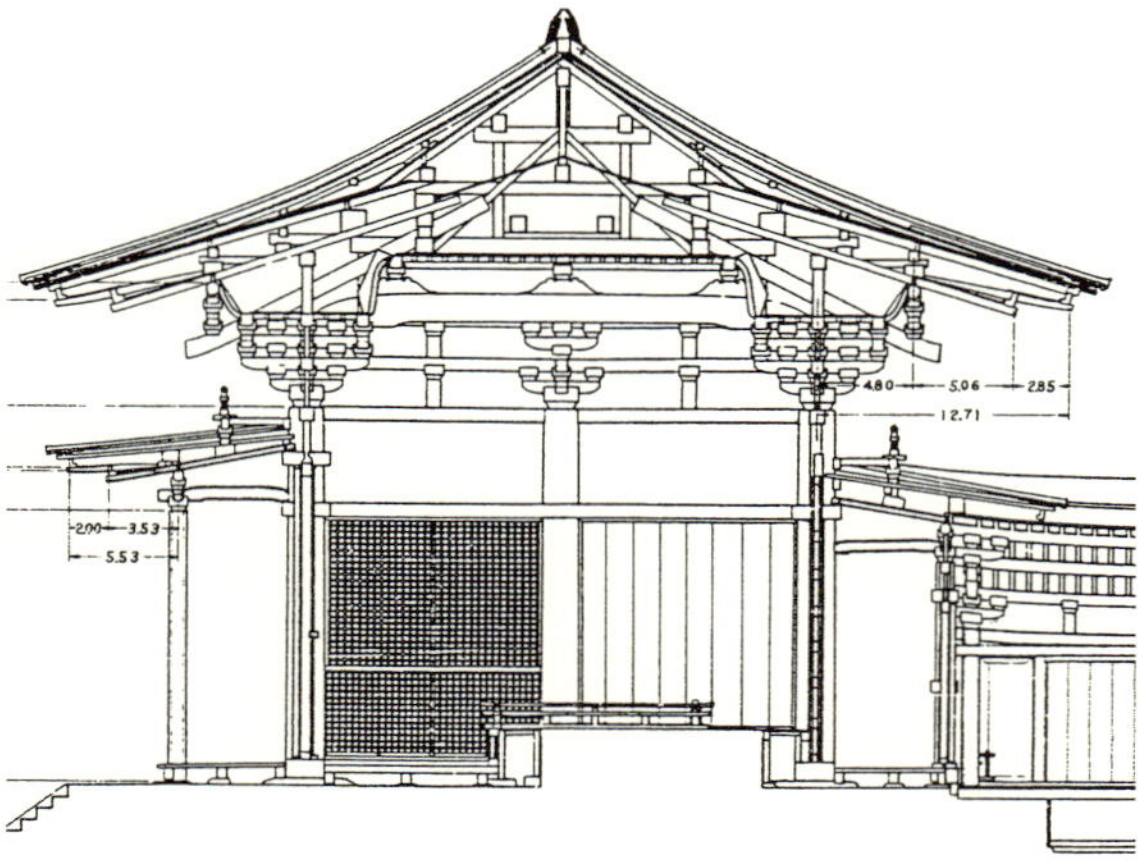

353　平等院鳳凰堂　断面図

354　平等院鳳凰堂（1053）

限度であった。しかし野屋根ができると順次延び出し、鳳凰堂では二・八五尺となって、その結果、地垂木と飛檐垂木の出の比例が、天平建築では五対二であったのが、大講堂では五対二・五、鳳凰堂では約五対三に変わる。この比例は鎌倉時代にはさらに四対三となるが、先細りで全体に反りをもつ飛檐垂木の部分が増大することは軒の表情を繊細化させ、強靭さより優美さが前面に押し出されることとなった。それが野屋根による荷重軽減で達成されたことは改めていうまでもない。

鳳凰堂に見られるもう一つの進歩は、組物の整備である。三手先組物は、薬師寺東塔の前へだけ延び出す初歩的形式から唐招提寺金堂の二手目に秤肘木を置いて支輪桁を通す形に発展し、一応の完成を見る。ただし、これは中国の発展をそのまま輸入したにすぎない。ところが、隅の部分はその後少しずつ組方が変化し、支輪桁が唐招提寺では留めに組み合っていたのが、当麻寺東塔で相欠きにして鼻を延ばし、同西塔ではその鼻を受けるため秤肘木も延びて、醍醐寺塔に至ると支輪桁先端が丸桁を支える三手目の秤肘木と組み合い、その交点を二手目の秤肘木上の巻斗が受ける形となる。ここでは、交点で上下の巻斗の位置が喰違うが、次の鳳凰堂では三手目の秤肘木が連続した長材となり、斗の位置も揃って整然とした納まりになる。これが和様三手先組物の完成の姿で、以後は変化がない。

これに関連して起こったのが組物の広がりを巻斗の位置で定める方法である。それまで組物の広がりは肘木長をきまりよい寸法に定める方式をとっていた。これは天平以来の伝統で、醍醐寺塔初重は三・七尺、法隆寺大講堂は五・〇尺としている。しかし鳳凰堂では壁付き方向の肘木は四・〇尺としながら前へ延び出す肘木の出は巻斗心心距離を三・一尺と定め、したがって肘木長はこれに巻斗斗尻長を加えた三・七六尺という細かい数字となっている。実際にはそれで完成したわけではなく、組立ての途中で二手先目の巻斗を据える太枘穴を掘り直していて、この方式が中途半端なものとなっていたが、斗の位置を定めるのが隅組物をうまく納めるために必要な条件であり、修正しながらも一応の成功を収めている。平安時代には後期まで両方式が併存し、完全に巻斗心々方式になるのは鎌倉時代に入ってからであるが、その結果が六枝掛と呼ぶ斗と垂木の配列を揃える方式に発展して、それが和様の大きな特色となったことを思えば、鳳凰堂がその最先端の例であることは高く評価されよう。

鳳凰堂にはほかにも日本的改良の部分が多い。周囲の裳階を吹放しとし、本屋も側廻りに扉口を多く設け、全体きわめて開放的であるのがその一例である。本屋の側面二間のうち、現在後方間は壁となっているが、当初はここも扉口にして外部に向かってはすべて開放する計画であった。それではあまりにも構造上不安定なので、建築途中で壁に変更したのである。また、内部を低い板敷床とするだけでなく、裳階を簀子床として基壇上面を覆い尽し、伝統的な床の高い宮殿建築の姿に近づけようとしているのも日本化の目立つ部分で、違和感がほとんどないほど巧みに処理されている。そうしたさまざまな要素を総合して、鳳凰堂は和様を大成したものと考えられるのである。翼廊下層の妻や隅の柱上部分が、内側は虹梁蟇股、外側は三斗組・間斗束になり、片蓋造によって内外を他と揃えた意匠に仕上げているのも、和様の細かな心配りの一例にあげられる。実は、鳳凰堂は本屋の軒を地円飛角とし、柱頂部には丸面のつく天平風の意匠をもっている。これはおそらく施主の藤原頼通が奈良の地を訪れて実見した天平建築の雄大さに心をひかれたためと思われる。しかし、こうした細部を越えた全体の整然とした優美さが和様の真価を示している。

355　醍醐寺五重塔　三手先組物

356　平等院鳳凰堂　三手先組物

平安時代は、貴族文化が繁栄したなかで住宅建築と寺院建築の

357　浄瑠璃寺本堂（1157 年）

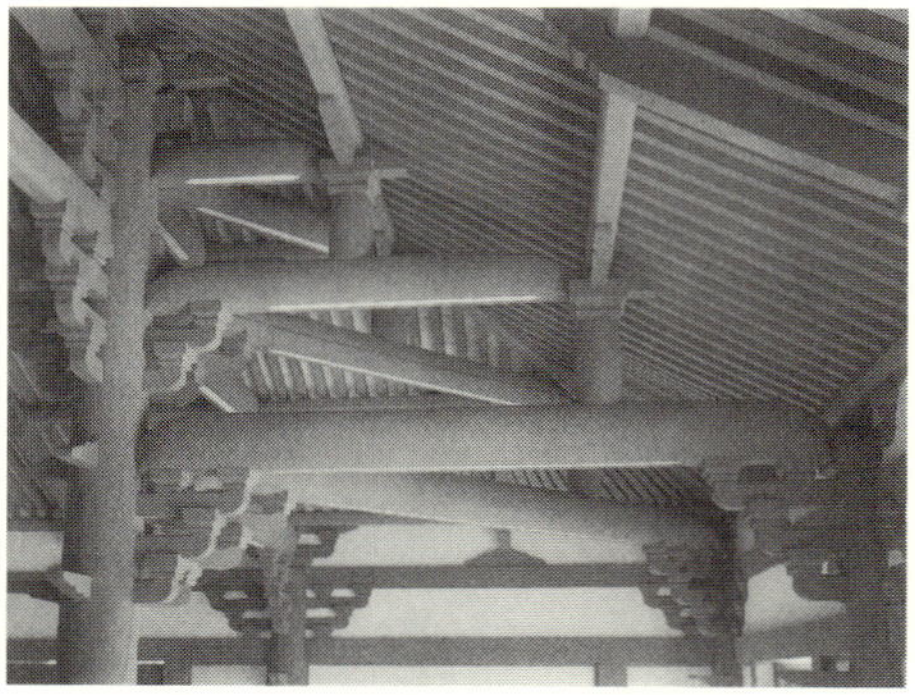

358　浄土寺浄土堂（1194 年）

接近が最も進んだ時代である。特に藤原道長が寛仁四年（一〇二〇）に造立した無量寿院（後に法成寺）に始まる浄土教伽藍では、仏堂と住宅が隣接して一体的に営まれ、その傾向が一層顕著となった。仏堂に住宅的要素がとりこまれ、和様はさらに簡明化する。その典型例が十二世紀中頃に建立された浄瑠璃寺本堂で、ここでは母屋の周囲に廻る広い庇が、繋梁のない化粧垂木だけのきわめて明快な構成となっている。久安四年（一一四八）の三千院本堂や少し時代の下る法界寺阿弥陀堂もその例である。実は日本式の庇はこのように梁間が広く、繋梁も両端の柱筋だけ用いるのが特色である。流造や日吉造の古式社殿にその形式を見ることができる。室生寺金堂（九世紀）や醍醐寺薬師堂（一一二一年）のように平安時代の仏堂で、母屋の柱間寸法より庇のほうが広い建築が多くなるのは、この日本式庇が中国式より優越したことの表われである。法隆寺大講堂が九九〇年再建のとき、建物の規模は前身堂と同一にしながら、前身堂は母屋より庇の柱間寸法が小さい平面であったのに、庇の広い形式としたのはその浸透をよく示している。前述の浄瑠璃寺本堂以下はさらに進んで繋梁を取り払い一層簡明化したもので、間面記法の住宅から仏堂への拡大も、こうした動きと歩を合わせたものであった。ただし、ここまで簡明化すると構造面での不安が大きくなる。平安後期に大風などによる建物倒壊の記録がしばしば見られるのは、そうした簡明化も一理由であったと思われる。そのため鎌倉時代には東大寺復興にあたって、大勧進重源の巧思によって大仏様が導入された。その代表的建物である浄土寺浄土堂の架構と浄瑠璃寺本堂を比べると、中国式と日本式の差がいかに大きいかわかる。ともあれ和様は檜を用材とする建築生産技術と整然とした簡明さを好む日本の風土が生んだ様式であった。

三一　南都の新和様建築

和様の特色と構造

和様建築というのは鎌倉時代に新たに中国宋代の建築様式を採り入れた大仏様（天竺様）や禅宗様（唐様）に対して、それ以前からの古い建築様式をさす言葉である。天平時代に大陸から学んだ唐代の建築様式を母胎としているが、それに神社建築や住宅建築にみられる日本人好みの簡明・清楚な意匠が加わり、全体として装飾的要素がごく少なく、おとなしい造型になっている。天平建築の構造技法をほぼ踏襲して技術面での進歩がほとんどなく、特に中国では奥行の深い、また丈の高い空間を求めて架構が著しく発達したのに比べて、日本では野屋根が発明されたために堂内は比較的低く平らな天井を張る形式に移行したので、躍動的な構造美からは遠ざかり、曲線などはむしろ単純化して平明な構成に整備された。様式的細部の変化がごく少なく、また建築の日本化は天平時代から始まっているので、和様の範疇や成立年代は漠然としているが、平安時代だけでなく天平時代末頃までの建築を全部包括するのが普通である。

目につきやすい建築細部の変化をいくつかあげると、天平建築では柱の頂部をわずかにすぼめ、肘木の上面には笹繰をつける。また虹梁は肩の曲線が中央へゆるく反り上がる。これらは建築に力強さを与える造型感覚の所産で、柱の頂部をすぼめたために上にのる大斗は斗尻がこぼれて大きく見え、また笹繰は巻斗の斗繰曲線と連結して上方への湾曲線を形作り、組物がゆとりをもって上部荷重を支えているように見せる。中央が盛り上がる虹梁も荷重への反発力を秘めた感じになっている。これに対して天平時代末期になると柱のすぼまった丸面や笹繰が消え、虹梁も反り上がりが少なくなって中央の水平部分が目立ってくる。柱の上に直材の梁と桁を組み合わせた簡明な神社建築の感覚で、すべてがきちんと整えられ、余分な力みは外へ現わさない。軒も天平の太い丸垂木は平安時代になると全くなくなり、やや細くなった角垂木が間隔を狭めて整然と配置されるようになる。ここでも大きく張り広げて屋根荷重を支える軒の力強さが、軒天井のような優しい造型に移行していった。その上にかくされた野屋根が軒構造の力の部分を分担して、

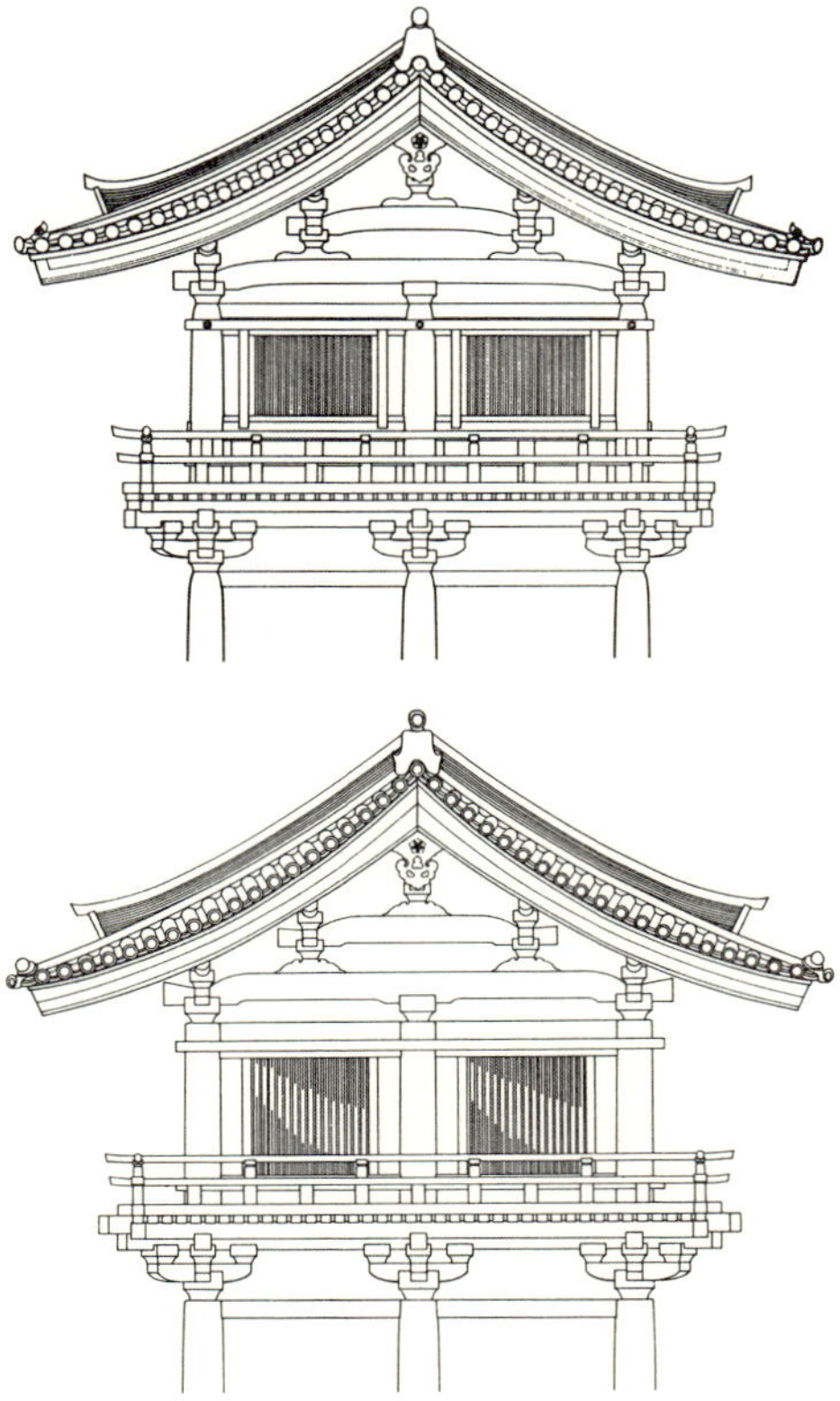

359　天平様式（上）と平安和様（下）
上　法隆寺経蔵（8c）
下　同　　鐘楼（11c 初）

力の働きを外へ見せなくてもすむようになったからである。要するに天平建築が母胎であるが、そのしなやかさと力感を取り去ってしまったもの、それが和様建築といってさしつかえない。

　和様の泣き所は構造上の弱さにあった。それは天平建築自体がもっていた欠陥で、例えば東大寺大仏殿は建築後わずか二〇年で補強用の副柱を四〇本も立てなければならなかった。しかしこうした特別な巨大建築を除くと、現存する天平建築はさほど弱いともみえず、事実今日まで倒れずに残っていることは、かなり強かったことを立証しているとさえいえる。その弱さを補っていたのが柱の太さと壁の厚さである。この二点が天平建築の特色で、柱は必要以上に太くどっしりと立ち、その間に通常は一五センチメートル程度の厚い土壁を築いて、地震や大風に耐えられる軸組を造っていたのである。このことは手本となった中国建築も同様で、中国では柱はそれほど太くしない替りに、中間の壁は厚さ六〇センチ以上に及ぶ塼積の大変に強固なものにしている。中国では早くから土木混用の建築が発達しており、いわば風土の差といえよう。

　平安時代の建築は構造面での進歩がほとんどみられなかったのに、木割がやや細くなり、加えて壁のつく場所や厚さが減少したので、結果的には天平建築よりも弱いものになってしまった。ことに平安時代後期には建物の姿の美しさが最重視されたのでひ弱な建築が生れ、大風や地震で顚倒した記録が急速に増加している。開口部が増えて壁の部分が少なくなるのは、寝殿造のように開放的になった住宅の影響が仏教建築にも及んできたためであろう。また同じように日本化の現われとして板敷床を設ける仏堂が増加してくるが、板敷床の上に造られる壁は間仕切用の薄いものとなって耐震性は大幅に下落した。

　天喜元年（一〇五三）に建立された平等院鳳凰堂は平安時代を代表する名建築としてよく知られている。建立当時から西方極楽浄土を眼前に再現したものと称えられた華麗な建物であり、平安時代末期には鳥羽離宮や奥州平泉の寺で模造されるほどに珍重された。この鳳凰堂で行われた構造上の配慮は、ただ頭貫や長押をできるだけ長材にして軸組を丈夫にすることだけであった。桁行三間三四尺、梁行二間二六尺の主体部で、柱と柱を繋ぐのは頭貫と長押しかない。これは天平建築以来の伝統で、長押は元来は扉を釣り込むための造作材であったが、柱を内外から挟む形で連結した構造強化の役割が認められて次第に構造材に変化し、建物の周囲全体に用いられるようになった。鳳凰堂ではこの長押と頭貫を各面とも一本の長い材料で作り、それで柱の連結を強化しようと考えたのである。

古代建築では継手や仕口が未だ幼稚な形式で結合力は非常に弱い。頭貫は相欠に重ね合わせ、その上から長い釘を打ち込んで柱へ止める単純な工法で、鳳凰堂でも隅ではこのやり方をしている。平の柱上でも同様に釘打ちとするが、ここでは長材を直接柱に取り付ける形になるからずっと強い。隅でも上記の止め方をした上、さらに鎹で桁行・梁行の頭貫を繋いでいる。他に例をみない頑丈な補強方法である。なお柱の足元では幅二尺ほどの厚い盤木を地覆として各柱間に据えて柱の移動を防いでおり、これも類例のない強化法である。

鳳凰堂でこのように構造を強化した目的は主体部をできるだけ開放的にしたいためであった。現在三間×二間のうち正面三間と両側面前方間は扉、後方間は土壁、背面の中の間は壁（来迎壁）、その両脇の間は裳階への通路で開放となっている。しかし計画当初には両側面後方間も扉、背面中の間は吹放しであった。それが現在見る形に変更されたのは、やはり壁なしでは自信がもてなくなったためであろう。これからみると、平安時代末期には姿や使いやすさを目的に建築されたため倒潰を早めた建物が多かったのではないかと想像される。なお鳳凰堂でもこの程度の壁の量では建物の歪みをくいとめるのは難しく、一八〇年後の文暦二年（一二三五）には建て起しの大修理をしている。いったん扉回りの部材を取り外して柱間に斜材を差し込み、傾斜を直したところで新たに飛貫を加えて補強しており、当時建物がかなり傾いていたことがわかる。鳳凰堂のほかにも、例えば福井妙楽寺本堂の平安時代と推定される前身建物では、やはり同じように舟肘木を繋げた長い肘木や長い長押などが発見されているし、兵庫大国寺本堂の前身建物にも長材の使用がみられる。できるだけ長い材を用いることで仕口や継手の弱さを補うのは単純であるだけに平安時代後期には多く用いられた。平安和様におけるほとんど唯一の構造改良として、塔の組物の大斗上の肘木を一木の通肘木にする技法が兵庫一乗寺三重塔

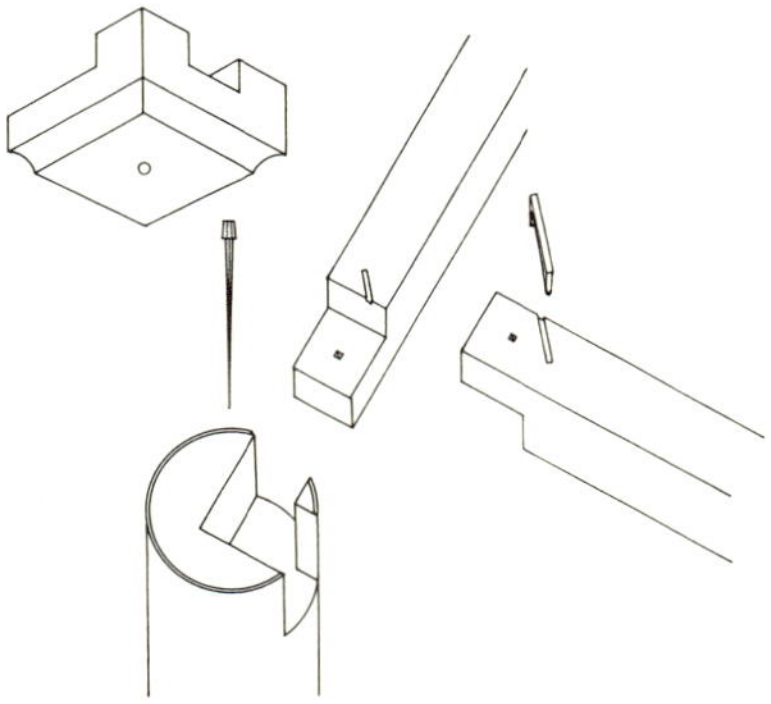

360　平等院鳳凰堂の頭貫・大斗の組方

361　和様の構造（滋賀金剛輪寺本堂模型）

（承安元年〔一一七一〕）、浄瑠璃寺三重塔（治承二年〔一一七八〕移築）などに現われるが、これも同じ流れの中で理解される。逆にいえば和様はそれほど弱くなってしまっていたのである。

新様式の導入

治承四年の兵火で焼かれた東大寺大仏殿の再建に当った俊乗坊重源は、従来の和様ではこれだけの大建築を建立するには技術上の弱点が多過ぎるとして、自身が中国へ渡った時に知った新しい建築様式を採り入れた。これが大仏様で、この新様式は浙江省から福建省あたりで行われていた建築技法とみられている。ただし南宋の中心部では北宋の建築様式を継承した可能性が強く、そうであれば『営造法式』（一一〇〇年撰）にみられるような、我が国では禅宗様と呼ばれる建築様式が行われていた筈である。重源のもたらした大仏様は『営造法式』の建築とは大分違っているので、これは北宋文化が入る前の江南地方の建築技術と考えられよう。ほとんど同じ時期に入宋した栄西（建久二年〔一一九一〕帰朝）がもたらした新様式を東大寺鐘楼（建永元～承元四年〔一二〇六―一〇〕建立）で見ることができるが、これは大仏様に禅宗様の要素も加わった技法なので、このほうが恐らく当時の南宋建築としては新しい様式

363　大仏様の構造（浄土寺浄土堂模型）

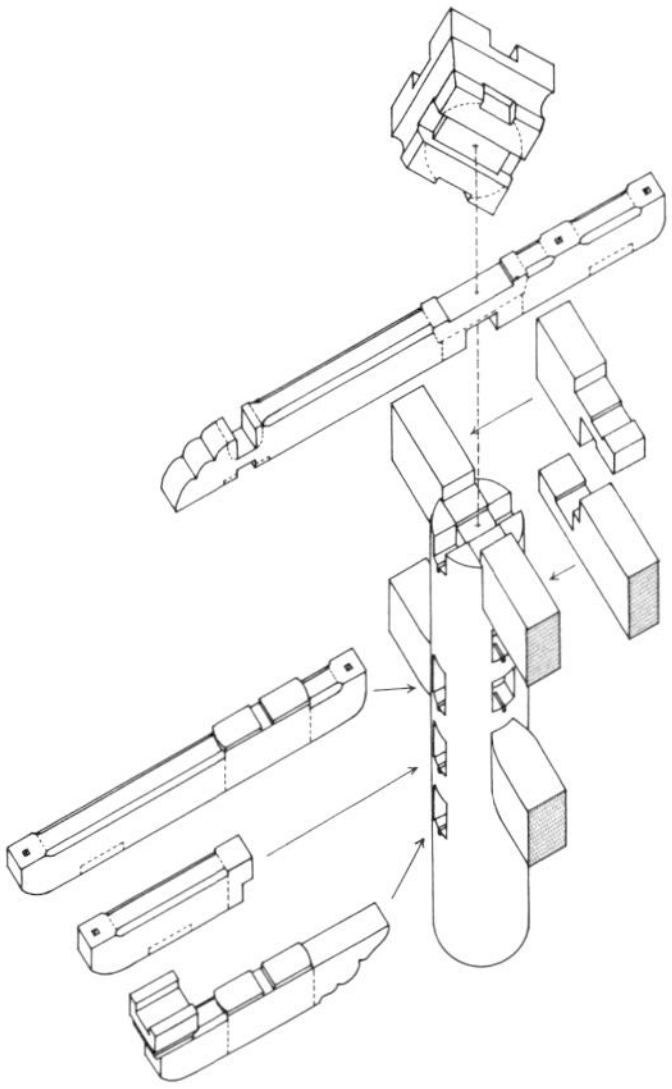

362　浄土寺浄土堂の頭貫・挿肘木・大斗の組方

であったと思われる。

ところで大仏様の最大の特色は柱を貫通する貫を用いて強固な軸組を組み立てることで、組物も同じく柱に差し込んだ挿肘木を何段にも重ねながら順次前方へ持ち出す方式を採る。貫や挿肘木は桁行と梁行の材が同じ高さで柱を貫通し、その内部で十文字に組み合っている。虹梁を柱に取り付ける時も同様で、大きな穴で柱を弱めないように太い虹梁を用いながら柱際で急に細め、差し込む部分は貫や肘木と同じ断面寸法にしている。こうして貫や虹梁で十文字に差し貫かれた柱は垂直材と水平材が一体となって横力に耐える軸組となり、いわば現代の鉄骨造建築と同じような強い構造を造りあげた。

天平建築以来の和様でも、柱の途中に同じ高さで水平材を通すことはあったが、その仕口は柱の穴に大入れとしただけで、反対側、あるいは矩手方向から同じように差し込まれた材とは連結せず、水平材同士の結合で柱の横振れをとめることは全く望めなかった。大仏様では頭貫も十文字に組んで柱に落し込みとなるため、その結合で柱の移動は防がれる。隅柱の位置では和様と違って組み合わせた頭貫の先端が外へ延び出し、ここに繰形を施した木鼻が生れた。これは貫や虹梁の場合も同様で、木鼻が適度な装飾となった。

大仏様は中国でも一貫して政治文化の中心であった黄河流域地方とは離れて江南付近で熟成されたとみられる建築様式であったため、構造は貫の技法を除くと案外に素朴であり、それだけに古代建築特有の木太さと力強さをそのまま承けついでいる。それは平安和様が振り捨ててきたものであるだけに、当時の人々にとっては荒々しく目に映った。東大寺と同時に平家の戦火で焼失した興福寺では、京都から派遣された木工寮や修理職の宮廷工人を中心とし、それに寺工が加わって伽藍の復興事業が行われたが、それはすべてに伝統を重んじ、建築技法も従来の和様を踏襲するものであった。これに対して東大寺は勧進という全く新しい方法による復興であり、重源に全責任がまかされていたために、伝統を無視して重源が新様式を採用し得たのである。したがって建永元年（一二〇六）に重源が亡くなり、その下で実際の工事担当者であった宋人陳和卿が専横な振舞を理由に奈良から追われることになると、大仏様は急速に衰えた。しかし大仏様がもたらした貫の使用にみられる合理的な構造方法や木鼻・桟唐戸のような目新しい装飾的細部は、従来の伝統様式に新風を吹き込むこととなり、これらを和様の中に採り入れたものが現われる。これが新和様と呼ばれる建築で、これにもさほど厳密な定義はないが、和様の中に貫・木鼻・桟唐戸・双斗などの大仏様細部を加えたものをさしている。

なお十三世紀中頃以降禅僧の往来が活発になり、神奈川県建長寺（建長五年〔一二五三〕仏殿供養）、同円覚寺（弘安五年〔一二八二〕開創）などの本格的な禅宗伽藍が来朝宋僧の指導によって建立され始めると、禅宗様の建築技術が脚光をあびる。それ以前にも栄西や俊芿などによって南宋の建築様式がもちこまれていたが、この頃から一つの技術体系としてまとまりをみせ、その影響を和様にも及ぼした。その結果十三世紀後半には大仏様を入れた和様と禅宗様を入れた和様との二系統が存在するようになるが、実際には大仏様系の採り入れ方法にならって禅宗様細部も入るので両者は混在する形となり、厳密に区分することは難しい。貫や桟唐戸などは大仏様・禅宗様ともほぼ同形式であり、架構でも虹梁上に和様でみれらる叉首や蟇股でなく、円柱（円束または大瓶束）を立て、高い空間構成をみせることが両者共通の構法で、その差は部材輪郭線の縁どり方法だけである。こうしたことから十三世紀末頃から両系が渾然一体化して装飾的細部は従来よりも一層派手になり、また架構にも新工夫をこらした建築が生れ、これを従来から折衷様と呼んでいる。いわば新和様が発展したものであるが、その原形にとらわれぬ造型による装飾意欲には格段の差がみられるので、和様のおとなしさを承けついだ新和様とは区別して、やはり折衷様としたほうが適当と思われる。新和様は鎌倉時代初めから十三世紀末まで約一世紀の中で成立・発展したが、奈良地方では既成宗派の勢力が強大で禅宗がほとんど入らなかったために、建築の面でも禅宗様の影響をうけることが少なく、新和様は中世を通じて続いた。

古代建築の再生と新和様の誕生

新和様は大仏様の合理的な構法と装飾的細部を和様に採り入れた画期的な技術革新であったが、それは大仏様の建築がまず出来上がり、その技術なり出来映えなりに感心して模倣し始めるといった形で生れたわけではない。もともと大仏様自身が一定の規範をもった輸入でなく、重源の考え方や実際の仕事に当った工匠によって少しずつ違った形になったことは、現在も残る兵庫浄土寺浄土堂（建久三年〔一一九二〕）と東大寺南大門（正治元年〔一一九九〕）の建築によく現われている。両者は同じ挿肘木の組物を用いているが、浄土堂では前方へ延び出す肘木の先端だけに斗を置いた素朴な形をしている。これに対して南大門は手先が延びる分だけ上方では斗の数を増やし、斗が上下に揃ってびっしりと並び、隙間が少ないだけにいかにも丈夫そうである。壁付きの肘木や根肘木でも、浄土堂では上下の肘木長さの差が少なく、斗を先端だけに置いて全体が一組で上方へ盛り上がる形をとるのに、南大門は二手の時には肘木長さも斗も二倍になって、整然としているけれども盛り上がる力強さの感じはない。前者は禅宗様にもみられる宋様式の特色であり、後者は和様そのものなのである。

この差は浄土堂が重源の浄土教信仰者として開いた別所であって、全くの新天地に重源の思うように造営することができた建物であったのに対して、南大門は天平以来の規模を踏襲し、その形も大きく旧状からはずれることはできない制約を負っていたためと思われる。大仏殿造営には物部為里、桜島国宗の二人が大工をつとめ、南大門もその引続きの造営で同じ工匠が担当したと考えられるが、こうした巨大な建築を丈夫に造るためには宋工だけでなく和工の意見も多く採り入れる必要があったであろう。宋工が中心の浄土堂と宋和折衷の南大門、南都の大仏様には当初から和様の要素が加わっていたのである。これは大仏様の基礎になった宋様式自体が天平建築に通じる古代的な木太さや素朴さをも

364　浄土寺浄土堂の組物

365　東大寺南大門の組物

っていたことの必然的帰結であり、逆にいえば重源は天平伽藍の再建にふさわしい技術を中国建築の中から探し出してきたともいえよう。

大仏様と天平建築との親近性は、幸いに戦火に焼け残った古代建築の修造再生にすぐ役立つこととなった。東大寺では伽藍中心部から外れた位置にあった転害門や法華堂などが残存したが、八世紀中頃に建築されてから約四五〇年を経て、その間に多少の修理はあったものの破損や傾斜がひどくなっていた。重源の復興事業はこうした残存建物の修復も大きな仕事であったことが、彼の業績を書き記した『南無阿弥陀仏作善集』によって知ることができる。

転害門の修理は建久六年（一一九五）に行われ、天平創建時には平三斗であったのを出組に改めて、組物回りを立派にすると共に桁や垂木の位置を引き上げ屋根全体を高くした。その結果雄大さが一層増すこととなったが、同時に柱の上を繋ぐ構造材が梁行では大斗上の通肘木、桁行では虹梁とかみ合う通肘木がそれぞれ新たに加わり、格段に強化されたことを見逃してはならない。天平時代の梁行の繋材は虹梁、桁行は丸桁だけであったから、単純にいえば二倍の強さになった。出組は天平時代からあって法華堂にその例が見られるが、その構造は大斗にのせた虹梁の先端を延ばして手先の秤肘木を受ける形であり、繋材としては虹梁だけしかない。永暦元年（一一六〇）頃建立の福島白水阿弥陀堂も全く同形式であり、この間に構造面の発達は全くなかった。転害門ではそれを見事に解決している。しかも虹梁や組物は従来のものをそっくり再用し、新補材と適合するように位置をずらせただけである。妻飾を見ると、この構造では桁行の通肘木が延び出すので、その木鼻に大仏様の繰形をつけている。ここは木口を切り落すとその上の斗との釣合いが悪く、和様では困るところで、位置は異なるが当麻寺本堂の永暦二年（一一六一）修造時に、内外陣境の柱上で外陣虹梁の先端に斗を置き、上下に重なる斗のうち上のものは垂直に切られた木口から斗繰曲線が始まる不体裁な納まりができている。その不体裁さを大仏様繰形がいとも簡単に解決してくれた。

転害門には斗にも皿斗をつけた大仏様のものがいくつかあるが、その位置はばらばらで特に意識した使われ方ではない。したがって大仏様を用いた修理というよりも、その構造強化の考え方や木鼻の処理方法を採り入れた従来の和様技術の延長線上で行われた改造修復と考えてよいであろう。新和様の芽生えもこの点にあった。

こうした天平建築の大仏様による補強をより一層徹底させたのが法華堂礼堂である。礼堂は天平以来の建物の破損が甚しかったので、正治元年（一一九九）重源によって大改修をうけた。大仏殿と同じく桜島国宗が大工を務めている。その後もう一度文永元年（一二六四）頃にも修理があってかなりの部材が取り替えられているが、構造の基本は重源修造時の形式が踏襲されているとみてよい。ここでの補強の眼目は桁や肘木をすべて内部へ引き付けることにあった。正堂と同じ出組にしながら手先の秤肘木と柱筋の通肘木を繋ぐ材を内部の虹梁上に添わせて延ばし、さらに一段上には出桁を引き付ける梁のような通肘木を入れる。これをさらに頭貫と同じ高さに置いた根肘木で支えて、手先部分が下らないようにしている。

出組の手先肘木を内部へ引き付ける強化法は、ほぼ同じ頃純和様で建立された興福寺三重塔の初層にもみられ、平安時代末に和様でも使われ始めていたらしい。恐らく一乗寺三重塔

366　東大寺転害門の組物と架構

367　当麻寺本堂内陣の組物と架構

368　東大寺法華堂礼堂の架構

369　東大寺法華堂礼堂の組物

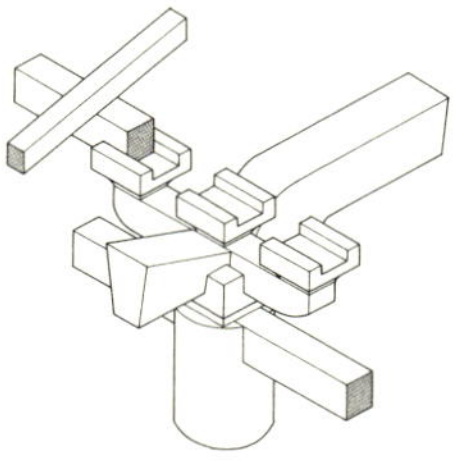
平三斗（秋篠寺本堂〔13c 初〕）

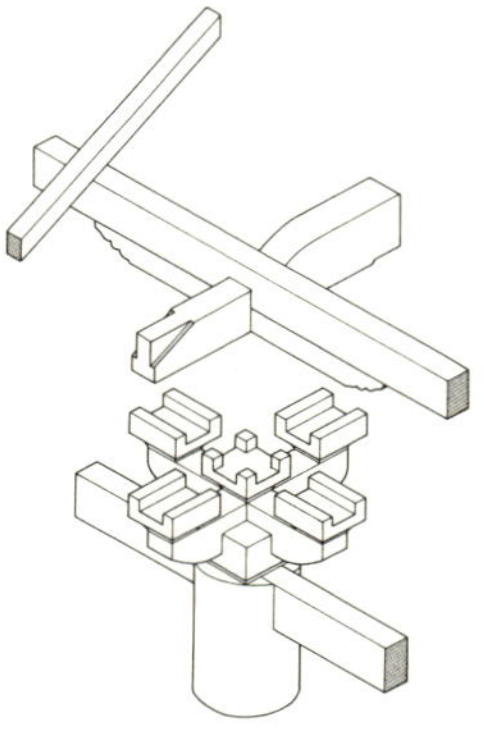
出三戸（東大寺念仏堂〔1237〕）

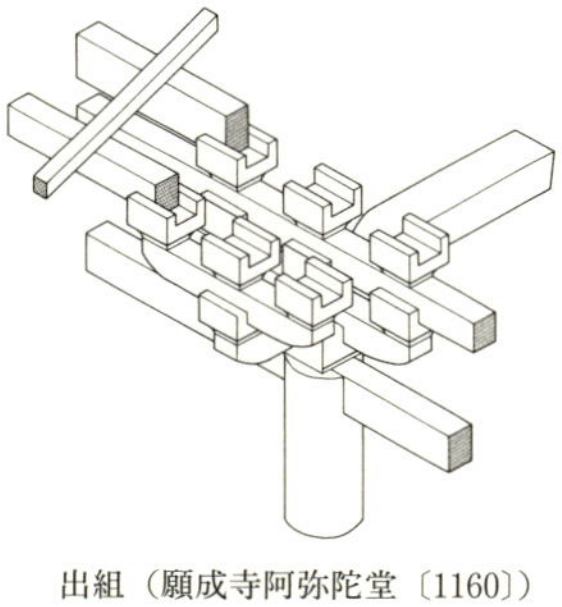
出組（願成寺阿弥陀堂〔1160〕）

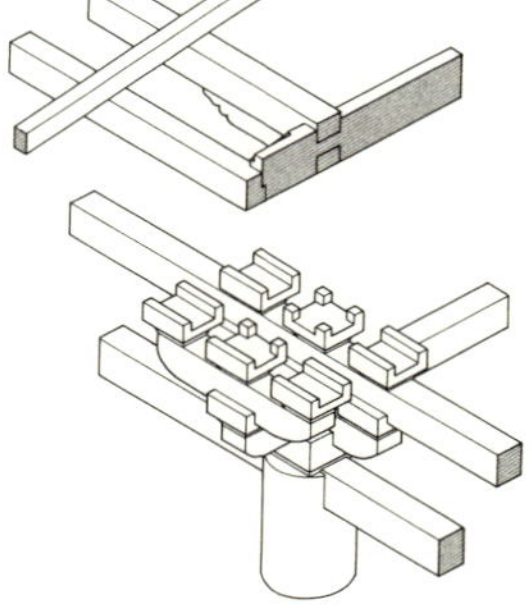
出組（元興寺極楽坊本堂〔1244〕）

370　三斗・出組の組方

（一一七一）で柱筋の二手目枠肘木が通肘木になるのと同じ流れであろう。浄土堂と南大門を比べると、南大門は手先の秤肘木を引き付ける分だけ挿肘木の段数が増えているが、すでに述べたようにこれは和様からの改善であった。こうしてみると法華堂礼堂の組物強化も根本は和様から出ていると考えてよい。和様では繋材の木鼻がうまく処理できなかったのを、大仏様からの借用で解決したのである。架構でも法華堂礼堂と南大門はよく似ていて、桁繋ぎの横材を虹梁直上や大瓶束の途中に通す形式をもつが、類例は後にはなく、禅宗様にもみられない。こうした強化法もやはり、宋様と和様の結合から生れた南都の大仏様の特色を示し、礼堂は南大門より一層和様化を進めたものとみることができる。

東大寺の場合と同じように、大仏様の手法を導入して天平建築の再生が行われた例に元興寺極楽坊禅室がある。この建物は元来元興寺僧房のうちの東室南階大房にあたり、現本堂の位置まで延びた長い建物であったが、浄土教の興隆につれて智光の住房と伝える一室が百日念仏の道場となり、建久八年（一一九七）頃、足固貫や内法貫を入れて仏堂風に改修された。この改修仏堂は寛元二年（一二四四）にすっかり建て替えられて現在の本堂になったが、それに先立って禅室も建て替えられた。しかしこのほうは元来僧房であったのを再び僧房として再生するので、内部の間取りを変えるのと構造を強化することに重点が置かれた。

まず各柱筋とも頭貫と同じ高さに梁行に貫を通し先端を外へ延ばして一種の挿肘木とした。柱上は天平以来の三斗組を踏襲し、挿肘木の先端に置いた斗と実肘木で出桁を受ける簡略な出組となっている。その出桁を内部からの繋梁で引き付けているので組物としては非常に強い。頭貫や梁行貫は丈の高い材を用い（天平は九寸、鎌倉は一尺）、柱上では十字に組み合って方眼式の構造体となるのは南大門とよく似ている。頭貫と梁行貫の上面は柱頂部より高く飛び出し、そこに大斗の斗尻がかみこんで大斗は前後左右どちらにも動かぬ頑丈さで据えられている。これも浄土堂、南大門に共通した大仏様独特の技法である。軒は直線の角垂木による一軒で先端に鼻隠板を打つ。鼻隠板は重源在世中の建築か、その後を継いだ栄西によって造営された承元頃（一二〇七～一五）の東大寺鐘楼に使用例が限られ、大仏様の衰退と共に姿を消していった。

禅室は天井裏の架構や屋根垂木には天平古材を用いているけれども、軸組や軒は新材で造り直された。しかし当時は未だ本堂の位置に天平以来の建物があったので、調和を計るために、高さや軒の出寸法などは旧規を踏襲した。鎌倉時代の建物としては珍しく野屋根をもたないのはそのためであるが、それ自体が大仏様の構造でもあった。大仏様技法の導入はこうした天平建築の再生・強化に見事に成功している。

寛元二年（一二四四）に再建された本堂はこれに比べると大仏様の要素は薄く、和様の中に内法貫・足固貫・木鼻・桟唐戸などの細部技法を採り入れた形であり、新和様としてほぼ出揃った姿をみせる。内法貫や足固貫は隅では小根枘で小さく貫通して目ざわりにならず、頭貫の木鼻だけが装飾になっている。出組の組物も法華堂や願成寺阿弥陀堂の形式に桁を引付ける材が加わって強化されているけれども余分な木鼻などは付けず、おとなしい和様の形である。中備は間斗束で通肘木上に丈の低い板蟇股を置く。法華堂礼堂は天平の正堂と揃えて勾配の強い垂木をかけたので、通肘木と側桁の間隔が開き、実肘木を斗の下にも入れる形で処理してある。そのために同じ繰形が上下に近接してややわずらわしい意匠となったが、ここでは実肘木と背の低い蟇股の曲線が斜めに向い合って壁面の空間をうまく装飾している。軒は勾配のゆるい和様で、その奥で目立たぬこうした所にも細かな神経をゆきとどかせているのが和様的感覚といってよい。この建物は頭貫が柱天より高く納めてある点に大仏様技法が生のまま見られるが、その他はひかえめな装飾で和様のおとなしさと整然さを承けついでいる。このことは内部では一層明確で、内法貫のすぐ上に長押を打ち、蟻壁をつけて一面に繊細な小組格天井を張り、構造材を全く隠している。

新技術の消化

東大寺南大門のように大仏様が成立する過程で和様の混入があり、逆に天平建築の修理再生では和様の中に大仏様技法を応用して

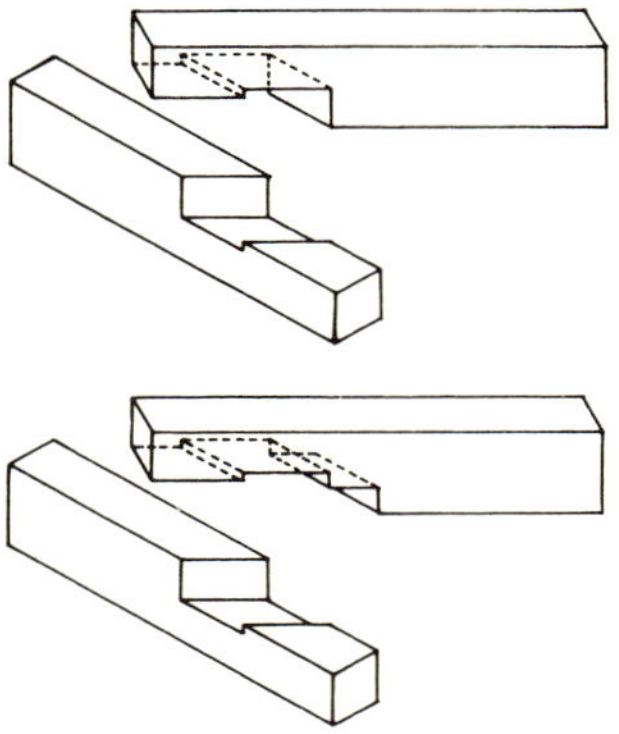

371　興福寺北円堂の内法貫仕口

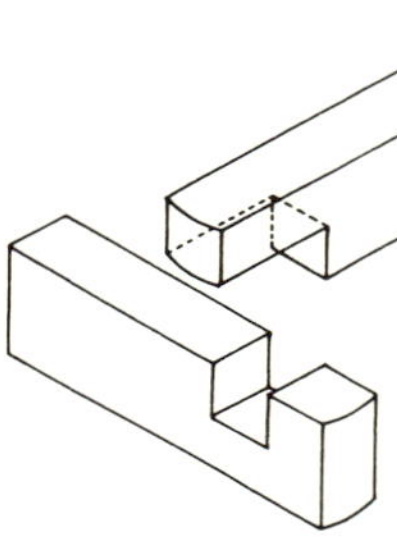

372　法隆寺東院礼堂の内法貫仕口

両者の交流は進み、生の大仏様がその木太さや荒々しさのために嫌われて衰退する一方では、極楽坊本堂のような新和様が颯爽と登場する。いかにも日本人工匠の技術の優秀さと柔軟な進取性を示すが、それほどすべてがうまく運んでいったのであろうか。

目を純和様に注ぐと、ここで大仏様の技法を学んで貫を採り入れたのは、建永二年（一二〇七）から再建の工事が興された興福寺北円堂に始まる。興福寺は既述のように京都から下った工匠を中心に伝統様式での再建が進み、建仁元年（一二〇一）頃までには金堂以下伽藍中心部や南円堂、五重塔など主要建築の再建がほぼ終った。北円堂はそのあとの造営で、寺に専属した地元の工匠が担当し、そのために新技術導入の試みも許されるようになったのであろう。改良は二点で、一つは繋虹梁を上下二段に渡して母屋と庇の連結を強化し、虹梁の柱への仕口は枘で貫通して丈夫にしたことである。繋虹梁は従来は大入れの枘先をわずかな鯖尾形にするか、または穴の下面に柱から太枘を造り出して落し込む方法で行われていたが、枘を貫通して柱へ渡腮に落し込み、楔締めにすることによって結合力は格段に増した。他の一点は側回りの内法貫の使用で、貫はすべての柱内部で相欠に組み合わされ、側柱が開いたりねじれるのを防止している。貫を両端で組み合わせるために柱を立てるのと同時に貫を組み込み、最後の柱位置では欠合せの仕口を長くとってヤリコシで納めた。こうして苦心して連結した貫も内法長押と下端を揃えてその裏にかくされ、貫が使ってあることは組み上がった後ではわからない。新しい技法に対する慎重さと充分な研究の成果をそこに見ることができる。貫の使用は保守的な興福寺系工匠の間にも広まっていった。

その動向は同じく保守的な法隆寺へも及ぶ。法隆寺でも天平時代に建立された建物が再生を必要とする時期に達していた。承久元年（一二一九）に東院舎利殿絵殿が虹梁などの旧材を小屋組に再用しながら建て替えられた。元興寺極楽坊禅室と全く同じやり方である。しかしここでは全く新技法が用いられず、構造補強には壁に筋違が入っている（後注）。筋違は平安時代後期から小屋組の補強用に現われた手法で、壁の筋違はこの一例しか知られていないが、恐らく床上に作られる薄くなった壁の強化用としてかなり広く用いられたのであろう。床組も大引や根太を柱に抱かせて釘止めとする従来通りの方法で、まだ貫にはなっていない。

ところが一二年後の寛喜三年（一二三一）に同じく古材を再用して再建された東院礼堂では足固貫・内法貫が用いられ、妻では頭貫を延ばして連三斗とする大仏様系新技法が現われる。ただし足固貫は大引・根太の関係そのまま丁度成違いの高さに通されて、それぞれが楔締めされてはいるものの欠合せの結合はない。また内法貫も隅柱位置で片方を全部貫通させて他はその横腹に胴付きにするか、相欠の仕口を作りながら一方は半枘状にして差し込むだけであり、いずれにせよ柱の中で十文字に組み合わされることになっていない。貫の組み合わせは隅では小根枘にして欠合わせるのが本来の工法で、せっかく新技法を用いながら北円堂よりむしろ退化しているのである。

同じようなことが東大寺の中でも起った。嘉禎三年（一二三七）建立の念仏堂は木割や組物・軒などは和様を基本にしながらも、足固貫・内法貫を化粧に廻らせて桟唐戸を釣り込み、頭貫に木鼻をつけ、実肘木に繰形を施すなど、外見上は新様式の影響がかなり濃い建物である。ところが足固貫・内法貫は各一間毎の材で柱の中では相互に連結せず、隅でも小根枘を欠き合わせずにただ延ばすに過ぎない。頭貫も柱に竪目違枘を造り出して落し込む和様の手法で、東院礼堂や兵庫太山寺本堂と等しい。柱に大入れとして一間毎に渡す横材は和様でも古くからあり、隅柱でみせかけの小根枘を抜いてみても、基本的にはそれと変らない。要するにこの建物は外見は新様式を採り入れてみせながら、中味は和様の技術なのである。

新和様の発展を工匠の系譜で捉え、東大寺系の技術者がその主な担い手となったとする説はわかりやすい。しかし実際には東大寺におけるその後の建築をみると、法華堂北門（鎌倉中期）、二月堂仏餉屋（鎌倉後期）などは和様の中に木鼻をもちこんだ程度に過ぎず、二月堂閼伽井屋（鎌倉初期）でみせる濃厚な大仏様技法の細部と比べると大幅に後退している。法隆寺は興福寺と密接な関係にあり、舎利殿絵殿（承久元年〔一二一九〕）、夢殿（寛喜二年〔一二三〇〕改造）、三経院・西室（寛喜三年）の再建や改修は棟札の工匠名からも興福寺系の技術者の仕事と推定されているが、いずれも純和様といってよい。天平建築の夢殿の大改修は、北円堂と同様に繋虹梁を一段加え、隅行組物の強化を計ったものの、虹梁尻はただ柱へ大入れとなり、北円堂にみられた新技法の導入からは後退している。そのため慶長年間（一五九六―一六一五）の修理で下方にさらに繋貫を入れて補強する必要を生じた。

鎌倉初期における和様自身の発展としては平三斗から出三斗への移行があり、出三斗は法隆寺東院礼堂、東大寺念仏堂で初めて現

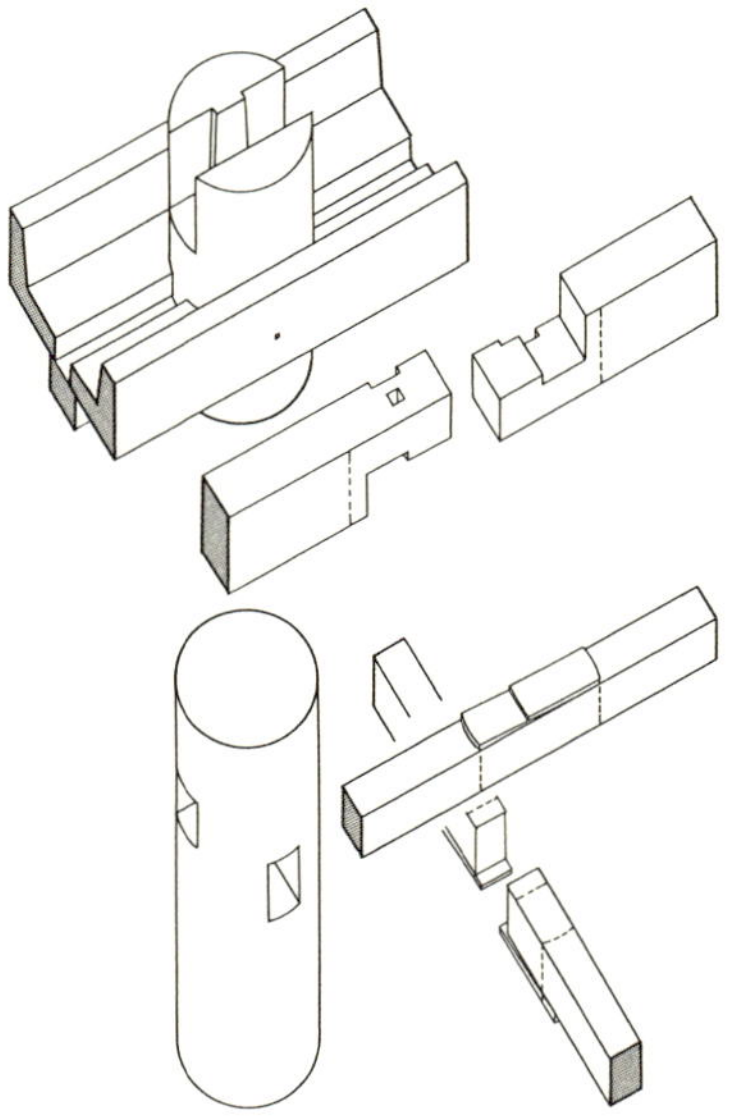

373　和様の頭貫（上）
と足固貫（下）仕口
（兵庫太山寺本堂）

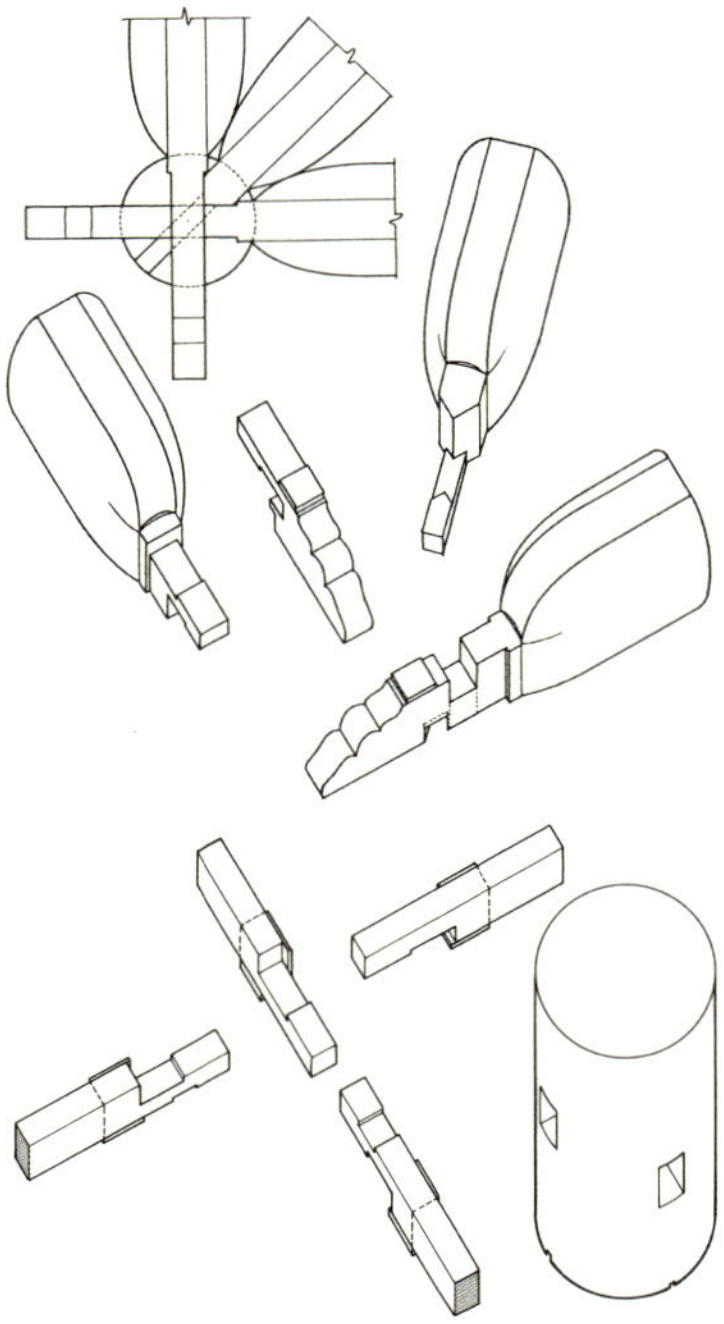

374　大仏様の繋虹梁（上）
と足固貫（下）仕口
（浄土寺浄土堂）

われる。出三斗は従来大斗にのせた繋梁を一段高い位置に上げて桁と組み合わせた形式で、桁を直接内部へ引き付けることによって平三斗より強化した。こうした引付け材は和様内部から生れていたが、大仏様との交流で巧みになり、北円堂や夢殿の二段虹梁もその成果の一つである。その意味では出三斗も新和様の一特色にあげることができる。実際にも鎌倉中期以降は平三斗は例えば当麻寺講堂（乾元二年〔一三〇三〕）のように限られた伝統的仏堂の再建の際に使われるだけで、唐招提寺講堂（建治元年〔一二七五〕改修）、同礼堂東室（弘安七年〔一二八四〕）、奈良長弓堂本堂（弘安二年）、法隆寺聖霊院（弘安七年）、兵庫太山寺本堂（正安二年〔一三〇〇〕頃）、法隆寺上御堂（文保二年〔一三一八〕）など新和様の要素の多少に拘らず出三斗が主流となってゆく。出三斗は平三斗に比べると一手前に斗があるだけに立派にみえるため、木鼻や化粧貫と同様に目新しく、しかも従来の和様技術で処理できるこうした細部だけを採り入れた新和様が、東大寺系、興福寺系を問わずに広まっていった。

浄土寺浄土堂の構造部材の仕口はまことに巧妙で、例えば隅柱へ繋虹梁が貫通した先の木鼻を、一方は別木にして差し込んでいる。同じような納まりが建長六年（一二五四）再建の京都蓮華王院本堂でも現われ、ここでは二段にした繋虹梁の先に大仏様系の木鼻をつけるが、隅では一方の木鼻を延ばすのをやめ、大入れにして内部では組み合わされていない。建築は組み上がったところを見ただけでは、中の仕口・継手を知ることは難しく、この点で浄土堂の格段に進歩した技術は明らかに宋人工匠が直接関与したことを示している。貫穴の下面に溝が掘られ、通気孔が作ってあるのも浄土堂だけに見る技法である。こうした新技術の真の意味を理解して採り入れることはなかなか難しい。頭貫を柱天より高く出して納め、大斗をかみ合わせて据えるのも、その分だけ頭貫の丈を高く作らねばならず、和様の感覚からは頭貫が太くなり過ぎる。大斗を置くだけならば従来通りの方法で特に困ることはない。そんなところからこの技法も極楽坊本堂を最後にして消えていった。技術革新から生れた新和様も建築界の主流の中ではその本当の革新性が弱められていったのである。仁治元年（一二四〇）建立の唐招提寺鼓楼も、上層中の間では扉口の丈を高めるために頭貫を省略し、代りに枠肘木を通肘木とし、その上方の軒にはやや太い力垂木を用いるなど、珍しい構造強化を行っているが、いずれも従来の和様から飛躍したものではなく、わずかに頭貫木鼻に新様式の影響をみるに過ぎない。なお力垂木は北円堂が初見である。

375　明通寺本堂内陣

新和様の転換

鎌倉中期にいったん活力を失ったかにみえる新和様も文永・弘安（一二六四―八八）頃を境として二つの点で再び活発な動きを取り戻す。その一つは木鼻を中心とした繰形の自由化であり、もう一つは天井下での梁組の発達である。大仏様特有の三弁繰形が最初にくずれをみせるのは宝治二年（一二四八）建立の光明寺二王門で、京都最北端、若狭への入口にある。この門は頭貫に木鼻をつけるだけで全体は純和様といってよいが、その木鼻の繰形は小さな円弧を七〜八個も連続させた奇妙な形をしている。恐らく最新流行のつもりが、知識が正確でなかったためこうなったのであろう。しかし若狭で正嘉二年（一二五八）に上棟した明通寺本堂は下端の三弁繰形に猪目をつけ、上端もゆるく円弧を刳って、鳥の頭のような形の木鼻を作る。この堂は来迎柱を後方へ下げて内陣を広め、大虹梁を渡した上に三斗を置いて組入天井を張り、天井桁を支える内陣回りの組物は上方を二手先に広げた二段斗栱を用いる。いずれも前例のない技法で、内陣の高い

1　東大寺南大門（1199）
2　東大寺鐘楼（1207 頃）
3　極楽坊禅室（13c 初）
4　東大寺念仏堂（1237）
5　唐招提寺鼓楼（1240）
6　極楽坊本堂（1244）
7　光明寺二王門（1248）
8　明通寺本堂（1258）
9　蓮華王院本堂（1254 頃）
10　般若寺楼門（1267 頃）
11　新薬師寺地蔵堂（1266）
12　明通寺三重塔（1270）
13　慈眼院多宝塔（1271）
14　唐招提寺講堂（1275）
15　長弓寺本堂（1279）
16　霊山寺本堂（1283）
17　唐招提寺礼堂（1284）
18　薬師寺東院堂（1285）
19　兵庫太山寺本堂（1300 頃）
20　愛媛太山寺本堂（1305）

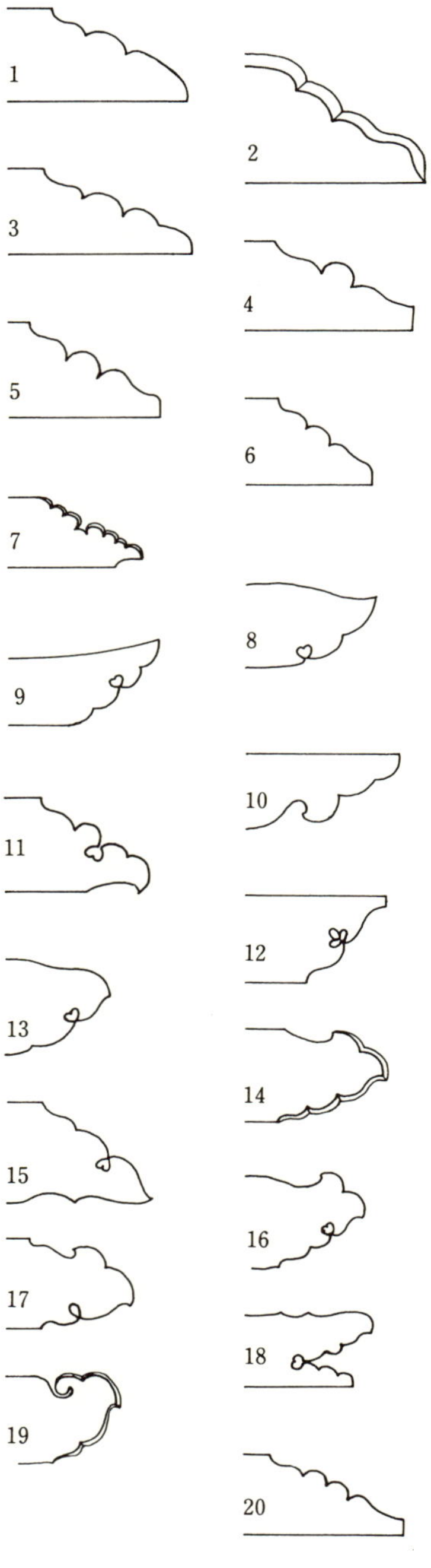

376　大仏様系木鼻の変遷

空間を従来の和様とは異質の重量感ある構成にしている。また側回りの組物では出組の通肘木上に板蟇股を置き、元興寺極楽坊本堂と通じる手法をとっている。

若狭で何故こうした新しい動きが始まったのか明らかでない。しかし天平以来若狭は東大寺の荘園が多く南都と密接な関連があった。恐らく明通寺も南都系の工匠が関与したのであろう。そして都を遠く離れた地で周囲からの制約もなく、斬新な造型を試みたものと思われる。丈の高い大虹梁や二段斗栱には禅宗様に通じる面もあるから、大仏様のあとにいろいろな形で輸入された宋様式の影

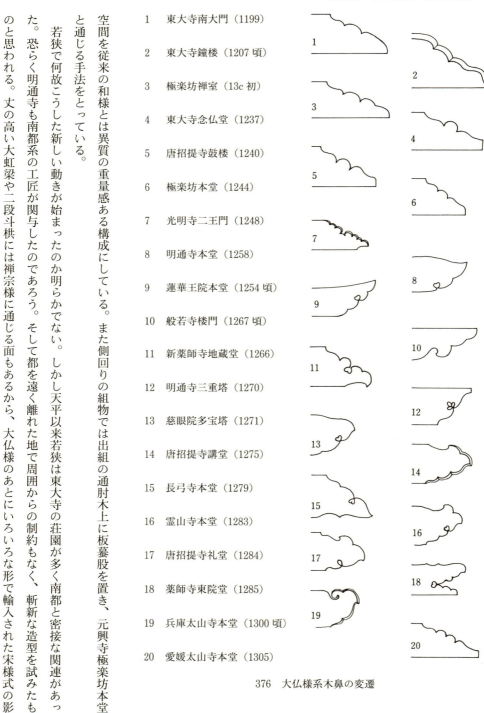

響もあるかもしれない。とにかく東大・興福を中心とする南都の大寺で活力を失った新和様が、再び生気を取り戻していることは間違いない。明通寺では文永七年（一二七〇）上棟の三重塔にも和様三手先組物に拳鼻をつける目新しい試みがあり、その曲線も大仏様の三弁繰形にクローバー形の猪目をつけた面白いものが用いてある。

こうした自由な造型と新しい工夫が南都でも大寺ではなく、庶民信仰活動を中心にして復興した寺々で始まる。西大寺叡尊がその復興を助けた般若寺に残る楼門がその第一の遺例で、文永四年（一二六七）頃の建立と考えられている。この門は一間一戸四脚門に二階をのせた珍しい形の建物で前後の控柱や上層の柱を面取り角柱とし、基本的には和様の木割である。しかし下層の組物は頭貫を延ばした一種の挿肘木とし、上層では出組に前方へ突出する大仏様木鼻を上下二段組み込む。枠肘木や秤肘木も下端の繰形を通常の円弧ではなく二弁にする。構造では上層の柱が内側で高く延びて組物は片蓋造となり、前へ出る部材は枘で抜いて鼻栓止めで引き付けられている。また片蓋にしたために弱まった柱の横繋ぎは、組物裏を厚い板壁で組み回らす箱造りにして補強してある。いずれも前例のない技法で下層の軽く差し出す腰組と、上層の通肘木を一段加えた重厚な出組との対比もよく、それらの肘木に施された繰形が華やかさを加えている。下層の頭貫上の狭い空間にも中備の板蟇股が置かれて繊細な和様感覚による適度の装飾をみせる。元興寺極楽坊本堂のどことなく木太い剛直な感じはなくなって、いろいろな新しい工夫が和様自体の意匠となっているのである。

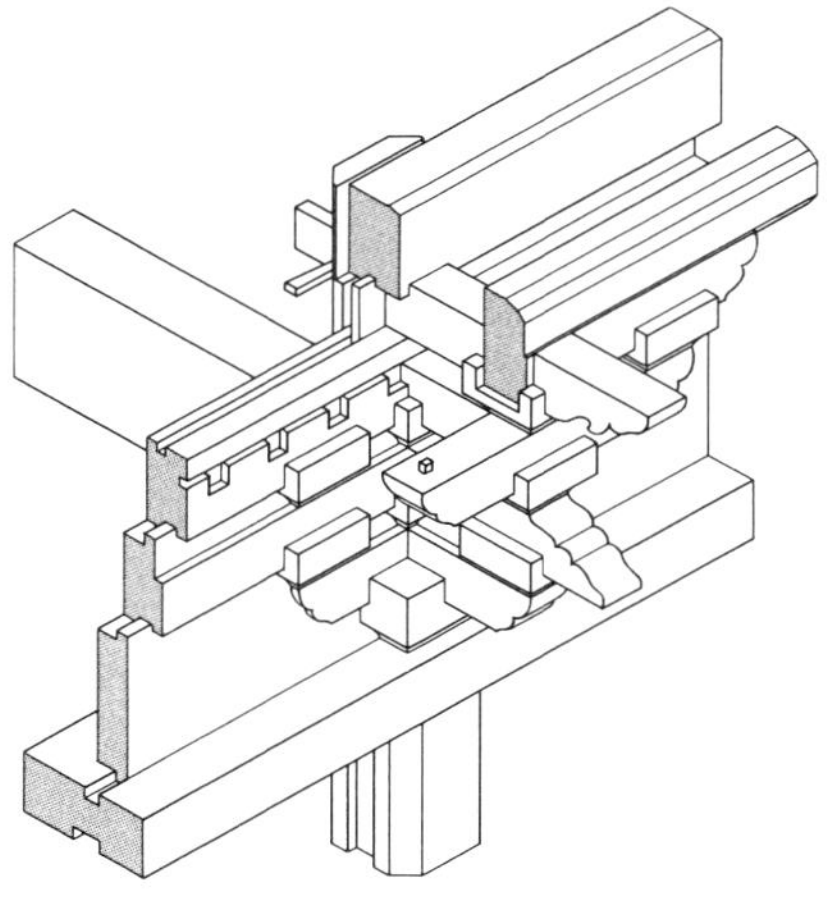

377　般若寺楼門の上層組物

同じ意味で和様的洗練の新しい造型を示すのが文永初年頃建立と推定される十輪院本堂である。この建物は本来が礼堂で住宅風の趣が濃く、純和様といってもよいほどであるが、三斗から前へ長い腕木を延ばして出桁を受ける非凡な構法は般若寺楼門の下層組物と軌を一にしている。十輪院本堂の頭貫木鼻や般若寺楼門の肘木鼻は、相変らずに三弁繰形の正統形を守っているけれども、それは建物全体の意匠の中で釣合いのとれた上品さを目ざす和様感覚で選ばれているのである。南都では上下に曲線をつけた複雑な繰形の頭貫木鼻が文永三年（一二六六）建立の新薬師寺地蔵堂に現われ、この建物と十輪院本堂の本蟇股はよく似ている。十輪院本堂で簡素

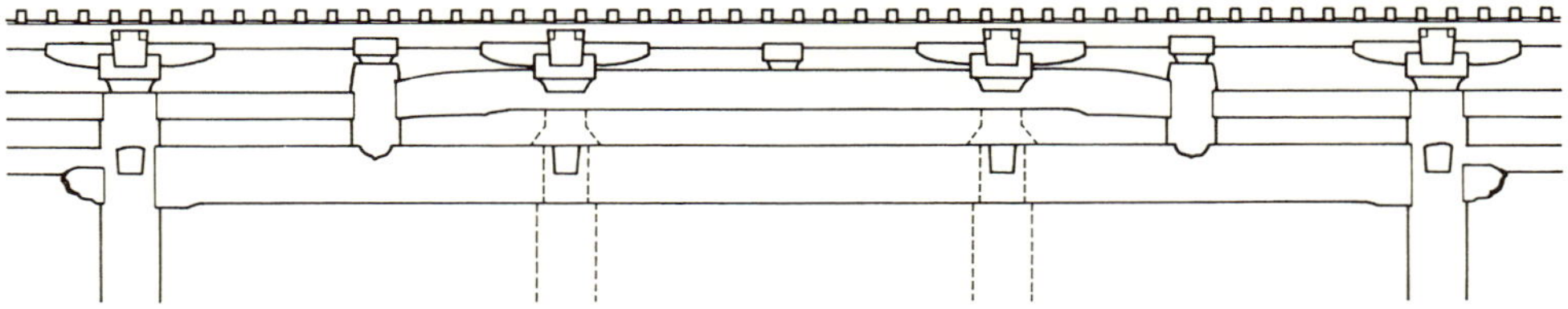

378　唐招提寺講堂の三間梁架構

な仏堂にふさわしくおとなしい木鼻を選んだ一方では、小型ながら格式をつけた地蔵堂では装飾的効果を高める木鼻を選択した。新様式の採り入れ方が生のまま、あるいは外形だけではなく、充分に消化されて和様自身での選択が可能になったことを示している。

新和様の発展

活性を取り戻した新和様は文永末頃からさまざまな工夫と変化をみせる。まず建治元年（一二七五）に天平以来の建物を大改修した唐招提寺講堂では、正面入側柱筋の中央二本の柱を抜いて三間にわたる虹梁をかけ、その上も大瓶束を両脇へずらして中央間を広くみせる二重虹梁の架構を造った。大瓶束を使う位置は柱筋もしくは桁通りにきまっていたものだが、ここでは三間梁で開放した中心をさらに強調するために脇へ寄せ、内陣大虹梁の端を二重虹梁で受けている。さすがに無理であったとみえて修造後まもなく柱二本を旧位置にたてて補強しているが、その意欲的な構造は目をみはらせるものがある。そしてこの虹梁鼻や頭貫木鼻には大仏様繰形をつけ、特に頭貫は上下の円弧曲線が多い複雑な形として、装飾性でも一歩進めた。弘安七年（一二八四）再建の同寺礼堂東室ではこの木鼻の上下曲線が先端で連続して全体が円弧で包まれる装飾に発達し、またその妻飾は板蟇股を主体にしながら根肘木をつけた連三斗を用い、横へも絵様肘木を広げる華麗な形式にしている。これらが片蓋造で、前方へ延びる肘木を裏に枘で抜いて鼻栓止めとしているのは般若寺楼門の組物と同じ技法であり、特に挿肘木という意識でなく装飾手段として和様に完全にとけこんでいる点が注目されよう。

唐招提寺講堂や礼堂でみた意欲的な構造や装飾の発達が総合化されて新しい仏堂空間を造り上げたのが、弘安二年（一二七九）建立の北大和の長弓寺本堂である。密教系本堂は平安時代末の当麻寺本堂を初め、内外陣が連接した新しい堂内空間の造型に、さまざまな試みを行ってきた。先に述べた若狭明通寺本堂もその一つである。しかし明通寺では、太い虹梁や二段斗栱の取扱いに重々しさが残り、和様感覚では何か未だふ

380　長弓寺本堂の外陣（上）と内陣隅部（下）

379　唐招提寺礼堂の妻飾

っ切れないものが多分にあった。それが長弓寺では見事に処理されている。まず架構では外陣に梁行三間にわたる大虹梁をかけて正面入側列の柱二本を抜き取り、広々とした空間を造りあげた。また来迎柱を後へずらせた内陣後方では、繋虹梁上の大瓶束で頭貫から上方の納まりを計り、両端の間の中柱で下方の壁面を処理する巧みさをみせる。大虹梁は三間でもさほど太くなく、上には板蟇股をのせるので、外陣は広く明快な雰囲気で重々しさはない。それをまた内陣正面の中備に入れた双斗の装飾が助けている。双斗は東大寺開山堂（一二〇〇頃）に用いられている大仏様装飾であるが、ここでは肘木に繰形が付けられて、唐招提寺礼堂妻飾の絵様肘木と同じ取扱いになっている。大虹梁上の大斗や双斗下の斗に皿斗がつくのも、大仏様を採り入れたというより、斗の高さを高めるための技法として割り切った使われ方である。同じ例は法隆寺聖霊院の連三斗にもみられるが、いずれにせよ和様の木割や技術の中に充分に咀嚼した上での応用であり、架構や細部の納まりにみせる新工夫と適度の装飾性に、長弓寺本堂では新和様の面目が存分に発揮されているといってよい。

これと比べると、ほぼ同時期の建立になる奈良霊山寺本堂（弘安六年〔一二八三〕）や薬師寺東院堂（弘安八年）は、頭貫の木鼻では一層の装飾化をみせるけれども、他は和様色が濃く、ことに内部では一面に繊細な小組格天井を張りつめるので新和様としては退化しているようにみえる。工匠名からすると長弓寺は東大寺系、霊山寺と東院堂は同一の工匠で興福寺系と推定され、そのことから大胆で装飾性も濃い新和様と、おとなしく伝統的性格の強い新和様とに分れて伝承されてきたとの推測も行われている。しかしよく見ると、霊山寺の向拝組物は斗の据え方で巧妙に桁の高さを変えて前後に出組とし、中備では蟇股上の挿肘木を天秤にして秤肘木を支える斬新な構法を示し、随所に繰形もついて適度な装飾性をもっている。しかもそれに京都大報恩寺本堂（安貞元年〔一二二七〕）にもみられる純和様の輪違支輪が組み合い、全体として和様を基調にした大胆な意匠が試みられており、その意欲は決して長弓寺に劣らない。また薬師寺東院堂でも組物の出組は最上段の桁繋ぎを前へ延ばして捨斗で支えた変った構成であるが、これは長弓寺の出三斗を一段高めて出組にした形に他ならず、面白い工夫であると同時に長弓寺と東院堂の親近性を示している。長弓寺の出三斗は先

381　霊山寺本堂向拝の組物

382　室生寺本堂内部

383　不退寺南門蟇股

に述べた繋梁と桁が組み合う正統の形ではなく、繋梁は大斗にのり桁繋ぎは外だけの掛鼻になる変形で、奈良付近では同じ生駒にある長福寺本堂（鎌倉後期）など少数例に限られる。ともあれ長弓寺と霊山寺の各本堂、薬師寺東院堂には意匠選択の違いはあっても建築技術としての差は全くないのである。

南都新和様は地方へも進出して香川本山寺本堂（正安二年〔一三〇〇〕）、愛媛太山寺本堂（嘉元三年〔一三〇五〕）のような優作を生む。しかし一方では和歌山松生院本堂（永仁三年〔一二九五〕）（戦災焼失）のように明らかに禅宗様の技法を採り入れたものが現われ、兵庫太山寺本堂（一三〇〇ころ）もわずかに鎬をつけた木鼻や肘木の円形繰形にかすかながら禅宗様の影響を示し始める。そして十四世紀に入ると、禅宗様の導入も活発化して折衷様へ移行していった。そうした中で、南都での新和様の一応の終着点を延慶元年（一三〇八）建立の室生寺本堂と正和六年（一三一七）の不退寺南門に求めることができる。

室生寺本堂は一見すると伝統的和様の要素がきわめて強く、新様式の影響は頭貫木鼻・桟唐戸・妻飾などごく細部に限られてみえる。ことに内部は小組格天井を一面に低く張るので純和様の空間となっている。しかしこの建物の最大の特色は内部には内外陣境しか柱を立てないことで、普通ならば母屋と庇の構成になる柱配置と全く異なる。そのため内陣・外陣はそれぞれ均質な一室となり、従来の密教本堂とは別趣の空間を形成しているが、それを可能にしたのは太い内法貫・足固貫をめぐらせて強固な軸組を造り上げたからで、しかもその貫は切目長押や内法長押でさりげなく覆われ、和様の楣や蹴放に見せかけている。大仏様の構法上の利点を和様と調和させながら最大限に活用したもので、その技巧の冴えは新和様の一頂点を示すものといってさしつかえない。

もう一つの不退寺南門は構造技法ではなく細部装飾の発達で、ここでは門の中央の冠木長押の上に、肘木状の台を付けた大きな蟇股が据えられているのが眼目である。蟇股は中央に束があって、束に笈形を付けた形ともみられ、その奇抜さは例がない。さらにその上の双斗の肘木の繰形は一種の草花文様となって大変な華麗さであるが、高い棟木下の薄暗い位置にある繊細な装飾に気付く人は少ない。新和様の装飾性も和様の洗練された感覚からはこれが限度であった。

後注

近年の解体修理で京都教王護国寺（東寺）の慶賀門と東大門の壁に筋違が用いられていることが判明し、これが現存最古の例となった。

これらは文覚上人による建久年間の伽藍修復になる建築と考えられているが、治承三年（一一七九）の「東寺損色検注帳」（『平安遺文』）には東面の南・北両八足門（前記の二門）の壁補修用に「筋飼木」の注文があり、筋違はかなり古くから使われていたことがわかる。

参考文献

太田博太郎『中世の建築』昭和三十二年、彰国社
伊藤延男『中世和様建築の研究』昭和三十六年、彰国社
大河直躬『番匠』昭和四十六年、法政大学出版局
鈴木嘉吉「中世の寺院建築（大仏様・和様）」（『日本の建築』３）昭和五十二年、第一法規出版

三二　伝統構法の歴史

一　仏教建築以前

日本の建築は木造梱式構造に終始したが、構造の発展段階からみると、六世紀末に仏教建築が輸入される以前と以後の二つの方式に分けられ、後者はさらに貫を用いない平安時代以前のものと、貫で軸組や小屋組を組み固める鎌倉時代以後のものとに大別することができる。仏教建築以前の構法は現存する建物が全くないため、発掘された遺跡や出土品から復原的に推測するほかないが、基本的にすべて掘立柱であった。ここですぐ思い浮ぶのは掘立柱建築の古い手法を伝えると考えられている伊勢神宮や住吉大社などの姿であろう。しかし五世紀初め頃とみられる三重県石山古墳や大阪府美園遺跡出土の家形埴輪では、妻飾りの棟木の下に斗を用いる構法が表現されているので、掘立柱段階の建築が古式神社に伝承された簡素な形式に止らなかったことがわかる。

発掘の成果からみると日本で定住用のかなりしっかりした木造建築が現われるのは約七～八〇〇〇年前の縄文時代早期からで竪穴住居の形式である。その構法は青森県是川遺跡で先端が二股に枝分れした丸太材を柱にしていた例のように、樹木の天然の形を利用して部材を組み上げ、蔓状植物で結縄して固定する方式と推定されている。しかし中期ごろ（約四～五〇〇〇年前）から工作用具の進歩と共に二股や欠合せなど簡単な仕口加工が始まり、長辺が一七～一八メートルにおよぶ楕円形の大型竪穴家屋も営まれた。中期末～後期初頭の富山県桜町遺跡から出土した柱には床桁用の貫穴や壁用の間渡穴とみられる仕口があり、晩期の石川県チカモリ遺跡や真脇遺跡では径七〇～八〇センチメートルの半截した巨大木柱を円環状にめぐらせていて、従来竪穴住居だけと考えられていた縄文時代にも高床式、平地式などさまざまな構築物があったことが判ってきた。巨大木柱の底面は磨製石斧で平坦に整えられ、運搬用の縄を通す目途穴（エツリ穴）をもつ柱や礎盤を用いた柱もある。旦し縄文時代には製材加工によって角材を用いる段階までは至らなかった。

ＢＣ四〇〇年ごろから弥生時代に入ると、鉄製工具が最初は大陸から輸入され、ＢＣ一〇〇年前後には国産品の製作も始まって木材加工技術は急速に発達する。工具としては斧、のみ、鉇、刀子などが現われ、製材・整形技法が進歩すると共に枘と枘穴、相欠き、栓止めなど各種の仕口が用いられるようになる。建築の主流は竪穴住居であったが、縄文時代は主柱の配列が不規則で本数も多かったのに、弥生時代になると整然とした四本柱配置に変化するのは、軸組部分の構造が仕口によって強化され、結縄工法の不安定さを脱したためと考えられている。高床造の倉庫が普及し、床上部を角柱に細めて鼠返しと台輪を貫通する柱や、隅を三枚組とする壁板などが用いられた。佐賀県吉野ケ里遺跡のような弥生時代後期の大型環濠集落では高い物見櫓状の建築が現われ、中国の『魏志倭人伝』はこれを楼観と呼んでいるが、これも軸組構法の進歩を証するものであろう。なお銅鐸や土器に描かれた高床建物、岡山県男女岩遺跡出土の基台付家形土器など建築の姿が具体的に判るようになるのも弥生時代からで、中には奈良県唐古遺跡出土の土器に描かれた重層の楼閣とみられる建築も出現した。

古墳時代（三世紀中頃～六世紀）には鋸が現われ、また前代の縦斧・横斧から斧と手斧の分化も明確となって鉄製工具はほぼ出揃う。鉇は前代は細工用の小型のものが主であったが建築用に大型となり、のみや錐も多様となった。五世紀中葉からは鉄釘や鎹も使われている。量的にはまだ竪穴住居が多かったが、先進地域や地方の豪族の居館では平地床の掘立柱建物、高床造の住居や倉が卓越するようになり、家屋文鏡や各地の家形埴輪によってそれらの建物の具体的な姿もわかる。ただし建築部材の出土例は未だ少く、前代に見られなかった閂受け付きの一枚板扉や、細く割り裂いた木舞を組んだ壁などが目立つ程度に過ぎない。家形埴輪には丸柱や円形または半円形の棟木を作り出すものがあって発掘例も圧倒的に丸柱が多く、壁の表現には横板壁、網代壁、草壁、土壁などがある。屋根は入母屋、寄棟、切妻、片流れなど各種形状があり、草葺の棟や周縁部を網代で覆って紐状のもので押えたり、全体を菱格子状に縄がけして保護するほか、竪魚木や棟端に飾り板をつける例がある。

いわゆる掘立柱建物の例としてあげられる古式神社建築の形式は、現存の社殿が式年造替による伝承の間に後世の技法を混入させたため、どこまでが古式か明らかでない。例えば伊勢神宮の現在の正殿には床組に貫を用いる中世以降の構造手法が採用されている。その点ではむしろ奈良時代の寺院建築の中で組物を用いない簡素な形式の建物は、仏教建築輸入以前の手法を伝える可能性が強く、また床組の構法も、本来中国建築は土間であるから、日本固有のものとしてよい。前者の例としては法隆寺東室、当麻寺曼荼羅堂前身建物、床組の構法がわかる例には法隆寺東院伝法堂などがある。こうした現存遺構から知られる特色としてまずあげられるのは、組物のない建物の場合、桁・梁などの横材が成より幅のほうが広いゴヒラ使いとなっている点で、これは恐らく柱と横材あるいは横材同志の接合面積を大きくとって定安度を強め、継手・仕口の不備を補うためであろう。東室では柱天の直径と桁幅が等しい。エツリ穴で垂木を桁に縄がらみした痕跡もあり、現存の神社建築とはかなり違った構法が行われていたことがわかる。伊勢神宮の正殿も古文書によって復原すると、中世まで桁や梁はゴヒラであり、添束で下桁を支える伝法堂と同じ床構造をもっていた。

二　仏教建築の輸入と日本化

五八八年に建設が始まった飛鳥寺は日本における最初の本格的な仏教寺院で、百済から招いた工人たちの指導で造営された。寺工・瓦工・露盤工、画工などによって当時朝鮮半島で行われていた高度な建築技術が導入され、金堂の本様（模型）も持参したという。現存遺構としてはそれから約一〇〇年後の法隆寺西院伽藍が最も古く、それ以前の建物は発掘調査によってしか知り得ないが、版築によって高く築いた基壇上に礎石を据え、屋根を瓦葺きとし、塔には相輪をあげ風鐸や飾金具を装備していたことが各地の遺跡や出土品から判る。仏殿や塔などの主要建築は柱心から基壇外までの軒出寸法が大きいので、柱上には軒桁を外へ持出す組物があり、木部は赤く塗られていたことも瓦に附着した塗料から察せられる。組物など細部の形式は異なっても、構法としては法隆寺西院伽藍と同じ建築が飛鳥寺で導入され、創建法隆寺・四天王寺・山田寺など以後の仏教建築も多少の変化を伴いながら同一の技術系統で造営されたのである。

大陸伝来の仏教建築は基壇と礎石、複雑な組物、反り上る大きな軒、瓦葺の屋根、木部の塗装、飾金物の装着など、それまでの原始時代建築が掘立柱で部材や軒は直線的に構成され、屋根は草または板葺で素木造としていたのに比べると、造形意匠・技術の両面で格段の差をもっている。まさに建築革命といってよいであろう。基壇築成の版築工法はこれ以前に例がなく、石工技術の面でも飛鳥寺以降花崗岩のような硬い石を多用するようになり、また大型石材が使われるようになる。瓦も始めて現われ、瓦窯は同じ窖窯形式であっても古墳時代の須恵器を焼いた窯とは異なり、これらは仏教建築の出現に伴なう新技術の輸入を明示している。しかし六〇九年に作られた飛鳥寺の金銅丈六仏像が鞍作止利の鋳造であったように、既にそれ以前から渡来人たちによって持ち込まれていた技術を転用したものも少くなかったと思われる。止利は祖父司馬達等が五二二年に入朝したと伝え、冠称のようにその職業は本来馬具の青銅品製作に携わる工人であった。

木工技術にかかわる立証資料は全くないが、仏教建築と共に新しい建築意匠やそれに伴う構造手法が輸入されたものの、基本となる工具や切削技法は既存のもので充分に対応し得たのではなかろうか。例えば垂木は飛鳥寺・山田寺などでは丸垂木が使われていたことが木口飾瓦の出土からわかる。四天王寺では丸垂木が地面に落下した痕跡も発掘されている。ところが法隆寺金堂をはじめ現存の奈良時代以前の建物は、垂木や桁がすべて直線の角材となっている。これは古式神社建築と同じ造形で、その基は製材法にあり、中国や朝鮮半島では垂木や軒桁は小径木の丸太を用いたのに、日本では檜など木目の通った太径木を楔で割って使ったため、柱以外の部材は角材とするのが最も自然な工法であった。ごく初期の仏教建築では大陸式を忠実に模倣したのに、案外に早く日本式の伝統工法へ移行したのは、恐らく基礎的技術に変化がなかったためと思われる。瓦でも割合に早い時期に同じ窯で須恵器と瓦を焼く例がみられるように、造形技術としては新しいものが輸入されたが、基盤的技術は多くの分野で既にそれを消化し得るまでに発達していたことが察せられるのである。

ところでこうして新しく出現した仏教建築も七世紀の建物と八世紀以後では構造方式に大きな差がある。中国建築の流れを汲む点は共通していても、前者がやや古い方式を朝鮮半島経由で移入したのに対して、後者は最新の方式を唐から直接採り入れたためである。さらに細かくいうと七世紀の方式として現存するのは法隆寺様式ただ一つであるが、発掘成果からみるとこの時期に導入された建築様式はかなり多様で、渡来工人によってもたらされた新技術を無批判に採り入れた感がある。これに対して八世紀以後の建築は比較的均質で、それはこの唐様式（天平様式）がはじめて採用された川原寺造営の六六〇年代まで遡ると推測される。七世紀中頃から日本が律令国家としての歩みを順次進めるなかで、先進技術を摂取する政治態勢の変化が建築によく反映したものといえよう。

構造方式でみると法隆寺様式は柱が著しく太いこと、柱頂部を強く連結するのではなく大斗上に井籠状の枠組をのせること、雲形曲線の持送りで支承した天秤式の組物を用いること、などが最も大きな特色となっている。井籠組のため柱の長さは内外等しく、大梁を用いない。また天秤式組物のため隅では隅木と同じ四五度の方向にしか手先を延ばさない。一方、天平様式はやや太めの柱を用いて頂部を頭貫で結び、組物は斗・肘木・通肘木などの積み上げ方式で、側柱より身舎柱を長くして繋梁と大梁をかける。古代建築は部材の固定方法が枘、咬合せ、釘止め、栓などに限られ緊結力が弱い。この点は二方式とも共通して、仕口や継手も両者ほとんど差がなく、強いて云えば天平様式では釘止め部分が増加する程度である。両者を比べると法隆寺様式は単位面積当りの使用木材量が天平様式の約一・三倍となることからみても構造の未熟さは明らかで、恐らく中国ではかなり古い時期に法隆寺様式の原型が成立し、工作技術の進歩とは無関係に一定の建築構法として朝鮮半島、そして日本へ伝えられたためであろう。法隆寺様式が八世紀初頭の法起寺三重塔を最後に、完全に姿を消してしまったのは技術と構法の乖離が大きくなり過ぎたことを示すものと思われる。因みに中国での柱上井籠組構法は炳霊寺一七二窟内の木造仏帳（北周〔五五七〜八七〕）などに類似例がある。

天平様式は以後も高級建築の軌範として存続したが、その方式を基本的には受け継ぎながら、構造や意匠の細部を日本の風土や好みに適するように改変した方式へ、やがて移行する。これが和様で、その完成は一〇五三年建立の平等院鳳凰堂とされるが、改変の動きは既に八世紀からみられるから、吸収と同時に日本的好みによる消化が始まり、長期間かけて完全に日本の建築に姿を変えたものといってよいであろう。この平安時代に確立した和様の構造面の最大の特色は野屋根の出現である。化粧垂木の上に別に野垂木が置かれるようになり、これによって化粧垂木の勾配をゆるくしたり軒の出を従来より大きくすることが可能となった。下部構造と屋根構造を必ずしも一致させる必要がなくなって平面計画の自由度が増し、奥行の深い建物も造れるようになる。和様のもう一つの特色は三間以上に及ぶ長材を用いたり、長押を多用したりして緊結力の不充分さを補なおうとした点にあるが、これはとりもなおさず仕口、継手などが天平様式とほとんど変らず、構造強化の面では見るべき技術発展がなかったことを示している。壁付の肘木を表面だけ彫り出した連続材（通肘木）に変えたり、桁と実肘木を一本から造り出して一体化する手法が現われるのも同じ流れである。平安時代後期に流行した低平な建物も、ゆるい勾配の軒と相俟って座居に適した日本的空間を作り上げるだけでなく、短い柱と鉢巻状に廻らせた長押による耐力向上の有利性に基づく点も少くなかったものと思われる。また平安時代後期から鎌倉初期には小屋組を筋違で補強する例が多くみられ、一部では壁にも用いられたが（東寺慶賀門一〔一九五年ころ〕）、これも見えない部分での姑息的手段に止まり、鎌倉時代に貫の技法が導入されると席をゆずって消滅する。

三　中世の技術革新

一一八〇年の兵火で焼失した東大寺伽藍を復興するため大勧進（総責任者）に任命された重源は、再建に当って自身が中国で見た新しい建築様式を採用した。これが大仏様（天竺様）で、奈良時代以来途絶えていた先進技術の久しぶりの導入であり、平安時代を通じてさしたる技術的進歩がなかった建築界に技術革新の生気を吹き込んだ。構法面からみた大仏様の特色は貫の使用である。天平様式は柱を連結する横材が頂部の頭貫しかなく、上方から落し込んで長い釘を柱に打ち込んで緊結する。柱の途中に渡される横材として長押があるが、これは側面から釘止めされるだけで横方向の変形に対する抵抗として、そう大きな力は期待できない。しかしこれでもかなり役立つから本来は戸口や窓の箇所だけに用いた長押を、平安時代になると鉢巻状に周囲全体に廻らせ、少しでも建物を強化しようとした。こうした状況の中で東大寺大仏殿や南大門のような巨大建築の再建に、従来の構法では確信がもてないとして重源が採り入れたのが、貫を多用した大仏様である。奈良時代に建立された大仏殿はわずか二〇年後に多数の支柱を施さねばならず、その後も修理が絶えなかったのである。

　大仏様では頭貫だけでなく地貫、足固貫、腰貫、内法貫、飛貫など数多くの貫が使われるほか、組物も挿肘木で柱を貫通する。柱を貫通して横材を渡すのは既に縄文時代に例があり、奈良時代でも掘立柱の土中部分に横倒れ防止用として使われている。法隆寺金堂・五重塔の裳階には挿肘木がある。しかし大仏様の貫がこれらと決定的に異るのは桁行・梁行の直交する横材が柱の内部で組合い、穴に対しても楔締めされる点である。頭貫や地貫も組合って鼻を延し、柱はその交点をまたぐ形となる。そのため頭貫を柱に釘打ちする必要はない。こうした貫の使用によって大仏様の軸部構造は格段に強化されたものとなった。大仏様は重源の死後（一二〇六年）急速に衰えたが東福寺三門（一四〇五）に継承され、近世に入っても方広寺大仏殿（一五八八年着手）の建立や東寺金堂（一六〇三）・東大寺大仏殿（一七〇五）の再建など巨大建築の造営のたびにこの方式が採用されたのは、その構造的効果が深く認識されたためである。

　大仏様の特色としては貫や挿肘木のほか、隅扇垂木にして鼻隠板をつけた軒、天秤式の遊離尾垂木、円形断面の太い梁、藁座で吊る桟唐戸などがあげられ、繰形装飾を施した木鼻も日本建築としては始めて現われた。このうち構法上すぐれると共に感覚的にも日本の好みに合った技術が和様に採り入れられたが、純粋な大仏様は早く姿を消す。太い円形の梁・鼻隠板をつけた軒・挿肘木などは平安建築の繊細さに慣れた当時の人々には粗放と感じられたためである。和様にこうした大仏様の貫、木鼻・桟唐戸などの新手法を採り入れた建築様式を新和様と呼んでいる。新和様は貫で構造が強化されると同時に今までの和様には全くなかった適度の装飾性を木鼻や桟唐戸などによって備え、和様を再生させることとなった。内法貫や腰貫を用いながら外側に長押を添えて貫であることを気づかせない手法が現われ（興福寺北円堂〔一二一〇〕）、一三世紀中ごろからは和様にも床組に足固貫を用いるのが普遍化して（法隆寺東院礼堂〔一二三一〕）、外見は同じでも技術的には古代の和様と大きく異る中世の和様が誕生する。例えば和様の特色として隅では木鼻を延さない頭貫も、古代では欠合せ釘止めであったのに、中世の和様は柱内部で相欠きの仕口で組合わされている。

　鎌倉時代にはもう一つ中国から新しい建築様式が輸入された。これが禅宗様（唐様）で、大仏様が構造の新機軸を求めたのに対して禅宗の伝来と共に宗儀に備わるべき堂舎として附随したもので、前者が重源個人によって選択された中国での地方的様式であったのと対照的に、このほうは中国宋代の中心的建築様式である。禅宗は一一九一年に帰朝した栄西を日本での開祖として禅宗伽藍の建築が始まり、次いで俊芿、道元らの入宋僧によっ各地に禅律寺が開かれた。しかし新しい宗教の輸入には在来宗派からの抵抗も強く、初期の禅宗伽藍はすべてを宋風にすることにはばかりがあって、純粋に中国式建築が造られるのは一二四六年に来朝した宋人僧蘭渓道隆を開山として、鎌倉幕府の庇護のもとに建立された建長寺まで待たねばならなかった。

　禅宗様も貫を用いる点は大仏様と共通するが、このほうが力学上合理的でかつ意匠的にも洗練されている。頭貫を太くして柱と頭貫による枠組（ラーメン）の力を強める一方、飛貫、内法貫、腰貫は成が高く幅の狭い材として強度の確保と共に貫穴によって柱を弱めないよう工夫されている。そのため柱を細くすることができ材料の節約につながる。こうした合理性をさらに顕着に発揮しているのが成の高い虹梁による柱の抜き取りで、従来虹梁は小屋組の基台の役割に限られていたが、抜き取った柱の上部を太瓶束とする形で軸組の途中に組み込む新しい架構法が、禅宗様によってはじめて導入された。内部の柱を抜いて堂内を広い空間とする手法は中国では減柱法と呼ばれ、一一〇〇年ごろから出現する。禅宗様独特の構法はこのほかに台輪を置き詰組にした組物、持ち送りや方杖で支承した先端で中間桁を撥ね上げる尾垂木、高低差のある箇所を結ぶ海老形の繋虹梁の使用などがあり、竪板壁や火打梁も禅宗様と共に現われる。装飾面でも禅宗様は木鼻の繰形が大仏様より複雑となり、梁や持送りなど各所に彫刻が施されたり火灯窓や波連子のような曲線的細部が用いられたりして、華やかさが格段に増加した。但し軒や小屋組の構法は和様に准じており、軒は隅木鼻の形や扇垂木が中国式であっても、垂木は組物が小さくなったのに合わせて細くされ、また本来中国建築にはない野屋根が造られている。これは大仏様が和宋両国の工匠による技術交流によって生れたのに対して、禅宗様は日本の工匠が絵図や渡来僧の知識を基にして造営したためと思われる。『営造法式』（一一〇〇年）や『五山十刹図』（一三世紀）に載せる建築構造図は化粧垂木まで画いてその上を省略しているから、平安時代以降は野屋根が常套化した日本では、当然のこととして野屋根を設け垂木も細くしてしまったのである。

禅宗様は一三世紀にはいくつかのルートで輸入された様式に変化があったが、一四世紀に五山十刹制度が固まって中央の統制が強化されると、建築様式も一律なものとなり、以後そのまま継承される。例えば火打梁は松生院本堂（一二九五）、善福院釈迦堂（一三二七）などにごく短期間現われただけで、禅宗様の正統派からは姿を消してしまう。初期禅宗様のこうした自由さと多様さの中からすぐれた構法や装飾法を採り入れたのが折衷様で、既に大仏様から新技術を吸収した新和様がさらに新しい要素を加える形で成立した。新和様が奈良の伝統の中で比較的おとなしい構法・意匠に止まったのに対して、律宗の興隆などとともに一三世紀の後半から奈良大工の地方進出が始まると、そこでは工匠にとって存分に技倆を発揮する場が与えられ、斬新さの追求が折衷様を生んだ。そのため新和様が奈良を中心とする比較的狭い地域に限定されたのに対して、折衷様はその周辺部、特に瀬戸内海沿岸の中国・四国地方で発展した。

折衷様の特色は和様を基調としながら大仏様・禅宗様の手法を自由に駆使した点にあるが、中でも最も威力をみせたのは大虹梁による柱の省略構法である。各地の豪族や富裕農商工民の支援によって多くの地方寺院が造立された中で、さまざまな工夫のもとに、変化に富んだ堂内空間が生れた。一三世紀末から約一〇〇年の間は構法上、日本の仏堂が最も躍動的かつ多彩な時代であった。しかしその後、政治の不安定化と共に大建築の造営が困難となって建築界の活気も消え、技術面の停滞が再び始まる。

鎌倉時代は技術革新によって新しい建築様式が次々に現われたが、これにともなって各部材の仕上げが精緻になった。例えば隅木への配付垂木の取付け方法は古代を通じて突付け釘止めであり、平安末期に傾ぎ大入れの仕口が現われるが、鎌倉時代に入ると下方横枘差しとなって配付位置が正確に定められる。論治垂木も意識的に配されるようになった。垂木の支割りの精度が向上して柱間寸法も古代は完数値で定められていたが、一三世紀前半から一部を支割法にするものが現われる。垂木の配列と組物の寸法を揃える六支掛けの技法も、一三世紀前半から試行されて一四世紀初頭にはほぼ完成した。それにともない柱間寸法も支割制へ完全に移行する。斗と肘木など部材を固定するための太枘も、古代は丸太枘でゆとりの大きいものであったが、中世に入ると角太枘で緊密に接合されるようになる。継手の代表となる鎌継も、古代の頭が矩形のいわゆる古代鎌から梯形に変化する。古代の構造は極端にいえば積み上げた部材をその重さで安定させる方式であったが、中世は貫で代表されるように部材同志の仕口や継手で堅固に組立てる方式へ発展した。その裏付けとなったのが工作精度の向上であったのは当然のことといえよう。

なお中世には様式面には表われない小屋組構造も発展をみせ、一三世紀前半には桔木や小屋貫の使用が始まる。桔木は中尊寺金堂（一一二四）にみられる野小屋の登梁が母体で、始めは鼻母屋を桔ねる方式から出発してやがて初歩的な茅負桔に発展し（大報恩寺本堂（一二二七））、それにともなって茅負の形式がそれまでのL形から□形に変化する。また丸桁桔木も京都・光明寺仁王門（一二四八）で現われ、室町時代に入ると使用例が次第に増加する。小屋貫は初期には数が少く筋違と共用されたが、一四世紀には貫が主力となり、その末期には従来の大梁上に桁行方向の小梁（束踏）を渡して方眼状に小屋束をその上に立てる方式が生れた（福井・羽賀寺本堂・一四四七）。これが和小屋の誕生である。工作技術面では、一四世紀末ころから恐らく中国伝来で縦挽鋸（大鋸）が現われたのが特筆すべき変化で、それまで永い間続いた楔割り製材法に代って挽割り法が始まり、平行して台鉋も出現・普及した。大鋸の使用は広葉樹のような木目の通りの悪い材の大幅な利用に道を開き、薄板の製材を可能にするなど木材の節約にも繋がった。いわゆる長押挽が行われるのも一五世紀中ごろからである。同じころ「のみ」も両面研ぎの三角刃から片刃に変る。

四　角柱建築の発達

日本の古代建築は社寺・住宅ともに主体部（母屋）を丸柱、裳階や庇のような付設的部分を角柱とした。寝殿造も丸柱の住宅である。しかし平安時代後期に日常生活に便利な遣戸や襖障子が普及すると、細かく間仕切する箇所を引違戸に適した角柱とする変化が生れ、鎌倉時代には住宅だけでなく拝殿・礼堂などにもすべてを角柱にした建築が現われる。住宅遺構として最も古いのは竜吟庵方丈で一三八七年ころの建築であるが、この建物には前身建築の古材が再用されていて、柱間寸法がやや大きい同形式の住宅建築が一三世紀末頃に存在したことが実証されている。こうした角柱建物がやがて整備されて書院造となり、城郭建築へも適用されて、室町時代後半からは丸柱の社寺建築とは別種の一大潮流を形成した。その技術は両者共通するが、現存建物からみて角柱建築にしか使われていない構造手法がいくつかあげられる。

そのうち最も注目されるのは通柱の楼閣建築の登場である。鹿苑寺金閣（一三九八）は三層の楼閣で下の二層を通柱とし、その上の梁組に三層目の柱を立てる。従来の重層あるいは楼造の建築は、下部構造体の上に土居桁（柱盤）を廻らせてそれに柱を立てる方式で、大仏様の色濃い東福寺三門が唯一つ、下層の柱上に直接上層の柱をのせている。これは恐らく中国の叉柱造（『営造法式』）に倣ったものであろう。しかし金閣では細い角柱に断面積の大きい二階床梁を差し通し、両端を成・幅ともに畳んで廻縁の肘木にみせる巧みな工法が使われている。通柱と貫構造の二階梁による二階建軸組の出現は画期的といってよい。

城郭建築の中心となる天守や櫓の発達は通柱構法に負うところが大きい。その初期には犬山城天守（一六〇一）のように二階建の主要部の屋根上に望楼をのせる形であったが、やがて松本城天守（一五九五ころ）では二階建を三段積み重ねた五重六階となり、さらに三階分の通柱と二階分通柱を巧妙に組合せて地階付き五重六階とした姫路城大天守（一六〇九）へと発展する。城郭建築ではまた本格的な筋違が使用され、中には柱をそのまま斜材とした筋違柱を用いた例もある。こうした城郭建築での軸組強化法が民家に影響を及ぼして一七世紀第一・四半期末には、鴨居を成の高い差物とする構法が現われ、時代が下ると三方差し、四方差しに発展する。これと併行してゆか組の側廻りを細い貫に代って成の高い足固めで強化する手法も民家に採り入れられる。なお城郭建築の隆盛にともなって石垣の築造技術が急速に進歩したことも特筆すべきで、石垣天端の不整面上に柱を立てるために古代とは違った機能の土台が現われたのも新しい構法である。城郭建築は短期間に工事を進める必要上、柱間寸法や矩計を一定にして加工した部材を現場へ持ち込み、土台上に組上げる方式が多く採られた。日本のプレハブ構法の第一歩といってよいであろう。

そうした柱間寸法や内法高の規格化も角柱建築の構法上の一特色である。丸柱の建築は規模に応じて柱間寸法が変化し、住宅でも寝殿造は一〇尺を一応の基準としながら建物が小さい場合は七～八尺とした。本来格式の低い住宅から出発した角柱建築は鎌倉時代には一間が七尺程度で、一四世紀末にも金閣は七尺、竜吟庵方丈は六・八尺とバラツキがあった。しかし一五世紀後半の慈照寺東求堂や銀閣は六・五尺に統一され、以後はこれが基準寸法となる。これが京間で、一五五〇年代までは柱間寸法を真々で定めたが、以後は六・三尺の畳寸法に合わせる内法制へ移行する。一間六尺の江戸間が確立するのは一七世紀中ごろで、それ以前のものは民家でも柱間寸法がやや広い。一五世紀に柱間寸法の統一化が進むのは、大鋸によって一定規格の部材の大量生産が可能となり、木材の流通面での商品化が始まったためと思われる。

書院造特有の構法としては舟肘木や桁を外側半分だけにした片蓋造の手法がある。化粧垂木を掛けた上方へ柱を延し、小屋組を直接柱で支えて懐に桔木を入れる。寝殿造は平面・構造ともに身舎と庇の区分が明瞭であったが、書院造は一面に天井を張ってその区分をなくしたため小屋梁を側柱通りまで延すようになった。片蓋造はここから生れたもので、鎌倉時代とみられる竜吟庵前身建物で既に使われている。また化粧垂木を桁から外方だけとし、軒を桔木で吊る手法も一四世紀末の竜吟庵方丈に部分的ではあるが行われている。書院造の発達にともなって建物の端から端まで梁を渡し桁行・梁行を碁盤目状に組む和小屋の小屋組が整備強化され、一七世紀初頭には水平の基台上に長い小屋束を林立させた大規模な屋根の構造体が、下部の柱配置とは無関係に造られるほどに発展して、書院造の完成期を迎える。桔木による軒の吊り上げも日常的となり、一六世紀末にはボールト吊り工法が生れて、以後は尻をもたない化粧垂木で軒下を飾るのが一般化する。なお小屋組の発展にともなって広い開口部を得るために中間の柱を抜くことが容易となり、書院造の初期には内部の部屋境だけであったが、次第に側廻りも柱を釣束に変えるようになる。民家で柱を抜く場合は梁や胴差（差物）を用いて上に束を立てる形となるが、その差は両者の小屋組構法の違いに基因しているのである。

五　意匠と構造の分離

近世の構法の最大の特色は化粧材と野物材の区分の明確化である。野物材とは単に見えない箇所に使われている部材というだけでなく、木材の品質や加工度を格段に落した構成材のことで、その意味では古代建築には野物材はない。しかし中世に小屋組や桔木が発達してくると丸太を一部加工した程度で大梁や桔木に用いるようになり、床組の大引も同様に丸太材となる。化粧材は檜を用いても野物材は松や雑木とするのが、中世建築では一般化した。近世に入ると下部構造と分離した小屋組は豪壮さを好む風潮に従って高さを増し、屋根は急勾配となってそそり立つ感じが強調される。桔木もまづ小屋梁を延した登梁状の材をかけ、その先端を枕にして軒先用の桔木をかける二段桔の手法が発達し、軒の出の大きい大規模建築では丸桁桔と併せて三段桔とするのが普遍化した。大建築でも軒の垂木は見える部分だけにして、すべてボールトで吊上げる形式となる。また丸桁が桔木で支えられると組物も本来の役割を失って、外観部分だけ整えて内部は省略したり、適当に他の部材にもたせかけたりする構法に変化していった。これらの近世的手法を最もよく示すのが重層仏堂で、古代から中世まで上層部分の構造主体は外部に現われた柱・組物・軒などの部材そのものであったが、近世に入ると軸組の主力は内側に添わせて立てた野物材の柱に移行し（奈良・金峯山寺本堂―一五九二）、一八世紀に至るとまず内部柱で小屋組まで組上げたのちに化粧材を取り付けて外観を整える構法へ発展する（三重・専修寺如来堂―一七四八）。

こうしたことから近世建築は野物材の使用量が格段に増加した一方、化粧材は出来るだけ節約されることとなった。その要因には中世の永い戦乱が収まって新しい政治体制が発足するのに伴い、住宅、城郭、寺社などの工事量が急速に増大して木材の供給が逼迫したことや、伐り出しから現地施工に至る各段階に分割請負の制度が導入されて、経済観念が建築を大きく左右するようになったことなどが関連している。中世の工匠は寺社などに従属して仕事の内容も強く拘束されていたが、近世大名による作事組織の新編成の過程で、抜擢に預るべく工匠が力量を競いあった。天正十四年（一五八六）の方広寺大仏殿造営に当って豊臣秀吉が大和と紀州の棟梁各一〇人に命じて設計図を呈出させ、大和の案を採用したことを『愚子見記』は伝えている。それがやがて世襲制になって一七世紀後半からは沈滞が目立ち始めるが、近世初期はいかに経済的に、いかに早く、いかに見た目に豪華な建築を造るかという課題を追って、技術的にも活気あふれた時代であった。その結果として生れたのが意匠とは分離した部分の構成材―野物材の増加だったのである。

化粧材と野物材の役割分担を明確にして工事を進めるには、事前の設計と積算が必要となる。設計図は古代以来簡単な平面図が示される程度で、工匠は必要に応じて模型や型板を作った。応永二十六年（一四一九）の京都・大山祇神社本殿には垂木や蟇股の型板があり、文明四年（一四七二）の奈良・御霊神社本殿には、軒や破風の現寸引付けを描いた板図が残されていた。これらは通常工事が終れば廃棄するものだから、恐らくもっと古くから行われたのであろう。しかしそうした施工用ではなく、建物全体の立面や断面を描き、寸法も入れて現在の設計図にほぼ近いものが現われるのは案外に遅れ、室町時代末期からである。建地割図と呼ばれるもので、今のところ享禄四年（一五三一）の長野・善光寺の楼門など六棟分が最も古く、次いで永禄二年（一五五九）の奈良・談山神社本殿図、元亀四年（一五七三）の神奈川・円覚寺仏殿図などが知られている。これらはいずれも墨芯で描くのが特色で、工匠の製図であることをよく示し、近世初頭には建築設計の技術がほぼ確立したことがわかる。その基礎となる木割術も慶長十三年（一六〇八）に著わされた平内家の秘伝書『匠明』によって完成された。木割術は工匠間で口承され、一五世紀末には『三代巻』に簡単な記述がみられるようになって、以後も各工匠の家ごとに秘伝されてきたのであったが、『匠明』はそれらの古法を集大成したものと考えられている。

近世建築が到達した構法上の一大成果は比較的簡単な構造による大空間の創出である。古代以来大規模空間の獲得には苦心を重ね、中世の大仏様はそれに最も適した技術として登場した。方広寺大仏殿（一五八八年着工）、再建東大寺大仏殿（一七〇五）など、近世に至っても巨大建築の造営に大仏様が用いられたことは前にも記した通りである。しかし大量の野物材によって小屋組が強化されると、和様でも内部の柱を高く延し直接梁組を支える形で、天井を張った下ではあるが従来にはなかった室内の大空間が造れるようになる。内部の柱上に通常の構法のように組物があり、大きな虹梁がかけられ、中備を置いて天井を支えるように見せているが、組物は差肘木、大虹梁は胴差であって小屋組構造とは全く関係がない。こうした手法を立登せ柱と呼び、方広寺大仏殿の造営に携わった大仏組と呼ばれる番匠たちによって慶長年間に始まって、初期には醍醐寺金堂（一六〇〇年移築）、同開山堂（一六〇八年）、相国寺法堂（一六〇五年）のように中心部分のみに使われたが、やがて浅草寺本堂（一六三一年、昭和二十年焼失）、西本願寺御影堂（一六三六年）、知恩院本堂（一六三九年）など、寛永年間に徳川幕府の支援で造営された大建築では軸組構造の主体部となった。長野・善光寺本堂（一七〇七年）も同じ構法であり、滋賀・西教寺本堂（一七三九年）では側柱まで立登せ柱としている。同じ頃禅宗様でも大徳寺法堂（一六三六年）や妙心寺法堂（一六五六年）のごとく小屋裏に長大な梁を架けて桁行五間・梁間四間（約一九メートル×一四メートル）の主体部（周囲裳階付）を吹放しの大空間とする建築が生れる。書院造の大規模遺構も寛永ころに造られたものが多く、一七世紀前半を近世建築構法の発展期であると同時に完成期とみることができる。

この時代には継手・仕口の工法も発達した。継手・仕口の基本形は中世にほぼ出揃うが、近世には改良による強度や施工性の向上、組立後の木材の収縮や捩れによる変形への対応などが加わって木工技術としては一応完成の域に達する。例えば継手に栓を併用した追掛大栓継、尻挟継、金輪継などは一五世紀末に現われ始めるが、慶長期の城郭建築では大大的に活用され、組手心から外れた位置での部材の接合を可能にした。一七世紀前半には車知栓、込栓、引独鈷などの新しい継手仕口が発達する。車知栓は室町後期に長押や天井棹縁の殺継など、あまり力がかからない造作部分に使われ始めた工芸的手法であるが、次第に構造材への応用が広がった。その要因となったのは立登せ柱の出現によって生じた虹梁の四方差しなど新しい結合方法に対応するためで、引独鈷（雇枘）のように組手部分に別材を雇う工法もこの時代に現われる。なお、こうした栓や雇枘の活用で、従来は「建込み」でしか行えなかった構造材の緊結が「造作」でも可能となった点は注目され、施工性能の向上、特に工期の短縮や材料の節約など経済面での効果が大きかったことが推測される。

一七世紀前半はそのほかにも建物各部に新しい技術が使われ始める。飛鳥時代以来使われてきた釘や鎹のような部材の組固め用の金具以外に、軒の化粧垂木を吊上げるボールト金物、柱頂部の敷金物、出桁や小屋組部材の組手補強用帯金物など各所に鉄材が用いられるようになるのもその一つで、前者では桔木を従来の茅負に仕込む一段桔ねの方式から、地垂木と飛檐垂木をそれぞれに吊る二段桔ねに発展させた。住宅建築で用いられる柱や桁の背割りの手法もこの時代から始まる。ガガリと呼ばれる前挽大鋸が一六世紀末に出現し、台鉋も同じ頃から急速に普及し、形状も多種となって工具の面でも完備した。

大規模な造営事業が一段落した一七世紀後半からまた技術的停滞が始まる。一六六一年に開創された黄檗宗万福寺には中国明代の建築様式が導入され、仏堂でも全体を角柱とし、軒下に垂蓮柱を用い垂木は薄いゴヒラ材とするなど、特異な手法が用いられたのであったが、その影響は黄檗宗寺院か、関連を深めた一部の禅宗寺院に広められるに止まった。長崎ではそれより一足早く明代様式が輸入され、崇福寺第一峰門（一六四四）、同大雄宝殿（一六四六）などが建立されている。こうした中で規矩術が発達したのは、一六五〇年代から各種の木割書が刊本として発行・市販されるようになるのと併せて、技術水準の平均化を示している。規矩術の修得によって誰でも難解な軒の墨付けを指金一丁で出来るようになった。そのために近世建築が一律の平行軒となり、古代や中世の自由な軒の造形によるのびやかさが失われたのは止むを得ない。工匠が家伝の技法に流派名を付けて、歴史の古さや優秀性を主張しても、内容にはほとんど差がなかったのである。一方、そうした平均化を打ち破るため建築彫刻をできるだけ多くつける傾向が江戸時代中頃から顕著になってゆく。建築彫刻は桃山様式と呼ばれる近世初期の建築群で豪華さの表現手段として大きく開花した。この時期のものは彫刻の位置や大きさがほぼ限定されて建築部材との比例も保たれているが、一七世紀後半からは工芸的精緻さを増し人目に近い箇所に施されるように変る。これは彫物大工が一般の大工から分離したためで、彫刻は増えても建築全体の姿はひ弱わとなった。

このように近世建築は化粧材と野物材による意匠と構造の分離が進み、さらに意匠表現も分散して、型にはまった骨格に目先だけの変化をつける手法に陥ったが、木工技術の進歩で構造物としてはそれまでのどの時代にも増して丈夫になり、また経済的になって、仕上げや納まりも精密化したことは間違いない。豪華で大規模な建物が造られた対極に、素材の自然さを尊ぶ数寄屋建築が生れたのは、建築の原点への反省と郷愁からともいえよう。なお木工技術以外で近世に大きく発達したものとしては、既に記した城郭の石垣にかかわる石工技術のほか、防火用の塗籠壁や数寄屋建築の色壁を生んだ左官技術、同じく防火用の桟瓦葺や銅瓦葺を発明した屋根葺技術、生彩色や置上げ彩色で豪華さを強調した塗装技術などをあげることができる。しかしこれらも木工技術と同様に一七世紀前半で大半が完成して以後はほとんど進歩をみせなかった。そして以後は高級建築で開発された技術の恩恵を蒙って庶民の建築が発展してゆくのである。

『古代寺院建築の研究』図版リスト

第一編

●一

1　若草伽藍塔心礎
2　若草伽藍軒瓦
3　法隆寺軒瓦
4　若草伽藍跡発掘実測図
5　飛鳥寺伽藍配置復原図
6　四天王寺伽藍配置復原図
7　川原寺伽藍配置復原図
8　南滋賀廃寺伽藍配置復原図
9　法隆寺伽藍配置復原図
10　金堂復原模型
11　金堂平面図
12　金堂梁行断面図
13　金堂雲形組物詳細
14　五重塔組物分解図
15　五重塔断面図
16　五重塔舎利容器模品
17　五重塔平面図
18　法隆寺五重塔初重組物図
19　薬師寺東塔初重組物図
20　頭貫技法変遷図
21　発掘された山田寺廻廊連子窓
22　雲崗石窟第二洞の三重塔
23　飛鳥寺東金堂二重基壇
24　東室内部（復原房）
25　綱封蔵
26　聖霊院と妻室
27　西室内部
28　食堂と細殿
29　東院夢殿復原立面図
30　東院伽藍現状および創建平面図
31　夢殿宝珠露盤
32　五重塔西面塑像群中の舎利塔
33　舎利殿・絵殿
34　伝法堂前身建物復原模型

●二

35　聖徳太子生誕地の碑　奈良　橘寺
36　斑鳩の寺（法隆寺・中宮寺・法起寺・法輪寺）
37　若草伽藍出土　軒丸瓦と軒平瓦
38　中宮寺出土　軒丸瓦と軒平瓦
39　法輪寺出土　軒丸瓦と軒平瓦
40　法輪寺三重塔
41　法輪寺三重塔心礎
42　釈迦三尊像光背銘文（拓本）
43　若草伽藍心礎
44　若草伽藍発掘平面図（石田茂作原図による）
45　金堂天井板落書
46　金堂天井板落書

●三

47　南大門
48　西院伽藍中心部
49　金堂上層の組物
50　法隆寺・法輪寺・法起寺　雲斗栱比較図
51　金堂基壇（修理前）
52　五重塔基壇（修理前）
53　五重塔須弥山と仏壇平面図
54　東室復原模型
55　東室内部（復原房）
56　経蔵
57　食堂内部
58　金堂桁行断面図
59　頭貫構造の変遷
60　金堂組物と小屋組断面図
61　薬師寺東塔組物断面図
62　中門復原断面図
63　中門
64　白鳳時代伽藍配置の変遷
65　法隆寺西院出土　軒丸瓦と軒平瓦
66　山田寺出土　軒丸瓦と軒平瓦
67　川原寺出土　軒丸瓦と軒平瓦
68　沂南画像石墓石柱の双斗　二世紀
69　雲崗石窟内三重塔　五世紀
70　玉虫厨子軒見上げ
71　伝洛陽出土陶屋　隋代
72　山田寺金堂復原図
73　山田寺金堂平面図
74　夢殿断面図
75　夢殿露盤
76　東院伝法堂

●四

77　法隆寺金堂平面立面断面図
78　金堂天井板落書
79　五重塔平面図
80　伏鉢（保元三年銘）
81　五重塔立・断面図
82　玉虫厨子見取図

第三編

あとがき

本書は先に刊行した『古代寺院僧房の研究』に続く私の著作集の第二巻として、法隆寺を始めとする古代寺院の建築や伽藍配置に係わる考察と、日本建築の様式・技術の通史的な解説を集録した。『古代寺院建築の研究』と名付けたのは一巻目と同類であることを示すためで他意はない。通史を加えたのは恩師の太田博太郎先生が常々「建築史家は狭い分野だけでなく通史が書けなくてはいけない」と云っておられたからで、私の場合は長年文化財建造物に係わった立場からのとりまとめである。

後にそれぞれの初出で示すように私の論考のほとんどは学会や研究会で発表したものではない。私が奈良国立文化財研究所や文化庁に勤務した時代は日本の戦後復興期にあたり出版会も活気に満ちていた。ことに昭和三十年代の後半から平成に入るころまでは美術全集やそれに類似する出版物の全盛期で、職務がらこれに係わることが多く、その中で書いたものが中心である。工藤圭章さん、沢村仁さん、岡田英男さんたちと、お互いに分担したり押しつけあったりしながら原稿をこなしてきた。実はこの四人は同年齢で経歴もよく似ている。私達が職場の第一線にいた頃は古代寺院遺跡や宮殿・官衙遺跡の発掘調査が急速に進み、その結果従来の古代建築に対する考え方に大幅な修正を加えることが必要になった時代であった。大岡實先生は「君たちが羨ましいよ。発掘ができるんだから」とよく言っておられた。そのようなことで私の著述は一般の読者に向けた概論のようなものが多いが、それも建築史学の戦後の動向として意味のあるものと考え、今回収録させて頂いたのである。

もう一つは昭和六十三年に奈良に戻ってから昨年まで続けてきた法隆寺の夏季大学の講座である。これは戦後第一回から大岡先生が講師を務められたもので、先生が「もう年だから」と引退の声明されたあとを引き継ぐ形となった。これも一般向きの講座なのだが続けているうちにかなり細かい専門的分野まで踏み込むようになったので、問題提起の意味も含めてその中から何点かを披露することとした。

各論文の初出は次の通りである。

（一）　法隆寺の建築『原色日本の美術2法隆寺』一九六六六年、小学館

（二）聖徳太子と斑鳩の寺『日本美術全集2法隆寺と斑鳩の寺』一九七八年、学習研究社
（三）西院伽藍と法隆寺式建築様式『日本美術全集2法隆寺と斑鳩の寺』一九七八年、学習研究社
（四）法隆寺金堂・五重塔・玉虫厨子（建築）『奈良六大寺大観法隆寺一・五』一九七一・七二年、岩波書店
（五）法隆寺新再建論『文化財論叢Ⅱ』一九九五年、奈良国立文化財研究所
（六）世界最古の木造建築・法隆寺金堂—最新の研究から—『国宝法隆寺金堂展目録』二〇〇八年、奈良国立博物館
（七）西院伽藍の造営と金堂壁画『法隆寺金堂壁画—ガラス乾板から甦った白鳳の美—』二〇一一年、岩波書店
（八）建築から見る斑鳩の寺々　第六十一回法隆寺夏季大学、二〇一一年、法隆寺
（九）再考法隆寺と山田寺　第五十九回法隆寺夏季大学、二〇〇九年、法隆寺
（一〇）古代寺院の発掘『古代史発掘9　埋もれた宮殿と寺』一九七四年、講談社
（一一）興福寺の伽藍—奈良時代伽藍の再検討—『仏教芸術四〇』一九五九年、毎日新聞社
（一二）古代寺院の伽藍計画『世界考古学大系4　日本Ⅳ』一九六一年、平凡社
（一三）地方寺院の成立と展開『日本の考古学Ⅴ　歴史時代下』一九六七年、河出書房新社
（一四）南都の大寺—建築の様式とその展開—『日本美術全集4　南都七大寺』一九七七年、学習研究社
（一五）二重屋根の仏堂建築　第六十三回法隆寺夏季大学、二〇一三年、法隆寺
（一六）薬師寺新移建論—西塔は移建だった—『薬師寺白鳳伽藍の謎を解く』二〇〇八年、冨山房インターナショナル
（一七）唐招提寺創建期の建築『戒律文化9号』二〇一五年、戒律文化研究会
（一八）唐招提寺金堂『奈良六大寺大観　第十二巻　唐招提寺一』一九六九年、岩波書店
（一九）唐招提寺講堂　同前　同補訂　同前第三刷、一九六九年及び一九九一年、岩波書店
（二〇）元興寺極楽坊五重小塔『大和古寺大観第三巻　元興寺極楽坊他』一九七七年、岩波書店
（二一）室生寺五重塔『大和古寺大観　第六巻・室生寺』一九七六年、岩波書店
（二二）室生寺金堂　同前

（二三）東寺の建築（総説）『東寺の歴史と美術―新東宝記』一九九五年、東寺
（二四）醍醐寺の建築（総説）『醍醐寺大観　第一巻』二〇〇二年、岩波書店
（二五）日本美術時代概説（建築）―古代・中世・近世『原色図典　日本美術史年表』一九八六年、集英社
（二六）国宝概説―日本建築の発展と特質『国宝大辞典五　建造物』一九八五年、講談社
（二七）建築の技術とその背景『古代の日本』第二巻　風土と生活、一九七一年、角川書店
（二八）古代建築の構造『世界建築全集』1日本・古代、一九六一年、平凡社
（二九）古代建築の構造と技法『東院伽藍と西院諸堂』奈良の寺2、一九七四年、岩波書店
（三〇）和様建築の成立『平等院と定朝』日本美術全集第6巻、一九九四年、講談社
（三一）南都の新和様建築『元興寺・般若寺・十輪院』大和の古寺3、一九八一年、岩波書店
（三二）伝統構法の歴史、一九九五年　未刊

前巻と同様であるが旧稿の再録にあたって写真等の掲載にご厚誼を賜った各寺院・所蔵者に感謝申し上げると共に、転載を許諾して頂いた諸版元にも御礼いたしたい。また今回も中央公論美術出版の小菅勉顧問に大変お世話になった。一般向きの著述のため挿図が多く、いろいろご面倒をおかけしたことを含め、改めて深く感謝する次第である。また刊行会の方々にも感謝申し上げます。

鈴木嘉吉

〔著者略歴〕

鈴木嘉吉（すずき・かきち）
1928 年東京生まれ
1952 年東京大学工学部建築学科卒業
奈良国立文化財研究所平城宮跡発掘調査部長
文化庁文化財保護部建造物課長　同文化財監査官
奈良国立文化財研究所長
（財）文化財建造物保存技術協会理事

（主な著書）

『奈良時代僧房の研究』
『日本古寺美術全集』5「興福寺と元興寺」（共著）
『日本の美術』65「上代の寺院建築」
『奈良の寺』2「法隆寺西院伽藍と西院諸堂」
『不滅の建築』（共著）
『大和の古寺』3「元興寺極楽坊・般若寺・十輪院」
『古代寺院僧房の研究』他

古代寺院建築の研究 ©

平成二十九年九月　十　日印刷
平成二十九年九月二十五日発行

著者　鈴木嘉吉
発行者　日野啓一
印刷　理想社
製本　松岳社
用紙　日本製紙株式会社

中央公論美術出版
東京都千代田区神田神保町一－十－一
電話〇三－五五七七－四七九七

製函　株式会社加藤製函所

ISBN 978-4-8055-0763-6